AF320858

FRANCE MILITAIRE.

HISTOIRE

DES ARMÉES FRANÇAISES

DE TERRE ET DE MER

DE 1792 A 1837.

OUVRAGE RÉDIGÉ

PAR UNE SOCIÉTÉ DE MILITAIRES ET DE GENS DE LETTRES,

D'APRÈS

LES BULLETINS DES ARMÉES, LE MONITEUR, LES DOCUMENTS OFFICIELS,

LES NOTES, MÉMOIRES, RAPPORTS ET OUVRAGES MILITAIRES

DE L'EMPEREUR NAPOLÉON,

DES MARÉCHAUX, AMIRAUX ET GÉNÉRAUX EN CHEF

EUGÈNE BEAUHARNAIS, BERNADOTTE, BERTHIER, BRUNE, CARNOT, CHAMPIONNET, CLAUSEL, LE PRINCE CHARLES, DAVOUST, DUMOURIEZ, GÉRARD, GOUVION-SAINT-CYR, HOCHE, JOURDAN, KELLERMANN, KLÉBER, LANNES, LEFEBVRE, MACDONALD, MARMONT, MASSÉNA, MOLITOR, MOREAU, NEY, PICHEGRU, RIGNY, ROCHAMBEAU, SCHERER, SOULT, SUCHET, TURREAU, VALÉE, VILLENEUVE, ETC.;

DES GÉNÉRAUX ET OFFICIERS SUPÉRIEURS

ANDRÉOSSY, BELLIARD, BERTON, CHAMBRAY, DECAEN, DESPREZ, DROUET D'ERLON, GOURGAUD, HUGO, JOMINI, MATHIEU-DUMAS, MARBOT, MARESCOT, MIOT, MIRANDA, PARTOUNEAUX, PELET, REYNIER, SÉBASTIANI, SÉGUR, THIÉBAULT, ETC.;

REVU ET PUBLIÉ

PAR A. HUGO,

ANCIEN OFFICIER D'ÉTAT-MAJOR, MEMBRE DE PLUSIEURS SOCIÉTÉS SAVANTES
AUTEUR DE L'HISTOIRE DE NAPOLÉON.

TOME QUATRIÈME.

Contenant 40 feuilles et 263 Cartes et Gravures.

A PARIS,

CHEZ DELLOYE, ÉDITEUR DE LA FRANCE PITTORESQUE,

PLACE DE LA BOURSE, RUE DES FILLES-SAINT-THOMAS, 13.

1838

PARIS.—IMPRIMERIE ET FONDERIE DE RIGNOUX, RUE DES FRANCS-BOURGEOIS-SAINT-MICHEL, 8.

TABLE

DES 263 CARTES, PLANS, VIGNETTES ET PORTRAITS

CONTENUS DANS LE QUATRIÈME VOLUME.

(Voir pour le placement des gravures l'*Avis au Relieur* à la fin du volume.)

TABLE DES MATIÈRES

DU QUATRIÈME VOLUME.

FRANCE MILITAIRE.

CAMPAGNE DE 1806.
CONQUÊTE DE LA PRUSSE ET DE LA POLOGNE.
BATAILLES D'IÉNA ET D'AUERSTADT.

Armée Française.	*Armée Prussienne.* — Gén. en chef. — LE DUC DE BRUNSWICK.
Général en chef. — L'EMPEREUR NAPOLÉON.	*Armée Russe.* — Général en chef. — LE MARÉCHAL KAMENSKI.

Maître de l'Europe méridionale par ses alliances ou par la conquête, en paix avec l'Europe septentrionale depuis la victoire d'Austerlitz et de Presbourg, l'empereur Napoléon eut un instant l'espérance fondée de voir la paix du Continent complétement assurée par une alliance sincère de l'Angleterre avec la France. La mort de William Pitt avait appelé à la tête du ministère anglais, son rival célèbre, George Fox. Cet illustre homme d'État n'oublia point les sentiments d'estime et d'affection qui le liaient au premier Consul, et la réception flatteuse que, après le traité d'Amiens, il avait reçue du premier magistrat de la République. Un de ses premiers soins, lors de son entrée au ministère, fut de renouer avec l'Empereur des Français des négociations dont le but était de rendre la tranquillité à son pays et le repos au monde. Sa mort, trop prompte, détruisit malheureusement la bonne volonté de l'Angleterre, et Napoléon dut perdre tout espoir de voir le cabinet britannique consentir à la paix européenne.

Rupture avec la Prusse. — Quatrième coalition. — La neutralité de la Prusse pendant la troisième coalition n'avait pas été sans arrière-pensées; elle attendait, pour se déclarer, que les succès des Coalisés lui permissent de le faire sans danger. Le roi Frédéric-Guillaume avait eu à Potsdam avec Alexandre, devant le tombeau du Grand-Frédéric, une entrevue où il avait promis de joindre ses troupes à celles de l'Autriche et de la Russie : seulement, avant de rompre entièrement avec l'Empereur des Français, et comme pour mettre le bon droit de son côté, il avait demandé une réparation qu'il savait devoir lui être refusée, pour la violation du territoire prussien, lors du passage de Bernadotte dans la principauté d'Anspach. Ce fut à cette occasion que le prince d'Haugwitz étant venu trouver l'empereur Napoléon au bivouac d'Austerlitz, l'Empereur remit à s'entretenir avec lui au lendemain de la bataille; mais après la victoire signalée qui venait d'être remportée par les Français, il ne pouvait plus être question des réclamations menaçantes de la Prusse : le prince d'Haugwitz était trop bon diplomate pour faire au vainqueur autre chose que des compliments, dont Napoléon ne fut pourtant pas la dupe; car, après avoir reçu les félicitations du ministre prussien, il se tourna vers ses généraux, et leur dit en souriant : «Voilà un compliment que la victoire a fait changer d'adresse.» Néanmoins il espéra rallier franchement le roi de Prusse à la cause de la France, en lui donnant une part dans les provinces conquises. Frédéric-Guillaume reçut en échange du petit territoire d'Anspach, qui fut donné à la Bavière, le bel électorat de Hanovre. En lui remettant ainsi les États héréditaires de la maison de Brunswick, Napoléon espérait élever entre les cours de Londres et de Berlin un sujet perpétuel de guerres. Il se trompa. La Prusse, qui fut au moment de combattre l'Angleterre, céda aux instigations des nouveaux ministres anglais, et prit part à une quatrième coalition, où entrèrent également la Russie et la Suède.

Les griefs que la Prusse allégua contre la France, furent : 1° l'extension de puissance acquise à l'Empire français par la réunion de l'Illyrie et des États vénitiens, ainsi que par la création des royaumes de Hollande et de Naples, et par celle de la confédération germanique; 2° l'occupation prolongée des provinces allemandes. Elle demandait aussi que la France ne mît aucun obstacle à la formation de la ligue du nord, qui devait embrasser, sans exception, tous les États allemands non compris dans l'acte fondamental de la confédération du Rhin.

Le roi de Prusse n'ignorait pourtant point que la cause du séjour des troupes françaises en Allemagne était la non-exécution, par la Russie, de certains engagements pris en son nom par l'Autriche dans le traité de Presbourg; il poussa l'aveuglement, plein de confiance sans doute dans les armements nombreux qu'il avait réunis depuis quelques mois, jusqu'à adresser un *ultimatum* à l'empereur Napoléon, dans lequel il exigeait, pour le 8 octobre, une satisfaction précise à tous ses griefs, et l'évacuation immédiate de l'Allemagne.

«Maréchal, dit l'Empereur, au prince de Neufchâtel, «en recevant la sommation prussienne, on nous donne «un rendez-vous d'honneur pour le 8. Jamais un Fran«çais n'y a manqué; mais, comme on dit qu'il y a une «belle reine qui veut être témoin du combat, soyons «courtois, et marchons sans nous coucher vers la «Saxe» La reine de Prusse était effectivement à l'armée, vêtue en amazone avec l'uniforme du régiment de dragons qui portait son nom. «Il semble, disait le «premier bulletin de Napoléon, voir Armide dans son «égarement, mettant le feu dans son propre palais.»

Ouverture de la campagne. — Entrée de l'armée française en Saxe. — Le 6 octobre 1806, l'Empereur arriva à Bamberg, où il établit son quartier général.

L'armée française était alors disposée en trois colonnes.

La droite, formée des corps du maréchal Soult et du maréchal Ney, occupait Bayreuth et s'avançait sur Hoff.

Les corps de Bernadotte et de Davoust, composés de la plus grande partie de la réserve de cavalerie et de la garde impériale, et formant le centre, occupaient Cronach et débouchaient par Lobenstein.

Le maréchal Lannes et le maréchal Augereau commandaient la gauche, qui occupait Schweinfurt, et débouchait sur Cobourg et Grunenthal.

D'après les premiers ordres de l'Empereur, les maréchaux Soult et Ney marchèrent par Berneck et Munchberg pour déborder l'extrême gauche de l'ennemi sur Hoff et Hirschberg.

Le 7, Bernadotte, ayant posté son quartier général à Cronach, prit, avec deux de ses divisions, position entre Cronach et la frontière, et plaça la troisième division, commandée par le général Dupont, en avant de Lichtenfeld, à la position de Redlitz pour éclairer les routes de Cobourg et de Kulembach. Le 9, il devait se trouver sur les hauteurs de Lobenstein avec ses trois divisions.

Le même jour, 7 octobre, Davoust porta son quartier général à Lichtenfeld, sa première division un peu en avant du village, et disposa les deux autres divisions de façon à ce qu'il pût le lendemain réunir son corps d'armée en masse en avant de Cronach, pour soutenir Bernadotte, quand celui-ci se dirigerait sur Lobenstein et sur les hauteurs de Saalburg.

Lannes porta aussi, dans la journée du 7, une de ses divisions à Dorfleim, à l'embranchement des routes de

Bamberg à Cobourg, et de Schweinfurth à Bamberg. Le lendemain, 8, il marcha sur Cobourg, après avoir rallié son corps tout entier sur la rive droite du Meyn.

Augereau suivit la même route par Halstadt et Obersdorf, et fit bivouaquer ses troupes entre cette dernière ville et Cobourg.

Murat reçut l'ordre de retenir toute sa cavalerie en deçà du Meyn, mais de se trouver à Cronach, le 7, pour diriger et soutenir les quatre brigades de cavalerie légère des généraux Vattier, Milhaud, Treilhard et Lasalle, qui devaient faire, le lendemain, 8, une reconnaissance générale au-delà du Meyn et de la frontière prussienne. Les trois premières brigades, faisant partie d'un des corps d'armée de la colonne du centre, passèrent le Meyn à deux lieues de distance l'une de l'autre sur la direction du corps d'armée. La brigade du général Lasalle forma la réserve de Murat.

L'Empereur transporta son quartier général, le 8, à Lichtenfeld, et le 9, à Cronach.

Les réserves de grosse cavalerie et celles des diverses armes de la garde suivirent, à la colonne du centre, le mouvement du grand quartier général.

Les forces de l'armée française s'élevaient à 180,000 hommes.

Forces de l'armée prussienne. — L'armée prussienne s'élevait à 200,000 hommes. Les troupes de la Saxe et de la Hesse électorale s'y étaient réunies.

Le roi, en se mettant lui-même à la tête de son armée, avait exhumé tous les vieux généraux de la guerre de sept ans pour lui servir de guides. Le duc de Brunswick et Mollendorf devaient conduire les Prussiens à la victoire. Le premier, général d'avant-garde, sous son père, le grand Ferdinand, n'avait combattu depuis qu'à Kaiserslautern, où il avait défendu bravement son camp contre Hoche. Bon administrateur, vaillant dans le combat, mais timide dans le cabinet, il n'avait rien su apprendre durant les quinze années de guerre qui venaient de s'écouler, bien que ces années fussent riches en grandes leçons militaires. Mellendorf, non moins brave, n'était pas plus habile capitaine. L'âge avait glacé chez ces deux généraux les qualités qui avaient fait leur réputation, sans leur donner du génie; car le génie n'est ni le fruit de l'âge ni celui de l'expérience. Le prince de Hohenlohe et Massenbach, son lieutenant, n'avaient que des idées fausses sur l'art de la guerre. Ces habiles manœuvriers, plongés dans un sommeil léthargique depuis dix ans, comptaient si bien reconduire Napoléon à Mayence, qu'aucune de leurs places de première ligne, situées à quelques marches des cantonnements français, n'avaient été mises en état de défense. L'armée prussienne était d'ailleurs belle, d'une tenue et d'une discipline admirables, l'artillerie excellente, la cavalerie brave, exercée et manœuvrière; enfin l'état-major était composé d'officiers instruits.

Proclamation de l'Empereur. — Le 6 octobre, jour de son arrivée à Bamberg, l'Empereur avait fait mettre à l'ordre de l'armée la proclamation suivante:

« Soldats,

«L'ordre pour votre rentrée en France était parti;
«vous vous en étiez déjà rapprochés de plusieurs mar-
«ches. Des fêtes triomphales vous attendaient, et les
«préparatifs pour vous recevoir étaient commencés
«dans la capitale.

«Mais lorsque nous nous abandonnions à cette trop
«confiante sécurité, de nouvelles trames s'ourdissaient
«sous le masque de l'amitié et de l'alliance. Des cris
«de guerre se sont fait entendre à Berlin; depuis deux
«mois, nous sommes provoqués avec une audace qui
«demande vengeance.

«La même faction, le même esprit de vertige qui, à
«la faveur de nos dissensions intestines, conduisit, il
«y a quatorze ans, les Prussiens au milieu des plaines
«de la Champagne, domine encore dans leurs conseils.
«Si ce n'est plus Paris qu'ils veulent brûler et renverser
«jusque dans ses fondements, c'est aujourd'hui leurs
«drapeaux qu'ils se vantent de planter dans la capitale
«de nos alliés; c'est la Saxe qu'ils veulent obliger à
«renoncer, par une transaction honteuse, à son indé-
«pendance, en la rangeant au nombre de leurs pro-
«vinces; c'est enfin vos lauriers qu'ils veulent arra-
«cher de votre front. Ils veulent que nous évacuions
«l'Allemagne à l'aspect de leurs armées. Les insensés!!!
«Qu'ils sachent donc qu'il serait mille fois plus facile
«de détruire la grande capitale que de flétrir l'honneur
«des enfants du grand peuple et de ses alliés. Leurs
«projets furent confondus alors; ils trouvèrent dans
«les plaines de la Champagne la défaite, la mort et la
«honte: mais les leçons de l'expérience s'effacent, et il
«est des hommes chez lesquels le sentiment de la haine
«et de la jalousie ne meurt jamais.

« Soldats! il n'est aucun de vous qui veuille retour-
«ner en France par un autre chemin que celui de l'hon-
«neur. Nous ne devons y rentrer que sous des arcs de
«triomphe.

«Eh quoi! aurions-nous donc bravé les saisons, les
«mers, les déserts, vaincu l'Europe plusieurs fois coa-
«lisée contre nous, porté notre gloire de l'Orient à
«l'Occident, pour retourner aujourd'hui dans notre
«patrie comme des transfuges, après avoir abandonné
«nos alliés, et pour entendre dire que l'aigle française
«a fui épouvantée devant des armées prussiennes!

«Mais déjà ils sont arrivés sur nos avant-postes...
«Marchons donc, puisque la modération n'a pu les
«faire sortir de cette étonnante ivresse. Que l'armée
«prussienne éprouve le même sort qu'elle éprouva il y
«a quatorze ans! Qu'ils apprennent que, s'il est facile
«d'acquérir un accroissement de domaines et de puis-
«sance avec l'amitié du grand peuple, son inimitié
«(qu'on ne peut provoquer que par l'abandon de tout
«esprit de sagesse et de raison) est plus terrible que
«les tempêtes de l'Océan.»

Prise de Schleitz. — Le 9 octobre, Bernadotte, avec
deux divisions de la réserve et la brigade de cavalerie du général Lasalle, se dirigea vers Schleitz, ou
6,000 Prussiens et 3,000 Saxons, sous les ordres du
général Tauenzien, étaient réunis pour flanquer l'armée prussienne. Le village de Schleitz ne tarda pas à

être enlevé, et le général ennemi gagna, en assez bon
ordre, les hauteurs en arrière sur la route d'Auma.
Poursuivis par la brigade de cavalerie légère du général Vattier, que soutenait la division d'infanterie du
général Drouet, deux régiments de cavalerie saxonne
protégés par une batterie de quelques pièces d'artillerie, voulurent faire résistance. Bernadotte ordonna
au colonel Burthe de les charger à la tête de son régiment de hussards. Le brave colonel effectua sa charge,
mais ses efforts étaient inutiles, lorsqu'arrivèrent trois
compagnies de voltigeurs du 94e qui firent une décharge sur la cavalerie ennemie, et mirent aussitôt
plus de 50 hommes hors-de-combat. Pendant ce temps,
Murat étant arrivé avec sa cavalerie et la brigade d'infanterie légère du général Maison, l'ennemi fut poursuivi jusqu'à plus d'une lieue au-delà du champ de
bataille, et ne dut qu'à la nuit de ne pas être mis en
une complète déroute. Pendant cette poursuite, quatre
compagnies d'infanterie légère tuèrent 200 chevaux à
un régiment de hussards prussiens qui les avaient
chargées en plaine. L'ennemi eut ce jour-là 400 hommes
tués; on lui en prit 300 ainsi que trois pièces de
canon.

Le maréchal Bernadotte établit le lendemain son
quartier-général à Auma. Murat, toujours à la poursuite de la division battue la veille, se dirigea sur
Géra.

Combat de Saalfeld. — *Mort du prince de Prusse.*
— Le maréchal Lannes prit position, le 10 octobre,
sur les hauteurs de Saalfeld, qu'il avait reçu l'ordre
d'attaquer. Le prince Louis de Prusse, commandant
l'avant-garde du corps d'armée du prince de Holen-
lohe, défendait ce poste. La division Suchet rencontra
cette avant-garde, le combat s'engagea. La cavalerie
ennemie fut bientôt culbutée par une brigade de hussards; l'infanterie s'étant avancée pour soutenir la cavalerie, fut mise en pleine déroute et dispersée dans
les bois et dans les marais.

Le prince Louis n'avait cessé de combattre intrépidement à la tête de sa cavalerie. Au moment où il
cherchait à rallier celle-ci, que venait d'être culbutée
par les hussards, un maréchal des logis du 10e régiment de cette arme, nommé Guindé, s'approcha de
lui et le somma de se rendre. Un combat s'engagea
entre le prince et le sous-officier, qui ne le connaissait
pas. Guindé adressa à son adversaire une seconde sommation, et en reçut pour toute réponse un coup de
sabre à travers la figure. Le maréchal des logis plongea
alors son sabre dans le corps du prince, qui tomba
mort. 1,000 prisonniers, 600 hommes hors de combat
et trente pièces de canon, furent, indépendamment de
la mort d'un prince de la famille royale, la perte de
l'armée prussienne dans le début de la campagne.

Bataille d'Iéna. — Par le résultat des premiers engagements, l'empereur Napoléon avait réussi à faire
déborder par son armée les Prussiens sur leur gauche;
mais il fallait les couper entièrement du cœur de la
monarchie prussienne. Le but de l'Empereur était de
s'établir entre eux et l'Elbe. A cet effet, la gauche fran-

çaise servit de pivot à une grande conversion de toute l'armée. Le 13, elle occupa les positions suivantes : Bernadotte, Davoust, et Murat, avec sa cavalerie légère seulement, se portèrent sur Naumbourg, où ils s'emparèrent de magasins considérables destinés à l'armée prussienne; Soult se mit en marche de Géra sur Iéna; Ney était à Roda; Lannes à Iéna; Augereau à Kahla; une division bavaroise, établie à Plauen, flanquait la droite.

L'armée prussienne faisait ses dispositions pour recevoir la bataille sur la rive gauche de la Saale, entre Iéna et Eckardsberg. Mais, s'étant vue prévenue et tournée par Napoléon, elle changea de direction, et vint se former en bataille entre Capellendorf et Auerstadt, faisant face à la Saale.

Le 13 octobre, l'Empereur arriva à Iéna, et se rendit aussitôt sur le plateau qui est en avant de cette ville et qu'occupait une avant-garde du maréchal Lannes. Il voulait juger par lui-même des positions de l'ennemi. Pendant la nuit, il fit ouvrir dans le roc un chemin par où l'artillerie put être transportée sur le plateau. Le maréchal Lannes vint, pendant ce temps, prendre avec toutes ses troupes position sur le plateau. La division du général Suchet occupa le versant de droite et celle du général Gazan le versant de gauche. Le maréchal Lefebvre forma sur le sommet l'infanterie de la garde impériale en carré. Dans l'intervalle de chaque corps était placée l'artillerie. Le corps du maréchal Augereau, par sa position en avant de Kahla, flanquait et appuyait l'armée établie à Iéna.

Le 14 octobre, vers quatre heures du matin, l'Empereur, après avoir donné ses dernières instructions au maréchal Lannes, fit prendre les armes aux deux divisions Suchet et Gazan, et adressa aux soldats cette courte allocution :

« Soldats,

«L'armée prussienne est coupée comme celle de Mack «l'était à Ulm, il y a aujourd'hui un an. Cette armée «ne combat plus que pour se faire jour et pour regagner ses communications. Le corps qui se laisserait «percer se déshonorerait. Ne redoutez pas cette célèbre cavalerie : opposez-lui des carrés fermés et la «baïonnette.»

En avant! en avant! telle fut la réponse des soldats aux recommandations de l'Empereur; et malgré un brouillard épais qui obscurcissait l'horizon, Napoléon donna à six heures le signal du combat.

Quoiqu'on ne pût se voir à dix pas, la fusillade s'engagea vivement. La première ligne des postes ennemis fut promptement enlevée, ce qui permit à l'armée française de déboucher dans la plaine par le plateau, par les issues de droite et de gauche, et de se former en bataille.

Vers neuf heures du matin les nuages se dissipèrent, et l'armée prussienne, qui s'était portée en grande partie au-devant des troupes françaises qui venaient de déboucher du plateau d'Iéna, se trouva à demi-portée de canon des Français.

Cette armée, composée de deux cent vingt-quatre bataillons et de cent quatre-vingt-dix escadrons, offrait un total de plus de 100,000 fantassins et de 20,000 cavaliers. L'Empereur n'avait alors en ligne que le corps d'armée du maréchal Augereau, qui formait la gauche, le corps du maréchal Soult avec 3,000 hommes du maréchal Ney, formant la droite, et la garde impériale qui, avec les deux divisions du maréchal Lannes, formait le centre.

Napoléon eût bien voulu retarder le combat de quelques heures pour donner le temps aux troupes qu'il attendait de venir le joindre; mais l'ardeur de ses troupes et surtout les dispositions de l'armée ennemie ne lui en laissèrent pas la possibilité. Les Prussiens, voulant déposter quelques bataillons qui se trouvaient en avant de la ligne française, s'engagèrent dans le village d'Hollstedt; l'Empereur envoya le maréchal Lannes au secours des troupes postées dans ce village, pendant que le maréchal Soult faisait attaquer un bois qu'une forte division prussienne défendait.

L'ennemi manœuvrait par sa droite sur la gauche de l'armée française. Le maréchal Augereau soutint vigoureusement cette attaque, et bientôt l'action devint générale. Au bout de deux heures, et malgré une forte résistance, le maréchal Soult parvint à enlever le bois qu'il attaquait, et marcha en avant avec toutes ses troupes. Dans ce moment, la cavalerie de réserve et le reste des troupes du maréchal Ney venaient d'arriver et se formaient en arrière sur le champ de bataille. Attaqués vivement par les corps qui étaient en réserve sur la première ligne, les Prussiens furent obligés de rétrograder, ce qu'ils faisaient en bon ordre, quand Murat s'élança sur eux à la tête des dragons et des cuirassiers de la réserve. La cavalerie ennemie ne put résister à ce choc; elle fut forcée de suivre le mouvement de l'infanterie. Plus de 20,000 hommes et une grande partie de l'artillerie tombèrent en peu d'instants au pouvoir des Français. L'ennemi prit la route de Weimar. Les Français se mirent à sa poursuite, et, après une course de six lieues, arrivèrent dans cette ville en même temps que les fuyards.

Combat d'Auerstadt. — Pendant que la droite de l'armée prussienne était mise si complètement en déroute à Iéna, des événements non moins remarquables se passaient à sa gauche.

Quand le duc de Brunswick eut connaissance du mouvement d'une partie de l'armée française sur Naumbourg, il se détermina à se porter sur ce point avec les troupes de sa gauche pour y arriver avant les Français, et occuper les défilés de Kœsen par où ils devaient déboucher.

En conséquence, il se mit en marche le 13 octobre, à dix heures du matin. Son corps d'armée se composait de cinq divisions; la troisième, celle du général Schmettau, était en tête de la colonne; la seconde suivait, commandée par le général Wartensleben, puis venait la première, sous les ordres du prince d'Orange. L'arrière-garde se composait de la réserve, formée des divisions des généraux Arnim et Kanheim.

A six heures du soir, le général Schmettau prit position sur les hauteurs, entre Auerstadt et Gernstedt, sa gauche appuyée au bois de Rusdorf, avec un bataillon de grenadiers en avant d'Eckartsberg; les avant-postes furent renforcés par le régiment de la reine et par une batterie à cheval.

Le quartier-général ennemi fut établi à Auerstadt; le roi de Prusse s'y trouvait, accompagné du duc de Brunswick.

Dans la matinée du 13, le maréchal Davoust avait pris position en avant de Naumbourg, dont il venait de s'emparer. Le pont sur la rivière d'Unstruth, au-dessus de Naumbourg, était occupé par ses troupes, et il avait ordonné qu'on le coupât, si l'ennemi s'y présentait. Ayant appris par une reconnaissance que les Prussiens faisaient un grand mouvement sur Naumbourg, il envoya un bataillon du 25° régiment au défilé de Kœsen, en lui ordonnant de se défendre jusqu'à la dernière extrémité, et s'occupa en même temps des moyens de le soutenir.

Jusqu'alors, le maréchal Davoust avait été appuyé par la cavalerie de Murat et par le corps d'armée de Bernadotte; mais le premier ayant reçu l'ordre de se rapprocher d'Iéna, et le second, de se porter sur Confburg et Dornburg, Davoust se trouvait obligé, avec 27,000 hommes environ, dont 1,500 de cavalerie seulement, de tenir tête à toute la gauche de l'armée prussienne, presque toute composée de corps d'élite et forte de plus de 50,000 hommes, dont 12,000 de cavalerie. Et il fallait que le maréchal défendît jusqu'à la dernière extrémité les défilés de Kœsen et le passage de la Saale; car une fois maître de ces débouchés, le duc de Brunswick aurait pu facilement tourner l'armée française et la placer entre deux feux.

Le 14, à six heures du matin, la division du général Gudin était déjà formée au-delà des défilés de Kœsen; les autres divisions se mirent successivement en ligne. Le brouillard était, comme à Iéna, extrêmement épais; aussi le général Gudin s'avança-t-il jusqu'auprès de Hassenhausen sans voir l'ennemi et sans en être vu. Mais il se trouva tout à coup à portée de l'avant-garde du général Blücher. Le général Gauthier, qui marchait en tête de la division Gudin, fit tirer sur cette colonne quelques pièces chargées à mitraille; les escadrons et le bataillon de grenadiers ennemis furent dispersés; l'artillerie à cheval qui les suivait fut mise en désordre; six pièces de canon tombèrent au pouvoir des Français.

Le 25° régiment, après avoir poursuivi l'ennemi, marcha sur la droite du village de Hassenhausen; surpris par une charge de cavalerie, il fit bonne contenance et lui enleva une batterie.

Le duc de Brunswick se porta à la gauche du village de Hassenhausen pour juger de la force des Français. Le général prussien Schmettau était déjà rangé avec sa division en face du village contre qui il dirigeait un feu très vif. A sa gauche se formait la cavalerie du général Blücher.

Cette cavalerie, qui déjà débordait la droite du maréchal Davoust, menaçait de la tourner et de l'envelopper. Le maréchal ordonna au général Petit d'aller avec sa brigade (les 21° et 12° régiments de ligne) au secours du 25° régiment sur la droite de Hassenhausen. Pendant ce temps, le 85° régiment, soutenu par deux pièces de canon, se formait à la gauche. L'intervalle était occupé par des tirailleurs français, qui, jetés dans le village, faisaient beaucoup de mal à l'infanterie du général Schmettau. Dix pièces de canon vinrent renforcer la droite du maréchal.

Le brouillard s'étant dissipé, un corps de cavalerie ennemie, après avoir tourné le village de Hassenhausen, fila rapidement pour Spilberg sur Punscherau, et se trouva sur le flanc et sur les derrières de la division Gudin qu'il chargea avec impétuosité dans tous les sens. Le général français, ne perdit pas la tête: il forma aussitôt son infanterie en carrés pour donner à la division Friant, qui suivait, le temps d'arriver à sa hauteur. La cavalerie prussienne renouvela plusieurs fois sa charge sans aucun succès; les carrés français foudroyèrent ses nombreux escadrons, qui s'enfuirent dans le plus grand désordre, après avoir éprouvé une perte énorme, et sans avoir pu parvenir à entamer un seul bataillon français. Cette cavalerie en déroute se jeta sur Spilberg, où elle fut vivement poursuivie par la cavalerie française.

En ce moment, le maréchal Davoust arriva avec quelques escadrons; la division Friant l'accompagnait. L'ennemi occupait une hauteur couronnée de bois, et que soutenaient six pièces d'artillerie. Le 111° régiment de la division Friant, soutenu de quelques bataillons de la division Gudin, chargea les ennemis, s'empara des bois à la baïonnette, et, au milieu de la mitraille que les Prussiens faisaient pleuvoir de tous côtés, lui enleva leurs canons. Les troupes du général Friant occupèrent Spilberg. Le maréchal Davoust fit placer près du cimetière douze pièces d'artillerie qui prirent la ligne ennemie en écharpe, et lui firent beaucoup de mal. En même temps, l'extrême gauche de cette ligne était chargée par la cavalerie française, et le 108° régiment, conduit par le colonel Higonet, emportait au pas de charge le village de Popel, prenait un drapeau, trois pièces de canon, et faisait un grand nombre de prisonniers. Le maréchal Davoust, toujours à la tête de la division Friant qui marchait en colonnes serrées, se porta en avant, laissant Auerstadt sur sa gauche et appuyant sa droite au village de Lisdorf. Le feu des batteries que l'ennemi avait sur ce point n'empêcha pas le général Friant de continuer son mouvement; il appuya à droite pour couper la retraite à l'ennemi, et se dirigea sur Ekartsberg.

Depuis quatre heures, la division Gudin luttait contre des forces supérieures, et se trouvait livrée à elle-même par le mouvement de la division Friant. Déjà elle commençait à céder du terrain, quand la division Morand arriva à son secours. La première brigade de ce corps enleva à la baïonnette le village de Hassenhausen.

A onze heures du matin, toute l'armée prussienne, à l'exception de deux divisions de la réserve, se trouvait engagée; des blessures graves avaient forcé le duc de Brunswick et le général Schmettau à quitter le champ de bataille. Ce fut alors que le roi de Prusse ordonna une attaque générale. Le prince Henri, son frère, se mit à la tête d'un corps nombreux de cavalerie prussienne, et tomba avec impétuosité sur la division Morand, qui avait déjà bien assez à faire de se défendre contre la division d'infanterie du général Wartensleben. Les cavaliers ennemis n'ayant pas pu entamer les bataillons français, et le prince Henri ayant été blessé, ses troupes vinrent se ranger derrière l'infanterie. Alors le général Morand prit à son tour l'offensive et culbuta bientôt les Prussiens, qui se dispersèrent dans le plus grand désordre.

Pendant que ces événements se passaient à la gauche de l'armée française, et qu'au centre le général Gudin occupait l'ennemi à la hauteur de Hassenhausen, le général Friant, avec la plus grande partie de sa division, ne pensait qu'à tourner l'ennemi. Ses tirailleurs, ayant pénétré par les villages de Poppel et de Tauchwitz jusque sur les derrières de la brigade du prince Henri de Prusse, qui formait l'extrême gauche de la ligne ennemie, obligèrent cette brigade à se retirer sur Rehausen.

Les trois divisions prussiennes engagées ayant été forcées de rétrograder, la droite de la division Morand gagna du terrain. Le général de Billy s'avança avec le 61ᵉ régiment vers la tête de ravin qui conduit à Rehausen. Une masse d'infanterie, soutenue par un grand nombre de bouches à feu, y était postée. L'engagement fut terrible, on était à portée de pistolet, et les rangs français étaient rapidement éclaircis par la mitraille. Le général de Billy fut blessé mortellement. Mais tous les efforts de l'ennemi ne purent empêcher la division Morand de s'avancer sur Rehausen.

Les généraux prussiens, sentant de quelle importance il était pour eux d'arrêter les progrès de l'aile gauche des Français sur Rehausen, firent renforcer leur droite par des troupes fraîches. Une colonne déboucha par le village de Sonnendorf, qui touche presque à celui de Rehausen, tandis que quelques compagnies de tirailleurs filaient le long du vallon. Le roi se rendit de sa personne à cette attaque. Depuis que le duc de Brunswick avait été forcé de quitter le champ de bataille, Frédéric-Guillaume s'était toujours trouvé au plus fort de la mêlée, et avait eu un cheval tué sous lui. La gauche des Français étant dégarnie de cavalerie, il voulut tenter d'enfoncer l'infanterie arrivant sur les hauteurs, et pour tourner ensuite la masse de la division Gudin qui culbutait les débris des divisions Wartensleben et Schmettau dans le vallon de Rehausen.

Devinant les intentions du roi de Prusse, le maréchal Davoust envoya le général Morand, avec l'artillerie à pied de sa division, sur la hauteur de Sonnendorf, afin de flanquer les colonnes qui attaquaient Rehausen. Déjà le 30ᵉ régiment et le 1ᵉʳ bataillon du 17ᵉ avaient été dirigés vers le même point. Le général Morand se mit à la tête du 30ᵉ, et repoussa jusqu'au pied de l'escarpement les deux colonnes prussiennes qui avaient déjà gravi les hauteurs, et qui furent foudroyées. Gagnant toujours du terrain, Morand atteignit l'extrémité du plateau en face du vallon d'Emsel-Mühl, disposa son artillerie sur un contrefort qui dominait tous les environs, et, de ce point inexpugnable, cette batterie prit en flanc l'armée prussienne et mit le désordre dans ses rangs

Le maréchal Davoust, voulant profiter du succès de ses deux ailes, fit avancer le centre de son corps d'armée. Le village de Tauchwitz fut attaqué et forcé par la division Gudin. L'armée prussienne se retira en désordre, la division de Schmettau par Eckartsberg, celle de Wartensleben par Reisdorf, et celle d'Orange par Armstadt. Ces trois divisions étaient réduites presque de moitié, et elles avaient abandonné la plus grande partie de leur artillerie sur les hauteurs de Hussenhausen.

Depuis que l'action était engagée, deux divisions de réserve étaient restées en bataille entre Armstadt et Gernstaedt, à la hauteur de Sulza. Le général Kalkreuth, qui les commandait, s'avança à leur tête, et forma sa ligne en arrière de Tauchwitz et de Rehausen; il avait sa droite au vallon d'Emsel-Mühl; sa gauche, en deçà des hauteurs de Poppel, était flanquée par une brigade de grenadiers dont le prince Auguste de Prusse prit le commandement; toute la cavalerie ralliée sous les ordres du général Blücher fut placée en seconde ligne, et l'artillerie en avant du front; on jeta sur les deux ailes quelques escadrons seulement.

Le général Kalkreuth tint ferme dans cette position pendant quelque temps; mais voyant sa droite débordée par le général Morand et écrasée par la batterie de Sonnenberg, dont le feu plongeant balayait toute la plaine; foudroyé également sur son flanc gauche par l'artillerie placée sur les hauteurs de Poppel, il fut forcé de reprendre sa première position en arrière de Gernstadt, mais il ne put la garder: les Français, après avoir occupé Lisdorf, s'avancèrent sur Eckartsberg; le maréchal Davoust dirigea son aile gauche sur le Sonnenberg, se rendit à la droite qui achevait de décider la victoire par un mouvement de conversion, et dirigea sur la gauche des plateaux d'Eckartsberg la division Gudin, qui débouchait des villages de Tauchwitz et de Poppel.

Une des deux divisions de réserve de l'armée prussienne étant presque tournée, prit position vers les quatre heures en avant d'Eckartsberg. Une forte batterie la soutenait. Le maréchal Davoust la fit attaquer par la division Gudin qui se forma en bataille au pied de ces hauteurs. 400 hommes des 12ᵉ et 21ᵉ régiments gravirent, sous les ordres du général Petit, l'escarpement sans riposter au feu de l'artillerie et de la mousqueterie qui pleuvait sur eux, et chargèrent à la baïonnette. Pendant ce temps, le général Grandeau, en tête de la division Friant, arrivait par la droite sur le plateau avec le 111ᵉ régiment. A la vue de ce renfort, les Prussiens abandonnèrent précipitamment leur position, la dernière qui leur restât, laissant vingt-deux pièces de canon au pouvoir des Français. L'ennemi fut poursuivi jusqu'à la nuit; il éprouva une telle panique, que le général Vialannes, le chassant devant lui jusqu'à trois lieues du champ de bataille, ramassa sur son chemin, sans éprouver aucune résistance, un grand nombre de prisonniers, de chevaux et plusieurs drapeaux.

Arrivée du corps de Bernadotte à Appolda. — Dans son ignorance de ce qui se passait à Iéna, le roi de Prusse, après sa défaite à Auerstadt, résolut de se

repher sur les corps d'armée de Hohenlohe et de Blücher. Il se dirigea rapidement sur Weimar, à la tête
de sa cavalerie, dans l'intention de tout y disposer,
pour livrer le lendemain une bataille générale; mais
ce plan ne pouvait réussir dans aucun cas, puisque
Weimar était déjà au pouvoir des Français.

Les troupes prussiennes s'avançaient en désordre,
lorsque arrivées près de Malstedt elles aperçurent une
ligne de bivouacs qui couronnait les hauteurs d'Appolda. C'était le corps d'armée du maréchal Bernadotte, qui avait quitté Naumberg, à trois heures du
matin, avec ses trois divisions, formant une seule
colonne, pour passer la Saale à Dornburg.

Arrivé à la hauteur de Canburg à neuf heures du
matin, un officier, chargé par Bernadotte de reconnaître le passage et le défilé qui, sur ce point, offraient moins de difficultés que le défilé de Dornburg,
aperçut de loin, au-delà de l'Ilm, une masse considérable de troupes. Bernadotte, dont les instructions
étaient d'attaquer dans la direction d'Appolda à Weimar l'aile gauche de l'armée prussienne, n'en continua
pas moins sa marche sur Dornburg. Mais la raideur
de l'escarpement lui fit éprouver tant d'obstacles au
passage de ce défilé, qu'il ne put arriver sur les hauteurs d'Appolda, et encore avec une seule division,
que vers la fin de la journée, après le gain des deux
batailles.

Mais l'arrivée de son corps eut du moins le résultat
de couper la ligne de retraite de l'armée prussienne
sur Weimar, et de forcer cette armée à changer de
direction, ce qui mit dans ses rangs le plus grand
désordre.

____

Résultats de la victoire d'Iéna. — Les trophées de la
victoire d'Iéna, qui comprend les deux batailles d'Iéna
et d'Auerstadt, furent 40,000 prisonniers, soixante
drapeaux et trois cents pièces de canon. L'armée prussienne, dont presque tous les généraux furent tués ou
blessés, fut complétement dispersée et détruite. Le roi
lui-même eut peine à s'échapper à travers les divisions
françaises, et faillit rester prisonnier. La reine, cette
belle princesse, qui avait contribué à entraîner son
époux à la guerre, n'eut que le temps de s'enfuir de
Weimar, au moment où l'avant-garde française y arriva poursuivant les fuyards.

Pendant la bataille, Napoléon s'était montré sur
tous les points. Sa présence ranimait les courages et
retrempait toutes les âmes. Au fort de la mêlée, voyant
ses ailes menacées par la cavalerie, il se porta au galop
pour ordonner des manœuvres et des changements de
front en carrés. En donnant ses ordres, il fut interrompu à chaque instant par des cris de *vive l'Empereur!* La garde impériale à pied voyait, avec un dépit
qu'elle ne pouvait dissimuler, toute l'armée aux mains
et elle dans l'inaction. Plusieurs voix firent entendre
les mots : *En avant!* «Qu'est-ce? dit l'Empereur, ce
«ne peut-être qu'un jeune homme sans barbe qui ose
«vouloir préjuger ce que je dois faire; qu'il attende
«qu'il ait commandé dans trente batailles rangées
«avant de prétendre me donner des avis.» Les voix se
turent. Ceux qui avaient parlé étaient effectivement de

jeunes vélites dont le courage était impatient de se
signaler.

____

Entrée de Napoléon à Weimar. — *Armistice refusé.*
— L'Empereur coucha le lendemain de la bataille à
Weimar, dans les appartements qu'avait occupés deux
jours auparavant sa belle ennemie, la reine de Prusse.

Il y reçut une lettre du roi de Prusse en réponse à
une lettre qu'il lui avait adressée avant la bataille.
Cette démarche de l'empereur Napoléon était pareille
à celle qu'il avait faite auprès de l'empereur de Russie
avant la bataille d'Austerlitz. Il avait écrit au roi de
Prusse : «Le succès de mes armes n'est point incertain.
«Vos troupes seront battues; mais il en coûtera le sang
«de mes enfants; s'il pouvait être épargné par quelque
«arrangement compatible avec l'honneur de ma cou-
«ronne, il n'y a rien que je ne fasse pour épargner un
«sang si précieux. Il n'y a que l'honneur qui, à mes
«yeux, soit encore plus précieux que le sang de mes
«soldats.» Le roi Frédéric-Guillaume ne répondit qu'a-
près la bataille perdue, et en demandant un armistice.
L'Empereur refusa, en disant qu'il lui était impossible,
après une victoire, de donner à l'ennemi vaincu le
temps de se rallier, et qu'il ne traiterait qu'à Berlin.

____

Capitulation d'Erfurth. — Les débris de l'armée
prussienne, poursuivie de tous côtés par les Français,
avaient pris, le soir même de la bataille d'Iéna, la
route de Weissensée. Le maréchal Soult se dirigea le
lendemain vers cette ville avec le centre et une partie
de la cavalerie pour atteindre les fuyards. En même
temps, Murat, à la tête d'un corps de cavalerie et des
troupes des maréchaux Ney et Augereau, se porta sur
Erfurth, et Bernadotte marcha avec son corps d'armée
sur Querfurth, au-delà de la rivière d'Unstruth. Le
corps du maréchal Davoust, qui avait le plus souffert,
alla occuper Naumbourg et Freybourg et les hauteurs
situées entre ces deux villes pour s'y reposer pendant
un jour. Le maréchal Lannes se dirigea aussi vers
Freybourg.

Les Prussiens avaient formé à Erfurth des magasins
considérables. Cette ville était alors occupée par 14,000
hommes, qui se composaient de l'ancienne garnison,
des blessés et des fuyards de l'armée battue à Auerstadt
et à Iéna. Erfurth fut investi, le 15 octobre, à midi,
et aussitôt Murat fit sommer le commandant de lui
livrer la place, ce que celui-ci effectua à onze heures
du soir, après avoir obtenu le consentement du prince
d'Orange et du feld-maréchal Mollendorf, qui s'étaient
réfugiés dans cette ville. Une capitulation fut conclue,
en vertu de laquelle la garnison et toutes les troupes
prussiennes eurent la faculté de sortir de la ville avec
tous les honneurs de la guerre pour se rendre à Halle,
qui était la ville des États prussiens la plus rapprochée
d'Erfurth. On trouva dans la place cent vingt pièces
d'artillerie parfaitement approvisionnées, et des magasins immenses.

____

Combat et prise de Halle. — Le prince de Wurtemberg avait pris position à Halle avec la réserve prussienne, forte de 25,000 hommes environ. Quand l'Em-

pereur en fut informé, il ordonna à Bernadotte de quitter Querfurth, et de se trouver, dans la matinée du 17 octobre, en mesure d'attaquer l'ennemi, afin que celui-ci ne pût pas se fortifier sur la rive droite de la Saale. Le jour dit, à neuf heures du matin, le maréchal Bernadotte disposait son attaque. Il envoya la division Dupont prendre position vis-à-vis du pont construit sur la Saale et qui conduit à la ville de Halle, et ordonna au général Drouet de se porter à gauche pour passer la Saale, entre Halle et Geibschenstein, et occuper la grande route de Magdebourg. Pendant que la droite et la gauche exécutaient ainsi leur mouvement, le général Tilly fit déployer sa cavalerie légère devant Halle, en masquant une batterie d'artillerie qui la suivait, et se montra à l'ennemi. Le mouvement du général Drouet ayant pour but de déborder la droite du prince de Wurtemberg, la division Rivaud, pour être à portée de soutenir ce mouvement, fut placée à Zoïhauss comme réserve. Quand toutes ces dispositions furent exécutées, Bernadotte ordonna au général Dupont de commencer l'attaque, et dirigea la division Tilly, qui se trouvait exposée au canon de Halle, vers le point où le général Drouet allait traverser la rivière. Dupont n'attendit pas que ce passage fût effectué pour engager le combat devant le pont, ce qui fit croire au prince de Wurtemberg qu'il n'avait affaire qu'à une division d'avant-garde. Dans cette croyance, il n'envoya à la défense du pont qu'une partie de ses troupes qu'il fit soutenir par de fortes réserves. Mais le colonel Barrois, à la tête du 96e régiment de ligne, s'avança au pas de charge et eut bientôt enlevé la tête du pont. Cependant, comme l'ennemi était fortement retranché à l'autre extrémité, ce succès ne livra pas entièrement le passage aux Français, et une vive fusillade se prolongea sur ce point. Barrois, furieux de voir que le canon éclaircissait les rangs de ses braves soldats, se mit à la tête de ses grenadiers, s'élança sur les barricades qui le séparaient de l'ennemi, et rejeta avec tant d'impétuosité les Prussiens sur la ville, qu'ils n'eurent pas le temps de se rallier pour en défendre l'entrée. Le 96e y pénétra la baïonnette en avant.

Pendant cet engagement, le général Drouet avait traversé la Saale, appuyé par la cavalerie du général Tilly. Dès que le prince de Wurtemberg l'aperçut, il fit déployer toutes ses forces devant la division du général Drouet, qui n'hésita pas à attaquer cette masse de troupes. L'artillerie légère fut placée en batterie, et le général Tilly couvrit la gauche de la division. La fusillade était à peine engagée, que le général Rivaud, à la tête de sa division, arriva à l'appui des troupes de Drouet. Enhardi par ce renfort, celui-ci fit battre la charge et croiser la baïonnette sans répondre au feu des Prussiens, qui tiraient toujours à bout portant. Chargés vigoureusement, les ennemis commencèrent à reculer. Le général Warlé, voyant le mouvement rétrograde, fit faire au 27e léger, qui avait percé le premier la ligne opposée, un changement de front à droite, et cette partie de la ligne fut débordée. 2,000 hommes mirent bas les armes; les Français se trouvèrent maîtres de la position de la rive droite de la Saale, sur la route de Magdebourg.

L'ennemi s'étant établi sur des hauteurs, en arrière de Halle, le général Dupont les en débusqua d'abord avec le 9e régiment d'infanterie légère. Mais le prince de Wurtemberg ayant fait avancer ses réserves, ce régiment ne put se maintenir dans la position qu'il venait de conquérir. Les Prussiens s'avancèrent jusqu'à la porte de Halle : ils y furent vigoureusement chargés et repoussés vers leur point de départ. Dupont, ayant alors couronné les hauteurs de Halle, à la gauche de la route de Leipsick, opéra sa jonction avec le général Drouet, et le champ de bataille resta aux troupes françaises.

Le prince de Wurtemberg effectua sa retraite sur Zorbig et Radegast.

La victoire de Halle fit tomber entre les mains des Français trente-cinq pièces de canon, 5,000 prisonniers, et les deux drapeaux du régiment de Treskow, faits prisonniers en entier par la division du général Drouet.

Le maréchal Davoust entra le lendemain à Leipsick, où il trouva un grand dépôt de marchandises anglaises qui servit à habiller et équiper les troupes.

Marche sur Berlin. — Après le combat de Halle, les trois corps du maréchal Davoust, du maréchal Lannes et du maréchal Augereau, le grand duc de Berg et la garde impériale, sous les ordres des maréchaux Lefèvre et Bessières, marchèrent sur Berlin par les deux routes qui conduisent à cette capitale. — Un ordre du jour fit connaître à l'armée que l'Empereur, voulant témoigner sa satisfaction au troisième corps (celui du maréchal Davoust) par la plus belle récompense pour des Français, avait ordonné que ce corps entrerait le premier à Berlin, le 25 octobre.

En effet, dix jours après la seule bataille qui eût été livrée, Berlin, au jour désigné, vit entrer dans ses murs le corps français qui avait battu l'armée principale, conduite par le roi et le duc de Brunswick. Ce dernier était mourant; le roi avait passé l'Oder.

Neutralité des Saxons. — Entrée à Potsdam. — Poursuivis par les Français, qui les chassaient de toutes leurs positions, les Prussiens virent encore s'aggraver leur situation, déjà bien triste, par l'abandon des Saxons, qui, renonçant à faire cause commune avec eux, se retirèrent sur Meissen après avoir rendu aux Français la majeure partie de leurs chevaux. Par cet arrangement, ils restaient en état de neutralité.

Le 25 octobre, le maréchal Lannes prit possession de Potsdam, qui avait été abandonné par la cour de Prusse, et où l'Empereur arriva le même jour avec une partie de son quartier général. Napoléon trouva dans le palais du roi l'épée du grand Frédéric, la ceinture que ce monarque-soldat avait portée dans la guerre de sept ans, et le grand cordon de l'Aigle noire. En s'emparant de ces précieuses reliques, l'Empereur s'écria : « J'aime mieux cela que vingt millions : je les « enverrai à mes vieux soldats des campagnes de Ha-« novre; j'en ferai présent au gouverneur des Inva-« lides, qui les gardera comme un témoignage mémo-« rable des victoires de la Grande-Armée, et de la «vengeance qu'elle a tirée des désastres de Rosbach.»

Une vie active comme celle de l'Empereur ne pouvait manquer de donner lieu à de curieux rapprochements : on sait qu'il était le premier à les saisir. Aussi ne manqua-t-il pas de faire remarquer que c'était au même jour de l'année précédente qu'était arrivé dans cette ville l'empereur Alexandre, qui, en jetant la Prusse dans de fausses voies, avait fini par amener, mais sous de différents auspices, au tombeau de Frédéric II, le chef du gouvernement français. Tout était dans les châteaux de Postdam et de Sans-Souci sur le même pied que si le roi de Prusse y eût été attendu.

L'homme qui venait de renverser la colonne de Rosbach, était plus que personne capable d'apprécier dignement celui qui l'avait élevée. Une des premières démarches de l'Empereur fut de visiter le caveau où reposent, dans un cercueil de bois de cèdre sans ornement, les cendres de Fréderic, et de rendre ainsi honneur à ce grand capitaine.

Capitulation de Spandau. — Le jour même où Napoléon entrait à Postdam, c'est-à-dire le 25 octobre, le maréchal Lannes se faisait ouvrir les portes de Spandau, place forte située à moitié chemin de Postdam à Berlin, et qui était défendue par une garnison de 1,200 hommes. La capitulation n'accorda la liberté qu'aux officiers, qui furent libres de se retirer où ils voudraient.

Entrée de l'Empereur à Berlin. — De Postdam, l'Empereur alla, le 26 octobre, visiter la place de Spandau. Il se rendit le même soir à Charlottenbourg. Le 27, il fit son entrée solennelle à Berlin, reçut aux portes de la ville les hommages du corps municipal, et descendit au vieux château, moins généreux sous ce rapport à l'égard du roi de Prusse qu'il ne l'avait été envers l'empereur d'Autriche, dont il avait évité d'habiter la capitale. Le château de Charlottenbourg lui eût offert les mêmes avantages que celui de Schœnbrunn.

«Les premières paroles de l'Empereur à Berlin, dit M. Bignon, ne furent pas, comme en Autriche, des paroles de bienveillance. — Dès le lendemain de son entrée, l'Empereur rendit visite à la veuve du célèbre prince Henri et au vieux prince Ferdinand, dernier frère de Fréderic II, et père du prince Louis, tué à Saalfeld. Il recommanda les attentions les plus délicates pour la princesse Auguste, sœur du roi, princesse héréditaire de Hesse-Cassel, restée dans le château de Berlin, où elle était récemment accouchée, et fit assurer des fonds mensuels pour l'entretien de la maison de cette princesse. Par ces démonstrations de courtoisie envers des personnes qu'il regardait comme étrangères à la guerre, il semblait qu'il cherchât à couvrir la violence de ses sorties contre la reine et le parti dont elle avait secondé les passions anti-françaises.

«Dans la première audience où l'Empereur reçut le corps diplomatique et les principaux personnages du pays, distinguant les paisibles citoyens de Berlin de la faction de château qui les avait dominés, et rappelant les insultes faites au roi lui-même dans la personne de ses ministres par les officiers de la garde, il

dit ce mot, justement condamné : «Je rendrai cette «noblesse de cour si petite, qu'elle sera obligée de «mendier son pain.» Dans cette même audience, il s'adressa au comte de Néale : «Eh bien, monsieur, «vos femmes ont voulu la guerre : en voici le résul-«tat.» On avait saisi une lettre de sa fille à la marquise de Lucchesini, où elle disait : «Napoléon ne veut pas «la guerre; c'est pour cela qu'il faut la lui faire.»

Proclamation de l'Empereur. — Le lendemain de son entrée à Berlin, l'Empereur fit mettre à l'ordre de l'armée la proclamation suivante :

«SOLDATS !

«Vous avez justifié mon attente et répondu dignement à la confiance du peuple français. Vous avez «supporté les privations et les fatigues avec autant de «courage que vous avez montré d'intrépidité et de «sang-froid au milieu des combats. Vous êtes les dignes «défenseurs de l'honneur de ma couronne et la gloire «du grand peuple : tant que vous serez animés de cet «esprit, rien ne pourra vous résister. Je ne sais désor-«mais à quelle arme donner la préférence..... Vous êtes «tous de bons soldats. Voici le résultat de nos travaux :

«Une des premières puissances militaires de l'Eu-«rope, qui osa naguère nous proposer une honteuse «capitulation, est anéantie. Les forêts, les défilés de «la Franconie, la Saale, l'Elbe, que nos pères n'eussent «pas traversés en sept ans, nous les avons traversés en «sept jours, et livré dans l'intervalle quatre combats «et une grande bataille. Nous avons précédé à Post-«dam, à Berlin, la renommée de nos victoires. Nous «avons fait 60,000 prisonniers, pris soixante-cinq dra-«peaux, parmi lesquels ceux des gardes du roi de «Prusse, six cents pièces de canon, trois forteresses, «plus de vingt généraux : cependant plus de la moitié «de vous regrettent de n'avoir pas tiré un coup de fu-«sil. Toutes les provinces de la monarchie prussienne, «jusqu'à l'Oder, sont en notre pouvoir.

«Soldats ! les Russes se vantent de venir à nous; nous «marcherons à leur rencontre; nous leur épargnerons «la moitié du chemin : ils retrouveront Austerlitz au «milieu de la Prusse. Une nation qui a aussitôt oublié «la générosité dont nous avons usé envers elle, après «cette bataille où son Empereur, sa cour, les débris «de son armée, n'ont dû leur salut qu'à la capitulation «que nous leur avons accordée, est une nation qui ne «saurait lutter avec succès contre nous.

«Cependant, tandis que nous marchons au-de-«vant des Russes, de nouvelles armées, formées dans «l'intérieur de l'Empire, viennent prendre notre place «pour garder nos conquêtes. Mon peuple tout entier «s'est levé, indigné de la honteuse capitulation que «les ministres prussiens nous ont proposées. Nos rou-«tes et nos villes frontières sont remplies de conscrits «qui brûlent de marcher sur vos traces. Nous ne se-«rons plus désormais les jouets d'une paix traîtresse, «et nous ne poserons plus les armes que nous n'ayons «obligé les Anglais, ces éternels ennemis de notre «nation, à renoncer au projet de troubler le continent «et à la tyrannie des mers.

«Soldats, je ne puis mieux exprimer les sentiments

«que j'éprouve pour vous, qu'en disant que je porte «dans mon cœur l'amour que vous me montrez tous «les jours.»

Après une bataille importante, l'Empereur avait pour habitude de passer successivement en revue les différens corps de son armée. Quand vint le tour du corps du maréchal Davoust, qui s'était si admirablement conduit à la journée d'Auerstadt, l'Empereur dit aux officiers et sous-officiers, qu'il avait fait former en cercle : «Vous vous êtes couverts de gloire à la bataille d'Iéna : j'en conserverai un éternel souvenir. Les «braves qui sont morts ont succombé avec gloire ; nous «devons tous désirer de mourir dans des circonstances «semblables.»Quand le corps d'Augereau défila devant lui, il dit au maréchal : «Votre corps seul est plus «fort que tout ce qui reste au roi de Prusse, et pour-«tant vous n'êtes que la dixième partie de mon armée.»

Combat de Zehdenick. — Les débris de l'armée prussienne précipitaient leur retraite sur l'Oder. Pour leur couper la retraite, le général Savary, aide de camp de l'Empereur, se dirigea sur Neustadt avec un régiment de cavalerie, et Murat, dans le même but, se porta sur Zehdenick avec la brigade de cavalerie légère du général Lasalle et les divisions de dragons Beaumont et Grouchy.

Le 26 octobre, vers trois heures de l'après-midi, Murat rencontra à Zehdenick l'arrière-garde du prince de Hohenlohe, et parvint, avec la brigade du général Lasalle, à la contenir jusqu'à ce que les deux divisions Grouchy et Beaumont fussent arrivées. Quoique l'ennemi fût bien supérieur en force, le général Lasalle le chargea avec tant d'impétuosité qu'il le culbuta et le rejeta dans les défilés étroits qui se trouvent à la sortie du village de Zehdenick. Le régiment prussien des dragons de la reine ayant tenté de se reformer, les dragons de la division Grouchy le chargèrent et en firent un affreux carnage. Cette arrière-garde ennemie, qui était forte de 6,000 hommes, fut mise en pleine déroute ; trois cents Prussiens restèrent sur le champ de bataille, sept cents furent fait prisonniers, et le reste fut culbuté dans les marais. Les Français prirent en outre l'étendard du régiment de la reine, brodé de la main même de cette princesse.

Combat de Wigneensdorf. — Après cette brillante affaire, Murat se porta sur Templin et Prentzlow. En route, il donna ordre au général Milhaud de se diriger, avec le 13ᵉ régiment de chasseurs, sur la gauche, vers Boitzenburg, pendant que le général Lasalle marchait directement sur Prentzlow. Murat, ayant appris que l'ennemi était en force à Boitzenburg, se porta sur Wigneensdorf, au lieu de suivre son avant-garde, que commandait le général Lasalle. Arrivé près de ce village, il aperçut, sur la gauche, une brigade ennemie qui s'était postée là pour couper le 13ᵉ de chasseurs. Les dragons du général Grouchy chargèrent cette brigade et la culbutèrent en un instant sur un lac qui se trouvait près de là. Il fallut que cette brigade, toute composée des gendarmes du Roi, capitulât pour ne pas être noyée. Les officiers obtinrent la faculté de se reti-

rer sur parole dans leurs foyers ; mais les soldats restèrent prisonniers de guerre, et remirent leurs chevaux aux vainqueurs.

Combat de Prentzlow. — *Capitulation du corps de Hohenlohe.* — Après le combat de Wigneensdorf, Murat continua sa marche sur Prentzlow, où le général Lasalle était déjà arrivé à la tête de sa brigade de cavalerie. De nombreuses forces ennemies occupaient cette ville ; le général Lasalle se contenta de rester en observation jusqu'à ce qu'il fut joint par Murat, qui amenait avec lui les divisions Beaumont et Grouchy.

Enfin la jonction de toute la cavalerie française s'étant opérée le 28 octobre, à dix heures du matin, Murat donna ordre à Lasalle d'attaquer les Prussiens dans les faubourgs de Prentzlow, et le fit soutenir par les deux divisions de dragons et par dix pièces d'artillerie légère. Pendant qu'une brigade tournait la ville, trois régiments de dragons traversèrent, au village de Golmitz, la petite rivière d'Uker, qui passe dans Prentzlow, et chargèrent les Prussiens en flanc ; l'artillerie légère seconda cette attaque, et son feu embarrassa beaucoup les mouvements des ennemis. Une charge vigoureuse de Grouchy culbuta les défenseurs des faubourgs, et les força à se jeter en désordre dans la ville. Quoique les portes de Prentzlow fussent déjà brisées, Murat, voulant épargner aux habitants les terribles résultats d'un combat dans les rues, fit sommer les Prussiens de mettre bas les armes. Le prince de Hohenlohe se rendit à cette injonction, et défila devant la cavalerie française avec 16,000 hommes d'infanterie, six régiments de cavalerie, soixante-quatre pièces d'artillerie attelées et quarante-cinq drapeaux et étendards.

Toutes les troupes de la maison du roi de Prusse qui avaient échappé aux batailles d'Iéna et d'Auerstadt, se trouvèrent, par suite du combat de Prentzlow, au pouvoir des Français.

Durant le combat de Prentzlow, six mille hommes du corps du prince de Hohenlohe avaient cherché à se retirer par Passewalk, au-dessus de Prentzlow. Le 29 octobre, le général Milhaud, à la tête du 13ᵉ de chasseurs et du 9ᵉ de dragons, leur fit mettre bas les armes. La cavalerie française prit ainsi deux mille chevaux sellés et bridés, avec les sabres des cavaliers ennemis.

Capitulation de Stettin. — Le même jour, le général Lasalle s'avança, avec sa brigade de cavalerie, jusque sous les murs de Stettin, qui capitula sans faire la moindre résistance, et à la première sommation. Stettin, forteresse bien armée, renfermait cent soixante pièces de canon, de nombreux magasins, et six mille hommes de garnison.

Jonction du duc de Saxe-Weimar et de Blucher. — Le rendez-vous général des débris de l'armée prussienne était sur les rives de l'Oder, et c'était pour gagner ce fleuve que le duc de Saxe-Weimar, à la tête de toutes les réserves qu'il avait pu réunir, venait de passer l'Elbe au-dessus de l'embouchure de la rivière de Haven. Le maréchal Soult qui, de Magdebourg, s'était porté dans la direction de cette colonne pour lui couper la retraite, rencontra à Rathenau cinq escadrons de la cavalerie du duc de Saxe, qui demandèrent à capituler. Un peu plus loin, à Winterhausen, un court engagement lui livra quelques prisonniers; mais il ne put empêcher la colonne ennemie d'atteindre les frontières du duché de Mecklenbourg.

Cette colonne put se réunir au corps du général Blücher, qui, après l'affaire de Zehdenick, s'était séparé du prince de Hohenlohe, avec lequel il avait été jusqu'alors en communication, et s'était porté sur Wahren dans l'espérance de gagner la Baltique, et de s'y embarquer pour se réunir par mer à l'armée russe. C'était sa seule ressource, toute retraite sur l'Oder lui étant coupée. Le général Blücher se trouva ainsi à la tête d'une petite armée de 21,000 hommes.

Les Français poursuivent Blücher. — Après la capitulation du prince de Hohenlohe, Napoléon avait écrit à Murat : «Il n'y a rien de fait tant qu'il reste à faire; vous avez débordé le corps du général Blücher, que j'apprenne bientôt que ces troupes ont éprouvé le sort de celles du prince de Hohenlohe.»

Pour se conformer à cet ordre, le grand-duc de Berg, après la prise de Stettin, vint se réunir, avec une partie de sa cavalerie, aux corps qui se disposaient, dans le Mecklenbourg, à anéantir ce qui restait encore de l'armée prussienne. Ces corps étaient ceux de Bernadotte et de Soult; il faut y joindre un détachement de cavalerie légère qui servait aux communications des corps entre eux. Ce détachement, commandé par le général Savary, se composait du 7e de chasseurs et du 1er de hussards.

Murat établit son quartier général à Friedland, où il arriva le 31 octobre avec sa cavalerie. Ce jour-là même, il envoya le général Becker, avec une brigade de dragons, pour s'opposer au passage d'une colonne prussienne, commandée par le général Bila, et qui cherchait à gagner Anklam, ville de Poméranie prussienne, à l'embouchure de la rivière de Peene. Le général Becker, après avoir culbuté cette colonne dans une plaine en avant d'Anklam, entra dans la ville à la suite des fuyards qu'il força à capituler. 4,000 hommes mirent bas les armes; les soldats furent conduits en France et les officiers renvoyés sur parole.

Blücher, poursuivi par le grand-duc de Berg, qui cherchait à lui couper la retraite, se porta sur Schwerin, où il arriva le 1er novembre.

Le 3, Bernadotte était devant cette ville, où le général Blücher, déployant environ 1,200 chevaux avec de l'artillerie sur la rive gauche de la Sthor, paraissait déterminé à défendre le passage de cette rivière par le grand lac de Schwerin. Bernadotte fit aussitôt des dispositions d'attaque; mais elles n'empêchèrent pas le général Blücher de s'établir à Fahre et à Schwerin.

Le duc de Mecklenbourg étant alors à Schwerin, capitale de ses États, il n'était pas présumable que Blücher voulût se défendre dans cette ville au risque d'y attirer toutes les calamités de la guerre. En effet, le 4, au matin, Bernadotte apprit que l'ennemi venait d'évacuer Fahre. Bien sûr alors de la direction que prenait Blücher, il fit passer la Sthor à ses troupes légères pour inquiéter l'ennemi sur Godebusch sans traverser Schwerin. Le gros des troupes et l'artillerie suivirent ce mouvement, et le maréchal entra dans la ville avec une escorte de quelques hussards. Là, il apprit que le général prussien avait dirigé sur Wismar de la cavalerie et de l'infanterie destinées à soutenir quelques détachements prussiens et suédois qui se trouvaient encore en présence de Murat. Ces troupes avaient encore pour but de favoriser l'embarquement de la garnison suédoise qui se trouvait à Wismar et de tout le matériel qu'on pourrait placer sur les bâtiments. Le général Savary s'avançait également sur Wismar à la tête d'un détachement de cavalerie; il rencontra les troupes détachées par Blücher, les mit en déroute, les rejeta dans Wismar et les poursuivit pendant une lieue sur le chemin de Grevismulhen; mais il ne put pas atteindre les bâtiments chargés de troupes suédoises, et qui étaient dans le Walfisch. Ces bâtiments gagnèrent le large pendant le combat.

Combat, prise et sac de Lubeck. — Dans sa situation critique, le général Blücher ne songea plus qu'à atteindre Lubeck le plus promptement possible, espérant pouvoir tenir assez long-temps dans cette ville pour obtenir une capitulation honorable, dans le cas où il lui serait impossible de s'embarquer à Trawemund.

Mais craignant d'être devancé sur Lubeck, et pour ne pas être harcelé sur Schœnberg, par où il faisait sa retraite, il envoya vers Grewismuhlen un second détachement pour soutenir le premier qui, de Wismar, devait prendre cette direction. Quand ce second détachement arriva, le premier se défendait contre la cavalerie française qui l'avait poursuivi depuis Wismar. Ce secours permit aux Prussiens, après un combat de deux ou trois heures, de se replier sur Schœnberg en assez bon ordre, en détruisant le pont de Burzow sur la Stepnitz.

Blücher, ayant ainsi couvert sa retraite, occupa Lubeck le 5 novembre avec son infanterie. Il fit placer une partie de son artillerie sur les bastions qui défendent les portes de Ratzburg et de Trawemund, et annonça l'intention de se défendre jusqu'à la dernière extrémité. Lubeck située sur la rive droite de la Trave, au milieu d'une plaine marécageuse, a, de ce même côté, trois portes qui s'ouvrent sur la campagne : la Hœxter-Thor, au nord, du côté de la mer; la Burg-Thor, à l'est, sur la route de Schwerin, et la Mühl-Thor, au sud, sur la route de Ratzburg. Une quatrième porte est au pont qui conduit à la rive gauche de la Trave et dans le Holstein.

Lubeck étant une ville neutre, le sénat protesta contre son occupation par l'armée prussienne; mais Blücher ne tint aucun compte des observations qu'on lui fit; il répondit que dans la circonstance où il se trouvait la nécessité faisait loi; il garantit la sûreté des habitants et de leurs propriétés, à condition qu'on lui donnerait le logement pour ses troupes, des vivres, des souliers, des munitions, et que la ville supporterait une contribution à titre d'emprunt. N'obtenant rien de Blücher, le sénat voulait envoyer une députation au quartier général de l'armée française; mais le commandant prussien ne permit pas à cette députation de sortir de la ville.

Bernadotte, Soult et Murat furent réunis devant Lubeck le 6 novembre, et le même jour, entre sept et huit heures du matin, les avant-postes prussiens furent attaqués en même temps sur les deux principales directions.

Après avoir reconnu la position entre les deux routes de Shœnberg et de Trawemunde, Bernadotte donna ordre au général Éblé d'établir un grand feu d'artillerie sur la Burg-Thor, et, à la faveur de ce feu, il disposa la division Drouet, en colonne par régiment, derrière les maisons et les jardins; la division Rivaud et la plus grande partie de celle du général Dupont, furent mises en masse sur le coteau à cheval sur la route de Schœnberg; la cavalerie fut placée sur les ailes et en arrière. Bernadotte fit ensuite attaquer la porte par les deux routes. Le général Werlé, à la tête du 27ᵉ régiment d'infanterie légère, longea le bois qui se trouve entre les deux routes, et traversa les marais pour gagner la route de Trawemunde, pendant que le général Drouet suivait la route de Schœnberg avec les 94ᵉ et 95ᵉ régiments.

Le 27ᵉ régiment se précipita sur le Burg-Thor; mais un feu terrible de mitraille et de mousqueterie le força de reculer et d'aller se reformer en arrière. Profitant de ce moment, le général Frère qui, avec le 94ᵉ, marchait à la hauteur du 27ᵉ, assaillit le retranchement. Les palissades furent brisées à coups de hache et de crosses de fusil, malgré tous les efforts des Prussiens qui les défendaient, et dont il fut fait une horrible boucherie. Les barrières furent forcées, les pièces de la courtine et du bastion de droite renversées, et les canonniers tués sur leurs pièces. Le régiment français pénétra dans la ville; mais pendant qu'il défilait, les seize pièces d'un des bastions situés au-delà de la Trave le prenaient en flanc; le reste de la division Drouet le suivit en s'exposant au même péril, ainsi que la division Rivaud, que Bernadotte envoya promptement pour secourir la première. Le général Dupont resta en réserve, au dehors, avec sa division.

Ainsi deux divisions avaient pénétré dans la ville par le Burg-Thor; mais pour arriver au bastion qui foudroyait le défilé, il fallait passer la Trave et occuper la porte de Holstein; enfin, pour hâter la jonction du corps de Bernadotte et de celui du maréchal Soult, ce qui devait promptement terminer l'affaire, il fallait seconder l'attaque de ce maréchal par une attaque intérieure au Mühl-Thor. Les Prussiens tenaient ferme malgré le désordre que la brusque attaque des Français avait jeté dans leurs rangs.

Blücher était dans son cabinet, occupé à donner des ordres, lorsque le redoublement de la canonnade, la fusillade dans les rues, et les cris venant de la Burg-Thor, l'avertirent que le danger était plus grand qu'il ne le croyait. La marche des Français était si rapide qu'il eut à peine le temps de sortir avec son fils. Tout son état-major fut pris dans son propre logement.

Bientôt le bastion, dont le feu meurtrier faisait tant de mal aux assiégeans, et les portes de la ville furent enlevées. Un régiment prussien et un bataillon de grenadiers s'étaient postés sur les toits des maisons et sur les remparts, dont ils avaient retourné les canons sur la ville, et ils soutenaient ainsi la double attaque du dehors et du dedans. Ils furent faits prisonniers au nombre de deux mille.

Le général Blücher essaya inutilement de se maintenir dans Lubeck, il fut obligé d'en sortir. Déjà le général Drouet attaquait vigoureusement le pont de la Trave et la porte du Holstein; ses tirailleurs, postés dans les maisons voisines du pont et sur les remparts, fusillaient tout ce qui passait. — Trois bataillons et quelques débris, voilà tout ce qui sortit de Lubeck, et il y était entré vingt-deux bataillons! Le général Drouet se mit à la poursuite de ces restes de l'armée de Blücher, sur la route de Schwartau. Bernadotte chargea la division Rivaud et sa cavalerie de le soutenir.

Lubeck fut exposée jusqu'à la nuit à toutes les horreurs, suites d'une prise d'assaut. Les rues, les maisons, et jusqu'aux églises, furent témoins des plus horribles excès. Plus de 30,000 soldats prirent part à ces sanglants désordres; mais enfin le maréchal Bernadotte et les chefs de corps parvinrent à rétablir la tranquillité.

———

Capitulation de Blücher. — La prise de Lubeck avait anéanti toutes les espérances de Blücher; il venait de perdre plus des trois quarts de son infanterie : c'est à peine s'il lui restait 5,000 hommes. Mais sa cavalerie était encore intacte; elle n'était point entrée dans Lubeck; elle était restée pendant le combat sur la rive gauche de la Trave, vers Schwartau, près de la frontière danoise. Blücher s'empressa d'aller la rejoindre avec les débris de son infanterie, et ayant ainsi rallié environ 10,000 hommes, il se hâta de chercher un asile sur le territoire du Danemarck.

Murat, Soult et Bernadotte firent, dans la nuit du 6 novembre, leurs dispositions pour marcher sur les débris de l'armée prussienne et les forcer à mettre bas les armes. Le 7, dès la pointe du jour, ils rassemblèrent leurs troupes et sortirent de Lubeck. L'infanterie de Bernadotte se porta sur Schwartau, et Murat, avec la brigade du général Lasalle et la division de cuirassiers du général d'Hautpoul, manœuvra à sa hauteur et sur son flanc droit, entre la route de Holstein et celle de Trawemunde.

Les arrière-postes prussiens, placés près de Schwartau, ne tardèrent pas à être joints par le 27ᵉ régiment d'infanterie, qui marchait en tête des troupes du général Drouet. Après un court engagement, le général Blücher se décida à capituler. Une négociation fut promptement conclue, par laquelle le général prussien se rendait prisonnier avec tout ce qui lui restait de troupes et de matériel. Dès que cette capitulation eut été signée, les Prussiens défilèrent, en présence de l'armée française, avec leurs armes et leurs drapeaux déployés. Puis, dès qu'ils eurent dépassé l'aile gauche, ils mirent bas les armes.

———

Reddition de Custrin et de Magdebourg. — Pendant que les trois corps de Murat, de Soult et de Bernadotte battaient les Prussiens dans le Mecklenbourg, les autres chefs de corps de l'armée française n'obtenaient pas moins de succès d'un autre côté.—C'est ainsi que le maréchal Davoust, passant l'Oder à Francfort, s'était présenté le 1er novembre devant Custrin. Quoique défendue par une garnison de 4,000 hommes et par quatre-vingt-dix pièces en batterie sur les remparts, cette place se rendit à la division Gudin sans faire aucune résistance. L'occupation de cette forteresse avait cela d'avantageux pour les Français qu'elle les rendait entièrement maîtres du cours de l'Oder.

La forteresse de Magdebourg ne tarda pas, non plus, à capituler. Bloquée le 1er novembre par le maréchal Ney, elle fut bombardée le 8. Les obus et les bombes ayant incendié un grand nombre de maisons, les habitants forcèrent le comte de Kleist, gouverneur général, à demander une capitulation qui fut accordée et signée le jour même. Cette conquête mit au pouvoir des Français 22,000 hommes, dont 20 généraux et 800 officiers, cinquante-quatre drapeaux, cinq étendards, huit cents pièces de canon, un matériel immense d'artillerie et un million de poudre. Les soldats restèrent prisonniers; les généraux et les officiers furent renvoyés sur parole dans leurs foyers.

Occupation de la Hesse électorale. — Dans les premiers jours d'octobre, l'Empereur avait confié au maréchal Mortier le commandement d'un nouveau corps d'armée, composé de troupes françaises et hollandaises rassemblées en Hollande.

Le maréchal s'avança vers l'électorat de Hesse-Cassel, dont le souverain avait secrètement fait alliance avec le roi de Prusse, quoique son envoyé à Paris eût assuré l'Empereur des intentions amicales de son maître.

Le 1er novembre, le quartier général du maréchal Mortier était aux portes de Cassel, qui fut sommée de recevoir les troupes gallo-bataves. Cette sommation eut un plein succès, et le maréchal Mortier fit occuper la ville. Le lendemain, il fit savoir aux habitants qu'il prenait possession de la Hesse électorale au nom de l'empereur Napoléon, et enjoignit aux troupes de déposer les armes comme prisonnières de guerre, en laissant les soldats libres de rester en Allemagne s'ils voulaient prendre du service dans l'armée française, ce qu'un grand nombre accepta. Le général de division Lagrange fut nommé gouverneur du pays de Hesse-Cassel.

Mortier marcha ensuite sur le Hanovre et sur Hambourg.

Occupation du Hanovre. — *Prise de Hameln et de Niemburg.* — Quelques détachements prussiens, qui étaient restés dans l'électorat de Hanovre, en ayant été chassés par les troupes du maréchal Mortier, s'étaient jetés dans Hameln et Nienbourg. D'autres débris qui, après la journée d'Iéna et d'Auerstadt, n'avaient pas réussi à passer l'Elbe, s'étaient aussi réfugiés dans ces places; enfin le général Lecoq qui, avec une colonne de 5 à 6,000 hommes, n'avait pu rejoindre ni le prince de Hohenlohe ni le général Blücher, s'était renfermé dans Hameln. Le total des troupes qui occupaient cette dernière place pouvait s'élever ainsi à 10,000 hommes environ.

Hameln était commandée par le général Schœler; cette place avait des fortifications excellentes; elle était abondamment pourvue de vivres et de munitions. Le roi de Hollande marcha de Wurtzbourg et de Paderborn sur Hameln; la division du général Milhaud suivit le cours du Weser, et celle du général Gobert arriva devant Hameln le 7 novembre.

Le roi de Hollande avait formé une avant-garde, dont il avait donné le commandement au général-major Debroc. Cette avant-garde était composée du 22e régiment de ligne français, d'un détachement de la garde royale à cheval, du 2e régiment de hussards hollandais et de deux pièces d'artillerie légère.

Ce corps rencontra, au village de Gross-Barckel, un fort détachement ennemi, composé des dragons de Brunswick et d'un escadron des hussards de Blücher. Après un court engagement, les Prussiens furent culbutés et ramenés jusque sur les glacis.

Le blocus était formé sur les deux rives du fleuve; mais les Prussiens avaient le temps de préparer une belle défense avant que les Français pussent être en mesure de pousser le siège avec vigueur. L'Empereur, qui connaissait l'importance de Hameln et ses moyens de défense, s'attendait à une vive et longue résistance; il chargea le général Savary d'activer la reddition de cette place. Arrivé devant Hameln le 19 novembre, Savary eut le lendemain une conférence avec le général Lecoq et les autres généraux prussiens; et en leur peignant la situation des choses, il parvint à leur persuader qu'ils n'avaient d'autre ressource que de capituler. La garnison, composée, comme nous l'avons dit, d'environ 10,000 hommes, se rendit prisonnière à une armée assiégeante qui en comptait à peine quatre mille. On trouva dans la place des munitions suffisantes à la nourriture de 10,000 hommes pendant six mois, une compagnie d'artillerie et 300 chevaux de cavalerie.

Le général Savary se porta ensuite sur la place de Nienbourg, qui était étroitement bloquée depuis le 1er novembre. Cette place était défendue par une garnison de 3,000 hommes, qui avaient en abondance des vivres et des munitions. Malgré tout cela, Nienbourg capitula le 25 novembre. L'occupation du Hanovre se trouva complétée par la prise de cette place.

Armistice. — L'armée prussienne était anéantie; des 200,000 hommes dont elle se composait lors de l'entrée en campagne, elle était réduite à 20,000 renfermés dans quelques places de la Silésie et du duché de Varsovie. Dans cette position, et voyant le retard que la Russie mettait à venir à son secours, le roi de Prusse vit qu'il n'avait plus d'autre parti à prendre que de solliciter la paix. Des négociations s'entamèrent à cet effet, et, le 16 novembre, le grand maréchal du palais Duroc, le marquis de Lucchesini et le général Zastrow signèrent un armistice, par lequel le roi de Prusse s'engageait à remettre à l'empereur Napoléon toutes les places qui lui restaient.

Décret de blocus des îles Britanniques. — En attendant la ratification de cet armistice par le roi de Prusse, Napoléon rendit, dans le palais de Berlin, ce fameux décret par lequel les îles Britanniques étaient déclarées en état de blocus:

Ce décret portait que tout commerce et toute correspondance avec les îles Britanniques étant interdit, les lettres et paquets adressés en Angleterre ou à un anglais, ou écrits en langue anglaise, n'auraient pas cours aux postes et seraient saisis; que tout sujet de l'Angleterre qui serait trouvé dans les pays occupés par les troupes françaises ou par les alliés de la France, serait prisonnier de guerre; que tout magasin, toute marchandise, toute propriété appartenant à un sujet de l'Angleterre, serait déclaré de bonne prise; et qu'aucun bâtiment anglais ne serait reçu dans un port du continent.

Le décret de blocus des îles Britanniques était une représaille foudroyante à l'ordre du ministère anglais, qui mettait les ports de la Manche en état de blocus. Cette mesure, que les ennemis de Napoléon lui ont si souvent reprochée, n'a pas besoin d'être justifiée. Une grande nation, qui possède avec ses alliés plus de deux mille lieues de côte, cent vaisseaux de ligne et des colonies, ne pouvait tolérer l'arrogance de l'Angleterre, prétendant fermer nos ports sans avoir besoin de flottes ni de vaisseaux, au moyen d'un simple arrêté ministériel.

Napoléon et la princesse d'Halzfeld. — L'Empereur signala son séjour à Berlin par un trait de clémence qui mérite à juste titre l'admiration de la postérité.

Le prince d'Halzfeld avait été conservé par l'Empereur dans le commandement de Berlin. Un jour, en sortant d'une audience qu'il avait eue de l'Empereur, il fut arrêté; il devait être traduit devant une commission militaire, et aurait été inévitablement condamné à mort. Une lettre adressée par lui au général Hohenlohe, interceptée aux avant-postes, avait appris que, quoiqu'il prétendît ne s'occuper que du gouvernement civil de Berlin, il instruisait l'ennemi des mouvements des Français. Sa femme, fille du ministre Schulembourg, vint se jeter aux pieds de Napoléon; elle croyait que la haine de son père contre la France était la seule cause de l'arrestation de son mari. L'Empereur la détrompa bientôt, et lui fit connaître qu'on avait saisi des papiers dont résultait la preuve évidente que son mari jouait un double rôle, et que les lois de la guerre étaient impitoyables pour un pareil crime. La princesse attribuait à l'imposture cette accusation qu'elle appelait une calomnie de ses ennemis : «Vous connaissez l'écriture de votre mari, dit l'Empereur, je vais vous en faire juge.» Il fit apporter la lettre interceptée, et la lui remit. Cette dame, enceinte de plus de huit mois, s'évanouissait à chaque mot qui lui découvrait jusqu'à quel point son mari était compromis. Napoléon, touché de la douleur et des angoisses qui la déchiraient, lui dit avec bonté : «Hé bien, vous tenez cette lettre, jetez-là au feu; cette pièce anéantie, je ne pourrai plus faire condamner votre mari.» La princesse reconnaissante obéit, et son mari fut sauvé.

Le roi de Prusse ne ratifie pas l'armistice. — L'Empereur resta à Berlin jusqu'au 25 novembre, attendant la ratification de l'armistice; mais le roi de Prusse n'avait déjà plus la possibilité d'accepter cette suspension d'armes. D'une part il ne pouvait contraindre l'empereur de Russie, dont il avait sollicité l'alliance, à retirer ses armées, qui se trouvaient déjà sur le territoire prussien; et de l'autre, il ne pouvait, sans trahir la confiance de l'empereur Alexandre, livrer aux Français les places fortes sur la Vistule, Grandentz et Dantzick.

Napoléon quitte Berlin. — *Mouvement de l'armée française.* — L'empereur Napoléon, dans la prévision de ce qui devait arriver, avait, avant son départ pour Posen, échelonné ses corps d'armée de façon à porter, dans le plus court espace de temps possible, la totalité de ses forces sur la haute Vistule. Il pouvait à volonté occuper immédiatement Varsovie et les autres places dont il avait demandé la cession, où passer le fleuve pour prendre l'offensive avant que les alliés eussent opéré leur jonction.

Il décida que Varsovie serait occupée par Murat avec la brigade du général Milhaud, celle du général Lasalle, les divisions Klein, Beaumont et Nansouty, enfin avec le corps du maréchal Davoust tout entier et celui du maréchal Lannes, en tout plus de 50,000 hommes; que le maréchal Augereau laisserait la brigade de cavalerie, sous les ordres du général Durosnel, sur l'extrémité de sa gauche, près de Grandentz, bordant la Vistule, et qu'il filerait avec toute son infanterie, en suivant, à une marche en arrière, le maréchal Lannes, sur la rive gauche du fleuve, par Brezesc et Kowald. Le 24 novembre, le maréchal Ney devait arriver à Posen, où son corps d'armée, fort de 12,000 hommes, se réunissait; le 25, le corps entier du maréchal Soult devait être réuni à Francfort-sur-l'Oder; et enfin le prince Jérôme devait être rendu, le 28, à Kalitsch, avec le corps bavarois, fort d'environ 15,000 hommes.

Bernadotte, qui, de ses cantonnemens autour de Lubeck, s'était porté avec tout son corps d'armée sur Berlin, eut ordre de diriger sa cavalerie légère sur Custrin, et son infanterie sur Francfort, formant ainsi l'arrière garde de la Grande-Armée. Le maréchal Ney, qui le précédait, marcha, le 1er décembre, de Posen sur Bromberg et sur Thorn; sa cavalerie légère releva celle du général Durosnel, qui rejoignit le corps d'armée du maréchal Augereau, auquel elle appartenait. L'Empereur, voulant passer la Vistule à Thorn, et faire de cette place sa principale tête de pont, donna l'ordre au maréchal Ney d'y porter sa plus forte division, et de s'emparer de l'île pour préparer le rétablissement du pont si l'ennemi venait à passer le fleuve.

Entrée de l'Empereur en Pologne. — L'Empereur avait désigné Posen comme lieu de réunion d'une partie de son armée; il y transporta, le 27 novembre, son quartier général.

La Pologne avait été vaincue, divisée, morcelée, avée du rang des nations... Les restes de ses héroïques défenseurs n'avaient trouvé d'asile que dans les armées républicaines, où ils avaient combattu, en Italie et en Égypte, à côté des soldats de Rivoli et des Pyramides. Le brave peuple polonais, quoique soumis à un joug étranger, était habitué à tourner un regard d'espérance vers le peuple français : il attendait de la France son salut et sa liberté. Aucune déception n'avait encore trompé cette généreuse confiance. La présence de nos troupes en Pologne excita donc un enthousiasme qui ne peut être comparé qu'à celui de la grande majorité des Français en 1789. Le dévouement dont les Polonais s'empressaient de donner des preuves au maréchal Davoust, entré le premier sur leur territoire, augmenta encore lorsque l'Empereur vint établir son quartier général à Posen. Les nombreux partisans de l'ancienne indépendance se portèrent en foule au-devant de celui qu'ils regardaient comme le libérateur de la Pologne. Remplis d'admiration pour le vainqueur des Coalitions, et versant des larmes généreuses, ils réclamaient de lui l'affranchissement de leur patrie, le rétablissement du trône libre du grand Sobiesky, de ce Sobiesky qui avait sauvé à Vienne la liberté des peuples de l'Allemagne, et qui ne se doutait pas qu'un jour ces mêmes nations allemandes se réuniraient aux hordes moscovites pour soumettre au joug étranger les descendants de leurs courageux libérateurs.

Ah ! sans doute Napoléon nourrissait au fond de son cœur le généreux dessein de rendre une patrie à ces héroïques opprimés. Leurs nobles sentiments parlaient à son âme ; il les comprenait et les encourageait.

« L'amour de la patrie, disait-il alors dans un de ses «bulletins, ce sentiment national, s'est non-seulement «conservé en entier dans le cœur du peuple polonais, «mais il a été retrempé par le malheur ; sa première «passion, son premier désir, est de redevenir nation. «Les plus riches sortent de leurs châteaux pour venir «demander à grands cris le rétablissement du royaume, «et nous offrent leurs enfants, leur fortune, leur in-«fluence. Ce spectacle est vraiment touchant. Déjà ils «ont partout repris leur ancien costume, leurs an-«ciennes habitudes.»

Les questions de haute politique revenaient ensuite se placer entre ses désirs et sa puissance. Il ajoutait :

« Le trône de Pologne se rétablira-t-il, et cette «grande nation reprendra-t-elle son existence et son «indépendance ? Du fond du tombeau renaîtra-t-elle à «la vie ? Dieu seul, qui tient dans ses mains les combi-«naisons de tous les événements, est l'arbitre de ce «grand problème politique ; mais certes il n'y aura ja-«mais d'événement plus mémorable, plus digne d'in-«térêt.»

Pourquoi faut-il qu'alors l'Empereur n'ait pas cédé à ses inspirations ! Il voulait recomposer la Pologne. Deux fois il parut en avoir la possibilité, en 1807 et en 1812, et deux fois de fatales circonstances, de grands embarras politiques le forcèrent d'ajourner l'exécution de ce projet. Le rétablissement de la Pologne aurait aliéné l'Autriche, et rendu tout traité impossible avec la Prusse et la Russie. L'empereur, pour rendre aux Polonais une patrie, attendait que la victoire remît entre ses mains les moyens d'indemniser les puissances auxquelles il devait reprendre les anciennes provinces polonaises.

Ce fut donc avec la ferme volonté de rétablir la Pologne dans un temps plus ou moins rapproché, qu'il reçut à Posen la députation de la haute noblesse ; il lui fit l'accueil le plus encourageant ; ses discours et ses promesses entretinrent l'espérance que les nobles Polonais avaient conçue, de voir enfin leur patrie renaître de ses cendres. Cette espérance suffit pour les exciter à faire tous leurs efforts pour seconder Napoléon. Ils prirent les armes, et formèrent, sous la conduite du général Dombrowsky, depuis long-temps admis dans nos rangs, des régiments qui rendirent, par la suite, d'importants services aux armées françaises.

Entrée des Français à Varsovie. — Murat partit de Posen le 27 novembre et se dirigea sur Lowicz, pour pousser de là une forte reconnaissance sur Varsovie. Le général Beningsen, chargé de défendre les abords de cette ville, avait placé une forte avant-garde sur les bords de la Bzura. Le général Beaumont poussa cette avant-garde jusqu'à Blonie. Poursuivis vivement, les Russes se retirèrent sur la Vistule, et évacuèrent à la hâte la capitale de la Pologne, où Murat entra dans la soirée du 28 novembre, à la tête d'une partie de sa cavalerie. Davoust y arriva le 30, et fut promptement suivi des maréchaux Lannes et Augereau.

Proclamation. — *Décret.* — Quand l'Empereur apprit à Posen la nouvelle de l'occupation de Varsovie, il fit mettre, le 2 décembre, la proclamation suivante à l'ordre de l'armée :

«Soldats !

«Il y a aujourd'hui un an, à cette heure même, que «vous étiez sur le champ mémorable d'Austerlitz. Les «bataillons russes, épouvantés, fuyaient en déroute, «ou, enveloppés, rendaient les armes à leurs vain-«queurs. Le lendemain, ils firent entendre des paroles «de paix ; mais elles étaient trompeuses. A peine échap-«pés, par l'effet d'une générosité peut-être condam-«nable, aux désastres de la troisième coalition, ils en ont «ourdi une quatrième ; mais l'allié sur la tactique du-«quel ils fondaient leur principale espérance n'est déjà «plus. Ses places fortes, ses capitales, ses magasins, ses «arsenaux, deux cent quatre-vingts drapeaux, sept «cents pièces de bataille, cinq grandes places de guerre, «sont en notre pouvoir ; l'Oder, la Wartha, les déserts «de la Pologne, les mauvais temps de la saison n'ont «pu vous arrêter un moment. Vous avez tout bravé, «tout surmonté, tout a fui à votre approche. C'est en «vain que les Russes ont voulu défendre la capitale de «cette ancienne et illustre Pologne, l'aigle française «plane sur la Vistule. Le brave et infortuné Polonais, «en vous voyant, croit revoir les légions de Sobiesky «de retour de leur mémorable expédition.

«Soldats ! nous ne déposerons point les armes que la «paix générale n'ait affermi et assuré la puissance de «nos alliés, n'ait restitué à notre commerce sa liberté «et ses colonies. Nous avons conquis, sur l'Elbe et l'O-«der, Pondichéry, nos établissements des Indes, le cap «de Bonne-Espérance et les colonies espagnoles. Qui

«donnerait le droit de faire espérer aux Russes de ba-
«lancer les destins? qui leur donnerait le droit de ren-
«verser de si justes desseins? *Eux et nous, ne sommes-
«nous pas les soldats d'Austerlitz?»*

Cette belle proclamation était suivie d'un décret
dont nous citerons quelques articles, et qui, en prou-
vant à l'armée combien l'Empereur avait soin de sa
gloire, l'encourageait à de nouveaux triomphes.

Art. 1er Il sera établi, sur l'emplacement de la Madeleine dans notre bonne ville de Paris, aux frais du
trésor de notre couronne, un monument dédié à la
Grande-Armée, portant sur le frontispice: *L'empereur
Napoléon aux soldats de la Grande-Armée.*

Art. II. Dans l'intérieur du monument seront ins-
crits sur des tables de marbre les noms de tous les
hommes par corps d'armée et par régiment qui ont
assisté aux batailles d'Ulm, d'Austerlitz et d'Iéna, et
sur des tables d'or massif, les noms de tous ceux qui
sont morts sur les champs de bataille; sur des tables
d'argent sera gravée la récapitulation par département
des soldats que chaque département aura fournis à la
Grande-Armée.

Art. III. Autour de la salle seront sculptés des bas-
reliefs, où seront représentés les colonels de chacun
des régiments de la Grande-Armée avec leurs noms;
ces bas-reliefs seront faits de manière que les colonels
soient groupés autour de leurs généraux de division
et de brigade, par corps d'armée. Les statues en marbre
des maréchaux qui ont commandé des corps, ou qui
ont fait partie de la Grande-Armée, seront placées
dans l'intérieur de la salle.

Art. IV. Les armures, statues, monuments de toute
espèce, enlevés par la Grande-Armée dans ces deux
campagnes; les drapeaux, étendards et timbales conquis par la Grande-Armée, avec le nom des régiments
ennemis auxquels ils appartenaient, seront déposés
dans l'intérieur du monument.

Art. V. Tous les ans, aux anniversaires des batailles
d'Austerlitz et d'Iéna, le monument sera illuminé, et
il sera donné un concert, précédé d'un discours sur les
vertus nécessaires au soldat, et d'un éloge de ceux qui
périrent sur le champ de bataille dans ces journées
mémorables. Un mois avant, un concours sera ouvert
pour recevoir les meilleurs pièces de poésie et de musique analogues aux circonstances. Une médaille d'or
de 150 doubles napoléons sera donnée aux auteurs de
chacune de ces pièces qui auront remporté le prix.
Dans les discours et odes, *il est expressément défendu de faire aucune mention de l'Empereur!*...

L'ordre de Napoléon aurait sans doute été exécuté.
On n'aurait pas parlé du grand homme, mais il eût été
présent à toutes les pensées.

*Passage de la Vistule. — Prise de Praga. — Prise
de Thorn.* — La proclamation de l'Empereur eut sur
le moral des soldats un effet impossible à décrire,
et l'on put voir promptement l'effet qu'elle avait produit. A peine entrées à Varsovie, les troupes de Murat
et de Davoust se précipitèrent à la poursuite des Russes.
Ceux-ci avaient rompu le pont sur la Vistule; mais
cet obstacle ne put arrêter les Français: ils passèrent
le fleuve à la nage, et s'emparèrent de Praga. Davoust
établit son quartier général en avant de ce faubourg,
et la cavalerie de Murat se porta sur les bords du Bug,
que l'ennemi venait de traverser.

De son côté, le maréchal Ney, avec la gauche de
l'armée, passa la Vistule à Thorn, que les Prussiens
occupaient encore, le 6 décembre. Le colonel Savary
traversa le fleuve à la tête du 14e régiment d'infanterie légère, et des grenadiers et voltigeurs du 76e de
ligne et du 6e d'infanterie légère, combattit les Prussiens dans Thorn, et les força d'évacuer cette ville
après leur avoir tué quelques hommes et fait une trentaine de prisonniers.

*Forces de l'armée russe. — Elle cesse de battre en
retraite.* — Le maréchal Ney n'avait devant lui qu'une
partie de la droite de l'armée russe, formée du corps
aux ordres du général Tolstoï et des débris prussiens
du général Lestocq. Le corps du général Lestocq était
d'environ 20,000 hommes, mais il attendait des renforts.

Deux autres corps plus considérables composaient
le gros de l'armée russe; ils étaient commandés par les
généraux Beningsen et Buxhœwden; le feld maréchal
Kamensky en avait le commandement en chef. L'armée russe destinée à agir contre les Français, présentait, y compris la garde et les grenadiers sous les
ordres du grand-duc Constantin, une masse de 180 bataillons et de 205 escadrons (170,000 hommes d'infanterie et 30,000 chevaux). Cette armée avait en outre
cinq cent quatre-vingt-huit pièces d'artillerie. Le projet du général Kamenski était d'abord de reculer afin
d'attirer les Français dans un pays difficile et privé de
ressources; mais un nouveau plan d'opérations tout-à-
fait contraire, et que l'empereur Alexandre approuva,
fit suspendre la retraite des troupes russes qui durent reprendre l'offensive. Ces troupes se reportè-
rent sur la Narew et sur le Bug; le général Beningsen
concentra son corps d'armée à Pultusk, et établit son
quartier général au château de Sierock.

Combat de Czarnowo. — En apprenant que les
Russes venaient de changer le plan de leurs opérations, l'Empereur pressa le mouvement de ses troupes
qui toutes eurent l'ordre de se rendre à marches forcées sur la Vistule.

Napoléon arriva à Varsovie le 29 décembre; mais
ayant hâte de se rendre aux avant-postes de l'armée,
il ne resta que quatre jours dans cette capitale, et, le
23, à neuf heures du matin, il passa le Bug et fit jeter
un pont au confluent de l'Ukra.

La division Morand, faisant partie du corps d'armée
de Davoust, passa cette rivière et s'avança sur les retranchements que les Russes avaient fait élever près
du rivage à Czarnowo. Une brigade de cavalerie légère, conduite par le général Marulaz, appuyait le
mouvement de l'infanterie de Morand, qui fut également suivie de la division de dragons du général Beaumont. Le combat s'engagea aussitôt à Czarnowo. Le
général Petit, à la tête du 12e de ligne, passa également
la rivière pour enlever les redoutes du pont. Cette

attaque eut un plein succès, toutes les batteries de Czarnowo et celles du pont furent promptement enlevées, et les 15,000 hommes qui les défendaient furent culbutés et mis en déroute.

Combat de Biezun. — Le but de l'empereur des Français était de séparer les Russes des troupes prussiennes du général Lestocq. L'ennemi, s'apercevant de ce projet, tenta de reprendre la position de Biezun, qui était pour lui d'une grande importance, et, le 23, à huit heures du matin, des colonnes prussiennes débouchèrent à cet effet par plusieurs routes. Le maréchal Bessières occupait Biezun depuis le 19, n'ayant, avec sa cavalerie, que deux compagnies d'infanterie auxquelles il avait confié la défense du pont. A l'approche de l'ennemi, qui s'avançait en force, et qui, déjà maître du petit village de Karmidjen, l'avait fait occuper par un bataillon d'infanterie, il ordonna au général Grouchy de déboucher avec sa division. Celui-ci chargea la ligne ennemie avant qu'elle eût achevé de se former, la rompit, et culbuta dans les marais l'infanterie et la cavalerie prussiennes au nombre de 5 à 6,000 hommes; 500 prisonniers, cinq pièces de canon et deux étendards tombèrent au pouvoir des Français.

Combats de Nasielsk et de Cursomb. — L'Empereur, ayant appris que les Russes étaient en force du côté de Nasielsk, et qu'ils avaient déployé leur ligne en arrière de ce bourg, chargea, le 24 novembre, le général Lemarrois de les débusquer de cette position. Ce général, avec un corps de cavalerie de 12 à 1,300 hommes, composé de dragons et de chasseurs, parvint, après une vive résistance, à s'emparer de Nasielsk. Toutes les positions environnantes étaient encore occupées par les Russes; mais ils ne les gardèrent pas long-temps : à l'arrivée du général Friant, qui s'avança sur ce point avec sa division, ils se retirèrent en abandonnant plusieurs pièces d'artillerie.

Pendant ce combat, un corps assez nombreux de cavalerie ennemie, ayant passé l'Ukra en avant de Cursomb, fut culbuté par le général Nansouty, qui avait avec lui la division de dragons du général Klein et une brigade de cavalerie légère. Après cette escarmouche, le maréchal Augereau passa la rivière au même point, et mit en déroute 15,000 hommes qui tentaient de s'opposer à son passage.

Prise de Dzialdow. — Voici quelle était, le 25 décembre, la position de l'armée française : la gauche, composée des corps des maréchaux Ney, Bernadotte et Bessières, débouchait de Biezun et des environs sur la route qui conduit à Grodno; le maréchal Soult arrivait à Ciechanow; le maréchal Augereau s'avançait sur Gollymin; le maréchal Davoust entre Gollymin et Pultusk; enfin le maréchal Lannes sur cette dernière ville directement.

Le corps du maréchal Ney fut chargé d'éloigner de l'Ukra les troupes prussiennes du général Lestocq, et de les séparer des Russes. En conséquence, le général Marchand s'avança, le 23, sur les Prussiens réunis à Gurzno, les poursuivit jusqu'à Kumsbrock, et, le 25,

atteignit et entama leur arrière-garde. Le 26, le maréchal Ney fit avancer ses divisions pour attaquer l'ennemi à Dzialdow et à Mlawa, où il s'était concentré. Dzialdow était occupé par 7,000 hommes sous les ordres du général Lestocq; mais, malgré leur résistance, ils furent forcés d'évacuer cette position, et se retirèrent à Niedenburg.

Combat de Pultusk. — Cependant le maréchal Lannes s'avançait directement sur Pultusk. Cette ville était occupée par le général Benningsen, avec des forces considérables qu'il avait placées en ordre de bataille sur le plateau découvert et cultivé qui domine la ville en deçà de la Narew. Ce champ de bataille était celui qui convenait le mieux au général ennemi. Un peu en avant des bouquets de bois qui entourent le plateau, le terrain s'élève et incline vers la ville, en sorte que la crête masquait entièrement la position de l'armée russe.

Le maréchal Lannes arriva devant Pultusk, le 26 décembre, à huit heures du matin. Après avoir reconnu lui-même la position de l'ennemi, il donna l'ordre au général Claparède, qui commandait l'avant-garde, d'enlever, avec le 17e régiment d'infanterie légère, la hauteur occupée par les avant-postes russes. Aux premiers coups de canon, ces avant-postes se dispersèrent, et le maréchal, à la vue de l'armée ennemie, rangée en bataille sur trois lignes, put juger des forces qui lui étaient opposées. Lannes disposa aussitôt son ordre de bataille, et fit ranger ses troupes sur deux lignes formant un front beaucoup moins étendu que celui des Russes, et couvert en partie par les bois. La division Suchet fut placée en première ligne, celle du général Gazan en seconde ligne, et la division Gudin, alors commandée par le général Daultaune, sur la gauche.

A dix heures du matin, la canonnade s'engagea à demi-portée. Les bataillons de droite du général Suchet (le 17e régiment d'infanterie légère et la cavalerie), commandés par le général Claparède, attaquèrent avec beaucoup de vigueur. L'action fut des plus chaudes; les Russes, bien retranchés, se défendirent avec courage. La victoire fut long-temps balancée; on se battit jusqu'à la nuit; mais, à ce moment, les Français ayant obtenu successivement quelques avantages, les Russes, craignant d'être débordés sur leur droite, évacuèrent Pultusk, et se retirèrent sur Ostrolenka. Cette retraite se fit en bon ordre; mais l'ennemi laissa sur le champ de bataille plus de 2,000 morts, 1,500 blessés, 1,800 prisonniers, douze pièces de canon et un grand nombre de caissons et de chariots de bagages. Le maréchal Lannes fut légèrement blessé d'une balle.

Combat de Gollymin. — Pendant que le maréchal battait Benningsen à Pultusk, Murat, réuni aux maréchaux Davoust et Augereau, attaquait à Gollymin le corps du général Buxhoewden, dont faisait partie une des divisions battues à Nasielsk.

Les Russes, vaincus à cette affaire, avaient été chaudement poursuivis par le maréchal Davoust, à la tête des deux divisions Friant et Morand. Enfin le maréchal atteignit leur arrière-garde, la chargea et se rendit maître d'un bois près duquel était le camp ennemi. En même temps, le maréchal Augereau prenait les Russes en flanc, le général Lapisse, à la tête du 16e régiment d'infanterie légère, enlevait à la baïonnette un village sur lequel ils s'appuyaient; enfin le général Heudelet, déployant sa division, marchait sur la ligne ennemie. Le combat commença avec impétuosité; les Russes se défendirent vaillamment, et ce ne fut qu'à onze heures du soir qu'ils firent leur retraite, après avoir perdu beaucoup de monde. Le combat de Gollymin coûta à l'armée française le général Fenerolle, qui fut tué par un boulet. — Le maréchal Augereau eut un cheval tué sous lui.

Le maréchal Soult se dirigea sur Makow pour couper la retraite aux Russes; mais le mauvais état des chemins, en arrêtant la marche des Français, empêcha l'armée ennemie d'être entièrement anéantie.

Dans les divers combats qu'ils venaient de livrer, les Russes avaient perdu quatre-vingts pièces de canon, presque tous leurs caissons, douze cents voitures de bagages et 10,000 hommes tués ou prisonniers.

Le roi de Prusse se retire à Memel. — Le général Benningsen prétendit avoir remporté l'avantage à Pultusk, parce qu'il effectua sa retraite sur Ostrolenka, en bon ordre et sans être poursuivi; il envoya même un rapport où il présentait cette affaire comme une victoire. Le roi de Prusse, avec toute sa cour, se trouvait alors à Kœnigsberg. Le rapport mensonger de Benningsen fut lu publiquement sur les places et dans les carrefours de la ville. On chanta un *Te Deum*, et on ordonna des réjouissances pour célébrer ce retour inespéré de fortune; mais les rapports plus exacts du général Lestocq, et l'arrivée de quelques officiers d'état-major, instruits de tous les détails du combat, firent connaître le véritable état des choses. La consternation succéda à l'enthousiasme, on perdit toutes les espérances qu'on avait fondées sur le concours des Russes. Le trésor, les effets précieux et les chancelleries furent embarqués et dirigés sur Memel, où le roi et la reine de Prusse, évacuant Kœnigsberg, ne tardèrent pas aussi à se retirer.

Le combat de Pultusk eut encore pour résultat d'accroître la désunion qui régnait déjà entre les généraux Kamenski, Benningsen et Buxhœwden. Le premier, dégoûté du peu de subordination de ses lieutenants, abandonna le commandement en chef, qui lui passa à Benningsen, dont la jactance excessive passait pour du génie militaire, et avait réussi à éblouir l'empereur Alexandre.

L'armée française entre en quartiers d'hiver. — La rigueur de la saison et l'état des routes rendant impossible la continuation des hostilités, l'Empereur dut se résoudre à faire prendre à son armée des quartiers d'hiver en Pologne; mais désirant d'abord assurer le front de la ligne de ses cantonnements, avant d'assigner à ses troupes les positions où elles devaient attendre la reprise des hostilités, il détacha de Pultusk le général Corbineau, un de ses aides de camp, avec trois régiments de cavalerie légère, lui ordonna de remonter le

Bug dans la direction de Brok, et de suivre les Russes dans leur retraite sur Ostrolenka. Ce détachement trouva cette ville évacuée par les troupes ennemies.

Le corps du maréchal Soult et les brigades de cavalerie du général Lasalle, nouvellement nommé général de division, bordèrent la petite rivière d'Orzyc, qui se jette dans la Narew, afin de couvrir les cantonnements de l'armée. Les corps des maréchaux Davoust et Lannes, formant la droite française, furent placés à Pultusk et sur les bords du Bug; les corps des maréchaux Bernadotte, Ney et Bessières, composant la gauche, occupèrent les rives de la Vistule; le corps du maréchal Augereau prit ses cantonnements dans les environs de Varsovie, où l'Empereur revint établir son quartier général.

Opérations en Silésie. — *Prise de Glogau et de Breslau.* — Napoléon avait laissé en Silésie son frère Jérôme, en le chargeant de réduire les places fortes de cette province prussienne.

La première opération du prince fut de faire investir Glogau. Il chargea le général Vandamme, commandant des troupes fournies par le roi de Wurtemberg, de conduire le siége de cette place, et, se mettant à la tête des divisions bavaroises des généraux de Wrede et Deroi, il ne s'occupa que du soin de prendre possession de la province, et se dirigea vers Kalisch.

Le siége de Glogau fut poussé vigoureusement par Vandamme. Des mortiers et des pièces de siége, tirées de Custrin, commencèrent à jouer sur la place, dès le 29 novembre, et décidèrent le général Reinhart à ouvrir les portes de la place, où les Français entrèrent le 2 décembre. 2,500 hommes mirent bas les armes. Les Français s'emparèrent, en outre, de deux cents pièces de canon et d'approvisionnements considérables.

Après la reddition de Glogau, le général Vandamme reçut l'ordre de faire l'investissement de Breslau, capitale de la Silésie; Vandamme devait agir sur la rive gauche de l'Oder, et Jérôme devait quitter Kalisch pour venir prendre le commandement en chef, et compléter l'investissement par la rive droite.

L'investissement fut commencé par le général Montbrun avec trois régiments de cavalerie wurtembergeoise; Vandamme arriva à Lissa, le 6 décembre, à la tête de l'infanterie, et, après avoir reconnu le côté occidental de la place, défendu par une garnison de 6,000 hommes, on détermina des deux côtés du faubourg Saint-Nicolas l'emplacement de deux tranchées et de deux batteries incendiaires qui, dans la matinée du 10, furent en état d'agir.

La veille, le prince Jérôme était arrivé à Hundsfeld avec une division et une brigade bavaroises. Une partie de cette division, commandée par le général Minucci, passa sur la rive gauche de l'Oder, au moyen d'un pont établi à Cosel, et se réunit aux troupes du général Vandamme. Jérôme passa lui-même le fleuve le 10, et se rendit à Lissa, où il établit son quartier général.

La tranchée de droite avait en batterie, en ce moment, deux mortiers et trois obusiers; trois mortiers, un obusier de siége et trois obusiers de campagne occupaient la tranchée de gauche; sur la rive droite étaient disposées huit pièces, tant obusiers de campagne que canons de 6.

Le 10, à six heures du matin, les assiégeants commencèrent le feu que Jérôme fit cesser pour sommer la place de se rendre; cette sommation resta sans effet. Dans la nuit du 11 au 12, les Français augmentèrent leur artillerie, mais la pénurie des munitions fut cause que le feu se ralentit dans la journée du 12 et dans la nuit suivante.

Le 15, trente-deux pièces d'artillerie de tout genre étaient en batterie sur les deux rives de l'Oder, et recommencèrent à bombarder la place. Vers midi, Jérôme envoya une seconde sommation qui n'eut pas plus de succès que la première.

Jérôme, ayant appris qu'il circulait des proclamations par lesquelles le roi de Prusse invitait ses fidèles sujets de la Silésie à se joindre aux garnisons pour défendre les places, fit venir de Kalisch la division Deroi et la brigade de cavalerie du général Mazzanelli.

Le général Vandamme dirigea l'attaque sur une double enceinte à laquelle on ne pouvait arriver qu'en traversant deux fossés très larges et très profonds, et s'occupa des moyens d'inquiéter l'ennemi sur plusieurs points pour qu'il ne pût soupçonner le véritable point d'attaque.

Des radeaux furent construits, et devaient être transportés à la nuit tombante au faubourg d'Ohlau, pour tenter le passage; mais le pont de radeaux n'ayant pu être attaché à la lunette du point d'attaque qu'à sept heures du matin, on reconnut qu'il était trop tard, et on dut renoncer à ce moyen.

A cette époque, Jérôme, appelé près de l'Empereur, laissa au général Vandamme la direction du siége.

Dans ces entrefaites, Vandamme fut prévenu par le général Montbrun, en observation sur les routes d'Ohlau et de Strehlen, que le prince d'Anhalt-Pleiss, récemment nommé major général par le roi de Prusse, opérait un mouvement avec un corps de 4 à 5,000 hommes et six pièces de canon. Il envoya à sa rencontre la division Minucci, qui, le 24 décembre, attaqua le corps ennemi, le culbuta, lui prit toute son artillerie et 800 hommes.

Vandamme crut devoir instruire le gouverneur de Breslau de cet événement, en le prévenant des nouveaux moyens de destruction dont il pouvait disposer, et qui consistaient en quatre nouvelles batteries, dont il avait ordonné la construction pour y placer huit pièces de 24, six de 12 et deux mortiers. Le général ennemi demanda un armistice de vingt-quatre heures, et consentit à recevoir un parlementaire pour régler une capitulation. Mais ce parlementaire n'était pas encore dans la place, que le gouverneur, sous prétexte que l'on continuait les travaux de tranchée, rompit l'armistice, et déclara qu'il ne voulait plus entendre parler de capitulation.

Vandamme poussa dès lors activement les nouveaux travaux de siége; et, toutes les batteries se trouvant prêtes le 29 au matin, elles firent un feu continu.

Cependant le prince d'Anhalt était parvenu de nouveau à rassembler un corps plus considérable que le premier, et qui ne s'élevait pas à moins de 12 ou 13,000 hommes. Les généraux Montbrun et Minucci, mis à sa poursuite, l'anéantirent complétement; on lui prit sept pièces de canon, et on lui fit 1,800 prisonniers. Le reste fut dispersé. Le prince d'Anhalt se retira dans Schweidnitz, qui ne tarda pas à capituler.

Le siége et le bombardement de Breslau continuaient toujours; le gouverneur croyait que Glogau tenait encore, mais connaissant enfin la capitulation de cette place, il se décida à capituler aussi le 5 janvier. La garnison de Breslau resta prisonnière; les Français occupèrent la place le 7 janvier.

* * *

RÉSUMÉ CHRONOLOGIQUE.

1806.

6 OCTOBRE. Quatrième coalition contre la France. — Napoléon porte son quartier général à Bamberg.

9 — Commencement des hostilités.

10 — Combat de Saalfeld. — Mort du prince Louis de Prusse.

14 — Combat d'Auerstadt. — Bataille d'Iéna.

16 — Capitulation d'Erfurth.

17 — Combat de Halle. — Défaite de l'armée prussienne de réserve. — Convention de neutralité entre la Saxe et l'empereur Napoléon.

25 — Capitulation de Spandau.

27 — Entrée de Napoléon à Berlin. — Prise de Fulde.

28 et 29 — Combat de Prenzlow.

— — Prise de possession du duché de Brunswick.

— — Capitulation de la forteresse de Prenzlow.

29 — Capitulation de Stettin.

31 — Occupation de la Hesse électorale.

1er NOVEMBRE. Capitulation de Custrin.

3 — Décret impérial qui divise les États prussiens en quatre départements.

6 et 7 — Bataille de Lubeck.

8 — Capitulation de Magdebourg.

10 — Occupation de Posen. — Occupation du Hanovre.

16 — Suspension d'armes de Charlottenbourg, non ratifiée par la Prusse.

19 NOVEMBRE. Capitulation de Crentzchau. — Occupation de Hambourg et de Brême. — Capitulation de Hameln.

21 — Décret de Berlin, qui déclare les îles Britanniques en état de blocus.

25 — Capitulation de Niembourg.

— — Capitulation de Plassenbourg.

28 — La Russie déclare la guerre à la France

29 — Entrée de Murat à Varsovie.

2 DÉCEMBRE. Proclamation de l'Empereur.

— — Prise de Glogau en Silésie.

6 — Prise de Thorn.

9 — Combat de Gollup.

11 — Passage du Bug. — Traité de Posen avec l'Électeur de Saxe.

15 — Traité de Posen avec les princes de la maison ducale de Saxe.

19 — Arrivée de l'Empereur à Varsovie.

23 — L'Empereur passe le Bug. — Combat de Biezun.

24 — Combat de Nasielsk.

— — Combat de Cursomb. — Passage de l'Ukra.

25 — Combat de Pultusk. — L'armée prend ses quartiers d'hiver. — Retour de l'Empereur à Varsovie.

1807.

5 JANVIER. Prise de Breslau.

6 — Occupation de la Poméranie suédoise. — Combat de Wollin.

1807. — CAMPAGNE D'HIVER EN POLOGNE.
BATAILLE D'EYLAU.

SOMMAIRE.

Guerre de la Russie et de la Turquie. — Prévisions de Napoléon. — Paix avec la Saxe. — Invasion de la Poméranie suédoise. — Reprises des hostilités. — Combat de Mohrungen. — Combat de Bergfried. — Combats de Deppen et en avant de la Passarge. — Combat et prise de Hoff. Combat et prise d'Eylau. — Forces des deux armées. — Bataille d'Eylau. — L'Empereur visite le champ de bataille. — Proclamation. Arrivée du corps de Moldavie. — Combat d'Ostrolenka. — Prise de quartiers d'hiver.

ARMÉE FRANÇAISE.	ARMÉE RUSSE.
Général en chef. — L'Empereur Napoléon.	*Général en chef.* — Benningsen.

Guerre de la Russie et de la Turquie. — Prévisions de Napoléon. — L'Empereur, à son retour à Varsovie, reçut un courrier de Constantinople, lui annonçant la déclaration de guerre de la Porte à la Russie : il apprit en même temps les premiers succès des Russes en Moldavie [1]. Czerni-George, avec les Serviens, s'était emparé de l'importante forteresse de Belgrade, et Michelson s'avançait sur Bukarest pour lui tendre la main. La nouvelle du désastre des Prussiens et les premiers événements de la campagne de Pologne décidèrent le gouvernement russe à tirer un renfort de trente-six bataillons et de quarante escadrons de l'armée de Turquie. Ces troupes se dirigèrent en hâte sur le Bug.

Il importait à Napoléon de tirer parti de cette diversion importante, surtout par l'influence qu'elle devait avoir sur le cabinet de Vienne, en augmentant son irrésolution et l'empêchant de prendre le parti de la Russie. Il fit écrire, en conséquence, à Sébastiani, et adressa les ordres suivants à Marmont en Dalmatie :

« Un courrier, parti de Constantinople le 2 décembre, est arrivé à Varsovie le 30 : la Porte avait déclaré formellement la guerre à la Russie; et, le 29 novembre, l'ambassadeur russe était parti avec toute sa suite. Il règne à Constantinople un grand enthousiasme pour

cette guerre; vingt régiments de janissaires sont partis de Constantinople : on assure que vingt autres sont partis d'Asie pour se rendre en Europe. Déjà près de 60,000 hommes sont réunis à Hirssow. Passwan-Oglou en a 20,000 à Widdin. Le courrier assure que dans la Turquie l'on déploie la meilleure volonté. Mon intention est que vous envoyiez cinq officiers du génie et autant de l'artillerie à Constantinople. Vous écrirez au pacha de Bosnie et à celui de Scutari, afin qu'ils vous envoient des firmans pour certifier que les officiers sont arrivés. Faites passer des officiers d'état-major aux pachas de Bosnie et de Bulgarie, et aidez-les de tous vos moyens, comme conseils, approvisionnements et munitions. Il serait possible que la Porte demandât un corps de troupes, et ce corps ne peut avoir qu'un objet, celui de garnir le Danube. Je ne suis pas très éloigné de vous envoyer, avec 25,000 hommes, sur Widdin, et alors vous entreriez dans le système de la Grande-Armée, puisque vous en formeriez l'extrême droite; 25,000 Français, qui soutiendraient 60,000 Turcs, obligeraient les Russes, non pas à laisser 30,000 hommes sur le Danube, comme ils l'ont fait, mais à y envoyer encore une armée du double, ce qui ferait une diversion bien favorable à mes opérations; mais tout cela n'est encore qu'hypothétique. Ce que vous pouvez faire dans le moment, général, c'est d'envoyer vingt à trente officiers, si les pachas vous les demandent; mais ne donnez point de troupes, à moins que ce ne soient des détachements à cinq ou six lieues des frontières pour favoriser quelque expédition. Vous pouvez compter sur les Turcs comme sur de véritables alliés, et vous êtes autorisé à leur fournir ce que vous pourrez en cartouches, canons, poudre, etc., s'ils vous le demandent.

« Un ambassadeur de Perse et un de Constantinople se rendent à Varsovie, et quand vous recevrez cette lettre, ils seront déjà arrivés à Vienne. Ces deux grands empires sont de cœur attachés à la France, parce que la France seule peut les soutenir contre les entreprises ambitieuses de leurs ennemis. Dans cette circonstance importante, les Anglais hésitent et paraissent vouloir rester en paix avec la Porte ; cette dernière puissance s'est servie pour cela de la menace de transporter 40,000 hommes jusqu'aux portes d'Ispahan, et nos relations sont telles avec la Perse, que nous nous porterions sur

---

[1] La Russie n'avait pas attendu la déclaration de guerre pour envahir la Moldavie. Certaine, dès le milieu de 1806, que la Prusse ferait la guerre à la France, elle comptait paraître dans cette guerre, en auxiliaire, comme elle l'avait fait en 1805 pour l'Autriche : elle se flattait ainsi de pousser les limites de son empire jusqu'au Danube. L'Angleterre avait trop besoin de son alliance pour ne pas la seconder dans ce projet. Il ne fallait pour cela, d'ailleurs, qu'un motif de faire la guerre aux Turcs. L'influence que l'ambassadeur français Sébastiani prit sur le divan aussitôt après son arrivée, fournit ce prétexte. Le premier soin de cet ambassadeur avait été, suivant les instructions de l'Empereur, de faire renvoyer les hospodars de Moldavie, Ypsilanti et Morusi, élus sous l'influence de la Russie, consacrée par le traité de Yassi. La Russie était en droit de réclamer, et le fit vivement : les menaces de son ambassadeur, appuyées par celles de l'ambassadeur anglais, qui ne parlait que de faire bombarder Constantinople par une puissante escadre, firent rétablir ces hospodars.

Mais l'empereur Alexandre n'attendit pas cette satisfaction ; il ordonna au général Michelson d'envahir sans délai avec son armée les principautés, et de s'emparer des places turques qui bordent le Danube. Ce général passa le Dniester, le 3 novembre, et se répandit sans obstacle jusqu'aux frontières de Servie. Cette invasion plut à la fois à l'empereur de Russie, parce qu'il croyait en profiter, et à l'empereur des Français, parce qu'elle devait amener une puissante diversion en sa faveur. Et d'ailleurs, la prompte chute de la monarchie prussienne, en changeant la face des affaires, mettait tous les avantages de cette agression du côté de Napoléon.

l'Indus. Ce qui était chimérique autrefois, cesse de l'être dans ce moment où je reçois fréquemment des lettres des sultans ; non des lettres emphatiques et trompeuses, mais qui manifestent une grande crainte contre la puissance des Russes, et une grande confiance dans la protection de l'Empire français. Envoyez des officiers au général Sébastiani à Constantinople pour correspondre avec lui. L'éloignement de la Dalmatie à Varsovie est tel que vous devez beaucoup prendre sur vous. J'ai ordonné au général Sébastiani d'envoyer à Widdin un officier de son ambassade pour servir de correspondance intermédiaire avec Constantinople ; mais cela n'empêche pas que vous n'en fassiez partir un de votre côté pour cette ville.

«Il est bon que des officiers français parcourent les différentes provinces de la Turquie. Ils feront connaître tout le bien que je veux au grand-seigneur ; cela servira à exalter les têtes, et vous obtiendrez des renseignements qui vous seront utiles et que vous me transmettrez. En deux mots, monsieur le général, je suis l'ami sincère de la Turquie, et ne désire que lui faire du bien : conduisez-vous donc en conséquence. Je regarde comme l'événement le plus heureux dans notre position, celui de la déclaration de guerre de la Turquie à la Russie. Je remarque que, dans ces conjonctures d'un si grand intérêt, vous ne vous entremettez pas assez dans les affaires des pachas de Bukarest, de Bosnie et de Scutari, avec lesquels vous devez fréquemment correspondre.»

On voit que l'Empereur, avec son regard d'aigle, embrassait toutes les affaires, et s'attachait à faire concourir à son but toutes les circonstances que la marche des événements et les jeux de la fortune pouvaient lui offrir.

Paix avec la Saxe. — Quelques jours après la bataille d'Iéna, l'Empereur avait renvoyé tous les prisonniers saxons dans leurs foyers, et accordé la paix à l'électeur Frédéric-Auguste. Cette paix fut signée à Posen, le 11 décembre, et l'Électeur, admis dans la confédération du Rhin, reçut le titre de *Roi*.

Napoléon ne fut pas moins généreux envers la maison ducale de Saxe ; la paix avait été également signée avec elle, à Posen, le 15 décembre, et tous les princes qui en faisaient partie furent admis dans la confédération. L'Empereur se montra plus sévère à l'égard de trois autres princes souverains qui avaient aussi fait alliance avec la Russie : le vieux duc de Brunswick, qui mourut peu de temps après, Georges-Guillaume, électeur de Hesse-Cassel, et le prince de Nassau-Fulde, aujourd'hui roi de Hollande.

Invasion de la Poméranie suédoise. — Les places conquises sur le Haut-Oder assuraient à la droite la ligne d'opérations de la Grande-Armée ; le maréchal Mortier, commandant le 8e corps, avait reçu mission de l'assurer à sa gauche, sur le Bas-Oder, en deçà et au-delà de ce fleuve ; il lui était surtout recommandé de pénétrer dans la Poméranie suédoise.

Le maréchal était arrivé avec ses troupes à Anclam, et y avait établi son quartier général le 12 décembre 1806.

A son approche, les troupes suédoises qui occupaient la frontière de la Poméranie se replièrent sur Stralsund, qui en est la capitale, et dont la garnison se trouva ainsi renforcée. Le maréchal ne songea point à l'attaquer ; mais apprenant que la garnison prussienne de Colberg détachait des troupes jusque sur la rive droite de l'Oder, il porta un bataillon du 2e régiment d'infanterie légère sur l'île de Wollin, située à l'embouchure de l'Oder et appartenant à la Prusse. A peine trois compagnies de ce bataillon avaient-elles pris poste à Wollin, dès leur arrivée, le 6 janvier, qu'un détachement de la garnison de Colberg, fort de 1,000 hommes, 150 chevaux et 4 pièces de canon, vint les attaquer. L'infanterie investit la ville, pendant que la cavalerie, après avoir culbuté les avant-postes français, y entrait au galop. Mais les trois compagnies marchèrent sur les Prussiens au pas de charge, et les repoussèrent après leur avoir fait 100 prisonniers et s'être emparées de leur artillerie. Trois autres compagnies entrèrent dans Wollin pour mettre cette place à l'abri de toute surprise.

Bien qu'il n'eût pas encore le dessein de tenter le siége de Stralsund, le maréchal n'en voulut pas moins resserrer cette place, et, à cet effet, il s'empara successivement des postes de Volgast, de Greifswald, de Grimmen et de Grimm.

Pendant ce temps, les troupes qui devaient être chargées du siége de Dantzig se réunissaient ; elles se composaient du contingent du grand-duc de Bade et du corps polonais déjà organisé. Elles se dirigèrent promptement sur cette place. L'avant-garde, formée de la brigade polonaise du général Kosiwsky, faisant partie de la division aux ordres du général Dombrowski, prit poste à Stolpe pour couper la communication de Colberg avec Dantzig.

Reprises des hostilités. — *Combat de Mohrungen.* — Nous avons vu que l'Empereur, au lieu de poursuivre les Russes dans leur retraite, avait fait prendre à son armée des cantonnements d'hiver sur les bords de la Vistule. L'ennemi se méprit sur cette mesure, qu'il attribua à la crainte, et pensa qu'en faisant une trouée jusqu'au fleuve, qu'il se proposait de passer au-dessous de Thorn, il pourrait couper l'aile droite de l'armée française et s'avancer sur la Peene, pour reporter la guerre dans le voisinage des places qui se défendaient encore, et qu'il espérait délivrer.

Napoléon, devinant les desseins des Russes au premier avis de leur marche, et voulant les encourager dans ce projet, ordonna au maréchal Bernadotte de rétrograder, ce qu'il fit à Liebstadt, où une colonne se présenta le 23.

Le maréchal, suivi de la division Drouet, arriva, le 25 janvier, à Mohrungen ; ce poste était occupé par le général Pacthod, qui venait d'y être attaqué par les Russes. A l'arrivée des Français, ceux-ci suspendirent leur attaque ; leur cavalerie couronna les hauteurs qui environnent Mohrungen, et leur infanterie fila par derrière pour attaquer la division Drouet par sa droite. Mais Bernadotte, comprenant les projets de l'ennemi, prit l'offensive ; et, pendant que la ligne se formait, létacha un bataillon du 9e régiment d'infanterie légère contre le village de Pfarzersfeld, que trois batail'ons russes occupaient avec six pièces d'artillerie. L'ennemi fit renforcer ces trois bataillons, et le maréchal français ayant lui-même envoyé deux autres bataillons au soutien du premier, l'action s'engagea vivement. Le drapeau du 9e régiment tomba un instant au pouvoir des Russes, mais les soldats ne tardèrent pas à le ressaisir.

Les Russes étaient, comme nous l'avons dit, en position sur les hauteurs de Mohrungen. Le 8e régiment de ligne de la division Rivaud, les 27e d'infanterie légère et 94e de ligne, de la division Drouet, abordèrent l'ennemi en ne commençant le feu qu'à bout portant; en même temps, le général Dupont s'avança sur la route de Holland, village à moitié chemin d'Elbing à Mohrungen. Par ce mouvement, la droite de l'ennemi se trouva tournée; alors un bataillon du 32e fondit sur les Russes, et acheva de porter dans leurs rangs le désordre que l'attaque faite sur leur front avait déjà commencé.

L'ennemi voulut reprendre l'avantage par une belle charge de cavalerie; mais, bientôt obligés de reculer devant le 19e de dragons, secondé par le feu de l'infanterie française, les cavaliers russes abandonnèrent aux vainqueurs 50 prisonniers. Pendant cet engagement, Mohrungen avait été abandonné par le général Pacthod, qui s'était porté au soutien des combattants. 2,000 Russes, infanterie et cavalerie, s'y étant réfugiés, le maréchal envoya un bataillon du 8e régiment qui les en chassa, après leur avoir fait éprouver une perte nombreuse.

Cette affaire, dans laquelle 8,000 Français avaient eu 14,000 Russes à combattre, coûta à ceux-ci plus de 2,000 hommes mis hors de combat. Les Français n'en perdirent guère que 8 à 900, tant tués que blessés.

Combat de Bergfried. — Après être resté à Mohrungen jusqu'au lendemain, Bernadotte se mit en mouvement pour se rapprocher du corps d'armée du maréchal Ney, et arriva, le 28 janvier, à Lobau. L'Empereur lui avait adressé l'ordre de continuer sa marche rétrograde jusqu'à Thorn, afin d'attirer de plus en plus les Russes sur la Vistule; mais l'officier d'ordonnance qui portait cet ordre fut pris par les Cosaques, avant d'avoir eu le temps de déchirer ses dépêches. Le général ennemi connut ainsi le plan des Français, et suspendit son mouvement.

L'Empereur quitta Varsovie, donna ses instructions pour que les différents corps se rendissent sans bruit et peu à peu vers les points assignés pour la formation d'une nouvelle ligne de bataille, et porta, le 3 janvier, son quartier général à Willenberg.

La ligne française s'ébranla dans la journée du 1er février. Le 3, l'armée ennemie parut rangée en bataille, sa gauche appuyée au village de Moudtken, sur la rive gauche de l'Alle; la droite, vers la rive droite de la Passarge, dans la direction des lacs d'Osterode, et son centre à Jukedorf, couvrant la grande route de Leibstadt. Le maréchal Soult, ayant reçu l'ordre de s'emparer du pont de Bergfried sur l'Alle, pour tourner l'ennemi par sa gauche, s'y porta avec les deux divisions Laval et Legrand. L'ennemi avait placé douze bataillons à ce poste, dont il connaissait toute l'importance; mais ces bataillons furent promptement enfoncés, et quittèrent le champ de bataille, où ils laissèrent un grand nombre de morts et de blessés et quatre pièces de canon.

———

Combats de Deppen et en avant de la Passarge. — Pendant que le maréchal Soult culbutait les Russes au pont de Bergfried, le général Saint-Hilaire, à la tête de la 3e division, les forçait d'évacuer Jukedorf; en même temps, le maréchal Ney s'emparait d'un bois où l'ennemi avait appuyé sa droite, et une division de dragons, conduite par Murat, balayait la plaine pour éclairer le devant de la position française. La nuit étant arrivée pendant ce temps, les Russes se retirèrent sur Liebstadt.

Le lendemain, 4 février, Murat et le général Lasalle rencontrèrent une ligne de cavalerie ennemie qu'ils culbutèrent et poursuivirent jusqu'à Deppen, où l'armée française se trouva réunie le 5. Là, l'Empereur apprit qu'une colonne ennemie, qui n'était autre que la division prussienne du général Lestocq, cherchant à rejoindre l'armée russe, se trouvait débordée, pendant que le gros de l'armée continuait sa retraite sur Arensdorf et Landsberg. Il donna l'ordre à Murat, au maréchal Soult et au maréchal Davoust de poursuivre les Russes sur le chemin d'Arensdorf, et envoya au-devant des troupes du général Lestocq, le maréchal Ney avec la cavalerie du général Lasalle et une division de dragons.

Murat se trouva bientôt en présence des Russes, au nombre de 8 à 9,000 hommes de cavalerie. Chargés vigoureusement, ils ne tardèrent pas à prendre la fuite.

Le maréchal Ney ne fut pas moins heureux avec la colonne prussienne, qu'il rencontra en avant de la Passarge : culbutée et mise en pleine déroute, cette colonne abandonna aux Français 2,000 prisonniers et 16 pièces de canon.

———

Combat et prise de Hoff. — Le 6 février, au matin, l'armée française se remit à la poursuite de l'ennemi. Murat rencontra, entre les villages de Gross-Glandau et de Hoff, l'arrière-garde russe, composée de douze bataillons d'infanterie légère et soutenue par plusieurs lignes de cavalerie. Les dragons du général Klein et les cuirassiers du général d'Hautpoul culbutèrent deux régiments d'infanterie. L'armée ennemie se mit alors en mouvement pour soutenir son arrière-garde. Mais le maréchal Soult et le maréchal Augereau étant arrivés et ayant pris position sur la gauche, le village de Hoff fut occupé. Les Russes voulurent reprendre cette position fort importante pour eux; mais une seconde charge des cuirassiers d'Hautpoul, qui prit la colonne ennemie en flanc, acheva sa déroute. Les Russes profitèrent de la nuit pour continuer leur retraite.

———

Combat et prise d'Eylau. — Le matin du 7 février, l'avant-garde française rencontra, à un quart de lieue de Preuss-Eylau, l'arrière-garde russe, occupant un plateau en avant de cette ville. Deux régiments de ligne en chassèrent trois régiments russes qui le gardaient; un régiment de cavalerie ennemie s'étant alors avancé au soutien de l'infanterie, le général Klein chargea ce régiment et le refoula sur Eylau. Les Russes avaient placé des troupes dans le cimetière et dans l'église de cette ville. Chargé de tourner la gauche de l'arrière-garde ennemie, le général de brigade Vivien, de la division Legrand, se trouva tout à coup en face de ces troupes : après un combat très meurtrier, le cimetière et l'église furent enlevés à dix heures du soir, la ville prise et les rues encombrées de cadavres russes et français.

L'Empereur fit bivouaquer au-delà de la ville la division du général Legrand (corps du maréchal Soult); le reste de l'armée fut mis en ligne en arrière et près de la ville.

La division Saint-Hilaire à la droite, entre Eylau et Rothenen, ayant en seconde ligne la division Laval du même corps (maréchal Soult); le corps du maréchal Augereau en arrière sur la gauche; la division de dragons du général Milhaud à la droite de la division Saint-Hilaire; les divisions de dragons des généraux Grouchy et Klein, en arrière du centre de la ville; la garde impériale, en seconde ligne et un peu à gauche; la division de cuirassiers du général d'Hautpoul à gauche et un peu en arrière de la garde à cheval, ayant devant elle la cavalerie légère du général Lasalle. Le maréchal Davoust manœuvra pour tourner la gauche de l'ennemi, et le maréchal Ney pour opérer sur la droite le même mouvement.

L'Empereur établit son quartier général sur le plateau, en arrière d'Eylau, au milieu de l'infanterie de la garde.

Forces des deux armées. — L'armée française se composait de quatre corps, de la réserve de cavalerie et de la garde impériale; en tout cent dix-huit bataillons et cent quarante-huit escadrons. L'infanterie montait à 55,000 hommes; la cavalerie, à 10,000 chevaux et l'artillerie à 3,500 hommes, ce qui donne un total de 68,000 combattants.

L'armée russe, forte de cent trente-deux bataillons, cent quatre-vingt-quinze escadrons et vingt-une batteries, se composait de sept divisions, formant un total de 70,000 hommes. Il faut y joindre le corps prussien qui avait été renforcé de deux régiments russes, et qui, par suite de ses pertes, ne peut être compté que pour 10,000 hommes, ce qui donne un total général de 80,000 combattants. La cavalerie était placée aux ailes et en réserve, réunie à deux fortes divisions d'infanterie; le reste de l'infanterie était formé sur deux lignes, par bataillons alternativement déployés et en colonnes d'attaque. Soixante pièces d'artillerie légère formaient la réserve d'artillerie, et outre cette réserve formidable, cent cinquante pièces de douze et deux cent cinquante obusiers ou pièces de six étaient répartis sur le front des deux lignes.

Le grand-duc de Berg avait annoncé à l'Empereur que les Russes battaient en retraite. La prise d'Eylau rendait cette supposition plausible. Napoléon y ajouta foi, et s'endormit excédé de fatigue. Depuis Varsovie, il marchait ou travaillait vingt heures par jour.

L'armée française marchait depuis huit jours, sans magasins, au milieu des glaces et des neiges; les troupes de Soult avaient emporté Eylau la nuit, de vive force; le pillage d'une ville ainsi prise ne se peut guère éviter. La moitié des régiments s'était dispersée dans les maisons. Leur réveil fut terrible. L'Empereur, levé avant le jour, était déjà occupé à la visite de ses troupes lorsque la canonnade commença.

Bataille d'Eylau. — Le 8 février, à la pointe du jour, l'armée russe, rangée en colonnes, se montra à une demi-portée de canon d'Eylau. La nombreuse artillerie qui couvrait son front dirigea son feu sur la ville, qui paraissait être le but de l'attaque. L'Empereur se porta aussitôt à la position de l'église, et, indépendamment de l'artillerie des deux corps des maréchaux Soult et Augereau, déjà placée en batterie, fit avancer les soixante pièces d'artillerie de sa garde pour répondre à la canonnade des Russes. Les troupes du maréchal Augereau vinrent se ranger sur deux lignes à la gauche de la division Saint-Hilaire, postée à droite de la ville; elles prirent place entre cette division et le cimetière.

La canonnade éclata alors des deux côtés avec un épouvantable fracas. Les trois divisions du corps du maréchal Soult, rangées en bataille, supportèrent avec une fermeté inébranlable la mitraille de l'ennemi, à laquelle leur artillerie et celle de la garde ripostaient avec vigueur.

L'Empereur voulant manœuvrer par son aile droite (le corps du maréchal Davoust), pour envelopper l'aile gauche de l'ennemi, ordonna au général Saint-Hilaire de se porter en avant avec sa division formée en bataillons déployés, pour seconder par sa droite l'attaque du maréchal Davoust. L'Empereur, après avoir débordé l'aile gauche russe, voulait la prendre en flanc et sur ses derrières pour la rejeter sur le centre, qui devait en ce moment être attaqué par Augereau, soutenu par la garde impériale et par la grande réserve de cavalerie.

Le général Benningsen, général en chef de l'armée ennemie, avait tenté, dès le commencement de l'action, d'enlever la ville d'Eylau pour hâter et assurer le ralliement du corps prussien. Mais empêché dans ce projet par l'attaque du maréchal Augereau, il changea ses dispositions, ce qui dégagea la gauche de l'armée française, qui prit bientôt un ordre oblique, par rapport à la position générale de l'ennemi. La ville d'Eylau servit de pivot à ce demi-changement de front. — Le succès de l'attaque sur le centre des Russes paraissait assuré.

Un accident imprévu faillit compromettre gravement l'armée française. Une neige épaisse, poussée avec violence par le vent du nord, obscurcit tout à coup l'horizon et enveloppa les deux armées; mais avec cette différence, que les Français la recevaient en face et en étaient aveuglés, tandis que les Russes l'avaient à dos. La tête des colonnes du maréchal Augereau perdit, dans cette soudaine obscurité, son point de direction, et se porta trop à gauche. Le maréchal se trouva ainsi engagé entre les troupes de l'aile droite les Russes et celles du centre et de la réserve, ce qui ui fit éprouver de grandes pertes. On se battit corps à .orps, et le maréchal, grièvement blessé, fut emporté lu champ de bataille.

Par bonheur, Napoléon s'aperçut promptement de la position critique des troupes d'Augereau, il ordonna aussitôt à Murat de se mettre à la tête de toute la cavalerie, le fit soutenir par le maréchal Bessières, avec la garde à cheval, et commanda une charge générale sur le centre. Murat partit au galop avec les quatre divisions de cavalerie des généraux Klein, d'Hautpoul, Milhaud et Grouchy; le maréchal Bessières le suivit avec les grenadiers à cheval, les dragons et les chasseurs de la garde. La cavalerie russe fut culbutée au premier choc; Murat et Bessières chargèrent l'infanterie; les deux lignes furent enfoncées et deux fois traversées; elles abandonnèrent leur artillerie. Cette charge de la cavalerie française changea la face des choses; mais, dans cette horrible mêlée, le général d'Hautpoul fut blessé mortellement. Les Russes ne prirent pas la fuite; après une perte immense, ils furent acculés à des bois situés près du village de Sansgarten, où ils se rallièrent et se déployèrent.

Pendant l'obscurité causée par la neige, une colonne russe de 5 à 6,000 hommes, détournée aussi de sa direction, avait filé sur le flanc gauche de la colonne du maréchal Augereau, et s'était présentée devant le cimetière. L'Empereur ordonna au général Dorsenne, commandant un bataillon des grenadiers de la garde, de se porter sur cette colonne. A la vue des grenadiers, l'arme au bras, les Russes s'arrêtèrent; mais l'escadron de service près de l'Empereur les chargea avec impétuosité; ils plièrent, et furent bientôt dans une déroute complète, déterminée par une charge en queue qu'exécuta le général Bruyères, à la tête d'une brigade de chasseurs. Rompue et dispersée, cette colonne fut presque entièrement détruite.

Pendant que ces événements se passaient, le maréchal Davoust arrivait à la hauteur de Klein-Sansgarten : il se réunit bientôt à la droite de la division Saint-Hilaire, qui avait forcé la gauche des Russes à évacuer le plateau en avant de Sansgarten. Il couronna cette position que l'ennemi tenta trois fois de reprendre, mais sans succès. — L'armée française se trouvait alors placée obliquement par rapport à Eylau, sa gauche, appuyée à cette ville, et sa droite au plateau et aux bois que les Russes avaient occupés pendant la journée. Elle se trouvait ainsi en possession du champ de bataille, et les Russes étaient en pleine déroute.

La division prussienne du général Lestocq, poursuivie la baïonnette dans les reins par l'avant-garde du maréchal Ney, arriva à quatre heures du soir vers le village d'Althoff, à l'extrême gauche de l'armée française, et défila le long du bois qui est à gauche du chemin d'Althoff à Schmoditten. Les grenadiers prussiens, qui formaient la tête de colonne, aperçurent les Russes se retirant vers Kœnigsberg, et coururent pour les soutenir. L'arrière-garde ennemie voulut s'arrêter et prendre position au village de Schmoditten pour que les blessés et l'artillerie eussent le temps de filer; mais ce village était déjà occupé par l'avant-garde du maréchal Ney. Six bataillons de grenadiers russes voulurent y entrer; mais le 6e d'infanterie légère et le 59e de ligne les reçurent par une décharge à bout portant, à la suite de laquelle ils croisèrent la baïonnette et les culbutèrent. L'arrière-garde ennemie continua alors sa retraite en désordre.

Les pertes de cette journée furent énormes des deux côtés; outre le général d'Hautpoul, les Français eurent encore à regretter le général Corbineau, aide de camp de l'Empereur, le général Dahlmann, commandant les chasseurs à cheval de la garde, le général Desjardins, le colonel Boursier, du 11e de dragons, les colonels Lacuée et Lemarrois, et un grand nombre d'autres braves officiers.

Un fait pourra donner une idée du carnage effroyable qui signala la journée d'Eylau. Le capitaine Louis Hugo (aujourd'hui maréchal de camp, commandant les départements du Cantal et de la Corrèze) commandait dans le cimetière une compagnie de grenadiers du 55e de ligne, qui fut exposée au premier feu de l'artillerie russe. Cette compagnie, composée de 85 hommes, en perdit 81. Tous les officiers furent tués, et le capitaine Hugo revint seul avec trois hommes, blessé lui-même d'un biscaïen, et si grièvement que sa guérison dura dix-huit mois.

L'Empereur visite le champ de bataille. — Le lendemain, l'Empereur parcourut successivement toutes les positions qu'avaient occupées, pendant la bataille, les différents corps français et russes. La campagne était couverte d'une couche épaisse de neige que perçaient çà et là les morts, les blessés et les débris de toute espèce; partout de larges traces de sang souillaient la blancheur passagère du sol. Les endroits où avaient eu lieu les charges de cavalerie se faisaient remarquer par la quantité des chevaux morts, mourants et abandonnés. Des détachements de soldats français et de prisonniers russes parcouraient en tous sens ce vaste champ de carnage, et enlevaient les blessés pour les porter aux ambulances. C'était un horrible spectacle : des lignes d'armes, de cadavres, de blessés, de mutilés, dessinaient le plan de chaque bataillon. Les morts étaient entassés sur les mourants, au milieu des caissons brisés et des canons démontés.

Napoléon s'arrêtait à chaque pas, faisait questionner les blessés, leur donnait des consolations et des secours. On pansait ces malheureux; les chasseurs de la garde les transportaient sur leurs chevaux, les officiers de sa maison s'empressaient d'exécuter ses ordres dictés par l'humanité. Les Russes, au lieu de la mort qu'ils attendaient, d'après l'absurde crainte qu'on leur avait inspirée, trouvaient un vainqueur généreux; dans leur étonnement, ils se prosternaient devant lui, ou lui tendaient leurs bras défaillants en signe de reconnaissance. Le regard consolateur et la pitié de l'empereur des Français semblaient adoucir pour eux les horreurs de la mort.

Cette lugubre visite avait sensiblement affecté Napoléon. L'homme dominait le général, le cœur parlait plus haut que la tête. Un de ses généraux, le voyant si affligé de la perte de tant de vieux soldats, qui lui avaient donné dans tous les temps les plus constantes preuves d'attachement et d'intrépidité, lui fit l'observation que ce malheur avait été exagéré, et chercha à faire valoir, pour le lui faire oublier, la gloire nouvelle que la journée d'Eylau lui avait donnée. «Un père qui vient de perdre ses enfants, lui répondit l'Empereur, ne goûte aucune des chances de la victoire ; quand le cœur parle, la gloire même n'a plus d'illusions. » Nobles et touchantes paroles qui expriment un sentiment vrai et profond. Les *Bulletins* de l'armée offrent d'ailleurs la trace des pénibles pensées qui déchiraient le cœur du vainqueur.

« Après la bataille d'Eylau, disent-ils, l'Empereur a passé tous les jours plusieurs heures sur le champ de bataille, spectacle horrible, mais que le devoir rendait nécessaire. Il a fallu beaucoup de travail pour enterrer tous les morts. On a trouvé un grand nombre de cadavres d officiers russes avec leurs décorations. Il paraît que parmi eux il y avait un prince Repnin. Quarante-huit heures encore après la bataille, il y avait plus de 5,000 Russes blessés qu'on n'avait pas encore pu emporter. On leur faisait porter de l'eau-de-vie et du pain, et successivement on les a transportés à l'ambulance.

« Qu'on se figure, sur un espace d'une lieue carrée, 9 à 10,000 cadavres, 4 ou 5,000 chevaux tués, des lignes de sacs russes, des débris de fusils et de sabres, la terre couverte de boulets, d'obus, de munitions ; vingt-quatre pièces de canon auprès desquelles on voyait les cadavres des conducteurs, tués au moment où ils faisaient des efforts pour les enlever : tout cela avait plus de relief sur un fond de neige : ce spectacle est fait pour inspirer aux princes l'amour de la paix et l'horreur de la guerre ! »

La bataille d'Eylau, où l'armée française perdit 16 généraux, tués ou morts des suites de leurs blessures, est, eu égard au nombre des combattants, la plus sanglante qui ait eu lieu sous l'empire [1]. On ne peut, de toutes celles de la Révolution, lui comparer que la fatale bataille de Novi.

Dans les deux armées, on chercha à cacher la perte de la journée ; mais d'après la durée de l'action, l'acharnement du combat, le nombre des pièces d'artillerie mises en batterie, les pertes ne peuvent avoir été, pour les Russes, moindres de 30,000 hommes tués ou blessés, et pour les Français, moindres de 16,000. Chaque armée ne comptait que 80,000 combattants.

[1] Voici deux traits parmi les traits nombreux qui, dans cette sanglante journée, signalèrent la bravoure française : Au milieu du feu le plus violent, le maréchal Davoust excitait le courage des soldats par les glorieux souvenirs de leurs brillantes actions. « Les braves, ajoutait-il, pourront ici trouver une mort glorieuse ; mais du moins ils n'iront pas en Sibérie ; les lâches seuls y seront esclaves. » — Le capitaine Auzouf, des grenadiers à cheval de la garde impériale, blessé à mort, était tombé sur le champ de bataille. Des soldats viennent pour l'enlever et le porter à l'ambulance : « Laissez-moi, leur dit ce brave, je meurs content, puisque la victoire est à nous. Je suis ici sur le champ d'honneur, entouré des débris de l'armée ennemie. Dites à l'Empereur que mon seul regret est de ne pouvoir plus rien faire pour la gloire de notre belle France... A elle mon dernier soupir !

T. IV.

Proclamation. — Benninsgen s'était retiré vers Kœnigsberg et derrière la Pregel. — L'armée française resta neuf jours dans les environs d'Eylau. Les considérations qui avaient empêché l'Empereur de poursuivre l'ennemi, après les combats de Pultusk et de Gollymin, le portèrent à adopter encore à Eylau le même système de prudence. Les Russes, en se retirant, avaient tout ravagé ; un dégel complet, succédant encore une fois à un froid rigoureux, détériorait les routes, empêchait toutes les communications, et rendait impossible l'arrivée des convois de vivres et de munitions [1]. Napoléon se décida donc à se rapprocher de la Vistule, et remit à un autre temps une nouvelle attaque contre l'armée ennemie, échappée à une destruction presque certaine, par un de ces accidents [2] auxquels l'expérience ni le génie ne peuvent parer. L'armée française revint sur la Passarge, où elle prit de fortes positions, et rentra dans ses quartiers d'hiver. L'Empereur annonça ainsi aux troupes le repos momentané qu'elles allaient avoir.

« SOLDATS !

« Nous commencions à prendre un peu de repos dans « nos quartiers d'hiver, lorsque l'ennemi a attaqué le « premier corps et s'est présenté sur la Basse-Vistule. « Nous avons marché à lui, et nous l'avons poursuivi « pendant l'espace de quatre-vingts lieues. Il s'est ré-« fugié sous les remparts de ses places et a repassé la « Pregel. Nous lui avons enlevé aux combats de Berg-« fried, de Deppen, de Hoff, à la bataille d'Eylau, « soixante-cinq pièces de canon, seize drapeaux, et tué, « blessé ou pris plus de 40,000 hommes. Les braves qui, « de notre côté, sont restés sur le champ d'honneur, « sont morts d'une mort glorieuse : c'est la mort des « vrais soldats ! Leurs familles auront des droits cons-« tants à notre sollicitude et à nos bienfaits.

« Ayant ainsi déjoué tous les projets de l'ennemi, « nous allons nous rapprocher de la Vistule et rentrer

[1] Les troupes (dit un des officiers qui ont fait la campagne de Pologne), fatiguées par trois mois de marches et de triomphes continuels, avaient besoin de repos ; le pays où se trouvait porté le théâtre de la guerre, déjà dévasté, n'offrait aucune ressource en vivres, et le dégel l'avait rendu impraticable : les rivières étaient débordées, les routes défoncées, ou plutôt il n'en existait plus ; le sol, délayé à une grande profondeur, ne présentait presque plus de résistance, même aux piétons, sa surface offrait l'aspect d'une vaste mer de boue, où s'engloutissaient les canons, les chevaux et même les hommes.....

« L'armée avait perdu beaucoup d'hommes de cette manière. Ils s'enfonçaient et disparaissaient sur le même terrain où dans les temps secs se trouvait une chaussée.

« Dans ces terribles marches, nos voltigeurs, dont les privations et les fatigues n'avaient point éteint la gaîté, avaient encore de ces saillies qui n'appartiennent qu'au caractère français. Un jour, l'Empereur, suivi seulement de trois ou quatre officiers, couvert de la tête aux pieds d'une enveloppe de boue, suivait la même route que le 108e régiment. Son cheval pouvait à peine se mouvoir au milieu de ce continuel bourbier qu'une pluie affreuse rendait à chaque instant plus dangereux. Un voltigeur, près duquel il passait, le reconnut, et, après l'avoir salué militairement, se mit à chanter à haute voix :

> On ne saurait trop embellir
> Le court passage de la vie, etc.

« Napoléon l'entendit, et dit en riant au général qui était le plus près de lui : « Il a, ma foi, raison, nous serions mieux à Paris. »

[2] La prise de l'officier d'état-major porteur de la dépêche au maréchal Bernadotte.

«dans nos cantonnements. Qui osera en troubler le «repos s'en repentira; car, au-delà de la Vistule comme «au-delà du Danube, au milieu des frimats de l'hiver «comme au commencement de l'automne, nous serons «toujours les soldats français, et les soldats français «de la Grande-Armée ! »

Arrivée du corps de Moldavie. — Combat d'Ostrolenka. — Prise de quartiers d'hiver. — Tandis que l'armée française revenait s'établir sur l'Alle, le corps détaché de l'armée du général Michelson, qui s'était mis en marche de la Moldavie pour venir renforcer l'armée de Pologne, était arrivé au milieu du mois de février 1807, à Bialystok. Il était fort de 25.000 hommes aux ordres du général Essen; ces troupes reçurent l'ordre de marcher sur Ostrolenka par les deux rives de la Narew. La colonne, qui s'avançait par la rive droite, rencontra, le 15 février, au village de Stanislawowa, l'avant-garde du cinquième corps de l'armée française auquel la défense de cette partie de la ligne avait été confiée.

Instruit de l'arrivée des Russes, le général Gazan porta, le 16, à la pointe du jour, une partie de sa division au soutien de l'avant-garde, atteignit l'ennemi sur la route de Nowogorod et le mit en pleine déroute. Mais pendant ce temps, la colonne russe, qui avait suivi la rive gauche de la Narew, attaquait la petite ville d'Ostrolenka, défendue par une autre brigade de la division Gazan sous les ordres du général Campana, et par une brigade de la division Oudinot, commandée par le général Ruffin. L'infanterie ennemie pénétra dans la ville; mais les deux brigades françaises défendirent les rues avec tant de vigueur, qu'elle fut forcée, après trois attaques inutiles, d'abandonner Ostrolenka, et d'aller prendre position derrière les monticules de sable qui dominent la ville.

Les divisions Suchet et Oudinot, promptement rassemblées, se mirent en marche, et, vers le milieu du jour, les têtes de colonnes arrivèrent à Ostrolenka. Le général Savary, qui commandait par *interim* le cinquième corps, se concerta avec les deux chefs des divisions dont nous venons de parler, et arrêta les dispositions du combat.

La gauche fut occupée par la division Oudinot, et par la cavalerie du corps d'armée formée sur deux lignes; la division Suchet occupa le centre et la brigade du général Campana la droite. La brigade du général Ruffin, formant la réserve, resta dans la ville. Le général Savary, couvert par toute son artillerie, marcha dans cet ordre contre l'ennemi.

L'engagement fut très vif; une charge brillante du général Oudinot, qui s'était mis à la tête de la cavalerie, décida du succès de l'affaire; l'ennemi fut culbuté, chassé et poursuivi jusqu'à trois lieues au-delà d'Ostrolenka. Les Russes laissèrent sur le champ de bataille 1,300 morts et à peu près autant de blessés; deux drapeaux et sept pièces de canon tombèrent au pouvoir des Français, qui ne perdirent guère qu'une centaine d'hommes, parmi lesquels se trouvait le général Campana. Les Russes perdirent le général Souvarow, fils du célèbre maréchal de ce nom.

Après ce combat, le cinquième corps alla, par ordre de l'Empereur, reprendre ses quartiers d'hiver.

Voici quels furent, à la fin de cette courte mais pénible campagne d'hiver, les cantonnements de l'armée française. — La Passarge en couvrait la gauche; le centre l'était par l'Alle, depuis Gutstadt jusqu'à Allenstein, et la droite par l'Omuleff. Le quartier général, fixé d'abord à Osterode, fut plus tard transféré au château de Finkenstein. Bernadotte, à gauche, occupait Holland et Braunsberg; Soult campait à Wormdit, Liebstadt et Mohrungen; Ney, en avant sur l'Alle, à Gutstadt et Allenstein; Davoust, à droite, à Hohenstein et Gilgenbourg. Enfin la cavalerie fut répartie avec les divers corps pour mieux couvrir les cantonnements.

* * *

RÉSUMÉ CHRONOLOGIQUE

1807.

20 **JANVIER**. Prise de Schweidnitz (Silésie).
23 — Les hostilités recommencent avec les Russes.
25 — Combat de Mohrungen.
31 — L'Empereur porte son quartier général à Willenberg.
1er **FÉVRIER**. Combat de Passenheim.
3 — Combat et prise du pont de Bergfried.
4 et 5 **FÉVRIER**. Combat de Deppen.
6 — Combat de Hoff.
7 — Combat et prise d'Eylau.
8 — Bataille de Preusch-Eylau.
12 — Combat de Stralsund (Poméranie suédoise).
16 — Combat d'Ostrolenka.
— — L'armée reprend des quartiers d'hiver.
19 — Combat de Mengard (Silésie).
25 — Combat de Braunsberg.

SIÉGE ET PRISE DE DANTZICK

TROUPES FRANÇAISES.

Commandant l'armée de siége. — Le Maréchal LEFEBVRE

TROUPES PRUSSIENNES ET RUSSES.

Gouverneur de Dantzick. — Le Maréchal KALKREUTH

Le dixième corps est chargé du siége de Dantzick. — Le maréchal Lefebvre commandait le dixième corps de la Grande-Armée; ce corps, qui avait été formé à Thorn, était destiné aux siéges de Dantzick, de Grandentz et de Colberg. Les troupes, qui en furent détachées pour les siéges ou blocus de ces deux dernières places, varièrent de force et de composition selon les circonstances et les besoins. Celles qui furent spécialement destinées au siége de Dantzick se composaient de deux divisions d'infanterie française et de trois étrangères; d'une brigade de cavalerie française, d'une brigade saxonne, d'un régiment de hussards badois et d'un régiment de hussards polonais. Le général Chasseloup commandait en chef le génie, le général Drouet était chef de l'état-major général, le général Kirgener, directeur des attaques, et le général Lariboissière, commandant en chef de l'artillerie, ayant sous ses ordres les généraux Danthouard et Lamartinière.

- Les troupes du général Dombrowski s'étaient approchées de Dantzick, dès le 1er février, et avaient pris position à Mewe, sur la rive gauche de la Vistule. Le 15 du même mois, le général Ménard commandant le corps badois arriva sur le même point, et repoussa un détachement de la garnison de Dantzick, qui était venu de Dirschau à sa rencontre. Ainsi soutenu, le général Dombrowski reçut l'ordre d'attaquer un gros détachement ennemi qui occupait à Dirschau et aux environs une position avantageuse. Le 23 février, il ordonna, en conséquence, au général Ménard de se porter sur la route de Dirschau pour tourner la ville par la gauche, afin de couvrir la route de Dantzick.

- Le général Pacthod, commandant l'avant-garde du général Ménard, attaqua une colonne ennemie qui accourait au soutien des troupes postées dans la ville, et le gros de la colonne franco-badoise prit position sur la route de Dantzick.

Combat de Dirschau. — A l'arrivée de la colonne franco-polonaise, les Prussiens sortirent de Dirschau pour venir à sa rencontre. L'avant-garde du général Nimeiewski les attaqua si impétueusement, qu'ils rentrèrent aussitôt dans le faubourg, où ils se défendirent long-temps sous la protection de leur artillerie. Mais, forcés dans cette position, ils rentrèrent dans Dirschau, après avoir incendié les maisons du faubourg qu'ils abandonnaient. 1,500 Prussiens se trouvèrent ainsi renfermés dans la ville, et se retranchèrent dans une église et dans un cimetière, où ils se défendirent opiniâtrément. A chaque instant, ils espéraient être secourus par le détachement que le gouverneur de Dantzick avait fait sortir dès qu'il avait eu avis de l'approche des troupes polonaises et badoises; mais l'avant-garde du général Ménard avait coupé ce renfort.

Les Polonais, secondés par la division badoise, pénétrèrent dans Dirschau, malgré le feu de l'infanterie ennemie. Les Prussiens escaladèrent les murailles pour tâcher de gagner l'île de Nogat, en traversant la branche gauche de la Vistule sur laquelle est situé Dirschau. Mais la glace n'étant pas assez forte, un grand nombre d'entre eux furent engloutis et le reste fut obligé de se rendre à discrétion. Les Polonais, irrités de la longue résistance des Prussiens, les massacrèrent impitoyablement.

Pendant ce temps, la colonne que le gouverneur de Dantzick avait fait sortir, forte de 2,000 hommes d'infanterie et de quatre escadrons avec trois pièces d'artillerie, était attaquée par le général Pacthod. Après s'être long-temps défendue, cette colonne rentra dans la place dès que Dirschau fut occupé par les Français. Cet engagement lui avait coûté 800 hommes tués ou blessés.

Après le combat de Dirschau, le général Manstein, qui commandait à Dantzick en l'absence du feld-maréchal Kalkreuth, ne chercha plus à défendre au loin les approches de la place. Le général Dombrowski s'établit en avant de Dirschau avec ses troupes, qui occupèrent les hauteurs de Rosemberg, leur droite appuyée à la Vistule. Le maréchal Lefebvre établit son quartier général à Dirschau, où il resta jusqu'au 9 mars, attendant les renforts qu'on lui avait promis. Après avoir formé peu à peu l'investissement de Dantzick, il transféra son quartier général à Rosemberg.

Prise de l'île de Nehrung. — Les troupes qui devaient compléter l'armée de siége, étant successivement arrivées, le maréchal put, dès le 12 mars, resserrer la place. Dantzick se trouva entièrement investi le 18, à l'exception de la partie orientale communiquant avec Kœnigsberg par l'île de Nehrung. La garnison n'avait plus que cette communication par terre. Le feld-maréchal Kalkreuth, qui, en sa qualité de gouverneur, voulait lui-même commander la défense, en profita pour entrer dans la place avec un renfort considérable d'infanterie russe et de Cosaques.

L'île de Nehrung n'a pas moins de dix à douze lieues de longueur, et était d'une grande importance pour la garnison de Dantzick. Kalkreuth, afin de la mettre à l'abri d'un coup main, avait pris toutes les mesures nécessaires. Le maréchal Lefebvre fut forcé de retarder l'attaque de cette île, à cause des glaces que la Vistule charriait abondamment; mais dès que le fleuve fut praticable, il ordonna au général Schramm d'aborder à Nehrung avec un corps de 2,000 hommes et 6 pièces de canon. — Après avoir divisé ses troupes en trois colonnes, sous les ordres des colonels Brayer, Vogel et Montmarie, le général Schramm entra à Furstenwerder, le 20 mars, à quatre heures du matin. Il ordonna de passer aussitôt le fleuve. Les Français gagnèrent la rive opposée sans être aperçus; un lieutenant du 2ᵉ régiment d'infanterie légère, nommé Lavergne, reçut du général Schramm l'ordre de parvenir à une pointe de l'île, à côté d'une digue qui la traverse, et de s'en emparer à tout prix. Cet officier remplit cette périlleuse mission avec un plein succès, mais il paya de sa vie sa courageuse action.

Le reste des troupes débarqua facilement, le colonel Brayer se dirigea vers Nikelswalden pour empêcher l'ennemi de se retirer sur Dantzick; le colonel Vogel, commandant la seconde colonne, se porta sur le lac Fruenkalmyn où il devait prendre position, sa droite appuyée au lac et sa gauche à la mer, afin de s'opposer à la retraite des Prussiens du côté de Pillau; le général Schramm marcha droit sur l'ennemi avec les troupes du colonel Montmarie.

Le commandant de l'île de Nehrung n'avait pas eu le temps de faire ses dispositions de défense; il ne put résister à cette attaque imprévue, et ne parvint à rallier ses troupes qu'entre Wordelm et Bohnsack; chassés de cette position, les Prussiens vivement poursuivis, se jetèrent dans les dunes entre Newhar et Krakau, où le maréchal Kalkreuth leur fit parvenir un renfort d'infanterie et de 600 Cosaques, avec lequel ils rétablirent le combat. Mais le général Schramm, ayant fait avancer un bataillon du 2ᵉ régiment d'infanterie légère, chargea vigoureusement les Cosaques; ceux-ci prirent la fuite, entraînant avec eux le reste de la colonne prussienne, qui se retira en désordre sous le canon du fort de Weichselmunde.

Vers les sept heures du soir, 4,000 hommes, sortis de Dantzick, essayèrent de rallier les troupes dispersées, et d'empêcher les Français de s'établir dans Nehrung. Mais, après des efforts inutiles, ils furent forcés de rentrer à Dantzick en abandonnant 200 prisonniers et deux pièces d'artillerie. Les Français restèrent ainsi maîtres de Nehrung.

Le maréchal Lefebvre se hâta de profiter de cette importante conquète. Il fit établir un pont sur le front gauche de la Vistule, et construire divers ouvrages afin de rendre nulles les tentatives de l'ennemi du côté de Dantzick et du côté de Pillau; d'autres ouvrages furent aussi établis vis-à-vis du fort de cette dernière place, afin d'ôter aux assiégés toute espèce de communications par terre.

Description de Dantzick. — Ouverture de la tranchée. — La garnison de Dantzick tenta, à diverses reprises, des sorties pour détruire les ouvrages des assiégeants; mais tous ses efforts furent sans résultat, et toujours elle se vit obligée de rentrer dans la place.

Les renforts promis au maréchal Lefebvre arrivèrent dans les derniers jours de mars; leur arrivée mit les Français en mesure de commencer le siége. Le général Pacthod alla reconnaître le camp retranché des Prussiens à Neufahrwasser; le général Kirgener se rendit dans l'île de Nehrung pour tracer les ouvrages nécessaires à l'attaque de ce camp et du fort de Weichselmunde qui le protégait, et la nuit du 1ᵉʳ au 2 avril fut fixée pour l'ouverture de la tranchée.

Pour bien faire apprécier les difficultés que présentait l'attaque régulière de Dantzick, il est nécessaire de donner une description des principales défenses de cette place : nous empruntons cette description au général Matthieu Dumas.

«La ville de Dantzick, traversée par la Moitau, est entourée de larges fossés remplis par cette rivière, dont plusieurs écluses retiennent les eaux pour former ensuite, et à l'est, une vaste inondation. Cette inondation s'appuie, d'un côté aux faubourgs d'Ohra et de Saint-Halbrecht, et de l'autre, aux digues de la Vistule; elle s'étend ainsi à plus de quatre lieues et couvre les deux tiers des fronts de l'est. Elle ne peut être que très difficilement affaiblie, parce que les eaux de la Vistule sont presque toujours au même niveau que celles qui la forment, surtout lorsque le vent fait refluer les eaux de la mer dans le fleuve.

« Du côté du nord, la Vistule coule à cent trente toises environ du chemin couvert, et ne laisse entre la rive gauche et les glacis de la place, que quelques canaux et des marais impraticables. A son embouchure, distante de deux mille quatre cents toises de la place, les deux rives sont défendues à droite par le fort de Weichselmunde, à gauche par le camp retranché de la petite île de Neufahrwasser, ce qui assure à l'assiégé l'arrivée des secours qui peuvent lui être envoyés par mer.

«Le terrain qui borde les deux rives de la Vistule est coupé de canaux et couvert de marais; cette circonstance est tout au désavantage de l'assiégeant; elle rend ses établissements difficiles, ses travaux peu solides, et l'affaiblissent en le forçant à étendre ses quartiers, à disséminer ses troupes et à multiplier ses postes. Cet inconvénient était d'autant plus grave, que les troupes du siége furent constamment moins nombreuses que celles de la garnison, et qu'il fallait la prudence la plus minutieuse pour ne pas trop les affaiblir.

«La communication entre la place et le fort de Weichselmunde était assurée par une suite de redoutes construites sur les bords de la Vistule, et surtout par l'heureuse position de l'île d'Holm, qui permet à l'assiégé de rapprocher les feux de la place de ceux du fort, de manière à ne laisser entre eux qu'un intervalle d'environ sept cents toises, et de profiter du canal de Laack pour communiquer avec Weichselmunde, malgré les batteries que l'assiégeant pouvait établir à Schellmühl.

L'assiégeant ne peut donc tenter de jeter un pont sur cette partie de la Vistule, qu'après s'être emparé de l'île d'Holm.

« A l'ouest de la place, deux chaînes de collines, séparées par la vallée de Schidlitz, couvrent cette partie de l'enceinte; ces deux collines, prolongées, sont couronnées par deux forts, le Bischopsberg et le Hagelsberg, liés entre eux par des retranchements continus qui forment une seconde enceinte, appuyée d'un côté à l'inondation de la Moltau, et de l'autre à la rive gauche de la Vistule. Cette nouvelle enceinte, quoique construite en terre et sans revêtement, était à l'abri de toute insulte. Les assiégés avaient hérissé le chemin couvert ainsi que le pied des escarpes et des contrescarpes de fortes palissades fraisées qui, tenant lieu de revêtement, ôtaient aux assiégeants tout espoir de réussir par un coup de main, et les obligeaient à une attaque régulière.

«Les assiégeants étaient loin d'avoir investi la place du côté même qui n'était pas garanti par l'inondation, puisque l'île d'Holm et surtout le camp retranché de Neufahrwasser étaient encore au pouvoir des assiégés. Ceux-ci eurent long-temps l'avantage de pouvoir communiquer avec la mer, et de recevoir des secours en hommes et en munitions de toute espèce. Le maréchal Lefebvre, qui n'eut jamais à sa disposition plus de 16,000 hommes, ne put, dès le commencement du siége, s'emparer du camp retranché, seul moyen d'ôter à l'ennemi tout espoir de secours [1].»

Travaux du siége. — Établissement des parallèles. — Sorties des assiégés. — La tranchée fut ouverte, comme il avait été décidé dans la nuit du 1er au 2 avril, à huit cents toises des palissades, et les travaux furent perfectionnés dans la journée du 2, sans que le feu des assiégés pût causer aux travailleurs le moindre dommage.

La nuit suivante, trois compagnies de la légion polonaise du Nord emportèrent de vive force la redoute de Kalck que les assiégés achevaient de construire sur la rive gauche de la Vistule, à trois cents toises de la place. Mais le feld-maréchal Kalkreuth, qui connaissait toute l'importance de ce poste, le fit reprendre le lendemain par des forces supérieures.

Le 4 avril, les assiégeants s'établirent à gauche de la première parallèle, sur plusieurs hauteurs propres à établir des batteries; on éleva des redoutes et d'autres ouvrages de contrevallation pour appuyer la tranchée.

Le 9, la tranchée d'une fausse attaque sur le Bischopsberg fut ouverte, et l'on dirigea la première parallèle de façon à resserrer la place par sa gauche; pendant ce temps, les cheminements vers la seconde parallèle continuaient toujours.

Les assiégés travaillaient eux-mêmes sur la gauche de la principale attaque pour prendre les cheminements en flanc, et pour s'établir, au moyen d'une ligne de contre-approche, sur un des mamelons, qui devait être couronné par la seconde parallèle. Il y avait de la témérité à vouloir en déloger l'ennemi, puisqu'il fallait l'attaquer à quarante toises du fort. Cependant le chef de bataillon du génie Rogniat, à qui l'on confia cette mission, franchit, à dix heures du soir, avec un détachement de 500 hommes, le ravin qui le séparait de l'ouvrage, sauta dans la tranchée ennemie, surprit la garde, et commença la destruction des travaux, malgré la mitraille qui partait du rempart et du chemin couvert. Cependant le feu devenant par trop vif, le commandant Rogniat fut forcé d'évacuer la tranchée, et 400 grenadiers prussiens y rentrèrent. Attaqués de nouveau à une heure du matin, ces 400 grenadiers prirent la fuite en abandonnant 110 prisonniers, et après avoir eu 50 hommes tués. Le commandant Rogniat fit alors achever la destruction de l'ouvrage.

Le travail des batteries fut achevé dans la matinée du 12, et le maréchal Lefebvre donna ordre de les armer. Les cinq redoutes déjà construites furent garnies de pièces de 12 qui battaient avec succès les ouvrages de l'ennemi. Deux obusiers, mis en batterie à l'extrémité du dernier boyau de droite, commencèrent à foudroyer l'intérieur de la ville.

Le feld-maréchal Kalkreuth continuait ses travaux de défense avec activité. Les Saxons s'étant emparés d'une redoute entourée de chevaux de frise qu'il avait fait construire sur le mamelon de Hagelsberg, ses troupes sortirent en force de la place, le 13 avril, à une heure du matin, reprirent cette redoute et gagnèrent même la tête des tranchées. Les troupes alliées, qui ne s'attendaient pas à cette brusque attaque, commençaient à ployer, quand le maréchal Lefebvre, accompagné des généraux Michaud, Dufour et Pacthod, accourut à leur secours à la tête d'un bataillon du 44e de ligne, et se jeta le premier dans la mêlée, en s'écriant : «C'est aujourd'hui notre tour.» Les troupes se pressant pour le devancer : «Non, non, leur dit-il; et moi aussi je veux combattre.» Il conduisit la charge sans quitter la tête de la colonne, et enleva la redoute, malgré une grêle de mitraille et de balles. L'ennemi avait jonché de morts et de blessés toutes les approches de cet ouvrage.

La seconde parallèle fut achevée le 17 avril, et deux redoutes furent construites pour la soutenir.

La nuit du 14 au 15 fut employée à des travaux à la gauche pour se garantir des feux de flanc que l'ennemi avait conservés. On plaça, sur deux redoutes deux pièces de 24 destinées à battre le front du Hagelsberg et le débouché du faubourg de Schidlitz.

Les assiégeants ayant reçu plusieurs convois d'artillerie et de munitions, le maréchal Lefebvre donna l'ordre au général Gardanne d'attaquer la tête du canal de Laack. Cette attaque eut un plein succès, deux bons ouvrages assurèrent la possession de ce poste, et toute communication entre la place et le canal se trouva ainsi interceptée.

L'ennemi, qui s'était retiré dans le fort de Weichselmunde, en sortit le 16, et attaqua la droite du général Gardanne, pendant qu'une nuée de Cosaques se portait sur sa gauche. Le maréchal Lefebvre ayant

---

[1] Dantzick, défendue par le maréchal Kalkreuth, assisté du célèbre ingénieur Bousmard, avait une garnison de 12,000 Prussiens et de 3,000 Russes. — Les forces du maréchal Lefebvre devaient faire le siége de Dantzick et ceux de tous les forts environnants. Le nombre des assiégeants fut donc constamment inférieur à celui des assiégés.

envoyé des renforts sur ce point, dont la conservation était d'une grande importance, une action fort vive s'engagea et dura plus de sept heures, sans que la chance se prononçât. Mais enfin les assiégeants restèrent maîtres du canal, après avoir tué plus de 600 hommes à l'ennemi. Ce combat avait interrompu les travaux qui furent repris avec une nouvelle ardeur. A cinquante toises de la rive droite du canal, on construisit une redoute et une tranchée de communication pour lier cette redoute à un bois. Un double parapet mit cette communication à l'abri des batteries de l'île d'Holm et des feux du fort de Weichselmünde.

La nuit du 16 au 17 vit se terminer plusieurs autres travaux. Il y avait alors trois attaques distinctes : la première et la principale au centre sur le Hagelsberg ; la seconde, ou fausse attaque de droite, sur le Bischopsberg ; la troisième, ou fausse attaque de gauche, embrassait tous les travaux sur la Basse-Vistule.

On déboucha par un sape de bout de la seconde parallèle, et l'on couronna un plateau à quarante toises de la place, ce qui forma une demi-place d'armes en avant de la seconde parallèle pour lier celle-ci avec la troisième.

Le plateau n'avait pas encore l'artillerie nécessaire pour répondre au feu des assiégés qui incommodait beaucoup les travailleurs. Le maréchal fit creuser des trous de loup où il plaça des tirailleurs dont le feu continuel ralentit beaucoup celui de l'ennemi.

Le 17, on commença à la gauche une redoute qui, avec celle du canal, devait couper à la place toute communication avec la mer. Une seconde redoute fut établie ensuite sur cette même rive ; elle devait croiser ses feux à la tête du canal avec la redoute de la rive droite.

Le maréchal Lefebvre avait défendu que l'on répondît au canon de la place ; il voulait attendre que l'armement de toutes ses batteries lui permît de faire un feu soutenu et prolongé. Trois zigzags furent poussés à la gauche de la seconde parallèle sur la pointe du bastion de droite de Hagelsberg.

Les travaux furent interrompus pendant quelques jours par la pluie et la neige, mais ils purent être repris le 22.

Dans la nuit du 22 au 23, les assiégeants voulurent cheminer vers la troisième parallèle ; mais un beau clair de lune servit les assiégés, qui firent un feu terrible sur les travailleurs. On réussit cependant à pousser, à la gauche de la demi-place d'armes de droite, quatre zigzags qui furent effectués à sape pleine, le clair de lune ne permettant pas de le faire à la sape volante.

Un blockhaus, construit dans la redoute de l'île de Nehrung, fut armé de quatre bouches à feu et garni de deux rangs de palissades.

Toutes les batteries des première et deuxième parallèles et celles du Stolzenberg étaient armées et approvisionnées. Divers emplacements furent fixés pour y placer des obusiers de campagne, afin de pouvoir envoyer des obus dans toutes les directions et dans tous les quartiers de la ville. Le 23 avril, il y avait en batterie dix-huit pièces de 24, vingt-huit de 12, six

de 6, trois de 3, neuf mortiers et huit obusiers. Le feu des mortiers et des obusiers commença dans la nuit du 23 au 24, l'ennemi riposta ; mais dès ce moment, il fut aisé de voir que l'artillerie française avait la supériorité.

Le maréchal Lefebvre, ayant su par quelques déserteurs que la place avait beaucoup souffert de ce premier feu des assiégeants, fit sommer le gouverneur, qui répondit par un refus, de se rendre. Le maréchal fit alors recommencer le feu des batteries incendiaires et des batteries de brèche qui se prolongea, le 25, jusqu'à onze heures du soir. Une nouvelle batterie fut construite entre les flancs bas du Stolzenberg, et l'on changea la direction de quelques autres, afin de battre le bastion de droite du Bischopsberg, dont le feu incommodait beaucoup les batteries françaises.

Pendant la journée du 26, le feu se continua avec beaucoup de vivacité, et les assiégeants poussèrent un boyau de communication à la droite pour rejoindre la première parallèle. Le feu de l'ennemi ayant cessé tout à coup à sept heures du soir, le colonel du génie Lacoste, qui commandait la principale attaque, pensa que l'ennemi avait l'intention de faire une sortie. Pour s'opposer à cette entreprise, on plaça à droite et à gauche dans les tranchées des détachements, auxquels il fut recommandé de laisser avancer l'ennemi, et de ne paraître que lorsqu'ils seraient en mesure de couper la tête de la colonne. A dix heures du soir, l'ennemi sortit de la place, marchant en colonne par pelotons et la baïonnette en avant. Cette attaque était formée de 600 grenadiers prussiens suivis de 200 tirailleurs avec des outils. Les troupes de tranchée s'avancèrent alors, et abordèrent l'ennemi à la baïonnette. Les Prussiens furent tellement terrifiés de cette brusque agression, qu'ils ne tentèrent pas même de se défendre, et firent demi-tour pour se replier sur une forte réserve qu'ils avaient dans le chemin couvert. Les détachements, placés à droite et à gauche, se montrèrent alors, chargèrent sur les deux flancs, et la tête de colonne se trouva coupée. Les Prussiens perdirent dans cette sortie 149 hommes tués, beaucoup de blessés et 500 prisonniers environ.

Les assiégés ayant fait demander une suspension d'armes de deux heures pour enterrer les morts, les assiégeants en profitèrent pour reconnaître de nouveaux emplacements de batteries à ricochet et les tranchées qui devaient les lier aux parallèles : on joignit, par un boyau, la gauche des deux batteries du Stolzenberg à l'attaque du Bischopsberg, et enfin l'on porta dans la demi-place d'armes, entre la deuxième et la troisième parallèle, des obusiers, des mortiers et trois pièces de 12.

Un détachement des assiégeants s'empara, à l'attaque de la Basse-Vistule, d'une langue de terre située à l'extrémité de l'île d'Holm et l'isola par une coupure ; enfin l'on construisit sur le fleuve et sur le canal de Laack deux ponts de bateaux qui rendirent plus immédiate la communication des deux rives.

Le 28 avril, à dix heures du soir, 2,000 Prussiens firent une sortie contre les gardes de la troisième parallèle. Le commandant Rogniat, major de tranchée, à la tête de deux compagnies du 19e régiment de ligne, dispersa les assaillants qu'il poursuivit jusqu'aux palissades du chemin couvert. Pendant cet engagement, deux compagnies françaises furent repoussées par un bataillon de grenadiers prussiens, tandis que deux autres bataillons cherchaient à les tourner. Mais la réserve, commandée par le général Michaud, accourut au secours des gardes de tranchée, et culbuta l'ennemi au moment où il atteignait les communications de la troisième parallèle. Trois fois revenus à la charge, les Prussiens furent trois fois rejetés sur la place. Ils perdirent 70 hommes tués, eurent beaucoup de blessés et 200 prisonniers.

Les batteries des assiégeants furent augmentées, le 30 avril, de plusieurs pièces arrivées de Varsovie; elles foudroyèrent la place, où le feu se manifesta dans divers endroits.

Les assiégés faisaient jouer, de leur côté, toutes les batteries du front d'attaque. Ils dirigèrent plus de trente bouches à feu sur la redoute des assiégeants qui les incommodait le plus. Des feux de pelotons continus, exécutés par les gardes du chemin couvert, inquiétaient beaucoup les travailleurs. Malgré tous les efforts de l'ennemi, on parvint à établir la communication de la deuxième à la troisième parallèle. On déboucha à la sape pleine de deux points de la troisième parallèle pour s'avancer sur la pointe de la demi-lune.

Le maréchal Lefebvre, voyant que le siége traînait en longueur, et sachant combien Napoléon attendait avec impatience la reddition de la place, délibéra avec ses principaux officiers, sur les moyens les plus prompts de la réduire. Dans le conseil tenu à ce sujet, on convint de détruire les palissades pour faciliter à l'infanterie l'assaut des ouvrages. En conséquence, on continua, le 2 mai, la sape sur le saillant de la demi-lune; mais ce travail ne pouvait se faire que lentement et au milieu de beaucoup de périls, parce que le canon de l'ennemi renversait les gabions à mesure qu'on les posait. Cependant, dans la nuit du 2 au 3, on parvint à rejoindre les deux têtes de sape de la portion circulaire sur le saillant de la demi-lune. L'ennemi, voulant s'opposer à ces travaux, fit, à trois heures du matin, une sortie au nombre de 2,000 hommes; mais il fut obligé de rentrer dans la place après avoir perdu beaucoup de monde.

Le lendemain, l'ennemi ayant ralenti son feu, le travail de la sape se fit plus facilement. On déboucha, à sape double, de la portion circulaire sur le saillant de la demi-lune. Deux tranchées furent aussi pratiquées dans la partie droite de la troisième parallèle, et l'on prolongea celle-ci dans le vallon de Schidlitz.

Le 4, à la pointe du jour, les assiégés cherchèrent, au moyen d'un feu très vif d'artillerie, à arrêter la marche de la sape. Mais les batteries ennemies furent démontées par celles de la seconde parallèle.

Les journées du 5 et du 6 se passèrent dans la continuation des travaux que l'ennemi essayait vainement de détruire. Les assiégeants parvinrent à s'approcher, par les différentes sapes, jusqu'à six toises de la demi-lune.

Prise de l'île d'Holm. — Héroïsme de Fortunas. — La possession de l'île d'Holm, comprise entre le canal et la Vistule, était importante pour les assiégeants, en ce qu'elle les mettait à même de construire de nouvelles batteries de revers contre le front d'attaque. Cependant le maréchal Lefebvre avait été forcé de différer toute tentative pour s'en rendre maître, faute de moyens suffisants. Mais le général Chasseloup, insistant pour qu'on s'emparât de ce poste, il décida que l'île serait attaquée dans la nuit du 6 au 7 mai. L'île d'Holm était défendue par 1,000 Russes, 200 Prussiens et une compagnie d'artillerie avec quinze pièces de canon et autant d'obusiers. Le général de division Drouet, chef de l'état-major général, fut chargé de l'expédition. On lui donna 800 hommes, et le général Gardanne devait seconder l'attaque principale en traversant le canal de Laack pour couper la retraite à l'ennemi. Deux détachements furent successivement placés sur douze barques, et débarquèrent sans que l'ennemi pût s'y opposer, tant il fut surpris. La première redoute fut emportée facilement par les grenadiers; la seconde fut mieux défendue; mais les Russes, qui la gardaient, se virent obligés, à leur tour, à se replier sur les ouvrages construits à la pointe de l'île, où les Français les suivirent avec tant d'impétuosité, qu'ils entrèrent avec eux dans les retranchements. Le général Gardanne, ayant traversé le canal, coupa la retraite à l'ennemi. 400 Russes furent tués à la baïonnette, et le reste fut fait prisonnier.

Des troupes badoises et quelques compagnies de la légion du Nord composaient le second débarquement, qui s'effectua aussi sans obstacle. Une forte redoute et toutes les défenses de l'île furent promptement enlevées. Ces troupes pénétrèrent dans les retranchements, où elles tuèrent 300 hommes, firent 900 prisonniers et s'emparèrent de dix-sept pièces de canon.

Un trait d'héroïsme, qui rappelle celui du chevalier d'Assas, signala cet engagement meurtrier. Fortunas, chasseur du 12e régiment d'infanterie légère, tomba au milieu d'un détachement russe. La compagnie à laquelle appartenait ce chasseur, ayant surpris, peu d'instants après, les officiers du détachement ennemi, ceux-ci crièrent: *Ne tirez pas, nous sommes Français!* Menacé d'être tué s'il parlait, Fortunas s'écria vivement: *Tirez, mon capitaine, ce sont des Russes!* et il tomba percé de coups.

Suite des travaux. — Couronnement du chemin couvert. — Maîtres de l'île d'Holm, les assiégeants s'empressèrent d'exécuter des travaux pour s'en assurer la possession. On retourna les batteries de l'ennemi pour les faire servir contre la place, et, dès le 7 mai, à six heures du matin, la redoute de la rive gauche commença à foudroyer Dantzick. Le pont de radeaux sur le canal fut achevé, et la construction du pont sur la Vistule très avancée.

Pendant cette journée, les assiégeants firent le feu le plus terrible contre la place et parvinrent à éteindre celui de l'ennemi. Les boulets et les éclats des bombes labourèrent, sur le front d'attaque, des rangs entiers de palissades. Les ouvrages extérieurs étaient entièrement délabrés, les principaux édifices endommagés; les incendies se multipliaient. Dans cette journée du 7, l'artillerie française tira *deux mille six cent quatre-vingt-dix coups.* Craignant un prochain assaut, les assiégés se mirent à travailler activement à l'armement du corps de la place.

Le maréchal Lefebvre ordonna alors au colonel du génie Lacoste et au chef de bataillon du génie Rogniat de couronner le chemin couvert au saillant de la demi-lune du Hagelsberg. Les sapeurs et les tirailleurs parvinrent à effectuer ce couronnement, malgré le feu de quatre pièces de canon qui tiraient à mitraille pendant qu'on se fusillait dans les branches du chemin couvert et dans les places d'armes rentrantes.

Maîtres d'une partie du chemin couvert et des galeries de l'ennemi, les Français gagnèrent par-là l'emplacement de deux batteries importantes, et forcèrent les assiégés d'évacuer entièrement le chemin. Ceux-ci conservèrent cependant le Blockhaus, la nature du terrain s'étant opposée à ce que l'on construisît un cavalier de tranchée pour favoriser le couronnement du chemin couvert. Cette opération, très meurtrière, coûta aux assiégeants près de 100 hommes tués ou blessés. Le lendemain, 8 mai, on continua le couronnement du chemin, et on atteignit, par la seconde sape, le saillant du bastion d'attaque.

Le maréchal Lefebvre ayant résolu de tenter un assaut au fort du Hagelsberg, fit faire, dans ce but, toutes les reconnaissances nécessaires. Le bombardement eut lieu le 9 mai et fut poussé avec une grande activité pour distraire l'ennemi. L'artillerie française démonta deux batteries basses à gauche du Hagelsberg et fit taire les pièces du bastion de gauche. On établit dans l'île une batterie de deux pièces de 12 pour enfiler la droite du chemin couvert du Hagelsberg; on en plaça une seconde à la pointe de la même île pour enfiler et prendre à revers les ouvrages du corps de la place qui répondaient au Hagelsberg; et trois pièces de 24 furent mises en batterie sur un mamelon pour battre un cavalier que l'on avait armé dans la place. Tous les débouchés se trouvant prêts dans la journée du 9, deux détachements de sapeurs, soutenus par un piquet d'infanterie, poussèrent une reconnaissance sur le Blockhaus de la place d'armes. Un sergent de mineurs sauta dans le chemin couvert et s'assura qu'il n'existait point de mine au saillant du bastion. Mais un feu si vif accueillit les sapeurs et le piquet d'infanterie, qu'ils furent obligés de se retirer après une perte sensible.

On put se convaincre, par cette reconnaissance, que les réduits des places d'armes étaient encore trop fortement occupés pour que l'on pût tenter la descente du fossé. On remit cette opération à un temps plus opportun, et le lendemain, 10 mai, on chemina sur les trois saillants à la fois, afin d'embrasser tous les contours du chemin couvert. Mais ce travail fut très lent et très périlleux, parce que l'ennemi culbutait, à coups de canon, les gabions de la sape et labourait avec ses bombes et ses obus le travail déjà fait. Dans les journées du 11 et du 12, on chercha inutilement à prolonger les travaux de la sape du centre, les assiégés jetèrent sur ce point une telle quantité de bombes et

d'obus, que six toises de la tête de sape furent comblées. On réussit seulement à avancer le couronnement du bastion d'attaque.

Expédition des Russes pour secourir Dantzick. — Le feld-maréchal Kalkreuth cherchait d'autant plus à apporter des obstacles aux derniers travaux des assiégeants, qu'il espérait être bientôt puissamment secouru par mer. Déjà des bâtiments prussiens avaient paru, depuis plusieurs jours, dans le Frischhaff. Averti par l'Empereur que les alliés méditaient une grande entreprise, le maréchal Lefebvre avait invité le général Oudinot, qui se trouvait, avec son corps de grenadiers, à Marienbourg, à détacher une de ses brigades sur l'île de Nogat. Le général Schramm avait aussi été invité à se tenir sur ses gardes dans le Nehrung.

Le péril, en effet, était imminent : dans un conseil de guerre que les généraux de l'armée alliée avaient tenu à Bartenstein, on avait reconnu que Dantzick ne pouvait être secouru que de deux manières. La première consistait à attaquer l'armée française dans ses cantonnements, et la seconde, à faire un vigoureux effort pour attaquer l'armée de siége du côté de la mer. Le premier moyen offrant, d'après les événements antérieurs, trop peu de chances pour qu'on s'y arrêtât, on prit le dernier parti, et le général Kamenski s'embarqua à Pillau avec deux divisions composées de douze régiments russes et de six régiments prussiens, montant ensemble à plus de 20,000 hommes. Ce renfort puissant aborda à Neufahrwasser sur soixante-six bâtiments de transport, escortés par trois frégates ou corvettes.

Le maréchal Lefebvre se trouvait dans une position difficile, d'autant plus que les renforts que lui avait promis l'Empereur n'étaient point encore arrivés. Après avoir, comme nous l'avons dit, prévenu le général Oudinot et le général Schramm, il fit à ses troupes cette simple et énergique harangue :

«Camarades! tant que nous vivrons, nous n'aban-«donnerons rien à l'ennemi; que chacun défende son «poste jusqu'à la mort.» — *Vaincre ou mourir,* tel fut le cri unanime des soldats.

Le général Kamenski pouvait attaquer tout à la fois le général Schramm dans l'île de Nehrung et le général Gardanne sur le canal de Laacket dans l'île d'Holm. Le maréchal Lefebvre pensa que l'ennemi se porterait d'abord sur l'île de Nehrung; aussi renforça-t-il principalement cette position, se tenant prêt à se porter de sa personne partout où besoin serait.

Renforts envoyés aux assiégeants. — *Travaux contre la place.* — Quand l'Empereur fut averti du mouvement des Russes sur Dantzick, il forma à Marienbourg une réserve dont le commandement fut confié au maréchal Lannes.

Dès que le général Oudinot eut reçu l'avis que lui fit parvenir le maréchal Lefebvre, il se mit en marche, et ses têtes de colonnes parurent le 12 mai aux environs de Dantzick, où le maréchal Lannes arriva bientôt lui-même de son côté.

L'arrivée de ces renforts augmenta la confiance des assiégeants ; pendant toute la journée du 13 ils firent un feu très vif, et poussèrent leurs travaux avec une nouvelle activité. On déboucha des deux pointes de la sape pour entrer dans le chemin couvert du bastion et dans celui des places d'armes vis-à-vis des blockhaus ; on activa sur différents points le couronnement, afin d'arriver jusqu'aux palissades, qu'il fallait détruire promptement pour tenter une attaque de force.

Le 14, les sapeurs s'avancèrent sur le saillant de la place d'armes rentrante par une sape debout ; ils la poussèrent jusqu'à trois pieds de la palissade, et firent une traverse à une batterie d'obusiers établie au couronnement des glacis du demi-bastion de droite ; ils poussèrent aussi un boyau suivant le contour de la hauteur, pour soutenir la seule pièce qu'on eût pu établir vis-à-vis le flanc qui défendait le passage du fossé. On continua avec non moins de vigueur les travaux de la Basse-Vistule.

Le corps de secours russe attaque les assiégeants. — Il est repoussé. — Le 15 mai, quatre jours après le débarquement, divers mouvements dans le camp retranché de Neufahrwasser firent penser que le général Kamenski avait l'intention d'attaquer. En effet, à quatre heures du matin, il commença à déboucher, et une vive canonnade s'engagea. Les troupes ennemies, formant neuf régiments, et présentant un effectif de 11 à 12,000 hommes, étaient divisées en quatre colonnes : la première, celle de droite, se porta à la droite des bois ; la seconde et la troisième tinrent le centre, et la quatrième resta en réserve sur le bord de la mer.

Lorsque les Russes se mirent en mouvement, les troupes des généraux Schramm et Gardanne étaient en bataille derrière les deux redoutes construites vis-à-vis le fort de Weichselmunde ; le maréchal Lefebvre se tenait au Hagelsberg, prêt à marcher avec sa réserve sur le point qui serait attaqué ; le maréchal Lannes et le général Oudinot étaient sur la gauche de la Basse-Vistule, attendant que l'ennemi eût franchement fait connaître ses intentions.

A cinq heures du matin, les Russes attaquèrent la ligne du général Schramm, formée, à gauche, des bataillons polonais ; au centre, d'une forte brigade saxonne ; à la droite, du 2e régiment d'infanterie légère et du régiment de la garde de Paris en réserve. Cette attaque se fit avec des forces supérieures sur la gauche et sur le centre. Les Russes commençant à gagner du terrain, le maréchal Lefebvre envoya au soutien du général Schramm un bataillon du 2e régiment d'infanterie légère et 200 Saxons. Repoussés trois fois, au moment où ils cherchaient à enfoncer la ligne française, les Russes firent une quatrième attaque si vigoureuse, que le général Schramm eut beaucoup de peine à la soutenir. Cependant ils commençaient à ployer, quand le général Kamenski rétablit le combat en faisant avancer sa réserve. Le général Oudinot arriva alors avec la première colonne de sa division, à la tête de laquelle le maréchal Lannes marchait avec lui. L'action s'engagea vive et meurtrière ; le général Oudinot,

ayant eu son cheval tué d'un boulet, combattit à pied à la tête de ses grenadiers. Enfin, culbutés et mis en déroute, les Russes abandonnèrent le champ de bataille jonché de leurs morts, et furent poursuivis jusque sous le canon de Weichselmunde. Ce combat coûta à l'ennemi près de 2,500 hommes.

Le colonel Bulow devait seconder, par une attaque sur l'île de Nehrung, l'attaque du général Kamenski sur l'île d'Holm. Mais déjà les troupes de Kamenski étaient en pleine déroute, quand Bulow se porta sur Kaalberg pour attaquer les avant-postes du général Schramm, qui se replièrent jusqu'à Furstenwerder. Bulow s'avança jusqu'à l'extrémité occidentale du golfe ; mais il n'osa marcher plus avant sur Dantzick dans la crainte d'être tourné par sa droite. Déjà même il ne s'était que trop engagé. Le général Beaumont, avec sa brigade de dragons, et le général Albert, avec la brigade de grenadiers d'Oudinot qui se trouvait dans l'île de Nogat, firent leur jonction et débouchèrent par Furstenwerder. A la pointe du jour, entre Passenwerder et Stége, ils rencontrèrent la colonne du colonel Bulow qu'ils culbutèrent et poursuivirent le long de la Nehrung pendant toute la journée. Dans ce trajet, qui n'était pas de moins de dix lieues, le colonel prussien perdit 1,100 hommes, dont 400 prisonniers et 4 pièces de canon.

Préparatifs pour descendre dans le fossé. — Ces différents combats ne retardèrent pas les travaux devant le Hagelsberg et sur les autres points d'attaque. On avait commencé un rameau de mine pour faire sauter le blockhaus de la place d'armes rentrante de droite ; et, la nuit qui suivit le combat de Neufahrwasser, on ouvrit plusieurs entrées dans le chemin couvert de la demi-lune et du bastion de droite.

On s'attendait à ce que les Russes renouvelleraient leur attaque ; mais ils n'en firent rien, et restèrent dans leurs retranchements pendant toute la journée du 16. Les assiégeants profitèrent de cette circonstance pour préparer l'attaque de vive force du Hagelsberg, et le soir on fit jouer la mine qui devait faire sauter le blockhaus. Cette mine, quoique chargée de quatre cents livres de poudre, ne produisit pas tout l'effet qu'on en avait espéré : le blockhaus fut endommagé, mais ne sauta point. On s'empressa de couronner l'entonnoir, et on commença au fond un autre rameau de mine. Ce travail fut continué le 17, et le 18, on arriva au pied du blockhaus, que l'ennemi occupait encore, et d'où il tirait sur les Français des coups de fusil à bout portant. On y mit le feu avec des fascines goudronnées. Aussitôt on s'occupa de construire un débouché blindé pour entrer dans le chemin couvert, qui, n'ayant point de traverse, n'offrait aucun moyen de se défiler. Quatre sapeurs et six hommes d'infanterie se jetèrent dans le fossé de la demi-lune, et, malgré une mitraille non interrompue, s'ouvrirent un passage à travers les piquets et la fraise dont il était entouré.

Les travaux commencés pour descendre dans le fossé, et pour rendre l'assaut praticable, furent perfectionnés dans les journées du 19 et du 20.

Prise d'une corvette anglaise. — Le 19, *la Sans-Peur*, corvette anglaise de 24 canons et de 120 hommes d'équipage, avec une garnison de 40 soldats russes ou prussiens, voulut profiter d'un vent favorable pour remonter la Vistule jusqu'à Dantzick. Mais les batteries et la mousqueterie des postes établis sur la rive gauche firent un feu si bien dirigé, que les matelots ne purent manœuvrer, et que la corvette échoua. Les grenadiers du régiment de la garde de Paris se jetèrent aussitôt dans la Vistule, et abordèrent le bâtiment ennemi, qui se rendit sans difficulté. Cette prise donna aux assiégeants dix-huit milliers de poudre, cinq cents sacs d'avoine, et des gargousses pour des pièces de 24, que *la Sans-Peur* apportait à la garnison de Dantzick.

Sortie repoussée. — Pendant ces deux journées du 19 et du 20, l'artillerie des assiégés endommagea considérablement les travaux de la tranchée. Le commandant de la place, ne doutant pas que l'on ne se préparât à donner l'assaut au Hagelsberg, voulut, par un dernier et violent effort, essayer de détruire les derniers ouvrages des assiégeants. Il ordonna une grande sortie, qui eut lieu dans la soirée du 20 mai. Les assiégés repoussèrent d'abord les gardes de tranchées, et parvinrent à renverser le travail fait dans la journée du 19. Mais les Français, promptement ralliés par le colonel Lafosse, du 44ᵉ de ligne, et le chef de bataillon Oudot, du 12ᵉ léger, qui furent tous deux grièvement blessés, forcèrent l'ennemi à abandonner les ouvrages, et le poursuivirent jusque dans le fossé de la place.

Préparatifs d'assaut du Hagelsberg. — Négociations. — Le 21 mai, le maréchal Mortier vint renforcer l'armée de siége avec une partie de ses troupes devenues libres par suite d'un armistice conclu avec les Suédois. Ce renfort permettait de tenter l'assaut du Hagelsberg, qui fut immédiatement ordonné.

Les derniers abris de défense des assiégés étaient envahis, et l'on s'y battait corps à corps; tout était prêt pour la descente du fossé, et l'ennemi n'avait plus aucune chance de salut. Aussi, avant de donner le signal de l'assaut, le maréchal Lefebvre fit une sommation au commandant de Dantzick, et lui offrit une capitulation honorable. Le feld-maréchal Kalkreuth prêta l'oreille à ces ouvertures. Il avait perdu tout espoir d'être secouru, et le fort de Hagelsberg, pour la défense duquel il avait presque épuisé ses dernières ressources, allait tomber au pouvoir des assiégeants. Le maréchal Lefebvre exigeait que le commandant prît l'engagement de faire rendre le fort de Weichselmunde et le camp retranché de Neufahrwasser, et que la garnison mît bas les armes et restât prisonnière. Le maréchal Kalkreuth répondit que, n'ayant plus aucune communication avec Weichselmunde et le camp retranché, il

ne pouvait s'obliger à rien à cet égard, et qu'il aimait mieux s'ensevelir avec sa garnison sous les ruines de la place, que de souscrire à ces conditions humiliantes.

Le maréchal Lefebvre en référa à l'Empereur, en lui faisant observer qu'une fois maître de la place, il le serait bientôt de Weichselmunde, et qu'il convenait peut-être de ne pas prolonger un siége qui avait déjà fait répandre tant de sang. L'Empereur autorisa le maréchal à accorder au gouverneur de Dantzick les conditions qui lui paraîtraient les plus convenables.

Capitulation de Dantzick. — Après des négociations qui durèrent trois jours, la capitulation fut arrêtée et signée. Les principales conditions de ce traité furent que la garnison sortirait avec armes et bagages, drapeaux déployés, tambour battant, avec deux pièces d'artillerie légère, canons attelés de six chevaux, et qu'elle serait conduite aux avant-postes de l'armée prussienne à Pillau, en passant par l'île de Nehrung, et en cinq jours de marche. Cette garnison s'engageait à ne pas servir contre l'armée française et ses alliés pendant un an. Toutefois, il était bien entendu que cette capitulation ne recevrait son exécution que si la garnison n'avait pas été secourue le 26 mai, à midi, et que jusqu'à cette époque elle ne pourrait faire aucune sortie contre les assiégeants, en supposant le cas ou ceux-ci se battraient au dehors.

Cette capitulation fut ratifiée par l'Empereur, qui avait alors son quartier général à Finckenstein, et le 26 mai, à midi, les troupes de siége prirent possession du fort de Hagelsberg et des trois portes d'Oliva, de Jacob et de Neugarden. Le lendemain, la garnison sortit de Dantzick, où le maréchal Lefebvre fit son entrée à la tête de son corps d'armée. Le maréchal Lannes et le général Oudinot se refusèrent à partager ce triomphe et rejoignirent leurs troupes.

Départ des Russes. — Prise de Weichselmunde. — Le général Kamenski, retiré sous Weichselmunde depuis le combat du 15, était resté spectateur paisible des apprêts de l'assaut et de la reddition de la place. Mais quand il vit qu'on disposait des batteries à boulets rouges pour incendier ses bâtiments de transport, il monta à bord et fit voile pour Pillau avec ce qui lui restait de troupes.

Dès le 26, le maréchal Lefebvre fit sommer le fort de Weichselmunde, qui tenait encore; mais pendant qu'on réglait les articles de la capitulation, la garnison sortit volontairement et se rendit prisonnière.

Le général Rapp fut nommé gouverneur de Dantzick.

L'Empereur, voulant récompenser le maréchal Lefebvre pour sa belle conduite pendant ce siége important, le nomma, le 28 mai, *duc de Dantzick.* Ce fut, non un titre de noblesse, mais un titre de gloire!

RÉSUMÉ CHRONOLOGIQUE.

1807.

23 FÉVRIER. Combat de Dirschau.
18 MARS. Investissement de Dantzick.
20 — Prise de l'île de Nehrung.
1ᵉʳ-2 AVRIL. Ouverture de la tranchée.

7 MAI. Prise de l'île d'Holm.
11 — Arrivée d'un corps de secours au camp de Neufahrwasser.
15 — Combat avec ce corps. — Il est repoussé.
24 — Capitulation de Dantzick.
26 — Entrée des Français à Dantzick.

1807. — CAMPAGNE D'ÉTÉ EN POLOGNE.

NÉGOCIATIONS. — BATAILLE DE FRIEDLAND. — PAIX DE TILSIT.

ARMÉE FRANÇAISE.	ARMÉE RUSSE.
Général en chef. — L'EMPEREUR NAPOLÉON.	*Général en chef.* — BENNINGSEN.

La fin de l'hiver et le commencement du printemps se passèrent, pour les deux grandes armées française et prusso-russe, dans une espèce d'inaction. Les siéges seuls se continuèrent. On vient de voir quelle fut l'issue de celui de Dantzick. — Avant de présenter le tableau de la courte mais brillante campagne qui se termina par la paix de Tilsit, nous allons successivement raconter les négociations et les événements importants qui en furent le prélude, ou qui préoccupèrent puissamment l'attention des puissances belligérantes.

Prise de Neiss. — Durant le siége de Dantzick, les Français avaient achevé la conquête de toutes les places de la Silésie. — Le général Vandamme, chargé de faire le siége de Neiss, arriva devant cette place, le 23 février 1807, avec les troupes wurtembergeoises, forma sur-le-champ l'investissement de toute la partie située sur la rive gauche de la rivière du même nom, compléta le blocus le lendemain, en garnissant de troupes la rive droite. Pour assurer les communications, il fit établir un pont près du village de Glampérau. La garnison de Neiss s'élevait à 6,000 hommes; le général Vandamme n'en avait guère que 5,000.

Les travaux du siége furent poussés activement jusqu'au 4 mars; à cette époque, Vandamme eut ordre de convertir le siége en blocus, et la place resta bloquée pendant plus de cinq semaines.

La nécessité de diriger sur Dantzick toute l'artillerie disponible en Silésie, avait seule fait interrompre les travaux du siége, qui furent repris le 11 avril, grâce à un parc de vingt pièces que le général Pernetty parvint à rassembler et à former à Schweidnitz.

Ces travaux marchèrent vite, et, le 16 avril, les batteries de la tranchée commencèrent le feu. Un petit magasin à poudre sauta par l'effet des bombes, et, le 17, un incendie éclata dans la place.

Les assiégeants continuèrent leur feu jusqu'au 20; l'ennemi y ripostait avec vigueur. On construisit une nouvelle batterie pour lancer des bombes dans Frédérichstadt, situé sur la rive gauche de la Neiss, et où l'ennemi semblait avoir le projet de se retirer; on termina aussi la batterie destinée à battre le fort du blockhaus. Le prince Jérôme étant arrivé le 20 au quartier général de Vandamme, fit suspendre le feu pour adresser au gouverneur une sommation qui resta sans effet.

La neige tomba ensuite en abondance pendant quelques jours, et rendit les travaux fort difficiles jusqu'au 26 avril; mais le feu des batteries n'en continua pas moins.

Un renfort d'artillerie arriva du 26 au 30, et donna les moyens de construire quatre nouvelles batteries à ricochets. Celles de gauche tirèrent sur le fort du blockhaus pour en éteindre les feux et briser les palissades.

Dans la nuit du 1er mai, une attaque de vive force fut dirigée sur ce fort, sur deux petits ouvrages dont il était flanqué, et sur deux postes retranchés près d'un moulin. Cette attaque eut un plein succès : tout fut enlevé par les troupes wurtembergeoises, qui firent éprouver à l'ennemi une perte de 150 hommes. Le blockhaus renfermait dix pièces de canon. La nuit suivante, après s'être établis solidement dans le fort et dans les deux petits ouvrages, les Français en retirèrent l'artillerie, et coupèrent les digues communiquant avec la place, afin d'empêcher les Prussiens de faire, pour reprendre ces ouvrages, aucune tentative.

De nouveaux travaux et une seconde parallèle à cent cinquante toises de l'avant-fossé occupèrent les assiégeants jusqu'à la nuit du 11 mai. Alors on dirigea sur la place un feu si bien nourri, que l'ennemi évacua le Frédérichstadt pour occuper le camp retranché. Une nouvelle sommation, envoyée par le général français au gouverneur, n'eut pas plus de résultat que la première.

Les assiégeants reçurent à cette époque un renfort à l'aide duquel ils établirent des postes du côté de la basse Neiss; jusque-là, la place n'avait pu être étroitement bloquée de ce côté, faute de troupes nécessaires. On jeta un pont sur cette partie de la rivière, afin de s'assurer une communication prompte et facile en cas d'attaque.

Une batterie fut placée dans le fort du blockhaus pour jeter des bombes et des obus dans le camp retranché; on éleva aussi des retranchements, afin de protéger le pont construit sur la basse Neiss. Ces différents travaux furent terminés le 21. Le 22, la garnison fit une sortie qui n'eut d'autre résultat que de lui faire perdre 100 hommes.

Jusqu'au 29, un feu très vif des tranchées incommoda beaucoup la garnison, qui diminua le sien, parce qu'elle reporta son artillerie dans les cavaliers, par la crainte d'une attaque de vive force sur l'enveloppe en terre qui régnait sur tout le développement des ouvrages.

Le général Vandamme apprit par des déserteurs, que la place était dans une position fort critique et commençait même à éprouver la disette. Un grand nombre de maisons avaient été endommagées par les bombes, et beaucoup de personnes avaient été tuées et blessées par l'explosion du magasin à poudre. Le général Vandamme pensa que le moment était favorable pour une troisième sommation ; il demanda en conséquence au gouverneur une entrevue, qui eut lieu le 30 mai, au village d'Heydersdorf. Le lendemain une capitulation fut signée : elle portait que la place et les forts seraient remis aux troupes alliées de l'empereur des Français, le 16 juin, s'ils n'avaient pas été secourus à cette époque. En conséquence, le 16, à midi, les troupes wurtembergeoises entrèrent dans Neiss. La garnison obtint les honneurs de la guerre, et resta prisonnière après avoir défilé devant le prince Jérôme. On trouva dans la place trois cent vingt-huit bouches à feu, deux cent soixante milliers de poudre, et une grande quantité de projectiles.

* * *

Négociations diverses. — Le quartier général de Napoléon, successivement transporté à Osterode et à Finkenstein, devint une véritable arène diplomatique ; des négociations indirectes s'y renouvelèrent avec la Russie et l'Angleterre. L'Empereur adressa une lettre au roi de Prusse pour lui laisser entrevoir les conditions les plus favorables, s'il voulait traiter avec les Français. Napoléon espérait, en le détachant de la Coalition, se mettre à même de traiter plus avantageusement avec les autres puissances. Ces ouvertures, communiquées à la Russie et à l'Angleterre, conduisirent à des pourparlers.

L'empereur Alexandre n'avait compté intervenir dans cette guerre qu'en auxiliaire, et en profiter pour acquérir du territoire. Au lieu de cela, il se voyait seul exposé à tout le poids des forces françaises, tandis que l'Autriche ne bougeait pas, et que l'Angleterre promettait toujours de puissantes diversions qu'elle ne faisait jamais. Sans doute l'intérêt de la Russie se trouvait actuellement lié au sort de la Prusse : toutefois, il ne fallait pas compromettre le salut de l'Empire pour celui d'un allié nouveau, que l'Europe, plus intéressée à son existence, semblait abandonner. Napoléon pouvait donc concevoir quelque espérance d'amener Alexandre à la paix. L'Empereur russe ne se montra pas éloigné de la faire, mais il voulait des avantages sur le Danube et l'intégrité de la Prusse, choses assez difficiles à concilier avec les victoires de Napoléon ; il proposait d'ailleurs un congrès à Copenhague, où toutes les puissances interviendraient.

Sur ces entrefaites, l'Empereur des Français reçut un envoyé du schah, qui, apprenant ses victoires, avait compris de quel intérêt une alliance avec la France pourrait être pour la Perse, fréquemment menacée par la Russie. Le ministre Maret fut chargé de négocier avec l'envoyé persan, et réussit à conclure un traité offensif et défensif des plus avantageux. L'Empereur envoya de son côté à la cour de Téhéran le général Gardanne, avec quelques officiers de toutes armes, intelligents et instruits. On négocia aussi avec la Porte, qui avait chargé Waleb-Effendi de proposer à Napoléon une alliance plus étroite, sous la condition de ne point faire de traité séparé. L'Empereur eut la prudence de refuser une telle clause. Sa situation était trop compliquée, pour qu'il s'imposât de tels liens. Bien qu'à cette époque l'État ottoman fût encore entre les mains de Sélim III, c'était un allié trop chancelant pour faire dépendre ses négociations des caprices du Divan.

Quant aux négociations avec l'Angleterre et avec la Russie, les conditions en étaient telles, que l'Empereur n'aurait pas pu les accepter. D'un côté, l'on exigeait qu'il abandonnât les Turcs, qui, grâce à Sébastiani, venaient de montrer tant d'énergie contre l'escadre anglaise ; et de l'autre, l'Angleterre ne voulait faire, pour sauver ses alliés du continent, aucune des concessions maritimes qu'exigeait la sûreté de l'Empire français.

Nous parlerons bientôt avec détails de cette attaque des Anglais contre Constantinople : ce fut une diversion opérée en faveur de la Russie.

La direction des négociations politiques et les soins de l'administration intérieure de l'Empire, dont il s'occupait au camp comme dans son palais des Tuileries, n'empêchaient pas l'Empereur Napoléon de veiller aux besoins de son armée. Parmi les fréquentes revues qu'il passa de ses troupes et qui, contribuaient à maintenir la discipline des soldats et leur confiance dans l'illustre capitaine dont la sollicitude s'étendait sans cesse sur eux, on cite celle qui eut lieu au commencement du mois de mars dans les environs de la petite ville d'Osterode, où l'Empereur avait alors son quartier général.

Après avoir distribué aux troupes les récompenses qu'elles avaient méritées, et adressé aux différents corps quelques-uns de ces mots vifs et pénétrants qui se répétaient et se commentaient dans les bivouacs, et entretenaient parmi les soldats, avec l'amour de la gloire, les sentiments de dévouement pour leur patrie et leur Empereur [1], Napoléon accueillit les réclamations des Po-

[1] « La vie de Napoléon à l'armée, dit M. de Beausset dans ses *Mémoires*, était simple et sans éclat. Tout individu, quel que fût son grade, avait le droit de l'approcher et de lui parler de ses intérêts ; il écoutait, questionnait, et prononçait au moment même. Si c'était un refus, il était motivé et de nature à en adoucir l'amertume. Jamais je n'ai pu, sans admiration, voir le simple soldat quitter son rang lorsque son régiment défilait devant l'Empereur, s'approcher d'un pas grave, mesuré, et, présentant les armes, venir jusqu'auprès de lui. Napoléon prenait toujours la pétition, la lisait en entier, et accordait toutes les demandes justes. Ce noble privilége, qu'il avait accordé à la bravoure et au courage, donnait à chaque soldat le sentiment de sa force et de ses devoirs, en même temps qu'il servait de frein pour contenir ceux des supérieurs qui auraient été tentés d'abuser du commandement.

« La simplicité des mœurs et du caractère de Napoléon était surtout remarquable dans ces jours de marche pendant lesquels le canon se reposait. Toujours à cheval au milieu de ses généraux, de ses braves aides de camp, des officiers de sa maison et de cette jeune et vaillante élite de ses officiers d'ordonnance, sa gaieté, j'oserai même dire sa bonhomie, s'infiltrait dans tous les cœurs. Souvent il ordonnait de faire halte, s'asseyait sous un arbre avec le prince de Neuchatel. Les provisions de bouche étaient établies devant lui, et

lonais, sur lesquels les chances de la guerre avaient fait peser de grands malheurs. Il distribua généreusement des secours aux veuves et aux vieillards, se chargea de l'éducation de quelques orphelins, et appela dans les rangs de son armée les jeunes hommes que leur âge et leur enthousiasme portaient vers la carrière des armes. Il ne fit, dans la distribution de ses bienfaits, aucune acception de personnes : la veuve d'un général ennemi qui était mort en combattant contre lui dans la dernière campagne, fut une des plus favorisées, parce qu'elle était une de celles qui avaient le plus souffert. Il accorda aussi la permission de rentrer en France à une famille d'émigrés qui avaient été empêchés de profiter des différentes amnisties publiées par son gouvernement. On sait que l'Empereur considérait l'exil comme une peine terrible, et qu'il aurait voulu rouvrir les portes de la patrie à tous les Français expatriés, ne leur demandant en échange de l'oubli du passé que de la fidélité et du dévouement pour l'avenir.

Détails sur la Grande-Armée. — «L'Empereur Napoléon, dit Mathieu Dumas, dans l'organisation de sa Grande-Armée, avait déterminé pour chaque arme, et pour chacune des parties de cette vaste machine, les justes proportions qui pouvaient en simplifier les ressorts, et rendre leur jeu plus facile. Il s'était rapproché de l'organisation romaine autant qu'il était possible et sage de le faire, sans trop subdiviser les masses et les commandements. Ses divisions, fortes de 9 à 10,000 hommes de toutes armes, représentaient les légions romaines ; mais elles étaient plus fortes en infanterie que celles-ci, qui n'étaient que d'environ 5,000 combattants de troupes différentes et différemment armées, pesamment ou à la légère. Ses bataillons, de 7 à 800 hommes, étant plus forts de plus d'un tiers que les cohortes, qui n'étaient que d'environ 500 combattants, présentaient un front de bataille plus solide et moins morcelé : il n'avait point accueilli les idées de quelques militaires qui, ayant été séduits par ce principe général et trop absolu, que le bataillon étant l'unité, puisqu'on marche en bataille, qu'on se forme en colonne, qu'on attaque par bataillon, croient qu'il est inutile de les réunir en régiments de tel ou tel nombre de bataillons, pair ou impair, et regrettent qu'on ait conservé cet intermédiaire qui n'existait pas chez les Romains entre la cohorte et la légion. Napoléon rétablit, au contraire, les régiments, et rappela les grades et les dénominations usitées dans toutes les armées de l'Europe. Il sentit que, loin d'être superflue, cette subdivision du commandant général est nécessaire, non-seulement pour donner plus d'énergie aux commandements inférieurs, plus d'ensemble et d'uniformité, mais encore pour la bonne administration.

« Dans les armées françaises, organisées à la hâte pendant les quatre premières campagnes des guerres de la révolution, de 1792 à 1796, les divisions furent portées jusqu'à 15 et 18,000 hommes : c'étaient autant de petits corps d'armée plutôt que des divisions ; il n'y avait encore que très peu de généraux formés au commandement, et capables de bien conduire de telles masses. L'expérience de la guerre ayant développé le génie de quelques-uns, les talents d'un assez grand nombre, et excité l'émulation de tous, les généraux en chef durent partager les commandements principaux ; ils trouvèrent plus d'avantage à former un plus grand nombre de divisions. S'ils en réunissaient plusieurs sous un seul commandement, celui-ci prenait le titre de lieutenant-général : ces lieutenances formaient les ailes de l'armée, dont le centre et la réserve restaient sous les ordres immédiats du général en chef : telle fut, par exemple, sous le général Moreau, l'organisation de l'armée du Rhin.

« L'Empereur Napoléon prit un terme moyen entre les deux extrêmes ; ses corps d'armée, dont l'effectif était de 20,000 hommes au moins, et au plus de 30,000,

---

tout le monde, depuis le page jusqu'aux grands officiers, trouvait çà et là tout ce qui lui était nécessaire : c'était véritablement une fête pour chacun de nous. Napoléon, en éloignant de ses alentours tout ce qui avait quelque couleur d'intrigue, se décidant toujours par lui-même, avait inspiré à toutes les personnes de sa maison un sentiment d'affection, d'union et d'empressement réciproques, qui rendaient aimables toutes nos relations. La frugalité de Napoléon était telle, que son goût donnait la préférence aux aliments les plus simples : aussi sa tête était toujours libre et son travail facile, même en sortant de table. Doué par la nature d'un estomac sain et parfait, ses nuits étaient calmes comme celles d'un enfant. Cette même nature lui avait donné une constitution si bien assortie à sa position, qu'une heure de sommeil réparait chez lui vingt-quatre heures de fatigues. Au milieu des circonstances les plus graves, les plus urgentes, il avait le pouvoir de prendre du sommeil à volonté, et son esprit rentrait dans le calme le plus parfait, dès que les dispositions qu'exigeaient ces mêmes circonstances étaient ordonnées...

« Le prince de Neuchatel avait également un avantage approprié au rang éminent qu'il occupait près de Napoléon ; les projets, les conceptions, les ordres, les volontés de l'Empereur, étaient confiés à l'exécution du prince. Chaque nuit il était réveillé et appelé cinq ou six fois ; son réveil était toujours riant, facile et sans humeur : c'était une véritable mécanique, dont l'Empereur faisait à son gré mouvoir les ressorts. L'attachement de ce prince à la personne de Napoléon fut tel, qu'il ne voulut point accepter la couronne de Suède, qu'il était facile de lui faire obtenir ; c'est de lui-même que je l'ai appris : il est juste de dire que les plus vastes dédommagements, les récompenses les plus magnifiques, lui composaient un sort assez brillant pour qu'il préférât sans regret son attachement à son ambition. Amoureux d'ailleurs comme on l'était dans l'ancienne chevalerie, ayant autrefois transporté sur le sol brûlant de l'Égypte le culte passionné qu'il rendait au portrait de sa belle maîtresse ; revenu toujours fidèle et toujours constant, il ne se serait jamais décidé volontairement à s'éloigner de l'objet de tant de vœux : l'amitié et l'amour décidèrent seuls de sa destinée.

«Tous les moments de la journée étaient pour Napoléon des moments de travail, même à l'armée. S'il cessait un instant de consulter ses cartes géographiques, de méditer ses plans de bataille, et d'étudier les immenses combinaisons qu'il fallait employer pour faire mouvoir avec une précision mathématique des masses de 4 à 500,000 hommes, alors il s'occupait de l'administration intérieure de l'Empire. Plusieurs fois dans la semaine un auditeur au conseil d'État arrivait au quartier-général, chargé du portefeuille de tous les ministres ; jamais ce travail n'était remis au lendemain : dans la journée tout était examiné, signé et expédié ; tout marchait de front. Les jours qui suivaient une action, un combat, une bataille, étaient employés à recevoir les rapports des différents corps de l'armée, à lier ensemble tous les faits isolés, à distribuer à chacun la part de gloire qui lui appartenait, à rédiger, en un mot, ces _Bulletins_ immortels dont la concision, la clarté, l'ordre et la mâle simplicité, présentent un modèle classique de l'éloquence militaire. C'est dans ces archives brillantes que sont à jamais gravés les titres de noblesse de l'armée française. Par une singularité remarquable, ces _Bulletins_, envoyés à Paris pour être imprimés, étaient lus et admirés de la France entière avant de parvenir à l'armée, qui n'en avait connaissance qu'à l'arrivée des journaux de la capitale. Il faut regretter, cependant, que plusieurs de ces _Bulletins_, notamment ceux qui concernent la belle reine de Prusse, soient écrits avec passion et sans courtoisie : ils seraient même sans excuse, si l'on ne se rappelait les provocations violentes et injurieuses dont Napoléon avait été l'objet. »

étaient composés de trois ou de quatre divisions à peu près d'égale force, et dont l'organisation était toute semblable. Chaque corps d'armée, commandé par un maréchal, avait, proportionnellement à sa force, la même quantité d'artillerie de campagne, son parc, sa réserve, et deux ou trois régiments de cavalerie légère. La grosse cavalerie et la cavalerie moyenne (les dragons), formées en division, étaient réunies sous un général en chef qui recevait directement ses ordres. Il en était de même pour la garde impériale, corps d'armée de réserve complétement organisé, qui, toujours sous ses yeux, sous sa main, ne se mêlait jamais avec aucun autre, et dont lui seul disposait dans toutes les circonstances.

«Cette organisation d'armée est certainement la plus simple et la plus forte qui ait existé, tant par l'homogénéité des éléments que par la parfaite hiérarchie et la concentration des commandements; elle était surtout bien appropriée au nouveau système de guerre offensive (si l'on doit appeler ainsi l'invasion et l'occupation d'une grande étendue de pays, seul moyen de nourrir et d'entretenir de grandes armées aux dépens de l'ennemi). En effet, chaque général en chef, commandant un corps d'armée, avait une direction donnée, un rôle convenu et tracé d'avance pour concourir à l'ensemble de l'opération : mais sur la partie du théâtre qui lui était pour ainsi dire assigné, il disposait seul des forces qui lui étaient confiées, et des moyens que lui fournissait le pays pour les maintenir. Napoléon laissait d'ordinaire à ses lieutenants la plus grande latitude pour leurs combinaisons particulières, le choix des positions, les mouvements, les manœuvres que, selon les circonstances, ils jugeaient les plus propres à atteindre le but qui leur avait été marqué. S'il entrait quelquefois dans les moindres détails d'exécution, parcourait toutes les suppositions, et calculait toutes les chances, c'étaient plutôt des conseils que des ordres positifs. Les généraux en chef auraient commis de graves erreurs si, dans les cas très fréquents que le généralissime n'avait pu prévoir, ils s'étaient attachés au sens littéral des instructions qu'il leur avait adressées. On n'a pu remarquer dans aucune autre armée que celle de l'Empereur Napoléon l'accord si nécessaire de l'indépendance des commandants en chef et de leur ponctuelle obéissance : cet avantage était le fruit de la bonne constitution de son armée, mais surtout de sa fixité. Les corps d'armée devaient rester invariablement composés des mêmes divisions, et celles-ci des mêmes troupes; aucune incorporation, aucune transposition, ne troublèrent l'ordre de bataille établi dans les camps : l'esprit de corps se forma dans les divisions comme dans un seul régiment, et dans les corps d'armée comme dans une seule division. On ne conçoit pas que le principe de cette force d'ensemble, de cette solidarité de gloire, ait pu, dans la suite, être abandonné par celui qui en avait fait le principal ressort de sa puissance.

«Toutefois, en donnant ainsi au génie, aux talents de ses généraux en chef, un libre essor, Napoléon savait les retenir dans leur sphère; il était envers eux avare d'éloges et prompt à blâmer. S'il récompensa largement de grands services, il était aussi quelquefois injuste, et se montra jaloux des succès personnels : il ne lui suffit pas d'exciter l'émulation, il crut utile à sa politique de faire naître de grandes rivalités, et de souffrir que l'envie arrêtât l'élan d'une noble émulation.

«L'un des plus utiles exemples qu'il ait laissés aux souverains qui veulent conduire eux-mêmes la guerre, est le soin qu'il prenait de l'excellente organisation de son armée : il en était continuellement occupé; et, sur ce point, aucun détail n'échappait à sa perspicacité. Il exigeait que les états de situation lui fussent adressés presque journellement ; il les étudiait, les comparait, et les faisait souvent vérifier inopinément par des officiers de son état-major particulier.

«Sa vigilance n'était pas moins active sur les différentes branches d'administration : elles étaient, comme le personnel, organisées d'une manière semblable dans les divisions et dans les corps d'armée, et se rattachaient à un centre commun, à l'intendance générale. Des rapports fréquents sur toutes les parties du service étaient mis sous ses yeux ; et quoique, à l'exception des fonds provenant du trésor ou des contributions, chaque général en chef disposât à son gré des ressources des contrées que ses troupes occupaient, il se faisait rendre compte des consommations en tous genres; il affectait même à cet égard une prévoyance que ses nouvelles dispositions rendaient le plus souvent inutiles : il était parcimonieux quand les moyens de subsistance étaient abondants; il eût voulu que des magasins, formés à la hâte, pussent suivre les troupes en marche; il multipliait, il épuisait les moyens de transport que pouvait fournir le pays, et ruinait promptement les siens. Il ne parvint point à soutenir cette partie si importante de l'organisation administrative : il luttait contre une difficulté insurmontable, celle de nourrir une grande masse d'hommes sans cesse en mouvement. Depuis les Romains jusqu'à lui aucun général n'avait franchi en aussi peu de temps d'aussi grandes distances; mais il ne pouvait espérer sur ce point d'égaler son modèle. Comment suffire aux distributions de viande et de pain fabriqué, pendant une continuité de marches forcées, sans les disséminer, et les exposer à tous les inconvénients du pillage? comment rétablir cette sobriété des anciens, que nous pouvons à peine concevoir? car on ne distribuait aux soldats romains que du blé, et chacun d'eux, outre l'énorme poids de ses armes, bien autrement embarrassantes que les nôtres, portait avec lui pour vingt jours de vivres.

«On peut conclure, avec assurance, de ces diverses observations, que la Grande-Armée ou armée impériale, formée, organisée, disciplinée par Napoléon, pendant les années 1803 et 1804, qui, mise en action vers la fin de 1805, gagna les mémorables batailles d'Austerlitz, d'Iéna, d'Eylau et de Friedland, fut, sous tous les rapports, la meilleure qu'aucune nation moderne eût eue jusqu'à cette époque.»

Les Anglais menacent Constantinople. — Ils sont repoussés. — Instructions de l'Empereur à Marmont. — La nouvelle de l'invasion en Moldavie de l'armée russe aux ordres de Michelson, était arrivée au Divan en même temps que la nouvelle des victoires de Napoléon en Prusse. Ces événements accrurent l'importance du rôle que le général Sébastiani devait jouer en Turquie; il y acquit une grande influence, et la justifia par l'usage qu'il sut en faire. — L'invasion des principautés, loin d'être imputée par le Divan au crédit qu'il accordait au ministre de France, lui parut la justification la plus complète des avantages de l'alliance avec l'Empereur des Français.

L'Angleterre voulut réaliser la menace faite par son ambassadeur de bombarder Constantinople; l'escadre de l'amiral Duckworth reçut l'ordre d'entrer dans la Méditerranée, en prenant des troupes de débarquement à Gibraltar. Elle ne tarda pas à croiser dans l'archipel, près de Ténédos.

Le cabinet de Londres, se croyant certain de l'effet que produirait l'approche de cette flotte sur un gouvernement qui avait tremblé à la simple menace qu'on en avait faite, fit demander au Divan, 1° le renvoi de Sébastiani; 2° l'alliance de la Turquie avec la Russie et l'Angleterre; 3° la cession de la Moldavie et de la Valachie aux Russes; 4° la remise provisoire des Dardanelles et de la flotte turque aux Anglais.

«On a accusé, dit Jomini, à cette occasion, la politique de Napoléon d'être altière et impérieuse; mais, certes, l'Empereur n'a jamais proposé à une puissance dont il voulait faire une alliée, de se déshonorer par la remise de ses forteresses: il l'a tout au plus fait envers des ennemis vaincus.»

Les ministres de Sélim rejetèrent de telles conditions. L'ambassadeur Arbuthnot s'embarqua clandestinement à bord d'une frégate anglaise, et rejoignit l'escadre à Ténédos, d'où il continua à négocier.

Les Turcs, toujours indolents et présomptueux, perdirent un temps précieux sans faire aucuns préparatifs pour augmenter les moyens de défense des Dardanelles. Confiants dans ces énormes pierriers qui lançaient des projectiles de sept à huit cents livres à une distance considérable, mais que leur grandeur même empêche de mouvoir et de pointer, ils négligeaient tous les avis que les officiers français leur donnaient.

L'amiral Duckworth, ayant bien pris ses mesures, profita d'un vent favorable et d'un jour de fête, où les canonniers turcs se livraient au plaisir. Il pénétra inopinément, le 19 février, dans le canal, et après avoir échangé quelques bordées, il le franchit sans accident ni dommage. Il brûla un vaisseau et quatre frégates turques qui se trouvaient mouillées à la pointe de Nagara. Il arriva fièrement, toutes voiles déployées, devant Constantinople, et menaça de ses canons le sérail et la riche capitale des Ottomans. L'épouvante fut générale: si l'amiral anglais avait su profiter du premier jour pour commencer l'attaque, ou pour exiger ce qu'il demandait, il eût dicté la loi à la Porte, car il n'y avait pas dix des pièces en batterie qui fussent en état de servir.

Les faibles ministres de Sélim décidèrent alors d'une voix unanime le renvoi de Sébastiani et la soumission aux volontés de l'Angleterre; le peuple leur répondit par des cris d'indignation et de rage. Dans ces graves circonstances, l'ambassadeur français montra un grand caractère. Sélim envoya à neuf heures du soir un des grands dignitaires de l'Empire lui porter la résolution du Divan, lui témoigner les regrets qu'il en éprouvait, et l'assurer que les cris de la multitude, dirigés contre sa personne, attestaient le danger auquel il s'exposerait en prolongeant son séjour à Constantinople. La réponse de Sébastiani fut noble. Repoussant les soins qu'on voulait prendre de sa vie, il déclara qu'il ne partirait point si Sélim ne l'y contraignait par la force, et qu'il attendait de sa part une résolution plus digne d'un grand prince: «Dites à votre puissant monarque, «ajouta-t-il, qu'il ne voudra pas descendre du rang «élevé où l'ont placé ses glorieux ancêtres, en livrant «lâchement à quelques vaisseaux anglais une ville de «800,000 âmes, qui a des armes, des munitions, des «vivres, et qui peut les foudroyer.» Sélim, digne d'apprécier cette réponse, se sentit électrisé; il prit la résolution de se défendre, et fit appeler Sébastiani au Divan convoqué dans la nuit. Les sentiments généreux du sultan passèrent bientôt dans le cœur de ses ministres, encouragés d'ailleurs par l'exaspération qui se manifestait de plus en plus dans la capitale. Ce n'était plus contre Sébastiani que cette effervescence était dirigée, mais bien contre les Anglais.

Les ressources étaient grandes, surtout dans le superbe arsenal de la marine; mais il fallait du temps. Tout fut mis à la disposition de Sébastiani, secondé fort à propos par quelques officiers d'artillerie et de génie envoyés de Dalmatie par les ordres prévoyants de Napoléon. Une superbe tente lui fut dressée dans le jardin du sérail; de là, il dirigea à la fois et les travaux nécessaires à la défense et les négociations pour donner le change à Duckworth, afin de gagner quelques jours. Le marquis d'Almenara, ministre d'Espagne, le seconda de tout son pouvoir, et partagea avec lui la confiance publique.

Tout prit aussitôt une face nouvelle: à la froide apathie et à la gravité musulmane, succéda un feu électrique qui se communiqua jusqu'aux vieillards et aux enfants; chacun voulut avoir l'honneur de concourir au salut de la capitale: les uns firent des gabions et des fascines; les autres construisirent des batteries, y traînèrent des canons; en quatre jours, près de trois cents pièces furent placées au point que menaçait le plus pressant danger. La tour de Léandre fut armée de pièces du plus gros calibre et de grils à boulets rouges; cent chaloupes canonnières et l'escadre s'embossèrent pour défendre Betchitacha et l'entrée du chenal entre Péra et le sérail, où se trouvaient les établissements maritimes de l'Empire; le sultan assista lui-même aux travaux. Au bout de huit jours, gagnés en négociant, cinq cents pièces étaient déjà braquées sur la flotte ennemie, et 200 Musulmans fanatisés, prêts à se dévouer, montaient des radeaux-brûlots. Arbuthnoth, malade, laissa à l'amiral le soin de terminer une négociation où les Turcs montrèrent plus de fierté à mesure que leurs préparatifs s'avançaient. Ismaël-Pacha, ancien visir, fut envoyé aux Dardanelles, où il imprima la même activité pour armer et fortifier les châteaux.

L'amiral Duckworth, se voyant sur le point d'être investi dans la mer de Marmara, se décida enfin à la retraite. Le 2 mars, le vent étant tourné à l'est, il en profita pour repasser les Dardanelles, salué par l'artillerie des forts, qui, un peu mieux servie cette fois, endommagea deux de ses meilleurs vaisseaux, et coula deux corvettes. Cette audacieuse échauffourée coûta aux Anglais 200 tués et 500 blessés, et pouvait leur coûter toute leur flotte, s'ils avaient eu affaire à des ennemis plus entreprenants et plus expérimentés. «Sébastiani, «dit Napoléon, montra dans cette occasion autant d'ha-«bileté que d'énergie, et sa conduite nous valut une «victoire.»

Ce fut un grand bonheur que cette entreprise eût échoué; car, en cas contraire, la paix forcée entre la Porte et la Russie, aurait rendu disponible l'armée entière de Michelson, qui n'aurait pas manqué de revenir sur l'armée française en Pologne.

Cependant la perte éprouvée par les Anglais n'avait pas été si forte qu'ils ne pussent avoir envie de renouveler l'entreprise avec de plus grands moyens; et cette crainte seule était capable de faciliter la paix entre la Russie et la Turquie, si la Russie, embarrassée de tenir tête aux Français, consentait à renoncer aux principautés. Pour encourager Sélim, l'Empereur Napoléon résolut de lui offrir tous les secours qui étaient en son pouvoir. Le vice-roi d'Italie reçut l'ordre d'envoyer les colonels Haxo, du génie, et Foy, de l'artillerie, officiers de haute distinction, et capables de mettre en peu de temps les Dardanelles à l'abri de toute insulte. L'Empereur adressa aussi les instructions suivantes à Marmont, qui occupait Raguse.

«L'ordre de l'Empereur, général, est que vous fassiez sur-le-champ partir tout ce qui vous reste d'officiers du génie et d'artillerie avec un corps complet de 600 hommes, artilleurs, sapeurs et ouvriers, pour se rendre à Constantinople; vous ferez armer de bons fusils et bien équiper cette troupe; vous ferez partir avec ces 600 hommes, pour trois mois de solde et même plus, si vous avez de l'argent; les ouvriers doivent emporter avec eux les outils les plus utiles qu'on ne trouverait pas à Constantinople, et les officiers d'artillerie et du génie auront l'attention d'emporter, autant qu'ils le pourront, les livres qui seraient de nature à leur être utiles suivant les circonstances.

«Vous ferez connaître à la Porte, que si elle veut d'autres troupes, vous lui en enverrez sur sa demande directe. Effectivement, général, l'Empereur vous autorise à envoyer jusqu'à la concurrence de 5,000 hommes, sans ordres ultérieurs de Sa Majesté. Cependant, il faut pour cela que vous ayiez une réquisition bien énoncée du général Sébastiani, et que le pacha sur le terrain duquel vous ferez passer ces troupes ait un firman fort en règle de la Porte. N'épargnez pas les officiers d'artillerie et du génie pour les envoyer à Constantinople; ils vous seront remplacés par des officiers que je donne ordre qu'on vous envoie du royaume d'Italie, et ceux-ci le seront par des officiers qui viendront de France. Si vous êtes en fonds, l'Empereur ordonne que vous fassiez passer 200,000 francs en or au général Sébastiani pour les employer aux besoins

des troupes, l'intention de Sa Majesté n'étant pas qu'elles soient, en aucune manière, à charge à l'Empire ottoman; si vous n'êtes pas en fond, faites-le moi connaître, afin que je prenne des mesures en conséquence.»

Ces mesures suffisaient alors. L'Empereur comptait aussi qu'une prompte paix ou de prochaines victoires rendraient inutile un plus grand déploiement de forces.

Révolution à Constantinople. — Chute de Sélim. — Une insurrection inattendue changea bientôt cependant la face des affaires en Turquie. — Ce fut seulement au milieu des conférences de Tilsit que l'Empereur apprit la révolution qui précipita Sélim III d'un trône dont il venait si récemment de se montrer digne; mais, afin de ne point interrompre notre récit, nous allons dire tout de suite ce qui se passa à Constantinople.

Les vices d'organisation des gouvernements monstrueux de l'Orient sont tels, que l'événement le plus mince renverse souvent les plus belles combinaisons, et amène des catastrophes incalculables. La mort d'un vieux mufti, occasionant une révolution en Turquie, dut prouver à Napoléon qu'on ne pouvait guère établir de calculs certains sur la politique ottomane.

Sélim aspirait à se débarrasser des janissaires turbulents et dégénérés; il avait éprouvé les avantages d'un corps discipliné à l'européenne (les *Nizzam-Geddites*) qui s'était distingué à Saint-Jean-d'Acre contre les Français, et tout récemment en Romélie contre les Anglais. Il voulait opérer une fusion insensible des janissaires dans ce corps. Sébastiani l'entretenait dans ce système, le seul qui pût donner à la Porte un moyen de répression contre l'indiscipline d'une soldatesque effrénée, et contre l'insolence des imans et des oulémas qui en faisaient d'aveugles instruments de leur ambition: c'était à la fois une restauration politique et militaire.

Les oulémas et les chefs des janissaires, maîtres de la multitude, la soulevèrent contre ces changements; il fallut renoncer à la fusion projetée. On ne s'en tint pas là: le mufti, chef du corps sacerdotal et ami du sultan, étant mort, fut remplacé par un de ces fourbes et de ces ambitieux qui font de la religion un moyen d'intrigue et de trouble pour dominer l'État. Bientôt l'opinion, de plus en plus excitée, rompit toute espèce de frein; le mufti et le kaïmacan, profitant de l'absence du visir et du capitan-pacha, qui se trouvaient à l'armée du Danube, fomentèrent une insurrection dans la capitale, secondés par un audacieux aventurier nommé Kabakchi-Oglou. Celui-ci, placé à la tête des yamacks (portefaix), devint bientôt le bras de cette vaste conjuration. Les janissaires, les canonniers, les marins, le peuple, furent entraînés par les grandes phrases d'usage qui leur signalèrent les prétendus attentats de Sélim contre les lois de Mahomet, contre les usages de l'Empire et contre les priviléges accordés par ses prédécesseurs, de ce Sélim, en un mot, qui osait former le projet de les assimiler à des infidèles. On demanda la tête de tous les amis du Sultan qui secondaient ses projets impies: tous furent indignement sacrifiés. Après deux jours de scènes menaçantes, le mufti, interrogé par les conspirateurs, déclara avec tout le charlatanisme d'un inspiré, que Sélim ne pouvait plus régner d'après les lois qu'il avait voulu changer, et pour lesquelles il avait manifesté son mépris. Les janissaires demandèrent à grands cris sa déposition ; il fut enfermé dans le vieux sérail, et remplacé par son neveu Mustapha.

Cette catastrophe suspendit pendant tout le mois de juin les immenses préparatifs que la Porte avait ordonnés pour expulser Michelson des principautés. D'après le plan de campagne qui lui avait été conseillé par Sébastiani, 200,000 hommes rassemblés à Schumla devaient passer le Danube vers Ismaël, et, profitant des détachements qui avaient affaibli Michelson, le couper du Dniester, ou le forcer à regagner en toute hâte la Podolie. Rien de tout cela ne fut exécuté : Michelson, qui avait déjà évacué Bukarest, y rentra même audacieusement.

Napoléon donna des regrets à Sélim, dont il avait apprécié les talents et le caractère; mais la révolution arrivée en Turquie, qui, en cas de revers aurait pu avoir des suites graves pour l'armée française, en rendant à l'Empereur russe la disposition de toutes ses forces, ne devait plus avoir aucune fâcheuse influence du moment que la paix était conclue avec la Russie.

Reprise des hostilités. — Combat de Spanden. — Les négociations entamées entre les puissances belligérantes n'ayant amené aucun résultat, les hostilités furent reprises le 4 juin. Ces hostilités recommencèrent par des démonstrations que les Russes firent à trois heures du matin contre les portes de Pettelkau et de Zagern, près de Braunsberg. Il en résulta une canonnade sans aucun effet. Il en fut de même d'une première attaque qui eut lieu à onze heures, à la tête du pont de Spanden. Deux colonnes russes, de 3,000 hommes chacune, et soutenues par une cavalerie nombreuse, dirigèrent sur les retranchements de Spanden un feu assez vif; mais reçus vigoureusement par les Français, ils se retirèrent par les mêmes chemins qui les avaient amenés.

Ces deux colonnes se représentèrent le lendemain et attaquèrent la tête du pont. Cette fois leurs forces réunies s'élevaient à 9.000 hommes, et étaient soutenues par un corps de 3,000 chevaux; vingt pièces d'artillerie les accompagnaient. Aussitôt arrivées sur le terrain, elles éparpillèrent sur les rives de la Passarge quelques bataillons de chasseurs, et établirent des tirailleurs sous la protection des bois qui longent le cours de la rivière.

Le général Frère, qui commandait la tête de pont de Spanden, avertit Bernadotte du mouvement de l'ennemi. Le maréchal donna aussitôt l'ordre au général Lapisse de marcher de Neumarck à Deustchendorf avec six bataillons, et fit avancer la brigade du général Girard, du camp de Garwinden sur les hauteurs entre Schloditten et Spanden. Le 63e régiment fut envoyé au soutien de ce dernier poste; on répartit sur cette ligne la division de dragons du général Lahoussaye, et le 17e de dragons fut placé de manière à pouvoir s'élancer sur la rive droite aussitôt que l'ennemi tenterait un mouvement rétrograde.

Bernadotte, voulant s'assurer des véritables intentions des Russes, se rendit de sa personne à Spanden. Le chemin de Schloditten à cette ville était rendu très périlleux par le feu des tirailleurs russes postés sur les bords de la Passarge. Le maréchal ordonna de lancer des obus et de la mitraille à cette infanterie pour la chasser des bois qu'elle occupait.

Après avoir donné ses instructions au général Frère, Bernadotte revenait de la tête du pont, quand il s'aperçut que le 17e de dragons prenait sa position sous le feu de l'infanterie ennemie. Voulant placer lui-même ce régiment dans un poste moins dangereux, il reçut à la gorge une balle qui lui fit pencher la tête. Les soldats, épouvantés, le croyaient mort, lorsqu'il se releva aussitôt, les rassura sur la gravité de sa blessure, et stimula leur énergie. Les cris de «Vive l'Empereur! «vive notre brave maréchal! accueillirent ses paroles. Il voulait profiter de ce moment d'enthousiasme pour faire passer la rivière à ses troupes; mais il fut forcé de se retirer pour se faire panser, tant le sang jaillissait fortement de sa blessure! Il confia le commandement au général Maison.

Le premier appareil venait à peine d'être posé, que le maréchal fut informé que l'ennemi cherchait à passer la rivière en avant de Boarden. Bernadotte s'élança aussitôt à cheval, à la tête du 27e de dragons, et arriva sur les hauteurs de Deutschendorf. Le général Lapisse ne tarda pas à paraître avec sa colonne, et un bataillon du 16e d'infanterie légère se porta sur les bords de la Passarge pour repousser tout ce qui voudrait essayer de passer cette rivière.

Cependant de nouvelles têtes de colonne se montraient sur la ligne, et les ouvrages de Spanden étaient vigoureusement attaqués. Dès que Bernadotte en fut informé, il envoya au général Frère l'ordre de mourir s'il le fallait, en défendant le pont avec ses troupes, plutôt que de livrer passage aux Russes; en même temps, le général Villatte reçut l'ordre de soutenir le général Frère, de prendre l'ennemi en flanc et de le repousser à tout prix.

Avant même d'avoir reçu les ordres du maréchal, Frère avait su faire passer son ardeur dans l'esprit des soldats du 27e. Ces braves avaient laissé approcher les Russes et n'avaient tiré qu'à bout portant. Foudroyés par cette fusillade et par la mitraille des pièces de la redoute, les Russes ne se découragèrent pas : sept fois ils revinrent à la charge, et sept fois les chasseurs du 27e les repoussèrent : 300 morts et 900 blessés témoignèrent de leur acharnement. Ils firent leur retraite sur Wuchen et Wormditt, où ils furent poursuivis par le 17e de dragons, qui fit encore éprouver à leur arrière-garde une perte assez sensible. Cette poursuite dura jusqu'à cinq heures du soir; alors les troupes victorieuses rentrèrent dans leur camp. Le maréchal se rendit au château de Schloditten; mais sa blessure ayant empiré, il fut forcé de se démettre momentanément du commandement du 1er corps, qui fut confié par l'Empereur au général Dupont.

Combats de Lomitten et de Deppen. — Le 5 juin, au moment même où l'ennemi se présentait pour la seconde fois devant la tête de pont de Spanden, les 4ᵉ et 6ᵉ corps étaient également l'objet d'une attaque. — Deux divisions russes se présentèrent devant la tête de pont du village de Lomitten, défendue par la brigade du général Ferey, du corps du maréchal Soult. L'attaque et la résistance ne furent pas moins vives qu'à Spanden. On se battit jusqu'à cinq heures du soir, et l'ennemi se retira laissant le champ de bataille couvert de morts. Plus de 1,100 Russes furent tués, le nombre des blessés se monta au double, et il y eut 100 prisonniers. Les Français ne perdirent guère plus de 200 hommes, tant tués que blessés.

Le lendemain, le maréchal Ney, qui commandait le 6ᵉ corps, et qui avait concentré toutes ses troupes sur la Passarge vers Deppen, y fut attaqué par les Russes. Ceux-ci, malgré la supériorité de leur nombre, furent complétement battus. Ils perdirent, de leur propre aveu, 2,000 morts et eurent plus de 3,000 blessés.

Combat de Guttstadt. — Les maréchaux Lannes et Davoust reçurent l'ordre de se porter sur Guttstadt, et le 9 juin, l'Empereur, accompagné de sa garde, de la cavalerie de réserve et du corps du maréchal Ney, suivit lui-même cette direction. Une forte arrière-garde ennemie avait pris position à Glottau ; elle se composait de 15,000 hommes d'infanterie, et était soutenue par une partie de la cavalerie au nombre de 9 à 10,000 chevaux. Ce corps voulut s'opposer à la marche des troupes qui suivaient l'Empereur ; mais Murat, à la tête de la cavalerie des généraux Pajol, Bruyères, Durosnel et Nansouty, le chargea avec tant d'impétuosité, qu'il le força d'abandonner sa position. Murat entra ensuite de vive force dans Guttstadt et y fit un grand nombre de prisonniers.

Combat de Heilsberg. — Le général en chef de l'armée russe, Benningsen, ne regardant pas comme sûres ses attaques sur la ligne française, avait fortifié la position d'Heilsberg par des redoutes et des retranchements destinés à la mettre en état de soutenir un engagement général. C'est là que l'armée russe se retira par la rive droite de l'Alle, lorsqu'il lui fallut en toute hâte évacuer Guttstadt.

Le corps du maréchal Davoust resta seul en observation devant cette dernière ville, et l'armée française se porta, le 10, sur Heilsberg. L'avant-garde, composée de la cavalerie de Murat, arriva vers midi en face des premiers postes de l'arrière-garde russe, commandée par le prince Bagration, et réussit à les pousser devant elle après un engagement assez vif ; mais à un quart de lieue de là la position du général ennemi devint avantageuse : il se trouva à la tête d'environ 16,000 hommes de cavalerie, soutenus par plusieurs lignes d'infanterie établies en arrière. Néanmoins la cavalerie française gagna du terrain, grâce à plusieurs charges brillantes, et le maréchal Soult étant arrivé, fit former son corps en face de l'ennemi. Les deux divisions Saint-Hilaire et Leval marchèrent sur la droite, et celle du général Legrand manœuvra sur la gauche, afin de s'emparer d'un bois qui était nécessaire pour appuyer la gauche de la cavalerie française, et dont les Français parvinrent à se rendre maîtres après un vif combat.

Au fur et à mesure que les différents corps de l'armée française arrivaient en ligne, ils marchaient droit sur Heilsberg, en serrant les bords de l'Alle, et en forçant les troupes russes à se replier sur leurs retranchements. A quatre heures du soir les Français étaient devant Heilsberg, où toute l'armée russe était réunie au nombre de 84,000 hommes de toutes armes, répartis en neuf divisions. Les retranchements étaient garnis de plus de soixante pièces de canon en batterie, qui prêtaient un grand secours aux mouvements des divisions ennemies, et nuisaient beaucoup à l'élan des Français. Un feu terrible de mitraille et de mousqueterie accueillit la division Saint-Hilaire, qui s'avança la première jusque sur les palissades. L'Empereur envoya pour la soutenir le régiment des fusiliers de la garde, conduit par le général Savary et par le général Roussel, chef de l'état-major de la garde. A la nuit, la division Verdier, du corps du maréchal Lannes, s'avança également jusqu'au pied des retranchements russes, mais elle ne parvint point à les forcer : après avoir fait beaucoup de mal à l'ennemi et essuyé elle-même une grande perte, elle reçut l'ordre de se retirer. A neuf heures du soir, le combat durait encore sur toute la ligne, aussi vif et aussi meurtrier : les Français avaient bien réussi à culbuter quelques divisions ennemies ; mais le gros de l'armée tenait bon et ne paraissait pas devoir ployer de sitôt. Le combat ne cessa que lorsque la nuit devint tout-à-fait obscure. Les Français ne retirèrent de cette sanglante journée que le faible avantage de prendre poste sous les retranchements de l'ennemi. Ils eurent près de 6,000 hommes hors de combat. Le général Roussel eut la tête emportée par un boulet, le général Espagne fut blessé, ainsi que beaucoup d'officiers supérieurs, Bordesoult, colonel du 22ᵉ de chasseurs, Lagrange, colonel du 7ᵉ de la même arme ; le chef d'escadron de Ségur eut un bras emporté, et le chef d'escadron Chipault reçut *cinquante-deux* blessures ; Murat eut deux chevaux tués sous lui.

On s'attendait à ce que le combat recommencerait le lendemain au point du jour ; mais le général Benningsen, craignant que ses communications par sa droite ne fussent coupées, et que Napoléon n'eût fait approcher des réserves, n'ordonna aucun mouvement offensif ; et à l'aspect des préparatifs d'attaque des Français, il dirigea, le 11, à dix heures du soir, ses troupes sur la rive droite de l'Alle, laissant au pouvoir des Français ses magasins d'Heilsberg et ces retranchements dont la défense avait fait couler tant de sang. Le général Kamenski reçut l'ordre de se porter par Barbenstein sur Kœnigsberg, pour s'y réunir au corps prussien du général Lestocq.

La division de dragons du général Latour-Maubourg et les brigades de cavalerie légère des généraux Durosnel et Wathier poursuivirent l'arrière-garde ennemie sur la rive droite de l'Alle, dans la direction de Bartenstein ; les corps de Soult, Ney, Lannes, Mortier, Davoust, et la réserve de cavalerie de Murat, prirent diverses directions pour déborder l'armée russe et lui couper sa retraite sur Kœnigsberg. Le même jour, 12 juin, l'Empereur porta son quartier-général à Eylau.

Bataille de Friedland. — Après la victoire d'Heilsberg, Napoléon prit les mesures les plus promptes pour couper la marche de l'armée russe et prévenir sa jonction avec le corps du général Lestocq. Le 13 juin, Murat s'avança directement sur Kœnigsberg, avec une partie de la cavalerie; le maréchal Davoust se porta sur le même point pour le soutenir; le maréchal Soult se dirigea sur Krutezbourg, à la gauche d'Eylau; le maréchal Lannes, à droite, sur Domnau; et les maréchaux Ney et Mortier en avant, sur Lampasch.

Les Russes ne restèrent que fort peu de temps à Bartenstein, et continuèrent leur retraite sur Schippenbeil, petite ville également située sur l'Alle. Informé du mouvement de l'ennemi, l'Empereur envoya à Murat l'ordre de continuer à manœuvrer sur Kœnigsberg, le fit soutenir par le corps du maréchal Soult, en outre de celui du maréchal Davoust; ensuite Napoléon, suivi des troupes de Lannes, Ney, Mortier et de la garde impériale, se porta lui-même sur Friedland. Le général Victor, qui commandait le 1er corps d'armée en l'absence du maréchal Bernadotte, toujours retenu par sa blessure, suivit sur Friedland la marche des corps que nous venons de citer.

L'armée russe, qui avait continué de s'avancer par la rive droite de l'Alle, se présenta, le 14 juin, au matin, sur le pont de Friedland, et attaqua l'avant-garde du maréchal Lannes. «Ce jour est une époque «heureuse», s'écria l'Empereur, en entendant les premiers coups de canon, «c'est l'anniversaire de Marengo!»

Le corps du maréchal Lannes et celui du maréchal Mortier, qui se trouvaient tous les deux en première ligne, s'opposèrent successivement aux efforts de l'ennemi, et, soutenus par la division de dragons du général Grouchy et par les cuirassiers du général Nansouty, parvinrent à conserver leur position. Les deux corps d'armée des maréchaux Ney et Victor étant arrivés sur le champ de bataille, l'Empereur leur assigna leurs postes, et à cinq heures la ligne de l'armée française avait achevé de se former dans l'ordre suivant:

Les troupes du maréchal Ney tenaient la droite, ayant derrière elles en réserve la division de dragons du général Latour-Maubourg; le centre était occupé par le maréchal Lannes, qui avait pour réserve les dragons du général Lahoussaye et les cuirassiers saxons; le maréchal Mortier tenait la gauche, où il était soutenu par la division de dragons du général Grouchy et par une division de cuirassiers français. La garde impériale et les troupes du général Victor formaient la réserve.

La gauche de l'ennemi s'appuyait à la ville de Friedland, et sa droite se prolongeait jusqu'à la hauteur de Heinrichsdorf; ce déploiement avait une étendue d'une lieue et demie.

A cinq heures du soir, trois salves d'une batterie de vingt pièces de canon donnèrent le signal. Aussitôt le corps du maréchal Ney s'ébranla, et la division Marchand, soutenue par la division Bisson, marcha l'arme au bras dans la direction de Friedland. L'ennemi ne se fut pas plutôt aperçu que la droite du maréchal Ney venait de quitter sa position, qu'il la fit déborder par une nombreuse cavalerie; mais cette troupe, chargée par les dragons de Latour-Maubourg, fut rejetée sur la rivière.

La réserve du général Victor reçut en même temps l'ordre de se porter sur le terrain précédemment occupé par le maréchal Ney. Le général d'artillerie Sénarmont, placé, avec trente pièces de canon, sur le front et au centre de cette réserve, porta sa batterie au milieu de la plaine, à quatre cents pas en avant. L'attaque du maréchal Ney fut grandement protégée par cette artillerie, et l'ennemi fit des efforts inutiles pour tourner le flanc gauche des colonnes françaises. Le maréchal Ney s'empressa alors de faire évacuer sa droite, et assaillit vigoureusement la ligne de Benningsen. Les bataillons russes furent culbutés au premier choc par les grenadiers français, qui les écrasèrent à la baïonnette et les culbutèrent sur l'Alle. Dans l'impuissance où elle était de soutenir cette attaque vigoureuse, l'aile gauche des Russes recula pour se rapprocher de la ville, et s'engouffra entre la rivière et l'étang, espace fort resserré. En même temps les troupes du maréchal Ney arrivèrent au ravin qui entoure Friedland; mais la division du général Marchand, chargée par la garde impériale russe, placée en réserve derrière l'étang, perdit du terrain, ce qui donna à la gauche de l'ennemi la facilité de se retirer dans la ville.

La division du général Dupont, du corps du général Victor, accourut au secours de celle du général Marchand, qui se ralliait; elle se précipita sur la garde impériale russe, et en fit un carnage horrible: cette attaque força toute la gauche de l'armée ennemie à précipiter sa retraite sur Friedland. Les Français s'acharnèrent à sa poursuite; une affreuse mêlée eut lieu à l'entrée de la ville, bientôt après dans les rues, et jusque dans les maisons, qui furent jonchées de cadavres.

L'Empereur, voulant empêcher l'aile droite des Russes de porter des secours à l'aile gauche, avait ordonné au maréchal Mortier et au maréchal Lannes, de ne pas attaquer cette aile droite avec l'impétuosité que le maréchal Ney déployait envers l'aile gauche, et de se borner à la combattre avec vigueur, mais sans la presser. La plus grande partie des forces ennemies (les quatre divisions du général Gortschakow), se trouvait ainsi tenue en échec entre la basse Alle et le ravin du ruisseau du moulin. Par cette manœuvre, la retraite de l'aile droite par les ponts de Friedland se trouvait coupée, et on pouvait envelopper ses derrières dès qu'on serait maître de la ville.

Les flammes de l'incendie qui éclata bientôt dans les maisons et sur le pont de Friedland, brûlé par les Russes dans le but d'arrêter la marche des Français, firent comprendre à Gortschakow le danger de sa position. Mais il était déjà trop tard. Ce général s'empressa d'ordonner la retraite, et deux de ses divisions s'étant jetées dans Friedland au moment où les troupes du maréchal Ney venaient d'y pénétrer par le côté opposé, furent presque entièrement détruites. Les deux autres voulurent en vain se retirer en bon ordre : chargées à la baïonnette par les grenadiers d'Oudinot, par les fusiliers de la garde sous les ordres de Savary, et par les troupes du maréchal Mortier, elles furent coupées de Friedland et acculées à la rivière. Ceux qui échappèrent à cette boucherie n'eurent d'autre ressource que de se jeter dans l'Alle, où il en périt un grand nombre.

Les Russes perdirent dans cette sanglante affaire 10,000 hommes tués, et eurent 15,000 blessés dont le plus grand nombre resta sur le champ de bataille : 10,000 prisonniers, quatre-vingts pièces de canon, un grand nombre de caissons, et plusieurs drapeaux, tombèrent au pouvoir des vainqueurs. Les Français eurent environ 1,500 hommes tués et 4,000 blessés.

L'armée française passa la nuit sur le champ de bataille, où l'Empereur bivouaqua au milieu de sa garde.

Occupation de Kœnigsberg. — Le 15 juin, lendemain de la bataille de Friedland, le général Benningsen s'occupa de rallier les débris de l'armée russe sur la rive droite de l'Alle. Pendant ce temps, l'empereur Napoléon continua de manœuvrer sur la rive gauche pour couper aux troupes coalisées le chemin de Kœnigsberg. Les têtes des colonnes russes et françaises arrivèrent presque en même temps à Wehlau, ville située sur la rive droite de l'Alle, et le même jour le quartier-général de l'Empereur fut porté au village de Peterswalde.

Le lendemain, dès le matin, l'ennemi coupa tous les ponts de la Pregel, rivière qui se jette dans l'Alle, auprès de Wehlau, et, confiant dans cet obstacle qu'il opposait à ses adversaires, continua sa retraite vers les frontières russes.

La cavalerie de Murat et les corps des maréchaux Soult et Davoust avaient été détachés sur Kœnigsberg. Le 13 juin, en arrivant devant cette ville, Murat se trouva sur le flanc du corps prussien du général Lestocq, qui s'enferma dans la place. Le même jour, deux colonnes russes, coupées de l'armée par suite de la bataille de Friedland, se présentèrent devant Kœnigsberg, au nombre de 4,000 hommes. Cernées par la cavalerie française, ces colonnes furent forcées de mettre bas les armes. Les faubourgs de Kœnigsberg, sur la rive gauche de la Pregel, tombèrent dans la soirée au pouvoir des troupes de Murat.

Le maréchal Soult resta, pendant les journées du 15 et du 16, devant Kœnigsberg; mais quand les Prussiens furent informés du résultat de la bataille de Friedland, et de la marche de l'armée de l'empereur Napoléon sur Wehlau, ils évacuèrent Kœnigsberg que les Français occupèrent aussitôt. — On trouva dans cette place deux cents gros bâtiments chargés, venant des ports de l'Angleterre et de la Russie; 20,000 blessés prussiens et russes; des approvisionnements immenses de bouche et de guerre, et, entre autres, cent soixante mille fusils.

Entrée à Tilsit. — *Armistice.* — *Proclamation.* — L'armée russe de Benningsen et les troupes prussiennes de Lestocq, continuant leur retraite, furent poursuivies par les différents corps de l'armée française jusqu'au-delà du Niémen, non sans éprouver quelques pertes. Le 19 juin, dans la matinée, Murat entra à Tilsit, que l'arrière-garde du prince Bagration avait entièrement évacué avant de brûler le pont. Le même jour, vers midi, le maréchal français reçut un parlementaire apportant une lettre par laquelle Benningsen demandait un armistice, et annonçait que l'intention des souverains alliés était d'ouvrir des négociations de paix. Ce message fut porté sur-le-champ à l'Empereur, qui arriva lui-même à Tilsit quelques heures après. Napoléon accepta les propositions du général russe, et l'armistice fut signé le 21 juin. Ce traité préliminaire portait que la paix allait être négociée, et que si l'une des deux parties contractantes voulait rompre l'armistice, elle serait tenue d'en donner avis au quartier-général de l'autre armée un mois avant de pouvoir recommencer les hostilités.

Le lendemain, 22, Napoléon fit mettre à l'ordre de l'armée la proclamtion suivante :

« SOLDATS !

«Le 5 juin nous avons été attaqués dans nos cantonnements par l'armée russe; l'ennemi s'est mépris sur «les causes de notre inactivité. Il s'est aperçu trop tard «que notre repos est celui du lion; il se repent de l'avoir oublié.

«Dans les journées de Guttstadt, d'Heilsberg, dans «celle à jamais mémorable de Friedland, dans dix «jours de campagne, enfin, nous avons pris cent vingt «pièces de canon, sept drapeaux, tué ou blessé, ou fait «prisonniers 60,000 Russes, enlevé à l'armée ennemie «tous ses magasins, ses hôpitaux, ses ambulances, la «place de Kœnigsberg, les deux cents bâtiments qui «étaient dans le port, chargés de toute espèce de munitions, cent soixante mille fusils que l'Angleterre «envoyait pour armer nos ennemis.

«Des bords de la Vistule, nous sommes arrivés sur «ceux du Niémen avec la rapidité de l'aigle. Vous cé-«lébrâtes à Austerlitz l'anniversaire du couronnement; «vous avez cette année dignement célébré celui de la «bataille de Marengo, qui mit fin à la guerre de la se-«conde Coalition.

«Français! vous avez été dignes de vous et de moi; «vous rentrerez en France couverts de vos lauriers, et «après avoir obtenu une paix qui porte avec elle la «garantie de sa durée. Il est temps que notre patrie «vive en repos, à l'abri de la maligne influence de l'An-«gleterre. Mes bienfaits vous prouveront ma recon-«naissance et toute l'étendue de l'amour que je vous «porte.»

Capitulation de Glatz. — Voyons quels étaient, tandis que la Grande-Armée française s'établissait sur le Niémen, les opérations de l'armée de Silésie. — Après la prise de Neiss, le général Vandamme se porta sur Glatz, et, le 23 juin, ayant reconnu le camp retranché établi sous cette place, il arrêta toutes les dispositions pour s'en emparer. Il fit passer la Neiss, la nuit suivante, à une partie de l'infanterie wurtembergeoise sous les ordres du général Lilienberg, et à deux détachements de cavalerie composés de chasseurs français et de chevau-légers wurtembergeois. Ces troupes avaient ordre de tourner le camp ennemi, pendant qu'il serait attaqué sur la droite par deux brigades bavaroises (infanterie) sous les ordres du général Lefebvre-Desnouettes. Cette double attaque réussit parfaitement : dix des redoutes du camp retranché furent enlevées à la baïonnette. A l'approche de la cavalerie des assaillants, celle de l'ennemi prit la fuite sans s'occuper de l'infanterie, qui fut massacrée 600 : hommes tués, autant de prisonniers et toute l'artillerie du camp, tel fut le résultat de cette affaire.

Le général Vandamme accorda une trêve pour enterrer les morts, et presque aussitôt le gouverneur de Glatz se rendit au quartier-général du prince Jérôme, où une capitulation fut signée. — La place ouvrit ses portes aux Français.—Kosel avait également capitulé le 18 juin.

Entrevue des Empereurs sur le Niémen. — Négociations de Tilsit. — Par suite de l'armistice conclu à Tilsit, les deux armées prirent leurs quartiers sur les rives opposées du Niémen. L'empereur Napoléon, voulant poser par lui-même, et sans aucun intermédiaire, les bases de la négociation pour la paix, fit proposer à l'empereur Alexandre une entrevue que celui-ci s'empressa d'accepter, et qui eut lieu sur le Niémen, le 25 juin. Napoléon avait fait construire un radeau qui fut mouillé à une égale distance des deux rives, et sur lequel on fit élever à la hâte un pavillon magnifiquement orné. L'Empereur se rendit le 25 juin à ce pavillon, à une heure de l'après-midi. Il était accompagné du grand-duc de Berg, du prince de Neuchatel, du maréchal Bessières, du général Duroc et du grandécuyer Caulincourt. L'empereur Alexandre s'y transporta de son côté, accompagné du grand-duc Constantin, du général en chef Benningsen, du prince Labanow, du général Ouwarow et de l'aide de camp général comte Liewen.

Les deux bateaux arrivèrent au même moment. En mettant le pied sur le radeau, les Empereurs s'embrassèrent et entrèrent ensemble dans le pavillon, où ils restèrent deux heures en conférence.

Les deux Empereurs, avant de se séparer, se présentèrent mutuellement les généraux qui les avaient accompagnés, et il fut convenu que, pour activer davantage les négociations de paix, la moitié de la ville de Tilsit serait neutralisée, et que les quartiers-généraux des deux souverains y seraient réunis.

Le lendemain, eut lieu dans Tilsit même une seconde entrevue, à laquelle le roi de Prusse fut admis; et le même jour, l'empereur Alexandre vint, avec le prince Constantin et sa suite, occuper les quartiers qui lui avaient été préparés à Tilsit.

Le 28, le roi et la reine de Prusse s'établirent également à Tilsit, dans le logement disposé pour les recevoir. Napoléon les accueillit avec les plus grands égards. Pendant tout ce temps que les deux monarques étrangers passèrent à Tilsit, ils n'eurent pas d'autre table que celle de l'empereur des Français.

Paix avec la Russie et avec la Prusse. — Les conférences qui précédèrent la signature du traité de paix durèrent huit jours. Le premier traité, celui entre l'empereur des Français et l'empereur de Russie, fut signé le 7 juillet; le surlendemain on signa celui entre la France et la Prusse.

Cette dernière puissance avait provoqué la guerre; il était donc de toute justice qu'elle en payât les frais. Napoléon profita de la circonstance pour renforcer son système fédératif aux dépens de la Prusse; il créa le duché de Varsovie, comme base du projet de relever la Pologne; il augmenta la Confédération du Rhin du royaume de Westphalie, formé des provinces prussiennes depuis la rive gauche de l'Elbe jusqu'à Magdebourg, des États de l'Électeur de Hesse-Cassel et du duché de Brunswick : ce fut le lot du prince Jérôme, auquel l'Empereur donna encore plus tard le Hanovre; mais il se l'était réservé à Tilsit, pour conserver encore le moyen de se rapprocher de l'Angleterre. La Confédération du Rhin avait déjà été renforcée de la Saxe, dont l'Électeur prit le titre de roi et de grand-duc de Varsovie : son aïeul avait déjà occupé ce trône, et le choix qu'on fit de ce prince annonçait clairement l'intention de le relever.

Reprise des hostilités contre les Suédois. — Les succès de l'armée française dans la Poméranie suédoise avaient tellement inquiété l'ennemi, que dès le 16 avril le général Essen, qui venait de prendre le commandement des troupes suédoises, proposa une trêve au maréchal Mortier, en lui faisant savoir qu'il était spécialement autorisé par le roi pour la conclusion de cet acte.

Cette proposition avait été acceptée par le maréchal, et une suspension d'armes avait été arrêtée et signée, le 18 avril, à Schlatkow, par les chefs des deux armées.

Gustave IV n'avait pas ratifié cet armistice, dont la principale clause était de dénoncer la reprise des hostilités un mois d'avance. Il prétendait avoir le droit de le faire seulement dix jours d'avance, conformément à une convention précédemment conclue. Enfin il éclata, et la rupture de l'armistice fut dénoncée le 3 juillet, dix-neuf jours après la bataille de Friedland, au maréchal Brune, qui avait remplacé le maréchal Mortier dans le commandement des troupes chargées de réduire la Poméranie suédoise.

Napoléon donna des ordres en conséquence, et Brune proclama, de son quartier-général de Stettin, la reprise des hostilités pour le 13 juillet. Son corps d'armée, composé des deux divisions venues d'Italie, de quelques troupes françaises, et d'auxiliaires hollandais, espagnols et de la Confédération du Rhin, s'élevait à 30,000 hommes environ. Il fut organisé en quatre divisions sous les ordres des généraux Boudet, Molitor, Loison et Granjean.

Les troupes du roi de Suède se composaient d'environ 15,000 Suédois et de 6,000 Prussiens commandés par le général Blücher; mais, après l'armistice conclu à Tilsit, ce dernier reçut l'ordre de quitter l'armée suédoise. Il partit avec son corps pour se rendre dans la

Poméranie prussienne, le jour même de la reprise des hostilités.

* * *

Entrée à Stralsund. — Dès le premier jour, après la rupture de l'armistice, les colonnes françaises se mirent en mouvement, et à leur approche les Suédois se retirèrent sur tous les points. Enfin, le 6 août, les troupes de Gustave se renfermèrent dans Stralsund. Les Français n'avaient jusque-là laissé qu'un corps d'observation devant cette place, qui fut alors complétement investie.

Jusqu'au 14 août, rien de remarquable ne se passa devant cette place; les Français attendaient, pour pousser le siége, que l'artillerie nécessaire fût arrivée. Le 15 août, jour de la fête de l'Empereur, la tranchée fut ouverte à la fois sur trois points d'attaque par 6 ou 7,000 tirailleurs. Les travaux furent poussés avec activité, et lorsque le bombardement fut commencé, lorsque les batteries sur les trois fronts d'attaque furent armées, lorsque, enfin, la ville fut menacée d'une entière destruction, les magistrats de Stralsund vinrent supplier le roi Gustave de ne pas prolonger une défense inutile. Gustave se rendit à leurs instances; mais avant de prendre cette résolution, il demanda à entrer en pourparlers avec le maréchal Brune. Celui-ci répondit que le passé n'inspirait aucune confiance pour l'avenir, et que l'on ne pouvait plus compter sur la parole d'un prince qui se jouait aussi légèrement des conventions arrêtées. Gustave passa alors avec ses troupes sur l'île de Rugen, ne laissant dans Stralsund qu'une faible garnison sous les ordre du général Peyron, l'un de ses aides de camp. Celui-ci, accompagné des principaux magistrats, vint proposer une capitulation au maréchal Brune, qui, d'après ses instructions, la refusa. Il s'empressa cependant de rassurer les magistrats de Stralsund, leur dit que les habitants pourraient compter sur sa protection, fit prendre sur-le-champ possession de chacune des portes de la ville par trois compagnies de grenadiers, et y fit lui-même son entrée dans la soirée du 20.

On trouva dans la place quatre cents bouches à feu, et des magasins de vivres et de munitions presque intacts.

* * *

Occupation de l'île de Rugen. — Le roi de Suède dut bientôt renoncer à l'espoir de se maintenir dans l'île de Rugen, où il avait cru trouver un refuge assuré : la division anglaise qui, vers le milieu de juillet, avait été débarquée dans cette île, venait d'en être retirée brusquement pour agir contre les Danois; aussi le roi prit-il le parti d'abandonner l'île et de se retirer à Stockholm.

Le maréchal Brune n'en avait pas moins tout préparé pour un débarquement; le bataillon des matelots de la garde impériale était arrivé à Stralsund, et le port renfermait un grand nombre de bateaux. Le gouverneur de l'île de Rugen, baron de Toll, ne voulut point attendre qu'on vînt l'attaquer, et il envoya au quartier-général français un officier, afin de proposer un arrangement. Le général Reille, chargé par le maréchal Brune, d'écouter les propositions du gouverneur, refusa la neutralité de l'île que le baron de Toll demandait. Celui-ci se rendit alors à Stralsund pour négocier directement avec le maréchal, et une capitulation fut signée, par laquelle, dans l'espace de vingt jours, l'armée suédoise devait évacuer la Poméranie, et la marine suédoise quitter les mers de ce pays.

Bombardement de Copenhague par les Anglais. — Au moment où les troupes françaises se disposaient à aller occuper l'île de Rugen, le gouvernement anglais commettait contre Copenhague, capitale d'un royaume neutre, une agression que le jugement des contemporains a qualifié d'infâme. Nous laisserons en faire le récit à un général qui se trouvait alors voisin du théâtre de la guerre, et qui, attaché au major général Berthier, a été à portée de bien connaître les événements. Voici ce que raconte Jomini :

«Le grand armement promis à la Coalition par le ministère anglais allait enfin faire voile pour la Baltique au moment où l'on signait la paix. Perceval et Canning jugèrent le moment opportun pour profiter de cette imposante réunion de forces, désormais inutile sur le continent, en l'employant contre le Danemark, qui avait résisté aux prétentions de l'Angleterre, mais n'était point en guerre avec elle.

«Si aucun débarquement n'était possible sur le continent, il n'en était pas de même dans l'île Zeeland, où l'on pouvait attaquer Copenhague, en bravant les légions françaises, dont la flotte anglaise pouvait intercepter le passage par les Belt. L'expédition fut donc dirigée contre cette ville; et le succès en paraissait d'autant plus certain, que le Danemark, entouré en Poméranie et dans le Mecklenbourg, de troupes belligérantes, avait dirigé toute son attention et ses forces du côté du Holstein, pour mettre son territoire à l'abri d'insulte.

«Le cabinet de Saint-James motiva cette injuste agression sur la connaissance qu'il avait des articles secrets du traité de Tilsit, où l'on avait effectivement stipulé la clôture des ports du Danemark et l'exclusion des Anglais du continent.

«Une flotte de vingt-neuf vaisseaux, douze frégates et cinq cents transports, fit voile le 27 juillet, entra, le 4 août, en partie dans le Sund et en partie dans le Belt, et mit à terre une armée de 32,000 hommes, y compris les Hanovriens précédemment débarqués à Stralsund, et qui en furent rappelés.

«Lord Cathcarth commandait cette expédition. On remarquait sous lui sir Arthur Wellesley, devenu dès lors si célèbre sous le nom de lord Wellington. Ce vainqueur de Scindiah et des Marattes, rappelé de l'Inde par les lois de son pays, faisait ses premières armes sur le continent européen. Un matériel immense et des troupes d'élite assuraient à ces chefs les moyens de former toutes les entreprises.

«Sir Jackson fut envoyé à Christian VII pour lui proposer de s'allier étroitement à l'Angleterre, et lui demander la remise de sa flotte, qui resterait détenue dans les ports anglais comme gage de sa sincérité. C'était la répétition des demandes infamantes qu'ils avaient faites aux Turcs, mais appuyée cette fois sur de plus puissants moyens. Le roi, le prince royal et les deux Bernstorf, avaient trop le sentiment de leur dignité pour accepter ce que les Turcs avaient repoussé avec indignation.

« Si les Anglais eussent dénoncé les stipulations de Tilsit, et proposé au Danemark de se joindre à eux pour défendre son territoire, en lui déclarant la guerre en cas de refus, cette démarche eût été naturelle; mais lui imposer l'obligation de commettre un acte de lâcheté, c'était par trop fort. D'ailleurs ils n'avaient qu'un soupçon de ce qui avait été fait à Tilsit, et, sur des bruits vagues, ils allaient assaillir un gouvernement qui armait du côté de la Trave pour s'opposer aux Français.

« Pris au dépourvu, le gouvernement danois se montra noble et courageux. Le prince royal, qui se trouvait dans le Holstein, vola à Copenhague au travers des croisières anglaises, décida le roi à se retirer à Gluckstadt sur le continent, confia la défense de la Zeelande au général Peymann, fit lever les milices de la province pour secourir la capitale, puis revint à l'armée du Holstein, pour aviser aux moyens d'en presser l'arrivée. Pendant qu'on était en pourparlers, et que les Anglais construisaient et armaient leurs batteries de terre, ces milices, au nombre de 10,000, s'avançaient vers Kiogge; mais surprises ici, le 29 août, par 12,000 Anglo-Hanovriens, elles furent battues et dispersées.

« Les efforts du négociateur et des généraux anglais ayant été vains jusqu'au 2 septembre, ceux-ci déclarèrent qu'ils allaient commencer le bombardement. Le général Peymann ne commandait qu'un petit nombre de troupes de ligne; mais la milice bourgeoise de Copenhague avait pris les armes avec le même enthousiasme qu'en 1801. Toutefois, le dévouement de ces citoyens ne pouvait rien contre les foudres lancées à la fois de la flotte et des batteries de terre : bientôt cette belle ville est en feu; en trois jours 600 maisons sont la proie des flammes; il ne reste qu'un moyen de la sauver d'une destruction totale, c'est de se soumettre à une capitulation.

« Dans l'intervalle, le prince royal rassemblait en toute hâte l'armée cantonnée dans le Holstein, et la portait sur la côte de Fionie. Vain espoir ; le passage des Belt est impossible, la capitale a déjà succombé, et les Anglais emmènent la flotte, composée de dix-huit vaisseaux et vingt-une frégates ou bricks. Non contents de dépouiller tous les arsenaux de la marine, ils détruisent les chantiers et tous les ustensiles ou machines propres aux travaux; puis ils reprennent avec cet odieux, mais important trophée, le chemin de la Tamise.

« L'exaspération des Danois était telle, que le prince royal envoya au général Peymann l'ordre de brûler l'escadre plutôt que de la rendre. L'officier qui en était porteur fut pris en voulant pénétrer dans Copenhague.

Loin de se laisser abattre par le malheur, le roi de Danemark, retiré à son palais de Rendsbourg, indigné d'un pareil traitement, jure une guerre à outrance contre les Anglais, leur ferme ses ports, ordonne la cessation de toutes relations avec eux, et la saisie des individus et des propriétés bribanniques dans tout le royaume. Ce vénérable prince ne revit plus sa capitale; il termina ses jours à Rendsbourg quelques mois après, et on pense que le chagrin qu'il éprouva de ces cruels revers contribua à accélérer sa fin.»

Fêtes données à la garde impériale. — L'Empereur Napoléon arriva le 27 juillet au palais de Saint-Cloud. Quelque temps après qu'il eut quitté l'armée, la garde impériale se mit en marche pour revenir en France. Des fêtes attendaient cette élite de braves qui avaient si bien mérité de la France et de l'Empereur. Ces solennités imposantes eurent lieu le 25 et le 28 novembre. La première de ces fêtes fut donnée à la garde impériale par la ville de Paris, la seconde par le Sénat.

La ville de Paris avait fait élever, près de la barrière de la route du Nord par où la garde s'avança au nombre de 10,000 hommes, un arc triomphal de la plus grande proportion. Cet arc n'avait qu'une seule arcade, mais 20 hommes pouvaient y passer de front. A la naissance de la voûte, et à l'extérieur, on voyait de grandes renommées présentant des couronnes de laurier. Un quadrige doré surmontait le monument. Des inscriptions composées par la troisième classe de l'Institut (Académie des Inscriptions et Belles-Lettres), étaient gravées sur chacune des faces.

L'arc de triomphe était entouré, dès neuf heures du matin, par une foule immense de peuple. Vers midi, des acclamations nombreuses annoncèrent l'arrivée des héros de la fête. Ils parurent, et leurs aigles réunies ne formèrent plus bientôt qu'un seul groupe qui précéda la colonne.

Le préfet de la Seine, Frochot, adressa à la garde, en tête de laquelle se trouvait le maréchal Bessières, le discours suivant :

« Héros d'Iéna, d'Eylau, de Friedland, conquérants « de la paix, grâces immortelles vous soient rendues!

« C'est pour la patrie que vous avez vaincu, la patrie « éternisera le souvenir de vos triomphes; vos noms « seront légués par elle, sur le bronze et sur le marbre, « à la postérité la plus reculée, et le récit de vos ex- « ploits, enflammant le courage de nos derniers des- « cendants, long-temps encore après vous-mêmes vous « protégerez par vos exemples ce vaste Empire si glo- « rieusement défendu par votre valeur.

« Braves guerriers, ici même un arc triomphal, dédié « à la Grande-Armée, s'élève sur votre passage; il vous « attend : venez recevoir sous ses voûtes la part qui « est due des lauriers votés par la capitale à cette in- « vincible armée. Qu'ainsi commence la fête de votre « retour : venez, et que ces lauriers, tressés en cou- « ronnes par la reconnaissance publique, demeurent « appendus désormais aux aigles impériales qui planent « sur vos têtes victorieuses»...

Bessières répondit dignement, et en peu de mots; on remarqua dans son discours le passage suivant :

« Les aînés de cette grande famille militaire vont se « retrouver avec plaisir dans le sein d'une ville dont les « habitants ont constamment rivalisé avec eux d'amour, « de dévouement et de fidélité pour notre illustre mo- « narque. Animés des mêmes sentiments, la plus par-

«faite harmonie existera toujours entre les habitants «de la grande ville et les soldats de la garde impériale. «Si nos aigles marchaient encore, en nous rappelant le «serment que nous avons fait de les défendre jusqu'à «la mort, nous nous rappellerions aussi que les cou-«ronnes qui les décorent nous en imposent double-«ment l'obligation.»

Les couronnes d'or votées par la ville de Paris furent ensuite attachées aux aigles de chaque régiment de la garde impériale.

Deux tribunes avaient été ménagées dans l'intérieur de l'arc de triomphe; le corps municipal se plaça dans la première; la seconde était occupée par un nombreux orchestre qui exécuta aussitôt un chant, dont les paroles étaient d'Arnault, et dont Méhul avait composé la musique. — La garde défila dans l'ordre suivant : les fusiliers de la garde, les chasseurs à pied, les grenadiers à pied, les chasseurs à cheval, les mameluks, les dragons, les grenadiers à cheval, la gendarmerie d'élite.

Le général Hullin, commandant de Paris, accompagné de l'état-major de la place, et suivi du corps municipal et de son cortége, marchait à la suite de la garde impériale.

C'est dans cet ordre, et entre les haies formées par une immense population, que la garde arriva au palais des Tuileries, en passant sous l'arc de triomphe qui sert d'entrée principale au palais, où elle déposa ses aigles. Traversant ensuite le jardin des Tuileries, où elle posa ses armes, elle se rendit aux Champs-Élysées. Là, tous les corps qui la composaient et un détachement de la garde de Paris, prirent place à un immense banquet dont les honneurs furent faits par le corps municipal.

Tous les théâtres de la capitale donnèrent le lendemain des spectacles gratis. On avait réservé pour la garde impériale le parterre, l'orchestre et les premiers rangs de loges.

La fête donnée par le Sénat eut lieu dans son propre palais. En face du bâtiment s'élevait un temple à la Victoire, au centre duquel était la statue de l'Empereur. Dans toutes les parties du palais on avait disposé avec art des trophées militaires, liés par des couronnes de laurier, et offrant des inscriptions qui rappelaient les grandes actions que la fête avait pour objet de célébrer. Les autorités civiles et militaires avaient été invitées à cette solennité, que terminèrent un repas, des jeux scéniques, une illumination brillante et un feu d'artifice.

Le président du Sénat adressa à cette occasion le discours suivant au maréchal Bessières :

«Monsieur le maréchal, invincible garde impériale, «Le Sénat vient au-devant de vous; il aime à voir «les dignes représentants de la Grande-Armée remplir «ses portiques; il se plaît à se voir entourer de ces «braves qui ont combattu à Austerlitz, à Iéna, à Eylau, «à Friedland, de ces favoris de la Victoire, de ces enfants chéris du génie qui préside aux batailles. Cette «enceinte doit vous plaire, invincible garde impériale. «Ces voûtes ont tant de fois retenti des acclamations «qui ont célébré vos immortels faits d'armes et tous

«les triomphes de la Grande-Armée : vos trophées dé-«corent nos murailles; les paroles sacrées que le plus «grand des monarques daigna nous adresser du haut «de son char de victoire, et au nom des braves, sont «gravées dans ce palais par la reconnaissance, et vous «retrouvez parmi nous plusieurs de ceux qui ont porté «la foudre de notre Empereur, et dirigé les hardis «mouvements de ses phalanges redoutables.

«Représentants de la première armée du monde, re-«cevez, par notre organe, pour vous et pour tous vos «frères d'armes, les vœux du grand et bon peuple, «dont l'amour et l'admiration vous présagent ceux de «la postérité.»

Si la flatterie allait chercher les soldats, on peut croire qu'elle ne manquait pas au général, à l'Empereur. C'était dans tous les corps de l'État une émulation de louanges fort naturelle, sans doute, et fort belle, si elle n'avait pas dû, quelques années plus tard, pour la honte de la plupart de ces hommes puissants, se changer en outrages et en imprécations.

L'Empereur écoutait tous ces discours avec patience; mais il n'en était point ébloui. Il vint lui-même quelque temps après, sans emphase, sans morgue, sans orgueil, dérouler au Corps-Législatif, avec netteté et brièveté, le tableau des grands événements qui venaient de s'accomplir et de la prospérité de la France :

«Messieurs les Députés et messieurs les Tribuns», dit-il,

«Depuis votre dernière session, de nouvelles guerres, «de nouveaux triomphes, de nouveaux traités de paix «ont changé la face de l'Europe politique.

«Si la maison de Brandebourg, qui, la première, se «conjura contre notre indépendance, règne encore, «elle le doit à la sincère amitié que m'a inspiré le «puissant empereur du Nord. — Un prince français «régnera sur l'Elbe; il saura concilier l'intérêt de ses «nouveaux sujets avec ses premiers et plus sacrés de-«voirs. — La maison de Saxe a recouvré, après cin-«quante ans, l'indépendance qu'elle avait perdue.—Les «peuples de la ville de Varsovie, du duché de Dantzick, «ont recouvré leur patrie et leurs droits.

«La France est unie aux peuples de l'Allemagne par «les lois de la Confédération du Rhin, à ceux des Es-«pagnes, de la Hollande, de la Suisse et de l'Italie, «par les lois de notre système fédératif. Nos nouveaux «rapports avec la Russie sont cimentés par l'estime «réciproque de ces deux grandes nations.

«Dans tout ce que j'ai fait, j'ai eu uniquement en «but le bonheur de mes peuples, plus cher à mes yeux «que ma propre gloire. — Je désire la paix maritime. «Aucun ressentiment n'influera jamais sur mes déter-«minations : je ne saurai jamais en avoir contre une «nation, jouet et victime des partis qui la déchirent, «et trompée sur la situation de ses affaires comme sur «celle de ses voisins. — Mais quelle que soit l'issue que «les décrets de la Providence aient assignée à la guerre «maritime, mes peuples me trouveront toujours le «même, et je trouverai mes peuples dignes de moi. — «Français! votre conduite dans les derniers temps, où «votre Empereur était éloigné de cinq cents lieues, a «augmenté mon estime et l'opinion que j'avais conçue

«de votre caractère; je me suis senti fier d'être le pre-
«mier parmi vous.

«Si, pendant ces dix mois d'absence et de périls, j'ai
«été présent à votre pensée, les marques d'amour que
«vous m'avez données ont excité constamment mes
«plus vives émotions, toutes mes sollicitudes; tout ce
«qui pouvait avoir rapport même à la conservation
«de ma personne, ne me touchait que par l'intérêt que
«vous y portiez, et par l'importance dont elle pouvait
«être pour vos futures destinées. Vous êtes un bon et
«grand peuple.»

Résultats de la guerre. — Système continental. —
Pour apprécier tous les résultats de cette mémorable
guerre commencée par le triomphe d'Austerlitz et terminée par le traité de Tilsit, il faut lire les réflexions
que l'historien de la *Vie politique et militaire de
Napoléon* a placé dans la bouche de l'Empereur lui-
même.

«Depuis leur départ de Boulogne, 200,000 Français
avaient été entretenus, nourris, payés, habillés, aux
frais de l'ennemi; plus de 400,000,000 de contributions
en argent et en denrées avaient été frappés sur les pays
occupés; le trésor en avait reçu une partie, et les dépenses de notre budget, réduites de tout l'entretien de
l'armée, n'avaient pas employé la moitié des fonds qui
lui étaient assignés. Peu de temps avant, j'avais vendu
la Louisiane pour avoir de l'argent : en revenant d'Austerlitz, j'avais trouvé le trésor à sec et à la veille de
faire banqueroute. Deux ans nous séparaient à peine
de cette crise, et j'avais une année de revenus en avance
dans les coffres de l'État, une réserve considérable
dans les caves des Tuileries, tandis que les pamphlé-
taires, à la solde anglaise, proclamaient dans toute
l'Europe que ma puissance s'écroulerait faute de
finances.

«Toutefois, si j'avais de grandes ressources, un champ
vaste et proportionné allait s'ouvrir pour les employer.
L'époque du traité de Tilsit marqua l'apogée de ma
gloire et de ma puissance; car j'y posai les bases d'un
grand système qui devait les consolider. Ce système,
nommé avec raison *continental*, n'a jamais été parfaitement compris.

«Quelque considérables que fussent les avantages
de ce traité, je m'en promettais un plus grand encore,
celui de contraindre les Anglais à la paix; car le colosse britannique n'était jusqu'alors que faiblement
affecté de l'accroissement de ma puissance : ce n'était
à ses yeux qu'un mal passager qui ne le touchait qu'in-
directement. — La paix maritime était désormais l'u-
nique objet de mes vœux, et je m'en étais expliqué
avec l'empereur Alexandre de manière à ne laisser
aucun doute à ce sujet, en lui remettant le soin de la
procurer au monde par sa puissante intervention.

«Pour s'assurer que mon désir était sincère, il suffit
de se retracer un moment la situation des deux partis,
et l'intérêt évident que je devais y trouver.

«L'incendie de Toulon, les batailles navales d'Oues-
sant, du cap Saint-Vincent, de Camperduyn, de Tra-
falgar; la reddition de la flotte batave au Texel et le
désastre de Copenhague, avaient ruiné pour vingt ans

toutes les marines européennes. L'Angleterre n'avait
plus la moindre rivalité à redouter; et on sait l'usage
qu'elle faisait de ce pouvoir.

«Il fallait une paix assez longue pour réapprovi-
sionner les arsenaux maritimes, reconstruire des vaisseaux, et reformer des matelots par la navigation de
long cours.

«Si la France avait perdu sa colonie la plus importante, elle pourrait reformer des marins en naviguant
dans les vastes possessions espagnoles et en commer-
çant par l'Ile-de-France avec l'Inde; la Hollande conservait les Moluques, ses relations avec la Chine et la
Guyane.

«L'Espagne avait encore plus de côtes et de ports
dans les deux hémisphères que toute l'Europe réunie,
et plus qu'il ne lui en fallait pour entretenir ses matelots de commerce.

«Les Américains se développaient tous les jours, et
plus ils croissaient, plus leurs intérêts devaient les attacher à la France. Si j'avais un intérêt maritime à
désirer la paix, je n'en avais pas moins sur le continent : ma puissance ne pouvait s'y étendre plus loin
qu'aux dépens de sa solidité; il fallait la rendre in-
vulnérable, en liant, par des institutions et des avantages réciproques, toutes les parties qui composaient
cet immense édifice. Pour qu'une paix fût possible et
durable, il la fallait telle que les deux parties n'eussent point à la regretter; et c'est ce qui était impossible : une trève d'un an ou de deux n'eût fait que
profiter à l'Angleterre, et ruiner notre commerce, en
l'enhardissant à des entreprises lointaines. — Afin d'obtenir la pacification entière et durable que nous de-
vions désirer, il fut convenu que la Russie proposerait
sa médiation pour la paix, et que, si l'Angleterre
s'obstinait à la rejeter, la Russie accéderait au *système
continental*. Ce système, qu'on a si injustement décrié
sans le comprendre, pouvait se diviser en deux branches distinctes : la partie politique et la partie commerciale ou maritime.

«Sous le rapport commercial, deux points de vue
essentiels devaient me servir de guides : le premier
était de chercher à ruiner le commerce anglais, afin
d'enlever au ministère la faculté de soudoyer le continent et de poursuivre la guerre; le second était de
combattre son industrie en développant la nôtre. Pour
cela, il fallait des débouchés aux produits de nos manufactures et les fermer à l'ennemi, c'est-à-dire exclure les Anglais de tous les marchés. Plusieurs mesures
particlles avaient déjà été prises à cet effet; mais elles
n'aboutissaient à rien, tant qu'un système général ne
mettrait pas les dominateurs des mers au ban de
l'Europe. J'avais préludé à ce système, en 1806, par
mon décret de Berlin, auquel je mis le complément
par celui de Milan (17 décembre 1807).

«C'était une législation monstrueuse, mais dont on
me donnait l'exemple en même temps qu'on m'en imposait la nécessité. Toutefois, des décrets ne suffisaient
pas; il fallait isoler l'Angleterre de l'Europe et ruiner
son commerce. En cela, le *système continental* a mal
fait son devoir, parce que la guerre d'Espagne en a
annulé les effets, en ouvrant à l'ennemi les plus im-

portants débouchés; mais sous l'autre point de vue,
c'est-à-dire sous le rapport industriel, il eut des suites
importantes.

« Il faut non-seulement qu'un grand empire ait une
tendance générale pour diriger sa politique, son économie doit aussi avoir une tendance pareille. Il faut
une route à l'industrie, comme à toute chose, pour se
mouvoir et pour avancer. Or, la France n'en avait
point quand je lui ai tracé sa route, en lui donnant
le système continental.

« L'économie de la France s'était portée, avant la Révolution, vers les colonies et le commerce d'échange.
C'était la mode alors. Elle y avait eu de grands succès.
On a osé dire que ces succès n'avaient eu d'autres résultats que ceux d'amener la ruine des finances de
l'État, la perte de son crédit, la destruction de son
système militaire, la perte de sa considération au dehors, la langueur de son agriculture. Ce sont autant
d'absurdités. Ce n'est pas la richesse coloniale et le
commerce d'échange qui ont amené de si tristes résultats; mais une administration débile, entravée par
des parlements factieux. De beaux ports et de riches
négociants n'empêchaient pas plus l'agriculture de
fleurir en France, qu'ils ne l'empêchent en Angleterre;
et le royaume était si peu ruiné sous Louis XVI, qu'il
a soutenu vingt ans de bouleversements en prospérant
toujours.

« C'est au contraire le système colonial et le commerce d'échange qui ont enrichi toutes les nations, et
la France, surtout, lui a dû sa splendeur. Mais la
guerre avait détruit sans retour ce système; les ports
de mer étaient ruinés; aucune force humaine ne pouvait leur rendre pour l'instant ce que la Révolution
avait anéanti. Il devenait donc urgent de donner une
autre impulsion à l'esprit de trafic, pour rendre de la
vie à l'industrie française. Il n'y avait pas d'autre
moyen d'y parvenir, que celui d'enlever aux Anglais
le monopole de l'industrie manufacturière pour faire
de cette industrie la tendance générale de l'économie
de l'État. Il fallait créer le système continental. Il fallait
ce système dans toute sa force, et rien de moins, parce
qu'il était nécessaire de donner une prime énorme aux
fabriques pour engager le commerce à mettre dehors
les avances qu'exige l'établissement de tout un ensemble de fabrication.

« Le fait a prouvé en ma faveur. J'ai déplacé le siége
de l'industrie en lui faisant passer la mer : elle a fait
de si grands pas sur le continent, qu'elle n'a plus de
concurrence à redouter. Si la France veut prospérer,
qu'elle garde mon système en changeant son nom. Si
elle veut déchoir, elle n'a qu'à recommencer des entreprises maritimes; car les Anglais les détruiront à
la première guerre. J'ai été forcé de porter le système
continental à l'extrême, parce qu'il avait pour but de
faire non-seulement du bien à la France, mais du mal
à l'Angleterre. Nous ne recevions les denrées coloniales
que par son ministère, quel que fût le pavillon qu'elles
empruntassent pour naviguer. Il fallait donc en recevoir le moins possible; il n'y avait pas de meilleur
moyen pour cela que d'en élever le prix outre mesure.
Le but politique était rempli: les finances de l'État en

profitaient; mais j'ai désolé les bonnes femmes, et
elles s'en sont vengées.

« L'expérience montrait chaque jour que le système
continental était bon; car l'État prospérait malgré le
fardeau de la guerre. Les impôts étaient à jour; le crédit au pair avec l'intérêt de l'argent; l'esprit d'amélio-
ration se montrait dans l'agriculture comme dans les
fabriques; on bâtissait les villages à neuf comme les
rues de Paris; les routes et les canaux facilitaient le
mouvement intérieur; on inventait chaque semaine
quelque perfectionnement; je faisais faire du sucre
avec des betteraves, de la soude avec du sel, de l'indigo
avec le pastel; le développement des sciences marchait
de front avec celui de l'industrie. En Angleterre, au
contraire, quelques négociants s'enrichissaient; mais
la masse industrielle souffrait, les billets de banque
perdaient un tiers et presque la moitié, car la livre
sterling ne s'échangeait qu'à 13 francs. Le mal eût été
bien plus grand, si l'Espagne fût entrée dans mon système, comme je l'espérais, et si la révolution inopinée
de l'Amérique n'eût ouvert des débouchés précieux aux
Anglais. Quoique son exécution fût imparfaite, et qu'il
restât bien en arrière du but que je m'étais proposé, il
eût été insensé de renoncer à un système au moment
où il portait des fruits; il fallait l'affermir pour donner
d'autant plus de carrière à l'émulation

« Cette nécessité a influé sur le système politique de
l'Europe, en ce qu'elle a fait à l'Angleterre une nécessité de poursuivre l'état de guerre, et m'a mis dans
l'obligation d'y persévérer de mon côté. Dès ce moment,
aussi, elle a pris un caractère plus sérieux. Il s'agissait
pour l'Angleterre de la fortune publique, c'est-à-dire
de son existence. La guerre se popularisa. Les Anglais
ne confièrent plus à des étrangers le soin de leur protection; ils s'en chargèrent eux-mêmes, et reparurent
avec de fortes armées sur le continent. Ils devaient
avoir pour auxiliaires tous ceux dont mon système
froissait momentanément les intérêts; et le nombre
en était considérable.

« Si un grand commerce maritime est le premier des
éléments de richesse et de prospérité, la liberté des
mers devient nécessairement le premier des besoins et
des biens pour toutes les nations du globe. Mon système continental avait pour but de procurer cette
liberté des mers; mais les peuples, qui veulent jouir
du présent, n'y voyaient pour le moment que la clôture de leurs ports et la cessation de tout trafic entre
eux; le bien futur les touchait peu. C'est là ce qui
explique la haine générale qui s'est déchaînée contre
moi. Non-seulement tous les pays de côtes étaient fatigués de la guerre et des sacrifices que je leur imposais;
cela rejaillissait jusqu'au cœur du continent : les draps
de Silésie, les toiles fabriquées sur les confins de la
Bohême n'allaient plus à Cadix s'embarquer sous pavillon espagnol pour les parages mexicains. Le Nord
ne vendait plus ses grains à la Hollande, et ne recevait
plus nos vins. Les soiries de Lyon n'allaient plus que
par terre au fond de la Russie; il en est allé en Angleterre et en Suède par Archangel. La véritable cause de
ce mal était le despotisme maritime d'une puissance
insulaire qui avait la faculté de mettre tant d'entraves,

au bien-être général. J'attaquais le colosse corps à corps, et les peuples qu'il opprimait, au lieu de se soumettre momentanément à tous les sacrifices pour seconder mes efforts, m'ont imputé tout le mal dont je cherchais à les délivrer : tant il est vrai que rien n'est plus étranger à la haute politique que le marchand et l'agioteur !

« La partie politique du système continental offrait, comme la partie commerciale, deux points de vue d'une égale importance : le premier consistait à opérer chez nos voisins, par des alliances, des traités et des ligues, ce que j'opérais en France par des décrets, l'expulsion du commerce anglais. L'autre consistait à préparer par les mêmes alliances des moyens maritimes et militaires propres à attaquer plus directement le colosse britannique, lorsque le moment favorable en serait venu. Nous pouvions le saisir dans l'Inde à l'aide de la Russie, de la Perse et de la Turquie : il n'était pas impossible de le saisir dans les Antilles, en partant des possessions espagnoles du continent américain et des États-Unis. Enfin, nous pouvions le prendre au corps en Europe par la réunion de tous les États intéressés à renverser son despotisme maritime.

« Le traité de Tilsit n'avait pas absolument prévu toutes les combinaisons qui pouvaient nous conduire à ce résultat; néanmoins il avait fait faire un grand pas. Puisque les Anglais ne reconnaissaient plus de neutres, il ne devait plus y en avoir; il fallait que chacun se décidât à être du parti de l'Angleterre ou contre l'Angleterre : de là l'engagement pris entre nous dans le cas où cette puissance repousserait la médiation de la Russie, d'obliger toutes les nations maritimes à agir de concert avec nous.

« L'Espagne était en guerre avec eux; la Turquie venait de la déclarer : l'Italie suivait mes lois, à l'exception de la cour de Rome, qui se raidissait encore. La Prusse venait de rompre avec eux. Il n'y avait donc que le Portugal, la Suède et le Pape à mettre à la raison pour leur interdire tout accès en Europe; car nous espérions bien que le Danemark s'y prêterait avec empressement. L'Autriche, à la vérité, offrait plus de difficultés ; mais elle ne communiquait avec la mer que par le seul port de Trieste. Je pouvais de Venise compter les bâtiments qui y relâchaient; et les sept îles me rendaient maître de l'Adriatique. L'Autriche d'ailleurs ne s'exposerait pas à une guerre avec la Russie et la France pour des relations qui la touchaient moins qu'aucune autre puissance du continent ; elle n'a ni colonies à regretter, ni exportations maritimes à ménager. Je pouvais lui offrir quelques provinces à sa convenance pour la dédommager de ses pertes. Si je donnais suite au projet de partage de l'Empire ottoman, la Servie et la Bosnie seraient le prix de sa condescendance. Je résolus de la faire entrer dans notre système.

« Dans le cas où l'Angleterre refuserait la médiation russe pour la paix, il fallait donc non-seulement lui fermer tout accès sur le continent, mais encore tourner contre elle toutes les ressources des puissances maritimes. L'Europe avait encore cent quatre-vingts vaisseaux de ligne à lui opposer. En peu d'années elle pouvait en avoir jusqu'à deux cent cinquante. A l'aide de ces moyens et de notre immense flottille, il n'était point impossible de conduire une armée européenne à Londres. Cent vaisseaux employés dans les deux hémisphères y attireraient une grande partie des forces britanniques, tandis que quatre-vingts des meilleurs bâtiments, réunis dans la Manche, assureraient le passage de notre flottille, et vengeraient les droits des nations outragé.

« Tel était au fond mon projet que les publicistes stipendiés de l'Angleterre ont taxé de folie, et dont la réussite n'a peut-être tenu qu'aux fautes commises dans l'exécution.»

RÉSUMÉ CHRONOLOGIQUE.

1807.

19 — FÉVRIER. Les Anglais forcent les Dardanelles et menacent Constantinople.

2 MARS. Retour de la flotte anglaise dans la Méditerranée.

1er JUIN. Capitulation de Neiss.

4 — Reprise des hostilités entre les Français et les Prusso-Russes.

5 — Combat de Spanden.

— — Combat de Lomitten.

6 — Combat de Deppen.

9 — Combat de Guttstadt.

10 — Combat de Heilsberg.

14 — Bataille de Friedland.

16 JUIN. Occupation de Kœnigsberg.

19 — Entrée de l'Empereur à Tilsit.

22 — Proclamation de l'Empereur à l'armée.

24 — Capitulation de Glatz.

25 — Entrevue des deux Empereurs.

28 — Arrivée du roi de Prusse à Tilsit.

7 JUILLET. Traité de paix avec la Russie.

9 — Traité de paix avec la Prusse.

13 — Reprise des hostilités contre les Suédois.

27 — Retour de l'Empereur à Paris.

20 AOUT. Occupation de Stralsund.

2-5 SEPTEMBRE. Bombardement de Copenhague par les Anglais.

9 — Occupation de l'île de Rugen.

25-28 NOVEMBRE. Fêtes données à Paris à la garde impériale

1807. — 1808. — ITALIE. — ROYAUME DE NAPLES.

ROIS FRANÇAIS.

Joseph-Napoléon (Bonaparte). || Joachim-Napoléon (Murat).

Siége et prise d'Amantea. — L'insurrection des Calabres avait été presque anéantie par le départ de l'armée anglo-sicilienne du général Stuart, obligé, comme nous l'avons dit, de se rembarquer et de repasser en Sicile. Plusieurs points sur la côte de la Méditerranée restaient cependant encore au pouvoir des insurgés, qui, soutenus par les secours en armes et en vivres que leur fournissaient les Anglais, y faisaient une forte résistance. Les plus importants de ces postes étaient Amantea, dans la Calabre extérieure, et Maratea, dans la province de Basilicata.

Le général Verdier partit de Cosenza, le 3 décembre 1806, et se dirigea sur Amantea, emmenant avec lui quatre bataillons, un escadron de dragons, un détachement d'artillerie, un de sapeurs, deux obusiers et deux pièces de 3 portés à dos de mulet, des échelles et tous les outils nécessaires à des travaux de tranchée. Il arriva le soir à Lago, petit village situé à l'entrée d'une gorge très resserrée qui conduit à Amantea. Ce terrain difficile était défendu par des hordes d'insurgés que le général Verdier fit combattre par son avant-garde, qui les chassa toute la journée devant elle.

Le général Verdier mit en marche, le 4, dans le fond de la gorge, la plus grande partie de sa troupe, qu'il fit flanquer à droite et à gauche sur la crête des montagnes par le bataillon des chasseurs corses et par le 2e bataillon du 1er régiment de ligne. Ces trois petites colonnes se rejoignirent à San-Pietro, à un mille environ d'Amantea, et marchèrent ensemble sur la ville. Les hauteurs qui la dominent étaient occupées par un rassemblement de 1,200 insurgés qui en furent chassés par un bataillon de conscrits des 1er et 14e régiments d'infanterie légère, et les Français y prirent position.

La ville d'Amantea est défendue d'un côté par un rocher sur le versant méridional duquel elle est bâtie, et, du côté de la mer, par un autre rocher de soixante pieds de hauteur. Les autres parties sont fermées par une muraille élevée, flanquée de deux bastions qui se rattachent aux deux extrémités de ce rocher. Ce plateau élevé, au pied duquel la ville est bâtie, est garni d'un fort qui bat à la fois l'entrée de la gorge, le côté de la mer, et les accès de la porte principale de la ville.

La petite ville de Belmonte, située au nord d'Amantea, dont elle est séparée par une montagne qui domine le fort, était occupée aussi par les insurgés. Pour intercepter la communication entre ces deux points, le général Verdier ordonna à deux bataillons d'occuper la montagne.

Amantea avait pour commandant le colonel Mirabelli, ancien officier dans l'armée napolitaine, et l'un des plus riches habitants de la ville.

Le général Verdier fit attaquer et enlever le faubourg dans la soirée du 5 décembre; mais n'ayant que de l'artillerie d'un trop fort calibre pour faire brèche, il ne put tirer sur la ville, et se décida à tenter l'escalade. Ce premier assaut ne réussit pas : 30 grenadiers y périrent.

Le général Verdier, manquant de munitions, fut obligé, en attendant qu'il en eût reçu, d'éloigner ses troupes de la place. Les assiégés en profitèrent pour reprendre une partie du faubourg.

Un détachement de 500 hommes étant venu, de Monteleone, renforcer les troupes du général Verdier, prit position sur le rivage, à peu de distance du faubourg.

Désespérant de réussir du côté de terre, tant les points de la place, de ce côté, étaient soigneusement gardés, le général Verdier pensa pouvoir surprendre l'ennemi plus facilement, en faisant escalader le rocher du côté de la mer. C'était une entreprise audacieuse : il en chargea le bataillon d'infanterie légère, le 1er régiment de ligne et le bataillon du 42e venu de Monteleone. Ces troupes prirent les armes, le 8 décembre, à une heure et demie du matin, et se réunirent dans le faubourg. L'infanterie légère marchait en tête. Elle suivit un sentier étroit, et arriva, avec le reste de la colonne, assez près du rocher pour entendre le mouvement des sentinelles ennemies, qui, elles, ne pouvaient, à cause du bruissement des vagues, entendre les assaillants. Lorsque la tête de colonne fut arrivée à l'endroit désigné pour l'escalade, elle se mit ventre à terre pour attendre que toute la colonne eût débouché du sentier; alors un enfant, qui se trouvait par hasard sur le rocher, et qui avait aperçu quelque mouvement, donna l'alarme, en criant de toutes ses forces : *Voilà les Français !* Aussitôt une vive fusillade partit des remparts; plusieurs grenadiers, quoique frappés par les balles, restèrent immobiles dans leur position sans proférer une seule plainte. Voyant qu'on ne répondait point à leur feu, les insurgés se rassurèrent, et plusieurs d'entre eux imposèrent même silence à l'enfant, qui soutenait toujours avoir aperçu les Français. Mais bientôt la lune qui commençait à paraître et l'explosion d'un obus prouvèrent que l'enfant ne s'était pas trompé; le feu s'engagea dans le faubourg, et l'artillerie du fort tira vivement sur le point d'attaque. Après avoir franchi quelques rochers couverts de broussailles, les assaillants se trouvèrent au pied du grand roc taillé à pic, qui, de ce côté, forme le rempart de la ville. — Quand ils voulurent appliquer les échelles, ils furent renversés les uns sur les autres par des quartiers de roc que les insurgés avaient détachés d'avance; les grenadiers n'en persistèrent pas moins à tenter l'escalade; mais l'obstacle était insurmontable : mutilés, écrasés sur leurs échelles brisées, moissonnés par la fusillade, ils furent contraints de chercher un abri derrière les maisons du faubourg, après avoir perdu une centaine d'hommes.

Le général Verdier, reconnaissant qu'il ne réussirait jamais dans son entreprise, tant qu'il n'aurait pas de moyens suffisants d'artillerie, rentra, le 10 décembre, à Cosenza, avec ses troupes.

Dès que le général Verdier eut reçu les pièces de 12 et le convoi de munitions qui lui étaient envoyés de Lago-Negro, il se porta de nouveau sur Amantea, avec sa division renforcée du 52e de ligne. En même temps il dirigea sur Belmonte le général Perri, avec un fort détachement. Le commandant de cette place ayant refusé de la livrer, le général Perri alla reprendre, devant Amantea, la position sur la montagne qui coupe la communication entre les deux villes.

Le général Verdier fit cette fois investir Amantea, et ouvrir, le 3 janvier 1807, une tranchée du côté de la mer. Il attira l'attention et le feu des assiégés sur sa batterie de 3, pendant qu'il dérobait la construction d'une batterie de pièces de 12, de deux mortiers et de deux obusiers, destinée à faire brèche à la partie du rempart qui touche au rocher, en même temps qu'on incendierait la ville.

Une flottille sicilienne vint croiser, le 6, dans la baie, et canonna les postes français. Cette flottille chercha à ravitailler la place, mais ne put qu'avec la plus grande peine parvenir à y faire entrer un émissaire. Le 11, les assiégeants ouvrirent le feu, et, dans la nuit du 14 au 15, le général Verdier, jugeant la brèche praticable, se mit à la tête de toutes les compagnies d'élite de sa division pour tenter l'assaut; mais l'ennemi fit un feu si vif, qu'il fut impossible d'arriver jusqu'au pied du rempart, et une centaine d'hommes payèrent de leur vie cette inutile tentative.

Le point où se trouvait le bastion de gauche était le seul favorable pour tenter un nouvel assaut; dans la nuit du 17 au 18 janvier, les assiégeants travaillèrent à pratiquer une mine pour faire sauter ce bastion. Un propriétaire de la ville, officier napolitain au service du roi Joseph, fut chargé de négocier avec le colonel Mirabelli, chef des insurgés. Le peuple ne voulut pas laisser sortir celui-ci de la ville; mais le colonel proposa un armistice de dix jours, après lequel il s'engageait à rendre la place, s'il n'avait point été secouru. Cet armistice fut accordé.

Le lendemain de ces pourparlers, le général Reynier vint lui-même prendre le commandement, et poussa les travaux de mine avec une grande vigueur.

Le général Reynier fut obligé, le 21, d'envoyer 500 hommes à Longobardi, pour dissiper un rassemblement qui s'était formé sur ce point, et qui se composait de galériens de Palerme débarqués nouvellement.

Le village fut cerné, enlevé, et tous les insurgés passés au fil de l'épée. Leur chef seul parvint à s'échapper : il se nommait Micheli, et était un des agents les plus actifs de la reine Caroline.

L'armistice expira le 30, et les négociations furent reprises avec Mirabelli, qu'il déclara qu'il lui était impossible de rendre la place, parce que tous les étrangers à la ville, qui s'y trouvaient en majorité, avaient, malgré ses objections, résolu de continuer la défense. Le bombardement ne cessa pas jusqu'au 5 février, époque à laquelle on fit sauter la mine. Les carabiniers du 22e purent alors escalader le bastion; mais les assiégés avaient pratiqué dans l'intérieur de la place, et vis-à-vis ce bastion, une coupure qui arrêta les assaillants : fusillés par les fenêtres et les créneaux des maisons voisines, ils furent contraints d'abandonner la brèche après avoir perdu une trentaine d'hommes.

Les assiégés ne tirèrent pas parti de ce succès : le manque de vivres les décida à capituler, et ils remirent la place aux Français, le 6 février. La garnison obtint des conditions honorables : le commandant Mirabelli fut autorisé à se retirer en Sicile, et les habitants reçurent l'assurance qu'ils ne seraient ni poursuivis, ni inquiétés à raison de leur conduite.

Prise de Fiume-Freddo. — Le lendemain de la reddition d'Amantea, le général Reynier envoya le 1er régiment de ligne au château de Fiume-Feddo pour en former l'investissement. C'était là que Micheli, échappé de Longobardi, après la prise de ce village, s'était retiré et enfermé. Le secours de l'artillerie était indispensable pour enlever ce poste fortifié.

Le 9 février, le 1er régiment fut attaqué dans les positions qu'il avait prises autour du château par tous les détachements d'insurgés qui se trouvaient dans les montagnes environnantes, et qui s'étaient réunis à cet effet; mais ils furent repoussés avec vigueur.

Le lendemain, le général Reynier envoya une des pièces de 12 et un des mortiers qui avaient servi au siège d'Amantea. Belmonte fut évacué le même jour par les insurgés.

L'entrée du château de Fiume-Feddo était défendue par deux petites tourelles que l'artillerie française commença à démolir. Micheli envoya alors un prêtre en parlementaire pour demander à capituler aux mêmes conditions que Mirabelli; mais on exigea qu'il fît sa soumission, ce qu'il refusa. Les assiégeants continuèrent alors à battre la brèche qui eût été bientôt praticable, si les insurgés, brisant eux-mêmes les chaînes du pont-levis, malgré les efforts de leurs chefs, n'eussent ouvert le passage aux grenadiers français qui entrèrent dans le château. On épargna les assiégés en raison de leur soumission. Micheli et vingt-cinq autres chefs ou officiers furent seuls pris et fusillés à l'instant.

Siége et prise de Maratea. — Maratea, ville fortifiée située sur la côte, dans le golfe de Policastro, sur la route de Naples, renfermait encore un grand nombre d'insurgés. Le général Lamarque, chargé de l'expédition contre cette place, y arriva, le 15 décem-

bre 1806, avec sept bataillons. La ville est divisée en
ville basse et ville haute : cette dernière est située sur
un rocher immense qu'il est impossible d'entamer ;
2 à 3,000 hommes étaient renfermés dans la citadelle,
dernier refuge des bandes insurgées.

On parvint, avec les plus grandes difficultés, à hisser sur des pointes de rocher d'où l'on découvre la
place, l'artillerie que le général Lamarque avait fait
venir de Lago-Negro et de Salerne. Les insurgés, répandus dans le pays, firent plusieurs tentatives infruc-
tueuses pour débloquer la place. Les sorties que tentèrent les assiégés n'eurent pas plus de succès ; chaque
fois ils furent refoulés dans les murailles.

Un siége étant impossible, et la position militaire
des Français ne leur permettant pas de se borner à un
blocus, le général Lamarque imagina de faire des
tranchées en relief, et de s'avancer vers la place, en
bâtissant des petits murs à l'aide de pierres sèches,
dont les champs des environs étaient abondamment
garnis. A chaque retour, on élevait une tourelle où l'on
plaçait des tirailleurs. Les soldats se livrèrent à ce travail avec tant d'ardeur, qu'en douze jours ils parvinrent sous les murs de la place, sans que les assiégés,
qui n'avaient que du canon de petit calibre, pussent
s'opposer à leur approche. Déjà l'on avait attaché le
mineur, et tout était prêt, lorsque les insurgés firent
une sortie générale et renversèrent les premiers ouvrages. Un moment repoussés, les Français ne tardèrent pas à reprendre leurs avantages. L'action fut
chaude et meurtrière ; un grand nombre d'insurgés se
jetaient le poignard à la main dans les rangs français,
où ils trouvaient la mort. Enfin, après vingt-deux
jours d'un siége qui fut un combat perpétuel, les assiégés demandèrent à capituler. Plus de 2,000 soldats
furent faits prisonniers de guerre et incorporés, sur
leur demande, dans l'armée napolitaine du roi Joseph.

Combat de Mileto. — Les troupes du roi Ferdinand
occupaient toujours les forts de Reggio et de Scylla ;
les postes français, à l'extrémité de la Calabre, ne
s'étendaient pas au-delà de Seminara et de Palmi.

Le prince de Hesse-Philipstadt, le même qui s'était
déjà fait connaître par la belle défense de Gaëte, débarqua, vers le milieu du mois de mai 1807, avec un
corps de 5 à 6,000 hommes venant de la Sicile, entre
Scylla et Reggio, et fut bientôt rejoint par les insurgés
qui se trouvaient dans cette partie de la province. Les
Français n'étaient point en mesure de résister à des
forces si nombreuses ; ils évacuèrent Seminara, et se
replièrent sur Monte-Leone.

Le général Reynier, dont les troupes étaient dispersées dans une partie de la province, donna sur-le-champ
des ordres pour la réunion d'une colonne de 3 à 4,000
hommes, et, le 27 mai, il se porta avec cette troupe à
la rencontre de l'ennemi déjà parvenu à Mileto, qui
n'est qu'à six milles de Monte-Leone. Attaquées à l'improviste, les troupes siciliennes furent complétement
défaites : elles perdirent 500 hommes, et laissèrent
2,000 prisonniers entre les mains des vainqueurs ; le
reste parvint avec peine à se rembarquer.

Prise de Cotrone. — La ville de Cotrone avait été
momentanément abandonnée sans défense par les Français. Pendant l'expédition du prince de Hesse, le chef
de bandes, Corem-Cantore, arrivé de Sicile en même
temps que les troupes du prince, à la tête d'une compagnie de 80 galériens tirés du bagne de Messine, entra
dans Cotrone et l'occupa.

Les Français, pour reprendre cette place, furent
obligés d'en faire le siége : il commença le 2 juin. Indépendamment de la compagnie de galériens, Cotrone
était défendu par environ 500 hommes de milice et
par 200 hommes de troupes de ligne siciliennes. Après
trente-huit jours de siége, Cantore, voyant qu'on allait
lui donner l'assaut, et ne se croyant point en mesure
de le soutenir, prit le parti de s'embarquer avec ses
hommes pour la Sicile. Le 10, au matin, les femmes
ouvrirent les portes de la ville et les Français y entrèrent.

Prise de Reggio et de Scylla. — Après la reddition
de Cotrone, le général Reynier s'occupa des dispositions nécessaires pour la reprise des forts de Scylla et
de Reggio. On fit venir par mer de l'artillerie et des
munitions qui furent débarquées au port d'Il-Pizzo, à
six milles de Monte-Leone ; et, pour soutenir le corps
du général Reynier qui devait faire le siége des deux
places, le roi Joseph envoya de Naples une brigade de
sa garde avec deux régiments nouvellement formés,
sous le commandement du général Saligny. Ces troupes
devaient occuper Monte-Leone, Nicastro et Cosenza.
Cette précaution était excellente ; car un corps de
10,000 hommes, anglais et siciliens, était rassemblé
aux environs de Messine, et menaçait à chaque instant
de s'embarquer pour venir contrarier les opérations
des siéges.

Le général Reynier s'avança avec ses troupes vers
Scylla, le 31 décembre 1807, et s'établit sur les hauteurs qui dominent cette place, qui fut aussitôt investie.

Un mois fut employé au transport de l'artillerie,
opération que les accidents du terrain rendaient fort
difficile. Enfin, le 30 janvier 1808, le général Reynier
marcha sur Reggio, après avoir laissé devant Scylla
des forces suffisantes.

Des chaloupes canonnières siciliennes, qui côtoyaient
le rivage, tirèrent sur une partie des troupes qui, avec
l'artillerie, suivaient le bord de la mer. Ce feu incommodait tellement les Français, que le général Reynier
fut obligé, pour le faire cesser, de mettre en batterie
ses pièces de 12 qui balayèrent promptement les ponts
des chaloupes ennemies. On leur cria ensuite de se
rendre ; et comme personne ne se présentait pour répondre à cette sommation, un grenadier du 62e régiment de ligne se jeta à la mer pour aller annoncer au
commandant de ces chaloupes que, si elles ne se rendaient pas sur-le-champ, elles allaient être coulées
bas. Elles amenèrent aussitôt pavillon. Elles étaient au
nombre de quatre, et portaient chacune un canon
de 24.

Arrivés devant Reggio, les Français en formèrent
l'investissement. Le lendemain, 31 janvier, ils forcè-

rent à se rendre un brick anglais qui, toute la matinée, avait inquiété par son feu les troupes assiégeantes dans leur établissement autour de la place; puis ils entrèrent dans la ville de Reggio, qui est ouverte. Mais ils ne purent s'en rendre entièrement maîtres, parce que les bandits napolitains et les Siciliens avaient élevé des retranchements dans les rues pour défendre les approches du fort, où se trouvait une garnison de troupes de ligne anglo-siciliennes.

Ces retranchements, derrière lesquels l'ennemi faisait un feu très vif, furent promptement renversés par l'artillerie française. L'infanterie se précipita aussitôt à la baïonnette sur ses adversaires, les poussa jusqu'à la mer, et les força de se jeter en désordre dans des barques qui les reconduisirent en Sicile. Le 2 février, la garnison ouvrit ses portes à la première sommation; elle se composait de près de 800 hommes qui se rendirent prisonniers. Vingt pièces d'artillerie, beaucoup de vivres et de munitions furent trouvés dans le fort.

Les compagnies de voltigeurs du 23e régiment d'infanterie légère et du 67e de ligne entrèrent de vive force, le 7 février, dans la petite ville de Scylla. Maîtres de la ville, les Français purent facilement battre en brèche le château. On éleva à cet effet des batteries, et, le 15 février, tous moyens de résistance étaient enlevés à la garnison du fort. Cependant le feu continua jusqu'au 17, à cause du refus que les assiégés firent de se rendre. La garnison se composait du 62e régiment de ligne anglais; à l'aide d'un escalier taillé dans le roc sur lequel le fort est bâti, elle réussit, malgré le feu des assiégeants, à s'embarquer sur une flottille de petits bateaux qui était venue des côtes de la Sicile pour la chercher. Un seul bâtiment fut coulé bas : il était chargé de 50 hommes.

La prise de Reggio et de Scylla termina la longue campagne de l'armée française dans les Calabres. Il ne restait plus au roi Ferdinand un seul point sur le continent.

Projets de l'Empereur sur l'Italie. — Joachim Murat succède à Joseph Napoléon. — L'empereur Napoléon avait sur l'Italie de vastes desseins. «Cette longue presqu'île, lui fait dire Jomini, avec la Sardaigne, la Corse et la Sicile, ne compte pas moins de 1,200 lieues de côtes; quoiqu'elle ait dominé le monde par ses armées de terre, elle paraît néanmoins bien plus appelée par la nature à briller sur les mers. Trop étroite et trop profonde comme puissance continentale, elle n'offre pas la surface nécessaire pour manœuvrer facilement sur l'un ou l'autre des versants de l'Apennin : les armées qui l'ont envahie n'ont jamais eu qu'à pousser de front les armées qui la défendaient. L'ennemi, venant du nord, et qui serait maître de Rome d'un côté, et de Pesaro de l'autre, posséderait paisiblement tout le pays qu'il laisserait derrière lui, parce que l'armée italienne, refoulée dans la Calabre, ne pourrait rien tenter que par des débarquements. Comme puissance maritime, au contraire, l'Italie serait redoutable.

«Les marins génois, vénitiens, se sont disputé durant trois siècles, le commerce de l'Orient, et s'ils n'ont pas joué un plus grand rôle, c'est au morcellement de leur patrie en vingt petits États qu'il faut l'attribuer.

«Des rades magnifiques, comme celles de la Spezzia, de Tarente, du Cataro, de Raguse; des ports considérables, comme Gênes, Livourne, Naples, Ancône, Venise, Raguse, Corfou; des matelots en quantité; le voisinage de la Macédoine, de la Bosnie et de l'Albanie, dont les vastes forêts donnent les plus beaux bois de construction; la facilité de tirer des cuivres de la Hongrie : tels sont les innombrables avantages qu'elle présente pour équiper de grandes flottes. Il ne fallait que du temps et de l'argent pour organiser dans cette contrée une force navale de cinquante vaisseaux, et autant de frégates, et pour mettre fin à la suprématie anglaise, de concert avec l'Espagne, la France et la Hollande.

«La première condition de la régénération italienne, était de mettre un terme à la puissance temporelle des papes. La possession des États romains était le lien nécessaire entre le royaume de Naples, c'est-à-dire entre les 8 millions d'Italiens méridionaux et le royaume d'Italie, la Toscane, Gênes, le Piémont, la Cisalpine, ou les 8 millions d'Italiens du nord. S'emparer des États romains, et laisser subsister la puissance spirituelle des papes, était chose difficile à concilier, car c'était forger des armes contre soi. Je trouvai un moyen unique et admirable d'atteindre mon but, en exécutant un double projet qui me laisserait libre arbitre des États romains, et qui renforcerait mon autorité de toute l'influence que le Saint-Siége exerçait jadis sur l'Europe. C'était de transférer le chef de l'Église à Paris, et de réunir ensuite l'Italie en un seul corps de nation...

«Quels avantages immenses n'eussé-je pas obtenus si j'avais réussi, et à quoi cela a-t-il tenu? J'aurais débarrassé l'Empire des tracasseries ultramontaines; je lui aurais procuré, par l'influence du Pape, un grand ascendant sur les catholiques de Pologne, de Hongrie, d'Irlande, d'Espagne et de Portugal. Enfin, retrempant les descendants des Romains, et les rejetant dans un même moule avec les Napolitains, les Lombards, j'aurais fait de l'Italie une puissance maritime respectable, puisqu'elle a autant de côtes et de ports que la France.

«Le Pape eût, au fond, plus gagné que perdu à ce projet; car, de chétif prince d'Italie, il fût devenu le second personnage de l'Europe.

«Je fis peut-être une faute en mettant trop de vivacité dans l'exécution de ce dessein. Il m'importait de ménager le Pape au moment où je frappais mes coups en Espagne et en Portugal; mais, entraîné par l'effet moral que les démarches hostiles du pontife romain produisirent sur moi, au moment où l'alliance de Tilsit le livrait à ma discrétion, j'ordonnai, à la fin de janvier 1808, à un corps de 6,000 hommes d'entrer dans Rome; je demandai la cession des Marches, et l'adhésion franche à la ligne italienne. Le Pape, tout fier d'être placé sur un champ de bataille, voulut tenter de défendre sa puissance temporelle, en me répondant avec le canon de l'Église. Les brefs, les bulles, les plaintes, les menaces redoublèrent. Son bref du 27 mars 1808, surtout, tenait un langage auquel j'étais peu accoutumé; il me menaçait d'excommunication. Je lui répondis par un décret qui réunissait Ancône et les Marches au royaume d'Italie.

«Ces réunions partielles n'étaient qu'un acheminement vers un plus vaste système : quelques semaines après avoir donné une partie des États romains au royaume d'Italie, je prononçai la réunion de la Toscane et du duché de Parme à la France.»

Cependant des événements d'une nature plus grave se préparaient. L'empereur Napoléon était devenu l'arbitre de la famille royale d'Espagne. Nous dirons bientôt comment il fut maître de disposer de la couronne espagnole, et comment le nouveau roi des Deux-Siciles, Joseph Napoléon, appelé par l'Empereur à Bayonne, trouva à son arrivée dans cette ville un décret impérial qui le proclamait roi d'Espagne et des Indes, et une députation des grands d'Espagne et des membres de la Junte nationale, qui venait le prier d'accepter le trône abandonné par Charles IV et par Ferdinand VII. Joseph témoigna aux Napolitains, par une proclamation datée de Bayonne, tout le regret qu'il éprouvait à quitter le trône de Naples. Il leur annonça en même temps qu'il aurait pour successeur le grand-duc de Berg, Joachim Murat, époux de la princesse Caroline, sœur de l'Empereur. En effet, Naples vit bientôt arriver le nouveau souverain. Joseph avait inspiré de l'affection aux classes moyennes: il emporta leurs regrets. Toutefois le roi Joachim eut à se louer de l'accueil qui lui fut fait.

«Le peuple de Naples, dit le comte Orloff [1], habitué depuis huit siècles à changer indifféremment de maîtres, à voir ses anciens rois céder la place à d'autres, la reprendre, la quitter pour la reprendre encore; partisan de la nouveauté par goût, quelquefois par besoin, plus encore par habitude, accueillit le roi Joachim avec de vifs transports de joie. Ce monarque ne pouvait compter d'illustres aïeux; il s'était élevé par son courage, et devait sa haute fortune à l'hymen qui l'unissait à la sœur de Napoléon. Mais beau de stature, dans la fleur des ans, brave jusqu'à la témérité, vif et enjoué, il ne déplut nullement à la nation la plus ardente et la plus légère de l'Italie. Il était doué d'une grande activité, se livrait au plaisir par tempérament, aimait le pouvoir par orgueil, la gloire avec passion. Il sentit qu'il fallait signaler par quelque acte éclatant de valeur et d'audace son avénement au trône, afin de se faire aimer du peuple, redouter des mécontents, et pour imposer aux ennemis de son autorité. Le golfe de Naples était comme asservi aux Anglais qui occupaient l'île de Caprée, tandis que tout dans le royaume était soumis à sa puissance : il résolut de commencer par chasser les Anglais de ce poste important. »

Prise de l'île de Caprée. — L'île de Caprée était le seul point dépendant du royaume de Naples, dont les Français, maîtres de ce royaume depuis deux ans, ne se fussent pas encore emparés; elle était toujours au pouvoir des troupes britanniques, et donnait aux agents anglais la facilité de faire sur les côtes une

[1] *Mémoires sur le royaume de Naples*, t. II.

contrebande très active, et d'entretenir dans le pays une agitation incessante. De grandes difficultés, des difficultés presque insurmontables, s'opposaient à l'entreprise projetée, à tel point que, lorsque les Français se furent emparés de Caprée, le ministre Salicetti écrivait, après avoir visité l'île : «J'y ai trouvé les «Français, mais je ne puis pas croire qu'ils y soient «entrés.»

L'île de Caprée est entourée de rochers qui, dans les onze douzièmes de son pourtour, ont plusieurs centaines de pieds au-dessus du niveau de la mer. Sir Hudson-Lowe, qui y commandait, avait, depuis deux ans, fait construire quatre forts qui augmentaient encore la défense de l'île, et avait entièrement détruit les rares sentiers qui serpentaient le long des précipices. Pour être bien sûr qu'il était impossible de pénétrer dans l'île, le général anglais donnait une guinée à chaque habitant qui parvenait à s'y introduire par quelque voie qui n'eût pas encore été découverte. Une garnison de 2,000 hommes et 40 pièces de canon défendaient cette position formidable.

Les difficultés de cette expédition étaient augmentées encore par la présence de quatre ou cinq frégates qui stationnaient dans l'île de Ponza, et qui pouvaient arriver en moins d'une journée au secours de la garnison de Caprée.

L'expédition, composée de 1,600 hommes d'élite, partit de la rade de Naples dans la nuit du 4 au 5 octobre 1808. Le général Lamarque la commandait.

La mer étant mauvaise, ce ne fut qu'à trois heures après midi que les embarcations qui portaient les troupes purent longer la côte pour chercher un point favorable au débarquement. Pendant long-temps, toutes les recherches furent inutiles; enfin on découvrit un rentrant où la mer battait moins fortement que partout ailleurs; on y dressa une échelle, au bout de laquelle on en hissa une seconde, puis une troisième, et l'on parvint ainsi à escalader la première enceinte, sous le feu d'une batterie et d'une fusillade à laquelle prenaient part 1,400 Anglais.

Le général Lamarque ayant gravi cette hauteur avec environ 500 hommes, tenta d'emporter d'assaut les positions supérieures occupées par l'ennemi; mais tous ses efforts furent inutiles : on ne pouvait y parvenir que par un talus rapide et découvert, et la mort atteignait tous ceux qui s'y présentaient.

Déjà le quart des troupes du général Lamarque était hors de combat. Il se décida à attendre la nuit, et ne s'occupa qu'à ranger les renforts qui lui arrivaient à chaque instant. Pour s'ôter tout moyen de retraite, il fit éloigner toutes les embarcations.

Il était sept heures du soir quand les Français montèrent à l'assaut en silence. Ils laissèrent les Anglais tirer sur eux sans riposter, et les enfoncèrent à coups de baïonnette. Dans cette nuit, 1.100 ennemis tombèrent au pouvoir des Français. Parmi ces prisonniers se trouvait un régiment tout entier, le Royal-Malte. Le fort Sainte-Barbe se rendit à la pointe du jour. Les Français étaient maîtres de la partie supérieure de l'île; mais les Anglais occupaient la partie inférieure, qui a deux ports, et les Français pouvaient **mourir de** faim sur les hauteurs qu'ils avaient emportées. Pour recevoir les secours que l'on attendait, il fallait occuper la grande marine, située au bas des hauteurs; et pour descendre de ces hauteurs, il fallait courir autant de dangers qu'on en avait bravé pour les gravir. Cette partie élevée de l'île n'a de communication avec la base qu'au moyen d'un escalier qui est suspendu sur l'abîme, et qui a cinq cent quatre-vingts marches, chacune d'une coudée de hauteur : il ne peut y passer qu'un seul homme de front; enfin cet escalier était exposé au feu de dix à douze pièces de 36 et de vingt chaloupes canonnières qui stationnaient à petite portée. Le général Lamarque eut l'audace d'opérer sa descente en plein midi. Il réussit au-delà de toute espérance, et, le même jour, toute la grande marine fut occupée.

Les Thermes de Tibère n'étaient pas découverts par l'artillerie de la place; on y fit un petit port; 400 hommes s'attelèrent à des pièces de 24, et les traînèrent à travers les rochers jusqu'au sommet du mont Solaro, point le plus élevé de la partie supérieure qui était au pouvoir des Français, et qui a conservé son ancien nom grec d'*Ana-Capri*. De ce point, l'on dominait la citadelle. Dans ce moment, des bâtiments anglais, au nombre de six frégates, cinq bricks, une trentaine de bombardes et de canonnières, et environ vingt bâtiments de transports entourèrent l'île et assiégèrent les Français. Le succès devenait alors plus douteux que jamais; mais Murat se rendit à Massa, y rassembla toutes ses canonnières, et quelques bateaux de transport chargés de munitions et de vivres. Ce convoi saisit un moment opportun, traversa toute l'escadre anglaise, mit en fuite les canonnières, et aborda aux Thermes de Tibère, malgré le feu de toutes les batteries ennemies.

Les assiégés furent saisis de terreur à cette vue; et, sans attendre les renforts qui devaient leur arriver, rendirent la place et les forts pour éviter l'assaut qui se préparait. Toute leur artillerie, leurs vivres et leurs munitions tombèrent au pouvoir des vainqueurs.

L'expédition avait duré treize jours (la capitulation n'ayant eu lieu que le 17 octobre), elle fut préparée et faite avec tant de promptitude et de secret, que le peuple de Naples n'en eut connaissance qu'en apprenant le débarquement des troupes à Caprée. La garnison de l'île, circonstance très honorable, était égale en force aux braves qui en triomphèrent. Plusieurs traits de valeur distinguèrent les troupes assaillantes. Dans le fort de l'action, elles gravirent des rochers si escarpés, qu'on a peine à les franchir, même lorsqu'on n'a aucune difficulté à vaincre. 300 hommes de renfort mirent plus de temps à atteindre le lieu du débarquement que les 1,600 qui l'avaient franchi au moment du feu, avec leurs armes et leur équipement sur le dos. Dresser des échelles, escalader le Solaro, s'emparer des canons, tout cela avait été l'affaire d'un instant.

Au moment où le feu des batteries anglaises était le plus terrible, le chef d'escadron Livron [1], qui commandait 100 hommes, aborde avec sa canonnière un rocher extrêmement rapide, et y ayant appuyé une échelle, il s'écria : «Soldats, nous ne nous connaissons point encore; mais si vous me suivez, je crois que nous nous connaîtrons bientôt.» A l'instant, il s'élança comme un éclair, gravit le roc, fit un feu très vif sur la batterie anglaise qui défendait la calle, et força l'ennemi à la quitter, après une résistance opiniâtre. Ce brave militaire fut blessé à la main, et perdit un doigt. Après la prise de cette batterie, toutes les troupes débarquèrent, et repoussèrent les Anglais de poste en poste.

Le général Lamarque, auquel revenait l'honneur de l'expédition qu'il avait conduite avec autant d'audace que d'habileté, se loua beaucoup dans son rapport au roi de Naples, de la conduite des troupes sous ses ordres : «Si je voulais, dit-il, faire connaître ceux qui se sont distingués, je devrais envoyer le contrôle de tous ceux qui ont combattu.»

La prise de Caprée eut le résultat qu'en attendait Joachim; elle assura la tranquillité de la capitale, et influa avantageusement sur la pacification des provinces qui auraient été disposées à l'insurrection.

[1] Depuis général et chargé d'affaires du Pacha d'Égypte en France.

RÉSUME CHRONOLOGIQUE.

1806.

DÉCEMBRE. Combat de San-Piétro.
Attaque du faubourg d'Amantea. — Commencement du siége.
65 — Commencement du siége de Maratea.

1807.

3 JANVIER. Prise de Maratea.
21 — Combat de Longobardi.
6 FÉVRIER. Reddition d'Amantea.
9 — Prise de Belmonte.

10 FÉVRIER. Prise de Fiume-Freddo.
15 MAI. Débarquement des Anglo-Siciliens en Calabre.
27 — Engagement à Mileto.
2 JUIN. Siége de Cotrone.
9 JUILLET. Prise de Cotrone.

1808.

2 FÉVRIER. Prise de Reggio.
17 — Prise de Scylla.
6 JUILLET. Joachim Murat succède à Joseph Napoléon.
5 OCTOBRE. Débarquement des Français à Caprée.
17 — Capitulation de la garnison anglaise de Caprée.

1807. — 1808. — EXPÉDITION DU PORTUGAL.

SOMMAIRE.

Préparatifs contre le Portugal. — Marche des Français par la vallée du Tage. — Départ de la famille de Bragance pour le Brésil. — Entrée des Français à Lisbonne. — Junot, gouverneur général du Portugal. — Troubles à Oporto. — Désarmement des Espagnols. — Débarquement des Anglais dans les Algarves. — Soulèvement du Portugal. — Progrès de l'insurrection. — Conseil de guerre. — Mesures prises par Junot. — Révolte de Villa-Viciosa. — Révolte de Beja. — Occupation du fort de la Conception. — Marche du général Loison dans le Tras-os-Montes et Entre-Duero et Minho. — Son retour à Almeïda. — Prise de Guarda. — Dispersion d'un corps de 20,000 insurgés à Leiria. — Combat d'Alcobaza. — Nouveaux soulèvements. — Combat et prise d'Evora. — Débarquement d'une armée anglaise à Figueras. — Combat de Roliça. — Préparatifs de Junot pour une action décisive. — Bataille de Vimeiro. — Retraite sur Lisbonne. — Conseil de guerre. — Négociations. — Courageuse résolution de Junot. — Convention de Cintra. — Évacuation du Portugal. — Résultats de l'expédition.

ARMÉE FRANÇAISE.	ARMÉE ANGLO-PORTUGAISE.
Général en chef. — JUNOT (Duc d'Abrantès).	*Général en chef.* — SIR ARTHUR WELLESLEY (Wellington).

Préparatifs contre le Portugal. — Depuis le 29 septembre 1801, époque à laquelle le Portugal avait conclu à Madrid un traité de paix avec la France, la cour de Lisbonne avait su résister à toutes les menées des agents britanniques qui avaient plusieurs fois essayé de la faire renoncer à son système de neutralité, et de l'entraîner dans la Coalition. Toutes ces tentatives ayant échouées, le ministère britannique crut devoir employer, pour en venir à ses fins, un moyen plus efficace, et, le 13 août 1806, une escadre anglaise jeta l'ancre devant l'embouchure du Tage ; le lendemain, cinq vaisseaux et une frégate remontèrent le fleuve, et vinrent mouiller devant Lisbonne. Mais cette démonstration n'eut aucun succès : le régent du Portugal ne céda ni aux promesses ni aux menaces, et l'amiral Saint-Vincent, commandant l'escadre britannique, remit à la voile sans avoir rien obtenu.

Mais une grande partie des habitants du Portugal, ceux de Lisbonne principalement, ne croyaient pas, comme leur gouvernement, que la France eût des intentions bienveillantes à l'égard de leur pays ; l'exécution du traité de Madrid était éludée en ce qui concernait la fermeture des ports du royaume aux vaisseaux anglais. Aussi Napoléon pensa-t-il que, pour que ce traité fût fidèlement exécuté dans toutes ses clauses, il fallait la présence de ses troupes en Portugal ; et revenant à son premier projet de 1801, il s'empressa, aussitôt après la paix de Tilsit, d'expédier des ordres pour qu'un certain nombre de troupes fût tiré des côtes de la Bretagne et des dépôts de l'intérieur, et pour que ces troupes, sous la dénomination de 1er *corps d'observation de la Gironde,* fussent rassemblées dans les environs de Bayonne.

L'Empereur, en annonçant au comte de Lima, ambassadeur du Portugal à Paris, son dessein de faire occuper certains points du Portugal, afin d'assurer l'exécution du traité de 1801, lui fit en même temps signifier qu'il eût à communiquer à la cour de Lisbonne, les propositions impératives suivantes : 1° que les ports du Portugal fussent rigoureusement fermés aux bâtiments anglais ; 2° que l'on arrêtât et que l'on renvoyât du Portugal tous les sujets de la Grande-Bretagne ; 3° que les biens, meubles et immeubles des individus anglais fussent mis sous le sequestre. L'ambassadeur fut prévenu, en outre, que si, avant le 1er septembre, le prince régent ne donnait pas une réponse affirmative sur ces trois articles, la paix serait, par ce fait seul, considérée comme rompue, et que les ambassadeurs de France et d'Espagne à Lisbonne demanderaient leurs passe-ports.

Cependant l'Angleterre avait repris de l'influence sur la cour de Lisbonne ; elle avait même demandé que le prince royal, fils du régent, se rendît au Brésil ; cette démarche du cabinet de Saint-James était en bon train ; déjà la maison du jeune prince était formée, et on lui avait choisi un gouverneur tout dévoué au parti anglais. Ce fut au milieu de ces dispositions que le régent reçut les propositions du gouvernement français ; il s'empressa d'informer le cabinet des Tuileries que, pour se conformer à ses désirs, il allait donner des passe-ports à l'ambassadeur d'Angleterre, fermer ses ports à cette puissance et rappeler de Londres son plénipotentiaire. Il annonçait en même temps que, jamais, et sous aucun prétexte, il ne souffrirait qu'il entrât des troupes étrangères en Portugal ; et que, si cette invasion avait lieu, il transporterait sa cour au Brésil pour se soustraire à une domination injuste et tyrannique.

Napoléon ne s'émut nullement de la menace que faisait le régent du Portugal de transporter le siège du gouvernement au Brésil ; cette détermination lui donnait même l'espérance d'arriver plus promptement à réaliser son projet d'avoir à sa disposition le Portugal, le royaume d'Étrurie, les États romains, et l'Espagne peut-être. Aussi fit-il avec Isquierdo, agent du prince de la Paix, un traité secret, qui fut signé à Fontainebleau, le 27 octobre ; les articles de ce traité portaient en substance que le roi d'Étrurie, prince de la maison d'Espagne, renoncerait à ses états d'Italie, et qu'il en serait indemnisé par la province portugaise d'Entre Duero et Minho et par la ville d'Oporto, sous le titre de *royaume de Lusitanie septentrionale ;* que le prince de la Paix aurait en toute propriété et souveraineté la province de l'Alentejo et le royaume des Algarves, sous le titre de *principauté des Algarves ;* que les provinces de Beira, de Tras-os-Montes et de l'Estramadure portugaise, resteraient en dépôt jusqu'à la paix générale, et qu'alors on en disposerait selon les circonstances, et d'après les conventions qui seraient ultérieurement arrêtées ; enfin qu'à l'époque de la paix générale, ou, au plus tard, au terme de trois années du jour de la signature du traité, Napoléon s'engageait à reconnaître le roi d'Espagne comme empereur des deux Amériques, et que ce monarque acquerrait, pour lui et ses successeurs, le droit d'investiture sur les nouvelles souverainetés du Portugal, si les dynasties régnantes s'éteignaient.

Le gouvernement espagnol donna des ordres pour le passage sur son territoire de l'armée destinée à agir contre le Portugal, et, le 17 octobre, les troupes françaises commencèrent à se mettre en marche. Elles étaient partagées en seize colonnes qui marchaient à un jour de distance l'une de l'autre. Le général Junot, premier aide de camp de l'Empereur, et gouverneur de Paris, avait été nommé commandant de l'expédition.

____

Marche des Français par la vallée du Tage. — L'armée d'expédition devait se borner provisoirement à occuper les positions depuis Valladolid jusqu'aux frontières du Portugal; mais le général Junot reçut tout à coup l'ordre d'entrer dans le pays, de se rendre d'abord à Alcantara, de s'y réunir à un corps d'armée espagnole commandé par le général Caraffa, et de là, de se diriger par la rive droite du Tage sur Lisbonne. Pendant ce temps, le général Taranco devait pénétrer, par la Galice, dans la province d'Entre-Duero et Minho, avec dix-huit bataillons d'infanterie castillane; et le général Solano, avec huit bataillons espagnols, avait ordre d'entrer par la province de l'Alentejo, de longer la gauche du Tage, et d'occuper Setubal ainsi que les batteries qui font face à Lisbonne.

L'armée française eut beaucoup à souffrir dans le trajet de Salamanque à Alcantara : la difficulté des chemins, et surtout le manque de vivres entraînèrent la perte d'un grand nombre de soldats, qui étaient en grande partie de jeunes conscrits sortant des dépôts de l'intérieur de la France. On avait promis à Junot qu'il trouverait à Alcantara des vivres en abondance et des munitions de guerre; d'après cette assurance, il y avait précédé ses troupes; mais il vit avec peine qu'aucune mesure n'avait été prise pour cet approvisionnement; il fit alors rassembler des vivres de toutes les parties de la ville et de ses environs; on s'empara de tout le plomb et de toute la poudre qui existaient dans le pays, et les archives des chevaliers d'Alcantara, ordre militaire et religieux, furent mises à contribution pour fournir le papier nécessaire aux cartouches. Le dépôt général de l'armée fut organisé à Alcantara.

L'avant-garde, sous les ordres du général Maurin, partit d'Alcantara, le 19 novembre, et se rendit le lendemain à Castello-Branco. Les trois divisions d'infanterie française et celle de cavalerie suivirent ce mouvement, et les troupes espagnoles flanquèrent la marche des colonnes françaises. Après avoir encore souffert de nouvelles privations et vu périr de fatigue et de misère nombre de jeunes soldats, les différentes divisions arrivèrent à Abrantès, du 22 novembre au 2 décembre, avec l'artillerie attachée à la première division. L'armée prit, dans cette ville, un repos dont elle avait grand besoin et y trouva des chaussures et des vivres.

Un corps de troupes portugaises avait été réuni à Thomar. Junot ne fut pas plutôt arrivé à Abrantès, qu'il envoya au commandant de ces troupes un de ses aides de camp, chargé d'une lettre par laquelle il présentait l'entrée d'une armée franco-espagnole en Portugal, comme un bienfait pour le royaume. Le général portugais partagea si bien cette opinion, que non-seulement il s'empressa de quitter Thomar, mais il se rendit sur les côtes pour les défendre contre les Anglais eux-mêmes, si cela était nécessaire. Thomar fut occupé le même jour par le général Caraffa.

L'avant-garde française, commandée par le colonel Grandseigne, premier aide de camp du général en chef, partit d'Abrantès, le 26 novembre, et alla prendre position à Punhete, où se rendit aussi le colonel Vincent, qui commandait le génie. Un pont de bateaux fut construit sur le Zezere pour le passage de l'armée.

Les chemins qui restaient à parcourir étant détestables, surtout pour l'artillerie, Junot fit embarquer sur le Tage, à Abrantès, tout le matériel de cette arme qui devait être conduit à Santarem, afin d'y être débarqué, à moins qu'on ne jugeât convenable de lui faire descendre le fleuve jusqu'à Lisbonne. Les chevaux de train, conduits en main, devaient suivre par terre.

Dans la nuit du 26 au 27 novembre, Junot fit réunir toutes les embarcations qu'on put trouver dans les environs, pour faire passer le Zezere à son avant-garde. Le général en chef voulait presser sa marche, et le nombre des bâtiments conduits d'Abrantès à Punhete pour la construction du pont, était insuffisant. Le passage de cette avant-garde éprouva de grandes difficultés par la crue subite des eaux qui s'étaient élevées de près de douze pieds pendant la nuit. Enfin les Français parvinrent à aborder la rive droite du Zezere, qu'ils trouvèrent garnie de redoutes et de batteries que les Portugais avaient abandonnées, et, le même jour, l'avant-garde coucha à Golega et la première division à Cardiga.

Junot eut, ce jour-là même, une conférence avec un habitant de Lisbonne nommé Baretto Cet homme lui dit, que l'incertitude où était le gouvernement portugais sur le but de l'expédition française, l'inquiétait tellement que tout se préparait à Lisbonne pour le départ de la cour. Junot répondit, ainsi qu'il l'avait déjà écrit au commandant de Thomar, que l'entrée des troupes franco-espagnoles était toute dans les vrais intérêts du Portugal; que le seul but de l'expédition était de fermer les ports du royaume aux Anglais, et de défendre le pays si besoin était; le général en chef termina, en priant M. Baretto de se rendre auprès du régent pour le supplier de suspendre son départ, afin qu'il pût lui-même l'éclairer sur ses véritables intérêts. M. Baretto, pour se conformer aux désirs de Junot, retourna sur-le-champ à Lisbonne.

L'avant-garde bivouaqua, le 28, à Cartaxo, et la première division au pont de Pernès sur l'Alviella.

____

Départ de la famille de Bragance pour le Brésil. — Entrée des Français à Lisbonne. — Le général Junot se rendit, le lendemain, 29, à Saccavem, qui n'est qu'à une lieue de Lisbonne; là, plusieurs députations de la capitale se rendirent auprès de lui. La première, composée d'officiers généraux portugais, vint lui apprendre que *le Moniteur* du 13 novembre, dans lequel il était dit que, *par suite du parti pris par le prince régent, la maison de Bragance avait cessé de régner en Europe*, était arrivé, le 25, à Lisbonne, par un bâtiment de commerce extraordinaire expédié de Londres, à l'ambassadeur lord Stragford. Les députés ajoutèrent que, cet article ayant terminé toutes les incertitudes, le régent, ainsi que sa famille, ses ministres et presque tout ce qui tenait à la cour, avaient mis à la voile, le 28, au matin; qu'en partant, le prince avait nommé un conseil de gouvernement chargé de maintenir dans le royaume l'ordre et la tranquillité; qu'une flotte anglaise était dans la barre du Tage avec des troupes de débarquement, semblant manœuvrer pour entrer dans le port, et que la capitale était dans la stupeur.

Le général en chef rassura la députation; la chargea de signifier au gouvernement provisoire qu'il était responsable de la tranquillité publique, et d'annoncer son entrée et celle de son armée dans Lisbonne, pour le 30, au matin.

Junot ne put que donner les mêmes assurances à la seconde députation, qui était composée de négociants et d'habitants de Lisbonne; il leur remit une proclamation, qui fut dans la soirée affichée dans la capitale.

La famille royale s'était en effet embarquée, la reine-mère, retrouvant, au moment de quitter son pays, un instant de raison, s'écria: «Fuyons-nous sans « combattre?» Le peuple embrassa les genoux du prince régent, et se sépara de lui comme de ses dieux pénates.

Cependant la situation du général en chef n'était pas rassurante; il n'avait aucune nouvelle des troupes qui suivaient l'avant-garde et la première division; il était même séparé de celle-ci par de nouvelles inondations; et les rapports qu'il recevait de Lisbonne n'étaient pas tranquillisants : le peuple était dans l'agitation, et l'on était incertain sur les dispositions de la population qui s'élevait à 350,000 âmes, sans compter 14,000 hommes de troupes réglées.

Le général Junot, après avoir envoyé des exprès aux généraux commandant les colonnes qui se trouvaient en arrière, partit, le 30, avant le jour, de Saccavem, où il avait passé la nuit. Il avait avec lui les quatre bataillons formés des compagnies d'élite et qui s'élevaient à 1,500 hommes. A huit heures du matin, il entra dans Lisbonne, sans cavalerie, sans artillerie et presque sans une cartouche en état de faire feu.

Le comte de Novion, Français émigré, à la tête d'un détachement de la légion dite *de police* (espèce de garde municipale), attendait le général Junot à l'entrée de la ville et l'accompagna jusqu'au logement qu'on lui avait préparé. Le comte de Novion rassura le général Junot sur les dispositions de la capitale; depuis deux jours, avec seulement 1.200 hommes qui composaient sa légion, il avait contenu le peuple, et organisé un service et une surveillance qui avaient ramené l'ordre et la tranquillité.

Junot nomma une régence française. Le patriarche de Lisbonne publia une lettre pastorale dans laquelle, après avoir fait l'éloge de Napoléon, il engageait ses compatriotes à se soumettre à leur vainqueur. L'inquisition publia aussi une circulaire par laquelle elle prêchait aussi la paix et la soumission.

Pour ne pas effrayer le peuple par un changement subit, Junot laissa flotter la bannière portugaise sur le château de Saint-Georges jusqu'au 15 décembre, jour où il y eut une grande revue. Le drapeau tricolore fut alors inauguré et salué par une salve d'artillerie et le cri de *Vive l'Empereur !* poussé par l'armée d'occupation. Mais le peuple assemblé était loin de se montrer bien disposé; quelques murmures se firent même entendre.

Après avoir pris toutes les dispositions administratives qu'il jugea nécessaires, Junot s'occupa du cantonnement de ses différentes divisions. La première resta en garnison à Lisbonne et dans ses environs; la seconde, commandée par le général Loison, fut répartie à Mafra, Cintra, Torres-Vedras et Peniche; la troisième remplaça à Setubal les troupes du général Solano, qui reçurent l'ordre de retourner en Espagne, et releva à Belem ainsi qu'à Cascaës les bataillons de la première division qui s'y trouvaient, et qui vinrent se joindre aux autres dans Lisbonne. Un bataillon suisse à la solde de France partit pour Elvas et un autre pour Alméida. A la demande du général Junot, le conseil de gouvernement avait donné l'ordre aux gouverneurs de ces deux places de les remettre aux commandants français désignés par le général en chef, et les deux bataillons suisses devaient y tenir garnison. Le général Maurin, avec deux régiments, fut envoyé dans la province des Algarves; le général Quesnel fut nommé gouverneur de la ville d'Oporto et de la province d'Entre-Duero et Minho avec le commandement sur toutes les troupes espagnoles qui s'y trouvaient : en effet, les généraux espagnols avaient reçu l'ordre de suivre partout les dispositions de Junot, sous les ordres immédiats duquel ils étaient placés, ce qui était une infraction au traité de partage. Le général Kellermann commanda le pays situé sur la rive gauche du Tage, où il eut la cavalerie fut cantonnée.

L'armée portugaise, à l'arrivée des Français, était en partie rassemblée à Lisbonne; elle reçut l'ordre de quitter successivement cette ville, et fut disséminée; on avait annoncé qu'on donnerait à ces troupes des congés pour le tiers des soldats, mais ce nombre fut dépassé de beaucoup.

A la fin de décembre, le corps d'armée du général Junot prit, en vertu d'un décret de l'Empereur, la dénomination d'*armée de Portugal.*

Junot, gouverneur général du Portugal. — Nous avons dit qu'au moment de s'embarquer pour le Brésil, le prince régent avait nommé un conseil de gouvernement. Cette junte suscitait des obstacles continuels aux dispositions que le général français voulait prendre pour le gouvernement du pays. Il ne restait plus à Junot que la ressource des mesures violentes; pour se mettre à l'abri de toute responsabilité, il fit part à l'Empereur de ce qui se passait, et en reçut, pour toute réponse, le titre de *gouverneur général du Portugal*, avec tous les pouvoirs attachés à une si importante qualification.

C'est le 1er février 1808, qu'eut lieu la cérémonie de l'installation de Junot. Elle se fit avec une grande pompe. Il se rendit au palais de l'Inquisition, où le conseil de régence avait été convoqué extraordinairement; et là, en présence de tous les officiers de son état-major et de toutes les personnes qu'il avait désignées pour administrer le Portugal sous ses ordres, il fit connaître au conseil les ordres qu'il avait reçus, et la manière dont il entendait qu'ils fussent exécutés. Il prononça ensuite la dissolution du conseil de régence, et fit connaître le nom des nouveaux ministres, qui se composaient moitié de Français et moitié de Portugais.

Troubles à Oporto.—Désarmement des Espagnols. — L'établissement d'un nouveau gouvernement en Portugal fut vu avec indifférence par la nation; le cours des affaires ne fut pas suspendu, et la plus grande tranquillité continua à régner dans le pays jusqu'au moment où l'on reçut la nouvelle des premiers événements de la guerre d'Espagne [1]. Les troupes espagnoles, qui faisaient partie de l'armée d'occupation en Portugal, firent alors éclater tout haut leur mécontentement, qui était d'autant plus à craindre, que deux corps de troupes françaises, forts ensemble de 8,000 hommes (c'est-à-dire tout ce que l'armée de Junot avait de disponible), venaient d'être dirigés, l'un sur Almeïda, place forte du Portugal sur la frontière de la province espagnole de Salamanque, et l'autre sur Cadix.

Déjà un régiment espagnol avait commencé à lever l'étendard de la révolte, en refusant de se rendre là où il en avait reçu l'ordre; d'autres s'étaient débandés en partie, lorsque, le 9 juin, Junot apprit la défection de seize bataillons espagnols qui se trouvaient à Oporto. Ils avaient enlevé leur commandant, le général Quesnel, ainsi que les officiers de son état-major et les autorités civiles et militaires. Ces actes graves d'insubordination déterminèrent Junot à ordonner le désarmement général de tout ce qui restait d'Espagnols en Portugal.

Malgré la difficulté de cette entreprise, puisque les Espagnols, prévoyant ce que l'on projetait contre eux, se tenaient sur leurs gardes, et avaient même chargé leurs armes, le désarmement s'opéra en vingt-quatre heures sans aucune résistance.

Débarquement des Anglais dans les Algarves. — La conduite des troupes espagnoles n'était pas le seul événement critique qui dût inquiéter le général en chef français; il apprit l'arrestation des officiers et des courriers qu'il avait envoyés par Badajoz : il en envoya de nouveaux par Almeïda et Ciudad-Rodrigo, ils eurent le même sort. Dès ce moment fut coupée toute com-

[1] Nous en parlerons dans le chapitre suivant; nous n'avons pas voulu interrompre le récit de cette première campagne de Portugal pour en rendre compte.

munication par terre entre le Portugal et la France.

Des mesures étaient urgentes; voici celles que prit Junot : il ordonna au général Loyson, commandant les 4,000 hommes qui avaient été dirigés sur Almeïda, de se rendre, avec un régiment d'infanterie légère et six pièces de canon, à Oporto, qui se trouvait, par suite de la défection des troupes espagnoles, sans gouverneur, sans administration et sans troupes. Un bataillon, parti de Torres-Vedras, devait y arriver en même temps que lui. Deux bataillons restèrent à Almeïda sous les ordres du général Charlot, et l'on rappela à Elvas un régiment de dragons qui faisait partie de la même colonne.

Les quatre autres mille hommes qui étaient partis pour Cadix, commandés par le général Avril, reçurent l'ordre de s'arrêter, et d'occuper, avec un bataillon et le 4e régiment provisoire de dragons, les villes d'Estremoz et d'Evora dans l'Alentejo; un autre bataillon fut dirigé sur Elvas, et la légion du Midi, commandée par le colonel Maransin, fut chargée de tenir les postes de Mertola et d'Alcoutim, vers l'embouchure de la Guadiana, et de défendre le cours de cette rivière, ainsi que le rivage de la mer depuis Villa-Real jusqu'à Faro.

Toutes ces dispositions avaient été exécutées, lorsque l'avis parvint au général Junot, que les insurgés espagnols des provinces de l'Andalousie et de l'Estramadure menaçaient de passer la Guadiana pour se porter dans la province portugaise des Algarves, dont ils espéraient soulever les habitants. L'apparition de chaloupes venues de Cadix, chargées de deux mille fusils et de munitions, et qui, entrées dans la Guadiana, se montrèrent en face de Villa-Real et d'Alcoutim, prouvèrent que ce bruit était fondé. Peu de temps après parurent à l'embouchure de la Guadiana seize bâtiments de guerre anglais et quarante de transports, portant 5,000 hommes de troupes britanniques. Ces bâtiments débarquèrent à Faro quelques bataillons, et insurgèrent toute la partie orientale des Algarves. Faro était occupé par un détachement français qui fut fait prisonnier, malgré une vigoureuse défense. Il en fut de même d'une compagnie de la légion du Midi placée à Alcoutim. Les Anglais, les insurgés espagnols qui vinrent s'unir aux habitants du pays, après avoir traversé la Guadiana, toutes les garnisons portugaises que le général Junot avait conservées jusque-là, et qui se tournèrent tout à coup contre lui, cernèrent et pressèrent de toutes parts le colonel Maransin, qui parvint cependant à gagner Mertola, où il rallia ses troupes.

Soulèvement du Portugal. — Progrès de l'insurrection. — Les Portugais n'attendaient, pour se soulever en masse, que les secours promis par les Anglais. Dès que ceux-ci parurent dans les Algarves, le mouvement général fut décidé et fixé au 15 juin. Ce jour-là, l'insurrection éclata en même temps à Lisbonne, à Oporto, à Braga, à Chavès et dans les villes principales des provinces Tras-os-Montès, Entre-Duero et Minho et partie du Beira. Le général Junot parvint promptement à rétablir l'ordre dans la capitale; mais il n'en fut pas de même dans les provinces : les insurgés arrêtèrent ou assassinèrent tous les Français isolés dont ils purent s'emparer.

L'insurrection fit des progrès effrayants, et, au 20 juin, les provinces portugaises étaient occupées par les révoltés, ou menacées par des forces bien supérieures à celles dont pouvaient disposer les généraux français qui les commandaient. Cette situation critique fut encore aggravée par l'apparition, à l'embouchure du Tage, d'une flotte portant 10,000 hommes de troupes anglaises.

Conseil de guerre. — Mesures prises par Junot. — Le général Junot ne voulut prendre aucun parti sans avoir consulté les principaux chefs de son armée. Il les appela chez lui, le 26 juin, et, après leur avoir fait part de la situation de l'armée, «il leur demanda, dit le général Thiébault dans sa relation, de lui apporter le surlendemain leur opinion écrite et motivée sur ce qu'il y avait de mieux à faire, leur déclarant, au surplus, qu'ils pouvaient l'émettre d'autant plus librement, qu'il voulait des lumières, non des conseils; qu'il les consultait, mais qu'il n'exécuterait que d'après lui seul, et qu'il entendait être seul responsable de tout ce qu'il faisait.»

Le 28, eut lieu une seconde conférence, où les généraux émirent leurs avis, de l'ensemble desquels résultait qu'il fallait, sans délai, rassembler l'armée et la réunir sous Lisbonne, en ne laissant de garnisons qu'à Elvas, Almeïda et Péniche; garder le plus que l'on pourrait Sétubal et la gauche du Tage, afin de pouvoir manœuvrer sur les deux rives; faire reconnaître et garder successivement les positions de Leiria, Ourem, Thomar, Santarem, Rio-Mayor, Obidos, Péniche, Saccavem et Cintra; conserver Lisbonne jusqu'à la dernière extrémité, et ne quitter cette capitale que pour se porter sur Elvas, où l'on ferait reposer les troupes, et d'où l'on partirait ensuite pour faire une trouée sur Madrid, Ségovie ou Valladolid; enfin, s'occuper sans retard de la confection d'une grande quantité de biscuits, ainsi que de l'armement et de l'approvisionnement des forts et châteaux.

Ces dispositions furent approuvées par le général en chef, qui rappela à Lisbonne les troupes du général Loison qui marchaient sur Oporto, ainsi que toutes les troupes du général Kellermann, sauf un bataillon du 2e régiment suisse et un demi-bataillon du 86e de ligne qui devaient former la garnison d'Elvas.

Révolte de Villa-Viciosa. — Pendant que tous ces préparatifs se faisaient, les habitants de Villa-Viciosa se révoltèrent contre la garnison de leur ville, formée d'une compagnie du 86e régiment. Cette faible troupe, surprise à l'improviste, se défendit bravement et parvint à se jeter dans un vieux fort. Les habitants tentèrent deux assauts qui n'eurent aucun résultat, quoique protégés par un feu terrible qui partait des toits et des clochers, et les Français parvinrent à se maintenir dans leur position.

Le général Kellermann, en apprenant ce nouvel événement, donna l'ordre au général Avril, qui était avec lui à Estremoz, d'aller châtier Villa-Viciosa avec trois compagnies du 86e régiment, 50 dragons et une pièce d'artillerie. Pendant ce temps, Kellermann se porta, avec le reste des troupes du général Avril, sur Evora, où le colonel Maransin se trouvait dans une position critique, et dans le but de favoriser la retraite de cet officier supérieur.

Dès que le général Avril parut à Villa-Viciosa avec sa troupe, les habitants, embusqués dans les premières maisons, commencèrent un feu qui cessa bientôt, et les Français s'emparèrent de la ville au pas de charge et la baïonnette en avant. Quelques centaines de Portugais furent tués, mais la ville fut épargnée, malgré l'odieuse conduite de ses habitants.

Révolte de Beja. — Le colonel Maransin avait opéré sa retraite sur Mertola, et il s'était hâté d'envoyer à Beja, sur la grande route des Algarves, 100 hommes d'infanterie et 30 dragons, afin de connaître l'état de ses communications. Quand le détachement français parvint près de Beja, il trouva cette ville en pleine insurrection, et fut obligé de prendre position sur la route. Prévenu de ce qui se passait, le colonel Maransin se mit aussitôt en marche avec les 950 hommes qu'il avait encore avec lui, et s'avança contre la ville rebelle. Il y avait dans cette détermination plus que de la témérité, car il n'avait pas d'artillerie, et la ville était entourée de hautes murailles, toutes ses portes étaient barricadées, et les forces qui défendaient les remparts et les tours étaient cinq fois plus nombreuses que celles des assaillants.

Les obstacles n'empêchèrent pas le colonel Maransin de pénétrer dans la ville après un combat opiniâtre. On passa au fil de l'épée tout ce qui fut pris les armes à la main; les maisons où les révoltés s'étaient réfugiés furent livrées aux flammes, et la ville pillée. Les Portugais perdirent 1.200 hommes; les Français n'eurent pas plus de 80 hommes hors de combat.

L'exemple fait à Beja arrêta momentanément l'insurrection dans l'Alentejo. Le colonel Maransin vint, après cette expédition, se réunir à Evora au général Kellermann, qui se replia lui-même avec ses troupes sur Lisbonne.

Occupation du fort de la Conception. — Le général Loison arriva, le 5 juin, à Almeïda, avec quatre bataillons d'infanterie, un régiment de dragons et six pièces d'artillerie. Ses instructions lui enjoignaient d'observer Ciudad-Rodrigo et Salamanque, et de se tenir prêt à agir de concert avec un corps français qui devait arriver sur ce point et que commandait le maréchal Bessières. Il s'avança, en conséquence, sur les limites de la frontière portugaise, à une lieue au-delà d'Almeïda, vis-à-vis le fort espagnol de la Conception, ne laissant que quelques dépôts d'infanterie pour garder Almeïda.

Il écrivit au commandant de la Conception pour lui proposer d'occuper ce fort. Il basait sa demande sur ce que la garnison espagnole était trop faible pour garder un poste d'une telle importance. Le commandant espagnol ne se méprit pas sur la demande du général français, et refusa de quitter le fort; mais le général Loison ayant fait des démonstrations d'attaque, les Espagnols sortirent la nuit par une poterne et se retirèrent à Ciudad-Rodrigo. Les Français prirent, le lendemain, possession du fort que le général Loison fit garder par deux compagnies du 32ᵉ régiment.

Marche du général Loison dans Tras-os-Montes et Entre-Duero et Minho. — Son retour à Almeïda. — La défection des troupes espagnoles avait laissé sans défense les provinces de Tras-os-Montes et d'Entre-Duero et Minho. Quelques jours après l'occupation du fort de la Conception, le général Junot ordonna au général Loison d'aller prendre le commandement de ces provinces. Celui-ci confia au général Charlot le commandement des troupes qu'il laissa à Almeïda, et qui se composaient de deux bataillons du 32ᵉ de ligne et du 4ᵉ régiment suisse, donnant l'ordre à son remplaçant de conserver le fort de la Conception, tant qu'il le pourrait, et de ne l'évacuer, s'il y était forcé, qu'après en avoir fait sauter les fortifications; il lui enjoignit aussi de faire transporter sans délai à Almeïda l'artillerie de ce fort, à l'exception de douze pièces, ainsi que les palissades, les bois et les fers qui s'y trouvaient. Ces ordres donnés, il partit le 17, se dirigeant sur Oporto, avec deux bataillons des 2ᵉ et 4ᵉ régiments d'infanterie légère, six pièces de canon et 50 dragons. Le reste du régiment de cavalerie fut envoyé à Elvas.

Le général Loison était continuellement arrêté dans sa marche par des rassemblements d'insurgés qu'il était obligé de combattre et qu'il défaisait sans peine; mais plus il s'avançait, plus ces rassemblements devenaient inquiétants. Le général apprit dientôt qu'Oporto était en pleine révolte, et que les régiments portugais de cette ville, de Viana, de Braga et de Chaves, licenciés depuis quelque temps, s'étaient réorganisés, réunis aux milices du pays, et qu'accompagnés de tous les habitants insurgés, ils s'avançaient à sa rencontre. Le général Loison ne crut pas, d'après cela, devoir continuer sa route ; il repassa le Duero, et vint coucher à Lamego, le 22 juin. Après avoir continué sa marche rétrograde sans autre événement qu'un engagement près de Castro-Dayro, dans lequel il tua 400 hommes aux insurgés, le général Loison reçut à Celorico une dépêche qui lui ordonnait de se rapprocher de Lisbonne, et arriva à Almeïda le 1ᵉʳ juillet. Il laissa dans cette ville une garnison de 1,250 hommes, formée de ceux de ses soldats les moins propres à supporter les fatigues d'une guerre active, fit rentrer les deux compagnies du 32ᵉ placées dans le fort de la Conception, et ordonna que l'on fît sauter la demi-lune et les deux bastions du nord de cette place.

Prise de Guarda. — Le général Loison, après avoir donné ses ordres à Almeïda, quitta cette ville et se dirigea sur Guarda. Il avait avec lui 3,600 hommes d'infanterie et 50 dragons. Une députation venant de Guarda lui avait donné l'assurance qu'il serait reçu en ami dans cette ville ; aussi fut-il bien surpris, lorsque les officiers, qui étaient allés en avant pour régler le logement et les subsistances, vinrent lui dire qu'à leur approche les portes de la ville s'étaient fermées et qu'on avait même tiré sur eux. Le général continua sa marche, et trouva, en effet, en avant de Guarda, les insurgés placés en bataille sur deux lignes. Deux pièces de canon étaient en batterie sur le front de leur centre, et leurs ailes étaient bien appuyées. En peu d'instants tout fut culbuté, et les Français entrèrent dans Guarda au pas de charge. Les Portugais perdirent plus de 1,000 hommes dans cette échauffourée. Le général Loison continua sa marche et arriva, le 11 juillet, à Santarem, après avoir eu encore quelques engagements sans conséquence avec les insurgés. Depuis son départ d'Almeïda, la colonne du général Loison n'avait eu que 60 hommes tués et 140 blessés. Dans ses divers engagements avec les Portugais, elle avait mis plus de 4,000 hommes hors de combat.

Dispersion d'un corps de 20,000 insurgés à Leiria. — Junot attendait impatiemment l'arrivée de la colonne du général Loison, lorsqu'il apprit que 20,000 insurgés s'avançaient des rives du Mondego sur Lisbonne, avec l'intention hautement proclamée d'anéantir la poignée de Français qui défendaient cette capitale.

Le général en chef n'était pas homme à s'intimider d'une pareille attaque ; mais il était cependant nécessaire de prendre des mesures promptes pour arrêter cette masse formidable qui ne pouvait que s'augmenter dans sa marche. Il donna l'ordre au général Margaron de se porter au-devant des insurgés, et de tâcher de savoir en même temps des nouvelles de la marche du général Loison. Le général Margaron partit avec une colonne composée de quatre compagnies d'élite des 47ᵉ et 58ᵉ régiments, de deux bataillons des 12ᵉ léger et 92ᵉ de ligne, et de deux escadrons de dragons et chasseurs, avec six pièces d'artillerie. Il rencontra les insurgés à Leiria, les battit et les mit en fuite après leur avoir tué 900 hommes. Tous leurs drapeaux furent enlevés et envoyés à Lisbonne. Le général Margaron marcha ensuite sur Thomar ; mais à son approche les insurgés évacuèrent cette ville.

Combat d'Alcobaza. — Nouveaux soulevements. — Pendant que les événements que nous venons de rapporter se passaient sur la rive droite du Tage, un débarquement de 10,000 Anglais était près de s'effectuer à l'embouchure du Mondego. Ces troupes devaient se réunir à un corps de 15,000 Portugais, qui déjà avaient chassé de leurs postes les détachements français placés à Alcobaza et à San-Martinho.

Junot chargea le général Kellermann, qui venait d'arriver à Lisbonne avec les troupes qu'il ramenait des Algarves et de l'Alentejo, de marcher sur les points que nous venons de nommer. Kellermann partit de Lisbonne, le 10 juillet, se dirigeant sur Alcobaza, avec le 3ᵉ régiment provisoire de dragons, la brigade du général Brénier, composée d'un bataillon du 15ᵉ et de deux bataillons du 70ᵉ de ligne, un bataillon du 58ᵉ et deux pièces de canon. Le général Kellermann eut aussi à sa disposition la colonne du général Margaron.

Le général Junot ordonna en même temps au général Loison de se réunir avec ses troupes aux généraux Kellermann et Margaron, de détruire les rassemblements qu'il trouverait à Alcobaza, de marcher ensuite sur Coimbre avec toutes ses forces, de soumettre cette ville, et de revenir à Lisbonne immédiatement après.

Le général Loison partit aussitôt de Santarem, où il était arrivé le 11, comme nous l'avons dit ; mais quand il joignit le général Kellermann, celui-ci avait déjà dispersé le rassemblement, moins considérable qu'on ne l'avait dit, le débarquement des Anglais n'ayant pas encore eu lieu. Le général Loison se mit aussitôt en route pour Coimbre, mais des événements graves, qui se succédèrent avec une étonnante rapidité, arrêtèrent sa marche. A la vue de la flotte anglaise et de son convoi qui venaient de reparaître à la barre du Tage, il y eut une défection générale des troupes portugaises qui gardaient les forts et les batteries de la côte et des corps qui étaient dans Lisbonne ; plusieurs régiments espagnols, venus de Badajoz, s'étaient réunis aux insurgés de l'Alentejo qui venait de se soulever tout entier ; enfin l'ennemi s'avançait sur Sétubal.

Junot rappela aussitôt le général Loison et ses troupes, à l'exception du bataillon du 4e régiment suisse qui resta à Péniche, du 2e d'infanterie légère qui fut laissé à Obidos avec 2 pièces de canon et 50 dragons, le tout sous les ordres du général Thomières ; du 4e d'infanterie légère qui occupa Rio-Mayor et Santarem, et du 32e de ligne, qui, sous les ordres du général Charlot, se rendit à Abrantès avec 2 pièces de canon et 50 dragons.

Combat et prise d'Evora. — Le général Junot porta toute son attention sur la province de l'Alentejo, où les insurgés portugais s'étaient réunis aux Espagnols. Les rebelles, organisés en plusieurs corps d'armée, menaçaient, en s'avançant vers Sétubal, de s'établir sur les hauteurs d'Almada, d'où l'on empêche les batteries de la rive gauche du Tage de faire aucune défense, et se préparaient, par cette même rive gauche, à longer le Tage pour lier leurs opérations avec celles des insurgés de la rive droite.

Junot forma une nouvelle division destinée à s'opposer à ce double mouvement, et dont il confia le commandement au général Loison, ayant sous ses ordres les généraux de brigade Margaron et Solignac. Ces divisions se composaient de la colonne du général Loison, de la légion hanovrienne qui occupait Cascaës et qui fut rappelée à Lisbonne, de quelques bataillons, des 4e et 5e régiments provisoires de dragons et de huit pièces d'artillerie.

Cette troupe passa le Tage le 23 juillet, et se dirigea sur Evora, capitale de l'Alentejo. Arrivée à Montemor-o-Novo, l'avant-garde française rencontra une arrière-garde ennemie à laquelle elle tua 50 hommes, et fit environ 100 prisonniers ; ces derniers, étant tous des paysans, furent désarmés et renvoyés chez eux.

La division du général Loison arriva, le 30, devant Evora, où se trouvait la plus grande partie des insurgés réunis aux troupes espagnoles. Une nuée de tirailleurs, protégés par une batterie de cinq pièces de canon, occupaient les hauteurs qui dominent la ville, et assaillirent l'avant-garde française. Les troupes s'arrêtèrent, et le général Loison fit reconnaître la position de l'ennemi.

Disposés en bataille en avant d'Evora, les insurgés avaient leur droite sur les hauteurs dont nous venons de parler, et qui sont à une demi-lieue de cette ville, et leur gauche adossée au vieux château d'Evora. Douze pièces d'artillerie étaient réparties sur leur front : quatre à droite, quatre au centre et quatre à gauche.

Le combat commença bientôt ; le général Solignac marcha au pas de charge sur la gauche ennemie, la mit en déroute, et vint, par la droite, s'appuyer à la route d'Estremoz. La droite des insurgés fut forcée par le bataillon du 58e régiment ; ce bataillon culbuta l'infanterie et la cavalerie que soutenaient deux pièces de canon et deux obusiers dont il s'empara, et vint s'appuyer à la droite du général Solignac pour couper la retraite à l'ennemi. Le centre, attaqué en même temps par le général Margaron, était également en déroute et perdait trois pièces de canon.

Chassés de leurs positions, les insurgés, qui avaient eu environ 500 hommes tués, se replièrent sur Evora, où ils se jetèrent après s'être ralliés.

Le général Loison fit sommer la place ; les Portugais, que l'issue du combat avait un peu démoralisés, ne demandaient pas mieux que de capituler ; mais les Espagnols s'y opposèrent, et même fusillèrent ceux qui penchaient le plus vers un accommodement. Les troupes espagnoles étant en force, le général Loison se décida à donner l'assaut.

Le général Solignac commença l'attaque du côté du vieux château, et renversa tout ce qui se trouvait sur son passage. Le choc fut si impétueux qu'une partie des troupes espagnoles se jeta sur la route d'Estremoz pour effectuer sa retraite sur Badajoz. Le général les poursuivit, leur tua 300 hommes et leur fit un plus grand nombre de prisonniers.

Pendant ce temps, le reste des troupes du général Solignac était arrivé au pied des murs de la ville. Quelques soldats escaladèrent les remparts, soit avec des échelles, soit au moyen de leurs baïonnettes ; il y en eut même quelques-uns qui traversèrent les égouts pour se glisser dans la place.

Une seconde attaque avait eu lieu d'un autre côté par les troupes du général Margaron. Parvenu aux portes de la ville, et n'ayant pu parvenir à les enfoncer, il fit abattre, malgré le feu le plus meurtrier, la muraille à droite et à gauche, et, suivi de quelques officiers, se précipita le premier par cette ouverture. Un combat opiniâtre s'engagea dans la place ; un feu terrible, parti des rues, des maisons, des tours et des remparts, écrasait les assaillants, qui se vengèrent en massacrant tous ceux qu'ils prirent les armes à la main, et en pillant la ville.

Cette expédition dissipa presque tous les insurgés de l'Alentejo ; la plupart des villes de cette province, entre autres Estremoz, firent leur soumission.

Les Portugais et les Espagnols eurent, dans cette

affaire, 3 à 4,000 hommes tués ou blessés et 4,000 prisonniers. Ils perdirent, en outre, 7 pièces d'artillerie, 8 drapeaux, et un grand nombre d'armes et de munitions. Les Français eurent 100 hommes tués et environ 200 blessés.

Débarquement d'une armée anglaise à Figuieras. — Le général Loison se rendit, le 1er août, à Estremoz, où il fut très bien reçu par la population. Là, ayant appris qu'un nouveau corps espagnol de 15,000 hommes s'était rassemblé à Badajoz, il se décida à marcher sur cette ville. Il arriva, le 3, à Elvas, d'où il expédia, le lendemain, le major Théron en reconnaissance sur Badajoz avec deux bataillons et le 4e régiment de dragons. Le major était accompagné de deux officiers qui avaient ordre de chercher à pénétrer dans la place comme parlementaires.

Dès que les postes avancés aperçurent les Français, ils se replièrent sur la ville ; le major Théron apprit qu'une partie du rassemblement dont on avait parlé au général Loison avait rejoint l'armée espagnole d'Andalousie, et que l'autre partie avait été détruite à Evora.

Le général Loison, tranquille sur ce point, se préparait à marcher sur Béja, où un nouveau rassemblement s'était formé. Mais pendant ce temps, un convoi de deux cents voiles anglaises s'était montré à l'embouchure du Mondego, et avait débarqué à Figuieras un corps de troupes avec de l'artillerie et des munitions. Junot, à cette nouvelle, se hâta de rappeler le général Loison, qui, avec sa division, revint à Abrantès, le 9 août [1].

Combat de Roliça. — Les Anglais, débarqués à Figuieras, commencèrent aussitôt leur mouvement ; ils traversèrent le Mondego à Coimbre, se joignirent aux 5,000 hommes débarqués précédemment dans les Algarves, et marchèrent sur Lisbonne. Leur droite s'appuyait à la mer ; des bataillons de milice portugaise

[1] La nouvelle du débarquement des Anglais à Figuières, dans la baie du Mondego, fut suivie d'une insurrection presque générale en Portugal. La capitale, cependant, n'osa point se déclarer encore. Dans cette ville, centre du gouvernement, les Français avaient beaucoup plus de moyens de répression qu'ailleurs ; la crainte d'un prompt châtiment la maîtrisa et la maintint à peu près paisible jusqu'à l'entrée des Anglais. «Cependant, dit l'historien, rédacteur des *Éphémérides militaires,* ceux qui désiraient précipiter l'événement, les prêtres surtout, employaient tous les moyens indirects qui pouvaient porter le peuple à la révolte. La superstition vint encore une fois au secours de la malveillance. Tout à coup Lisbonne retentit du bruit d'un miracle nouveau. Un *œuf* en fit les frais ; mais cet œuf prophétique, cet œuf trouvé sur le maître-autel de la patriarcale, cet œuf qui n'offrait la trace d'aucun instrument, rien enfin qui pût résulter d'un travail fait à main d'homme, portait très distinctement sur sa coque l'arrêt de mort de tous les Français. La rumeur devint grande, l'alarme se répandit partout, excepté chez les condamnés. L'œuf enlevé de la patriarcale fut porté chez le général Junot, examiné, et l'on reconnut facilement que cet œuf, sur lequel on avait écrit avec un corps gras, avait été mis ensuite dans un acide, qui avait fait ressortir en relief les caractères tracés. Le général Junot fit alors exécuter par le même procédé le démenti de la prophétie sur une grande quantité d'œufs, les fit placer sur tous les autels des églises de Lisbonne, et pour convaincre tout-à-fait les incrédules, on fit afficher le procédé en usage, afin qu'ils pussent eux-mêmes en faire l'expérience. Mais déjà toute la sagesse des hommes ne pouvait plus rien pour la destinée des Français en Portugal, et ce pays était tout-à-fait perdu pour eux. »

T. IV.

organisés flanquaient leur gauche, soutenue en outre par les habitants de la province de Beira, qui s'étaient levés en masse.

Le général Loison n'étant pas encore arrivé, Junot fit partir le général Laborde avec deux bataillons du 70e régiment, 150 chasseurs du 26e et deux pièces de canon. Deux bataillons, qui se trouvaient à Obidos et à Péniche sous les ordres du général Thomières, se joignirent à ces troupes, dont la mission était de s'opposer aux progrès de l'ennemi, et de reconnaître le terrain, où une bataille générale pourrait avoir lieu.

Le général Laborde se rendit à Alcobaça, où il arriva le 11 août, et où il trouva les deux bataillons du général Thomières. Sur l'avis qui lui fut donné que l'ennemi était arrivé à Leiria, et s'avançait vers lui, il quitta Alcobaça, le 12, pour se porter sur Obidos ; mais n'y voyant aucune position qu'il pût occuper militairement, il se porta sur le village de Roliça, où il arriva le 14.

Le général en chef de l'armée anglaise, sir Arthur Wellesley, depuis duc de Wellington, envoya une avant-garde chargée de reconnaître les forces françaises. Cette avant-garde s'avança jusqu'à une demi-lieue de Roliça, près d'un moulin où était postée l'avant-garde du général Laborde. Un combat s'engagea entre ces deux troupes ; mais les Anglais furent repoussés, après avoir perdu beaucoup de monde.

Sachant qu'il n'avait devant lui qu'un détachement de l'armée française, sir Arthur Wellesley s'empressa de prendre l'offensive ; et, après avoir partagé son armée en six colonnes, s'avança sur Roliça, le 17 août. Ses troupes s'élevaient à 13,500 hommes ; le général Laborde n'en avait pas 2,000 ; mais il ne s'en prépara pas moins au combat.

La colonne de droite des Anglais déborda d'abord le flanc gauche des Français pour essayer de les tourner ; pendant ce temps, quatre colonnes s'avançaient au centre en ligne droite sur le front des troupes du général Laborde, et la colonne anglaise de gauche s'emparait successivement des hauteurs qui dominaient le flanc droit des Français.

Commencé à neuf heures du matin, le combat ne cessa qu'à cinq heures de l'après-midi. Pendant cet engagement bien long, si l'on considère la disproportion des forces, les Français prirent successivement diverses positions, telles que les défilés de Roliça, de Zembugiera-dos-Carros, de Cassa, de Prega et de San-Joao ; chacune de ces positions nécessita de la part de l'ennemi une attaque, et ces différentes actions lui coûtèrent beaucoup de monde. Le général Laborde, toujours en combattant, se retira jusqu'à la Quinta-de-Bugagliera. Il avait perdu, dans cette affaire, environ 600 hommes ; l'ennemi en avait laissé plus du double sur le champ de bataille.

Pendant la nuit, les Français quittèrent la Quinta-de-Bugagliera, et firent filer leur artillerie sur Torres-Vedras ; le 18, le général Laborde prit position à Montachique afin de couvrir Lisbonne. — Le général anglais ne suivit pas ce mouvement qui l'aurait trop éloigné de la mer ; il prit position de manière à se mettre en communication avec la flotte anglaise, et à pouvoir protéger le débarquement des renforts que l'Angleterre devait envoyer.

Préparatifs de Junot pour une action décisive. — Le général Junot, voulant en finir une bonne fois avec les Anglais, se décida à se mettre lui-même à la tête de toutes les troupes, et à livrer une bataille générale. Il prit les mesures nécessaires à la défense de la capitale, et partit, le 16 août, de Lisbonne, emmenant avec lui toutes les troupes dont il pouvait disposer, et un million en numéraire pour la solde de l'armée.

Le 20 août, toutes les forces disponibles de l'armée française, montant à 9,200 hommes, se trouvèrent réunies à Torres-Vedras, où le général en chef les partagea en deux divisions d'infanterie, une division de cavalerie et une division de réserve.

La 1re division, commandée par le général Laborde, ayant sous ses ordres les généraux Brenier et Thomières, était forte de 3,200 hommes, et se composait des 2e et 4e régiments d'infanterie légère, et des 70e et 86e de ligne.

Le général Loison fut placé à la tête de la 2e division, forte de 2,700 hommes, et formée des bataillons des 12e, 13e régiments d'infanterie légère, et des 32e, 58e et 82e de ligne. Loison avait sous ses ordres les généraux Solignac et Charlot.

Le général Margaron commandait la division de cavalerie, forte de 1,200 chevaux, et qui se composait d'un escadron du 26e de chasseurs, et des 3e, 4e et 5e régiments provisoires de dragons.

Quatre bataillons de grenadiers, forts de 2,100 hommes, formaient la réserve, à la tête de laquelle fut placé le général Kellermann.

L'artillerie, commandée par le général Taviel, fut répartie entre les divisions d'infanterie et la réserve, de la manière suivante : huit pièces à la division Laborde, huit autres à la division Loison, et sept à la réserve.

Bataille de Vimeiro. — Dans la matinée du 20, on apprit, par les reconnaissances envoyées vers la mer et dans les directions de Thomar et d'Obidos, que l'armée anglaise avait pris position à Vimeiro; que Lourinha était occupé par une avant-garde, et que l'ennemi paraissait avoir des forces encore plus considérables qu'à Roliça. Les Anglais avaient, en effet, opéré sur la côte de Vimeïro un nouveau débarquement de 4,000 hommes, sous les ordres du général Anstruther.

Vimeiro est situé au fond d'une vallée non loin du rivage de l'Océan. Une colline élevée, qui s'étend à l'ouest vers la mer, se trouve à l'extrémité de cette vallée. À l'est sont d'autres hauteurs qu'il faut traverser pour se rendre au village de Lourinha. Ces hauteurs dominent un plateau situé en avant de Vimeïro.

Le général anglais n'avait jamais eu l'intention de prendre à Vimeïro une position militaire. Voulant se porter le lendemain au-devant de l'armée française, il y avait fait faire à ses troupes une simple halte. La colline à l'ouest du village était occupée par six brigades d'infanterie; sur le plateau étaient postés un bataillon et quelques troupes légères; la cavalerie et le parc d'artillerie étaient campés dans la vallée; les hauteurs de l'est étaient seulement garnies de quelques piquets d'observation.

Junot résolut, d'après les rapports qui lui furent faits, de prendre l'offensive. Le 20, dès quatre heures du soir, il ordonna au général Margaron de faire passer à la division de cavalerie le défilé qui se trouve à la sortie de Torres-Vedras. Les autres divisions suivirent ce mouvement qui dura une partie de la nuit, quoiqu'il n'y eût qu'une lieue et demie à faire. Mais l'artillerie, les chariots et divers accidents ralentirent la marche de l'armée. Il était six heures du matin, le 21, quand les troupes furent hors du défilé.

La division de cavalerie vint couronner, à neuf heures, les hauteurs de l'est de la vallée de Vimeiro; l'infanterie et l'artillerie continuaient à s'avancer sur la route qui conduit de Torres-Vedras à Lourinha.

Informé que l'armée française venait à sa rencontre, le général Wellesley ordonna à quatre des brigades, placées sur la colline à l'ouest de Vimeiro, d'aller au-devant des Français; il envoya en même temps des renforts sur le plateau, et disposa les autres brigades de manière à ce qu'elles pussent au besoin soutenir cette position. L'armée anglaise avait ainsi pris son ordre de bataille : la droite appuyée à la mer et flanquée par la flotte qui protégeait en outre ses derrières; la gauche sur les collines de l'est et le centre sur le plateau.

Le général Laborde, à la tête de la brigade du général Thomières, se porta sur le centre de l'ennemi, et, en même temps, le général Brenier se mit en marche sur la gauche. Les accidents du terrain retardèrent d'une heure cette seconde attaque qui devait avoir lieu concurremment avec la première. — De graves conséquences résultèrent de ce retard.

Le combat s'engagea vivement entre la brigade du général Laborde et le centre ennemi; mais tous les efforts des Français ne purent parvenir à ébranler les troupes anglaises que de nouveaux renforts venaient soutenir à chaque instant. Nous venons de voir que le général Brenier n'avait pas pu, comme cela avait été réglé, faire coïncider son attaque à la gauche avec celle du général Laborde; une brigade de cette gauche s'avança sur le flanc de la brigade Thomières, et mit dans ses rangs un peu de désordre. A cette vue, le général en chef envoya le général Loison, avec la brigade du général Charlot, au secours du général Laborde, et fit suivre le mouvement du général Brenier sur la gauche par la brigade du général Solignac.

L'attaque du centre ennemi se continua avec une nouvelle vigueur à l'arrivée du général Loison. Le colonel Prost, qui commandait l'artillerie de la division Laborde, se porta sur la ligne des tirailleurs avec deux de ses pièces; en même temps, les colonels d'Aboville et Foy, qui commandaient l'artillerie de la division Loison et de la réserve, voyant que les attaques réitérées des brigades Thomières et Charlot ne pouvaient pas entamer le centre des Anglais, cherchaient à profiter de tous les avantages du terrain pour le foudroyer.

La gauche des Français commença à plier vers midi dans son attaque contre le centre. Junot ordonna à deux des quatre bataillons de grenadiers de la réserve de s'avancer au pas de charge sur la partie de la ligne anglaise qui débordait la droite des brigades Brenier et Solignac, employées à l'attaque de gauche. Mais l'ennemi ne donna pas même à cette colonne le temps de se déployer : les grenadiers, reçus à portée de mitraille, eurent 200 hommes renversés en trois minutes, et furent culbutés par la cavalerie anglaise qui profita, pour les charger, du désordre que la mitraille avait mis dans leurs rangs. Les brigades Thomières et Charlot rétrogradèrent, et le général Kellermann, ayant tenté de rétablir le combat avec les deux autres bataillons de la réserve, ne réussit qu'à arrêter la poursuite de l'ennemi.

L'infanterie française était en déroute ; quelques pièces d'artillerie même, privées de leur chef, se retiraient en désordre, quand le lieutenant d'artillerie Boileau, aide de camp du général Taviel, prit le commandement de ces pièces, les remit en batterie, encouragea les canonniers, et, par un feu habilement dirigé, parvint à faciliter le ralliement de l'infanterie. Sa retraite fut couverte par la cavalerie, que le général en chef avait tenue jusqu'alors en dernière réserve, et qui exécuta plusieurs charges remarquables.

La brigade du général Brenier, suivie de celle du général Solignac, était enfin, pendant ce temps, arrivée devant la gauche des Anglais. Ceux-ci, s'étant un peu affaiblis sur ce point pour soutenir le centre, se trouvaient vivement poussés par les deux brigades, lorsque la retraite des troupes des généraux Charlot et Thomières permit à Wellesley de reporter sur sa gauche une partie des troupes qu'il en avait tirées. Un détachement nombreux vint se placer entre les deux brigades françaises, les empêcha de combiner leurs opérations, les prit à revers et les força d'abandonner le terrain. Elles purent effectuer leur retraite, favorisée par le 3e régiment provisoire de dragons que Junot avait envoyé au soutien de cette colonne. Le général Solignac, blessé grièvement, fut forcé d'abandonner le champ de bataille ; le général Brenier, blessé aussi, fut fait prisonnier. Les troupes n'en continuèrent pas moins leur mouvement sous les ordres du général Thiébault, qui vint se mettre à leur tête.

A deux heures du soir tout était fini, et l'armée française était en retraite. Grâce aux bataillons de grenadiers du général Kellermann et aux belles charges des quatre régiments de cavalerie, ce mouvement se fit en bon ordre, et l'armée put s'arrêter non loin du champ de bataille en avant du défilé de Torres-Vedras.

Les Français eurent 1,000 hommes tués ou faits prisonniers et 900 blessés ; ils perdirent en outre 10 pièces de canon. Au nombre des blessés, se trouvaient, avec le général Solignac, le général Charlot et les colonels d'artillerie Foy et Prost. Les Anglais eurent 500 hommes tués, 1,200 blessés et 50 prisonniers.

Retraite sur Lisbonne. — Conseil de guerre. — Négociations. — La perte de la bataille de Vimeiro mettait l'armée de Portugal dans une position fort critique ; aussi le général en chef se hâta-t-il d'appeler chez lui les généraux Kellermann, Loison, Thiébault et La-

borde, et de leur demander leur avis sur ces deux questions : Faut-il tenter encore une fois le sort des armes ? Dans la négative, à quel parti faut-il s'arrêter ?

L'opinion des quatre généraux fut que l'on n'était en mesure ni de livrer, ni même de recevoir une nouvelle bataille, et que le retour de l'armée à Lisbonne était indispensable. Voici, d'après la relation du général Thiébault, les raisons données par les généraux : «Ils firent observer que les troupes étaient mécontentes et harassées ; que la position de l'ennemi était inattaquable sur son front ; que les pertes éprouvées par l'armée ne permettaient plus de manœuvrer sur sa gauche et de découvrir, de cette manière, le défilé de Torres-Vedras et Lisbonne ; que les forces des Anglais étaient doubles de celles des Français et le nombre de leurs pièces triple, indépendamment de la supériorité de leur calibre ; que les vivres allaient manquer ; que la cavalerie n'avait point de fourrage ; enfin, que l'ennemi connaissait au juste les forces qu'il avait à combattre, et que ses soldats avaient gagné ce que les autres avaient perdu d'énergie et d'enthousiasme ; qu'il attendait à chaque moment des renforts certains ; tandis que les pertes éprouvées par l'armée française étaient irréparables, et que le moindre revers mettait cette dernière à l'entière discrétion des Anglais et des Portugais. »

Il fut donc convenu que l'armée retournerait à Lisbonne, et on la dirigea sur Torres-Vedras, pour premier mouvement.

Un autre conseil eut lieu le lendemain ; aux généraux qui faisaient partie du premier, on adjoignit le général Taviel, le colonel du génie Vincent et l'ordonnateur Trousset.

La situation entière de l'armée et du Portugal fut l'objet de cette seconde conférence. On venait de recevoir des rapports qui prouvaient l'impossibilité de se maintenir à Lisbonne, où la fermentation était inquiétante ; la force totale des ennemis, tant Portugais, qu'Anglais et Espagnols, s'élevait à 127,000 hommes environ ; enfin, on conclut qu'il n'y avait d'autre parti à prendre que de tenter d'obtenir des Anglais une capitulation honorable, ou de défendre Lisbonne jusqu'à la dernière extrémité, et s'ensevelir sous ses ruines.

Le général Kellermann fut chargé, en conséquence, de porter au quartier général anglais un projet de suspension d'armes et d'évacuation. Le général Kellermann choisit pour prétexte de sa mission une conférence relative aux blessés et aux prisonniers, et fut assez adroit et assez heureux pour que les Anglais prissent l'initiative des propositions qu'il allait leur faire. Une suspension d'armes fut conclue le 23 août, et l'on posa les bases d'un traité par lequel l'armée française devait évacuer le Portugal sans pouvoir être, dans aucun cas, considérée comme prisonnière de guerre. Il fut convenu qu'il faudrait se prévenir quarante-huit heures à l'avance pour recommencer les hostilités.

Courageuse résolution de Junot. — Une difficulté s'éleva, au moment de la signature définitive du traité, entre le colonel Murray, chargé des pleins pouvoirs du général anglais, et le général Junot. Il avait été convenu que tous les chevaux de la cavalerie et de l'artillerie française seraient embarqués, et sir Murray voulait en réduire le nombre à six cents. Junot offrit alors d'annuler et de déchirer tout ce qui déjà avait été écrit. Dans une des conférences, il tint au colonel Murray le discours suivant, textuellement rapporté dans la relation du général Thiébault : « Ne pensez « pas, monsieur, qu'en signant le traité, vous me fas- « siez une grâce ; à ce titre, je n'accepterais rien de « vous ni de personne au monde. Il s'en faut, d'ail- « leurs, que vous soyez moins intéressé que moi à « signer ; ainsi, dites un mot, et mon parti est pris : je « déchire le traité, je brûle la flotte, je brûle la marine, « les arsenaux, la douane et tous les magasins ; je fais « sauter les forts et tous les ouvrages ; je détruis l'ar- « tillerie, je défends Lisbonne pied à pied, je brûle tout « ce que je suis forcé d'abandonner, je vous fais payer « chaque rue de la ville par des flots de sang, ou je « me fais jour à travers votre armée ; ou bien, en com- « prenant dans cette destruction tout ce qui est ou « pourra se trouver en ma puissance, je m'ensevelis, « avec les débris de mon armée, sous les ruines du « dernier quartier de la ville, et nous verrons alors ce « que vous et vos alliés les Portugais aurez gagné à « me réduire à cette extrémité. Examinez bien si la « partie n'est pas au moins égale, lorsqu'en échange « de mon armée, je vous laisse une des premières ca- « pitales de l'Europe, des établissements du premier « ordre, une flotte, un trésor et toutes les richesses du « Portugal [1]. »

Convention de Cintra. — Évacuation du Portugal. — Résultats de l'expédition. — Les difficultés s'apla- nirent enfin, et, après de nombreuses rédactions, le général Kellermann et le colonel Murray signèrent, le 30 août, à Lisbonne, un traité par lequel il fut stipulé que l'armée française remettrait à l'armée anglaise toutes les places et forts du royaume du Portugal ; que les troupes françaises évacueraient le pays, sans être considérées comme prisonnières de guerre, et qu'elles emmèneraient toute leur artillerie de calibre, ainsi que les chevaux qui en dépendent, et les caissons renfermant soixante charges par canon ; que l'armée emporterait tout son équipement, et que la cavalerie emmènerait ses chevaux. Cette convention fut ratifiée le même jour par les généraux en chef.

« Ainsi se termina, dit le général Thiébault, une expédition qui a eu tout l'effet que les événements qui l'ont suivie ont rendu possible ; qui a duré au-delà du terme que l'on pouvait prévoir ; qui, proportion gar- dée, et malgré le climat, la saison, les marches et les combats, n'a pas coûté le nombre d'hommes que con- somment les expéditions les plus ordinaires ; qui rap- pellera à l'armée des souvenirs glorieux, et que le gé- néral en chef Junot est parvenu à terminer par un traité que, dans sa position, il n'était plus possible d'espérer : traité qui a eu le moyen duquel il a eu l'air de céder ce qu'il n'était plus au pouvoir des hommes de con- server ; traité qui, en Angleterre, en Espagne et en Portugal, a été l'objet d'une désapprobation qui le rend aussi glorieux pour le général qui l'a obtenu qu'honorable pour la France ; traité, enfin, par lequel l'armée ayant également fait son devoir pendant la conquête, l'occupation et l'évacuation du Portugal, a conservé ses armes, ses munitions, ses bagages ; est rentrée tout entière en Espagne, un mois après son débarquement à Quiberon ; a contribué, la première, à faire évacuer la Galice à cette même armée anglaise, que, deux mois auparavant elle avait combattue en Portugal, et a fini par la faire, à son tour, rembarquer à la Corogne. »

<hr>

1 « Pour faire de Lisbonne une seconde Saragosse, dit le colonel prussien Schepeler dans son *Histoire de la Révolution d'Espagne et de Portugal*, il aurait fallu du moins que les habitants fussent des Français... Si les Anglais eussent promptement suivi et pressé l'ennemi à travers le terrain coupé sur Torres-Vedras, Junot n'aurait guère eu de temps pour toutes les destructions dont il menaçait, et les habitants de Lisbonne eussent alors probablement frappé le der- nier coup. Mais Junot vainquit par ses bravades et le mot : *Brûler les vaisseaux*, lui fut soufflé par le génie de Napoléon.

Ce danger fut ce qui l'emporta chez les Anglais, et, le 30 août, fut conclue, par Murray, à Lisbonne, la célèbre convention qui porte le nom de Cintra, bien que le général Dalrymple ne l'ait signée qu'à Torres-Vedras.

« Ce traité fut d'ailleurs très mal accueilli par le ministère britan- nique. On disgracia presque le général en chef. — Wellesley retourna par congé à Londres, pendant l'exécution de la capitulation. — Dalrymple fut rappelé pour être traduit à un conseil de guerre. Le général Moore reçut le commandement des troupes anglaises en Espagne. — La majorité des voix l'acquitta. Dans le petit nombre de guerriers impartiaux qui le condamnèrent était lord Moira. »

<hr>

RÉSUMÉ CHRONOLOGIQUE.

1807.

8 OCTOBRE. Marche de Junot sur le Portugal.
30 NOVEMBRE. Il entre à Lisbonne.

1808.

1er FÉVRIER. Junot est nommé gouverneur général de Por- tugal.
9 JUIN. Troubles à Oporto. — Désarmement des Espagnols.
— — Débarquement des Anglais dans les Algarves.
15 — Soulèvement général en Portugal.
26 — Mesures prises par le général Junot.
— — Révolte de Villa-Viciosa.
26 JUIN. Révolte et sac de Béja.
5 — Occupation du fort de la Conception.
17 JUIN. — 1er JUILLET. Marche du général Loison. — Son retour à Almeida.
— — Prise de Guarda.
— — Dispersion d'un corps de 20,000 insurgés.
10 — Dispersion d'un rassemblement à Alcóbaça. — Nouveaux soulèvements.
30 — Combat et prise d'Evora.
3 AOUT. Débarquement des Anglais à Figuieras.
17 — Combat de Roliça.
21 — Bataille de Vimeiro.
30 — Convention de Cintra. — Évacuation du Portugal.

1808. — GUERRE D'ESPAGNE.

RÉVOLUTION D'ARANJUEZ. — ABDICATION DE BAYONNE.

JOSEPH NAPOLÉON ROI D'ESPAGNE.

Proclamation du prince de la Paix. — Ses suites. — Projets de l'Empereur. — Depuis le traité de Bâle, l'Espagne avait toujours vécu en bonne intelligence avec la France, l'avénement de Napoléon au pouvoir n'avait fait que resserrer les liens qui unissaient les deux États. L'Empereur, attaqué par les puissances du Nord, croyait pouvoir compter sur la sincérité et la loyauté de l'alliance espagnole : cependant, en 1806, au moment où les hostilités soudaines de la Prusse semblaient annoncer une nouvelle coalition contre l'empire français, parut une proclamation du prince de la Paix, proclamation singulière, et qui appelait tous les Espagnols aux armes contre un ennemi qu'elle ne désignait point. Napoléon ne s'abusa pas, il reconnut l'influence anglaise, mais il ne témoigna rien de ses soupçons. La Prusse n'était pas encore vaincue, et la Russie se montrait menaçante. La guerre avec le Midi eût, en ce moment, été impolitique et désastreuse, en ce qu'elle pouvait faire une puissante diversion en faveur des rois coalisés, et jeter l'empire français dans de grands embarras. Napoléon temporisa. Sans laisser paraître qu'il eût été inquiété de la proclamation, il demanda dans quel but elle avait été faite. — La victoire d'Iéna venait de décider du sort de la monarchie prussienne, et le ministre espagnol, effrayé de son imprudente levée de boucliers, répondit qu'il avait craint une tentative armée de l'empereur de Maroc, et quelques mouvements militaires du Portugal ; le monarque français eut l'air de trouver cette réponse satisfaisante.

Cependant la glorieuse paix de Tilsit laissa l'Empereur libre de s'occuper des soins de sa vengeance, et contre l'Espagne, d'où était partie la proclamation, et contre l'Angleterre, qui avait poussé l'Espagne à cette dangereuse manifestation. Il comprit que l'alliance avec le Midi ne lui offrait plus la même stabilité que par le passé. L'Espagne, ruinée dans son commerce, et privée par le système continental des ressources de ses colonies, désirait la rupture du traité qui la liait à la France. Napoléon voulut prévenir cette rupture ; recommencer, comme il le disait, l'ouvrage de Louis XIV, en renouant avec solidité la ligne des États du Midi, et en plaçant des princes de sa famille à la tête de tous ces États. Il est douteux, quoiqu'on l'ait assuré, que les desseins de sa politique aient été plus étendus ; les mots qui lui sont attribués : «Avant peu, ma dynastie

«sera la plus ancienne de l'Europe!» ne peuvent être appliqués qu'au Midi. Sa famille, quoique nombreuse, ne l'aurait point été assez pour occuper et conserver tous les trônes ; il le savait bien ; mais se considérant comme héritier, par le choix populaire, de la couronne de Louis XIV, il voulait être le maître de tous les royaumes qui avaient formé l'héritage des descendants de ce monarque.

———

Traité de Fontainebleau. — Entrée des Français en Espagne. — Opinions du peuple espagnol. — Godoy s'attendait à la vengeance soudaine de Napoléon ; le délai que celui-ci mit à agir lui fit croire que, dupe de la réponse du ministère espagnol sur les armements annoncés dans la proclamation, il considérait cet acte comme indigne de son attention. Bientôt l'Empereur lui rendit l'espérance en lui offrant en quelque sorte son amitié.

Il y avait alors à Paris un agent reconnu du gouvernement français et uniquement chargé des intérêts privés du prince de la Paix ; cet homme, dont le nom est devenu fameux à cause du rôle qu'il a joué dans ces événements, s'appelait Isquierdo. Il jouissait du titre de conseiller d'État honoraire. Sa mission était ignorée du ministre espagnol et de l'ambassadeur d'Espagne à Paris.

Pour couvrir l'entreprise contre le Portugal d'un but d'utilité publique, aux yeux de Charles IV, et pour obtenir, sans faire naître aucun ombrage à la nation espagnole, l'introduction et le passage des troupes françaises, Napoléon avait offert à l'Espagne, représentée par le prince de la Paix, le partage du Portugal qui ne leur appartenait légitimement ni à l'un ni à l'autre.

Afin d'éblouir les yeux de Godoy, Napoléon lui montra dans le lointain le trône indépendant des Algarves, refuge assuré contre la haine du peuple espagnol ; et, de crainte que cette générosité désintéressée ne donnât quelque soupçon de ses desseins secrets, il consentit à recevoir en échange du prince de la Paix, le royaume d'Étrurie dont celui-ci n'avait pas le droit de disposer.

Le traité qui consomma cette injustice fut signé à Fontainebleau, le 27 octobre 1807, par le maréchal du palais Duroc et par le conseiller Isquierdo, agent du prince de la Paix. Ce traité est demeuré secret même

———

1 *Voyez* le chapitre précédent.

pour le ministère espagnol, jusqu'à l'entier accomplissement des événements qu'il préparait. Charles IV en eut connaissance, mais ce monarque, dont l'esprit était fasciné par la reine son épouse, approuvait avec joie tout ce qui tendait à augmenter la fortune du favori.

La clause importante aux yeux de l'Empereur, celle qui était si nécessaire à ses projets, avait été rejetée comme accessoire et indifférente à la fin du traité. Elle stipulait l'introduction en Espagne de 30,000 hommes de troupes impériales françaises destinées, en apparence, à agir contre le Portugal, et, en réalité, à assurer l'invasion de la Péninsule.

Les troupes françaises entrèrent en Espagne, et il y en entra plus du double de ce qui avait été convenu dans le traité. Elles s'emparèrent par surprise des forteresses de Barcelone, Figuières, Pampelune et Saint-Sébastien [1], et s'avancèrent lentement dans la Péninsule, en alliés qui ne demandaient qu'à devenir ennemis.

Il ne faut pas croire, cependant, que les Espagnols les regardassent comme telles. Dans les royaumes où il y a un favori, l'héritier présomptif de la couronne est naturellement son ennemi. Ferdinand, alors prince reconnu des Asturies, avait, dans le dessein de se ménager un appui contre le prince de la Paix, sollicité l'amitié de l'empereur des Français, et Napoléon, tout en traitant avec Godoy, n'avait point repoussé les ouvertures du fils de Charles IV ; quelques agents secrets correspondaient avec celui-ci, et le peuple, trompé par les bruits qu'ils répandaient, croyait que l'armée impériale ne s'avançait en Espagne que pour le délivrer de la tyrannie du favori, et faciliter les réformes désirées dans les lois et l'administration. La surprise des citadelles ne détruisit même pas cette opinion favorable. On n'y vit que le désir de s'assurer une garantie contre les partisans du prince de la Paix. Les Français furent donc reçus comme des frères et des sauveurs.

Pour bien comprendre cet accueil amical, il faut jeter les yeux sur l'état déplorable où l'Espagne se trouvait réduite par suite de l'administration dirigée par le favori.

La machine du gouvernement était désorganisée ; toutes les branches de l'administration étaient livrées

---

[1] Nous avons parlé déjà de l'entrée en Espagne du corps de Junot. Vers la fin de novembre 1807, le corps d'armée désigné sous le nom de 2e *corps d'observation de la Gironde*, et qui avait été réuni à Bayonne, immédiatement après le départ du 1er corps pour le Portugal, franchit la frontière espagnole et s'avança sur Valladolid. Ce corps, fort de 23,000 hommes, était commandé par le général Dupont. Pour ne donner aucune inquiétude à la cour de Madrid, il annonça qu'il se rendait en Portugal.

Le 30 janvier 1808, un autre corps d'armée, fort de 24,000 hommes, commandé par le maréchal Moncey, traversa la Bidassoa. Une division, aux ordres du général Darmagnac, fut dirigée sur la Navarre, le gros s'avança sur Burgos et quelques troupes restèrent cantonnées en Biscaye. Quatre jours après, c'est-à-dire le 2 février, 12,000 hommes, commandés par le général Duhesme, quittèrent le département des Pyrénées-Orientales et pénétrèrent en Catalogne par la Junquera.

Le général Darmagnac, qui occupait Pampelune, reçut du maréchal Moncey l'ordre de s'emparer à tout prix de la citadelle de cette ville. Ce n'était pas chose facile ; l'entrée des troupes françaises en Espagne, ne s'étant effectuée que sous prétexte de passage pour gagner le Portugal, il fallait éviter de donner l'éveil au gouvernement espagnol avant que toutes les mesures ne fussent bien prises. Le général Darmagnac voulut agir de ruse, et demanda au marquis de Valsantoro, capitaine général de la Navarre, la permission d'enfermer dans la citadelle deux bataillons suisses dont il prétendit avoir à se plaindre. Le marquis de Valsantoro répondit qu'il lui fallait un ordre exprès du roi ou du généralissime pour qu'il pût permettre l'entrée de la citadelle à des troupes étrangères, et voici, en conséquence, ce que le général français imagina. Des soldats de corvée se rendaient tous les jours dans la citadelle dont les portes étaient ouvertes, à l'effet de chercher les distributions de vivres pour les Français. La maison qu'habitait le général Darmagnac faisait face à la porte principale de la citadelle. 300 grenadiers furent cachés dans cette maison pendant la nuit du 16 au 17 février ; on choisit les hommes de corvée parmi les voltigeurs sur le courage desquels on pouvait le plus compter ; leur sabre était caché sous leur capote. Quelques-uns, feignant de jouer, s'arrêtèrent sur le pont levis pour que l'on ne pût pas le fermer. On était convenu d'un signal ; dès qu'il fut donné, des soldats se précipitèrent sur le faisceau d'armes de la garde espagnole qui fut contenue par d'autres soldats ; au même instant les 300 grenadiers sortirent de la maison du général Darmagnac, et s'emparèrent de la porte de la citadelle. La division tout entière avait pris les armes pendant ce temps ; elle pénétra facilement dans l'intérieur de la place qui fut ainsi occupée le 17 février, à huit heures du matin, sans coup férir.

Le général Duhesme avait, de son côté, reçu l'ordre de s'emparer de Barcelone. Le jour même de son entrée dans cette ville, et sous le prétexte du bon accord qu'il était important de voir régner entre les troupes des deux nations, il avait demandé au capitaine général que les portes principales fussent gardées par les troupes françaises conjointement avec la garnison. Cette proposition ayant été agréée, les troupes de Duhesme entrèrent dans Barcelone et partagèrent le service avec les Espagnols ; mais au lieu de 20 hommes qui devaient être placés à la porte de la citadelle, proportionnellement à la garde espagnole, le général français y plaça une compagnie entière de voltigeurs.

Le général Duhesme annonça, le 28 février, qu'il venait de recevoir l'ordre de se préparer à continuer sa marche sur Cadix, et, qu'en conséquence, il passerait le lendemain une revue générale de ses troupes. Le 29, en effet, les différents corps prirent les armes. D'après l'ordre de bataille, le bataillon des vélites de la garde italienne s'appuyait par sa droite à la palissade de la porte d'entrée de la citadelle. Le général de brigade Lecchi, après avoir passé l'inspection de ce bataillon, s'avança vers cette porte comme pour visiter l'intérieur. Il était accompagné de son état-major et de quelques ordonnances. Les deux gardes française et espagnole se mirent sous les armes pour rendre les honneurs. Resté sur le pont-levis avec sa suite, le général Lecchi avait l'air de donner quelques ordres au capitaine des voltigeurs français qui étaient de garde. Pendant ce temps, le bataillon des vélites, couvert par le ravelin qui défend la porte, défila et se saisit de la première sentinelle espagnole ; le général Lecchi et sa suite masquaient, en même temps, la marche de l'infanterie qui s'avançait par derrière. Lecchi, suivi des vélites, pénétra dans l'intérieur, et l'invasion de la place s'acheva bientôt par l'irruption de quatre autres bataillons.

Malgré cette surprise, que le général Duhesme trouva moyen de pallier aux yeux du capitaine général, le commandant français eut encore assez d'influence sur l'esprit du chef espagnol pour se faire livrer le château de Mont-Jouy, forteresse dépendante de Barcelone.

En se rendant à Barcelone, le général Duhesme avait laissé 800 hommes au bourg de Figuières, sous le commandement du colonel Pio, qui reçut l'ordre de s'emparer du fort de San-Fernando. Le colonel voulut agir par surprise, comme on l'avait fait pour Barcelone ; il assembla sa troupe sur l'esplanade pour la passer en revue, et voulut faire filer un détachement dans le château ; mais le pont-levis fut levé par ordre du commandant espagnol, qui soupçonnait le dessein du colonel. Deux jours après, Pio obtint l'autorisation de faire renfermer dans la place 200 conscrits ; mais au lieu de conscrits, il y envoya des soldats d'élite, et le fort tomba ainsi en son pouvoir.

Le maréchal Moncey avait donné l'ordre au général Thouvenot de s'emparer de Saint-Sébastien. En conséquence, dans les premiers jours de mars, ce général demanda au gouverneur de cette place de lui en donner l'entrée : il prit pour prétexte la nécessité d'un local sûr pour placer les hôpitaux du corps d'armée et quelques dépôts de cavalerie confiés à ses soins. Le ministère espagnol, consulté par le gouverneur, répondit qu'il ne voyait nul inconvénient à ce que demandait le général Thouvenot, qui obtint la permission qu'il sollicitait. Mais bientôt la ville et la citadelle furent occupées militairement.

Au commencement de mars 1808, les quatre principales forteresses du nord de l'Espagne se trouvaient ainsi au pouvoir des troupes françaises

au plus effroyable désordre. Les troupes de terre et de mer n'étaient point payées; il en était de même des employés des administrations et des tribunaux. L'État, chargé d'une dette énorme, était sans crédit : une immense quantité de valès circulaient avec une perte scandaleuse; les biens des hôpitaux et des fondations pieuses, dont l'État s'était emparé, en les destinant à l'extinction de ces billets royaux, avaient été détournés de leur destination; les conditions des emprunts n'avaient pas été remplies. Les grands établissements ne pouvaient venir au secours de l'État : les uns (la Banque), parce que l'État leur devait presque tous ses capitaux; les autres (la compagnie des Philippines et les corporations des Cinq-Gremios), parce que les sommes considérables qu'ils avaient prêtées au trésor public n'étaient pas rentrées dans leurs caisses; d'autres encore (le Consulat de Cadix), parce qu'ils avaient épuisé tous leurs moyens pour réaliser les emprunts faits pour le compte du gouvernement. Enfin, le désordre de l'administration était tel, que toutes les ressources de l'Espagne et des Indes ne pouvaient suffire aux besoins de chaque jour.

Il était naturel, avec cet état de choses, qu'on désirât un changement dans le gouvernement du royaume.

D'ailleurs Napoléon était alors l'admiration du peuple espagnol. Son portrait se trouvait dans toutes les maisons, son nom et ses louanges dans toutes les bouches. Les Espagnols connaissaient ses victoires, ses grands actes d'administration et son Code des lois civiles; ils voyaient en lui le vainqueur de l'anarchie et le restaurateur de la religion en France; ils espéraient que, par amitié pour leur jeune prince et par intérêt pour sa propre gloire, il viendrait rétablir en Espagne, comme il l'avait fait en France, un gouvernement régulier et stable.

Affaire de l'Escurial. — La haute faveur de don Manuel Godoy, d'une part, et de l'autre, les intérêts prévoyants qui s'attachent à la fortune de tout prince destiné au trône, avaient créé deux partis dans la cour d'Espagne : celui du prince des Asturies, connu sous le nom de *Parti de la chambre du Prince,* et celui du favori, qu'on appelait *le Parti de la chambre du Roi,* et qui aurait été mieux désigné par le titre de *Parti de la chambre de la Reine;* car Charles IV était gouverné par son épouse.

Les démarches de Ferdinand étaient surveillées avec rigueur. Cette surveillance n'avait cependant point empêché le jeune prince de prendre secrètement diverses mesures pour le cas où la mort subite du roi l'appellerait au trône. Il avait des serviteurs fidèles, Godoy n'avait que des créatures intéressées [1].

La santé de Charles IV, malgré l'excellent tempérament de ce monarque, commençait à éprouver quelques atteintes qui donnaient des inquiétudes au prince de la Paix; Godoy songea à se ménager un appui dans

l'héritier présomptif lui-même. Un mariage lui parut le moyen le plus sûr et le plus facile. Sa belle-sœur, la princesse Marie-Louise de Bourbon, pouvait, par sa naissance, prétendre à l'alliance d'un souverain. En la faisant épouser au prince des Asturies, il associait, en quelque sorte, le jeune prince à sa fortune du moment, afin d'être à même de partager un jour sa puissance future. Charles IV approuva les projets de son favori, et se chargea de proposer lui-même cette union à Ferdinand, veuf depuis quelque temps. Celui-ci reconnut les manœuvres de Godoy, résista avec respect aux prières et aux ordres du roi son père, et refusa un mariage qui l'aurait fait entrer dans la famille de son ennemi.

Échappé avec peine à cette tentative, le prince des Asturies, conseillé par ses amis, et sentant bien qu'il ne pourrait pas lutter long-temps contre les desseins de Godoy, appuyé par les volontés du roi, se décida à implorer la protection de Napoléon, en lui demandant la main d'une des princesses de sa famille. L'ambassadeur de France à Madrid fut l'intermédiaire de cette négociation, dont l'heureuse issue pouvait sauver l'Espagne et suffire à la politique de Napoléon. Quelque secrètes que fussent les démarches du prince, elles n'échappèrent point aux agents de Godoy.

Celui-ci comprit qu'il fallait, pour la sûreté de sa faveur, que le prince des Asturies succombât. Il se croyait certain de l'amitié puissante de l'Empereur, il résolut de tout oser.

Tel fut le principe du fameux événement de l'Escurial, qui, en mettant au grand jour les divisions intérieures de la famille royale d'Espagne, accéléra la ruine du prince de la Paix et le développement des projets de Napoléon.

On avait nourri dans l'esprit de Charles IV de funestes préventions contre son fils aîné. On le lui avait représenté comme capable d'oublier à la fois et les sentiments d'un fils et les devoirs d'un sujet. Dans son triste aveuglement, le roi ajoutait foi à toutes ces accusations calomnieuses.

Un soir (la famille royale habitait l'Escurial), c'était entre sept et huit heures (le 27 octobre 1807), Charles IV reçoit une lettre anonyme, qui lui dénonce Ferdinand comme chef d'une conspiration tramée contre son trône et contre sa vie. La frayeur est crédule. Saisi d'effroi et de colère, le roi appelle aussitôt les ministres secrétaires d'État, assemble ses gardes, se met à leur tête, s'avance vers les appartements de Ferdinand, s'en fait ouvrir les portes, reste sourd à toutes les questions de son fils, lui demande son épée pour toute réponse, et le fait garder à vue comme un criminel dans une chambre subitement transformée en prison.

Parmi tous les papiers saisis dans le cabinet du prince des Asturies, il ne s'en trouva, au grand étonnement de Godoy, aucun qui justifiât ses accusations. En jugeant le fils de son roi d'après son propre cœur, il s'était trompé. Il le savait offensé, il l'avait cru altéré de vengeance.

A la nouvelle de l'outrage fait à Ferdinand, qui, par cela même qu'il était l'ennemi du favori, était aussi l'ami

[1] Le chanoine Escoïquiz était l'âme du conseil du prince, dont faisaient partie les ducs de San-Carlos et de l'Infantado, les comtes d'Orgaz et de Bornos, le marquis d'Ayerbe et quelques autres partisans du prince. Le conseil ne se réunissait point, mais il communiquait par une correspondance en chiffres,

du peuple, un soulèvement eut presque lieu dans Madrid. Le prince arrêté, ses juges rassemblés, son procès devenait inévitable, et la responsabilité d'une accusation entièrement dénuée de preuves allait retomber tout entière sur la tête de l'audacieux prince de la Paix. On peut facilement se faire une idée de l'état d'agitation où se trouvaient la cour, l'armée, le peuple et surtout le favori, menacé par le coup qu'il avait dirigé lui-même.

Cependant, dans sa prison, Ferdinand était livré aux réflexions les plus pénibles. L'attentat récent de Godoy lui prouvait assez qu'aucune barrière n'était capable d'arrêter son audace. Le meurtre juridique de l'infant don Carlos offrait un sanglant précédent dans l'histoire d'Espagne, sur lequel la mémoire du prince ne devait pas se reporter sans effroi. L'incertitude des crimes dont il était accusé ajoutait encore à l'indécision de son esprit; enfin, dans cet état de perplexité, il se décida à couper court à toutes les calomnies.

On apprit donc ce que, sans son aveu, on n'aurait jamais su : qu'il avait écrit à Napoléon, pour lui demander la main d'une princesse de la famille impériale; ensuite, qu'il avait nommé le duc de l'Infantado généralissime, pour le cas où quelqu'un viendrait à lui disputer la succession, si le roi Charles IV venait à mourir.

Malgré l'investigation des papiers et les déclarations du prince, par lesquelles son innocence était si clairement démontrée, le prince de la Paix voulait se retrancher, contre l'animosité du peuple espagnol, derrière le nom sacré du souverain, et couvrir du manteau royal l'attentat de son ambition. Il osa faire publier, dans la *Gazette de Madrid*, du 31 octobre 1807, un décret rédigé sous le nom de Charles IV, par lequel il dénonçait à l'Espagne et à l'Europe les crimes prétendus dont Ferdinand était accusé.

En même temps, le prince de Masserano, ambassadeur d'Espagne à Paris, recevait l'ordre de présenter à Napoléon une lettre de Charles IV, par laquelle il faisait connaître à l'Empereur, comme à son fidèle allié, que Ferdinand avait conspiré contre la souveraineté de son père et contre la vie de sa mère, et qu'ainsi il était résolu de l'exclure de sa succession à la couronne pour y appeler un autre de ses fils.

Ce décret, publié dans la *Gazette de Madrid*, et successivement dans toutes les gazettes de l'Europe, produisit comme un coup de tonnerre au milieu du monde européen.

Au premier mouvement, mêlé d'horreur et d'étonnement, succéda un cri de pitié, lorsque la trame de cette ténébreuse machination fut entrevue. Une révolte était à craindre en Espagne. Voici l'expédient que son génie infernal suggéra au prince de la Paix, pour se tirer de cette circonstance difficile.

Le roi avait fait venir à l'Escurial les ministres et le gouverneur du conseil; là, en leur présence, il avait reproché à Ferdinand la lettre que celui-ci avait écrite à Napoléon, et par laquelle il sollicitait l'intervention d'un prince étranger, au milieu de dissensions intérieures. Ferdinand, avec justice, s'était reconnu coupable.

Le jeune prince ignorait l'épouvantable accusation dont le favori l'avait flétri à la face de l'Europe; gardé à vue dans son appartement, il n'avait aucune connaissance du fatal décret publié dans la *Gazette de Madrid*. Le prince de la Paix imagina de lui faire signer des lettres, par lesquelles il se reconnaissait coupable, selon son aveu; mais le crime n'étant pas spécifié, le prince infortuné se trouva avoir avoué le forfait dont son ennemi l'avait accusé.

Tel fut le tissu de cette procédure machiavélique, à laquelle les annales anciennes et modernes n'avaient rien offert de comparable.

Le décret suivant, publié sous le nom du roi Charles IV, mit fin à cette inquiète politique; mais non à l'indignation qu'elle excita en Espagne.

DÉCRET DU ROI CHARLES IV, DU 5 NOVEMBRE 1807

«La voix de la nature désarme le bras de la vengeance; et, lorsque l'inadvertance réclame la pitié, un père tendre ne peut s'y refuser.

«Mon fils a déclaré les auteurs du plan horrible que lui avaient fait concevoir les malveillants; il a tout démontré dans les formes de droit, et tout constaté avec l'exactitude requise par la loi pour de telles preuves. Son repentir, son étonnement lui ont dicté les remontrances qu'il m'a adressées, et dont voici le texte :

«SIRE ET MON PÈRE,

«Je me suis rendu coupable; en manquant à Votre «Majesté, j'ai manqué à mon père et à mon roi; mais «je m'en repens, et je promets à Votre Majesté la plus «humble obéissance. Je ne devais rien faire sans le «consentement de Votre Majesté; mais j'ai été surpris : «j'ai dévoilé les coupables, et je prie Votre Majesté de «me pardonner, et de permettre de baiser vos pieds à «votre fils reconnaissant.

«FERDINAND.»
«San-Lorenzo, 5 novembre 1807.»

«MADAME ET MÈRE,

«Je suis profondément repentant de la grande faute «que j'ai commise contre le roi et la reine, mon père «et ma mère; aussi, avec la plus grande soumission, «je vous en demande pardon, ainsi que de mon opiniâ-«treté à vous celer la vérité l'autre soir; c'est pourquoi «je supplie Votre Majesté, du plus profond de mon «cœur, de daigner intéresser sa médiation envers mon «père, afin qu'il veuille bien permettre d'aller baiser «les pieds de Sa Majesté à son fils reconnaissant.

«FERDINAND.»
«San-Lorenzo, le 5 novembre 1807.»

«En conséquence de ces lettres, et à la prière de mon épouse bien-aimée, je pardonne à mon fils, et il rentrera dans ma grâce, dès que sa conduite me donnera des preuves d'un véritable amendement dans ses procédés.

«J'ordonne aussi que les mêmes juges, qui ont entendu dans cette cause dès le commencement, la continuent, et je leur permets de s'adjoindre d'autres collègues, s'ils en ont besoin; je leur enjoins, dès qu'elle sera terminée, de me soumettre le jugement qui devra être conforme à la loi, selon la gravité des délits et la qualité des personnes qui les auront commis.

« Ils devront prendre pour bases, dans la rédaction des chefs d'accusation, les réponses données par le prince dans l'interrogatoire qu'il a subi ; elles sont paraphées et signées de sa main, ainsi que les papiers écrits aussi de sa main qui ont été saisis dans ses bureaux.

« Cette décision sera communiquée à mes conseillers et à mes tribunaux, et on la fera circuler parmi mes peuples, afin qu'ils reconnaissent ma pitié et ma justice, et pour soulager l'affliction où ils ont été jetés par mon premier décret ; car ils y voyaient le danger de leur souverain et de leur père qui les aime comme ses propres enfants, et qui est pareillement aimé d'eux.

« CHARLES. »

« San-Lorenzo, le 5 novembre 1807. »

Conformément à ce décret, les diverses personnes arrêtées furent renvoyées devant le conseil de Castille. Don Simon de Viegas, fiscal du conseil, suivit l'accusation au nom du prince de la Paix. — Le conseil déclara l'innocence des prévenus.

Nonobstant cet arrêt, plusieurs des accusés furent éloignés de Madrid par mesure de sûreté. Le duc de l'Infantado, MM. Escoïquiz, Orgaz et Ayerbe furent exilés.

Premier mouvement d'Aranjuez. — Chute du favori. — Cependant, tandis que la seule partie disponible de l'armée espagnole coopérait, sous les ordres du général Junot, à l'invasion du Portugal, les troupes françaises, commandées par le maréchal Joachim Murat, grand-duc de Berg, s'avançaient lentement vers le centre de la Péninsule. Un voile impénétrable couvrait les desseins de Napoléon. Le peuple espagnol commençait à concevoir de vives inquiétudes. Le prince de la Paix n'osait entrevoir l'abîme où il allait précipiter la famille du roi, son bienfaiteur ; le ministère, épouvanté de l'idée de résister au vainqueur de l'Europe, laissait sans ordres et sans conseils les capitaines généraux des provinces occupées par l'armée française, et semblait attendre plutôt que prévoir les événements.

S'il faut en croire quelques acteurs de ce grand drame politique, le but de Napoléon était d'expulser lentement la famille royale d'Espagne de ses États d'Europe, et de la contraindre, comme la maison de Bragance, à aller chercher un asile dans l'Amérique. Il aurait alors donné un souverain de son choix à l'Espagne privée d'un chef ; suivant sa maxime favorite, qu'un trône vacant appartient au premier qui a le courage d'y monter. Les Espagnols avaient pressenti les projets de Napoléon, et craignaient le sort des Portugais : aussi, toute proposition d'un voyage qui aurait rapproché les princes des ports de l'Océan était-elle repoussée avec indignation.

Les événements se développaient avec trop de lenteur au gré de la politique impatiente du chef de l'Empire français. Pour accélérer leur marche, il fit déclarer verbalement à Charles IV, par le conseiller Isquierdo (envoyé, à cet effet, de Paris à Aranjuez où se trouvait la cour du roi d'Espagne), que l'intérêt de son Empire exigeait l'incorporation à la France des provinces espagnoles situées sur la rive gauche de l'Èbre, et qu'il offrait en échange le Portugal, que ses armées avaient conquis.

Cette déclaration, à laquelle le roi, frappé de stupeur, ne répondit pas, dessilla les yeux du prince de la Paix. Elle renversait toutes ses espérances sur le royaume des Algarves ; il connut bientôt, par son agent Isquierdo, le but supposé des projets de Napoléon ; et, dès lors, il faut l'avouer, voyant ses rêves d'ambition personnelle évanouis, il se montra fidèle sujet du monarque qui lui avait accordé une confiance si aveugle. Cette fidélité dura jusqu'au moment où, emprisonné à Aranjuez, il sentit se ranimer, à l'aspect de la catastrophe qui le menaçait, sa haine pour Ferdinand. Aussitôt que les desseins de l'Empereur lui furent dévoilés, il fit proposer à Charles IV, par le prince de Castel-Franco, de se retirer à Séville, de former un camp à Talaveyra, et de placer ainsi une armée espagnole entre la résidence royale et les armées impériales. De là, il aurait fait demander aux généraux français une explication positive sur leurs intentions et leur conduite. La famille royale en sûreté, les armées espagnoles réunies, on pouvait résister, avec moins de chances défavorables, à la fortune de Napoléon, et, peut-être, arrêter ou modifier convenablement ses projets conquérants. Cette dernière espérance était d'autant plus fondée que Charles IV, après la mission d'Isquierdo, avait écrit à son allié pour lui renouveler la demande, faite par Ferdinand, de la main d'une princesse du sang impérial, en lui annonçant qu'en raison d'une telle union il abdiquerait en faveur de son fils ; il semblait à tout le ministère du vieux roi que ce mariage devait satisfaire l'ambition de l'Empereur. La proposition du prince de la Paix fut acceptée, et les troupes espagnoles de l'armée de Portugal reçurent l'ordre de se replier sur l'Andalousie.

Malheureusement ce plan du favori, le seul qu'on pût raisonnablement concevoir dans les intérêts de la famille royale, donna de l'ombrage au prince des Asturies. Ferdinand, habitué aux trahisons de Godoy, n'y vit qu'un dessein formé pour mieux servir Napoléon, en conduisant le roi et la famille royale à l'extrémité de l'Espagne, afin d'y faire décider plus facilement l'émigration en Amérique. Il communiqua ses craintes à ses conseillers et à ses amis ; elles arrivèrent jusqu'au peuple. Le voyage d'Andalousie paraissait préparer la fuite au-delà des mers ; les troupes qui se trouvaient autour du roi, à Aranjuez, annoncèrent hautement qu'elles ne s'y prêteraient pas ; les habitants de Madrid et d'Aranjuez, effrayés de l'abandon politique où la patrie aurait été réduite par le départ du souverain, et voyant un commencement d'émigration dans la retraite à Séville, déclarèrent qu'ils s'y opposeraient. Ainsi, l'amour des Espagnols était plus sûrement encore que la trahison, au monarque et à sa famille, les seuls moyens de salut qui fussent praticables.

Cependant, l'agitation s'étendait dans les provinces voisines de la résidence royale; les citoyens armés veillaient sans mandat pour empêcher le départ, dont les préparatifs se continuaient en silence. Pour apaiser les esprits, le roi publia une proclamation destinée à rassurer le peuple sur les desseins de Napoléon (desseins sur lesquels il n'était pas tranquille lui-même), et à annoncer que le rassemblement des troupes autour de sa cour et en Castille n'avait pas pour unique objet de protéger son voyage à Séville (on a vu qu'il voulait former un camp à Talaveyra). Cette proclamation calma momentanément, en apparence, les inquiétudes populaires.

Le prince de la Paix engageait toujours et avec raison Charles IV à chercher un asile au milieu de ses troupes, et dans un pays d'une défense facile en cas d'attaque (la route de l'Andalousie est défendue par les défilés de la Sierra-Morena).

Comme les troupes espagnoles, rassemblées à Aranjuez, avaient manifesté l'intention de ne pas protéger le voyage du roi, il fit venir de Madrid ses propres gardes [1], des bataillons de gardes wallones et divers régiments suisses, afin de former une escorte au souverain. Le départ était résolu, mais aucun jour n'avait encore été désigné pour commencer le voyage.

L'arrivée de ces troupes produisit quelque agitation; le bruit de la retraite du roi se répandit de nouveau : on y ajouta foi, malgré la proclamation royale de la veille. Les citoyens recommencèrent leurs patrouilles armées; cependant aucun cri séditieux ne troubla la tranquillité pendant le courant de la journée.

Tel était, le 17 mars, l'état des choses, à la fin du jour : le feu couvait sous la cendre, il ne fallait qu'un léger souffle pour le ranimer.

La nuit était commencée. Le peuple parcourait les rues avec anxiété : on surveillait le palais et les maisons des officiers de la couronne. Celle de Godoy était l'objet d'une attention plus particulière. Tout à coup, à minuit, une patrouille de citoyens armés rencontre quelques gardes du prince de la Paix, reconduisant aux flambeaux une dame voilée qui venait de passer la soirée avec le favori. Soit malice, soit défiance, la patrouille veut reconnaître la dame; celle-ci refuse de lever son voile, elle demande protection à son escorte. Les gardes d'honneur font résistance, et, dans le tumulte, tirent en l'air deux coups de fusil.

A ce bruit que l'on prend pour le signal du départ, Aranjuez est en confusion. Les troupes prennent les armes : les unes, prêtes à la révolte, courent se placer sur les routes que peuvent prendre les princes; les autres, fidèles à leur devoir, vont se ranger sur l'esplanade devant le palais, où s'étaient rassemblés, autour du roi, les ministres et les capitaines des gardes.

Sur ces entrefaites, les habitants de la ville et les paysans des environs s'étaient portés à la maison du prince de la Paix. Ils forcent, à main armée, la garde du favori, brisent les portes, se répandent dans les appartements, cherchant à grands cris l'objet de leur haine. Celui-ci avait heureusement disparu. Alors, après avoir livré aux flammes les meubles qu'ils considèrent comme souillés, par l'usage que Godoy en a fait, ils s'attroupent devant le palais du roi, en criant : *Point de Godoy! point de voyage!* et en témoignant néanmoins, au milieu de la plus grande effervescence, un profond respect pour le souverain.

Les conseils des ministres s'unissent dans le château aux clameurs que pousse en dehors le peuple révolté. Ils demandent respectueusement au monarque le renvoi du prince de la Paix. Le roi, avant de se décider à ce pénible sacrifice, fait venir le prince des Asturies, et le prie de paraître sur le balcon royal pour apaiser la sédition par ses discours. Ferdinand refuse, en prétextant avec raison que sa présence, au lieu de calmer le tumulte, contribuerait à l'augmenter.

Charles IV jette un regard sur les officiers de ses gardes, pour voir s'il y trouvera le dévouement dont il a besoin; leur morne silence et leur attitude embarrassée lui font assez comprendre qu'il ne doit rien attendre d'eux dans la circonstance présente; il se tait, paraît méditer un moment, donne à voix basse quelques ordres à un des officiers de sa maison [1], puis, sans faire aucun reproche à ceux qui l'entourent, il commande qu'on le conduise sur le balcon du palais.

Une foule immense et tumultueuse couvrait la place; lorsqu'elle aperçut les flambeaux briller aux fenêtres du palais, et qu'elle vit son vieux monarque debout sur le balcon, elle fit retentir l'air de vives acclamations. Le roi fit signe qu'il voulait parler; soudain, aux clameurs, succéda un silence respectueux. Alors Charles IV déclara qu'il venait de *décharger* le prince de la Paix de la charge de généralissime de terre et de mer, de la nomination à tous les emplois, du droit de faire la paix et la guerre, et qu'il venait de l'éloigner de sa personne, voulant veiller par lui-même au bonheur de son peuple. Des cris de joie interrompirent le monarque à ces paroles consolantes; les acclamations redoublèrent, lorsque le vieux roi annonça que le voyage projeté n'aurait pas lieu, et qu'il voulait, ainsi que sa famille, vivre et mourir au milieu de ses sujets.

Ce discours calma la révolte comme par enchantement, et la foule satisfaite se dispersa en faisant retentir l'air de cris d'allégresse et de bénédiction.

La conduite du peuple et des soldats, pendant ce premier mouvement d'Aranjuez, est susceptible à la fois d'excuse et de blâme. La sédition était noble dans son but; mais, comme sédition, coupable dans ses moyens. Quelques ministres, hommes d'État, ont improuvé vivement, quoique ennemis personnels du prince de la Paix, la violence morale exercée sur le souverain; mais l'Espagne, dont le renvoi du favori combla les vœux, a, par son approbation unanime, absous la révolte qui en fut la cause.

Après la retraite des séditieux, la garde avait conservé ses rangs et ses armes, les ministres étaient demeurés assemblés dans le palais; mais aucun mouve-

---

[1] Comme Richelieu et Mazarin, le favori Godoy avait des gardes qui lui appartenaient en propre, qui portaient ses *couleurs*, qui étaient levés et soudoyés par lui personnellement.

[1] Ces ordres portaient qu'il fallait faire protéger, par un régiment dévoué, la route d'Andalousie. Charles IV pensait que son favori, dont on n'avait pas de nouvelles, avait dirigé sa fuite vers cette province.

ment ne troubla la tranquillité, pendant le reste de la nuit. Aranjuez se montra calme encore pendant la journée du 18 et le commencement de la matinée du 19.

———

Deuxième mouvement d'Aranjuez. — Abdication de Charles IV. — On croyait la sédition apaisée. Les ministres, après être restés deux jours entiers auprès du roi, venaient de le quitter. Tout à coup, vers neuf heures du matin, le tumulte recommence, les citoyens reprennent les armes, et courent en criant : *Godoy est retrouvé!* Ce nom ranime la fureur populaire, et les clameurs des révoltés retentissent jusque sous les voûtes du palais.

Le malheureux favori, au moment où la foule s'était ruée dans sa maison, avait abandonné son lit et s'était caché plein de frayeur dans un des greniers; là, roulé dans une natte de sparterie, il avait échappé au fer des enragés dont les hurlements arrivaient jusqu'à lui. Il avait passé trente six heures dans cette terrible situation. Enfin le bruit ayant cessé, il s'était hasardé à sortir de sa retraite; mais reconnu presque aussitôt, il venait d'être blessé à la tête, malgré le secours de quelques soldats qui l'avaient entouré pour le conduire en lieu de sûreté. Sa vie était en danger; la foule, toujours croissante, empêchait les soldats d'avancer, et les plus furieux parmi le peuple parlaient déjà d'égorger et le favori et les soldats qui le protégeaient.

La reine, prévenue du péril du prince de la Paix, courut aussitôt chez son fils, et le supplia d'arracher l'infortuné Godoy au sort terrible que lui réservait une populace effrénée. Ferdinand accéda aux désirs de sa mère : il consentit à sauver les jours de celui qui avait voulu le faire périr sur l'échafaud. Il sortit du château, se fit jour à travers le peuple que ses exhortations apaisèrent peu à peu, parvint à arracher le favori aux mains de ceux qui le maltraitaient, et, le plaçant sous la protection des gardes du corps, il lui dit ces mots : «Godoy, je te donne la vie.» Le malheureux blessé, sans répondre, saisit avec vivacité la main du prince, et la baisa avec transport.

Aussitôt que Godoy fut entré dans le quartier des l'ordes du corps où sa vie était en sûreté, la foule, après avoir fait retentir l'air d'acclamations en l'honneur de ses souverains, se dispersa entièrement. A midi l'ordre était rétabli dans toute la ville.

Sur les deux heures, et d'après les instances de la reine, le prince des Asturies rendit visite au favori dans sa prison, et lui réitera l'assurance qu'il lui ferait grâce de la vie. Depuis le procès de l'Escurial, Godoy était, en effet, sous le poids d'une accusation capitale.

Le même jour, vers les quatre heures du soir, alors que la tranquillité rétablie continuait à régner dans Aranjuez, le roi Charles IV fit venir don Pedro Cevallos, son secrétaire d'État [1], et s'enfermant avec lui dans son cabinet, il lui rappela ce qu'il avait déjà dit plusieurs fois les années précédentes, soit à lui, soit à

———

[1] Don Pedro Cevallos, dont l'habileté et les talents étaient connus dans toute l'Europe, se trouvait allié à la famille du prince de la Paix.

d'autres personnages, que sa santé lui rendait trop pénibles les fatigues de la royauté, et qu'il avait besoin de repos : il lui déclara ensuite, que ne pouvant plus se décharger du fardeau du gouvernement sur un sujet de son choix [1], il avait formé le dessein de renoncer à la couronne en faveur de son légitime héritier, le prince des Asturies. Don Pedro Cevallos reçut, en outre, du vieux monarque, l'ordre de rédiger, suivant les formes usitées, l'acte d'abdication et de le lui apporter ensuite à signer.

Cet acte fut ainsi conçu :

«Les infirmités qui m'accablent depuis si long-temps ne me permettent plus de supporter le fardeau du gouvernement de mes peuples, et j'ai besoin de jouir de la tranquillité de la vie privée dans un climat plus doux pour réparer ma santé affaiblie. Ainsi j'ai résolu, après une mûre délibération, d'abdiquer ma couronne en faveur de mon héritier et bien-aimé fils, le prince des Asturies.

«Ma royale volonté est donc qu'il soit reconnu comme roi et seigneur dans tous mes États; et, afin que ce décret de mon abdication libre et spontanée reçoive sa pleine exécution, vous le communiquerez au suprême conseil et autres autorités auxquelles il appartiendra.

«Moi, le Roi.»

«Aranjuez, le 19 mars 1808.»

«A DON PEDRO CEVALLOS,
«Ministre, Secrétaire d'État.»

Le soir même, en présence de toute la famille royale et des principaux personnages de la cour, le roi fit part à son fils de la résolution qu'il venait de prendre [2]. Il se tourna ensuite vers le nonce du pape, Mgr Gravina, et le baron de Strogonoff, ministre de Russie, et leur dit qu'il n'avait jamais rien fait avec plus de plaisir : pour le prouver, il ajouta que le bonheur qu'il goûtait en cette circonstance semblait lui avoir rendu la faculté de signer de sa propre main; faculté dont il était privé depuis long-temps par des douleurs rhumatismales. Enfin, dans un entretien particulier, il témoigna, avec une égale vivacité, les mêmes sentiments à l'infant don Antonio, son frère.

Le jour suivant, 20 mars, Charles IV donna avis de sa renonciation à l'empereur Napoléon, motivant cet acte sur l'accroissement de ses infirmités qui ne lui permettaient pas de conserver le fardeau du gouvernement, et le rassurant au sujet de la politique de la nouvelle cour, attendu que Ferdinand VII avait, pour la France, les mêmes sentiments que son père.

La joie fut universelle à Aranjuez et à Madrid, à l'avénement du prince des Asturies au trône d'Espagne.

———

[1] Le roi faisait sans doute allusion à don Manuel Godoy, en faveur de qui (ainsi que le représenta judicieusement M. Escolquiz à Napoléon) il avait *abdiqué son autorité, sinon de droit, du moins de fait.* La cession de la couronne à Ferdinand ne faisait que transmettre le pouvoir à celui qui en était légitime héritier.

[2] Déjà, en 1789, les Cortès assemblés avaient prêté serment à Ferdinand, comme successeur reconnu de son père. C'est à cause de cette reconnaissance qu'il avait le titre de *Principe jurado de Asturias,* prince *juré* des Asturies. Ce mot espagnol *jurado* a bien plus d'expression que le mot français *reconnu,* parce qu'il renferme l'idée du serment.

Le nouveau roi fut proclamé, le 20, dans la capitale ; les conseils, les tribunaux, les députés des provinces, tous les corps constitués s'empressèrent de le reconnaître et de lui prêter serment. L'avis de son avénement fut aussitôt envoyé par *quatriplicata* dans les royaumes d'Amérique.

Le grand-duc de Berg, que l'Empereur avait nommé général en chef des troupes françaises, attendait à Aranda de Duero de nouvelles instructions de Napoléon. Le 17 mars, il apprit les premiers événements d'Aranjuez ; aussitôt, et sans attendre davantage, il se mit en marche sur Madrid, où il entra, le 23 mars, à la tête de ses troupes. L'attention publique, exclusivement occupée du roi qui était attendu pour le lendemain, ne se laissa pas distraire, par cet événement, de son but favori. L'entrée des Français, cette entrée qui devait être si importante pour le sort de la monarchie espagnole, causa peu de sensation parmi les habitants de Madrid.

Commencements du règne de Ferdinand VII. — Voyage de Bayonne. — Le jour de l'entrée de Ferdinand VII dans Madrid fut un jour de fête pour toute la ville. L'enthousiasme était général, les Espagnols concevaient les plus brillantes espérances du gouvernement du jeune souverain ; il n'avait pas beaucoup à faire pour donner au peuple une administration meilleure que celle du prince de la Paix. Aussi, les premiers actes de son pouvoir furent-ils de nature à satisfaire les besoins les plus pressés de la multitude.

Il commença, à son avénement au trône, par donner un grand exemple de reconnaissance. Les conseillers qui, pendant l'adversité, lui avaient été fidèles, furent appelés au maniement des affaires, tandis que, oubliant comme roi ce qu'il avait souffert comme prince, il conservait dans leurs emplois les véritables hommes d'État placés par le favori : il accorda un généreux pardon à tous ses ennemis personnels ; mais Godoy, ses parents et ceux qui avaient profité du pouvoir, pour détourner les deniers de l'État à leur profit et pour vexer le peuple espagnol, furent envoyés devant les tribunaux pour rendre compte de leur administration.

Alors, pour la première fois, le ministère espagnol eut connaissance, par les papiers saisis chez le prince de la Paix, du traité secret de Fontainebleau. Il commença à pressentir les desseins ambitieux de Napoléon ; mais il était trop tard.

L'inquiétude causée par cette découverte fut encore augmentée par la conduite du chef des troupes françaises, dont la contenance silencieuse contrastait singulièrement avec l'exaltation bruyante des habitants de Madrid.

Le grand-duc de Berg s'était dispensé d'aller rendre visite au nouveau roi, afin d'éviter les embarras d'une reconnaissance qui pouvait déplaire à l'Empereur. Il n'ignorait pas les négociations de Napoléon et du prince de la Paix, et il était, sans doute, dans la confidence de ce qui avait été projeté contre l'Espagne. L'abdication de Charles IV et l'avénement de Ferdinand VII renversaient tous les plans conçus. Murat, que l'ambassadeur français dirigeait dans ses démarches, et qui montra dans cette circonstance une prudence cauteleuse et politique, étrangère à son caractère violent et plein de franchise, comprit qu'il fallait détruire l'effet de l'acte solennel et spontané, par lequel le vieux roi, devançant l'ordre de la nature, cédait la couronne à son légitime héritier. En conséquence, et dès le jour même de l'entrée des Français dans Madrid, le général Monthyon fut envoyé à Aranjuez, où Charles IV habitait encore avec la reine. On attaqua les deux époux par leur côté faible ; on leur promit, au nom de l'Empereur, la liberté du prince de la Paix : en échange de cette promesse, Charles IV remit à l'envoyé français une protestation contre son abdication [1].

Le duc de Berg, maître de cette pièce importante, se garda bien de la faire connaître tout de suite. Les événements d'Aranjuez étaient trop récents pour être facilement dénaturés. Les témoins de ce grand drame politique étaient encore tous réunis, et Charles IV n'aurait pas voulu, sans doute, démentir hautement devant eux la libre démarche qu'il avait faite quatre jours auparavant. Outre ces motifs, une autre et très forte raison commandait le silence au général français, c'était la captivité du prince de la Paix, gardé dans le château de Villa-Viciosa par des officiers dévoués à Ferdinand VII : un éclat intempestif aurait pu rendre sa délivrance impossible. La protestation fut donc envoyée à Bayonne, où elle resta secrète jusqu'au moment où la résistance opiniâtre du jeune roi obligea l'empereur Napoléon à mettre de côté tout ménagement. Murat, afin de ne pas troubler la sécurité de Ferdinand, continua à communiquer avec lui, par le moyen de tierces personnes, évitant ainsi de le reconnaître formellement pour roi d'Espagne.

Cependant, les événements devenaient de plus en plus graves ; les intrigues se compliquaient. Les habitants, lassés des hôtes armés qui avaient envahi leur territoire et surpris leurs citadelles, ne cachaient plus leur mécontentement : l'inquiétude générale s'accroissait encore par l'imprudence de plusieurs employés des administrations françaises, qui, dans leurs discours, laissaient percer quelque chose des projets menaçants de Napoléon. Enfin, la conduite des officiers de l'état-major du grand-duc de Berg, qui, traitant comme prince celui que les Espagnols reconnaissaient tous pour roi, s'obstinaient à regarder comme seul souverain le prince que son abdication volontaire avait fait descendre du trône ; cette conduite, dis-je, augmentait par son inconvenance la défiance de la nation espagnole.

Les ministres de Ferdinand étaient convaincus que le sort de la monarchie dépendait entièrement de Napoléon ; toute résistance à ses volontés eût été plus dangereuse qu'utile. Le roi libre, en apparence, dans sa capitale, se trouvait au pouvoir du duc de Berg : car 25,000 hommes de l'armée impériale occupaient Madrid et ses environs, tandis que l'artillerie française

---

[1] Cet acte reçut à dessein une date antérieure à l'arrivée du général Monthyon, celle du 21 mars ; mais plusieurs preuves irrécusables ont démontré, depuis sa publication, qu'il ne pouvait avoir été écrit et signé que le 23, à l'instigation du prince Murat.

garnissait les deux hauteurs qui dominent la ville [1]. Ferdinand faisait en vain demander à Murat des explications positives. Celui-ci évitait de répondre. Il cherchait à occuper l'attention des ministres et à détourner les soupçons du peuple, tantôt par la demande solennelle de l'épée de François Ier qui était conservée dans l'arsenal de Madrid, en mémoire de la bataille de Pavie (Ferdinand accéda à cette demande), tantôt par la nouvelle d'un prochain voyage de Napoléon à Madrid. «L'Empereur venait, disait-il, dans la capitale des Espagnes, conduit par son amitié pour le jeune prince, afin de l'aider de ses conseils pour la réforme des abus et pour la réédification de la monarchie espagnole.»

Bientôt le bruit de ce voyage prit plus de consistance. Quelques équipages arrivèrent à Madrid : Murat annonça qu'ils précédaient l'Empereur. Aussitôt la ville de Madrid fit meubler un palais somptueux pour recevoir l'illustre hôte suivant son rang. Des fêtes furent préparées pour célébrer son arrivée; et cependant, Napoléon n'arrivait point, on ne recevait même aucune nouvelle de son approche. Néanmoins le langage des agents français en imposa tellement aux ministres de Ferdinand, que le roi se décida à envoyer son propre frère, l'infant don Carlos, au-devant de Sa Majesté impériale.

Don Carlos s'avança jusqu'à Tolosa en Biscaye, où il s'arrêta, étonné de ne pas avoir encore entendu parler du prince qu'il venait féliciter. Cette circonstance aurait nui considérablement au succès de l'intrigue ourdie par les agents de Napoléon, sans l'arrivée subite (dans la journée du 7 avril) du général Savary, aide de camp de l'Empereur.

Le général Savary se présenta sur-le-champ devant le roi; il annonça que l'Empereur l'avait chargé de complimenter Ferdinand, et de s'assurer si les dispositions du nouveau cabinet, relativement à l'étroite alliance avec la France, étaient les mêmes que celles du règne précédent. Il donna l'assurance positive de la prochaine arrivée de son maître, et il ajouta que, du moment que Sa Majesté impériale serait convaincue que les vues du nouveau monarque étaient les mêmes que celles de son père, rien ne s'opposerait à ce qu'elle le reconnût comme roi d'Espagne et des Indes.

On voit qu'il n'était pas alors question de la protestation de Charles IV.

La réponse de Ferdinand au général Savary dut le satisfaire pleinement. Les promesses et les explications amicales de celui-ci tranquillisèrent les esprits et firent évanouir les soupçons, au moins à la cour. M. Savary n'avait point présenté de lettres de créance, mais qui aurait osé douter de la parole d'un général français parlant au nom de son souverain?

Cependant un jeune Espagnol, arrivé avec le général Savary, M. Hervas, qui avait connaissance des projets de Napoléon, communiqua ses craintes à plusieurs des conseillers du roi, lorsque les agents français voulurent engager Ferdinand à aller au-devant de l'Empereur. On discuta l'utilité de ce voyage dans le conseil des ministres; et, les paroles de M. Hervas ayant fait

[1] Le *Retiro* et la butte de la *Casa del Campo*.

impression sur quelques esprits, les avis furent partagés.

Par un hasard singulier, ceux des ministres qui s'opposèrent au départ du roi sont les mêmes qui, depuis, embrassant la cause de Joseph Napoléon, restèrent fidèles à leur serment; et ceux qui décidèrent Ferdinand à entreprendre le voyage, cause de sa ruine, se trouvèrent être ceux qui se montrèrent depuis les plus dévoués à son infortune; se considérant, sans doute, comme obligés à une plus grande fidélité envers lui, à cause de l'abîme où ils l'avaient poussé par leur avis.

Il ne faut cependant pas croire qu'ils le conseillèrent dans cette circonstance d'une manière qui a tourné à sa ruine, sans motifs suffisants et spécieux. Il y aurait de l'injustice à vouloir toujours juger les entreprises par les résultats; car il y a bien loin de la raison humaine qui prévoit, au pouvoir céleste qui dirige les événements du monde. D'un côté, les conseillers de Ferdinand pouvaient, sans être taxés d'imprudence, se défier des avertissements de M. Hervas : l'amitié de ce jeune homme pour le général Savary et ses liaisons de famille avec le maréchal Duroc, signataire du traité de Fontainebleau, plaçaient les apparences contre lui; il ne pouvait d'ailleurs fournir aucune preuve de la vérité de ses assertions graves. D'un autre côté, la conduite précédente de Napoléon offrait des actes également convaincants, soit pour le croire faux et perfide, et pour le croire magnanime et généreux. Il y avait de puissants motifs de penser qu'il se bornerait à assurer son influence prépondérante sur la cour d'Espagne, en s'attachant le roi par les liens du sang.

Les protestations du général Savary l'emportèrent dans le conseil, et le voyage fut décidé. Cependant le monarque ne considéra point cette démarche comme étant sans danger, puisqu'avant de partir, il investit une junte, présidée par son frère l'infant don Antonio, du gouvernement de l'Espagne.

Le départ eut lieu le 10 avril. Le général Savary avait voulu accompagner le monarque; pour entretenir davantage sa confiance, il assurait que, d'après les nouvelles qu'il recevait de l'approche de l'Empereur, le voyage ne se prolongerait pas au-delà de Burgos. Lorsque l'arrivée dans cette ville démontra la fausseté de ses assertions, loin de se décourager, il redoubla hardiment d'efforts et de promesses pour entraîner le roi jusqu'à Vittoria, où Ferdinand arriva le 14.

En approchant de la frontière, les dangers devenaient plus réels et les inquiétudes plus vives. Les craintes des personnes qui accompagnaient le souverain gagnèrent le peuple de Vittoria. Le général Savary, sentant la difficulté de sa position et l'impossibilité d'amener Ferdinand, avec des paroles, à continuer son voyage, partit seul pour Bayonne, où l'Empereur venait d'arriver. Le but apparent de ce départ était de porter à Napoléon une lettre du roi. Il revint trois jours après avec la réponse. Cette réponse était insignifiante, et engageait seulement Ferdinand à s'avancer jusqu'à Bayonne.

Le roi hésitait encore : le sort qui l'attendait en

France était pressenti par tous ceux qui l'entouraient. Un sujet fidèle, le directeur des douanes de la province d'Alava, lui proposait de venir l'enlever à la tête de 2,000 douaniers, tous gens déterminés, et de le conduire hors des lieux occupés par les Français, à Saragosse, où l'on pouvait arriver facilement en traversant les montagnes de Rioja. Le général Savary vit qu'il allait échouer dans la mission dont il s'était chargé. Le zèle et le dévouement dont il avait déjà donné tant de preuves à l'Empereur allaient se trouver démentis par un seul événement. Il pensa qu'il fallait tout hasarder pour vaincre la répugnance de Ferdinand, et il alla jusqu'à lui dire : « Je me laisserai couper la tête, «si un quart d'heure après l'arrivée de Votre Majesté à «Bayonne, l'Empereur ne vous a pas reconnu pour «roi d'Espagne et des Indes : il commencera peut-être «par vous donner le titre d'*altesse*, mais bientôt après «il vous traitera de *majesté*, et dans trois jours tout «sera réglé.» Ferdinand se laissa persuader, continua son voyage, malgré les habitants de Vittoria qui coupèrent les traits de sa voiture, et fit répondre au brave directeur des douanes qu'aucun sujet n'avait droit de se mêler des affaires d'État, et qu'il devait restreindre son zèle à l'obéissance aux ordres de la junte suprême qui gouvernait le royaume.

Deux jours après, le 20 avril, le nouveau roi d'Espagne, toujours accompagné par le général Savary, entra sur le territoire français.

Discussions à Bayonne. — Insurrection du 2 mai, à Madrid. — Abdications des Bourbons d'Espagne. — Ferdinand, peu de temps après son arrivée à Bayonne, fut suivi dans cette ville par Charles IV, par la reine Marie-Louise, sa mère, et par les infants ses frères. Là, le vieux roi, irrité comme monarque, ulcéré comme père, voulut prendre l'Empereur des Français pour juge de ses discussions domestiques. Des scènes violentes eurent lieu entre lui et son fils. Cette misérable famille portait la peine de la faiblesse du père et de l'impudicité de la mère. Le résultat de toutes ces querelles qui servaient, sans doute, les vues de Napoléon, mais auxquelles il demeura étranger, fut une abdication formelle et complète de Charles IV, de Ferdinand VII et de tous les infants, en faveur du prince qu'il plairait à l'empereur des Français de donner pour roi aux Espagnes et aux Indes.

Ce fait important mérite d'être raconté avec détails.

Une insurrection essayée à Madrid dans le but de servir les intérêts de Ferdinand, fut ce qui causa sa ruine.

Le peuple avait vu partir avec douleur le roi et les princes de la famille royale. La reine d'Étrurie, sœur de Ferdinand, et son fils, l'infant don François de Paule, étaient seuls avec l'infant don Antonio, président de la junte de gouvernement provisoire, restés dans la capitale. Une lettre du roi Charles IV les appela à Bayonne. Cette lettre fut aussitôt communiquée à l'infant don Antonio et à la junte. La reine d'Étrurie avait déclaré que son intention était d'obéir aux ordres de son père et de se rendre à Bayonne. Mais cela ne suffisait pas : il fallait aussi que l'infant don François l'accompagnât. Le 1er mai, des officiers, envoyés par le grand-duc de Berg auprès de la junte, en firent la demande formelle, déclarant qu'en cas de refus le Grand-Duc était prêt à employer la force. La junte demanda à délibérer, et finit par déclarer à Murat qu'elle était bien décidée à ne pas consentir au voyage du jeune prince.

Le lendemain, 2 mai, jour néfaste, une foule immense d'hommes et de femmes de tous les âges et de toutes les conditions se pressait sur la place du palais; un long murmure circulait à travers cette multitude, animée par une seule pensée, celle de ne pas laisser partir le jeune infant.

Les voitures étaient déjà depuis long-temps préparées dans la cour du palais, lorsqu'un aide de camp de Murat vint apporter l'ordre de départ. On laissa partir tranquillement la voiture de la reine; mais, lorsque celle de l'infant parut, précédée d'un aide de camp français, une femme s'écria dans la foule : «Ils l'emmènent! ils l'emmènent!» A ces mots, toute cette masse se rua comme un seul homme sur la voiture, dont les traits furent coupés. Cet acte fut le signal du combat; de part et d'autre le feu s'engagea, et en un instant toute la ville fut en pleine insurrection. On eût dit une ville prise d'assaut où les habitants se défendent encore dans les rues. Les troupes françaises, qui n'avaient point reçu d'ordres positifs, ne savaient que faire; une foule de soldats sans armes parcouraient les différents quartiers; partout on les attaquait et on les égorgeait : l'aveugle fureur du peuple était à son paroxisme.

Murat envoya à toutes les troupes stationnées aux environs de Madrid, l'ordre d'entrer dans la ville au pas de charge. Il se mit à leur tête et les fit ranger en ordre de bataille.

Mais pendant ce temps, le massacre continuait toujours; le peuple avait pénétré dans le parc d'artillerie, et s'était emparé des fusils et des cartouches; 13 canonniers qui se trouvaient dans ce parc se mêlèrent à l'insurrection, quoique toutes les troupes eussent été consignées dans leurs casernes, et traînèrent dehors trois pièces de 12, dont l'une fut placée dans la rue qui domine celle de San-Bernardo, par où les Français pouvaient déboucher le plus facilement. Les deux autres pièces furent dirigées sur les rues latérales. Une colonne française parut, en effet, dans la rue San-Bernardo, et marcha sur la pièce. Le commandant français fut tué, et sa troupe repoussée.

Il était important que l'on s'emparât du parc, où les insurgés trouvaient à chaque instant de nouvelles munitions. Un envoyé de la junte se mit à la tête des Français, fit des signaux avec un mouchoir blanc, et cria que les Français venaient comme amis, et d'après les ordres de la junte, pour garder le parc. Le commandant des insurgés fit cesser la canonnade, mais cria aux Français de mettre bas les armes, et, sur leur refus, ordonna de faire feu. La mêlée fut horrible sur ce point; enfin les Espagnols succombèrent; presque tous les canonniers furent tués près de leurs pièces.

Enfin, vers midi, les colonnes françaises étant entrées dans Madrid par les portes du Nord et du Levant, tout rentra dans l'ordre, et la population devint aussi soumise qu'elle s'était montrée exaltée.

Mais on ne put empêcher de terribles représailles de

la part des Français. Un habitant paisible fut massacré avec plusieurs membres de sa famille par la garde impériale qui avait trouvé deux Mameluks égorgés à la porte de cet individu; enfin 60 hommes, pris les armes à la main du côté de la *porte du Soleil*, furent traînés au Prado et fusillés.

Le 3 mai, Murat fit afficher une proclamation dans laquelle il déclarait : qu'une commission militaire se rassemblerait sous la présidence du général Grouchy; que tous ceux qui seraient pris les armes à la main seraient fusillés, ainsi que ceux chez lesquels on trouverait des armes; enfin que chaque village où l'on assassinerait un Français serait brûlé. Mais le lendemain, sur les instance de la junte, Murat annonça qu'il faisait grâce.

Les insurgés n'eurent que 104 hommes tués et 54 blessés; les Français perdirent plus de 500 hommes [1].

La nouvelle des événements du 2 mai arriva à Bayonne, le 6 mai, au moment où l'irritation était la plus vive entre le père et le fils (Charles IV et Ferdinand VII). Le grand-duc de Berg, dans son rapport, exagérait, on ignore par quels motifs, la gravité des faits et le nombre des victimes. L'Empereur, alarmé, se rend aussitôt auprès de Charles IV, et lui communique la dépêche : soudain, le prince des Asturies est mandé au palais du vieux roi; il arrive, il attend pendant une heure qu'il plaise à son père de le recevoir, enfin il est introduit. L'Empereur et ses parents sont assis, lui seul reste debout. Là, il s'entend reprocher, avec amertume et avec violence, d'être la cause de tous les malheurs qui sont arrivés : il veut se défendre; la reine, sa mère, lui ferme la bouche, et le roi lui ordonne de faire sur-le-champ une renonciation absolue à la couronne, sous peine d'être puni, avec toute sa maison, comme usurpateur du trône et conspirateur contre la vie de ses parents.

Ferdinand se résigna, il abandonna, sur l'ordre de son père, les droits qu'il avait reçus de lui. L'infant don Carlos, son frère, et l'infant don Antonio, son oncle, imitèrent son exemple; ils renoncèrent à leurs droits naturels, déterminés à ce sacrifice par l'espérance que l'Espagne trouverait, sous une autre dynastie, le bonheur, qu'il n'était plus au pouvoir de la famille de Charles IV de leur donner.

Charles IV écrivit au conseil de Castille et à celui de l'Inquisition, pour leur faire part des actes de cession, et pour leur donner ordre de reconnaître le nouveau souverain qu'il plairait à l'empereur des Français de donner à l'Espagne.

Le prince des Asturies et les infants joignirent leurs exhortations aux ordres du roi. Afin de prouver leur sincérité dans l'abandon qu'ils venaient de faire de leurs droits, ils adressèrent, plus tard, de Bordeaux, une proclamation au peuple espagnol, pour l'engager à suivre leur exemple, et à se soumettre sans résistance à la loi de la nécessité.

Cependant, à la nouvelle des événements de Bayonne, des séditions éclatèrent dans plusieurs villes d'Espagne : le peuple se révolta, malgré les autorités qui cherchaient à exécuter les derniers ordres de Charles IV,

---

[1] Il y a des détails précieux sur l'insurrection du 2 mai, dans le *Mémoire* qu'ont publié, en 1814, deux membres de la junte suprême de gouvernement, MM. O'Farrill et Azanza, hommes de talent et d'honneur qui ont été par la suite ministres de Joseph Napoléon.

«La junte, disent-ils, se préparait à affronter l'orage qui déjà menaçait évidemment et l'État et le roi (Ferdinand). Mais sa sollicitude entière se portait sur les moyens d'éviter tout événement capable de compromettre la population de Madrid, et de porter le peuple de la capitale à se sacrifier sans utilité pour n'obtenir au prix de son sang que de funestes résultats. Cette catastrophe était d'autant plus à craindre, que le départ de la reine d'Étrurie avait réveillé plus que jamais les soupçons du public relativement à celui de l'infant don François de Paule, que le Grand-Duc pressait incessamment, et qu'il paraissait vouloir effectuer dans la matinée du 2 mai. Depuis le point du jour, la cour du palais se remplit de femmes attirées par la curiosité et l'inquiétude. L'arrivée d'un aide de camp du Grand-Duc fait croire qu'il vient demander la personne de l'infant, le tumulte commence; l'adjudant demande main-forte à une patrouille qui, dans le moment, vient à passer; l'alarme fait des progrès, elle se répand dans la rues qui avoisinent le palais, et au bout d'une demi-heure la fusillade se fait entendre sur tous les points de la capitale. Les officiers et soldats des deux nations qui se trouvent hors de leurs casernes se hâtent de s'y rendre pour être prêts en cas d'appel : chacun, suivant sa manière de voir, croit qu'ils courent aux armes pour attaquer et se défendre, et voilà, en un clin d'œil, Madrid devenue semblable à une ville ouverte, attaquée par l'ennemi, sans avoir préparé sa défense, et sans même y avoir songé. L'incendie allumé par l'animosité qui régnait dans tous les esprits, attisé par les premiers désastres, et nourri par tant d'éléments destructeurs, allait réduire la ville en cendres, et ensevelir sous ses ruines sa nombreuse population, si l'on n'y portait un prompt remède.

«Pour calmer les esprits, Azanza et O'Farrill commencèrent à parcourir à pied les rues qui aboutissent au palais; mais voyant que le tumulte allait croissant, et que les rassemblements, guidés par le bruit répandu que les infants étaient attaqués, se dirigeaient sur le palais, ils y revinrent eux-mêmes, prirent les nouveaux ordres de l'infant don Antonio, et montèrent les chevaux des gardes du corps qui étaient de service, pour pouvoir se porter plus facilement et plus promptement sur tous les points. Tous deux se rendirent d'abord auprès du Grand-Duc, qui était alors à la tête de ses troupes sur les hauteurs de Saint-Vincent. Ils lui représentèrent que le tumulte populaire n'était pas la suite d'un plan concerté, mais le résultat de faux bruits; qu'il serait facile de ramener l'ordre en arrêtant et la marche et le feu des troupes, et ils s'engagèrent à rétablir la tranquillité si on leur donnait un des généraux pour les accompagner. Le Grand-Duc adopta cette mesure et leur adjoignit le général Harispe.

« Suivis de ce général et d'un petit nombre d'officiers français et espagnols, Azanza et O'Farrill se présentèrent à la porte du conseil de Castille, pour lui demander de les aider à calmer la fureur du peuple. Le conseil royal avait déjà préparé, à cet effet, une proclamation succincte, et fait avertir les autres pour qu'ils concourussent tous à la pacification en parcourant les rues, ce qui s'exécuta; et on se divisa en deux troupes au sortir de la rue d'Atocha.

« A l'arrivée d'O'Farrill dans la rue d'Alcala, on lui fit remarquer une foule de marchands catalans, arrêtés par des Français et accusés d'avoir été pris les armes à la main. O'Farrill fit entendre au chef de la troupe française, que ces hommes, en raison du trafic qu'ils exerçaient, avaient la permission d'user d'armes à feu et de les garder dans leur domicile, que le nombre des victimes innocentes immolées ce jour-là n'était déjà que trop considérable, et ces raisons, appuyées par le général Harispe, conservèrent la vie à ces malheureux et leur firent rendre la liberté, aux applaudissements unanimes du peuple.

« Les conseils se retirèrent après avoir parcouru la partie la plus agitée de la ville, et Azanza et O'Farrill, ayant informé de tout l'infant D. Antonio, retournèrent vers le duc de Berg pour lui demander qu'il retirât ses troupes des points qu'elles avait occupés dans la journée; qu'il rendît libres les communications intérieures, pour que les habitants pussent retourner chez eux, et qu'attendu la publication de l'amnistie générale, on cessât toute disposition hostile. Le Grand-Duc y consentit; mais soit qu'il eût tardé d'envoyer ses ordres, soit que ses officiers ne les eussent pas reçus à temps, ou que maître absolu de la force armée, il voulût, avant de s'en dessaisir, effrayer les esprits par de sanglantes leçons; il est certain que cette même nuit on fusilla au Prado plusieurs citoyens arrêtés pendant le tumulte. Leur sang répandu fut une semence de haine et de vengeance, sentiments trop bien justifiés par une conduite aussi atroce. Le sacrifice de ces victimes fut hâté par une commission militaire française, établie le même jour, et que les sollicitations de la junte firent supprimer le lendemain.»

en publiant et en faisant reconnaître l'acte de cession. L'Empereur s'inquiéta peu de ces soulèvements populaires, à la tête desquels on ne remarquait encore aucun homme d'un nom connu. Il était en possession des citadelles importantes, et la valeur de son armée semblait devoir lui assurer pour l'avenir l'obéissance du peuple espagnol.

Junte de Bayonne. — Constitution donnée à l'Espagne. — Joseph Napoléon roi d'Espagne. — Aussitôt que Napoléon se vit maître de disposer de la couronne d'Espagne, il convoqua à Bayonne une junte nationale. Cette junte, régulièrement assemblée, se composait des grands d'Espagne, des députés, des conseils nationaux, et de presque tout ce que l'Espagne comptait d'hommes éminents dans les ordres ecclésiastiques, militaires et administratifs. L'Empereur annonça que son intention était de placer un de ses frères sur le trône d'Espagne; et, pour donner au nouveau souverain l'appui de la volonté nationale et consacrer le résultat des événements de Bayonne par une sorte d'élection libre, il engagea le conseil de Castille, la junte de gouvernement établie à Madrid, les conseils municipaux des principales villes et l'assemblée de Bayonne, à choisir un roi parmi les princes de sa famille. Il ne leur cacha pas qu'il verrait avec plaisir que ce choix s'arrêtât sur son frère Joseph, alors roi de Naples, mais il les laissa maîtres de prononcer. Aucun autre ne pouvait mieux convenir que ce prince aux besoins de l'Espagne : on connaissait sa douceur, ses vertus et ses intentions honorables; son administration dans ses États de Naples faisait concevoir de favorables espérances. Il fut solennellement demandé à l'Empereur par les adresses des corps de l'État et des villes espagnoles; et, le 6 juin 1808, un décret impérial, accédant à ce vœu, le proclama roi des Espagnes et des Indes.

Joseph Napoléon arriva le lendemain à Bayonne. Il accepta le trône qu'on lui offrait, après avoir lu, dans l'acte, cette phrase de Napoléon : «Nous garantissons au roi des Espagnes l'indépendance et l'intégrité de ses États, soit d'Europe, soit d'Asie, soit d'Afrique, soit d'Amérique,» et, après avoir déclaré qu'il ne consentirait à régner sur l'Espagne que dans l'espérance qu'il réussirait à assurer le bonheur et la prospérité de ses sujets.

Aussitôt que la nouvelle de l'arrivée du nouveau roi fut répandue dans la ville, les grands d'Espagne et les Espagnols de toutes les classes s'empressèrent d'aller lui présenter leur hommage. La noblesse de ses manières, son affabilité, ses paroles gracieuses parurent lui avoir conquis tous les cœurs.

Une députation de la grandesse lui fut présentée. On comptait alors, parmi les grands réunis à Bayonne, les hommes les plus illustres de l'Espagne par leur nom, leur naissance et leur fortune ; MM. le prince de Castel-Franco, les ducs de l'Infantado, de Frias,

del Parque, de Hijar et d'Ossuna, les marquis d'Harizas et de Santa-Cruz, et les comtes de Fernand Nunez, d'Orgaz et de Santa-Colona. Dans le discours de félicitation qui fut adressé à Joseph au nom de tous par le duc de l'Infantado, on remarqua le passage suivant :

«Les Espagnols attendent leur bonheur du règne de «Votre Majesté. On désire ardemment votre présence «en Espagne pour fixer les idées, concilier tous les in«térêts et rétablir l'ordre, si nécessaire pour la régéné«ration de la patrie. Sire, les grands d'Espagne se sont «toujours distingués par leur fidélité envers leur sou«verain : Votre Majesté l'éprouvera ainsi que leur af«fection personnelle.»

L'adresse de l'armée, présentée par le duc del Parque, celle du conseil d'État, du conseil de Castille et du conseil de l'Inquisition, renfermaient de pareilles protestations de dévouement et de fidélité.

C'était peu que de témoigner ainsi publiquement leur satisfaction; ces Espagnols, les premiers de la nation, qui, quelques mois après, devaient abandonner honteusement le parti qu'ils avaient si solennellement embrassé, consignaient encore dans leur correspondance privée l'expression de leur dévouement. On lit dans une lettre confidentielle d'un des anciens ministres de Ferdinand (Pedro Cevallos, celui qui défendit avec le plus de ténacité les intérêts de son maître contre les prétentions de Napoléon), ces lignes, qui sont sans aucun doute l'expression libre et volontaire des sentiments de l'écrivain : «J'ai eu l'honneur d'être «présenté au roi qui est arrivé hier de Naples, et je «crois que sa seule présence, sa bonté et la noblesse de «son cœur qu'on découvre à la première vue, suffiront «pour pacifier les provinces sans avoir recours aux «armées.»

Dans la ferveur de leur naissant amour pour Joseph, tous les Espagnols, qui attendaient à Bayonne l'ouverture des travaux de l'assemblée nationale, voulurent mettre le temps à profit, et donner spontanément une marque éclatante de leur zèle pour le nouveau souverain. Ils composèrent et publièrent une proclamation à leurs compatriotes, pour les exhorter à se soumettre tranquillement à la dynastie nouvelle. Afin de mieux lever tous les obstacles, les plus habiles s'étaient chargés de développer, avec chaleur et avec logique, les avantages que présentait pour le bonheur de l'Espagne le changement opéré dans le gouvernement.

Enfin, après avoir discuté et arrêté la Constitution future du peuple espagnol, tous les membres de la junte prêtèrent serment à leur nouveau roi, qui, luimême, la main sur l'Évangile, jura d'observer le pacte constitutionnel et de gouverner pour le bien de l'Espagne. Joseph Napoléon, honnête, loyal, consciencieux, était certainement l'homme de bonne foi dans cette assemblée, où était pourtant réunie l'élite d'une grande nation.

Voir pour le Résumé chronologique, celui du chapitre suivant.

EXPÉDITION SUR CADIX. — CAPITULATION DE BAYLEN.
EXPÉDITION CONTRE VALENCE.

SOMMAIRE.

Forces de l'armée française en Espagne. — Marche du corps de Dupont sur l'Andalousie. — Arrivée à Andujar. — Insurrection des Espagnols. — Combat et prise du pont d'Alcoléa. — Attaque et prise de Cordoue. — Séjour à Cordoue. — Fâcheuses nouvelles. — Retour vers Andujar. — Prise de Jaen. — Arrivée de la division Vedel. — Combat de Despeña-Perros. — Nouveau combat de Jaen. — Mouvements et forces de l'armée espagnole. — Camp d'Andujar. — Positions de l'armée française. — Combat près d'Andujar. — Combat de Mongibar. — Occupation de Baylen par les Espagnols. — Bataille de Baylen. — Inaction du général Vedel. — Capitulation de l'armée. — Expédition de Moncey contre Valence.

ARMÉES FRANÇAISES.		ARMÉES ESPAGNOLES.	
Expédition sur Cadix.	— Général DUPONT.	*Armée d'Andalousie.*	— Général CASTANOS.
Expédition sur Valence.	— Maréchal MONCEY.	*Armée de Valence.*	— Général CERBELLON.

Forces de l'armée française en Espagne. — Les différents corps de l'armée française entrés en Espagne depuis le 1er janvier 1808, et réunis sous les ordres du prince Murat, étaient au nombre de quatre, et formaient, au 30 mai, un total de 78,810 hommes disséminés, il est vrai, sur les points les plus opposés de l'Espagne, c'étaient :

1° Le deuxième corps d'observation de la Gironde, fort de 22,950 hommes, sous les ordres du lieutenant-général Dupont ;

2° Le corps d'observation des côtes de l'Océan, fort de 24,650 hommes, commandés par le maréchal Moncey ;

3° Le corps des Pyrénées-Orientales, composé de 12,400 hommes aux ordres du général Duhesme ;

4° Le corps du maréchal Bessières, fort de 18,810 hommes, dont plus de 3,000 des différentes armes de la garde impériale.

Le corps de Duhesme était en Catalogne. Le corps du maréchal Moncey occupait l'Aragon, la Nouvelle-Castille et les environs de Madrid. Le corps de Bessières assurait la tranquillité de la capitale et les communications avec Bayonne. Le corps de Dupont restait seul disponible.

Le grand-duc de Berg, après l'insurrection du 2 mai, à Madrid, pensa qu'il était urgent de pourvoir à la tranquillité du midi de l'Espagne, et d'occuper Cadix.

Marche du corps de Dupont sur l'Andalousie. — Arrivée à Andujar. — Insurrection des Espagnols. — Le corps d'armée du général Dupont, composé de trois divisions d'infanterie aux ordres des généraux Barbou, Vedel et Leval, et d'une division de cavalerie commandée par le général Frésia, avait, dans les premiers mois de 1808, occupé successivement Valladolid, Zamora et d'autres villes situées sur la rive droite du Duero ; il reçut, dans le courant d'avril, l'ordre de se diriger sur Madrid. La première division d'infanterie et celle de cavalerie vinrent occuper Tolède et les environs ; la seconde s'établit à l'Escurial, et la troisième à Ségovie. Le quartier général de Dupont était à Tolède.

Vers la fin de mai, Murat transmit au général Dupont l'ordre de se porter sur Cadix avec la première division et la cavalerie du général Frésia. La première division fut remplacée à Tolède par la seconde ; la troisième ne fit aucun mouvement.

A son arrivée à Andujar, le général Dupont apprit que toute l'Andalousie était soulevée, et que les forces des insurgés s'élevaient à plus de 45,000 hommes. Cette nouvelle le plaçait dans une position d'autant plus critique qu'il n'avait guère avec lui que 7,300 hommes, et que l'armée espagnole s'était recrutée de trois régiments suisses au service d'Espagne qui auraient dû se réunir à lui en Andalousie.

Combat et prise du pont d'Alcoléa. — Après avoir rendu compte à Murat des difficultés de sa position, le général Dupont continua sa marche sur Cordoue. En route, il fut informé qu'un corps nombreux de l'armée ennemie voulait lui disputer le passage au pont d'Alcoléa. Jusqu'à Andujar, les troupes françaises avaient marché sur plusieurs colonnes ; elles furent alors réunies, partirent de cette ville, le 6 juin, et se présentèrent devant le pont d'Alcoléa, le lendemain, à la pointe du jour. Les forces ennemies, rassemblées sous le commandement du général espagnol Etchaverri, se montaient à 30,000 hommes environ ; la moitié défendait la tête du pont qui était garnie de douze pièces d'artillerie ; l'autre moitié était en réserve sur la rive droite du Guadalquivir.

Une forte canonnade et une fusillade de tirailleurs donnèrent le signal du combat ; la division Barbou fut formée en colonne d'attaque, le général Pannetier marcha le premier au pas de charge avec sa brigade sur les retranchements ennemis ; ses troupes escaladèrent l'épaulement, malgré la profondeur du fossé et le feu meurtrier des retranchements. Culbutés et mis en déroute, les Espagnols furent massacrés dans les ouvrages ; on les poursuivit jusqu'au-delà du pont, et les Français restèrent maîtres du village d'Alcoléa.

Attaque et prise de Cordoue. — Chassé d'Alcoléa, l'ennemi prit position en avant de Cordoue. Le général Dupont se mit à sa poursuite, en laissant toutefois le bataillon des marins de la garde sur la rive droite du Guadalquivir, pour défendre ce passage. Dès que les Espagnols aperçurent les Français, ils abandonnèrent leur camp et se jetèrent dans la ville, dont les portes

11

furent barricadées. La ville de Cordoue, défendue par une enceinte en mauvais état, n'était pas en état de résister à un coup de main; aussi le général Dupont, voulant éviter aux habitants les suites funestes d'une prise d'assaut, fit sommation au corrégidor d'ouvrir les portes, en donnant l'assurance que les personnes et les propriétés seraient respectées. Ces paroles de paix ayant été accueillies par des coups de fusil, les portes furent enfoncées à coups de canon, et les Français envahirent Cordoue au pas de charge, malgré la vive fusillade qui partait de toutes les maisons. On se battit avec acharnement dans les rues, et les Espagnols furent bientôt obligés d'abandonner la ville. Mis en déroute complète, ils se sauvèrent; les uns, dans les montagnes qui sont au-delà de Cordoue, les autres, par la route d'Ecija, sur la rive gauche du Guadalquivir. Les ordres les plus sévères empêchèrent les désordres qui suivent toujours une pareille mêlée, et le commandement de la ville fut donné au général Laplane.

Séjour à Cordoue. — Fâcheuses nouvelles. — Retour vers Andujar. — Une partie des troupes françaises campa sur la route de Séville, en avant de Cordoue, et l'autre en arrière, sur la route de Madrid. Bientôt le général Dupont apprit que l'on massacrait les militaires français qui voyageaient isolément, les malades et les courriers. Les communications avec Madrid étaient interceptées. Il fut informé, en même temps, qu'une nouvelle armée de 40,000 hommes venait d'être organisée sous les ordres du général Castaños, et que cette armée allait de nouveau s'avancer sur Cordoue. Le général Dupont avait demandé des renforts au grand-duc de Berg; il les attendit pendant dix jours; enfin, ne les voyant pas arriver, il quitta Cordoue, le 16 juin, au moment où les Espagnols marchaient contre lui; et revenant vers la Sierra-Morena, se dirigea sur Andujar et Baylen. L'armée prit position à Andujar le 18 juin.

Le général Dupont apprit, en arrivant à Andujar, les excès horribles qui s'y étaient commis depuis le dernier passage des troupes françaises dans cette ville. Les gorges de la Sierra-Morena étaient infestées de contrebandiers et de paysans qui égorgeaient avec la plus révoltante barbarie tous les Français quels qu'ils fussent dont ils pouvaient s'emparer. Le général René avait été pris non loin de la Caroline, et brûlé vif avec plusieurs officiers d'état-major. On avait massacré impitoyablement plus de 400 malades déposés dans les hôpitaux.

Prise de Jaen. — Ces excès avaient été commis en grande partie par les insurgés de Jaen, qui s'étaient portés en masse à Andujar, et qui avaient massacré le commandant et le détachement que le général Dupont y avait laissés. Aussi, ce général, le surlendemain de son retour à Andujar, chargea le capitaine de frégate Baste de se porter sur Jaen avec 600 hommes environ, infanterie et cavalerie, et de punir cette ville de son affreuse conduite. L'empêchement des communications laissait le corps d'armée sans vivres, et l'expédition du capitaine Baste avait aussi pour but de s'en procurer.

Cette mission eut un plein succès; le capitaine Baste dispersa les insurgés, soumit la ville et ramena un convoi de vivres à Andujar.

Arrivée de la division Vedel. — Combat de Despeña-Perros. — Vers le 20 juin, le général Dupont reçut enfin des nouvelles du grand quartier général. Le grand-duc de Berg était tombé malade à Madrid. et venait d'être remplacé dans la direction d'une partie des opérations militaires par le général Savary, qui écrivait au général Dupont pour lui annoncer l'arrivée de deux bataillons et de la division du général Vedel. Savary annonçait aussi l'arrivée de vivres, arrivée d'autant plus importante, que chaque homme de l'armée d'Andujar ne recevait guère par jour que trois ou quatre onces de pain.

Le général Vedel arriva le 26 juin, avec sa division, devant les gorges de Despeña-Perros, où un détachement de 3,000 hommes voulut lui disputer le passage. Vedel envoya contre les insurgés la brigade du général Poinsot, qui les mit en déroute, s'empara de leur artillerie, de leurs vivres et de leurs munitions. Le reste de la division passa sans obstacle, et, après avoir laissé dans la Sierra-Morena les postes nécessaires pour entretenir la correspondance avec la Manche, vint prendre position au bourg de Baylen.

Nouveau combat de Jaen. — Lorsque le capitaine Baste eut rejoint le corps d'armée à Andujar, après avoir battu et expulsé les insurgés de Jaen, cette ville fut de nouveau menacée par les insurgés du royaume de Grenade. Une brigade de la division Vedel, celle du général Cassagne, fut envoyée sur ce point, où elle arriva le 2 juillet. L'ennemi en fut promptement chassé; il revint à la charge le lendemain; mais il fut de nouveau complétement battu, et perdit plus de 600 hommes.

Mouvements et forces de l'armée espagnole. — Camp d'Andujar. — Positions de l'armée française. — Battue à Alcoléa et à Cordoue, l'armée espagnole s'était réunie et concentrée à Séville, d'où elle n'avait pas tardé à se mettre en mouvement et à rentrer dans Cordoue. Le général Castaños commandait cette armée qui ne s'élevait pas à moins de 30,000 hommes. A la tête de ces troupes, il remonta le Guadalquivir par la rive gauche, et s'avança devant l'armée française jusque sur les hauteurs qui sont entre Cordoue et le village d'Arjonilla. Le général Dabadie, qui commandait le génie du corps de Dupont, avait élevé une tête de pont sur la rive gauche du fleuve; le général Castaños établit, le 15 juillet, sur deux mamelons, des batteries contre cet ouvrage que gardait le général Pannetier, avec quatre compagnies du régiment de la garde de Paris et de la troisième légion. Le général Dabadie avait renfermé dans l'ouvrage une ancienne tour qui se trouve à l'entrée du pont, et on y avait posté une compagnie de grenadiers. La première ligne de défense était formée du reste de la première brigade de la division Barbou, bordant la rive droite à la gauche du pont, et de la 2ᵉ brigade, aux ordres du général Chabert, s'étendant à droite. Le capitaine de vaisseau Daugier occupait Andujar, avec le bataillon des marins de la garde; les généraux Rouyer et Schramm formaient la réserve avec la brigade suisse; dans la plaine, en arrière de la ville, était placée la division de cavalerie du général Frésia, dont les détachements éclairaient le cours du Guadalquivir; enfin le pied des montagnes qui dominent Andujar, du côté du nord, était gardé par 7 ou 800 hommes sous le commandement du général Lefranc.

Combat près d'Andujar. — Pendant que le général Dupont disposait ses troupes comme nous venons de le dire, il envoyait à Baylen un officier d'état-major pour avertir le général Vedel du mouvement de l'ennemi, et lui demander une de ses brigades destinée à renforcer les troupes du camp d'Andujar.

Dès que les pièces espagnoles furent en position, le général Castaños commença l'attaque par une canonnade très vive; mais comme cette attaque n'avait pour but que de cacher un autre mouvement, elle n'alla pas plus loin. — 7 à 8,000 insurgés, débouchant de la Sierra-Morena au nord d'Andujar, vinrent attaquer le général Lefranc dans sa position; mais ils furent repoussés et rejetés dans les montagnes.

Combat de Mengibar. — Dès que le général Vedel reçut la dépêche du général Dupont, il se mit en marche avec sa division, à l'exception de deux bataillons qui furent détachés au gué de Mengibar, sur le Guadalquivir. Cette division arriva, le 16 juillet, à Andujar. Le même jour, les troupes envoyées à Mengibar, et que commandait le général Liger-Belair, se virent attaquées par 12,000 hommes des troupes de Castaños, qui les culbutèrent. Les deux bataillons se retirèrent en toute hâte sur Baylen. Le général Gobert, de la division Vedel, avait été laissé dans cette ville avec 1,500 hommes; à la tête de deux bataillons d'infanterie et d'un régiment provisoire de cuirassiers, il se porta au secours du général Belair, et rétablit le combat entre le Guadalquivir et Baylen. Quelques charges bien exécutées par les cuirassiers arrêtèrent d'abord les Espagnols; mais tout à coup le général Gobert fut blessé mortellement d'une balle à la tête. Le général Dufour le remplaça dans le commandement; et, voulant couvrir Baylen, il ramena les troupes, et leur fit prendre position en avant de cette ville.

Surpris de ne pas se voir suivi par l'ennemi, il pensa que les Espagnols manœuvraient par leur droite pour le tourner en prenant le chemin de Baeza; et, dans cette persuasion, il quitta la position qu'il venait de prendre, et se retira sur la Caroline afin de conserver la communication du corps d'armée avec Madrid.

Occupation de Baylen par les Espagnols. — Nous avons vu plus haut que le général Dupont n'avait demandé au général Vedel qu'une de ses brigades et non sa division tout entière; aussi lui ordonna-t-il, le jour même de son arrivée, et après l'échec de Mengibar, de retourner sur-le-champ à Baylen, de repousser l'ennemi, et de revenir à Andujar, après avoir mis ce poste en sûreté. Vedel se remit donc en marche dans la soirée, et arriva le 17 à Baylen, qu'il trouva abandonné, le général Dufour s'étant, comme nous venons de le dire, porté sur la Caroline. Vedel suivit la même direction, sans s'assurer seulement de la position de l'ennemi, et laissa ainsi Baylen dégarni et à la disposition des Espagnols. — Ceux-ci se hâtèrent de profiter de cette faute du général français, et la colonne qui avait combattu le général Liger-Belair, à Mengibar, vint occuper Baylen, où elle fut bientôt rejointe par d'autres troupes.

Bataille de Baylen. — Inaction du général Vedel. — Le général Dupont, en apprenant que les généraux Dufour et Vedel s'étaient dirigés sur la Caroline, et reconnaissant la nécessité d'arriver à Baylen avant les Espagnols, donna l'ordre à ses troupes de se tenir prêtes à partir le soir même du 17 juillet. Malheureusement ce départ fut retardé par le général lui-même, et ne s'effectua que dans l'après-midi du lendemain. Le 19, à la pointe du jour, les troupes françaises arrivèrent à trois quarts de lieue de Baylen, sur les bords de la petite rivière de l'Haremblar ou de Ramblar. La rive gauche était occupée par des avant-postes ennemis qui défendaient le pont. L'avant-garde française, formée de la brigade de cavalerie légère du général Dupré, chargea avec impétuosité et s'empara de trois pièces de canon; mais elle fut bientôt forcée de les abandonner; en effet, cette troupe n'était pas encore soutenue, et les Espagnols s'avançaient en force sur elle. L'infanterie la joignit bientôt.

Le front de Baylen était couvert de troupes nombreuses, l'élite de l'armée espagnole, et s'élevant à près de 25,000 hommes. Reding, général suisse au service d'Espagne, les commandait. Le général Dupont fit aussitôt former en colonne la brigade du général Chabert, et lui ordonna de marcher sur l'ennemi. Elle fut soutenue par la brigade suisse ci-devant au service d'Espagne. L'autre brigade de la division Barbou, commandée par le général Pannetier, se posta sur les hauteurs qui dominent le pont, pour en interdire le passage aux troupes qui pourraient venir d'Andujar; le bataillon des marins de la garde forma la réserve; et la cavalerie fut placée comme le permit la nature du terrain.

Les troupes du général Chabert obtinrent d'abord quelque avantage; mais le front du général Reding s'étendant de plus en plus, débordait la droite des Français, et menaçait de les prendre en flanc au moyen de deux bataillons qui venaient de s'établir sur une haute colline. La brigade du général Pryvé reçut l'ordre de se porter sur ce point et d'en déposter l'ennemi. Elle arriva bientôt au sommet de la colline; le général fit sonner la charge; le 1ᵉʳ régiment de dragons et un escadron de cuirassiers se précipitèrent sur les deux bataillons espagnols, les enfoncèrent et tuèrent tous ceux qui ne parvinrent pas à fuir; le drapeau de l'un des bataillons tomba au pouvoir des Français. Le général Pryvé, exposé à un feu meurtrier, ne pouvait pas cependant garder la position dont il venait de s'emparer ; il ramena donc ses troupes sur le point d'où elles étaient parties ; mais deux autres bataillons ennemis vinrent aussitôt prendre sur la hauteur la place des premiers. Il fallut faire une seconde charge, et elle n'eut pas moins de succès que la première ; les Espagnols furent de nouveau culbutés, sabrés, mis en fuite, et perdirent encore un drapeau. La brigade française revint alors à sa première position. Les deux drapeaux espagnols furent portés par l'ordre du général Dupont sur le front de l'infanterie pour exciter l'ardeur des soldats ; cette vue électrisa les troupes qui firent éclater leur enthousiasme par les cris de *Vive l'Empereur !* Mais là s'arrêtèrent les progrès des Français. — A tous leurs efforts, au feu de leur artillerie, l'ennemi opposait sans cesse un front serré et menaçant, garni d'une artillerie formidable. Trois fois le général Dupont ordonna une charge générale à la baïonnette, et trois fois l'impétuosité de cette charge vint échouer contre les masses espagnoles qui débordaient à chaque instant les lignes françaises : heureusement la cavalerie parvenait à contenir les troupes ennemies.

La bataille s'était engagée à trois heures du matin et durait jusqu'au milieu de la journée sans avoir obtenu aucun résultat ; les troupes françaises étaient exténuées par la fatigue, par la faim, par la chaleur et surtout par la soif (le torrent de l'Haremblar était à sec). Le général Dupont avait toujours espéré que le bruit du canon ferait revenir le général Vedel sur ses pas, et qu'il faciliterait, par une attaque sur les derrières du général Reding, le passage vers Baylen. Mais cet espoir commençait à s'évanouir, et, dans l'impossibilité où il était de percer la ligne qu'il avait devant lui, il ne voyait aucun moyen d'échapper au corps ennemi qui venait sur ses derrières par Andujar. Pour comble de malheur, la brigade suisse, au service d'Espagne, qui se trouvait faire partie de l'armée française et qui s'était jusque-là distinguée par son courage, retourna dans les rangs ennemis ; un autre bataillon suisse, celui du général Freuler, était sur le point d'en faire autant ; un tiers des autres troupes en ligne était hors de combat, et le reste montrait un découragement complet.

Le général Dupont, n'ayant aucun espoir de sortir de cette position, et atteint lui-même par l'abattement général, voulut du moins sauver à ses troupes l'humiliation de mettre bas les armes sur un champ de bataille ; il résolut en conséquence de demander une suspension d'armes pour négocier un arrangement. Il envoya comme parlementaire, au général Reding, un officier d'ordonnance de l'Empereur, le capitaine Villoutreys, qui, lui ayant apporté des dépêches, se trouvait alors près de lui. Le feu cessa aussitôt, et il fut convenu que les hostilités seraient suspendues provisoirement, mais que les deux armées conserveraient leurs positions.

Le général Pryvé se rendit en ce moment auprès du général Dupont, et lui représenta que rien n'était encore désespéré, et qu'il était un moyen de se faire passage. — D'abord, il fallait abandonner tous les transports qui pourraient gêner la marche des troupes ; par ce moyen, on aurait 1,500 hommes employés à la garde de ces équipages, et qui deviendraient disponibles pour le combat ; il fallait ensuite réunir toute l'infanterie devant l'aile droite de l'ennemi, et la faire marcher sur cette aile en plusieurs colonnes dont la cavalerie flanquerait la gauche ; la position actuelle des Espagnols ne leur permettrait pas de résister à cet effort, surtout lorsque la cavalerie française les prenant en flanc, ils verraient leur droite débordée ; cette droite une fois culbutée, les Français continueraient leur marche en avant et par échelons, toujours en combattant, et parviendraient, sans doute, ainsi à opérer leur jonction avec le général Vedel, qui ne devait pas être loin de Baylen. — Le général Dupont, découragé probablement, reçut ces observations sans y répondre, et le projet du brave général Pryvé n'eut pas de suites.

Disons maintenant comment il se fit que le général Vedel ne vint pas se joindre au corps dont il faisait partie, et qui combattait depuis si long-temps contre des forces supérieures.

Le général Vedel était resté, toute la journée du 18, à la Caroline, dans la crainte que les Espagnols n'effectuassent le mouvement que redoutait le général Dufour. Lorsque, le matin du 19, il entendit le canon dans la direction de Baylen, il ne douta point que le général Dupont ne fût aux prises avec les Espagnols qu'il avait supposé se dirigeant sur la Caroline, et il se mit aussitôt en mouvement pour revenir sur le champ de bataille, qui n'était qu'à quatre lieues de lui. Mais le général Vedel perdit un temps précieux à faire reposer en route ses troupes que la chaleur accablait. Quand il arriva devant Baylen, il était quatre heures du soir, et, sur la foi de l'armistice, les troupes espagnoles se livraient au repos. Vedel les attaqua à l'improviste, leur prit deux pièces de canon et leur fit 800 prisonniers. Le général Reding se hâta de faire prévenir le général Vedel qu'un armistice venait d'être conclu ; on s'expliqua, et le général Vedel prit position au-dessus de Baylen.

Capitulation de l'armée. — Les négociations continuèrent, et après de longs pourparlers, les généraux ennemis firent dire au général Dupont qu'il leur fallait l'assentiment de leur commandant en chef pour conclure une capitulation. Le général Dupont envoya donc au quartier général de Castaños, à Andujar, les généraux Chabert et Marescot.

Ce dernier général se trouvait auprès du général Dupont, comme ayant été chargé par l'Empereur de la mission d'inspecter les fortifications de Cadix et les côtes méridionales de l'Espagne ; il était venu joindre le corps d'armée d'Andalousie, et il avait attendu jusqu'à ce jour qu'il se présentât une occasion de remplir sa mission. Il avait été chargé par le Comité de Salut Public, lors de la paix conclue entre la France et l'Espagne, en 1795, de régler les limites des deux États avec les commissaires de Charles IV ; le général Castaños avait été un de ces commissaires. Marescot espérait que ses anciennes relations avec le général espagnol lui feraient obtenir pour le corps de Dupont des conditions plus avantageuses ; mais il ne voulut que servir d'arbitre, et offrit seulement d'accompagner à Andujar l'officier chargé de négocier la capitulation.

Pendant ce temps, les troupes du général Vedel étaient dans un état de violente irritation ; elles regardaient comme une honte le repos ordonné par leur général et l'engagement pris par le général Dupont, et ne voulaient pas y souscrire ; elles demandaient hautement à se frayer, les armes à la main, un passage jusqu'au camp de Dupont. Le général Vedel rassembla, le 20 juillet, au matin, ses généraux de brigade et ses officiers supérieurs, et l'avis unanime fut qu'il fallait profiter de l'exaltation des soldats pour attaquer de nouveau les Espagnols ; Vedel fit, en conséquence, prévenir le général Dupont de ce qui venait d'être décidé, et lui demanda son autorisation. Mais celui-ci, auquel les événements avaient ôté toute énergie, répondit qu'il ne pouvait plus rompre l'armistice, et qu'il fallait attendre l'issue des négociations entamées pour obtenir une capitulation honorable. Le général Vedel, voyant qu'il n'y avait rien à faire, leva son camp dans la soirée, et se remit en marche sur la Caroline.

Le général Reding, ayant vu ce mouvement, fit dire au général Dupont qu'il allait faire passer par les armes les troupes qu'il tenait bloquées, si le général Vedel ne venait pas au plus tôt reprendre sa première position. Dupont envoya aussitôt son sous-chef d'état-major pour empêcher la division Vedel d'aller plus loin ; mais, dans l'après-midi, le général Reding, ne voyant pas revenir ces troupes, renouvela ses menaces, et obtint du général Dupont qu'il enverrait un officier général chargé de l'ordre formel de ramener à Baylen la division Vedel.

Cette mission fut confiée au général Pryvé, qui partit avec un officier espagnol. Mais quand il fut arrivé à la Caroline, le général Vedel en était parti pour continuer sa marche rétrograde. Le général Pryvé allait poursuivre sa route, lorsqu'il rencontra le sous-chef d'état-major envoyé avant lui, et qui retournait à Baylen avec le général Cassagne, porteur des pleins pouvoirs du général Vedel pour adhérer à la capitulation qui se négociait. Le général Pryvé ne s'en rendit pas moins auprès de la division française, qui s'était arrêtée à Santa-Helena, bourg situé à trois lieues de la Caroline. Les troupes du général Vedel étaient sous les armes et en pleine insurrection ; une partie voulait se retirer sur Madrid, l'autre aller délivrer l'armée de Dupont. On parvint cependant à les apaiser, et elles revinrent devant Baylen prendre leur première position. Malheureux soldats, disposés à combattre et à mourir pour vaincre, et qu'une capitulation allait, sans combat, déclarer prisonniers et vaincus !

Le général Reding n'avait pas voulu attendre l'effet des démarches du général Pryvé, et il avait dirigé sur la Caroline une forte colonne pour suivre les mouvements de la division française. Les Espagnols, en entrant dans ce bourg, égorgèrent tous les blessés et les traîneurs français qu'ils rencontrèrent.

Cependant, le matin du 20 juillet, le général Chabert, accompagné du général Marescot, était arrivé à Andujar avec tous les pouvoirs nécessaires pour conclure la capitulation. Les négociations s'ouvrirent, et les plénipotentiaires français demandèrent que les troupes du général Dupont eussent la faculté de se retirer sur Madrid, en prenant l'engagement de ne pas servir contre les troupes espagnoles pendant un temps convenu. Cette condition eût sans doute été acceptée, si une dépêche du général Savary, saisie par un parti espagnol dans la Sierra-Morena, et transmise, le 21, à Castanos, n'eût paralysé le désir que celui-ci avait d'être agréable au général Marescot. Par cette dépêche, Savary ordonnait au général Dupont de rétrograder en toute hâte sur Madrid, où une partie de la Grande-Armée française se rassemblait alors. La discussion dura deux jours, et enfin on signa une capitulation portant que la division Dupont serait prisonnière de guerre et transportée par mer en France, où elle ne servirait qu'après son échange ; que la division Vedel défilerait avec ses armes, les déposerait en faisceaux et s'embarquerait également pour la France ; on ne devait lui rendre ses armes qu'au moment de l'embarquement.

Cette capitulation fut violée par les Espagnols, de la manière la plus indigne ; on refusa aux Français les passe-ports promis. Les troupes françaises furent jetées dans des forteresses et dans des cachots, ou placées sur des pontons dans le port de Cadix, où la plupart périrent de faim, de misère et de désespoir. Ceux qui survécurent furent transportés dans l'île de Cabrera, où leur sort ne fut pas moins affreux. — Nous reviendrons sur ces lamentables infortunes.

Expédition de Moncey contre Valence. — Vers la fin du mois de mai 1808, une insurrection avait éclaté à Valence, et les Français y avaient été impitoyablement massacrés. Murat, voulant punir cette ville de sa perfidie, chargea le maréchal Moncey d'une expédition particulière contre ses habitants, et lui confia, à cet effet, 9,000 hommes d'infanterie, 1,500 chevaux et un léger train de campagne. A cette nouvelle, on activa dans la ville les préparatifs de guerre ; on ouvrit un emprunt de 40 millions de réaux (10,000,000 fr.), et les dons volontaires s'élevèrent à des sommes considérables.

Le point de rassemblement de l'armée espagnole était à Almanza. Cette armée, commandée par le général Cerbellon, était forte de 16,000 hommes.

Adorno, ayant sous ses ordres le général don José Caro, s'avança avec un autre corps de 9,000 hommes vers le mont Gabriel, dont il occupa les défilés, tandis que Caro, avec le régiment suisse Traxler, quelques gardes espagnoles et trois canons, défendait le pont Pajazo.

Moncey, parti de Madrid, arriva à Cuenca le 11 juin, et y resta jusqu'au 17, époque à laquelle il marcha par Pesquera contre Valence. Les troupes de Caro ne résistèrent pas long-temps ; Adorno disparut, et sa division se dispersa.

Le 23 juin, on apprit à Valence que Moncey approchait, et Rico, l'un des membres de la junte, reçut l'ordre de courir à Cabrillas, et de défendre ce point avec tout ce qu'il pourrait rassembler. Il y trouva un brigadier avec trois canons, 184 vieux soldats et trois nouveaux bataillons. Les Français parurent, le 24, vers hidi. Malgré leur bonne volonté, les troupes qui défendaient le défilé furent culbutées.

Le 25, Moncey descendit dans la plaine de Valence, et établit son quartier général à Buñol, d'où il somma la ville de se rendre; mais il reçut une réponse négative. On s'occupa d'établir tant bien que mal des fortifications dans la place, on disposa des batteries sur certains points, et l'on se prépara à une vigoureuse défense. Le nombre des combattants, soldats et citoyens, se montait à 20,000; les femmes, les enfants, les vieillards montèrent aux étages les plus élevés ou sur les toits, pour précipiter de là sur les Français des meubles et des projectiles de toute espèce.

Moncey renouvela la sommation, le 28, et accorda un armistice jusqu'à ce qu'il eut reçu une réponse. Son envoyé chercha à inspirer des craintes à la Junte, en lui détaillant les forces contre lesquelles Valence prétendait lutter, et en lui disant que la résistance serait punie par le sac de la ville dont on ne laisserait aucune trace. Conquista, un des membres de la Junte, chercha à convaincre ses collègues de la nécessité d'ouvrir les portes aux Français; mais Rico soutint que Moncey n'avait ni assez d'artillerie, ni assez de troupes pour s'emparer de la ville. Cependant on ne voulut prendre aucune décision avant d'avoir consulté la population, qui déclara vouloir se défendre jusqu'à la dernière extrémité. Craignant même que la Junte ne secondât pas ses intentions, le peuple vint en foule à la porte de la salle, en criant : «Mort aux traîtres!» En un instant la salle fut envahie; mais on parvint à calmer l'irritation de cette masse d'hommes qui voulaient exterminer quelques députés dont ils se défiaient; le peuple exigea, pour prix de sa clémence, que toute la Junte se rendît avec lui devant les murs pour la défense de la ville. Ces messieurs se résignèrent d'assez bonne grâce et visitèrent les postes, où ils furent reçus partout aux cris de *Guerre! Mort aux lâches! Vaincre ou mourir!* On remit alors à l'envoyé du maréchal cette courte et énergique réponse : «Le peuple de Valence préfère la «mort à tout accommodement.»

L'attaque commença aussitôt; les Français s'avancèrent en deux colonnes, pendant que quatre obusiers jetaient des grenades dans la ville. Ces démonstrations ne firent qu'irriter la population, qui faisait partout entendre les cris de *Vive Ferdinand! Mort aux Français!*

La première colonne, précédée par de l'artillerie, parvint promptement jusqu'à la porte Quarté, rejetant les Espagnols sous les murs. Mais, là, ceux-ci commencèrent à se défendre avec énergie. Une pièce de 24, qu'ils avaient placée derrière la porte, faisait beaucoup de mal aux Français; un bourgeois se tenait auprès, et avait la précaution d'entrebâiller de temps en temps la porte avec une longue épée de chevalier, pour laisser passer la charge de la pièce.

Pendant ce temps, la seconde colonne, forte de 3,000 hommes, avec quatre canons, attaquait la batterie Santa-Catalina devant laquelle était posté le seul bataillon régulier, qui se retira promptement derrière cette batterie et jusque sous les murs. Les Français donnèrent l'assaut, mais sans succès.

A cinq heures, un assaut contre la porte située entre celle de Quarté et de San-Vincent, mit en fuite les Espagnols qui se trouvaient à découvert sur le mur; mais, comme les Français ne pouvaient franchir le pied de ce mur, les Valenciens revinrent en force et firent bonne contenance.

On essaya de battre la muraille avec du canon; mais le canon était d'un trop petit calibre; pendant que les pièces tonnaient inutilement, les Valenciens fortifiaient la place Curbon, qui touche à cette partie des remparts, et y conduisaient de l'artillerie.

Bientôt des renforts arrivèrent aux assiégés; c'étaient les guérillas de la Huerta [1] qui, nombreuses et favorisées par le terrain, entouraient les Français.

Pendant que les hommes se battaient, les femmes ne restaient pas oisives; elles s'occupaient à faire des sacs à mitraille avec des draps de lit; la plupart ôtaient leurs bas pour les remplir de morceaux de cuivre et de fer; quelques-unes faisaient des bourres avec des nattes de jonc, et d'autres portaient de l'eau et du vinaigre pour refroidir les pièces.

Le maréchal Moncey, désespérant de s'emparer de Valence, fit cesser le feu vers neuf heures du soir, et se retira vers le Xucar. Le lendemain, il renvoya aux Valenciens 25 prisonniers, avec une lettre, dans laquelle il demandait qu'en échange de ces hommes on lui rendît le général Excelmans, le colonel Lagrange et quelques autres. La Junte refusa. Cerbellon reçut l'ordre de se mettre à la poursuite du général Moncey, mais il ne se hâta pas, n'étant pas pressé de le joindre [2].

[1] Plaine des environs de Valence couverte de jardins.

[2] Les *Bulletins français* et les rapports émanés de l'état-major du grand-duc de Berg ne parlent pas de cette expédition, sur laquelle il n'a rien été publié en France. Nous n'en avons trouvé mention que dans les documents espagnols. C'est donc un récit espagnol qu'on vient de lire. Il est probable que la retraite du maréchal Moncey ne fut pas déterminée seulement par la défense des Valenciens, et que des ordres de l'Empereur le rappelèrent vers la Vieille-Castille et l'Aragon. C'était le moment ou les événements de Bayonne venaient d'éprouver leur crise définitive.

RÉSUME CHRONOLOGIQUE.

1808.

10 JANVIER. Entrée du corps de Moncey en Biscaye.

2 FÉVRIER. Entrée du corps de Duhesme en Catalogne.

19 MARS. Révolte d'Aranjuez. — Abdication de Charles IV.

23 — Entrée du grand-duc de Berg à Madrid.

10 AVRIL. Départ de Ferdinand VII de Madrid.

20 — Arrivée de Ferdinand à Bayonne.

2 MAI. Insurrection de Madrid.

5 — Renonciation de Charles IV à la couronne d'Espagne.

6 JUIN. Renonciation de Ferdinand VII et des Infants. — Joseph Napoléon est proclamé roi d'Espagne et des Indes. —Combat du pont d'Alcoléa. — Prise de Cordoue.

20 — Prise de Jaen.

26 — Combat de Despeña Perros.

25-28 —Expédition de Moncey contre Valence.

7 JUILLET. Serment prêté à Joseph et à la Constitution par les membres de l'assemblée de Bayonne.

16 — Combat de Mengibar.

19-22 — Bataille de Baylen. — Capitulation.

PREMIER ET DEUXIÈME SIÉGES DE SARAGOSSE.

TROUPES FRANÇAISES.	GARNISON DE SARAGOSSE
Généraux : Général VERDIER. — Maréchal MONCEY. — Général JUNOT. — Maréchal MORTIER. — Maréchal LANNES.	*Général.* — JOSEPH PALAFOX.

Le peuple aragonais avait applaudi à la chute de Godoy et à l'avénement de Ferdinand VII. Défiant et jaloux de ses droits, il ne voyait les Français qu'avec inquiétude. L'insurrection du 2 mai, à Madrid, causa dans tout l'Aragon une fermentation générale. La nouvelle des événements de Bayonne décida l'insurrection ; elle se développa avec une telle rapidité, que les généraux français durent se hâter de chercher à la comprimer. Deux divisions françaises, celles de Lefèvre-Desnouettes et de Verdier furent dans ce but successivement dirigées contre Saragosse ; mais à leur arrivée sur l'Èbre, elles trouvèrent le pays complétement soulevé, et parcouru dans tous les sens par des bandes insurgées.

Saragosse et ses moyens de défense.—Saragosse, capitale de l'Aragon, est située dans une grande plaine sur la rive droite de l'Èbre ; un pont de pierre conduit au faubourg de la rive gauche ; la ville forme un demi-cercle, dont le fleuve est le diamètre. La petite rivière de Huerva, qui vient des montagnes du sud, et qui n'est remplie d'eau qu'en hiver et dans les temps de pluie, partage la plaine environnante en deux parties égales ; le ravin assez escarpé, que forme cette rivière, touche, du côté de l'est, à la moitié du demi-cercle à laquelle il sert de défense, bien qu'il se trouve encore quelques espaces vides entre ce ravin et la cité. Là, les maisons sont contiguës aux champs, et il n'y a que les cloîtres Saint-Augustin et Sainte-Monique qui aient des hauts murs de jardins. Ce côté de l'est de Saragosse a trois portes : la porte del Sol (du Soleil) près de l'Èbre, la porte de Saint-Ildefonse et la porte Quemada (brûlée), qui est située le plus près de la partie méridionale du demi-cercle.

Presqu'au milieu de l'espace que la Huerva parcourt, au bord du côté de l'est de la ville et sur sa rive droite, est le couvent de Saint-Joseph qui sert, en quelque sorte, de bastion avancé ; toujours de ce côté, et à une distance de quatre cents toises à peu près, s'élève un plateau nommé le *Monte-Torrero*, sur lequel se trouvent plusieurs maisons et les magasins à poudre.

Cette hauteur domine les environs, le canal d'Aragon passe devant.

Du point où la Huerva atteint la ville et où cette rivière a un pont, l'enceinte occidentale de Saragosse, entourée de murs de huit à dix pieds de hauteur sur deux à trois d'épaisseur, s'étend vers l'Èbre. La porte la plus voisine du pont de la Huerva se nomme la porte Santa-Engracia ; ensuite on trouve la porte del Carmen, en dehors de laquelle est situé, sur le côté, un couvent des capucins ; puis celle del Portillo, à qui le cloître des Carmes déchaussés sert de bastion. A une petite distance de cette dernière porte, un peu de côté vers l'Èbre et sur la route d'Alagon, est située l'Aljaferia, masse de pierre carrée, dont les voûtes sont à l'épreuve de la bombe et dont les coins sont garnis de petites tours. L'Aljaferia est enfermée par un fossé profond et par une muraille formant d'étroits bastions. La dernière porte de ce côté de l'ouest est celle de Sancho, près de l'Èbre.

Les plus grandes défenses des portes étaient les cloîtres adjacents ou voisins, qui, ainsi que les églises et quelques bâtiments publics, étaient les seuls points forts de Saragosse ; car la plupart des maisons sont basses et légèrement bâties, quoique construites en pierre et même voûtées jusqu'au premier étage.

Autour de Saragosse s'étendaient des allées d'arbres qui servaient de promenades publiques, et le terrain au loin était couvert d'oliviers.

Voici quels furent les préparatifs de défense : on ferma et on barricada les portes des parties orientales de la ville ; celles de l'ouest, du côté desquelles arrivaient les Français, restèrent ouvertes, et on plaça, dans l'espace intérieur, soit deux canons, soit un canon avec un obusier. On transporta à la porte de l'est quelques canons que le peuple avait conduits dans l'intérieur de la ville, et enfin on en conduisit un sur la place de la caserne de cavalerie qui est située dans l'enceinte de la ville, près de la porte del Portillo.

Saragosse renfermait 60,000 habitants ; ceux-ci avaient choisi pour chef un brigadier des armées espagnoles, don Joseph Rebolledo Palafox y Melzi, qui prit le commandement général au nom de Ferdinand VII.

Arrivée des Français devant Saragosse. — Le général Lefèvre-Desnouettes, après avoir battu les insurgés dans plusieurs engagements à Mallen, à Alagon et à Espila, parvint près de Saragosse et s'arrêta dans une vallée du côté opposé à la partie de la ville située sur l'Èbre, et qui est dominée par un terrain couvert d'oliviers. Là, voulant assurer sa position pour attendre tranquillement les renforts qu'on lui avait annoncés, il chassa les postes ennemis du coteau qui dominait la ville, et s'y établit. — Le 28 juin, le mamelon du Monte-Torrero, l'un des points extérieurs les plus importants à la défense de la place, fut enlevé à la baïonnette par le régiment de la Vistule, qui s'empara de toute l'artillerie ennemie et fit un grand nombre de prisonniers.

Palafox fut tellement irrité de la perte du Monte-Torreno, qu'il déclara traître à la patrie l'officier qui commandait ce poste, le fit juger par une commission militaire et pendre sur la grande place de la ville, afin que tous ceux qui seraient tentés de l'imiter fussent épouvantés par cet exemple. Les communications de Saragosse avec le pays sur la rive droite de l'Èbre, furent coupées par l'occupation de Monte-Torrero. — Le 29 juin, le général Verdier, à la tête de sa division d'infanterie, fit sa jonction avec le général Lefèvre-Desnouettes, et prit le commandement de toutes les troupes du siége.

Tout ce que l'abnégation et le patriotisme peuvent inspirer de sacrifices pour la défense d'une ville fut mis en usage par les habitants de Saragosse; ils défirent les tendelets qui servaient de jalousies aux croisées de leurs maisons, et en fabriquèrent des sacs qu'ils remplirent de sable, et dont ils formèrent les embrâsures des batteries qui furent élevées; on démolit ou l'on brûla les maisons de l'extérieur, et l'on coupa ou l'on déracina les oliviers. La garnison se renforça de quelques détachements de différents régiments de ligne espagnols et de quelques soldats d'artillerie; enfin les assiégés reçurent de Lérida un convoi de bouches à feu et de projectiles.

Attaque de la ville. — *Les Français sont repoussés.* — Un magasin à poudre, bâti au centre de la ville, fit explosion le 30 juin, et détruisit une rue presque entière. Cet événement jeta la désolation parmi les habitants; ils achevaient à peine de tirer des décombres les cadavres des victimes, que les Français commencèrent leur feu. Des bombes, des obus et des boulets creux, aux nombre de plus de douze cents, tombèrent dans la ville et y causèrent un affreux ravage, aucun des bâtiments n'étant à l'épreuve du canon.

Palafox avait fait élever une batterie devant le Portillo. Ce fut sur ce point que les assiégeants dirigèrent particulièrement leur attaque; plusieurs fois les Espagnols relevèrent l'épaulement sous le feu même de leurs adversaires. Un carnage épouvantable eut lieu à cette batterie. Une jeune femme du peuple, nommée *Augustina*, étant venue apporter des provisions aux canonniers espagnols dans le moment le plus chaud, et les voyant hésiter à recommencer le feu, se précipita au milieu des morts et des blessés, arracha une mèche des mains d'un canonnier expirant, mit le feu à une pièce de 24, et, sautant sur le canon, fit le serment de ne s'en séparer qu'avec la vie. Ce trait d'héroïsme ranima l'ardeur des Espagnols, qui recommencèrent avec une nouvelle vigueur le feu contre les assiégeants.

Pendant cette attaque contre le Portillo, le général Verdier en dirigeait une autre vers la porte del Carmen. A peine la colonne française s'avançait-elle vers cette porte, que, tout à coup et presque à bout portant, une décharge de mitraille renversa le premier rang. Malgré cette défense, les Français entourèrent bientôt tout le côté occidental de la ville, depuis l'Èbre jusqu'à la porta Santa-Engracia.

La porte del Carmen, trop faible pour résister longtemps, ne tarda pas à être enfoncée, et les Français se précipitèrent dans la ville; mais les Aragonais, fermes à leurs pièces, n'en continuaient pas moins leur feu qui, secondé par la fusillade partant des maisons, força les assiégeants à rétrograder. Cependant, beaucoup des Français qui étaient parvenus dans l'intérieur se réunirent à leurs camarades qui étaient parvenus à escalader la muraille entre la porte del Carmen et celle du Portillo, et s'avancèrent, tambour battant, sur la place de la Miséricorde et celle de Portillo. Cette manœuvre hardie ne déconcerta pas les Aragonais; pendant qu'un certain nombre d'entre eux continuait de défendre les deux portes attaquées, d'autres s'élancèrent vers le canon qui était sur la place de la caserne de cavalerie, près du mur du jardin du couvent de Sainte-Inès, et le braquèrent sur le front des Français que cette attaque arrêta court. Des troupes insurgées les attaquèrent alors avec fureur de tous côtés, et un engagement sanglant eut lieu, dans lequel la victoire resta aux assiégés. Tous les Français qui échappèrent à la mort se réfugièrent dans la caserne de cavalerie, où plusieurs d'entre eux avaient pénétré pendant le combat; les Aragonais les y attaquèrent en s'introduisant dans le bâtiment par les toits. Les Français se décidèrent alors à abandonner la caserne, à laquelle ils mirent le feu.

Pendant ces engagements partiels, l'attaque des autres portes continuait. Les tirailleurs français, placés derrière les arbres dont la ville était entourée, faisaient beaucoup de mal aux Espagnols, mais sans pouvoir abattre leur courage. L'attaque contre les portes fut renouvelée, et toujours le feu des assiégés força les assiégeants à reculer.

Les munitions vinrent à manquer aux Espagnols, après quelques heures de combat; et, quoique là, tout homme fût soldat, et qu'il n'y eût pas un chef pour donner des ordres, le bruit ne s'en fut pas plutôt répandu parmi les assiégés, qu'on vit les femmes et les enfants apporter de la poudre des magasins; d'autres aller de maison en maison rassembler des clous et du vieux fer pour la mitraille; d'autres couper leurs habits pour faire des sacs à mitrailles et des bourres de canon. On vit des femmes et des enfants se risquer au plus fort de la mêlée. Un garçon de 11 ans s'empara du drapeau d'un enseigne qui venait d'être blessé, et le porta en triomphe dans les rues, en criant : « *Vive Maria del Pilar!* » Ce cri, mille fois répété, électrisa les Espagnols. Quand bien même les Français fussent parvenus à forcer les portes, ils eussent eu de la peine à pénétrer dans cette partie de la ville ; car tous ceux qui, incapables de manier les armes, étaient restés dans les maisons, avaient transporté sur les balcons et dans les étages supérieurs, des meubles, du fer, des pierres, de la chaux pour en écraser les vainqueurs.

L'abord des portes était rendu plus difficile par les monceaux de morts qui les obstruaient ; cependant, après sept heures d'efforts, les Français voulurent tenter encore de s'en rendre maîtres ; mais tout leur courage vint échouer contre l'héroïque résistance des assiégés, et ils furent forcés à la retraite. D'après une relation espagnole qui est trop intéressée pour qu'on y puisse ajouter une foi entière, les Français auraient perdu dans cette seule attaque 2,000 hommes, 6 drapeaux et 6 canons.

Inaction temporaire. — Les Français passent l'Èbre. — Le général Verdier ne pouvant, à cause de l'insuffisance de ses troupes, renouveler de vive force ses attaques contre une ville dont les habitants se défendaient avec tant d'opiniâtreté, se borna, jusqu'au 11 juillet, à surveiller les postes extérieurs, et fit réunir les matériaux nécessaires à la construction d'un pont de radeaux sur l'Èbre. Les Français passèrent ce fleuve, le 11, malgré les efforts des assiégés. Un détachement d'infanterie prit position sur la rive gauche, pour protéger l'établissement du pont, qui fut terminé le 12. Divers partis d'insurgés voulurent en vain s'opposer à cette opération et couper la communication des assiégés : ils furent partout repoussés. Les moulins qui servaient à l'approvisionnement de la ville furent détruits par la cavalerie française, qui ôta ainsi à Palafox les moyens de se procurer des munitions et des vivres.

Pour obvier à ce grave inconvénient, le général espagnol fit établir des moulins conduits par des chevaux, et sous la direction de plusieurs officiers d'artillerie, employa les moines à la fabrication de la poudre à canon. On mit en réquisition tout le soufre qui pouvait se trouver dans la ville, on lava la terre des rues pour en extraire le salpêtre, et les tiges de chanvre qui, en Espagne, sont fort élevées, servirent à faire du charbon.

Investissement complet. — Suite du siège. — Bombardement. — Les assiégeants, ayant reçu quelques renforts vers la fin de juillet, purent, dès lors, cerner entièrement la ville. Vers la même époque, les Français passèrent le ravin de la Huerva et s'établirent dans le petit espace compris entre ce ravin et la ville. Ils y établirent sept batteries contre le couvent de Santa-Engracia ; ces batteries menaçaient le front entre ce couvent et la porte del Carmen, et, en flanc, le couvent des Capucins. — Les assiégeants avaient reçu tous les renforts qu'ils avaient à attendre, et voulaient utiliser le temps avant que les Espagnols reçussent les

leurs. — Le 1er août, les batteries commencèrent un bombardement qui dura quelques heures, et se turent ensuite jusqu'au 3. Mais alors un feu effroyable partit de tous les ouvrages des Français. Les bombes furent d'abord dirigées sur les maisons voisines des points attaqués, ensuite vers le cloître San-Francisco, et enfin sur le grand hôpital de Notre-Dame-de-Grâce, où il y avait des enfants trouvés, des aliénés et beaucoup d'autres malades. Ces projectiles ne tuèrent personne ; mais ils causèrent un tel effroi, que plusieurs malades abandonnèrent leur lit, et s'élancèrent dans la rue par les fenêtres.

Les Aragonais, déjà cependant assez occupés de la défense de leurs portes, déployèrent un zèle au-dessus de tout éloge dans les soins qu'ils donnèrent à ces malheureux. En peu d'heures tous furent mis en lieu de sûreté, et l'hôpital resta vide. Des bombes vinrent éclater aux pieds de ceux qui portaient les malades ; un de ces derniers, qui était à l'agonie, voyant qu'une de ces explosions n'avait blessé personne, retrouva assez de force pour se lever sur son lit et pour s'écrier : «C'est sainte Marie de Pilar qui nous protège ! — C'est «elle» répondirent les porteurs, et ils continuèrent à s'avancer courageusement au milieu des éclats. — Le fanatisme religieux chez ces hommes déterminés servait de soutien au dévouement patriotique.

Ce feu dura sans interruption jusqu'au 4 août, au matin. Alors les batteries de brèche, composées de pièces de 16 et de 24, commencèrent à bombarder la porte Santa-Engracia et le mur de jardin situé entre cette porte et la tour Pino. Tout ce qui se trouvait dans la direction des boulets fut renversé en un instant.

Les défenseurs des batteries établis aux portes del Carmen et Santa-Engracia, firent en vain tous leurs efforts pour conserver leurs postes. Tous moururent sur leurs pièces, et furent remplacés par de nouveaux soldats, qui ne tardèrent pas à éprouver le même sort.

Attaque générale. — Les Français pénètrent dans Saragosse et s'emparent de la moitié de la ville. — Des brèches étaient ouvertes partout à dix heures du matin, et l'assaut général commença. Après deux attaques faites sur deux points différents, et qui furent repoussées, 3,000 assiégeants, soutenus par des réserves, sortirent des tranchées, et s'avancèrent sur les ruines qui s'étendaient depuis la porte del Carmen jusqu'au cloître Santa-Engracia. Ils arrivèrent jusqu'aux décombres sans trouver de résistance : là, des Espagnols, cachés derrière ces ruines, parurent tout à coup, et voulurent barrer le passage aux Français, mais ils étaient trop inférieurs en nombre, et ne purent y parvenir. A onze heures et demie, les assiégeants pénétrèrent dans Saragosse par la brèche du cloître et par celle de la porte del Carmen.

Santa-Engracia est située presque en ligne perpendiculaire sur la porte del Angel, qui conduit au pont sur l'Èbre, près duquel se trouve sur la gauche la place et l'église Santa-Maria del Pilar. Au milieu du chemin de Santa-Engracia à ce pont, la ville est coupée par la grande et large rue d'*El Cosso*, qui, à l'est, se courbe vers l'Èbre, et à l'ouest, se termine au grand marché Neuf et à une rue de traverse qui aboutit également au fleuve. Ainsi le Cosso étant parallèle à l'Èbre, et ses deux bouts y tombant perpendiculairement, entoure dans la ville un massif oblong qui renferme beaucoup de place, l'église del Pilar et la porte de l'Èbre.

Le but des assiégeants était de rassembler leurs colonnes d'attaque sur le Cosso, et de pénétrer par là jusqu'au fleuve. Les troupes qui entrèrent par Santa-Engracia, parvinrent sur le Cosso, où elles se partagèrent en trois colonnes, dont l'une se dirigea à droite, en descendant le Cosso, vers la place Santa-Magdalena et l'Èbre, l'autre, à gauche, vers le nouveau marché, et la troisième droit au pont. Cette dernière se trompa de chemin, se trouva engagée dans des rues étroites, et y rencontra une petite troupe d'Espagnols qui, saisie d'une terreur panique à la vue des Français, se replia en désordre vers l'Èbre. Tout à coup un prêtre, revêtu de ses habits sacerdotaux, sortit d'une chapelle, apparut à leurs yeux, et élevant l'hostie, leur dit d'une voix solennelle : «Est-ce ainsi que vous abandonnez Dieu, la foi et la patrie?» A ces mots, les fuyards s'arrêtèrent : la voix du prêtre, le signe sacré de la rédemption, tout leur donna un nouveau courage; ils se retournèrent, et firent face aux Français, sur lesquels ils se précipitèrent en criant : *Vive Espagne !* Une affreuse mêlée eut lieu, et les Français, après avoir éprouvé des pertes considérables, furent obligés de se retirer sur le Cosso. Les deux autres colonnes françaises, également repoussées, furent contraintes de revenir sur le même point. Les Espagnols n'abandonnaient pas pour cela leurs retranchements; une partie d'entre eux seulement se détachaient pour venir soutenir ceux qui combattaient dans les rues.

Nous avons dit que des colonnes d'assiégeants avaient aussi pénétré par la porte del Carmen; une partie de ces troupes marcha sur le Cosso, et le reste chercha à pénétrer sur la place de la Miséricorde. Au milieu du chemin, les Français se virent tout à coup barrer le passage par un prédicateur, don Santiago Sas, que Palafox avait nommé capitaine. Ce prêtre se trouvait aux batteries du Portillo; mais dès qu'il avait appris l'entrée des assiégeants, il s'était mis en marche vers le Cosso avec deux compagnies, et se rencontra ainsi avec la tête de la colonne française. Il se précipita aussitôt sur elle, abattit d'un coup de sabre l'officier qui la conduisait, et força les assiégeants à se replier jusqu'au cloître Santa-Fe. Là, ceux-ci renouvelèrent le combat; mais les Espagnols se firent un passage à travers les portes et les fenêtres, et chassèrent les Français, qui, renforcés par de nouvelles troupes, s'établirent à côté de Santa-Rosa.

La seconde division des assiégeants, entrée par le Carmen, et qui se dirigeait vers la place de la Miséricorde, parvint jusqu'à la haie du jardin du cloître de l'Incarnation. A l'extrémité de la place se trouvait une troupe d'Espagnols occupée à faire une coupure dans les décombres, afin de couvrir quelques canons retirés des batteries perdues. Les Français, ne supposant pas que cette poignée d'hommes eussent l'intention de se maintenir dans un poste déjà tourné par

d'autres colonnes, leur firent avec un mouchoir blanc des signaux de reddition. Les Espagnols répondirent en attachant à un pieu un morceau de toile sur lequel ils tracèrent ces mots en couleur foncée : «*Vaincre ou mourir pour Ferdinand VII.*» Ils plantèrent cet étendard sur un tas de sable, et dirigèrent sur les Français une affreuse canonnade à laquelle ceux-ci répondirent.

Saragosse présentait en ce moment un effroyable aspect; on n'avait fait aucun préparatif pour une défense intérieure; aussi les assiégeants, une fois entrés dans la ville, pensèrent-ils qu'ils ne devaient plus craindre aucune résistance, et beaucoup de soldats, se séparant de leur corps, entrèrent dans les maisons pour piller. Les plus grands excès furent commis; mais la plupart des pillards trouvèrent la mort : les femmes elles-mêmes aidaient à les massacrer et à les précipiter par les fenêtres.

Capitulation refusée. — Retraite des Espagnols derrière le Cosso. — Malgré l'opiniâtre résistance des Espagnols, les Français se trouvaient, à sept heures du soir, maîtres de la moitié de Saragosse; aussi, tandis que l'on se battait dans les rues, le général Verdier, pensant que les Aragonais étaient convaincus de l'inutilité de leur résistance, envoya au général Palafox un parlementaire, avec une sommation qui contenait ces deux mots : «*Une capitulation.*» Palafox y répondit sur-le-champ en ces termes : «*Guerre à mort [1].*» Pour qu'on ne doutât pas de ses intentions, il fit planter un drapeau rouge sur la nouvelle tour, qui est peu éloignée du Cosso, et un autre de la même couleur avec une croix blanche au milieu, pour annoncer aux renforts qui arrivaient au secours de Saragosse que la ville tenait encore.

Les Français occupaient un des côtés du Cosso, les Espagnols tenaient le côté opposé; ils y élevèrent à la hâte quelques retranchements où ils placèrent du canon. L'espace qui séparait les deux partis fut bientôt comblé par des cadavres d'hommes jetés du haut des maisons où ils avaient trouvé la mort, ou tués en bas dans la mêlée. Le 5 août, et les jours suivants, les deux partis restèrent ainsi en présence, mais sans cesser de combattre. Le général craignait que cette accumulation de cadavres n'amenât une contagion; mais les Espagnols étaient dans un tel état d'exaspération, qu'ils ne voulurent pas même demander une trêve de quelques heures pour se délivrer de ce foyer de destruction. Palafox imagina alors de faire conduire les prisonniers français, liés avec une corde au milieu des morts, pour en retirer les corps de leurs compatriotes et leur donner la sépulture, tandis que les Espagnols rendaient à leurs frères le même devoir.

Les Espagnols reçoivent des renforts. — Leur défense désespérée.—Retraite volontaire des Français. — Le général Verdier, n'étant maître que d'une partie de la ville, et n'ayant pas assez de troupes pour empêcher l'introduction de tout secours du dehors, Pala-

[1] *Guerra a cuchillo,* littéralement *guerre au couteau*

fox profita de cette circonstance pour faire venir du renfort. Le 5, dans l'après-midi, don Francisco Palafox, frère du général, arriva avec 3,000 hommes de troupes espagnoles, de Suisses et de volontaires d'Aragon, escortant un convoi de vivres et de munitions.

Le général espagnol réunit, le 5 août, un conseil de guerre, lequel décida, à l'unanimité, que l'on continuerait à défendre les quartiers de la ville que l'on avait conservés; que si les Français finissaient par l'emporter, la population se retirerait aussitôt dans les faubourgs de la rive gauche, en traversant le pont de l'Èbre, et qu'après avoir détruit le pont, on se défendrait jusqu'à la dernière extrémité dans cette position.

Le plus affreux combat se prolongea de rue en rue, de maison en maison, pendant huit jours de suite. Les habitants de Saragosse finirent par rentrer dans une partie des positions dont les Français s'étaient emparés, et ceux-ci se trouvèrent réduits seulement à l'occupation d'un huitième de la ville.

Palafox ne négligeait aucun des moyens qui pouvaient accroître l'exaltation des Aragonais; des prêtres et des moines faisaient, dans les églises, dans les rues et sur les places, des prédications religieuses et patriotiques, par lesquelles, au nom du *Dieu des armées*, ils ordonnaient à tous les Espagnols de sacrifier leur fortune et leur vie pour la sainte cause de la patrie. Ces ministres de la religion ne se bornaient pas à ce rôle excitatif : armés de fusils, ils combattaient eux-mêmes dans les rangs du peuple, et mettaient dans leurs actions autant d'énergie que dans leurs paroles. Santiago Sas, dont nous avons déjà parlé, se faisait remarquer au milieu de tous par son courage et son sang froid; à la tête de 40 hommes, il parvint à effectuer l'introduction d'un convoi de poudre venu de Lerida. Les Espagnols prétendent que ce prêtre soldat tua de sa main, dans un seul engagement, 17 Français.

Les femmes rivalisaient avec les hommes de patriotisme et de dévouement. La comtesse Zurita, appartenant à l'une des familles les plus distinguées de l'Aragon, avait organisé une compagnie de femmes destinées à secourir les blessés et à porter des vivres aux soldats jusque dans les postes les plus dangereux. Belle, jeune et délicate, cette femme ne s'écarta pas un seul instant de la noble mission qu'elle s'était tracée : on la vit partout, au milieu du feu le plus terrible, des bombes, des obus et de la mousqueterie. Toutes ses compagnes suivirent l'héroïque exemple qu'elle leur donnait.

Le feu des assiégeants recommença d'une manière fort vive dans la nuit du 13 au 14 août. L'incendie se manifesta dans plusieurs édifices; les Aragonais se rappelaient le terrible bombardement du 3, et tremblaient de le voir se renouveler . aussi quelle fut leur joie, quand ils virent, le lendemain, les colonnes françaises rétrogradant sur la route de Mallen. Quelques Espagnols voulaient se lancer à la poursuite des fugitifs; mais Palafox s'y opposa, heureux d'avoir atteint le but de ses efforts en conservant la ville qu'il avait juré de défendre.

La retraite du général Verdier fut donc entièrement volontaire. Les événements qui furent la conséquence du désastre de Baylen le rappelèrent sur un autre point.

———

Second siége de Saragosse. — Travaux et forces des Aragonais. — Quatre mois après, et lorsque l'Empereur reprenant l'offensive, se mit lui même à la tête de l'armée, le corps du maréchal Moncey, renforcé de celui du maréchal Mortier, fut chargé de faire une seconde fois le siége de Saragosse. Les deux corps se trouvèrent réunis, le 19 décembre, sur le Xiloca, et l'on jugea alors que l'armée de siége pouvait entamer ses opérations, investir Saragosse sur les deux rives, et commencer les travaux dès qu'elle se serait emparée des postes avancés.

Le général Palafox avait profité du temps qui s'était écoulé avant les premières démonstrations d'hostilités pour faire travailler aux fortifications.

Les nouveaux ouvrages furent principalement le crénèlement des murailles et l'érection de quelques redoutes. La porte Sancho avait été couverte d'une batterie, et la porte del Portillo, située en face du couvent des Carmes déchaussés, correspondait à ce couvent par un parapet. De ce couvent, jusqu'à celui des Capucins, on avait creusé un fossé profond de quinze pieds et large de vingt-un, dont la terre, jetée en arrière, formait un chemin couvert. Le dernier de ces couvents était sans fossés et seulement crénelé. Cette courtine, longue de trois cents toises, recevait le feu de flanc par un demi-bastion plat établi au milieu, et par les deux couvents.

Le fossé allait jusqu'au pont de la Huerva, devant lequel était une petite tête de pont, dont les côtés, non flanqués, avaient des fourneaux de mines ; un double retranchement unissait cet ouvrage avec le couvent de Santa-Engracia, situé derrière. Dans la gorge ouverte du couvent était une tenaille qui couvrait le pont de la Huerva. Un parapet, construit sur la rive gauche de la rivière, enfilait le côté gauche du couvent. Le point important, où la Huerva se jette dans l'Èbre, avait été entièrement négligé; mais la hauteur Buenavista du Monte-Torrero, hors de l'enceinte de la ville, était garnie d'un ouvrage. Le pont situé sur le canal vers la Muela et sur le chemin de Madrid, avait une tête, et entre les redoutes qui la formaient, se trouvait encore, près de la Casa-Blanca, un ouvrage couvert, garni de quelques pièces.

Le faubourg était défendu par quelques redoutes et flèches revêtues de briques sèches, et dont quelques maisons crénelées, situées en arrière, formaient le soutien. —Vers le Gallego, au nord-ouest, entre le marais et l'Èbre, était un bastion avancé nommé le *cloître Jésus;* de là, un ouvrage complétement couvert coupait le chemin vers Barcelone.

La défense intérieure avait été aussi l'objet de soins tout particuliers. Toutes les rues près de l'enceinte étaient coupées par des traverses, et dans les plus larges de ces rues, ainsi que sur les places, on avait construit des blindages. Les portes et les fenêtres basses des maisons crénelées avaient été murées, de telle sorte que chaque quartier formait un fort. — Les femmes confectionnaient des uniformes dans les ateliers de tailleurs, les moines faisaient des cartouches, et les bourgeois qui ne faisaient pas l'exercice travaillaient aux fortifications.

La garnison se composait de 35 à 40,000 hommes, dont 8 à 10,000 d'anciens régiments de ligne et 2,000 de cavalerie. A ce nombre, il faut ajouter 15,000 paysans bien armés, et un grand nombre d'habitants, parmi lesquels tous les moines et prêtres valides se faisaient surtout remarquer. Plus de 200 bouches à feu étaient en batterie.

Forces de l'armée de siége. — Les Français avaient aussi tiré parti du retard forcé qu'avait éprouvé le commencement du siége, et qui était dû à ce que le maréchal avait été forcé de s'arrêter à Xiloca pour rassembler des subsistances et attendre les renforts indispensables pour entamer un siége aussi important que celui de Saragosse.

Le général Dedon, qui commandait l'artillerie de siége, avait réuni un équipage de soixante bouches à feu; le général Lacoste, commandant le génie, avait rassemblé vingt mille outils, cent mille sacs à terre, et fait confectionner par les sapeurs quatre mille gabions et un grand nombre de fascines. Les magasins, les manutentions et les hôpitaux de l'armée de siége avaient été réunis à Alagon.

L'armée assiégeante se composait des 3e et 5e corps Le premier, formé de trois divisions d'infanterie aux ordres des généraux Grandjean, Morlot et Meusnier-la-Converserie, et d'une brigade de cavalerie commandée par le général Wathier, était fort de 14 à 15,000 hommes. Il était destiné à exécuter à peu près tous les travaux de siége sur la rive droite de l'Èbre. Le 5e corps, formé des deux divisions Suchet et Gazan et fort de 16 à 17,000 hommes, devait bloquer la ville par la rive gauche, et couvrir les opérations du siége sur la rive droite contre les entreprises que pourraient tenter les insurgés de l'extérieur. A ces forces, il faut joindre six compagnies d'artillerie, huit compagnies de sapeurs, trois compagnies de mineurs, quarante officiers de génie et un équipage de soixante bouches à feu. — Le maréchal Moncey avait le commandement en chef.

Attaque du Monte-Torrero et du faubourg de la rive gauche. — Avant de commencer les travaux de siége, il était indispensable que les Français occupassent le Monte-Torrero. Dans la nuit du 21 au 22 décembre, ils ouvrirent, sur la hauteur qui domine cette position, une batterie sous le feu de laquelle l'attaque commença le matin. Une colonne passa dans le lit de la Huerva, sous les arcs du canal, et attaqua la redoute du pont de la Muela et celle de la Casa-Blanca. En même temps, la brigade du général Habert, de la division Gazan, passa le canal sous un aquéduc dont elle s'était emparée la veille, se porta sur la rive gauche, et se plaça entre la ville et l'ouvrage qu'elle attaqua à la gorge. Les Espagnols prirent la fuite en abandonnant une centaine de prisonniers et trois canons encloués. La cavalerie française voulut se mettre à la poursuite des fuyards; mais ceux-ci ayant fait sauter le pont du canal, elle en fut empêchée.

Pendant cette attaque, une brigade de la division Morlot s'emparait de la tête de pont des grandes écluses et de deux pièces de canon qui s'y trouvaient.

D'après le plan convenu, l'attaque du faubourg de la rive gauche de l'Èbre devait se combiner avec celle de Monte-Torrero; malheureusement elle commença après la prise de cette dernière position, de sorte que l'ennemi put y porter des forces considérables : aussi le général Gazan trouva-t-il 4,000 Espagnols postés dans les bois et les jardins en avant du faubourg. Il les culbuta facilement; 600 Suisses, renfermés dans une grande maison non loin du faubourg sur la route de Villa-Mayer, furent massacrés ou pris. Si le général Gazan eût pu s'emparer de ce faubourg, comme le portaient ses instructions, les travaux du siége eussent été singulièrement abrégés et simplifiés; mais on attaqua sur un seul point, au lieu de reconnaître tous les ouvrages de l'ennemi, et la première brigade de la division, engagée presque seule, perdit beaucoup de monde.

Positions de l'armée de siége. — Sommation. — Réponse de Palafox. — Après l'attaque infructueuse de Gazan contre le faubourg, on conseilla à Palafox d'entreprendre la nuit une sortie avec 20,000 hommes contre le général français; mais il n'en voulut rien faire, et laissa ainsi au général Gazan le temps de s'affermir dans sa position, qui fut fortifiée par des inondations. Le 21, Gazan acheva de former le blocus du faubourg. Une de ses brigades s'étendait à droite de la route de Cuera, et l'autre, avec deux bataillons, à gauche, au pont du Gallego, sur la route de Barcelone. Sur la rive droite, et dans l'espace compris entre le Haut-Èbre et la vallée de la Huerva, étaient postées les divisions Suchet et Morlot; les hauteurs du Monte-Torrero étaient occupées par la division Meusnier; la division Grandjean fermait le reste de l'espace jusqu'au Bas-Èbre, liant sa droite avec les postes du général Gazan sur la rive gauche.

Le 22, le maréchal Moncey envoya une sommation à Palafox et aux magistrats de la ville, auxquels il fit part de la capitulation de Madrid; mais le général espagnol refusa d'y croire, et adressa au maréchal une réponse dans laquelle il refusait toute capitulation. Cette réponse se terminait ainsi : « Le sang espa-«gnol nous couvre d'honneur autant qu'il tache les «armes françaises de honte, et monsieur le maréchal «doit savoir que l'enthousiasme de onze millions «d'hommes ne s'éteint pas par l'oppression, et que «quiconque veut être libre l'est. Verser le sang de mes «subordonnés n'est pas mon désir; mais il n'en est point «un seul parmi eux qui ne le consacre avec joie à la «patrie. De la capitulation de Madrid, il ne suit pas «que d'autres villes se rendront aussi.»

Commencement des travaux. — Le 22, un pont de bateaux, destiné à faire communiquer entre eux les différents quartiers de l'armée, fut construit sur le Haut-Èbre par le général d'artillerie Dedon. En même temps le général Lacoste, après avoir reconnu les ouvrages de l'ennemi, proposa un plan qui fut adopté

par le maréchal Moncey. Il consistait en trois attaques:
l'une sur le château de l'Inquisition, point très fort,
et qui n'avait pour but que de resserrer et d'inquiéter
l'ennemi de ce côté; l'autre, sur la tête de pont de la
Huerva, et la troisième sur le couvent Saint-Joseph,
ouvrage faible, en ce que l'ennemi avait négligé d'é-
tablir une enceinte derrière.

Le 29 décembre, tout se trouva prêt pour l'ouverture de la tranchée, et les travaux commencèrent; on
ouvrit, à cent soixante toises du fort Saint-Joseph, la
parallèle de l'attaque de droite; celle du centre fut ouverte à cent quarante toises de la tête du pont, et
s'étendit sur la rive gauche de la Huerva : il était important de resserrer l'ennemi sur cette rive, d'où il
aurait pu faire des sorties et inquiéter les cheminements. La parallèle contre le château de l'Inquisition
fut commencée par deux compagnies de sapeurs. Derrière ces trois parallèles, on pratiqua des communications.

Les parallèles de droite et du centre étaient presque
terminées, lorsque, le 31, l'ennemi fit une sortie générale qu'il soutint par un feu très vif d'artillerie. Une
de ses colonnes déboucha au confluent de la Huerva et
de l'Èbre, par le chemin couvert du fort Saint-Joseph,
entre le fleuve et la parallèle de droite. Cet intervalle
était occupé par six compagnies de voltigeurs qui repoussèrent vivement cette attaque. La garde de tranchée n'eut pas moins de succès à la gauche de cette
même parallèle, sur laquelle une autre colonne s'était
avancée. Les tentatives des Espagnols contre la parallèle du centre, et contre celle commencée devant le
château de l'Inquisition, ne réussirent pas mieux.

*Junot remplace Moncey. — Affaiblissement de l'ar-
mée française.* — L'ennemi fit encore sans succès une
sortie le 1er janvier 1809, et une autre le lendemain.
Ce jour-là, 2 janvier, le duc d'Abrantès vint remplacer le maréchal Moncey dans le commandement
du 3e corps; il apporta au maréchal Mortier l'ordre
de se porter sur Calatayud, avec la division Suchet, à
l'effet d'établir la communication avec Madrid. L'armée assiégeante se trouva ainsi diminuée de 9,000
hommes; et lorsque, peu de temps après, une armée
de secours s'organisa dans l'Aragon pour soutenir les
Espagnols, il fut impossible de détacher aucune troupe
de siège pour s'opposer à cette organisation.

*Suite des travaux. — Attaque et prise du fort Saint-
Joseph.* — Le siége et le blocus de la rive droite se
trouvaient ainsi reposer entièrement sur le 3e corps,
qui, pour se procurer des vivres et des fourrages, qu'on
ne pouvait avoir que par la force des armes, était souvent forcé d'envoyer de gros détachements dans les
villages voisins. Les 4,000 hommes composant la division Morlot vinrent prendre la place qu'occupaient les
9,000 hommes du général Suchet, ce qui, nécessairement obligea les troupes à s'étendre davantage. Voulant au moins suppléer au nombre par des retranchements, le général Lacoste fit construire devant le front
de la division Morlot trois redoutes de contrevallation.

On posta, sur la rive gauche de la Huerva, une partie
de la division Meusnier.

La seconde parallèle de l'attaque de droite, à
quarante toises du fort Saint-Joseph, et les communications avec la première, furent terminées le
6 janvier.

Un renfort de trente bouches à feu arriva à la même
époque.

On éleva, le 7 et le 8, contre Saint-Joseph, deux
batteries de huit canons ou obusiers; une autre batterie de brèche de quatre pièces de 24 fut construite à
la première parallèle, et à la seconde, une troisième
batterie de quatre mortiers.

Quatre batteries, renfermant quatre pièces de 24,
quatre mortiers, cinq pièces de 12 et trois obusiers,
furent élevées devant la tête de pont.

Pendant que l'on disposait tous les moyens d'attaque, les assiégés n'avaient pas cessé de faire un feu
soutenu d'artillerie et de mousqueterie qui avait tué
ou blessé une centaine d'hommes. Cependant, le 9, au
soir, toutes ces batteries furent prêtes à jouer, et,
le 10, à la pointe du jour, on les démasqua. Malgré le
feu bien vif qui venait de la place et des deux ouvrages
attaqués, les batteries françaises ruinèrent promple-
ment les embrasures et les parapets en maçonnerie.
Le soir, l'artillerie de Saint-Joseph et de la tête de pont
n'était plus à craindre.

Les assiégeants continuèrent, le 11, le feu de leur
batterie; le parapet en maçonnerie du fort Saint-Joseph
étant presque entièrement détruit, la brèche parut
praticable, et l'assaut fut fixé à quatre heures du soir.
On différa l'assaut de la tête de pont, la brèche n'étant
pas assez avancée.

Le couvent de Saint-Joseph était pour les assiégés
un poste d'une grande importance; il protégeait le
côté faible de la place, et assurait les sorties de la garnison dans la campagne : aussi Palafox avait-il placé,
tant dans le fort que dans le chemin couvert, 4,000
hommes de ses meilleures troupes. Les fortifications
de Saint-Joseph avaient été faites avec beaucoup de
soin.

A quatre heures du soir l'attaque commença. Deux
pièces d'artillerie, soutenues de quatre compagnies
d'infanterie, furent mises en position pour enfiler la
branche gauche du chemin couvert qui s'étend le long
du ravin. Les Espagnols ne purent résister au feu de
cette artillerie; ils abandonnèrent le chemin couvert
et se retirèrent derrière la Huerva. Aussitôt quelques
compagnies de voltigeurs, conduites par le chef de
bataillon Stahl, s'élancèrent de la deuxième parallèle,
et se précipitèrent sur le fort pour en faire l'assaut.
Mais une contrescarpe de dix-huit pieds s'opposa à
leur élan. Des échelles furent appliquées sur la contrescarpe et sur l'escarpe du fossé pour arriver jusqu'à la
brèche; en même temps, un capitaine de génie, suivi
de quelques mineurs et sapeurs, et d'une centaine de
voltigeurs, chercha à tourner le fort; il se posta sur le
pont qui fait communiquer le fort au chemin couvert
de droite, le passa, pénétra dans le fort, et y prit environ 100 hommes dont un colonel. Le reste s'enfuit ou fut égorgé. Les Français s'établirent aussitôt

dans la gorge du fort, et établirent des communications avec la seconde parallèle.

Nouvelles batteries. — Prise d'une tête de pont. — Sortie repoussée. — Le logement à la gorge du fort et les communications de la seconde à la troisième parallèle, qu'on exécutait de chaque côté de Saint-Joseph en couronnant l'escarpement de la Huerva, furent terminés le 14 janvier. Ces dispositions resserrèrent l'ennemi dans la place, et le double obstacle d'une rivière avec son escarpement de huit pieds de haut protégèrent les travaux des assiégeants contre les sorties.

Deux nouvelles batteries furent commencées dans la troisième parallèle à droite de Saint-Joseph; elles avaient pour but de faire taire deux obusiers et quatre canons placés par les assiégés derrière l'enceinte en face du fort dont les Français s'étaient emparés, et qui les incommodaient beaucoup. Ces deux batteries devaient servir ensuite pour ouvrir la brèche sur l'enceinte de la place.

Une autre batterie fut établie en avant de la gauche, de la première parallèle de droite, et armée de quatre obusiers de huit pouces, pour prendre des revers sur la longue courtine qui va de la gorge de la tête de pont au couvent des Capucins, et mettre des entraves aux communications de cette tête de pont avec la place.

On n'avançait que très lentement dans le travail du cheminement jusqu'à la contrescarpe de la tête de pont; l'ennemi avait, dans cette partie, une artillerie nombreuse qui gênait beaucoup les travailleurs. Mais la batterie construite en avant de la gauche de la première parallèle de droite, et dont nous venons de parler, fut démasquée, le 15, au point du jour, et agit avec assez de succès pour que la tête du pont pût être battue à huit heures du soir.

Cette tête de pont avait quatre faces; l'une, perpendiculaire au chemin de Monte-Torrero, n'était point flanquée; son fossé, creusé à pic avait dix pieds de profondeur. Cette face non flanquée fut assaillie par 40 voltigeurs du premier régiment de la Vistule, qui, précédés d'un détachement de mineurs et de sapeurs portant des échelles, franchirent le fossé, arrivèrent sur le haut du parapet, et, de là, dirigèrent dans l'intérieur de la tête du pont un feu très vif. Les Espagnols, terrifiés par cette brusque attaque, abandonnèrent le poste et se retirèrent par le pont, qu'ils détruisirent ensuite.

On forma, pendant la nuit, un logement sur la face de l'ouvrage dont on venait de s'emparer, en retournant le parapet contre la ville; on fit, à l'aide de fascines, un passage dans le fossé, et l'on établit la communication du logement de l'ouvrage à la tête de sape.

Une parallèle, destinée à soutenir le logement de la tête de pont, fut commencée le 16, et étendue par la droite jusqu'au coude de la Huerva, pour pouvoir communiquer avec la troisième parallèle de l'attaque de droite.

Les deux batteries construites dans la troisième parallèle, à droite de Saint-Joseph, commencèrent,

le 17, à tirer contre les batteries du mur d'enceinte en arrière de ce couvent; trois des pièces des assiégés furent démontées, et les autres se turent.

Le 21, la troisième parallèle de droite fut achevée; elle s'étendait, par son extrémité droite, à quarante toises de l'Èbre, et par sa gauche, jusqu'au coude de la Huerva : de là, elle communiquait avec la parallèle de l'attaque du centre, qui fut également terminée. L'emplacement de l'artillerie fut alors définitivement arrêté; pour les deux attaques du centre et de la droite on mit en batterie cinquante bouches à feu.

Ce même jour, les Espagnols firent une sortie pour venir enclouer une batterie de mortiers dont les bombes leur faisaient beaucoup de mal. 100 Aragonais, environ, soutenus par une forte réserve, traversèrent, avec une audace incroyable, la seconde parallèle gardée par un poste peu nombreux, et parvinrent jusqu'à la première, où ils tentèrent d'enclouer la batterie. Mais la réserve française mit bientôt en fuite cette petite troupe, qui, en traversant la seconde parallèle pour regagner la place, laissa prisonniers entre les mains des assiégeants son commandant, deux officiers et une trentaine d'hommes. Tout le reste fut tué.

Insurrections et rassemblements dans l'Aragon. — Le maréchal Lannes prend le commandement des assiégeants. — On en était à ce point du siège de Saragosse, lorsque des rassemblements, organisés dans l'Aragon, se montrèrent tout à coup sur plusieurs points; toute la province fut bientôt en armes, et, malgré les succès obtenus sur les insurgés par le corps d'observation du général Wathier, on ne put que les disperser sans les détruire, car ils se reformaient à chaque instant. La rive gauche de l'Èbre était surtout menacée par les bandes composées de paysans armés et d'anciens soldats de ligne, et qui, sur ce seul point, ne se montaient pas à moins de 20,000 hommes.

Tout le pays entre Villa-Franca de Ebro, Liciñena et Zuera était occupé par ces insurgés; ils envoyaient des détachements sur Caparoso, afin d'intercepter les convois et d'envelopper le général Gazan, qui se trouva bientôt comme assiégé dans son camp avec toute sa division.

L'armée assiégeante était dans une position fort critique; le départ de la division Suchet la réduisait à 22,000 hommes, et les forces des assiégés s'élevaient à 50,000; encore les 22,000 Français manquaient-ils de vivres; les soldats en étaient réduits à la demi-ration de pain sans viande, sans pouvoir faire des détachements pour s'en procurer. Aussi les assiégés montraient-ils beaucoup de courage et de résolution; la perte du fort Saint-Joseph et celle de la tête de pont sur la Huerva ne les avaient pas intimidés; ils comptaient sur l'armée de secours, dont ils apercevaient les feux sur les hauteurs de la rive gauche de l'Èbre; ils comptaient aussi sur la force des nombreux retranchements dont l'intérieur de leur ville était garni.

Les troupes assiégeantes, formées de deux corps d'armée, et, par conséquent, soumises aux volontés de deux chefs, ne pouvaient pas agir avec cet ensemble qui fait la force : l'Empereur remédia à cet inconvénient, en envoyant, le 22 janvier, le maréchal Lannes prendre le commandement supérieur des 3e et 5e corps. Dans la situation critique où se trouvait l'armée de siége, le séjour du maréchal Mortier à Calatayud n'était pas indispensable; ce maréchal reçut donc l'ordre de revenir prendre part aux opérations du siége avec la division Suchet.

Le maréchal Mortier disperse les insurgés. — Dès qu'il fut arrivé, le maréchal Lannes commença par s'occuper de l'ennemi extérieur, qui avait le double inconvénient d'affamer les troupes françaises, en les privant des ressources du pays, et d'enflammer le courage des assiégés, en ranimant toutes leurs espérances. Il chargea le maréchal Mortier de se porter sur la rive gauche de l'Èbre pour attaquer l'armée de secours.

Mortier se dirigea sur la Perdiguera, où il donna la chasse à une avant-garde du frère de Palafox, qui se replia sur Nostra-Señora de Magallon, où était le gros des troupes, au nombre de 10,000 hommes. Le maréchal attaqua ce rassemblement, le culbuta, et le fit poursuivre, le sabre dans les reins, par le 10e de hussards. Cette affaire coûta aux Espagnols environ 1,200 hommes, tant tués que prisonniers, quatre pièces de canon et deux drapeaux.

Mortier envoya ensuite des détachements sur divers points pour achever la dispersion des corps ennemis. — Tant que dura le siége, le général Suchet tint la campagne avec une partie de sa division pour dissiper les partis espagnols qui cherchaient à intercepter les convois de vivres destinés aux assiégeants.

Suite des travaux. — L'arrivée du maréchal Lannes imprima une nouvelle activité aux opérations du siége, et c'est pour les entraver que l'ennemi tenta, dans la nuit du 22 au 23, une sortie vigoureuse. Plusieurs de ses colonnes firent irruption à l'attaque de droite, et reprirent une maison carrée située sur la Huerva, près du pont Saint-Joseph, et dont les Français s'étaient rendus maîtres de la ville. Mais ces colonnes ne purent parvenir jusqu'aux batteries, et furent bientôt forcées de rentrer dans la place. Une autre attaque eut lieu en même temps au centre, où deux canons furent encloués; mais on les remplaça aussitôt.

Les jours suivants, les travaux continuèrent sans être inquiétés par l'ennemi; on acheva sur la Huerva deux ponts sur chevalets avec des épaulements en fascines, et, afin que les troupes qui devaient donner l'assaut au corps de la place eussent un lieu de rassemblement, on établit sur la rive gauche de la rivière une demi-place d'armes.

Une descente jusqu'à la Huerva, sur laquelle on jeta un nouveau pont, fut effectuée au centre; le pont fut épaulé avec des gabions et des fascines. L'ennemi tenait un mur d'enclos sur la rive gauche; on l'en chassa, et une centaine de grenadiers s'y établirent, couverts des feux de la place par un pan de mur.

Toutes les batteries contre la ville furent achevées et armées le 26 janvier. Dès le matin, cinquante bouches à feu tonnèrent contre les deux points d'attaque, et, en peu d'heures réduisirent une partie de l'artillerie de la place au silence. On se logea la nuit suivante à l'attaque de droite, dans un moulin à huile, presque au pied du rempart; une communication à la sape volante y fut établie.

Triple assaut. — *Prise de l'enceinte et des couvents de Santa-Engracia, Saint-Joseph, etc.* — Le 27 les brèches parurent enfin praticables, et l'on se prépara à l'assaut. Deux brèches au mur d'enceinte avaient été ouvertes sur la droite, l'une en face de Saint-Joseph, et l'autre à côté du moulin à huile, où les Français s'étaient logés dans la nuit. Le couvent des Augustins avait aussi une brèche, mais elle n'était pas praticable. Au centre, l'artillerie avait ouvert et démantelé le couvent de Santa-Engracia.

Il fut décidé que l'assaut aurait lieu sur les deux brèches de droite et sur celle de Santa-Engracia. Toutes les troupes prirent les armes, et à midi, une première colonne s'élança sur la brèche de droite, au pied de laquelle les assiégés firent jouer deux fourneaux de mine qui éclatèrent sans arrêter les assiégeants. Les soldats, arrivés au sommet de la brèche, furent grandement étonnés en y trouvant un retranchement intérieur construit à l'aide d'un ancien mur de rempart, et où deux pièces de canon étaient en batterie. Quelques soldats veulent franchir cet obstacle, mais ils ne trouvent point d'accès, et ils sont forcés de reculer sous le feu terrible de mitraille, de grenades et de mousqueterie, qui part du retranchement et des maisons voisines. Malgré cette pluie de projectiles, on parvint à pratiquer un logement au sommet de la brèche, et pour le faire communiquer avec l'extrémité inférieure, on profita des entonnoirs que le jeu des deux fourneaux de l'ennemi avait produits.

On eut meilleur marché de la brèche de gauche en face de Saint-Joseph. Une colonne, réunie dans la place d'armes que l'on avait construite sur la rive gauche de la Huerva, arriva promptement au sommet, et s'empara de la maison en face, qui avait été ouverte par l'artillerie en même temps que le mur d'enceinte; les assiégeants enfoncèrent ensuite les portes, et abattirent les murs extérieurs des maisons de droite et de gauche, dans lesquelles ils firent irruption. Une poterne, située à la droite de la brèche offrit une nouvelle entrée dans la place; mais il fallut s'arrêter là: une cour séparait les assiégeants des autres maisons; l'ennemi y dirigea une batterie qui ne permit pas d'aller plus loin. On parvint, à gauche de la brèche, jusqu'à la première rue transversale; on répara, et on prolongea jusqu'au pied de la brèche une ancienne communication de l'ennemi qui conduisait à Saint-Joseph.

Une maison isolée, en avant des batteries de gauche de la place, permettait aux assiégés de prendre des revers sur la brèche du couvent des Augustins. Le maréchal Lannes y dirigea quatre compagnies, qui s'emparèrent deux fois de ce poste, et qui deux fois durent l'abandonner à cause du feu d'artillerie et de mousqueterie qui partait des batteries et des maisons voisines.

Les assiégeants furent plus heureux à l'attaque du

centre. Un pan de mur, situé au-delà de la Huerva, et derrière lequel on était à couvert des feux de la place, permit de rassembler quatre compagnies polonaises du premier régiment de la Vistule. Le reste de ce régiment resta dans la communication. Soixante sapeurs, suivis de deux compagnies de grenadiers, et malgré le feu de la place, arrivèrent à un autre mur d'enclos, s'introduisirent par la brèche dans le couvent de Santa-Engracia, où ils furent bientôt suivis par tout le régiment. En peu d'instants les Espagnols furent chassés de toutes les parties du couvent; les Français s'établirent sur la petite place de Santa-Engracia, profitèrent contre les assiégés des traverses des rues qui y aboutissent, et tournèrent contre eux une batterie dont ils s'emparèrent.

Les Français continuèrent leur marche; ils s'emparèrent d'une longue courtine qui s'étend de Santa-Engracia au pont de la Huerva et de toute la partie de l'enceinte jusqu'à la porte del Carmen, d'où ils pouvaient essayer de pénétrer dans la ville; ils prirent ensuite le couvent des Capucins, faisant partie de l'enceinte. Tous les hommes qui défendaient ce couvent furent massacrés, plusieurs pièces de canon furent enlevées, et les assiégeants s'établirent le long du rempart pour garder les postes dont ils venaient de se rendre maîtres.

Tout à coup, de toutes les maisons ayant vue sur le rempart, un feu terrible éclata sur les assiégeants, qui, ne pouvant trouver un abri derrière les murs à moitié démolis, furent forcés de rétrograder jusqu'à la porte del Carmen. Déjà les assiégés étaient sur le point de reprendre le couvent des Capucins, lorsque le général Morlot vit le danger, et envoya à la défense de ce poste deux bataillons de sa division. Ce mouvement était inutile, puisque l'occupation du couvent de Santa-Engracia et de celui del Calzas, qui y est attenant, devait forcer l'ennemi d'abandonner toute cette partie de l'enceinte. Les Français y perdirent beaucoup de monde sans nécessité.

Il fut décidé qu'on se maintiendrait au couvent des Capucins, d'où l'on appuierait la gauche des attaques. Les officiers du génie qui étaient employés à l'attaque du château de l'Inquisition, devenue inutile par les progrès des deux autres attaques, furent chargés de fortifier le couvent des Capucins, de boucher, à l'aide de sacs de terre, les nombreuses ouvertures de ce bâtiment du côté de la ville, de le créneler, et d'y faire une communication; en effet, le feu des maisons voisines empêchait qu'on y parvînt à découvert.

Cet assaut coûta aux Espagnols plus de 600 hommes tués, 200 prisonniers et 15 bouches à feu.

Misères des habitants. — Maladie épidémique. — C'était maintenant dans l'intérieur de la ville, et jusque dans les maisons, que cette horrible guerre allait continuer, guerre d'autant plus épouvantable, qu'elle était accompagnée d'une épidémie qui exerçait d'affreux ravages. Les habitants de Saragosse, au commencement du siége n'avaient rien changé à leur manière de vivre; ils quittèrent alors leurs maisons, et se resserrèrent dans un espace étroit. Lorsque le bombardement du faubourg commença, beaucoup de familles se retirèrent dans les caves, dont les plus vastes n'avaient que quelques soupiraux. Ainsi entassés, les femmes et les enfants viciaient l'air, tant par leurs propres exhalaisons que par la vapeur de l'huile brûlée et la préparation des mets.

Les miasmes qui se formaient dans ces tombeaux se répandaient au dehors, et devenaient encore plus dangereux par le manque total de vivres frais. On manquait de légumes, de viandes fraîches; et le seul rafraîchissement des malades était de l'eau de riz. Les hôpitaux étaient sans lits, sans médicaments, sans nourriture, et beaucoup de soldats et de blessés, atteints de la fièvre, se couchaient sous les vestibules voutés des maisons, où la faim les tuait.

Combats dans la ville. — Marche lente et progressive des Français. — Cependant les Français continuèrent à s'avancer, des divers points dont ils s'étaient emparés, dans l'enceinte de la ville; la prise de quelques maisons les conduisit jusqu'auprès de la rue Quemada, et le 29 l'artillerie continua les brèches déjà commencées aux cloîtres de Saint-Augustin et de Santa-Monica; mais l'assaut qui fut donné à ces deux couvents ne put réussir.

Les Français ne s'emparèrent qu'avec les plus grandes difficultés de l'îlot de maisons qui touche au couvent de Santa-Engracia. On fut obligé, pour en venir à bout, de placer deux cents livres de poudre dans une salle d'une maison où les Espagnols se défendaient avec acharnement; cette maison s'écroula, et l'explosion produisit un effroi qui permit de s'emparer de l'îlot presque tout entier.

Le couvent de Santa-Monica fut pris, le 31 janvier, à la faveur d'une ouverture produite par un pétard, et, le 1er février, une mine fit sauter le mur qui sépare ce couvent de celui des Augustins. C'est alors que le général Lacoste, aide de camp de l'Empereur, qui commandait le génie, fut tué en marchant à la tête des troupes pour s'emparer des maisons ouvertes par une mine pratiquée au-dessus de Santa-Engracia.

Attaque du couvent des Capucins par les Espagnols; ils sont repoussés. — Le soir du 31 janvier, les Espagnols attaquèrent impétueusement la face gauche du couvent des Capucins, où les assiégeants appuyaient la gauche de leurs attaques; ils y firent une brèche; mais le feu des Français les empêchant de l'aborder, ils brisèrent à coups de hache la porte de l'église du couvent, et réussirent à faire une petite ouverture à un épaulement en sacs à terre qui était établi derrière, et par laquelle ils essayèrent de pénétrer dans l'église. Les Espagnols avaient à leur tête un religieux portant un crucifix d'une main et un sabre de l'autre; des femmes circulaient au milieu des combattants, sans être intimidées par les projectiles qui tombaient autour d'elles, et distribuaient des cartouches aux soldats, en stimulant leur courage. Mais toute cette ardeur fut sans résultat : les Espagnols furent forcés d'abandonner la place, laissant devant l'église un monceau de morts et de blessés. La brèche faite au couvent, fut réparée au moyen d'un épaulement en sacs à terre, et à la gauche de ce bâtiment on construisit une batterie de six pièces.

Progrès des assiégeants. — Les Français faisaient des progrès, mais lentement, car la prise de chaque maison nécessitait un siége. Les Espagnols finirent même par mettre le feu à toutes les maisons qu'ils étaient forcés d'abandonner, afin d'établir, par l'incendie, une barrière entre eux et les Français, et pour avoir le temps de préparer plus loin de nouveaux moyens de défense. — Comme il entrait fort peu de bois dans la construction des maisons de Saragosse, la combustion était lente, et les Français, pour avancer, étaient obligés d'attendre quelquefois plusieurs jours afin que les maisons fussent entièrement consumées.

Plusieurs petits mortiers de six pouces, que le général Dedon avait fait entrer dans la ville, pouvaient être aisément transportés partout où besoin était. Deux pièces de 12 furent établies dans la rue Sainte-Monique et dirigées contre une tour située de l'autre côté du Cosso, sur laquelle les Espagnols avaient placé une pièce de 4; enfin, à l'extrémité de la rue Quemada, on plaça un obusier pour balayer une partie du Cosso.

Les Espagnols mirent le feu aux maisons qui séparaient les Français du couvent des Filles de Jérusalem; mais cet incendie n'arrêta point les assiégeants. Les Français s'élancèrent à travers les flammes et tombèrent sur les Espagnols, qui n'avaient pas eu le temps de se bien retrancher dans le couvent; ils y entrèrent pêle-mêle avec eux, et se rendirent maîtres du bâtiment, dont une partie fut brûlée. Une brèche, pratiquée au moyen de deux fourneaux, permit aux Français de se loger dans les deux tiers de ce bâtiment, mais ils ne purent parvenir jusqu'au Cosso.

Les assiégeants étant maîtres de la porte del Carmen, il eût été facile de faire par-là une nouvelle attaque; mais il eût fallu, pour cela, avoir plus de troupes que le maréchal Lannes n'en avait à sa disposition. En effet, la division Morlot bloquait le château de l'Inquisition et la partie de l'enceinte de la place, depuis l'Èbre jusqu'au couvent des Capucins; la division Gazan bloquait le faubourg de l'Arabal sur la rive gauche de l'Èbre; le général Suchet était en observation avec son corps pour dissiper les rassemblements extérieurs; les divisions Meusnier et Grandjean étaient les seules qui restassent pour l'attaque de la ville, et elles ne formaient pas un effectif de plus de 9,000 hommes; encore ces troupes étaient-elles harassées, et souvent découragées par les obstacles toujours nouveaux que leur opposaient les assiégés, tout aussi résolus que le premier jour.

Prise du couvent de Jésus. — La tranchée devant le faubourg de l'Arabal avait été ouverte dans la nuit du 31 janvier au 1er février, par le général Gazan, qui bloquait étroitement ce faubourg depuis le 24 décembre. On avait fait des parallèles et les batteries, et enfin, le 7, vingt bouches à feu tirèrent sur le couvent de Jésus, qui, avec deux canons et sans ouvrages de terre en avant, ne pouvait résister long-temps. Les

Français pénétrèrent par la brèche ouverte; la garnison, forte de 400 hommes, se retira dans le faubourg. Après s'être emparés de tout l'édifice, qui contenait deux pièces de canons et un drapeau, les assiégeants auraient dû s'arrêter là, comme ils en avaient reçu l'ordre; mais un officier et quelques voltigeurs eurent l'imprudence de s'avancer vers une redoute établie sous les murs du faubourg, et tous furent tués ou faits prisonniers. Les Français se retranchèrent dans le couvent qui fut crénelé du côté de l'ennemi; on fit une communication pour y parvenir à couvert, et l'on établit des logements à droite et à gauche sur la rive droite.

Prise du faubourg de l'Arabal. — Trois jours furent employés à tenter un passage du Cosso vers la pointe de la rue del Medio (du milieu); mais on ne put y parvenir; on s'empara, en cheminant, de plusieurs maisons, et l'on se rendit maître du couvent de Saint-François, poste important, que les Espagnols reprirent un instant, mais qui retomba enfin au pouvoir des Français.

Du 13 au 17 février, on traversa le Cosso par des galeries souterraines, afin de pratiquer une brèche au bâtiment de l'Université, au moyen de deux fourneaux. Le feu y fut mis le 18, et l'explosion produisit deux brèches énormes par lesquelles deux colonnes pénétrèrent et s'emparèrent de presque tout le bâtiment de l'Université. Enfin la traverse du Cosso fut abandonnée par les Espagnols.

La division Gazan enleva le faubourg de la rive gauche le même jour.

Dès le matin du 19, les Français avaient pris les armes et étaient entrés dans la seconde parallèle. On mit en batterie, à droite et à gauche du couvent, cinquante bouches à feu, qui commencèrent à jouer sur la masse du faubourg, avec un horrible fracas. Deux batteries étaient spécialement dirigées sur la fameuse église de Notre-Dame del Pilar, située sur le quai et sur le pont qui sert de communication entre le faubourg et la ville. Enfin, à midi, la brèche était praticable au couvent de Saint-Lazare, sur lequel on dirigea l'attaque principale; un bataillon se logea dans les maisons qui l'avoisinent, et pénétra ensuite dans l'église de ce couvent, dont il s'empara bientôt.

Les assiégeants étaient, par la prise du couvent de Saint-Lazare, maîtres du pont de communication, et ils le furent bientôt du faubourg. La plupart des maisons furent abandonnées; environ 3,000 soldats et habitants, qui ne purent pas passer le pont à temps, mirent bas les armes sur les bords de l'Èbre.

Capitulation de Saragosse. — État misérable de la ville. — Entrée des Français. — Le 19, dans la soirée, le général Palafox envoya aux avant-postes français un de ses aides de camp en parlementaire; mais les propositions qu'il était chargé de faire ne purent être accueillies.

Le lendemain, les Français continuèrent leurs progrès; les cinquante pièces qui avaient servi à l'attaque du faubourg, furent mises en batterie sur la rive gauche et dirigées contre les maisons du quai de la ville; les six galeries qui traversaient le Cosso à l'attaque du centre touchaient déjà aux maisons en face des assiégeants; on chargeait de trois milliers de poudre chacun des fourneaux qui devaient éclater ensemble le lendemain, ce qui eût produit la plus épouvantable explosion. Les Espagnols, voyant tous ces préparatifs, se décidèrent à entrer en arrangement. Le même jour, 20 février, vers quatre heures du soir, la junte de Saragosse envoya une députation au maréchal Lannes pour traiter de la capitulation, et le feu cessa aussitôt de part et d'autre. Le maréchal montra aux envoyés le plan du siége, leur prouva qu'une mine énorme était terminée jusqu'à la rue de la Cuchilléria, près l'angle de la porte de l'Èbre, pour faire sauter toute la ville, et exigea que l'on se rendît à discrétion. La junte refusa, par crainte des excès auxquels pourraient se porter les habitants. Lannes consentit alors à une capitulation dont les principaux articles portaient : « La garnison, prisonnière de guerre, mettra bas les armes à deux cents pas de la porte del Portillo; les bourgeois livreront leurs armes, et les fonctionnaires prêteront serment au roi Joseph.»

La junte traita de cette capitulation si secrètement, qu'elle ne fut connue que dans la nuit. A cette nouvelle, une troupe de furieux proféra des cris de mort contre ceux qui avaient traité; ces hommes exaltés voulaient s'emparer de l'artillerie et recommencer le combat. Les chefs parvinrent à les calmer, et, le 21, au matin, les premiers Français montèrent par-dessus les décombres dans l'intérieur de la ville, où gisaient 5,000 cadavres sans sépulture. La garnison défila devant la place et mit bas les armes. On trouva dans la ville 113 bouches à feu; plus de 80 avaient été prises par les assiégeants dans le cours du siége; la poudre et les projectiles étaient en petite quantité; mais il restait encore aux habitants du blé pour plus de six mois.

L'aspect de Saragosse était affreux; un grand nombre de maisons ouvertes à jour par les boulets ou écrasées par les bombes; dans toutes les rues, encombrées par des ruines ou des traverses, des cadavres en putréfaction; plus de 100,000 individus entassés dans une ville qui n'en contenait ordinairement que la moitié; toutes ces causes, jointes aux privations de tout genre qu'avait entraînées la longueur du siége, firent naître une horrible épidémie qui acheva ce que la guerre avait commencé. Les hommes, chargés d'enterrer les morts, n'avaient pas la force d'accomplir cette tâche; la contagion les décimait eux-mêmes; enfin, pour donner une idée de cet épouvantable siége, nous dirons que, d'après les recensements, les deux tiers de la garnison et la moitié des habitants et réfugiés, c'est-à-dire 50,000 individus de tout âge et de tout sexe, avaient péri dans le cours de cette lutte qui avait duré cinquante jours. 16,000 hommes à peine composaient la garnison qui défila devant les vainqueurs. Les Français ne perdirent pas plus de 3,000 hommes.

Le 24 février, le maréchal Lannes et le maréchal Mortier firent, à la tête de leurs états-majors, leur entrée solennelle dans Saragosse; ils furent reçus par le clergé de la ville sous la porte de Notre-Dame del Pilar, ils prirent place dans l'église sur des fauteuils disposés en face du maître autel, et un *Te Deum* fut chanté en actions de grâces de la victoire remportée par l'armée française.

Quelques jours après, le corps du maréchal Mortier se porta vers la Castille pour soutenir les opérations des autres corps d'armée dans le midi de l'Espagne et sur les frontières du Portugal; Junot fut remplacé dans le commandement du 3e corps par le général Suchet, qui resta en Aragon pour achever la soumission de cette province, et Lannes fut rappelé en France, pour prendre le commandement d'un corps d'armée dans l'expédition que l'Empereur préparait contre l'Autriche.

RÉSUMÉ CHRONOLOGIQUE.

1808.

28 JUIN. Arrivée de la division Lefebvre-Desnouettes devant Saragosse. — Prise du Monte-Torrero.
39 — Jonction de la division Verdier avec la division Lefebvre-Desnouettes.
30 — Attaque infructueuse de Saragosse.
11 JUILLET. Passage de l'Èbre.
1er AOUT. Bombardement de la ville.
4 — Attaque générale.—Les Français pénètrent dans Saragosse.
14 — Retraite de l'armée française.
19 DÉCEMBRE. Réunion des 3e et 5e corps chargés du second siége de Saragosse.
21 — Commencement du siége. — Prise de Monte-Torrero.
22 — Sommation repoussée par les Espagnols.
— — Construction d'un pont de bateaux sur l'Èbre.
29 — Ouverture de la tranchée.
31 — Sortie générale des assiégés; elle est repoussée.

1809.

1er et 2 JANVIER. Nouvelle sortie des Espagnols.
6 — Achèvement de la seconde parallèle.
10 — Bombardement de la place.
11 — Prise du couvent Saint-Joseph.
14 — Prise de la tête de pont de la Huerva.
21 — Achèvement de la troisième parallèle.
22 — Rassemblements dans l'Aragon. — Le maréchal Mortier disperse les insurgés.
22-27 — Continuation des travaux. — Triple assaut. — Prise de l'enceinte et des couvents de Santa-Ingratia et des Capucins.
31 — Prise du couvent de Santa-Monica.
7 FÉVRIER. Prise du couvent de Jésus.
19 — Prise du faubourg de la Rabale.
20 — Capitulation de Saragosse.
24 — Entrée des généraux français à Saragosse.

1808. — 1809. — ESPAGNE. — CAMPAGNE DE LA GRANDE-ARMÉE COMMANDÉE PAR L'EMPEREUR.

SOMMAIRE.

Entrée de Joseph Napoléon à Madrid. — Bataille de Medina de Rio-Seco. — Joseph Napoléon est proclamé à Madrid. — Nouvelles de la capitulation de Baylen. — Leur effet. — Retraite de l'armée sur l'Èbre. — Joseph à Vittoria. — Retour de l'Empereur à Paris. — Voyage d'Erfurt. — Inaction des deux partis. — Forces et préparatifs des Espagnols. — La Romana. — Position de l'armée française. — Combat de Lérin. — Prise de Logroño. — Prise de Bilbao. — Combat de Guenès. — Arrivée de l'Empereur. — Nouvelles dispositions. — Combat et prise de Burgos. — Bataille d'Espinosa. — Dispersion de l'armée de Galice. — Entrée de Soult à Raynosa. — Prise d'un grand parc d'artillerie. — Combat de San-Vicente de Barquera. — Bataille de Tudela. — Dispersion des armées d'Andalousie et d'Aragon. — Marche de l'Empereur sur Madrid. — Combat de Somo-Sierra. — Siége et prise de Madrid. — Catalogne. — Premier combat de Puente del Rey. — Entrée du corps de Gouvion Saint-Cyr. — Prise de Roses. — Combat de Cardalen. — Deuxième combat de Puente del Rey. — Renforts reçus par l'armée française. — Combat de Benavente. — Combat de Mancilla. — Combat de Caçabellos. — Mort du général Colbert. — Entrée des Français à Lugo. — Départ de l'Empereur pour Paris. — Prise de la Corogne. — Fuite et embarquement des Anglais. — Capitulation du Ferrol. — Soumission des Espagnols et de la place du Ferrol. — Bataille d'Uclès. — Dispersion des armées de Castille et d'Andalousie. — Proclamation et discours de l'Empereur. — Rentrée de Joseph à Madrid.

ARMÉE FRANÇAISE.	ARMÉES ESPAGNOLES ET ANGLAISES.
Général en chef. — NAPOLÉON.	
Maréchaux. { BESSIÈRES. — LEFEBVRE. — NEY. — SOULT. VICTOR. — MONCEY. — LANNES.	*Généraux en chef.* { CASTAÑOS. — CUESTA. — VENEGAS. — LA ROMANA. — PALAFOX. — BLACKE. J. MOORE. — WELLESLEY. — D. BAIRD.

Entrée de Joseph Napoléon à Madrid. — Le 9 juillet, deux jours après avoir reçu le serment de ses nouveaux sujets, Joseph Napoléon se mit en route pour prendre possession de ses États. Avant de quitter Bayonne, son ministère et sa maison avaient été formés des anciens ministres de Charles IV, de Ferdinand VII et des grands-officiers de la maison de Charles IV. Tous avaient brigué cet honneur avec empressement, tous avaient promis fidélité au frère de Napoléon.

Dès le 24 juin, le marquis de la Romana avait envoyé au nouveau roi l'acte de prestation de serment par tout son corps d'armée, depuis le général en chef jusqu'au dernier soldat.

Le premier acte de souveraineté exercé par Joseph, à son entrée sur le territoire espagnol, fut un acte de clémence; il pardonna aux habitants de Saint-Ander qui venaient de se révolter contre les troupes françaises, et qui étaient en conséquence menacés d'une exécution militaire.

Il recueillit, pendant son voyage à Madrid, autant de témoignages d'attachement qu'il en avait reçu pendant son séjour à Bayonne. Toutes les villes qui se trouvaient sur son passage, toutes celles qui avoisinaient la route, s'empressèrent de lui prêter serment de fidélité par l'organe de leurs députations.

Un régiment espagnol, le régiment d'Afrique, poussa l'enthousiasme jusqu'à vouloir dételer les chevaux de sa voiture; Joseph s'y refusa, mais il ne put empêcher ces soldats de le suivre pendant trois lieues en l'accompagnant de leurs acclamations.

Le Roi arriva à Madrid le 20 juillet, et y fit son entrée au milieu des *vivat* de la multitude. Le spectacle des combats de taureaux donné gratis à la populace, des secours pécuniaires répandus parmi les classes pauvres, le paiement des pensions échues, firent en peu de jours bénir, dans toute la ville, le nom de Joseph Napoléon.

L'insurrection de Madrid du 2 mai, si promptement et si rigoureusement réprimée par le grand-duc de Berg, avait été suivie, comme on l'a vu, dans toutes les provinces du midi, dans l'Aragon et dans la Galice, d'insurrections partielles, excitées à la fois par le saint amour de la patrie et par l'horrible fanatisme religieux. Des juntes s'étaient formées dans toutes les parties de l'Espagne non occupées par les troupes françaises. L'Angleterre leur envoya des agents qui contribuèrent à égarer davantage les populations sur leurs véritables intérêts. Néanmoins, quelque violents que fussent les hommes qui s'étaient emparés dès le principe du pouvoir populaire, ces insurrections n'offraient encore rien de redoutable au gouvernement futur de Joseph. Les classes moyennes et les hautes classes n'y avaient pas encore pris part.

Bataille de Medina de Rio-Seco. — Tandis que le roi Joseph marchait vers Madrid, le maréchal Bessières battait, avec 14,000 hommes, à Medina de Rio-Seco, un rassemblement insurgé, auquel la présence du général Cuesta, avec quelques régiments wallons et espagnols, faisait donner le nom d'*armée,* et qui avait conçu la folle pensée d'empêcher Joseph d'arriver dans la capitale de l'Espagne.

Cette armée, forte de 45,000 hommes, s'était assemblée à Benavente dans les premiers jours de juillet 1808. Elle menaçait de se diriger sur Valladolid et sur Burgos pour couper les communications entre Madrid et la France. Le maréchal Bessières, qui se trouvait alors dans le nord de l'Espagne, où déjà il avait remporté quelques succès, sentit combien il était important d'arrêter les progrès de l'ennemi, et n'hésita pas à se porter à sa rencontre, quoiqu'il n'eût guère que 13 à 14,000 hommes de disponibles. — Il donna l'ordre aux généraux Merle et Mouton de se mettre en mouvement avec leurs divisions; le général Lasalle, commandant une division de cavalerie, reçut les mêmes instructions.

Le maréchal Bessières se trouva, le 14 juillet au matin, en présence de l'armée espagnole, rangée sur les hauteurs qui dominent la ville de Medina de Rio-Seco. Son front était garni de quarante pièces d'artillerie attelées et en batterie. Bessières disposa tout pour le combat. La division Mouton formait la gauche, la division Merle, la droite; au centre, était la cavalerie du général Lasalle, qui formait la réserve. L'attaque commença par la brigade du général Darmagnac, qui se porta sur la droite des Espagnols, et bientôt l'action devint générale. La ville de Medina fut enlevée à la baïonnette par les troupes du général Mouton, et la gauche ennemie, ne pouvant résister aux brigades Ducos et Sabathier, perdit successivement ses positions. Après six heures de combat, l'ennemi, enfoncé sur tous les points, fut mis dans une déroute complète. Il eut près de 900 hommes tués, et laissa au pouvoir des Français 6,000 prisonniers, ses bagages, ses munitions et son artillerie.

Les Espagnols se retirèrent en désordre sur Benavente, et se dirigèrent de là sur Labaneza, Astorga et Léon. Les Français, attachés à leur poursuite, trouvèrent à Villapando cinq milliers de poudre et un million de cartouches, et à Benavente, 10,000 fusils, vingt-cinq milliers de poudre et un nombre considérable de cartouches. Les villes de Zamora, Mayorga et Léon firent successivement leur soumission.

Napoléon apprit avec joie le résultat de la bataille de Medina, et s'écria : « C'est une nouvelle bataille de « Villaviciosa. — Bessières a mis mon frère Joseph sur « le trône d'Espagne. » On verra bientôt combien l'Empereur s'abusait sur l'importance de cette victoire.

Joseph Napoléon est proclamé à Madrid. — Nouvelles de la capitulation de Baylen. — Leur effet. — Aussitôt après son arrivée, Joseph fut proclamé roi des Espagnes, suivant le cérémonial usité en pareille circonstance, et reçut les serments de tous les corps de l'État. Seul, le conseil de Castille, qui avait été le premier à demander Joseph pour souverain, semblait, en tardant à lui présenter l'hommage de son dévouement, vouloir être le dernier à le reconnaître comme roi.

Déjà cette reconnaissance avait été faite par toutes les puissances de l'Europe, l'Angleterre exceptée : leurs ambassadeurs auprès de Joseph étaient en route pour Madrid, ou même déjà arrivés dans cette capitale.

Toute la noblesse qui n'était pas à Bayonne, les grands d'Espagne, les comtes, les vicomtes, les barons, les chevaliers des ordres militaires, prêtèrent, sans hésiter, le serment demandé, et le conseil de Castille tardait toujours à donner cette dernière marque de soumission. On connut bientôt la cause de ce retard : le président du conseil savait qu'il s'opérait un mouvement militaire dans l'Andalousie, et il voulait en attendre le résultat pour se décider. Nous avons déjà fait connaître ce résultat défavorable aux Français, et qui fut la capitulation de Baylen.

Dès que cette nouvelle parvint à Madrid, les témoignages de dévouement s'arrêtèrent; la plupart des grands seigneurs qui s'étaient empressés de donner des gages d'attachement à un roi qu'ils croyaient alors devoir régner à jamais sur l'Espagne, quittèrent la cour sur-le-champ et sans prendre congé de lui. Ils crurent voir, dans l'avantage remporté par le général Castaños, le renversement de la puissance de Napoléon, et ils ne voulurent pas soutenir un pouvoir qui leur paraissait chanceler.

Retraite de l'armée sur l'Èbre. — Joseph à Vittoria. — Le désastre de Baylen et la marche de l'armée victorieuse sur Madrid rendirent nécessaire un mouvement rétrograde. Tous les corps de l'armée française reçurent en même temps l'ordre de se replier et de se concentrer sur les bords de l'Ebre.

Joseph ne resta que douze jours à Madrid; il quitta cette capitale le 1er août, et se retira à Vittoria, où, malgré les défections éclatantes de la plupart de ceux qui venaient de lui jurer dévouement et fidélité, il fut encore suivi d'un grand nombre d'Espagnols distingués par leurs talents et par leur naissance, qui ne pensèrent point qu'un serment pût être rompu sans félonie, lorsqu'il avait été prêté sans contrainte.

Après Baylen, l'orgueil national, exalté par la victoire de Castaños, conçut l'espérance de résister à Napoléon. On accepta l'appui offert par l'Angleterre. La connaissance des événements de Bayonne, présentés comme une trahison dans une relation imprimée de don Pedro Cevallos, le même dont nous avons cité une lettre confidentielle [1], devint populaire; elle excita au plus haut degré l'indignation nationale, et depuis lors seulement le peuple espagnol fut divisé en deux partis, celui de la guerre et celui de la paix. Le premier se sépara de Joseph, après lui avoir juré fidélité : le second resta fidèle à son serment, convaincu d'ailleurs qu'un triomphe unique ne suffisait pas pour arrêter la marche conquérante de Napoléon, et pensant que l'Espagne ne pouvait que gagner, sous le rapport de l'industrie, du commerce, de l'agriculture et de l'instruction générale, au règne d'un prince français.

La victoire de Baylen donna de la force et de la durée à l'insurrection espagnole; néanmoins, ce serait une erreur de croire que la résistance populaire ait suffi pour chasser les Français de la Péninsule : malgré l'aide des soldats de l'Angleterre, malgré les divisions scandaleuses de quelques généraux français, secours inattendus pour l'ennemi, le gouvernement insurrectionnel aurait vu enfin Joseph affermi sur son trône et l'Espagne pacifiée [2] sans les désastres de la campagne de Russie, qui, en obligeant Napoléon à rappeler de la Péninsule tous les vieux soldats, affaiblissaient l'armée française à un tel point que l'occupation de l'Espagne devint impossible au petit nombre de braves qui y restaient. Ce fut la chute de Napoléon et non pas la résistance des Espagnols qui rendit la couronne à Ferdinand. Cette résistance, quoi qu'on ait dit, n'a même pu contribuer que d'une manière très secondaire au grand événement qui a changé la face du monde. Il fallait la conjuration des éléments, les glaces de la

[1] *Voy.* plus haut, page 80.

[2] L'armée espagnole insurgée était en 1813, même après l'affaire des Arapyles, en pourparlers pour faire la soumission au roi Joseph

Russie et les armes de l'Europe entière pour renverser le colosse impérial. Alors, seulement délivrées de son poids, l'Espagne qui avait combattu, la Hollande et l'Italie, qui s'étaient soumises sans combats, recouvrèrent une indépendance qui jusqu'à présent ne paraît leur avoir procuré ni le bonheur ni la liberté.

Retour de l'Empereur à Paris. — Voyage d'Erfurt. — Avant de quitter Bayonne, l'Empereur donna au grand-duc de Berg, Murat, son beau-frère, le trône de Naples, devenu vacant par l'acceptation que Joseph avait faite de la couronne d'Espagne.

Ce fut à Bordeaux, en revenant à Paris, que Napoléon apprit les événements qui venaient d'avoir lieu en Andalousie et en Aragon.

La brusque levée du premier siége de Saragosse avait été, comme nous l'avons dit, la conséquence de la défense de Baylen. Au moment où le général Verdier faisait ses dispositions pour renouveler sur la capitale de l'Aragon une nouvelle attaque, qui peut-être eût été décisive, il avait reçu l'ordre de se replier sur la Navarre avec ses troupes.

La catastrophe de Baylen et l'héroïque défense des habitants de Saragosse donnèrent grandement à réfléchir à l'Empereur. En apprenant la capitulation du général Dupont, il s'écria : «Godoy et Murat m'ont «trompé; la nation espagnole montre une énergie à «laquelle j'étais loin de m'attendre, j'eusse mieux fait «de déclarer franchement la guerre à son roi; j'aurais «eu à combattre des troupes réglées, peu nombreuses, «faciles à vaincre et difficiles à recruter; tandis que si «la lutte continue comme elle a commencé, avec des «prédications, des croix et des bannières, les prêtres et «les moines feront marcher contre mes armées jusqu'au «dernier Espagnol.»

La capitulation du général Dupont l'affligea et l'indigna profondément; il comprit que cet événement nécessiterait la retraite des troupes françaises sur l'Ebre. (Dans le même temps, l'armée de Portugal, par suite de l'honorable capitulation de Cintra, rentrait en France sur les vaisseaux anglais). — L'Empereur résolut d'aller, à son retour d'un voyage qu'il avait projeté en Allemagne, se mettre lui-même à la tête des armées destinées à conquérir l'Espagne, et dès lors, voulant y augmenter le nombre de ses soldats, il y envoya 80,000 hommes de vieilles troupes, et obtint du Sénat une levée de 160,000 conscrits, qui durent aussi y être dirigés.

Le 11 septembre, il passa en revue dans la cour des Tuileries l'avant-garde de l'armée qui partait pour la Péninsule, et il adressa aux officiers réunis en cercle autour de lui, cette vive allocution qui fut mise à l'ordre le même jour.

«Soldats !

«Après avoir triomphé sur les bords du Danube et «de la Vistule, vous avez traversé l'Allemagne à mar-«ches forcées : je vous fais aujourd'hui traverser la «France sans vous donner un instant de repos.

«Soldats, j'ai besoin de vous : la présence hideuse «du léopard souille les continents d'Espagne et du Por-«tugal; qu'à votre aspect il fuie épouvanté; portons «nos aigles triomphantes jusqu'aux colonnes d'Her-«cule; là aussi, nous avons des outrages à venger.

«Soldats, vous avez surpassé la renommée des ar-«mées modernes; mais avez-vous égalé la gloire des «armées de Rome, qui, dans une campagne, triom-«phèrent sur le Rhin et sur l'Euphrate, en Illyrie et «sur le Tage?

«Une longue paix, une prospérité durable seront le «prix de vos travaux. Un vrai Français ne peut, ne «doit prendre de repos jusqu'à ce que les mers soient «ouvertes et affranchies.

«Soldats, tout ce que vous avez fait, tout ce que «vous ferez encore pour le bonheur du peuple français «et pour ma gloire, sera éternellement gravé dans mon «cœur.»

Avant de retourner vers le midi, Napoléon se rendit à Erfurth, où Alexandre le rejoignit. Là, dans les épanchements d'entretiens intimes, les deux empereurs resserrèrent les liens d'amitié et de politique qui unissaient la France et la Russie. L'autocrate russe était fier alors de l'affection que lui témoignait Napoléon. A une représentation d'*Œdipe*, quand Philoctète, parlant d'Hercule, dit :

L'amitié d'un grand homme est un bienfait des dieux.

Alexandre, pressant chaleureusement la main de l'empereur des Français, s'écria avec effusion : «Je l'é-«prouve tous les jours.» Ces mots, entendus de tous les spectateurs, retentirent bientôt dans toute l'Europe.

Napoléon s'assura que l'empereur de Russie n'apporterait aucun obstacle à l'exécution de ses projets sur l'Espagne. — L'Autriche faisait des préparatifs militaires; mais ces préparatifs ne l'alarmaient pas. Il savait avoir le temps de frapper un coup décisif dans la Péninsule, avant d'être obligé de venir vaincre de nouveau sous les murs de Vienne. — Il partit d'Erfurt, et arriva, le 18 octobre, à Paris. A cette époque, presque tous les corps appelés à faire partie de l'armée d'Espagne avaient passé la Bidassoa, ou se trouvaient près de la frontière espagnole. — L'Empereur les suivit de près; le 3 novembre, il était au château de Marrac, près de Bayonne, et là, il donna les premiers ordres pour la reprise des hostilités.

Inaction des deux partis. — Forces et préparatifs des Espagnols. — La Romana. — Depuis que les Français avaient pris position sur la rive droite de l'Ebre, il n'y avait pas eu d'hostilités. Cette espèce de trêve avait été mise à profit par les Espagnols pour organiser des levées, et bientôt l'Espagne eut sous les armes 180,000 hommes déterminés à se faire tuer jusqu'au dernier pour la liberté de leur patrie. A ces forces, il faut joindre les troupes anglaises qui avaient fait partie de l'expédition du Portugal, et que la convention de Cintra rendait disponibles. Ces troupes, au nombre de 20,000 hommes sous le commandement de sir John Moore, reçurent l'ordre de se diriger sur Valladolid; en même temps, 15,000 hommes, commandés par le général sir David Baird, et venant directement des ports de la Grande-Bretagne, devaient débarquer à la Corogne.

Les Espagnols virent en outre arriver d'autres renforts auxquels ils étaient loin de s'attendre. En vertu d'un traité signé en 1796, entre la France et l'Espagne, Charles IV avait fourni, à la fin de 1807, un contingent de troupes qui avaient été envoyées, partie en Italie, partie en Allemagne. Lorsque la révolution d'Espagne éclata, ces dernières troupes se trouvaient encore sur les côtes du Holstein, qu'elles avaient été chargées de défendre, et se montaient à 16,000 hommes environ, sous les ordres du général La Romana. Dès que ce général apprit les événements de Baylen et le succès de la défense de Saragosse, il échappa à la surveillance de Bernadotte, sous le commandement duquel il se trouvait placé, et, de concert avec l'amiral anglais qui commandait dans la Baltique, il regagna l'Espagne, et vint se réunir, le 30 septembre 1808, aux armées opposées aux Français, naguère ses compagnons d'armes.

Voici quelles étaient, à la fin d'octobre, la position et la force de l'armée espagnole. Trois corps principaux, qu'on pourrait appeler plus justement trois armées, séparées et distinctes, occupaient une ligne qui partait des côtes des Asturies, non loin de San-Ander, s'avançaient en pointe sur la Biscaye, suivaient ensuite le cours de l'Èbre jusque vers Tudela, remontaient un peu dans la Navarre et l'Aragon, et redescendaient encore sur l'Èbre vers Saragosse. — Le corps de gauche, fort de 50,000 hommes commandés par le général Blacke, s'était avancé jusque vis-à-vis les hauteurs de Durango, en avant de Bilbao, dans la Biscaye ; le général Castaños, commandant les troupes réglées et les levées d'Andalousie, de Valence et de Castille, formant un total de 45,000 hommes, venait de traverser l'Èbre près de Tudela, pour avancer sa droite dans la direction de Sangueza et Pampelune ; sa gauche était à trois journées de marche de l'extrème droite du général Blacke. Entre les routes de Tudela et Jaca à Saragosse, en avant de cette dernière ville, se trouvaient 20,000 Aragonais sous les ordres de Palafox.

Une seconde ligne, destinée à couvrir Madrid, se composait de corps séparés sous la dénomination d'armées de réserve et d'Estramadure ; mais ces corps, beaucoup trop éloignés des troupes dont nous venons de parler, ne pouvaient les soutenir au besoin. 25 à 30,000 hommes, presque tous de nouvelle levée, et quelques bandes disséminées dans les Pyrénées orientales, composaient le corps d'armée de Catalogne, et étaient alors occupés à resserrer les Français dans les places de Barcelone et de Figuières.

Position de l'armée française. — Les différents corps français qui avaient repassé l'Èbre dans les derniers jours d'août occupaient, à la même époque, les positions suivantes :

La gauche de la ligne, formée des troupes du maréchal Moncey, bordait la rive droite de la rivière Aragon, qui se jette dans l'Èbre, au-dessous de Milagro ; le quartier général de Moncey était à Tafalla ; un autre corps, aux ordres du maréchal Ney, était cantonné

aux environs de la Guardia, faisant face à l'Èbre ; Miranda et l'important défilé de Pancorbo, sur la rive droite de l'Èbre, étaient occupés par les troupes du maréchal Bessières ; le général Merlin était posté avec sa division sur les hauteurs du Durango, pour couvrir la grande route de Vittoria à Bayonne, que les troupes du général Blacke paraissaient menacer vers Mondragon. Cette division fut rappelée à Vittoria par le roi Joseph, à l'arrivée d'un nouveau corps d'armée commandé par le maréchal Lefebvre, et composé des trois divisions Sébastiani, Vilatte et Leval.

Combat de Lérin. — Cette position, telle que nous venons de l'indiquer, mettait les deux partis en présence ; cependant aucun engagement n'avait encore eu lieu, quoique, sur plusieurs points les avant-postes français et espagnols ne fussent séparés que par de faibles ruisseaux. Le corps d'armée qui avait triomphé à Baylen, et que ce succès avait enhardi, brûlait d'en venir aux mains, et fit occuper, le 25 octobre, par quelques détachements, les postes de Viana et de Lérin. Ce mouvement menaçait quelques-unes des positions de Moncey : le maréchal ordonna aux brigades des généraux Habert et Razout, et à celle de cavalerie du général Wathier, de s'opposer aux progrès des Espagnols et de reprendre les postes enlevés par l'ennemi. Les Français attaquèrent les Espagnols avec vigueur, les culbutèrent et les mirent en déroute. 1,200 ennemis voulurent se défendre dans Lérin ; mais le général Granjean, dont les troupes soutenaient celles du général Wathier, leur fit mettre bas les armes, et fit prisonnière la colonne tout entière, composée d'un colonel, de 2 lieutenants-colonels, de 40 officiers et de 1,200 soldats d'élite.

Prise de Logroño. — Pendant l'engagement de Lérin, la ville de Logroño, poste important situé sur la rive droite de l'Èbre, et dont les Espagnols étaient maîtres, était attaquée par le maréchal Ney. Les ennemis se défendirent avec opiniâtreté, mais ils furent bientôt forcés d'évacuer la place, après avoir perdu quelques centaines d'hommes. En se retirant, ils mirent le feu au pont ; mais le maréchal le fit rétablir, passa le fleuve, poursuivit les Espagnols pendant plusieurs lieues, et leur fit un grand nombre de prisonniers.

Prise de Bilbao. — Le maréchal Lefebvre, aussitôt après son entrée en Espagne, s'était établi, avec les trois divisions qui formaient son corps d'armée, sur les hauteurs de Durango, précédemment occupées par le général Merlin ; il devait, dans ce poste, contenir la gauche de la grande armée espagnole. Cette gauche, que l'on appelait *l'armée de Galice*, était commandée par le général Blacke ; elle avait déjà fait quelques mouvements pour descendre jusqu'à Mondragon. Blacke se fût trouvé ainsi entre Vittoria et Tolosa, sur la grande route de France à Madrid et à trois journées derrière l'avant-garde de l'armée française. Les flancs du maréchal Lefebvre étaient même déjà inquiétés ; aussi prit-il le parti de s'avancer sur le général Blacke ; pour l'empêcher d'accomplir son projet. Il envoya ses trois divi sions au-devant de l'ennemi, dont les avant-postes furent culbutés, et qui fut contraint de se retirer en pleine déroute par le chemin de Bilbao, en abandonnant dans cette ville une partie de ses magasins et une grande quantité de fusils anglais débarqués récemment. Les Français entrèrent sur-le-champ à Bilbao.

Combat de Guenès. — Chassée de Bilbao, l'armée du général Blacke se retira en toute hâte sur Guenès. Le maréchal Lefebvre, dont le flanc gauche se trouvait couvert par le premier corps de la grande armée française, commandé par le maréchal Victor, et qui s'était avancé de Vittoria sur Orduña, résolut d'attaquer de nouveau le général Blacke, qui s'était fortifié sur les hauteurs de la ville où nous venons de dire qu'il s'était retiré. En conséquence, il envoya, le 7 octobre, ses trois divisions sur les positions ennemies. Les Français percèrent le centre et forcèrent les ailes à se replier et à regagner les montagnes dans le plus grand désordre. Le maréchal ne put, à cause des difficultés du terrain, poursuivre les Espagnols que jusqu'à Valmaseda ; ce qui n'empêcha pas les Espagnols de perdre plus de 4,000 hommes tant tués que blessés ou prisonniers.

Arrivée de l'Empereur. — Nouvelles dispositions. — Parti de Bayonne, le 4 novembre, l'Empereur arriva, le 5, au quartier général de Vittoria. Quelques changements s'opérèrent alors dans le personnel des chefs et dans la position des divers corps d'armée. La cavalerie forma un corps à part, dont le commandement fut confié au maréchal Bessières, et les troupes de celui-ci passèrent sous les ordres du maréchal Soult. Des renforts étant arrivés à l'armée française, son aile droite, formée des corps des maréchaux Lefebvre et Victor, s'appuyait au golfe de Gascogne ; le centre, formé des troupes du maréchal Soult, de la réserve de cavalerie aux ordres de Bessières et de la garde impériale, était à Vittoria et à cheval sur la grande route de Madrid ; l'aile gauche, composée des corps de Ney et de Moncey, s'appuyait, par son extrémité, aux montagnes de l'Aragon vers Tudela.

Napoléon, dirigeant lui-même le centre de l'armée, porta, le 8 novembre, son quartier général à Miranda sur l'Èbre. Il voulait arriver en toute hâte à Burgos, dans le but, si les corps de Blacke et de Castaños se retiraient, de les empêcher de se concentrer sur Madrid, et s'ils étaient résolus à résister, de s'opposer à leur jonction avec les troupes de réserve qui se trouvaient en Castille.

En conséquence de ces dispositions, l'aile droite devait pousser vivement les troupes du général Blacke, que les combats de Bilbao et de Guenès avaient déjà affaiblies ; la gauche devait faire tête, à Logroño et sur les frontières de l'Aragon, aux troupes des généraux Castaños et Palafox, attendant, pour se mettre en mouvement et descendre l'Èbre vers Saragosse, le résultat de l'attaque que le centre allait faire sur la réserve espagnole qui était maîtresse de Burgos.

Combat et prise de Burgos. — Le centre de l'armée française vint camper, le 9 novembre, autour de Bri-

viesca, où l'Empereur avait porté son quartier général. Le lendemain, dès que le jour parut, le maréchal Soult, à la tête de la division du général Mouton, s'avança pour reconnaître les positions ennemies en avant de Burgos. L'armée espagnole était rangée en bataille au village de Gamonal où se trouvait son centre, et ses ailes se prolongeaient à droite et à gauche de la grande route de Madrid pour couvrir Burgos. Dès que la tête de colonne française fut à portée de canon, trente pièces, qui étaient en batterie devant le village de Gamonal, firent feu à la fois. Aussitôt le maréchal Soult donna l'ordre d'attaquer, quoique les troupes qui le suivaient fussent encore assez éloignées. Les principales forces de l'armée ennemie, composées des gardes wallones et espagnoles, défendaient Gamonal ; la division Mouton se précipita sur ces troupes et les culbuta ; cependant les ailes tenaient encore ; le maréchal Bessières arriva avec sa cavalerie, les déborda, les chargea en flanc, les mit en déroute, et entra dans Burgos à la suite des fuyards. Le château de cette ville eût pu tenir quelques jours ; mais l'ennemi, épouvanté de la brusque attaque qu'il venait d'essuyer, ne pensa pas même à le défendre, et les Français l'occupèrent sur-le-champ.

Cette affaire coûta aux Espagnols 3,000 hommes tués ou blessés, 5,000 prisonniers, dont plusieurs généraux et officiers supérieurs, 12 drapeaux et presque toute leur artillerie.

Pensant bien que les Français seraient vainqueurs, et redoutant leur vengeance, les habitants de Burgos avaient abandonné leurs maisons pendant le combat. Les Français trouvèrent dans la ville des approvisionnements considérables en blé, farine et vin. L'Empereur y établit son quartier général, Burgos étant au centre des opérations.

Bataille d'Espinosa. — Dispersion de l'armée de Galice. — Le maréchal Victor avait reçu l'ordre de se porter sur Valmaseda ; mais il changea de direction et se dirigea sur Espinosa de los Monteros, où l'armée de Galice s'était retirée.

Les troupes espagnoles couronnaient les montagnes qui sont en avant de la ville ; leur gauche couvrait la route de San-Ander, leur droite s'appuyait à des précipices et à une hauteur garnie de six pièces de canon. Un plateau en avant était occupé par les troupes de ligne du corps du général La Romana.

Le 10 novembre, à deux heures de l'après-midi, le maréchal Victor arriva à Espinosa, et fit attaquer le plateau sur-le-champ. La brigade du général Pacthod s'avança sur cette position pour l'enlever à la baïonnette. Cet engagement dura deux heures, après lesquelles les troupes qui défendaient le plateau furent culbutées dans les ravins et les précipices au milieu desquels il était situé. Deux régiments y furent presque entièrement anéantis.

Quand les Français furent maîtres du plateau, ils se virent exposés au feu des six pièces placées sur la hauteur de droite, qui les battaient à bout portant ; les difficultés du terrain avaient empêché l'artillerie française d'accompagner les colonnes d'attaque ; mais les ennemis ne purent, malgré tous leurs efforts, reprendre le plateau ; les Français s'y maintinrent, et la nuit fit cesser le combat.

Le maréchal Victor fit, pendant la nuit, quelques changements dans la disposition de ses troupes, et le général Blacke se prépara à recevoir l'attaque du lendemain. Il rassembla ses meilleures troupes sur sa droite, vis-à-vis d'un coude formé par la petite rivière de la Trueba, près d'Espinosa. Il pensait que les Français dirigeraient principalement leur attaque sur cette droite.

Le lendemain matin, le maréchal Victor, au lieu de faire attaquer l'épais bataillon carré qui était au pied du plateau enlevé la veille par les troupes du général Pacthod ; donna l'ordre à la brigade du général Maison de se porter sur les hauteurs où la gauche des Espagnols avait pris position. Le but du maréchal était de débusquer l'ennemi de ce côté. La hauteur dominante fut promptement enlevée à la baïonnette, et les troupes du plateau marchèrent aussitôt en avant avec le centre de l'armée. Les six pièces de canon de l'ennemi furent prises par le 27e d'infanterie légère ; le 15e s'avança sur le pont d'Espinosa, où un affreux carnage eut lieu ; les troupes que le général Blacke avait concentrées dans le coude de la Trueba, y furent acculées, et firent une perte immense en passant cette rivière. Les Espagnols étaient partout en fuite, et pour échapper plus promptement, ils jetaient leurs armes.

La bataille d'Espinosa coûta aux Espagnols plus de la moitié des 45,000 hommes dont se composait leur armée ; tout ce qui ne fut pas tué, noyé ou pris, s'échappa dans différentes directions. Un grand nombre de fuyards furent sabrés et pris par la cavalerie du général Sébastiani ; qui, pendant la bataille, avait été dirigé par le maréchal Lefebvre sur Villarcayo, et qui déborda ainsi la droite des Espagnols.

Entrée de Soult à Raynosa. — Prise d'un grand parc d'artillerie. — Battu à Espinosa, le général Blacke espérait pouvoir rallier ses troupes à Reynosa et y prendre quelque repos. Soixante pièces de canon s'y trouvaient parquées, et avec cela, il était facile de fortifier la position ; mais il n'eut pas le temps de mettre son projet à exécution, le maréchal Soult s'avançant sur cette position, dont il n'était plus qu'à une courte distance. Blacke n'eut donc d'autre ressource que de se sauver à travers les montagnes avec les débris de son armée. Le 12, le maréchal Soult entra dans Reynosa, où il s'empara des canons, des vivres, des munitions et du grand dépôt d'habillement que l'Angleterre avait fournis.

Combat de San-Vicente de Barquera. — A peine entré à Reynosa, le maréchal Soult quitta cette ville pour se remettre à la poursuite de l'armée de Galice, et entra, le 16 novembre, à San-Ander. De là, différentes colonnes parcoururent la province pour soumettre les habitants et achever de détruire l'armée du général Blacke. Quelques détachements isolés furent sabrés et pris. Le général Sarrut, qui longeait le bord de la mer, vers la frontière de la province des Asturies,

se trouva, le 20 novembre, arrêté tout à coup dans sa marche par un corps ennemi, fort de 5,000 hommes, et qui s'était établi sur des hauteurs en avant de San-Vicente de la Barquera ; il se détermina à attaquer, quoiqu'il n'eût pas 1,000 hommes près de lui ; avec 700 fantassins, il marcha droit à l'ennemi, tandis que 150 chasseurs et deux compagnies d'infanterie, sous les ordres du colonel Tascher, se dirigeaient sur la droite des hauteurs pour les tourner et couper la retraite aux Espagnols. Un plein succès couronna ces dispositions : les Espagnols furent mis en déroute, et, comme le colonel Tascher leur fermait le seul passage par lequel ils auraient pu fuir, ils furent en grande partie forcés de se jeter dans la mer. 2,000 prisonniers tombèrent au pouvoir des Français.

Bataille de Tudela. — Dispersion des armées d'Andalousie et d'Aragon. — Les armées d'Estramadure et de Galice se trouvaient détruites, sauf quelques débris dispersés, de manière à ne pouvoir se réunir de long-temps ; les armées d'Andalousie et d'Aragon restaient seules à combattre. L'Empereur, voulant en finir au plus tôt avec elles, n'attendit pas que l'armée de Galice fût entièrement anéantie, il fit toutes ses dispositions pour que les corps de gauche de l'armée française pussent commencer leur mouvement sur les corps réunis des généraux Castaños et Palafox. Le maréchal Lannes, qui venait d'arriver récemment de Naples, fut chargé de la direction principale de cette attaque. Il partit, en conséquence, du quartier général ; le 19 novembre, pour aller se réunir au maréchal Moncey qui se trouvait à Lladosa. Le maréchal Ney fut dirigé sur Soria, pour couper à l'ennemi la retraite sur Madrid ou sur le royaume de Valence.

La division Lagrange, la brigade de cavalerie légère du général Colbert et celle de dragons commandée par le général Digeon, partirent de Logroño, le 21 novembre, en suivant la rive droite de l'Èbre. Le corps d'armée du maréchal Moncey passa le fleuve le même jour à Lladosa. Ces troupes s'avançaient sur Calahorra, où l'on savait que Castaños avait établi son quartier général. Mais prévoyant l'attaque des Français, les généraux ennemis avaient évacué cette ville et rassemblé leurs forces sur Tudela. Les Français continuèrent leur marche, et, le 23, l'avant-garde, formée de la division de cavalerie du général Lefèvre-Desnouettes, appuyée de la division d'infanterie du général Morlot, rencontra les premiers postes ennemis et en prévint aussitôt le maréchal Lannes, qui se porta en avant pour reconnaître la position des Espagnols. Leur armée, partagée en sept divisions ; était forte de 45,000 hommes ; elle était rangée en bataille en avant de Tudela ; et se prolongeait sur une ligne d'une lieue et demie d'étendue. La droite se composait des troupes aragonaises du général Palafox ; la gauche, des trois divisions d'Andalousie, et le centre, des troupes de Valence et de Castille. Ce front redoutable était garni de quarante pièces de canon en batterie.

Le maréchal Lannes fit disposer en batterie, sur les emplacements les plus avantageux, soixante pièces d'artillerie, et l'armée française commença son déploiement à neuf heures du matin. L'attaque commença par la division du général Maurice Matthieu, qui s'élança la première sur le centre de l'armée espagnole, et l'enfonça. La trouée donna passage à la cavalerie de Lefebvre-Desnouettes qui fit un quart de conversion à gauche, et enveloppa la droite de l'ennemi, que la division Morlot pressait de front. La gauche, appuyée au bourg de Cascante, était, dans le même moment, l'objet d'une attaque de la part de la division du général Lagrange. En un instant l'armée ennemie tout entière fut dans le plus grand désordre, et quitta le champ de bataille, abandonnant aux vainqueurs son artillerie et un grand nombre de prisonniers. Cette affaire coûta à l'ennemi 7 drapeaux, 30 pièces de canon avec leurs attelages et leurs caissons, 300 officiers et 3 000 soldats prisonniers, sans compter plus de 4,000 hommes qui furent tués ou noyés dans l'Èbre.

Les fuyards furent poursuivis par la cavalerie française jusqu'à Mallen, dans la direction de Saragosse, et sur la route de Soria jusqu'à Tarazona.

Le maréchal Ney avait reçu de l'Empereur l'ordre de se diriger sur Agreda, village situé à moitié chemin de Cascante à Soria. S'il eût suivi ces instructions, on eût fait mettre bas les armes à l'armée presque tout entière du général Castaños, cette armée qui s'enorgueillissait de l'affaire de Baylen! Mais le maréchal venait de faire une longue marche, pendant laquelle il avait eu plusieurs combats à soutenir, et il n'arriva que le 25 à sa destination, ayant cru devoir faire reposer deux jours ses troupes à Sovia, où il était parvenu le 22.

Après la dispersion de l'armée espagnole à Tudela, le général Palafox se retira à Saragosse, où il devait bientôt soutenir le siége mémorable dont nous avons déjà présenté le tableau; les troupes de Valence, de Castille et une partie de celle de l'Andalousie, gagnèrent Valence; 10,000 hommes seulement de l'armée de Castaños, se dirigèrent par la route de Saragosse à Guadalajara, sur Madrid.

Marche de l'Empereur sur Madrid. — Combat de Somo-Sierra. — La victoire de Tudela engagea l'Empereur à se porter de son côté directement sur Madrid. Un corps d'armée ennemi couvrait cette capitale, et, pour empêcher que les débris des troupes vaincues pussent se réunir à ce corps, la gauche et la droite françaises en achevèrent la dispersion, pendant que le centre marchait sur la capitale.

Le maréchal Soult ayant été chargé de poursuivre les débris de l'armée de Galice dans les Asturies, le maréchal Victor était venu, avec son corps d'armée, le remplacer au centre. Le 30 novembre, Victor arriva devant le défilé du Somo-Sierra, qu'il trouva gardé par un corps de 13,000 hommes, formé en partie des débris de l'armée battue à Burgos, et des autres troupes restées en réserve dans la Nouvelle-Castille. L'ennemi avait fortifié le col de ce défilé et y avait établi une batterie de seize pièces de canon. Les avant-postes ennemis furent promptement culbutés par les premières troupes du duc de Bellune, qui s'engagèrent dans le défilé en poursuivant les Espagnols. Le 96ᵉ ré-

giment, commandé par le général Sénarmont et ayant six pièces de canon en tête, s'avançait sur la chaussée. Les hauteurs de droite et de gauche étaient garnies de tirailleurs ennemis; les meilleures troupes espagnoles étaient rangées en amphithéâtre dans les rochers les plus rapprochés du col, et leur feu croisé prolongeait la pente rapide de la chaussée qui était d'ailleurs enfilée par l'artillerie placée sur le sommet. Il n'y avait aucune autre issue pour arriver à cette position inexpugnable.

L'Empereur survint au moment où l'infanterie française, sous le feu combiné de l'artillerie et de la mousqueterie espagnoles, faisait les plus grands efforts pour escalader les hauteurs de droite et de gauche; il avait derrière lui, en colonne, dans le défilé, l'artillerie de sa garde, dont le régiment de chevau-légers polonais tenait la tête.

Arrivé dans le fond du défilé, au bas de la montagne, l'Empereur s'arrêta près de l'artillerie, et se mit à examiner avec la plus grande attention la position de l'ennemi, sans être dérangé par les boulets qui passaient sur sa tête et tombaient quelquefois à ses côtés.

Le colonel Dautancourt, major des chevau-légers polonais, venait de placer ce régiment en colonne serrée par escadrons au-delà du torrent et sur une pente adoucie de la montagne à droite de la route.

L'infanterie française faisant peu de progrès, et le feu ennemi redoublant d'intensité, Napoléon ordonna à l'escadron des chevau-légers polonais de service auprès de lui, de s'élancer sur la batterie ennemie placée sur le sommet du col, et qui, de là, enfilait la route. La chaussée ne permettait qu'un très petit déploiement; cette troupe partit au galop en colonne par quatre; mais le feu terrible de la batterie et des tirailleurs la fit rétrograder; cependant, ralliée par la présence du comte Krasinski et du colonel Dautancourt qui la suivaient à la tête des autres escadrons du régiment, elle se précipita de nouveau en avant avec eux. En un instant, la montagne fut gravie au galop, malgré l'épouvantable feu croisé de mousqueterie et la pluie de mitraille; tout ce qui voulut s'opposer à l'élan de ces braves fut renversé, l'inaccessible position fut emportée, et tout, artillerie et infanterie fut enlevé, sabré, pris, dispersé ou coupé.

Le résultat de cette action, la plus audacieuse peut-être dont la cavalerie ait offert un exemple, fut l'anéantissement et la dispersion du corps espagnol qui perdit toute son artillerie, 10 drapeaux, 30 caissons, tous ses bagages, les caisses des régiments, et qui eut en outre un grand nombre d'hommes tués ou faits prisonniers.

Les troupes françaises suivirent jusqu'au-delà de Buitrago, bourg situé sur la rive droite de la Lozoya, qui traverse la route de Madrid, le régiment des chevau-légers conduit par le colonel Dautancourt et celui des chasseurs à cheval de la garde, commandé par le général Lefebvre-Desnouettes, qui poursuivirent les débris de l'armée espagnole dans cette direction.

Siége et prise de Madrid. — Le corps du maréchal Ney fit, le lendemain de la victoire de Somo-Sierra, sa jonction avec l'armée du centre. Vingt-quatre heures après, l'Empereur, suivi de la cavalerie de sa garde et des deux divisions de dragons des généraux Lahoussaie et Latour-Maubourg, partit pour se porter sur les hauteurs d'où l'on découvre Madrid en arrivant par la grande route de Castille. Les troupes firent éclater leur enthousiasme, quand, à la vue de la capitale, elles se rappelèrent que ce jour, le 2 décembre, était le double anniversaire du couronnement et de la bataille d'Austerlitz.

Madrid était dans un état d'effervescence extraordinaire : depuis huit jours, on travaillait à barricader les portes et les rues ; la population tout entière était appelée aux armes par les prêtres qui faisaient sonner toutes les cloches des églises que cette ville renferme en si grand nombre ; des campagnes environnantes étaient arrivés plus de 40,000 paysans, pour se joindre aux 8,000 hommes de troupes réglées, chargés de défendre la capitale, sous le commandement du général Morla ; sur les points les plus importants, on avait distribué cent pièces de canon ; mais toutes les précautions nécessaires avaient été négligées, en partie, par suite de la rivalité qui s'était élevée entre les autorités civiles et militaires, et au lieu de s'entendre dans l'intérêt commun, on passait le temps à discuter sur de misérables prérogatives. Une mésintelligence non moins grande régnait parmi les habitants, qui étaient divisés en deux partis ; l'un composé des militaires, des levées extérieures et de la classe pauvre, soumise à l'influence du clergé, voulait se défendre jusqu'à la dernière extrémité ; l'autre, formé des habitants riches et des marchands qui tremblaient pour leur fortune ou leurs propriétés, ne voulaient pas que la ville, par une défense inutile, s'exposât à toutes les horreurs de la guerre. Le parti qui inclinait pour la défense était le plus fort et le plus nombreux ; de plus, il était maître du château royal du Retiro, bâti sur une hauteur qui domine la ville et pourvu de quelques fortifications faites à la hâte.

Un aide de camp du maréchal Bessières, envoyé dans la ville, par ordre de l'Empereur, pour sommer les autorités d'ouvrir les portes à l'armée française, eût été massacré par la populace sans un détachement de troupes de ligne qui le reconduisit aux avant-postes français. La Junte militaire envoya un officier général porter la réponse à la sommation ; par cette réponse, la Junte déclarait que la population entière de Madrid était résolue à s'ensevelir sous les ruines de cette capitale plutôt que d'en permettre l'entrée aux Français. 30 hommes des plus déterminés de la milice citoyenne accompagnèrent l'officier chargé de cette mission, afin de le surveiller et d'être bien assurés qu'il ne se ferait rien de contraire à ce qu'ils voulaient.

Les Français eurent bientôt, sur la situation intérieure de la ville, des détails qui leur furent donnés par quelques déserteurs des gardes wallonnes. Ils apprirent qu'un général espagnol, le marquis de Paralès, qui avait joui jusque-là de la faveur publique, avait été tué par le peuple qui l'accusait d'avoir fait mettre du sable dans les cartouches. On l'avait étranglé ; son corps avait été mis en pièces, ses membres coupés et portés dans tous les quartiers de la ville. On était en train de refaire toutes les cartouches, et 4,000 moines, renfermés dans le Retiro, étaient chargés de ce travail.

L'armée du centre n'étant plus qu'à deux lieues et demie de Madrid, Napoléon fit la reconnaissance d'une partie des environs de la ville, pour disposer son attaque. A sept heures du soir, une des divisions du duc de Bellune arriva au quartier général, qui était établi au village de San-Augustino, et l'Empereur donna aussitôt l'ordre au général Maison de se porter avec sa brigade sur les faubourgs situés du côté de la route de France et de s'en emparer. Le général Lauriston, avec quelques escadrons et quatre pièces d'artillerie légère de la garde, devait soutenir et protéger ce mouvement.

Bientôt un feu très vif s'engagea à l'entrée des faubourgs ; les premières maisons et un grand cimetière furent presque aussitôt au pouvoir des Français. Le reste du corps du duc de Bellune prit position pendant la nuit, et l'on garnit d'artillerie tous les points désignés par l'Empereur.

Le prince Berthier, major général, envoya à minuit, dans la ville, un lieutenant colonel d'artillerie fait prisonnier à Somo-Sierra ; cet officier était porteur d'une lettre pour le marquis de Castellar, dans laquelle Berthier l'engageait à ouvrir ses portes et à ne pas exposer la capitale à toutes les horreurs d'un assaut. Le parlementaire revint au quartier général français, le 3 décembre, à 9 heures du matin, avec la réponse du président de la Junte, qui demandait au major général une journée de suspension, pour avoir le temps de consulter les autorités constituées et de connaître les dispositions du peuple, s'engageant à envoyer sa réponse la nuit même, où le lendemain matin.

Avant que la réponse à cette demande pût être donnée, trente pièces d'artillerie, qui foudroyaient le Retiro depuis quelque temps, y avaient fait une brèche par laquelle des voltigeurs de la division Vilatte passèrent, suivis de leur bataillon. Bientôt une nuée de soldats français se répandit dans l'intérieur de cet établissement royal, en culbuta la garnison, et s'empara successivement de l'Observatoire, de la grande caserne, de la manufacture de porcelaines, de l'hôtel de Medina-Celi et de tous les débouchés que l'on avait retranchés. Pour détourner l'attention de l'ennemi, on avait, en même temps, fait une fausse attaque sur un autre côté de la ville, contre laquelle on dirigeait le feu terrible de vingt pièces tant de canon que d'obusiers.

Ces deux attaques répandirent la terreur et la confusion dans la ville ; de nombreux déserteurs, accourus aux avant-postes français, donnèrent avis que l'on avait crénelé un grand nombre de maisons ; que, dans les principales rues, on avait élevé des traverses, formé des barricades dans plusieurs autres, et matelassé les fenêtres. Les Français étaient maîtres du Retiro, d'où ils pouvaient foudroyer toute la ville, et de la grande rue d'Alcala qui leur ouvrait l'accès de la place centrale de la Puerta del Sol ; cependant ils ne s'avancèrent qu'avec les plus grandes précautions.

Le feu cessa partout à onze heures du matin, et Berthier envoya au marquis de Castellar un nouveau parlementaire porteur d'une nouvelle sommation dans laquelle on cherchait à faire comprendre aux Espagnols tous les malheurs que leur obstination pourrait attirer sur la ville. Cette sommation se terminait ainsi : « Défendre Madrid est contraire aux principes de la guerre et inhumain pour les habitants. Une artillerie immense est en batterie ; des mineurs sont prêts à faire sauter les principaux édifices ; des colonnes sont à l'entrée des débouchés de la ville, dont quelques compagnies de voltigeurs se sont rendus maîtres ; mais l'Empereur, toujours généreux dans ses victoires, suspend l'attaque jusqu'à deux heures. La ville de Madrid doit espérer protection et sûreté pour ses habitants paisibles, pour le culte, pour ses ministres, enfin l'oubli du passé. Arborez un pavillon blanc avant deux heures, et envoyez des commissaires pour traiter de la reddition de la ville. »

Le marquis de Castellar envoya un membre de la Junte militaire et un député de la ville au quartier général français, pour demander une suspension d'armes pendant toute la journée, afin que les autorités eussent le temps de faire entendre raison au peuple. Berthier présenta ces envoyés à l'Empereur qui les reçut fort durement, mais qui leur accorda cependant jusqu'au lendemain, six heures du matin. « Revenez « alors, leur dit-il, si vous n'avez à me parler du « peuple que pour m'apprendre qu'il s'est soumis ; si- « non, vous et vos troupes, vous serez tous passés par « les armes. »

Pendant ces pourparlers, le peuple et la milice continuaient une vive fusillade par les fenêtres des maisons qui bordent le Prado. Plus de 40,000 hommes, la rage au cœur, parcouraient les rues en accusant les chefs de trahison et de lâcheté, et en demandant qu'on les menât au combat. Dans l'impossibilité de ramener ces hommes, le marquis de Castellar profita de la nuit pour sortir de la ville avec presque tous les officiers généraux, les troupes de ligne et seize pièces de canon. Presque tous les révoltés se dispersèrent, quand ils eurent connaissance de cette retraite, de telle sorte qu'il ne resta plus guère dans Madrid que les gens tranquilles et disposés à subir la loi du vainqueur.

Au jour et à l'heure fixés par Napoléon, les envoyés espagnols revinrent au quartier général annoncer que les habitants paisibles se soumettaient à tout ce qu'il plairait à l'Empereur d'ordonner ; mais que la populace était dans la plus grande agitation, et qu'il convenait de prendre contre elle des mesures efficaces. Le général Belliard fut aussitôt nommé gouverneur de Madrid, où il entra à 10 heures, et fit à l'instant occuper tous les postes. L'effervescence se calma comme par enchantement ; chacun reprit ses affaires, les boutiques se rouvrirent, enfin rien ne resta plus des préparatifs d'une défense qui menaçait d'être si longue et si opiniâtre. Cette tranquillité ne fit pas négliger les précautions ; et, pendant plusieurs jours, les chevaux de la cavalerie restèrent sellés, comme si on eût été en présence de l'ennemi.

Napoléon ne voulut point entrer dans la capitale espagnole ; il s'établit avec sa garde à une lieue de la ville, sur les hauteurs de Chamartin.

Catalogne. — Premier combat de Puente del Rey. — Les insurgés de la Catalogne n'avaient point été découragés par les défaites successives qu'ils avaient essuyées. Vers la fin de juin, ils revinrent, avec des renforts considérables, se poster sur la rivière du Llobregat, où, déjà battus, ils avaient perdu toute leur artillerie. Après avoir coupé le pont d'El Rey et fortifié tous les gués qui le séparent de l'embouchure du Llobregat, ils établirent sur l'emplacement de ce pont une batterie de trois pièces de gros calibre. Le 30 juin, de grand matin, le général Duhesme dirigea ses troupes sur cette position. Le général de brigade Bessières, frère du maréchal, força, à la tête de la cavalerie, le passage près de San-Boy, remonta la rivière, et prit à revers tous les postes de l'ennemi ; en même temps, les Espagnols étaient attaqués de front par le général Lecchi, qui menaçait leur gauche. Les insurgés ne purent résister à cette double attaque ; ils furent mis en pleine déroute, et quittèrent le champ de bataille en y abandonnant un grand nombre de morts et de blessés, leur artillerie, leurs bagages et quatre mille fusils.

Entrée du corps de Gouvion-Saint-Cyr. — La position de l'armée française en Catalogne était extrêmement critique ; partout des rassemblements se formaient, et les escortes des Français étaient impitoyablement massacrées ; les Catalans avaient reçu de la Junte centrale des renforts de troupes régulières d'infanterie, d'artillerie et de cavalerie, et des munitions de toute espèce ; un grand nombre de places furent mises en état complet de défense, et la grande route de France à Barcelone, fut détruite près de Mataro par les Anglais, débarqués sur les côtes catalanes pour exciter ou appuyer l'insurrection. Le général Duhesme était bloqué dans Barcelone, où ses troupes, déjà affaiblies par les combats inégaux qu'elles avaient eus à soutenir, étaient en outre privées de beaucoup d'objets de première nécessité.

Un tel état de choses demandait des mesures promptes et énergiques. Par ordre de l'Empereur, un nouveau corps fut réuni, dans le courant de septembre, sur les frontières des Pyrénées orientales ; le commandement en fut donné au général Gouvion-Saint-Cyr, qui reçut la mission de soumettre la Catalogne. Ce corps d'armée se composait de trois divisions : la première, forte de huit bataillons d'infanterie et du 24e régiment de dragons, était commandée par le général Souham ; la seconde, sous les ordres du général Pino, se composait de régiments italiens ; la troisième, formée de régiments napolitains, était commandée par le général Chabot. Ces troupes venaient d'être détachées de l'armée d'Italie.

Prise de Roses. — Long-temps retenu dans ses cantonnements par la difficulté des communications entre Perpignan et Figuières, par le manque d'approvisionnements et la rareté des vivres, le corps du général Saint-Cyr, qui prit le nom de 7e corps, traversa enfin les Pyrénées orientales, et investit la place de Roses, le 6 novembre. Le siège de cette place fut confié au général Reille, dont la division, faisant partie du corps de Duhesme, et qui était restée cantonnée dans les environs de Figuières, se réunit alors aux troupes du général Saint-Cyr. La division italienne du général Pino devait seconder les opération du général Reille. Le 8 novembre, les troupes du général Pino s'emparèrent des hauteurs de San-Pedro, et refoulèrent l'ennemi dans la place ; le poste de Selva fut également emporté par le général Fontana, qui chargea à la baïonnette et culbuta dans la mer les miquelets et les soldats anglais qui le défendaient, et s'empara de dix pièces de canon débarquées précédemment par les Anglais. Les faubourgs de Roses furent emportés quelques jours après par la brigade du général Mazzuchelli.

Quelques jours se passèrent, de la part des assiégeants, en dispositions d'attaques, et la tranchée fut ouverte, le 18 novembre, à 8 heures du soir, sur le plateau situé vis-à-vis le bastion de droite de l'attaque. Quand le jour vint, les travailleurs étaient couverts. La parallèle, qui se trouvait à cinq cents mètres de la place, avait de quatorze à quinze cents mètres de développement. Une batterie, destinée à recevoir six mortiers, avait été établie en arrière de la parallèle et sur la capitale d'un des bastions du front d'attaque qui était enveloppé par cette parallèle. Les travaux du fort de la Trinité furent poussés non moins vivement, et les Français furent bientôt en mesure de battre la place, qui se rendit le 5 décembre. La garnison, forte de 3.000 hommes, fut prisonnière de guerre et conduite en France.

Combat de Cardalen. — Après la reddition de la place de Roses, le général Saint-Cyr se disposa à marcher sur Barcelone, qu'il était urgent de secourir au plus vite. Il eut dans sa route quelques engagements insignifiants, et arriva, le 16 décembre, à Cardalen, où il trouva le gros de l'armée espagnole, au nombre de 15.000 hommes, que le marquis de Vivès, général en chef, avait rangés en bataille sur un plateau en avant de cette ville. La droite de l'ennemi s'appuyait à une montagne escarpée et couronnée par des miquelets ; le centre était couvert par un ravin profond ; une épaisse forêt flanquait la gauche. Deux obusiers et dix canons en batterie protégeaient en outre le front de l'armée espagnole, et arrêtèrent, par leur feu, l'avant-garde française. Bientôt la fusillade s'engagea sur toute la ligne. La situation du général Saint-Cyr était embarrassante : il n'avait pas d'artillerie, et huit jours de marche et de combats continuels à travers des chemins presque impraticables avaient harassé ses troupes. Saint-Cyr pensa qu'une brusque attaque était le seul moyen à employer pour déconcerter l'ennemi et l'empêcher de profiter de tous ses avantages ; il fit former ses divisions en colonnes d'attaque ; le général Souham s'élança sur la droite des Espagnols et le général Pino sur leur centre et leur gauche. L'impétuosité de cette attaque ébranla l'ennemi, qui, après deux heures de combat, fut contraint d'abandonner ses positions, en laissant au pouvoir des vainqueurs 12 pièces d'artillerie et 1,200 prisonniers, sans compter 800

hommes, qui restèrent sur le champ de bataille. Le général Saint-Cyr entra le lendemain à Barcelone.

Deuxième combat de Puente del Rey. — Après leur défaite à Cardalen, les Espagnols vinrent se rallier à Puente del Rey, à peu près au même point qu'ils occupaient lorsqu'ils avaient été battus, le 30 juin, par le général Duhesme. — Une tête de pont, garnie d'artillerie de gros calibre, défendait le passage du Llobregat, et menaçait le grand chemin en face. Les retranchements élevés à droite et à gauche du pont furent promptement garnis de troupes, et, pour éviter que leur droite fût tournée comme dans le combat du 30 juin, les Espagnols la renforcèrent par quelques pièces de position et par des miquelets qui couronnaient par échelons toutes les montagnes environnantes. Des montagnes, garnies également de miquelets, protégeaient leur gauche, qui s'étendait vers Paleja. Douze escadrons de cavalerie, rangés en bataille sur deux lignes, traversaient la grande route et regagnaient le Llobregat par leur gauche.

Après avoir fait prendre deux jours de repos à ses troupes, le général Saint-Cyr les porta, le 20 décembre, sur la position ennemie. La division du général Chabran, faisant partie de la garnison de Barcelone, était venue renforcer le corps d'armée du général Saint-Cyr.

Dès que le jour parut, les divisions Souham et Pino passèrent le Llobregat ; pendant ce temps, et pour empêcher les Espagnols de dégarnir leur gauche dans le but de porter des renforts sur le véritable point d'attaque, le général Chabran menaçait l'ennemi de front, canonnait vigoureusement la tête de pont et dirigeait vers Paleja un détachement d'infanterie et de cavalerie. Les Espagnols ne purent tenir contre l'attaque faite sur leur droite par les divisions Pino et Souham, et prirent la fuite vers les montagnes. La cavalerie ennemie, voyant arriver sur elle les neuf escadrons du 24e de dragons, n'attendit pas l'attaque, et se retira au grand galop dans les défilés du Mont-Serrat. Les dragons français se mirent à la poursuite des fuyards, les atteignit, les sabra, leur fit un grand nombre de prisonniers et leur enleva vingt-cinq pièces d'artillerie, tous leurs bagages, leurs munitions et leurs voitures. Les corps ennemis furent dans une si grande déroute et tellement dispersés, que le général Vivès put à peine, pendant la nuit, en rallier deux ou trois à son escorte.

Après cette brillante affaire, le général Saint-Cyr s'avança jusque sous les murs de Tarragone.

Galice. — Jonction des forces anglaises. — Les renforts promis par les Anglais aux Espagnols devaient se composer de 20,000 hommes détachés de l'armée de Portugal et de 15,000 venant de l'Angleterre directement. Ces dernières troupes arrivèrent à la Corogne, dans la province de Galice, vers le 15 octobre ; elles étaient commandées par sir David Baird. Les 20,000 hommes du Portugal n'arrivèrent en Espagne que le 18 novembre, et après quelques marches et quelques dispositions sans résultat, leur commandant, le général en chef sir John Moore, fit sa jonction avec les troupes de sir David Baird, le 21 décembre, à Toro.

Renforts reçus par l'armée française. — Vers la fin de novembre, l'armée française avait reçu de nouveaux renforts ; ils se composaient du cinquième corps de la Grande-Armée, sous les ordres du maréchal Mortier, et d'un huitième corps composé de l'ancienne armée de Portugal, et qui, à peine débarqué en France, avait été dirigé sur Bayonne. Le général Junot en était le commandant. Les divisions Suchet et Gazan, formant le cinquième corps, reçurent l'ordre de se diriger sur Saragosse pour se réunir au maréchal Moncey, chargé, ainsi que nous l'avons dit, de faire le siège de cette capitale de l'Aragon (leurs opérations sont connues) ; le huitième corps, composé des divisions Loison et Laborde, alla provisoirement renforcer le corps du maréchal Soult ; et Junot, chargé du siége de Saragosse (*voy.* plus haut), remplaça momentanément dans le commandement du troisième corps, le maréchal Moncey, que l'Empereur destinait à d'autres opérations.

Combat de Benavente. — L'Empereur n'avait pas plutôt appris la jonction des deux généraux anglais, qu'il s'était hâté de quitter son quartier général de Chamartin, et de se porter sur Valladolid avec sa garde, le corps du maréchal Ney et la cavalerie du maréchal Bessières. Avant ce mouvement, qui eut lieu le 22 décembre, Napoléon fit mettre à l'ordre de l'armée une proclamation dans laquelle il annonçait que le moment était enfin arrivé, où le léopard anglais allait fuir devant les aigles françaises.

Le général anglais Moore, menacé à la fois par le corps du maréchal Soult, qui s'avançait par sa droite sur Léon et sur Astorga, et par un autre corps que l'Empereur conduisait en personne, et qui arrivait à marches forcées par la grande route de Madrid à Valladolid, prit aussitôt le parti de la retraite, et fit rétrograder ses colonnes sur Benavente, où les Français atteignirent, le 26, leur arrière-garde.

Les Anglais avaient eu le temps de détruire le pont de l'Esla, rivière qui coule devant Benavente ; mais cet obstacle n'arrêta pas les Français ; le général Lefebvre-Desnouettes passa à gué cette rivière avec trois escadrons des chasseurs de la garde, et se trouva bientôt en face de toute la cavalerie anglaise commandée par les généraux Stewart et Paget. Les Français, malgré leurs courageux efforts, ne purent lutter contre des forces si supérieures, et repassèrent l'Esla, abandonnant aux Anglais une soixantaine d'hommes blessés ou démontés, parmi lesquels se trouvait le général Lefebvre-Desnouettes. Après s'être ralliés sur la rive droite de la rivière, les chasseurs allaient revenir à la charge pour délivrer leur chef, quand deux pièces d'artillerie légère, que l'ennemi fit avancer près du pont, et qui vomirent de la mitraille, les empêchèrent d'exécuter leur projet.

Combat de Mancilla. — Malgré le petit avantage qu'il venait de remporter, le général anglais se hâta de continuer sa retraite à marches forcées, quand il apprit

que le quartier général de l'Empereur n'était, la veille, qu'à six lieues de lui, et prit, avec ses colonnes, la route de Villa-Franca. Napoléon arriva le 30 à Benavente, et chargea le maréchal Bessières de se mettre à la poursuite de l'armée anglaise. Pendant ce temps, le maréchal Soult se portait sur Astorga, que le marquis de la Romana, à la tête de son corps d'armée, cherchait à gagner au plus vite.

L'avant-garde du corps de Soult, commandée par le général Franceschi, atteignit, le 30, l'arrière-garde espagnole au village de Mancilla, la culbuta et lui prit 1,500 hommes et 2 drapeaux. Le lendemain, le maréchal Soult entra dans la ville de Léon.

Combat de Caçabellos. — *Mort du général Colbert.* — Les Français, toujours acharnés à la poursuite des troupes britanniques, arrivèrent, le 3 janvier 1809, au défilé de Caçabellos, où ils rencontrèrent l'arrière-garde anglaise, forte d'environ 6,000 hommes, dont 700 de cavalerie, et occupant une position fort avantageuse. Le général Merle n'hésita cependant pas à l'attaquer ; il fit avancer l'infanterie au pas de charge, et mit les Anglais en déroute, après leur avoir fait perdre plus de 300 hommes, tant tués que blessés. Le général Auguste de Colbert se porta, au moment de cette attaque, en avant de sa brigade de cavalerie légère et au milieu des tirailleurs fantassins, pour voir si le terrain lui permettait de former ses escadrons, afin de charger l'ennemi ; une balle qu'il reçut dans le front le renversa de cheval. Il reprit un moment connaissance, se fit mettre sur son séant, et voyant les Anglais qui fuyaient, il dit aux personnes qui étaient près de lui : « Mes amis, je suis bien jeune encore pour « mourir ; mais ma mort est digne d'un soldat de la « Grande-Armée, puisqu'en expirant je vois fuir les « derniers et les éternels ennemis de ma patrie... » A ces mots, il pencha la tête et mourut.

Entrée des Français à Lugo. — L'armée britannique, fuyant avec la plus grande précipitation devant les colonnes françaises, arriva le 5 janvier à Lugo, après avoir franchi en quarante-huit heures les vingt-cinq lieues qui séparent cette ville de Villa-Franca. Le même jour, l'avant-garde du maréchal Soult entrait à Ferreira, où elle rencontra une arrière-garde ennemie qui voulut, en se retirant, faire sauter un pont jeté sur la petite rivière qui coule en avant du village ; mais, chargée à temps par la cavalerie française, elle ne put y réussir.

Le maréchal Soult arriva bientôt devant Lugo, où il trouva le général anglais disposé à recevoir l'attaque. Les forces du maréchal ne s'élevaient pas à plus de 30,000 hommes ; aussi, avant de tenter un coup décisif, crut-il devoir attendre que toutes les troupes l'eussent rejoint. La journée du 6 se passa en escarmouches entre l'avant-garde française et les postes avancés de l'ennemi.

Les Anglais avaient pris position en arrière de Lugo ; ils appuyaient leur droite au Minho et leur gauche à des montagnes.

Dans la nuit du 6 au 7, le gros des troupes françaises

arriva, et, dès que le jour parut, le maréchal Soult forma son armée en bataille. Il plaça une partie de sa cavalerie à l'aile droite pour tourner la gauche de l'ennemi ; cette cavalerie était soutenue par une division d'infanterie et une batterie d'artillerie légère. Malgré ces dispositions, la journée entière se passa en escarmouches insignifiantes.

Le lendemain, le général anglais, en réfléchissant sur les mesures prises par le maréchal Soult, fut convaincu qu'il lui serait impossible de tenir dans sa position, et il résolut à continuer, par le chemin le plus direct, sa retraite sur la Corogne, dont il était encore éloigné de quinze lieues.

L'armée française était sous les armes, le 9, dès quatre heures du matin, s'attendant à une affaire décisive, avec d'autant plus de raison que le mouvement de retraite de l'ennemi faisait un bruit qui semblait annoncer que l'on se préparait au combat, et que les Anglais, pour tromper leurs adversaires, avaient allumé de grands feux. Le jour seul fit connaître la vérité ; les Français entrèrent dans Lugo, où ils trouvèrent 15 pièces de canon et 400 chevaux que les Anglais avaient tués sur les glacis. Le maréchal voulut poursuivre les fuyards ; mais ceux-ci ayant dix heures de marche d'avance, il fut impossible aux colonnes françaises de rejoindre l'ennemi ; quelques traîneurs furent seulement ramassés par l'avant-garde.

Les Anglais purent enfin gagner la Corogne, où ils arrivèrent le 11 janvier, au nombre de 15,000 hommes. La retraite longue et fatigante qu'ils venaient d'effectuer leur avait coûté près de 9,000 hommes. La cavalerie était presque entièrement démontée ; 6,000 chevaux, tant de troupe que du train d'artillerie, étaient morts de fatigue, ou avaient été tués par leurs cavaliers ; tout le matériel était perdu ; il ne restait plus aux Anglais vestige des équipements et des magasins : la caisse de l'armée était vide.

Départ de l'Empereur pour Paris. — Pendant que ces événements se passaient en Galice, une circonstance inattendue vint tout à coup surprendre péniblement l'Empereur, et le forcer à partir en toute hâte pour la France. Napoléon avait pensé assez justement que la soumission de Madrid entraînerait celle des autres parties de l'Espagne ; alors il eût chassé de ce pays les Anglais qui eussent été forcés de se réfugier en Portugal, où il eût envoyé contre eux une nouvelle armée destinée à venger la défaite de Vimeïro. Ces calculs furent brusquement renversés par les intrigues du cabinet britannique, qui, pour empêcher la conquête de l'Espagne, parvint à mettre dans ses intérêts la cour de Vienne. L'Autriche, profitant de la présence dans la Péninsule de la plus grande partie des forces françaises, s'était préparée secrètement à reprendre les armes, dans l'espoir de venger la honte de ses précédentes défaites. — Elle était sur le point d'agir.

Aussitôt que l'Empereur fut instruit de ces dispositions pour commencer les hostilités, il s'empressa de rétrograder avec sa garde sur Valladolid, d'où il partit le 7 janvier. En peu d'heures, suivi seulement d'une trentaine de ses chasseurs à cheval les mieux montés,

il parcourut les vingt-cinq lieues de poste qui séparent Valladolid de Burgos, et quinze jours après il arriva à Paris.

Prise de la Corogne. — *Fuite et embarquement des Anglais.* — Le port de la Corogne était le lieu le plus favorable que les Anglais pussent choisir pour but de leur retraite, en ce qu'il leur offrait un point d'embarquement sûr. Malheureusement, les vaisseaux qui avaient amené en Galice les 15,000 hommes du général Baird n'étaient plus là ; on les avait envoyés à Vigo dès le commencement de la retraite, et les vents étant contraires, on ne pouvait espérer qu'ils fussent de retour avant l'arrivée des Français. Le général Moore fit donc travailler à fortifier en toute hâte au seul passage par lequel les Français pussent approcher de la place, qui se trouva bientôt en mesure de résister à des troupes privées de grosse artillerie.

Le maréchal Soult arriva, le 15 janvier, en présence de l'ennemi ; après avoir fait occuper les hauteurs de Villaboa par les divisions des généraux Mermet et Merle, qui culbutèrent l'arrière-garde ennemie, il appuya sa droite au point d'intersection des routes de la Corogne à Lugo et à San-Yago-de-Compostella ; sa gauche était en arrière du village d'Elvina. Le maréchal consacra le reste du jour à l'érection d'une batterie de douze pièces de canon destinées à riposter à celle qui couvrait le front de la ligne anglaise.

Les dernières colonnes ayant rejoint l'armée française, le 16, le maréchal Soult donna, vers deux heures de l'après-midi, le signal de l'attaque. Une des brigades de la division Mermet s'élança la première sur les Anglais, qu'elle délogea du village d'Elvina ; le général Merle chassa également l'ennemi d'une partie des hauteurs sur lesquelles il était posté. L'action devint bientôt générale sur toute la ligne, mais sans amener de résultats ; le général Moore avait placé ses principales forces à sa droite, et c'était précisément sur ce point que s'était dirigée l'attaque des Français. Aussi tous les efforts pour chasser les Anglais du terrain qu'ils occupaient furent inutiles ; l'ennemi ne fut même pas découragé par deux événements fatals : le général Baird eut le bras emporté par un boulet, et le général en chef John Moore fut blessé mortellement. Le général John Hope le remplaça dans son commandement, et l'ennemi continua à se maintenir sur toute la ligne.

La nuit étant venue mettre fin au combat, le général Hope quitta ses positions et rentra dans la Corogne avec tant de précautions et de silence, que les Français ne s'en aperçurent que le lendemain matin. Déjà les Anglais étaient embarqués sur les bâtiments de transport arrivés depuis le 15. Le maréchal Soult dirigea sur la flotte anglaise le feu d'une batterie avantageusement placée ; alors cette flotte leva l'ancre et prit le large. Une arrière-garde, qui occupait encore les faubourgs du côté du port, et qui avait coupé le pont qui les sépare de la ville, s'embarqua dans l'après-midi sur quelques bâtiments restés pour elle. Les Français trouvèrent dans le camp anglais, le 17, plus de 3,000 fusils abandonnés, des habillements et des munitions. Les Anglais avaient perdu, d'après le rapport des blessés qu'ils avaient abandonnés dans les faubourgs, 2,500 hommes dans le combat de la veille.

Le maréchal avait jeté quelques bataillons d'infanterie légère dans les faubourgs de la Corogne, et, le 18 au matin, il fit sommer la place d'ouvrir ses portes. Quoique le départ de la flotte anglaise ne permît plus la moindre résistance, les deux régiments espagnols enfermés dans la ville firent mine de vouloir la défendre, et le maréchal, pour amener leur commandant à capituler dans la journée du 20, fut obligé de faire une démonstration d'attaque de vive force. On trouva dans la place 200 pièces de canon, 20,000 fusils, 600,000 cartouches, 200 milliers de poudres, des magasins considérables en vivres et objets militaires, 1,200 cadavres de chevaux, et 500 chevaux vivants dont les jarrets étaient coupés.

Capitulation du Ferrol. — Soumission des Espagnols et de la place du Ferrol. — Maître de la Corogne, le maréchal Soult dirigea une partie de son armée sur le Ferrol, pour réduire cette place défendue par des forts et par un môle garni d'une redoutable artillerie. Les pourparlers commencèrent le 23, avec les autorités civiles et les officiers de terre et de mer, qui ne paraissaient pas éloignés d'une capitulation ; mais le peuple, que les agents de l'Angleterre agitaient sous main, s'insurgea, et les négociations n'allèrent pas plus loin. Deux émissaires, envoyés, le 24, au maréchal, par le commandant des troupes de terre, vinrent lui déclarer que la populace menaçait d'égorger ceux qui parleraient de capitulation, et que cette effervescence empêchait les autorités d'agir comme elles le voudraient.

Le duc de Dalmatie développa alors tous ses moyens d'attaque, et la vue des divisions françaises diminua un peu la résolution des insurgés. Aussi le maréchal se borna-t-il à faire resserrer la ville et occuper quelques-uns des forts qui la défendent. Le 26, la capitulation fut signée, et la division Mermet, avec une brigade de dragons, occupa la place le lendemain.

Les habitants ayant tous été soumis au désarmement, cette mesure procura aux Français près de 7,000 fusils, presque tous de fabrique anglaise. Le port du Ferrol contenait trois vaisseaux de 112 canons, deux de 80, un de 74, deux de 64, trois frégates et plusieurs corvettes, bricks et autres bâtiments de guerre. L'arsenal renfermait plus de 1,500 pièces de canon de tout calibre, et une grande quantité de munitions en tout genre.

La Galice se trouvant conquise entièrement par l'occupation de Vigo, qui suivit de près celle du Ferrol, le maréchal Soult se disposa à diriger une expédition contre le Portugal, le maréchal Ney fut chargé de maintenir la province espagnole que l'on venait de soumettre.

Bataille d'Uclès. — Dispersion de l'armée de Castille et d'Andalousie. — La conquête de la Galice avait achevé la conquête de l'Espagne septentrionale et la dispersion des trois armées espagnoles régulières. Les corps d'Estramadure et de Castille, chassés par les troupes françaises, avaient fait leur retraite vers le midi de la Péninsule, et s'étaient réunis derrière le Tage, après avoir traversé, par petits détachements, plus de cent cinquante lieues de pays. Mais là encore, ces débris furent battus et poursuivis jusque sur les bords de la Guadiana, par le corps du maréchal Lefebvre.

Dans le même temps, le général Venegas et le duc de l'Infantado, après avoir rassemblé les débris de l'armée d'Andalousie, auxquels s'étaient jointes de nouvelles levées faites en Castille, s'étaient dirigés vers les frontières de la province de Cuenca, et témoignaient, par leurs manœuvres, l'intention de s'avancer sur Madrid. Le maréchal Victor partit, le 10 janvier, de Tolède, où il se trouvait avec son corps d'armée, et se porta au-devant de ces nouvelles forces. Il était parvenu jusqu'à Ocaña sans avoir de nouvelles de l'armée espagnole, au milieu de laquelle il se trouva tout à coup, le 13 au matin, et dans la situation la plus favorable pour la battre.

Une colonne ennemie occupait la crête d'une colline escarpée auprès de la petite ville d'Uclès. La division Villatte marcha droit à l'ennemi, pendant que le duc de Bellune le tournait par Alcazar, avec la division Ruffin. Les Français s'élancèrent sur les rochers, les gravirent, se précipitèrent, la baïonnette en avant, sur les Espagnols, et les mirent en pleine déroute. Une partie de l'armée espagnole, composée de 12 à 13,000 hommes, chercha à faire sa retraite par Alcazar ; mais le 9e léger, les 24e et 96e de ligne, qui faisaient partie du corps du maréchal Victor, présentèrent aux fuyards un mur de baïonnettes, et 6,000 Espagnols furent forcés de mettre bas les armes sur ce point. Ainsi coupée, l'armée ennemie changea de direction, et se jeta dans une gorge où elle espérait trouver un passage. Mais le général Sénarmont et son artillerie étaient engagés dans cette gorge ; Sénarmont plaça ses pièces en bataillon carré, et tira à mitraille, ce qui força la colonne ennemie à changer de direction une seconde fois, et à revenir sur le premier point où elle fut aussi forcée de poser les armes.

L'armée espagnole perdit dans cette journée 12,000 hommes, dont 10,000 prisonniers, 40 pièces de canon et 34 drapeaux. Un jeune chef d'escadron au 1er de dragons, nommé *Sopransi*, prit 6 drapeaux qu'il rapporta au duc de Bellune.

Le général Venegas, qui commandait la colonne ennemie, resta sur le champ de bataille.

Proclamation et discours de l'Empereur. — Rentrée du roi Joseph à Madrid. — Lors de l'occupation de Madrid et durant son séjour au quartier général de Chamartin, l'Empereur avait adressé la proclamation suivante au peuple espagnol.

«Espagnols !

«Vous avez été égarés par des hommes perfides. Ils «vous ont engagés dans une lutte insensée, et vous «ont fait courir aux armes. Est-il quelqu'un parmi «vous qui, réfléchissant un moment sur tout ce qui «s'est passé, ne soit aussitôt convaincu que vous avez

«été le jouet des perpétuels ennemis du continent, qui
«se réjouissaient en voyant répandre le sang espagnol
«et le sang français? Quel pouvait être le résultat du
«succès même de quelques campagnes? Une guerre
«de terre sans fin et une longue incertitude sur le
«sort de vos propriétés et de votre existence. Dans peu
«de mois vous avez été livrés à toutes les angoisses des
«factions populaires. La défaite de vos armées a été
«l'affaire de quelques marches; je suis entré dans
«Madrid : les droits de la guerre m'autorisaient à
«donner un grand exemple, et à laver dans le sang les
«outrages faits à moi et à ma nation : je n'ai écouté
«que la clémence. Quelques hommes, auteurs de tous
«vos maux, seront seuls frappés. Je chasserai bientôt
«de la Péninsule cette armée anglaise qui a été en-
«voyée en Espagne, non pour vous secourir, mais
«pour vous inspirer une fausse confiance et vous
«égarer.

«Je vous avais dit, que je voulais être votre régéné-
«rateur. Aux droits qui m'ont été cédés par les princes
«de la dernière dynastie, vous avez voulu que j'ajou-
«tasse le droit de conquête. Cela ne change rien à mes
«dispositions. Je veux même louer ce qu'il peut y
«avoir eu de généreux dans vos efforts; je veux re-
«connaître que l'on vous a caché vos vrais intérêts,
«qu'on vous a dissimulé le véritable état des choses.
«Espagnols, votre destinée est entre vos mains. Re-
«jetez les poisons que les Anglais ont répandus parmi
«vous; que votre roi soit certain de votre amour et
«de votre confiance, et vous serez plus puissants,
«plus heureux que vous n'avez jamais été. Tout ce
«qui s'opposait à votre prospérité et à votre grandeur,
«je l'ai détruit; les entraves qui pesaient sur le peuple,
«je les ai brisées; une constitution libérale vous donne,
«au lieu d'une monarchie absolue, une monarchie
«tempérée et constitutionnelle. Il dépend de vous que
«cette constitution soit encore votre loi.

«Mais si tous mes efforts sont inutiles, et si vous ne
«répondez pas à ma confiance, il ne me restera qu'à
«vous traiter en provinces conquises, et à placer mon
«frère sur un autre trône. Je mettrai alors la cou-
«ronne d'Espagne sur ma tête, et je saurai la faire
«respecter des méchants; car Dieu m'a donné la force
«et la volonté nécessaire pour surmonter tous les obs-
«tacles [1].»

L'Empereur avait refusé d'entrer dans Madrid. Il se
fit envoyer une députation des notables de Madrid.
Plus de 1,200 individus les plus marquants des différentes classes et corporations de la capitale, ayant le
corrégidor à leur tête, vinrent le complimenter à son
quartier général de Chamartin. Jamais assemblée plus
solennelle ne s'était présentée devant un vainqueur,
pour reconnaître sa puissance. Napoléon profita de
cet événement pour proclamer à la face de l'Espagne
les intentions qui l'animaient à son égard, et répondit en ces termes au discours de l'orateur espagnol :
«J'agrée les sentiments de la ville de Madrid. Je re-

«grette le mal qu'elle a essuyé, et je tiens à bonheur
«particulier d'avoir pu, dans ces circonstances là
«sauver et lui épargner de plus grands maux.

«Je me suis empressé de prendre des mesures qui
«tranquillisent toutes les classes de citoyens, sachant
«combien l'incertitude est pénible pour tous les peuples
«et pour tous les hommes.

«J'ai conservé les ordres religieux en restreignant
«le nombre des moines : il n'est pas un homme sensé
«qui ne jugeât qu'ils étaient trop nombreux. Ceux qui
«sont appelés par une vocation qui vient de Dieu res-
«teront dans leurs couvents; quant à ceux dont la
«vocation était peu solide et déterminée par des consi-
«dérations mondaines, j'ai assuré leur existence dans
«l'ordre des ecclésiastiques séculiers. Du surplus des
«biens des couvents, j'ai pourvu aux besoins des curés,
«de cette classe la plus intéressante et la plus utile
«parmi le clergé.

«J'ai aboli l'inquisition, ce tribunal contre lequel le
«siècle et l'Europe réclamaient.

«Les prêtres doivent guider les consciences, mais ne
«doivent exercer aucune juridiction extérieure et cor-
«porelle sur les citoyens.

«J'ai satisfait à ce que je devais à moi et à ma na-
«tion; la part de la vengeance est faite, elle est tom-
«bée sur dix des principaux coupables : le pardon est
«entier et absolu pour tous les autres.

«J'ai supprimé des droits usurpés par les seigneurs;
«dans le temps des guerres civiles, où les rois ont
«trop souvent été obligés d'abandonner leurs droits
«pour acheter leur tranquillité et le repos des peuples,

«J'ai supprimé les droits féodaux, et chacun pourra
«établir des hôtelleries, des fours, des madragues,
«des pêcheries, et donner un libre essor à son indus-
«trie, en observant seulement les lois et les règlements
«de police. L'égoïsme, la richesse et la prospérité d'un
«petit nombre d'hommes, nuisaient plus à votre agri-
«culture que les chaleurs de la canicule [1].

«Comme il n'y a qu'un Dieu, il ne doit y avoir dans
«un État qu'une justice. Toutes les justices particu-
«lières avaient été usurpées, et étaient contraires aux
«droits de la nation; je les ai détruites.

«J'ai aussi fait connaître à chacun ce qu'il pouvait
«avoir à craindre et ce qu'il avait à espérer.

«Les armées anglaises, je les chasserai de la Pé-
«ninsule.

«Saragosse, Valence, Séville, seront soumises ou par
«la persuasion ou par la force des armes.

«Il n'est aucun obstacle capable de retarder long-
«temps l'exécution de mes volontés.

«Mais ce qui est au-dessus de mon pouvoir, c'est de
«constituer les Espagnols en corps de nation sous les
«ordres du roi, s'ils continuaient à être imbus des
«principes de scission et de haine envers la France que
«les partisans des Anglais et les ennemis du continent
«ont répandus au sein de l'Espagne. Je ne puis établir

[1] L'effet de cette menace fut tel, qu'en moins de trente jours,
plus de 27,000 pères de famille avaient inscrit leur serment de fidélité à Joseph, sur les registres ouverts à cet effet chez les magistrats de Madrid.

[1] Toutes les mesures utiles, énumérées dans ce discours, avaient
été effectivement l'objet de décrets rendus par Napoléon, soit au
camp impérial de Burgos, 12 novembre, soit au camp impérial de
Madrid, le 4 décembre, et contre-signés H. B. Maret, ministre secrétaire d'état.

«une nation, un roi et l'indépendance des Espagnols, si «ce roi n'est pas sûr de leur affection et de leur fidélité.

«Les Bourbons ne peuvent plus régner en Europe : «les divisions dans la famille royale avaient été fo-«mentées par les Anglais. Ce n'était pas le roi Charles «et le favori que le duc de l'Infantado, instrument de «l'Angleterre, comme le prouvent les papiers récem-«ment trouvés dans sa maison, voulait renverser du «trône, c'était la prépondérance de l'Angleterre qu'on «voulait établir en Espagne : projet insensé, dont le «résultat aurait été une guerre de terre sans fin, et «qui aurait fait rouler des flots de sang. Aucune puis-«sance ne peut exister sur le continent, influencée par «l'Angleterre. S'il en est qui le désirent, leur désir est «insensé, et produira tôt ou tard leur ruine.

«Il me serait facile, et je serais obligé de gouverner «l'Espagne, en y établissant autant de vice-rois qu'il y «a de provinces. Cependant, je ne me refuse point à «céder mes droits de conquête au roi, et à l'établir «dans Madrid, lorsque les 30,000 citoyens que ren-«ferme cette capitale, ecclésiastiques, nobles, négo-«ciants, hommes de loi, auront manifesté leurs senti-«ments et leur fidélité, donné l'exemple aux provinces, «éclairé le peuple, et fait connaître à la nation que son «existence et son bonheur dépendent d'un roi et d'une «constitution libérale, favorable aux peuples et con-«traire seulement à l'égoïsme et aux passions orgueil-«leuses des grands.

«Si tels sont les sentiments des habitants de la ville «de Madrid, que ses 30,000 citoyens se rassemblent «dans les églises ; qu'ils prêtent devant le Saint-Sacre-«ment un serment qui sorte non-seulement de la «bouche, mais du cœur, et qui soit sans restriction «jésuitique ; qu'ils jurent appui, amour et fidélité au «roi ; que les prêtres au confessionnal et dans la chaire, «les négociants dans leurs correspondances, les hommes «de loi dans leurs écrits et leurs discours, inculquent «ces sentiments au peuple ; alors je me dessaisirai du «droit de conquête, je placerai le roi sur le trône, et «je me ferai une douce tâche de me conduire envers «les Espagnols en ami fidèle. La génération présente «pourra varier dans ses opinions : trop de passions :

«ont été mises en jeu ; mais vos neveux me béniront «comme votre régénérateur ; ils placeront au nombre «des jours mémorables ceux où j'ai paru parmi vous, «et de ces jours datera la prospérité de l'Espagne.»

Ce fut à Valladolid que l'Empereur, revenant en France, reçut des députations du conseil d'État, du conseil des Indes, du conseil des finances, du conseil de la guerre, du conseil de marine, du conseil des ordres, de la Junte de commerce et des monnaies, du tribunal des alcades de Casa y Corte, de la munici-palité de Madrid, du clergé séculier et régulier, du corps de la noblesse, des corporations majeures et mi-neures et des habitants des paroisses. Ces députations étaient chargées de lui demander qu'il voulût bien autoriser le retour du roi Joseph à Madrid. La députa-tion de la municipalité de Madrid présenta en même temps à l'Empereur le registre qui contenait le ser-ment de fidélité au roi Joseph, prêté et signé par tous les pères de famille, par tous les chefs de maison éta-blis à Madrid ; le nombre des signataires dépassait 27,500.

En présentant ce registre, le corrégidor don Juan Navamillo termina ainsi son discours : «Le roi Joseph, «qui est imbu de tous les sentiments généreux et de «tous les principes d'une bonne administration, peut «seul assurer le bonheur de l'Espagne, et rétablir la «prospérité de l'État. La ville de Madrid tout entière «vous supplie, sire, de lui confier la personne de Sa «Majesté. Le bonheur de l'Espagne ne recommencera «que lorsqu'il sera rendu aux vœux de ses sujets. A «dater de ce jour seulement, l'Espagne aura l'espé-«rance d'être pour jamais à l'abri des malheurs qu'en-«traînent les factions, les désordres civils et les cou-«pables tentatives des mauvais citoyens.»

Comme on peut le supposer, l'Empereur n'attendait que cette manifestation pour laisser son frère retourner dans la capitale de ses nouveaux États. Joseph partit pour Madrid, où il entra solennellement le 22 janvier, avec une pompe tout espagnole, et où il fut salué par des acclamations trop multipliées pour ne pas paraître sincères. — Les fêtes qui signalèrent la rentrée durè-rent trois jours.

RÉSUMÉ CHRONOLOGIQUE.

1808.

9 JUILLET. Entrée du roi Joseph en Espagne.
14 — Bataille de Medina de Rio-Seco.
20 — Entrée de Joseph Napoléon à Madrid. — Il est solennel-lement proclamé roi d'Espagne.
28 — Nouvelle reçue à Madrid du désastre de Baylen.
1er AOUT. Retraite de Joseph avec les armées françaises, der-rière l'Èbre.
30 SEPTEMBRE. Défection de La Romana. — Il arrive en Espa-gne avec le corps du Holstein.
25 OCTOBRE. Combat de Lerin. — Prise de Logrono.
31 — Prise de Bilbao.
7 NOVEMBRE. Combat de Guenès.
5-8 — Arrivée de l'Empereur à Vittoria. — Marche de l'ar-mée en avant.
10 — Combat et prise de Burgos.
11-12 — Bataille d'Espinosa. — Prise de Reynosa.
20 — Combat de San-Vicente de la Barquera.

23 NOVEMBRE. Combat de Tudela.
30 — Combat de Somo-Sierra.
4 DÉCEMBRE. Rentrée des Français à Madrid.
5-16 — Reddition de Roses. — Combat de Cardalen.
20 — Deuxième combat de Puente del Rey (le premier avait eu lieu le 30 juin).
21 — Jonction du général Moore au général David Baird.
26-30 — Combat de Benavente. — Combat de Mancilla.
31 — Prise de Léon.

1809.

3 JANVIER. Combat de Caçabellos. — Mort du général Colbert.
7 — Départ de l'Empereur pour la France.
9 — Entrée des Français à Lugo.
13 — Bataille d'Uclès.
16-20 — Combat et Prise de la Corogne. — Rembarquemen des Anglais.
22 — Retour du roi Joseph à Madrid.
27 — Capitulation du Férol. — Soumission de la Galice

1809. — DEUXIEME EXPÉDITOIN CONTRE LE PORTUGAL.

SOMMAIRE.

Nouvelle expédition contre le Portugal. — Passage du Minho. — Combat de Monterey. — Prise de Chavès. — Prise de Braga. — Bataille d'Oporto. — Prise de cette ville. — Mouvements des Portugais, ils reprennent Chavès, Braga, etc. — Combat et prise d'Amarante. — Déblocus de Tuy. — Débarquement d'une nouvelle armée anglaise. — Opérations du maréchal Victor. — Combat de Messa-d'Ibor. — Bataille de Medellin. — Combat de Ciudad-Réal. — Le maréchal Victor reste sur la frontière du Portugal. — Marche du général anglais sur Oporto. — Prise du pont d'Amarante par les Français. — Évacuation d'Oporto. — Rentrée des Français en Galice. — Déblocus de Lugo.

ARMÉE FRANÇAISE.	ARMÉE ANGLO-PORTUGAISE.
Généraux en chef. — Les maréchaux SOULT. — VICTOR.	*Généraux en chef.* — SYLVEIRA. — Sir ARTHUR WELLESLEY.

Nouvelle expédition contre le Portugal. — Les Portugais, confiants dans l'appui que leur prêtaient les Anglais, et voyant les troupes françaises occupées en Espagne, s'étaient crus à l'abri d'une nouvelle tentative. Bientôt cette confiance cessa; ils apprirent les nombreuses victoires que les Français avaient remportées sur les armées espagnoles, la retraite de sir John Moore sur la Galice, enfin la défaite des troupes du général Galluzzo, dont la position sur le Tage couvrait Lisbonne, et qui avaient été entièrement battues et dispersées par les Français. — Dans le même temps, les troupes anglaises que le général Moore avait laissées en Portugal, virent le danger qui les menaçait, et ne songèrent qu'à s'y soustraire; elles abandonnèrent Almeïda, évacuèrent précipitamment tous les magasins formés dans l'intérieur de la place, démantelèrent les forts et les batteries sur le Tage, et se concentrèrent autour de Lisbonne, afin de s'y embarquer aussitôt que possible. Mais lorsque les Portugais surent que l'Empereur avait quitté l'Espagne pour retourner en France, ils reprirent un peu de confiance, et, comptant toujours sur l'appui du cabinet de Saint-James, ils s'en remirent de leurs destinées à sa puissante protection. Le général Beresford prit, au mois de février 1809, le commandement suprême de toutes les troupes portugaises; tous les grades supérieurs furent donnés à des officiers anglais. — Sir Robert Wilson, qui, au moment où ses compatriotes se réunissaient autour de Lisbonne pour s'y embarquer, n'avait pas cédé à la crainte générale, et était resté dans la province de Beïra pour y organiser une légion nationale, réoccupa Almeïda qu'il conserva ainsi aux Portugais.

L'armée portugaise s'élevait, au mois de février, à 40,000 hommes, auxquels se joignirent 12,000 Anglais réunis près de Lisbonne.

En partant pour Paris, l'Empereur, qui n'abandonnait pas ses projets, avait destiné deux armées à l'envahissement du Portugal : l'une, commandée par le maréchal Victor, devait y pénétrer en descendant le Tage et en traversant la Haute-Estramadure; l'autre, aux ordres du maréchal Soult, devait passer le Minho à Tuy, et s'avancer par Braga et Oporto dans l'intérieur du royaume.

Passage du Minho. — Le maréchal Soult se mit en marche le premier pour remplir les intentions de l'Em-

percur; le maréchal Victor fut arrêté par des obstacles que nous raconterons plus loin.

Grâce à la marche du corps d'armée du maréchal Ney, qui, vers la fin de janvier, occupa successivement Lugo, la Corogne, le Férol et Santiago, le duc de Dalmatie put concentrer ses forces sur Vigo, et s'occuper sans retard de l'expédition qui venait de lui être confiée. Son quartier général avait été établi à Tuy, où il devait passer le Minho; mais là, le passage était difficile, à cause du voisinage de la forteresse portugaise de Valencia, dont le canon atteignait le fleuve. Le 17 février, le maréchal remonta le Minho jusqu'à Orensé, afin d'y tenter un passage moins dangereux.

Les Français, arrivés près de Maurentan, apprirent que des paysans galiciens s'étaient rassemblés en assez grand nombre pour s'opposer à leur marche; 200 dragons suffirent pour culbuter ce rassemblement; le pont qu'il défendait fut forcé, le village pris et brûlé; plus de 400 paysans payèrent de leur vie cette tentative inconsidérée. — Toute l'armée se trouva réunie, le 4 mars, à Orensé, et le Minho fut traversé sans obstacle.

Combat de Monterey. — Le marquis de La Romana, qui avait réorganisé l'insurrection des Galiciens, ne connut pas plutôt le mouvement du duc de Dalmatie, qu'à la tête de 25,000 hommes, tant d'anciennes troupes que de nouvelles levées, il vint occuper les hauteurs d'Orsuna près de Monterey. Le maréchal se dirigea sur ce point avec une partie de son corps d'armée, et après avoir fait reconnaître la position de l'ennemi, il ordonna l'attaque. Les Espagnols, qui s'étaient d'abord assez bien défendus contre les tirailleurs, se dispersèrent dans le plus grand désordre quand ils virent les colonnes françaises marcher sur eux au pas de charge et la baïonnette en avant. Les hauteurs d'Orsuna restèrent aux vainqueurs, qui s'emparèrent de 7 drapeaux, de 10 pièces de canon et de munitions considérables. Les troupes de La Romana, poursuivies de près, ne parvinrent à s'échapper qu'en se jetant dans les montagnes. 2,500 prisonniers tombèrent au pouvoir des Français; mais comme ils embarrassaient la marche des troupes, le maréchal leur donna la liberté en exigeant d'eux le serment de ne pas servir contre la France et contre le roi Joseph. Serment qui fut aussitôt violé.

Tous au bout de quinze jours avaient rejoint l'armée espagnole.

Prise de Chavès. — Après avoir culbuté 4,000 Portugais qui, à la sortie de la ville de Vérin, défendaient un défilé conduisant à la province portugaise de Tras-os-Montès, l'armée française vint bivouaquer, le 7 mars, à Villarelo, sur la frontière. Elle s'empara facilement de cette ville, d'où elle chassa un gros de troupes ennemies, et le maréchal y attendit la réunion de son armée pour entrer en Portugal.

Le corps du maréchal Soult se montait alors à 22,000 hommes, dont 3,000 de cavalerie.

A la suite de quelques engagements, où il eut l'avantage, le maréchal arriva, le 10 mars, devant Chavès, qu'il fit sommer d'ouvrir ses portes. Cette ville était défendue par 6,000 hommes, sous le commandement du général Freire. La sommation fut sans effet; et, après être restée jusqu'à la nuit à portée du canon de la place, l'avant-garde française alla bivouaquer près du village de Bustello,

Le lendemain, Chavès fut investie sur la rive gauche par la cavalerie légère et la division de cavalerie du général Franceschi; une division d'infanterie interceptait sur la rive droite toutes les communications. Le maréchal envoya dans la place un parlementaire porteur d'une dernière sommation, dans laquelle il annonçait que l'assaut serait donné, et toute la garnison passée au fil de l'épée, si la ville n'avait pas capitulé, le 12, à six heures du matin. Ce parlementaire manqua d'être mis en pièces par la populace.

Cependant les menaces du maréchal donnèrent à réfléchir aux Portugais qui ouvrirent leurs portes au jour fixé. Une partie de la garnison était sortie de la ville pendant la nuit. Ce qui restait fut désarmé et renvoyé, après avoir prêté serment de ne plus combattre contre les armées impériales.

Prise de Braga. — L'armée française se reposa trois jours à Chavès où elle laissa les malades et les blessés sous la protection d'une faible garnison; ensuite elle se dirigea sur Braga. Après s'être emparée de plusieurs défilés, elle prit position, le 17 mars, sur les hauteurs de Corvalho, d'où elle put apercevoir les troupes portugaises, rangées en bataille sur les montagnes qui sont en avant de Braga.

Le général Freire, qui commandait les troupes ennemies, voulut, à la vue des Français, se retirer sur Oporto, comme ses instructions le lui prescrivaient; mais son armée, composée en grande partie de paysans, demanda instamment que l'on attendît l'attaque. Le général ne paraissant pas vouloir tenir compte de cette exigence, fut massacré, ainsi que presque tout son état-major, par les paysans furieux, qui menacèrent du même sort tous les chefs qui trahiraient la cause de la liberté portugaise. Ils forcèrent, sous menaces de mort, le baron d'Eben, officier hanovrien, à prendre le commandement.

Le général improvisé se rendit aux vœux de son armée; il commença son mouvement, et prépara tout pour une attaque générale qu'il résolut de tenter le lendemain. Mais le maréchal Soult ne l'attendit pas, et fit commencer l'attaque, le 20 mars, à sept heures du matin. Le centre de l'armée française était formé de la division du général Delaborde, ayant derrière elle la division de dragons du général Lorge; la division Mermet, soutenue de la division de cavalerie légère du général Franceschi, formait l'aile gauche, et la division Heudelet, l'aile droite. Au signal donné par une batterie placée sur le front de la ligne, la division Delaborde marcha, l'arme au bras, sur les Portugais, sans riposter à leur feu. Intimidés par cette confiance, les Portugais se dispersèrent et prirent la fuite; la cavalerie les poursuivit et en fit une horrible boucherie. Cette poursuite continua jusqu'à deux lieues au-delà de Braga. Les Français s'emparèrent de toute l'artillerie de l'ennemi, de ses bagages, de ses munitions et de plusieurs drapeaux.

Le maréchal Soult établit son quartier général à Braga; l'infanterie bivouaqua autour de la ville, et la cavalerie s'établit trois lieues plus loin, à Tabossa, sur la route d'Oporto.

Bataille d'Oporto. — *Prise de cette ville.* — Jusqu'au 26 mars, le maréchal resta à Braga, il employa ce temps d'arrêt à faire assurer ses communications, et occuper les villes de Barcelos et de Guimaraens. Cette dernière ville ne fut prise qu'après un combat très opiniâtre et très meurtrier, dans lequel fut tué le général Jardon.

Le 26, les Français arrivèrent en vue d'Oporto, place la plus importante du Portugal, après Lisbonne, et que les Portugais avaient mis avec beaucoup de soin en état de défense. En avant, avaient été construits des ouvrages détachés, palissadés et armés de deux cents pièces de canon. L'évêque, nommé gouverneur de la ville, avait à sa disposition 20,000 hommes de troupes régulières qui lui avaient été accordées par le maréchal Beresford. Indépendamment de ces forces, de nombreuses milices venaient de tous les points se réunir sous les murs d'Oporto, ce qui portait la masse des défenseurs de cette ville à 60,000 hommes. La droite de cette armée occupait des rochers escarpés qui se prolongent jusqu'au Duero; la gauche était appuyée à la mer, et le centre occupait une position dominant le point par où l'armée française devait déboucher. Sur cette position, l'ennemi avait établi une redoute garnie d'une formidable artillerie.

La journée du 27 se passa en escarmouches insignifiantes, parce que le maréchal Soult attendait deux divisions qui étaient en arrière. Le 28, le maréchal, n'étant pas encore en mesure d'attaquer, et voulant gagner du temps, fit sommer l'évêque d'Oporto d'ouvrir ses portes. Le général Foy fut chargé de cette mission qui faillit lui coûter la vie. Après avoir été fort maltraité par les milices portugaises, il fut dépouillé de ses vêtements et jeté dans un cachot; mais le lendemain, au moment où les Français attaquèrent la ville, il parvint à s'échapper. Le chef de bataillon Roger, qui l'avait accompagné, avait été massacré.

Pendant toute la nuit du 28 au 29, les troupes portugaises et la population furent dans un état d'agitation extrême ; de nombreuses décharges d'artillerie se faisaient entendre d'heure en heure ; le tocsin ne cessait de sonner ; le peuple courait en foule aux églises, en faisant entendre des imprécations et d'affreuses menaces ; il lui fallait des victimes pour qu'il prît patience. Déjà le brigadier général Vallongo, qui commandait les troupes portugaises sur l'Ave, et qui n'avait pu s'opposer au passage des Français victorieux, avait été massacré par ses soldats, et coupé par morceaux ; le général Louis d'Olivera subit, sans plus de motifs, un sort encore plus cruel ; un citoyen, soupçonné de voir l'arrivée des Français avec plaisir, tomba percé de mille coups ; des femmes commirent sur son cadavre les outrages les plus révoltants ; enfin des prêtres, ayant voulu faire entendre des paroles de paix et de conciliation, furent aussi massacrés comme partisans des Français.

Le 29, à sept heures du matin, une forte canonnade et la fusillade se firent entendre sur toute la ligne ; la division Merle à la droite et la division Delaborde à la gauche, marchèrent à l'ennemi. Cette dernière division enleva plusieurs redoutes et s'empara de cinquante pièces de canon ; elle arriva à l'entrée de la ville, et réussit, par là, à couper l'extrême droite de l'armée ennemie ; les troupes qui en faisaient partie se retirèrent sur la route de Vallongo, faisant face à Oporto. Le général Delaborde les fit attaquer par le général Arnaud, appuyé de la division de cavalerie du général Franceschi. Ces troupes furent bientôt en pleine déroute, et le général Delaborde pénétra dans la ville.

Dès que le général portugais avait vu ses ailes attaquées, il avait envoyé ses réserves contre le général Merle, qui ralentit son mouvement pendant que le général Delaborde se portait en avant, et dégarnit son centre pour renforcer sa droite.

Le maréchal, voyant le général Delaborde fortement engagé, donna au général Mermet l'ordre d'attaquer. Aussitôt quelques compagnies de voltigeurs s'élancèrent au pas de course sur la grande redoute, où l'on pénétra par les embrasures ; on tua tout ce qui résistait, on s'empara des canons, et le drapeau portugais fit place à l'aigle française. Toutes les autres redoutes du centre furent successivement enlevées.

En voyant les succès de la division Mermet, le général Merle avait envoyé le général Sarrut, avec le 4e d'infanterie légère et quelques dragons, afin de charger les Portugais à mesure qu'ils abandonneraient les redoutes. Assaillis au moment où ils fuyaient en désordre vers leur extrême gauche, tous ceux qui échappèrent aux baïonnettes françaises se noyèrent dans le Duero, en cherchant à gagner les bâtiments qui étaient mouillés dans le fleuve. Le général de Lima, qui commandait l'extrême gauche de l'armée ennemie, s'était retiré sous le fort de la Foz. Voyant que tout était perdu, il parla de se rendre, et fut aussitôt massacré. Le 4e léger arriva alors, sabra tout ce qui fit résistance et le petit nombre de ceux qui purent se sauver allèrent aussi périr dans le Duero. Le fort de la Foz capitula ; on y prit quinze pièces de canon.

Oporto fut bientôt envahi par les troupes françaises ; la plus grande confusion régnait dans la ville. La population entière fuyait en désordre pour se soustraire à la vengeance des vainqueurs. Hommes, femmes, enfants, tous se précipitèrent vers le pont. La cavalerie ennemie, dans sa fuite, arriva sur ce pont, qu'elle trouva encombré, et culbuta tous ceux qui s'opposaient à son passage. Le premier ponton coula ; tous ceux qu'il portait furent noyés. La foule, qui augmentait à chaque instant, poussait dans l'eau les malheureux qui étaient sur le bord du fleuve ; un nombre immense d'habitants de tout sexe et de tout âge fut entraîné dans les flots ; des cris déchirants dominaient le tumulte. En ce moment, les Français qui s'étaient mis à la poursuite de la cavalerie portugaise, arrivèrent sur le pont, qu'ils passèrent, et se rendirent maîtres de la forte position du couvent de la Serra.

On se battait depuis six heures. Le combat continua encore quelque temps dans les rues de la ville. 200 soldats portugais s'étaient retirés à l'évêché, bien décidés à se défendre jusqu'à la mort. Ils refusèrent de se rendre ; on enfonça les portes, et cette poignée de braves fut passée au fil de la baïonnette.

Le résultat de la victoire d'Oporto fut la prise de 200 pièces de canon, de 20 drapeaux, de beaucoup de munitions et de 30 bâtiments anglais chargés de vin. On ne fit que 200 prisonniers, parmi lesquels se trouvaient 25 Anglais. 8,000 Portugais furent tués ; le nombre des noyés fut beaucoup plus considérable.

Mouvements des Portugais, ils reprennent Chaves, Braga, etc. — Combat et prise d'Amarante. — Le maréchal Soult reçut à son quartier général d'Oporto des nouvelles qui le forcèrent à suspendre sa marche vers l'intérieur du Portugal. Il apprit que le général Sylveira, en quittant Chavès, s'était jeté avec ses troupes dans les montagnes qui se trouvent entre la province de Galice et celle de Tras-os-Montès ; qu'un grand nombre d'insurgés s'étant joints à lui, il s'était emparé successivement de Chavès, de Braga et de Guimaraens, à mesure que ces villes avaient été abandonnées par l'armée française, et qu'il en avait fait les garnisons prisonnières ; enfin, qu'à la tête de 6,000 soldats réguliers et de 15,000 paysans armés, il s'était dirigé vers Amarante. Une circonstance non moins inquiétante était l'occupation de Vigo, par le général Morillo, commandant une division de l'armée du marquis de La Romana. A Vigo étaient les dépôts et les caisses de l'armée française.

Le général Loison, qui avait été envoyé sur la Souza pour aider la cavalerie du général Caulincourt à se maintenir à Peñafiel, aperçut, en faisant une reconnaissance vers Amarante, le général Sylveira qui, avec 10,000 hommes d'infanterie, était posté sur une montagne derrière le village de Pedrilla. Il s'empressa d'instruire le maréchal Soult de cette circonstance, et revint sur Peñafiel.

Le général Sylveira vint, le 12 avril, attaquer sur trois points la ligne des Français sur la Souza. Il voulait s'emparer du pont de cette rivière, et couper la retraite aux troupes qui occupaient Peñafiel. S'apercevant de cette intention, le général Loison évacua la ville, et vint prendre position sur la rive droite devant le village de Ballar. L'ennemi ne le suivit point dans ce mouvement.

Le maréchal Soult ne voulut prendre aucune détermination avant d'avoir des nouvelles du maréchal Victor, qui devait, comme nous l'avons dit, pénétrer en Portugal par les frontières de l'Estramadure. Il expédia au général Loison un renfort de deux régiments avec une batterie d'artillerie, en lui enjoignant de marcher sur le général Sylveira, et, s'il était possible, de pousser en avant, afin d'obtenir des renseignements sur l'armée du maréchal Victor.

En conséquence de ces ordres, le général Loison repassa la Souza le 16 avril, et se dirigea vers Peñafiel, d'où il chassa un détachement de cavalerie ennemie. S'étant avancé le lendemain sur Amarante, il trouva le général Sylveira, avec ses troupes, dans la position qu'elles occupaient lors de sa première reconnaissance. Il dispersa facilement cette petite armée, se mit à sa poursuite avec sa cavalerie, et entra en même temps qu'elle dans Amarante. L'infanterie n'étant pas arrivée à temps, le général Loison ne put s'emparer du pont bâti sur la Taméga. Un bataillon ennemi se retira dans un couvent situé en face d'une rue par où devait déboucher la cavalerie française; trois bouches à feu étaient, en outre, placées en batterie sur une hauteur de la rive gauche qui domine la ville. La fusillade qui partait du couvent et la mitraille de la batterie renversaient tous ceux qui se présentaient dans la rue, qui était fort étroite.

Les Portugais purent, à l'aide de ce feu meurtrier, se retirer derrière les fortifications, et l'on vit alors que l'on ne pouvait pas, à moins de sacrifier beaucoup de monde, s'emparer du pont. L'infanterie arriva enfin, et l'on s'empara du couvent, où s'établirent deux compagnies de voltigeurs, et la ville fut occupée jusqu'au pont par un régiment d'infanterie légère. Deux régiments de ligne prirent position, avec la cavalerie, sur des hauteurs hors de la ville.

Déblocus de Tuy. — Le maréchal Soult apprit, par les papiers anglais et portugais qu'il trouva dans Amaranthe, que la ville de Tuy, où se trouvait le grand parc d'artillerie de l'armée de Portugal, était assiégée par 12,000 hommes, tant Galiciens que Portugais. Il envoya aussitôt la division Heudelet au secours du général Lamartillière, qui commandait à Tuy. Après s'être emparé de Valencia et avoir traversé le Minho, le général Heudelet débloqua Tuy, fit sauter les fortifications de Valencia, et revint à Oporto rejoindre le maréchal.

Débarquement d'une nouvelle armée anglaise. — Malgré les succès que l'armée du maréchal Soult avait remportés, sa position était des plus critiques. Toutes les provinces du nord du Portugal étaient en pleine insurrection, et le duc de Dalmatie, isolé à Oporto, était menacé au sud par une nouvelle armée anglaise, forte de 20,000 hommes, qui venait de débarquer à l'embouchure du Tage, sous le commandement de sir Arthur Wellesley, et qui déjà se dirigeait sur Coïmbre.

Opérations du maréchal Victor. — *Combat de Messa-d'Ibor.* — Nous avons vu que le maréchal Victor, commandant le premier corps d'armée, devait entrer en Portugal en même temps que le maréchal Soult. Mais le général Cuesta, après avoir réorganisé son armée, avait repris l'offensive, et avait fait sauter les arches principales du pont d'Almaras, dont il s'était emparé. Après cette expédition, les Espagnols s'étaient étendus sur la rive gauche du Tage, et veillaient soigneusement sur tous les points par où le maréchal français devait passer pour entrer en Portugal. Deux autres ponts, ceux de l'Arzobispo et de Talavera, pouvaient encore livrer passage au premier corps; mais les routes qui y conduisaient étaient, en ce moment, impraticables pour l'artillerie. — Le maréchal Victor prit le parti de faire établir un pont à Almaras, et porta son quartier général dans cette ville pour être à même de surveiller et d'accélérer les travaux.

Les radeaux furent achevés le 14 mars; mais, comme on ne pouvait commencer la construction du pont sous le feu de l'ennemi, le maréchal prit d'abord le parti de chasser les Espagnols de la position qu'ils occupaient en face d'Almaras, au confluent du Tage et de la Ibor.

Le 15, une partie des troupes du maréchal passa le Tage à Talavera et à l'Arzobispo, et le 17 au matin, la division du général Leval attaqua l'ennemi dans la position qu'il occupait près du village de Messa-d'Ibor. Les Espagnols, au nombre de 8,000, retranchés sur une colline élevée et protégée par six pièces de canon, furent culbutés à la baïonnette par cette division, qui ne comptait pas plus de 3,000 hommes. Le même succès eut lieu sur toute la ligne ennemie, et les Espagnols, chassés de tous les points, cherchèrent leur salut dans la fuite.

Bataille de Medelin. — L'avantage obtenu à Messa-d'Ibor ayant rendu libre la rive gauche du Tage, vis-à-vis d'Almaras, on put s'occuper du soin de lancer les radeaux. Le pont volant fut achevé dans la nuit, et les troupes qui étaient restées sur la rive droite furent, ainsi que l'artillerie, transportées sur l'autre rive. — L'armée s'avança sur la Guadiana, et se trouva réunie le 20 à Truxillo.

Les armées française et espagnole passèrent en présence la nuit du 20 au 21. Dans la matinée de ce jour, le général Cuesta, qui avait paru disposé à combattre, leva son camp et continua sa retraite. Le 22, il traversa la Guadiana sur le pont de Medelin. Il s'arrêta alors, et occupa une position avantageuse qu'il avait fait reconnaître à l'avance, dans une plaine qui s'étend sur la rive gauche en avant de la ville de Medelin. Il couronna d'abord les hauteurs entre le bourg de don Benito et le village de Mingabril; mais il étendit ensuite sa ligne de bataille en forme d'arc, la gauche à Mingabril, le centre en avant et en face de don Benito, et l'aile droite appuyée à la Guadiana.

Le maréchal Victor, après la retraite de l'armée espagnole, avait concentré ses troupes autour de Mérida. Il se décida à attaquer l'ennemi dans cette position avantageuse, mit son armée en mouvement dans la nuit du 27 au 28 mars, et vint occuper Medelin, que le général Cuesta avait évacué à onze heures. Les troupes se formèrent en bataille à quelque distance en avant de cette ville, en présentant, comme les Espagnols, un arc très resserré entre la Guadiana et un étroit vallon planté d'arbres et de vignes, qui s'étend de Medelin à Mingabril. L'aile gauche était formée de la division du général Lasalle ; l'aile droite de la division de dragons du général Latour-Maubourg, et le centre de la division Leval. A la réserve et en seconde ligne, se trouvaient les divisions Vilatte et Ruffin. Une partie de la division allemande et de nombreux détachements de cavalerie avaient été laissés sur les derrières pour garder les communications, de sorte que la première ligne française se montait au plus à 7,000 combattants ; l'armée espagnole s'élevait à près de 30,000 hommes.

L'attaque commença au centre par les bataillons allemands du général Leval, qui assaillirent vivement les Espagnols. Le général Latour-Maubourg voulut appuyer ce mouvement par une de ses brigades ; mais cette troupe fut repoussée, et la division Leval, formée en carré, soutint seule le choc, jusqu'à l'arrivée d'une brigade de la division Vilatte, qui rétablit le combat. La cavalerie espagnole tenta d'enfoncer l'aile droite française, dont une brigade venait d'éprouver un échec ; mais cette brigade, qui avait été promptement reformée par le général Latour-Maubourg, paralysa tous les efforts de l'ennemi. Une partie de la cavalerie ennemie et plusieurs bataillons d'infanterie légère, furent envoyés par le général Cuesta contre l'aile gauche. Mais le général Lasalle, dont la division de cavalerie légère formait cette aile, rétrograda pour venir s'appuyer à la Guadiana, tout en arrêtant de temps en temps ses escadrons, afin de présenter un front redoutable à l'ennemi, qui n'osa pas l'attaquer.

Après deux heures de marche rétrograde, l'arrière-garde du général Lasalle reprit l'offensive, et s'élança au grand trot sur un escadron de lanciers espagnols qui tenaient la tête de la colonne ennemie. Effrayés de ce mouvement inattendu, les Espagnols tournèrent bride et culbutèrent les escadrons qui étaient derrière eux. Mise ainsi en désordre, la cavalerie ennemie fut sabrée par les troupes du général Lasalle qui la poursuivirent jusqu'en arrière de la ligne espagnole.

L'infanterie ennemie paraissant incertaine si elle porterait secours à la cavalerie qui fuyait, le général Latour-Maubourg profita de cette indécision, et fit contre le centre une charge décisive ; en même temps, la division Vilatte qui, par un mouvement oblique, s'était portée au secours de la division Leval, obtenait un entier succès sur la droite des Espagnols. En un instant, toute l'armée ennemie fut en pleine déroute ; les soldats fuyaient, et jetaient leurs armes. Poursuivi avec acharnement jusqu'à la nuit, l'ennemi fut impitoyablement sabré par la cavalerie ; l'infanterie achevait les blessés à coups de baïonnette.

La bataille de Medelin coûta aux Espagnols 12,000 hommes tués, près de 8,000 prisonniers, 19 pièces de canon et un grand nombre de drapeaux. Le nombre des Français mis hors de combat ne s'éleva pas à plus de 4,000.

Combat de Ciudad-Réal. — Après la bataille d'Uclès, le duc de l'Infantado avait rallié ses troupes, et, à la tête de 15,000 hommes, était venu occuper, aux environs de Ciudad-Réal, une position assez forte et défendue par vingt pièces de canon. Son but, en se portant dans la Manche, avait été de garder et de couvrir les défilés de la Sierra-Morena qui mènent en Andalousie. Le général Sébastiani vint attaquer ce corps ennemi, le 27 mars, à six heures du matin. La première brigade de la division de cavalerie du général Milhaud, soutenue par la division polonaise, passa le pont de la Guadiana sous la protection de douze pièces de canon en batterie. Avant que les Espagnols eussent le temps de revenir de l'étonnement où les avaient jetés ce mouvement prompt et hardi, ils furent mis en déroute et poursuivis de près ; ils eurent 1,500 hommes tués et 4,000 prisonniers. Ils perdirent en outre 7 pièces de canon, 4 drapeaux et 25 caissons. Atteint, le lendemain, dans sa fuite, par le général Milhaud, l'ennemi perdit encore un grand nombre de prisonniers, 5 pièces de canon et 70 voitures

---

Le maréchal Victor reste sur la frontière du Portugal. — Ses motifs. — Après la bataille de Medelin, le maréchal Victor se cantonna dans la Haute-Estramadure, entre le Tage et la Guadiana. Il n'osa point se hasarder à passer la Guadiana ; craignant que des rassemblements nombreux, venant à se former sur ses derrières, n'interceptassent ses communications avec Madrid, par le pont d'Almaras. Il savait, d'ailleurs, que les Anglais s'étaient réunis à l'armée portugaise réorganisée, et que toute leur attention se portait vers le Tage ; qu'Abrantès était déjà occupé par 7,000 hommes de leurs troupes ; que Leïria renfermait un corps plus considérable, prêt à se porter sur Coïmbre ou vers les frontières du Beïra ; enfin que le gros de l'armée portugaise chargée de couvrir Lisbonne, avait pris position à Thomar. Une autre considération non moins importante, c'est que tout le royaume de Léon jusqu'au Duero n'était contenu que par la seule division du général Lapisse, dont le quartier général était à Salamanque. Si l'on veut songer ensuite que le duc de Bellune ignorait la position du maréchal Soult en Portugal, et que, pour connaître le point vers lequel il devait se diriger, il fallait nécessairement qu'il eût quelques nouvelles des progrès que le duc de Dalmatie avait pu faire, on conviendra que, n'ayant pas à sa disposition plus de 20,000 hommes pour s'avancer vers le Portugal, il eût été imprudent de sa part de faire un mouvement, pendant lequel il se fût trouvé peut-être dans la nécessité de combattre à la fois de front, sur ses flancs et sur ses derrières. Telles furent les causes qui empêchèrent le maréchal Victor de suivre les instructions qui lui avaient été données.

Marche du général anglais sur Oporto. — Prise du pont d'Amarante par les Français. — Pendant que le maréchal Soult, dont les forces n'étaient pas assez considérables pour marcher en avant, et garder tout à la fois les provinces qu'il avait déjà conquises, restait forcément stationnaire sur les bords du Duero, le général sir Arthur Wellesley, débarqué à Lisbonne avec un renfort de troupes anglaises, avait pris le commandement supérieur de toutes les troupes anglo-portugaises. Le 20 avril, ce général se trouvait avec son quartier général à Leïria, d'où il partit le 30, suivi de 16,000 Anglais pour se diriger sur Oporto.

En même temps, un autre corps, composé de troupes portugaises, sous le commandant du maréchal Beresford, allait passer le Duero à Lamego, afin de couper au duc de Dalmatie la retraite sur Amarante.

Abandonné à ses propres ressources, connaissant la position critique du maréchal Ney en Galice, sachant que le maréchal Victor ne pouvait venir à son secours, et ne doutant pas qu'il ne dût être bientôt attaqué du côté du Beïra par l'armée anglaise, le maréchal Soult n'entrevit de salut qu'en se retirant par Mirandella et Braganza; mais il fallait, pour cela, être maître du pont d'Amarante qui était fortement défendu. — Solidement bâti en pierres de taille, ce pont était fortement barricadé; la culée de la rive gauche en était minée; un appareil, dressé à cet effet, devait, à un signal donné, mettre le feu au fourneau et faire sauter l'arche. Toutes les maisons du faubourg de Villaréal, qui donnaient sur le pont, avaient été barricadées et crénelées; il en partait un feu vif et continuel. L'entrée de la route de Villaréal était fermée par des fossés et par des palissades. Entre les ressauts de la montagne qui s'élève en arrière du faubourg de la rive gauche, les Portugais avaient élevé trois batteries qui défendaient l'approche du pont, et tiraient sur la grande route par où l'on y arrive. L'armée de Sylveira était campée sur le sommet de cette montagne, qu'il était impossible d'aborder de front.

Retranchés sur la rive droite, les Français avaient déjà fait d'inutiles efforts pour approcher du pont; plusieurs officiers avaient été blessés mortellement dans ces diverses tentatives. Le général Delaborde, pensant qu'il était trop dangereux de forcer le passage, avait ordonné l'établissement d'un pont sur chevalets; cet essai n'avait pas réussi.

Ce fut alors que le capitaine du génie Bouchard, arrivé d'Oporto pour juger de la nature des obstacles qui arrêtaient les troupes françaises, déclara que le passage du pont lui semblait seul praticable. Il pensa qu'il serait facile de débarrasser le pont, en brûlant ou coupant les palissades et la barrière du milieu, et en faisant sauter le dernier retranchement avec des barils de poudre, dont l'explosion détruirait l'appareil disposé pour mettre le feu à la fougasse; qu'alors l'espace à franchir, n'étant que de trente-cinq toises, et les troupes qui seraient prêtes, faisant leur mouvement immédiatement après l'explosion, on pourrait ne pas donner le temps de se reconnaître aux Portugais, qui seraient d'autant plus surpris que, pouvant à volonté couper le pont, en faisant jouer la mine, ils se croyaient en parfaite sûreté.

Ce projet hardi rencontra beaucoup d'opposants, et l'on perdit un temps précieux à discuter. Ce ne fut que le 29 avril que le colonel Hulot, aide de camp du maréchal Soult, arriva du quartier général, décida que le projet était bon, et parvint à le faire adopter par le général Delaborde. Le 1er mai, le capitaine Bouchard reçut l'ordre de tout préparer pour que le passage du pont pût s'effectuer le lendemain, à la pointe du jour. A cet effet, toutes les troupes furent réunies dans la ville, et les sapeurs du génie furent placés dans le couvent à l'entrée du pont.

Les préparatifs commencèrent à huit heures du soir. Plusieurs sapeurs s'offrirent pour aller placer les barils de poudre contre le dernier retranchement. Cette opération difficile, conduite avec une audace et une adresse admirable, fut terminée vers minuit. Alors la fusillade de l'ennemi devint plus vive : elle était toute dirigée sur l'entrée du pont. A une heure, un autre sapeur alla placer le saucisson destiné à mettre le feu aux barils de poudre, et revint sain et sauf. Les tirailleurs français furent aussitôt retirés, et le feu des Portugais s'éteignit insensiblement : l'ennemi était dans une sécurité complète.

Les Français prirent les armes vers trois heures du matin; ils étaient animés d'une ardeur qui pouvait faire présager le succès. Le maréchal Soult avait fait promettre la croix d'honneur aux douze braves qui passeraient les premiers : tous voulaient s'élancer à la fois. A quatre heures, les ordres arrivèrent enfin; le feu fut mis au saucisson et produisit une explosion épouvantable. Le retranchement fut renversé et l'appareil détruit. L'artillerie française tira quelques volées, la charge battit, les sapeurs, ayant à leur tête le capitaine Bouchard, s'élancèrent en avant, coupèrent, brisèrent les barricades, et, suivis des compagnies de grenadiers et des autres troupes, renversèrent à coups de baïonnette tout ce qui tenta de résister. On prit les batteries ennemies; tous les canonniers furent tués sur les pièces, qui avaient à peine fait une décharge. Les Portugais, surpris dans leur camp, n'eurent pas le temps de se former en bataille; ils furent culbutés et prirent la fuite dans le plus grand désordre. Le général Sylveira, logé dans une des maisons du faubourg que les Français parcouraient déjà, se sauva presque nu par la porte du jardin et gagna la campagne. Les soldats français se mirent à la poursuite des fuyards, et massacrèrent tout ce qui fut pris les armes à la main. Un grand nombre de moines, premiers fauteurs de l'insurrection, expirèrent sous leurs baïonnettes. Toute l'artillerie, 5 drapeaux, tous les équipages et les bagages de l'armée portugaise tombèrent au pouvoir des vainqueurs. La perte de l'ennemi fut considérable. Les Français n'eurent que 2 hommes tués et 7 blessés.

Évacuation d'Oporto. — L'avant-garde anglaise de sir Arthur Wellesley attaqua, le 10 mai, sur la Vouga, la division de cavalerie légère du général Franceschi, qui se replia sur Oporto. Le maréchal Soult ne voulait pas abandonner les bords du Duero, avant d'y être forcé par une démonstration sérieuse, il se contenta de faire détruire le pont de bateaux établi sur le fleuve.

Le général anglais, continuant toujours à s'avancer sur la rive gauche du Duero, détacha, dans la journée du 11, le général sir Georges Murray avec 5,000 hommes, pour remonter le fleuve jusqu'à Avintas, cinq milles au-dessus de son embouchure, afin d'effectuer un passage sur ce point. La brigade de lord Paget et celle des gardes anglaises devaient en même temps profiter de l'obscurité pour tenter de passer le fleuve à Villa-Nueva, presque en face d'Oporto, près de l'endroit où le pont de bateaux avait été rompu. Ces deux passages s'effectuèrent dans la nuit du 11 au 12, malgré les efforts du maréchal Soult, qui, prévenu seulement lorsqu'une partie des troupes ennemies était déjà passée, essaya d'empêcher le passage du reste.

Pendant que ces événements avaient lieu en avant de la ville, le duc de Dalmatie fut prévenu qu'une autre colonne ennemie se présentait sur la gauche et menaçait de le prendre en flanc. A cette nouvelle, il évacua Oporto, et fit sa retraite dans la direction d'Amarante. Cette retraite dut s'effectuer très rapidement, car les troupes de sir Georges Murray étaient sur le point de pénétrer dans la place; elle se fit cependant avec ordre. Seulement, il fallut abandonner 1,200 malades, 50 pièces de canon et une partie des bagages. L'arrière-garde, obligée de combattre dans les rues et dans les défilés au dehors de la ville, laissa un certain nombre de prisonniers au pouvoir de l'ennemi.

Le plan de sir Arthur Wellesley était de fermer aux Français la retraite par Mirandella, à travers la province de Tras-os-Montès. En conséquence, pendant que lui-même s'emparait d'Oporto, le maréchal Beresford attaquait vigoureusement Amarante. Le maréchal Soult, apprenant cette circonstance à son passage à Peñafiel, envoya au général Loison l'ordre de se diriger vers Braga, où il se rendait de son côté. Mais il ne tarda pas à être instruit des efforts que faisait l'armée anglaise pour arriver avant lui à Braga, et lui couper la retraite sur le Minho; et se décidant alors à prendre le seul parti qui fût possible, il fit détruire ce qui restait d'artillerie et de munitions, abandonna le trésor de l'armée, et se jeta dans les montagnes qui aboutissent au défilé de Carvalho.

Rentrée des Français en Galice. — Déblocus de Lugo. — Après une marche pénible, au milieu des montagnes escarpées, de sentiers presque impraticables, et de défilés étroits bordés de précipices, l'armée française arriva, le 17 mai, à Montalegre, dernière ville de Portugal sur la frontière de Galice. La cavalerie et l'arrière-garde prirent position sur la rive gauche du Minho, en avant de la ville, et le gros des troupes s'avança dans la plaine qui est sur la rive droite, pour y camper en ordre de bataille. Le 18, au matin, l'armée s'avança vers la frontière de Galice, et rentra dans cette province sans que les troupes portugaises eussent rien fait pour s'y opposer.

Le 20, le maréchal arriva à Orensé. — Après avoir fait reposer ses troupes pendant vingt-quatre heures, il dirigea son avant-garde sur Lugo, pour délivrer cette ville étroitement bloquée par un corps de 20,000 hommes. Le général Fournier, qui commandait dans cette place, était parvenu à s'y maintenir, malgré la faiblesse de sa garnison. Mais toutes ses ressources étaient épuisées, et il allait être forcé de capituler, lorsque l'avant-garde du duc de Dalmatie se présenta le 22 mai. Après un court engagement, les troupes ennemies se dispersèrent.

Ainsi finit cette seconde expédition contre le Portugal; la mauvaise issue de la campagne eut des conséquences funestes sur la suite de la guerre d'Espagne. — Elle ranima le courage des Portugais et leur persuada que sous le commandement d'officiers anglais, et soumis d'ailleurs aux lois de la tactique et de la discipline, ils pouvaient se présenter devant les troupes françaises avec quelque espérance de succès. L'armée du maréchal Soult eut aussi beaucoup à souffrir, comme on le verra dans le chapitre suivant, de la guerre de partisans que lui firent les paysans portugais et galiciens. Le mal qu'ils causèrent aux Français fut connu dans toute l'Espagne, et contribua à encourager la levée de ces nombreuses guérillas, qui présentèrent à l'occupation paisible de l'Espagne plus d'obstacle que les grandes armées régulières.

RÉSUMÉ CHRONOLOGIQUE.

1809.

FÉVRIER. Organisation d'une nouvelle invasion en Portugal.

4 **MARS.** Le maréchal Soult passe le Minho à Orensé.
5 — Combat de Monterey.
12 — Reddition de Chavès.
17 — Engagement à Messa-d'Ibor.
20 — Prise de Braga.
27 — Engagement près de Ciudad-Réal.
— — Causes qui ont empêché le maréchal Victor d'entrer en Portugal.

28 **MARS.** Bataille de Medellin.
29 — Prise d'Oporto.
17 **AVRIL.** Prise d'Amarante.
— Le général Heudelet débloque Tuy.
— Position critique de l'armée française.
30 **AVRIL.** — 2 **MAI.** Sir Arthur Wellesley se dirige sur Oporto.
— Passage du pont d'Amarante.
12 **MAI.** Le maréchal Soult évacue Oporto.
— Le maréchal se jette dans les montagnes du défilé de Carvalho.
18 — L'armée française rentre en Galice.
22 — Le maréchal Soult débloque Lugo.

ÉVÉNEMENTS DIVERS.

JUNTES INSURRECTIONNELLES. — MISÈRES DE L'ARMÉE DE PORTUGAL.

Juntes insurrectionnelles. — Écrits contre les Français. — Misères de l'armée. — Avant de continuer le récit des opérations militaires, il convient de jeter un coup d'œil sur les moyens qui étaient employés pour entretenir la haine des Portugais et des Espagnols insurgés contre les troupes françaises, ainsi que sur les résultats de ces moyens.

En Portugal comme en Espagne, dans la majeure partie des provinces, l'insurrection eut des soldats avant d'avoir des chefs. Ce ne fut qu'après le succès du soulèvement populaire que se présentèrent ceux qui prétendirent le diriger. On comprit que si l'action pouvait partir de la multitude, la prévoyance qui règle les efforts et la prudence qui assure les résultats ne pouvaient appartenir qu'à des chefs capables et dévoués; on accepta avec empressement ceux qui s'offrirent. Des *iuntes locales* s'organisèrent d'abord dans chaque ville; puis bientôt dans les cités capitales se formèrent des *juntes provinciales*, qui s'annoncèrent comme destinées à régulariser tous les mouvements de l'insurrection et à les faire concourir au même but.

Mais ces juntes provinciales étaient elles-mêmes isolées et se prétendaient indépendantes; rivales les unes des autres, elles entretenaient la rivalité et la jalousie qui divisaient les généraux espagnols commandant les diverses armées insurrectionnelles. Les historiens espagnols attribuent à ces divisions les revers successifs qu'éprouvèrent, à la fin de 1808 et au commencement de 1809, les troupes opposées aux armées de Napoléon.

Quelques personnages de marque, dévoués à la cause de Ferdinand, entreprirent de former à Séville une *junte centrale*, régulatrice des *juntes provinciales.* Plusieurs des généraux, qui, après les défaites des Espagnols dans la Castille et dans l'Aragon, avaient cherché un refuge en Andalousie, applaudirent à ce projet. Le gouvernement britannique se plaignait du manque d'unité et du désordre des affaires de l'insurrection; il reprochait à plusieurs juntes provinciales d'avoir dilapidé les subsides qu'il avait fournis pour l'armement et l'équipement des levées régulières, ainsi que pour l'encouragement et la création de ces bandes de partisans devenues célèbres sous le nom de *Guerillas :* il accéda avec empressement à ce projet d'établissement d'une junte centrale, et se hâta de reconnaître les membres qui dès le principe et d'eux-mêmes se déclarèrent en faire partie. Le gouvernement anglais espérait ainsi donner une tête à l'insurrection. Il déclara qu'à l'avenir tous les subsides qu'il fournirait aux Espagnols passeraient par les mains de la junte centrale; et ce fut avec cette junte que, le 14 janvier 1809, il conclut un traité d'alliance solennelle dans lequel il s'obligea à ne reconnaître comme roi d'Espagne et des Indes que Ferdinand VII, ses héritiers ou ceux qui seraient reconnus par la nation comme ses successeurs légitimes.

Un *manifeste* adressé *à la nation espagnole* pour l'engager à persévérer dans sa fidélité au roi Ferdinand, pièce essentiellement politique, et une *instruction sur la marche à suivre, et les moyens à prendre pour résister à l'invasion des Français,* furent les premiers actes et les plus importants de la junte de Séville.

L'instruction est une espèce de traité militaire, sur les moyens d'organiser et de faire une guerre de partisans dans les diverses provinces espagnoles [1].

[1] Voici le texte de cette pièce importante et qui nous paraît devoir être conservée.

«Nous ne pouvons douter un moment des efforts que les Espagnols réunis, de toutes les provinces, feront pour arrêter et déjouer les mauvais desseins des Français, et qu'ils ne sacrifient même leur vie dans cette occasion la plus importante, et même sans exemple dans l'histoire, tant pour la chose en elle-même que pour les moyens horribles que l'ingratitude et la perfidie des Français ont employées pour entreprendre et poursuivre notre asservissement, qui est encore aujourd'hui le but de leurs efforts :

«1° Avant tout, évitons tous combats généraux, et soyons convaincus que, sans nous procurer aucun avantage, sans même pouvoir nous en faire espérer, nous y serions exposés aux plus grands hasards. Les motifs de cette résolution sont nombreux, et tels, qu'il suffira, pour les découvrir, d'avoir l'usage de son intelligence;

«2° Une guerre de partisans est le système qui nous convient; il faut embarrasser et ravager les armées ennemies par le manque de vivres, détruire des ponts, former des retranchements dans des situations avantageuses, et prendre d'autres moyens semblables. La situation de l'Espagne, ses montagnes nombreuses, et les défilés qu'elle présente, ses rivières et ses torrents, et même la distribution de ses provinces, tout nous invite à chercher nos succès dans ce genre de guerre;

«3° Il est indispensable que chaque province ait son général, de talents connus, aussi expérimenté que le permet notre situation; il faut que sa loyauté héroïque inspire une entière confiance, et que chaque général ait sous ses ordres des officiers de mérite, surtout d'artillerie et du génie;

«4° Comme l'union combinée des plans est l'âme de toute entreprise bien concertée, et ce qui, seul, peut promettre et faciliter le succès, il paraît indispensable qu'il y ait trois généralissimes, qui agissent l'un avec l'autre; l'un commandera dans les quatre royaumes de l'Andalousie, de Murcie et de la Basse-Estramadure; l'autre, à Valence, dans l'Aragon et la Catalogne; une personne du plus grand crédit sera envoyée dans la Navarre, dans les provinces de la Biscaye, Montanas, les Asturies, Rioja et le nord de la Vieille-Castille, pour le projet dont il sera parlé ci-après;

«5° Chacun de ces généraux et généralissimes formera une armée de vétérans, de soldats et de paysans réunis, et se placera de manière à faire des entreprises, à secourir les points les plus exposés, en conservant toujours des communications fréquentes avec les autres

Les juntes provinciales imitèrent l'exemple de la junte centrale, et s'attachèrent aussi par divers écrits à entretenir l'irritation contre les Français. Pour faire juger jusqu'à quel point elles y réussirent, et quelles difficultés nouvelles l'insurrection des habitants des villes et des campagnes présenta aux armées françaises qui venaient de faire les glorieuses campagnes d'Autriche, de Prusse et de Pologne, où les populations étaient restées étrangères à la lutte des armées, nous aurons recours aux *Souvenirs d'un militaire* qui a fait successivement les campagnes de Galice et de Portugal, en 1809. Le tableau qu'il trace des privations et des fatigues des soldats, de la misère qui accablait l'armée, est triste et vrai. Les mêmes misères se sont reproduites dans toutes les provinces de l'Espagne. L'auteur de la *France militaire* peut certifier, par son propre témoignage, que leur peinture n'offre rien d'exagéré [1].

généralissimes, pour que tout soit fait d'un commun accord, et qu'ils puissent se donner des secours mutuels;

« 6° Madrid et la Manche exigent un général particulier, pour se concerter et exécuter les entreprises que demande la situation locale. —Son seul objet doit être d'inquiéter les armées ennemies, de leur enlever ou couper les vivres, de les attaquer par le flanc ou par derrière, de ne leur laisser aucun instant de repos. Le courage des habitants est bien connu, et ils s'empresseront d'embrasser un pareil projet, s'il est conduit comme il doit l'être. Dans la guerre de la succession, l'ennemi entra deux fois dans l'intérieur du royaume, et même jusque dans la capitale, et ce fut la cause de sa défaite, de sa ruine entière et de son défaut total de succès;

« 7° Les généralissimes du nord et de l'est bloqueront les entrées des provinces placées sous leurs ordres, et viendront au secours de tous ceux qui seront attaqués par l'ennemi, pour empêcher autant que possible tout pillage, et préserver les habitants des ravages de la guerre; les montagnes et les défilés en grand nombre qui sont sur la frontière de ces provinces, favorisent de tels projets;

« 8° La destination du général de la Navarre, de la Biscaye et du reste de ce département, est la plus importante de toutes; il sera assisté par les généraux du nord et de l'est avec les troupes et autres secours dont il aura besoin. Son unique emploi sera de fermer l'entrée de l'Espagne aux troupes françaises fraîches, et de harasser et détruire celles qui retournent d'Espagne en France par ce point. Les rochers qui hérissent ces provinces seront d'un extrême avantage pour un semblable dessein; et ces entreprises, si elles sont bien concertées et exécutées, ne manqueront pas de réussir. Il en sera de même des différents points par lesquels les troupes françaises qui sont en Portugal pourraient entrer en Espagne, ou par lesquels les troupes françaises pourraient entrer par le Roussillon dans la Catalogne; car il y a peu à craindre pour l'Aragon, et même on ne pense pas qu'ils s'échappent du Portugal, à cause des proclamations qu'on a répandues dans ce royaume, et parce que la haine qu'on y porte aux Français s'est augmentée sans bornes par suite des maux innombrables qu'on a eus à y souffrir d'eux, et de la cruelle oppression qu'on y a subie;

« 9° En même temps, il serait très bon que les généralissimes fissent publier et répandre de fréquentes proclamations parmi le peuple, et enflammassent son courage et sa loyauté, en lui montrant qu'il a tout à craindre de l'horrible perfidie que les Français ont employée contre l'Espagne, et même contre le roi Ferdinand VII; et que s'ils régnaient sur nous, tout serait perdu, souverain, monarchie, propriété, liberté, indépendance et religion, et qu'ainsi il est nécessaire de sacrifier notre vie et nos biens à la défense du roi et de la patrie; et, quand même notre sort nous condamnerait (ce qui, nous l'espérons, n'arrivera pas) à devenir esclaves, devenons-le en combattant et en mourant comme des braves, et ne nous soumettons pas lâchement au joug, comme des agneaux, ainsi que le dernier gouvernement aurait eu l'infamie de le faire, et que l'esclavage ne couvre pas l'Espagne d'une infamie et d'un deuil éternels. Les Français n'ont jamais dominé sur nous, ni posé le pied sur notre territoire. Nous avons souvent régné sur eux, non par la ruse, mais par la force des armes; nous avons tenu leurs rois prisonniers, et fait trembler leur nation. — Les Espagnols sont toujours les mêmes, et la France, l'Europe et le monde entier verront que nous ne sommes pas moins forts ni moins braves que nos plus illustres ancêtres;

« 10° Toutes les personnes bien élevées des provinces devront exciter la composition, l'impression et la publication fréquente de discours succincts, pour soutenir l'opinion publique et l'ardeur de la nation; et réfuter en même temps les infâmes journaux de Madrid, que la bassesse du dernier gouvernement a permis et permet encore de publier dans Madrid même, et à fait circuler au dehors; ces personnes en découvriront les faussetés et les contradictions continuelles; il faut qu'elles couvrent de mépris les misérables auteurs de ces journaux, et qu'elles étendent quelquefois leurs remarques à ces charlatans, gazetiers français, et même au *Moniteur*. Qu'elles déploient et publient à la face de l'Espagne et de toute l'Europe, l'horreur de leurs mensonges et la vénalité de leurs louanges; car ils offrent une ample matière à un pareil travail. Que tous ces esprits pervers tremblent devant l'Espagne; que la France sache que les Espagnols ont pénétré à fond ses desseins, et que c'est pour cela qu'ils la détestent et la couvrent d'exécration, et qu'ils mourraient plutôt que de se soumettre à un joug inique et barbare:

« 11° On aura soin d'expliquer à la nation et de la convaincre que, lorsque nous serons délivrés, comme nous comptons l'être, de cette guerre civile à laquelle les Français nous ont forcés, et que, placé dans un état de tranquillité, notre roi et seigneur Ferdinand VII aura repris le trône, les Cortès seront assemblées sous lui et par lui, les abus seront réformés, et que l'on fera des lois telles que les circonstances et l'expérience les dicteront pour le bien et le bonheur publics. Les Espagnols savent faire tout cela, et nous les avons faites aussi bien que d'autres nations, sans qu'il soit nécessaire que de vils Français viennent nous instruire, et que, suivant leur usage, sous le masque de l'amitié et de souhaits pour notre bonheur, ils cherchent, car c'est là le seul but de leurs complots, à violer nos femmes, à nous assassiner, à nous priver de notre liberté, de nos lois, de notre roi, à étouffer et détruire notre sainte religion, comme ils l'ont déjà fait jusqu'à présent, et comme ils le feront toujours, tant que durera cet esprit de perfidie et d'ambition qui les domine et les tyrannise. »

[1] Tous les moyens avaient été mis en jeu par les juntes insurgées pour exciter la haine du peuple contre les Français. L'amour de la patrie n'a pas de plus sûr appui que le fanatisme religieux, et ce fut surtout au fanatisme que les juntes s'adressèrent. Voici, pour donner une idée des écrits répandus en Espagne par leurs ordres, quelques extraits d'un *Catéchisme* à l'usage des jeunes Galiciens.

CHAPITRE Ier. — *Demande.* Dis-moi, mon enfant, qu'es-tu? — *Réponse.* Je suis Espagnol, par la grâce de Dieu.

D. Que veut dire Espagnol? — *R.* Homme de bien.

D. Combien y a-t-il d'obligations imposées à un Espagnol, et et quelles sont-elles? — *R.* Trois: être chrétien, catholique, apostolique, romain, défendre sa sainte religion, sa patrie, son roi, et mourir plutôt que de se laisser abattre.

D. Quel est notre roi? — *R.* Ferdinand VII.

D. Avec quelle ardeur doit-il être aimé? — *R.* Avec la plus vive, et comme le méritent ses vertus et ses malheurs.

D. Quel est l'ennemi de notre félicité. — *R.* L'empereur des Français.

D. Quel est cet homme-là? — *R.* C'est un méchant, un ambitieux, principe de tous les maux, fin de tous les biens, le composé et le dépôt de tous les vices.

D. Combien a-t-il de natures? — *R.* Deux, une diabolique et une autre humaine.

D. Combien y a-t-il d'empereurs? — *R.* Un véritable en trois personnes trompeuses.

D. Qui sont-elles? — *R.* Napoléon, Murat et Godoy (le prince de la Paix).

D. Sont-ils plus méchants l'un que l'autre? — *R.* Non, mon père, ils le sont tous également.

D. De qui provient Napoléon? — *R.* Du péché.

D. Murat? — *R.* De Napoléon.

D. Et Godoy? — *R.* De l'intrigue des deux.

D. Qu'est-ce qui caractérise le premier? — *R.* L'orgueil et le despotisme.

D. Le second? — *R.* Le vol et la cruauté.

D. Le troisième? — *R.* La cupidité, la trahison et l'ignorance.

CHAPITRE II. — *Demande.* Que sont les Français? — *Réponse.* D'anciens chrétiens et des hérétiques modernes.

D. Qui les a conduits à un tel esclavage? — *R.* La fausse philosophie et la corruption des mœurs.

D. A quoi servent-ils à Napoléon? — *R.* Les uns augmentent son orgueil, les autres sont ses instruments d'iniquité pour exterminer le genre humain.

D. Quand doit finir son atroce despotisme? — Il est près de sa fin.

D. D'où nous peut venir cette espérance? — *R.* Des efforts que fait la patrie, notre mère.

Bivouacs. — «Souvent, après avoir supporté, pendant le jour, une chaleur accablante, on avait à se garantir, pendant la nuit, d'un froid d'autant plus vif qu'il était moins attendu. On avait surtout à souffrir de la fraîcheur du matin. Presque toujours on prenait position autour des villages abandonnés. Dès que les gardes étaient placés et les rangs rompus, on s'empressait de parcourir ces villages et de visiter les maisons qui n'étaient pas occupées; on s'emparait de tout ce qui pouvait être de quelque utilité; les divers ustensiles et une grande partie des meubles étaient transportés aux bivouacs. Là, chacun travaillait de son mieux à se construire un abri; des baraques de toute espèce de forme s'élevaient comme par enchantement; on ne conservait d'abord ni ordre ni alignement; mais lorsque les régiments devaient séjourner, on exigeait alors toute la régularité possible dans le camp de chaque bataillon. La nuit, on allumait de grands feux; pour peu que le bois manquât ou fût éloigné, on se servait des meubles abandonnés pour les alimenter. La plupart du temps, les troupes étaient établies dans des positions les plus agréables; on bivouaquait tantôt au milieu d'une forêt d'oliviers, tantôt dans des jardins charmants ou dans de petites plaines couvertes d'orangers et de citronniers chargés de leurs fruits. L'aspect de ces lieux enchanteurs faisait un étrange contraste avec les dispositions hostiles des habitants, et la haine implacable qu'ils nous portaient...»

D. Qu'est-ce que la patrie? — *R.* La réunion de plusieurs, gouvernés par un roi et suivant les mêmes lois.

D. Quelle peine mérite un Espagnol qui manque à ses justes devoirs? — *R.* L'infamie, la mort naturelle, réservée au traître, et la mort civile pour ses descendants.

D. Qu'est la mort naturelle? — *R.* La privation de la vie.

D. Qu'est la mort civile? — *R.* La confiscation des biens, la privation des honneurs que la République accorde à tous les loyaux et vaillants citoyens.

CHAPITRE III. — *Demande.* Quel est celui qui est venu en Espagne? — *Réponse.* Murat, la seconde personne de cette trinité.

D. Quels sont ses principaux emplois? — *R.* Tromper, voler et opprimer.

D. Quelle doctrine veut-il nous enseigner? — *R.* La dépravation des mœurs.

D. Qui peut nous délivrer d'un semblable envoyé? — *R.* L'union et les armes.

D. Est-ce un péché d'assassiner un Français? — *R.* Non, mon père, on fait une œuvre méritoire en délivrant la patrie de ces violents oppresseurs.

CHAPITRE IV. — *Demande.* Qu'est-ce que le courage? — *Réponse.* Une force d'esprit qui cherche avec calme et prudence l'occasion de la victoire.

D. La subordination est-elle nécessaire pour l'acquérir. — *R.* Oui, car elle en est l'âme.

D. A qui doit-on cette subordination? — *R.* A tous les chefs.

D. Quel est l'enfant le plus révéré et le plus chéri de la patrie. — *R.* Celui qui joint au courage, des principes d'honneur et un désintéressement personnel.

D. Quels sont ceux qui briguent des emplois et des honneurs avant de les avoir mérités? — *R.* Ce sont des ignorants, des orgueilleux et des gens inutiles qui ne savent pas obéir.

D. Qu'allons-nous faire au combat? — *R.* Augmenter la gloire de la nation, défendre nos frères, et sauver la patrie.

D. Qui doit prendre les armes? — *R.* Tous ceux qui le peuvent, ceux désignés par le gouvernement et les moins utiles aux emplois publics.

D. Quelles sont les obligations des autres? — *R.* De contribuer au succès de la guerre par un généreux patriotisme, en aidant la patrie des biens qu'ils en ont reçus.

Manque de subsistances. — Maraudeurs. — «On n'avait aucuns moyens de pourvoir régulièrement aux besoins journaliers. Les soldats eux-mêmes étaient chargés de ce soin important; depuis l'ouverture de la campagne, on ne vivait que de maraude. Comme les villages situés sur notre route et abandonnés par les habitants qui emportaient ou détruisaient les comestibles, offraient peu de ressources, on était dans la nécessité de s'écarter des bivouacs et d'aller au loin chercher des vivres. Des soldats, pris parmi les plus alertes et les plus hardis, se présentaient de bonne volonté et se mettaient en route isolément; ils se dirigeaient vers les endroits où ils présumaient que les provisions et le butin avaient été cachés. Le désir de se procurer des subsistances ne les guidait pas toujours, et parfois, dans ces avides excursions, on oubliait tout sentiment de modération et d'humanité. Dans les circonstances fâcheuses où l'on se trouvait, de tels excès étaient malheureusement inévitables. Les jours de marché, lorsque l'armée traversait un pays pauvre ou ruiné, un certain nombre de soldats de chaque compagnie se détachaient clandestinement des colonnes, et s'éloignaient de la grande route. Ils partaient armés de fusils, de sabres, et pourvus d'un grand nombre de cartouches. Ils laissaient leurs bagages aux camarades qui en prenaient soin. Poussés par l'impérieuse nécessité d'avoir des vivres, et peut-être aussi par l'envie de piller, sans chefs, sans guides,

D. Que fera celui qui n'a rien. — *R.* Il priera Dieu pour la prospérité des armées espagnoles, s'occupera de l'emploi auquel il est destiné, et, de cette manière, il contribuera au bonheur public.

D. De qui devons-nous attendre notre félicité? — *R.* De Dieu, de la loyauté et de l'habileté de nos chefs, de notre obéissance et de notre valeur.

CHAPITRE V. — *Demande.* Quelle doit être la politique des Espagnols? — *Réponse.* Les maximes de Jésus-Christ.

D. Qu'elle est celle de notre ennemi? — *R.* Celle de Machiavel.

D. En quoi consiste-t-elle? — *R.* En l'égoïsme.

D. Qu'elles en sont les suites? — *R.* L'amour-propre, la ruine et la destruction de ses semblables.

CHAPITRE VI. — *Demande.* Par quels moyens ces tyrans ont-ils trompé nos peuples? — *Réponse.* Par la séduction, la bassesse et la trahison.

D. Ces moyens sont-ils légitimes pour s'emparer d'une couronne qui ne leur appartient pas? — *R.* Non, au contraire, ils sont atroces, et nous devons résister avec courage à cet homme qui s'est fait roi par des moyens aussi injustes qu'abominables.

D. Quelle félicité devons-nous rechercher? — *R.* celle que les tyrans ne peuvent nous donner.

D. Quelle est-elle? — *R.* La sûreté de nos droits, le libre usage de notre saint culte, le rétablissement monarchique, réglé selon les constitutions espagnoles et les relations de l'Europe.

D. Mais ne les avions-nous pas? — *R.* Oui, mon père, mais dégradés par l'indolence des autorités qui nous ont gouvernés.

D. Qui doit les régler et les assurer? — *R.* L'Espagne réunie et assemblée, à qui seule est réservé ce droit, lorsqu'elle aura secoué le joug de l'étranger.

D. Qui nous autorise à cette grande entreprise? — *R.* Ferdinand VII, que nous désirons, de tout notre cœur, voir rentrer parmi nous pour des siècles éternels. AMEN.

On comprend quelle devait être l'exaltation d'un peuple auquel s'adressaient de tels écrits. Dans les principes établis plus haut, on en trouve qui peuvent expliquer comment certaines populations de l'Espagne et du Portugal se sont trouvées disposées à favoriser l'établissement d'une Constitution nouvelle. Ce *Catéchisme* faisait un appel aux sentiments patriotiques, au fanatisme religieux et à ces idées d'indépendance et de liberté qui existent chez tous les hommes, vives et ardentes chez les uns, cachées et profondément endormies chez les autres, mais qu'on ne réveille jamais impunément.

n'ayant d'autre indication que leur instinct, ces soldats maraudeurs se portaient par des sentiers détournés dans la direction que suivait l'armée. Ils pénétraient dans les fermes et les maisons éloignées;
souvent ils s'emparaient des villages dont l'entrée leur
était vivement disputée. Là, ils se chargeaient de provisions, et revenaient rejoindre leurs régiments dans
la nouvelle position qu'ils occupaient. Ces provisions
étaient également réparties entre les escouades d'une
même compagnie; chacun avait la même part, en distraire la plus petite portion à son profit eût été un
crime impardonnable; les camarades le punissaient
avec la dernière rigueur.»

Exaspération et cruautés des paysans ennemis. —
«Mille périls entouraient, dans leurs courses dévas-
tatrices, ces soldats maraudeurs; ils risquaient de
payer chèrement le butin dont ils s'emparaient. Des
nuées de paysans armés ne cessaient d'épier leurs mouvements, et de profiter de leur moindre imprudence.
Attaqués de toutes parts, sans cesse harcelés par un
ennemi qui gardait tous les passages difficiles, et qui
détruisait tous les moyens de retraite, ils périssaient
isolément, ou bien, quelle que fût leur résistance, ils
succombaient en masse sous le trop grand nombre de
leurs féroces adversaires. Ceux qui tombaient vivants
entre les mains des Galiciens ou des Portugais, expi-
raient dans les tourments les plus affreux; on épuisait
sur eux tous les raffinements de la cruauté. Leurs cadavres devenaient encore l'objet d'une vengeance d'autant plus atroce, qu'elle était inutile; ils étaient horriblement mutilés. On a vu quelquefois des femmes
commettre sur ces restes inanimés des outrages qui
révoltent la nature. Souvent le bienfait d'une mort
prompte et violente était refusé à nos malheureux
camarades faits prisonniers; on prenait plaisir à leur
mutiler les jambes et les bras, et, après leur avoir
crevé les yeux, on les abandonnait, pleins de vie, à
leur désespoir et aux angoisses de la plus affreuse agonie. Tant d'atrocités et de barbarie avaient rempli nos
soldats d'une juste indignation, et amenaient de terribles représailles. Ces scènes de carnage et de désolation se renouvelaient à chaque instant de la journée...

«Les maraudeurs faits prisonniers n'étaient pas les
seuls qui fussent exposés à des traitements aussi atroces;
dans maintes occasions, les malades et les blessés, abandonnés sans armes et sans défense, avaient été lâchement massacrés par leurs barbares ennemis. Tout Français qui s'éloignait isolément du camp courait également
les plus grands dangers. Des milliers de paysans armés
ne cessaient d'errer autour de nos bivouacs, guettant
l'occasion favorable de se saisir de leur victime. A l'arrivée d'un détachement, ils se cachaient dans les bois
ou bien ils fuyaient à travers des rochers inaccessibles.
De là, ils vomissaient des imprécations contre nous,
et faisaient entendre d'horribles menaces. Les plus intrépides d'entre eux s'approchaient de nos postes, au
moyen des fréquents accidents de terrain; ils tentaient
de les enlever; ils se glissaient le long des haies, dans
l'intention d'égorger les sentinelles assez imprudentes
pour se laisser surprendre. L'habillement bleu foncé

de ces paysans les favorisait dans leurs audacieuses
entreprises, et rendait plus difficiles les précautions
contre toute surprise. Toutefois, on faisait bonne garde
et l'on était toujours sur le qui-vive. Pendant la nuit,
on doublait les factionnaires, et on les changeait souvent de place. On avait soin de faire disparaître de leur
costume toute couleur trop éclatante qui eût pu les faire
apercevoir; on tendait des embuscades, et l'on avait
constamment l'oreille aux aguets. Cet état continuel
d'alerte et de crainte avait aigri nos soldats, au point,
qu'en dernier lieu, tout habitant surpris rôdant autour
des bivouacs était impitoyablement mis à mort [1].»

[1] Ajoutons à ces détails quelques fragments des *Mémoires* de
M. de Naylies, officier de dragons, et un de ceux dont le régiment
faisait partie du corps du maréchal Soult :

«Devancés par la terreur qu'inspirait notre nom, nous ne trouvâmes pas d'habitants dans Peñafiel. Un vieillard octogénaire, qui
n'avait pu suivre les siens dans les rochers, restait seul; il était
assis sur une borne dans la place publique, et adressait des prières
au ciel : le feu qui brillait dans ses yeux et les regards qu'il nous
lançait indiquaient bien la nature des souhaits qu'il faisait pour
nous. Un silence effrayant régnait dans la ville; il n'était interrompu que par le son uniforme des heures et par les aboiements de
quelques chiens abandonnés. Les armes de la maison de Bragance,
placées sur les édifices publics, étaient couvertes d'un crêpe noir,
et semblaient porter le deuil de la patrie. Toutes les habitations
étaient ouvertes : les églises seules étaient fermées, comme si notre
aspect en eût dû profaner la sainteté. Les comestibles et tout ce qui
pouvait nous être utile avaient été enlevés ou détruits. Cette haine
implacable de nos ennemis, ce soin continuel de nous nuire et ces
grands exemples de dévouement, firent dès lors quelque impression
sur le moral de nos soldats, accoutumés à vivre chez les bons Allemands, et aussi tranquillement un jour de bataille que dans leurs
cantonnements.....

«Nous apercevions, sur le sommet de toutes les montagnes, des
signaux construits avec des arbres de soixante pieds de haut. Ces
signaux, comme des télégraphes, indiquaient de suite la direction
que nous suivions et notre nombre. Nous les abattions : trois ou
quatre jours après ils étaient relevés.

«Les habitants étaient encore instruits de notre approche par une
épaisse fumée qui nous devançait de village en village. Pour transmettre des renseignements plus positifs, ils employaient des jeunes
gens lestes et vigoureux, placés à la portée de chaque village et
dans un endroit convenu. Un d'entre eux était toujours présent,
l'œil et l'oreille au guet; il partait comme un trait à travers les
rochers, pour déposer au poste voisin la dépêche que venait de lui
remettre en courant un de ses camarades; elle parvenait ainsi
sûrement au corrégidor ou à l'autorité militaire, et plus vite que
si elle eût été portée à cheval. Ces messagers ne tombaient jamais
entre nos mains; tandis qu'il arrive très souvent à l'armée que des
courriers sont pris...

«...Nous avions été assaillis dans toute la route par les habitants,
qui descendaient de leurs montagnes et venaient tirer sur nous
avec impunité : il était impossible de les atteindre. Des femmes, des
enfants étaient mêlés avec ceux qui faisaient le coup de fusil, les
exhortaient et leur donnaient l'exemple.

«S'il arrivait qu'un soldat fatigué restât en arrière, il était aussitôt massacré, même à cent pas de l'arrière-garde : elle accourait
aux gémissements de cet infortuné; mais on ne voyait plus qu'un
cadavre mutilé et ses bourreaux, qui, sur un rocher voisin, insul
taient à nos regrets.

«Les femmes montraient, dans toutes ces occasions, plus de barbarie que les hommes, et poussaient plus loin le raffinement de la
cruauté; oubliant la retenue et la modestie de leur sexe, on en a
vu commettre des atrocités qui outragent la nature. Ma plume se
refuse à tracer tous les outrages qu'elles firent au cadavre d'un officier du 27ᵉ dragons, tué dans l'attaque du bivouac de ce régiment
par les paysans.....

«Dès qu'un malheureux soldat restait en arrière, il était massacré; ces horreurs étaient punies par d'autres horreurs : de village
en village, nous allumions l'incendie. Près de Guimarens, deux
fantassins malades ne pouvaient plus suivre; l'arrière-garde voulut les faire monter à cheval pour les sauver; ils étaient si accablés
de lassitude qu'ils refusèrent : atteints bientôt par les paysans qui
nous poursuivaient, ils furent jetés vivants à nos yeux au milieu
des flammes.»

Scènes du camp. — Oubli des peines. — «Une telle manière de faire la guerre avait quelque chose d'affreux, et répugnait à nos soldats habitués à ne rencontrer d'ennemi que sur le champ de bataille, et à vivre paisiblement au milieu des peuples qu'ils avaient vaincus. Aussi, chez eux, le caractère national commençait visiblement à s'altérer; la gaîté avait presque disparu. Heureusement que le vin que l'on trouvait parfois en abondance, servait à nous étourdir sur les peines et les privations de la position actuelle, et venait réjouir nos cœurs attristés. On puisait dans cette liqueur bienfaisante et inspiratrice l'oubli des maux passés et l'espérance d'un sort plus favorable. De grands vases et des outres tous pleins étaient apportés dans les bivouacs, où l'on roulait aussi des tonneaux entiers : on ne désemparait pas que tout ne fût vidé. On buvait beaucoup et long-temps sans qu'il en résultât aucun inconvénient grave.

«Assis sur un peu de paille et groupés autour d'un grand feu, les soldats trinquaient à la ronde. Une bruyante gaîté ne tardait pas à éclater, et les conversations les plus animées s'établissaient à la fois. On parlait de la guerre et de la paix; l'on approuvait ou l'on blâmait les opérations de la journée; chacun donnait son avis, et faisait son petit plan de campagne. Tandis que les uns racontaient d'un ton solennel les nombreux triomphes auxquels ils avaient assisté, les autres, dans leur indiscrète folie, trahissaient le secret de leurs bonnes fortunes et de leurs exploits amoureux. Les vieux soldats parlaient avec éloges du temps passé; les jeunes établissaient sur l'avenir les calculs les plus brillants. La critique n'était pas oubliée; on peignait tel ridicule, et l'on saisissait tel travers. Les épigrammes et les bons mots arrivaient en foule; la joie était générale, déjà la raison avait disparu. L'ivresse même avait quelques agréments; elle amenait des scènes divertissantes et remplies d'intérêt. Les soldats qu'un sujet quelconque avait divisés se réconciliaient bientôt; tout sentiment d'animosité disparaissait. Dans l'effusion de leur cœur, ils s'embrassaient de satisfaction et pleuraient d'attendrissement. Tous se juraient une amitié inaltérable; quoique ainsi prêté, ce serment-là était religieusement tenu. Tantôt on dansait, tantôt on se livrait à des jeux qui rappelaient les doux plaisirs de l'enfance et les jouissances de la vie privée. Enfin, on entonnait de joyeux refrains; on buvait un dernier coup au bonheur de la France, et l'on s'endormait en rêvant un meilleur avenir. Au premier signal, chacun était prêt et dispos.

Difficultés de se procurer des grains. — «Ce n'était qu'avec des peines infinies que l'on parvenait à faire des vivres; il était surtout extrêmement difficile de se procurer du pain. Le Portugal ne produit pas assez de grains pour nourrir sa population pendant la moitié de l'année; il tire de l'étranger la plus grande partie de ses subsistances. Dès le moment de notre entrée dans les deux provinces envahies, les divers magasins avaient été évacués ou livrés aux flammes. Les habitants, en fuyant, avaient emporté ou caché leurs faibles provisions; aussi, après les recherches les plus pénibles, s'estimait-on très heureux lorsqu'on réussissait à obtenir un peu de mauvais seigle et de maïs.

«La plus grande difficulté était de trouver les moyens de moudre ce grain, de pétrir la farine et de faire cuire le pain. Dans leur génie malfaisant, les habitants avaient détruit la plupart des moulins et des fours. Difficilement découvert, le grain, quelque mauvais qu'il fût, était précieusement recueilli. Aussitôt on se mettait à la recherche d'un moulin; lorsqu'on était assez favorisé pour en rencontrer un, il fallait presque toujours travailler à remettre les eaux qui avaient été détournées, ou bien à arranger les meules qui étaient détériorées. Situé à plusieurs lieues du camp et au fond d'une vallée, ce moulin offrait une position dangereuse; il devenait important de s'y bien garder, afin d'éviter d'être surpris par les paysans armés, sans cesse disposés à égorger ceux qu'une imprudente sécurité livrait à leur atroce vengeance. Munis de leurs armes, des soldats intelligents et décidés chargeaient le grain sur leurs épaules, ou bien le transportaient au moyen de bêtes de somme. Tandis que les uns achevaient de faire moudre, les autres portaient la farine dans le hameau le plus voisin, pétrissaient et chauffaient le four. Dès qu'il était cuit, le pain ou le biscuit était apporté au bivouac, et reçu au milieu de la joie générale. On en faisait une égale répartition entre les escouades d'une même compagnie, une portion était réservée pour les officiers qui étaient réduits à cette seule distribution. On consacrait ordinairement les heures de repos de la nuit à ces diverses opérations qui présentaient de grands dangers. Rarement tous les soldats boulangers et meuniers revenaient sains et saufs; chaque jour, quelques-uns d'entre eux périssaient victimes de leur zèle et de leur dévouement. Quelquefois un départ précipité ne permettait pas de les faire avertir à temps. Forcés de voyager alors isolément par des chemins difficiles et inconnus, et à travers une nuée d'ennemis, ces infortunés tombaient entre les mains des Portugais et subissaient le sort le plus cruel. Souvent une attaque inopinée ou un mouvement inattendu forçait ces boulangers et ces meuniers à se replier en toute hâte et à tout abandonner : ils revenaient sans provisions rejoindre leurs camarades attristés. Il leur arrivait aussi de ne rapporter qu'un peu de farine qui était également distribuée. On tirait tout le parti possible de cette faible ressource; on en faisait de la bouillie ou des galettes cuites sur les cendres. Lorsque les circonstances devenaient plus favorables, et lorsque les habitants montraient moins d'acharnement et d'animosité contre nous, on cherchait dans les régiments à mettre plus d'ordre et de sûreté dans le service de la manutention du pain. Le soin de cette partie essentielle des subsistances des troupes était confié à un officier; cet officier réunissait sous ses ordres les boulangers et les meuniers qui se présentaient de bonne volonté, et dirigeait leurs opérations [1].

[1] «Les villages voisins du camp, dit M. de Naylies, étaient déserts; ils ne présentaient aucune ressource : tout avait disparu; nous vivions de ce que nous allions enlever aux paysans réfugiés dans les rochers, et nous ne savions pas ce que nous mangerions le lende-

Rareté des fourrages. — «Dans la cavalerie, on éprouvait les plus grands embarras pour se procurer des fourrages. Depuis l'entrée en Galice et en Portugal, .es chevaux ne s'étaient nourris qu'avec de la paille et du grain de maïs ; par suite du système de dévastation suivi par les habitants eux-mêmes, il n'était presque plus possible d'en trouver. Heureusement que, dans la saison actuelle, les champs offraient quelques ressources ; mais, comme il arrivait que l'on bivouaquait la plupart du temps dans des endroits peu fertiles ou ravagés, il fallait courir au loin chercher des provisions. Un certain nombre de cavaliers et tous les domestiques se détachaient ; soigneusement armés et munis chacun d'une faucille, ils allaient, à deux ou trois lieues, couper du seigle ou du maïs qu'ils liaient en bottes, afin de le rapporter au camp. Les paysans armés ne cessaient de suivre et de harceler ces fourrageurs : ils choisissaient, pour fondre sur eux et pour les attaquer, le moment où les bottes de fourrages étaient chargées sur les chevaux. Alors, dans la persuasion qu'ils viendraient plus facilement à bout de leurs ennemis, ils s'élançaient à leur poursuite, en faisant entendre des cris de rage, et en les assaillant d'une grêle de coups de fusils. Leurs attaques étaient partielles, et, dès qu'on les chargeait, ils se retiraient au plus vite de rocher en rocher. Souvent nos cavaliers, trop fortement pressés, étaient obligés d'abandonner leur fourrage ; ceux qui s'avançaient trop imprudemment étaient pris et cruellement massacrés.

Habillement, chaussure, etc. —«Au milieu des mouvements rapides et continuels que faisait l'armée, le soin des subsistances n'était pas le seul dont les troupes eussent à s'occuper : il fallait aussi travailler à l'entretien de l'habillement, du linge et de la chaussure. Les moindres instants de repos étaient mis à profit, et, lors des séjours, la plus grande activité régnait dans les bivouacs. Chaque baraque était un atelier où tout Français devenait ouvrier. Les uns coupaient et taillaient, les autres cousaient, raccommodaient ou confectionnaient. Dès leur entrée en Espagne, les soldats s'étaient défaits de la veste et de la culotte de tricot ; ils n'avaient conservé de leur habillement que la capote et l'habit. Ils avaient cherché, par tous les moyens imaginables, à se procurer un pantalon de drap : comme dans le moment, on tenait peu à la couleur et à l'uniformité, chaque homme en avait bientôt été pourvu. Mais la saison était changée et les chaleurs se faisaient sentir : c'était un nouveau travail pour les troupes. Il fallait s'occuper des pantalons de toile

devenus nécessaires, et principalement des chemises, dont on avait un besoin urgent.

«Les habits réclamaient d'indispensables réparations: chaque homme y travaillait de son mieux. La coiffure n'était pas oubliée. Presque tous les schakos délivrés étaient de mauvaise qualité ; les fatigues d'une pareille guerre avaient promptement achevé de les user. Dans plusieurs régiments, on avait heureusement imaginé de recouvrir ces schakos avec des peaux de jeunes agneaux noirs, que l'on préparait et que l'on cousait en forme de coiffe. Cet essai avait présenté un résultat satisfaisant ; beaucoup de compagnies d'élite adoptèrent par la suite cette nouvelle coiffure qui imitait le bonnet à poil et le colback. Le renouvellement de la chaussure coûtait des efforts inouïs ; on manquait de matières premières, d'outils et d'ouvriers. Lorsqu'on pénétrait dans un village, ou dans une ville abandonnée, l'on s'empressait d'aller visiter la boutique du cordonnier, ainsi que l'échope du savetier ; on y prenait tout ce qui pouvait servir. Si, par un hasard fortuné, le maître s'y trouvait, aussitôt on l'entourait de soins et d'attentions ; jamais le plus grand seigneur portugais n'eût été l'objet de tant de prévenances ; sa maison était respectée ; c'était à qui s'y placerait en sauvegarde. Quelquefois, ce savetier était conduit au camp où il était reçu comme en triomphe. On le fêtait, on le caressait, on le flattait même, car on avait besoin de ses services.

Relâchement de la discipline. —*Situation fâcheuse des officiers.* — «Dans la position critique où l'on se trouvait, il devenait de toute impossibilité que la discipline n'éprouvât point de relâchement nuisible. Les soldats, chargés, en raison des circonstances, de pourvoir eux-mêmes à leur nourriture et à leur entretien, devaient nécessairement s'habituer à agir avec indépendance et à ne vouloir bientôt plus suivre que l'impulsion de leur propre volonté. Quelques-uns restaient absents de leurs compagnies pendant plusieurs jours de suite, et vivant ainsi isolément, ils privaient leurs camarades de leurs secours et de leur industrie. Un très petit nombre de chefs, nous l'avouons avec peine, affichaient aussi un mécontentement qui pouvait produire sur les esprits un effet funeste. Intéressés à mettre à l'abri des richesses acquises au milieu de la dévastation des provinces ennemies, et pressés d'en jouir, ils servaient avec dégoût et soupiraient après le moment de rentrer en France. Cependant, hâtons-nous de le dire, le mal n'était pas aussi grand que le prétendent certains auteurs des relations de cette guerre ;

---

main. Il périssait toujours quelqu'un dans ces combats ; et, lorsque nos provisions étaient finies, on savait que nous ne pouvions nous en procurer d'autres qu'au prix du sang de quelqu'un d'entre nous. Bivouaqués dans un endroit peu fertile, nous eûmes bientôt coupé le blé, le seigle et l'orge des champs voisins pour nourrir nos chevaux. Il fallut ensuite aller jusqu'à deux lieues pour en trouver. Les habitans nous suivaient à une certaine distance, et se cachaient dans les moissons jusqu'à ce que nous eussions coupé et lié en bottes la provision du jour ; mais dès que nous en avions chargé nos chevaux, et que nous regagnions le camp, nous étions assaillis de tous côtés par une grêle de coups de fusil, et souvent nous étions obligés d'abandonner notre fourrage, pour courir sur ces furieux épars çà et là. Ils ne nous attendaient jamais pour combattre corps à corps ; ils se retiraient de rocher en rocher, et revenaient sur nous dès que

nous avions désemparé. Cet acharnement de nos ennemis, les cruautés qu'ils exerçaient envers ceux d'entre nous qui tombaient entre leurs mains, et l'isolement où nous étions depuis notre entrée en Portugal, avaient exaspéré l'armée ; nos soldats immolaient sans pitié tous ceux qu'ils atteignaient. Pour se venger ils incendiaient les villages, démolissaient ce qu'avaient épargné les flammes, et détruisaient tout ce qui pouvait être de quelque utilité. Ces brigandages, qu'on ne pouvait réprimer dans un tel état de crise, portaient les coups les plus funestes à la discipline. On allait à la maraude et piller en ordre ; chacun rapportait ce qu'il pouvait trouver de grain, et le tout, mis en commun en arrivant au camp, était envoyé au moulin. Il avait fallu se battre pour se procurer le grain, il fallait se battre pour le faire moudre. On distribuait la farine par compagnie, et chacun faisait cuire une galette sous la cendre...»

et, à côté de quelques actes repréhensibles, on peut citer les traits les plus sublimes et une multitude d'actions honorables. Le jour du combat et dans les instants difficiles, tout rentrait dans l'ordre le plus parfait; chacun se soumettait volontairement aux lois de l'obéissance passive. La force morale de l'armée n'avait pas reçu d'atteinte grave. Quelques pénibles qu'ils fussent, les devoirs militaires étaient remplis avec zèle et exactitude; on obéissait à l'influence puissante d'une discipline toute d'honneur et de dévouement.

«Soumis aux mêmes épreuves, les officiers, dans les rangs, partageaient en tout le sort des soldats; vivant constamment au milieu d'eux, ils ne cessaient de leur offrir l'exemple de toutes les qualités guerrières. Étrangers à un motif quelconque d'intérêt personnel, ils n'avaient d'autre désir que celui de pouvoir verser leur sang pour le bien de leur pays; la gloire et le bonheur de la France remplissaient seuls leurs pensées, et devenaient l'unique but de leurs généreux efforts. Journellement livrés aux chances d'une mort presque certaine, ils se montraient d'autant plus désintéressés dans les sacrifices qu'ils faisaient, que le plus souvent ils restaient sans récompense aucune, et que, par l'injuste partialité de Napoléon, leurs exploits et leurs belles actions demeuraient ensevelis dans l'oubli. Ils étaient sûrs de n'obtenir que l'avancement qu'il était impossible de leur refuser, et ce n'est qu'en marchant sur le cadavre de leurs nombreux camarades tués à leurs côtés, qu'ils parvenaient à quelque grade supérieur. Leurs épaulettes, noircies par la foudre de cent combats, n'eussent peut-être pas été tant enviées, si, à certaine époque, on avait pu connaître combien elles leur avaient coûté de sueur et de sang. Par les souffrances qu'ils enduraient, les officiers d'infanterie méritaient un intérêt particulier. Ils manquaient des objets de première nécessité, et vivaient dans des privations continuelles. Retenus au drapeau par le sentiment de leur dignité, ils se voyaient forcés de recevoir leur nourriture des mains des soldats qui couraient à la recherche des vivres. Souvent en route, un havresac, contenant leur mince butin, pesait sur leurs épaules, et ajoutait à leurs fatigues. Leurs habits usés et leurs bottes percées attestaient les nombreux besoins auxquels ils étaient en proie. Dans un tel état de dénûment, ils n'étaient bientôt plus distingués de leurs troupes que par leur démarche fière et leur attitude calme et résignée; mais aux coups qu'ils lui portaient, l'ennemi pouvait facilement les reconnaître. Plus d'une fois, au milieu des horreurs de cette guerre, ils ont su, par des actes de modération et de générosité, honorer et faire chérir le nom d'officiers français.

Séjour du maréchal Soult à Oporto. — Projets de souveraineté indépendante. — «Durant son séjour à Oporto et pendant le mois d'avril, le duc de Dalmatie, après avoir rétabli l'ordre et la tranquillité dans la ville, n'avait cessé de travailler, par tous les moyens en son pouvoir, à gagner la confiance des Portugais. Il espérait qu'en leur présentant les résultats de l'invasion sous un aspect moins contraire aux

avantages de leur pays, il parviendrait à les ramener à des dispositions plus favorables. Il s'appliquait donc à leur faire sentir que, puisque la maison de Bragance, par sa déchéance, ne pouvait plus les protéger, il leur importait de se soustraire à l'influence de l'Angleterre, qui ne pouvait que leur être funeste, et de seconder les intentions de l'empereur des Français en leur faveur. Enfin, il cherchait à les porter à manifester leurs vœux, et à réclamer de Napoléon, la formation de la province d'entre Douro-e-Minho, en souveraineté indépendante, laquelle formation avait été promise par l'article Ier du traité de Fontainebleau.

«La conduite du maréchal, ainsi que les actes de son administration, lui avaient concilié l'estime et l'affection d'un grand nombre de Portugais. Par des démarches remplies de prévenance, ce gouverneur général avait réussi à faire entrer dans ses vues plusieurs membres du clergé séculier, des négociants, des propriétaires et des artistes, qui déclarèrent la déchéance de la maison de Bragance, et offrirent la couronne de Portugal à Napoléon. On eut soin de faire dresser des registres, en tête desquels deux ou trois villes et quelques corporations émirent leurs vœux, et qui furent couverts de signatures; ces registres furent remis au maréchal, par des députations, avec prière de les adresser à Napoléon.

«Satisfait de la direction que semblait prendre l'esprit public, le gouverneur général s'étudiait à entretenir parmi les habitants de tels sentiments d'amitié. Par son ordre, on traitait avec égard et beaucoup de ménagements la population d'Oporto, l'on distribuait, lorsqu'on le pouvait, des secours à la classe indigente. Parfois, il arrivait que, des fenêtres du quartier général, l'on jetait des pièces de monnaie à la populace. De leur côté, les membres du gouvernement établi par les Français, et plusieurs autres Portugais intéressés, s'empressaient de faire une cour assidue au gouverneur général, et de lui payer un large tribut d'hommages; lorsqu'il se montrait dans les rues, il était accueilli par quelques acclamations; au spectacle, il devenait l'objet des plus flatteuses allusions.

«En cherchant à plaire aux Portugais, le duc de Dalmatie avait pour but le bien-être de son armée et la réussite de l'expédition qui lui avait été confiée, ses démarches étaient dégagées de tout intérêt personnel. La malveillance en jugea différemment, et lui attribua d'autres motifs moins louables. Le bruit se répandit, qu'en engageant les députations à demander à l'Empereur un Français pour souverain, le maréchal travaillait à capter les suffrages et à attirer sur lui le choix de Napoléon.

____

Intelligences avec l'ennemi. — Leur découverte. — Affaire de d'Argentou. — «Les Portugais à Oporto jouissaient paisiblement de l'effet des dispositions bienveillantes qu'on leur montrait. Long-temps livrées à toutes les conséquences d'un régime de terreur, les classes aisées et les plus éclairées de la population n'avaient trouvé protection et sûreté que depuis l'arrivée des Français. Par l'exacte discipline de la garnison, la plus grande tranquillité régnait dans la ville, où les habitants et nos troupes vivaient en bonne intelligence. Toutefois, ce calme était perfide, il n'était que l'avant-coureur d'une crise prochaine, et semblait annoncer quelque événement funeste. La soumission du plus grand nombre des Portugais qui entouraient le duc de Dalmatie n'était qu'apparente; on devait peu compter sur la sincérité de leurs démonstrations d'amitié. Quelques-uns d'entre eux pouvaient bien avoir conçu des sentiments particuliers d'estime ee d'admiration pour le maréchal; mais, chez la masse, l'amour national l'emportait sur toute autre considération, et leur haine pour la domination française n'avait rien perdu de sa force. Obligés de subir momentanément notre joug, il était de leur intérêt de le rendre le moins pesant possible, bien assurés qu'ils étaient que l'heure de leur délivrance ne tarderait pas à sonner : ils mettaient leur espoir de salut dans un avenir qu'ils savaient n'être pas éloigné. Tout les portait donc à ne point laisser deviner leurs véritables intentions à notre égard, et à chercher à endormir leurs vainqueurs par de fausses protestations de dévouement. Tandis qu'ils entretenaient ainsi les Français dans une sécurité dangereuse, ils ne cessaient de correspondre activement avec les Anglais et avec les principaux chefs portugais, dont les nombreux émissaires remplissaient Oporto. Vers la fin d'avril, cette ville était devenue le foyer de toutes les machinations de nos ennemis. Il n'est pas étonnant que leurs agents aient essayé de circonvenir des officiers mécontents ou insensés, et que, sous prétexte de mettre fin à l'ambition de Napoléon, et d'agir pour le bien de la France, ils aient voulu les entraîner dans quelques projets de défection. Mais, si de pareilles tentatives ont eu lieu de la part de nos ennemis, auxquels tous les moyens de nous nuire paraissaient bons, il est consolant pour nous d'avoir à proclamer qu'elles furent sans résultat; qu'à Oporto, comme dans toutes les autres circonstances de leur vie militaire, les braves du 2e corps restèrent inébranlables dans la ligne de leurs devoirs, et furent, jusqu'au dernier, moment fidèles à leurs serments.

«Cependant, dans la nuit du 8 au 9 mai, l'adjudant-major d'Argentou, du 18e de dragons, fut arrêté. Cet officier, à l'aide de passe-ports signés par l'amiral Berckley, s'était rendu à Lisbonne et à Coïmbra, où il avait eu plusieurs conférences avec les généraux Wellesley et Beresford. Conduit devant le maréchal, il déclara : «Que des forces considérables s'avançaient «contre l'armée de Portugal; qu'il existait des projets «pour forcer cette armée à se réunir à l'armée anglaise, «afin de marcher de concert vers la France; qu'une «fois que tous les autres corps français en Espagne se «seraient également déclarés, un vaisseau irait cher- «cher le général Moreau pour le mettre à la tête des «armées et du gouvernement; que les Anglais s'obli- «geaient à faire tous les frais; que déjà ils avaient ou- «vert à Oporto un crédit de 600,000 francs.»

«D'Argentou ajoutait que l'on se faisait illusion sur le mécontentement des troupes et sur les événements qui se passaient en Italie et en Allemagne.

«De telles déclarations, en affectant péniblement le duc de Dalmatie, durent lui causer une étrange surprise; elles le mirent dans un état cruel d'incertitude. Pour en sortir, il prit le seul parti convenable; il appela chez lui les généraux de division présents à Oporto, et leur fit part de ce qu'il venait d'apprendre. Ces généraux s'empressèrent de lui donner l'assurance la plus positive que, loin d'avoir remarqué les symptômes de ce mécontentement sur lequel on prétendait fonder le complot indiqué, ils n'avaient qu'à se. louer du bon esprit qui animait les troupes sous leurs ordres. Ces bons témoignages, basés sur la vérité la plus exacte, étaient trop rassurants pour ne pas servir à tranquilliser le maréchal.

«En effet, à part une légère opposition, mal inévitable dans un état-major beaucoup trop nombreux, il eût été impossible de citer le moindre fait qui pût faire douter des bonnes dispositions des troupes. Au contraire, les privations et les dangers de cette guerre n'avaient servi qu'à retremper leur courage et accroître leur résignation ; chaque nouvelle épreuve les trouvait toujours plus fermes et plus dévoués. Tout concourait donc à faire regarder les projets du complot dénoncé par d'Argentou comme les visions d'un cerveau malade, ou tout au moins comme les rêves d'un esprit inquiet et mécontent. S'il est vrai que cet officier ait réellement entretenu des intelligences avec nos ennemis, toujours demeure-t-il prouvé qu'il aurait agi isolément, et que, dans ses projets insensés, on ne lui a pas connu de complices. A notre rentrée en Espagne, il fut conduit à Paris, où furent également appelés un colonel et un ou deux autres officiers supérieurs, afin de rendre compte de leur conduite Ces officiers ne tardèrent pas à être honorablement renvoyés à leurs régiments. L'armée n'a jamais appris que l'on ait instruit le procès de d'Argentou [1].

«Quelques personnes ont pensé que les projets dé-

<hr />

[1] L'officier auquel nous devons ces souvenirs a, sur ce point, été mal informé.

L'adjudant-major d'Argentou se trouvait dans les prisons d'Oporto au moment où l'armée française évacua cette ville. Par un oubli singulier, on le laissa à Oporto. Les Anglais, maîtres de la ville, lui rendirent la liberté. Du Portugal, il passa en Angleterre, où il ne fut pas considéré comme prisonnier de guerre. Par suite d'une inspiration dont on ne peut comprendre le motif, il osa revenir en France, et demanda à être jugé. On le traduisit devant un des conseils de guerre établi à Paris, et il fut condamné à mort. La procédure, qui doit exister dans les archives de la 1re division militaire, est jusqu'à présent restée secrète.

D'Argentou fut exécuté conformément au jugement dans les vingt-quatre heures. Sa mort a donné lieu à un événement touchant et tragique, dont les détails sont romanesques, mais dont nous pouvons garantir l'authenticité.

D'Argentou était marié. — Durant le procès, sa jeune femme n'avait pu obtenir la permission de le voir. Lorsqu'elle apprit la fatale condamnation, elle se hâta de se rendre à la prison de l'Abbaye. Mais déjà le malheureux était parti pour la plaine de Grenelle. Désespérée, elle se jeta dans une voiture et courut vers le lieu de l'exécution. Des gendarmes l'empêchèrent d'approcher, mais le condamné put voir, au moment où on allait le fusiller, sa malheureuse femme lui faisant de loin des signes avec un mouchoir, et répétant son nom au milieu des sanglots.

D'Argentou fut enterré dans le cimetière de Vaugirard, où se déposaient alors les cadavres des militaires fusillés. Madame d'Argentou gagna le fossoyeur, et la nuit suivante elle fit déterrer le corps qu'elle emporta dans une terre appartenant à son père, et où elle le fit réinhumer avec les cérémonies de l'église. Trois jours après avoir rendu les derniers devoirs à son mari, elle mourut en disant qu'elle allait le rejoindre.

veloppés par cet officier se rattachaient au plan des *Philadelphes*, dont le but, assure-t-on, était le renversement du gouvernement impérial et le rétablissement d'une nouvelle république. Sans chercher à nier l'existence douteuse de cette société, nous nous faisons un devoir de repousser, comme fausse et calomniatrice, toute supposition que les prétendus Philadelphes eussent jamais pu trouver des prosélytes dans les rangs des armées d'Espagne et de Portugal. Jamais ces armées n'eussent consenti à faire cause commune avec nos plus mortels ennemis, et à imposer par la force une forme quelconque de gouvernement à leurs concitoyens : un pareil crime eût été unique dans l'histoire de nos dernières guerres.»

Guerillas. — Leurs chefs. — Lorsque l'armée du maréchal Soult revint en Galice, déjà des partis nombreux, connus sous le nom de *guerillas*, ayant à leur tête des chefs braves et audacieux, interceptaient les courriers, s'emparaient des convois, enlevaient les garnisons, et massacraient sans pitié les malades ou les soldats isolés qui restaient en arrière. Ils faisaient, de cette manière, autant de mal qu'un ennemi formidable dans une bataille rangée. Pour envoyer des ordres et communiquer d'une place à une autre, il fallait employer des bataillons entiers. Il était presque impossible d'atteindre les hommes qui composaient ces *guerillas*, parce qu'ils étaient parfaitement servis par les habitants, et qu'ils avaient une connaissance exacte des lieux. Ils savaient toujours d'avance que s'ils étaient attaqués et dispersés, ils se rallieraient sur tel point pour tomber dans un endroit où on ne les attendait pas. Ils n'attaquaient jamais qu'avec la certitude d'un avantage : leurs succès exagérés par la haine nationale et l'appât du brigandage, multipliaient ces bandes dans toute l'Espagne, elles se partageaient le royaume, et chacune, dans la province qui lui était assignée, faisait aux Français tout le mal imaginable. Elles rendaient compte de leurs opérations à la junte-suprême, qui récompensait, par des honneurs et des dignités, ceux qui s'illustraient par des actions d'éclat. La plupart des chefs sortis des rangs inférieurs de la société, furent désignés par la profession qu'ils y exerçaient, tels que *el cocinero*, le cuisinier; *el medico*, le médecin; *el capucino*, le capucin; *el pastor*, le pasteur; ou par quelque trait caractéristique, comme *el empecinado*, l'empoissé, surnom de Juan Martin; *el abuelo*, le grand-père; *el marquesito*, le marquis (de Porlier), etc.

Captivité et mort du général Franceschi. — Ce fut après la campagne de Portugal, et victime de l'audace d'une de ces bandes que succomba un des plus braves officiers de l'armée, le général de division Franceschi[1]. Ce général, militaire distingué par ses talents, par son courage, et auquel on s'étonne que les *biographies*

[1] Il ne faut pas confondre le général Franceschi-Delonne avec un autre Franceschi, ancien aide de camp du maréchal Masséna, qui a été aussi aide de camp du roi Joseph. Ce dernier Franceschi était général de brigade; il fut tué en duel à Vittoria, par le fils du célèbre Filangieri, qui, comme lui, était aide de camp du roi, et qui avait eu avec lui une discussion relative à des affaires de service.

contemporaines n'aient consacré aucun article, commandait, comme on l'a vu, la cavalerie légère de l'armée de Portugal. A la rentrée de cette armée en Espagne, après l'évacuation d'Oporto, il fut chargé par le maréchal duc de Dalmatie d'aller rendre compte au roi Joseph des opérations de la campagne. Parti de Zamora à franc étrier, sans escorte, et accompagné seulement de deux officiers (le lieutenant Bernard et le capitaine Antoine de Saint-Joseph), il fut rencontré et fait prisonnier aux environs de Toro par la guerille du *Capuchino*. Ce chef, dont la conduite ne mérita pas la haine que lui voua le général Franceschi, ne put empêcher ses prisonniers d'être pillés; mais du moins il leur sauva la vie en les faisant conduire au duc del Parque, qui commandait alors à Ciudad Rodrigo.

Le duc général reçut Franceschi et ses compagnons de captivité avec les égards que se témoignent entre eux les gens de guerre; mais il avait des ordres, et il dut envoyer ses prisonniers à Séville, à la disposition de la Junte qui s'était emparée du gouvernement suprême de l'insurrection. Malheureusement cette junte se composait d'individus qui, pour conserver le pouvoir, étaient obligés de caresser les passions et les fureurs de la multitude. Elle traita des prisonniers de guerre comme des malfaiteurs, et permit qu'ils fussent exposés aux outrages de la populace pendant le voyage de Séville à Grenade, où elle les envoya pour être renfermés dans l'Alhambra. Le prétexte des mauvais traitements auxquels ces malheureux furent en butte, était leurs fonctions dans la maison militaire de Joseph : le général Franceschi, comme aide de camp du roi; le lieutenant Bernard, comme fourrier du palais. Le capitaine Antoine de Saint-Joseph, aide de camp du maréchal Soult, et beau-frère du général Suchet, avait eu le bonheur d'obtenir promptement d'être échangé.

A Grenade, le général Franceschi fut séparé de son aide de camp, et confiné dans un étroit cachot, où il pouvait à peine faire trois pas le long d'un méchant grabat. Les habitants de la ville étaient honteux de la conduite de ses geôliers à son égard. Ils lui témoignèrent plus d'une fois une vive sympathie, soit par leurs gestes, dans les courts instants où ils l'apercevaient prenant l'air sur la plate-forme de la tour, soit en lui donnant des sérénades que son oreille italienne savourait avec enivrement. L'intérêt général qu'on lui témoignait aurait peut-être forcé le commandant de l'Alhambra à permettre que des adoucissements fussent apportés à une captivité inique, et que la conduite généreuse des Français envers les prisonniers espagnols rendait infâme, lorsque la marche de nos troupes sur l'Andalousie (en 1810) fit donner l'ordre de conduire à Carthagène le général et son aide de camp. On les y transféra. La sympathie publique les y suivit, et se prononça en leur faveur assez vivement pour que de généreux ennemis, indignés de la barbarie dont on usait envers eux, parce qu'ils tenaient au roi Joseph, songeassent à les délivrer. Les gardes de la prison mirent un prix à leur évasion. Des Carthagénois, qui avaient des parents prisonniers de guerre en France, et qui étaient reconnaissants des soins qui leur étaient prodigués, se chargèrent de réunir les fonds demandés ; ce fut l'objet d'une collecte secrète, à laquelle bien des hommes charitables voulurent contribuer, et qui honore ceux qui en eurent l'idée.

La somme nécessaire pour obtenir la liberté du lieutenant Bernard fut réunie la première ; celle demandée pour le général était beaucoup plus considérable. M. Bernard sortit de prison. Les sbires du gouverneur et les agents de la junte se livrèrent en vain aux recherches les plus actives et les plus minutieuses pour découvrir sa retraite. Les libérateurs du jeune officier étaient trop heureux et trop fiers de leurs succès pour le laisser reprendre. Ils exigèrent même qu'il se prêtât à une mystification qui fut faite au gouverneur, homme méprisé et détesté. C'était pendant le carnaval. On conduisit Bernard déguisé à un bal masqué, où le c. ef espagnol devait se rendre. Là, au milieu des éclats de rire de tous ceux qui étaient dans le secret (et ils étaient nombreux), le captif et le geôlier figurèrent à la même contredanse. Le lendemain le capitaine d'un navire qui mettait à la voile reçut l'officier français à son bord, et le débarqua sur la plage de Malaga, à peu de distance de nos avant-postes.

L'heureuse issue de cette première tentative encouragea les amis du général Franceschi. Ils redoublèrent d'efforts ; mais l'infortuné captif ne devait pas revoir sa patrie. Atteint par les émanations humides et malsaines de sa prison, privé de tout secours médical, il succomba au moment où la somme, prix de sa liberté, allait être comptée à ses gardiens. Sa mort fut un deuil général pour la haute société de Carthagène.

Madame Franceschi [1], qui habitait la France, avait appris l'évasion de M. Bernard ; elle s'attendait à la délivrance de son mari. On lui cacha long temps le sort du malheureux prisonnier. On prit des précautions pour ne lui faire arriver que par degrés la terrible nouvelle. Alors, tout entière à sa douleur, elle rejeta les consolations que lui offrait la tendresse paternelle, et, refusant de prendre aucun aliment pour soutenir une existence qui lui était devenue à charge, elle mourut bientôt, heureuse, dit-elle en mourant, d'aller retrouver son mari.

L'année suivante et après la conquête de l'Andalousie, le roi Joseph Napoléon, visitant Grenade et parcourant l'enceinte fortifiée du palais mauresque de l'Alhambra, s'arrêta avec un douloureux intérêt dans la tour qui avait servi de prison au général Franceschi. Ainsi que l'inconnu prisonnier de Gisors, dont les

[1] Cette dame était une demoiselle Octavie Dumas, fille du lieutenant g.néral de ce nom, capitaine général de la garde du roi Joseph ; M. Franceschi l'avait épousée peu de temps avant son départ pour la campagne de Portugal, à la suite de laquelle il avait été fait prisonnier.

sculptures originales et délicates, hiéroglyphes encore inexpliqués, font le désespoir des antiquaires et l'admiration des artistes, le malheureux général, habile dessinateur, avait esquissé, sur les murailles de son cachot, les événements de sa vie et de sa captivité. Tantôt tracés au crayon, tantôt colorés avec le sang qu'il avait tiré de ses veines, lorsque ses crayons lui avaient été enlevés, ces dessins reproduisaient les sentiments divers de son âme. C'était une suite de petits tableaux historiques, de portraits de famille, de mordantes caricatures remarquables par l'ordonnance, par la verve et par l'expression. A côté d'un chiffre amoureux, auprès du portrait mélancolique de sa femme, ou de la tête gracieuse de son enfant, on voyait l'image burlesquement crayonnée du chef de partisans qui l'avait arrêté, guérillero, moine défroqué, surnommé, comme nous l'avons dit, *El Capuchino*. Le général avait aussi retracé de mémoire et avec une étonnante vérité les traits de ses deux compagnons d'infortune, le lieutenant Bernard, son aide de camp (aujourd'hui chef de bataillon d'état-major) et le capitaine Antoine de Saint-Joseph (aujourd'hui maréchal de camp). Dans sa fantaisie, il s'était plu à peindre différentes circonstances qui lui rappelaient son récent mariage. Il aimait passionnément sa femme : quelque part, dans un recoin discret du mur, il l'avait représentée lui apportant dans ses bras leur enfant, né pendant sa captivité, tête charmante que le pauvre père n'avait pas vue, et qu'il avait été forcé de deviner. Il avait aussi dessiné quelques scènes de sa vie militaire, et entre autres le moment où, au bivouac d'Austerlitz, Napoléon lui avait témoigné sa satisfaction de sa belle conduite pendant la bataille. Mais la verve de Franceschi s'était principalement exercée contre le moine guerrier qu'il considérait comme la cause de son infortune ; la figure du capucin était reproduite de cent façons différentes, ou grotesques ou horribles, tantôt avec sa robe de bure et le grand capuchon, tantôt avec l'accoutrement, le cheval et les armes d'un chef de bande : ici on voyait le moine pendu à un arbre ; là, il était représenté monté sur un âne, le visage tourné en arrière, tenant dans ses mains la queue de l'animal et promené en signe de mépris au milieu d'une foule ricanante. Plus loin, il était renfermé dans une cage, et, comme le lion que Don Quichotte voulait combattre, conduit sur une charrette avec une ménagerie de bêtes féroces. Au-dessus de chaque dessin, on lisait une inscription en français, en italien ou en espagnol, pleine de haine ou de douleur.

Il y a lieu de penser que les mauvais traitements qu'on avait fait subir au général, avaient mêlé un peu de folie à son désespoir.

OPÉRATIONS SUR LE TAGE.
BATAILLES DE TALAVERA ET D'ALMONACID.

SOMMAIRE.

ARMÉES FRANÇAISES.

Le roi JOSEPH NAPOLÉON.
Maréchaux : JOURDAN. — SOULT. — NEY. — MORTIER. — VICTOR.
Généraux : KELLERMANN. — DESSOLLES. — SÉBASTIANI.

ARMÉES ANGLAISE ET ESPAGNOLE.

Généraux : Sir ARTHUR WELLESLEY. — Sir ROBERT WILSON
LA ROMANA. — CUESTA. — VENEGAS. — DUC DEL PARQUE.

Les Espagnols sont chassés d'Oviédo. — Les Français abandonnent la Galice. — Pendant que le maréchal Soult était retenu sur les bords du Duero, le maréchal Ney, occupant la Galice, était obligé de s'y défendre chaque jour contre le marquis de La Romana, qui, sans cesse repoussé, allait rallier ses troupes dans les ontagnes, et revenait sans cesse à la charge.

Vers le milieu d'avril, La Romana quitta la Galice, et se rendit dans les Asturies pour changer la Junte centrale de cette province, réunie à Oviédo, et qui, par ses dissensions intestines, entravait les opérations militaires. Quand le maréchal Ney fut instruit de ce mouvement, il se concerta avec le général Kellermann, qui se trouvait dans le nord du royaume de Léon, et ils convinrent de marcher chacun de son côté sur Oviédo, pour anéantir l'armée de La Romana. — C'est alors que le maréchal Ney avait quitté Lugo, où il n'avait laissé qu'un faible détachement sous les ordres du général Fournier, et il s'était dirigé sur Oviédo, où ses troupes furent réunies, le 18 mai, avec les troupes du général Kellermann. — La Romana ne put lutter contre ces forces combinées ; il abandonna ses positions, et se rembarqua avec son corps pour retourner en Galice.

Après cette expédition, le général Kellermann resta dans les Asturies pour tenir en respect les insurgés de cette province, et le maréchal Ney retourna en Galice pour secourir le général Fournier, qu'il pensait devoir être encore dans une position difficile à Lugo. Le 30 mai, il fit sa jonction devant cette ville avec le maréchal Soult qui arrivait du Portugal.

Peu de temps après s'être réuni en Galice avec le maréchal Ney, Soult se mit à la poursuite des troupes de La Romana. Cette poursuite dura trois semaines sans donner de résultat, et n'aboutit qu'à fatiguer inutilement les Français. Voyant que tous ses efforts étaient inutiles, le duc de Dalmatie quitta la Galice, et se dirigea vers Zamora, afin de faire réparer l'équipement de son corps d'armée, et de pouvoir tenter de nouveau le sort des armes.

Le maréchal Ney ne réussit pas mieux que son collègue dans son projet de réduire les insurgés de la Galice, et il se décida aussi à quitter cette province. Il se dirigea vers le royaume de Léon. Alors le maréchal Mortier, s'étant rapproché de Valladolid, se mit en communication avec lui.

L'armée anglo-portugaise s'avance vers Madrid. — L'évacuation du Portugal et de la Galice par les maréchaux Soult et Ney, avaient rendu la confiance à l'armée anglo-portugaise. Le général Wellesley concerta un plan avec la Junte centrale du gouvernement espagnol. Il ne s'agissait de rien moins que de marcher sur Madrid et d'enlever cette capitale aux Français. On ne peut pas dire que ce plan fût hardi ; il était fou. En effet, il fallait, pour réussir, que le général anglais s'avançât dans la Nouvelle-Castille, sans que les corps des maréchaux Soult, Mortier et Ney, fissent aucun mouvement, et qu'il culbutât, sur son passage, le premier corps d'armée aux ordres du maréchal Victor, cantonné aux environs de Truxillo. Sir Arthur Wellesley n'en persista pas moins dans son projet, et il fut convenu qu'il se dirigerait sur Placencia, pendant que le général espagnol Venegas, qui se trouvait dans la Manche, avec un corps de 20,000 hommes, marcherait directement sur Madrid.

Le général anglais fit sa jonction, le 20 juillet, à Oropeza, avec l'armée espagnole du général Cuesta. Il voulait culbuter les troupes du 1er corps, se réunir au corps du général Venegas, à Tolède, et marcher sur la capitale de l'Espagne avec toutes ces forces.

Le roi Joseph marche à la rencontre des Portugais. — Lorsque le roi Joseph apprit que l'armée anglo-portugaise avait envahi l'Estramadure, il devina le projet qui menaçait sa capitale, et il envoya aussitôt au maréchal Soult l'ordre de se réunir aux maréchaux Ney et Mortier, et de se porter en hâte sur Placencia, pour y couper la ligne de communication de l'armée ennemie. Par ce mouvement, le général anglais devait se trouver entre deux armées. Le maréchal Victor s'était dirigé vers le Tage, dans la direction de Talavera, et le général Sébastiani, commandant le 4e corps, et qui couvrait Madrid du côté de la Manche, s'était rapproché en toute hâte de Tolède pour passer le Tage, et faire sa jonction avec le duc de Bellune.

Joseph partit de Madrid, le 23 juillet, accompagné

de son chef d'état-major, le maréchal Jourdan. Il était suivi de sa garde et de la division française du général Dessolles. Son but était de joindre le maréchal Victor, et d'arrêter l'armée anglo-portugaise assez de temps pour laisser arriver le général Sébastiani, et pour que le mouvement ordonné au maréchal Soult eût pu s'effectuer.

L'ennemi avait attaqué, le 22 juillet, à Talavera, l'avant-garde du 1er corps qui avait évacué cette ville; le maréchal Victor, dans l'impossibilité de lutter contre les forces nombreuses qui venaient l'assaillir, quitta sa position pour se rapprocher de Tolède. Le général Sébastiani l'y joignit le 25, et le roi Joseph fit, ce même jour, sa jonction avec ces deux corps qu'il posta sur la rive gauche de la Guadarama. La totalité de ces troupes ne s'élevait guère à plus de 40,000 hommes. Quoique ces forces fussent insuffisantes pour couvrir Madrid, le roi Joseph se décida à prendre l'offensive et à marcher sur l'ennemi. Il laissa 3,000 hommes à Tolède pour garder les ponts sur le Tage, et envoya un régiment de dragons dans la direction d'Aranjuez, par où l'on présumait que devait déboucher le général Venegas. Ce régiment était chargé de surveiller le mouvement du général espagnol, et d'en rendre compte au général Belliard, gouverneur de Madrid. Ces dispositions prises, le roi se mit en route avec son armée.

Bataille de Talavera. — Le matin du 26 juillet, l'armée française passa la Guadarama, et, après plusieurs escarmouches dans lesquelles l'ennemi fut repoussé, elle arriva le 27, en présence de l'armée anglo-espagnole. Cette armée, disposée sur deux lignes, occupait un large plateau, sa droite appuyée au Tage, et couverte par de vieilles murailles et des clôtures de jardins qui entourent la ville de Talavera; sa gauche touchait à un mamelon élevé qui dominait la plus grande partie du champ de bataille. Le lit escarpé d'un torrent alors à sec protégeait, dans toute sa longueur, le front de cette position; l'ennemi avait, en outre, utilisé tous les accidents du terrain, en y élevant des ouvrages de campagne, ou en y faisant des abatis. L'armée espagnole formait la droite; la gauche était tenue par les Anglo-Portugais.

L'armée française se trouva, à la fin du jour, à portée de canon de l'ennemi. Le maréchal Victor voulut, à la faveur de l'obscurité, tenter de s'emparer du mamelon qui servait d'appui à la gauche de l'armée alliée, et qui était, pour ainsi dire, la clef de toute la position de l'ennemi. Il fit attaquer le mamelon par la division du général Ruffin, tandis que le général Lapisse opérait une diversion sur le centre. Ce plan était fort bien conçu; mais pour qu'il réussît, il eût fallu l'appuyer de forces suffisantes. Au milieu des ténèbres, un régiment se trompa de direction; un autre fut arrêté dans sa marche par le passage d'un ravin; un seul arriva à mi-côte du mamelon, s'élança pour le gravir, et culbuta les premières troupes qui voulurent défendre le passage. Il allait en atteindre le sommet, lorsqu'une division entière se présenta et le força à rétrograder, en laissant 300 hommes sur le champ de

bataille. Là s'arrêta le combat : il était dix heures du soir. Les deux armées passèrent la nuit, face à face, se préparant à une bataille générale. Instruits de l'importance du mamelon par l'attaque des Français, les Anglais le garnirent, pendant la nuit, d'une artillerie nombreuse.

Le lendemain, 28 juillet, le soleil se leva sur les deux armées rangées en bataille. L'ennemi occupait la même position que la veille; l'armée française était ainsi disposée : à droite, le 1er corps, ayant derrière lui les divisions de cavalerie Latour-Maubourg et Merlin; à gauche, le 4e corps, aux ordres du général Sébastiani, ayant à son extrême gauche la division de dragons du général Milhaud, observant Talavera. Au centre et en troisième ligne était la réserve commandée par le général Dessolles.

Le maréchal Jourdan pensait qu'il n'était pas prudent avec 40,000 hommes d'en attaquer 75,000 dans une position si formidable, et qu'il fallait rester sur la défensive jusqu'au moment où le maréchal Soult, ayant achevé son mouvement derrière l'ennemi, le forcerait d'abandonner sa position. Mais le maréchal Victor était d'avis qu'il fallait attaquer immédiatement, et cet avis prévalut.

La droite et le centre des Anglo-Espagnols, couverts par un terrain coupé par des ravines profondes et de vastes champs d'oliviers qui empêchaient tout développement, ayant été jugés d'un accès trop difficile, on résolut de diriger tous les efforts des troupes sur la gauche, seul point en apparence vulnérable. En conséquence, les régiments qui avaient marché la veille sur le mamelon, renouvelèrent, à huit heures du matin, leur attaque contre cette position, ayant à leur tête les généraux Ruffin et Barrois. Ils étaient parvenus au sommet du mamelon après des pertes considérables; ils allaient le couronner et s'emparer des pièces qui le garnissaient, lorsque l'ennemi rétablit le combat au moyen de troupes fraîches. Les Français, repoussés comme la veille, furent obligés de rétrograder jusqu'à leur première position.

Vers midi, la chaleur du jour força les deux armées à suspendre le combat. On profita de cette trève improvisée pour relever les blessés. Le roi Joseph et le maréchal Jourdan parcoururent la ligne, et reconnurent qu'une attaque générale sur tout le front était le seul parti à prendre, le seul qui pût offrir une chance heureuse sur quelque point.

Le combat recommença à trois heures. La division Leval, appartenant au 4e corps, s'étant avancée trop tôt à travers les oliviers, fut assaillie par 15,000 Anglais. Elle se forma aussitôt en carré, fit tête à l'ennemi, le repoussa, et lui fit une centaine de prisonniers, dont un colonel, un lieutenant-colonel et un major. Le 1er et le 4e corps tout entiers se portèrent alors en avant. La division Lapisse, du 1er corps, passa le ravin, attaqua le mamelon, l'escalada malgré la mitraille qui l'écrasait, mais fut encore obligée de rétrograder. Le général Lapisse fut tué dans cet engagement. Sa division fut ralliée au pied de l'escarpement par le maréchal Victor, qui, renonçant à s'emparer de front du mamelon, ne s'occupa que des moyens de le tourner. La division du général Vilatte s'avança dans le vallon ; à sa droite marchait la division Ruffin, qui suivait le pied des montagnes ; la cavalerie soutenait ce mouvement, lorsque deux régiments de cavalerie anglaise vinrent charger les masses françaises. Le 23e régiment de dragons légers anglais s'engagea, malgré une vive fusillade, entre les deux divisions d'infanterie française, et s'élança sur la brigade du général Strolz, composée des 10e et 26e de chasseurs à cheval. Le 10e ouvrit ses rangs, livra passage au régiment anglais, et, s'étant reformé, le chargea en queue, tandis que le général Merlin le prenait en tête et en flanc. Ce régiment fut entièrement tué ou pris. Cinq hommes seulement parvinrent à s'échapper.

Les Français avaient eu un succès plus décidé vers le centre de l'armée ennemie, et étaient arrivés jusque sur le terrain occupé d'abord par les Anglo-Espagnols. Encore un effort, et l'on débouchait dans la plaine, et l'on combattait sur un terrain égal. La réserve, qui n'avait pas donné, pouvait décider l'affaire ; mais la nuit approchait, et l'attaque fut remise au lendemain. Les deux armées passèrent la nuit sur le champ de bataille respectif.

Retraite des Français sur Tolède. — _Retraite des Anglais sur le Portugal._ — L'ennemi, s'attendant à une nouvelle attaque pour le lendemain, passa la nuit à se fortifier dans sa position. Mais le roi Joseph, disent quelques relations, désespérant de débusquer l'armée anglo-espagnole de la position qu'elle occupait, et n'étant pas d'ailleurs sans inquiétude sur le mouvement de l'armée du général Venegas, auquel le général Sébastiani, par sa réunion au maréchal Victor, ouvrait la route de Madrid, crut prudent de se rapprocher de cette capitale, et ordonna la retraite de l'armée dans la nuit du 28 au 29 juillet.

D'autres relations prétendent que, le soir du 28, vers onze heures, par un motif qu'on ne connaît pas, le maréchal Victor, sans être ni attaqué ni suivi, quitta sa position, et se retira sur l'Alberche, par Casalejas, en longeant les montagnes ; que le 4e corps se trouvant, par suite de ce mouvement, sans appui, et ayant son flanc droit à découvert, fut obligé à un mouvement rétrograde, et, au milieu de la nuit, se retira sur la Réserve ; enfin que la retraite du maréchal Victor, qui se fit à l'insu du roi Joseph, nécessita celle du reste de l'armée.

Quoi qu'il en soit, le duc de Bellune et le général Sébastiani se réunirent à Casalejas sur l'Alberche ; mais le maréchal Victor y resta seul. Le général Sébastiani suivit le roi, qui, avec sa garde et la division de réserve, partit pour dégager Tolède. Joseph y laissa une division d'infanterie, et avec le reste des troupes il se rendit à Illescas.

Les trois journées des 26, 27 et 28 juillet, avaient coûté à l'armée française près de 10,000 hommes hors de combat, l'ennemi en avait perdu à peu près autant.

Le général Wellesley laissa tranquillement l'armée française faire sa retraite sur l'Alberche, et resta, jusqu'au 2 août, dans sa position de Talavera. Il apprit ce jour-là que le maréchal Soult, suivi des corps des maréchaux Ney et Mortier, arrivait sur le Tage par le col de Baños, Placencia et Navalmoral, coupant ainsi à l'armée anglaise toute retraite sur le Portugal par le pont d'Almaraz, seul passage qui restât au général ennemi. Aussi Wellesley quitta-t-il précipitamment Talavera, abandonnant dans cette ville 5,000 blessés ou malades qu'il recommanda à la générosité française, et s'avança-t-il précipitamment vers le pont de l'Arzobispo, où il comptait passer le Tage. Il y réussit, en effet, et aborda la rive gauche, le 4 août.

Combat du pont de l'Arzobispo. — _Les Français s'établissent sur le Tage._ — Le maréchal Soult, avec son corps et ceux des maréchaux Ney et Mortier, qu'il commandait en chef, arriva, le 6 août, devant l'Arzobispo, sur la rive droite du Tage, où il fit sa jonction avec le maréchal Victor qui venait de Talavera. L'armée anglaise s'était déjà éloignée ; mais les Espagnols, qui avaient suivi le mouvement de leurs alliés, étaient encore sur le bord du fleuve dont ils défendaient le passage. Le duc de Dalmatie fit aussitôt établir des batteries pour battre le pont et en détruire les palissades.

Le maréchal Mortier, avec une division du 5e corps, occupa un plant d'oliviers qui touchait au faubourg de l'Arzobispo ; une autre division s'échelonna sur la grande route, et une brigade fut placée derrière la cavalerie du maréchal Soult, qui se forma en face d'un gué que l'on venait de reconnaître au-dessus du pont. Les autres troupes couronnèrent les hauteurs de la rive droite. Les 18e et 19e régiments de dragons passèrent le gué les premiers, pénétrèrent dans les redoutes et s'emparèrent des batteries ennemies. L'infanterie espagnole tenta vainement de se former en bataille pour s'opposer à l'élan des Français : les deux régiments de dragons la culbutèrent et la mirent en pleine déroute. Pendant ce combat, les sapeurs, qui avaient passé en croupe derrière les dragons, coupèrent les palissades du pont, enlevèrent les chevaux de frise, et ouvrirent un passage à la division Girard. Mais au moment où cette division se joignait aux dragons, le duc d'Albuquerque accourut au grand galop à la tête de 4,000 cavaliers. Cette troupe, composée de régiments d'élite parmi lesquels se trouvaient les carabiniers royaux et les gardes du corps, se forma sur trois lignes, et s'élança sur les dragons qui, eux-mêmes, s'étaient déjà mis en mouvement pour aller à leur rencontre. Une épouvantable mêlée eut lieu ; mais quoique les Espagnols fussent _six fois_ plus nombreux que les Français, ils furent pris d'une terreur panique en apercevant le reste de la cavalerie du maréchal Soult qui, après avoir passé le Tage, se formait sur la rive gauche, et ils prirent la fuite. Poursuivis pendant l'espace de deux lieues, ils perdirent un nombre considérable d'hommes. Ils gagnèrent les montagnes de Daleytosa pour aller se réunir à l'armée anglaise, et lorsque celle-ci, dans les derniers jours du mois d'août, rentra en Portugal, ils se retirèrent sur la Guadiana.

Le champ de bataille offrit durant la nuit un spectacle d'une magnifique horreur.

«Le soleil, dit M. de Naylies dans ses _Mémoires_, était

couché depuis long-temps, et l'heure où les ténèbres couvrent la terre était arrivée; mais un violent incendie qui s'étendait sur un espace de deux lieues, donnait au ciel une clarté pareille à celle du jour. Les obus avaient mis le feu aux moissons et aux gerbes entassées dans la vaste plaine qui borde le Tage, en face d'Arzobispo; on voyait des torrents de feu, poussés par un vent impétueux, se précipiter sur tout ce qui leur offrait un aliment, et faire des progrès effrayants. En un instant un bois de chênes verts fut consumé.

«Les plaintes des blessés qui se sauvaient pour éviter l'incendie, et le cri du désespoir des malheureux qui ne pouvaient fuir, faisaient éprouver à l'âme les sentiments les plus pénibles. Plusieurs Espagnols, ayant une jambe ou une cuisse emportée par le canon, se traînaient sur leurs mains jusqu'à nos bivouacs; nous en recueillîmes beaucoup, et l'on vit des soldats français aller chercher dans le feu plusieurs de ces infortunés. Nous entendîmes toute la nuit des coups de fusil, et, de temps en temps, des détonations semblables au bruit du canon : c'étaient les armes à feu et les caissons d'artillerie laissés sur le champ de bataille qui étaient atteints par les flammes. Leur ravage continuait encore le lendemain à notre départ.»

Après la victoire le maréchal Mortier occupa la tête du pont avec son infanterie; le maréchal Ney prit la route de Salamanque pour arrêter la marche du duc del Parque qui se trouvait aux environs de cette ville avec un corps espagnol; le corps du maréchal Soult fut destiné à couvrir le pays entre Albuquerque, Placencia, etc., et à faire face à l'armée anglo-portugaise.

Bataille d'Almonacid. — Nous avons vu plus haut que le général Sébastiani, commandant le 4e corps, avait marché sur Tolède à la suite du roi Joseph, après la bataille de Talavera. Le matin du 9 août, ce général déboucha sur la rive gauche du Tage, par le pont de Tolède, attaqua l'avant-garde ennemie forte de 7,000 hommes et l'obligea à abandonner sa position. Le général Merlin, à la tête de la cavalerie légère, sabra et fit presque entièrement prisonnier un parti ennemi qu'il rencontra au village de Nambroca, tandis que le général Milhaud, avec sa division de cavalerie, forçant au gué le passage du Tage sur la route d'Aranjuez à Tolède, taillait en pièces ou faisait prisonniers deux bataillons et trois escadrons espagnols qui défendaient le gué.

L'ennemi, ainsi culbuté, se retira sur Almonacid et s'y concentra. — Le général Venegas (qui avait survécu à une blessure grave reçue à la bataille d'Uclès et qu'on avait d'abord crue mortelle) commandait en chef l'armée espagnole; il paraissait disposé à engager une affaire générale.

L'armée française s'étant portée en avant, le trouva en position, sa gauche couvrant la route de Mora, et appuyée à un mamelon qui se détache de la chaîne des montagnes qui sépare le Tage de la Guadiana; son centre occupait un plateau en avant du village d'Almonacid; sa droite, s'étendait sur des hauteurs et couvrait la route de Temblèque; sa réserve était postée sur une

montagne en arrière, très élevée, d'un escarpement rapide, où se trouvait situé le château d'Almonacid, et sur laquelle quarante pièces de canon étaient placées en amphithéâtre. Aux deux ailes se tenait la cavalerie.

Après avoir reconnu la position de l'ennemi, le général Sébastiani se résolut à ordonner l'attaque, quoique la réserve du général Dessolles ne fût point encore arrivée de Tolède. Il dirigea d'abord ses efforts sur le mamelon où s'appuyait la gauche des Espagnols; en effet, de l'enlèvement de cette position dépendait le gain de la bataille, et d'ailleurs, en s'en rendant maître, il coupait la route de Mora, qui est la communication la plus directe pour arriver à la Sierra-Morena. Le général Leval, commandant les divisions polonaise et allemande, les fit former en colonne serrée par brigades; la première attaqua le mamelon de front, tandis que la seconde le tournait par sa droite. Cette position, défendue par 10,000 hommes et sept pièces de canon, résista long-temps; mais le général Sułkowsky, s'élançant à la tête de ses Polonais, aborda les Espagnols au pas de charge, renversa, massacra tout ce qui s'opposait à son élan et s'empara du mamelon. Pendant ce temps, la division allemande, qui avait réussi dans son attaque de droite, avait forcé les Espagnols à abandonner le terrain.

Pendant que l'ennemi éprouvait ainsi un échec sur sa gauche, les généraux Liger-Belair et Rey, qui s'étaient portés sur son centre, attaquaient le plateau et le village d'Almonacid, défendus par 12,000 hommes. Les Espagnols, malgré la résistance la plus opiniâtre, furent enfoncés, et quittèrent le champ de bataille, jonché de leurs morts. Les Français s'emparèrent de trois pièces de canon et d'un grand nombre de caissons.

Le général Venegas, ainsi battu à sa gauche et à son centre, essaya de rétablir le combat en prenant à son tour l'offensive. Il porta un gros corps de cavalerie vers l'extrême droite française et la déborda. Mais, en ce moment, la réserve arrivait sur le champ de bataille. Le 51e régiment, qui en faisait partie, se forma aussitôt en carré sur un plateau en arrière de la ligne française; le général Merlin envoya sur ce point quelques escadrons et quatre pièces d'artillerie, et ce renfort contint la cavalerie ennemie. Le 5e de dragons, conduit par le colonel Sparre, la chargea, la mit en déroute et la contraignit à se retirer précipitamment sur le gros de l'armée.

Chassé de sa première position, Venegas gagna la hauteur où était placée la réserve espagnole, et chercha à s'y maintenir. Mais Sébastiani, ayant été joint par les autres régiments de la réserve française, à la tête de laquelle se trouvaient le roi Joseph et le maréchal Jourdan, effectua une attaque générale sur toute la ligne. Le général Leval, à la tête des divisions polonaise et allemande, se porta derrière le flanc gauche des Espagnols; le général Rey, avec les 28e et 32e régiments, deux bataillons du 58e, et un du 12e d'infanterie légère sous la conduite du général Godinot, attaqua de front et gravit la montagne sous une pluie de mitraille; le général Liger-Belair avec le 75e, deux bataillons du 12ᵉ léger et un du 58ᵉ, força la droite de l'ennemi ; en peu d'instants, toutes les hauteurs et le château furent occupés par l'armée française. Les Espagnols voulurent se rallier dans la plaine où on les avait poussés ; mais les généraux Merlin et Milhaud les firent charger impétueusement par leur cavalerie ; entièrement culbutés, leur retraite devint une déroute complète : tous prirent la fuite à travers champs et dans toutes les directions sans s'inquiéter des routes. La cavalerie française se mit à la poursuite des fuyards, qui, pour échapper plus sûrement, jetaient leurs armes et leurs bagages, et ne trouvèrent de salut que dans les montagnes et derrière la Guadiana. Les Espagnols eurent dans cette journée 3,000 hommes tués et un nombre encore plus considérable de blessés ; ils perdirent en outre 5,000 prisonniers, 35 pièces de canon, 100 caissons et plus de 200 voitures de bagages.

Après cette bataille, qui renversait les projets combinés entre sir Arthur Wellesley et les généraux espagnols, le roi Joseph revint dans sa capitale, et calma par son retour l'agitation que l'approche des Anglo-Espagnols y avait soulevée.

Combat du col de Baños. — Après le combat du Pont de l'Arzobispo, le maréchal Ney s'était, comme on l'a vu, dirigé sur Salamanque. Son avant-garde, commandée par le général Lorcet, rencontra, le 12 août, le général Wilson à Aldea-Nueva-del-Camino, à l'entrée du col de Baños, et s'empara au premier choc de la position occupée par l'ennemi. Sabrés et dispersés par les hussards, les Anglo-Portugais se rallièrent sur les hauteurs de Baños, dans une position presque inexpugnable. Non-seulement le terrain offrait de grandes difficultés, mais le général anglais y avait encore ajouté des abatis, des coupures larges et profondes, et avait fait intercepter par des quartiers de rocs tous les chemins par lesquels on pouvait parvenir jusqu'à lui. Ces obstacles n'arrêtèrent point les Français, qui s'élancèrent avec impétuosité sur les retranchements ennemis, gravirent les hauteurs et s'emparèrent des ouvrages sous le feu de la mitraille. Le général Wilson essaya en vain de rallier ses troupes ; mises en pleine déroute par la cavalerie française, elles ne trouvèrent de refuge que dans les rochers de Monte-Mayor et de la Calzada sur les frontières du Portugal.

L'ennemi eut, dans cette affaire 1,200 hommes tués et autant de blessés. Les Français n'eurent pas plus de 200 hommes hors de combat.

Réflexions. — La courte campagne de Talavera, un des épisodes les plus remarquables de la guerre d'Espagne, a inspiré au général Jomini des *réflexions* sévères contre Joseph Napoléon. A notre avis, Jomini n'a pas assez tenu compte de la disproportion des forces et des dispositions fâcheuses des populations qui entouraient l'armée française. En parlant de Joseph, il a trop vu les devoirs du *général*, et pas assez les embarras du *roi*. Il appelle la victoire de Talavera, car dans son opinion les Français y ont été vainqueurs, une *victoire négative*. Voici d'ailleurs les réflexions qu'il place dans la bouche même de l'empereur Napoléon : «Joseph, débarrassé des Anglais qui se réfugient «vers Badajoz, mais tourmenté par le danger dont «les Espagnols menacent sa capitale, ne sait pas «profiter de la réunion imposante de cinq corps d'armée «qu'il a sous la main, son unique pensée est de ren-«voyer Sébastiani contre Venegas, et Ney vers Sala-«manque. *Il est vrai que ce dernier point est dégarni,* «*et que Beresford, aidé du duc del Parque, pourrait,* «*s'il était plus entreprenant, former de ce côté quel-*«*que tentative dangereuse contre nos communica-*«*tions dans le nord.* Mais il faut savoir parfois sacri-«fier des accessoires quelque importants qu'ils soient, «et c'était ici le cas. Si Joseph eût été un peu meilleur «général et un peu moins empressé de se remontrer «dans son palais, il n'eût pas laissé respirer un seul «instant Wellington. Il fallait laisser un corps d'armée «à Tolède, et fondre avec les quatre autres sur les «Anglais partout où on les trouverait, fût-ce jusqu'à «Lisbonne ou à Cadix. Jamais une si belle occasion ne «se présenta dans toute la guerre d'Espagne. Un des «plus grands regrets que m'ait laissé ma carrière ora-«geuse, c'est de n'avoir pas été présent alors à mon «armée sur le Tage. Quand bien même Beresford eût «poussé jusqu'au Duero et Venegas sur Madrid, je «m'en serais fort peu inquiété ; ils eussent été trop «heureux de s'en tirer sains et saufs après la défaite «de l'armée principale.»

RÉSUMÉ CHRONOLOGIQUE

1809.

18 MAI. Prise d'Oviédo.
20 JUILLET. Jonction de sir Arthur Wellesley et du général Cuesta.
22 — Combat de Talavera.
23 — Le roi Joseph marche à la rencontre de l'ennemi.
25 — Réunion du 1ᵉʳ corps et du général Sébastiani à Tolède.

26 JUILLET. Passage de la Guadarama.
28 — Bataille de Talavera.
29 — Retraite des Français sur Tolède
2 AOUT. Retraite des Anglais derrière le Tage.
8 — Combat du pont de l'Arzobispo.
11 — Bataille d'Almonacid.
12 — Combat du col de Baños.
— — Rentrée du roi Joseph à Madrid.

OPERATIONS EN ARAGON ET EN CATALOGNE.
SIÉGE DE GIRONE.

ARMÉES FRANÇAISES.	ARMÉES ESPAGNOLES.
Généraux · Suchet. — Gouvion-Saint-Cyr. — Augereau.	*Généraux :* Reding. — Blacke. — Alvarez.

Le général Blacke pénètre en Aragon. — Combat de Maria. — Après la reddition de Saragosse, le général Suchet avait été appelé au commandement du 3e corps, et envoyé en Aragon pour contenir cette province. Mais vers la fin de mars, le roi Joseph lui ordonna de détacher une de ses divisions pour concourir avec le corps du maréchal Ney à l'expédition des Asturies. Cette diminution de forces plaçait le général Suchet dans une position embarrassante, d'autant qu'il ne pouvait espérer aucun secours de la Catalogne, où le 7e corps protégeait le siège de Girone, commencé à cette époque, ni de la Navarre, puisque le général qui commandait lui avait au contraire demandé des secours pour se défendre contre les nombreuses bandes de partisans qui infestaient cette province.

Le général Blacke voulut profiter de cet état de choses pour s'avancer dans l'Aragon, dont la lisière était déjà envahie par ses troupes, et même pour pénétrer jusqu'à Saragosse. En conséquence, il rassembla 20,000 hommes de troupes régulières et de nombreuses bandes de miquelets destinées à protéger ses flancs et à harceler sur tous les points les troupes du général Suchet. Il avait en outre une artillerie assez nombreuse et quelques pelotons de cavalerie.

Aussitôt que le général Suchet connut les projets du général ennemi et la marche qu'il suivait, il pensa d'abord à couvrir Saragosse, et, à cet effet, il rallia tous ses détachements, et les concentra sur les rives du Gallego et de la Huerba.

Après avoir reconnu, les 13 et 14 juin, les forces des Français et le terrain qu'ils occupaient, le général espagnol s'avança, le 15, avec le gros de ses troupes, vers Maria, sur la Huerba. Le général Suchet n'avait que 6,000 hommes sur ce point; il attira les Espagnols sur un terrain qui devait lui être favorable; puis donnant le signal de l'attaque, qui s'effectua avec une grande impétuosité, il enfonça promptement la ligne ennemie et la mit en pleine déroute. La cavalerie se lança à la poursuite des fuyards, qui laissèrent le terrain jonché de leurs morts et de leurs blessés, et se retirèrent dans les montagnes. Les Espagnols eurent, dans cette affaire, plus de 1,200 hommes tués, et laissèrent au pouvoir des vainqueurs plus de 400 prisonniers, dont un général et huit officiers supérieurs, vingt-cinq pièces de canon avec leurs caissons et trois drapeaux.

Dispersion du corps de Blacke. — Combat de Belchite. — Suchet voulut profiter de l'avantage qu'il venait de remporter à Maria pour purger entièrement l'Aragon d'une armée que sa supériorité numérique rendait encore redoutable. Il poursuivit donc le général Blacke, le joignit à Bolorita, où il cherchait à rallier ses troupes et le força de rétrograder jusqu'à Belchite. Dans cette poursuite, l'ennemi laissa encore entre les mains des Français 45 officiers et 500 soldats.

Suchet arriva, le 18 juin, devant Belchite, où l'armée espagnole était rangée en bataille dans de bonnes positions; 4,000 hommes étaient arrivés pendant la nuit au général Blacke, qui voulait profiter de ce renfort pour combattre de nouveau et arrêter la marche victorieuse des Français. Les Espagnols avaient leur gauche et leur droite derrière un couvent et des rochers formant des retranchements naturels, et leur centre était posté sur une hauteur appelée le Calvaire, défendue par un fossé et protégée par la ville qui a une enceinte et des portes.

Le général français déploya ses troupes dans la plaine en avant de Belchite, et voulant attirer l'attention du centre ennemi sur ce point, fit marcher contre lui un bataillon d'infanterie légère. Pendant ce temps, le général Hébert se portait en colonne serrée sur les hauteurs à droite de la ville, et le général Musnier s'avançait en colonne par bataillon sur la gauche de l'ennemi pour le déborder. Un bataillon français et le premier régiment polonais de la Vistule s'élancèrent sur les Espagnols malgré une pluie de mitraille. Le général Blacke voulut faire soutenir son infanterie par quelques escadrons; mais ceux-ci prirent la fuite aux premières démonstrations du colonel Burthe, qui les chargea à la tête du 4e régiment de hussards. Un boulet français ayant fait sauter un caisson des Espagnols la confusion se mit dans leurs rangs. Toutes les positions furent promptement enlevées, et les Français s'emparèrent de neuf pièces de canon avec leurs caissons. Les Espagnols, pour fuir plus vite, jetaient leurs fusils et leurs sacs. Le régiment de Valence ayant voulu se rallier à quelque distance du champ de bataille fut sabré par les hussards qui firent prisonnier tout ce qui échappa à cette boucherie. Outre les neuf canons dont nous venons de parler, les Français s'emparèrent d'un drapeau, de vingt-trois caissons, des voitures de bagages, d'un grand nombre de fusils, et firent plus de 4,000 prisonniers. Les Espagnols eurent 800 hommes tués ; les Français eurent à peine 40 morts et 200 blessés. Ainsi 6,000 Français détruisirent en quelques jours une armée quatre fois plus considérable.

Défaite de Villa-Campa. — Prise du couvent de la Tremendad. — Après la victoire de Belchite, le général Suchet reporta son quartier général à Saragosse, et disposa ses troupes de manière à pouvoir faire une guerre active aux bandes d'insurgés qui désolaient l'Aragon. Battus dans plusieurs engagements, les miquelets se reformaient toujours et revenaient à la charge. Mais un parti plus redoutable que ces bandes s'était formé des débris du général Blacke, sous le commandement du brigadier général Villa-Campa, et avait paru vers la fin de septembre du côté de Daroca. Villa-Campa, chef hardi et expérimenté, exerçant une très grande influence dans le pays, avait déjà tenté plusieurs attaques et avait toujours été repoussé. Enfin, poursuivi de village en village pendant deux mois par le colonel Henriot, du 14e de ligne, qui n'avait pas avec lui plus de 2,000 hommes, il s'était jeté dans les montagnes s'étendant de la Castille jusqu'en Aragon, et avait fait sa principale place d'armes et le dépôt de ses munitions du couvent de Nuestra-Señora de la Tremendad, bâti sur le sommet d'une montagne de trois quarts de lieue d'étendue. Il avait avec lui 5,000 hommes de troupes de ligne et un grand nombre de paysans. A cette armée s'étaient joints des prêtres, chargés d'exciter le fanatisme et de prêcher l'insurrection.

Comprenant toute l'importance de la position occupée par Villa-Campa, le général Suchet la fit reconnaître par le colonel Henriot, en lui recommandant, toutefois, d'être prudent, à cause de l'insuffisance des moyens dont il pouvait disposer.—Cet officier partit de Daroca, le 23 novembre, avec le 14e régiment de ligne, le 13e de cuirassiers, quatre compagnies d'élite et un bataillon du 2e régiment de la Vistule ; il avait en outre deux pièces de canon et un obusier. Il arriva, le 25 novembre, au pied de la position ennemie, fit sur-le-champ ses dispositions d'attaque, et, après huit heures d'un combat opiniâtre, s'empara du couvent, qui fut livré aux flammes. Malgré la difficulté du terrain, qui donnait aux Espagnols un grand avantage, ceux-ci eurent 500 hommes tués ou blessés.

Combats divers : Roda, Tudela, Venasque. — Pacification de l'Aragon. — Nous ne parlons que pour mémoire de divers petits combats dans lesquels les insurgés furent constamment battus ; mais nous devons donner des détails sur une affaire qui eut lieu vers la fin de novembre, près des frontières de la Catalogne, non loin de Colona, au nord-est de l'Aragon, où commandait le chef de bataillon La Peyrollerie. Menacé dans ses cantonnements de Benaverre, cet officier remonta la rivière d'Isavena, et se porta au-devant de l'ennemi qu'il rencontra au village de Roda. Il le fit aussitôt attaquer sur ses flancs par deux colonnes, et se porta lui-même sur le centre à la tête d'un bataillon soutenu de deux obusiers de montagnes. Voyant arriver sur eux les Français, les insurgés descendirent des hauteurs où ils étaient postés, et se jetèrent impétueusement sur les tirailleurs qui précédaient le gros de troupes. Mais ils furent arrêtés dans leur élan par quelques obus et par une charge à la baïonnette, et ils se dispersèrent en laissant 40 morts sur la place. On leur prit un drapeau, et on les poursuivit à la distance de deux lieues.

Le lendemain de cette affaire, le commandant La Peyrollerie prit position au-delà de Bonanza et de Calvera. Pensant que les Espagnols étaient sans défiance, il les fit entourer à neuf heures du soir par quatre compagnies d'élite. Cette surprise coûta la vie à plus de 200 Catalans qui furent tués à la baïonnette, et le jour seul mit fin au massacre. L'ennemi laissa un grand nombre de prisonniers entre les mains des vainqueurs, qui n'eurent que 4 hommes tués et 7 blessés. Le chef de bataillon La Peyrollerie fut nommé colonel pour sa belle conduite dans cette affaire.

L'adjudant-major Berry occupait Tudela avec 200 hommes, quand un corps d'insurgés de 1,200 hommes vint l'attaquer le 28 novembre. Les Français repoussèrent l'ennemi, après lui avoir tué 100 hommes et blessé un plus grand nombre. Quelques jours après, le 6 décembre, le général Musnier chassa de Batea un rassemblement de 6,000 paysans, leur tua 120 hommes, s'empara de plusieurs magasins de vivres et de quatre mille cartouches. Enfin, pour dégager les frontières de France, le général Suchet fit désarmer les vallées de Bielsa et de Gistain. Une colonne française pénétra dans la vallée de Venasque, en chassa 1,500 miquelets qui s'y étaient réfugiés, et s'empara du fort de Venasque armé de neuf bouches à feu et bien approvisionné en vivres et en munitions.

Le général Suchet eut ainsi la gloire de pacifier l'Aragon avec une armée de 16,000 hommes seulement, obligée de faire face sur tous les points à des ennemis nombreux, dont le courage et la résolution étaient doublés par la nature des lieux où ils combattaient : malheureusement cette pacification ne devait pas avoir une longue durée.

Armée de Catalogne. — Combat de Valls. — L'armée de Catalogne, commandée par le général Gouvion Saint-Cyr, était restée cantonnée entre les places de Tarragone et de Barcelone, obligée, pour se procurer des vivres, d'être continuellement aux prises avec le corps espagnol du général Reding, qui, n'osant pas hasarder un engagement général, avait posté des détachements dans tous les défilés pour créer des obstacles à ses adversaires. Ces petits combats partiels avaient le grand inconvénient d'affaiblir inutilement les troupes françaises.

Enfin, manquant totalement de subsistances, Gouvion-Saint-Cyr se mit en mouvement, pendant la dernière quinzaine de février, pour occuper le pays entre les rivières de Gaya et de Francoli. Parvenu sans obstacle sur les rives de cette dernière, il établit à Pla la division italienne du général Pino, et la division française aux ordres du général Souham à Valls, petite ville sur la rive gauche du Francoli, d'où l'on pouvait observer l'entrée des défilés du Montblanch.

Le corps du général Reding quitta ces défilés dans la nuit du 24 au 25 février, et vint prendre position sur la rive droite du Francoli où il se rangea en bataille. Sa droite, qui s'étendait près de Villa-Longa, et son centre étaient protégés par l'escarpement de la rivière qui coule en cet endroit au milieu de rochers taillés à pic; il appuyait sa gauche aux montagnes d'Alcover, que couronnaient des bandes nombreuses de miquelets. Le flanc droit de la division française était débordé par ces bandes qui donnèrent le signal de l'attaque par une vive fusillade. Les meilleures troupes du général Reding ayant alors passé le Francoli, un combat opiniâtre s'engagea bientôt entre les Suisses de l'armée espagnole, le 1er régiment d'infanterie légère et le 42e de ligne, qu'appuyait le 24e de dragons qui fit plusieurs charges brillantes. Après six heures de combat, les Espagnols venaient d'être rejetés sur la rive droite du Francoli quand le général Gouvion-Saint-Cyr arriva sur le champ de bataille avec la division italienne de Pino. Les Français profitèrent de ce renfort pour prendre à leur tour l'offensive : le 24e de dragons, et un bataillon du 1er d'infanterie légère, qui traversa le Francoli ayant de l'eau jusqu'aux aisselles, tournèrent la gauche de l'ennemi, pendant que les chasseurs royaux italiens et les dragons Napoléon menaçaient sa droite. Aussi le corps espagnol fut-il bientôt en déroute complète, et poursuivi à outrance par le 24e de dragons. Dans cette poursuite, le général Reding fut blessé grièvement d'un coup de sabre par un dragon nommé Bouzon, et mourut quelques jours après de sa blessure. Les Espagnols, poursuivis jusque sous le canon de Tarragone, rentrèrent en désordre dans cette ville, laissant entre les mains des vainqueurs leur artillerie, leurs bagages et 1,500 prisonniers.

Blocus de Girone. — L'armée de Catalogne fut jointe au commencement d'avril par un détachement de l'armée de siége de Sarragosse, cette place venant enfin d'être soumise. Le général Saint-Cyr retint ce renfort auprès de lui, et, avec toutes ses forces, quitta les environs de Barcelone, où étaient ses cantonnements, pour se porter sur Vique où il resta deux mois, c'est-à-dire jusqu'à ce que toutes les ressources de la vallée fussent épuisées; l'intention du général Saint-Cyr était, d'ailleurs, de se rapprocher de Girone dont il voulait commencer le siége. Il vint en conséquence s'établir dans ses plaines du Ter, sa droite appuyée à l'étang de Sils et sa gauche à Bascona; son quartier général était à Fornell.

La ville de Girone est adossée à une chaîne de montagnes sur lesquelles s'élèvent trois forts, dont le plus important, appelé le Mont-Joui, est bâti sur un rocher escarpé qui domine la ville au nord. Le général Alvarez y commandait, et la garnison, tant de la place que des forts, ne s'élevait pas à plus de 8,000 hommes;

mais les habitants, au nombre de 20,000, étaient bien résolus à soutenir la garnison et à s'ensevelir sous les ruines de leurs maisons plutôt que de se rendre. Tout fut mis en usage par les prêtres et les moines pour porter à son comble l'enthousiasme des Gironais déjà excité par la défense récente de la population de Saragosse.

Les troupes françaises, destinées à faire le siége de la place, se composaient de la division du général Souham, de la division italienne du général Pino, et d'une troisième, aux ordres du général Verdier, formée de trois régiments de la confédération du Rhin. Le génie était commandé par le général Samson et l'artillerie par le général Taviel.

Dès le 4 juin, la place se trouva totalement investie.

Ouverture de la tranchée. — *Sortie repoussée.* — *Prise de trois redoutes.* — La nuit du 8 au 9 juin vit s'ouvrir la tranchée, et le 12 le gouverneur fut sommé de rendre la place. Cette sommation, comme on le pense bien, étant restée inutile, le feu commença le 14 à la pointe du jour, et si vigoureusement que l'artillerie des redoutes, construites par le général Alvarez pour défendre l'approche des trois forts du *Mont-Joui,* du *Connétable* et du *Capucin,* fut démontée; dans le même moment, l'incendie était mis dans les principaux quartiers de la ville par les bombes lancées d'une batterie établie sur la rive gauche du Ter. L'occupation du Moulin-Neuf et du faubourg de Pedreto, dont les assiégeants s'étaient emparés dans la nuit du 13 au 14, mettait leurs avant-postes à demi-portée de fusil des ouvrages de la place.

Le matin du 17, les Espagnols sortirent au nombre de 1,000 hommes tirés du Mont-Joui, et 500 tirés de la garnison de la place, et se dirigèrent sur le faubourg de Pedreto. Les avant-postes français se replièrent sur un bataillon du 16e régiment de ligne placé au Moulin-Neuf. Ce bataillon courut à l'ennemi et le culbuta jusque dans les fossés du Mont-Joui; en même temps, quatre compagnies, conduites par le colonel Legras, du 2e régiment de ligne westphalien, fusillaient à bout portant la colonne sortie de la ville, et qui fit sa retraite après avoir eu cent hommes tués.

Les deux redoutes Saint-Narcisse et Saint-Louis, qui défendaient le Mont-Joui, furent presque entièrement abattues le 19, et évacuées par l'ennemi. Le feu dirigé contre la troisième redoute, celle de Saint-Daniel, renforcé par une nouvelle batterie de brèche à gauche de Saint-Louis, ouvrit cette troisième redoute pour l'assaut. L'ennemi l'évacua en mettant le feu à une fougasse qui fit en partie sauter l'ouvrage. On trouva dans les trois redoutes sept bouches à feu.

Attaque du Mont-Joui. — Les trois redoutes prises, l'attaque du Mont-Joui commença. Ce fort est, comme nous l'avons dit, bâti sur un roc vif et escarpé, ce qui rendait l'entreprise fort difficile. On tenait à s'emparer du Mont-Joui, parce qu'on pensait que ce fort, que l'on peut regarder en quelque sorte comme la citadelle de Girone, une fois pris, la place serait forcée de se rendre. Mais les obstacles que présentait le terrain ne furent pas les seuls que les assiégeants eurent à vaincre ; il leur fallut encore lutter contre de violents orages et des pluies continuelles, qui, tombant par torrents, dégradaient les ouvrages et rendaient leur achèvement impossible. Cependant une batterie de mortiers put jouer dès le 25 juin, et l'on se hâta de construire d'autres batteries de brèches. Mais le Mont-Joui était aussi intrépidement défendu qu'intrépidement attaqué.

Le 3 juillet toutes les batteries furent disposées, et commencèrent à tonner contre le fort ; la face gauche du bastion fut abattue le 4. Elle entraîna avec elle l'étendard espagnol, qui tomba dans le fossé. Un lieutenant descendit au milieu du feu le plus épouvantable, remonta le drapeau et le replanta en présence des assiégeants.

Dans la nuit une colonne qui essaya une surprise fut repoussée, et le feu des assiégeants élargit les brèches.

La garnison du Mont-Joui était forte de 900 hommes seulement, commandés par les colonels Nast et Fournas ; elle souffrait beaucoup dans ce fort étroit, principalement par les bombes de quatre mortiers placés entre les redoutes.

Le 7 juillet, à deux heures après minuit, 4,000 Français et Allemands s'avancèrent sur trois colonnes, munis d'échelles et de fascines, et ayant à leur tête une compagnie d'artilleurs et de sapeurs ; ils pénétrèrent à la course par le chemin couvert, et se jetèrent dans les fossés pour parvenir dans la forteresse par-dessus les décombres. Mais le pied nettoyé du rempart taillé dans le roc rendait fort difficile l'escalade des brèches, derrière lesquelles les assiégés faisaient feu des coupures. Les Français cherchèrent à se hisser pour arracher les chevaux de frise ; mais ils ne purent y parvenir : les canons du bastion de droite balayaient les fossés, et à gauche un obusier, à moitié enterré dans les décombres du ravelin, lançait à chaque coup, dans le plus épais des rangs français, cinq cents balles de fusil. Un dernier assaut n'eut d'autre résultat que de faire de nouvelles victimes. Le nombre des morts et des blessés français s'élevait à 2,000, parmi lesquels 77 officiers. Les assiégés perdirent fort peu de monde.

Secours envoyés à Girone. — Le général Saint-Cyr reçut, dans les premiers jours de juillet, l'avis qu'il allait être remplacé dans le commandement du 7ᵉ corps par le maréchal Augereau ; mais il n'en continua pas moins à repousser toutes les tentatives faites par l'ennemi pour ravitailler Girone.

Depuis un mois la garnison ne cessait de demander des secours à la junte centrale, qui essaya enfin de faire passer quelques secours aux assiégés.

Le 10 juillet, le colonel anglais Morkhall tenta, avec une colonne de 1,400 hommes, de pénétrer dans la place à la faveur des bois dont le pays est couvert. Mais cette troupe, enveloppée par le général Pino, fut forcée de mettre bas les armes.

Quelques jours plus tard, le général Gouvion Saint-Cyr battit et dispersa dans les montagnes un fort détachement commandé par le générale Blacke, qui avait succédé au général Reding dans le commandement en chef du corps espagnol, et s'empara du convoi qu'il voulait introduire dans Girone. Le général Blacke se rembarqua précipitamment ; toutefois, son avant-garde commandée par le général O'Donnell, pénétra dans la place. — Dès ce moment les opérations des assiégés furent conduites avec plus d'unité.

Proclamation du maréchal Augereau. — Cependant le maréchal Augereau, qui devait remplacer le général Gouvion Saint-Cyr dans le commandement de l'armée de Catalogne, était arrivé à Perpignan le 2 juillet.

De cette ville il adressa aux Espagnols une proclamation dans laquelle il leur disait entre autres choses : «Espagnols et Catalans ! je viens et vous estime... Dieu «couvre Napoléon de ses ailes et enchaîne la fortune à «son char ! Braves Espagnols, soumettez-vous ! toute «l'Europe se soumet et se rend... , etc.»

Les porteurs de cette proclamation furent très mal accueillis dans la Catalogne. On eut beau la répandre et l'afficher partout, elle ne produisit aucun effet. Les Espagnols disaient en secouant la tête : «Il est possible que toute l'Europe se soumette ; mais l'Europe n'est pas l'Espagne.»

Occupation du Mont-Joui par les Français. — Après l'inutile assaut du 7 juillet, les Français revinrent sur Mont-Joui, avançant de San-Luis par sape, mais lentement et péniblement à cause du terrain rocailleux. Une nouvelle batterie de trois pièces et un mortier, établie à San-Daniel, balaya le front du fort, que la batterie principale avait déjà presque entièrement détruit. Deux batteries de brèche, dans le chemin couvert contre le ravelin, et deux mortiers à droite de la tête de la sape, augmentèrent encore la quantité des feux dirigés contre le fort. — Le 31 juillet, une bombe des assiégés mit le feu au magasin à poudre de San-Luis, et cinq Espagnols, traversant le fossé, essayèrent d'attacher des chemises goudronnées à la batterie gauche dans le chemin couvert. Quatre autres répétèrent cet essai qui n'avait pas réussi, et une partie de la batterie brûla.

Un lieutenant espagnol, conduisant quelques canons au Mont-Joui, surprit, le 3 août, les Français dans la tour San-Juan, le flanc droit aborda par les travailleurs devant le fort, les chassa et encloua une pièce de 16. Si une forte sortie eût eu lieu en ce moment, la grande batterie eût sans doute été prise.

Le soir de ce même jour, les Français assaillirent la face droite du ravelin, dont le commandant fut tué avec 40 hommes. Les assiégeants établirent une batterie de brèche, dans ces décombres, contre le bastion droit du fort. Ce bastion étant creux, et par conséquent très difficile à assaillir, les Français tournèrent leur attaque vers celui de gauche.

Le 10, dans l'après-midi, la garnison fit une grande sortie et encloua la batterie établie dans le ravelin, tandis que 300 hommes de la ville, pénétrant dans les tranchées, à gauche du Mont-Joui, enclouaient trois mortiers et un obusier.

Cependant le fort n'était plus qu'un monceau de

ruines, où souvent plusieurs sentinelles étaient tuées l'une après l'autre au même poste, et où l'eau rare et croupie d'une citerne donnait à la garnison le germe d'une épidémie. Les assiégeants disposaient tout pour un nouvel assaut, lorsque, le 11 août, à quatre heures du soir, les Espagnols abandonnèrent le Mont-Joui, et firent leur retraite si heureusement qu'on ne put les empêcher de rentrer en grande partie dans Girone. Le général Verdier, dans son rapport sur le siége et l'attaque du Mont-Joui, fait remarquer que c'était la première fois qu'une opération si périlleuse avait été faite dans le cours de la guerre depuis quinze ans. « Elle a, disait-il, présenté d'autant plus de difficultés, que nous avons été forcés de travailler sur le roc, et que tous ces travaux ont été artificiels et faits à la sape volante, devant un ennemi des plus acharnés. »

On ne trouva dans le fort que dix-huit bouches à feu presque toutes hors de service. On travailla aussitôt à des batteries dans les ouvrages tournés contre la ville et qui n'étaient pas complétement détruits.

Maîtres du Mont-Joui, les Français croyaient l'être de la ville ; elle n'avait, de ce côté, à partir du bastion Santa-Maria, que des murs et des tours ; mais le courage des Gironais valait des bastions. — La descente du Mont-Joui coûta aux Français beaucoup de monde, parce que leurs ouvrages étaient exposés au feu de la montagne du Connétable et de trois canons placés sur la voûte de la cathédrale. Cependant ils menèrent à fin trois batteries de brèche, et, le 19, un feu terrible, renforcé encore par dix pièces établies à Casaden-Roca et dans le faubourg, ébranla le bastion de Santa-Maria et le mur, dont une partie s'écroula. 200 Français occupèrent, dans la nuit, quelques maisons du faubourg Géronella, d'où cependant les Espagnols les chassèrent.

Tentatives de Blacke. — Secours introduits dans la place. — Tandis que l'on combattait ainsi pour la possession de Girone, le général Blacke avait pris, au commencement d'août, son quartier général à Manresa afin de former des divisions avec les troupes disséminées de tous côtés. Il proposa aux Catalans la création d'une armée nationale de quatre légions, chacune de 10,000 hommes et la vente des places d'officiers pour en faciliter l'armement et l'habillement. Ce projet fut approuvé par la Junte, qui envoya neuf millions de réaux, et Blacke transporta à la fin d'août son quartier général à Vique pour porter du secours à la forteresse menacée.

Le général Gouvion Saint-Cyr, trompé par les rapports de ses espions et par les manœuvres du général Blacke, crut que l'ennemi, après avoir essayé vainement d'introduire des renforts dans Girone par Brunola et Bascano, s'était mis en marche dans la nuit du 30 août, pour lui livrer bataille du côté d'Hostalrich. Dans cette persuasion, il évacua les postes de Brunola et de Bascano, porta au-devant de la prétendue armée ennemie une grande partie de la division du général Souham, qui était employée à couvrir le siége, et attendit inutilement le général Blacke pendant toute la journée. Celui-ci, pendant ce temps, recueillant le fruit de sa ruse, faisait filer sur la rive droite du Ter, depuis Bascano jusqu'à Girone, un corps de 4,000 fantassins et 500 chevaux sous les ordres du général Garcia-Conde. Ces troupes servaient d'escorte à un convoi de 1,500 mulets qui entrèrent dans Girone.

Misères des habitants de Gérone. — Ces vivres furent distribués aux habitants comme aux soldats, car tous combattaient ; mais, peu de jours après l'arrivée du convoi, la disette commença de nouveau à se faire sentir, et la ration ne consista plus qu'en haricots ou pois à demi pourris avec un peu de pain. Un jour que le général Alvarez paraissait fort affligé de cette pénurie, un miquelet lui cria des rangs : « Ne t'inquiète pas, brave homme ; s'il n'y a plus de farine nous mangerons du grain, et, à défaut de grains, du bois. » On commença alors à piler les grains dans des mortiers et à les écraser entre les pierres ; mais la fièvre pourpre faisait déjà des ravages, et l'on voyait dans les rues beaucoup d'habitants morts de misère ou de maladie. Cependant, le 18 septembre, un parlementaire français fut renvoyé par les Espagnols, bien que trois brèches fussent praticables et qu'il annonçât un assaut pour le lendemain.

Assaut donné à la ville. — Le 19 septembre, en effet, le général Verdier appela la brigade Guillot, et fit relever cette troupe par la division italienne. Le général Mazzuchelli devait essayer une fausse attaque près de l'Onar, et le général Souham observer les Espagnols qui s'étaient approchés de Santa-Coloma. Une escalade du bastion, trois colonnes contre les trois brèches avec des attaques contre la montagne du Calvaire et la tour de Géronella, semblaient promettre une entière réussite. Quelques bataillons étaient en réserve dans les batteries, et 1,000 hommes occupaient le Mont-Joui.

Vers quatre heures de l'après-midi, le tocsin sonna, le bruit des tambours se mêla à ce sinistre tintement, et les Français s'avancèrent vers les brèches. Alvarez, après avoir donné ses ordres, s'écria : « Comme la ville sera défendue pied à pied, les défenseurs des coupures sont prévenus que, s'ils reculaient, on ferait feu sur eux comme sur des ennemis. » Les troupes désignées garnirent les brèches, et le reste avec les habitants, occupa les remparts et les bastions. Les sœurs hospitalières qui depuis le commencement du siége n'avaient cessé de porter des secours aux combattants jusque sur la brèche, renforcées ce jour-là par des femmes volontaires des autres couvents, se répandirent derrière les postes les plus dangereux.

La première colonne d'assaut, descendue du Mont-Joui, arriva, par une course hardie, à la brèche Santa-Lucia. Les Espagnols réussirent à en défendre une partie ; les Français gravirent le reste, et leurs premiers rangs, pressés par ceux qui suivaient, tombèrent de vingt pieds de haut dans la ville. Un feu meurtrier repoussa les assaillants, à la tête desquels tomba le brave colonel Foresti.

La colonne de gauche, composée en grande partie des troupes de la Confédération, avança de San-Daniel. Mais la colonne qui assaillait San-Christoval fut tellement prise en flanc par la batterie de Sarrasino, à droite de San-Lucia, qu'elle se replia sur celle que le colonel Moff conduisait contre la caserne allemande. Là, quelques Français pénétrèrent, à travers les décombres, jusque dans les premières cours, où ils trouvèrent la mort. Des blocs de murailles encore debout furent renversés et tombèrent, par le feu des batteries de brèche, sur les assaillants et sur les assiégés. A chaque instant l'artillerie augmentait le nombre des morts, qui s'entassaient et dont la masse augmentait l'escarpement des monceaux de décombres. Dans cette attaque le colonel italien Ruffini fut tué. — Cependant le général Alvarez courait de brèche en brèche ; les hospitalières encourageaient les combattants, et plusieurs d'entre elles prenaient les armes et la place de ceux qui tombaient. — L'attaque de Géronella fut aussi repoussée ; les Français perdirent beaucoup de monde dans cette journée.

Famine et maladies. — Les agonisants. — « Les Espagnols avaient résisté aux Français (dit une relation publiée par un officier attaché à la cause des insurgés) ; mais un ennemi bien plus redoutable les étreignait : c'était la misère, qui engendrait la maladie. La joie du triomphe qu'on venait d'obtenir ne pouvait amener qu'un rire convulsif sur ces visages jaunes et affamés ; on entendait cependant des soldats s'écrier : « La victoire nous fortifie mieux que la nour-« riture ! »

« Les assiégés firent une tentative d'approvisionnement qui n'eut pas de succès ; de là un désir secret de capitulation qui ne se manifestait que par des prophéties de malheurs, d'épidémies, de prise d'assaut, etc. On nommait les mécontents *agonisants*. Un d'eux fit un jour, devant Alvarez, la réflexion que Girone était déjà assez immortelle, et qu'on pouvait bien maintenant songer à une capitulation honorable. Le général Alvarez, furieux, répondit : « Ainsi, vous êtes ici le seul lâche? C'est bon, quand tous les vivres manqueront, on commencera par vous, et quand tous vos pareils seront consommés, je verrai ce qu'il y aura à faire. » Le jour d'après il fit publier de nouveau le décret portant peine de mort pour le mot *capitulation* [1].

Arrivée du maréchal Augereau. — Le maréchal Augereau, qui, dans les derniers jours de septembre, avait pris le commandement de l'armée de Catalogne, fit faire plusieurs propositions à la junte ; toujours Alvarez répondit : « Point d'autre communication avec « l'ennemi que des boulets de canons. »

La fin du mois de septembre et une partie du mois d'octobre se passèrent sans événements. — Les Français, établis dans leurs ouvrages, avaient en quelque sorte converti le siége en blocus.

Combat de Santa-Coloma. — Cependant le général Blacke épiait une nouvelle occasion d'introduire des secours dans Girone. Le 28 septembre, forcé d'abandonner Brunola, il s'établit à quelques lieues plus loin avec ses troupes d'élite, sur les hauteurs de San-Coloma et Fanès ; il occupa le village de ce nom, le fortifia, en fit créneler les maisons, barricader et retrancher toutes les avenues. Quatre escadrons ennemis, déployés en bataille en avant de San-Coloma, appuyaient l'infanterie, qui se montait à 6,000 hommes. Quoique la position des Espagnols fût très avantageuse, le général Souham n'hésita pas à les attaquer. Il se mit en mouvement. Le 29, leur droite fut tournée par le 42e régiment, qui gravit à cet effet des hauteurs fort escarpées ; en même temps, trois bataillons du 1er d'infanterie légère, soutenus par un escadron du 24e de dragons, s'avancèrent sur San-Coloma, et deux bataillons du 3e régiment de la même arme menacèrent de déborder la gauche de l'ennemi.

La colonne française qui s'avançait sur San-Coloma se retira tout d'un coup sur un terrain élevé pour éviter le choc des dragons espagnols qui s'ébranlaient afin de la charger. Ce mouvement de l'infanterie laissa entièrement à découvert l'escadron du 24e de dragons qui se trouva ainsi obligé de se défendre contre des forces triples. Les dragons français n'hésitèrent cependant pas à s'élancer sur l'ennemi ; celui-ci, complétement bouleversé, perdit un grand nombre de chevaux et d'hommes tués, blessés ou pris. Ce succès enflamma les bataillons du 1er d'infanterie, qui s'emparèrent du village. En peu d'instants les autres colonnes occupèrent toutes les positions des Espagnols, dont les camps furent brûlés. L'ennemi perdit, dans cette affaire, 1,200 hommes tués ou blessés grièvement et 300 prisonniers.

Sortie audacieuse d'O'Donnell. — On a vu que l'avant-garde du secours, que le général Blacke avait cherché à introduire dans Girone, était parvenue à pénétrer dans la place. Cette avant-garde était commandée par le brigadier Henri O'Donnell. Ce général, sentant que le corps qu'il commandait était à charge à la garnison qui manquait de vivres, conçut le projet audacieux de sortir de la place et de passer à travers l'armée française, pour aller se réunir sur les hauteurs de San-Coloma à l'armée dont il faisait partie. Cette sortie s'exécuta le 13 octobre au milieu de la nuit la plus obscure ; les sentinelles et les gardes établis sur le passage des Espagnols furent surpris et tués à coups de baïonnette ; le général Souham fut obligé de se sauver à travers champs pour éviter d'être fait prisonnier. La cavalerie française n'osa pas tirer sur l'infanterie espagnole qu'elle entendait marcher dans l'intervalle de ses escadrons, l'obscurité pouvant occasionner de terribles méprises. Un régiment de dragons seul suivit les traces des Espagnols ; mais quand il fut à portée de les apercevoir, ils gravissaient les hauteurs de San-Coloma et étaient hors de toute atteinte ; 200 traîneurs tombèrent seuls au pouvoir des Français, ainsi que quelques dames de Girone qui avaient suivi la colonne pour échapper à la famine et aux horreurs de l'assaut.

---

[1] Ce fut dans le même temps qu'un officier, commandé pour une sortie, écrivit au général, afin de lui demander où faire sa retraite en cas de malheur. Alvarez répondit : « Au cimetière. »

Prise d'Hostalrich. — L'échec de San-Coloma n'ôta pas au général Blacke l'espoir de pouvoir ravitailler Girone. Dans ce dessein, il rassembla des magasins à Hostalrich, petite ville adossée à une montagne au sommet de laquelle est le fort du même nom.

Il mit dans la ville une garnison de 2,000 hommes, bien que la forteresse voisine parût la protéger suffisamment. Outre ces forces, tous les habitants avaient pris les armes ; enfin la place, entourée d'un mur solide, et garnie de quelques tours dont l'une était armée de deux pièces de canon, semblait susceptible d'une longue résistance.

Le général Pino fut chargé de s'emparer de ce poste important. Une de ses brigades, la brigade de Mazzuchelli, escalada les murs de la ville à l'aide d'échelles ; tous les Espagnols furent passés au fil de l'épée et les magasins détruits. Le voisinage du fort n'arrêta point l'ardeur des Français.

Situation critique de Girone. — Les défenseurs de Girone se trouvaient réduits à la position la plus critique.

«La pluie et le froid arrivèrent sur ces entrefaites ; dit la relation que nous avons déjà citée, les maisons, toutes à jour, n'offraient aucun abri contre la rigueur du temps, et la faim exerçait d'affreux ravages. La ville était entourée d'un cordon de Français qui empêchaient l'entrée des plus petits secours. Les bœufs et les moutons avaient été dévorés, on ne se nourrissait plus que de la chair des mulets qui avaient apporté dans la ville les derniers approvisionnements depuis long-temps épuisés. Les assiégeants, de leurs batteries, tiraient sur le peu de mulets qui restaient, quand ils les voyaient paître, et ces animaux amaigris offraient une misérable nourriture. Les Français conduisaient les déserteurs aux avant-postes, buvaient et mangeaient avec eux pour en attirer d'autres, et ordinairement les Italiens cherchaient à séduire les soldats en leur montrant du pain et de la viande. Un Espagnol affamé, tenté de cette manière, chancela en avant avec cette exclamation : «Satan, tu me séduis !» L'Italien répondit en riant : «Mieux vaut vivre pour la «patrie que mourir pour elle.» Le mot *patrie* ranima l'Espagnol ; il saisit fièrement son fusil et dit à son tentateur : «Va ! puissé-je sauver la patrie comme elle «me sauve en ce moment.»

«Il n'y avait pas un coin dans la ville qui ne présentât les horreurs de la mort. Les rues, sans pavés, creusées et labourées par les bombes, couvertes des ruines des maisons, contenaient de vastes mares où s'épanchaient des cloaques dont la surface était couverte d'animaux putréfiés. Les mesures de police ne pouvaient plus rien ; le poison de la peste se développait, et, alimenté par les horribles exhalaisons que répandaient les cadavres écrasés sous les ruines, il empestait l'atmosphère. La dyssenterie, signe d'une dissolution prochaine, vint se joindre à tous ces fléaux, et le scorbut augmenta par la disette de fruits et de légumes.

«Les animaux se traînaient tristes et décharnés à travers les rues ; le cheval n'avait plus la force de hennir, le chien, d'aboyer ; la mort était partout ! Les enfants à la mamelle, pendus au sein flétri de leur mère, cherchaient en vain de la nourriture à cette source toujours si abondante, et la mort lente et affreuse du nourrisson arrachait à peine une larme de douleur à l'œil desséché de sa mère.

«Le 29 novembre, le médecin de l'état-major général fit à Alvarez l'affreux tableau de cette situation intolérable. Le héros catalan s'écria : « Eh ! si la ville « ne peut plus tenir, pourquoi vivrais-je encore ? » Il songea alors à s'ouvrir un passage avec tous les hommes sains de la garnison ; mais la fièvre nerveuse l'abattit, et le 4 décembre il était mourant.»

Attaque et prise des faubourgs. — *Capitulation de Girone.* — Dès le 2 décembre, les Français avaient rouvert le feu. Le maréchal Augereau ordonna au général Pino d'enlever le faubourg de la marine ainsi qu'une grande redoute construite de ce côté, et au général Verdier de pénétrer de vive force dans le faubourg de Géronella. Le général Pino dirigea son opération avec une grande habileté ; le 6 décembre, les deux faubourgs furent occupés et la redoute emportée. Les assiégés, réduits à la dernière extrémité, voulurent tenter un dernier effort avant de capituler. Le 7, à onze heures du matin, ils firent une sortie générale, tant de la ville que des deux forts le *Connétable* et le *Capucin*, afin de recouvrer la redoute et les faubourgs qu'ils avaient perdus la veille. Mais les grenadiers du 6° de ligne et du 2° léger italien défendirent les ouvrages avec autant d'ardeur qu'ils en avaient mis à s'en emparer. Le général Amey, qui était en position au dessous du Mont-Joui, vint prendre l'ennemi en flanc et le contraignit à fuir avec précipitation. Une colonne de troupes italiennes, qui agissait simultanément sur les revers des deux forts le *Connétable* et le *Capucin*, se joignit aux troupes du général Amey, et elles enlevèrent ensemble les redoutes du *Calvaire* et du *Cabildo*.

Le matin du 9 décembre, la junte de la ville demanda aux médecins si le général Alvarez était toujours en état de tenir le commandement ; car, de son lit de douleur, il ne cessait de donner des ordres, et son nom retenait encore le mot de *capitulation*. Le même jour, le général reçut des sacrements et remit le commandement au brigadier Bolivar. La nuit la junte s'assembla, et, le matin du 10, le brigadier Fournas se rendit près du maréchal Augereau, avec lequel il arrêta une capitulation, conçue en six articles et qui fut signée le même jour à sept heures du soir. Cette capitulation mit au pouvoir des Français, huit drapeaux, 5,000 hommes et deux cents pièces de canon. L'article 2 stipulait que tous les habitants seraient respectés ; mais néanmoins tous les moines qui avaient pris une grande part à la défense furent conduits en France avec la garnison. L'héroïque Alvarez fut envoyé au fort de Figuières, où il mourut peu de jours après son arrivée. On reprocha dans le temps au maréchal Augereau de ne pas avoir pour le noble Espagnol tous les égards que méritaient son patriotisme, ses vertus et son courage.

Les Français, pendant ce siége remarquable, qui dura six mois, n'avaient pas eu moins à souffrir que les défenseurs de la place. Ils eurent environ 8,000 malades ou blessés, et en tout 12,000 hommes hors de combat.

Le nom de Girone, par la résistance opiniâtre de la garnison et la constance de ses habitants, est devenu illustre à l'égal de celui de Saragosse.

« Girone, dit Jomini, s'est illustrée par une défense non moins extraordinaire que Saragosse. Il est vrai que cette place est plus régulièrement fortifiée que la capitale de l'Aragon ; mais il est incontestable, toutefois, que l'opiniâtreté de sa défense est due autant à l'exaltation des habitants qu'aux ressources de l'art. Plus fanatiques encore que leurs voisins, les Gironais déférèrent le commandement à Saint-Narcisse [1], non-seulement sur les bataillons et les habitants qui se trouvaient dans la place, mais encore sur toute l'Espagne. Fiers de l'appui de ce généralissime, les habitants et les femmes mêmes se préparèrent à braver tous nos efforts. Si la résistance des Espagnols eût été le résultat d'un patriotisme à la fois héroïque et éclairé, il n'est pas probable qu'ils eussent recouru à de tels moyens pour nous combattre ; ils auraient pris sans doute d'autres généraux. Heureusement pour eux que Saint-Narcisse avait un lieutenant digne de commander : le général Alvarez était un brave à toute épreuve, et non moins décidé que Palafox, à rendre son nom célèbre par une défense désespérée : l'enthousiasme des habitants ajoutait à sa résolution naturelle.

Expédition de Souham dans la Haute-Catalogne.

[1] Le général Jomini fait allusion à un acte de la Junte qui, durant la maladie du brave Alvarez, annonça par une proclamation qu'elle nommait généralissime des armées espagnoles, Saint-Narcisse, patron de Girone. Cette nomination excita à un haut degré le fanatisme des Catalans, et contribua à prolonger la défense.

— *Fin de la campagne.* — Aussitôt après la prise de Girone, le maréchal Augereau chargea le général Souham de poursuivre avec sa division, les bandes de miquelets retirés dans la Haute-Catalogne. En arrivant à Besalu, la division Souham rencontra quelques centaines de miquelets qu'elle dispersa après en avoir tué ou blessé un grand nombre. Après plusieurs engagements du même genre avec les diverses bandes, le général Souham se dirigea sur Ripoll, où s'était réfugiée la bande de Claros, réduite à 1,100 hommes [1]. Cette ville fut prise après un combat de peu de durée, et le général Augereau (frère du maréchal) se porta avec sa brigade sur Ribas, qui fut aussi promptement occupée. Le lendemain, la division vint prendre position à Olot, où elle devait rester cantonnée provisoirement.

Ainsi finit en Catalogne la campagne de 1809.

[1] On sait que les bandes de *miquelets* étaient composées de paysans catalans et aragonais ; nous trouvons dans un livre relatif à la campagne de Catalogne les détails suivants sur ces hommes courageux : « Le paysan Catalan, en général, est grand, bien fait, fortement constitué ; sa figure est mâle et fière : une jambe nerveuse et bien proportionnée le rend propre à courir dans les montagnes, et son habillement facilite encore sa légèreté naturelle. Il porte des *espardilles*, en cordes, des bas de peau qui prennent depuis les malléoles jusqu'au pli du genou, une culotte courte et une veste à manches. Pendant les froids rigoureux, il ajoute à ces vêtements un manteau court et très léger, qui sert à lui couvrir le corps. Sa tête est surmontée d'un large bonnet de laine. Toujours armé d'un fusil de chasse, il porte ses cartouches dans une ceinture, dont le devant est disposé en petits compartiments, comme ceux d'une giberne. Ainsi vêtu et armé à la légère, attendant presque toujours son adversaire sur la cime des plus hautes montagnes, combien le Catalan ou l'Aragonais n'avait-il pas d'avantage sur le soldat français, écrasé sous le poids d'un énorme sac, d'une giberne gênante, d'un fusil pesant, et enfin sous l'attirail d'un habillement incommode. — L'institution des voltigeurs dans nos bataillons d'infanterie est sans doute une des meilleures innovations modernes ; elle a causé beaucoup de mal à l'ennemi ; mais, en donnant à cette troupe, dans l'origine, un armement, un équipement et un habillement plus analogues avec le **but de sa formation**, on en eût tiré un bien meilleur parti. »

RÉSUMÉ CHRONOLOGIQUE.

1809.

25 FÉVRIER. Combat de Walls (Catalogne).
  AVRIL. Blocus de Girone (Catalogne).
4 JUIN. Investissement complet de Girone.
8 — Ouverture de la tranchée devant Girone.
10 — Entrée du corps de Blacke en Aragon.
15 — Combat de Maria (Aragon).
18 — Combat de Belchite (Aragon).
19 — Sortie infructueuse de la garnison de Girone.
10-15 JUILLET. Défaite de plusieurs corps cherchant à ravitailler Girone.
31 AOUT. Blacke introduit un renfort dans Girone.
  SEPTEMBRE. Prise du fort de Mont-Joui, près de Girone.

19 SEPTEMBRE. Assaut donné à Girone.
25 — Le maréchal Augereau prend le commandement de l'armée de Catalogne.
29 — Combat de Santa-Coloma (Catalogne).
13 OCTOBRE. Sortie audacieuse d'O'donnell.
28 — Prise d'Hostalrich (Catalogne).
25 NOVEMBRE. Prise du couvent de la Treinendad (Aragon).
— — Combat de Roda (Aragon).
28 — Prise du fort de Venasque (Aragon).
6 DÉCEMBRE. Prise des faubourgs de Girone.
7 — Sortie générale des assiégés. — Elle est repoussée.
10 — Capitulation de Girone.
15 — Combat de Besalu (Catalogne).
— — Prise de Ripoll (Catalogne)

OPÉRATIONS DANS LES DEUX CASTILLES.

BATAILLE D'OCAÑA. — BATAILLE D'ALBA DE TORMÈS.

SOMMAIRE.

Grande armée Espagnole. — Elle marche sur Madrid. — Bataille d'Ocaña. — Inaction de Wellington. — Ses projets. — Intrigues de La Romana contre la Junte. — Armée du duc del Parque. — Détachement contre Avila. — Bataille d'Alba de Tormès. — Les Espagnols se retirent en Portugal. — Réflexions générales sur la campagne de 1809.

<table>
<tr><td>

ARMÉES FRANÇAISES.

Le roi JOSEPH NAPOLÉON.

Maréchaux et généraux : SOULT. — MORTIER. — SÉBASTIANI. MARCHAND. — KELLERMANN.

</td><td>

ARMÉES ESPAGNOLES.

Généraux : ARRIZAGA. — DUC DEL PARQUE. BALLESTEROS.

</td></tr>
</table>

Grande armée espagnole. — Elle marche sur Madrid. — Les mois de septembre et d'octobre ne furent marqués par aucun événement important. Le général Marchand remplaça provisoirement dans le commandement du 6e corps le maréchal Ney qui avait éprouvé un échec à Tamamès, le maréchal Soult fut nommé major-général des armées françaises en Espagne au lieu et place du maréchal Jourdan.

Au commencement de novembre, la Junte centrale voulut faire une nouvelle tentative sur Madrid sans le secours des Anglais. Elle rassembla à cet effet en Andalousie, réunissant à de nouvelles levées les débris des armées de Venegas et de Cuesta, une nouvelle armée de 60,000 hommes.—Ces troupes, traversant rapidement la Sierra-Morena, marchèrent dans la direction d'Aranjuez. Les Anglais leur avaient fourni tous les approvisionnements nécessaires, en armes, munitions, effets d'habillement et d'équipement ; ils avaient envoyé jusqu'à des chevaux. Le général Arrizaga commandait en chef ces forces imposantes en remplacement du général Cuesta, qui s'était démis de ses fonctions après le combat de l'Arzobispo.

Le roi Joseph fut instruit à temps des nouveaux projets de l'ennemi, et il prit, assisté des conseils du maréchal Soult, toutes les mesures nécessaires pour les faire échouer.

Bataille d'Ocaña. — L'avant-garde espagnole, précédant de plusieurs journées le gros de l'armée, attaqua, le 12 novembre, auprès d'Ocaña le général Milhaud, qui, outre sa division de dragons, avait avec lui le 7e régiment d'infanterie polonaise. Quoique cette avant-garde fût composée de l'élite et de la presque totalité de la cavalerie espagnole, elle fut culbutée par les dragons français, pendant que le régiment polonais, formé en carré, l'écrasait de son feu.

Après cet engagement, le général Sébastiani, au corps duquel appartenaient les troupes qui venaient de combattre, garda une semaine entière le champ de bataille d'Ocaña.

Le duc de Dalmatie, ayant donné l'ordre au premier corps de s'avancer dans la direction d'Aranjuez, renforça le général Sébastiani d'une partie du corps du maréchal Mortier et de la division du général Des-

solles. Il ordonna ensuite au maréchal Victor de passer le Tage, et de marcher sur la droite de l'armée espagnole qui venait d'arriver dans la plaine d'Ocaña, à deux lieues du Tage, et qui menaçait de rejeter l'avant-garde française au-delà de ce fleuve.

L'armée espagnole avait pris position dans la plaine où se trouve située la ville d'Ocaña. Elle avait sa droite à Noblegas, son centre à Ocaña, à l'embranchement des routes de Murcie et d'Andujar; sa gauche se prolongeait au-delà de cette ville. Son front, jusqu'à la presque extrémité de sa droite, était couvert par un ravin profond qui séparait la ville d'un plateau occupé par l'avant-garde française.

Le 18 novembre, dès le matin, la division du général Leval fut attaquée sur ce plateau par les troupes légères de l'ennemi. Les Français repoussèrent facilement cette première attaque, et se trouvèrent en présence de la ligne espagnole, qui effectuait son déploiement. Les bataillons du général Leval étaient à portée des pièces de campagne que l'ennemi avait sur son front. Peut-être, dans cette position dangereuse, eût-il été prudent de rétrograder pour attendre l'arrivée des troupes du maréchal Victor; mais, n'écoutant que leur courage, les Français marchèrent aux Espagnols, et continuèrent à s'avancer, quoique leur feu les incommodât beaucoup. Le roi Joseph, qui, assisté du major-général Soult, commandait l'armée, fit appuyer ce mouvement. Le général Senarmont s'avança, avec l'artillerie du 1er corps, pour mitrailler la ligne espagnole, qui recula en assez bon ordre. On se battit ainsi quelque temps sans trop de résultats. Mais la cavalerie du général Sébastiani et celle de la garde royale ayant gagné du terrain sur la gauche, se trouvèrent dans un bois d'oliviers, en face de l'infanterie espagnole, qui se forma aussitôt en carrés, mais qui fut bientôt enfoncée et dispersée. La cavalerie légère du général Merlin sabra les fuyards et fit 5,000 prisonniers. Une brigade du général Milhaud s'élança sur une autre colonne ennemie qui fuyait, lui enleva son artillerie et la fit presque entièrement prisonnière. Poursuivis avec acharnement jusqu'à la Guardia, les Espagnols laissèrent à chaque pas de nouveaux prisonniers entre les mains des Français qui, à la fin de la journée, s'étaient emparés de 25,000 hommes (dont 3 généraux, 6 colonels et 700 officiers), de 50 pièces de canons, de 30 drapeaux et d'une immense quantité d'armes de toute espèce. En outre, les Espagnols laissèrent, de leur propre aveu, 40,000 fusils et plus de 12,000 morts sur le champ de bataille.

Dans cette journée, outre la garde du roi, plusieurs régiment espagnols au service de Joseph Napoléon, combattirent dans les rangs de l'armée française et se signalèrent par leur bravoure. — On retrouva, il est vrai, parmi les prisonniers beaucoup d'individus qui avaient déjà prêté serment de fidélité au roi, et qui l'avaient servi quelque temps avant de déserter. — Un décret rendu, après la bataille, porta qu'ils seraient jugés par des commissions militaires; mais plus tard, cédant à sa clémence naturelle, le roi leur accorda un pardon général. — Joseph ne négligeait aucun des moyens de s'attacher ses nouveaux sujets. On le vit, durant la bataille, parcourir la plaine, à travers la mitraille et les boulets, afin de modérer les soldats qu'emportait l'ardeur de la victoire; il sauva la vie à plus d'un prisonnier, et disait aux Français : « Mes « amis, épargnez ces pauvres Espagnols, un jour ils se- « ront vos compagnons d'armes. » Son humanité obtint un succès complet; sans lui l'armée eût fait comme à Médelin, elle eût couvert le terrain des nombreux ennemis qu'elle se contenta de désarmer.

Inaction de Wellington. — Ses projets. — Intrigues de la Romana contre la Junte. — Il est assez remarquable qu'au moment où l'Espagne recevait un échec aussi terrible, Wellington demeurait dans une inaction complète aux confins du Portugal, tandis que les 2e et 3e corps, dispersés depuis le Tage à Salamanque, eussent donné prise à une puissante diversion. « On a, dit Jomini, rejeté la faute de cette inaction sur la politique anglaise; on y a vu un soin excessif pour la conservation de son armée, de laquelle dépendait, selon elle, tout le succès de la guerre et la délivrance de la Péninsule. Quelque excessive que cette prudence paraisse, il y aurait de l'injustice à la blâmer. Au fait, peu importait à Wellington que cette guerre durât dix ans, pourvu qu'il ne donnât rien au hasard; ce n'était pas le sol anglais qu'il nous laissait fouler, et pour le salut duquel il eût été raisonnable de tout sacrifier. A ces motifs plausibles, il importe d'en ajouter de plus puissants encore : Wellington, mécontent de ce que la junte suprême avait hésité à mettre les troupes espagnols formellement sous ses ordres, s'était rendu à Séville. Il s'y aboucha avec le marquis de Wellesley son frère, ambassadeur d'Angleterre, à l'effet de poser les bases d'un système qui assurât plus d'ensemble aux opérations. Le danger qu'il avait couru à Arzobispo lui prouvait que, si la guerre nationale que nous faisait l'Espagne assurait de grands avantages à l'armée anglaise, elle ne devait pas s'abandonner à des entreprises hardies au cœur du royaume, avant de s'être ménagé un refuge assuré, des renforts suffisants, et une coopération mieux combinée de la part des troupes espagnoles. La Romana fut appelé à cet effet à la junte de Séville, où l'on espérait que ses services et son crédit donneraient un grand appui à l'influence de l'Angleterre.

« L'expédition d'Arrizaga n'était nullement liée au plan défensif que le général anglais s'était tracé en attendant qu'il eût reçu des renforts, et il n'eût rien pu faire à cette époque qui pût produire un effet immédiat pour dégager les Espagnols. Il eût fallu qu'il reprît l'offensive de son côté bien avant eux pour remarcher en Estramadure et agir de concert : or une telle incursion était diamétralement opposée à ses projets. En effet, loin de remonter la Guadiana pour agir avec Arrizaga, aussitôt qu'il eut terminé ses conférences à Séville, Wellington dirigea son armée de Badajoz par Albukerque au nord du Portugal pour agir de concert avec le duc del Parque, qui commandait l'ancien corps de La Romana sous Ciudad-Rodrigo, et avec Beresford, qui avait couvert Almeida. Ce nouveau plan d'opération ne manquait pas de mérite, puisqu'il portait l'armée anglaise sur le point le plus important de nos communications, dégarni par les rassemblements de nos troupes sur la frontière d'Andalousie. Il réunissait en outre à ce grand avantage celui de mieux couvrir le Portugal, base essentielle de toutes les opérations britanniques pour la délivrance de la Péninsule.

« Wellington ne s'en tint pas là : il s'était bien convaincu qu'une masse solide de 40,000 Anglo-Hanovriens et autant de Portugais disciplinés et dévoués lutterait avec des chances incalculables contre une armé forcée de s'étendre, soit pour vivre, soit pour soumettre le pays, et couvrir enfin son immense ligne de communication. Mais l'exemple de Moore prouvait aussi au général anglais qu'avec des adversaires impétueux et actifs, il aurait par moment de rudes assauts à soutenir. Il lui importait donc d'assurer à son armée un refuge formidable pour lui éviter, en cas d'échec, une catastrophe semblable à celle de la Corogne, et lui donner le temps d'user nos forces, de recevoir des secours, ou au pis aller de se rembarquer en toute sûreté pour aller porter son activité sur un autre point de la vaste Péninsule. A cette fin, aussitôt après son retour de Séville, il fit tracer un immense camp retranché sur les hauteurs de Torrès Vedras, qui forment la base du triangle figuré par l'embouchure du Tage et la mer, et au sommet duquel est située Lisbonne.

« L'événement prouva d'autant mieux la sagesse de ces mesures, que la présence de La Romama à Séville ne produisit pas tout l'effet qu'on s'en était promis. Le général y fut bientôt aux prises avec la Junte. Celle-ci se montrait jalouse de l'indépendance nationale, et traitait les Anglais en auxiliaires qui affectaient pour l'Espagne un faux désintéressement. Elle jugeait, avec raison, que c'était moins pour l'Espagne que pour l'Angleterre elle-même qu'ils mettaient tant d'empressement; elle avait refusé de recevoir leurs troupes dans Cadix. Wellington attribuait à sa jalousie déplacée la conduite de Cuesta, et le peu de succès de l'entreprise sur Madrid. Tous deux au fond avaient raison dans leur sens; mais une telle divergence d'intérêts pouvait servir notre cause, autant que la puissance des baïonnettes. Le Anglais, s'étant emparés de l'esprit de La Romana, lui persuadèrent que la Junte perdrait tout par une vanité nationale malentendue, et le déterminèrent à la dissoudre pour y substituer une régence moins nombreuse. Il fit des proclamations, adressant à la Junte à peu près les mêmes reproches que Napoléon fit au Directoire à son retour d'Égypte. Il parut prêt à frapper des coups d'états, à saisir le timon des affaires; mais son caractère léger ne lui permettait de jouer ni le rôle de Cromwell, ni celui qui avait si bien réussi, au 18 brumaire, au général Bonaparte...» Il ne fit rien.

Armée du duc d'El Parque.— Détachement contre Avila. — Cependant l'armée espagnole qui, sous le commandement du duc d'El Parque, combinait à l'époque de la bataille d'Ocaña ses opérations avec la grande armée de la Manche, devait, pendant que celle-ci s'avancerait sur Madrid, s'attacher à couper la retraite de l'armée française, en s'emparant des puertos de Guadarrama et de Somosierra, comme si la grande route d'Aragon par Guadalaxara n'eût pas existé, comme si le pays entre le Xarama et l'Henarès n'eût pas offert les plus belles communications pour arriver à Siguenza; enfin, comme si le cours de l'Henarès n'eût pas couvert la position la plus escarpée, la mieux appuyée, la plus sûre pour une armée en retraite, la plus inabordable pour un ennemi vainqueur.—Depuis le désastre du général Dupont, les Espagnols ne semblaient rêver que de pareils succès. Ils avaient oublié que l'armée de cet habile et malheureux officier, quoique toute composée de jeunes conscrits, s'était néanmoins précipitée à trois différentes reprises sur les lignes ennemies, et que chaque fois, après avoir renversé les deux premières, elle n'avait vu échouer ses efforts que devant une troisième plus formidable que les deux autres.

La ville d'Avila commandait le chemin le plus court pour arriver de Portugal aux puertos dont il vient d'être question. Cette ville était alors défendue par le général Hugo, gouverneur de la province, et qui n'ayant avec lui que trois faibles bataillons, avait néanmoins été chargé de maintenir les communications entre les armées françaises du centre de l'Espagne, et les armées de Galice et de Portugal. Le duc d'El Parque ordonna au général Ballesteros de marcher contre Avila avec quinze bataillons, tandis que lui-même, avec le reste de l'armée espagnole, déboucherait dans la province par Alba de Tormès.

Le général Hugo avec sa petite troupe réussit à faire face sur tous les points aux bataillons de Ballesteros, dont le détachement ne fit qu'affaiblir considérablement l'armée du duc d'El Parque, et rendit plus facile la défaite de son armée.

Bataille d'Alba de Tormès. — Les Espagnols se retirent en Portugal. — En effet battu près de Ciudad-Rodrigo par le général Marchand, qui, ainsi que nous l'avons dit, avait remplacé le maréchal Ney dans le commandement du 6e corps, le duc d'El Parque avait été renforcé par de nouvelles levées, et, marchant à l'improviste sur Salamanque, s'était emparé de cette ville qui n'était défendue que par une faible garnison. Le général Kellermann, instruit de cette circon-

stance, partit de Valladolid, rallia ses troupes aux environs de Medina del Campo, rencontra, le 26 novembre, l'avant-garde espagnole à El Carpio, l'attaqua et la força à se replier sur Salamanque.

Le lendemain, Kellermann suivit la même direction et fit une telle diligence que le général Lorcet, qui commandait l'avant-garde française, atteignit l'ennemi le 28, à trois heures après midi, à Alba de Tormès, au passage de la rivière. Le duc d'El Parque occupait cette ville, et avait disposé ses troupes sur les deux rives. La cavalerie française déboucha sur le plateau qui est en avant d'Alba, sur la rive droite. Forcé d'accepter le combat, le duc porta toutes ses troupes de ce côté de la rivière, et les disposa, ainsi que toute son artillerie, sur les hauteurs qui couronnent Alba. Il ne laissa sur la rive gauche qu'une seule division.

Voyant qu'ils n'avaient devant eux qu'une simple avant-garde, les Espagnols prirent l'offensive, et le général Lorcet, trop faible pour résister, se replia sur le gros de la cavalerie qui le suivait. L'ennemi fit aussitôt occuper les revers du plateau par des tirailleurs, soutenus de quelques pelotons de cavalerie. Alors, le général Kellermann donna l'ordre au général Millet de s'avancer, avec les 3e et 6e régiments de dragons, sur la droite du plateau, à la faveur d'un rideau qui masquait sa marche, et il s'y porta lui-même directement avec le reste de la cavalerie.

Une attaque générale sur toute la ligne eut lieu avec tant d'impétuosité, que les Espagnols se débandèrent presque aussitôt. Leur cavalerie tourna bride sans faire la moindre résistance, et repassa le Tormès dans le plus grand désordre. L'infanterie abandonna cinq pièces de canon.

Profitant de ce premier succès, la cavalerie française s'élança sur la seconde ligne d'infanterie qui restait encore au duc d'El Parque; mais accueillie par un feu terrible, elle fut obligée de rétrograder, ce qu'elle exécuta au pas. Les cavaliers sabrèrent les fantassins qu'ils avaient dépassés, et vinrent se reformer vers de nouvelles brigades qui s'avançaient afin de prendre part au combat. De son côté, la cavalerie espagnole était revenue afin de soutenir son infanterie. Le général Kellermann disposa en colonne deux régiments de dragons, et fit charger les cavaliers ennemis qui, débordés, prirent la fuite pour ne plus revenir. L'infanterie du duc d'El Parque, chargée aussitôt en flanc par le 25e de dragons que conduisait le colonel Ornano, abandonna quatre pièces de canon et se retira sur une hauteur, où la cavalerie française se contenta de la tenir en échec, en attendant l'arrivée du général Maucune, qui s'approchait avec une brigade d'infanterie. Le général n'arriva qu'à la nuit; cependant, voulant en finir avec l'armée espagnole, le général Kellermann n'hésita point à ordonner l'attaque, malgré l'obscurité qui permettait à peine de se diriger par des chemins et des passages inconnus. Cette attaque fut si vigoureuse que l'ennemi, qui s'était formé en carré, abandonna sa position dès le premier choc, et se jeta dans les ravins pour échapper plus vite à la poursuite des vainqueurs. Le général Maucune s'élança sur les traces des fuyards, et entra en même temps qu'eux dans la ville d'Alba. Là, tombant sur la queue de la colonne ennemie, il lui tua 200 hommes à la baïonnette, et s'empara du pont et de l'artillerie qui le défendait. Il régnait une telle obscurité que les Français ne dépassèrent point la ville. Les Espagnols profitèrent des ténèbres pour se disperser dans les bois et dans les vignes qui sont près d'Alba, et le lendemain, le générale Kellermann, qui voulait achever de les anéantir, ne put jamais retrouver leurs traces. — Ce même jour, les Français entrèrent dans Salamanque, qui avait été entièrement abandonnée par l'ennemi.

Le duc d'El Parque se retira sous le canon de Ciudad-Rodrigo, où il fut rejoint par Ballesteros, qui harcelé par le général Hugo n'avait pas pu arriver à Alba assez tôt pour secourir son général, et qui se trouva heureux de gagner le territoire portugais.

Réflexions générales sur la campagne de 1809. — Cette bataille sur les frontières du Portugal et la prise de Girone en Catalogne, mirent fin à la campagne de 1809, «dans laquelle, dit Jomini, on avait obtenu de grands succès et commis bien des fautes...

«Les forces françaises auraient dû être divisées en trois armées indépendantes l'une de l'autre, et une réserve formant le corps d'occupation sur les derrières. Le roi Joseph aurait pu ordonner la jonction de deux de ces armées dans le cas où il eût été à propos de se jeter à corps perdu sur les Anglais, ou dans le cas où l'une des armées aurait essuyé un échec assez sérieux pour rendre la concentration nécessaire. A cet effet le plus habile des maréchaux aurait dû être donné pour major-général au roi, afin de guider alors cette masse à la victoire. Dans toute autre hypothèse, on eût laissé agir ces armées dans le rayon d'activité qui leur aurait été assigné.

«En conservant huit à dix corps isolés, ils ne purent se prêter qu'un faible appui par la rivalité de leurs chefs. Ney fut six mois les bras croisés dans la Galice sans pouvoir communiquer avec Madrid, ni avec Bayonne, parce qu'il ne commandait ni à Valladolid, ni à Léon, ni dans les Asturies, et qu'il ne pouvait rien concerter. Il aurait fallu subordonner toutes les troupes entre Burgos et l'Océan à un seul chef. De même dans l'est, il n'eût fallu qu'une armée des Pyrénées orientales pour agir en Aragon et en Catalogne.

«Le roi voulut trop tôt faire de la royauté à Madrid; il aurait dû attendre que l'Espagne fût soumise : sa capitale aurait dû être dans les camps de l'armée du centre jusqu'à la soumission de son royaume. Il voulait à toute force épargner son pays, et subordonna ainsi beaucoup de mouvements militaires à cette combinaison [1]. Il était déjà aussi Espagnol que Philippe V,

quand il fit la guerre au régent. A la vérité, pour se créer un parti, il fallait bien essayer de gouverner : le seul mal fut d'avoir commencé deux ans trop tôt. Joseph, qui n'avait que 4 à 5 mille hommes de gard*

contributions de guerre imposées par les chefs. Alors on l'accusait d'être *plus Espagnol* que Français. Jomini répète cette accusation.

Les Espagnols, qui reconnurent la nouvelle dynastie voulaient épargner à leur patrie les malheurs de la guerre et les ravages de l'invasion; ils cherchaient à conserver l'intégrité du territoire national. L'attachement qu'ils témoignèrent à Joseph fut d'ailleurs justifié par la conduite de ce monarque. On a loué, et avec raison, le roi Louis Napoléon, d'avoir, étant souverain de la Hollande, embrassé et défendu contre l'ambition de l'Empereur, son frère, les intérêts de son royaume. Joseph mérite de pareils éloges.

Roi d'Espagne, il était devenu comme Espagnol lui-même ; et, pour exprimer, à cet égard, ses sentiments d'une manière plus énergique, il avait coutume de dire : «Si j'aime la France comme ma famille, je suis dévoué à l'Espagne comme à ma religion.» Il s'était entouré de ses nouveaux sujets. Sa cour, à l'exception de quelques généraux français, dévoués depuis long-temps à sa fortune, ne renfermait que des Espagnols. Les grands officiers de la couronne, les premiers officiers du palais, sauf ces généraux, avaient tous été choisis dans les familles illustres de l'Espagne.

Ne voulant rien changer au sort des Espagnols attachés aux rois ses prédécesseurs. Il avait admis dans sa maison tous ceux d'entre eux qui lui avaient offert leurs services. Les pages, au nombre de quarante, que leurs fonctions particulières attachaient à sa personne, étaient tous Espagnols, excepté un seul. Parmi ces jeunes gens des premières familles de l'Espagne, on remarquait même les fils de quelques-uns des généraux insurgés. Joseph ne considérant pas ces enfants comme responsables de la conduite de leurs parents, leur accordait la même bienveillance qu'aux fils de ses sujets les plus dévoués : jouissant des mêmes faveurs et des mêmes priviléges que leurs camarades, quand leur tour de service arrivait, ils l'accompagnaient dans ses promenades solitaires à la Casa-del-Campo ; et dans les parties de chasse, ils avaient, comme les autres, le soin de porter et de charger sa carabine.

La garde royale se composait comme celle du roi Charles IV, de régiments espagnols et de régiments étrangers. Les régiments étrangers étaient suisses ou wallons du temps de Charles IV ; pendant le règne de Joseph, ils se recrutèrent parmi les soldats français.

Joseph ne confia à aucun Français les importantes fonctions du ministère. Elles furent exclusivement réservées aux Espagnols. Tous ses ministres avaient été conseillers d'État ou ministres sous les Bourbons, c'étaient MM. Azanza, O'Farill, Cabarrus, Urquijo, Almenara, Mazarredo, etc. Les tribunaux, les municipalités, les préfectures, tous les établissements civils, le conseil d'État (à une seule exception près), les conseils du commerce n'étaient remplis que d'Espagnols. Les Français n'occupaient que les dignités militaires, où néanmoins l'on remarquait encore un grand nombre d'Espagnols.

Le règne de Joseph a laissé en Espagne des germes de prospérité qui auraient pu être développés. Il a été marqué par des actes et des travaux qui passeront à la postérité. Madrid avait besoin de places et de fontaines publiques; Joseph en a fait construire de fort belles. L'Espagne n'avait pas une population proportionnée à son étendue et à la fertilité de son territoire ; Joseph, en réduisant d'abord, et bientôt après en supprimant les couvents d'hommes, et en soumettant à son autorisation préalable les vœux des femmes qui voudraient embrasser la vie religieuse, avait jeté les fondements d'une prompte repopulation. La dette de l'État était immense ; Joseph, par la mise en vente des domaines nationaux, la diminua considérablement, et serait parvenu à l'éteindre sans le guerre et les nouvelles dépenses qu'elle occasionnait chaque jour.

Tous ceux qui ont approché de ce prince peuvent rendre témoignage de sa bonté, de sa douceur, de son affabilité et de son égalité de caractère au milieu des événements les plus divers. On le voyait, dans sa prospérité, cherchant à répandre sa fortune sur tous ceux qui l'entouraient ; dans ses désastres, moins occupé de lui-même que de ceux que son malheur entraînait avec lui.

Il était brave dans le combat, et il en a donné des preuves tant en Italie qu'en Espagne. Je rapporterai en temps et lieu quelques traits qui feront connaître sa bravoure.

Sa clémence égalait son humanité ; on a vu sa conduite pendant la bataille d'Ocaña, et après la victoire. Lors de la famine de 1811 à 1812, ses finances étaient épuisées ; cependant il trouva moyen de venir au secours des pauvres de Madrid, en réduisant au strict nécessaire toutes les dépenses de sa maison. Tant que dura la famine, il fit servir sur sa table un pain noir et grossier, voulant, disait il

---

[1] Ces accusations banales contre Joseph Napoléon ne sont pas fondées ; elles se trouvent d'ailleurs victorieusement réfutées dans les *Mémoires du maréchal Jourdan*, qui sont en ce moment sous presse.

Pendant long-temps il a été de mode parmi les généraux français d'attaquer le roi Joseph, on ne voulait pas qu'il eût participé à rien de ce qui s'était fait de bien, on lui attribuait tout ce qui se faisait de mal. La véritable cause de ces calomnies, c'est que le roi cherchait à protéger les Espagnols contre les exactions scandaleuses de quelques généraux et même de quelques maréchaux de haute renommée. Il aurait voulu empêcher les pillages des soldats et les

français, voulut une armée; on lui organisa des régiments avec les nombreux prisonniers faits sur tous les points du royaume; il les arma et les habilla pour les insurgés; car ils les rejoignaient dès qu'ils parvenaient à s'échapper, et la chose n'était pas difficile [1]. Il fallait envoyer tous ces prisonniers en France jusqu'à la pacification; on aurait pu les y utiliser...

«L'Empereur eut tort de lancer Soult en Portugal avec des forces insuffisantes; le rembarquement de Moore fit illusion sur la résistance qu'on opposerait; Napoléon crut que le bruit de nos victoires de Burgos, Tudela, Espiñosa, la Corogne, et le peu d'espoir d'un nouveau secours anglais, dégoûteraient les Portugais d'une lutte destructive. Mais dans la Péninsule, le peuple ne sait que ce que les prêtres lui disent; ils cachaient nos victoires et inventaient des revers : la guerre d'Autriche et le départ de l'Empereur pour l'Allemagne étaient présentés comme des gages certains d'une prochaine délivrance; 10,000 Anglais, restés en Portugal et réunis aux forces régulières et aux milices du royaume, ne pouvaient être soumis par les 26,000 hommes de Soult : il aurait fallu donner à Soult le 6ᵉ corps, en faisant occuper en Galice seulement le Ferrol et la Corogne par 7 à 8,000 hommes. Marcher sans cesse sur l'ennemi avec une armée mobile et ne pas administrer avant de combattre : voilà ce que nous aurions dû faire, et ce que les lieutenants de l'Empereur et son frère n'ont pas compris à temps.

«Tout le mal provint de la malheureuse déclaration de guerre de l'Autriche, qui fit plus pour la Péninsule que les secours de l'Angleterre, soit par l'effet moral qu'elle produisit en sens opposé sur l'ennemi et sur nos troupes, soit par le défaut de vigueur et d'unité qui fut le résultat du départ de Napoléon, circonstance déplorable sous tous les rapports, et qui eut ainsi les plus funestes conséquences.

«Comme les Espagnols avaient chassé l'armée française derrière l'Èbre avant l'arrivée de l'Empereur, ils ne doutèrent nullement de la chasser de nouveau après son départ, convaincus qu'il était seul l'instrument et le gage de la victoire. Au surplus, ceux qui ont sottement comparé cette guerre avec celle que Louis XIV fit en Espagne de 1704 à 1709, prouvent qu'ils ne savent pas l'histoire. Les Français, sous Philippe V, avaient les trois quarts de la population du royaume pour eux; il n'y avait que l'Aragon, la Catalogne et Valence prononcés en faveur de la maison d'Autriche. Si l'Empereur avait eu seulement la moitié du parti qui appuya les armes de Louis XIV, ses ennemis et les Anglais auraient disparu comme un souffle devant ses aigles; la guerre eût été terminée en deux campagnes. Avec un pareil parti, pouvant compter sur des approvisionnements, n'ayant aucune raison d'occuper militairement chaque province, les Français eussent dirigé tous nos moyens sur l'armée anglaise et sur le peu de troupes que l'Espagne aurait pu y joindre, ils eussent fait en un mot la guerre militairement : ce que Vendôme et Berwick purent faire fort à leur aise, n'ayant jamais eu que 30,000 Anglo-Autrichiens, et et peut-être autant d'Espagnols à combattre, et ayant pour eux près de 8,000,000 d'Espagnols.»

---

manger du pain des pauvres. Il ajoutait en souriant : « *Pan de soldado, pan de rey,*» pain de soldat, pain de roi.

Je n'étonnerai aucun de ceux qui ont approché le roi Joseph, en parlant de ses talents militaires. Le vainqueur de Fleurus, le maréchal Jourdan, dont on ne contestera pas sans doute l'autorité en pareille matière, a dit plus d'une fois que dans la discussion des grandes opérations stratégiques, Joseph avait des conceptions qui semblaient émanées du génie de Napoléon. L'illustre général Lamarque n'accordait pas une estime moins grande à la capacité militaire de l'ancien roi de Naples et d'Espagne. Dans une lettre écrite en 1824, et qu'on ne peut croire dictée par la flatterie (on ne flatte guère les rois tombés), il appelle encore *son maître* et *son général,* le prince dont il avait été le chef d'état-major.   A. H.

[1] Il y a encore une grande exagération dans le nombre de ces équipements et de ces désertions. L'auteur de la *France militaire* qui a été à portée d'avoir à ce sujet des documents authentiques (son père, le général Hugo, était inspecteur général des armées espagnoles), peut affirmer que pendant les six années qu'à duré la guerre, le nombre des soldats espagnols déserteurs, après avoir été habillés avec les effets qui se trouvaient dans les magasins de Madrid et des autres villes appartenant à Joseph, n'a pas dépassé 20,000. Sur ce nombre très peu avaient reçu des armes. Cependant on a écrit et répété que Joseph organisait et équipait des armées pour l'insurrection.   A. H.

RÉSUMÉ CHRONOLOGIQUE.

1809.

10 NOVEMBRE. Arrivée de la Grande-Armée espagnole dans les plaines d'Ocaña.

18 — Combat d'Ocaña.

19 NOVEMBRE. Bataille d'Ocaña. — Destruction de la Grande-Armée espagnole.

26 — Combat d'El Carpio.

28 — Bataille d'Alba de Tormès.

30 — L'armée du duc d'El Parque est rejetée en Portugal.

1809. — GUERRE D'ALLEMAGNE.

BATAILLE D'ECKMUHL.

SOMMAIRE.

Préparatifs de l'Autriche. — Forces de l'armée autrichienne. — Forces et positions de l'armée française. — Passage de l'Inn par les Autrichiens. — Commencement des hostilités. — Mouvement de l'armée française. — Combat de Landshut. — L'archiduc Charles se dispose à attaquer le corps de Davoust. — Arrivée de l'empereur Napoléon. — Proclamation à l'armée. — Davoust reçoit l'ordre de joindre l'armée bavaroise. — Engagement sur le Regen. — Entrée des Autrichiens à Ratisbonne. — Marche et dispositions de Davoust. — Marche et dispositions de l'Archiduc. — Combats de Tengen et Arnhoffen (Bataille de Tann). — Plan de l'Empereur. — Ses dispositions. — Bataille d'Abensberg. — Combat et prise de Landshut. — Bataille d'Eckmuhl. — Les Autrichiens repassent le Danube. — Combat et prise de Ratisbonne. — Proclamation à l'armée. — Blessure de l'Empereur. — Revue.

ARMÉE FRANÇAISE.	ARMÉE AUTRICHIENNE
L'Empereur NAPOLÉON.	Général en chef. L'Archiduc CHARLES.
Maréchaux : DAVOUST. — LEFEBVRE.	Généraux : L'Archiduc JEAN. — L'Archiduc FERDINAND.

Préparatifs de l'Autriche. — Forces de l'armée autrichienne. — Depuis quatre ans, l'Autriche dévorait en silence l'humiliation du traité de Presbourg ; les divisions territoriales qui y avaient été décidées avaient excité dans toute l'Allemagne un vif mécontentement. Les villes anséatiques détestaient le système continental qui les privait de commerce maritime ; la Westphalie supportait impatiemment la domination de Jérôme ; et le Tyrol était prêt à se soulever, en haine du régime bavarois. De plus, le cabinet de Vienne savait que la Prusse désirait la guerre et qu'elle était toute prête à porter son armée à 100,000 hommes. L'empereur François résolut de profiter de ces dispositions hostiles à la France pour lui déclarer la guerre. Le moment était bien choisi : les armées françaises étaient disséminées en Italie, en Espagne et en Portugal ; Napoléon lui-même se trouvait dans la Péninsule. François II se décida donc à faire un dernier effort pour réunir et armer des masses formidables. L'armée active autrichienne fut portée à 350,000 hommes qui devaient être renforcés de cent cinquante bataillons de land-wehr.

L'Angleterre contribua à cette guerre nouvelle par un subside de cent millions, et promit d'envoyer, aussitôt que la guerre serait commencée, un corps de 40,000 hommes pour opérer une diversion, soit sur les côtes de l'Empire français, soit dans le nord de l'Allemagne.

L'Autriche se proposait d'attaquer la France sur trois points à la fois, en Bavière, en Italie et en Pologne. Elle suivit et imita, dans la composition de son armée, l'organisation de l'armée française. Six corps de 25,000 hommes chaque, et une forte réserve formèrent la grande armée aux ordres du prince Charles. Cette armée rassemblée en Bohême fut chargée d'envahir la Bavière. Deux corps, d'ensemble 50,000 hommes de troupes de ligne et 25,000 soldats milicens, composèrent l'armée d'Italie aux ordres de l'archiduc Jean ; enfin une troisième armée de 40,000 hommes, commandée par l'archiduc Ferdinand, devait occuper le duché de Varsovie. Le total des forces de l'armée ennemie s'élevait à 450,000 hommes ; l'artillerie de cette armée était de 700 pièces de canon.

Forces et positions de l'armée française. — L'empereur Napoléon, quoiqu'au fond de l'Espagne, observait les préparatifs de l'Autriche. Mais les forces dont il pouvait disposer pour la guerre qu'il allait être obligé de soutenir en Allemagne, ne s'élevaient qu'à 100,000 Français (y compris les garnisons des villes du nord de l'Allemagne), et à 40,000 Bavarois et Wurtembergeois. Il pouvait compter en outre sur 60,000 confédérés, Saxons, Badois, Hessois, etc., pourvu que le sort des armes ne lui fût pas défavorable ; et, dans tous les cas, sur les Polonais décidés à combattre vigoureusement pour l'indépendance de leur patrie. L'armée d'Italie, sous Eugène et Macdonald, était de 45,000 combattants, et le corps de Marmont, en Illyrie, de 15,000. — L'artillerie de toutes ces troupes réunies ne s'élevait pas au-delà de 560 pièces de canon.

Nous venons de donner le total des forces que l'empereur Napoléon pouvait opposer à l'empereur François II ; voici comment ces forces étaient divisées :

Le maréchal Davoust commandait un corps d'armée composé de quatre divisions d'infanterie aux ordres des généraux Friant, Morand, Gudin et Saint-Hilaire, et d'une division de cavalerie sous le commandement du général Montbrun. Les garnisons de Dantzick et les places fortes de la Prusse encore occupées par les Français faisaient partie du corps d'armée de Davoust, qui s'élevait ainsi à 58,000 hommes, et qui reçut l'ordre de passer le Danube à Ingolstadt.

Le général Oudinot commandait un autre corps composé de deux divisions d'infanterie aux ordres des généraux Conroux et Claparède, et d'une division de cavalerie légère commandée par le général Édouard Colbert, en tout, 14,000 hommes. Ce corps reçut l'ordre de passer le Danube et de venir prendre des cantonnements sur le Lech.

A peu près à la même époque, les divisions Boudet, Molitor, Carra-Saint-Cyr et Legrand, qui étaient en marche pour se rendre en Espagne, reçurent contre-ordre à Lyon et repassèrent le Rhin le 17 mars. Ces quatre divisions, présentant un effectif de 25,000 combattants, devaient former un nouveau corps d'armée dont l'Empereur se proposait de confier le commandement au maréchal Masséna.

La légion portugaise, forte de 2,000 hommes, dont 400 de cavalerie, fut dirigée sur le Rhin; elle devait entrer dans la composition d'un nouveau corps que l'on allait organiser, ainsi que la division du général Dupas, appartenant au corps d'armée du prince de Ponte-Corvo, chargé de la surveillance des côtes de la Baltique. Le commandement de ce nouveau corps fut confié plus tard au maréchal Lannes.

Un corps de réserve fut envoyé en Bavière sous le commandement du duc d'Istries. Ce corps était formé de trois divisions de grosse cavalerie, sous les ordres des généraux Espagne, Saint-Sulpice et Nansouty.

Les troupes de la confédération du Rhin, lorsqu'elles seraient réunies, paraissaient devoir se monter à 76,000 hommes; mais, au premier avril, il n'y avait, en présence des Autrichiens que l'armée bavaroise, forte d'environ 40,000 hommes, dont 30,000 étaient distribués en trois divisions, chacune de 10,000 hommes: la première à Munich, commandée par le prince royal; la seconde à Landshut, sous les ordres du général Deroi, et la troisième à Straubing, sous les ordres du général de Wrede. Les autres 10,000 hommes étaient répartis tant dans les places de la Bavière que du Tyrol. La totalité de cette armée bavaroise forma, à l'entrée de la campagne, le 7e corps de la grande armée française, et le commandement en fut donné par l'Empereur, de concert avec le roi de Bavière, au maréchal Lefebvre.

Le 8e corps de la Grande-Armée se composait du contingent fourni par le roi de Wurtemberg. Ce corps, fort de 10,000 hommes commandés par le général Vandamme, se rendit à Heidenheim.

Le maréchal Bernadotte prit le commandement de l'armée saxonne, forte d'environ 20,000 hommes. Il reçut l'ordre de s'approcher du Danube en observant, dans sa marche, les frontières de la Bohême.

Passage de l'Inn par les Autrichiens. — Commencement des hostilités. — Les troupes françaises n'étaient pas en mesure d'opérer immédiatement; les corps qui se trouvaient sur la rive droite du Danube, dans les premiers jours d'avril, étaient disséminés entre le Lech et l'Iser, à trente ou quarante lieues de distance. L'armée de l'archiduc Charles, au contraire, rassemblée sur les bords de l'Inn au nombre de 160,000 hommes, pouvait commencer à l'instant même les hostilités.

En effet, le 9 avril, l'archiduc fit parvenir au général en chef de l'armée française à Munich, une déclaration portant qu'il allait marcher en avant avec toutes ses troupes; le jour même, l'avant-garde autrichienne passa l'Inn. — Les hostilités commencèrent le lendemain pendant que le gros de l'armée suivait le mouvement de l'avant-garde; cette avant-garde était formée des deux détachements aux ordres des généraux Jellachich et Dedowich; le premier marcha sur Munich et le second sur Passau.

Le 10 avril, jour où les hostilités commencèrent, l'aile droite de l'armée de l'archiduc Charles, composée des 1er et 2e corps, quitta la Bohême et se rendit à Wernberg; l'archiduc Ferdinand, à la tête du 7e

corps, formant une armée séparée, passa la Pilica, rivière qui se jette dans la Vistule, et déboucha sans difficultés dans le grand duché de Varsovie; l'archiduc Jean, à la tête des 8e et 9e corps formant l'armée autrichienne d'Italie, marcha en toute hâte sur le Tagliamento; le marquis de Chasteler, détaché avec 7,000 hommes du 8e corps, entra dans le Tyrol et arriva le 12 avril près de Brixen; un autre détachement, tiré du 9e corps, et à peu près de la même force, fut envoyé en Dalmatie sous le commandement du général Stroichewitz pour agir contre le corps d'armée que le général Marmont commandait dans ce pays.

L'armée de l'archiduc Charles avait passé l'Inn sur les points suivants: les 5e et 6e corps et le 2e de réserve à Braunau; le 3e corps entre cette dernière ville et Schærding; le 4e corps et le 1er de réserve à Schærding. Pendant ces premières opérations, l'armée autrichienne conserva l'ordre de bataille que présentait cette disposition; ainsi les 5e et 6e corps formaient la gauche; le 3e, le centre; le 4e corps et le 2e de réserve, la droite. L'archiduc marchait avec la droite.

Mouvement de l'armée française. — Ce ne fut que le 15 avril, au soir, que les différentes colonnes autrichiennes, s'avançant parallèlement à l'Iser et dans sa direction, arrivèrent sur les bords de cette rivière, ayant employé six jours à faire un trajet d'une vingtaine de lieues. Pendant ce temps, le maréchal Davoust passait le Danube à Ratisbonne; la divison Deroi se formait et entrait en ligne près de Wilsbourg; le corps Wurtembergeois venait en toute hâte renforcer l'armée bavaroise; le général Oudinot, suivi bientôt du maréchal Masséna, s'approchait de Pfeffenhausen, sur le flanc gauche de l'armée autrichienne; enfin Napoléon lui-même arrivait pour se mettre à la tête des opérations.

Le point de rassemblement de l'armée française avait été indiqué à Ratisbonne; mais ce plan ne valait plus rien du moment que l'archiduc s'avançait sur l'Iser. Le maréchal Lefebvre, commandant l'armée bavaroise se forma derrière cette rivière pour retarder au moins l s progrès de l'armée ennemie, et les corps d'Oudinot et de Masséna se portèrent vers la droite de l'armée bavaroise pour la soutenir. Le maréchal Davoust fut le seul qui suivit le mouvement d'abord prescrit; il marcha vers Ratisbonne en faisant couvrir sa gauche par la division du général Friant. L'avant-garde de ce corps arriva, le 13 avril, à Hemmau, village distant de six lieues de Ratisbonne.

Combat de Landshut. — Le maréchal Lefebvre, voulant gagner le temps nécessaire pour que les troupes d'Oudinot et de Masséna fussent à portée d'opérer leur jonction, avait ordonné au général Deroi de défendre le passage de l'Iser près de Landshut. Le passage est assez facile en cet endroit en ce que la rive droite domine la gauche.

Le matin du 16 avril, le 5e corps d'armée autrichien, commandé par l'archiduc Charles en personne, se présenta devant le pont qui avait été coupé. Les troupes bavaroises, retirées sur la rive gauche, résistèrent avec la plus grande intrépidité à la tentative de l'ennemi, qui, protégé par ses nombreuses batteries, travailla à reconstruire le pont de Landshut. Pendant cet engagement, l'avant-garde du 4e corps autrichien passait l'Iser à Landau, et poussait ses postes vers Straubing. Ce mouvement ayant débordé la gauche de la division bavaroise, le général Deroi ordonna la retraite qui s'effectua en bon ordre.

L'archiduc Charles se dispose à attaquer le corps de Davoust. — L'archiduc Charles, maître des deux rives de l'Iser et voyant les Bavarois se retirer devant lui, voulait pousser ces troupes sur le Danube, les inquiéter dans leur passage et les couper du corps du maréchal Davoust en passant lui-même le Danube entre Ratisbonne et Ingolstadt. Ce mouvement devait être appuyé par les 1er et 2e corps qui étaient sur la rive gauche, et qui se seraient portés sur Ratisbonne, le premier par Neumarck et le second par Hemmau. Ce plan était habilement combiné, et si on l'eût suivi avec activité aussitôt après le passage de l'Iser, les Bavarois étaient acculés au Danube, les deux corps de Masséna et d'Oudinot restaient isolés sur la rive droite, et l'archiduc Charles se trouvait, avec plus de 100,000 hommes, sur le flanc droit et sur les derrières du maréchal Davoust, qui, ayant devant lui des forces supérieures aux siennes, devait éprouver les plus grandes difficultés à effectuer sa retraite.

Au moment où ce projet allait être mis à exécution, l'archiduc Charles apprit que le maréchal Davoust venait d'arriver à Ratisbonne, et qu'il se disposait à faire sa jonction avec les Bavarois sur la rivière d'Abens. A cette nouvelle, le prince, au lieu d'acculer les Bavarois au Danube, comme c'était d'abord son intention, se contenta de laisser devant eux un corps d'observation, et se décida à marcher en droite ligne sur le maréchal afin de l'attaquer au moment où il déboucherait de Ratisbonne. Il réunit, en conséquence à Rohr les 3e et 4e corps et le 2e de réserve pour se porter vers les Français; le 5e corps resta à Siegenbourg pour observer les Bavarois, et le 6e eut ordre de s'approcher pour assurer la communication avec Landshut. Toutes ces dispositions furent exécutées le 18 avril.

Arrivée de l'empereur Napoléon. — Proclamation à l'armée. — Pendant tous ces événements préparatoires, c'est-à-dire le 12 avril, une dépêche télégraphique avait averti l'Empereur, alors à Paris, du commencement des hostilités en Allemagne. Napoléon partit aussitôt, arriva, le 16, à Dillingen, sur le Danube, y trouva le roi de Bavière à qui il promit de le ramener avant quinze jours dans sa capitale; se rendit, le 17, à Donawert où le quartier général impérial était établi, et s'occupa sur-le-champ des mesures à prendre. A son arrivée il fit mettre à l'ordre la proclamation suivante:

«Soldats! le territoire de la confédération du Rhin «a été violé. Le général autrichien veut que nous «fuyions à l'aspect de ses armes, et que nous lui abandonnions nos alliés; il arrive avec la rapidité de «l'éclair.

«Soldats! j'étais entouré de vous lorsque le souverain «de l'Autriche vint à mon bivouac de Moravie; vous «l'avez entendu implorer ma clémence et me jurer une «amitié éternelle. Vainqueurs dans trois guerres, «l'Autriche a dû tout à notre générosité; trois fois elle «a été parjure! nos succès passés nous sont un sûr garant de la victoire qui nous attend, marchons donc, «et qu'à notre aspect l'ennemi reconnaisse son vainqueur!»

Davoust reçoit l'ordre de joindre l'armée bavaroise. — L'Empereur avait deviné les projets de l'archiduc Charles, il ne voulut pas lui laisser le temps de les exécuter, et se résolut à prendre l'offensive. Il transporta son quartier général à Ingolstadt, et, le 18, ordonna au maréchal Davoust de déboucher immédiatement de Ratisbonne, et de venir se réunir sur l'Abens, à l'armée bavaroise.

En quittant sa position, Davoust laissa sur la rive gauche du Danube des forces suffisantes pour occuper les hauteurs devant Ratisbonne, et assurer la retraite de la division Friant et de quelques autres détachements qui étaient en marche vers ce point. Le faubourg de Ratisbonne, nommé Stadt-am-Hoff, formait une sorte de tête de pont devant laquelle les troupes étaient postées, ayant leur droite sur le mont de la Trinité, et leur gauche sur les hauteurs de Karrerhohen.

Engagement sur la Regen.—Entrée des Autrichiens à Ratisbonne. — L'avant garde du 2e corps autrichien, commandée par le général Kiénau, arriva le 16, sur les hauteurs de Rheinhausen, près Ratisbonne; le lendemain, elle attaqua les postes français sur la Regen, s'empara des villages de Salern et Weiss, et établit des batteries sur la hauteur au-dessus de Rheinhausen. Ces préparatifs engagèrent les Français à hâter leur départ. Le 18, le 2e corps ennemi se réunit à Kirn; son projet était d'attaquer le lendemain le mont de la Trinité et d'empêcher la division Friant de passer le Danube. Mais il était trop tard : cette division prenait position ce jour-là même sur la rive droite du fleuve.

Le général Kollovrath, commandant le 2e corps autrichien, se porta, le 19 avril, avec dix bataillons et douze escadrons, sur les hauteurs de Karrerhohen, qu'il trouva abandonnées. Une vive canonade s'étant fait entendre dans la direction d'Abensberg, peu de temps après, le général ennemi pensa que le maréchal Davoust était aux prises avec l'armée de l'archiduc Charles, et, dans cette croyance, il attaqua Ratisbonne, où le colonel Coutard avait été laissé avec le 65e régiment de ligne. Une colonne ennemie s'empara du faubourg de Stadt-am-Hoff, à la suite d'un engagement assez vif; mais les Français se défendirent avec tant de vigueur à la porte du pont qu'ils avaient barricadée, que le général Autrichien remit au lendemain une nouvelle attaque. Le 20, il fit sommer le colonel Coutard d'évacuer la ville dans le délai de dix heures. Mais dans cet intervalle, le prince de Lichtenstein, commandant le 2° corps de réserve de l'armée ennemie sur la rive droite, marcha contre la ville, et, sans s'arrêter aux négociations entamées, la menaça d'un assaut. Le colonel Coutard, ayant épuisé toutes ses munitions, capitula aux conditions dictées par l'ennemi, et son régiment resta prisonnier de guerre.

Marche et dispositions de Davoust. — Conformément aux ordres de l'Empereur, le maréchal Davoust s'était mis en marche afin de se réunir sur l'Abens à l'armée bavaroise. Le maréchal Lefebvre, pour faciliter ce mouvement, devait attaquer les ennemis qu'il avait devant lui ; le général Oudinot devait en même temps marcher sur Pfeffenhausen pour se placer entre la gauche de l'armée principale, postée à Mainbourg, et le corps détaché du général Jellachich, qui était à Munich. Le maréchal Masséna, alors en marche sur Augsbourg, et près d'atteindre cette ville, devait appuyer le mouvement du général Oudinot. Ces dispositions avaient pour but de réunir promptement toutes les forces disponibles afin de repousser l'armée de l'Archiduc et de délivrer la Bavière.

Le 19 avril, à la pointe du jour, le maréchal Davoust rangea ses troupes sur trois colonnes et se mit en mouvement vers Abensberg. Il emmenait avec lui tout son corps d'armée, à l'exception du 65° régiment, laissé à Ratisbonne, comme nous venons de le dire. Outre les quatre divisions d'infanterie, il avait sous ses ordres la division de cuirassiers du général Bonardi-Saint-Sulpice et celle de cavalerie légère commandée par le général Montbrun.

Le 3° corps était au-delà du village de Seilbach, quand le maréchal Davoust fut informé que l'armée autrichienne s'avançait à sa rencontre par Langwart et Tann. Il ordonna aussitôt à la division Saint-Hilaire, qui arrivait à Tengen, de s'arrêter et de prendre position sur la lisière d'un bois en avant de ce village et derrière celui de Hausen, qu'une avant-garde occupa.

Le division Friant, qui se trouvait en avant de Sshmithorf, s'arrêta aussi et se disposa à soutenir celle du général Saint-Hilaire.

Les généraux Gudin et Morand, eurent ordre de continuer, avec leurs divisions, leur marche sur Arnhoffen, où ils devaient joindre la gauche de l'armée bavaroise. La division Montbrun couvrait le défilé d'Abbach et s'appuyait à la gauche du général Friant.

Marche et dispositions de l'Archiduc. — Disons maintenant le mouvement de l'armée ennemie. L'archiduc Charles, après avoir réuni ses troupes autour de Rohr, et les avoir disposées sur trois colonnes principales, s'était mis en marche à trois heures du matin dans la direction de Ratisbonne, pour empêcher la réunion du maréchal Davoust avec l'armée bavaroise. La première colonne, formée du 3° corps de la Grande-Armée, s'avançait sur Hausen, et devait détacher une forte brigade sur les hauteurs de Kendorf, pour observer les Bavarois vers Bibourg sur l'Abens, et assurer, en même temps, la communication avec le 5° corps d'armée, posté près de Siegenbourg ; la deuxième colonne, formée du 4° corps et de 12 bataillons de grenadiers, tirés du corps de réserve, s'avança sur Dinzling et Weichenloo ; enfin la troisième, composée du reste de la réserve, se porta sur Schierling et Eckmuhl

---

Combats de Tengen et Arnhoffen (Bataille de Tann). — Vers neuf heures du matin, un détachement qui éclairait la gauche de la deuxième colonne ennemie, rencontra les Français au village de Sneidert, et un engagement eut lieu. L'archiduc Charles marchait avec cette deuxième colonne, et la fit former aussitôt sur les hauteurs de Grub, pour attendre la première colonne qui s'avançait sur Hausen. Dès que l'Archiduc aperçut la tête de cette colonne, il donna ordre à la deuxième de continuer sa marche sur Dinzling, à l'exception des douze bataillons de grenadiers de la réserve, qu'il conserva près de lui sur les hauteurs de Grub pour observer l'attaque et être à même de se porter sur le point le plus menacé.

Quand la première colonne autrichienne fut près de Hausen, elle trouva ce village occupé par un détachement de la division Saint-Hilaire. Le général Hohenzollern, qui commandait cette colonne, la rangea en bataille de manière à ce qu'elle fit face aux divisions Friant et Saint-Hilaire, disposées en avant de Tengen, sur toute la lisière du bois. Le village de Hausen fut d'abord emporté par les Autrichiens, qui passèrent le défilé pour venir attaquer la division Saint-Hilaire dans le bois de Tengen, où ils tentèrent de pénétrer par le chemin qui le traverse. Cette tentative fut faite successivement par six régimens qui, tous, furent obligés de reculer devant le feu croisé des bataillons français.

Une nuée de tirailleurs, détachés de la droite de la ligne ennemie, attaquaient pendant ce temps l'extrême gauche du général Friant, formée d'un bataillon du 15° d'infanterie légère, commandé par le colonel Desailly, sous les ordres du général Gilly. Ce général, quoique avec des forces bien inférieures, fit une admirable défense qui donna le temps au général Friant d'envoyer un bataillon du 48° à son secours. Les Autrichiens, ainsi contenus sur tout le front de la division française, éprouvèrent une perte nombreuse. Vers sept heures du soir, un orage affreux mit fin au combat qui avait duré toute la journée. L'ennemi avait perdu beaucoup plus de monde que les Français ; ses morts s'élevaient à 2,000, sans compter les blessés, parmi lesquels se trouvaient plusieurs généraux et un grand nombre d'officiers ; les Français firent, en outre, 700 prisonniers, et purent opérer leur jonction avec l'armée bavaroise.

Pendant le combat de Tengen, les deux colonnes ennemies avaient continué leur marche ; la deuxième, sous les ordres du prince de Rosemberg, avait pris position à Dinzling, et la troisième, commandée par le prince de Lichtenstein, se portait d'Eckmuhl sur Ratisbonne (c'est cette dernière qui, ainsi que nous l'avons vu, fit capituler le colonel Coutard).

Le maréchal Lefebvre devait soutenir le mouvement du maréchal Davoust en attaquant les troupes qu'il avait devant lui. Ces troupes se composaient de deux régiments d'infanterie et de deux de cavalerie ; ces détachements ne pouvaient être secourus, les corps dont ils faisaient partie étant alors engagés à Tengen. Aussi les Français n'eurent-ils pas beaucoup de peine à repousser ces quatre régiments au village d'Arnhoffen ; l'un d'eux, le régiment de dragons de Levenher, fut anéanti presque entièrement, et eut son colonel tué.

Le général Oudinot culbutait en même temps à Pfaffenhoffen un détachement du 6e corps autrichien, et s'emparait de ce village. Ce détachement se replia en désordre sur le gros du 6e corps, alors en marche sur Mainbourg.

Dans la soirée du 19, le général Vandamme arriva avec le corps wurtembergeois à Abensberg.

Plan de l'Empereur. — Ses dispositions. — Dans le temps que ces événements se passaient, Napoléon avait quitté Ingolstadt, et était arrivé à Abensberg, accompagné du maréchal Berthier, major général, du maréchal Lannes, et d'une partie du grand état-major général. Les différents rapports qu'il reçut dans la soirée lui firent juger la position de l'armée autrichienne, et il pensa qu'il pourrait facilement traverser le centre de sa ligne. En effet, cette armée si nombreuse était divisée en deux parties presque isolées. Les deux ailes ne pouvaient communiquer entre elles que par un détachement aux ordres du général Thierry, qui venait d'être battu par les Bavarois, et l'archiduc Charles ayant fait faire, dans la nuit du 19 au 20, un mouvement rétrograde aux troupes qui avaient combattu dans la journée, l'intervalle qui séparait les deux ailes s'était encore agrandi.

Napoléon résolut de porter sur la droite et sur la gauche des Autrichiens des forces capables d'attirer leur attention ; de jeter entre les deux ailes une masse imposante pour pousser ces ailes dans des directions opposées, et de les anéantir l'une après l'autre par sa supériorité numérique et par la terreur que ne manquerait pas de leur inspirer leur isolement. Ce plan, si habilement conçu, fut promptement exécuté.

Les deux ailes de l'armée autrichienne étaient séparées par la ligne intermédiaire que trace la route de Rohr à Landshut ; l'Empereur dirigea donc sa principale opération sur les différentes positions que cette ligne pourrait présenter.

Le maréchal Davoust garda, avec les divisions Friant, Saint-Hilaire et Montbrun, les positions qu'il occupait près d'Hausen, afin de tenir en échec les corps des généraux Lichtenstein, Hohenzollern et Rosemberg.

L'armée que Napoléon allait employer à l'exécution de son projet était forte de 50,000 hommes, et se composait : 1° des deux divisions Morand et Gudin, formant la gauche, et dont le maréchal Lannes prit le commandement provisoire ; 2° du corps wurtembergeois, à la tête duquel l'Empereur se mit lui-même, et qui formait le centre ; 3° des deux divisions bavaroises, aux ordres du prince royal et du général Deroi ; celles-ci formaient la droite, et le maréchal Lefebvre les commandait. On avait réservé, pour un besoin urgent, la division du général de Wrede, qui était restée en observation devant le corps de l'archiduc Louis, établi à Siegenbourg.

Bataille d'Abensberg. — Combat et prise de Landshut. — L'armée française se mit en marche le matin du 20 avril ; l'Empereur harangua les troupes bavaroises et wurtembergeoises, et dit aux officiers que, pour leur prouver qu'il ne faisait aucune différence entre eux et les Français, il voulait combattre à leur tête dans toute cette journée. Cette allocution, traduite en allemand par le prince royal de Bavière pour que les chefs pussent la transmettre aux soldats, excita les plus vifs transports parmi tous ces hommes, fiers de combattre sous les yeux et sous le commandement de Napoléon.

Le maréchal Lannes avec ses deux divisions, le général Vandamme à la tête des Wurtembergeois, et le maréchal Davoust avec les deux divisions du prince royal et du général Deroi, entrèrent successivement dans Rohr, après avoir culbuté et dispersé entièrement ce détachement du général autrichien Thierry, qui formait la communication entre l'archiduc Charles et l'archiduc Louis.

Ce dernier avait su le matin le mouvement des Français, et avait porté deux brigades sur leur droite. Mais attaqué lui-même à Siegenbourg par le général de Wrede, et apprenant d'ailleurs que les Français avaient déjà remporté des avantages sur cette même droite, il fit sa retraite en assez bon ordre sur Pfeffenhausen, où il se réunit au 6e corps autrichien, commandé par le général Hiller.

Ce général avait reçu l'ordre de se rendre à Siegenbourg auprès de l'archiduc Louis. Arrivé, le 20 avril, à Pfeffenhausen, il y fit arrêter ses troupes et alla trouver l'archiduc. Voyant sa position critique, il envoya au général Vincent, à Hornlach, l'ordre de se diriger immédiatement sur Rottenbourg avec deux brigades, pour tenter d'arrêter la marche des Français qui s'avançaient de ce côté et soutenir les troupes en retraite. Mais il n'était plus temps ; toutes ces troupes étaient en pleine déroute. Le général Vincent n'en prit pas moins position avec ses deux brigades sur la hauteur de Rottenbourg, et les Français firent halte sur les bords de la rivière de Laber. Cette journée coûta aux Autrichiens 7,000 hommes tués, blessés ou faits prisonniers, huit drapeaux et douze pièces d'artillerie.

Les événements qui précèdent avaient lieu à la gauche de l'armée ennemie. Le maréchal Davoust, resté, comme l'Empereur le lui avait ordonné, dans sa position près d'Hausen, avait à peine avec lui 26,000 hommes ; la droite autrichienne, à laquelle il devait faire face, était forte de 70,000, sans compter les corps des généraux Kollowrath et Bellegarde, montant à 60,000 combattants qui, dès le 19 au soir, avaient pu passer sur la rive droite du Danube et prendre part aux opérations.

L'archiduc Charles, soit qu'il craignît une attaque sur sa gauche, soit qu'il ne connût pas d'une manière positive les opérations de cette aile, soit qu'il voulût se rapprocher du point sur lequel il espérait voir arriver les 5e et 6e corps, avait posté le corps du général Hohenzollern derrière la rivière de Laber, ne laissant de l'autre côté que des détachements. Le prince de Rosemberg était en avant de Dinzling, la réserve de grenadiers à Hoheberg, et le quartier général de l'Archiduc à Eglowsheim, sur la grande route de Ratisbonne à Landshut.

Ces troupes restèrent inactives dans leur position pendant toute la journée du 20, ce qui, comme on le verra plus loin, donna à l'Empereur le temps d'envoyer le maréchal Lefebvre, avec les deux divisions bavaroises du prince royal et du général Deroi, seconder les opérations ultérieures du maréchal Davoust.

Napoléon se trouvait sur les bords de la Laber, vers Pfeffenhausen, en présence du général autrichien Hiller, commandant en chef les 5e et 6e corps. L'aile gauche ennemie, forte de 45,000 hommes, couvrait les deux routes conduisant à Landshut par Pfeffenhausen et Rottenberg. L'Empereur avait avec lui 60,000 hommes, la division de Wrede étant venue le renforcer durant la nuit; il attendait avec impatience que le retour du jour lui permît de continuer son mouvement, qui devait être secondé par l'approche de Masséna et d'Oudinot, amenant 40,000 hommes du côté de Pfeffenhausen et de Mosbourg, et qui, si les ennemis ne précipitaient pas leur retraite, pouvaient entamer leur flanc gauche.

Le général Hiller fit, pendant la nuit, sa retraite sur Landshut, et plaça ses troupes sur les deux routes qui conduisent à cette ville.

L'avant-garde française attaqua, le 21, à cinq heures du matin, les troupes ennemies les plus rapprochées d'elle et les força à se replier. Les arrières gardes des 5e et 6e corps firent assez bonne contenance, et se trouvèrent réunies, vers onze heures du matin, entre Altdorf et Ergoltingen, ayant en ce moment devant elles l'armée française tout entière, qui s'avançait sur deux colonnes.

Une partie de la ville de Landshut est bâtie entre deux bras de l'Iser; on y arrive, du côté de Pfeffenhausen, par un défilé très étroit et par des plaines marécageuses. Le passage se trouvait obstrué par les caissons et les bagages de l'armée ennemie ainsi que par un équipage de port. Aussi la retraite ne fut-elle qu'un véritable désordre. Napoléon en profita pour presser ses attaques. La cavalerie française, conduite par le maréchal Bessières, s'élança sur un gros de cavalerie ennemie qui fut sabré et mis en déroute. Presque aussitôt, le 17e d'infanterie de ligne, commandé par le général Mouton, aide de camp de l'Empereur, s'empara du faubourg de Seelingthal et pénétra dans la ville. C'est alors que le général Oudinot vint se réunir à l'armée avec tout son corps. Après s'être intrépidement défendus dans Landshut, les Autrichiens furent contraints de céder, et le 17e régiment, s'étant emparé de toutes les issues, tenta de déboucher en attaquant les hauteurs de l'autre côté de l'Iser. On fit prisonnier tout ce qui se trouvait dans la ville et qui n'avait pas pu passer le défilé. Quelques bataillons de grenadiers autrichiens, formés sur la hauteur, protégèrent la retraite qui s'effectua sur l'Inn. Deux divisions d'infanterie et une brigade de cavalerie légère, sous le commandement du duc d'Istrie, poursuivirent l'ennemi jusqu'à Geisenhausen.

Ces deux journées mémorables, qui coupèrent en deux la grande armée autrichienne, coûtèrent à l'ennemi plus de 12,000 hommes tués, blessés ou prisonniers, cinquante pièces de canon, trois équipages de pont, plus de six cents voitures de bagages et de munitions toutes attelées et des magasins considérables. Le général Hiller cessa dès lors toute participation aux événements de cette campagne. Ne sachant à quel nombre se montaient les troupes qui le suivaient, il se retira dans les états héréditaires, laissant à découvert le centre de l'armée autrichienne, dont, jusque-là, il avait formé l'aile gauche.

Bataille d'Eckmuhl. — Laissons le maréchal Bessières poursuivre l'aile gauche de l'armée ennemie, et revenons au maréchal Davoust, qui, le 21 avril, à cinq heures du matin, avait mis ses troupes en mouvement pour les diriger sur la Laber. Les divisions Friant et Saint-Hilaire culbutèrent l'ennemi qu'ils rencontrèrent en avant de la Laber, entre les villages de Leuerndorf et de Paering, et lui firent 600 prisonniers.

Ainsi attaqué, l'archiduc Charles commença à être inquiet sur le sort de sa gauche, et il fit les dispositions suivantes. Il fit tenir au général Kollowrath, commandant le 2e corps, l'ordre de passer le Danube à Ratisbonne, pour se réunir près du Galgenberg aux troupes de la rive doite; le général Bellegarde, commandant le 1er corps, vint remplacer le général Kollowrath entre Hemmau et Ratisbonne, et le prince de Lichtenstein, à la tête du 2e corps de réserve, s'avança sur Abbach pour pouvoir communiquer avec le 4e corps placé derrière Dinzling. Ce 4e corps se liait lui-même avec le 3e qui, de Langwart venait se poster sur les hauteurs derrière Unter-Leuchling.

Napoléon, autant pour soutenir le maréchal Davoust que pour empêcher l'archiduc Charles de rien tenter en faveur du général Hiller, envoya le maréchal Lefebvre, avec une partie des troupes bavaroises dans la direction du corps de Davoust.

Aux prises avec la division Friant, le 4e corps autrichien ne pouvait être soutenu à gauche par le 3e qui, pressé par la division Saint-Hilaire, avait abandonné Schierling, ni à droite par le 2e corps de réserve, qui commençait à peine son mouvement sur Abbach; aussi le général Rosemberg, qui commandait le 4e corps, se replia et vint prendre position sur les hauteurs en arrière de Unter-Leuchling.

L'armée de l'archiduc Charles formait alors une ligne entre la Laber et le Danube, depuis Eckmuhl jusqu'à deux lieues en deçà de Ratisbonne. Elle avait devant elle, à gauche, les divisions Friant, Saint-Hilaire et Montbrun; à droite les Bavarois, commandés par le maréchal Lefebvre, et qui venaient d'occuper Schierling et un plateau entre ce village et le bois d'Hohewald. Les forces réunies des deux maréchaux s'élevaient à peine à 30,000 hommes.

L'Archiduc commença enfin à soupçonner qu'il n'avait affaire qu'à une partie de l'armée française dont il aurait pu avoir raison depuis deux jours. En conséquence, il employa la nuit du 21 au 22 à tout préparer pour une attaque générale. Il dirigea le général Kollowrath avec son corps sur la chaussée d'Abbach; le prince de

Lichtenstein se porta sur Peising avec le 2e de réserve ; les 3e et 4e corps restèrent, avec les douze bataillons de grenadiers, dans leurs positions.

Le 22 avril, au matin, l'Empereur se mit en marche, avec les deux divisions Morand et Gudin, commandées par le duc de Montebello, le corps de Masséna, les divisions de cuirassiers Nansouty et Saint-Sulpice, une brigade de chasseurs et la division wurtembergeoise. Le reste de l'armée avait été envoyé, comme on l'a vu, sous les ordres du maréchal Bessières à la poursuite des 5e et 6e corps autrichiens, dans leur retraite sur l'Inn.

A deux heures après midi, Napoléon arriva vis-à-vis d'Eckmuhl, où les quatre corps de l'armée autrichienne, formant 110,000 hommes, étaient en position sous le commandement de l'archiduc Charles. Le général Kollowrath avait pris position près de la chaussée d'Abbach, au village d'Isling ; le prince de Lichtenstein était, avec l'Archiduc, en avant d'Eglowsheim ; le général Hohenzollern entre Eglowsheim et Eckmuhl, dont le château était occupé ; le prince de Rosemberg était à Unter-Leuchling.

Le canon qui se fit entendre sur la route de Landshut apprit à l'Archiduc qu'il allait avoir à combattre, sur son flanc gauche, l'armée commandée par Napoléon lui-même.

Dès que ces nouvelles colonnes furent arrivées sur le champ de bataille, l'attaque commença. Le maréchal Davoust, débouchant de Schierling par sa droite, attaqua les hauteurs d'Ober et d'Unter-Leuchling ; le 2e d'infanterie légère, de la division Saint-Hilaire, en déposta promptement les Autrichiens.

Napoléon faisait, pendant ce temps, attaquer vigoureusement Eckmuhl. Le maréchal Lannes reçut l'ordre de passer la Laber avec les divisions Morand et Gudin, et de déborder l'aile gauche de l'ennemi. Toute la cavalerie, composée de seize régiments, appuya ce mouvement, et toute l'infanterie wurtembergeoise se porta directement sur Eckmuhl. Une batterie de seize pièces fut tournée par la cavalerie bavaroise ; le village d'Eckmuhl et son château furent emportés à la baïonnette par les Wurtembergeois, ayant à leur tête le général Vandamme. Pressés sur leur centre, et au moment d'être débordés sur leurs deux ailes, les Autrichiens, battirent en retraite sur la droite vers le reste de leur armée ; mais la cavalerie française se mit à leur poursuite.

La nuit approchait, il était sept heures du soir. Les généraux Saint-Sulpice et Nansouty firent former leurs divisions en masse, et débouchèrent dans la plaine, entre Hagerstadt et Eglowsheim, des deux côtés de la chaussée. Ce mouvement fut imité par les dragons bavarois et la cavalerie légère qui s'étendirent jusqu'à la chaussée de Ratisbonne à Straubing. Les Autrichiens n'avaient alors à opposer à cette cavalerie formidable que deux régiments de cuirassiers placés en avant d'Eglowsheim, et quelques débris de régiments de hussards qui étaient venus s'y rallier. Aussi cette faible troupe fut bientôt mise en pleine déroute, ils prirent la fuite, renversant sur leur passage plusieurs bataillons de leur propre infanterie. Heureu-

sement pour l'ennemi, le prince de Lichtenstein revint avec sa cavalerie pour prendre une position en arrière, et tomba sur le flanc des cuirassiers français, dont la poursuite fut ainsi arrêtée. La nuit mit fin au combat. Pendant la nuit l'armée autrichienne se reforma. L'Archiduc, pour couvrir sa retraite et le pont de Ratisbonne, ordonna au général Kollowrath d'abandonner Abbach, et de revenir se porter sous Ratisbonne, entre cette ville et le village d'Isling. Le 2e corps de réserve et les débris des 3e et 4e furent réunis entre Schuemassing et Gobelkofen.

Les Autrichiens eurent dans cette affaire 5,000 hommes tués ou blessés. La plus grande partie de leur artillerie, quinze drapeaux et 20,000 prisonniers tombèrent au pouvoir des Français, qui ne perdirent que 2,000 hommes tués ou blessés. L'armée eut à regretter le général de division Cervoni, chef d'état major du maréchal Lannes, qui fut emporté par un boulet. Le général Clément de La Roncière, commandant une brigade de cuirassiers, eut un bras emporté.

L'armée française bivouaqua dans la plaine, en avant d'Eglowsheim ; la cavalerie légère s'étendait jusqu'au Danube.

Les Autrichiens repassent le Danube. — Combat et prise de Ratisbonne. — Il restait encore à l'archiduc Charles plus de 80,000 combattants ; mais avec ces troupes, fatiguées et démoralisées, ayant d'ailleurs le Danube à dos, il ne voulut pas courir les chances d'une seconde bataille dans une plaine qui n'offrait aucune position favorable. Il se détermina à passer sur la rive gauche du fleuve, et fit, dans ce but, construire un pont un peu au-dessous de Ratisbonne. Ce pont fut achevé le matin du 23 avril, et l'armée autrichienne le traversa successivement, à l'exception du corps entier du général Kollowrath, de la réserve de grenadiers et de toute la cavalerie, qui se forma en bataille entre le petit village de Burg-Weinting et Ratisbonne.

Les Français se mirent aussi en mouvement ; les généraux Saint-Sulpice et Nansouty s'avancèrent avec la cavalerie vers le Danube, et mirent en fuite les hulans et les hussards autrichiens. Les deux généraux français continuaient leur marche vers le fleuve, sur la droite de Ratisbonne, lorsque les cuirassiers de l'archiduc Ferdinand vinrent donner dans le flanc de la cavalerie française, et masquèrent ainsi le pont de bateaux sur lequel passait en ce moment le corps de réserve autrichien avec son train d'artillerie. La cavalerie française s'éloigna de ce point et continua sa marche sur sa gauche ; elle rencontra d'autres régiments ennemis qui lui tinrent tête et firent gagner du temps aux troupes qui défilaient. Le maréchal Lannes, s'apercevant de cette manœuvre de l'ennemi, voulut s'y opposer ; mais il ne put empêcher le passage des colonnes autrichiennes qui coupèrent le pont quand tout fut fini.

A midi, les dernières troupes autrichiennes, qui combattaient depuis le matin sous Ratisbonne, entrèrent dans la ville, devant laquelle le duc de Montebello vint former ses troupes en bataille.

L'Archiduc avait ordonné au général qui commandait dans Ratisbonne de tenir jusqu'à la nuit, et de se retirer ensuite avec sa troupe. D'après la manière dont la ville était fortifiée, cela était facile. Mais des officiers qui examinaient l'enceinte remarquèrent une brèche entre les deux portes et en instruisirent le duc de Montebello ; celui-ci, à la tête d'un bataillon, descendit dans le fossé malgré le feu de l'ennemi, aborda la brèche avec des échelles, entra dans la ville et fit ouvrir la porte de Straubing par où pénétrèrent plusieurs bataillons français ; on s'empara du pont pour empêcher la retraite de la garnison, qui, forte de 8,000 hommes, fut obligée de mettre bas les armes.

Le maréchal Lannes voulut forcer le pont ; mais les Français furent arrêtés par le feu des batteries que le général Kollowrath avait fait établir sur le mont de la Trinité. Ce ne fut que le matin que ce général se retira. L'ennemi quitta si vite Ratisbonne qu'il ne put emmener avec lui la plus grande partie du 65e régiment, commandé par le colonel Coutard, et pris dans cette ville trois jours auparavant. — L'Empereur ne jugea pas convenable de poursuivre l'Archiduc que le maréchal Davoust fut chargé d'observer.

Proclamation à l'armée. — Blessure de l'Empereur. — Revue. — L'Empereur reçut une blessure pendant le combat devant Ratisbonne. Il causait avec le maréchal Duroc sur un tertre couvert de gazon, presque hors de portée du feu de l'ennemi, lorsqu'une balle morte vint le frapper au pied droit et lui fit une forte contusion. «Ce ne peut être, dit-il, qu'un Tyrolien qui m'ait ajusté de si loin : ces gens sont fort adroits.» Il fut aussitôt pansé par le premier chirurgien Yvan, qui était auprès de lui ; mais Napoléon était si impatient, qu'il monta à cheval avant que l'appareil fût entièrement placé. Comme on lui faisait observer qu'il s'exposait souvent avec trop de témérité, il répondit en souriant : «Il faut bien que je voie ce qui se passe.»

L'Empereur passa, devant Ratisbonne, une grande revue de ses troupes, distribuant des éloges, de l'avancement, des décorations, des titres, des dotations à un grand nombre de soldats, d'officiers et de généraux. Le maréchal Davoust, qui, par ses dispositions savantes, avait contribué pour beaucoup au succès, reçut le titre de *prince d'Eckmuhl.*

Le même jour, 24 avril, l'Empereur fit mettre à l'ordre la proclamation suivante :

« Soldats !

«Vous avez justifié mon attente ; vous avez suppléé «au nombre par la bravoure ; vous avez glorieusement «marqué la différence qui existe entre les soldats de «César et les cohues armées de Xerxès.

«En peu de jours nous avons triomphé dans les trois «batailles de Tann, d'Abensberg et d'Eckmuhl ; dans «les combats de Peising, de Landshut et de Ratisbonne. «Cent pièces de canon, quarante drapeaux, cinquante «mille prisonniers, trois équipages de pont, trois mille «voitures attelées portant les bagages, toutes les caisses «des régiments, voilà les résultats de la rapidité de vos «marches et de votre courage.

«L'ennemi, enivré par un cabinet parjure, paraissait «ne plus conserver aucun souvenir de vous ; son réveil «a été prompt : vous lui avez apparu plus terribles que «jamais. Naguère, il a traversé l'Inn et envahi le terri-«toire de nos alliés ; naguère, il se promettait de porter «ses armes au sein de notre patrie : aujourd'hui, défait, «épouvanté, il fuit en désordre ; déjà mon avant-garde «a passé l'Inn : avant un mois nous serons à Vienne.»

Les cinq jours de combat aux environs de Ratisbonne avaient été marqués par des succès brillants, définitifs et mérités. Le combat de Tann (Tengen et Arnhoffen), livré au centre de l'Archiduc ; la bataille d'Abensberg qui isola sa gauche ; l'affaire de Landshut qui acheva de la mettre hors de combat ; la bataille d'Eckmuhl livrée de nouveau contre son centre ; enfin le combat de Ratisbonne qui acheva de rompre l'armée ennemie, forment une série d'événements glorieux dont l'histoire n'offre pas d'exemple. C'était une campagne plus pleine et plus importante que la fameuse campagne des cinq jours, signalée en Italie par la mémorable victoire de Castiglione.

L'influence de Napoléon sur son siècle se fit principalement remarquer dans le début de cette campagne de 1809. «Durant le temps de sa prospérité, dit le brave général Pelet, la force magique de la présence de Napoléon ne s'est peut-être jamais manifestée si vivement que dans les événements de cette campagne. L'armée autrichienne, pleine d'ardeur et de confiance, s'avançait en masse avec des projets offensifs préparés depuis long-temps ; une partie de l'Allemagne était prête à se soulever ; l'Europe guettait le moment favorable pour tomber sur la France. Notre armée, éparpillée sur le Danube, restait exposée aux plus grands dangers. L'Empereur paraît, le 17 avril, à Donawert ; la situation morale des deux armées, l'esprit des peuples et des cours, la face de l'Europe, sont changés. Napoléon ordonne la réunion des corps vers le centre ; par la plus audacieuse manœuvre, il fait marcher sa droite, qu'il tient toujours à portée de lui, contre la base et la ligne d'opération des Autrichiens. A peine ses ordres ont-ils eu le temps de parvenir, et, le 19, dans la matinée, l'ennemi est déjà battu, l'armée réunie, la droite portée sur les derrières de l'Archiduc, qui va être coupé de sa ligne de communication avec Vienne, et de sa base.»

<hr>

RÉSUMÉ CHRONOLOGIQUE.

1809.

9 AVRIL. Commencement des hostilités.
16 — Engagement à Landshut.
— — Arrivée de l'Empereur à l'armée.
17 — Engagement sur la Regen.
19 — Combat de Tengen (Bataille de Tann).

19 AVRIL. Combat d'Arnhoffen. — Combat de Pfaffenhoffen.
20 — Entrée des Autrichiens à Ratisbonne.
— — Bataille d'Abensberg.
20-21 — Combat et prise de Landshut.
22 — Bataille d'Eckmuhl.
23 — Combat et prise de Ratisbonne.

1809. — PRISE DE VIENNE. — BATAILLE D'ESSLING.

ARMÉE FRANÇAISE.
Général en chef. — L'Empereur NAPOLÉON.

ARMÉE AUTRICHIENNE.
Général en chef. — L'Archiduc CHARLES.

Après avoir mis le Danube entre Napoléon et lui, l'Archiduc se replia sur Cham, où il arriva le 25 avril, et où il fut rejoint par le second corps de Bohême.

L'Empereur, comme nous l'avons dit, n'eut garde de le suivre : il se contenta de laisser le corps du maréchal Davoust en observation à Ratisbonne, avec ordre de rejoindre le gros de l'armée française aussitôt qu'il aurait la certitude du départ de l'armée autrichienne pour la Bohême.

Ces dispositions prises, Napoléon se dirigea sur Vienne par la rive droite du Danube, bien résolu à passer sur le corps du général Hiller, si celui-ci avait la témérité de lui disputer l'entrée de la capitale.

Combat de Neumarck. — Le maréchal Bessières avait été détaché avec la division bavaroise du général de Wrede, celle du général Molitor et quelque cavalerie ; afin de poursuivre dans la direction de l'Inn les 5e et 6e corps autrichiens commandés par le général Hiller.

Arrivés à Neumarek, les Français s'emparèrent du reste des gros bagages, des caissons et des pontons qui avaient échappé à la déroute de Landshut. Environ 1,800 traîneurs de l'ennemi tombèrent, pendant cette marche, au pouvoir de la cavalerie française.

Arrivés le 22 avril au soir au bord de l'Inn, les Autrichiens prirent position, le lendemain, entre Alt et Neu-Œtting.

Là, jugeant d'après les rapports qui lui furent faits, que Napoléon, après l'affaire de Landshut, s'était porté sur l'Archiduc avec une grande partie de son armée, le général Hiller voulut opérer une diversion en faveur du prince Charles en attaquant les Français.

Il forma trois fortes avant-gardes qu'il envoya dans des directions différentes, et divisa également le gros de ses troupes en trois colonnes qui se mirent en mouvement le matin du 24, soutenues par une réserve de cinq bataillons de grenadiers et quatre escadrons de dragons. La totalité de ses forces se montait à 35,000 hommes.

Le maréchal Bessières n'avait pas avec lui plus de 20,000 hommes ; et encore la division Molitor, qui s'avançait de Bibourg, était-elle assez éloignée au moment de l'attaque ; la division de Wrede était seule en position en avant de Neumark.

Dès que le général de Wrede aperçut la tête des co-

lonnes autrichiennes, il fit mettre ses troupes en bataille ; et, pour assurer sa gauche, ordonna d'occuper le village de Scherm et les bois qui le précèdent. L'ennemi attaqua vigoureusement la gauche des Bavarois et chercha à la tourner. Il y réussit et la poussa jusque derrière Neumarck. Alors le général de Wrede, voulant la soutenir, fit mettre son centre et sa droite sur une ligne de l'autre côté de Neumarck ; mais ces troupes ne purent conserver leur ordre en passant le défilé de cette ville, et l'ennemi leur tua du monde. Heureusement la division Molitor vint appuyer la division bavaroise, la dégagea et assura sa retraite sur Wilsbibourg. Cette affaire qui coûta 1,500 hommes à l'armée franco-bavaroise n'eut aucune suite ; dans la nuit du 24 au 25, le général Hiller reçut la nouvelle des avantages décisifs que les Français avaient obtenus sur l'armée de l'Archiduc, et il se hâta de repasser l'Inn.

Dispositions de l'Empereur. — Marche sur Vienne. — Combat de Salzbourg. — L'Empereur arriva dans la soirée du 27 avril à Muhldorf, où il établit son quartier général et où il prit les dispositions suivantes pour la marche des différents corps d'armée :

La division Saint-Hilaire, les deux divisions Oudinot et la division portugaise, sous les ordres du maréchal Lannes, devaient faire, jusqu'à Vienne, l'avant-garde de la Grande-Armée ; cette avant-garde était suivie des trois divisions de grosse cavalerie, ainsi que d'une autre de cavalerie légère, réunies en corps de réserve sous les ordres du maréchal Bessières. Masséna avait ordre de marcher en seconde ligne par la route de Passau, et le maréchal Davoust, après avoir rejeté dans la Bohême les troupes de l'Archiduc, devait former l'arrière-garde.

Le général de Wrede avait reçu, le 26, l'ordre de se diriger sur Salzbourg afin d'atteindre les troupes du général Jellachich qui marchaient en toute hâte vers le Tyrol ; il joignit, le 28, l'arrière-garde ennemie à Lauffen, l'attaqua, lui fit un bon nombre de prisonniers et s'empara de ses bagages ; mais il ne put empêcher les Autrichiens de passer la Salza et de brûler le pont. Le général de Wrede le fit rétablir le lendemain, et continua sa marche sur Salzbourg. A moitié chemin, son avant-garde trouva les Autrichiens avantageusement postés ; il donna ordre de les attaquer, les mit en déroute et entra dans la ville pêle-mêle avec eux, leur fit un grand nombre de prisonniers, et s'empara de tous les magasins que les Autrichiens y avaient formés. Ce combat eut, en outre, pour résultat, la dispersion du corps du général Jellachich.

Les maréchaux Masséna, Lannes et Bessières, commencèrent, le 27, leur mouvement en avant de l'Inn; l'Empereur se porta, le 30, avec toute sa garde, sur Burghausen [1]. Le général Bertrand, commandant le génie, fit rétablir le pont de cette ville sur la Salza, que les Autrichiens avaient coupé, et les Français se mirent à leur poursuite.

La retraite de l'ennemi se faisait sans ordre. 50 chasseurs, commandés par le chef d'escadron Margaron, firent mettre bas les armes à un bataillon de la Landwher qui voulut défendre le pont de Dittmaning.

Combat d'Ebersberg. — Passage de la Traun. — Dans sa marche progressive du 30 avril au 2 mai, les différents corps de la Grande-Armée obtinrent quelques petits avantages.

Le 3 mai, l'avant-garde du corps du maréchal Masséna arriva à Linz, où les débris des deux corps de l'archiduc Louis et du général Hiller, formant un effectif de plus de 30,000 hommes, étaient réunis dans une position avantageuse en avant de la Traun. Cependant le général Hiller, craignant d'être tourné par sa gauche, porta ses troupes sur Ebersberg afin d'y passer la rivière.

L'Empereur, qui le même jour avait établi son quartier général à Lambach, fut bientôt informé de la position des troupes autrichiennes, et donna l'ordre au maréchal Bessières et au général Oudinot de se porter sur Ebersberg pour seconder le maréchal Masséna.

L'avant-garde du corps d'Oudinot, formée de la division Claparède, rencontra, dans la matinée, l'arrière-garde autrichienne en avant d'Ebersberg. Le général Cohorn, appartenant à cette division, à la tête des bataillons des tirailleurs du Pô et des voltigeurs corses, attaqua impétueusement les Autrichiens au moment où, sous la protection des nombreuses batteries qui garnissaient le pont d'Ebersberg, ils s'avançaient sur ce pont pour gagner la rive droite de la Traun. Ce pont, qui se prolonge sur quelques îlots et divers bras que forme la rivière, présente un trajet assez long à parcourir. Plusieurs fois les Français s'y précipitèrent avec ardeur, et toujours la mitraille les repoussa. Alors le général Claparède s'avança avec le reste de sa division, et, grâce à ce renfort, les canons, les caissons,

les chariots et les chevaux de l'ennemi furent en un instant renversés dans la rivière; mais les premières arches du pont ayant été détruites par le feu qui prit aux maisons voisines, les Français qui étaient déjà de l'autre côté se trouvèrent séparés du reste de l'armée, et eurent à tenir tête aux 30,000 Autrichiens que le général Hiller avait rangés en bataille sur les hauteurs en arrière du village.

Les 7,000 hommes de la division Claparède soutinrent pendant long-temps cette lutte inégale et donnèrent le temps aux autres divisions de rétablir le passage et de venir à leur secours. Les Autrichiens, craignant d'être débordés par leur gauche, firent leur retraite en abandonnant aux vainqueurs quatre canons et deux drapeaux. Des monceaux de morts encombraient le village d'Ebersberg, qui fut entièrement brûlé, et dont les ruines fumaient encore huit-jours après.

Les Autrichiens eurent, dans cette journée, 4,500 hommes tués ou blessés, et laissèrent entre les mains des Français 7,500 prisonniers. La division Claparède eut 300 hommes tués et 600 blessés

Une compagnie du bataillon corse, poursuivant l'ennemi dans un bois, fit à elle seule 700 prisonniers.

Pendant le combat d'Ebersberg, le maréchal Lannes arrivait à Steger, où il fit rétablir le pont que l'ennemi avait détruit.

Les députés des états de la Haute-Autriche furent présentés à l'Empereur à son bivouac d'Ebersberg.

Dans le même temps, les autres corps s'avançaient rapidement. Bernadotte avait, le 6 mai, son quartier général à Rœtz, sur la grande route de Ratisbonne à Prague. — Lannes arrivait le même jour, avec l'avant-garde, à Molk, pendant que le corps de Masséna le remplaçait à Amstetten. — Davoust, bien certain que l'archiduc Charles s'enfonçait décidément dans la Bohême, avait suivi le mouvement qui lui avait été prescrit, et était arrivé, le 5 mai, à Linz. Il resta dans cette ville pour observer le mouvement de l'archiduc Charles, qui paraissait se diriger sur Vienne par les routes qui y conduisent de la Bohême, et dont on apercevait déjà les avant-postes sur la rive gauche du Danube.

Ainsi, rien n'arrêtait plus la marche de l'Empereur sur la capitale de l'Autriche.

Arrivée devant Vienne. — Occupation des faubourgs. — En effet, le 10 mai, à neuf heures du matin,

---

[1] Nous trouvons dans le *Voyage en Autriche, en Moravie et en Bavière*, de Cadet Gassicourt, une peinture vive et fidèle de ce quartier général de Burghausen.

«Dans une grande place de ville, dit-il, qu'environnent les camps, les parcs militaires et les bivouacs, au milieu de douze à quinze cents voitures qui se croisent, se mêlent et s'embarrassent, défilent lentement des régiments d'infanterie, de cavalerie, des convois, des trains d'artillerie, fourgons et caissons, des troupeaux de bœufs, des cantiniers, des vivandiers sur leurs frêles charrettes qui se brisent au moindre choc, se renversent et obstruent les passages. Dans les intervalles circulent avec peine des milliers de prisonniers déguenillés, fatigués et mal escortés. Leur marche est retardée par les maraudeurs qui rapportent du fourrage; par les courriers, les ordonnances et les paysans qui conduisent forcément les équipages. On se heurte, on jure, on se fâche, on s'apaise. Les chevaux ruent ou hennissent, les soldats boivent et chantent, le tambour bat, la trompette sonne, la musique des régiments a peine à couvrir le cliquetis des armes et les cris de la cohue. Tout le monde piétine dans une boue épaisse, ou se couvre de poussière. Les habitants de la ville tremblent et se renferment, mais les portes sont forcées, les caves enfoncées, les greniers envahis. Ici l'on transporte avec précaution quelques blessés; là s'établissent les commissaires des guerres, les bureaux de la poste, les munitionnaires, les ambulances. L'hôtel de ville est remarquable par la foule qui entre et qui sort : les baillis, les municipaux, les commandants de place désignent tant bien que mal les gîtes. Quatre cents individus demandent à la fois la même chose; les uns parlent allemand, d'autres, français, d'autres, italien, personne ne s'entend; l'humeur, le mécontentement, sont sur toutes les figures. Les gens à épaulettes rudoient ceux que ne distingue aucun grade. Ici de l'or; là des haillons. Les habits brodés se pavanent dans l'antichambre ou devant la porte du prince qui commande. Ce grand capitaine, tranquille et silencieux au milieu de ce brouhaha, médite ses opérations militaires, trace sur la carte la marche et la disposition de ses troupes, donne ses ordres, et part pour assurer une nouvelle victoire. Voilà ce qu'on appelle un quartier général.»

Napoléon parut aux portes de Vienne avec le corps du maréchal Lannes. C'était à la même heure, le même jour et un mois juste après que l'armée autrichienne avait passé l'Inn pour envahir la Bavière.

La capitale de l'Autriche était occupée par l'archiduc Maximilien avec dix bataillons de troupe de ligne et dix de Landwher, formant un effectif d'environ 16,000 hommes. Les habitants, encouragés par la présence de ces troupes et par l'espoir d'être promptement secourus par l'armée de l'archiduc Charles et par celle du général Hiller, avaient manifesté l'intention de se défendre jusqu'à la dernière extrémité. Les faubourgs, qui ne sont pas fortifiés, et qui renferment les deux tiers de la population, se rendirent sans difficulté aux troupes du général Oudinot; mais lorsque le général Tharreau, qui commandait l'avant-garde, s'avança sur l'esplanade qui sépare les faubourgs de la ville, il fut accueilli par un feu de mitraille parti des remparts, et force lui fut de s'éloigner.

Le maréchal Lannes envoya alors le colonel Lagrange sommer la ville d'ouvrir ses portes. A peine ce parlementaire était-il introduit dans la ville que la populace se rua sur lui pour le massacrer. Il fut bientôt couvert de blessures et on l'eût tué si un piquet de troupe de ligne n'était venu le soustraire à la rage de cette populace forcenée.

Dès que Napoléon fut maître des faubourgs de Vienne, il nomma le général Andréossy gouverneur de la ville. Ce général forma une députation d'un certain nombre des principaux habitants des faubourgs, et les envoya au château de Schœnbrunn, où l'Empereur s'était établi la veille. Napoléon reçut les députés avec une bienveillance extrême, et leur donna, pour l'Archiduc, une lettre que le major général, prince Berthier, écrivit sous sa dictée. — Cette lettre était conçue en ces termes :

«S. M. l'Empereur et Roi désire épargner à cette «grande et intéressante population les calamités dont «elle est menacée, et me charge de représenter à Votre «Altesse que si elle continue à vouloir défendre la place, «elle causera la destruction d'une des plus belles villes «de l'Europe. Dans tous les pays où la guerre l'a porté, «mon souverain a fait connaître sa sollicitude pour «écarter les désastres des populations désarmées. Votre «Altesse doit être persuadée que Sa Majesté est sensi-«blement affectée de voir au moment de sa ruine une «ville qu'elle tient à gloire d'avoir déjà sauvée. Cepen-«dant, contre l'usage établi dans les forteresses, Votre «Altesse a fait tirer le canon du côté de la ville, et ce «canon pouvait tuer, non un ennemi de votre souve-«rain, mais la femme ou l'enfant de ses plus zélés «serviteurs.

«Si Votre Altesse continue à vouloir défendre la «place, Sa Majesté sera forcée de faire commencer «les travaux d'attaque, et la ruine de cette im-«mense capitale sera consommée en trente-six heures «par le feu des obus et des bombes de nos batteries, «comme la ville extérieure sera détruite par le feu des «vôtres.

«Sa Majesté ne doute pas que ces considérations «n'engagent Votre Altesse à renoncer à une détermi-«nation qui ne retarderait que de quelques instants la «prise de la place; enfin si Votre Altesse ne se décide «pas à prendre un parti qui sauve la ville, sa popula-«tion, plongée par votre faute dans des malheurs aussi «affreux, deviendra, de sujets fidèles, ennemie de votre «maison.»

Les députés, porteurs de cette lettre, entrèrent dans Vienne le 11 mai à neuf heures du matin. Mais à midi, pour toute réponse, l'Archiduc fit recommencer sur tous les points le feu des remparts, qui tua quinze habitants et deux français.

———

Bombardement et prise de Vienne. — L'Empereur se résolut alors, bien malgré lui, à faire bombarder la ville. En conséquence, il se rendit avec Masséna vers le bras du Danube qui sépare les faubourgs de la promenade du Prater. Il chargea un de ses officiers d'ordonnance, le chef d'escadron Talhouet, d'occuper, avec deux compagnies de voltigeurs, un petit pavillon sur la rive gauche, pour protéger la construction d'un pont en cet endroit. Ces deux compagnies, soutenues de quinze pièces d'artillerie, culbutèrent un bataillon de grenadiers ennemis qui défendait ce passage, et l'on s'occupa de la construction du pont. Deux bateaux, amenés de la rive opposée, servirent au passage des voltigeurs.

A neuf heures du soir, une batterie de vingt obusiers, construite par les généraux Bertrand et Navelet à cent toises de la ville, commença le bombardement et dix-huit cents obus, lancés en moins de vingt quatre heures, mirent bientôt une partie de la ville en feu.

Plusieurs hôtels et de grands bâtiments devinrent la proie des flammes. L'incendie jeta la terreur parmi les habitants dont la résolution commença à faiblir. Sur ces entrefaites, un parlementaire se présenta pour annoncer à l'Empereur que l'archiduchesse Marie-Louise alors malade de la petite vérole, était restée dans le palais impérial exposée au feu de l'artillerie française. Napoléon, qui ne pouvait prévoir alors le lien qui devait l'unir à cette princesse, ordonna néanmoins, par égard pour elle, de changer la direction des batteries. On prétend que cet acte d'humanité et de condescendance laissa depuis lors une vive impression dans l'âme de la jeune archiduchesse.

L'archiduc Maximilien fit marcher pendant la nuit deux bataillons en colonne serrée, pour tâcher de reprendre le pavillon qui protégeait la construction du pont sur le Danube. Les voltigeurs reçurent l'ennemi à bout portant : leur feu, joint à celui des quinze pièces de canon qui étaient sur la rive droite, renversa une partie de la colonne. Le reste prit la fuite dans le plus grand désordre.

L'Archiduc voyant, au milieu du bombardement, que l'armée française, en passant un bras du Danube, allait lui couper la retraite, repassa les ponts, et laissa le commandement au général O'Reilly, qu'il chargea de traiter de la capitulation.

Le 12, à la pointe du jour, ce général fit prévenir les avant-postes qu'il allait envoyer une députation à l'empereur Napoléon, et demanda qu'on cessât le feu. En effet, peu de temps après, une députation composée des personnes les plus distinguées de la ville se rendit auprès de l'Empereur qui la reçut dans le parc de Schœnbrunn, et l'assura de sa protection.

Napoléon promit aux députés que Vienne serait traité avec les mêmes ménagements et les mêmes égards qu'en 1805; une capitulation fut signée dans la soirée, et le lendemain, 13 mai, les troupes du général Oudinot occupèrent la ville dont la garnison resta prisonnière de guerre.

On trouva dans la capitale cinq cents pièces de canon, trente mille fusils et une grande quantité de boulets, de poudre et de munitions.

Proclamation à l'armée. — Napoléon n'entra point dans Vienne. Comme en 1805, il établit son quartier général à Schœnbrunn, d'où il adressa le 13 mai, à l'armée la proclamation suivante:

«Soldats !

«Un mois après que l'ennemi a passé l'Inn, au même «jour, à la même heure, nous sommes entrés dans «Vienne.

«Ses Landwhers ou levées en masse, ses remparts «créés par la rage impuissante de la maison de Lorraine, «n'ont point soutenu nos regards; les princes de cette «maison ont abandonné la capitale, non comme des sol- «dats d'honneur qui cèdent aux circonstances, mais «comme des parjures que poursuivent leurs propres re- «mords. En fuyant de Vienne, leurs adieux à ses habi- «tants ont été le meurtre et l'incendie. Comme Médée, «ils ont, de leurs propres mains, égorgé leurs enfants.

«Le peuple de Vienne, selon l'expression de la dépu- «tation de ses faubourgs, délaissé, abandonné, veuf, «sera l'objet de vos égards; j'en prends les bons habi- «tants sous ma spéciale protection : quant aux hommes «turbulents et méchants, j'en ferai une justice exem- «plaire.

«Soldats, soyons bons pour les pauvres paysans, pour «ce bon peuple qui a tant de droits à votre estime; ne «conservons aucun orgueil de nos succès, voyons-y une «preuve de cette justice divine qui punit l'ingrat et le «parjure.»

Séjour à Schœnbrunn. — *Revues.* — Les corps de Lannes et de Bessières furent cantonnés dans les environs de Vienne et la garde impériale autour du quartier général de Napoléon. L'Empereur à Schœnbrunn s'occupa d'abord de ses soldats.

Nous avons sous les yeux des lettres qui contiennent à ce sujet des détails intéressants et dont nous extrairons quelques fragments curieux. L'écrivain a été témoin de ce qu'il raconte et l'a écrit sur les lieux même en 1809. — Nous nous gardons bien de rien changer à son style.

«L'armée, malgré la rapidité de sa marche, est dans le meilleur état possible. Il y a si peu de malades qu'on n'a pas encore eu besoin d'organiser les hôpitaux : quelques blessés par-ci par-là, sont soignés dans les maisons bourgeoises. Le soldat boit, rit, chante et adore son chef. *L'Empereur se porte comme sa gloire;* il étonne tous les jours ses généraux même, par l'activité de son génie qui suffit à tous les détails: il a fait beau-

coup de promotions; d'une manière touchante, neuve et digne des beaux temps de Rome et de la Grèce. En passant en revue les corps d'armée qui s'étaient distingués, il faisait approcher tous les officiers : «Co- «lonel, disait-il, quel est le plus brave officier de «votre régiment? — Sire, c'est un tel. — Officiers, quel «est le plus brave d'entre vous? — Sire, c'est un tel. Il «était à telle affaire, il a fait telle action, il a reçu tant «de blessures. — Je le fais baron, je récompense en lui «sa valeur personnelle et celle de son corps; cette distinc- «tion ne peut inspirer aucune jalousie, puisqu'elle lui «est donnée par l'estime de ses frères d'armes, et non «par la faveur de son prince.» Il demandait à connaître le meilleur soldat du régiment et lui faisait 1200 francs de pension. — Des guerriers récompensés de cette manière doivent se faire tuer ou remporter autant de victoires qu'ils livrent de combats. Cependant Napoléon épargne le sang des braves comme s'il avait peu de troupes.

«Le trait suivant mérite d'être recueilli : les Autrichiens, en repassant le Danube, avaient coupé tous les ponts; un seul n'avait été brûlé qu'en partie de notre côté; et, pendant que nous en construisions un sur la droite de Vienne, l'ennemi pouvait rétablir promptement celui de la gauche et repasser le fleuve pour nous tourner. Il fallait donc le brûler entièrement en sa présence, mais pour cela on eût exposé sans beaucoup de gloire des hommes plus utiles ailleurs. Sa Majesté ordonne que l'on fasse, au contraire, des préparatifs ostensibles pour réparer le pont. On dresse une batterie protectrice, on apporte des charpentes, on a l'air de vouloir les poser; les Autrichiens accourent, prennent le change, et se hâtent de consumer le reste du pont qui nous inquiétait. — C'est ainsi qu'on a fait faire à nos ennemis ce qu'ils nous auraient empêché de faire en nous tuant beaucoup de monde.....

«Les parades que l'Empereur passe ici tous les matins ne ressemblent point à celles des Tuileries. Ce sont de véritables revues, souvent fort longues, et pendant lesquelles l'Empereur entre dans les plus grands détails sur l'état, sur l'instruction et les besoins des différents corps. Il visite lui-même les sacs de plusieurs soldats, examine leurs livrets, les interroge sur le prêt de leur régiment, etc. Les riches Viennois qui viennent en foule à Schœnbrunn pour voir ces parades, ne se lassent point d'admirer le soin que Napoléon prend de ces troupes, et la précaution qu'il a d'examiner tout par lui-même. Il y a peu de jours, les équipages des pontonniers défilèrent à la parade. Quarante voitures environ suivaient les pontons. L'Empereur fit arrêter la marche, et désignant un caisson numéroté 37, il demanda au général Bertrand ce qu'il contenait: «Sire, lui dit-il, ce sont des «cordages, des boulons, des hachettes, des sacs de «clous, des scies. — Quel en est le nombre?» Le général le lui dit. Pour vérifier ce rapport, il fait vider devant lui ce caisson, compte les pièces; et, pour s'assurer qu'on ne laissait rien dans la voiture, il monte sur le moyeu de la grande roue en s'accrochant aux rayons. Un bruit approbateur, une espèce de cri d'admiration se fit entendre. *Bravo !* disait-on dans les rangs, *c'est comme cela qu'on n'est pas trompé.* Dans toute autre circonstance, cette action eût paru peu digne de son rang. Un empereur grimpant comme un charretier après une roue sale... A la veille d'une bataille, cet oubli de sa dignité fut jugé favorablement.

«Quand on lui présente un corps nouvellement formé ou récemment arrivé, il lui fait faire quelques évolutions. Hier un régiment de la confédération passait à la parade. L'Empereur, se retournant vers les officiers d'ordonnance, dit au prince de Salm : «Approchez, mon«sieur de Salm ; ce régiment doit vous connaître? com«mandez-lui l'exercice et la charge en douze temps.» Le jeune prince, ne s'attendant pas à cette distinction, rougit, mais ne se déconcerta pas, et, tirant son épée, fit le commandement avec noblesse et précision ; l'Empereur satisfait lui sourit avec bonté.

«Ce sont ordinairement les généraux Curial, Mouton ou D*** qui commandent la parade sous l'Empereur. Le général D***, fils d'un cloutier, a dû ses premiers avancements aux avantages physiques qu'il a reçus de la nature. Il est grand et d'une beauté remarquable. Sa figure est celle d'Adonis, son maintien, celui d'Achille : il serait difficile d'être plus fat, mais on assure qu'il est très brave ; le sang-froid qu'il montre sur le champ de bataille lui fait pardonner sa suffisance. Il passe tous les matins une heure et demie à sa toilette ; son valet de chambre dispose avec art les crochets de ses cheveux, son uniforme est coupé dans le dernier goût, ses bottes brillent comme des miroirs, les plis de son col sont comptés et parfaitement dessinés...... les femmes en raffolent. Quelques officiers malins l'appellent le général de mélodrame. Il n'a point d'esprit, mais il sait sur le bout de son doigt tous les règlements militaires. Il commanda les évolutions avec une grâce parfaite. Dans le combat, il exige du soldat la même précision qu'à la parade ; et le soldat a confiance en lui, parce qu'il le voit calme et le premier au feu. Ce contraste de bravoure et de fatuité est très remarquable....»

Passage du Danube. — Tout en passant son armée en revue et en distribuant des récompenses, l'Empereur avait ordonné les préparatifs du passage du Danube.

Ce passage pouvait s'effectuer sur trois points. L'Empereur choisit l'île Lobau, située à une lieue et demie à l'est de Vienne.

Lorsque les officiers du génie eurent bien reconnu les lieux, l'Empereur dirigea, le 17, la division Molitor vers un petit bois, entre le village d'Ebersdorf et le bord du Danube, et il se rendit lui-même sur ce point. Les compagnies de voltigeurs furent embarquées sur des bateaux, et abordèrent bientôt dans l'île, d'où ils chassèrent un faible détachement ennemi préposé à sa garde.

Napoléon établit son quartier général à Ebersdorf, et s'occupa de tous les détails de l'embarquement auquel il voulut présider lui-même. Le général Bertrand fit construire deux ponts qui furent terminés le 19, et les troupes commencèrent leur passage.

Le 20, l'Empereur passa dans l'île et fit établir un nouveau pont sur le troisième bras du fleuve, entre les villages de Gross-Aspern et d'Essling. Ce pont fut

achevé en trois heures ; la division de cavalerie légère du général Lasalle et les divisions Boudet et Molitor passèrent successivement.

Le lendemain, dès que le jour parut, l'Empereur, accompagné des maréchaux Berthier, Masséna et Lannes, vint reconnaître la position, et établit aussitôt son ordre de bataille à l'entrée de la plaine de Markfeld, la gauche appuyée au village de Gross-Aspern, le centre à Essling, et la droite en face de Stadt-Enzersdorf, à un petit bois au bord du Danube. C'est là que l'Empereur attendit le reste de son armée pour une attaque générale.

Mouvements et dispositions de l'armée autrichienne. — Revenons à l'armée autrichienne et à ses mouvements sur la rive gauche du Danube.

Après s'être enfoncé dans la Bohême, comme on l'a vu, et avoir fait un long circuit dans ce pays, l'archiduc Charles s'était rapproché du Danube et rallié au général Hiller, qui, dès le 7 mai, avait passé sur la rive gauche. Le corps du général Kollowrath était resté en observation sur les frontières de Bohême pour s'opposer aux entreprises que le maréchal Bernadotte et le général Vandamme pourraient tenter de ce côté.

L'Archiduc ne voulut pas s'opposer au passage du Danube, qui était, dans cette saison, sujet à des débordements ; il aimait mieux, pour livrer bataille, que les troupes de Napoléon eussent le fleuve à dos.

Il apprit, le 19, l'occupation de l'île Lobau, et, le 20, la construction du pont sur le troisième bras du Danube. Pour donner plus de sécurité à son adversaire, il ordonna à son avant-garde de se replier à mesure qu'elle verrait se déployer l'armée française, et il s'occupa de tous les moyens propres à opérer la destruction des ponts.

L'armée autrichienne tout entière prit les armes le 21 mai. Elle était placée sur deux lignes derrière Gérardsdorf, entre le mont Bisamberg et le ruisseau de Russbach. Les troupes du général Hiller formaient l'aile droite, près de Stamersdorf ; le centre se composait des corps des généraux Bellegarde et Hohenzollern, et la gauche, de celui du général Rosemberg. Toute la cavalerie, sous les ordres du prince de Lichstenstein, se forma derrière le centre, entre les corps des généraux Rosemberg et Hiller.

En avant de cette position s'étendait toute la plaine de Markfeld.

L'archiduc Charles se porta, à deux heures, au-devant de l'armée française, établie dans les positions que nous avons indiquées plus haut. Il fit former ses troupes sur cinq colonnes, commandées par les généraux Hiller, Bellegarde, Rosemberg, Hohenzollern et Lichstenstein. Le but de l'Archiduc était d'envelopper l'armée française dans un cercle étroit, de l'attaquer vigoureusement, et de la rejeter au-delà du Danube, dont on détruirait ensuite les ponts.

L'armée autrichienne était forte de 90,000 hommes et de 228 pièces d'artillerie de tout calibre. Napoléon ne pouvait opposer à cette masse formidable que 35,000 hommes environ, composés des divisions d'infanterie Molitor, Legrand et Boudet aux ordres des maréchaux Lannes et Masséna ; des divisions de cavalerie Lasalle et Espagne, et de la brigade Saint-Germain (division Nansouty) aux ordres du maréchal Bessières.

Le reste des troupes continuait à défiler, mais lentement ; la plus grande partie de l'artillerie était encore dans l'île Lobau.

Bataille d'Essling. — Vers quatre heures du soir, les colonnes autrichiennes débouchèrent dans la plaine, et l'Archiduc commença l'action par une vive attaque contre l'aile gauche des Français à Gross-Aspern. Les troupes du maréchal Masséna étaient disposées en avant du village, leur front couvert par deux bataillons qui bordaient les fossés, la droite par une batterie, et la gauche par un fossé long et profond qui se prolongeait jusqu'au Danube, et par une petite île qui est précisément derrière le village, et dans laquelle étaient quelques pelotons. Par trois fois, les Autrichiens revinrent à la charge pour emporter Gross-Aspern, et toujours ils furent repoussés malgré leur supériorité numérique. On se battit dans chaque rue, dans chaque maison ; enfin le général Hiller, désespérant de s'en rendre maître, renonça à l'attaque.

Essling était défendu avec non moins d'opiniâtreté par la division Boudet, sous les ordres du maréchal Lannes. Celui-ci fut sur le point d'être contraint d'abandonner ce village quant il se vit attaqué de front par la quatrième colonne ennemie, et pris à revers par la cinquième. Heureusement l'Empereur, remarquant que les Autrichiens avaient dirigé leurs principaux efforts sur les ailes du maréchal Lannes, détacha le maréchal Bessières avec toute la cavalerie contre le centre de l'ennemi. Ce mouvement fut soutenu par toutes les autres troupes qui n'étaient pas absolument nécessaires pour garder les positions entre Essling et Gross-Aspern.

Le maréchal Bessières attaqua vigoureusement le corps du général Hohenzollern et le culbuta. En vain la cavalerie autrichienne tenta à son tour de disperser les Français. Le régiment du général O'Reilly fut abîmé, et la nuit fit cesser le combat.

Les deux armées conservèrent leur champ de bataille et passèrent la nuit en présence. Cette première journée n'avait eu aucun résultat. Le général Espagne y fut tué au moment où sa division de cuirassiers, après avoir enfoncé deux carrés, s'emparait de quatorze pièces de canon. Les généraux Fouler et Durosnel furent blessés et faits prisonniers.

Pendant la nuit, tout le corps du général Oudinot, la division Saint-Hilaire, une partie de la vieille et de la nouvelle garde, la seconde brigade de la division Nansouty, deux brigades de cavalerie légère et le train d'artillerie, passèrent les ponts et vinrent se mettre en ligne.

Le 22 mai, à quatre heures du matin, le maréchal Masséna fut attaqué par l'ennemi, qui fit successivement plusieurs charges pour reprendre Gross-Aspern. Un régiment autrichien parvint même à se loger dans les premières maisons du village, mais le 24e régiment de ligne l'en culbuta à la baïonnette ; d'autres régiments ennemis, revenant à la charge, s'emparèrent de l'é-

glise, en furent repoussés par les 4e et 46e de ligne ; la reprirent de nouveau, et furent enfin contraints de l'abandonner.

Pendant que les Français se soutenaient avec tant d'intrépidité à leur gauche, la division Boudet ne défendait pas avec moins d'opiniâtreté le village d'Essling.

L'Empereur s'était placé en arrière de la ligne, sur un tertre, d'où il suivait avec attention les mouvements des deux armées. Il remarqua que le centre ennemi, composé de la troisième colonne, d'une partie de la seconde et de la réserve de cavalerie, occupait un front très étendu au-dessus d'Essling-Hoff. Il résolut aussitôt de traverser ce centre pour partager l'armée autrichienne en deux. Le maréchal Lannes, chargé de cette opération, se mit à la tête de la division Saint-Hilaire, ayant à sa gauche le corps d'Oudinot et à sa droite la division Boudet. Ces troupes devaient être soutenues par la cavalerie formée en masse, placée dans les intervalles et derrière l'infanterie.

Une nombreuse artillerie couvrait le front de cette ligne, qui s'avança en bon ordre. L'Archiduc renforça son centre et s'y porta lui-même à la vue du danger qui le menaçait. Mais tous les efforts des Autrichiens ne purent arrêter les colonnes françaises, qui, aux cris de *vive l'Empereur !* rompirent en un instant la ligne ennemie, la culbutèrent et la mirent en fuite. La cavalerie du prince de Lichstenstein fut poursuivie et sabrée par la cavalerie française. L'Archiduc tenta vainement de rallier ses soldats ; tous ceux qu'il put ramener auprès de lui furent tués ou blessés, et lui-même finit par être entraîné par les fuyards.

Le petit village de Breitenlee, quartier général de l'Archiduc, allait être atteint par la cavalerie française et la bataille allait être décidée en faveur de Napoléon, lorsqu'on vint lui apprendre, à neuf heures du matin, que les ponts jetés sur le Danube venaient d'être rompus par des moulins, des brûlots et de grands bateaux amarrés ensemble que l'ennemi avait lancés des îles du fleuve situées au-dessus de l'île Lobau, et dont la crue subite des eaux avait rendu le choc plus violent et plus fatal. Dès lors, il était impossible au reste de l'armée, composé de plus de 40,000 hommes, à quatre-vingts pièces d'artillerie et aux munitions de réserve de traverser le fleuve.

A cette affreuse nouvelle, l'Empereur opposa le plus grand sang-froid ; il ordonna au duc de Montebello de ralentir son mouvement, et de reprendre position entre Essling et Gross-Aspern.

L'Archiduc, en voyant les Français comprimer leur élan et diminuer leur feu, devina la réussite des moyens qu'il avait préparés. Aussitôt il reforma sa ligne, sa cavalerie revint à la charge, l'artillerie se remit en position, et le combat recommença sur le même terrain que la veille et avec les mêmes chances de succès. Les Français furent accablés par le feu de deux cents pièces de canon. La réserve des grenadiers ennemis, qui n'avait point encore pris part à l'action, vint attaquer les deux villages d'Aspern et d'Essling. Les Français, obligés de ménager leurs munitions, restèrent l'arme au bras sous le feu meurtrier des

Autrichiens, ne tirant que de loin en loin et lorsque les colonnes d'attaque étaient assez rapprochées pour qu'ils pussent espérer que leur poudre ne serait pas perdue. Dès ce moment, la bataille n'offrit plus guère de combinaisons; ce fut une horrible boucherie; les scènes de la veille se renouvelèrent dans les deux villages, pris et repris cinq ou six fois par les deux armées avec un inconcevable acharnement. Vers midi, l'ennemi tenta enfin de tourner Gross-Aspern en pénétrant par un îlot boisé du côté de Stadlau; déjà il avait gagné du terrain, pouvait prendre le village à revers et menacer les petits ponts jetés sur le ruisseau. Le brave général Molitor s'y porta avec sa division, réduite à 3,000 combattants, et arrêta les Autrichiens; le maréchal Masséna vint l'y soutenir; tantôt à pied, tantôt à cheval, on le vit dans le taillis, dans l'île, dans le village, l'épée à la main, dirigeant l'attaque et la défense. Le général Legrand ne déployait pas moins de fermeté dans Aspern.—Dans le même temps, le prince de Rosemberg, soutenu par une brigade de grenadiers hongrois, vint aussi attaquer Essling; cinq fois il y pénétra, et cinq fois le général Boudet, inébranlable à son poste, le força à l'abandonner. — Enfin, à deux heures, l'Archiduc, rebuté de vingt assauts inutiles contre ces deux bastions de la ligne française, se décida à tenter une attaque décisive sur le centre. Le corps du général Hohenzollern s'avança, soutenu de douze bataillons de grenadiers; le duc de Montebello opposa une résistance vigoureuse; Hohenzollern, épuisé, céda l'honneur de l'attaque aux grenadiers, qui, conduits par l'Archiduc en personne, se précipitèrent, l'arme au bras, sur l'artillerie française, pendant que la cavalerie ennemie cherchait à pénétrer entre Essling et le Danube. Mais tous ses efforts échouèrent contre l'intrépidité de nos soldats. Étonné de cette résistance et effrayé de ses pertes, l'Archiduc renonça à son projet et revint attaquer Essling, dont il réussit enfin à s'emparer. — Il était important de ne pas laisser l'ennemi maître de ce poste, d'où il aurait pu déboucher et acculer au Danube les débris des troupes françaises. L'Empereur lança contre les Autrichiens le général Mouton, à la tête de la brigade des fusiliers de la garde. Ces braves culbutèrent sur tous les points les grenadiers ennemis. La vigueur de cette attaque prouva à l'Archiduc qu'il devait renoncer à l'espoir de vaincre des hommes si déterminés. Il était quatre heures du soir; depuis près de trente heures, les troupes n'avaient, pour ainsi dire, pas cessé de combattre; cependant l'ennemi continua sa canonnade.

Blessure et mort du maréchal Lannes. — En ce moment, le duc de Montebello, se promenant à pied derrière la ligne des tirailleurs établis entre Essling et Aspern, entretenait leur ardeur. Le maréchal était avec le général Pouzet, qui lui avait appris les premiers éléments de la guerre et qui était venu avec lui d'Espagne. Bientôt une balle perdue vint frapper au front le général, qui tomba mort.—Lannes, cruellement affecté de la perte de son ami, s'éloigna en marchant vers Essling. Libre de tout autre soin que de maintenir la ligne contre les faibles attaques de l'Archiduc, il s'assit dans

le bas-fond qui règne d'un village à l'autre, et s'abandonna à sa douleur. Peu après, des soldats, emportant le corps du général, se rapprochèrent de Lannes, qui s'éloigna de nouveau en s'écriant: «Ce terrible spectacle me suivra donc partout!» et qui alla se rasseoir à peu de distance. Il était là, environné de ses officiers que la mort avait épargnés, lorsqu'un boulet de trois, lancé au hasard du côté d'Enzersdorf, vint, en ricochant, frapper les deux genoux du maréchal, qui les tenait croisés l'un sur l'autre. Réduit par cette blessure grave à l'impossibilité de conserver le commandement, Lannes fut transporté dans l'île Lobau; Napoléon s'avança de son côté, et aussitôt qu'il l'aperçut, il courut, se précipita sur lui, le couvrit de baisers, l'appela au milieu des sanglots, et lui dit d'une voix étouffée: «Lannes, mon ami, me reconnais-tu?..... «c'est moi..... c'est Bonaparte, ton ami..... Lannes, «Lannes, tu nous seras conservé!» Le maréchal ouvrit les yeux à cette voix bien connue, et répondit avec peine: «Je désire vivre si je peux vous servir..... ainsi «que notre France;..... mais je crois qu'avant une «heure..... vous aurez perdu,..... celui qui fut votre «meilleur ami.» Napoléon, à genoux devant le maréchal mourant, pleurait à chaudes larmes.

«Le maréchal Lannes, dit la relation du général Pelet (à laquelle nous avons déjà emprunté les détails que nous venons de donner sur l'affreuse blessure du maréchal), ne put passer sur l'autre rive du Danube que le 23 au matin. Il resta à Enzersdorf. Son premier soin fut de s'informer où un comte de Palfi, amputé comme lui, avait fait faire une cuisse mécanique qui permettait de monter à cheval, tant le maréchal était plein du désir de servir son pays. L'avant-veille, il avait même donné l'ordre de faire arrêter ses équipages sur la frontière d'Espagne, comptant rejoindre le corps qu'il y commandait, après la fin de la guerre d'Autriche, qu'on regardait comme prochaine. Il perdit toute connaissance depuis le lendemain, 24, jusqu'au 30, jour où se termina sa glorieuse vie. Dans ces tristes moments, sa grande âme se croyait encore sur le champ de bataille, bravant et maîtrisant les hasards. Il donnait des ordres à ses officiers ou implorait l'assistance dant ces sept journées, Napoléon alla constamment le visiter soir et matin.»

La lutte meurtrière cessa enfin à neuf heures du soir. — Les Français avaient conservé leur position du matin; les Autrichiens bivouaquèrent dans celle où ils se trouvaient. — Ceux-ci avaient, de leur propre aveu, tiré quarante mille coups de canon. Leur perte fut considérable; ils eurent 8,000 hommes tués ou blessés (parmi lesquels on compta 23 généraux et 60 officiers supérieurs). Le feld-maréchal lieutenant Weber, 1,500 hommes et 4 drapeaux tombèrent au pouvoir des Français, qui eurent 2,000 hommes tués et 3,000 blessés. Le général de division Saint-Hilaire, brave et digne officier, fut emporté par un boulet [1].

<hr>

[1] Voici le jugement que le général Jomini porte sur la double bataille d'Essling, et qu'il place dans la bouche de l'Empereur Napoléon lui-même :

«L'armée française se surpassa : dans la première journée, 30,000

Retour dans l'île Lobau. — Il s'agissait, après cette bataille sanglante, et où du moins l'honneur français avait été sauvé, de faire sortir l'armée de l'affreuse position où elle se trouvait. Un pont de pontons avait été établi pour communiquer avec l'île Lobau. — L'Empereur, après avoir visité cette île et reconnu par lui-même les ressources qu'elle offrait pour une défense de deux ou trois jours, réunit les maréchaux et les chefs des corps principaux. Il les engagea à faire connaître leur opinion. Tous furent d'avis de repasser le Danube, de retirer les troupes qui avaient combattu, et de les mettre à couvert sur la rive droite. Masséna ajouta que, pour lui, il saurait bien se faire jour à travers l'armée ennemie, dans le cas où elle tenterait d'empêcher la retraite. Davoust, qui était présent, se chargea de contenir l'archiduc Charles, s'il se hasardait à passer sur la rive droite, et garantit qu'avec son corps il donnerait le temps de reconstruire les ponts. L'Empereur applaudissait à l'ardeur de ses lieutenants; mais il leur dit avec le plus grand calme : «Vous voulez «repasser le Danube, et comment? les ponts ne sont-«ils pas détruits? sans cela, ne serions-nous pas réunis, «vainqueurs et déjà loin d'ici? Nous pouvons bien faire «passer sur des barques les hommes, les chevaux; mais «que deviendra l'artillerie?.... Abandonnerons-nous «nos blessés? ajouterons-nous à la perte de deux jour-«nées celle de tous ces braves? dirons-nous ainsi à «l'ennemi, à l'Europe, que les vainqueurs sont aujour-«d'hui les vaincus? Et si l'Archiduc, plus enorgueilli «de notre retraite que de son prétendu succès, passe le «Danube derrière nous à Tulln, à Krems, à Lintz.... «s'il y rassemble ses divers corps.... où nous retire-«rons-nous? Sera-ce dans les positions que j'ai retran-«chées sur la Traun, sur l'Inn, sur le Lech? Non, «nous devrons courir jusqu'au Rhin; car ces alliés que «la victoire et la fortune nous ont donnés, une appa-«rente défaite nous les ôtera, et les tournera même «contre nous..... Il faut rester ici; il faut menacer un «ennemi accoutumé à nous craindre, et le retenir de-«vant nous. Avant qu'il ait pris un parti, avant qu'il «ait commencé à agir, les ponts seront réparés de «manière à braver tous les accidents; les corps pour-«ront se réunir et combattre sur l'une ou l'autre rive. «D'ailleurs, l'armée d'Italie, bientôt suivie de Lefebvre, «va nous apporter les secours de sa force et de ses vic-«toires; elle nous ouvrira sous peu de jours, par la «Styrie, une ligne de communications qui nous est «encore fermée, et qui remplacerait même celle de la «Bavière. Alors nous serons entièrement maîtres des «opérations.» Ces paroles généreuses, ces vues hardies et grandes éclairent et enflamment le dévouement de ses compagnons de danger et de gloire. L'Empereur ajouta, avec le langage de la vieille amitié : «Masséna, «tu vas achever ce que tu as si glorieusement com-«mencé. Il n'y a que toi qui puisses en imposer assez «à l'Archiduc pour le retenir immobile devant nous. «Je viens de parcourir l'île Lobau, le terrain te sera «favorable.»

Il fut convenu que la retraite commencerait à la nuit, et que les troupes, rentrant dans l'île, y atten-draient, sans repasser le Danube, que des préparatifs suffisants fussent faits pour reprendre l'offensive, et pour ressaisir la victoire qu'un accident imprévu ve-nait seul de leur enlever.

Ce mouvement rétrograde que nos soldats exécutè-rent en frémissant de rage, se fit avec un ordre admirable et sans que l'ennemi osât y apporter aucun obstacle. Quand l'artillerie eut repassé, on replia le pont et l'armée se trouva bloquée dans l'île Lobau. Les ponts qui devaient assurer ses communications avec Vienne ayant été emportés comme ceux qui lui avaient servi à atteindre l'ennemi, l'Empereur, sur un frêle batelet, avait regagné la rive droite du fleuve afin d'être à portée de donner les ordres à tous les corps de son armée qui n'avaient pas pris part à la bataille, et pour accélérer l'envoi des munitions de toute espèce dont les braves combattants d'Essling avaient besoin. Néanmoins, pendant les premiers jours, les troupes qui étaient dans l'île eurent à supporter toutes les hor-reurs de la faim. Ce ne fut qu'après avoir mangé une partie des chevaux de selle et de trait qu'elles virent arriver les bateaux qui leur apportaient des vivres.

---

sonnel et en matériel; dans la seconde, 50,000 Français résistèrent à 90,000 hommes. Cependant les Autrichiens et l'archiduc Charles, surtout, firent des merveilles; l'élan qu'ils montrèrent à leur grande attaque ne laissa rien à désirer, même pour les plus exigeants. Nous ne reconnûmes point là les soldats de Ratisbonne.

«La sanglante bataille d'Essling peut être placée au nombre de celles où la fortune me fut le plus contraire, et où je parvins néanmoins à la maîtriser par la force de mes combinaisons et de ma volonté. Elle n'a pas manqué de censeurs, et le général Rogniat surtout ne lui a pas épargné sa critique. Il m'a reproché d'avoir attaqué étourdiment le 22. Je lui répondrai que six divisions adossées à un fleuve, qui vont être suivies de quatre autres, peuvent bien commencer le combat, afin de gagner le terrain nécessaire pour manœuvrer. Si le pont ne s'était pas rompu, Davoust eût débouché à la droite de Lannes, et si celui-ci, maltraité au centre, comme les Romains le furent à Cannes, par la ligne concave d'Annibal, avait dû se replier, Davoust eût bientôt rétabli les affaires par un changement de front sur la gauche de l'ennemi, pareil à celui qui avait été exécuté à Eylau, et qu'il répéta à Wagram quelques semaines plus tard.

«Rogniat m'impute, en outre, la faute d'avoir entassé Lannes en trop grosses masses au centre d'une ligne concave, et très supérieure surtout en artillerie, dont le feu concentrique devait être décisif contre nous. La justesse de ces reproches peut être pour le moins contestée. Jamais je n'eus la pensée de renouveler ici la trop fameuse masse anglaise de Fontenoy, en jetant imprudemment une seule [illegible] de feux concentriques. L'emplacement d'Aspern et d'Essling était une circonstance [illegible] pour favoriser une attaque sur le centre, puisque nos flancs étaient à l'abri d'insulte par ces bastions. D'ailleurs, il ne faut pas perdre de vue qu'une armée passant un fleuve et rencontrant un ennemi supérieur, n'a pas le choix entre beaucoup de manœuvres : tout en débouchant, il faut conserver un appui aux deux côtés du fleuve, sous peine de perdre ses ponts; on ne peut donc que former un demi-cercle ou du moins un saillant vers le centre, pour avoir derrière ce centre les moyens de former les troupes débouchant, tandis que les ailes, fixées au fleuve, ne sauraient manœuvrer. Il n'y a que le cas où le passage se fait à certaine distance de l'ennemi, et où ses forces ne sauraient venir que d'un côté. Alors, en changeant de front, on peut prendre une ligne parallèle au cours du fleuve, comme Turenne et Moreau le firent sur le Rhin; l'un contre Montecuculli, l'autre contre Starray. Mais notre position n'était pas la même à Essling; il fallut rester entre les deux villages le premier jour, et, dès que nous fûmes en mesure, il convenait de déboucher, sous la protection de ces bastions, en poussant devant nous, par un mouvement oblique, la droite en avant, la gauche refusée; ce que Lannes et Masséna eussent exécuté, si Davoust avait pu arriver. La seule chose qu'on puisse dire, c'est qu'il eût peut-être mieux valu retarder l'attaque offensive jusqu'à l'entière arrivée de Davoust, et la diriger alors d'Essling sur Raasdorf. C'est dans ce sens que nous opérâmes plus tard à Wagram.

Les blessés n'eurent pas moins à souffrir. Cependant, grâce aux soins que prit d'eux M. Larrey, chirurgien en chef de l'armée, ils supportèrent gaîment leurs souffrances. Cet homme honorable, dans un ouvrage scientifique sur la chirurgie militaire, nous a conservé la mémoire des moyens ingénieux qu'il employa en cette occasion. On peut se faire une idée du dénûment des ambulances par un seul détail : La soupe des blessés, cuite dans le pectoral d'une cuirasse, était faite avec de la chair de cheval, et assaisonnée, en guise de sel, avec de la poudre à canon.

La sollicitude de l'Empereur fut bientôt couronnée de succès, et l'abondance régna parmi les troupes auxquelles les grands travaux qu'elles exécutèrent en faisaient une nécessité [1]. En effet, l'île Lobau devint une véritable place forte par les immenses ouvrages qui y furent construits. Cette île, très boisée, a deux lieues de superficie ; trois ponts parallèles de six cents pas de longueur l'attachèrent à la rive droite et assurèrent ses communications avec Vienne. Un de ces ponts était assez large pour laisser passer trois voitures de front. Des estacades sur pilotis, établies dans diverses directions, les garantissaient de toute insulte, et même contre l'effet des brûlots et autres machines incendiaires [2]. Des redoutes, faisant face aux positions occupées par l'ennemi sur la rive gauche, servaient de têtes de pont. Elles étaient défendues par 120 pièces de position. Des chaussées, pratiquées dans l'île, permettaient, dans tous les sens, la marche des troupes et le transport de l'artillerie. — L'île *Lobau* avait reçu le nom d'île *Napoléon*, et trois des îles adjacentes, également fortifiées, ceux de trois de nos généraux tués depuis le commencement de la campagne, *Montebello*, *Espagne* et *Petit*. Une quatrième île fut appelée *Alexandre*, du prénom du prince Berthier, major général de l'Empereur.

Ces travaux durèrent plus d'un mois. Avant de continuer le récit de la campagne, jetons un coup d'œil

---

[1] L'Empereur, durant l'exécution des travaux entrepris dans l'île Lobau, continua à occuper le château de Schœnbrunn ; mais il transporta son quartier général dans l'île aussitôt qu'il jugea que le moment d'agir approchait. — Sa présence redoubla la confiance et l'ardeur des soldats ; son premier soin fut de les visiter dans leurs bivouacs. Voici à ce sujet un trait que nous trouvons dans le *Voyage en Autriche*, etc., que nous avons déjà cité : « L'Empereur se promenait hier autour de sa tente. Il regardait avec plaisir les grenadiers de sa garde qui déjeunaient : « Eh bien ! mes amis, comment trouvez-vous le vin ? — Il ne nous grisera pas ; Sire, voilà notre cave, » dit un soldat en montrant le Danube. L'Empereur, qui avait ordonné qu'on distribuât son forte bouteille de vin à chaque soldat, est surpris de voir qu'on les met au régime la veille d'une bataille ; il en demande la raison au prince de Neufchâtel. On s'informe, et on apprend que deux gardes-magasins et un employé aux vivres, chargés de ce service, ont vendu à leur profit 40,000 bouteilles destinées à la distribution, et qu'ils espéraient remplacer par du vin de qualité inférieure. Ce vin avait été saisi par la garde impériale dans une riche abbaye. On l'évaluait à 30,000 florins. Ils ont été arrêtés, jugés par un conseil de guerre, et condamnés à mort. Ils se nommaient Varlet et Vail. En allant au supplice, on dit qu'ils rencontrèrent le comte D*** (un des chefs de l'administration) dans sa voiture. L'un d'eux s'écria : « Monsieur le comte, voilà cependant où nous a conduits l'exemple ! » Le comte a baissé les stores de son équipage, sans doute pour ne pas s'attendrir. »

[2] Dans ses observations sur les *Guerres de Jules-César*, et à l'occasion du pont jeté par César sur le Rhin, l'empereur Napoléon a lui-même donné sur les ponts du Danube les détails suivants. — Il y a ajouté des réflexions du plus haut intérêt sur les moyens à employer à la guerre pour construire promptement des ponts en présence de l'ennemi.

« Le Danube est une tout autre rivière que le Rhin. Ce premier fleuve de l'Europe a là 500 toises de large, 28 pieds de profondeur. Le Rhin à Cologne, dans le moment où César le passa, n'avait pas 15 pieds de profondeur. L'ingénieur français (comte Bertrand) construisit trois ponts sur pilotis, enfonça 2,400 pilots en vingt jours de temps. Le Danube, vis-à-vis de l'île Lobau, est séparé par une petite île. Le premier bras avait 275 toises, l'île, 50, le deuxième bras, 175 toises ; total, 500 toises. Le grand courant était dans le petit bras qui était sur la rive gauche. Il fit sur le grand bras 45 travées, éloignées chacune de 6 toises ; chaque travée, supportée par 6 pilots couronnés par un chapeau, avait 20 pieds de longueur : les pilots étaient enfoncés de 10 pieds en terre, et sortaient de 6 pieds au-dessus de l'eau ; ils avaient 30 à 36 pieds de longueur : quatre petites sonnettes suffirent pour faire cet ouvrage en dix jours : chaque sonnette était portée sur un bateau ; le mouton pesait 600 livres. Les chapeaux étaient assemblés par des boulons de fer de 18 pouces avec des crampons. Les traverses et les croix de Saint-André étaient entaillées et boulonnées. Il y eut plus de difficulté pour le petit bras ; le courant était extrêmement rapide ; il arrachait un pilot en une heure de temps, s'il restait abandonné à lui-même ; il fallut l'attacher au bateau de la sonnette aussitôt qu'il était enfoncé, en attendant le deuxième pilot, et qu'on les eût liés ensemble ; on éprouvait aussi beaucoup de peine à faire arriver le pilot au fond de l'eau : aussitôt qu'il touchait terre et qu'on commençait à le battre, il était agité avec une telle violence, qu'il mettait le feu au bateau. Il eût été possible de battre les pilots du milieu du petit bras avec une sonnette ordinaire. L'ingénieur prit à Vienne des sonnettes soutenues sur deux bateaux, qui servaient au grand pont de cette ville. Si l'on se fût servi de ces sonnettes tout d'abord, il eût achevé le pont du petit bras en même temps que celui du grand bras en dix jours. Le tablier du pont fut chargé de grosses poutres, pour diminuer l'oscillation produite par la force du courant. Au moment où on construisait ce pont, on était en juin : la fonte des neiges avait fait croître le cours du Danube de dix à douze pieds ; un mois plus tard la construction du pont eût été plus facile. Les pilotis avaient jusqu'à 50 pieds de long.

« Pendant ces mêmes vingt jours le général Bertrand fit à 30 toises au-dessus une estacade qu'il couronna ensuite par des chapeaux, sur lesquels il établit un tablier ; ce qui forma un second pont de 8 pieds de large, pour l'infanterie et la cavalerie. Les piles étaient composées seulement de 3 pilotis.

« Enfin, à 600 toises plus haut, il établit une estacade formée par un double rang de pilots sur une longueur de 800 toises qui protégeait les deux ponts. Il construisit en outre deux ponts sur pilotis, de 50 toises sur un petit bras qui traverse l'île Lobau, et un de 60 toises, entre l'île et la rive gauche du fleuve. L'île Lobau avait 1800 toises de large. Le travail de ces ponts équivaut à dix fois au moins celui de César : il fut cependant fait en vingt jours, du moment où il fut ordonné. Avec quelques sonnettes de plus, il aurait pu être fait en moins de dix jours, à compter du moment où les matériaux étaient arrivés à pied d'œuvre. On a employé à ces ponts du Danube 900 poutres de 45 à 50 pieds de long sur 2 pieds d'équarrissage ; 2500 poutres de 35 à 40 pieds, sur 15 à 18 pouces d'équarrissage, et 900 madriers de 36 pieds de long sur 9 pouces de largeur et 2 d'épaisseur.

« Napoléon fit construire en outre un pont de bateaux de 80 toises d'une seule pièce. Les pontonniers d'artillerie y employèrent 22 pontons : ils se servirent d'un bras de la rivière qui était couvert par une île. Ils lièrent ces 22 pontons entre eux par des poutrelles ; ils construisirent le tablier, et la nuit de l'attaque, ce pont descendit le long de la rive française, fut amarré par un de ses bouts, et opéra sa conversion en très peu de minutes ; il fut amarré à la rive opposée. Les colonnes d'infanterie défilèrent sur-le-champ au pas de charge, au grand étonnement et à la grande surprise de l'ennemi, qui avait calculé avoir deux heures devant lui.

« Les ponts d'une seule pièce doivent être perfectionnés. Il n'e pas nécessaire d'avoir un des bras de la rivière ; à la nuit tombante les haquets peuvent arriver au bord de la rivière, y décharger les pontons sur un terrain à plan incliné ; en deux heures une compagnie de pontonniers peut construire le pont sans employer ni clous ni marteaux, seulement avec des vis. Le pont doit être alors jeté à l'eau par l'effort simultané de 4 à 500 hommes ; il faut le faire aussitôt converger jusqu'à la rive opposée ; et à l'instant même la colonne d'infanterie débouchera en masse.

« Peut-on jeter un pont d'une seule pièce sur des rivières comme le grand bras du Rhin et le grand bras du Danube avec des pontons pesant 1,500 livres ? Si cela est possible, comme on est fondé à le penser, il faudrait alors construire le pont dans l'eau le long de la rive, aussi pendant la nuit, parce que la rivière ayant plus de 200

sur les opérations des corps secondaires et sur la belle campagne de l'armée d'Italie, qui, victorieuse de l'ar-

toises de largeur, l'ennemi, placé sur la rive opposée, ne pourra pas s'en apercevoir. L'expérience fera connaître s'il est nécessaire de soutenir le mouvement de ce pont par trois ou quatre bateaux ancrés au milieu du courant pour éviter qu'il ne se rompe au moment où, par sa conversion, il touche la rive opposée : ou, si on pense que cela n'est pas nécessaire, et que le système d'assemblage étant bien entendu, il aura assez de force pour soutenir ce choc, sauf plus tard à jeter quelques ancres pour dominer l'effort du courant sur le centre ; en peu d'heures, de huit heures du soir à minuit, le passage de la rivière serait effectué. Quel résultat !

« Les bateaux peuvent contenir des tirailleurs qui, aussitôt que le pont a commencé à converger, fassent feu en amont et en aval, on peut même y placer des pièces de 4 en chandeliers, et un tablier au pont-levis sur le devant.

« Les gros bateaux de navigation sont plus propres que toute autre chose à la construction des ponts provisoires sur les grandes rivières, sur les derrières d'une armée, parce que les bateaux pris dans le pays sont en général très grands et d'un excellent service ; mais les pontons sont bien délicats pour servir aux ponts que l'on jette sur une rivière devant l'ennemi ; ils sont bien exposés à des accidents ; ils font de l'eau, soit par l'effet de la sécheresse, soit par celui de la mitraille ou du boulet, et ils sont submergés si le poids qui passe dessus est trop considérable, soit par un mouvement précipité d'infanterie, soit par la réunion de plusieurs grosses pièces sur un point ; enfin ils sont transportés sur des baquets, qui sont, de toutes les voitures d'artillerie, les plus incommodes, les plus lourdes, puisque la moindre a 18 pieds de long, et que le ponton ordinaire en a jusqu'à 30, ce qui a l'inconvénient : 1° qu'ils n'échappent jamais aux regards des espions et des observateurs, et c'est cependant de toutes les voitures de l'artillerie celles qu'il importerait le plus de cacher à la connaissance de l'ennemi ; 2° qu'étant obligées d'approcher des bords de la rivière avec beaucoup de silence pour ne pas donner l'éveil à l'ennemi, placé sur la rive opposée, elles ne le peuvent faire qu'avec les plus grandes difficultés, parce qu'aux approches des fleuves, il se trouve souvent des marais, des flaques d'eau ou des digues.

« Il paraîtrait donc convenable, pour obvier à tous ces inconvénients, de diviser le ponton en quatre bouées, chacune de 8 ou 9 pieds de long, ayant à elles quatre la capacité d'un ponton propre à passer de grandes rivières, que l'on réunirait entre elles par des crochets ; ce qui aurait l'avantage : 1° que ces bouées ne pèseraient pas plus de 5 à 600 livres, et seraient dès lors très maniables ; 2° qu'elles pourraient être portées sur toutes espèces de voitures que l'observateur ne saurait distinguer des autres voitures d'artillerie ; que la pile, se trouvant alors composée de 2, 3 ou 4 bouées, on peut, sans faire souffrir le service, en retirer une pour la raccommoder ; on pourrait ne composer les piles que de 2 ou 3 bouées, lorsque l'on n'en aurait pas un assez grand nombre pour compléter la pile à 4 bouées.

« Ces bouées pourront s'enfoncer de quelques pouces dans l'eau sans que le pont coure aucun danger. Ces 4 bouées, qui équivalent donc à un ponton, n'auraient que la moitié de la capacité du ponton ; car, sur 155 pieds cubes que déplace un ponton, 76 pieds par

chiduc Jean, fit sa jonction avec la Grande-Armée et gagna la bataille de Raab.

ponton sont pour la partie du ponton qui est hors de l'eau, et qui ne doit jamais être submergée qu'en cas imprévu, afin d'être à l'abri de tout. Ainsi 4 bouées de cuivre ou de bois, chacune de la capacité de 20 pieds cubes, feront un meilleur service que le ponton actuel de 155 pieds cubes.

« Le liége pèse 16 livres par pied cube, l'eau 70 livres ; chaque pied cube de liége peut porter 54 livres. Un ponton qui serait de liége et tout plein pèserait 1,600 livres, déplacerait 100 pieds cubes et pourrait porter 5,400 livres : en ôtant 1,000 livres pour le poids du tablier fait de madriers et de poutrelles, il resterait 4,400 livres, ce qui est suffisant pour le passage des voitures de campagne. En partageant ce ponton de liége en 4 bouées, chacune étant de 25 pieds cubes, elles pèseraient 400 livres et porteraient 1,850 livres. Que d'avantages n'aurait pas un pont fait ainsi ! Le choc des corps étrangers, les différences de l'atmosphère, le feu du canon, ne le feraient jamais submerger ; il aurait le vrai caractère d'une machine de guerre, dureté, solidité, simplicité. Un pont ainsi composé, on pourrait, selon les circonstances le former d'une, deux, trois, quatre, cinq ou même six bouées par pile, selon le nombre qu'on en aurait, la largeur de la rivière et le besoin du service. Les voitures qui porteraient ces bouées pourraient y être facilement transportées à bras d'hommes pendant l'espace de 100 ou 200 toises.

« Les Orientaux se servent de peaux de bouc pour passer les rivières. Une outre se compose de 9 pieds cubes et a une surface de 36 pieds carrés de peaux, qui pèse 18 livres ; dix de ces outres pèsent 180 livres, forment une pile égale à un ponton de cuivre ; ainsi une voiture seule pourrait en porter de quoi faire dix piles ou de quoi jeter un pont sur une rivière de 30 toises. On peut objecter la délicatesse de ces outres, qui peuvent si facilement crever ; mais la réponse est dans la composition de la pile, qui, étant formée de 10 outres, laisse peu de craintes à avoir.

« Douze livres de liége forment une ceinture qui s'attache sous les aisselles, et suffisent pour faire surnager un homme, de manière à ce qu'il puisse faire usage de son fusil. Quelques-unes de ces ceintures, avec un nombre égal de souliers de liége et de pantalons de toile imperméable, seraient nécessaires dans chaque compagnie de pontonniers, tant pour leur permettre de prendre les bateaux que pour leur donner plus d'assurance en travaillant dans l'eau à la construction des ponts.

« Une ceinture de peau de bouc, composée de six parties contenant ensemble un pied cube d'air, attachée sous les aisselles, fait surnager l'homme, et ne pèse qu'une demi-livre. La division en six compartiments a l'avantage que si un, deux ou même trois viennent à crever, les trois autres suffisent pour faire surnager l'homme. De pareilles ceintures, qui ne donnent aucun embarras et n'ont aucun poids, seraient, ainsi que les souliers de liége et des pantalons de toile imperméable, d'un fort bon usage pour être délivrés, selon les circonstances, à de bons tirailleurs pour manœuvrer sur des étangs, des bras de rivières, des fossés, et il devrait en être délivré un certain nombre à chaque compagnie d'infanterie. Il est surtout nécessaire d'avoir un grand nombre de très bons nageurs dans chaque compagnie de cavalerie et d'infanterie. »

* * *

RÉSUMÉ CHRONOLOGIQUE.

1809

26 AVRIL. Passage de l'Inn.
1er MAI. Combat de Ried.
3 — Combat d'Ebersberg. — Prise d'Égra.
— — Déclaration de guerre de la Russie à l'Autriche.
11 — Arrivée devant Vienne.

12 MAI. Bombardement de Vienne.
13 — Capitulation et prise de Vienne.
17 — Occupation de l'île Lobau.
20 — Passage du Danube.
21-22 — Bataille d'Essling.
22 — Retour dans l'île Lobau.
30 — Mort du maréchal Lannes blessé à Essling.

1809. — OPÉRATIONS DES CORPS SECONDAIRES.

ARMÉE D'ITALIE. — BATAILLES DE LA PIAVE ET DE RAAB

POLOGNE. — TYROL. — ITALIE. — DALMATIE. — CARINTHIE. — STYRIE. — HONGRIE.

SOMMAIRE.

Opérations en Pologne. — Le prince Poniatowski repousse l'archiduc Ferdinand. — Insurrection du Tyrol. — Hofer, chef des insurgés. — — Déclaration de guerre de l'archiduc Jean. — Combat d'Ospedaletto. — Dispositions du vice-roi. — Bataille de Sacile. — Nouvelles positions de l'armée retirée sur l'Adige. — Attaque du fort de Malgbera par les Autrichiens. — Retraite de l'Archiduc. — Combats de Soave, de Bastia et de Caldiero. — Retraite de l'Archiduc. — Réunion de l'armée française. — Dispositions du vice-roi. — Bataille de la Piave. — Passage du Tagliamento. — Passage de l'Isonzo. — Prise de Prewald. — Occupation de Trieste. — Prise de Malborghetto et de Pradel. — Combat de Tarvis. — Combat de Laybach. — Combat de San-Michelè. — Entrée à Gratz. — Opérations du général Marmont en Dalmatie. — Combat de Gospitsch. — Jonction de l'armée d'Italie et de la Grande-Armée. — Entrée de l'armée d'Italie en Hongrie. — Combat et prise de Papa. — Bataille de Raab. — Prise de Raab. — Opérations en Carinthie. — Combat de Klagenfurt. — Opérations en Styrie. — Combat de Callsdorff. — Combat de Gratz. — Un contre dix. — Arrivée de l'armée d'Italie dans l'île Lobau.

TROUPES FRANÇAISES ET ALLIÉES.		TROUPES AUTRICHIENNES.	
Corps polonais.	— Général : Le Prince PONIATOWSKI.	*Corps de Pologne.*	— Archiduc FERDINAND.
armée d'Italie.	— PRINCE EUGÈNE, vice-roi d'Italie.	*Armée d'Italie.*	— Archiduc JEAN.
Corps du Tyrol.	— Maréchal LEFEBVRE.	*Corps du Tyrol.*	— Généraux CHASTELER et JELLACHICH.
Corps de Dalmatie.	— Général MARMONT.	*Corps de Dalmatie.*	— Général STOISSERVICH.

Opération en Pologne. — Le prince Poniatowski repousse l'archiduc Ferdinand. — Presque dans le même temps où les hostilités commençaient sur l'Inn et sur les frontières du royaume d'Italie, l'archiduc Ferdinand, commandant le 7e corps de l'armée autrichienne destiné à agir contre le duché de Varsovie, commençait ses opérations.

L'armée polonaise était commandée par le prince Joseph Poniatowski, ministre de la guerre du grand duché de Varsovie. — Cette ville fut déclarée neutre par une convention signée des deux partis, convention très favorable au prince Poniatowski, puisqu'il conservait ainsi toutes les excellentes positions de la rive droite de la Vistule. — Aussi, dès le 25 avril, les troupes polonaises manœuvrèrent sur cette rive pour reprendre l'offensive. Attaqués sur plusieurs points à la fois, les Autrichiens furent entièrement défaits, et perdirent un nombre considérable d'hommes, tués, blessés ou faits prisonniers.

Le prince Poniatowski, voulant donner le change à l'Archiduc, fit faire, le 3 mai, plusieurs fortes reconnaissances sur le front de la ligne autrichienne, puis attaqua à l'improviste la tête de pont que l'ennemi avait construite à Gora. Il s'en empara après un combat meurtrier, où les Autrichiens perdirent 3,000 hommes tués, blessés ou prisonniers, deux drapeaux et trois pièces de canon.

Cet échec força l'archiduc Ferdinand à rétrograder, et les Polonais, continuant leur marche vers la Gallicie, occupèrent les cercles de Stanislanow, Salu et Biala.

Après les succès obtenus à Gora, Poniatowski divisa en deux colonnes principales son armée que des levées nombreuses vinrent renforcer. A la tête de la première colonne, il marcha, le 15 mai, sur Sandomir; la seconde colonne s'avança jusqu'à Kock.

Le prince Ferdinand concentra sur la Bzura la majeure partie de ses forces. Profitant de son éloigne-ment, le prince Poniatowski fit attaquer à la fois la tête de pont et la ville de Sandomir qui avaient été fortifiées avec soin. — Le 18 mai, le chef d'escadron Wladimir Potocky enleva la tête de pont à la baïonnette, et le général Sokolnicki attaqua si vivement la ville, qu'elle capitula le même jour, dans la soirée. Cette affaire coûta aux Autrichiens 1,000 hommes tués, 1,200 prisonniers, vingt pièces de canon et des magasins considérables. La cavalerie polonaise s'étendit jusqu'à Léopold, et poussa des reconnaissances jusque auprès de Kracovie.

Les Polonais n'obtenaient pas moins de succès sur la basse Vistule que dans la Gallicie. Les Autrichiens tentèrent de s'emparer, par un coup de main, de la place de Thorn, et, à cet effet, attaquèrent, le 14 mai, la tête de pont située sur la rive droite, et qui n'avait pu être mise en état complet de défense. Après avoir brûlé une partie du pont, la garnison se retira dans l'île qui est entre l'ouvrage et la ville, à la suite d'un engagement meurtrier où les Autrichiens laissèrent beaucoup de monde sur le champ de bataille. Le général ennemi n'étant pas en mesure de traverser la Vistule sur ce point, et voyant que les Polonais se disposaient à défendre vigoureusement la place, renonça à son projet. — Le lendemain, 15, les Autrichiens voulurent essayer de passer le fleuve vis-à-vis Plock; mais ils furent culbutés, et forcés de brûler les bateaux qu'ils avaient rassemblés, afin d'empêcher les Polonais d'en faire usage pour eux-mêmes. — Du 16 au 23 mai, le général Dombrowski attaqua l'ennemi depuis Bromberg jusqu'à Czentochow, le repoussa en avant de la première de ces villes, mit la seconde, ainsi que la tête de pont de Thorn, à l'abri de toute tentative des Autrichiens, et assura, par l'occupation d'Inowraklaw, ses communications avec Thorn, place fort importante.

Les Polonais poursuivirent, jusqu'au 25 mai, leur marche victorieuse sur tous les points de la longue ligne que les Autrichiens occupaient. — Maître de San-

domir, Poniatowski s'avança sur la frontière de Zamosc. Cette place, bien armée, bien approvisionnée,
défendue par une garnison suffisante, se rendit presque sans combattre après deux jours d'investissement.
3,000 Autrichiens déposèrent les armes. Zamosc renfermait des magasins considérables et quarante pièces
de canon.

A cette époque, la position déjà critique de l'archiduc Ferdinand se compliqua par suite de la détermination de l'empereur de Russie, qui mit à la disposition de Napoléon le corps auxiliaire qu'il lui avait
promis. Le prince autrichien, à cette nouvelle, accéléra sa retraite, et, à la fin de mai, la Gallicie occidentale et une partie de la Gallicie orientale étaient
évacuées par les troupes autrichiennes. Le 30 mai, le
quartier général du prince Poniatowski fut établi à
Brody, ville située sur la frontière de la Wolhynie,
dans la Gallicie orientale.

*Insurrection du Tyrol. — Hofer, chef des in-
surgés.* — Si l'Autriche comptait, pour le succès de
sa lutte contre les Français, sur un puissant appui
dans le nord de l'Allemagne, elle ne fondait pas moins
d'espérance sur l'esprit qui animait généralement les
Tyroliens. Ces peuples montagnards étaient dévoués au
gouvernement autrichien qui avait toujours respecté
leurs franchises et leurs coutumes. Aussi l'Autriche
entretenait-elle dans le pays une foule d'agens chargés
de tout préparer pour qu'un soulèvement eût lieu
quand le moment opportun en serait venu. Le marquis
de Chasteler, qui déjà y avait commandé en 1800, était
à la tête du corps chargé d'insurrectionner le Tyrol;
il y dirigeait l'esprit public d'après les instructions
qu'il avait reçues du cabinet de Vienne.

Un aubergiste de la province, nommé Hofer, se mit
à la tête de l'insurrection. Dans les cantons suisses et
dans le Tyrol, les riches aubergistes ont une clientèle
nombreuse; ils dominent leurs égaux par une éducation
plus soignée; ils trafiquent habituellement de tous les
produits du pays, et deviennent la source des principaux débouchés. Ce sont de véritables autorités.

Hofer tenait une auberge à Passeyer, et il faisait en
même temps un commerce assez considérable en blé,
vin et bétail. Sa richesse, ses relations habituelles avec
les principaux montagnards, sa haute stature, ses
formes athlétiques et sa longue barbe, tout concourut
à fixer l'attention sur lui lorsque les insurgés s'élurent
un chef. Hofer possédait d'ailleurs une connaissance
parfaite du pays, ce qui était un grand avantage.

Dans les premiers jours d'avril, le signal de l'insurrection fut donné, et aussitôt mille fanaux allumés sur
les plus hautes montagnes portèrent partout l'ordre
du rassemblement. Chaque vallée leva l'étendard de
la révolte et réunit ses forces en bataillons; d'anciens
militaires dirigèrent les masses de paysans armés, qui,
débouchant de toutes parts, surprirent, massacrèrent
ou enlevèrent 3 ou 4,000 Bavarois disséminés dans le
pays. Une colonne de 2,000 Français, venant dès dépôts
sous les ordres du général Bisson, éprouva en partie
le même sort. L'insurrection gagna de proche en proche jusque dans le Vorarlberg, et des bandes nombreu-

ses se répandirent jusque vers Kempsem, menaçant
le Wurtemberg.

Napoléon, justement alarmé de cette levée de boucliers, donna l'ordre au maréchal Lefebvre, duc de
Dantzick, de pénétrer dans le Tyrol avec son corps
d'armée, pour en chasser les Autrichiens, apaiser l'insurrection, et assurer de ce côté les derrières de la
Grande-Armée contre les diversions de l'ennemi.

Le 30 avril, le duc de Dantzick dirigea une colonne
sur Kuffstein et une autre sur Rasdtadt-sur-l'Ens, occupant ainsi les deux routes qui conduisent en Italie
et à travers le Tyrol. Le 9 mai, il marcha sur Inspruck,
afin de prendre à revers les détachements autrichiens
qui occupaient encore le pays et inquiétaient cette
partie de la frontière; le 13 mai, il atteignit le général Chasteler dans la position de Vörgel, lui enleva onze pièces d'artillerie et lui fit 700 prisonniers.
Enfin, après avoir rapporté successivement plusieurs
avantages sur les Autrichiens, il entra, le 19 mai, dans
Inspruck, capitale du Tyrol. Une fois maître de ce point,
il s'occupa de comprimer l'insurrection. Après avoir
dispersé les rebelles, il pressa vivement les corps des
généraux Chasteler et Jellachich, qui cherchaient à se
réunir aux troupes de l'archiduc Jean; et, son expédition terminée, il rejoignit l'armée impériale.

L'insurrection du Tyrol se ranima plus tard lorsque
les habitants eurent connaissance de l'armistice proposé
par l'empereur d'Autriche, après la bataille de Wagram,
et accepté par Napoléon. Le général Buol, que Chasteler avait laissé dans cette province avec 3 ou 4,000
hommes, ayant été prévenu de cet armistice, songea à en exécuter les conditions en se retirant en Styrie. A cette nouvelle la fureur des Tyroliens éclata de
toutes parts; ils menacèrent de s'opposer au départ des
Autrichiens et de massacrer les prisonniers français
pour qu'il n'y eût plus de traité possible. — Les Autrichiens furent forcés d'user de ruse pour se retirer dans
la ligne de démarcation, après avoir remis Sachsen-
bourg aux troupes italiennes du général Rusca. —
Napoléon, dans ce nouveau conflit, donna l'ordre
au maréchal Lefebvre de rentrer dans le Tyrol
avec les Bavarois et quelques troupes françaises.
Lefebvre revint sur Inspruck; Rusca remonta la Drave
et une division franco-italienne s'avança par l'Adige.
Loin de se soumettre, les Tyroliens semblaient acquérir
plus d'énergie depuis le départ des Autrichiens. L'a-
vant-garde du duc de Dantzick fut repoussée à Steinach,
et le maréchal, après un combat décisif livré le 11 août,
fut forcé de se replier en Bavière; Rusca regagna, non
sans peine, la Carinthie où les Tyroliens le suivirent,
et la division italienne fut ramenée jusqu'aux portes
de Vérone.

Napoléon ne pouvait, en ce moment, disposer de
forces assez considérables pour soumettre le Tyrol,
car, malgré l'armistice, la paix n'était rien moins
que sûre, et il y aurait eu de l'imprudence de la part de
l'Empereur à affaiblir son armée. En conséquence,
il chargea le général Rusca de négocier avec les insurgés, et de les engager à choisir des députés pour
venir traiter avec le chef du gouvernement français
de l'avenir de leur pays. Le général Rusca était chargé

de leur proposer, dans le cas où ils ne voudraient pas du régime bavarois, de se réunir au royaume d'Italie, et de leur laisser même entrevoir l'espoir d'une indépendance absolue. Ils ne voulurent rien entendre. Enfin le traité de Vienne assura de nouveau le Tyrol à la Bavière, et les insurgés mirent bas les armes.—L'Empereur ayant solennellement promis qu'il ne serait exercé aucune poursuite contre les insurgés tyroliens, Hofer, qui s'était toujours distingué par sa modération et son humanité, crut n'avoir rien à craindre pour sa personne. Mais ayant appris bientôt que des ordres étaient donnés pour l'arrêter, il se réfugia dans les montagnes. On craignit qu'il ne réveillât l'insurrection générale, et on mit sa tête à prix; le malheureux aubergiste de Passeyer fut livré. On le trouva au milieu des neiges sur un pic presque inaccessible. Conduit à Mantoue, il fut traduit devant un conseil de guerre, qui le condamna à être fusillé. Il mourut avec un grand courage.

Déclaration de guerre de l'archiduc Jean. — L'archiduc Jean, à la tête des 8e et 9e corps de la grande armée autrichienne, s'était porté vers les frontières du royaume d'Italie. Il voulait, par une attaque vigoureuse, forcer le prince Eugène à se retirer, avec son armée, au-delà du Pô, peut-être même de l'autre côté des Alpes, et faire ainsi rentrer l'Italie sous la domination de la cour de Vienne.

L'armée de l'Archiduc était considérable et pourvue d'un grand nombre de munitions en tout genre. Le cabinet de Vienne croyait que les Italiens, fatigués du gouvernement français, seconderaient les efforts de ses troupes par un mouvement général d'insurrection. L'Autriche comptait pour cela sur l'influence des émigrés, nobles et prêtres pour la plupart, qui, ayant fui leur patrie lorsque les Français y avaient pénétré, ne voulaient y rentrer qu'à la suite d'une armée étrangère, et qui marchaient à la suite des bataillons autrichiens.

Dans cet espoir, l'archiduc Jean adressa aux peuples de l'Italie une longue proclamation, dans laquelle, en disant beaucoup de mal des Français, il exaltait le bonheur qu'il y aurait pour les populations ultramontaines à vivre sous le gouvernement de l'Autriche; puis, le 9 avril, il envoya aux avant-postes du prince Eugène, à Ponteba, un officier porteur de la déclaration des hostilités.

Positions de l'armée française. — L'armée d'Italie n'était point encore en mesure de repousser vigoureusement une première agression. On pourra s'en convaincre par le tableau suivant des cantonnements qu'occupaient à cette époque les différents corps dont elle se composait.

La 1re division d'infanterie, commandée par le général Séras, était à Palma-Nova, Cividale et Udine;

La 2e (général Broussier) à Artegna, Gemona, Ospedaletto, Venzone, San Daniel, Majano et Osopo, poussant des détachements dans la vallée de la Fella jusqu'à Ponteba, sur la route de Tarvis:

La 3e (général Grenier) en arrière des deux premières, à Pordenone, Sacile et Cornegliano;

Le général Lamarque, commandant la 4e division venait d'arriver à Vérone avec une partie de ses troupes; l'autre était en marche de la Toscane pour le rejoindre;

La 5e (général Barbou) était à Trévise, Citadella, Bassano et Feltre;

La 6e (ou 1re division italienne, sous les ordres du général Severoli) occupait Padoue, Este et quelques autres points près de ces deux villes;

La 7e (2e italienne, commandée par le général Fontanelli) se rassemblait au camp de Montechiaro. Une partie de cette division était en marche, du royaume de Naples, pour venir joindre l'armée.

Le général Sahuc, commandant une division de cavalerie légère, avait son quartier général à Udine. Sa 1re brigade occupait, derrière la Tore (rivière qui se jette dans l'Isonzo), une ligne qui s'étendait de Nogaretto à Vilèse; sa seconde brigade était détachée à Céneda, Pordenone, Cornegliano, Vicence et Padoue.

Deux divisions de dragons, sous les ordres des généraux Grouchy et Pully, étaient disséminées à Villafranca, Rovigo, Isola della Scala, Roverbella, Castellaro, Sanguinetto, Mantoue et Ferrare.

Le grand parc d'artillerie était à Vérone, où il resta jusqu'au 12 avril, le nombre des chevaux nécessaires au train n'ayant été réuni qu'à cette époque.

Les grenadiers de la garde royale italienne étaient à Padoue; les carabiniers, les vélites, les dragons, les gendarmes d'élite, l'artillerie à cheval et le train de cette même garde à Milan ou aux environs.

Le prince Eugène se trouvait à Udine lorsque la déclaration de guerre arriva à ses avant-postes. Il rétrograda aussitôt sur Mestre pour hâter la concentration de ses troupes sur la ligne, qui n'était alors gardée que par les deux divisions d'infanterie Séras et Broussier, et par une des brigades de cavalerie légère du général Sahuc.

Combat d'Ospedaletto. — Les Autrichiens, s'avançant sur plusieurs colonnes, vinrent attaquer, le 10 avril, à six heures du matin, dans la vallée de Fella, les avant-postes du général Broussier. Le poste de la Chiusa était défendu par le capitaine Schneider, qui, malgré tous ses efforts, ne put résister au nombre, et fut contraint de se rendre prisonnier avec 57 hommes. Le reste de ses soldats parvint à gagner les montagnes.

Dès que le général Broussier fut informé de cette attaque, il réunit sa division à Ospedaletto, et laissa à Osopo deux bataillons seulement. Le matin du 11, ses troupes vinrent se ranger en bataille en avant d'Ospedaletto, sur un mamelon qui domine la grande route et le lit du Tagliamento. Les Autrichiens, soutenus par une artillerie formidable arrivèrent devant cette position à huit heures du matin, avec des forces doubles de celles que les Français avaient à leur opposer. Ceux-ci se battirent comme toujours avec une remarquable intrépidité. Il était trois heures après midi, et le combat durait encore, quand le prince Eugène envoya au général Broussier l'ordre de passer le Tagliamento au port de Dignano. Mais ce général était alors trop vivement pressé par l'ennemi pour pouvoir, sans danger, exécuter ce mouvement; il resta donc sur la rive gauche afin de couvrir le pont de Dignano, et continua à maintenir l'ennemi. — La nuit vint heureusement faire cesser ce combat inégal et opiniâtre dans lequel les Autrichiens perdirent plus de 1,000 hommes, tant tués que blessés et 300 prisonniers. Les Français éprouvèrent une perte moins considérable.

Dispositions du vice-roi. — Dans le même temps, le prince Eugène, vice-roi d'Italie, ordonnait à toutes les divisions françaises de hâter leur marche sur le Tagliamento, pour être en mesure de résister à l'archiduc Jean qui faisait traverser l'Isonzo au gros de ses troupes. — En conséquence de ces ordres, le général Broussier passa le Tagliamento dans la nuit du 11 au 12, et posta ses troupes sur la rive droite, laissant en position à Dignano un bataillon du 9e régiment. Le général Schilt fut le seul qui ne suivit pas le mouvement des autres divisions. Le prince Eugène, qui s'était déjà occupé de fortifier Palma-Nova, avait ordonné à ce général de s'enfermer avec 3,200 hommes dans cette place.

Informé que l'archiduc Jean s'approchait avec des forces imposantes, le vice-roi reconnut qu'il ne pourrait se maintenir sur le Tagliamento avec le peu de troupes qui s'y trouvaient alors. Il envoya au général Broussier l'ordre de rompre les ponts de Dignano et de Spilembergo, et de venir se mettre en position sur la Livenza avec la division Grenier, qui s'y trouvait déjà, le reste de la division Seras, dont les troupes laissées à Palma-Nova faisaient partie, et les autres divisions qui arrivaient en toute hâte.

Eugène avait, le 14 avril, son quartier général à Sacile; celui du général Seras était à Bruguera; celui de Broussier à Gardaso; celui de Grenier à Fontana-Fredda, occupant les hauteurs de Sacile; celui de Barbou à Fretta; celui de Severoni à Bibano, enfin celui de Sahuc à Pordenone. — Les autres divisions n'étaient pas encore arrivées.

Bataille de Sacile. — Après un engagement qui eut lieu, le 15, entre les Autrichiens et les grand'gardes du général Sahuc, et dans lequel celles-ci éprouvèrent quelque perte, la cavalerie légère française se replia sur Fontana-Fredda et sur Sacile. — Le lendemain, le prince Eugène, voulant arrêter les progrès des Autrichiens avant que toutes leurs troupes fussent réunies, se résolut à attaquer celles qui s'avançaient sur lui.

Il fit, dans la nuit du 15 au 16, toutes ses dispositions pour cette attaque : les divisions Seras et Severoli formaient la droite, celles des généraux Grenier et Barbou le centre, et la division Broussier la gauche. La cavalerie légère du général Sahuc était en réserve, prête à se porter partout où besoin serait. Les Autrichiens étaient postés sur les hauteurs de Palse. Le 16, à neuf heures du matin, les Français s'avancèrent sur eux par échelons, et l'attaque commença par la division Seras, soutenue par celle du général Severoli. La brigade du général Garreau enleva au pas de charge et à la baïonnette le village de Palse où se trouvait une avant-garde autrichienne; mais une colonne, débouchant de Porcia, vint renforcer cette avant-garde qui reprit l'offensive et se jeta vivement sur les bataillons échelonnés de Severoli. Malgré leurs courageux efforts, les bataillons italiens, bien inférieurs en nombre, furent obligés de céder le terrain, et vinrent s'appuyer à la brigade du général Roussel, de la division Seras, qui avait été placée en réserve.

Abandonnée à elle-même, la brigade Garreau ne put rester dans le village de Palse. L'ennemi se mit alors à pousser vivement les deux divisions, que le général Seras reformait dans une meilleure position ; mais celui-ci put bientôt revenir à la charge, grâce à trois bataillons de la division Barbou, qui arrivèrent à son secours. Forcés de plier à leur tour, les Autrichiens furent poursuivis au pas de charge jusqu'à la position de Porcia; mais ils ne purent même s'y maintenir, les Français les en dépostèrent promptement, après leur avoir tué ou blessé beaucoup de monde.

La droite seule avait donné jusque-là; mais quand le général Seras eut occupé Porcia, le général Grenier, voyant que les troupes autrichiennes qu'il avait devant lui, se mettaient en mouvement pour soutenir celles qui venaient d'être repoussées de Porcia, s'ébranla lui-même pour menacer leur flanc. Cette diversion vint à propos pour dégager le général Seras, que des forces supérieures aux siennes réattaquaient dans Porcia. L'ennemi, dont l'attention était attirée sur la division Grenier, se tint éloigné de Porcia, et laissa même un certain nombre de prisonniers entre les mains des Français. Le général Teste, commandant une brigade de cette division, fut blessé en ce moment et mis hors de combat.

Pendant que ces événements se passaient, les divisions Barbou et Broussier s'étaient portées sur Fontana-Fredda, à la hauteur du général Grenier. La division Broussier s'avançait sur trois colonnes, séparées par des intervalles dans lesquels était l'artillerie. Le général Barbou avait pris position en avant de Fontana.

Les Autrichiens tentant une troisième fois de reprendre Porcia, le général Broussier reçut l'ordre de déborder Fontana-Fredda, et de mettre sa réserve en position sur les mamelons qui sont à gauche et en arrière de ce village. Le général Barbou appuya alors sur la division Grenier.

Toute la ligne se trouva bientôt engagée, et toutes les troupes ennemies s'étant mises en mouvement, la lutte se trouvait par trop inégale. Après s'être maintenus pendant six heures dans leurs positions avec une opiniâtreté admirable, les Français, voyant que les Autrichiens se renforçaient de plus en plus et renouvelaient leurs attaques à l'aide des troupes fraîches, rétrogradèrent sur Sacile pour reprendre les positions qu'ils occupaient la veille. La retraite se fit en bon ordre, malgré la poursuite acharnée de l'ennemi, qui ne cessa que lorsque la nuit fut venue.

Cette bataille, quoique perdue par les Français, leur coûta moins de monde qu'aux Autrichiens.

Le prince Eugène, voyant que l'armée tout entière de l'Archiduc se trouvait devant lui, ne voulut pas sacrifier inutilement les seules troupes qu'il eût alors à sa disposition. Il ordonna la retraite sur Caldiero pour aller prendre sur-le-champ la ligne de l'Adige, espérant bien être promptement renforcé sur ce point. — L'armée d'Italie arriva, le 22, sans obstacle, sur l'Adige, où étaient déjà réunies la division d'infanterie du général Lamarque et celle de dragons du général Pully. De fortes garnisons occupaient Osopo, Palma-Nova et Venise.

Nouvelles positions de l'armée retirée sur l'Adige. — Les Autrichiens laissèrent au vice-roi tout le temps nécessaire pour réunir et concentrer ses troupes. L'armée, renforcée par tous les corps disponibles, reçut une nouvelle organisation.— Elle occupait les positions suivantes au 28 avril :

L'aile droite, commandée par le général Macdonald, était formée des deux divisions Broussier et Lamarque, et d'une brigade de dragons sous les ordres du général Guérin ; elle gardait une partie de la ligne de l'Adige, depuis Ronco jusqu'à Caldiero.

Le centre, sous les ordres du général Grenier, et composé de la division de ce général, confiée provisoirement au général Abbé, de la division Seras et de quatre escadrons du 8ᵉ de hussards, s'étendait depuis Caldiero, occupé par le général Seras, jusqu'au village de San-Martino, où le 52ᵉ et le 102ᵉ régiments étaient établis.

L'aile gauche, commandée par le général Baraguey-d'Hilliers, se composait des divisions Severoli et Fontanelli, et de celle du général Rusca, qui, momentanément détachée dans le Tyrol, venait de rejoindre l'armée. Ces troupes étaient en position devant Vérone.

La réserve se composait de la division d'infanterie du général Durutte, formée de troupes récemment arrivées de la Toscane ; de celle de dragons du général Pully, de celle de cavalerie légère du général Sahuc ; enfin de la garde royale italienne. Le général Sahuc était en avant de Caldiero, à cheval sur la route de Vicence ; la garde royale à San-Martino ; le général Pully à Vago, observant le cours de l'Adige jusqu'à Roverchiara ; le général Durutte, dont la division n'était pas encore entièrement réunie, occupait Isola-della-Scala, couvrant la forteresse de Mantoue.

Le grand parc d'artillerie était à Vérone, et le prince Eugène avait son quartier général à Vago.

Une garnison de 3,200 hommes, occupait, comme on l'a vu, Palma-Nova, sous les ordres du général Schilt. Le général Bretfeld, commandant l'aile gauche de l'armée autrichienne, fit sommer cette place le 13 avril. Cette sommation étant restée sans effet, il laissa devant la forteresse un faible corps d'investissement, et suivit le mouvement de l'Archiduc sur Pordenone. Du 13 au 26, le général Schilt fit quelques sorties dans lesquelles il obtint presque toujours l'avantage, l'ennemi se bornant à garder avec soin tous les abords pour empêcher les communications. La garnison fit une nouvelle sortie le 1ᵉʳ mai, et fut très agréablement surprise en ne trouvant plus de troupes devant elle. Le général Schilt profita de cette liberté pour faire entrer dans Palma-Nova des vivres, dont il commençait à avoir grand besoin.

Attaque du fort de Malghera par les Autrichiens. — Venise était occupée par une partie de la division du général Barbou. Quatre-vingt-dix-sept fortins et huit forts plus considérables défendaient cette ville. Mais les travaux en terre du fort de Malghera étaient à peine ébauchés dans certaines parties, dont plusieurs offraient à l'ennemi un abord facile. Aussi était-on d'avis de l'abandonner, lorsque le vice-roi pensa que ce poste, qui unit Venise au continent, pouvait servir à appuyer les opérations de l'armée. En conséquence, il ordonna l'achèvement des travaux. Quelque célérité que l'on y mit, ces travaux n'étaient pas achevés le 23 avril, lorsqu'un parlementaire se présenta, porteur d'une sommation. Le général Barbou ayant fait une réponse négative, le fort fut investi aussitôt par un corps nombreux détaché de l'armée autrichienne, et pourvu d'une artillerie formidable, qui fut mise en batterie contre les parties les plus faibles. — Les assiégés ayant riposté de tout leur feu, les Autrichiens s'avancèrent sur plusieurs colonnes pour donner l'assaut au front de l'ouest. Ils allaient franchir le fossé, lorsque la plupart des pièces du fort, que l'on avait réunies sur ce point, firent une décharge qui mit un tel désordre dans les rangs des Autrichiens, qu'il leur fut impossible de reformer leurs colonnes pour tenter le passage du fossé. — Les Autrichiens perdirent plus de 800 hommes à cette attaque que l'Archiduc commandait en personne. Découragé par cet échec, le prince renonça à enlever de vive force Malghera, et se contenta de tenir le fort étroitement bloqué.

Retraite de l'Archiduc.—Combats de Soave, de Bastia et de Caldiero. — A cette époque, l'Archiduc reçut, du conseil Aulique, des dépêches qui l'informaient des échecs éprouvés sur le Danube par l'armée principale, et qui lui prescrivaient de ne plus aller en avant, et de manœuvrer de façon à s'éloigner le moins possible des états héréditaires. — En conséquence, il arrêta la marche de son armée le 28 avril, et se disposa à faire revenir ses avant-gardes qui s'étaient avancées jusqu'au-delà de Vicence, à la suite du mouvement rétrograde des Français.

Informé que les patrouilles ennemies cessaient de se montrer sur la ligne de ses avant-postes, le vice-roi ordonna, le 29, une reconnaissance générale, afin de savoir quelles forces il pouvait encore avoir devant lui. Le gros des troupes de l'aile droite se porta sur Villa-Nova, où il rencontra l'ennemi qui, à son aspect, se déploya sur l'Alpon en assez grand nombre, et démasqua vingt pièces de canon. Les deux divisions du centre, et le 8ᵉ régiment de hussards, conduits par le général Grenier, marchèrent sur Soave où l'avant-garde autrichienne était retranchée, et échangèrent avec elle quelques coups de canon. En même temps, l'aile gauche chassa l'ennemi de quelques postes qu'il occupait dans les montagnes au nord de Vérone, et principalement des hauteurs de Bastia, où les brigades Sorbier et Bonfanti s'établirent.

Le lendemain, les Autrichiens, au nombre de 9 à 10,000 hommes, partagés en deux colonnes, reparurent devant les postes de Bastia. Le 1er régiment de ligne italien, attaqué à Castel-Cerino, résista jusqu'à midi, heure à laquelle le général Sorbier lui fit ordonner de se replier sur Illasi. Fiers de ce premier succès, les Autrichiens s'avancèrent pour enlever les autres positions; mais un bataillon de grenadiers de la garde italienne, conduit par le général Sorbier, arrêta leur marche en tombant sur le flanc d'une de leurs colonnes. — Les Français se maintinrent long-temps sur les hauteurs de Bastia, malgré tous les efforts de l'ennemi pour s'en emparer; cependant le général Sorbier, se voyant près d'être tourné, fit sa retraite sur Bastia et sur Illasi. Ce mouvement s'effectua avec ordre et sans pertes trop sensibles; mais dans la retraite on eut à regretter la perte du brave général Sorbier qui fut blessé mortellement.

Retraite de l'Archiduc. — En faisant réattaquer avec tant de vigueur les hauteurs de Bastia, l'Archiduc n'avait eu d'autre but que de donner le change au prince Eugène sur son mouvement rétrograde. En effet, dans la nuit du 30 avril au 1er mai, il évacua toute la ligne de l'Alpon et se retira sur Vicence. — Eugène se disposa à suivre les Autrichiens; les ponts furent promptement réparés, et l'armée française se mit en marche. — L'avant-garde, qui avait passé la rivière le 1er mai, rencontra, le 2, à cinq heures du matin, une arrière-garde près de Montebello et la poursuivit jusqu'à Olaro, dont les Français s'emparèrent. Les Autrichiens continuèrent leur marche jusque sous les murs de Vicence.

L'arrière-garde ennemie, poursuivant sa retraite avec rapidité, traversa la Brenta dans la nuit du 2 au 3 et joignit le gros de l'armée sur les hauteurs d'Armeola. Le vice-roi fit avancer ses troupes dans les deux directions de Bassano et de Citadella; mais l'arrière-garde autrichienne ayant détruit les ponts sur la Brenta, le passage de cette rivière exigea beaucoup de temps et présenta de grandes difficultés.

Ce ne fut que le 5 que l'avant-garde parvint sur la rive gauche; elle se dirigea aussitôt sur Castel-Franco et Fossa-Lunga. La division Seras s'empara, dans la soirée, de Bassano, qui était défendu par quelques bataillons ennemis. Dans cette action et dans sa marche de Vicence à Bassano, cette division fit 1,500 prisonniers.

Les autres divisions de l'armée passèrent successivement la Brenta; pendant ce temps, le général Durutte eut ordre de se porter avec ses troupes sur Trévise. Parvenus devant cette ville, les Français attaquèrent le faubourg de San-Antonio et l'emportèrent dès le même soir. Pendant la nuit les Autrichiens évacuèrent la ville, où les Français trouvèrent des magasins considérables de farine, de grains et de fourrages.

Réunion de l'armée française. — Dispositions du vice-roi. — L'armée autrichienne était, le 6 mai, réunie sur la rive gauche de la Piave, où elle avait pris position, et elle paraissait disposée à défendre vigoureusement le passage. Le prince Eugène avant de le

tenter, crut devoir faire quelques dispositions afin de masser l'armée française. L'avant-garde, soutenue par les divisions de cavalerie des généraux Grouchy, Sahue et Pully, prit la direction de Postumia et s'avança rapidement sur la Piave pour s'opposer à ce que l'ennemi détruisît le pont de Loradina. Mais il était trop tard; déjà ce pont n'existait plus.

Le général Macdonald, à la tête des deux divisions de l'aile droite, prit la même direction.

Le général Grenier dirigea la division du général Abbé sur San-Porciano et Spiridiano, et la division Seras sur Narvesa.

Le général Baraguey-d'Hilliers, à la tête de l'aile gauche, à l'exception de la division Rusca laissée sur le haut Adige, traversa Visnadel, et vint se porter en arrière de Lovadina et de Sprisiano.

Ces dispositions se firent dans la journée du 6 et pendant la nuit suivante.

L'armée occupait donc les positions suivantes le 7 au matin : l'avant-garde était sur les bords de la Piave; la cavalerie légère et les dragons étaient à Masserada, San-Biaggio et en avant de Lovadina et Visnadel; le centre était en avant d'Arcade et de Narvedesa; l'aile gauche un peu en arrière de cette ligne, et enfin la garde royale en réserve à San-Artieno, où se trouvait le quartier général du prince Eugène. On employa la journée du 7 à reconnaître les bords de la Piave.

On décida que le passage s'effectuerait au gué dit de la grande Maison ou de Lovadina et à celui de San-Michele. Le général Dessaix, à la tête de l'avant-garde, formée de détachements de cavalerie légère et de compagnies de voltigeurs, devait se porter le premier sur la rive gauche pour protéger le passage des divisions d'infanterie au gué de Lovadina. Le général Dessaix devait être soutenu contre les efforts que pourrait tenter l'ennemi, par les trois divisions de cavalerie qui avaient reçu l'ordre de traverser en même-temps le gué de San-Michele.

Bataille de la Piave. — L'ennemi occupait, sur la rive gauche de la Piave, les positions les plus favorables à la défense du passage. Sa droite s'appuyait au pont de Priuli que l'Archiduc avait fait détruire, et sa gauche se prolongeait sur Rocca-di-Strada où se joignent les deux routes qui mènent à Cornegliano. Leur front était garni d'une artillerie formidable et s'étendait sur un rideau de collines. Des grand'gardes de cavalerie très rapprochées étaient placées en avant de ce rideau.

Le général Dessaix fit sonder, le 8 mai, à quatre heures du matin, le gué de Lovadina, à deux milles au dessous du pont de Priuli, par une compagnie de voltigeurs du 84e régiment, qui passa la Piave, ayant de l'eau jusqu'aux aisselles, et se forma sans obstacle sur la rive gauche. Le reste de l'avant-garde suivit bientôt. L'archiduc Jean ne s'opposa point à ce passage, sans doute parce qu'il était bien aise que les Français combattissent ayant la rivière à dos. Les grand'gardes autrichiennes se replièrent même assez vivement sur leur ligne, afin d'attirer, le plus possible, les premières troupes françaises sous le feu des batteries qui déjà commençaient à tirer.

En effet, quelques pelotons de cavalerie légère suivis de plusieurs compagnies de voltigeurs de l'avant-garde, s'étant mis à la poursuite de la cavalerie ennemie, furent accueillis par les décharges d'une batterie de vingt-quatre pièces de canon que les Autrichiens démasquèrent brusquement; la cavalerie ennemie, faisant en même-temps volte-face, chargea les Français et mit le désordre dans leurs rangs.

Cette cavalerie ennemie s'était renforcée de plusieurs autres régiments; le général Dessaix disposa tout pour la repousser; il forma son infanterie en deux carrés, il plaça son artillerie dans l'intervalle, et arrangea sa cavalerie de manière à charger le flanc gauche de celle de l'ennemi.

Les Autrichiens ne tardèrent pas à aborder les Français avec la plus grande impétuosité; quoiqu'ayant des forces bien inférieures, le général Dessaix résista et donna le temps au prince Eugène, qui venait de passer la Piave avec trois divisions de cavalerie, de faire avancer celle du général Sahuc pour arrêter les progrès de l'ennemi.

Les divisions Broussier et Lamarque purent se former sur la rive gauche à dix heures, malgré les efforts de quelques détachements de cavalerie ennemie qui cherchèrent à les en empêcher en filant, pour les charger, derrière les corps déjà engagés.

Le passage du reste des colonnes françaises avait été retardé par la crue de la rivière grossie considérablement depuis le matin, et le prince Eugène s'était borné jusque-là à manœuvrer de façon à couvrir le passage de ce restant de troupes. Lorsqu'enfin il fut en mesure de commencer l'attaque, il ordonna au général Pully de s'élancer sur la batterie de vingt-quatre pièces que l'ennemi avait démasquée au commencement de l'action, pendant que le général Sahuc chargerait la cavalerie ennemie qui harcelait sans relâche le général Dessaix dans sa position.

Le général Pully fit avancer le 28ᵉ régiment de dragons conduit par le général Poinçot, et, pour soutenir ce mouvement, se mit lui-même à la tête du 29ᵉ régiment de la même arme.

Un fossé large et profond couvrait la batterie ennemie, qui était protégée en outre par plusieurs escadrons formés derrière en bataille sur trois lignes. Les dragons français arrivèrent au trot jusqu'au bord de ce fossé; et, sans être arrêtés par une décharge à mitraille des vingt-quatre pièces, faite à demi-portée, ils le franchirent avec le plus imperturbable sang-froid. Le 28ᵉ régiment commença vigoureusement la charge, sabra les canonniers ennemis sur leurs pièces, dont quatorze tombèrent en un instant en son pouvoir.

Le général Pully, à la tête des deux régiments réunis, se précipita sur la cavalerie autrichienne, forte de 2,000 chevaux, la rompit et la poursuivit jusqu'à un mille de Cornegliano, où elle rencontra, heureusement pour elle, un corps d'infanterie qui arrêta la poursuite des Français, et derrière lequel les fuyards purent se rallier. Un escadron du 29ᵉ de dragons, emporté par son ardeur, se trouva un moment au milieu de cette infanterie dont il reçut le feu à bout portant; mais il parvint à se dégager. Trois généraux, un aide de camp

de l'Archiduc, et beaucoup d'officiers et de cavaliers ennemis furent faits prisonniers; deux colonels ennemis restèrent sur le champ de bataille.

Les efforts du général Sahuc contre la cavalerie qui harcelait le général Dessaix n'avaient pas été moins heureux. Plusieurs charges, exécutées successivement par les 6ᵉ, 8ᵉ et 25ᵉ de chasseurs, mirent les Autrichiens en pleine déroute : ils perdirent beaucoup de monde, quelques pièces d'artillerie légère, et furent rejetés sur la route de Cornegliano. Une fois dégagé, le général Dessaix se porta en avant. — Le 9ᵉ régiment de chasseurs culbuta encore quelques escadrons ennemis qui s'étaient portés vers le gué de San-Michele, pour s'opposer au passage de la division du général Abbé.

L'armée française se trouvait réunie sur la rive gauche à trois heures du soir, à l'exception d'une brigade de la division Broussier, que le courant trop fort de la Piave avait retenu à l'autre bord, et des divisions du général Baraguey-d'Hilliers, qui étaient restées en réserve sur la rive droite.

Le prince Eugène forma ses troupes en bataille à deux cents toises en avant de la rive gauche; la division Grenier, commandée par le général Abbé, à droite, et celle du général Lamarque, à gauche. La cavalerie légère du général Sahuc flanquait cette dernière. Au centre étaient sept bataillons de la division Broussier et un régiment de la division Durutte. Un peu en arrière, dans l'intervalle du centre et de la division de droite, étaient les deux divisions Pully et Grouchy; à l'extrême gauche de la ligne, se trouvait l'avant-garde du général Dessaix.

L'archiduc Jean, après avoir reformé les troupes déjà battues, avait rangé son armée en bataille entre la Piave et Cornegliano, derrière les digues élevées à droite et à gauche de la route qui conduit à cette dernière ville.

La division Abbé se mit la première en mouvement, soutenue par la division Grouchy, et manœuvra de façon à déborder la gauche de la ligne ennemie. Les deux divisions Lamarque et Broussier se portèrent presque en même temps sur le centre et la droite des Autrichiens, en marchant à la droite de la division Abbé. La première brigade de celle-ci attaqua aussitôt le village de Cisna-d'Olme, et le général Grouchy entoura le village de Tezé. Malgré tous leurs efforts, les Autrichiens furent chassés de ces deux postes et poussés sur Cornegliano.

Les divisions d'infanterie des généraux Abbé, Broussier et Lamarque, et les dragons du général Grouchy, continuèrent ce mouvement, qui mit bientôt l'infanterie autrichienne en pleine déroute. Une forte colonne de cavalerie chercha en vain à la soutenir, elle fut elle-même forcée de tourner bride.

Six bataillons ennemis occupaient encore l'importante position du moulin de la Capana, d'où le général Lamarque avait jusque-là tenté plusieurs fois inutilement de les déposter. Les Français n'avaient pu réussir à franchir un fossé profond qui couvrait leur front. Enfin, le général Lamarque réunit à l'artillerie de sa division celle du général Durutte, et fit une nouvelle tentative sur le moulin, qui fut emporté à la baïonnette.

Il était huit heures et demie du soir, et les Autrichiens, dépostés sur toute leur ligne, se retiraient en désordre sur Cornegliano. L'Archiduc essayait cependant encore de rallier ses colonnes derrière une réserve d'infanterie. Le prince Eugène fit avancer sur son front vingt-quatre pièces de canon, et ordonna aux deux divisions Grouchy et Pully de charger en masse cette réserve. Cette dernière manœuvre acheva le succès de l'armée française, qui prit position en avant du champ de bataille, à un mille de Cornegliano. Profitant de l'obscurité de la nuit, l'ennemi évacua cette ville et se retira sur Sacile.

Cette brillante victoire, qui chassait les Autrichiens de l'Italie, comme la bataille d'Eckmuhl les avait chassés de la Bavière, coûta à l'ennemi 10,000 hommes tués, blessés ou prisonnniers. Le maréchal lieutenant Wauxall, le général Wolfski et l'un des deux généraux Giulay furent tués; les généraux Rissner et Lager furent au nombre des prisonniers. L'ennemi perdit en outre plusieurs drapeaux, seize pièces de canon attelées, trente caissons et un grand nombre de voitures de munitions et de bagages. Les Français eurent 2,500 hommes tués ou blessés.

Passage du Tagliamento. — Le 9 mai, lendemain de la bataille de la Plave, les Français se mirent, dès quatre heures du matin, à la poursuite de l'ennemi. Arrivé aux bords de la Livensa, le général Dessaix trouva l'arrière-garde autrichienne postée sur la rive gauche. La culbuter fut l'affaire d'un moment pour ce général qui la poursuivit jusqu'à Viganosa où il s'arrêta. 600 prisonniers furent le résultat de ce mouvement.

Le 10, toute l'armée française avait suivi le chemin pris par l'avant-garde, et le 11, au matin, le prince Eugène ordonna de tout disposer pour passer le Tagliamento, afin de se porter sur San-Daniele où les Autrichiens paraissaient vouloir prendre position. On avait, la veille, reconnu deux gués, en face de Valvasone; mais les eaux avaient tellement grossi pendant la nuit, qu'elles avaient rendu ces deux passages impraticables. La cavalerie chercha un nouveau gué au-dessus de Valvasone, et, à deux heures après midi, les divisions Grouchy, Sahuc et une partie de celle du général Pully s'établirent sur la rive gauche du fleuve, sans que les Autrichiens eussent rien fait pour s'y opposer.

Toute la plaine entre le Tagliamento, Udine et Palma-Nova fut balayée par les dragons du général Grouchy, marchant sur cinq colonnes à différentes hauteurs; une colonne de la division Pully occcupa Codroipo, et le général Dessaix se porta sur Villa-Nova. Ce dernier village était occupé par une partie de l'arrière-garde ennemie qui s'y défendit opiniâtrement, et ne l'abandonna que lorsqu'elle vit la division Abbé, précédée du 25ᵉ régiment de chasseurs à cheval, s'avancer au soutien de l'avant-garde française.

Après avoir appuyé le général Dessaix, le général Grenier se dirigea sur San-Daniele, où se trouvait le

gros de l'arrière-garde ennemie qui, malgré une **belle** défense fut obligée de céder le terrain et de se retirer en toute hâte sur Majano. Ce dernier engagement fit tomber aux mains des Français 2,000 prisonniers et deux drapeaux.

Les Autrichiens furent poursuivis jusqu'à Majano par le général Dessaix, qui s'établit dans ce village; les troupes du général Grenier prirent position à Udine; la cavalerie occupa Udine, Cividale, et dégagea les places d'Osopo et de Villa-Nova.

Passage de l'Isonzo. — *Prise de Prewald.* — *Occupation de Trieste.* —Chaque, jour le prince Charles adressait à son frère des dépêches qui faisaient hâter à ce dernier sa retraite sur la Carinthie. L'archiduc Jean se bornait à défendre les points principaux qui pouvaient retarder les progrès du prince Eugène, afin d'avoir le temps de faire filer son artillerie et d'évacuer ou de détruire ses magasins.

Les diverses divisions françaises continuaient leur mouvement progressif. Le 13 mai, l'avant-garde, toujours sous le commandement du général Dessaix, se porta sur Chiusa-Veneta. Le 14., le vice-roi ordonna au général Macdonald de passer l'Isonzo vers le point de San-Pietro, avec les deux divisions Lamarque et Broussier, afin d'établir la communication avec l'armée de Dalmatie que commandait le général Marmont et qui s'avançait alors vers Fiume. Quoiqu'il fût assez difficile de passer l'Isonzo à la vue de l'ennemi qui était en force sur l'autre rive, surtout parce qu'il n'y avait aucun gué praticable, les troupes traversèrent, le 15, et prirent, dans la soirée, position à Gorizia, où l'on trouva onze bouches à feu de gros calibre avec leurs affûts, et un grand nombre de boulets et de bombes destinés au siége de Palma-Nova.

Les divisions Broussier et Lamarque continuèrent, le 16, leur mouvement en avant, poussant devant elles tous les détachements ennemis. Arrivé à Prewald, excellente position bien fortifiée, le général Macdonald dirigea la division Lamarque par Podeweilh, Nonpaulharff et Schwartzenberg afin de tourner l'ennemi; la division Broussier devait, pendant ce temps, faire des démonstrations et chercher à déborder la ville par les flanc sde la grande route.

Tous les postes ennemis furent culbutés par le général Lamarque, depuis Podeweilh jusqu'à Poderal; les compagnies de voltigeurs du général Broussier, soutenues par leurs bataillons, furent successivement engagées. Les Autrichiens occupaient une ligne retranchée en avant de la ville, et protégée par des forts en maçonnerie et en terre. Après des efforts inouïs et une perte assez forte, quatre bataillons français réussirent à déborder cette espèce de contrevallation à droite et à gauche. Prewald fut alors abandonné par l'ennemi, qui, pour retarder la poursuite des Français, jeta quelques troupes dans les forts. Mais ces troupes se rendirent à la première sommation du général Broussier.

2.000 prisonniers et 15 pièces de canon furent, pour les Français, le résultat de l'occupation de Prewald

Le général Macdonald, au moment du passage de

l'Isonzo, avait détaché sur Trieste le général Schilt avec 1500 hommes et 2 pièces de canon. Les troupes autrichiennes, qui se trouvaient dans cette direction, s'étaient repliées sur le port, qu'elles abandonnèrent lorsqu'elles apprirent la retraite du général Zach, qui commandait à Prewald. — Le 16 mai, les Français occupèrent Trieste, où ils trouvèrent 22,000 fusils, plusieurs magasins d'équipements, et 200 bâtiments de commerce sur lesquels l'embargo fut mis.

Prise de Malborghetto et de Pradel. — Combat de Tarvis. — L'archiduc Jean, faisait, dans ces entrefaites, sa retraite sur Tarvis, avec le gros de ses troupes, évitant avec soin toutes les occasions d'engagement. Le vice-roi s'était mis à sa poursuite, et le chassait de toutes ses positions. C'est ainsi que, le 18 mai, les forts de Malborghetto et de Pradel furent emportés d'assaut, après s'être défendus pendant trois jours.

Espérant que ces deux forts tiendraient plus longtemps, l'archiduc s'était arrêté dans les belles positions qui se trouvent au-dessus de Tarvis afin de rallier ses colonnes et de faire reposer ses troupes. Le vice-roi se porta rapidement sur ce point, et, ne voulant point risquer une attaque de front, résolut de manœuvrer de manière à tourner l'ennemi pour le forcer à continuer sa retraite sans combattre. La division italienne du général Fontanelli reçut donc l'ordre de se porter sur la gauche des Autrichiens et de gagner leurs derrières pour leur couper la retraite sur Weisenfels, pendant que le général Dessaix, soutenu par la division Broussier, le menacerait de front par la route de Tarvis, et que le général Baraguey-d'Hilliers, avec les autres troupes de l'aile gauche, chercherait également à déborder l'ennemi sur la route de Villach. Ces diverses dipositions réussirent complétement. Les Autrichiens abandonnèrent leurs positions après un engagement dans lequel ils perdirent beaucoup d'hommes tués, blessés ou prisonniers. Les Français poursuivirent l'ennemi jusqu'à la nuit.

Combat de Laybach. — La victoire de Tarvis achevait de rendre l'armée française maîtresse de toutes les positions sur le versant des montagnes de la Carinthie.

Le général Macdonald dirigea, à l'aile droite, les divisions Pully et Lamarque sur la route de Laybach à la poursuite des troupes de l'aile gauche autrichienne. Le général Lamarque prit, le 20, avec sa 1re brigade, position devant Ober-Laybach. Le 21, il fit occuper la partie de la ville qui est en deçà de la rivière du même nom, et plaça sa 2e brigade dans la partie gauche d'un camp retranché que les Autrichiens avaient abandonné 'a veille. Le général Pully prit position à Weiss.

Le général Macdonald reconnut, le même jour, 21, la partie droite du camp retranché. 4,000 hommes d'élite, sous les ordres du général Meerveldt, occupaient cette position. Cette troupe, formant l'arrière-garde de l'aile gauche ennemie, était bien à couvert par les fortifications de ce poste ; aussi, le général Macdonald, redoutant une attaque qui devait être longue et meurtrière, se décida à manœuvrer de ma-

nière à tourner le camp ennemi, et à y tenir les troupes bloquées.

Dans ce but, il ordonna à la division Pully de descendre la Save pour tourner les versans du camp retranché en face de cette rivière ; en même temps, le général Lamarque longea la gauche du camp, comme s'il en voulait au château de Laybach, mais, en réalité, pour se diriger sur la route de Klagenfurt ; le général Broussier s'étendit le long de la Laybach, fit traverser le grand marais par une de ses brigades, tandis que l'autre se portait sur la route de Weichselbourg, seul débouché par où les Autrichiens pussent faire leur retraite.

Le général ennemi fut effrayé de ces dispositions, et, craignant d'être enlevé de vive force dans son camp retranché, il demanda à capituler dans la soirée du 22. Le général Lamarque, chargé des pleins pouvoirs de Macdonald, exigea que le général Meerveldt se rendît prisonnier avec toutes ses troupes, ce qui fut accepté sans difficulté. 4,000 prisonniers, soixante-trois bouches à feu, trois drapeaux et des magasins considérables tombèrent au pouvoir des Français.

Combat de San-Michele. — Cependant le général Jellachich, que le corps du maréchal Lefebvre pressait vivement, cherchait à se réunir aux troupes de l'archiduc Jean, et le prince Eugène manœuvrait de manière à s'y opposer. Informé que le général se dirigeait sur Leoben par San-Michele, le vice-roi résolut de faire occuper ce dernier poste par le général Grenier ; San-Michele était en effet le seul débouché par lequel le général autrichien pût parvenir à son but. La division Seras se mit en mouvement la première, et rencontra, le 25 mai, la colonne ennemie, au moment même où celle-ci débouchait sur le plateau de San-Michele.

Surpris de trouver les Français, le général Jellachich se hâta de former ses troupes en bataille ; il appuya sa droite à des montagnes escarpées et boisées sur lesquelles il plaça cinq bataillons, et sa gauche à la Muhr. Deux bataillons furent placés dans un bois sur la rive gauche de la rivière, afin d'inquiéter la droite du général Seras, tout en couvrant la gauche de la ligne autrichienne. Le centre de celle-ci était sur le plateau, ayant sept pièces de canon en batterie sur son front et, en seconde ligne, quelques escadrons.

Le général Seras fit former ses troupes en face du plateau ; mais comme elles étaient trop inférieures en nombre, il attendit, pour commencer l'attaque, que le général Grenier fût arrivé avec la division Durutte. Jusque-là, il se borna à échanger avec l'ennemi quelques coups de canon.

Le général Grenier arriva bientôt, et, en même temps que lui, une brigade de cavalerie légère de la division Sahuc, conduite par le vice-roi, qui avait voulu prendre lui-même la direction de ce combat. La division Seras s'ébranla en masse à onze heures du matin et arriva, la baïonnette en avant, devant le plateau de San-Michele. Pendant ce temps, la division Durutte se portait sur la droite de l'ennemi, et les 6e et 9e régiments de chasseurs s'avancèrent sur sa gauche.

En un instant, les troupes du général Jellachich, composées en grande partie de nouvelles levées, furent en pleine déroute. Une partie des fuyards se trouva coupée, sur la route de Rottenmann, par la brigade du général Valentin, et mit bas les armes. Le reste se jeta en désordre dans le village de San-Michele, derrière lequel le général Jellachich essaya inutilement de rallier ses bataillons pour gagner le chemin de Leoben. La terreur la plus vive s'était emparée de tous ces pauvres soldats : quatre bataillons furent faits prisonniers dans le village même de San-Michele.

Le vice-roi fit poursuivre l'ennemi sur Leoben, afin de l'empêcher de brûler le pont sur la Muhr. Le général autrichien essaya encore vainement de rallier ses troupes pour défendre ce pont, et donner le temps à son artillerie et à ses bagages de filer sur Bruck. Le général Seras entra dans Leoben où il fit 600 prisonniers. — Le combat de San-Michele coûta aux Autrichiens 800 hommes tués, 1,200 blessés et 5,000 prisonniers. Deux jours après, l'avant-garde de la division Seras occupa Bruck.

Entrée à Gratz. — L'Archiduc, ainsi que nous l'avons dit, ne luttait encore que pour retarder la poursuite des Français et gagner plus sûrement les États héréditaires ; il avait jeté une garnison dans Gratz. Le général Macdonald, qui avait suivi cette direction avec l'aile droite, somma , le 30 mai, le commandant de Gratz d'ouvrir ses portes. Celui-ci y consentit, pourvu qu'on lui permît de se retirer avec ses troupes dans le fort de Schelsberg, qui domine la ville. L'Archiduc l'avait abandonné, le 28, pour continuer sa retraite et venir s'établir derrière la Raab.

Une partie de la division de Macdonald resta à Gratz, tant pour réduire le fort ed Schelsberg que pour attendre l'arrivée du corps du général Marmont, qui devait effectuer sur ce point sa réunion avec l'armée d'Italie.

Opérations du général Marmont en Dalmatie. Combat de Gospitsch. — Deux divisions d'infanterie, aux ordres des généraux Clausel et Montrichard, occupaient la Dalmatie et la partie de l'Illyrie que les traités de Campo-Formio et de Presbourg cédaient à la France. Dans le plan général d'opérations arrêté par l'Empereur, ces deux divisions devaient former l'extrême droite de la Grande-Armée lorsque le prince Eugène aurait opéré sa jonction avec celle-ci. Le général Marmont, sous les ordres duquel ce corps d'armée était placé, avait suivi en conséquence les mouvements de l'armée d'Italie pour se trouver à sa hauteur vers les frontières de la Carniole et de l'Istrie. De son côté l'archiduc Jean avait détaché de son armée un corps chargé d'empêcher le rapprochement projeté entre le vice-roi et le général Marmont. Mais lorsque l'armée autrichienne fit sa retraite, ce corps suivit le mouvement rétrograde, et le général Marmont s'avança vers la Croatie, poussant devant lui le corps autrichien du général Stoïsservick.

Ce général, ayant reçu des renforts, prit une position avantageuse à Gospitsch, où il espérait arrêter les Français, d'autant plus que toute la population était sous les armes pour soutenir les efforts des troupes.

Les approches de Gospitsch sont défendues par plusieurs rivières qui entourent la ville. Le général Marmont résolut de tourner la position de l'ennemi, et à cet effet, il ordonna à deux compagnies de voltigeurs du 8ᵉ régiment, de passer au gué la Licéa, de culbuter les postes qu'elles trouveraient devant elles et de faciliter le rétablissement d'un pont que les Autrichiens avaient détruit.

Pendant que ce mouvement s'effectuait, l'ennemi déboucha par un autre pont plus éloigné, et s'avança, sur trois colonnes, contre la division Montrichard qui formait la gauche de la ligne française. Les deux brigades Soyez et Delaunay reçurent l'ordre d'attaquer immédiatement ces colonnes ; le colonel Godard, à la tête du 79ᵉ régiment de ligne, marcha sur celle de droite ; le général Soyez avec le 18ᵉ d'infanterie légère, sur celle du centre, et le colonel Plauzonne, avec le 5ᵉ de ligne, sur celle de gauche. Le 18ᵉ d'infanterie culbuta l'ennemi en un instant et lui enleva trois pièces de canon. Le général Soyez fut grièvement blessé dans cette charge. Le 79ᵉ n'obtint pas moins de succès sur la droite ennemie ; mais la colonne de gauche, attaquée par le 5ᵉ régiment, ayant reçu du renfort, défendit le terrain pied à pied ; cependant les succès obtenus sur le centre et sur la droite la forcèrent à opérer sa retraite. Les Autrichiens, acculés à la rivière, s'y noyèrent en grand nombre.

Pendant que la gauche de la ligne française battait l'ennemi à Gospitsch, six bataillons autrichiens attaquaient le 8ᵉ régiment dans la position qui lui avait été assignée par le général Clausel, et échouaient dans cette opération.

Le général Stoïsdervick rallia ses troupes le 22, et à l'aide de ses réserves, soutenues d'une nombreuse artillerie, voulut empêcher les Français de déboucher dans la plaine, mais il fut culbuté, et ce dernier engagement força définitivement les Autrichiens à la retraite.

Le 23, le général Marmont entra dans Gospitsch, occupa successivement Segna et Fiume, et se mit, le 31, en marche avec son corps d'armée dans la direction de Gratz, pour effectuer sa réunion avec l'armée d'Italie. — On a vu que les troupes de Macdonald l'attendaient à Gratz.

Jonction de l'armée d'Italie et de la Grande-Armée. — Le vice-roi continua sa marche vers les frontières de la Hongrie, avec les troupes de l'aile gauche, du centre et de la réserve. Le général Seras, qui s'était avancé jusqu'à Schottvien, rencontra, le 31 mai, sur la grande route de Vienne, au-delà du Sommering, les hussards du général Colbert, et effectua ainsi la réunion de l'armée d'Italie avec la Grande-Armée. Dès que l'Empereur fut informé de cet événement, il adressa à l'armée du vice-roi la proclamation suivante, datée de Schœnbrunn :

«Soldats de l'armée d'Italie ! vous avez glorieusement «atteint le but que je vous avais marqué : le Sommering «a été témoin de votre jonction avec la Grande-Armée

«Soyez les bienvenus, je suis content de vous! Sur-
«pris par un ennemi perfide avant que vos colonnes
«fussent réunies, vous avez dû rétrograder jusqu'à
«l'Adige; mais lorsque vous reçûtes l'ordre de marcher
«en avant, vous étiez sur le champ mémorable d'Ar-
«cole, et là, vous jurâtes, sur les mânes de nos héros,
«de triompher. Vous avez tenu parole à la bataille de la
«Piave, aux combats de San-Daniele, de Tarvis, de
«Goritz, etc. Vous avez pris d'assaut les forts de Mal-
«borghetto, de Pradel, et fait capituler la division en-
«nemie retranchée dans Prewald et dans Laybach. Vous
«n'aviez pas encore passé la Drave, et déjà 25,000 pri-
«sonniers, 600 pièces de bataille, 10 drapeaux avaient
«signalé votre valeur. Depuis, la Drave, la Save, la
«Muhr n'ont pas retardé votre marche.

«La colonne autrichienne de Jellachich, qui, la pre-
«mière, entra dans Munich; qui donna le signal des
«massacres dans le Tyrol, environnée à San-Michele,
«est tombée sous vos baïonnettes; vous avez fait une
«prompte justice de ces débris dérobés à la colère de la
«Grande-Armée.

«Soldats! cette armée autrichienne d'Italie, qui un
«moment souilla par sa présence mes provinces, bat-
«tue, dispersée, anéantie, grâces à vous, sera un
«exemple de la vérité de cette devise : *Dio la mie diede,*
«*guai a chi la tocca ;* Dieu me l'a donnée, malheur à
«qui la touche!»

*Entrée de l'armée d'Italie en Hongrie. — Combat
et prise de Papa.* — L'Empereur ordonna au prince
Eugène, dont les troupes, depuis sa jonction, formaient l'aile droite de la Grande-Armée de continuer à
poursuivre l'archiduc Jean en Hongrie, et de tout tenter pour empêcher la réunion de ses troupes avec l'armée principale commandée par l'archiduc Charles.

Le général Macdonald était, comme on l'a vu, resté
à Gratz avec les divisions Broussier et Lamarque pour
achever de réduire la Styrie et faciliter la jonction du
corps d'armée de Dalmatie. Le 10 juin, il rejoignit le
gros de l'armée d'Italie, emmenant avec lui la division
Lamarque et deux bataillons de la division Broussier.

Le 5 juin, le prince Eugène fit occuper OEdenburg,
première ville frontière de Hongrie, du côté du cercle
d'Autriche, par la division du général Seras. Le 7, le
prince établit son quartier général à Gunz, d'où il détacha, dans la direction de Stein-am-Anger, le général
Grouchy avec sa division et celle du général Sahuc,
pour suivre les mouvements de l'archiduc Jean sur la
rivière de Raab. L'arrière-garde autrichienne fut chassée de Stein-am-Anger avec une perte considérable.
Le 7 et le 9 juin, le vice-roi fut renforcé par la division de cavalerie légère du général Montbrun, ainsi
que par un corps d'observation détaché de la Grande-
Armée, sous les ordres du général Lauriston. Ce renfort permit au prince Eugène de pousser les opérations
avec vigueur.

Le général Grouchy battit, le 10, l'arrière-garde
autrichienne à Vasvar, où le prince Eugène établit son
quartier général. Le général Macdonald et les troupes
qu'il amenait de la Styrie prirent position à Kormond.

Le 11, le général Grenier, à la tête de la division

Abbé, emporta le pont de Karako, que l'ennemi avait
barricadé. Le 12, toute l'armée s'avença vers Papa.
Cette ville fut prise après un combat dans lequel le
général Grouchy fit 600 prisonniers.

Bataille de Raab. — Les troupes de l'archiduc Jean
et le corps insurrectionnel que l'archiduc palatin Joseph
avait organisé en Hongrie venaient d'opérer leur
jonction, et les deux princes se préparaient à une bataille générale.

Le 13 juin, à cinq heures du matin, l'armée française se mit en marche, de Papa, pour se porter sur
Raab. Les Autrichiens étaient en position sur les hauteurs qui masquent cette ville, leur droite appuyée au
village de Szabadhegi, et leur gauche à des marais,
dans la direction de Wesprim. Le centre était au village de Kismegyer. Le front de cette ligne était garni
d'une nombreuse cavalerie légère, et les avant-postes,
formés de 1,200 hommes d'élite, occupaient un grand
bâtiment carré qui avait été soigneusement crénelé et
retranché. Les abords de ce bâtiment étaient rendus
encore plus difficiles par un ruisseau profond qui en
mouille les murs et qui forme les marais où s'appuyait
la gauche. La cavalerie était disposée sur les ailes, la
majeure partie déployée sur la gauche, en avant de la
route de Wesprim à Raab, appuyée d'un côté au mamelon de Kismegyer, où se trouvait un grand nombre
de pièces en batterie, et de l'autre, sur le prolonge-
ment et à l'intersection des routes de Raab et de Kis-
Bartah à Wesprim.

Le revers de cette position formidable était hérissé
d'artillerie, et le versant de gauche couvert par des
retranchements naturels qui se trouvent en face de
Szabadhegi, et qui se prolongent dans la direction de
Raab. Cette dernière ville, armée d'une nombreuse artillerie, était défendue par un corps de 4,000 hommes.

Le vice-roi consacra la journée du 13 à reconnaître
la ligne ennemie et à faire ses dispositions pour l'attaque, qui fut fixée au lendemain.

Le général Grenier, avec les deux divisions Seras et
Durutte, avait ordre de se porter sur le village de
Kismegyer et sur la partie du centre de l'armée Autrichienne qui se trouvait placée entre ce village et celui
de Szabadhegi ; le général Baraguay-d'Hilliers devait
marcher sur ce dernier village avec la division Severoli
disposée sur deux colonnes; s'appuyant ensuite en ligne
de bataille à la gauche de la division Durutte, il devait
attaquer ce même village au point d'embranchement
des routes de Wesprim et d'Eissenburg, pendant que
la division Pacthod resterait en réserve en face de
Kismegyer et en arrière de la division Durutte.

Le général Montbrun devait manœuvrer à la droite
de la ligne française, appuyer le mouvement de la division Seras, et contenir, avec ses deux brigades de
cavalerie légère aux ordres des généraux Colbert et
Jacquinot, la nombreuse cavalerie autrichienne ; en
même temps, le général Grouchy devait chercher, avec
sa division de dragons, à déborder cette même cavalerie
en filant derrière les divisions Durutte et Montbrun
jusqu'à l'extrême droite de la ligne, de manière à tourner la gauche de l'ennemi. La division du général Sa-

huc était postée à gauche et en arrière de la division Severoli, se liant avec la division badoise, que le général Lauriston venait d'amener de la grande armée et qui formait l'extrême gauche de la ligne. Cette division et celle du général Sahuc étaient chargées d'observer la place de Raab. La division de dragons du général Pully devait venir se former en arrière et un peu à la droite de la division Sahuc; la garde royale italienne, placée en arrière de la division Pacthod, devait former la grande réserve de l'armée. Enfin, le général Macdonald, qui était encore à une marche en arrière, reçut l'ordre de précipiter le mouvement de la division Lamarqué et du détachement de la division Broussier, pour venir se mettre en ligne avec la division badoise.

Toutes ces dispositions s'exécutèrent dans la matinée du 14 juin. Ce jour, anniversaire des batailles de Marengo et de Friedland, ne contribua pas peu à exciter l'ardeur et l'enthousiasme des troupes.

Le 14, à onze heures du matin, le prince Eugène rangea son armée en bataille, et avec 35,000 hommes se prépara à en attaquer 55,000. L'ardeur des Français était vivement excitée; tous les soldats poussaient des cris de joie à la vue de l'armée ennemie, qui était rangée sur trois lignes; elle se composait de 25,000 hommes, reste de cette superbe armée qui, naguère, se croyait déjà maîtresse de toute l'Italie; de 10,000 hommes, commandés par le général Haddick, et formés des réserves des places fortes de Hongrie; de 5 à 6,000 hommes, composés des débris réunis du corps de Jellachich et des autres colonnes du Tyrol échappées aux mouvements de l'armée par les gorges de la Carinthie; enfin de 12 à 15,000 hommes de l'insurrection hongroise, infanterie et cavalerie.

L'attaque commença à onze heures du matin à la droite, et vers le centre de la ligne française. Le général Seras marcha sur la ferme de la Maison-Carrée, et pendant ce temps, le général Montbrun, par un habile mouvement, obligea les troupes légères de l'ennemi à démasquer le front de leur infanterie, et à se jeter en toute hâte vers la gauche de leur ligne. Le général Colbert devait ensuite présenter constamment la charge, soutenu par le général Jacquinot, qui avait reçu l'ordre de marcher en colonne serrée par escadron.

Le général Seras voulut enlever la ferme de vive force; mais ses troupes ne purent franchir le ruisseau dont nous avons parlé, et où de nombreux soldats trouvèrent la mort.

Pendant cette infructueuse attaque, le général Valentin, à la tête du 23ᵉ régiment de ligne, de la division Durutte, attaquait les troupes autrichiennes qui défendaient le front du village de Kismegyer, et le général Durutte, avec trois bataillons, se portait entre ce dernier village et celui de Szabadhegi, devant lequel s'avançait la division Severoli. Mais cette division fut arrêtée par l'ennemi, posté derrière les fossés qui couvrent ce village, et protégé par douze pièces de canon. En ce moment, les bataillons du général Durutte se trouvaient à la hauteur de Szabadhegi; les Autrichiens les assaillirent brusquement et les forcèrent à rétrograder. Le général Grenier fit alors

avancer, au soutien du général Durutte, le 62ᵉ régiment qu'il avait gardé en réserve, et le général Baraguay-d'Hilliers ayant de son côté fait approcher la réserve de la division Severoli, l'attaque sur Szabadhegi recommença, et l'ennemi fut repoussé par le général Durutte sur la droite du village.

Le général Grenier avait pu enfin passer le ruisseau qui l'avait arrêté, et la Maison-Carrée était attaquée avec vigueur. En même temps, le 9ᵉ de hussards de la brigade Colbert culbutait les hussards de Ott, et plusieurs escadrons de l'insurrection hongroise.

L'Archiduc mit alors en mouvement toute sa cavalerie; celle-ci força le général Montbrun à se replier sur les dragons du général Grouchy qui rétablit bientôt le combat; alors le général Montbrun se porta sur la gauche de la cavalerie autrichienne, afin de la séparer de l'infanterie, que le général Seras pressait vivement. Cette infanterie, effrayée à la vue des escadrons français, rétrograda.

Trois attaques successives, faites par le général Seras sur la Maison-Carrée, n'avaient pu l'en rendre maître. Cependant, comme le succès de la journée dépendait de la prise de ce poste, le prince Eugène envoya une brigade de renfort au général Seras, en lui ordonnant d'attaquer sur-le-champ une quatrième fois.

Cette brigade, commandée par le général Roussel, attaqua de front la forteresse, pendant que le général Seras la menaçait à revers. Mais un épouvantable feu de mitraille et de mousqueterie, qui mit en peu d'instants 676 hommes (dont 36 officiers) hors de combat, força le général Roussel à renoncer à son attaque de front et à appuyer à droite.

Voyant que toute tentative était inutile de cette manière, le général Seras se décida à un assaut général avec toutes ses troupes; il harangua ses soldats, fit battre la charge, et se précipita sur la forteresse à la tête de ses bataillons. Jamais on ne vit attaque plus terrible et plus vigoureuse; en quelques minutes, les Français furent au pied de la Maison-Carrée; les murs furent escaladés, les portes enfoncées; les soldats pénétrèrent dans l'intérieur et mirent le feu à la maison. Tous les Autrichiens qui échappèrent aux baïonnettes françaises périrent dans les flammes : pas un n'échappa.

Dès que la Maison-Carrée fut prise, le général Montbrun, qui avait tenu l'infanterie ennemie en échec et l'avait empêchée d'aller au secours de ce poste, disposa son artillerie légère et celle que le général Grouchy venait de lui envoyer de manière à prendre en écharpe les bataillons autrichiens dans la position qu'ils avaient occupée en arrière, et, profitant du désordre que cette canonnade mit dans leurs rangs, fit une charge vigoureuse à la tête du 1ᵉʳ régiment de chasseurs de la brigade Jacquinot. Ce mouvement força les Autrichiens à accélérer leur retraite sur Sant-Yvan, où ils furent poursuivis par le général Seras. La cavalerie ennemie se retirait en bon ordre dans la direction de Bony; le général Montbrun se mit également à sa poursuite.

L'autre partie du centre et la gauche de la ligne française n'obtenaient pas moins de succès.

Le village de Szabadhegi, fort important pour le sort de la bataille, avait déjà été pris et repris jusqu'à trois fois. L'Archiduc l'occupait alors, et il y avait réuni une grande partie de son artillerie; le général Durutte venait de l'évacuer pour la seconde fois, lorsque le prince Eugène fit marcher à son secours une division de la réserve, celle du général Pacthod. Les deux divisions réunies se précipitèrent sur les Autrichiens avec tant d'impétuosité, qu'elles les forcèrent enfin, après quatre heures d'un combat opiniâtre, à abandonner Szabadhegi.

Les troupes de l'aile droite ennemie se retiraient en désordre dans la direction de Sant-Yvan, lorsqu'elles furent assaillies par le 8e régiment de chasseurs à cheval, de la division du général Sahuc, en observation vers Raab. L'ennemi, voyant venir les escadrons français, se forma en carrés, pour faciliter le ralliement des troupes qui, déjà, avaient en partie mis bas les armes. Le colonel du 8e de chasseurs fondit étourdiment sur ces carrés, sans consulter l'inégalité des forces. Les Autrichiens, qui s'étaient déjà rendus, parvinrent à s'échapper en se jetant dans les marais qui bordent chaque côté de la chaussée, et les carrés accueillirent les Français avec un feu bien nourri. Ceux-ci allaient être forcés de rétrograder en abandonnant 1500 prisonniers qui leur restaient encore, ainsi que 4,000 fusils abandonnés par les fuyards, lorsque le général Sahuc accourut par la gauche de Szabadhegi avec le reste de sa division, qui se mit alors à la poursuite de l'infanterie autrichienne sur la route de Comorn, celle de Sant-Yvan venant d'être coupée par la cavalerie du général Montbrun. En effet, ce général, après avoir poursuivi long-temps la cavalerie autrichienne sur la route de Bony, sans pouvoir l'atteindre, avait laissé de ce côté la brigade Colbert en observation, et, avec la brigade Jacquinot, était revenu promptement sur sa gauche pour couper la retraite de l'infanterie par Sant-Yvan. Aperçu par les Autrichiens, ceux-ci se jetèrent vers le Danube pour prendre la route de Comorn.

L'armée autrichienne cessa d'être poursuivie lorsque la nuit vint.

Les Autrichiens eurent, dans cette bataille, 4,000 hommes tués ou blessés, et perdirent 3,000 prisonniers; les Français eurent 1,200 hommes tués et 1,500 blessés.

Prise de Raab. — Le 15 juin, lendemain de la bataille de Raab, ainsi nommée parce qu'elle fut livrée non loin de la ville de ce nom, pendant que le gros de l'armée poursuivait l'Archiduc, le vice-roi chargea le général Baraguey-d'Hilliers d'investir la place de Raab avec les troupes de l'aile gauche. Le général Lauriston, commandant la division badoise, secondait cette opération, dont il fut ensuite chargé comme général en chef. Après avoir fait inutilement sommer le gouverneur, le général Lauriston prépara tout pour une attaque en règle.

Raab avait été fortifié avec soin, et une nombreuse garnison devait être employée à sa défense. Mais les Français avaient marché sur cette place avec tant de rapidité, qu'on n'avait pu y renfermer plus de 4,000 hommes. Du 15 au 22 juin, le général Lauriston fit

canonner Raab avec une telle vigueur, que le gouverneur fut obligé de demander une capitulation. Les Français prirent, le 24, possession de la place, et la garnison fut renvoyée après avoir pris l'engagement de ne pas servir contre la France jusqu'à parfait échange. Les vainqueurs trouvèrent dans Raab dix-huit pièces d'artillerie de gros calibre et de nombreux magasins d'habillemens et de vivres.

Opérations en Carinthie. — *Combat de Klagenfurt.* — Le prince Eugène, en entrant en Hongrie, avait laissé en Carinthie et en Styrie les divisions Rusca et Broussier, détachées la première de l'aile gauche, la seconde de l'aile droite de l'armée.

La mission du général Rusca était surtout de veiller à la sûreté des communications, que le marquis de Chasteller menaçait avec son corps de partisans tyroliens, et il avait, en conséquence, concentré sa division autour de Klagenfurt, d'où il détachait des colonnes contre les partis ennemis et selon les circonstances.

Le 5 juin au matin, informé que le général Chasteller se préparait à venir l'attaquer dans sa position avec des forces considérables, il résolut d'aller au-devant de l'ennemi, dont il rencontra l'avant-garde sur la route de Villach. Les Français firent 500 prisonniers dans cette rencontre.

Le lendemain, les Français rencontrèrent les Tyroliens postés sur la route, les mirent en fuite, leur firent 600 prisonniers et s'emparèrent de trois mille fusils jetés par les fuyards. Une partie de l'armée ennemie, coupée du reste, passa la Drave au pont de Stein, et s'établit sur la rive opposée après avoir incendié le pont. La colonne du général Smith, qui avait pu gagner Villach, détruisit également tous les ponts de ce côté et continua en toute hâte sa route sur le Tyrol. Cette retraite fut si précipitée, que le général Rusca ne put atteindre l'arrière-garde des fuyards et qu'il se décida à rentrer dans Klagenfurth.

Opérations en Styrie. — *Combat de Callsdorff.* — Maître de Gratz, le général Broussier avait tenu le fort de Schelsberg bloqué du 1er au 19 juin, et, d'un jour à l'autre, il espérait que le commandant autrichien ouvrirait ses portes, lorsqu'il apprit que le général Giulay s'approchait avec des forces nombreuses pour lui faire lever le siége.

Cette circonstance rendait sa position difficile; il ne pouvait espérer aucun secours, éloigné qu'il était de cinquante lieues des armées d'Allemagne et d'Italie. Le général Broussier résolut d'évacuer Gratz et de lever le siége de Schelsberg, pour se concentrer sur la rive droite de la Muhr, au débouché de la vallée de Bruck, seule route qui ne fût pas occupée par l'ennemi. Il exécuta ce mouvement, le plus secrètement possible, dans la nuit du 20 au 21, emmenant ses malades et ses blessés qu'il déposa dans Goezting, position qui le rendait maître du pont de Weinzerlbruck et du débouché de la vallée de Bruck.

Les Français furent postés en arrière des faubourgs, hors la portée de canon du fort, sur la rive droite de la Muhr, et sur deux lignes, la gauche appuyée à la rivière, et la droite aux montagnes couvrant le débouché et la gorge de Bruck. Un bataillon gardait les ponts dans les faubourgs, et l'avant-garde, qui était en avant des faubourgs, poussait des patrouilles sur la route de Marburg.

A la vue de l'avant-garde française, les coureurs ennemis se retirèrent, dans la matinée du 21, et le général Broussier marcha à la rencontre de l'ennemi. Dans la soirée, il posta ses troupes à Wildon.

Là, il apprit, par ses reconnaissances, que le général Giulay s'était porté sur Ehrenhausen, où une de ses colonnes, commandée par le général Spleeny, se trouvait déjà; alors il vint reprendre ses anciennes positions dans la ville et autour du fort, sur lequel il fit recommencer un feu très vif pour accélérer sa reddition.

Mais l'avant-garde ennemie attaqua, le 24, à trois heures du matin, les avant-postes français, sur la rive droite de la Muhr, et, vers dix heures, la fusillade s'engagea sur la rive gauche. Le général Broussier se décida alors à se porter à Gosting, et passa la Muhr à Weinzerlbruck. Là, il apprit que le général Marmont arrivait, et que la tête de sa colonne était déjà à Voitsberg, ce qui l'engagea à faire une diversion pour attirer de son côté l'attention de l'ennemi, et à attaquer immédiatement une avant-garde qui se trouvait à Feldkirchen.

A mesure que les Français approchaient, la cavalerie autrichienne se repliait. Quand la division Broussier eut dépassé le village de Feldkirchen, elle changea de direction pour couper l'ennemi de ce poste et le jeter dans la Muhr. Mais l'avant-garde autrichienne se retira en filant le long de la rive droite, et se réunit au gros des troupes qui cherchaient à s'établir à Callsdorf. Les Français ne laissèrent pas à l'ennemi le temps d'effectuer ce projet. Le 9ᵉ régiment de ligne, soutenu par le 24ᵉ, attaqua le village à huit heures du soir. Bientôt l'ennemi fut culbuté, le village enlevé, et la première ligne, qui se trouvait à quelque distance de Callsdorf, fut impétueusement assaillie. Cette première ligne se renversa sur la seconde, la seconde sur la troisième, et en moins d'une demi-heure, le corps autrichien, fort de 20,000 hommes, avec 2,000 chevaux et 30 bouches à feu, fut en pleine déroute et se retira pêle-mêle jusqu'à Wildon. Ce résultat avait été obtenu par le 9ᵉ régiment seul, car le 24ᵉ n'avait pas eu besoin de donner. Un régiment de cavalerie, qui s'était rallié, essaya de couvrir la retraite en faisant une charge sur le 9ᵉ régiment; mais celui-ci l'attendit à bout portant et mit le désordre dans ses rangs. Les escadrons autrichiens prirent bientôt la fuite comme tout le reste, et à dix heures et demie du soir tout était fini. L'ennemi fut poursuivi jusqu'à Callsdorf; tout ce que les Français pouvaient atteindre était impitoyablement massacré. Sans l'obscurité, l'armée entière de Giulay eût été anéantie. Les Français ne perdirent pas 40 hommes dans cette affaire vraiment extraordinaire.

Combat de Gratz. — Un contre dix. — Le général Giulay rallia ses troupes et leur fit passer la Muhr au pont de Wildon pour marcher sur Gratz par la rive gauche. Le général Marmont, qui croyait le corps d'armée autrichien posté dans la plaine de Lehringen en arrière de Wildon, fit engager le général Broussier à se porter, avec toutes les forces dont il pouvait disposer, à la hauteur de Libog où était le corps de Dalmatie, et à reprendre Gratz, en y laissant le moins de troupes possible. Le but du général Marmont était d'attaquer, le lendemain, 26, l'ennemi dans la position où il le supposait. En effet, le 25 au soir, Gratz n'était encore occupé que par 150 hussards et autant de Croates, sans compter la garnison du fort de Schelsberg, forte de 1,000 hommes. Le général Broussier pensa que deux bataillons suffiraient pour reprendre Gratz, et il chargea de cette mission le colonel Gambin, auquel il ordonna de prendre les deux premiers bataillons de son régiment. Il recommanda à cet officier de ne s'avancer qu'avec les plus grandes précautions, et de n'entrer dans Gratz que dans le cas où il ne rencontrerait pas de forces supérieures. Le colonel Gambin partit, avec sa petite troupe, forte de 1,100 hommes environ, et 2 pièces de trois, à sept heures du soir.

Le colonel arriva à minuit devant le faubourg de Gratz, dit de *Graben*, où un détachement assez considérable d'infanterie et de cavalerie était retranché dans un clos. Il le fit immédiatement attaquer par son avant-garde. Chassé de ce poste, l'ennemi se replia sur un détachement plus fort que le premier et retranché dans un cimetière dont toutes les issues étaient gardées avec le plus grand soin.

Le colonel Gambin voulut profiter de l'obscurité afin que l'ennemi ne sût pas à quel petit nombre de troupes il avait affaire, et, sur-le-champ, il ordonna l'attaque du cimetière. En un instant, toutes les avenues qui y conduisaient furent balayées, et tous ceux qui ne purent y rentrer furent tués à coups de baïonnette. Les morts qui encombraient le passage étaient si nombreux, que les grenadiers, pour approcher du poste, furent obligés de prendre les cadavres ennemis et de les jeter de côté. Cependant les Autrichiens se trouvaient en force dans un retranchement naturel, et étaient protégés par le feu d'autres troupes occupant les hauteurs de Saint-Léonard, à laquelle le cimetière appartenait. En outre, les murs du cimetière étaient crénelés, et les Français se trouvaient sous le feu d'une fusillade très vive. Le colonel Gambin crut donc devoir changer la direction de son attaque, et il chargea l'adjudant-major de son 1ᵉʳ bataillon de s'avancer avec une compagnie par un passage mal gardé, qu'il avait remarqué. Au moment où cette compagnie commencerait son feu, le reste de la colonne, qui s'était rapproché de l'église pour éviter le feu des créneaux, devait se porter en avant. Ces dispositions eurent un plein succès : en quelques minutes, les troupes qui occupaient le cimetière furent culbutées et mises en fuite, jetant leurs fusils, leurs munitions, et laissant le terrain jonché de leurs morts et de leurs blessés.

Mais les hauteurs de Saint-Léonard étaient toujours occupées par des troupes nombreuses. Le colonel Gambin ne crut pas prudent de marcher sur elles; il passa la nuit dans le cimetière, et se borna à placer quelques tirailleurs en avant de la position, pour riposter à ceux de l'ennemi. Quand le jour parut, les Français virent qu'ils allaient avoir affaire à des forces encore plus nombreuses que la veille, et que l'ennemi les cernait de toutes parts. Le colonel fit mettre en batterie ses deux pièces de 3, qui tirèrent sans interruption. Mais les Autrichiens recevaient à chaque instant des renforts, et les Français, bloqués dans le cimetière, ne pouvaient quitter cette position.

Une grande partie de la journée du 26 s'écoula dans cette lutte opiniâtre; à 5 heures du soir, toutes les munitions des troupes et de l'artillerie étaient épuisées. Le colonel résolut alors de se faire jour à la baïonnette à travers les ennemis qui le pressaient. Il fit battre la charge, et les Français s'élancèrent sur l'ennemi, dans la direction de Weinzerlbruck, par où ils étaient venus. Déjà ils s'étaient frayé le passage lorsqu'ils se trouvèrent en face d'une colonne française qui arrivait à leur secours. — Voici comment :

Nous avons dit que le général Marmont avait engagé le général Broussier à se porter à la hauteur de Libog. Celui-ci avait effectué ce mouvement, et les deux corps venaient de se réunir; il avait alors été décidé que le général Broussier retournerait sur Gratz pour secourir le colonel Gambin, que le feu très vif, entendu toute la nuit, annonçait devoir être dans une position fort difficile. Il se mit aussitôt en route; mais arrivé à Weinzerlbruck, il lui fallut faire reposer ses troupes. Cependant, il chargea le colonel Nagle d'aller, avec trois bataillons, au secours du colonel Gambin, et, avec le reste de ses troupes, il se disposa à soutenir cette colonne d'attaque pour empêcher l'ennemi de la tourner et de la prendre à dos.

Une ligne ennemie voulut s'opposer à l'élan du colonel Nagle; mais elle fut renversée en peu d'instants, et les deux colonels français furent bientôt en présence.

Le colonel Nagle partagea les cartouches de ses trois bataillons avec les troupes du colonel Gambin, et, tous ensemble se portèrent sur le faubourg de Saint-Léonard d'où l'ennemi fut déposté et jeté sous les murs de la ville après avoir perdu beaucoup de monde. Mais le colonel Nagle avait reçu du général Broussier l'ordre de revenir au pont de Weinzerlbruck avec les troupes du colonel Gambin lorsqu'il les aurait dégagées; il fallut donc que les cinq bataillons rétrogradassent sur ce point.

Ainsi, dans le mémorable combat de Gratz, 1,100 hommes avaient tenu tête à 10,000, avaient fait 450 prisonniers, tué 1,200 hommes et pris deux drapeaux. Le nombre des blessés ennemis était immense : les hôpitaux de Gratz et les maisons des faubourgs en étaient encombrés. Le 84ᵉ régiment (celui du colonel Gambin) avait eu 33 hommes tués, 153 blessés et 58 prisonniers.

L'Empereur récompensa dignement l'intrépidité du colonel et de ses deux bataillons. Il fit mettre à l'ordre du jour qu'il serait gravé sur le support de l'aigle du 84ᵉ régiment la devise suivante : *Un contre dix*. Le colonel Gambin fut nommé comte de l'Empire et reçut une dotation considérable; 95 décorations de la Légion-d'Honneur furent distribuées aux officiers et soldats de son régiment.

Avant la brillante expédition du colonel Gambin, il avait été décidé que le général autrichien serait attaqué dans ses positions sur Gratz, et, en effet, le général Broussier marcha de ce côté, appuyé des deux divisions Clauzel et Montrichard. Mais le combat de la veille avait effrayé l'ennemi, qui avait fait sa retraite dans la nuit. Le général Broussier rentra dans Gratz et y reprit ses anciennes positions, ainsi que le blocus du fort. Les faubourgs de Marburg et de Furstenfeld furent occupés par les troupes du général Marmont.

Le général Broussier reçut, le 1ᵉʳ juillet, l'ordre de rejoindre avec sa division l'armée d'Italie. Cet ordre concernait aussi le général Marmont, qui laissa en Styrie un fort détachement pour accélérer la reddition du château de Gratz.

Arrivée de l'armée d'Italie dans l'île Lobau. — Après la bataille de Raab, le prince Eugène s'était, comme on l'a vu, mis à la poursuite de l'archiduc Jean sur la route de Comorn, où il arriva le 18 juin, et où il resta jusqu'au 2 juillet, qu'il reçut l'ordre de rejoindre la Grande-Armée dans l'île Lobau. La réunion s'effectua assez à temps pour que l'armée d'Italie pût prendre part à la bataille de Wagram. Le prince Eugène présenta à l'Empereur les trophées de sa belle campagne, c'est-à-dire, 37,000 prisonniers, 12 drapeaux, 198 bouches à feu, dont 119 de position et 79 de campagne, 45,000 fusils et des magasins considérables de munitions et de vivres.

RÉSUMÉ CHRONOLOGIQUE

1809.

9 AVRIL. Déclaration de guerre de l'Archiduc Jean (Italie).
11 — Combat d'Ospedaletto (Italie).
13 — Investissement de Palma-Nova (Italie).
16 — Bataille de Sacile (Italie).
22 — Retraite des Français sur l'Adige (Italie).
23 — Attaque de Venise et du fort de Malghera (Italie).
29-30 — Combats de Soave, de Bastia et de Caldiero (Italie).
1ᵉʳ MAI. Retraite de l'Archiduc. — Déblocus de Palma-Nova (Italie).
3 — Combat du pont de Gora (Pologne).
8 — Bataille de la Piave (Italie).
-11 — Passage du Tagliamento (Italie).
14 — Combat de Thorn (Pologne).
15 — Passage de l'Isonzo (Italie).
16 — Prise de Prewald. — Prise de Trieste (Italie).
18 MAI. Prise de Malborghetto. — Combat de Tarvis (Italie).
21-23 — Combat de Gospitsh (Dalmatie).
22 — Combat près de Laybach (Italie).
25 — Prise de Zamosk (Pologne).
— — Combat de San-Michele (Italie).
28 — Occupation de Fiume (Italie).
30 — Entrée de Macdonald à Gratz (Italie).
— — Retraite des Autrichiens hors de la Pologne.
31 — Réunion de l'armée d'Italie à la Grande-Armée.
5 JUIN. Entrée du vice-roi en Hongrie.
6 — Combat de Clagenfurth (Carinthie).
12 — Combat et prise de Papa (Hongrie).
14-24 — Bataille de Raab. — Prise de Raab (Hongrie).
24 — Combat de Callsdorf (Styrie).
25-26 — Combat de Gratz (Styrie).
4 JUILLET. Réunion de l'armée d'Italie à la Grande-Armée.

1809. — BATAILLE DE WAGRAM. — PAIX DE VIENNE.

ARMÉE FRANÇAISE.   **ARMÉE AUTRICHIENNE.**
Général en chef. — L'Empereur NAPOLÉON.   *Général en chef.* — L'Archiduc CHARLES

Tentatives contre la France.—Le colonel Dornberg. — Le duc de Brunswick-Oëls. — Avant de passer au récit de la bataille décisive qui obligea l'empereur François II à demander la paix, il convient de mentionner quelques tentatives faites depuis le commencement de la guerre pour susciter à l'empereur Napoléon de nouveaux ennemis.

L'Autriche n'était pas la seule puissance qui fût disposée à faire contre la France une levée de boucliers; l'Allemagne était devenue le foyer d'une vaste conjuration. Des sociétés secrètes et mystiques, dont les membres s'étaient intitulés *Fédérés de la Vertu*, s'établirent d'abord dans toutes les contrées de la Prusse, puis dans toute l'Allemagne, pour y rallier les ennemis de la France à un centre commun d'action. Les hommes des opinions les plus opposées se rapprochaient dans un même sentiment de haine contre le gouvernement français. Aristocrates, démagogues, idéologues, soldats, patriotes germaniques, s'accordaient à désirer l'émancipation de l'Allemagne. son indépendance absolue et le rétablissement de ses rapports maritimes.

Ces sociétés, malgré leurs immenses ramifications, furent enveloppées long-temps du plus profond mystère; mais elles se révélèrent enfin par des actes : la tentative de Schœnbrunn, l'expédition du major Schill, et concurremment avec cette dernière, l'incursion du duc de Brunswick-Oëls, furent l'expression extrême, *l'ultima ratio* de ces vastes associations.

La Westphalie devait être le foyer de l'explosion. C'est dans ce royaume que l'Angleterre avait conservé le plus de partisans, et que la France, par cette raison même, en avait le moins. Le Hanovre ne souffrait pas seulement de la perte de ses communications maritimes; ce pays jouissait jadis d'une administration politiquement ménagère et paternelle, tandis que, sous l'administration de la France, il était soumis à toutes les charges qu'impose la conquête.

La Hesse était plus malheureuse encore. Depuis que la maison de Hanovre, en montant sur le trône d'Angleterre, avait mis cette puissance en relations plus intimes avec les petits princes qui entourent l'électorat de Hesse, les Hessois avaient fourni des contingens nombreux à la solde de l'Angleterre : dans les guerres de la succession d'Espagne, dans celle de sept ans, dans celle d'Amérique, dans la coalisation de 1793, on les avait vus sous les bannières britanniques. Le prince y gagnait des guinées, les officiers et soldats des pensions;

le pays, qui n'avait ni influence extérieure ni honneur national à ménager, gagnait à cet ordre de choses une circulation plus abondante de numéraire; il était d'ailleurs peu industrieux et par conséquent pauvre; son administration était négligente, mais peu oppressive.

Dès que cet état paisible avait été transformé en royaume de Westphalie, il avait eu à fournir aux frais d'une nombreuse armée, d'une cour plus somptueuse, d'une administration plus compliquée; et, ce qui était pire, il fut imposé à vingt millions de dotations annuelles assignées aux généraux français. Il y avait donc motifs suffisants à insurrection.

La Prusse, par d'autres raisons, se trouvait dans le même cas; elle n'était ni alliée ni province de l'empire de Napoléon, mais néanmoins, elle était l'ennemie jurée de la France. Trois ans d'occupation militaire, de contributions extraordinaires et d'humiliations, la perte de ses plus riches provinces, il y avait là plus qu'il n'en fallait pour l'exaspérer.

C'était donc sur la Prusse et la Westphalie que l'Autriche et la grande conjuration allemande avaient fondé leurs espérances.—Le duc de Brunswick-Oëls, dépouillé de l'héritage de ses pères et plus intéressé que tout autre, devait donner le signal en débouchant de Bohème avec une légion de déserteurs prussiens qu'il y avait organisée.—En Westphalie, le colonel Dornberg, de la garde de Jérôme, se croyant autorisé à quitter la cause d'un maître imposé par la conquête, devait s'assurer de sa personne, le garder en otage et changer la face de l'État en établissant une régence; le major Schill devait agir simultanément, surprendre Wittemberg et Magdebourg, puis opérer en Saxe de concert avec le duc de Brunswick.

Les plans de ces trois chefs furent déjoués faute d'ensemble dans l'exécution.

Les premiers jours de mai avaient été fixés pour cette levée de boucliers. Plusieurs incidents s'opposèrent à la réussite d'un projet si compliqué. Entraînés par les premiers succès des Autrichiens en Bavière, des rassemblements se formèrent dès le 23 avril, à Wolfshagen, en Westphalie. Jérôme, averti de cet événement, manda le colonel Dornberg pour le faire marcher contre les insurgés. Celui-ci crut son projet découvert, et, en sortant de chez le roi, s'enfuit pour joindre les rassemblemens. Jérôme, d'abord interdit, se présenta à ses gardes, déclarant qu'il confiait sa personne à leur honneur et à leur loyauté. Cet appel généreux s'adressait à des hommes qui surent l'apprécier, et ceux mêmes qui étaient le moins disposés en faveur du roi lui jurèrent de ne pas l'abandonner.

Jérôme avait pour ministre de la guerre un homme connu par son sang-froid et la fermeté de son caractère. Grâces aux dispositions qu'il prit, tout ce qu'il y avait de troupes françaises, bataves et westphaliennes, depuis Wesel et Mayence jusqu'à Cassel, s'ébranla à la fois.—Dornberg, poursuivi, battu et dispersé par le général Rewbell, se sauva avec un petit nombre d'officiers pour rejoindre le duc de Brunswick en Saxe. Mais celui-ci, sorti de Bohême, le 14 mai, avec sa légion de la Mort, ainsi nommée parce que l'uniforme était noir, et le schako garni d'une tête de mort, ne trouva point en Saxe l'appui qu'il espérait, et dut rentrer en Bohême.—Les victoires d'Abensberg, d'Eckmühl et de Ratisbonne, semant l'épouvante dans toute l'Allemagne, contribuèrent puissamment à faire échouer ses projets en tenant en respect la multitude qui, sans cela, n'eût sans doute pas manqué de grossir les troupes des conjurés.

Échauffourée du major Schill. — Ainsi qu'il avait été convenu, et peu de temps après la déclaration de guerre de l'Autriche, le major prussien Schill, homme brave et déterminé, quitta Berlin, où il tenait garnison, emmenant avec lui 400 chevaux de son régiment des hussards de Brandebourg, un petit nombre d'officiers dévoués, et se rendit en Poméranie. Il y organisa promptement un corps de troupes composé de déserteurs de tous les pays et de toutes les conditions, de Prussiens, d'Autrichiens, de Suédois et de paysans des diverses contrées de l'Allemagne. Son but était de passer l'Elbe et de révolutionner la Westphalie.

Le roi Jérôme Napoléon adressa aussitôt des plaintes au roi de Prusse, qui déclara le major Schill déserteur et proscrit.

Sans s'inquiéter de cette déclaration, Schill continua sa marche, passa l'Elbe à Acken, envahit tout le pays plat entre Hall et Magdebourg, enlevant partout les caisses publiques, mettant les chevaux de poste en réquisition, renversant les armes de Westphalie, y substituant les aigles prussiennes, et grossissant sa troupe de tous les mécontents et de tous ceux qu'attirait l'espoir du butin.

Le général Michaud, gouverneur de Magdebourg, informa le gouvernement westphalien des progrès du major Schill, et l'on prit aussitôt des mesures pour arrêter cette invasion. Le 1er régiment de ligne westphalien partit en poste de Cassel, et arriva à Magdebourg sans avoir rencontré les troupes du major.

Schill se trouva, après plusieurs marches et contremarches, à deux lieues de Magdebourg, sur la route de Hall : sa troupe ne se composait que de cavalerie. Le général Michaud chargea le général Uslar, aide de camp du roi Jérôme, d'aller en reconnaissance, et de prendre, à cet effet, une compagnie de voltigeurs français et deux compagnies de Westphaliens. A une demi-lieue de la place, ces troupes rencontrèrent une petite avant-garde de Schill. Le général Uslar rangea ses trois compagnies en bataille sur la chaussée. Schill, de

son côté, essaya de parlementer pour faire déserter les soldats allemands; mais ses envoyés furent reçus, de la part des voltigeurs français, par une décharge à bout portant. Le général Uslar, par un motif qu'on peut également attribuer à une extrême bonne foi ou à une trahison projetée, ordonna de cesser le feu dirigé contre les parlementaires. Si cet ordre eût été suivi, il y a lieu de croire que les trois compagnies de la garnison de Magdebourg et la place elle-même auraient été prises. Heureusement, le colonel Wauthier, qui avait marché avec les voltigeurs français, forma sa troupe en carré, déclara au général Uslar qu'il ne le reconnaissait plus pour chef et fit commencer un feu roulant si bien dirigé, que l'ennemi recula en laissant un grand nombre d'hommes sur le champ de bataille. Animés par l'exemple des Français, les Westphaliens firent une vigoureuse défense, qui força le major Schill à la retraite. Le colonel Wauthier, blessé grièvement dans le combat, paya de sa vie sa courageuse action. Le général Uslar fut destitué par Jérôme sur le rapport du général Michaud.

Après cet échec, Schill se dirigea vers Wanzleben et gagna la rive de l'Elbe, qu'il descendit jusqu'à Domitz. Il se porta ensuite sur Stralsund, dont les Français avaient rasé les fortifications, et il y entra, le 25 mai, par capitulation. Cette place convenait très bien à sa position par les moyens de communication qu'elle lui offrait avec la mer; mais il eut le tort d'y séjourner trop long-temps, dans l'espérance, sans doute, de pouvoir s'y défendre jusqu'à ce qu'une flotte anglaise pût venir le recevoir à son bord avec sa troupe. A peine avait-il eu le temps d'établir à la hâte quelques retranchements, qu'il y fut attaqué, le 31 mai, par un corps nombreux de Hollandais et de Danois commandé par les généraux Gratien et Éwald. La troupe du partisan s'était accrue : Schill avait avec lui 6,000 hommes qui se défendirent avec beaucoup de résolution, disputant le terrain pied à pied et de maison en maison. —Schill fit des prodiges de valeur et tua de sa main le général hollandais Carteret, en lui disant : «Coquin, va faire nos logements!» Enfin sa troupe succomba, et lui-même, sortant de l'hôtel de ville, où il venait de donner quelques ordres, reçut deux coups de feu dont il mourut sur-le-champ.

Tel fut le résultat de cette échauffourée, qui eut dans le temps beaucoup plus de retentissement que d'importance.

Position relative des deux armées. — Rien d'important ne s'était passé depuis la bataille d'Essling entre les deux grandes armées française et autrichienne. L'archiduc Charles avait considérablement augmenté ses forces par des levées faites en Hongrie, en Moravie et en Bohême, et il ne comptait pas moins de 180,000 hommes avec neuf cents pièces d'artillerie. De plus, il avait mis tous ses soins à se fortifier une position. Il avait fait élever, parallèlement au fleuve et vis-à-vis l'île Lobau, au point de passage de l'armée française, des ouvrages de campagne qui s'étendaient de Gross-Aspern à Enzersdorf en passant par Essling. Ces travaux, liés par une courtine, étaient palissadés, fraisés et armés de plus de cent cinquante pièces d'artillerie de position. Sur des collines, à une lieue en arrière de ces retranchements, était posté le gros de l'armée autrichienne, ayant son front couvert par le Russbach, ruisseau dont les bords étaient garnis de petits ouvrages. C'est là que l'Archiduc, n'osant prendre l'offensive, attendait que l'armée française vînt l'attaquer.

De son côté, Napoléon, profitant de l'inaction de son ennemi, avait établi solidement dans l'île Lobau la plus grande partie de son armée. Des ouvrages avaient été construits dans cette île, devenue une espèce de place forte, et, comme nous l'avons dit, trois ponts parallèles, de six cents pas de longueur, et sur l'un desquels pouvaient passer trois voitures de front, liaient le terrain de l'île à celui de la rive droite et assuraient les communications avec Vienne. Ces ponts étaient protégés contre toute insulte par des estacades établies dans diverses directions; ils étaient même à l'abri des brûlots et autres machines incendiaires; les redoutes et les têtes de pont étaient défendues par cent vingt pièces de position.

Toutes les îles qui environnaient l'île Lobau avaient été également fortifiées. Ces travaux avaient été finis en un mois. L'armée française, y compris l'armée d'Italie, se montait, dans les premiers jours de juillet, à 150,000 hommes environ. Tous les corps qui avaient combattu à Essling étaient campés dans l'île Lobau; les autres étaient répartis sur la rive droite, depuis Vienne jusqu'à Presbourg.

Pendant que tous ces travaux s'exécutaient, l'Empereur était resté au château de Schœnbrunn. Il vint, le 1er juillet, fixer son quartier général dans l'île de Lobau.

Passage du Danube. — L'Archiduc avait établi sa ligne de défense dans la persuasion que l'armée française déboucherait sur la rive gauche au même point et par les mêmes moyens de passage que la première fois. L'Empereur chercha, par tous les moyens, à confirmer l'ennemi dans cette supposition; mais son but était de rendre inutiles toutes les dispositions faites par l'Archiduc en passant le Danube au-dessous du point où l'armée avait abordé la rive gauche le 21 mai.

Un aide de camp de Masséna passa, le 2 juillet, avec 500 voltigeurs dans l'île du moulin, en face d'Essling, et y prit position. Un petit pont, en avant duquel en construisit une flèche, joignit cette île au continent.

L'attention de l'ennemi se porta sur ce point, ainsi que l'Empereur l'avait espéré. Ce faux point d'attaque fut l'objet d'un feu très vif de la part des redoutes du village d'Essling.

Le 4 juillet au soir, les troupes étant rassemblées dans la partie orientale de l'île Lobau, 1,500 voltigeurs aux ordres du général Conroux passèrent le fleuve en bateaux. Un pont fut établi en deux heures, sous leur protection, et Oudinot y défila avec célérité. Cent pièces en batterie sur le front de l'île Lobau, tonnant sur toute la ligne, repandaient l'effroi et facilitaient l'opération en partageant l'attention de l'ennemi, et en

protégeant les troupes passées et les travaux commencés.

Un orage grondait dans le ciel; la foudre confondait ses éclats avec le retentissement de l'artillerie, qu'elle ne pouvait pas couvrir. La nuit était obscure; la pluie chassée par un vent violent, tombait à torrens : mais l'incendie d'Enzersdorf, embrasé par nos batteries, éclairait cette scène majestueuse et terrible. Dès qu'Oudinot eut mis le pied sur la rive gauche, l'Empereur ordonna de jeter les ponts principaux qui devaient s'appuyer sur la petite île appelée l'*île Alexandre*. Un de ces ponts, tout construit sur un bras secondaire, et amarré à l'une des rives par le bas, se trouva placé naturellement au travers du lit par l'effet du courant, qui entraîna la partie supérieure. A trois heures du matin, six ponts avaient été jetés, et les troupes défilaient sur tous les ponts avec une précision admirable. L'Empereur, malgré le temps affreux qu'il faisait, veillait à tout et dirigeait tout.

Le temps était redevenu beau, et, à cinq heures du matin, l'armée s'était formée; le corps de Masséna tenait la gauche, ceux de Bernadotte et d'Oudinot le centre, et celui de Davoust la droite. Une seconde ligne et les réserves se composaient de l'armée d'Italie sous les ordres du prince Eugène, du corps de Dalmatie du général Marmont, de la garde impériale et de la grosse cavalerie. L'Archiduc vit alors qu'il avait été trompé sur les intentions de l'Empereur; l'armée française étant rangée en bataille sur l'extrémité gauche de sa ligne dont tous les ouvrages devenaient dès lors inutiles, il lui fallait opérer un changement de front, s'éloigner ainsi de ses redoutes à une distance de près d'une lieue, et recevoir la bataille sur le terrain choisi par l'Empereur lui-même.

Vers huit heures du matin, l'action s'engagea. Il ne restait plus dans Enzersdorf que quatre bataillons pour défendre les ruines fumantes de cette petite ville; toutes les troupes autrichiennes s'en étaient retirées, chassées par le feu de l'artillerie française. Le colonel Sainte-Croix envoyé par Masséna, somma la garnison, qui se rendit prisonnière sans coup férir. Oudinot cerna le château de Sachsengang, que l'ennemi avait fortifié, força les 900 hommes qui l'occupaient à capituler et s'empara de douze pièces de canon. Ce fut alors que l'Empereur fit déployer toute l'armée dans la vaste plaine d'Enzersdorf.

Prise et reprise de Wagram. — *Manœuvres des deux armées.* — Lorsque l'archiduc Charles fut un peu revenu de la surprise où l'avaient jeté ses prévisions déçues, il fit exécuter plusieurs manœuvres pour tâcher de reprendre quelques avantages sur le nouveau terrain où il lui fallait accepter le combat. Il laissa le gros de l'armée dans ses lignes, et détacha plusieurs colonnes d'infanterie soutenues par une nombreuse artillerie pour tenter de déborder la droite de l'armée française. Une de ces colonnes vint occuper le village de Rutzendorf d'où elle fut promptement chassée par le général Oudinot. — L'Empereur ordonna au maréchal Davoust d'appuyer à droite pour menacer la gauche de l'ennemi. L'armée française continua de manœuvrer.

dans la plaine d'Enzersdorf depuis midi jusqu'à neuf
heures du soir, et occupa presque tous les villages qui
se trouvent en avant du ruisseau de Russbach. Le prince
Eugène dirigea, à neuf heures, une attaque sur Wagram, centre de l'armée ennemie. Cette position, fortement retranchée, fut enlevée par le général Macdonald avec les trois divisions Lamarque, Pacthod et
Séras. Déjà les Français, après s'être emparés de 3,000
prisonniers et de cinq drapeaux, dépassaient Wagram,
lorsque le général Macdonald fut obligé de rétrograder devant de nombreux renforts envoyés par l'Archiduc. Quoique cette retraite se fît dans le plus grand
ordre et au milieu de l'obscurité, les trois divisions
françaises en souffrirent cependant beaucoup. Les
Saxons qui avaient appuyé un peu sur leur gauche
après s'être emparés du village de Raasdorf, firent feu
sur les colonnes du général Macdonald, qu'elles prirent
pour l'ennemi. Canonnées en flanc par les batteries
autrichiennes et en tête par les saxons, les trois divisions
furent ébranlées et se débandèrent, laissant échapper
les 3,000 prisonniers qu'ils avaient faits. Des cinq grenadiers qui portaient les drapeaux enlevés peu d'instants auparavant, quatre furent tués; un seul put
conserver son trophée. Plusieurs officiers supérieurs
furent aussi tués dans cette fatale méprise.

Les Autrichiens, empêchés par l'obscurité de connaître tout l'avantage qu'ils eussent obtenu en poursuivant les Français, se bornèrent fort heureusement à
reprendre leur position de Wagram, et s'y arrêtèrent.
Le général Macdonald rallia ses trois divisions, et toute
l'armée passa la nuit sur le champ de bataille.

La nuit du 5 au 6 juillet se passa, des deux côtés,
à faire quelques dispositions. L'Empereur rassembla
une forte masse à une portée de canon du village de
Wagram, vis-à-vis le centre de la ligne ennemie. Le
maréchal Masséna s'avança sur la gauche d'Auerklad,
ne laissant qu'une seule division sur Gross-Aspurn, et
le maréchal Davoust dépassa le village de Gross-Hoffen
pour se rapprocher du centre de l'armée française. L'Archiduc, au contraire, dégarnit son centre pour renforcer
ses ailes, auxquelles il donna encore une plus grande
étendue; il fit élever de nouvelles redoutes sur le front
de sa ligne, dont la droite, appuyée au Danube, s'é-
tendait de Stadlau à Gerasdorf, le centre à Wagram,
et la gauche depuis Wagram jusqu'à Markgrafen-
Neusiedel.

Bataille de Wagram. — Dès que le jour fut venu,
l'armée française se développa et se rangea en bataille
parallèlement à l'armée autrichienne et à une portée
de canon de cette armée.

Au lieu de s'appuyer au Danube, l'Empereur voulut
laisser près d'une lieue d'intervalle entre sa gauche et
ce fleuve.

Le corps du maréchal Masséna formait l'aile gauche
avec celui du maréchal Bernadotte posté à sa droite
et s'appuyant aux troupes du prince Eugène; l'armée
d'Italie et le corps des grenadiers et des voltigeurs
réunis sous les ordres du général Oudinot, ayant en
seconde ligne le corps de Dalmatie commandé par Marmont composaient le centre; le maréchal Davoust

avec son corps tenait la droite, et se trouvait en face de
Neusiedel; la garde impériale et la plus grande partie
de la cavalerie, rangées sur plusieurs lignes derrière le
centre, formaient la réserve.

Le champ de bataille avait deux lieues d'étendue;
les colonnes des deux armées les plus rapprochées de
Vienne n'en étaient qu'à douze cents toises, de telle
sorte que la nombreuse population de cette capitale,
qui couvrait les tours les clochers et les toits, dominant ainsi la vaste pleine de Wagram, allait assister
à cette lutte terrible.

Au lever du soleil la canonnade s'engagea. Le maréchal Davoust, en se dirigeant sur Neusiedel avec le
3e corps pour déborder l'aile gauche de l'ennemi, rencontra le général Rosemberg qui s'avançait avec ses
troupes dans le but de déborder la droite des Français.
Pendant deux heures, les deux troupes combattirent
avec la plus grande opiniâtreté. Enfin le maréchal Davoust, renforcé tout à coup de la division de cuirassiers
du duc de Padoue et d'une batterie de douze pièces de
la division Nansouty qui prit en flanc le corps autrichien, réussit à mettre promptement Rosemberg en
déroute et à le rejeter au-delà de Neusiedel après lui
avoir fait éprouver une perte sensible.

Pendant que la droite de l'armée française remportait ce premier avantage, le combat s'engageait sur
toute la ligne. L'archiduc Charles, pensant que Napoléon avait fait une faute en n'appuyant pas sa gauche
au Danube, voulut en profiter, et porta sur sa droite
des forces considérables, dans l'intention d'isoler l'armée française de ses ponts sur le fleuve. Il dirigea lui-
même, à travers cet intervalle et le long du Danube,
un corps de 50,000 hommes, qui repoussa d'abord le
peu de troupes qu'il rencontra et vint menacer le flanc
des Français pendant que le front de leur gauche était
vivement attaqué par des forces nombreuses. Le village
de Gross-Aspern, défendu par les troupes de Masséna,
fut emporté; le corps de Bernadotte, composé de Saxons
fut enfoncé et se retira en désordre; l'aile gauche, ainsi
entamée, se replia et vint se placer en équerre, faisant
face au Danube. Profitant de ce premier succès, les
autrichiens continuèrent leur marche, débordèrent le
flanc des Français de plus d'une demi-lieue, et poussèrent des partis jusque auprès des ponts que l'Empereur
avait élevés sur l'île Lobau. L'épouvante se répandit sur
les derrières de l'armée française; la bataille parut
perdue à cette foule d'hommes qui marchent sans combattre à la suite des armées; ils se précipitèrent en toute
hâte dans l'île Lobau, où ils répandirent en un instant
les nouvelles les plus désastreuses.

Rien n'était désespéré cependant, et les Autrichiens se
hâtaient un peu trop de crier victoire.

L'Empereur se trouvait alors à la droite; il était
neuf heures du matin; plusieurs officiers d'état-major
vinrent lui annoncer que les maréchaux Bernadotte et
Masséna étaient impétueusement attaqués; que, déjà
même, l'aile gauche française était débordée de près de
trois mille toises, et que l'espace qui sépare Gross-Aspern de Wagram était inondé d'ennemis nombreux
qui s'y déployaient avec une artillerie formidable.
L'Empereur ordonna aussitôt au maréchal Davoust de

tourner la position de Neusiedel, de repousser l'ennemi de ce village et de se porter ensuite sur Wagram ; en même temps, il se dirigea vivement sur la gauche pour juger lui-même de l'état des choses.

Le mouvement de l'ennemi était hardi, mais imprudent ; il le plaçait entre le Danube et une armée brave et aguerrie. L'Empereur aurait pu l'attaquer avec avantage, mais il préféra forcer le centre autrichien, certain d'avoir ensuite bon marché de cette aile droite ainsi aventurée.

Le maréchal Davoust exécuta avec succès le mouvement qui lui avait été prescrit ; tandis que les deux divisions Gudin et Pacthod attaquaient Neusiedel par la droite, le général Morand se porta sur la gauche des Autrichiens qu'il tourna et attaqua tout à la fois. Il était soutenu par le général Friant, qui disposa ses troupes en échelons par bataillon, ayant à sa gauche l'artillerie de la division, renforcée de sept pièces de 12 que l'Empereur avait fait avancer sur ce point. La gauche de la division Morand fut d'abord obligée de rétrograder devant les forces supérieures de l'ennemi ; mais le général Friant fit avancer sa division au pas de charge, repoussa les Autrichiens jusque sur leurs retranchements, les y força, et, au bout de quelques instans, couronna les hauteurs qui se trouvent entre Wagram et Neusiedel. Au même moment les divisions Gudin et Pacthod emportaient ce dernier village. Entièrement culbutée, l'aile gauche ennemie se rejeta vers le centre, et fut poursuivie par le 3e corps.

L'Empereur voyant les hauteurs de Wagram occupées par ses soldats, fit dire au maréchal Masséna de tenir ferme, et ordonna au général Macdonald d'attaquer le centre ennemi avec les trois divisions Broussier, Lamarque et Séras. Ce mouvement devait être appuyé par le corps du général Marmont et par celui du général Oudinot, qui, plus rapproché de la droite, se liait avec les troupes de Davoust, et marchait aussi vers les hauteurs à droite de Wagram.

Afin de donner le temps d'exécuter ces dispositions, Napoléon ordonna au maréchal Bessières de se mettre en mouvement avec la cavalerie de la garde et la cavalerie de réserve, pour charger en flanc les colonnes que dirigeait l'archiduc Charles, et qui continuaient à s'avancer. Une charge de la cavalerie de Bessières contint un instant l'ennemi ; mais ce maréchal étant blessé, l'attaque de sa colonne faiblit, et les Autrichiens continuèrent à marcher sur le point de notre ligne, dégarni par la retraite de Masséna.

L'Empereur confia alors le soin d'arrêter l'ennemi au brave Drouot, qui s'avança avec soixante pièces de réserve, et qui se trouva bientôt seul en avant de la ligne avec sa redoutable batterie. Il démasqua ses pièces, et accablant l'ennemi de mitraille et de boulets, le força enfin à rester stationnaire.

Le centre ennemi présentait neuf grandes masses d'infanterie et de cavalerie soutenues par une artillerie formidable. Le général Macdonald, après avoir déployé sur deux lignes huit bataillons des divisions Broussier et Lamarque, avoir formé le reste de ces divisions sur ses ailes en colonnes serrées, et placé à quelque distance la division Séras en réserve, marcha sur ces forces imposantes. Les divisions françaises, formées en carrés, repoussèrent vigoureusement une charge de cavalerie autrichienne. Macdonald fut soutenu en ce moment par les fusiliers et les tirailleurs de la garde, que conduisait le général Reille.

Le mouvement des trois divisions Broussier, Séras et Lamarque était suivi par le prince Eugène. Le viceroi d'Italie fit porter rapidement le général Durutte sur la gauche pour arrêter la marche d'une colonne qui paraissait menacer le flanc du général Macdonald, et ordonna au général Pacthod d'occuper les hauteurs de Baumersdorf que l'ennemi abandonnait dans la crainte d'être tourné par les troupes du maréchal Davoust.

Poursuivie avec vigueur par le 3e corps, l'aile gauche autrichienne se retirait précipitamment sur Wagram dans l'espérance de pouvoir s'y rallier ; mais elle en fut empêchée par les attaques combinées des divisions du maréchal Davoust et du général Oudinot. Pendant que ces divisions chassaient l'ennemi des positions à droite et au-dessus du village, et lui faisaient des prisonniers en grand nombre, la division Pacthod enlevait Wagram à la baïonnette.

L'Empereur, voulant rendre plus décisive l'attaque du centre ennemi, forma une masse formidable à la tête de laquelle il plaça Macdonald : derrière ses trois divisions s'échelonnèrent Wrède et Séras ; la cavalerie légère et les cuirassiers de Nansouty couvrirent les flancs. L'ordre de se porter en avant fut donné. La masse profonde et compacte renversa tout ce qui s'opposait à son passage ; elle avait pour but de couper l'armée ennemie, et marcha droit sur Sussenbrunn, où se trouvait l'archiduc Charles : coup d'œil, bravoure, activité, rien ne manquait à cet illustre général pour parer au coup qui le menaçait ; ses efforts furent inutiles. Macdonald poussa tout devant lui jusqu'à Sussenbrunn ; mais là, arrêté en tête et en flanc par les grenadiers hongrois et par le corps de Kollovrath, sa troupe, réduite à 2 ou 3,000 hommes, fut forcée de faire halte. L'Empereur, qui suivait son mouvement, ordonna à la cavalerie de Nansouty de charger pour le dégager, et fit avancer à droite et à gauche la division Durutte et Pacthod pour le seconder ; les Bavarois et Séras entrèrent en ligne à leur tour, et la jeune garde marcha pour les remplacer comme réserve. Marmont et les Saxons attaquèrent en même temps l'ennemi. Ce vigoureux effort décida tout. Macdonald et les corps qui le suivaient reprirent l'impulsion de la victoire. L'opiniâtreté et le désespoir ne purent rien contre l'impétuosité des Français, et le génie de leur général. L'infanterie et la cavalerie autrichienne furent culbutées sur Gérarsdorf. Toutefois Gérarsdorf ne put être enlevé qu'après une heure du combat le plus opiniâtre. Les Autrichiens firent leur retraite en bon ordre et sans que les chevau-légers polonais et les chasseurs de la garde, qui s'étaient élancés à leur poursuite, pussent disperser leur masse.

Sur la gauche, Masséna, jugeant le moment favorable avait repris à son tour l'offensive : il attaqua vigoureusement la droite autrichienne et la chassa jusqu'à Léopoldau ; sa cavalerie, commandée par Lasalle, la suivit avec ardeur. Les Autrichiens se formèrent en carrés dans la plaine, firent volte-face, essayèrent de tenir encore. Lasalle se précipita sur eux, et mourut frappé d'une balle au front ; mais l'ennemi fut enfoncé et poursuivi jusqu'au pied du Bisamberg.

L'aile gauche ennemie n'avait pu tenir contre les corps de Davoust et de Marmont ; l'aile droite, après s'être long-temps défendue contre Masséna et Bernadotte, s'était repliée dans la direction de Jedlersdorf et Strebersdorf ; la prise du village de Gérarsdorf forçait le centre à la retraite, ainsi la bataille était complétement gagnée.

L'armée autrichienne se replia, dans la nuit du 6 au 7, sur Kornebourg et Wolkersdorf, où l'empereur d'Autriche s'était tenu pendant toute la bataille. Elle se retira en toute hâte par la Moravie, abandonnant 19 drapeaux, 40 pièces de canon, près de 18,000 prisonniers, 9,000 blessés et un grand nombre d'équipages : elle avait eu, en outre, 4,000 hommes tués, parmi lesquels se trouvaient les feld-maré haux lieutenants Nordmann, d'Aspre, Wukassowich, et le généralmajor Weczlai. L'archiduc Charles et une douzaine de généraux étaient au nombre des blessés.

Les Français n'eurent que 6,000 blessés parmi lesquels le maréchal Bessières, et les généraux Sahuc, Séras, Defrance, Grenier, Vignolle et Frère ; 2,600 hommes furent tués, entre autres le général Lasalle et le colonel Oudet, nommé la veille général de brigade.

Témoin de l'admirable conduite qu'avaient tenue pendant la bataille les divisions de l'armée d'Italie, si bien dirigées par le général Macdonald, l'Empereur nomma Macdonald maréchal de l'Empire sur le champ de bataille. Vivement ému, le brave Macdonald saisit la main que lui tendait affectueusement Napoléon, et s'écria : «Ah! sire, désormais, entre nous, c'est à la vie et à la mort.»

L'armée étant fatiguée par des combats qui avaient duré près de quarante heures sans interruption, l'Empereur fit cesser toute poursuite, et ordonna qu'on établît des bivouacs dans la plaine de Wagram.

«A neuf heures, dit l'auteur du *Voyage en Moravie*, l'Empereur rentra dans sa tente où il se déshabilla entièrement. Nous reposions depuis une demi-heure, lorsque des aides de camp, arrivant à toute bride du côté de Gérarsdorf, crient : Alerte! alerte! aux armes! Ce cri se répète dans toute l'armée : en cinq minutes toutes les troupes étaient en bataillons carrés ; l'Empereur à cheval, et ses généraux près de lui. Ce mouvement rapide et régulier me parut de la plus grande beauté.

«On s'informa de la cause d'une pareille alerte, et l'on apprit qu'un corps autrichien, composé de 3,000 hommes, coupé par notre cavalerie, et espérant rejoindre l'armée de l'archiduc Jean qui était derrière nous, avait essayé de nous tourner, mais que l'obscurité l'avait fait tomber dans les régiments que commandait le maréchal Davoust. Ce corps fut pris et l'on retourna à ses bivouacs.

«A six heures du matin, l'Empereur, seul, à pied, se promenait autour des bivouacs du quartier général. Il était sans chapeau, sans épée, les mains croisées derrière le dos. Il parlait familièrement à ses soldats, et

ne voulait pas qu'ils se levassent. Sa figure exprimait la satisfaction, la confiance et la bonté. Je pris plaisir à le suivre pendant quelque temps ; il rentra dans sa tente. Une demi-heure après, il ordonna qu'on se mit en marche.»

Voici le jugement remarquable que le général Jomini porte sur la bataille de Wagram, et que, suivant son usage, il place dans la bouche de l'empereur Napoléon :

«En choisissant son champ de bataille sur le Russbach, au nord de Vienne, l'archiduc Charles avait dû prendre un parti sur la ligne de retraite qu'il suivrait : il en avait trois, l'une à sa droite, sur la Bohème ; la seconde au centre, sur Olmutz ; la troisième à gauche, sur la Hongrie. La première avait l'avantage de maintenir les Autrichiens en communication avec le nord de l'Allemagne où l'on se flattait toujours que l'apparition des Anglais ferait enfin déclarer la Prusse et la Westphalie. En la prenant, on se basait sur Prague, la ville de l'Empire qui possède, après Vienne, le plus d'établissements militaires et de ressources ; mais elle exposait l'armée à être coupée du cœur de la monarchie, par un simple mouvement contre sa gauche, et être ainsi refoulée entre l'Elbe et le Rhin, où elle essuierait le même sort que les débris des Prussiens après la bataille d'Iéna. La ligne sur Olmutz n'était guère moins dangereuse, sans offrir les mêmes avantages ; en huit jours de marche rétrograde, l'armée impériale serait rejetée hors de ses limites sur la Silésie et le Bas-Oder. La retraite sur la Hongrie menait sur la base naturelle, au centre des ressources de la monarchie ; elle procurait un champ plus vaste aux opérations, et si l'armée, par une nouvelle campagne, se trouvait reléguée jusqu'aux confins de la Podolie, il n'était pas impossible de la ramener par un mouvement latéral jusqu'à Olmutz et Prague, comme dernier refuge. Dans l'état où la bataille d'Essling avait mis les choses, l'Autriche ayant quelques espérances offensives, il semble que la base de la Bohème, quoique plus hasardée était conforme aux intérêts politiques et stratégiques du moment ; mais si on perdait la bataille, alors elle serait dangereuse pour une armée battue, et l'Archiduc ne devait pas manœuvrer de manière à y être refoulé malgré lui. La faute qu'il commit en portant ses efforts à la droite sur le Danube, et en laissant forcer sa gauche, devait le rejeter sur la Bohème, bon gré mal gré. Il n'eût pas été impossible, sans doute, qu'il gagnât la route de Nicolsburg et ensuite celle de Goding pour se jeter en Hongrie ; mais il aurait eu toujours à décrire un cercle, dont nous tenions la corde, et en admettant qu'il parvînt à s'en tirer, nous l'eussions confiné dans les gorges des Krapaks, en le coupant du centre du royaume ; ce qui n'eût pas rendu sa perte moins probable. Si l'Archiduc avait eu des forces supérieures, et que, tout en gardant suffisamment le Russbach, il eût pu déborder notre gauche par Breitenlée et Aspern, il eût été fort bien de le tenter. Mais dans l'hypothèse contraire, il donnait trop au hasard ; il nous livrait la clef stratégique et tactique du champ de bataille, qui était à Neusiedel. C'est ce qui dicta toutes mes combinaisons aussitôt que je m'aperçus de la situation des forces ennemies. On a cru que j'aurais mieux agi selon les principes, si j'avais porté mon effort entre Aderklaa et le Russbach, ou même sur Baumersdorf, dès que Davoust avait pris pied au delà du Russbach : c'eût été, en effet, une vraie répétition de la manœuvre de Frédéric à Leuthen ; car on eût opéré un effort décisif sur l'extrémité la plus importante, en la faisant appuyer successivement et obliquement par toute la ligne, sans m'inquiéter de ce que pouvaient entreprendre Klenau et Kollowrath. Je l'aurais fait ainsi, si j'avais eu le champ libre autour de moi, mais ayant le Danube à dos et trois ponts à conserver en cas de malheur, je préférai une manœuvre moins brillante et plus sûre. »

Traits d'héroïsme. — Le colonel Oudet et les Philadelphes. — Parmi les traits de courage, d'humanité et d'héroïsme qui signalèrent les Français et leurs alliés dans cette mémorable journée, il en est deux qui méritent d'être particulièrement cités. Tous les deux appartiennent aux braves auxiliaires Saxons et Bavarois qui servaient dans l'armée française.

M. Salsdorf, chirurgien saxon, du régiment du prince Christiern, eut, dans le commencement de l'affaire, la jambe fracassée par un obus. Étendu par terre, il voit, à quinze pas de lui, M. Amédée de Kerbourg, aide de camp, qui, légèrement froissé par un boulet, tombe et vomit le sang. Il juge que cet officier va périr d'apoplexie s'il n'est secouru. Il recueille toutes ses forces, se traîne sur la poussière en rampant jusqu'à lui, le saigne et lui sauve la vie [1].

Quand la gauche de l'armée française plia, un jeune officier saxon cherchait à rallier sa troupe. Il priait, menaçait, il frappait les fuyards, le tout inutilement. Persuadé enfin que ses efforts étaient insuffisants, il arrache son drapeau des mains de celui qui l'emportait, et, s'élançant vers la garde impériale, il se jette dans les rangs des grenadiers, en s'écriant : « Français, je vous le confie, vous saurez le défendre ; mon régiment est partout où l'on fait face à l'ennemi. » Ce mouvement sublime électrisa les Saxons qui se rallièrent et bientôt se battirent avec la plus grande valeur.

La mort du brave colonel Oudet a donné lieu à d'étranges récits. Cet officier était, dit-on, le chef d'une association formée dans l'armée sous le nom de _Société des Philadelphes_, dont M. Charles Nodier a révélé l'existence, et qui, animée de principes républicains, avait pour but le renversement du gouvernement impérial. L'auteur du _Voyage en Moravie_, déjà cité, donne sur le colonel Oudet les détails suivants, qu'il dit tenir d'un des principaux Philadelphes :

« Oudet était le fils d'un laboureur du Jura, qu'une supériorité bien prononcée, des sentiments bien français avaient fait placer à notre tête. On n'était pas plus intrépide, plus audacieux, plus éloquent que lui. Il se croyait, avec raison, fait pour de hautes destinées. Opiniâtre dans ses desseins, il avait un caractère fier, une imagination vive, un cœur excellent. Il se fit connaître en débutant dans la carrière. Renversé à San-

<hr>

[1] On transporta M. Salsdorf à Vienne pour lui amputer la jambe. Le brave chirurgien mourut quatre jours après l'opération, et M. de Kerbourg ne put embrasser son sauveur.

Bartholoméo par un coup de feu, ses camarades voulaient l'enlever. « Non, non, s'écria-t-il ; mes amis, « les Espagnols sont là, c'est là qu'il faut marcher. — « Mais si nous n'enlevons pas votre corps, lui dit un « vieux sergent, il restera à l'ennemi. — Eh bien ! re- « poussez l'ennemi, mon corps ne lui restera pas. » Un homme de cette trempe devait avancer rapidement. Au commencement de cette campagne, il était colonel du 9e régiment de ligne, et il fut fait général de brigade la veille de la bataille de Wagram. »

« Il servait avec son corps à l'aile gauche commandée par Masséna. Lorsque notre ligne fut rompue de ce côté, il perdit plusieurs de ses officiers, et fut frappé de trois coups de lance. Pour ne point se retirer du combat, il se fit attacher sur son cheval.

« Après la bataille, il reçut l'ordre de se porter en avant, de placer son régiment dans un poste avantageux pour l'observation, et de revenir sur-le-champ au quartier général avec un détachement et un certain nombre de ses officiers, pour prendre de nouveaux ordres. Il exécute ce mouvement, et revient pendant la nuit. Il tombe dans une embuscade. Une décharge de mousqueterie l'avertit de son danger ; il combat dans l'obscurité sans connaître le nombre ni l'espèce de ses adversaires. Au lever du soleil, on trouva 22 officiers tués autour de son corps. Il était criblé de blessures, et respirait encore. Il vécut trois jours : « Pau- « vres Français ! malheureuse patrie !» furent les seuls mots qui s'échappèrent de sa bouche.

« Quand on emporta son corps de l'hôpital, pour lui rendre les derniers devoirs, plusieurs blessés déchirèrent de désespoir l'appareil de leurs blessures ; un sergent-major se précipita sur son sabre, près de sa fosse, et un lieutenant de la 68e demi-brigade s'y brûla la cervelle. »

<hr>

Poursuite de l'ennemi. — Combat et armistice de Znaïm. — Le lendemain de la bataille, après la visite de l'Empereur autour des bivouacs, et quand il eut exprimé à ses braves soldats toute sa satisfaction, l'armée se mit en marche à la poursuite des Autrichiens, qui effectuaient leur retraite par Gaunersdorf. L'arrière-garde ennemie fut atteinte au-delà de Wolkersdorf, où l'Empereur établit son quartier général. Les Autrichiens perdirent, dans cet engagement, un certain nombre de prisonniers et des bagages considérables. Pendant ce temps, Masséna poursuivait une forte colonne ennemie qui se retirait par la route de Stockerau à Hollabrunn, et le général Marmont avait pris le chemin de Znaïm, par où l'empereur d'Autriche, l'impératrice, l'archiduc Antoine et une suite de plus de deux cents voitures de la cour s'étaient dirigées immédiatement après la perte de la bataille.

Le général Marmont rencontra, le 9 juillet, sur la route qu'il suivait, une arrière-garde ennemie qui voulut s'opposer à son passage ; il la battit et continua sa marche. Arrivé sur les hauteurs de Znaïm, il reçut une lettre du général Bellegarde qui le priait de ne pas aller plus loin, parce que le prince de Lichstenstein allait partir pour le quartier général de Napoléon à l'effet de traiter d'un armistice. Marmont répondit que, n'ayant reçu à cet égard aucune instruction, il ne pouvait que faire part à son souverain des intentions de l'empereur d'Autriche, mais qu'il ne devait pas différer son attaque. En effet, elle eut lieu aussitôt, et l'ennemi fut chassé de sa position. Le maréchal Davoust et le général Grouchy n'obtenaient pas moins de succès dans leur poursuite ; de tous côtés les Autrichiens étaient poussés en avant, laissant toujours des prisonniers entre les mains de nos soldats.

L'Empereur arriva devant Znaïm, le 11 juillet, à midi, au moment où Marmont venait de tourner la ville et où Masséna s'emparait du pont. Peu d'instants après, le prince de Lichstenstein se présenta, porteur des propositions d'armistice. On eut beaucoup de peine à faire cesser le feu : les troupes étaient si acharnées que les officiers parlementaires des deux partis furent blessés en voulant arrêter le combat. L'armistice fut débattu dans la nuit. Plusieurs généraux français étaient d'avis de n'entendre à aucun accommodement, et d'achever l'Autriche pendant qu'on était en train. Après un grand nombre d'observations de part et d'autre, l'Empereur rompit la discussion en disant : «il y a assez de sang versé, j'accepte l'armistice.» Le prince de Lichstenstein était le même qui, en 1805, avait déjà été chargé d'une pareille mission auprès de l'Empereur. On fut bientôt d'accord sur les conventions. La ligne de démarcation accordait à la France l'occupation des cercles de Znaïm et de Brunn ; elle suivait le cours de la Morava jusqu'au confluent de la Taya ; ensuite la route de Presbourg, y compris cette ville ; le grand Danube jusqu'à Raab ; la rivière de ce nom, les frontières de Styrie et de Carniole jusqu'à Fiume ; les citadelles de Gratz, Brunn, le fort de Saxenbourg, le Tyrol et le Voralberg seraient remis à la France ; les armées de Pologne garderaient leurs positions respectives ; la limite au nord de l'Allemagne serait celle de la confédération du Rhin. La remise de Fiume achevait d'isoler entièrement l'Autriche de l'Angleterre ; les subsides, les armes, les agens même ne pourraient lui parvenir que clandestinement, et le tiers de la monarchie, occupé par les troupes françaises, devait mettre la France en état de nourrir la guerre par la guerre, et pourvoir à tous les besoins qu'exigeaient les différents services.

«Toutefois, dit Jomini dans son *Histoire de Napoléon*, cet armistice était encore loin d'être un sûr garant de la paix. L'empereur d'Autriche était peu disposé à souscrire à tous les sacrifices que l'empereur des Français était en position de lui imposer ; il fit même des difficultés pour ratifier l'armistice. On lui proposait un nouveau système d'opérations, en renforçant l'archiduc Jean des corps de Chasteler et de Giulay, qui, depuis le départ de Marmont, avait réoccupé Gratz et Léoben ; et en profitant de la marche des Français en Moravie pour agir sur leurs communications et s'avancer sur Vienne. La nouvelle du retour de Napoléon à Schœnbrunn, la marche de Macdonald sur Gratz, et plus encore le tableau de la situation des affaires en Moravie que lui fit le prince de Lichstenstein, le décidèrent enfin à une ratification. Cependant c'était moins dans des vues pacifiques que pour gagner le temps

d'opérer un mouvement général des armées. La cour et le quartier général diplomatique se trouvaient à Comorn ; l'archiduc Jean y fut appelé. Il proposa de renoncer à se baser sur Prague pour ne pas perdre les communications avec la Hongrie et s'exposer à être rejeté entre l'Elbe et le Rhin, mais à rappeler le théâtre de la guerre sur sa véritable base en Hongrie, en faisant marcher la Grande-Armée par Hradisch sur Comorn ; l'archiduc Jean opérerait à gauche avec 50,000 hommes sur la Raab, tandis que le corps de Croatie y retournerait pour agir plus vigoureusement avec les détachements autrichiens qui avaient obtenu récemment divers succès en s'emparant de Laybach, de Zara, et menaçant Trieste. L'insurrection Hongroise lierait les deux armées. L'archiduc Charles, disgracié, remettrait le commandement à l'Empereur lui-même. — Cette petite révolution politico-militaire, attribuée à l'influence de Stadion, et qui, au fait, était motivée sur des vues stratégiques plus prudentes qu'une retraite sur Prague, loin d'être un obstacle à l'armistice, le rendait plus nécessaire pour exécuter le mouvement projeté.»

L'armée française était, au 25 juillet, dans les positions suivantes :

Le corps du maréchal Masséna occupait le cercle de Znaïm ; le maréchal Davoust, le cercle de Brunn ; le duc de Raguse, Kornbourg et ses environs ; le brave Oudinot, qui, le lendemain de la bataille de Wagram, avait reçu, ainsi que Macdonald, des mains de l'Empereur, le bâton de Maréchal et le titre de duc de Reggio, était à Spitz ; l'armée d'Italie à Presbourg et à Gratz. — La garde impériale était postée autour du château de Schœnbrunn, où l'Empereur avait reporté son quartier général.

___

Traité de Vienne. — Paix avec l'Autriche. —
L'empereur d'Autriche, après de longues hésitations, ratifia l'armistice, qui ne fut régularisé qu'au mois d'octobre. Le prince de Lichstenstein et M. de Champigny, ministre des relations extérieures, s'occupèrent, dans l'intervalle, de la conclusion de la paix définitive entre les deux nations. Ce traité fut signé le 14 octobre. Il coûtait à l'Autriche plus de trois millions et demi d'habitants. Napoléon fit donner à la Bavière Salzbourg, l'Inn Viertel avec Braunau et le Hansruck, district important aux sources de la Traun, ce qui lui assurait une frontière superbe et même offensive contre l'Autriche. Il réunit, sous le nom de provinces Illyriennes, une partie de la Corinthie, de la Carniole, de la Dalmatie et de la Croatie, ce qui composait une population toute guerrière de 1,500,000 habitants, et portait les frontières de France jusqu'à la Drave.

La paix de Vienne était, comme on le voit, désastreuse pour l'Autriche. Le général Jomini en fait d'ailleurs énumérer (par Napoléon lui-même) les avantages pour la France, les résultats positifs pour l'Europe. Il raconte aussi l'impression qu'elle produisit en Russie ; mais il ne faut pas oublier, pour cette partie de son opinion, que l'ancien chef d'état major du prince Berthier était, lorsqu'il écrivit l'histoire de Napoléon, devenu déjà l'aide de camp de l'empereur Alexandre.

« Ces acquisitions, plus précieuses ainsi par leur importance politique et militaire que par leur grande population, changeaient la face de l'Europe : elles transportaient mes aigles sur les Alpes-Noriques à quarante lieues de Vienne ; la capitale de l'Autriche, démantelée par mes ordres, restait à peu près ouverte à mes phalanges ; je pouvais en six marchés la prendre même à revers en débouchant par le lac Platten, et en la séparant de la Hongrie. La monarchie Autrichienne ne serait plus qu'un satellite qui devait se mouvoir dans l'orbite de mon empire ; elle était à ma discrétion, ou pour mieux dire à mes pieds. Cet avantage n'était pas le seul ; les vues que j'avais manifestées pour un partage de l'empire ottoman pouvaient revenir sur le tapis ; or l'acquisition des provinces illyriennes portant mes limites jusqu'aux confins de la Grèce et de la Bosnie, était un acheminement au grand projet. Si de puissantes considérations m'engageaient à renoncer à un démembrement de la Turquie, du moins je trouverais dans la possession de l'Illyrie les moyens d'exploiter nos beaux établissements maritimes de Venise et de Corfou. Enfin, en m'emparant du littoral, j'enlevais à l'Autriche toute communication avec l'Angleterre, et je me dispensais de la forcer à l'adoption du système continental. Ainsi en quatre ans, j'avais porté jusqu'aux portes de Vienne et de la Grèce les limites de cette France à laquelle Pitt voulait contester la Belgique. Jusque-là c'était bien ; mais j'ajoutai, à ces conditions, la cession de la Gallicie occidentale au duché de Varsovie, ce qui était contraire aux stipulations du traité de Tilsit. Des articles secrets stipulèrent la réduction de l'armée autrichienne à la moitié des cadres existants ; le renvoi de tous les officiers et soldats nés dans des pays soumis à la France et à ses alliés. Enfin, le paiement de 85,000,000 francs.

« Au premier aspect cette paix semblait ainsi de beaucoup supérieure à celle de Tilsit par les avantages inouïs qu'elle nous promettait : mais en considérant l'alliance de famille qui se négocia plus tard, et l'article du traité qui devait me brouiller avec la Russie, on peut douter qu'elle ait été réellement aussi avantageuse pour moi qu'elle le parut. C'est une grande question qui s'est trouvée résolue négativement à Moscou en 1812, à Prague en 1813. Elle m'aliéna en effet l'Autriche et la Russie, tandis qu'il importait de m'attacher l'une des deux. Déjà en 1805 le fameux Thugut, alors retiré à Presbourg, mais encore tout-puissant sur l'esprit de François 1ᵉʳ, avait immédiatement laissé entrevoir l'utilité pour les deux cours de rétablir l'alliance de 1756, et d'y préluder par l'alliance de famille. C'était un propos vague dont le traité de Presbourg détruisit l'effet. La lettre que l'empereur François m'écrivit après la bataille de Znaïm parlait encore de l'intérêt que les deux puissances avaient à être unies. Leur plus beau temps, disait-il, était celui où elles avaient été alliées. C'en était assez pour me prouver qu'il dépendait de moi de faire alors une grande alliance ; mais pour en faire une solide, on ne doit pas commencer par détruire et humilier celui dont on veut se faire un ami. J'aurais dû, dès les négociations d'Altenbourg, prendre un grand parti,

entrer dans le sens des ouvertures faites par François, lui proposer l'alliance offensive et défensive de 1756, lui laisser ses états, lui promettre secrètement des indemnités pour la Gallicie, si je tenais à renforcer le duché de Varsovie et à recréer un jour la Pologne. On dira que c'eût été quitter un peu brusquement l'alliance de Tilsit pour en contracter une moins avantageuse. C'est une erreur. Je pouvais demeurer sans félonie dans les termes de l'alliance de Tilsit avec la Russie, et dans ceux de l'alliance de 1756 avec l'Autriche. Il suffisait pour cela de renoncer à faire du duché de Varsovie un royaume de Pologne. D'ailleurs le mariage, qui eut lieu six mois après, eût rompu l'alliance de Tilsit, si déjà la cession de la Gallicie au duché ne l'avait altérée.

« En effet, les articles secrets du traité de Tilsit interdisaient tout agrandissement du duché de Varsovie : lui donner près de deux millions d'habitants, c'était déchirer le pacte dans ce qu'il y avait de plus délicat pour la Russie ; c'était annoncer que mon projet n'était pas d'en rester là, mais que je visais à une restauration de la Pologne. Je me flattai vainement d'amortir le coup en donnant à la Russie le district de Tarnopol, et en assurant que la Pologne ne serait point rétablie ; on ne se fia point à ces promesses. Aussi, l'empereur Alexandre, en recevant le traité de Vienne, appela-t-il Caulincourt. Il lui déclara sans détour qu'il voyait évidemment où j'en voulais venir ; qu'il ne serait point agresseur, mais que dès ce jour il se résignait à tout ce qui pouvait arriver, et se préparerait à bien se défendre s'il était attaqué. Je pourrais dire pour me justifier que la conduite des Russes durant la campagne m'inspirait d'assez justes méfiances pour ne pas compter sur eux. C'est ce que mes panégyristes ont répété. Je n'aurai point recours à de tels moyens pour m'excuser. Les Russes étaient individuellement tous mécontents de la paix de Tilsit, et l'article qui créait un duché de Varsovie n'était pas celui qui leur déplaisait le moins, puisqu'ils ignoraient l'article secret qui le modifiait, et qu'ils redoutaient le rétablissement de la Pologne comme la perte de leur propre empire. Ils étaient peu disposés à se battre contre les Autrichiens pour provoquer le soulèvement et l'émancipation de la Gallicie, puisque c'était travailler contre eux-mêmes ; ainsi, toutes les opinions individuelles devaient être peu favorables à cette guerre. Quant au gouvernement russe, il n'avait qu'un point de vue, celui de rester dans les termes réciproques de l'alliance de Tilsit. Il devait désirer que ses troupes remplaçassent les Polonais dans la Gallicie, afin que celle-ci ne s'insurgeât pas comme la Grande-Pologne, et qu'elle demeurât passive jusqu'à la paix, qui devait décider de son sort... Or la paix pouvait la rendre indépendante, mais non la donner au duché. J'avouerai donc tout simplement que je mis dans cette affaire plus de grandeur et d'audace que d'adresse et de prévoyance. Je voulais le rétablissement de la Pologne, et ne crus pas devoir en négliger l'occasion par un ménagement pusillanime envers la Russie. L'Autriche était vaincue, je la tenais dans mes serres : j'avais vu l'inimitié dominer dans ses conseils, je songeais moins à la gagner par des avantages réciproques qu'à l'attacher soumise à mon char : la crainte fait souvent plus d'amis que les vrais intérêts. A la première guerre, l'Autriche aurait été forcée de se déclarer pour moi, où j'aurais commencé la guerre par aller en huit jours à Vienne démantelée, et par morceler définitivement la monarchie. La seconde campagne se serait faite contre ceux qui auraient voulu s'y opposer et qui n'en auraient pas eu le temps. Si la campagne de 1812 n'avait pas si mal tourné, mon projet eût été superbe, personne n'eût songé à lui trouver des défauts. J'avoue cependant, à prendre l'état des choses tel qu'il était en 1809, qu'il était grand et audacieux plus qu'il n'était sage. Ce fut peut-être un malheur pour la Russie, pour la France et pour moi, que l'empereur Alexandre ait décliné la proposition de charger quelqu'un de ses pouvoirs pour assister à la négociation de Schœnbrunn. Il eût été difficile de faire admettre la cession de la Gallicie au duché de Varsovie, en présence d'un ministre russe qui aurait su que le traité de Tilsit l'interdisait. Peut-être cela eût-il mené à d'autres arrangements qui eussent conservé l'alliance russe dans toute sa force par un partage des dépouilles autrichiennes, ou qui nous eût donné l'Autriche pour alliée en lui faisant de moins dures conditions.»

Tentative contre la vie de l'Empereur. — Frédéric Stabbs. — Les négociations avaient lieu secrètement et le peuple allemand ignorait que la paix fût prochaine. Deux jours avant la signature du traité de Vienne, et lorsque Napoléon descendait de son appartement dans la cour du palais de Schœnbrunn pour y passer une revue, un jeune homme, vêtu d'une simple redingote bleue, portant un chapeau militaire auquel était attaché un bouton de métal à l'aigle, mais sans cocarde, et tenant un papier à la main, voulut s'avancer pour présenter lui-même ce papier à l'Empereur. Le prince de Neufchâtel, qui suivait Napoléon, dit à cet individu qu'il pourrait remettre sa pétition lorsque la parade serait finie. Malgré cette observation, cet homme s'obstinait à suivre l'Empereur, en disant que le motif de sa demande exigeait qu'elle fût présentée sans délai. Le général Rapp, aide de camp de service, voyant qu'il insistait toujours et se mêlait avec les officiers généraux qui suivaient l'Empereur, l'arrêta par le collet de sa redingote, en lui disant vivement de se retirer. Dans ce mouvement, Rapp sentit sous sa main le manche d'un instrument que cet homme portait dans sa poche de côté, il serra plus fort et fit un signe à deux gendarmes d'élite qui étaient toujours de service pour maintenir l'ordre. Cet homme fut arrêté et conduit au corps de garde des gendarmes. On ne trouva sur lui qu'un couteau affilé, quatre frédérics d'or et un portrait de femme. Le duc de Rovigo l'interrogea, mais il ne répondit qu'en disant: «Je voulais «parler à l'Empereur.» Pendant deux heures on ne put en obtenir autre chose. L'Empereur, instruit de son silence obstiné, le fit venir devant lui, et voulut l'interroger lui-même:

«Qui êtes-vous, lui dit Napoléon; d'où êtes-vous, et depuis quand êtes-vous à Vienne?

— Je me nomme Frédéric Stabbs, répondit-il, je suis d'Erfurt, et je suis ici depuis deux mois.

— Que me vouliez-vous?

— Vous demander la paix, et vous prouver qu'elle est indispensable.

— Pensez-vous que j'eusse voulu écouter un homme sans caractère, sans mission?

— En ce cas, je vous aurais tué.

— Quel mal vous ai-je fait?

— Vous opprimez ma patrie et le monde entier; si vous ne faites point la paix, votre mort est nécessaire au bonheur de l'humanité : en vous tuant, j'aurais fait la plus belle action qu'un homme de cœur puisse faire... Mais j'admire vos talens; je comptais sur votre raison, et, avant de vous frapper, je voulais vous convaincre.

— Vous êtes fils d'un ministre luthérien; et c'est sans doute la religion?...

— Non, Sire, mon père ignore mon dessein; je ne l'ai communiqué à personne : je n'ai reçu les conseils, les instructions de qui que ce soit; seul, depuis deux ans, je médite votre changement ou votre mort.

— Étiez-vous à Erfurt quand j'y suis allé?

— Je vous y ai vu trois fois.

— Pourquoi ne m'avez pas tué alors?

— Vous laissiez respirer mon pays, je croyais la paix assurée, et je ne voyais en vous qu'un grand homme.

— Connaissez-vous Schneider et Schill ?

— Non, Sire.

— Êtes-vous franc-maçon ou illuminé?

— Non, Sire.

— Connaissez-vous l'histoire de Brutus ?

— Il y eut deux Brutus; le dernier mourut pour la liberté.

— Avez-vous eu connaissance de la conspiration de Moreau et de Pichegru?

— Les journaux m'en ont instruit.

— Que pensez-vous de ces hommes ?

— Ils craignaient de mourir.

— On a trouvé sur vous un portrait; quelle est cette femme?

— Ma meilleure amie, la fille adoptive de mon vertueux père.

— Quoi, votre cœur est ouvert à des sentiments si doux, et vous n'avez pas craint d'affliger, de perdre les êtres que vous aimez en devenant un assassin?

— J'ai cédé à une voix plus forte que ma tendresse.

— Mais, en me frappant au milieu de mon armée, pensiez-vous échapper?

— Je suis étonné, en effet, d'exister encore. »

Intéressé par tant de jeunesse et de fermeté, l'Empereur regardait ce malheureux avec compassion. «C'est un fou ou un malade,» s'écria-t-il. Le médecin Corvisart fut appelé. Le pouls de Stabbs était régulier, sa contenance tranquille; il sembla triompher de ce qu'on le reconnaissait dans son bon sens. Napoléon lui offrit sa grâce. — «Si vous me faisiez grâce, je ne vous en «tuerais pas moins; je n'ai en ce moment qu'un regret, «c'est de n'avoir pas réussi [1].» Ce n'était plus de la fer-

---

[1] Cette réponse est véritablement celle faite par Stabbs; l'Empereur (c'est lui-même qui l'a déclaré à Sainte-Hélène), aurait désiré avoir un prétexte pour lui pardonner. Cependant l'auteur du *Voyage en Moravie,* prétend qu'à la question de Napoléon : «Si je vous fai-

meté, c'était de la rage brutale. L'Empereur, tout en plaignant l'égarement de ce jeune homme, dut l'abandonner à la sévérité des lois : il fut jugé et fusillé.

Le chirurgien et la princesse. — Juste sévérité de l'Empereur. — L'attentat de Stabbs affligea vivement les habitants de Vienne. L'empereur Napoléon faisait respecter la discipline et tâchait d'alléger au pauvre peuple les charges déjà bien lourdes de l'occupation militaire. Il venait récemment de donner un exemple public de sa sévérité, et sa conduite dans cette occasion était l'objet de la conversation dans tous les cercles de Vienne.

Voici comment le fait est rapporté par des témoins oculaires.

«Un chirurgien major de la garde impériale logeait avec le général Dorsenne et quelques colonels dans une jolie maison de plaisance appartenant à la princesse douairière de Lichtenstein (d'autres disent à une chanoinesse parente du prince). Un vieux concierge allemand, brusque et fantasque, avait cette maison sous sa garde, et ne servait qu'avec répugnance les officiers français. On lui demandait en vain du linge pour la table et pour les lits; il faisait la sourde oreille. Le général écrivit à la princesse, qui sans doute donna des ordres, mais qui ne fit pas de réponse. Dans un souper où le punch avait succédé au vin du Rhin, on reproche à l'amphytrion le peu de propreté du linge qu'il offre à ses convives. Il s'excuse sur l'économie du concierge et sur le peu de courtoisie de sa maîtresse. «Il ne faut pas souffrir cela, s'écrie-t-on en chorus; il «faut rappeler à l'ordre cette hôtesse incivile : allons, «M***, c'est le nom du chirurgien major, soyez notre in-«terprète. Vite à l'ouvrage; fabrique nous force épi-«grammes et apprends à cette princesse de Germanie «que nous devons chez elle être dans de beaux draps.» M*** ne se fait pas prier; dans sa verve alcoolique, il écrit la lettre la plus ordurière, la plus injurieuse, telle que, dans le carnaval, on n'oserait l'écrire à la plus abjecte des prostituées. Cette lettre commençait ainsi :

«Si le maréchal duc de Dantzick de glorieuse mé-«moire était logé chez vous, madame, il vous dirait : «*Princillon*, etc., etc.»

«Le reste de la lettre était digne de cet exorde, de façon qu'en injuriant une princesse respectable, l'écrivain injuriait en même temps le maréchal Lefebvre, en se servant de son nom comme d'un exemple, ou comme d'une autorité pour multiplier ses outrages. L'épître est envoyée, remise et lue. La princesse ne peut concevoir une pareille audace. Elle doute encore, en voyant au bas de cet écrit le nom et les qualités du coupable. Dans son indignation, elle se rend chez le général Andréossy, gouverneur de Vienne pour les Français, et lui demande vengeance. Le général monte à l'instant en voiture, vient à Schœnbrunn, arrive au milieu de la parade, perce les rangs, va droit à l'Empereur, et lui remet la lettre fatale... L'Empereur lit, recule un pas; et, se retournant vers le grand maréchal, ordonne qu'on fasse approcher le chirurgien major. Son courroux éclate dans ses yeux; jamais physionomie n'exprima la colère d'une manière plus terrible. Tout le monde tremblait pour l'auteur de la lettre. Celui-ci s'avance. — «Est-ce «vous, dit l'Empereur, qui avez écrit cette infamie? «— Sire, j'étais ivre; un moment d'oubli... — Malheu-«reux !... Vous mériteriez que je vous fisse fusiller sur «la place... Insulter lâchement une vieille femme! moi, «je respecte toute vieille femme comme si elle était ma «mère... — Sire, je suis coupable et bien repentant. Dai-«gnez penser à mes services; j'ai fait dix-huit campa-«gnes, je suis père de famille. — Qu'on l'arrête! qu'on «lui arrache sa décoration! qu'on le juge dans les vingt-«quatre heures... Puis, se tournant vers les généraux : «Lisez, Messieurs, voyez comme ce malheureux traite «une princesse, au moment où son fils négocie avec «nous de la paix.» Pendant ce temps, le colonel de la gendarmerie entraînait le chirurgien, qui lui avait remis son épée.

«Immédiatement après la parade, M. Larrey et le général Dorsenne courent chez la princesse de Lichtenstein, lui rendent compte de la scène qui s'est passée, lui font des excuses au nom de la garde impériale, lui peignent le repentir sincère du prisonnier, et la conjurent de ne pas déshonorer, de ne pas perdre un homme que l'armée chérit, et dont les talents distingués sont la seule ressource de sa famille. — La princesse, touchée de cette démarche, écrit à l'Empereur, pour le remercier de sa justice, et pour lui dire que, satisfaite et reconnaissante de la réparation qu'elle a obtenue, elle le conjure de pardonner l'outrage qu'elle a reçu. Napoléon ne répond rien, et paraît toujours irrité; nouvelle instance des officiers et généraux de la garde auprès de madame de Lichtenstein. Cette femme sensible s'alarme réellement des suites de sa plainte. Ce n'est plus une lettre qu'elle écrit à l'Empereur: c'est un

---

«sait grâce, quel usage feriez-vous de la liberté?» — Stabbs aurait répondu : «Mon projet a échoué, vous êtes sur vos gardes... Je m'en «retournerais paisiblement dans ma famille.»

Voici d'ailleurs les détails que cet auteur donne sur les derniers jours de ce jeune fanatique :

«Stabbs resta deux jours dans une salle avec deux gendarmes : il se promenait avec tranquillité, et de temps en temps s'agenouillait pour prier : on lui avait apporté avec son dîner un couteau de table. Il le prit et le considéra froidement; un gendarme voulut le lui ôter des mains; il le rendit en souriant, et dit : «Ne craignez rien, je me «ferais plus de mal que vous ne m'en ferez.» — Le lendemain, il entendit le canon, et demanda ce que c'était : «C'est la paix, lui dit-on. — Ne me trompez-vous point? — Non, je vous jure.» Alors il se livra à la joie la plus vive ; des pleurs coulèrent de ses yeux, il se jeta à genoux, pria avec transport, et se relevant : «Je mourrai plus tranquille.»

«Quand l'Empereur fut parti, on vint le chercher pour le fusiller. Il dit au colonel qui lui annonça son sort : «Monsieur, je ne demande «qu'une grâce, c'est de n'être point lié.» On la lui accorda, il marcha librement, et mourut avec calme.»

«M. de Bausset, dans ses *Mémoires sur l'intérieur du palais impérial,* prétend que Stabbs fut conduit dans les prisons de Vienne, où on le garda au secret pendant quelques jours, lui faisant éprouver les privations du sommeil, lui donnant des fruits pour nourriture, afin d'affaiblir sa constitution et de le forcer à révéler le nom de ses complices ; mais qu'il persista à ne rien avouer et à se vanter de son projet.» Nous ne pouvons croire à cette espèce de torture qui, bien certainement, n'aurait pas été exercée avec l'assentiment de l'Empereur. — Le récit de Cadet de Gassicourt, qui était attaché comme pharmacien en chef à la maison de Napoléon, et qui se trouvait alors à Schœnbrunn, contredit d'ailleurs formellement le récit de l'honorable préfet du palais impérial. M. de Bausset aura été trompé par ses souvenirs qui n'ont pas même été assez fidèles pour conserver le nom de Frédéric Stabbs.

placet qu'elle lui adresse. Elle le termine par cette phrase touchante : «Sire, je vais me prosterner au pied «des autels, et ne m'en relèverai que lorsque j'aurai «obtenu du ciel la clémence de Votre Majesté.» Une pareille prière ne devait pas être rejetée; mais la grâce ne fut pas entière; le chirurgien-major fut condamné à garder pendant un mois les arrêts forcés [1].»

Retour de l'Empereur à Paris. — L'Empereur quitta le château de Schœnbrunn le 14 octobre, jour même de la ratification du traité de paix, et arriva le 26 au château de Fontainebleau.

En revenant de Schœnbrunn, l'Empereur s'était arrêté à Passau pour examiner des fortifications qu'il y avait fait élever; il avait visité aussi les cours de Bavière, de Wurtemberg et de Bade. Deux jours après son arrivée à Paris, il reçut dans la salle du trône les félicitations solennelles du Sénat. Le président lui adressa un discours dont voici les passages principaux.

«Une paix glorieuse termine une campagne signalée «par tant de prodiges; le peuple français jouit de votre «présence; tous ses vœux sont remplis...

«La postérité, Sire, admirera votre modération, «votre sagesse, la profondeur de vos vues.

«Vous avez couvert l'Empire de trophées.

«Au sommet de ces monuments brille aujourd'hui «la palme de la paix... L'amour de vos peuples grave «au-dessous de ce symbole cette expression touchante et «solennelle de ses sentimens pour vous : *Au plus grand* «*des héros, qui n'a voulu commander à la victoire* «*que pour le bonheur de la terre, le peuple français* «*reconnaissant.*»

L'Empereur répondit :

«Sénateurs,

«Je vous remercie des sentimens que vous venez de «m'exprimer. Celles de mes journées que je passe loin «de la France sont des journées perdues pour mon «bonheur. Il n'est pour mon cœur aucune satisfaction «loin de ma grande famille. Je le sens profondément «et je veux le dire: mon peuple a eu et aura des princes «plus heureux, plus habiles, plus puissants; mais il n'a «jamais eu et il n'aura jamais de souverain qui porte «plus haut dans son cœur l'amour de la France.»

Trois jours après, la paix avec l'Autriche fut publiée dans Paris. Cette nouvelle fut accueillie avec un enthousiasme qui tenait du délire; on entrevoyait déjà une paix générale; en effet, on pouvait espérer que Napoléon, pouvant désormais disposer de toutes ses forces, terminerait promptement la guerre d'Espagne et contraindrait enfin l'Angleterre à entrer en négociations.

---

[1] Ce fut durant le séjour de l'Empereur à Schœnbrunn, mais avant la victoire de Wagram, que l'Empereur décréta la réunion des États romains à l'Empire français, réunion à la suite de laquelle le pape Pie VII fut transféré à Savone. Avant d'en venir à cette extrémité, Napoléon avait épuisé tous les moyens pour délivrer le gouvernement pontifical de l'influence anglo-sicilienne. Le pape avait constamment refusé d'entrer dans une ligue offensive et défensive avec les royaumes d'Italie et de Naples, ligue qui pouvait seule assurer la pacification et la tranquillité de l'Italie. Poussé à bout par les mauvaises dispositions du cabinet du Vatican, l'Empereur rendit, le 17 mai, le décret de réunion. — Ce décret remarquable par sa forme et ses considérants est ainsi conçu :

«Napoléon, *Empereur des Français, etc.,*

«Considérant que lorsque Charlemagne, empereur des Français *et notre auguste prédécesseur,* fit don aux évêques de Rome de diverses contrées, il les leur céda, à titre de fief, pour assurer le repos de ses sujets, et *sans que Rome ait cessé pour cela d'être une dartie de son empire ;*

«Considérant que, depuis ce temps, l'union des deux pouvoirs, spirituel et temporel, ayant été, comme elle l'est encore aujourd'hui, sa source de continuelles discordes ; que les souverains pontifes ne se sont que trop souvent servis de l'influence de l'un pour soutenir les prétentions de l'autre, et que, par cette raison, les affaires spirituelles qui, de leur nature, sont immuables, se trouvèrent confondues avec les affaires temporelles qui changent suivant les circonstances et la politique des temps;

«Considérant, enfin, que *tout ce que nous avons proposé pour concilier la sûreté de nos armées, la tranquillité et le bien-être de nos peuples, la dignité et l'intégrité de notre empire* avec les prétentions temporelles des souverains pontifes *a été proposé en vain ;*

«Nous avons décrété et décrétons ce qui suit:

«Art. Ier. Les États du pape sont réunis à l'Empire français.

«Art. II. La ville de Rome, premier siége du christianisme, et si célèbre par les souvenirs qu'elle rappelle et les monuments qu'elle conserve, est déclarée *ville impériale et libre.* Son gouvernement et son administration seront réglés par un décret spécial.

«Art. III. Les monuments de la grandeur romaine seront conservés et maintenus aux dépens de notre trésor.

«Art. IV. La dette publique est déclarée dette de l'Empire.

«Art. V. Les revenus annuels du pape seront portés jusqu'à deux millions de francs, libres de toute charge et redevance.

«Art. VI. Les propriétés et palais du Saint-Père ne seront soumis à aucune imposition, juridiction, visite, et jouiront, en outre, d'immunités spéciales.

«Art. VII. Une consulte extraordinaire prendra, le 1er juin prochain, possession, en notre nom, des États du pape, et fera en sorte que le gouvernement constitutionnel y soit en vigueur le 1er janvier 1810.

RÉSUMÉ CHRONOLOGIQUE.

1809.

29 avril. Défaite du major Schill devant Magdebourg.
14 mai. Expédition (avortée) du duc de Brunswick-Oëls.
25 — Le major Schill entre à Stralsund. — Mort de Schill.
4-5 juillet. Passage du Danube. — Combat d'Enzersdorf.
6-7 Bataille de Wagram.
9 — Combat de Laa.

10 mai. Combat d'Hollabrunn.
11 — Bataille de Znaïm.
15 aout. Création de l'ordre des Trois-Toisons.
12 octobre. Tentative de Stabbs contre la vie de l'Empereur.
14 — Traité de Vienne. — Paix entre la France et l'Autriche.
26 — Retour de l'Empereur à Fontainebleau.
20 novembre. Évacuation de Vienne par les troupes françaises.

1809. — EXPÉDITION DE L'ILE WALCHEREN

TROUPES FRANÇAISES.	TROUPES ANGLAISES.
Généraux. — Rousseau. — Monnet.	Amiral. — Strachan.
Maréchaux. — Bernadotte. — Bessières.	Général. — Lord Chatam.

Armement et préparatifs des Anglais. — Tandis que l'empereur d'Autriche hésitait à ratifier l'armistice de Znaïm, l'Angleterre exécutait la diversion qu'elle avait promise, en attaquant les rivages de la Hollande et en menaçant le nouveau port d'Anvers, création du génie de Napoléon, qui donnait au commerce britannique de vives inquiétudes.

Dès le début de la guerre, l'Angleterre n'avait pas beaucoup mieux opéré en faveur de ses alliés du continent qu'elle ne l'avait fait en 1807 dans la guerre de la Pologne. Le cabinet de Londres, prévoyant la guerre qui allait simultanément s'engager avec l'Autriche et l'Espagne, et mettre l'empereur Napoléon dans l'obligation de porter toutes ses forces sur le Tage et le Danube, fit d'immenses apprêts pour en profiter; mais il tourna toutes ses vues vers des entreprises dans son intérêt particulier. S'il avait voulu entreprendre moins de choses à la fois, il aurait pu peut-être porter de grands coups; mais paraissant partout en auxiliaire sur le sol étranger, il crut compliquer les embarras de l'empire français en multipliant ses attaques. Le danger dont l'Angleterre se voyait menacée depuis la ligue de Tilsit l'avait nécessairement portée à déployer ses ressources et à augmenter ses troupes par tous les moyens possibles. Elle put ainsi disposer au dehors d'une force d'environ 100,000 hommes. Un milliard fut employé à les mettre en état de descendre partout avec des approvisionnements immenses d'artillerie, d'armes et de munitions. L'or et le fer ne lui manquaient pas, et les progrès des arts mécaniques suppléant aux bras avaient transformé les Iles Britanniques en un vaste atelier. De telles forces, bien dirigées et assistées de la moitié des habitants armés de l'Espagne, du Portugal, de la Hollande ou de l'Allemagne septentrionale, eussent fait une puissante diversion.

Les colonies de la France et celles des alliés maritimes qui restaient à l'empire français, valaient à peine que l'Angleterre daignât les convoiter. Elle ne pouvait plus en vouloir ni à l'île de Cuba, ni à l'Amérique espagnole, qui se trouvaient actuellement ses alliées. — Cayenne, la Martinique, le Sénégal, Santo-Domingo, avaient succombé. L'Ile-de-France, bloquée, devait finir tôt ou tard par se rendre. La compagnie des Indes préparait une expédition contre Amboine et Batavia que les Hollandais se trouvaient hors d'état de soutenir, depuis qu'ils avaient perdu Ceylan et le cap de Bonne-Espérance.

Les garnisons des Antilles suffisaient pour enlever les derniers postes français. Tous les intérêts qui, en 1783, étaient des intérêts de première ligne, se trouvaient tellement éclipsés en 1809 par les grands conflits du monde européen, que l'Angleterre n'y employait que des détachements secondaires, et ne s'en occupait que comme un passe-temps.

L'augmentation que cette puissance avait donnée à ses forces de terre lui permettait de songer à de plus grandes entreprises. Elle ne craignit pas de soutenir à la fois une guerre pénible dans la Péninsule, et de porter une guerre offensive aux rives de l'Escaut.

Tentative contre l'escadre de Rochefort. — Dès le mois d'avril, un immense armement se préparait dans les ports anglais et n'attendait que l'occasion d'agir. Sir Arthur Wellesley, revenu du Portugal après l'affaire de Vimeiro, fut renvoyé avec un corps de 20,000 hommes dans la péninsule hispanique pour prendre le commandement en chef des divisions anglaises qui y étaient restées après le départ de Moore, et venger la défaite de ce général.

Une autre expédition, sous les ordres de l'amiral Gambier, et de lord A. Cochrane [1], vint, au milieu d'avril, tenter de brûler l'escadre de Rochefort, réunie à un détachement de celle de Brest, et embossée dans la rade de l'île d'Aix. Une immense machine infernale, chargée de 1500 barils de poudre et de 400 bombes, dirigée par Cochrane lui-même, sauta sans faire d'effet. Les anglais attaquèrent alors l'escadre, et lui lancèrent des fusées incendiaires de Congrève. C'était la première fois qu'on s'en servait contre les flottes françaises. Quatre beaux vaisseaux furent brûlés à l'ancre; les autres, mieux commandés, parvinrent à rentrer dans la Charente. Ce succès incomplet ne satisfit pas l'exigence de l'amirauté britannique. Gambier fut soumis à une enquête pour n'avoir pas pris toute l'escadre et détruit les chantiers de Rochefort. L'Angleterre en effet n'avait en cette occasion tiré que peu de fruit de ses sacrifices coûteux.

[1] Il ne faut pas confondre cet Alexandre Cochrane avec le contre-amiral qui s'est fait un nom dans les guerres de l'indépendance américaine.

Expédition contre la Zeelande. — Arrivée de la flotte anglaise devant l'île Cadzand. — Son départ. — L'expédition contre la Zeelande, pour laquelle les plus grands efforts furent tentés, ne devait pas avoir une meilleure issue.

Les cabinets de Vienne et de Saint-James semblaient cependant ne pas devoir douter du succès de l'expédition ; on savait que malgré l'attachement du peuple hollandais pour le roi Louis, qui gouvernait avec la plus grande douceur, une grande partie de la population se plaignait hautement d'être soumise au système prohibitif imposé par l'empereur Napoléon, et se joindrait, selon toutes les probabilités, au parti qui promettait de rétablir les bases de l'ancienne prospérité nationale.

Ce qui augmentait encore la confiance de l'Angleterre, c'est que le port d'Anvers et une partie des côtes du nord de la France étaient sans défense ; que presque toutes les places fortes étaient désarmées et sans garnisons ; que tous les dépôts étaient vides, et qu'ainsi la France ne pouvait pas, avant un espace de temps assez long, s'opposer aux progrès d'une invasion que l'on pousserait vivement.

Lord Chatam, frère aîné du célèbre Pitt, fut nommé commandant de l'expédition contre la Zeelande, à laquelle on destina 35,000 hommes. L'amiral Strachan commandait les forces de mer, qui consistaient en vingt-deux vaisseaux de ligne, cent vingt bâtiments de guerre de différentes grandeurs et plus de quatre cents transports. On travaillait depuis le commencement du mois de mai à cet armement, qui ne fut prêt qu'au bout de trois mois. — Le 29 juillet, l'avant-garde et successivement toutes les divisions de la flotte anglaise furent signalées, vers neuf heures du matin, aux généraux Monnet, gouverneur de Flessingue, et Rousseau, commandant supérieur du pays de Cadzand à l'embouchure de l'Escaut occidental. Quatre frégates et cent trente autres voiles de transport vinrent, à trois heures, ranger la côte de Cadzand où elles mouillèrent. Cette division, commandée par le général-major Huntley, portait les troupes destinées à agir sur la rive gauche de l'Escaut. Le reste de la flotte fit voile au nord de l'île de Walcheren. Le général Rousseau, dont le quartier général était à Breskens, n'avait alors avec lui que trois cents hommes de garde nationale soldée ; mais il tenait casernés à Gand un régiment provisoire et un bataillon du 65e, et il pouvait disposer. Il donna des ordres pour que ces troupes se dirigeassent à marches forcées sur Grode, et expédia en même temps des estafettes au ministre de la guerre et aux généraux commandant la 24e division militaire et les départements de la Lys et de l'Escaut.

Le général Rousseau était dans une triste situation ; le pays de Cadzand, où l'on a exécuté depuis de grands travaux, n'avait alors aucune défense. Le général se porta au Swarte-Polder, à une demi-lieue de Cadzand, où la division ennemie avait mouillé, et il la reconnut au moment où elle mettait ses chaloupes à la mer. Ne voyant aucun moyen de s'opposer au débarquement qui devait avoir lieu, selon toutes les probabilités, le lendemain, 30 juillet, il employa le reste de la journée à faire manœuvrer dans la campagne ses 300 hommes de garde nationale et à simuler des mouvements qui pussent donner le change sur le nombre de cette troupe. Dès que la nuit fut venue, il jeta dans la principale batterie de côté, située sur les dunes, deux compagnies, quarante canonniers de ligne et ce que la compagnie des gardes-côtes renfermait de meilleurs soldats. Il espérait ainsi pouvoir conserver sa communication avec les secours qu'il attendait. Mais il dut bientôt renoncer à cet espoir : les soldats, qui s'étaient presque tous débandés pendant la nuit, se dispersèrent, et quelques-uns allèrent même jusqu'à briser leurs armes. Le général Rousseau, qui avait passé quatre heures dans l'anxiété la plus cruelle, entouré seulement de quelques officiers, ressentit une joie inexprimable lorsque, le jour venant à paraître, il vit la flotte ennemie immobile à son mouillage.

Deux bataillons du 8e régiment provisoire et le bataillon du 65e arrivèrent à Grode le 30, à midi. Les deux premiers furent placés sur le développement de la côte, et le troisième en réserve. Les ennemis qui, des hunes de la flotte, avaient aperçu ces dispositions, différèrent encore le débarquement. Enfin les commandants en chef de terre et de mer, persuadés que le pays de Cadzand offrirait des obstacles sans cesse renaissants, donnèrent l'ordre de ne point attaquer la rive gauche. En conséquence, cette division appareilla, le 1er août, pour rejoindre le gros de l'armée navale. Le général Rousseau laissa ses 2,000 hommes dans leurs positions, et revint à Breskens pour se mettre en communication avec Flessingue.

Débarquement des Anglais dans l'île Walcheren. — 40,000 habitants peuplent l'île Walcheren, qui renferme trois villes, et au nord de laquelle se trouve, en avant de dunes peu élevées, une plage nommée la Bree-Zand, qui offre pour un débarquement les plus grandes facilités. Le voisinage des dunes présente à l'assaillant un grand avantage, en ce qu'il lui permet de tourner la droite et la gauche des troupes préposées à la défense de la côte. Le 30 juillet, au matin, les Anglais débarquèrent sur cette plage.

Le 29, dès que la flotte ennemie avait été, comme nous l'avons dit, aperçue par les Français, le général Monnet avait sur-le-champ donné des ordres au général de brigade Osten pour qu'il se portât au camp de West-Kappel, et qu'il s'opposât de tous ses efforts au débarquement.

La garnison de Flessingue, chargée de la défense de l'île Walcheren, se composait du premier bataillon colonial, du premier bataillon irlandais, d'un bataillon des déserteurs rentrés, enfin du premier régiment de Prusse, formé de trois bataillons forts de 1,300 hommes. Un détachement de canonniers français et trois compagnies d'artillerie hollandaise étaient en outre disséminés dans les diverses batteries de la ville et de la côte.

Le général Oster prit avec lui trois bataillons formant 1,200 hommes, quatre pièces de canon, et, à la tête de ces forces, se porta sur le Bree-Zand. Malgré sa vigoureuse défense et les pertes qu'il fit éprouver

aux Anglais, il ne put les empêcher de débarquer au
nombre d'environ 18.000 hommes, sous les ordres du
lieutenant général David Dundas.—Forcé de se replier,
il se retira, le 31 juillet au soir, sur Flessingue.

*Renforts envoyés à Flessingue. — Mesures prises
pour la défense d'Anvers. —* Les troupes françaises
retirées à Flessingue furent renforcées, le 1er août, par
un bataillon du 65e régiment envoyé par le général
Rousseau. Ce bataillon releva les troupes du général
Osten qui, depuis le matin, se battaient corps à corps
contre les soldats anglais, bien supérieurs en nombre.
Fort de 600 hommes, le bataillon du 65e en avait perdu
50 à la fin de la journée, sans que ce sacrifice eût retardé en rien les travaux des assaillants.

Les Anglais débarquèrent, le 2 août, dans l'île de
Sud-Beveland, dont ils occupèrent le chef-lieu. 30 soldats, envoyés par eux en reconnaissance, prirent possession du fort de Bathz, que le général Bruce avait
évacué sans tenter le moindre simulacre de défense.

La perte de Bathz était fatale pour les Français en
ce que les batteries de ce fort pouvaient empêcher la
communication de la branche occidentale de l'Escaut,
où étaient les vaisseaux Français, avec la branche opposée où se trouvaient les bâtiments ennemis.

Dès que les gouvernements français et hollandais
furent instruits de la brusque descente des Anglais sur
les côtes de la Zeelande, des ordres furent donnés aux
généraux français commandant les 16e et 24e divisions
militaires, pour diriger à l'instant même sur Anvers
les troupes et les dépôts dont ils pouvaient disposer.

Jusqu'au 6, trois bataillons et un détachement de
240 hommes furent envoyés par le général Rousseau
à Flessingue et purent débarquer; mais, le 6, la flotte
anglaise qui se tenait à l'embouchure du canal de Middelburg s'étant réunie aux bâtiments stationnés à
l'ouest et en aval de Flessingue pour achever le blocus
de cette place, toute communication fut interdite:
les embarcations que l'on expédia tombèrent dans la
ligne des chaloupes anglaises.

Siége de Flessingue. — Sortie. — Capitulation. —
L'ennemi avait entrepris le siége de Flessingue, il poussa
ses travaux avec vigueur jusqu'au 8 août, jour où le
général Monnet, voulant faire enlever la batterie établie sur la dune dite du Nolle, à neuf cents mètres de la
place, ordonna une sortie.—De grand matin, les troupes furent rassemblées derrière les courtines, car Flessingue n'a ni chemin couvert ni ouvrages extérieurs;
on déboucha par les deux ponts jetés sur le fossé qui
entoure la place du côté de la terre, et on fit une fausse
attaque sur la chaussée de Middelburg. Les Anglais ne
purent résister à cette première attaque; leurs avant-
postes, surpris, furent exterminés. Mais bientôt ils dirigèrent leurs meilleurs bataillons et leur réserve sur
la porte de Nolle, et là, les Français eurent à soutenir
un combat sanglant contre des forces dix fois supérieures. Après des efforts inouïs pour emporter la batterie, il fallut songer à la retraite, qui se fit en bon
ordre malgré la difficulté que présentait la distance
où l'on se trouvait de la place.

Les Français perdirent 800 hommes dans cette tentative malheureuse. La perte des Anglais s'éleva à 1,500.

Les Anglais démasquèrent le 13 août au matin, devant Flessingue, six batteries armées de quatorze mortiers, seize obusiers et dix pièces de canon de 36. Ces
batteries firent un feu continu jusque vers le milieu
de la nuit du 14 au 15, c'est-à-dire pendant quarante-
deux heures. Une sommation fut adressée alors au général Monnet, qui la repoussa, et le feu recommença
le 15 avec une nouvelle vigueur. Une grande quantité
de fusées à la congrève faisaient partie des projectiles
de l'ennemi et mirent le feu dans plusieurs quartiers
de la ville. Enfin, la fatigue des canonniers français et
le mauvais état des pièces décidèrent le général Monnet à signer, le 16, une capitulation. La garnison obtint les honneurs de la guerre, mais elle resta prisonnière pour être conduite dans la Grande-Bretagne; les
généraux et les officiers ne furent pas même exceptés
de cette condition, qui affecta vivement les troupes
françaises. 4,000 hommes mirent bas les armes, et furent conduits à Veere pour y être immédiatement embarqués.

Comme il n'y avait pas la moindre brèche au corps
de la place, le général Monnet fut, sur l'ordre de l'Empereur, mis en jugement et condamné par un conseil
de guerre. Si ce général ne pouvait tenir contre le feu
supérieur de l'ennemi, il aurait dû au moins chercher
à s'ouvrir un passage, ou insister pour la libre sortie
de sa garnison. Il n'avait pas fait tout ce qu'il pouvait,
néanmoins le jugement était rigoureux.

*Inaction des Anglais. — Levée de gardes natio-
nales.*—Cependant, tandis que les Anglais, au lieu de
forcer l'entrée de l'Escaut, perdaient un temps précieux
au siége de Flessingue, tout avait changé de face à
Anvers; le roi de Hollande, Louis Napoléon, instruit
de l'apparition de l'ennemi, y était accouru en hâte à
la tête de sa garde et de 5,000 hommes de troupes hollandaises qui, le 12 août, prirent poste aux environs;
les généraux commandant en Belgique et en Picardie
avaient rassemblé également 7 à 8,000 hommes. La
flotte française s'était mise à l'abri sous les canons des forts.

C'était assez pour défendre long-temps la ville, mais
pas assez pour la délivrer. Le conseil des ministres de
l'Empire, mesurant l'étendue du danger, ne se contenta
pas de faire filer sur l'Escaut tout ce qu'il y avait
d'hommes valides dans les dépôts du nord, il ordonna
la levée de 30,000 gardes nationaux des départements
voisins; cette levée s'étendit jusqu'en Bourgogne. La
France répondit avec un noble enthousiasme à cet appel, le seul département du Nord fit marcher 10,000
hommes; bientôt les bataillons affluèrent de toutes
parts. Le maréchal Moncey en conduisit une partie,
le maréchal Bernadotte, qui était parti d'Autriche après
la bataille de Wagram, fut nommé général en chef de
cette armée, et arriva le 16 août au moment de la prise
de Flessingue. Six jours après, il avait déjà 30,000 hommes à ses ordres, et quoique ces troupes ne fussent
pas d'une tenue bien militaire, elles étaient pleines de
zèle et d'ardeur.

Départ de lord Chatam. — Les Maladies attaquent l'armée anglaise. — Son rembarquement. — Après avoir hésité jusqu'au 26 août s'il jetterait ses forces sur la droite de l'Escaut pour marcher contre le corps de la place d'Anvers, Chatam, voyant son coup manqué, reprit la route d'Angleterre, en laissant le tiers de son armée à Flessingue.

L'Empereur à Wagram avait eu à se plaindre de Bernadotte[1]; il fut surpris de sa nomination et le fit remplacer par le maréchal Bessières, qui rentra dans l'île de Sud-Beveland, et entoura celle de Walcheren de batteries, de manière à ôter à l'ennemi l'envie de se représenter.

Le climat humide et marécageux de Walcheren engendre des fièvres qui, dans les pluies d'automne, deviennent une véritable peste; en huit jours, les Anglais eurent près de 10,000 malades, sans compter ceux de la flotte qui n'étaient pas exempts de la contagion.

«Cette obstination à garder un tel poste dénotait, dit Jomini, l'envie de renouveler plus tard l'opération si la guerre avec l'Autriche continuait, ou d'entraîner cette puissance à la rupture de l'armistice, en lui laissant entrevoir la possibilité d'une puissante diversion trop long-temps promise, et la ferme résolution de ne plus l'abandonner à tous les efforts de la France. Cependant le but fut également manqué ; l'Autriche se décida à la paix, et l'Angleterre, après avoir inutilement sacrifié d'excellentes troupes dans les hôpitaux de Flessingue, ordonna l'évacuation : mais elle ne manqua pas de recommander au préalable la destruction des vastes établissements que les Français y avaient formés pour l'armement des vaisseaux, le port d'Anvers n'étant pas assez profond pour contenir des vaisseaux de haut bord armés. La destruction de cet arsenal était un malheur, mais Napoléon s'en consola par la conservation bien autrement importante d'Anvers. Ce mince résultat, qui contrastait avec l'énormité des préparatifs les plus considérables que jamais l'Angleterre eût faits, et qui coûta 10,000 hommes en pure perte, fournit ample matière aux ennemis d'un ministère qui montrait beaucoup de haine contre l'Empereur, beaucoup d'activité pour lui nuire, beaucoup de soin à étendre l'influence de l'Angleterre, mais peu d'habileté dans l'emploi de ses moyens. »

---

[1] L'Empereur nous apprend lui-même les motifs récents du grave mécontentement qu'il avait à cette époque contre Bernadotte.—Voici ce qu'on lit dans une des notes dictées par Napoléon, sur l'ouvrage intitulé : *Mémoires pour servir à l'histoire de Charles XIV (Jean), roi de Suède.*

« La conduite de Bernadotte, à Jéna, a été telle que l'Empereur avait signé le décret pour le faire traduire à un conseil de guerre, et il eût été infailliblement condamné, tant l'indignation était générale dans l'armée; il avait manqué faire perdre la bataille. C'est en considération de la princesse de Ponte-Corvo (sœur de la reine d'Espagne), qu'au moment de remettre le décret au prince de Neufchâtel, l'Empereur le déchira...

« Bernadotte commandait le premier corps, fort de 18,000 hommes ; il était arrivé à Naumbourg, derrière le maréchal Davoust, qui commandait le troisième corps, fort de 30,000 hommes ; Bernadotte avait ordre de soutenir ce maréchal ; ce qui formait une masse de 50,000 hommes, pour défendre le défilé de Kosen et le champ de bataille d'Auerstedt. La moitié du corps de Davoust avait déjà passé la Saale, lorsque Bernadotte arriva et prétendit prendre la tête de la colonne, sous le prétexte insensé que son corps avait le no 1 : comme de raison, Davoust s'y opposa, en lui objectant que ce serait perdre un temps précieux, et mêler les corps d'armée dans un défilé, ce qui ferait un grand mal. Bernadotte leva alors son camp, et se porta sur Dornbourg; à la pointe du jour, il y passa la Saale. Cependant Davoust, à la pointe du jour, fut attaqué par le roi de Prusse, à la tête de 60,000 hommes, l'élite de ses troupes. Il sentit alors toute la privation des 18,000 hommes de Bernadotte; c'est ce qui donna lieu à la bataille d'Auerstedt, qui couvrit Davoust de gloire. Bernadotte, de Dornbourg, aurait pu réparer sa faute, en tombant sur les derrières de l'armée prussienne, il se contenta de parader, et ne tira pas un coup de canon : les généraux, officiers et soldats étaient au désespoir...

« ... Les Saxons lâchèrent pied la veille de Wagram, et le matin de Wagram : c'étaient les plus mauvaises troupes de l'armée. Cependant le prince de Ponte-Corvo, contre l'usage et l'ordre, fit une proclamation le lendemain de cette bataille, et les appela *colonne de granit*... L'Empereur le renvoya à Paris, et lui ôta le commandement de ce corps...»

Pour bien faire comprendre tout ce que cette épithète avait de blessant pour l'armée française, le rédacteur des mémoires de Napoléon cite ce passage de mémoires encore inédits :

« Le vice-roi était au centre, sur une éminence, d'où l'on voyait très distinctement les mouvements qui se faisaient sur la gauche. Toute la ligne des Saxons se repliait en désordre, laissant entre elle et la position de l'ennemi un vaste espace, que celui-ci ne paraissait pas songer à occuper. On pressait le vice-roi d'en prévenir l'Empereur, qui était à l'extrême droite : « Attendons encore, dit le prince, ce n'est qu'une déroute de canon. » Vingt minutes après, on vit un cavalier accourir à toutes brides : c'était un officier d'état-major qui, hors de lui, et aussitôt qu'il aperçut le vice-roi, s'écria : «Monseigneur, le prince de Ponte-Corvo m'envoie pour vous dire que si vous ne l'appuyez pas, il est perdu; sa cavalerie tient encore, mais *son infanterie n'est que de la canaille.*» Cette expression était d'une exagération grossière, qu'on juge toutefois de ce qu'on pensa, le lendemain, de la proclamation sur la *colonne de granit*...

« Bernadotte arrive à Paris, le ministre de la guerre croyant qu'il y venait pour raison de santé, l'envoya à Anvers, où il parla beaucoup, écrivit beaucoup, et ne fit rien...»

RÉSUMÉ CHRONOLOGIQUE.

1809.

AVRIL. Tentative contre l'escadre de Rochefort.

29 JUILLET. — 1er AOUT. Arrivée de la première division anglaise devant Cadzand. — Elle se rembarque.

30 JUILLET. Débarquement des Anglais sur la plage de Bree-Zand (île Walcheren).

2 AOUT. Débarquement des Anglais dans l'île du Sud-Beveland.

8 — Siége de Flessingue. — Combat de la dune du Nolle.

16 — Capitulation de Flessingue.

1809. — OPÉRATIONS DES ANGLAIS CONTRE NAPLES.

ARMÉE FRANCO-NAPOLITAINE.	TROUPES ANGLO-SICILIENNES.
Général en chef. — Le Roi Joachim Murat.	*Général en chef.* — Stuart.

Préparatifs des Anglo-Siciliens. — L'empereur de Russie et le roi de Prusse ayant refusé de faire cause commune avec l'Autriche dans la guerre contre la France, que termina si glorieusement la bataille de Wagram, l'Angleterre seule, comme on l'a vu, s'était préparée à agir dans les intérêts du cabinet de Vienne, et il avait été convenu entre les deux gouvernements que, tandis que l'Autriche mettrait en mouvement toutes ses forces en Allemagne, en Pologne et en Italie pour combattre l'ennemi commun, l'Angleterre menacerait par des armements considérables les côtes de Naples en même temps que celles de Hollande et des départements septentrionaux, afin de diviser les forces de la France en attirant sur ces divers points. — On vient de voir la mauvaise issue de l'expédition de la Zeelande. Nous avons maintenant à parler des tentatives faites contre le nouveau royaume des Deux-Siciles.

Les deux puissances alliées auguraient d'autant mieux de cette dernière expédition, que les rapports qui leur étaient parvenus désignaient les Napolitains comme impatiens de secouer le joug de la France. En effet, dans le moment où l'Angleterre et l'Autriche formaient leur ligue, des mouvements insurrectionnels avaient eu lieu dans les Abruzzes et dans la Calabre, contre le gouvernement du roi Joachim Napoléon (Murat), et l'on pouvait raisonnablement croire que l'empereur des Français, pour maintenir son beau-frère sur le trône où il l'avait placé, enverrait à l'extrémité de la péninsule italienne la majeure partie des troupes aux ordres du vice-roi et affaiblirait ainsi l'armée d'Italie.

L'Angleterre n'avait jamais cessé d'entretenir des troupes en Sicile. Le général Stuart les commandait ; il eut ordre de se concerter avec la cour de Palerme pour les préparatifs de l'expédition contre Naples. Ces préparatifs durèrent quatre mois ; aussi le roi Murat connaissait-il déjà tous les projets de l'ennemi et était-il en mesure de les repousser avant même que ces projets pussent être mis à exécution. Les troupes françaises, qui, après avoir rétabli la tranquillité dans la Calabre et dans les Abruzzes, étaient restées stationnées dans le royaume de Naples, eurent ordre de se réunir et de venir occuper les côtes ; on fit des levées extraordinaires et l'on établit des camps autour de la capitale, qui, devenue le centre de tous les préparatifs de défense, avait toute l'apparence d'une ville de guerre.

Départ et forces de la flotte anglo-sicilienne. — Au commencement de juin, l'expédition anglaise apparut et fut signalée, le 12, en pleine mer. Elle se composait de deux cents voiles, parmi lesquelles deux vaisseaux de ligne, cinq frégates, plusieurs bricks et cutters ou un grand nombre de chaloupes canonnières. Le reste était des bâtiments de transports chargés de troupes, de chevaux, de munitions et de tout l'attirail d'un débarquement considérable. L'armée d'expédition, formée de troupes anglaises et siciliennes dans une proportion à peu près égale, était forte de 15,000 hommes. Un grand nombre d'officiers isolés et à la suite en faisaient aussi partie, et devaient, aussitôt qu'on serait débarqué, s'occuper d'enrégimenter les habitants. Le gouvernement anglais avait fait confectionner vingt mille habits pour les futurs soldats, tant on doutait peu que la population ne se levât en foule à l'aspect de la flotte anglo-sicilienne.

Arrivée des Anglo-Siciliens devant Naples. — Combat de la Cérès. — Le général Stuart longea d'abord la côte de la Calabre, cherchant pour débarquer un point favorable, et guettant les signaux qu'on devait lui faire de l'intérieur du pays. Mais il attendit inutilement : les précautions minutieuses et sévères prises par le général Partouneaux, qui commandait dans cette partie du territoire, empêchèrent toute démonstration hostile[1]. La flotte louvoya ainsi dix jours, et se rabat-

[1] Un autre officier général a eu une grande part à la pacification des Abruzzes et de la Calabre. — Voici ce que nous lisons dans la *Notice sur la Calabre*, de M. le capitaine Rivarol. «Le roi Joachim avait donné carte blanche à un de ses aides de camp, le général Manhès, à qui l'on doit le calme de ces provinces. — Cet officier, attaché à l'état-major de Murat, dans le duché de Berg, le suivit dans sa nouvelle fortune, devint son aide de camp, et passa, comme par un songe, des grades inférieurs à celui de lieutenant général, commandant supérieur des Calabres.

«Tenace dans ses résolutions, fermant l'oreille à la pitié, Manhès, par la sévérité de ses mesures, par la nouveauté des châtiments, était devenu l'effroi des Calabres.

«On ne l'a pas vu céder à l'appât des trésors ; car on lui doit cette justice, qu'il ne ménagea personne dans ses proscriptions. Fidèle au système de Murat, il entraîna avec les brigands une portion de ceux dont la foi lui était suspecte ; et, par son activité persévérante, finit en moins de six mois ce que d'autres n'avaient qu'ébauché en six ans

«Convaincu du peu de succès des colonnes mobiles, dont les opérations demandaient plus de monde et trop de temps, c'est en employant les citoyens eux-mêmes qu'il est parvenu à son but. Opposant la ruse à la ruse, il combattit les brigands à armes égales, et leur enleva leurs dernières ressources, c'est-à-dire ou la faiblesse ou la connivence des habitants. Car on a pu s'apercevoir que, les propriétaires aimant mieux capituler avec les brigands que de s'exposer par leurs refus à des dévastations continuelles, ceux-ci obtenaient facilement, par leurs menaces, des refuges et une subsistance assurée, sans redouter les révélations d'un secret dont la découverte eût été fatale aux uns comme aux autres. Funeste intelligence, qui accrut les progrès d'un mal qu'une première opposition aurait peut-être prévenu !

«Manhès, après s'être assuré, commune par commune, du nombre

tit enfin sur la petite île d'Ischia, à quelques milles de Naples, paraissant y vouloir débarquer. Le 25 juin, au moment où l'avant-garde de la flotte ennemie s'avançait dans le canal entre l'île d'Ischia et celle de Procida, plusieurs chaloupes canonnières de la marine napolitaine, soutenues par une corvette et par la frégate *la Cérès*, quittèrent la côte pour reconnaître ces bâtiments, et furent bientôt entourées par des forces supérieures. Un combat s'engagea ; les Anglais faisaient un feu très violent que la flottille napolitaine soutint assez long-temps ; une frégate anglaise fut même tellement endommagée qu'elle fut obligée de prendre le large. Enfin, les batiments napolitains vinrent à bout de se dégager et de se mettre sous la protection des batteries de Pozzuolo et de Baïa.

Le roi Joachim ayant donné l'ordre à la corvette et à la frégate de rentrer dans le port de Naples, ces deux bâtiments remirent à la voile, et parvinrent, en trompant la vigilance de l'ennemi, à traverser une partie de l'escadre et à gagner le large. Mais ils furent bientôt rejoints par une frégate, une corvette, dix-huit canonnières et deux galiotes. Un engagement eut lieu aussi-

tôt à la pointe de Pausilippe. Il était quatre heures et demie du soir, et toute la population de Naples était là, assistant au combat. Après trois heures de la résistance la plus opiniâtre, la frégate et la corvette, criblées de coups de canon et presque désemparées, parvinrent à entrer dans le port de Naples, aux cris mille fois répétés de *vive le roi Joachim! vive l'empereur Napoléon!*

Occupation de l'Ile de Procida. — Combat des chaloupes napolitaines. — Pendant que les deux bâtiments napolitains se défendaient si glorieusement contre des forces bien supérieures, les troupes anglo-siciliennes pénétraient dans l'île de Procida, dont elles s'emparaient sans coup férir. — Une division de trente chaloupes canonnières napolitaines, revenant de Gaëte à Naples, parut, le lendemain 26, dans le canal qui sépare l'île de Procida de celle d'Ischia. Ces chaloupes ayant été bientôt entourées par les bâtiments ennemis, le combat s'engagea dès quatre heures du matin. Les Napolitains se défendirent avec un grand courage ; un brick anglais fut brûlé, une canonnière anglaise coulée

---

des brigands en campagne, fit suspendre les travaux des champs. Travailleurs et bestiaux furent réunis dans les bourgs, sous la protection des troupes régulières, et la peine de mort fut décrétée contre tout individu qu'on surprendrait dans les campagnes avec des vivres, et sans faire partie des colonnes armées. Les principaux propriétaires reçurent l'ordre de s'armer et de marcher, et répondirent, nombre pour nombre et tête pour tête, de ne rentrer dans leur foyers qu'en présentant vifs ou morts les brigands de leurs communes respectives. On ne vit plus dans les bois, dans les montagnes que les troupes urbaines ou les brigands ; les plus faibles durent céder. Poursuivi par la faim, par le feu des colonnes mobiles, le plus grand nombre des fugitifs laissent la vie en la vendant chèrement. Le reste de ces misérables, réduit aux dernières extrémités, se rend volontairement, préférant une mort assurée, mais prompte, aux cruelles et longues angoisses de la peur et de la faim.

«Les prisons en furent remplies, et des tribunaux s'élevèrent pour juger des crimes et séparer les classes. On saisit, sur l'aveu des coupables, les habitants qui avaient eu des rapports avec eux. Mesure dangereuse et délicate, qui devait entraîner de funestes méprises!

«On en fusilla une quantité prodigieuse. Les têtes, les membres des condamnés furent, après leur exécution, fixés à des piquets, et la route de Reggio à Naples fut marquée par ces dégoûtants trophées.

«Ce que l'on épargna fut enrégimenté. Quelques corps napolitains, formés depuis cette expédition, étaient composés de ceux que les juges avaient absous. On les dirigea sur les armées du nord. Mais leur réputation les avait tellement devancés, qu'ils portèrent la consternation sur leur passage. Pour prévenir les effets de leur étonnante désertion, on les fit suivre par des colonnes de troupes françaises. La déplorable consommation d'hommes, dans ces désastreuses campagnes, ne laissa pas aux Calabrois le temps de faire oublier leur effrayante renommée.

«Les cadavres de beaucoup de brigands furent trouvés dans de vieilles tours, sous des masures abandonnées. C'est là qu'assiégés par la terreur et les besoins, ils avaient été surpris par l'agonie et la mort.

«On avait accumulé un si grand nombre d'accusés dans la prison de Castrovillari, espèce de tour étroite et malsaine, que l'infection, le mauvais air et la négligence des gardiens, qui n'osaient plus s'en approcher, firent périr beaucoup de ces malheureux, dont les cadavres restaient plusieurs jours sans être retirés. Nouveau cimetière où les vivants, confondus avec les morts et presque aussi hideux, n'en différaient que par le sentiment des souffrances.

«Le Cbratis, sur les bords duquel on avait exécuté une fou'e de ces victimes, et dont le lit, à Cosenza, a peu de profondeur, montra long-temps l'horrible spectacle de leurs corps mutilés. Cette utile et dernière leçon retentit dans toutes les provinces du royaume. Comprimés par une terreur salutaire, il ne resta plus aux malintentionnés que des arrière-pensées sans résultat. Le négociant, le voyageur, parcoururent les routes sans crainte et sans escorte, et, depuis cette époque, les brigands n'infestèrent plus les Calabres.

«Ce projet n'était pas nouveau, et plusieurs généraux l'avaient entrevu ; mais personne n'avait eu les pleins pouvoirs de Manhès et les

demi-mesures n'aboutissent à rien. Le plan de ce dernier fut promptement conçu et exécuté. Il est malheureux que la vigueur de ses ordres, quelquefois mal interprétés, ait atteint des innocents mêmes, et qu'on ait eu à lui reprocher d'avoir toléré dans ses agents des actes violents, sinon arbitraires, suites inévitables des mesures prises précipitamment. Mais il était aussi bien difficile de s'éclairer dans un dédale de dépositions et de faits, dont les témoins étaient inconnus ou éloignés. On ne pouvait transiger sans perdre beaucoup de temps, et l'on voulait hâter le succès ou effrayer par des exemples. Motifs qui peuvent faire excuser une sévérité souvent poussée trop loin.

«La tolérance a ses abus, sans doute ; mais l'excès contraire est plus condamnable encore, et il faut éviter l'odieux en tout.»

A ces détails généraux ajoutons quelques détails particuliers empruntés au même auteur. Commençons d'abord par indiquer le costume original et pittoresque du brigand calabrois.

«Leur habit est en général le justaucorps de velours, ou le sayon noir, le caleçon large de la même étoffe ; la jambe est nue ; leurs pieds sont couverts d'une peau de sanglier, fixée avec des cordons ; un large manteau noir les enveloppe jusqu'au menton.

«Leur tête est couverte d'une toque ou chapeau orné de rubans flottants. Ils portent le mousquet à la main, le pistolet à la ceinture et le stylet caché le long de la cuisse. Il ceignent leur corps de la ceinture-giberne. Garder la barbe et les cheveux longs et négligés, est, pour eux, le signe de ralliement, où le présage d'une vengeance.»

Pendant long-temps, chaque district eut son brigand, sa bande particulière. Carmine-Antonio et Mescio infestèrent les environs de Mormano et de Castrovillari. Benincasa, Niérello, Parafanti et Galia mirent à contribution les environs de Nicastro et de Cosenza. Boja, Giacinto Antonio, Tiriolo, ravagèrent la Serra-Stretta et les bourgs de Catanzaro ; tandis que Paonèze, Massotta et Bisarro épouvantaient les rivages des deux mers, et l'extrémité de la Calabre ultérieure.

Bisarro, long-temps la terreur du bois de Solano, rendit souvent périlleux le passage de Seminara à Scylla. Pendant la persécution de Manhès, la difficulté de cacher une troupe nombreuse et de pourvoir à des besoins multipliés le força de disséminer sa suite. Accompagné de sa femme, il fut bientôt réduit à vivre des racines et de l'herbe des bois qui lui servaient d'asile. Dans ces moments de détresse, sa femme accoucha d'un fils. Il est des instants où les besoins et l'amour de la vie font taire les plus chères affections. Bisarro, craignant que les cris de cette créature ne révélassent sa retraite, lui brisa sans pitié la tête contre un arbre. La mère fit taire sa douleur de crainte d'un pareil sort ; mais, profitant du moment où Bisarro, étourdi par un peu de vin qu'il s'était procuré, cédait à un sommeil profond, elle saisit avec adresse ses armes et lui fracassa le crâne avant qu'il pût se mettre en défense. — Une récompense était attachée à la tête de ce brigand : sa femme alla aussitôt déclarer son crime et en solliciter le prix.

On rapporte qu'on ne put avoir Parafanti que mort et criblé de coups : retranché dans un sillon de rochers où il ne pouvait être pris que de biais, les cuisses rompues par les balles, mais les bras encore libres, il sacrifia plusieurs victimes à sa vengeance. Aucun

bas et plusieurs autres très endommagées. Mais bientôt une bordée des vaisseaux ennemis fit sombrer six chaloupes napolitaines; trois furent incendiées, et cinq obligées de s'échouer sur la côte. Les seize autres rentrèrent dans le port.

Débarquement à Ischia. — Après le combat du 26, les Anglo-Siciliens effectuèrent un nouveau débarquement dans l'île d'Ischia, où 6,000 hommes prirent terre. La faible garnison qui gardait les batteries de l'île se retira à l'approche de ces forces et se réfugia dans le fort du château, qui fut investi sur-le-champ. Le général Colonna, commandant de la garnison, sommé de se rendre, répondit qu'il se défendrait jusqu'à la dernière extrémité.

Tentative de débarquement près de Scylla. — Le général Partouneaux était accouru avec une grande partie de ses troupes vers le golfe de Policastro, où le général ennemi avait fait faire quelques démonstrations. Le général Stuart voulut profiter de cette diversion pour tenter un troisième débarquement aux environs de Scylla. Les troupes ennemies abordèrent sans résistance; mais au moment où elles se préparaient à attaquer le fort, le général Partouneaux accourut. Les Anglo-Siciliens, ne se croyant pas assez forts pour risquer le combat, se rembarquèrent si précipitamment qu'ils abandonnèrent sur le rivage tout leur attirail de

siége, une grande quantité de projectiles, des munitions et des vivres de tout genre. Le général Cavaignac coupa deux cents cavaliers anglais détachés dans l'intérieur des terres et les fit prisonniers.

Rembarquement et départ des Anglo-Siciliens. — Les opérations du général Stuart se bornèrent à l'occupation des îles de Procida et d'Ischia et à la tentative du débarquement sur Scylla. Il ne fit ensuite que croiser sur les côtes du royaume de Naples et tenir en haleine les troupes chargées de les défendre. De temps en temps, la flotte faisait des démonstrations de débarquement qui se bornaient à jeter sur la côte quelques bandits. Mais loin de répondre à ce qu'on attendait d'eux en faisant des partisans au roi détrôné, ils ne pouvaient, par leurs brigandages, qu'accroître l'attachement du peuple pour le nouveau gouvernement. Enfin, un mois après son apparition, voyant qu'il ne saurait atteindre le but de l'expédition, le général Stuart se décida à retourner en Sicile; il appareilla le 22, et le 26 juillet, la flotte était hors de vue de Naples.

Cette tentative échouait au moment où commençait l'expédition contre la Zeelande.—Les Anglais, dans l'année 1809, si glorieuse pour les Français, virent ainsi deux fois leurs projets et leurs efforts n'aboutir qu'à des résultats insignifiants ou nuls.

de ses coups ne portait à faux. On exposa sa tête à Rogliano, lieu de sa naissance.

Un autre, réfugié dans un pagliajo (espèce de meule de foin), s'incendia lui-même avec sa dernière cartouche, pour ne pas tomber vivant entre les mains de ceux qui l'entouraient. Niérello fut assassiné sur la route de Nicastro, par un individu de la garde civique qui feignit de se rendre à lui.

Paonèze, l'effroi des environs de Gasparina et de Montauro, fut la proie des colonnes mobiles de Manhès. Massotta, Mescio, Giacinto, Carmine-Antonio, eurent le même sort.

Le roi Murat ne fut pas, comme son prédécesseur, prodigue d'amnisties. Il en autorisa cependant quelques-unes. Des chefs de brigands devinrent, après être rentrés en grâce avec le gouvernement, les plus redoutables et les plus acharnés persécuteurs de ceux mêmes dont ils avaient naguère partagé les crimes et les dangers.

Carmine-Antonio et Golia avaient servi dans les troupes réglées. On a effectivement remarqué plus d'ordre, plus d'habileté dans leurs dispositions.

Benincasa, chef de la bande de S. Biaggio, fuyant, avec quatre compagnons d'infortune, un détachement qui le serrait de près, fut arrêté par le fleuve Angitola, qui était alors très gonflé et très rapide, et qui mettait un obstacle à sa fuite. Il tenta vainement le passage avec un char à bœufs qui fut retenu au milieu du courant. Sommé de se rendre, mais déterminé à vendre sa vie, il riposta par les coups les mieux dirigés. Enfin, après une défense longue et désespérée, ces malheureux, atteints de plusieurs coups, et au moment de n'avoir plus de munitions, s'aidèrent mutuellement à se précipiter dans le fleuve, et ce ne fut qu'avec peine qu'on trouva leurs cadavres mutilés.

Un chef de brigands de la bande de Foggia, dans la Pouille, fut condamné à avoir le poing coupé avant son exécution. Le bourreau n'ayant pu réussir du premier coup, le patient demanda avec instance qu'on lui permît d'agir lui-même. Il acheva froidement et d'un seul coup de séparer son poignet. « Une autre fois, dit-il à l'exécuteur, tâche de savoir mieux ton métier. »

Cette férocité de courage ne tient-elle pas aussi à la barbarie de

ces peuples? Combien d'exemples de cette indifférence dans les douleurs ne trouvons-nous pas chez les peuples sauvages !

M. de Rivarol cite quelques traits de cruauté et plusieurs actes d'injustice qui signalèrent malheureusement ce qu'il nomme la *persécution* du général Manhès.

« La veuve du chef de brigands Parafanti, qui, dit on, n'avait d'autre tort que son association avec ce misérable, fut arrêtée avec tous ses proches et condamnée comme eux au dernier supplice. On en forma une chaîne dont elle était le premier anneau. Des prêtres, des bourreaux, formaient la marche de cette procession horriblement ridicule. Les victimes, couvertes de bonnets peints de flammes et d'une espèce de *san-bénito*, étaient montées sur des ânes, et posées à rebours. C'est de cette manière qu'on les conduisit au gibet, où se termina cette triste pasquinade.

« Talarico de Carlopoli, dans la Syla, capitaine de la garde civique, éprouvé par ses actions, par un dévouement sans bornes au nouveau gouvernement, pour lequel il avait supporté des frais énormes, fut mis en jugement et condamné à mort sur la déposition d'un brigand qu'animaient d'anciennes haines, et qui déclara en avoir reçu des armes.

« Pouvait-on mettre en balance les preuves positives de ses services avec la dénonciation d'un barbare couvert de crimes et de sang? Quand le Calabrais n'a plus de poignard, il frappe avec la calomnie. Des prélats recommandables, beaucoup d'officiers, demandèrent la grâce de Talarico et ne purent l'obtenir.

« On cite encore la mort de Torano, et d'autres faits moins saillants que ces derniers, à côté desquels on place des exemples d'une tolérance condamnable. Car, tandis que la veuve de Parafanti était livrée à l'horreur des tourments, celle du chef de bande Mescio d'Orzo-Marzo, complice de ses crimes et sa compagne dans ses expéditions, n'était pas mise en jugement, et vivait publiquement avec un officier de la garde civique du pays même.

« Quoique les habitants de ces provinces eussent tout droit de représailles contre les brigands, dégouttants encore du sang de leurs proches, on les a vus avec peine disputer aux bourreaux leurs victimes, raffiner avec eux de barbarie et reculer les bornes des douleurs. »

<hr>

RÉSUMÉ CHRONOLOGIQUE.

1809.

12 JUIN. Apparition de la flotte anglo-sicilienne devant Naples.
25 — Combat de *la Cérès.*

26 JUIN. Combat des chaloupes napolitaines.
— — Investissement du fort d'Ischia.
22 JUILLET. Départ de la flotte anglo-sicilienne.

1809. — CONQUÊTE DE L'ANDALOUSIE.
BLOCUS DE CADIX.

SOMMAIRE.

Situation de l'Espagne. — Le roi Joseph décide l'expédition d'Andalousie. — L'armée force le passage de la Sierra-Morena. — Défilé de Despeña-Perros. — Arrivée sur le Guadalquivir. — Combat d'Alcala-la-Real. — Entrée à Grenade. — Arrivée devant Séville. — Conseil de guerre. — Soult fait décider l'occupation de Séville. — Entrée à Séville. — Marche sur Cadix. — Sommation inutile. — Blocus. — Entrée à Malaga. — Résultats de la conquête de l'Andalousie. — Dissensions dans Cadix. — Triomphe du parti anglais. — Opérations en Estramadure. — Joseph visite l'Andalousie. — Manifestation favorable des habitants. — Le Roi et le Guerillero. — Établissement des gouvernements militaires. — L'insurrection recommence. — Départ de Joseph pour Madrid. — Mouvements chez les montagnards de l'Andalousie. — Suite du blocus de Cadix. — Prise du fort de Matagorda. — Tempête. — Navires échoués et pris. — Évasions des prisonniers de la *Vieille-Castille* et de l'*Argonaute*.

<table>
<tr><td>ARMÉE FRANÇAISE.</td><td>ARMÉE ANGLO-ESPAGNOLE.</td></tr>
<tr><td>*Général en chef.* — Le Roi JOSEPH NAPOLÉON.
Major-général. — Le maréchal SOULT.</td><td>*Généraux en chef.* — ARRIZAGA. — Le Duc D'ALBUQUERQUE.
— BLACKE.</td></tr>
</table>

Situation de l'Espagne. — Le roi Joseph décide l'expédition d'Andalousie. — Au commencement de 1810, et après la victoire d'Ocaña, l'armée française, heureuse dans ses entreprises, était victorieuse sur tous les points de l'Espagne : dans la Vieille-Castille, le général Kellermann avait battu, à Alba de Tormès, l'armée du duc del Parque, et l'avait rejetée en Portugal; dans l'Aragon, le général Suchet, en Catalogne, le maréchal Augereau, avaient remporté d'éclatants avantages sur l'ennemi. Girone, après un siége long et meurtrier, venait de tomber au pouvoir des Français.

La junte centrale établie à Séville, ne sachant plus comment continuer une lutte dont le peuple se montrait évidemment fatigué, ni par quels moyens réveiller l'indifférence toujours croissante des Espagnols, annonça la convocation des cortès pour le mois de mars 1810. Joseph en fut averti ; il projeta de la prévenir et de profiter des circonstances, qui étaient favorables à sa cause, pour atteindre et frapper l'insurrection au cœur, espérant que ce dernier succès amènerait une soumission complète. La conquête de l'Andalousie fut résolue.

Un fait peu connu, mais que nous pouvons attester, c'est que M. le maréchal duc de Dalmatie, qui avait remplacé le maréchal Jourdan dans les fonctions de major général du roi d'Espagne et des armées françaises dans la Péninsule, ne partageait ni les espérances ni l'opinion du roi Joseph. Il trouvait l'expédition trop hasardeuse pour être tentée, tant que l'armée anglaise, échelonnée sur les frontières de Portugal, serait en mesure de profiter du mouvement des troupes françaises vers le midi, en essayant de se jeter sur Madrid. Les défilés de la Sierra-Morena paraissaient redoutables à nos généraux. On avait encore la mémoire frappée de la funeste capitulation de Baylen.

Le roi Joseph ne s'était pas dissimulé le danger qu'il y avait à laisser sa capitale à peu près dégarnie de troupes; mais dans la campagne précédente, il s'était trouvé en face de lord Wellington, et il avait pu étudier le caractère prudent et le système temporisateur du général anglais. Joseph pensait que le corps du général Kellermann suffirait pour contenir l'armée

anglo-portugaise et pour l'empêcher de rien entreprendre d'important. Wellington, d'ailleurs, n'avait pas moins à risquer en s'aventurant au centre de l'Espagne, que le roi en marchant sur Séville. En effet, la réserve de l'armée d'Andalousie faisant volte-face et revenant à l'improviste sur ses pas, le général Kellermann se portant par une manœuvre rapide sur le flanc de l'armée ennemie, auraient placé les Anglais entre deux feux. Enfin Joseph comptait sur le caractère du soldat français, si audacieux et si opiniâtre quand il s'agit de marcher en avant. Il avait le pressentiment du succès.

Le maréchal Soult, loin de se rendre à ces raisons, persista dans son avis de ne rien entreprendre; et, prétextant que l'Empereur n'avait point ordonné cette expédition, avant de la commencer, il exigea un ordre écrit du roi.

L'armée force le passage de la Sierra Morena. — Défilé de Despeña-Perros. — Arrivée sur le Guadalquivir. — En quittant Madrid, Joseph se fit accompagner de ses ministres, des principaux officiers de sa maison et de sa garde : il en partit le 8 janvier 1810, et trois jours après, il se trouva à la tête de 50,000 hommes au pied de la Sierra-Morena, dont les crêtes avaient été soigneusement fortifiées par les insurgés espagnols et que défendaient les débris de l'armée d'Arrizaga battue à Ocaña, les garnisons et les levées de l'Andalousie aux ordres du duc d'Albuquerque.

Le centre de l'armée française [1], composé du corps du maréchal Mortier et de la réserve sous les ordres

---

[1] L'armée d'Espagne avait alors l'organisation suivante :

1er corps. — Chef. — Le maréchal Victor.
2e — — Le général Reynier.
3e — — Le général Suchet.
4e — — Le général Sébastiani.
5e — — Le maréchal Mortier.
6e — — Le maréchal Ney.
7e — — Les maréchaux Augereau. — Macdonald.
8e — — Le général Junot.

Un 9e corps se formait en outre à Bayonne avec les 4es bataillons de l'armée du midi, et une armée distincte, aux ordres du maréchal Bessières, occupait le nord de l'Espagne.

L'armée d'Andalousie était composée des 1er, 4e et 5e corps.
Celle de Portugal était composée des 2e, 6e et 8e corps.
Les deux autres corps étaient détachés en Catalogne et en Aragon.

du général Dessolles, suivait la grande route de Madrid à Cadix ; l'aile gauche, commandée par le général Sébastiani, marchait sur Linarès ; l'aile droite, qui avait pour chef le maréchal Victor (duc de Bellune), se dirigeait sur Almaden. Le mouvement devait s'opérer simultanément.

Le roi, assisté du major général Soult (duc de Dalmatie), avait décidé que le corps principal forcerait le passage au défilé de Despeña-Perros. En conséquence et après avoir fait reconnaître les positions ennemies, il ordonna au duc de Bellune de se diriger par une communication latérale sur Cordoue ; au général Sébastiani de prendre à gauche une communication qui débouchait au-delà des montagnes, fort en arrière du défilé de Despeña-Perros, et il porta la réserve, commandée par le général Dessolles, sur les sommités qui dominent ce défilé. Le reste de l'armée, composé du 5e corps aux ordres du maréchal Mortier, de la garde royale et de la réserve, suivit la chaussée que les Espagnols avaient coupée dans les endroits où le défilé présente le moins de largeur.

Ces coupures et des épaulements pratiqués en travers des contours sinueux de la route, des fourneaux de mine disposés sur un intervalle de trois lieues aux principaux passages à franchir, faisaient penser aux Espagnols que le défilé de Despeña-Perros était inexpugnable.

En outre et afin d'empêcher les Français d'éviter cet obstacle en se portant sur la droite, et de pénétrer dans l'Andalousie par la basse Estramadure et la route de Badajoz à Séville, l'ennemi avait également couvert cette route de retranchements et de coupures qui, comme ceux de Despeña-Perros, étaient armés d'une nombreuse artillerie et confiés à la garde de vingt mille baïonnettes.

Le 20 janvier, chaque corps d'armée ayant reçu l'ordre d'agir, les divisions Gazan et Dessolles, parties d'Elviso à l'entrée des défilés, attaquèrent l'ennemi. La division Dessolles s'avança par l'ancien chemin de Puerto-del-Rey, culbuta les troupes espagnoles et força le passage presque sans perte. La brigade Brayer de la division Gazan, dirigée sur les hauteurs à droite de Despeña-Perros, parvint, après une marche pénible à travers des rochers presque inaccessibles, à dominer et à tourner les positions de l'ennemi. L'autre brigade, commandée par le général Gazan en personne, agit à la gauche de la première et servit à lier ses mouvements partiels avec celui des autres troupes du corps d'armée. La réunion de ces deux brigades en arrière des coupures et des retranchements força les Espagnols à abandonner, sans avoir pu les défendre, leurs positions de Despeña-Perros et les ouvrages formidables qu'ils avaient multipliés autour du défilé.

A mesure que l'évacuation des lignes ennemies rendait libre la grande route de Séville, le maréchal Mortier s'avançait sur cette route à la tête de la division Girard, et suivi de batteries légères dirigées par le général Senarmont ; plusieurs mines pratiquées entre les passages les plus resserrées entre les rochers firent alors explosion, mais leur effet fut presque nul, et n'arrêta point la rapidité du mouvement de la colonne française. Les ennemis voyant leurs positions tournées, s'étaient mis dans une déroute complète ; le 5e corps les poursuivit avec une activité telle qu'il arriva fort avant dans la nuit à la Caroline, première ville de l'Andalousie.—La Caroline était alors la proie d'un violent incendie, causé par l'embrasement d'un magasin d'eau-de-vie auquel les Espagnols, en fuyant, avaient mis le feu. Les Français, quoique harassés par la double fatigue du combat et de la marche, s'occupèrent aussitôt d'arrêter les progrès des flammes et réussirent à préserver la ville d'une entière destruction.

Le lendemain, l'avant-garde de la colonne du centre traversa Baylen, arriva à Andujar, et s'empara du pont sur le Guadalquivir.

A la droite française, le maréchal Victor n'avait pas eu moins de succès ; il avait battu aux environs de Bel-Alcazar les troupes espagnoles qui lui étaient opposées et il débouchait sur Cordoue.

A la gauche, le général Sébastiani éprouva plus de résistance. Les Espagnols, se fiant aux retranchements du centre, avaient porté la majeure partie de leurs forces sur leur droite afin de couvrir les frontières de Jaen ; toutefois le général Sébastiani enleva, dans la journée du 20, les positions de Venta-Nueva, Venta-Quemada et le col de San-Estevan ; le lendemain, il battit l'ennemi à Arquillos, s'empara des ponts sur le Guadalquivir en avant de Baeza et du Beda, et des hauteurs retranchées de Montizon où une division espagnole, forte de cinq mille hommes, fut obligée de mettre bas les armes.—Les combats des 20 et 21 janvier avaient livré à l'armée française les débouchés de la Sierra-Morena et les têtes de pont sur le Guadalquivir. Huit mille prisonniers et soixante-quinze pièces de canon étaient aussi les trophées de ces deux journées. Les Espagnols avaient eu 5,000 hommes tués ou blessés.

Combat d'Alcala-la-Real. — Entrée à Grenade. — Chassée de la Sierra-Morena, l'armée ennemie s'était retirée sur Jaen ; le général Sébastiani fut chargé de la poursuivre, la joignit près d'Alcala-la-Real, la culbuta, et l'obligea à continuer sa retraite, partie sur Grenade et partie sur le royaume de Murcie.—A la suite de cet engagement, le général Sébastiani entra, avec le 4e corps, à Grenade, le 28 janvier.

Le même jour, le général Dessolles occupa Cordoue avec la réserve, et le roi Joseph établit son quartier général dans cette ville. Le maréchal Mortier s'était déjà établi à Écija, et le maréchal Victor, que les difficultés du terrain avaient arrêté dans sa marche, arrivait à Carmona sur la route de Séville.

Arrivée devant Séville. — Conseil de guerre. — Soult fait décider l'occupation de Séville. — L'armée française était arrivée devant Séville avec une telle rapidité, que les membres de la junte centrale avaient été obligés de se disperser, pour se réfugier isolément et précipitamment à Cadix.

Un conseil de guerre, où se trouvèrent les principaux chefs de l'armée française, eut lieu dans un village voisin de Séville, à Alcala-de-Guadaïra ou de Los-Panaderos.

Deux projets y furent discutés : l'un était de marcher immédiatement sur Cadix, en laissant seulement un corps d'observation devant Séville. On avait la presque certitude d'entrer facilement dans l'île de Léon et à Cadix ; ces deux points étaient dégarnis de troupes et sans moyens préparés de défense. L'arrivée de la junte réfugiée, celle des fuyards militaires et civils, et surtout la nouvelle de la dernière et complète défaite de l'armée insurgée, y avaient causé une stupeur générale ; tout y était confusion et désordre. Les chefs les plus compromis ne s'étaient réfugiés dans cette ville, qu'afin de chercher à s'y embarquer pour Gibraltar.

L'autre projet consistait à occuper Séville, avant de marcher sur Cadix, pour ne pas laisser derrière soi, au pouvoir de l'ennemi, une cité importante, populeuse, et qui renfermait sans doute un grand nombre de soldats, débris de l'armée qui venait d'être détruite.

Le roi voulait terminer la guerre, il était d'avis de marcher sur Cadix ; le major général Soult opinait pour entrer d'abord à Séville [1]. Le maréchal avait pour lui l'autorité d'une grande réputation militaire et les sentiments secrets des généraux, que la prolongation de la guerre faisait maîtres des provinces espagnoles. Il ramena à son opinion la majorité du conseil, en disant : « Qu'on me laisse prendre Séville, et je réponds de Cadix. » Le roi fut obligé de céder, avec la conviction, pourtant, que son avis était meilleur que celui du maréchal.—Effectivement, quand plus tard, après l'occupation de Séville, on marcha sur Cadix, les insurgés, secourus par les Anglais, avaient repris confiance ; des munitions et des renforts étaient arrivés de Gibraltar ; l'île de Léon avait été fortifiée, le duc d'Albuquerque (un jour seulement avant l'arrivée des Français) avait réussi à s'y jeter avec une division de huit mille hommes, seul reste de l'armée d'Estramadure. Au lieu d'une entrée triomphale, c'est un siège qu'il fallut faire.

Ce retard a eu des conséquences incalculables. L'occupation de Cadix, en coupant court à la guerre péninsulaire, aurait sauvé le trône de Joseph et peut-être par contre-coup le trône même de Napoléon.

Entrée à Séville. — Cependant le maréchal Victor s'était présenté, le 29, devant Séville. Une petite partie de la population de cette vaste cité, abandonnée par la junte et l'armée, était alors dans un état de fermentation et de désordre, présage des plus grands malheurs ; elle avait conçu le projet d'une résistance opiniâtre. Des retranchements en terre étaient même élevés sur l'avenue de Carmona, et armés d'artillerie. Une poignée de furieux, parcourant la ville avec des cris forcenés, appelait les habitants à sa défense. Des coups de canon furent tirés sur les officiers français qui s'avançaient en parlementaires. Les funestes suites de cette agression furent d'ailleurs promptement prévenue par l'autorité et par la partie saine des citoyens. Ceux-ci, imposant silence à la populace, se rendirent

à la sommation que leur adressa le maréchal Victor. — Séville ouvrit ses portes, et reçut les Français le 31 janvier. — Le grand quartier général y fut établi le même jour.

Le roi Joseph fit aussi le même jour son entrée à Séville. Au lieu d'y trouver, comme le maréchal Soult avait paru le craindre, une population ennemie ou au moins mal disposée, il fut accueilli par les acclamations d'une multitude empressée de le voir ; il répondit à ces témoignages d'affection par des marques d'une noble confiance.

Pendant le court séjour qu'il fit dans cette capitale de l'Andalousie, il sortait souvent à pied, sans escorte, et même sans suite, pour aller visiter les beautés de la ville, le port et le pont du Guadalquivir, la tour d'Hercule, l'Alcazar mauresque, palais des anciens rois arabes, la cathédrale célèbre où les cendres de Christophe Colomb reposent à côté de celles des illustres capitaines de la maison de Gusman, la tour avec sa colossale girouette qui donne son nom à l'église, la Giralda ; enfin tous ces édifices remarquables, ces monuments curieux dont la réputation s'est si bien répandue en Espagne avec le dicton populaire :

Quien no ha visto Sevilla,
No ha visto maravilla.

Dans ces promenades, le roi profitait par fois de son incognito pour répandre ses bienfaits sur les pauvres familles victimes de la guerre.

Marche sur Cadix.—Sommation inutile.—Blocus. — Immédiatement après la capitulation de Séville, le maréchal Victor s'était mis en marche sur Cadix, mais le duc d'Albuquerque avait mis à profit les trois jours que l'armée française avait perdus en pourparlers avec les habitants de Séville. Dès le 29, de Carmona il s'était retiré, par Utréra et Arcos, sur Xérès et Cadix avec 8,000 hommes qui lui restaient de l'armée qui avait combattu à Despeña-Perros ; il était rentré à Cadix le 4 février. Les troupes françaises, qui, si elles avaient suivi sans s'arrêter la trace des Espagnols, auraient pu entrer pêle-mêle avec eux dans Cadix, n'arrivèrent devant l'île de Léon que le 5 ; depuis douze heures, l'île livrée aux troupes du duc d'Albuquerque, avait été séparée du continent par la rupture du pont de Suazo sur le canal de Santi-Petri, et rendue de la sorte inattaquable du côté de terre. — Une sommation, adressée au général espagnol, fut, comme on devait s'y attendre, sans aucun résultat.

Alors, et d'après l'ordre transmis par le major général, le maréchal Victor bloqua Cadix par terre. Il établit les trois divisions du 1er corps sur les points les plus importants du littoral depuis l'embouchure du Guadalquivir jusqu'au château de Santi-Petri, à la pointe de l'île de Léon. Il occupa Rota, Santa-Maria, Puerto-Real et Chiclana. Cette ligne fut couverte à l'est par la division de dragons de réserve, le 5e de chasseurs à cheval et deux bataillons d'infanterie sous les ordres du général Latour-Maubourg. Ce général porta son quartier général à Medina-Sidonia, et gardait de ce point les débouchés des montagnes de

---

[1] Quelques écrivains militaires, Jomini entre autres, ont prétendu au contraire que Joseph voulait entrer à Séville, et Soult, marcher sur Cadix ; nous pouvons garantir l'exactitude de notre récit.

Ronda ; sa gauche, appuyée au Guadalété, sa droite, à la mer ; ses avant-postes, placés à Alcala-de-Los-Gazulès. Les forts déjà établis sur la côte, principalement à l'embouchure du Guadalquivir et des rivières de San-Pedro et Santi-Petri, furent remis en état et armés. D'autres batteries, construites sans délai sur plusieurs points intermédiaires, reçurent aussi du canon de gros calibre. Les postes les plus importants de cette ligne, qui n'a pas moins de dix lieues d'étendue, étaient le fort Sainte-Catherine, placé en face et au nord de Cadix, à une distance de 2,500 toises des glacis, et battant l'entrée de la première baie ; le fortin de Lafaga, qui couvre Santa-Maria ; le fort Louis et le Trocadéro.—Ces batteries fermèrent bientôt aux bâtiments ennemis l'accès de l'arsenal de constructions maritimes appelé la Carraca, au nord de l'île de Léon. Les bâtiments ne purent aussi, depuis lors, s'approcher impunément de la plage adjacente à Santa-Maria et à Puerto-Real, où étaient placés les principaux établissements d'artillerie et de subsistances du 1er corps. Trois cents bouches à feu composèrent l'armement de cette immense ligne de batteries.

«Quelque brillants et rapides que fussent les succès de l'armée d'Andalousie, on avait manqué, par une lenteur impardonnable, dit Jomini, la clef importante de toutes les provinces méridionales. Il serait difficile de décider si, même en paraissant quatre jours plus tôt devant Cadix, les citoyens et les soldats de la flotte, joints au dépôt de quelques régiments, n'eussent pas suffi pour nous en interdire l'entrée jusqu'à l'arrivée de nouveaux secours : mais si la surprise, la stupeur et le défaut de mesures défensives peuvent faire présumer le succès d'une opération, tout autorise à croire que nous aurions réussi, et on ne saurait assigner aucune limite aux suites d'un tel événement. — Dans cette riche cité résidaient l'âme et la force du gouvernement ; les colonnes d'Hercule étaient considérées à cette époque comme le palladium de la liberté espagnole, et lors même que la régence se fût transportée à Carthage, à Alicante ou à la Corogne, elle y eût été moins puissante et plus facile à atteindre par nos baïonnettes.»

Entrée à Malaga. — Le général Milhaud, commandant l'avant-garde du 4e corps, eut, le 4 février, entre Antequera et Malaga un engagement sérieux avec une colonne ennemie qui s'était dirigée vers cette ville. Forcés dans toutes leurs positions, les Espagnols furent sabrés et dispersés par la cavalerie française. Le général Sébastiani poursuivit, le lendemain, sa marche sur Malaga.

L'ennemi, qui s'était rallié sous cette ville, prit à son tour l'offensive et attaqua la cavalerie française sur laquelle il avait l'avantage du nombre. Mais le général Sébastiani accourut avec quelques bataillons d'infanterie au secours de son avant-garde, et repoussa les Espagnols dans Malaga où il entra pêle-mêle avec eux. Un feu nourri, parti des toits et des croisées, arrêta un instant la cavalerie, qui chargeait dans les rues ; mais l'arrivée de l'infanterie fit cesser le combat, et les habitants firent leur soumission. Cette affaire coûta aux Espagnols 3,000 hommes tués ou blessés ; les Français perdirent fort peu de monde. Les vainqueurs trouvèrent dans le port de Malaga 140 pièces de canon de tout calibre, et un équipage de 23 pièces de campagne destiné à l'armée de Catalogne.

Résultats de la conquête de l'Andalousie. — Dissensions dans Cadix. — Triomphe du parti anglais. —Toutefois, malgré le retard qui avait sauvé Cadix, la conquête de l'Andalousie était une opération importante sous le rapport politique autant que sous le rapport militaire. — Séville avait une école d'artillerie célèbre, un arsenal superbe, des fonderies, des moulins à poudre. Nous y trouvâmes des approvisionnements considérables, et 240 pièces d'artillerie, y compris celles qui garnissaient les retranchements. A ces avantages l'invasion réunit le mérite de l'à-propos, car elle eut lieu au moment où l'anarchie commençait à s'introduire dans l'administration des Espagnols.

La junte était dissoute, l'administration remise à une régence provisoire de cinq membres, et on avait convoqué les cortès. Déjà les différents partis s'accusaient réciproquement des malheurs de la patrie ; ces germes de discorde pouvaient devenir sérieux. Les peuples aiment à s'en prendre à leurs chefs de tout ce qui leur arrive de mal. Sous ce rapport, la junte de Séville était plus à plaindre qu'à blâmer ; il y avait même de l'absurdité à l'accuser des désastres de l'Espagne, auxquels elle opposait toute la fermeté et l'activité possibles dans l'état de désorganisation générale où se trouvait le royaume.

La nouvelle régence ne pouvait tenir le timon des affaires dans des circonstances si graves, de manière à satisfaire tous les partis ; déjà on lui reprochait d'éluder la convocation des cortès si ardemment désirée par la masse des Espagnols éclairés, et elle était à peine installée, que de toutes parts on élevait la voix contre elle.

Ces petites révolutions intérieures, auxquelles sans doute le marquis Wellesley, ambassadeur d'Angleterre, ne fut pas étranger, centralisèrent pour un moment le pouvoir entre des mains entièrement dévouées au cabinet de Londres. Les troupes anglaises furent admises à concourir à la défense de Cadix, et une division sous le général Graham fut destinée à cet objet. La Romana, chargé de retourner en Estramadure, se rangea sans balancer sous les ordres de Wellington : il y eut plus d'unité dans la marche des affaires militaires, et l'Espagne fut dès lors un auxiliaire dont le général anglais disposa comme il voulut.

Opérations en Estramadure. — Après la conquête de l'Andalousie, le maréchal Mortier partit pour soumettre la basse Estramadure et s'emparer de Badajoz. Il se mit en communication avec le 2e corps, commandé précédemment par le maréchal Soult et alors sous les ordres du général Reynier.—Les Français s'emparèrent de Zafra le 9 février, et, le 12, sommèrent Badajoz. Le gouverneur de cette ville ayant refusé d'ouvrir ses portes, le maréchal Mortier, qui ne pouvait pas entreprendre le siége de la place, faute de grosse artillerie, cantonna ses troupes entre les deux petites villes de Liérena et Almandralejo, et établit son quartier général à Los-Santos.

Le général Reynier occupait alors la haute Estramadure avec son corps d'armée. Il ordonna à une brigade de la division Heudelet, commandée par le général Foy, de se mettre à la poursuite des partis d'Espagnols qui infestaient le pays sur la rive droite de la Guadiana. Le général Foy se porta à marches forcées sur Arroyo-del-Puerco, où un corps de 3,000 Espagnols s'était rassemblé, attaqua brusquement l'ennemi et le battit complétement.

Le surlendemain, une colonne formidable d'infanterie et de cavalerie vint attaquer le général Foy près de Caceres. La colonne française, qui n'avait pas plus de 500 hommes d'infanterie et 100 chevaux, se voyait sur le point d'être enveloppée par l'ennemi, qui s'avançait par sa droite et sur ses derrières. Le général Foy prit alors le parti de se retirer sur Merida. Avant d'arriver au premier poste occupé par les troupes du 2e corps, il lui fallait faire neuf lieues, et marcher pendant plus d'une heure dans la Sierra de Caceres, chaîne de montagnes très faciles pour la cavalerie. Après avoir formé son infanterie en carré, le général Foy se mit en marche, suivi constamment et serré de près par plus de 6,000 hommes d'infanterie, flanqués de quelques pelotons de cavalerie. Quand les Français arrivèrent au Puerto-del-Trasquillon, ils y trouvèrent une colonne de 800 chevaux ennemis qui les avait précédés. Il n'en continuèrent pas moins leur marche sous un feu très vif, et leur bonne contenance intimida la cavalerie ennemie, qui n'osa pas les charger. Sommé de mettre bas les armes, le général Foy fit répondre par des coups de fusil et par les cris de *vive l'Empereur !* Les Français firent ainsi, en bon ordre et sans laisser un seul homme en arrière, six lieues d'Espagne en cinq heures dans des chemins fort difficiles. Arrivé au village d'Aldea-del-Cano, à quatre lieues de Caceres, l'ennemi cessa de poursuivre ses adversaires.

Joseph visite l'Andalousie. — Manifestations favorables des habitants. — Sur la foi des Gazettes anglaises et des manifestes des insurgés, on a répété que Joseph Napoléon était détesté des Espagnols. Il n'en était point ainsi au commencement de 1810, après la conquête de l'Andalousie. Voici ce que nous lisons dans un écrit publié par deux anciens ministres de Charles IV et de Ferdinand VII, devenus aussi, il est vrai, par la suite, les ministres de Joseph. Mais c'est en 1815 que ces vénérables Espagnols exilés en France (MM. O'Farrill, ministre de la guerre, et Azanza, ministre de l'intérieur), écrivaient ce qui suit et l'adressaient à Ferdinand VII, comme justification de leur conduite.

«Le roi Joseph traversa toute l'Andalousie, et visita jusqu'aux rives de la baie de Cadix. Dans les villes et les villages de la route, il recueillit les plus vives démonstrations d'allégresse, et les assurances que l'on était fatigué de la guerre. Toutes les municipalités, tous les chapitres lui prêtaient serment de fidélité et d'obéissance, et les députations arrivaient de toutes parts. Madrid même et sa municipalité envoyèrent à Séville des députés pour le féliciter. Une partie de la noblesse de Grenade s'offrit pour garder sa personne : le reste fut employé à former, avec les bourgeois, les bataillons de la garde civique. Séville et les autres villes suivirent cet exemple. *Il serait bien plus facile de compter les municipalités qui ne prêtèrent pas le serment de fidélité, que celles qui, au nom de leurs administrés, vinrent manifester leur adhésion au nouveau gouvernement.* On aura trouvé dans les archives du ministère de la justice les actes de soumission, les procès-verbaux de prestation de serment des villes, bourgs et villages, des prélats, des corporations et communautés de toute espèce; et on peut voir dans les Gazettes de Madrid de la même époque les discours prononcés par les députations respectives au nom de leurs mandataires. En même temps des milliers d'individus et de familles émigrées rentraient dans les provinces gouvernées par le roi Joseph. Après avoir fait tout ce que peut un simple particulier, et croyant avoir rempli les obligations que leur imposait leur opinion, ils en vinrent tous à se persuader que l'on tenterait en vain d'arrêter ou de changer la marche des événements [1]. Dans cette conviction, corroborée

[1] Le conseiller d'État Amoros, aujourd'hui colonel au service de France, et directeur du Gymnase normal, civil et militaire, adressa aussi en 1814, à Ferdinand, cette *représentation :*

«Nous nous réunîmes autour du souverain qu'on nous ordonna de servir, et nous lui demeurâmes fidèles jusqu'au dernier instant : nous avons dû le faire, parce que Joseph avait fait beaucoup de bien à Naples, parce qu'il désirait de bonne foi en faire autant en Espagne, et parce que Votre Majesté voulait être son ami, et applaudissait elle-même à ses vertus.

«Nous avons dû le servir avec zèle et constance, parce qu'il s'opposait, autant qu'il le pouvait, au despotisme des gouvernements militaires en Espagne que la résistance tumultueuse du peuple avait forcé d'établir, et parce qu'il réprimait avec ardeur tous les attentats contre l'indépendance et l'intégrité nationale. Nous avons dû nous unir chaque jour plus fortement autour de lui, et ne pas nous abaisser jusqu'à la foule de ceux qui criait : *Vive le vainqueur;* parce que sa cause était celle de Votre Majesté, de son auguste père et de tous les souverains de l'Europe; parce que, sous son gouvernement seul, on connaissait en Espagne l'empire des lois, que l'hydre de l'anarchie était enchaînée, et parce que dans son parti les Espagnols n'ont pas commis les crimes de la révolution ni les désordres qui ont fait un chaos de le malheureuse Espagne.

« Enfin nous avons dû soutenir ses décrets et contribuer à leur exécution, parce qu'ils prescrivaient les réformes dont la nation avait besoin, que les lumières du siècle réclamaient, qui adaptaient l'administration publique aux systèmes reconnus comme les meilleurs, puisqu'ils consolidaient la puissance de l'État, et assuraient sa liberté politique, ainsi que sa véritable gloire. Il n'y a pas de doute, Sire, et *les Français ne se sont pas seulement battus en Espagne pour soutenir le roi d'une nouvelle dynastie, mais encore pour assurer l'empire des lumières, des lois et de la justice ;* et l'on voit maintenant que leur entreprise était généreuse, et qu'ils n'ont pas à rougir des efforts qu'ils ont fait ni du sang qu'ils ont versé, quoiqu'ils n'aient pas atteint sous ce rapport le but désiré, et quoique l'étendard de l'intolérance et du fanatisme flotte de nouveau sur tant de victimes pour en sacrifier encore d'autres.

«L'histoire rendra justice à la *légitimité* du roi Joseph, reconnue universellement par les puissances européennes et par la presque totalité des Espagnols. Malgré tous les efforts que pourra faire l'esprit de parti et de faction pour contester ou faire regarder cette légitimité comme vaine, elle verra dans ce roi, si sottement et si impuissamment appelé *intrus* par les ministres de Votre Majesté, le monarque reconnu et respecté par Votre Majesté elle-même, et par tous les souverains du continent. Elle verra en lui l'homme fort, lorsqu'il écrivait à l'empereur des Français qu'il renonçait à la couronne, puisqu'il ne pouvait pas faire le bonheur de la nation : elle verra en lui le souverain juste et intègre, reconnaissant la dette de

par tout ce qu'ils voyaient, ils acceptèrent les emplois auxquels ils se croyaient propres, et les solliciteurs ne tardèrent pas à se multiplier comme dans les temps les plus paisibles.—Le progrès de l'opinion était tel, que les députés des villes principales d'Andalousie, qui vinrent complimenter le roi Joseph au port Santa-Maria, offrirent de passer à Cadix pour obtenir des autorités qui y siégaient, qu'elles ne retardassent pas par leur résistance les avantages d'une pacification générale, et la fin des maux causés à l'Espagne par le séjour des troupes étrangères.»

En entrant en Andalousie, Joseph avait annoncé l'intention de réunir les cortès à Grenade au mois de mars suivant [1]. Tous les membres de la junte centrale devaient faire partie de cette assemblée; les évèques, les grands, les chefs militaires, les riches capitalistes. Cette assemblée vraiment nationale aurait eu à délibérer sur une seule question. *Accepte-t-on ou n'accepte-t-on pas la constitution et le roi que la junte de Bayonne nous présente?* Si la négative avait été prononcée, le roi Joseph aurait quitté l'Espagne, déterminé à ne régner que par le peuple, comme il voulait régner pour le peuple espagnol.

Les députés qui s'étaient offerts pour aller parlementer avec leurs compatriotes, réfugiés à Cadix, furent malheureusement arrêtés par les Anglais et ne purent pas débarquer.

Le Roi et le Guerillero. — Joseph n'eut jamais lieu de se repentir de la confiance qu'il témoigna aux Andalous, pendant son séjour dans leur province, bien que cette confiance l'ait quelquefois entraîné à des actes qui paraissaient téméraires. En voici un qui nous a été raconté par un témoin oculaire, et qui se rattache à la tournée que le roi fit en Andalousie, après son excursion au port Santa-Maria.

Le roi voyageait ordinairement avec un escadron de sa garde. Il suivait la route de Ronda à Malaga. On marchait dans la montagne, la chaleur était forte; les chevaux, harassés, avaient ralenti le pas. Le roi, pressé d'arriver, apercevant à peu de distance une ville où il comptait faire halte, prit le devant, seul avec un aide de camp; un temps de galop le conduisit aux portes de la ville. Il y entra au moment où la guérille de Lopez Muñoz, chef de contrebandiers célèbre sur la côte, était à cheval au milieu de la place. Il n'y avait pas à délibérer. L'aide de camp engageait le roi à retourner sur ses pas. Ce parti avait aussi son danger, le cheval du roi était fatigué de sa course. Joseph s'avança hardiment, mit pied à terre devant une maison d'assez belle apparence, et y entra. Là, il se nomme au maître de la maison, stupéfait de recevoir pareil hôte, et lui or-

donne d'appeler le chef de la guérille. Celui-ci arrive : «Commandant, lui dit le roi, je vais passer votre troupe en revue, faites prendre les armes.» Le brave Lopez est d'abord un peu étonné de l'ordre qu'il reçoit, mais il avait apparemment déjà entendu parler de Joseph favorablement, comme en parlaient communément les Andalous éclairés; il prit son parti sur-le-champ : — «Sire, vous allez être obéi.»—Et, remontant a cheval, il commande à ses soldats de mettre le sabre à la main. Joseph se montre. Il est accueilli par les cris de *viva el rey José*, poussés par les contrebandiers, et auxquels se mèlent ceux du peuple de la ville attiré par ce spectacle inattendu. Il passe la troupe en revue, traverse les rangs, dit au chef quelques mots flatteurs sur l'air martial de ses hommes, sur la propreté des sabres et des *trabucos* (trombones), puis il lui annonce qu'il les prend tous à son service pour former le noyau d'un régiment de chasseurs d'Andalousie. Ces paroles sont accueillies par de nouvelles acclamations; Joseph rentre dans sa maison.—Un quart d'heure après, quand l'*ayuntamiento* (municipalité) se présenta pour lui offrir ses hommages, il trouva deux contrebandiers, complétement armés, en faction à la porte du roi; des guirlandes de chaînes de fer décoraient déjà les murailles de l'escalier.—Ce qui manqua tout gâter, ce furent les chevau-légers de la garde, qui, inquiets du brusque départ du roi, arrivaient au trot et en hâte. Voyant cette troupe de paysans armés réunis sur la place devant une maison, où le roi, causant au balcon avec Lopez Muñoz, leur semblait gardé à vue, ils allaient sabrer sans autre explication, quand l'aide de camp envoyé par Joseph arriva à temps, pour empêcher qu'une aventure, qui avait si bien commencé, n'eût un triste dénoûment.

Établissement des gouvernements militaires. — L'insurrection recommence.—A Séville, Joseph régla, par différents décrets, la division du territoire, l'administration civile et la formation des gardes nationales sous le nom de gardes civiques. Ce fut à son retour dans cette ville qu'il apprit les obstacles qui avaient empêché les Espagnols, ses partisans, d'entrer en négociation avec les réfugiés de Cadix.

Cependant, malgré cette difficulté, tels étaient alors, dans les masses, le besoin du repos et le désir d'une paix générale, telle était, parmi les hommes éclairés, la conviction des bonnes intentions et des royales qualités de Joseph, que l'entière pacification de l'Espagne n'aurait encore été qu'ajournée, si Napoléon lui-même, par un décret inopportun et impolitique, ne fût en quelque sorte devenu l'auxiliaire des intrigues britanniques, et l'ennemi le plus réel du trône de son frère.

L'Empereur était fatigué des sacrifices que coûtait à la France l'opposition obstinée des insurgés espagnols. Il déclara qu'il voulait qu'à l'avenir la guerre nourrît la guerre. Cédant aux rapports intéressés de quelques généraux français, qui ne voyaient dans la Péninsule qu'une mine riche à exploiter, il institua des gouvernements militaires dans chacune des provinces de l'Espagne. Le général de division devint le président de la junte administrative, l'intendant espagnol n'en fut

l'État laissée par ses prédécesseurs, la diminuant considérablement par le moyen des biens nationaux, faisant le bonheur d'une infinité de bras utiles et productifs, provoquant la circulation des richesses et asseyant le trône constitutionnel sur des bases libérales et sagement combinées : elle verra enfin en lui le défenseur religieux du pacte qu'il jura à Bayonne et que des milliers d'Espagnols se repentent de n'avoir pas embrassé...»

[1] Cette déclaration décida les insurgés réunis à Cadix à faire eux-mêmes une nouvelle convocation des cortès. Les cortès de Cadix n'ont fait autre chose que la Constitution de 1812.

plus que le secrétaire. Le prétexte apparent de cet ordre était l'avantage de réunir le commandement civil et militaire dans les mains des généraux qui commandaient les troupes de chaque gouvernement, et de les investir ainsi des pouvoirs les plus amples, afin qu'ils retirassent de ces pays, non-seulement ce qui était nécessaire pour la solde, l'équipement et la subsistance des soldats, mais encore pour rétablir le matériel de l'armée, remonter la cavalerie, réparer et augmenter l'artillerie, etc.—L'opinion générale fut que l'on voulait, par cette mesure, préparer l'incorporation à la France des provinces au nord de l'Èbre, et peut-être même de quelques autres, si l'Espagne et le Portugal se soumettaient entièrement. Le décret impérial qui traitait l'Espagne en pays conquis fut publié au moment où Joseph tendait par tous ses efforts à calmer l'exaspération des Espagnols et à étouffer l'insurrection. Le nouvel état de choses qu'on établit ne pouvait manquer de détruire tout le bien que la conduite noble et mesurée du roi avait produit. Les Espagnols comprirent qu'il s'agissait d'honneur national, ils devinèrent les vues de l'Empereur. L'effervescence apaisée se ranima, l'insurrection reprit des forces, les guérillas rentrèrent en campagne.

Départ de Joseph pour Madrid. — Mouvement chez les montagnards de l'Andalousie. — Le décret impérial qui décida l'organisation des gouvernements militaires fut suivi de vives représentations adressées à l'Empereur par le roi Joseph. — Le roi quitta l'Andalousie et revint à Madrid, dans le but d'alléger par quelques mesures les charges nouvelles que l'administration militaire allait faire peser sur les Espagnols. — Au moment de son départ, des mouvements éclatèrent sur divers points de l'Andalousie, surtout dans les hautes chaînes de montagnes servant de repaires aux contrebandiers, dont l'industrie habituelle était devenue impraticable par suite de cordons de troupes françaises qui bloquaient Cadix et Gibraltar.

La sévérité que certains chefs de colonnes mobiles employaient pour faire rentrer les contributions et les subsistances, excita le mécontentement des montagnards et fit éclater l'insurrection.

Le 2e régiment de hussards et 400 voltigeurs assaillis par une nuée de partisans, furent obligés d'évacuer Ronda. Un bataillon posté à Motril fut repoussé sur Velez-Malaga par une colonne de troupes régulières aux ordres du général Black.

Le maréchal Soult, auquel le roi Joseph avait laissé le commandement en chef de l'armée, se trouvait alors à Grenade, il prit aussitôt des mesures pour mettre un terme à cette agression. Le général Peyremond, sorti de Malaga avec trois bataillons, rejoignit la colonne qui venait d'évacuer Ronda, et attaquant brusquement les montagnards, auxquels il fit éprouver de grandes pertes, réoccupa cette ville le 21 mars. Pendant que la tranquillité était rétablie dans la Sierra de Ronda, le général Liger-Belair marchait directement de Grenade sur la colonne dirigée par Black contre Velez-Malaga. Le général Godinot en se portant sur Almeria, menaçait aussi les derrières de cette co-

lonne. L'ennemi évita, par une prompte dispersion, d'être entièrement coupé, et gagna en désordre les montagnes de Murcie, où Black avait établi son quartier général.

Une tentative des Espagnols dans les montagnes de Jaen, aux sources du Guadalquivir, n'eût pas plus de résultat. Une colonne mobile de 1000 hommes et de 100 chevaux commandés par le chef de bataillon Grautner, du 55e de ligne, attaqua les insurgés à Terreperogil, entre Ubeda et Casorla, et leur fit éprouver une déroute complète.

Durant ces divers mouvements, la défense de Grenade et de Malaga avait été confiée aux gardes civiques composées des habitants de ces villes. La population de Grenade justifia cette confiance et fit preuve de dévouement à son nouveau roi. La garde civique de Malaga ne put pas résister aux bandes d'insurgés qui s'y précipitèrent des montagnes environnantes, lorsque le général Peyremond fut parti pour Ronda. Pendant deux jours que dura l'absence des troupes françaises, ces bandes commirent de nombreux excès et livrèrent plusieurs maisons au pillage, sans que les habitants terrifiés osassent s'y opposer. Le troisième jour, l'adjudant commandant Berton revint avec une troupe peu nombreuse, battit les insurgés et rentra dans Malaga.

Suite du blocus de Cadix. — Prise du fort de Matagorda.—Plusieurs motifs avaient décidé le maréchal Soult à ordonner le blocus de Cadix. Il voulait empêcher toute sortie des troupes nombreuses renfermées dans la place, détruire la contrebande active qui fait un si grand tort aux revenus de l'Andalousie, mettre obstacle à l'exportation des vins et des autres objets destinés à la garnison de Cadix, et enfin priver cette ville de l'eau douce qu'elle tirait auparavant de la fontaine de l'Agueda, située dans Santa-Maria; le maréchal avait aussi pour but d'inquiéter la navigation des bâtiments ennemis dans les deux baies et de couper leurs communications avec les ateliers de radoub de l'île de Léon; enfin il espérait tourmenter la population de Cadix par le feu de nombreuses batteries, et avancer peut-être la reddition de la place au moyen d'un bombardement destructeur.

Ce dernier résultat, le plus important de tous, ne pouvait encore être obtenu, les Français n'étant pas maîtres des points les plus rapprochés de Cadix, et les plus favorables à l'établissement des batteries de mortiers.

Le maréchal ordonna en conséquence l'attaque du fort de Matagorda, situé à la pointe la plus méridionale de la terre ferme au nord-ouest de Cadix. Il fut attaqué le 11 avril, essuya pendant douze jours le feu de dix mille coups de canon et fut réduit en ruines. Le 23, ses défenseurs l'évacuèrent; la possession de Matagorda rendit accessible la partie méridionale du Trocadéro et favorisa la mise en batterie d'énormes bouches à feu dites *obusiers-canons*, ou *à la Villantroys*, du nom de leur inventeur. Ces mortiers d'un nouveau modèle portaient les bombes jusqu'à **trois mille toises** et étaient destinés à en lancer dans l'intérieur de Cadix. On fit venir de France, par Malaga, plusieurs mortiers à la Villantroys pour servir de modèle, et on fondit les autres à la fonderie de Séville.

Tempête. - *Navires échoués et pris.* — Deux événements remarquables signalèrent les premiers temps de l'établissement des troupes françaises sur les côtes voisines de Cadix.

En trois jours, du 7 au 10 mars, quatre vaisseaux de ligne et quatre-vingts bâtiments marchands chargés d'approvisionnements destinés à la garnison anglo-espagnole, furent battus par un ouragan furieux et échouèrent sous le feu des batteries françaises, depuis San-Lucar jusqu'à la pointe orientale de la première baie. Cinquante bâtiments et un vaisseau restèrent, avec leurs cargaisons, au pouvoir des Français ; six cents Anglais que l'on parvint à sauver du naufrage furent déclarés prisonniers de guerre ; les Espagnols naufragés furent renvoyés dans leurs foyers. L'ennemi se vit forcé d'incendier lui-même deux de ses vaisseaux. Les bâtiments, en petit nombre, qui rentrèrent dans la rade de Cadix étaient dans un état de délabrement absolu. « Une partie des prises, qui consistaient principalement en produits manufacturés anglais, tomba entre les mains des troupes du 1er corps, ou plutôt des chefs militaires qui les commandaient sur les divers points de la côte. Une partie, néanmoins, fut consacrée à l'habillement de ces troupes ; une autre fut destinée au service de l'artillerie ; une petite quantité, enfin, fut livrée aux flammes avec une certaine ostentation : mais cette mesure illusoire ne s'exerça que sur les objets les plus insignifiants [1]. »

Évasion des prisonniers de la Vieille-Castille *et de* l'Argonaute. — Au mépris de la capitulation de Baylen, un grand nombre de prisonniers français avaient été renfermés dans des pontons devant Cadix, et gémissaient depuis un an dans ces affreuses prisons, dont, par un raffinement de cruauté, les Anglais sont les inventeurs.

Depuis un an, six cents officiers et neuf cents soldats, placés à bord des pontons *la Vieille-Castille* et *l'Argonaute*, avaient résolu de tout tenter pour recouvrer leur liberté ; ils avaient d'abord compté sur la prise de Cadix par l'armée française ; mais le blocus traînant en longueur, ils attendirent la première occasion favorable pour exécuter leur dessein.

La prise du fort de Matagorda vint la leur fournir. Par suite de l'occupation de ce fort, nos avant-postes et nos batteries se rapprochèrent de Cadix, et pouvaient au besoin porter secours aux pontons qui parviendraient à s'échapper.

L'évasion des prisonniers de *la Vieille-Castille* eut lieu le 15 mai 1810 ; nous laisserons à un des officiers captifs à bord de ce ponton le soin de raconter cet épisode mémorable des guerres de l'Empire.

« Discrétion à toute épreuve, circonspection générale envers nos gardiens, ne rien laisser soupçonner à nos ennemis, ce n'était là que les accessoires de notre plan d'évasion ; mais le fond était d'une difficulté d'exécution à effrayer tout autre que des malheureux réduits à rompre leurs indignes fers ou à mourir. Dès le 2 mai, nous commençâmes à ébaucher le plan concerté. Il y avait à bord une douzaine de marins et huit officiers de marine ; l'honneur de diriger l'entreprise leur était réservé ; leur courage et leur expérience nous les faisaient regarder comme les instruments les plus sûrs et les plus précieux de notre délivrance.

« Dans toute autre circonstance, le projet que nous avions formé aurait été justement taxé de folie ; il n'était rien moins que d'enlever le ponton même. L'objet le plus essentiel à notre dessein était de fabriquer une voile pour faciliter la dérive et la marche du ponton, après avoir coupé les câbles qui l'amarraient. En moins d'une demi-heure, tout ce qui pouvait servir à la confection de cette voile fut mis en œuvre et descendu à fond de cale, où des hommes entendus commencèrent ce pénible travail. Leur ardeur était telle que la voile fut commencée et terminée le jour même ; pour la soustraire aux regards vigilants du sergent espagnol, commandant le ponton, et des soldats de garde, on la cacha au fond d'une grande tonne confondue avec celles qui contenaient notre provision d'eau.

« Les officiers de marine, directeurs du plan d'évasion, n'avaient pas encore trouvé le temps favorable pour l'exécuter ; il fallait mettre un frein à notre impatience pour ne pas nous compromettre. Dans cet intervalle qui nous parut un siècle, quelles durent être nos inquiétudes, nos transes continuelles ! La moindre indiscrétion, le moindre indice pouvait dévoiler notre projet : c'est ce qui ne manqua pas d'arriver. Quoique l'opération de la voile eût été faite le plus secrètement possible, néanmois le sergent espagnol en eut vent ; il apprit qu'elle était cachée à fond de cale ; il se contenta de donner l'ordre de la détruire. On ne pouvait agir avec plus de modération à notre égard ; nous en fûmes quittes pour reprendre chacun notre hamac. La découverte de notre dessein devint l'objet des murmures des prisonniers du ponton. Deux sentiments contraires les divisaient : d'un côté, l'audace et l'espoir du succès ; de l'autre, la crainte du châtiment et de la vengeance des Espagnols : d'une part on s'accusait de pusillanimité et d'indifférence, de l'autre, d'imprudence et d'une funeste présomption. La proximité des escadres anglaises et espagnoles semblait en effet donner gain de cause aux plus prudents, et le peu de succès de la première tantative les confirmait dans l'idée de l'impossibilité d'exécuter une telle entreprise. La perte de la voile l'éloignait pour jamais. Nous nous attendions incessamment à être embarqués pour les îles Canaries ou pour l'Angleterre. Ce dessein audacieux ayant échoué, fit place à l'abattement et à la défiance ; il n'était pas un de nous qui, dans cette extrémité, n'eût préféré d'être livré aux Anglais, plutôt que de rester à la merci d'implacables ennemis.

« Cependant, pour le bonheur commun, les premiers qui avaient conçu le plan d'évasion n'avaient jamais abandonné l'idée d'en renouveler l'exécution au premier moment favorable, mais ils avaient bien senti que sans la plus grande discrétion, ils ne pourraient jamais

---

[1] B. Lapène. *Histoire de la conquête de l'Andalousie.*

y parvenir. Aussi, à l'exception de très peu de nous, qui tenaient pour ainsi dire les fils du complot, personne du bord n'y avait été initié. Tout signe qui pouvait servir à faire naître le moindre soupçon du projet était sévèrement interdit.

«Pour assurer l'exécution, il était indispensable que la direction fût concentrée dans un très petit nombre d'initiés. Quelques officiers de marine prirent sur eux les difficultés de l'entreprise, de concert avec quelques officiers de terre à toute épreuve. Il fut convenu que lorsque les marins donneraient l'assurance que le vent et la marée seraient favorables, les officiers de terre couperaient les câbles.

«Le jour propice, et si impatiemment attendu, arriva le 15 mai 1810; sur les huit heures du soir, un bruit soudain se fait entendre : *on coupe les câbles !* murmure-t-on de toute part.

«Ce murmure inattendu est le signal de la confusion et de l'épouvante. Les sentiments qui nous agitent sont diversement partagés : les uns voient avec effroi les dangers et les conséquences de l'entreprise; les autres, emportés par leur courage, et éblouis par une flatteuse illusion, n'entrevoient d'autre perspective qu'une glorieuse délivrance. Le plus grand nombre est dans l'attente de ce qui va se passer. La Providence veille sur nous : la vue du danger, le sentiment de notre conservation, l'aiguillon de la gloire, élèvent le courage des chefs. Il faut désarmer, sans coup férir, la garde du vaisseau, et ne point donner l'éveil à la canonnière de service, avant que les câbles soient totalement coupés. Les mesures sont si bien prises, que les deux sentinelles de garde sur le pont n'ont aucun soupçon de ce qui se trame, et que les hommes de service, conduits par le sergent espagnol, sont à peine descendus dans la batterie de trente-six, que les Français s'élancent sur eux, sans leur donner le temps de se reconnaître, les désarment, non sans une terrible résistance, et les descendent à fond de cale. Cette première lutte se termine à notre avantage. Nous craignions que quelque coup de fusil ne donnât l'éveil à la canonnière et à la gabarre de service; ce malheur n'arriva pas. Le plus difficile reste encore à faire, c'est de désarmer les deux sentinelles en faction sur le pont. C'est l'affaire de plusieurs officiers robustes; ils feignent de prendre l'air sur le pont à la nuit tombante, et tout en se promenant et liant conversation avec les deux soldats espagnols, ils s'élancent sur eux à un signal convenu, les désarment, et leur font rejoindre leurs camarades à fond de cale. Deux officiers français, à qui la langue espagnole est familière, se saisissent de leurs fusils, et se postent en sentinelles pour répondre aux cris des rondes qui passent le long des pontons.

Toute cette expédition exigea beaucoup de temps. Une scie dont on s'était emparé dans le commencement de l'action fut, dans le tumulte, jetée à la mer par un officier supérieur qui ne put se soustraire qu'avec peine, et à la faveur de la nuit, à l'effet de l'indignation de ses camarades. Le défaut de cet instrument mit beaucoup de retard dans notre opération, qui, cependant, se continua. Chacun n'ayant plus d'autre alternative qu'une mort ignominieuse ou la liberté, mit la main à l'œuvre. Pendant que l'on coupait les câbles, on s'occupait aussi à démarrer la barre du gouvernail, et à monter dans les batteries et sur les ponts les boulets et les gueuses [1] qui servaient de lest au ponton. En peu de temps tout fut en ordre. Les sabords étaient fermés et gardés pour éviter l'abordage; on travaillait à fond de cale avec les bouts de câble à établir une espèce de radeau que les marins appellent *va-et-vient.* Nous possédions quinze fusils et près de mille cartouches, enlevés sur les hommes de garde; avec ce peu de munitions et les boulets que l'on avait distribués dans les batteries et sur le pont, nous étions bien résolus de nous défendre en cas d'abordage.

«Ces préparatifs achevés, le ponton se mit en route à l'aide d'une forte brise et d'une haute marée. En peu de temps nous fûmes loin de la gabarre et de la canonnière de garde, et des vaisseaux anglais et espagnols dont notre ponton était ordinairement entouré. Dans ce premier instant, si décisif pour nous, nous craignîmes que la canonnière et la gabarre, armée de huit à dix pièces de canon, ne se missent à notre poursuite. Il leur était aisé de manœuvrer en rade. Il n'en fut rien. Trois barques anglaises seulement voulurent s'opposer à notre marche. Deux d'entre elles restèrent en observation; la troisième s'approcha de nous en tirant des coups de fusils auxquels nous ripostâmes. L'officier qui la commandait nous criait : «Messieurs les Français, ne tirez pas; rendez-vous, on «ne vous fera aucun mal.» Et tout en parlementant ainsi il s'approchait de notre bord, sans discontinuer sa fusillade. Les officiers et les soldats qui étaient sur le pont commencèrent à lancer des gueuses et des boulets sur cette barque, favorisés par la position élevée du ponton, qui était si peu lesté qu'il s'élevait à environ vingt-cinq pieds au-dessus du niveau de l'eau. Un amas de projectiles du poids de cinquante livres, jetés de si haut par des hommes décidés à mourir plutôt que de se rendre, dut nécessairement tuer ou estropier des Anglais qui se trouvaient sous leur volée, et faire chavirer la barque. Des cris plaintifs nous annoncèrent bientôt que plusieurs d'entre eux étaient blessés; nul doute qu'il n'y en ait eu de tués. Les Anglais, voyant notre résistance et l'inutilité de leurs efforts, prirent le parti de gagner le large. Nous eûmes la douleur de perdre dans cette action M. Moreau, lieutenant de vaisseau, qui, en sa qualité de plus ancien des officiers de marine, avait pris le commandement des manœuvres.

«La brise assez forte qui s'était élevée pendant que l'on coupait les câbles, opération qui fut retardée par le défaut de la scie, cessa entièrement, et nous laissa à la merci de la marée, qui, n'étant pas assez vive pour nous porter hors du canal, nous fit craindre que le courant n'entraînât le ponton sous le feu du fort Puntales, occupé par les Espagnols. Ce contre-temps jeta un moment la consternation parmi nous; mais la prévoyance et l'activité des officiers de marine dissipèrent au même instant toutes nos alarmes. Ils firent aussitôt monter sur le pont quelques couvertures et des hamacs qu'ils attachèrent de manière que le faible vent qu'il

____
[1] *Gueuse,* pièce de fer fondu, qui n'est pas encore purifiée.

faisait alors pût enfler les couvertures, et nous faciliter le moyen de sortir du canal. Cette inspiration fut
secondée par le retour du vent, qui devint aussi vif
qu'au moment de notre départ de la grande rade. Vers
les onze heures du soir, le 15 mai 1810, nous eûmes le
bonheur d'échouer sous la protection d'une nouvelle
batterie que notre armée venait d'achever depuis peu
de jours, et dans un lieu où l'ennemi ne pouvait nous
inquiéter de trop près, sans courir lui-même le risque
d'être coulé à fond.

«Nous passâmes la nuit à construire un radeau et à
nous garder militairement pour éviter toute surprise.
Avec quelle impatience nous attendîmes le jour ! Nous
le vîmes poindre à cinq heures et demie, mais c'était
le moment du jusant. Le retard mis à couper les câbles
et l'inconstance du vent avaient singulièrement contrarié les opérations dirigées par les officiers de marine. Au lieu d'échouer à trois pieds d'eau, nous eûmes
la douleur d'en trouver cinq et demi. Le vaisseau ne
flottait plus, et nous touchions à marée étale. La
mer, d'ailleurs, était fort agitée et clapoteuse. Cette
différence de profondeur, d'après notre erreur d'estime, fut, pour beaucoup d'entre nous, un grand
sujet d'alarmes, car, sur plus de sept cents personnes
que renfermait le ponton, la moitié ne savait pas nager, et il y avait à bord vingt femmes et plusieurs
enfants. Le radeau qui devait servir de *va-et-vient*,
au moyen de plusieurs piquets fichés en terre par les
nageurs du ponton, et retenus par des câbles, étant
venu à se disloquer dans son trajet à terre, cet accident fit passer ceux qui ne savaient pas nager, de l'espérance la plus douce au désespoir le plus cruel. L'embarras de notre position augmentait par le temps qui
devait s'écouler jusqu'au changement de marée. Chacun alors imaginait un moyen de se sauver, quel qu'il
fût. Ceux qui savaient nager profitèrent de la marée
basse pour se rendre à terre, tandis qu'il ne restait
aux autres d'autre ressource que de se confier à la
Providence. Les uns assemblaient des planches et des
tonneaux, et se confiaient à cette frêle embarcation;
d'autres, plus téméraires, ou plus pressés encore de se
soustraire à l'esclavage, saisissaient des planches et se
laissaient aller à la dérive. Souvent le courant ou le
vent de terre les entraînait en pleine mer au lieu de
les porter vers le rivage. Qu'on juge de leur désespoir !
jouets des flots, ils étaient repoussés vers leurs plus
cruels ennemis. Cependant le danger était imminent;
nous nous trouvions sous le feu du fort Puntales; des
canonnières espagnoles et de deux bombardes anglaises, sans pouvoir nous défendre ni sortir de notre position, ne pouvant remettre le ponton à flot.

«M. Le Grenet, adjudant major de la cinquième
légion, allait exposer sa femme, sa fille et une jeune
sœur de sa femme sur des planches qu'il venait de
clouer à deux tonneaux, lorsque M. le chef d'escadron
Tourras, du dixième de dragons, qui s'était sauvé à la
nage, aborda le ponton vers les huit heures du matin,
et vint ranimer nos esprits glacés d'effroi par ces paroles pleines d'assurance : «Messieurs, rassurez-vous,
ne vous jetez pas à la mer, M. le maréchal duc de
Bellune a donné ordre de vous envoyer des barques :

«on les chargeait sur des voitures lorsque je partais du
«Fort-Royal.»

«Cette heureuse nouvelle ramena la confiance parmi
nous, et cependant la canonnade fut beaucoup plus
vive que le matin, les bombardes anglaises nous inquiétaient plus que jamais. Chacun, tout étourdi du
danger qu'il courait, attendait son salut avec impatience. Le chef d'escadron était resté peu de temps à
bord. Notre attente ne fut pas vaine; une heure après
son départ nous vîmes une voiture attelée de huit chevaux se diriger sur le bord de la mer, et l'on mit à
flot notre embarcation.

«Il serait difficile de rendre les diverses sensations
que produisirent sur nous l'approche de cette barque,
et la vue des Français armés; la joie la plus impé-
tueuse agitait tous les cœurs; on l'exhalait par mille
démonstrations bruyantes et par mille acclamations:
c'était le délire de l'espoir réalisé. Un grand nombre
de nageurs exercés, au nombre de six cents au moins,
suivaient la barque; leur secours était essentiel pour
accélérer le débarquement, qui s'opéra en commençant
par les femmes et les enfants, généreux accord ci-
menté d'une commune voix. Mais l'empressement que
tous voulaient mettre à se soustraire à la pluie de
bombes et de boulets qui partait des bâtiments ennemis, occasiona un grand désordre; et chacun se pré-
cipitant dans la barque, et essayant d'emporter le peu
d'effets qui lui restaient, peu s'en fallut qu'elle ne cha-
virât sous le nombre. Une seconde embarcation vint
heureusement mettre fin à cette confusion, qui pouvait
devenir funeste. Il fallait que la nécessité fît une loi de
s'occuper des hommes et non des choses; l'embarquement se fit alors avec plus d'ordre et de régularité.

«Une heure après que la première embarcation nous
eut secourus, il nous en arriva deux autres qui ne laissèrent pas que d'accélérer le débarquement. Enfin nous
touchâmes tous la terre si désirée, mais dans un état
de dénûment impossible à décrire. Nous étions tous
dans l'attitude de la stupéfaction; tout étourdis de
notre délivrance, nous paraissions sortir d'un rêve
long et pénible; mais bientôt nos sens ranimés nous
firent sentir toute l'étendue de notre bonheur...

«Le débarquement se termina le 16 mai, à deux
heures de l'après-midi, sous le feu du fort Puntales,
des canonnières et des bombardes anglaises, qui tiraient
sur nous à toute volée. Mais nous étions sous la protection d'une batterie française, et quelques pièces
d'artillerie légère placées sur la côte ripostaient à l'ennemi et amortissaient son feu. Qu'on se figure cinq à
six cents personnes tumultuairement entassées dans
un espace très resserré, dans l'eau, dans un état d'agitation extrême, menacées de la mort par une pluie
de bombes et de boulets qui, par l'effet d'un hasard
heureux, passaient sur nos têtes... Un de ces projectiles avait mis le feu au vaisseau; mais on parvint à
l'éteindre; et cependant, dans tout l'intervalle d'un
débarquement si long et si pénible, nous n'eûmes à
déplorer la perte que de dix à douze personnes.

«Le vaisseau *la Vieille-Castille*, séjour de douleurs
accumulées sur les Français, pendant dix-sept mois et
quatre jours, fut livré aux flammes expiatoires, aux

acclamations de toute l'armée. Les marins de la garde rivalisèrent de zèle pour sauver leurs infortunés camarades. Le capitaine Grivel, dans cette circonstance qui lui rappelait un fait de même nature auquel il avait pris une part glorieuse, déploya tous les efforts de sa courageuse assistance. L'accueil le plus affectueux, les soins de nos frères d'armes, la sollicitude vraiment paternelle du duc de Bellune, mirent le comble à cette miraculeuse entreprise, exécutée sur un vaisseau sans voile, sans mâture, retenu par des câbles, sous le feu de forts redoutables, au milieu des escadres espagnole et anglaise réunies, dont la surprise dut égaler la fureur. »

Il y avait encore dans la rade de Cadix, ainsi que nous l'avons dit, un autre ponton appelé *l'Argonaute*, qui servait d'hôpital aux prisonniers français, blessés ou malades, et qui en contenait alors six cent cinquante, parmi lesquels plusieurs officiers. L'évasion des prisonniers de *la Vieille-Castille* fit sentir aux Espagnols la nécessité de les surveiller rigoureusement; il n'y eut pas de privations auxquelles ces malheureux ne fussent condamnés, malgré leurs blessures ou leurs maladies, pas de mauvais traitements auxquels ils ne fussent constamment en butte. Las de cette agonie, ils résolurent aussi d'y mettre un terme, quel que fût le danger qu'ils eussent à courir. En effet, dans la nuit du 26 au 27 mai, imitant l'exemple que leur avaient donné les prisonniers de *la Vieille-Castille*, ils coupèrent leurs câbles et s'abandonnèrent aux vents et aux flots. Furieux de cette tentative d'évasion, qu'il regardait comme impossible, l'ennemi fit des efforts incroyables pour détruire *l'Argonaute* par le canon et par le feu. Ce ponton vint échouer à peu de distance du lieu où *la Vieille-Castille* avait touché terre quinze jours auparavant : les prisonniers furent sauvés; les troupes montrèrent le même courage et le même dévouement qu'à la première occasion.

Les prisonniers qui réussirent à s'évader des pontons espagnols ne formaient qu'une partie du malheureux corps d'armée qui avait été forcé de déposer les armes à Baylen, et dont le traité de capitulation fut si indignement violé.

La majeure partie des troupes françaises avait été envoyée dans les îles Baléares. Les officiers et les soldats y eurent à supporter des misères et des souffrances qui dépassent tout ce que l'imagination peut supposer. On les débarqua au nombre de 5,000 (400 officiers et 4,600 sous-officiers et soldats) à Cabréra, île inculte et déserte, de cinq lieues de tour, située au sud-est, à onze lieues de Majorque. L'île ne renfermait qu'une source peu abondante et qui tarissait dans les grandes chaleurs. Il n'y existait aucune habitation; le gouvernement espagnol crut se montrer généreux en donnant vingt-cinq tentes pour loger les 5,000 hommes qu'il déportait sur cette plage aride. Les malheureux prisonniers durent chercher une retraite dans les cavernes et les anfractuosités des rochers; ils y demeurèrent près de six ans; et comme les autorités de Palma, capitale de Majorque, n'avaient voulu établir dans l'île de Cabréra aucun magasin de vivres, ils étaient, pour leurs subsistances, réduits à attendre les envois qui leur étaient faits de Palma, et qui, contrariés par la mer et par les vents, restaient quelquefois plusieurs jours en mer. Ils éprouvèrent ainsi en différentes circonstances toutes les horreurs de la famine et de la soif. Une fois la disette dura neuf jours; plus de 800 hommes moururent, les uns d'inanition, les autres empoisonnés par des racines vénéneuses qu'ils avaient dévorées à défaut d'autres aliments. «La rage de la faim était parvenue à un si haut période, dit un de ces malheureux exilés, que deux Polonais retirés dans une grotte solitaire, fatigués de traîner une existence qui leur était insupportable, tirèrent au sort lequel des deux deviendrait la pâture de l'autre. Celui que ce triste sort avait favorisé, après avoir lutté vainement et pendant long-temps contre la faim, accomplit son funeste projet. L'assassin se nourrit quelque temps de la chair de sa victime; mais ayant horreur de lui-même et de sa coupable voracité, il finit par cacher son crime avec les débris de son camarade. Il ne put le faire assez secrètement pour que le bruit n'en vînt à nos oreilles. Nous fûmes indignés d'un attentat aussi déplorable, et peu s'en fallut que nous ne fissions un mauvais parti à cet homme qui, heureusement pour nous, n'était pas Français...»

Nous aurons peut-être plus tard occasion de raconter avec quelques détails le courage que montrèrent ces malheureux déportés, et l'industrie dont ils firent preuve pour améliorer une si misérable position. La population de Cabréra s'était successivement augmentée de 3,500 hommes, faits prisonniers en Catalogne et dans le royaume de Valence; et cependant, lorsqu'au mois de novembre, en 1814, deux frégates françaises vinrent les délivrer, il ne se trouvait plus, de tous les prisonniers qui avaient mis le pied sur le sol aride de cette île funeste, que 2,000 hommes presque nus, amaigris par la faim et exténués par les souffrances. On peut se faire une idée de la joie qu'ils éprouvèrent, lorsque, ramenés à Marseille, ils revirent enfin la patrie, pour laquelle ils avaient combattu et souffert.

<hr>

RÉSUMÉ CHRONOLOGIQUE.

1810.

8 JANVIER. Le roi Joseph quitte Madrid pour l'expédition d'Andalousie.
11 — Arrivée des troupes au pied de la Sierra-Morena.
20 — L'armée force le passage de la Sierra-Morena et le défilé de Despeña-Perros.
28 — Entrée de Sébastiani à Grenade.
31 — Entrée du roi Joseph à Séville.
4 FÉVRIER. Rentrée du duc d'Albuquerque dans l'île de Léon.
5 — Arrivée du maréchal Victor devant Cadix.
— — Entrée des Français à Malaga.
9 — Prise de Zafra.
12 — Sommation de Badajoz.
FÉVRIER. Combats de Cacères et de Puerto-del-Lasquillou.
21 MARS. Reprise de Ronda.
23 — Prise et reprise de Malaga.
28 — Départ du roi Joseph pour retourner à Madrid.
11-23 AVRIL. Attaque et prise du fort de Matagorda.
15-16 MAI. Évasion des prisonniers de *la Vieille-Castille*.
26-27 — Évasion des prisonniers de *l'Argonaute*.

1810. — OPÉRATIONS EN CATALOGNE, EN ARAGON,
ET DANS LES PROVINCES DE VALENCE.

SOMMAIRE.

Prise de Vique. — Combat de Sespina. — Combat de Mollet. — Entrée du général Augereau à Barcelone. — Blocus d'Hostalrich. — Combat de Vique. — Marche sur Reuss. — Occupation de Villafranca. — Les garnisons de Villafranca et de Manresa sont surprises par l'ennemi. — Retraite des troupes postées à Reuss. — Combat de Villafranca. — Retour à Gérone. — Prise d'Hostalrich. — Macdonald remplace Augereau. — Combat de Villel. — Marche sur Valence. — Combat de Castellon-de-la-Plana. — Retour des Français en Aragon. — Siége de Lérida. — Défaite d'O'Donnell. — Suite du siége. — Prise des redoutes et de l'ouvrage à cornes de Garden. — La ville est prise d'assaut. — Capitulation du château. — Siége et prise de Méquinenza. — Préparatifs du siége de Tortose. — Engagements divers. — Combat de Cervera. — Succès d'O'Donnell à la Bisbal. — Expédition de Villa-Campa et Carvajal. — Leur défaite à Alventosa et à Fuente-Santa. — Défaite d'O'Donnell à Falset. — Défaite de Bassecourt à Uldecona. — Combat de Vinaros. — Macdonald introduit un convoi dans Barcelone. — Débarquement et défaite des Anglais à Palamos. — Siége et prise de Tortose. — Fin de la campagne.

TROUPES FRANÇAISES.		TROUPES ESPAGNOLES.	
Armée de Catalogne (7ᵉ corps).	Maréchal AUGEREAU. Maréchal MACDONALD.	*Généraux des insurgés.*	O'DONNELL. — CAMPO-VERDE. VILLACAMPA. — CARVAJAL.
Armée d'Aragon (2ᵉ Corps).	— Général SUCHET.		GONZALÈS. — BASSECOURT.

Prise de Vique. — *Combat de Sespina.* — La Catalogne était, de toute la Péninsule, la province où l'insurrection avait éprouvé le moins de revers. — La junte centrale, voulant confier à des mains habiles la direction des opérations militaires dans cette partie de l'Espagne, en avait chargé le général O'Donnell en remplacement du général Blacke, rappelé en Andalousie.

Le général Souham, qui, dans les derniers jours de décembre 1809, était cantonné dans les environs d'Olot, reçut l'ordre de se diriger sur Vique, après avoir été renforcé par une brigade de la division italienne du général Pino. En vain les bandes d'insurgés, dispersées sur tous les points, étaient revenues sur leurs pas pour arrêter les Français dans les défilés qui séparent Olot de Vique : elles éprouvèrent une déroute complète, et Vique fut évacué à l'approche de la division française. Les troupes qui en formaient la garnison se retirèrent sur le col de Sespina. La queue de la colonne, atteinte dans sa retraite au-delà de Tona par l'avant-garde française, laissa entre les mains des vainqueurs ses bagages, son ambulance et cinquante prisonniers.

Le 1ᵉʳ régiment et un bataillon du 3ᵉ léger attaquèrent l'ennemi sur les hauteurs de Sespina, qu'ils gravirent au pas de charge. Les Espagnols occupaient des positions formidables en avant de Moya, sur des montagnes où ils étaient rangés en bataille. O'Donnell était à leur tête. Voyant qu'il n'avait affaire qu'à quelques bataillons, ce général laissa une partie de ses forces en réserve, et, avec le reste, se précipita sur les Français, qui, ne pouvant résister au nombre, cédèrent le plateau après une belle défense, et descendirent précipitamment le col de Sespina. Le lendemain, le général Souham se mit en marche avec sa division pour attaquer de nouveau l'ennemi; mais O'Donnell ne l'attendit pas. Souham le poursuivit jusqu'à Moya, et, satisfait de l'avoir obligé à la retraite, revint à Vique.

Combat de Mollet. — *Entrée du général Augereau à Barcelone.* — Dans ces entrefaites, le maréchal Augereau s'était mis en marche pour se rapprocher de Barcelone. Un détachement de la garnison française de cette place, fort de trois bataillons et de 250 cuirassiers, reçut l'ordre d'aller au-devant de lui, sous la conduite du colonel Guéry, qui, non-seulement ne combina pas son départ de manière à opérer sa jonction avec le corps d'armée le lendemain de la sortie au plus tard, mais encore ne prit aucune précaution pour se garder. Les Espagnols profitèrent de cette négligence; au point du jour, ils fondirent impétueusement sur le bataillon du 112ᵉ, posté à San-Perpétua, et le prirent ou le détruisirent en totalité, malgré une belle défense, impuissante contre des forces supérieures. Le marquis de Campo-Verde, qui avait été chargé de l'expédition, voulut profiter de l'enthousiasme dont ce premier succès avait animé ses troupes. Il se porta rapidement sur Mollet, à une lieue de San-Perpétua, enleva les deux pièces de campagne qui défendaient l'approche de ce village, et mit en pleine déroute l'infanterie et les cuirassiers du colonel Guéry. Le chef de bataillon Mioque rallia les débris de ces troupes, les reforma, repassa la rivière de Bezos malgré les balles et les baïonnettes ennemies, et parvint à rentrer dans Barcelone. Le marquis de Campo-Verde voulut, pour compléter sa victoire, s'emparer de Cranoller, où était posté un bataillon; mais ce bataillon, qui avait des vivres, se retrancha dans un couvent situé hors de la ville, et annonça la détermination de se défendre vigoureusement. Les Espagnols tinrent ce bataillon bloqué pendant trois jours; mais à l'approche de l'armée française ils se retirèrent.

Lorsque les troupes qui se rendaient à Barcelone passèrent à Mollet, un spectacle affreux frappa leurs regards : les environs de ce village, les rues, les maisons, étaient jonchés de cadavres; il était facile de voir que les malheureux étendus là avaient été lâchement assassinés.

Le maréchal Augereau entra dans Barcelone au milieu d'un pompeux appareil militaire; revêtu du titre de gouverneur de la Catalogne, il prit possession de ce magnifique palais du gouvernement, où, s'il faut ajouter foi à quelques écrits contemporains, il avait été en faction comme simple garde wallone trente ans auparavant.

———

Blocus d'Hostalrich. — Combat de Vique. — Le maréchal Augereau ne s'arrêta que peu de temps à Barcelone; il retourna à Gérone. La division italienne fut postée sur les hauteurs de Masanet pour bloquer le fort d'Hostalrich, qu'on ne pouvait prendre que par famine. Le général Souham fut renvoyé à Vique, où sa positoin devint bientôt fort critique.

Cette ville est située dans un vallon peu étendu que des montagnes presque inaccessibles entourent de toutes parts. Le seul défilé où les voitures puissent passer, celui de la Garriga, offre de grands obstacles à l'artillerie. Les Français étaient bloqués dans leurs cantonnements par les miquelets, qui étaient maîtres de toutes les montagnes des environs, et le général O'Donnell avait réuni à Moya toutes les forces qu'il avait à sa disposition.

O'Donnell déboucha de cette ville, le 20 février, à sept heures du matin, et parut dans la plaine de Vique avec son armée, forte de 15,000 hommes, et disposée sur trois colonnes. La première se déploya en avant de Tona, la seconde à la gauche de la première, et la troisième couronna les montagnes qui, à l'ouest, dominent la plaine de Vique.

Après avoir bien observé les mouvements des Espagnols, le général Souham réunit toutes ses troupes, au nombre seulement de 3,500 hommes, dans la plaine au-dessous de Vique; il plaça au centre le 42e régiment, à droite, le 1er d'infanterie légère, appuyé du 93e; le 24e de dragons, le 3e provisoire de chasseurs, et le régiment italien des dragons Napoléon, soutenaient les ailes. Souham avait trois pièces d'artillerie.

Le village de Garp fut le but de la première attaque de l'ennemi, attaque vigoureuse, mais faite seulement pour donner le change au général français. Celui-ci ne fut pas dupe de ce mouvement. Le bataillon qui gardait ce village se replia sur Vique sans avoir perdu un seul homme.

Le combat commença alors avec vigueur sur toute la ligne. Dans l'espérance de déborder le flanc gauche des Français, l'ennemi fit filer toute sa cavalerie sur sa droite. Le 24e de dragons, ayant le colonel Délort à sa tête, et appuyé sur son flanc gauche par la compagnie des dragons Napoléon, exécuta une charge brillante qui jeta le désordre dans la cavalerie espagnole, et la culbuta entièrement. Cette cavalerie prit la fuite, mais la mousqueterie et la mitraille lui firent éprouver une perte nombreuse.

Le général espagnol fit alors avancer sa réserve, et attaqua de nouveau avec impétuosité la ligne française, dont il chercha à enfoncer le centre. Les 42e et 93e régiments résistèrent pendant trois heures aux efforts les plus opiniâtres et au feu le plus meurtrier, sans reculer d'un seul pas.

Voyant qu'il ne pouvait parvenir à entamer le centre, O'Donnell chercha à déborder les deux ailes des Français; mais là encore ses efforts furent inutiles. Le colonel Bourgeois, à la tête du 1er d'infanterie lé-

gère, arrêta les Espagnols partout où ils voulaient s'avancer. Le général Souham reçut en ce moment un coup de feu à la tempe gauche; le général de brigade Augereau, frère du maréchal, le remplaça dans le commandement.

Pendant que le centre et la droite de la division française se défendaient avec tant de courage et de succès, une colonne d'infanterie espagnole, composée de deux bataillons suisses, et soutenue par toute la cavalerie que le général O'Donnell avait ralliée, filait par la droite ennemie; mais cette colonne fut entièrement coupée par les dragons et les chasseurs; 1,000 hommes mirent bas les armes et abandonnèrent deux drapeaux. On continua à charger l'ennemi jusqu'à Tona, et on lui prit plus de 300 chevaux. La cavalerie espagnole fut sabrée; peu d'hommes échappèrent à la fureur des Français, d'autant plus acharnés que les cavaliers espagnols, en grande partie, avaient endossé les cuirasses prises à l'escadron du 3e de cuirassiers anéanti à Mollet.

L'ennemi eut dans cette affaire un nombre considérable de morts, et laissa entre les mains des vainqueurs 2,400 prisonniers. Tout ce qui put échapper chercha son salut dans les montagnes.

Pendant que la division du général Souham remportait ce brillant succès, la division italienne qui bloquait Hostalrich dispersait toutes les bandes d'insurgés qui arrivaient au secours de cette forteresse; d'autres troupes donnaient la chasse aux miquelets qui infestaient les environs.

———

Marche sur Reuss. — Occupation de Villafranca. — Le maréchal Augereau, voyant la haute Catalogne bien contenue, se porta au-delà de Barcelone avec la plus grande partie de ses forces, afin d'appuyer le général Suchet, dont nous raconterons bientôt les opérations, et qui se disposait alors à assiéger Lérida.— Le duc de Castiglione partit dans le commencement de mars, laissant environ 3,000 hommes devant Hostalrich pour en continuer le blocus. La blessure du général Souham l'avait forcé de rentrer en France; sa division, toujours sous les ordres du général Augereau, et la division italienne, commandée alors par le général Severoli, furent dirigées vers Puente-del-Rey, sur le Llobregat, où elles arrivèrent le même jour; de là elles parvinrent à Villafranca, que le maréchal fit occuper par un bataillon et un détachement de cavalerie

———

Les garnisons de Villafranca et de Manresa sont surprises par l'ennemi. — Retraite des troupes postées à Reuss. — Le maréchal Augereau avait placé cette garnison à Villafranca pour assurer sa communication avec la division Souham et la division italienne, qui allèrent prendre des cantonnements à Reuss, derrière Tarragone. Il avait jugé convenable de rester dans Barcelone, comme point central de ses opérations. On lui fit observer que cette faible garnison était exposée aux plus grands dangers; mais il ne voulut rien entendre, et, par une lettre datée de Villafranca, où il était censé avoir établi son quartier-général, il fit sommer la junte de Tarragone d'ouvrir les portes de la ville.

Le maréchal put voir bientôt que les observations qu'on lui avait faites étaient fondées. Dès que les divisions françaises et italiennes furent établies à Reuss, une forte colonne espagnole partit de Tarragone avec quelques pièces de canon, vint attaquer la garnison de Villafranca, qui s'était retranchée dans une caserne isolée, et la força de se rendre à discrétion. La colonne ennemie se porta ensuite sur la brigade du général Schwartz, postée à Manresa, la culbuta, la mit dans une déroute complète, et la poursuivit jusqu'à Puente-del-Rey, la baïonnette dans les reins. Les prisonniers faits à Villafranca et à Manresa entrèrent dans Tarragone aux acclamations du peuple, en même temps qu'un parlementaire chargé de négocier l'échange de quelques prisonniers. Exaltée par le succès que les insurgés venaient d'obtenir, la populace de Tarragone fit entendre des cris de mort contre ce parlementaire. Heureusement, le général Augereau et le général Severoli n'avaient pas envoyé la sommation du maréchal; si l'officier eût été porteur d'un pareil message, il eût été infailliblement massacré.

La surprise des garnisons de Villafranca et de Manresa rendait la position du maréchal Augereau fort embarrassante, en coupant toute communication avec Reuss et en le mettant dans l'impossibilité de transmettre des ordres aux deux divisions qui y étaient cantonnées, et qui formaient la majeure partie de ses forces. Le général Augereau et le général Severoli n'osaient, de leur côté, prendre aucun parti; cependant le manque de vivres rendait leur départ urgent, et ils pouvaient chaque jour être attaqués par l'armée ennemie, dont la position dans un camp retranché sous les murs de Tarragone, était on ne peut plus favorable. Par bonheur, un courrier, hasardé par mer, échappa miraculeusement aux nombreux bâtimens qui croisaient sur la côte, et apporta des ordres aux deux généraux, qui se mirent en marche, le soir même, pour revenir vers Barcelone.

Combat de Villafranca. — Les deux divisions en quittant Reuss organisèrent si mal leur départ, qu'elles débouchaient à peine de la ville au point du jour, et qu'elles faillirent être attaquées par les troupes du camp de Tarragone. Elles parvinrent cependant jusqu'à Villafranca; mais le général O'Donnell vint les y attaquer au moment où elles commençaient à s'y établir; les fourrageurs et les hommes isolés furent brusquement chargés par les chasseurs espagnols, ce qui répandit l'alarme dans les bivouacs. Le colonel Delort réunit alors précipitamment les voltigeurs et les carabiniers du 1er léger avec 100 chevaux du 24e de dragons, et fondit sur les Espagnols sans leur donner le temps de se reconnaître. Le colonel ennemi, onze officiers, 150 hommes, fantassins et cavaliers et 100 chevaux tombèrent au pouvoir des Français. Mis en pleine déroute, les Espagnols furent poursuivis pendant deux heures jusque sous les murs de la petite ville d'Arbos, où le général O'Donnell avait pris position, et d'où il fut témoin de cette déroute. Grâce à ce succès, les deux divisions purent continuer tranquillement leur retraite sur Barcelone.

Retour à Gérone. — Prise d'Hostalrich. — Macdonald remplace Augereau. — Dès que les deux divisions l'eurent rejoint, le maréchal Augereau quitta Barcelone et revint dans Gérone, où il s'occupa d'assurer ses communications avec la France, et d'empêcher l'ennemi de rien entreprendre pour faire lever le blocus d'Hostalrich. Comme on ne pouvait plus approvisionner Barcelone autrement que par des vivres et des munitions tirés de France, il était fort important de se rendre maître d'Hostalrich.

Ce fort est situé sur un rocher à pic qui domine les montagnes très élevées et très escarpées dont il est entouré de tous côtés; il était dans un excellent état de défense: quarante-deux pièces de bronze de gros calibre le garnissaient. On ne pouvait espérer le réduire que par la famine; le blocus même était rendu presque impossible par la nature du terrain, qui exige un grand développement de forces. De nombreux miquelets, soutenus de quelques troupes régulières, essayèrent, dans la nuit du 2 au 3 mai, d'introduire deux convois dans la place; mais le général Severoli, qui commandait le blocus, fit échouer ces deux tentatives, qui coûtèrent 600 hommes aux insurgés.

N'ayant plus de vivres, et désespérant d'être secourue, la garnison d'Hostalrich voulut, dans la nuit du 12 mai, profiter d'un brouillard très intense pour s'échapper. Une sentinelle fut égorgée; mais une autre ayant donné l'éveil, les Français coururent aux armes et poursuivirent avec tant de célérité l'ennemi, qui avait déjà dépassé les avant-postes, que la moitié seulement de la garnison put s'échapper. Le gouverneur, son état-major, 10 officiers, 300 hommes et un drapeau, tombèrent entre les mains des vainqueurs, qui se hâtèrent d'occuper le fort abandonné.

Hostalrich une fois en la possession des Français, le maréchal Augereau chargea le général napolitain Pignatelli de s'emparer des petites îles et du fort de Las-Médas, dont la possession était nécessaire pour assurer le cabotage le long de la côte, et pour ôter aux Anglais un mouillage important. On fut bientôt maître de ce point.

Les opérations de la Catalogne sous le commandement du duc de Castiglione se terminent à cette expédition. — Le maréchal Augereau fut remplacé, dans les derniers jours du mois de mai, par le maréchal Macdonald, qui voulut substituer la douceur aux actes rigoureux qu'avait employés son prédécesseur. Mais ce moyen ne lui réussit pas, et les Catalans répondirent par des coups de fusil à ses bienveillantes exhortations.

Combat de Villel. — Le général Suchet était maître de presque tout l'Aragon. Au commencement de 1810, il se prépara à mettre le siège devant Lérida, place forte située sur la frontière de cette province et de la Catalogne; mais, pour être plus sûr de cette importante opération, il voulut d'abord faire enlever aux Espagnols tous leurs points d'appui sur les frontières de la Nouvelle-Castille et du royaume de Valence, et s'avancer lui-même jusqu'aux portes de Valence même, dont la junte insurrectionnelle était puissante et active.

Suchet confia l'expédition contre les insurgés castillans au général Leval ; ce général partit de Teruel, le 19 février, pour s'emparer de Villel. Cette ville, entourée de fossés profonds, était occupée par 3,000 hommes sous les ordres du général Villacampa. A Villastar, le général Leval dispersa une avant-garde de 800 hommes qui se replia sur Villel, où les Français entrèrent après un engagement qui coûta 100 hommes à l'ennemi. Poursuivis par les vainqueurs, les Espagnols perdirent encore 300 hommes qui se noyèrent dans le Guadalaviar.

Marche sur Valence. — Combat de Castellon-de-la-Plana. — Retour des Français en Aragon. — Suchet, en s'avançant sur Valence, fit d'habiles dispositions par suite desquelles l'ennemi fut battu dans toutes les rencontres, au passage du Minjarès, à Alventosa et à Ségorbe.

L'armée française arriva sous les murs de Valence. Le principal faubourg de cette capitale et le port de Grao, qui touche à l'embouchure du Guadalaviar, furent emportés par le général Habert ; le général Suchet occupa Beniferri, et força tous les postes établis sur la rive gauche du fleuve à se replier dans la ville. Les Français s'emparèrent, dans ces deux mouvements, de 9 bouches à feu, de 6 caissons, de 300 fusils et d'un drapeau. Les Espagnols, au nombre de 15,000, furent totalement dispersés, après avoir laissé 400 morts et un grand nombre de blessés sur le champ de bataille.

Castellon-de-la-Plana, petite ville située sur les bords de la mer, et près l'embouchure du Minjarès, était occupée par un rassemblement considérable de paysans qui s'était formé pour la défendre. Le général Boussard fut envoyé sur ce point avec deux escadrons de cuirassiers et de hussards, et quelques compagnies d'élite d'infanterie. Malgré l'opiniâtre résistance des insurgés, les Français s'emparèrent du pont de Castellon, qui avait été barricadé. Un acte de bravoure intrépide marqua cette affaire. Un cuirassier, nommé Vinatier, mit pied à terre, s'élança seul au milieu des paysans qui encombraient le pont et qui firent pleuvoir sur lui une grêle de balles, et parvint à ouvrir le passage. La croix de la légion d'honneur fut la récompense de son intrépidité.

Après les divers succès qu'il venait d'obtenir, Suchet espérait que Valence ouvrirait ses portes et ferait sa soumission. Dans cette attente, il resta deux jours devant ses murs. Mais, loin de songer à se soumettre, les habitants de Valence préparèrent tout pour une défense longue et opiniâtre. Ils réparèrent les fortifications, garnirent les remparts d'artillerie, et montrèrent enfin qu'ils étaient disposés à vendre chèrement leur vie et leur liberté.

Siége de Lérida. — Le général Suchet quitta Valence pour aller entreprendre le siége de Lérida, expédition difficile et qui exigeait des forces imposantes. Cette ville, située au milieu d'une vaste plaine presque dépouillée d'arbres, à une grande étendue ; sa population est de 20,000 hommes ; une simple muraille l'entoure, mais elle est défendue presque entièrement, du nord au sud, dans toute sa longueur, par la Segre, fleuve large et rapide qui est rarement guéable. Elle est dominée par deux forts bâtis sur deux montagnes auxquelles elle est adossée. Ces forts, assez rapprochés l'un de l'autre, peuvent se prêter un mutuel appui ; les Espagnols en avaient lié les communications par des redoutes construites en maçonnerie sur un escarpement difficile ; défendues par un fossé, une palissade, plusieurs pièces d'artillerie, et protégées par tous les feux de l'un des forts, appelé le Garden. La redoute du centre présentait un fossé de douze toises de largeur sur quinze pieds de profondeur, coupé à pic dans un tuf extrêmement dur, et couronné d'un mur haut de douze pieds. Deux retranchements servaient d'appuis à ses branches.

La ville et ses forts étaient dans le meilleur état de défense ; ils étaient abondamment pourvus de munitions de guerre et de bouche ; il y existait une salpêtrière et un moulin à poudre ; les remparts étaient garnis de plus de cent bouches à feu de tout calibre, et 10,000 hommes de troupes, sous les ordres du maréchal de camp Gonzalès, y étaient renfermés.

Quoique n'ayant pas avec lui plus de 20,000 hommes, le général Suchet ne recula pas devant les obstacles et les dangers que présentait le siége de Lérida ; et il forma l'investissement de la ville dans les premiers jours d'avril.

Le général Musnier s'empara de Flix et de Mora, sur les bords de l'Ebre, sans rencontrer d'obstacles ; et le général Habert entra dans Balaguer, ville assez forte, située sur la Segre, au nord de Lérida, et que l'ennemi évacua pendant la nuit à l'approche des colonnes françaises.

Défaite d'O'Donnell. — Sur ces entrefaites, le corps du maréchal Augereau, commandant l'armée de Catalogne, fut contraint, par le manque de vivres et les difficultés des communications, d'évacuer, comme on l'a vu, la ville de Reuss. Le général Suchet avait compté sur ce corps d'armée pour le succès de son entreprise ; il espérait que le maréchal Augereau conserverait pendant toute la durée du siége ses positions, d'où il pourrait l'appuyer et contenir les troupes du général O'Donnell, placées dans le camp retranché sous Tarragone.

O'Donnell, n'étant plus contenu par l'armée d'Augereau, conçut le projet, au moment où tout était disposé pour ouvrir la tranchée devant Lérida, de faire lever le siége. Il partit à cet effet du camp de Tarragone, le 22 avril, avec 15,000 hommes environ, et il se montra le lendemain dans la plaine de Lérida. Ses bataillons étaient formés en colonne d'attaque et la cavalerie couvrait leurs flancs.

Le général Harispe fit charger l'avant-garde de cette petite armée par le 4e régiment de hussards, au moment où elle arriva à la tête du pont sur la Segre, à une faible distance des retranchements. Cette charge, admirablement exécutée, eut pour résultat de faire mettre bas les armes à toute cette avant-garde.

La garnison de Lérida voulut alors tenter une sortie

pour aller au secours des troupes d'O'Donnell ; mais à peine un bataillon d'élite débouchait-il par la tête de pont, que le colonel Robert refoula les assiégés dans la place, d'où ils furent témoins de la déroute complète du renfort qui leur arrivait.

O'Donnell, voyant son avant-garde perdue, fit aussitôt ranger son armée en bataille; mais au moment où le général Musnier allait se porter à sa rencontre, le général Boussard s'élança, déborda les Espagnols, les chargea avec le 13e de cuirassiers, les enfonça, les sabra, et cela avec une telle promptitude, que la plaine fut jonchée de cadavres et l'ennemi en pleine déroute avant que l'infanterie française eût eu le temps de tirer un coup de fusil. Ce prodigieux fait d'armes mit au pouvoir des vainqueurs un général, 8 colonels, 271 officiers, 5,600 soldats, 1,000 chevaux, trois bouches à feu, deux caissons, trois étendards, un drapeau et cinq cent mille cartouches.

Suite du siége. — Prise des redoutes et de l'ouvrage à cornes de Garden. — La victoire remportée sur les troupes d'O'Donnell eut, pour les Français, le double avantage de décourager les assiégés et d'exalter le moral des assiégeans. Aussi, voulant profiter des bonnes dispositions de ses troupes, le général Suchet fit ouvrir, dans la nuit du 29 avril, la tranchée, à cent quarante toises de la ville, sur le front exposé au nord. Cette même nuit, on porta jusqu'à six cents toises le développement et les communications de cette tranchée. Cependant l'attaque fut retardée par des orages qui inondèrent les travaux et renversèrent les épaulements. Tout étant réparé, deux batteries de brèche commencèrent, le 7 mai, au point du jour, à battre la place, et trois autres batteries lançaient en même temps des bombes et des obus sur le grand fort.

Une seconde parallèle fut ouverte le lendemain, à soixante toises de la ville, et des boyaux furent prolongés jusqu'au pied des murs. On les garnit de tirailleurs destinés à éteindre le feu de l'artillerie espagnole en tirant sur les embrasures.

De nouvelles batteries furent démasquées le 12, et une attaque décisive eut lieu à huit heures du matin ; on ouvrit une brèche au bastion aigu, et un magasin d'obus sauta dans le fort, ce qui fit une large brèche en deux endroits.

Le général Suchet avait combiné une attaque simultanée sur les deux redoutes de l'extrémité du plateau du fort Garden et sur l'ouvrage à cornes qui couvrait le milieu de ce plateau. La communication entre les deux forts devait ainsi se trouver coupée. Le général Vergès, avec un bataillon, quatre compagnies d'élite et cent travailleurs, planta des échelles, enfonça les barrières et enleva les deux redoutes. Les Espagnols se jetèrent en bas du fossé ; tous ceux qui n'en eurent pas le temps furent tués à coup de baïonnettes; le nombre de leurs morts s'éleva à 300. Pendant que le général Vergès exécutait cette brillante attaque, le général Buget, à la tête de huit compagnies, et de cent travailleurs, escaladait l'ouvrage du centre et pénétrait dans son enceinte. Les Espagnols qui l'occupaient furent poursuivis sous un feu des plus vifs, jusqu'aux palissades du fort de Garden. Quand la nuit vint, on se couvrit dans les ouvrages enlevés, et, avant le jour, on avait achevé de s'y établir.

La ville est prise d'assaut. — Capitulation du château. — Les deux brèches, celle au bastion aigu du front de la Madeleine et celle de la contre-garde du bastion étant accessibles, le général Suchet donna, le 13 mai, à sept heures du soir, le signal de l'assaut. Aussitôt, le général Habert, le colonel Rouelle et le major Barbaroux, conduisant douze compagnies d'élite et quatre cent cinquante travailleurs munis d'échelles et de gabions, franchirent le parapet de la tranchée et un ruisseau qui se trouvait en avant, et s'élancèrent sur les deux brèches. L'ennemi dirigeait tout son feu sur ce point qui était aussi le but de la fusillade partant des maisons; mais rien ne put arrêter les Français qui continuèrent à s'avancer au pas de charge et forcèrent la porte de la Madeleine. Les batteries de la grande rue étaient déjà enlevées, lorsque les sapeurs trouvèrent le passage sur le quai fermé par un retranchement. Un brave sergent, nommé Baptiste, monta sur la barrière et l'ouvrit; les Français s'élancèrent sur les Espagnols et les rejetèrent près du pont que six pièces de canon protégeaient ; mais le 116e régiment ne se laissa pas arrêter par des décharges à mitraille, et il fut bientôt maître du quai dans toute sa longueur. Pendant ce temps, le général Harispe pressait vigoureusement la tête du pont de la rive gauche ; tous les retranchements élevés sur cette rive furent emportés par le 117e régiment; les deux colonnes françaises opérèrent leur jonction, et les Espagnols, pris ainsi entre deux feux, abandonnèrent brusquement leurs retranchements et leur artillerie; tous ceux qui ne purent parvenir à fuir furent massacrés.

Les habitants furent bientôt en proie à la plus vive terreur; tous, hommes, femmes, enfants, vieillards, vinrent, pour se soustraire aux suites horribles d'un assaut, se réfugier dans le château, et y occasionèrent un tel encombrement, que le gouverneur se trouva réduit à les renvoyer impitoyablement ou à capituler. Il prit ce dernier parti : le 14 mai, il fit arborer un drapeau blanc sur le principal bastion du grand fort, et obtint de défiler avec les honneurs de la guerre. Cent cinq bouches à feu, un million cinq cent mille cartouches, cent cinquante milliers de poudre, dix drapeaux, et 8,000 prisonniers, tombèrent au pouvoir des Français. Le siége avait, en outre, coûté 2,000 hommes aux Espagnols. Les Français n'avaient pas plus de 400 morts et 800 blessés.

Siége et prise de Méquinenza. — Maître de Lérida, le général Suchet porta le siége devant la place de Méquinenza, située au confluent de l'Èbre et de la Segre, et que l'on a surnommée la clé de l'Èbre, à cause de la position très escarpée de sa forteresse. 1,400 hommes et une nombreuse artillerie la défendaient. Il était important de s'en emparer au plus vite, attendu que ce point permettait aux Espagnols d'intercepter la navigation de l'Èbre et de rendre ainsi très difficile le siége de Tortose. Cinq bataillons de la division Musnier furent envoyés devant la place, le 20 mai, pour en former l'investissement.

Cette nouvelle entr rise du général Suchet présentait de grands obstacles. La ville de Méquinenza, située au milieu d'un terrain vaste et montueux', est adossée à un rocher d'environ six cents pieds de haut, dont l'escarpement est tel , que les piétons peuvent à peine y trouver un chemin suffisant pour aller de ce lieu à un autre. Les eaux des deux rivières l'enserrent de toutes parts; elle avait été retranchée, barricadée, et armée de batteries basses; mais le fort qui la domine était son principal appui. Ce fort est construit sur un rocher qui n'est accessible que par un plateau prolongé vers l'ouest dans une l'argeur de treize cents toises environ : c'est de ce côté seul qu'on peut diriger une attaque régulière, et encores ce côté est-il protégé par un ouvrage à cornes, revêtu en maçonnerie, avec un fossé taillé dans le roc vif et un chemin couvert palissadé.

Cette place avait été déclarée inattaquable par les officiers qui jusqu'alors avaient été envoyés contre elle ; en effet, aucune route praticable n'y pouvait conduire depuis Fraga; mais le général Suchet, pour qui, comme pour l'Empereur, le mot *impossible* n'était pas français fit ouvrir à travers les rochers un chemin pour l'artillerie, tâche pénible dont le colonel du génie Haxo s'acquitta avec une incroyable célérité. Ce chemin bifurquait d'un côté vers le plateau, et de l'autre vers le sommet du Montenegro, jusque sur les bords de l'Èbre. Au 1er juin tout était disposé, et l'on avait amené du canon contre la ville et le fort, dont on forma aussitôt l'investissement. Les postes ennemis furent rejetés dans la place, et ceux des Français s'établirent à trois cents toises de l'ouvrage à cornes.

Sept cents travailleurs ouvrirent la tranchée à cent toises de l'ouvrage à cornes, dans la nuit du 2 au 3 juin. Au jour, quelques parties de la parallèle et des communications n'étant pas entièrement à couvert, on attacha le mineur pour creuser à l'aide du pétard.

Les travaux furent continués la nuit suivante, où l'artillerie commença la construction de ses batteries.

Le général Suchet avait donné l'ordre d'attaquer la ville en même temps que le fort pour isoler l'ennemi entre les deux rivières et l'empêcher de s'échapper par les barques. Le premier régiment de la Vistule escalada les murs et les retranchements, dans la nuit du 4 au 5, et enleva une tour carrée armée de deux pièces de 12; la ville fut prise avec huit pièces de canons, quatre cents fusils, quinze barils de poudre et quatre grandes barques.

Le général Suchet poussa le siége du fort, et, le 8 juin, au point du jour, seize pièces commencèrent à tirer. L'ennemi parvint à en démonter trois; mais il en restait encore assez aux assiégeants pour qu'une grande partie du parapet s'écroulât en peu de temps. A dix heures du matin, les assiégés, voyant que toute résistance était inutile, arborèrent le drapeau blanc. La garnison défila devant les Français et déposa ses armes sur les glacis pour être conduite en France.

Le fort de Méquinenza renfermait quarante-cinq bouches à feu, quatre cent mille cartouches, trente milliers de poudre et des vivres pour 2,000 hommes pendant trois mois.

Préparatifs et siége de Tortose. — Engagements divers. — Un des premiers soins du maréchal Macdonald, après avoir pris le commandant du 7e corps (armée de Catalogne), fut de se mettre en communication avec le général Suchet, commandant le 3e corps (armée d'Aragon).

Le général avait reçu l'ordre de faire le siége de Tortose. En conséquence, la 1re division de son corps était venue, dans le courant de juin, bloquer, sur la rive droite de l'Èbre, la tête du pont de Tortose; la 2e avait pris position sur les frontières du royaume de Valence, détachant une brigade sur Teruel pour contenir le général Villacampa, qui rôdait sans cesse sur les frontières de l'Aragon, et en même temps pour couvrir Saragosse; la 3e avait été placée sur le bas Èbre pour assurer les approvisionnements, les transports d'artillerie, et pour observer le camp retranché de Tarragone.

Le général Rogniat, qui commandait en chef l'arme du génie, avait été obligé d'ouvrir une route praticable pour l'artillerie, de Caspe et Méquinenza jusqu'à Tortose, c'est-à-dire l'espace de trente lieues, et au milieu de montagnes à peine accessibles aux mulets et aux gens de pieds. La baisse des eaux de l'Èbre, qui, pendant l'été, empêche ce fleuve d'être navigable, avait encore arrêté le 3e corps; enfin, après avoir attendu la crue des eaux, le général d'artillerie Vallée parvint à réunir à Xerta les moyens nécessaires pour commencer le siége. Mais comme le pays n'offrait que des ressources fort insuffisantes, il fallut préalablement, outre les munitions de guerre, diriger sur Xerta les approvisionnements nécessaires à la consommation des 3e et 7e corps, dont la réunion était indispensable pour le siége. Le général Suchet, afin de protéger ces approvisionnements, fit construire des têtes de pont à Mora et à Xerta, et mit ces deux villes à l'abri d'un coup de main.

L'ennemi fit à plusieurs reprises des tentatives pour forcer Suchet à renoncer au siége de Tortose. C'est dans cette intention que 8,000 Valenciens se portèrent sur Morella. Cette ville était occupée par 2,000 hommes sous les ordres du général Montmarie, qui, malgré la disproportion de ses forces, marcha au-devant de l'ennemi, le mit en déroute et lui tua ou blessa plus de 500 hommes. Pendant ce temps, le général Leval, soutenu du 13e régiment de cuirassiers, se dirigeait sur San-Matheo et Benicarlo, dans le royaume de Valence pour balayer les bords de la mer et préparer l'investissement de Tortose, déjà en partie effectué par la division qui bloquait la tête de pont et par le mouvement du général Habert, sur la rive gauche de l'Èbre.

La garnison de Tortose fit, les 6 et 8 juillet, deux sorties qui n'eurent aucun succès; le 12, elle en effectua une plus sérieuse avec 1,500 soldats d'élite soutenus par un grand nombre de paysans. Ces forces firent céder les premiers postes français; mais bientôt les généraux Leval et Klopiski se précipitèrent sur les Espagnols à la tête du 14e de ligne et des grenadiers de la Vistule, et les rejetèrent dans la place, après leur avoir fait éprouver une perte de 300 hommes, tués, blessés ou prisonniers.

Une reconnaissance, envoyée le 9 juillet, sur Falset, avait surpris et enlevé quelques hommes du régiment espagnol de Grenade. L'arrière-garde de cette reconnaissance, forte de 50 hommes seulement, se vit tout à coup cernée par 400 miquelets. Elle forma le carré, se battit pendant quatre heures avec le plus grand courage, et après avoir tué un grand nombre d'ennemis, se fit jour à la baïonnette.

Le brigadier Garcia-Navarro s'avança, le 11, avec 1,200 hommes, sur quelques compagnies qui se trouvaient en avant du quartier général de Suchet à Mora. Le colonel Klisk le repoussa après lui avoir tué 50 hommes et fait autant de prisonniers.

L'ennemi s'était établi à Tivisa ; le général Abbé tourna, le 12, la position, en chassa les Espagnols, dont il tua un grand nombre et s'empara du village. Mais l'ennemi s'y présenta, le 15, avec une division, et attaqua à son tour cette position qu'il voulait reprendre. Le général Abbé n'avait là que 700 hommes. 400 marchèrent à l'ennemi, le repoussèrent et le poursuivirent jusqu'à deux lieues de Tivisa. Les Espagnols perdirent dans cette poursuite 200 hommes tués, 250 prisonniers et un nombre considérable de cartouches. La perte des Français se borna à 70 hommes tués ou blessés.

Le général Vergès fut attaqué, le 17, à Daroca, par 1,800 Espagnols. Il les battit et les dispersa après leur avoir tué plus de 400 hommes et fait 217 prisonniers.

Dans tous les engagements partiels qui eurent lieu à cette époque l'avantage resta toujours aux Français.

Quinze cents Valenciens bloquaient depuis quatorze jours le fort de Morella, défendu seulement par 200 hommes. On y envoya, le 19 juillet, le général Montmarie, avec 600 hommes, pour le ravitailler et y faire entrer de l'artillerie. L'ennemi fut rejeté au loin ; on lui tua beaucoup de monde, on lui fit 160 prisonniers, et on lui prit en outre une pièce de 8, 600 boulets, 30,000 cartouches et une grande quantité de vivres. L'occupation du fort de Morella était très importante alors, en ce que, situé dans le voisinage de Valence, il tenait cette ville dans une perpétuelle inquiétude.

Le général Suchet fut informé vers la fin d'août qu'un corps considérable s'avançait par la route de Valence. Il marcha à sa rencontre ; mais l'ennemi ne crut pas devoir l'attendre ; il se retira à la hâte dans plusieurs directions, abandonnant plus de 150,000 rations de biscuit, beaucoup de bagages et un drapeau : l'avant-garde française se mit à la poursuite des fuyards ; mais elle ne put guère atteindre qu'une centaine d'hommes qu'elle fit prisonniers.

Combat de Cervera. — Le maréchal Macdonald était venu se réunir dans Lérida au général Suchet, pour prendre part au siége de Tortose, dont on avait spécialement chargé le 3e corps ; mais voyant que cette opération périlleuse était retardée par la baisse des eaux de l'Èbre, il s'était décidé, en attendant que le fleuve redevînt navigable, et pour faire subsister ses troupes, à les mettre en cantonnement dans les fertiles plaines qui avoisinent la petite ville de Cervera, située à huit lieues au nord de Tarragone. Les Français campèrent à Tarrega le 4 septembre. — Le lendemain, en continuant la marche au point du jour, l'avant-garde rencontra quelques postes de cavalerie espagnole. Le premier régiment de chasseurs à cheval napolitain, qui était en tête, repoussa vigoureusement cette troupe ; mais s'étant abandonné à la poursuite des fuyards avec une impétuosité irréfléchie, il fut attaqué par un régiment espagnol posté en embuscade : c'étaient les dragons de Santiago, qui s'élancèrent sur les chasseurs napolitains, et en firent un affreux carnage. Le colonel du régiment ne parvint qu'avec beaucoup de peine à le rallier, la compagnie d'élite était détruite presque complétement. Le 24e de dragons, qui débouchait à peine de Tarrega au moment de cet échec, reçut du maréchal Macdonald l'ordre de venir le réparer en toute hâte.

Le colonel Delort, commandant ce régiment, dépassa la colonne, forma ses troupes en bataille à droite et à gauche de la route, et fit aussitôt reconnaître la position de l'ennemi. La cavalerie espagnole, composée de dragons et de hussards, était forte de 600 chevaux ; son ordre de bataille était à peu près parallèle à celui des dragons français. eux-ci marchèrent au-devant de l'ennemi, qui fit un mouvement rétrograde. Le colonel Delort détacha à sa poursuite un de ses escadrons, et marcha par pelotons avec les autres pour soutenir le premier. L'ennemi fit volte-face, et il se disposait à charger, quand l'escadron qui le poursuivait le chargea. Culbutée et mise en déroute, la cavalerie espagnole tenta de se rallier près de Cervera. Mais elle ne put y parvenir : un escadron la chargea de nouveau, et la dispersa dans les montagnes. Le colonel Delort traversa Cervera avec le reste de son régiment, et poursuivit, de son côté, une autre colonne d'infanterie et de cavalerie qui s'était retirée par la grande route. Cette colonne, vigoureusement sabrée, fut aussi dispersée dans les montagnes. Les dragons français s'emparèrent de l'ambulance, des munitions de l'ennemi et des équipages de ses officiers. Ce régiment se porta jusqu'au-delà de Monmanen, et rejoignit ensuite l'armée au camp sous Cervera. Presque tous les chasseurs napolitains pris par l'ennemi au commencement de l'action furent repris par le 24e de dragons ; mais les Espagnols, irrités d'être obligés de lâcher leur proie, eurent l'horrible cruauté de mutiler à coups de sabre ces malheureux prisonniers. Ce combat coûta à la cavalerie espagnole 50 morts et un pareil nombre de prisonniers.

Le maréchal Macdonald établit sur-le-champ son quartier général à Cervera, et cantonna ses troupes aux environs de cette ville.

Succès d'O'Donnell à la Bisbal. — Le général O'Donnell voulut profiter de la position précaire qu'occupait le duc de Tarente, en attendant qu'il pût venir coopérer au siége de Tortose, pour tenter un coup de main. Il quitta son camp retranché de Tarragone, contint adroitement, à l'aide de miquelets et de démonstrations simulées, les garnisons de Barcelone, d'Hostalrich et de Gérone, se dirigea en toute hâte vers la haute Catalogne, presque dégarnie de troupes, et tomba à l'improviste sur le général Schwartz, cantonné avec sa brigade à la Bisbal et dans les environs.

Surpris par des forces dix fois au-dessus des siennes, ce général fut obligé de céder au nombre, après la résistance la plus opiniâtre. Tout ce qui ne fut pas tué fut pris. Les Français furent embarqués pour être conduits à Tarragone, où le général O'Donnell, grièvement blessé dans l'action, rentra au milieu de l'enthousiasme général. On lui donnait hautement les noms de *martyr* et de *libérateur de la patrie*. C'est à cette occasion que la junte suprême décerna à O'Donnell le titre glorieux de *comte de la Bisbal*.

Ce succès d'O'Donnell eut cela de fatal pour les Français, qu'il rendit aux Catalans une grande confiance en eux-mêmes; ils comprirent que si leurs adversaires étaient invincibles en masse, on pouvait, en attaquant isolément les détachements éloignés, et en faisant des incursions sur les flancs et sur les derrières de l'armée, les mettre dans une position critique et leur fermer toute communication. Les insurgés catalans étaient toujours maîtres des défilés de Montblanch, ainsi que du col de Balaguer, défendu par le fort San-Felipe.

Malgré sa modération et ses sentiments d'humanité, le duc de Tarente fut obligé de déployer encore plus de sévérité que son prédécesseur, pour mettre un frein à la férocité des paysans insurgés, qui égorgeaient sans pitié tous les soldats voyageant isolément sur la grande route de Tarrega à Cervera. Plusieurs habitants furent pendus; leurs maisons furent démolies et rasées, et de fortes contributions furent imposées aux villages qui avaient toléré de si épouvantables excès.

Expédition de Villacampa et Carvajal. — Leur défaite à Alventosa et à Fuente-Santa. — Tandis que le général Suchet continuait ses préparatifs de siége, il apprit, vers le milieu du mois d'octobre, que la junte de Valence, voulant profiter du moment où il était occupé devant Tortose, avait rassemblé, sous les ordres des généraux Villacampa et Carvajal, un corps de 8,000 hommes afin d'opérer une diversion sur Saragosse. Par suite de cette nouvelle, le général Klopiski fut envoyé vers Teruel avec sept bataillons. Surpris dans leur marche, les Espagnols furent obligés de rétrograder sur cette ville, où le général Klopiski arriva le 30 octobre au soir, chassant devant lui Villacampa, et faisant prisonniers un colonel, trois officiers et une centaine de soldats. Il se remit ensuite, à minuit, à la poursuite du général Carvajal, qui était parti à deux heures avec une colonne d'artillerie. Il atteignit son arrière-garde le 31, à onze heures du matin, au ravin d'Alventosa; le 4ᵉ de hussards exécuta plusieurs charges brillantes qui mirent cette troupe dans une déroute complète; toute l'artillerie fut prise, attelée et intacte, avec une compagnie d'artillerie légère toute montée et les trois officiers qui la commandait. La rapidité de la charge des hussards précipita dans le ravin plus de soixante mulets chargés de cartouches. Les Français

firent 300 prisonniers, et s'emparèrent de deux pièces de 4, deux de 8, deux obusiers, six caissons chargés, une forge, cinquante caissons de cartouches, et cent chevaux ou mulets d'artillerie. Le général Klopiski conduisit ses prises à Saragosse, puis se remit à la poursuite de Villacampa. Il apprit, le 11 novembre, à Teruel, que l'ennemi s'était rallié et avait réuni 4,000 hommes à Fuente-Santa, position située aux frontières de Castille et regardée dans le pays comme inattaquable. Il se mit en marche, et s'établit, le 12, derrière Villel, après avoir chassé devant lui l'avant-garde espagnole établie à Villastar.

Le mont de Fuente-Santa est appuyé au Guadalaviar, entièrement escarpé sur ses flancs, et d'un si difficile accès, que les chevaux n'y peuvent arriver. A une heure, le général Klopiski ordonna l'attaque sous le feu terrible de l'ennemi. Un bataillon de grenadiers de la Vistule et deux bataillons du 121ᵉ marchaient en bataille et en échelons; pendant ce temps, le colonel Kosinowski observait les flancs avec les fusiliers du 1ᵉʳ régiment. La gauche du général Klopiski chargea et repoussa une colonne ennemie qui, au fort de l'engagement, était venue la menacer; les positions des Espagnols furent abordées et enlevées l'une après l'autre; enfin, à la suite d'un combat sanglant et opiniâtre, qui ne dura pas moins de deux heures, l'ennemi, enfoncé sur tous les points, prit la fuite dans le plus grand désordre. Le pont de Libros, sur lequel il se précipita, rompit sous le poids des fuyards, et, en un instant, les rochers et les bords de la rivière furent couverts de cadavres. La fatigue seule des Français arrêta le carnage et la poursuite. Les soldats qui purent échapper rentrèrent dans la Nouvelle-Castille par bandes et sans armes.

Défaite d'O'Donnell à Falset. — Encouragé par le succès obtenu à la Bisbal, le général O'Donnell, à la tête d'un corps espagnol assez considérable, était venu occuper la position de Falset, afin d'inquiéter les opérations du siége de Tortosa. Le général Suchet dirigea contre lui, le 19 novembre, le général Abbé avec le 115ᵉ de ligne, et le général Habert avec le 5ᵉ d'infanterie légère et une partie du 116ᵉ. Le général Abbé attaqua par la grande route, pendant que le général Habert cherchait à déborder les Espagnols par la droite. Les Français s'élancèrent sur les retranchements ennemis, enlevèrent successivement trois camps, et entrèrent dans Falset au pas de charge. Le général Abbé continuait, pendant ce temps, à déborder les positions des Espagnols, avant lesquels il arriva sur la route de Reuss avec ses voltigeurs. Surpris dans leur retraite, les Espagnols évacuèrent tous leurs camps après avoir laissé le champ de bataille couvert de morts et de blessés. 400 soldats et 14 officiers furent faits prisonniers. Cent mille cartouches tombèrent au pouvoir des Français, ainsi que mille fusils abandonnés sur le champ de bataille. Cette affaire coûta aux Espagnols 1,200 hommes tués, blessés ou prisonniers.

Défaite de Bassecourt à Uldecona. — Quelques jours après cette défaite d'O'Donnell, le général Musnier attira sur Uldecona l'armée de Valence, commandée par le général Bassecourt, et que le général Suchet avait cherché plusieurs fois inutilement à engager au combat. Bassecourt parut, le 26 décembre, à la tête de 8,000 fantassins et de 800 chevaux. Grâce aux ténèbres de la nuit, il parvint à tourner les premiers postes du 114ᵉ, et arriva jusqu'au camp de ce régiment. Quelques compagnies se formèrent à la hâte et se portèrent aussitôt en avant. Reçus à bout portant par une décharge, les Espagnols jonchèrent la terre d'hommes et de chevaux. Avant le jour, toutes les troupes françaises étaient en ligne. L'ennemi attaquait sur trois colonnes : l'une d'elles avait pris position sur une hauteur où se trouvait une vieille tour : le colonel Estève s'y porta en toute hâte à la tête de son régiment, et chassa les Espagnols à la baïonnette. Il se mit à leur poursuite, quoiqu'ils fussent six fois plus nombreux, les atteignit au pont de la Cenia, et en fit un affreux carnage. 300 soldats et 11 officiers furent faits prisonniers.

Combat de Vinaros. — Pendant que le général Musnier battait l'ennemi à Uldecona, le général Montmarie tenait en respect la colonne espagnole qui voulait déboucher par la route d'Alcanar, et à laquelle s'étaient réunis les débris de celle qui venait d'être battue. Le général Musnier ordonna au général Montmarie d'attaquer brusquement tout ce qui était devant lui, tandis qu'avec la brigade de cavalerie du général Boussard et le 14ᵉ régiment d'infanterie, il se porterait lui-même en toute hâte sur Vinaros.

Les Espagnols firent bonne contenance et se reployèrent en ordre sur Vinaros ; mais le général Musnier les avait devancés et était déjà établi sur ce point. L'ennemi se trouva alors attaqué à la fois en tête, en flanc et en queue, et fut bientôt dans la plus grande déroute. Le général Boussard, à la tête de deux régiments (hussards et cuirassiers) les poursuivit jusqu'à Benicarlo, et si impétueusement, qu'un très grand nombre de fantassins et de cavaliers, pour ne pas être sabrés, se précipitèrent dans la mer où ils se noyèrent. Les Espagnols perdirent plus de 1,200 hommes, et laissèrent entre les mains des Français 2,000 soldats et 80 officiers. La perte des Français ne s'éleva pas à plus de 200 hommes tués ou blessés.

Pendant l'affaire de Vinaros, vingt-sept chaloupes canonnières anglaises vinrent menacer la tour de la Rapita, et, pour opérer une diversion, essayèrent un débarquement sur les derrières de l'armée assiégeante. Le général Harispe donna aussitôt l'ordre au capitaine Sieyès de se rendre sur ce point avec un détachement d'artillerie. Cet officier dirigea ses pièces avec tant de précision, que les canonnières anglaises, écrasées par les obus, se déterminèrent à la retraite et restèrent au large, spectatrices forcées de la défaite des Espagnols.

Macdonald introduit un convoi dans Barcelone.— La Haute Catalogne et Barcelone étaient dans une situation qui exigeait absolument le retour du maréchal Macdonald. On avait rassemblé sous Gérone un convoi considérable, et il fallait de nombreuses forces réunies pour le faire entrer dans Barcelone, qui ne pouvait être approvisionnée que par terre, à grands frais et pour peu de temps. Le maréchal, avant de rien tenter, poussa des détachements vers Balaguer et vers Solsona pour chasser des défilés et des montagnes tous les partis qui les défendaient.

Macdonald fit faire aussi la reconnaissance du fort de Cardona, bâti sur des rochers inaccessibles, près du Cardesser, et qu'on n'avait pu armer qu'en faisant fondre les canons sur place. Le résultat de cette expédition fut seulement les hommes tués ou blessés par quelques coups de fusils que l'on échangea sous les murs de cette forteresse.

Le maréchal arriva, le 10 novembre, à Gérone, y fit prendre à ses troupes quelques jours de repos, et en repartit le 22 avec le convoi, qui entra intact trois jours après dans Barcelone.

Tous les préparatifs étaient achevés pour le siége de Tortose ; il était donc important que le maréchal Macdonald allât rejoindre le 3ᵉ corps. Aussi, ayant renouvelé la garnison de Barcelone, il partit de cette ville le 26 novembre ; et après une marche difficile, à travers les défilés et les montagnes, il établit son quartier-général à Tivenis, sur l'Èbre. Il garda près de lui une partie des troupes du 7ᵉ corps, et mit le reste à la disposition du général Suchet.

Débarquement et défaite des Anglais à Palamos. — Le seul événement qui eut lieu dans la Haute-Catalogne, durant le siége de Tortose, fut un débarquement des Anglais.

Le 13 décembre, deux vaisseaux de ligne, une frégate et cinq bâtiments anglais se montrèrent en vue de Palamos, et débarquèrent, à l'ouest de ce port, 900 hommes et quatre pièces de canon de campagne. Dans le même temps, une frégate, une corvette et un brick se dirigeaient à l'est, et débarquaient 200 hommes destinés à s'emparer de la ville. Cette entreprise semblait devoir obtenir un plein succès, lorsque le chef de bataillon Emyon, du 3ᵉ d'infanterie légère, qui, avec sa troupe, avait pris position sur les hauteurs, tomba sur les Anglais au moment où ils se formaient en bataille, les culbuta, les accula aux vieilles murailles de Palamos, entra dans la ville, pêle-mêle avec eux, et les poursuivit jusqu'à leurs embarcations. Sur 1,100 Anglais qui avaient été mis à terre, 400 furent tués, et le reste fut fait prisonnier. Le commandant Emyon n'eut que 60 hommes tués ou blessés. Dès que les vaisseaux anglais virent le désastre de leur expédition, ils mirent à la voile et gagnèrent le large.

Siége et prise de Tortose. — Fin de la campagne. — Profitant des succès obtenus par les généraux Musnier, Montmarie et Boussard, Suchet passa sur la rive gauche de l'Èbre avec douze bataillons, pour compléter le blocus de Tortose. La position du col de l'Alba fut enlevée par une colonne française, tandis qu'une autre colonne, débouchant de la tête du pont de Xerta, s'avançait, sur le haut Èbre, jusqu'à portée de canon de la place, en faisant replier les postes ennemis. Après avoir laissé un régiment sur ce point, les Français tournèrent autour de la place à grande portée de canon, laissant des troupes de blocus sur tout le circuit que leur ligne parcourait, jusqu'au bas Èbre. En un seul jour l'investissement se trouva complété, et le soir même on bloqua étroitement la place, dans laquelle l'ennemi fut rejeté de tous côtés.

Le terrain, accidenté et bouleversé, offrait aux assiégeants plusieurs couverts dont ils profitèrent pour rapprocher les camps des ouvrages, et diminuer ainsi le circuit du blocus. Le colonel du 117e régiment de ligne, qui occupait la droite, profita d'un revers de terrain pour se camper à l'abri des feux de la place, à deux cents toises d'un ouvrage à cornes appelé *les Tenailles* (las Tenazzas). Les assiégés se trouvaient ainsi dans l'impossibilité de faire des sorties sur le haut Èbre. Deux régiments de ligne furent placés au centre; un autre régiment et le 2e de la Vistule occupèrent la gauche. Cinq bataillons restèrent sur la rive droite pour le blocus de la tête du pont. Ces troupes, campées à six-cents toises seulement de cet ouvrage, se mirent à l'abri du canon des assiégés par des épaulements. On établit, sur le haut et sur le bas Èbre, des ponts volants protégés par des têtes, afin d'assurer les communications des deux rives.

La rive de Tortose, baignée par les eaux de l'Èbre, s'appuie à une chaîne de montagnes; elle est entourée par une enceinte bastionnée, dont une partie est dans la plaine; l'autre partie s'élève sur des plateaux de granit, d'environ deux cents pieds de haut et presque partout dépouillés de terre. Le fort de la place (*el Castillo*) consiste en un vieux château bâti sur un roc élevé. Le bastion San-Pedro, du côté duquel les Français avaient attaqué la place en 1708, avait été renforcé par des retranchements. — Les Espagnols avaient élevé en avant de ce bastion le fort d'Orléans, qui se compose d'une bonne lunette avec un fossé taillé dans le roc et un chemin couvert, et d'un ouvrage irrégulier sur la droite, qui domine toute la plaine du bas Èbre. L'ouvrage à cornes des Tenailles et l'ouvrage à cornes en avant del Castillo, couronnent les autres plateaux.

Le point où est construit le fort d'Orléans avait été jugé, et par la présence même de ce fort, et par les difficultés du terrain, beaucoup plus difficile à attaquer que le demi-bastion Saint-Pierre, qui s'appuie sur le bas Èbre. Sur cette observation, faite par le général Rogniat, le général en chef décida que l'attaque serait dirigée sur ce demi-bastion. Partout ailleurs le terrain était fort mauvais, et l'on était forcé de s'emparer d'abord des forts avancés avant de pouvoir atteindre la double enceinte du corps de place. Cette attaque du demi-bastion Saint-Pierre était à cheval sur le fleuve, et, ce qui était un obstacle pour les assiégeants, elle était prise en écharpe par les batteries du fort d'Orléans. Pour paralyser l'action de ce fort et protéger les flancs de l'attaque principale, le général français résolut de faire deux fausses attaques; l'une sur le plateau en avant du fort d'Orléans, l'autre sur la rive droite, devant la tête du pont.

Tous les postes ennemis étaient, le 19 décembre, chassés dans la place, et déjà l'on s'était rendu maître d'un ouvrage que les assiégés avaient commencé sur le front du fort d'Orléans, mais qui n'était pas encore assez avancé pour être défendu. On ouvrit le soir, avec 50 travailleurs, une tranchée sur le plateau en avant du fort d'Orléans. La possession de ce plateau était indispensable avant de se hasarder dans la plaine au-dessous. On l'ouvrit à la sape volante, à quatre-vingts toises du fort, sur une longueur de cent quatre-vingts toises. Partout on rencontra du roc vif ou un terrain tellement dur, qu'on ne put s'enfoncer qu'à l'aide du pétard.

Dans la nuit du 20 au 21, 2,300 travailleurs ouvrirent la première parallèle devant le front des deux bastions Saint-Pierre et Saint-Jean, la gauche à quatre-vingts toises, se prolongeant depuis le bord du fleuve jusqu'au pied du plateau d'Orléans, sur une étendue de deux cent cinquante toises. On ouvrait en même temps sur la rive droite une tranchée, à quatre-vingt-dix toises de la tête du pont, pour y placer des batteries destinées à flanquer l'attaque principale.

Le général Frère, faisant partie de l'armée de Catalogne, vint se réunir, le 22, avec sa division, à l'armée de siége. Le général en chef plaça cette troupe à une lieue au-dessous, sur l'Èbre, couvrant la route de la mer et de Tarragone.

Les travaux furent poussés avec une activité incroyable: au centre, le chemin couvert était couronné dès la septième nuit, avant même l'établissement des batteries, exemple unique peut-être dans l'histoire des siéges. La garnison avait tenté sans succès une sortie dans la nuit du 17 décembre; elle fut repoussée, et les tirailleurs parvinrent jusqu'au pied de la muraille. Le camp retranché et toutes les redoutes furent enlevés. De nouvelles sorties eurent lieu, le 23 au soir, dans presque toutes les directions; les assiégés parvinrent à disperser les travailleurs de l'attaque d'Orléans.

Les camps et les ouvrages furent attaqués, dans les nuits des 24 et 26, par des colonnes de 3 à 400 Espagnols, qui furent reçues partout à la baïonnette par les gardes de tranchée, et repoussées avec perte. L'ennemi, voulant préparer une sortie générale avant le feu des batteries assiégeantes, fit, le 28, un feu terrible des batteries de la place. A quatre heures du soir, les assiégés débouchèrent par la porte del Rastro, au nombre d'environ 2,000 hommes, et s'avancèrent sur le plateau pour prendre à revers les parallèles de l'attaque d'Orléans. Mais les deux régiments campés vis-à-vis de cette sortie, conduits par les généraux Habert et Bronikowski, se précipitèrent sur les Espagnols à la baïonnette, et les repoussèrent jusque dans le chemin couvert. Le général Abbé, commandant de tranchée, soutenu du colonel Lafosse, s'élança à leur poursuite par-dessus les tranchées, les culbuta, en tua un grand nombre et fit quelques prisonniers.

Le front des parallèles était en même temps le but d'une attaque de l'ennemi, qui, dans la plaine, parvint à chasser les postes du couronnement du chemin couvert. Quelques sapeurs tentèrent en vain de s'opposer à la marche des Espagnols; ceux-ci arrivèrent jusqu'à la seconde parallèle. Mais là, les troupes de garde les reçurent vigoureusement, et après les avoir repoussés, les forcèrent à rentrer dans la place avec une perte de 400 hommes.

Malgré des obstacles sans cesse renaissants, et qui tenaient à la variation quotidienne de la navigation du fleuve, l'artillerie française était parvenue à transporter le parc de siége sur la rive gauche. La construction des batteries ne s'était faite qu'avec beaucoup de peine, à cause du feu terrible de la place qui écrasait surtout la rive droite.

Le 29 décembre, à la pointe du jour, le général Vallée disposait de quarante-cinq bouches à feu, divisées en dix batteries sur l'une et l'autre rive. Ces batteries commencèrent un feu qui, en deux heures, prit une supériorité décidée, et éteignit celui du front attaqué; le même jour le pont fut coupé et le lendemain entièrement rompu, ce qui força l'ennemi d'évacuer dans la nuit la tête du pont, dont les Français s'emparèrent.

Le 30, il n'y avait guère que le château qui tirât; aussi, le 31, les Français ralentirent leur feu, auquel on ne répondait pas. Les parapets étaient rasés, les embrâsures hors d'état de recevoir du canon, et deux brèches commencées à l'avancée du fort d'Orléans et à la place. En même temps le général Rogniat exécutait la descente et le passage du fossé, et attachait le mineur à l'escarpe du corps de la place.

Les choses en étaient là lorsque, le 1er janvier 1811, au matin, un drapeau blanc se balança au sommet du château de Tortose. Les hostilités cessèrent aussitôt; et les remparts se couvrirent de soldats et d'habitants. On amena au général Suchet deux officiers parlementaires autorisés à faire des propositions. L'adjudant commandant Saint-Cyr-Nugues, chef d'état-major du général Suchet, fut chargé de porter au gouverneur les bases d'une capitulation. Mais ce gouverneur, homme d'un caractère faible, était entouré de deux ou trois chefs qui s'étaient partagé son autorité, et qui demandèrent à être renvoyés à Tarragone tout de suite, ou à se rendre conditionnellement dans quinze jours s'ils n'étaient pas secourus auparavant. L'officier français rejeta ces propositions, et engagea le gouverneur à ne plus arborer de drapeau blanc à moins qu'il ne voulût accepter une capitulation pure et simple.

Les soldats français apprirent avec joie le résultat de l'entrevue, et demandèrent à grands cris l'assaut que le général Suchet leur promit pour le lendemain. On recommença à lancer des bombes et des obus sur la ville et le château. Le matin du 2 janvier, une nouvelle batterie de brèche, élevée avec une étonnante rapidité dans le chemin couvert sur la contre-escarpe du fossé, battait la muraille à quinze toises; d'heure en heure la brèche s'élargissait, et malgré trois drapeaux blancs qui flottaient à la fois sur les remparts, les Français redoublaient leurs feux. Enfin, à deux heures, tout fut prêt. Le général Suchet fit prendre les armes à la brigade Harispe, et on forma les compagnies d'élite en colonnes pour monter à l'assaut.

Les parlementaires espagnols se présentèrent de rechef; mais le général Suchet avait défendu de les recevoir, à moins que, pour premier préliminaire, ils ne livrassent une porte de la ville. Ils hésitaient. Suchet s'avança et ordonna de baisser les pont-levis; les soldats espagnols obéirent; le général entra dans la place, et adressa au gouverneur et aux soldats des reproches sur leur conduite de la veille. Les forts se soumirent, les grenadiers français s'emparèrent des postes. A quatre heures, la garnison, forte de 6,800 hommes, défila prisonnière de guerre (en déposant neuf drapeaux, dont un offert à la ville par le roi d'Angleterre), et prit immédiatement la route de Saragosse.

On trouva dans la place 177 bouches à feu, 9,000 fusils, et une grande quantité de munitions.

Tortose était le principal point de communication entre les provinces de l'Est, et le grand dépôt de leurs ressources militaires; la perte de cette ville porta un coup fatal à l'insurrection dans les provinces. La Catalogne se trouvait privée de tout secours venant de l'intérieur, et n'avait d'espoir que dans ceux que l'on pourrait débarquer sur la côte. Ce fut pour s'y opposer, que le général Suchet, empressé de poursuivre le cours de ses opérations, se prépara à faire le siége de Tarragone.

La prise de Tortose termina, en Catalogne, la campagne de 1810, qui n'eut point pour les Français les résultats qu'ils étaient en droit d'en espérer, bien qu'à cette époque, sur tous les points de l'Espagne, ils fussent victorieux.

RÉSUMÉ CHRONOLOGIQUE.

1810.

JANVIER. Prise de Vique. — Combat de Sespina.
— — Combat de Mollet.
19 FÉVRIER. Combat de Villel.
22 — Combat de Vique.
MARS. Apparition des Français devant Valence.
— — Combat de Villafranca.
AVRIL. Investissement et siége de Lérida.
22 — Défaite d'O'Donnell.
12 MAI. Prise d'Hostalrich.
14 — Prise de Lérida.
8 JUIN. Prise de Méquinenza.
JUILLET. Préparatifs du siége de Tortose.
19 — Prise du fort de Morella.
AOUT. Combat autour de Tortose.

4 SEPTEMBRE. Combat de Cervera.
— — Combat de la Bisbal.
31 OCTOBRE. Combat d'Alventosa.
12 NOVEMBRE. Combat de Fuente-Santa.
19 — Défaite d'O'Donnell à Falset.
25 — Convoi introduit dans Barcelone.
26 — Combats d'Uldecona et de Vinaros.
30 — Réunion du 3e et du 7e corps.
13 DÉCEMBRE. Défaite des Anglais à Palamos.
19 — Ouverture de la tranchée devant Tortose.
24 - 26 — Sorties repoussées.
29 - 30 — Prise de la tête de pont sur l'Èbre.

1811.

2 JANVIER. Prise de Tortose. — Fin de la campagne

MARIAGE DE L'EMPEREUR ET NAISSANCE DU ROI DE ROME.

Gloire et prospérité de l'Empire français. — Divorce de l'Empereur et de l'Impératrice. — L'année 1810 commence l'époque la plus glorieuse et la plus prospère du règne de Napoléon, époque à laquelle les désastres de la Russie devaient mettre un terme fatal. —De 1810 à 1812, les confins de l'Empire français furent reculés, d'un côté, jusqu'aux bouches de l'Elbe, de l'autre, jusqu'aux rivages du Tibre; Rome devint la seconde ville de l'Empire, Amsterdam la troisième. Un frère de l'Empereur régnait en Espagne, un autre à Naples, un troisième en Westphalie. Napoléon, roi d'Italie, était médiateur de la Confédération suisse, protecteur de la Confédération du Rhin. La domination française atteignait directement 44,000,000 d'hommes. Le patronage de l'Empereur s'étendait sur 100,000,000 d'Européens. La Suède, le Danemark, la Bavière, le Wurtemberg, la Prusse, l'Autriche et la Russie, s'honoraient de l'alliance de Napoléon. L'Angleterre, cette vieille ennemie, cette rivale éternelle de la grandeur de la France, conservait seule ses sentiments d'inimitié pour le nom français. Mais le blocus continental, rigoureusement observé, atteignait son commerce et sa marine; tous les ports de l'Europe lui étaient fermés, tous les marchés défendus. — Pendant que tout débouché pour la vente des denrées coloniales était ainsi enlevé à l'Angleterre, l'Empereur excitait par ses encouragements le génie des industriels et les travaux des agriculteurs. La fabrication du sucre de betterave se préparait à lutter contre celle du sucre de canne, et de grandes plantations de coton naturalisaient en Italie la culture de cette plante précieuse.

Ce temps de gloire européenne et de prospérité intérieure fut aussi marqué dans la vie de l'Empereur par les plus grands événements qui aient intéressé ses affections domestiques, le divorce avec Joséphine, le mariage avec Marie-Louise, la naissance du roi de Rome. Ces événements se rattachent trop à l'histoire du grand capitaine et à celle de l'Europe, pour que nous puissions négliger d'en parler. Nous allons le faire brièvement.

La tentative criminelle de Stabbs avait ramené la pensée de Napoléon sur ce qui arriverait à la France, dans le cas où la mort l'enlèverait avant qu'il eût laissé un héritier de son sang, qui pût continuer ses travaux et assurer son ouvrage. Il avait toujours désiré un fils, vœu légitime dans le fondateur d'un empire; mais Joséphine ne pouvait pas lui donner d'enfants. La raison d'État parla plus haut que les affections du cœur : il se résolut à un divorce, auquel l'Impératrice se soumit généreusement. Le sénat et l'officialité de Paris prononcèrent la dissolution de son mariage. Les sénateurs, dans leur décision, purent être influencés par un motif politique; les prêtres trouvèrent pour prétexte à leur complaisance un léger défaut de forme. Le fils de Joséphine, Eugène Beauharnais, aida sa mère à supporter ce grand sacrifice, et, par son abnégation désintéressée, par son dévouement filial, conserva à cet acte, qui blessait tant d'affections, une sorte de dignité et de grandeur stoïque. Eugène, dans cette triste circonstance, sut allier ses sentiments pour sa mère avec ses devoirs envers l'Empereur. Joséphine conserva le rang et le titre d'Impératrice, et, ce qui vaut bien une couronne, l'amour de la majorité des Français.

Mariage de Napoléon et de Marie-Louise. — Le divorce de Napoléon mit en émoi toutes les cours de l'Europe. Napoléon avait songé un instant à prendre pour épouse une princesse de Saxe; mais son choix s'arrêta ensuite sur une princesse russe. Une lettre confidentielle qu'il échangea à ce sujet avec l'empereur de Russie le fit encore renoncer à cette alliance, dont les conséquences eussent pu être si importantes pour les destinées de l'Empire français. Alexandre se montra flatté du désir de Napoléon; mais il demanda du temps, *à cause de l'extrême jeunesse de la grande duchesse Anne sa sœur*, à laquelle l'Empereur avait pensé. Napoléon ne crut pas que la politique, qui réglait seule sa conduite dans cette importante question, lui permit d'attendre.

A défaut d'une princesse russe, son choix ne pouvait plus tomber que sur une archiduchesse d'Autriche. L'empereur François II agréa avec empressement la proposition qui lui fut faite de donner sa fille à l'empereur Napoléon; et, le 11 mars 1810, Berthier, prince de Neufchatel, épousa solennellement, au nom de l'Empereur, cette même princesse Marie-Louise dont Napoléon avait peut-être épargné la vie l'année précédente, lors du bombardement de Vienne.

Deux jours après, la princesse partit pour Paris. Elle trouva, entre Branau et Altheim, la reine de Naples, qui avait été envoyée par l'Empereur pour la recevoir des mains de sa famille. Dès lors, elle prit le titre d'Impératrice des Français. A son entrée en France, elle fut saluée par d'unanimes acclamations de joie; elle était pour toute la nation comme l'aurore des plus belles destinées. A Strasbourg, un page aux couleurs impériales lui apporta une lettre, des fleurs rares et des faisans de la chasse de Napoléon. Elle se reposa deux jours dans cette ville, et y parla pour la première fois aux autorités françaises qui lui furent présentées. Tout le monde fut enchanté de sa douceur et de sa bonté. L'hommage galant et le bon goût qui l'avait accueillie à son arrivée à Strasbourg la suivit dans toute la route. Chaque jour un page envoyé par l'Empereur lui apporta une lettre et des présents, dont le prix consistait surtout dans l'opportunité qui accompagnait leur offre.

Comme entre souverains tout est fixé par le cérémonial, les plus habiles courtisans des deux cours avaient cru devoir régler par un programme la première entrevue des deux époux, qui, aux termes de ce règlement, devait avoir lieu dans une tente élevée au milieu de la forêt de Compiègne. Un des articles de cet acte, si important pour l'étiquette, disait :

« Lorsque LL. MM. se rencontreront dans la tente (où elles devaient entrer en même temps par deux côtés opposés), l'Impératrice s'inclinera pour se mettre à genoux, l'Empereur la relèvera, l'embrassera et LL. MM. s'assiéront. »

Quels que soient la déférence et le respect qu'un mari puisse exiger de sa femme, il aurait été fort dur pour une fille de la maison d'Autriche de satisfaire à cet article du cérémonial. L'impatience de Napoléon et sa brusque entrevue avec l'Impératrice rendirent inutile cette ridicule exigence. Aussitôt que l'Empereur apprit que sa jeune épouse approchait, il partit sans escorte, sans suite, et s'avança *incognito* à sa rencontre, accompagné seulement de son beau-frère le roi de Naples. Il arriva à Courcelles au moment où les courriers de l'Impératrice faisaient disposer le relais qui devait mener sa voiture. Il descendit aussitôt de sa calèche, et, pour se garantir de la pluie, s'abrita sous le porche de l'église ; là, il attendit l'Impératrice. Lorsque la voiture de Marie-Louise fut arrivée, et pendant qu'on changeait les chevaux, il se précipita vers la portière, l'ouvrit lui-même ; l'écuyer de service, qui l'avait reconnu, et qui n'était pas dans le secret de l'incognito, s'empressa de baisser le marchepied et d'annoncer l'empereur Napoléon. Il se jeta au cou de l'Impératrice, qui, n'étant aucunement préparée à cette galanterie improvisée, dut être bien étonnée. L'Empereur ordonna de fermer la portière et de partir sur-le-champ pour Compiègne, où il arriva avec Marie-Louise à dix heures du soir. Le lendemain il déjeuna auprès du lit de sa femme, paraissant enivré de son bonheur. L'Impératrice ne semblait pas moins émue.

L'Empereur et l'Impératrice firent leur entrée solennelle à Paris, au milieu d'un concours immense de peuple. Le grand aumônier de France, le cardinal Fesch, leur donna la bénédiction nuptiale. Cette cérémonie se fit avec une grande pompe. La vaste salle carrée attenant à la galerie du Louvre avait été disposée en chapelle et entourée de tribunes pour les rois, les princes souverains et les ambassadeurs qui devaient assister à cette brillante solennité, dont la plupart des cardinaux présents à Paris furent aussi les témoins. Le cortège de l'Empereur sortit des Tuileries et s'avança par les salles du Musée jusqu'à la chapelle, au milieu d'une foule respectueuse rangée en haie des deux côtés de la galerie.

Tous les corps de l'État, toutes les dignités civiles et militaires, tout ce que la cour de France, les cours étrangères et la ville de Paris renfermaient de personnes distinguées, s'y trouvait réuni ; on y comptait plus de 8,000 spectateurs. L'ivresse était générale : on aimait l'Empereur, et chacun était heureux de son bonheur. Ce mariage, aux yeux du peuple, était un gage certain de la durée de la paix glorieuse que la victoire de Wagram avait donnée à la France.

L'Empereur était fier de sa jeune épouse ; il voulut la montrer aux peuples des départements, et visita successivement avec elle Saint-Quentin, Cambrai, Anvers, Bruxelles. Partout il fut accueilli avec le même enthousiasme qui avait salué son entrée à Paris. Dans ce voyage il reconnut les bouches de l'Escaut et l'île Walcheren, théâtre de la malencontreuse expédition de lord Chatam.

Naissance du roi de Rome. — Bientôt la grossesse de l'Impératrice mit le comble au bonheur de Napoléon. La France attendit avec impatience le moment qui devait donner un héritier à son Empereur. Le 20 mars 1811, à 7 heures du soir, l'Impératrice sentit les premières douleurs de l'accouchement. M. Dubois fut aussitôt appelé auprès d'elle. Bientôt cet habile chirurgien acquit la certitude que l'accouchement serait difficile et laborieux. Il alla trouver l'Empereur et le pria de venir soutenir par sa présence le courage de l'Impératrice ; il ne lui cacha point qu'il craignait de ne pouvoir sauver à la fois et la mère et l'enfant : « Ne pensez qu'à la mère ! » s'écria vivement l'Empereur. Et courant aussitôt auprès de Marie-Louise, Napoléon l'embrassa tendrement, et l'exhorta au courage et à la patience. La crise arriva enfin. L'enfant se présenta par les pieds ; M. Dubois fut obligé de recourir au forceps pour dégager la tête. Le travail dura vingt-six minutes, et fut très douloureux. L'Empereur n'y put pas assister plus de cinq minutes ; il lâcha la main de l'Impératrice et se retira dans une pièce voisine tout pâle et paraissant hors de lui. De minute en minute, il envoyait une des femmes qui se trouvaient là demander des nouvelles de l'Impératrice. Aussitôt qu'il apprit que l'enfant était né, il vola auprès d'elle et la serra de nouveau dans ses bras. L'enfant resta sept minutes sans donner aucun signe de vie. Napoléon jeta un instant les yeux sur lui, le crut mort, ne prononça pas un seul mot, et ne s'occupa que de l'Impératrice, dont l'accouchement n'eut, par bonheur, aucune suite fâcheuse. On souffla quelques gouttes d'eau-de-vie dans la bouche du nouveau-né : on le couvrit de serviettes chaudes ; enfin il poussa un cri, et l'Empereur vint embrasser ce fils, dont la naissance était pour lui le comble du bonheur et le dernier bienfait de cette fortune qui semblait alors ne devoir jamais se lasser de lui prodiguer ses faveurs. Paris entier savait que l'Impératrice était dans les douleurs de l'enfantement ; dès 6 heures du matin le jardin des Tuileries était rempli d'une foule immense. Vingt et un coup de canon seulement devaient annoncer la naissance d'une princesse ; une salve de cent-un devait célébrer celle d'un héritier du trône. Dès que le premier coup se fit entendre, un profond silence régna parmi cette multitude, auparavant si bruyante et si tumultueuse. Au vingt-deuxième coup, l'enthousiasme éclata de toutes parts. Napoléon, placé derrière les rideaux d'une croisée, jouissait du spectacle de l'ivresse générale, et en paraissait profondément attendri; de grosses larmes roulaient sur ses joues. Enfin, cédant à sa joie, il vint de nouveau avec enivrement embrasser ce fils qu'il ne devait pas voir grandir, et dont la présence pendant quelques minutes seulement eût repandu tant de consolations sur ses derniers moments. Aujourd'hui le père et le fils se sont rejoints, mais c'est dans la tombe!

Un sénatus-consulte, en consommant la réunion des États romains à l'empire français, avait décidé que le fils aîné de l'Empereur prendrait à sa naissance le titre de *Roi de Rome*. C'est sous ce nom que le nouveau-né reçut les visites et les hommages des ambassadeurs de tous les souverains de l'empire; qui trois ans plus tard, devaient le séparer à jamais de son père et de sa patrie! On lui enleva le nom de Roi de Rome; on voulut le cacher sous le titre d'une dignité allemande; soins inutiles, puisqu'il n'était au pouvoir de personne de lui ôter le nom de son père, ce nom de Napoléon qui dans les siècles à venir sera plus glorieux que ceux de César et d'Auguste [1].

Affaire de la Hollande. — Abdication du roi Louis. — Réunion de la Hollande à l'Empire français. — Deux événements d'une grande importance politique eurent lieu pendant l'année 1810; l'un fut la réunion de la Hollande à l'empire français; et l'autre, l'élection d'un maréchal de l'empire, de Bernadotte, prince de Ponte-Corvo, à la succession éventuelle du trône de Suède.

Pour que l'Empereur se décidât à enlever au roi Louis la couronne qu'il avait lui-même posée sur sa tête, il fallut de puissants motifs politiques. L'Empereur aimait sincèrement son frère, qui, plus jeune que lui, lui avait servi d'aide de camp dans les mémorables campagnes d'Italie et d'Égypte.

Louis Napoléon, un des hommes les plus honnêtes qui aient jamais honoré une couronne, était devenu

Hollandais dans l'âme. Il avait pris à cœur les intérêts temporaires de ses sujets. Uniquement frappé des besoins présents du commerce de la Hollande, il ne comprit pas peut-être que la paix était cachée derrière la grande question du blocus continental. Placé dans une position difficile, par ce qu'il sentait devoir à son frère, et par ses principes et sa manière de voir opposés aux projets de Napoléon, il espéra un moment trouver un moyen de conservation en tentant auprès de l'Angleterre, au nom des intérêts anciens des deux pays, le grand œuvre d'une paix maritime. Les députés hollandais, consultés sur le choix forcé entre l'indépendance nationale (au prix de la fidélité au blocus continental) et la réunion de la Hollande à la France, avaient déclaré qu'ils trouvaient des relations de compatriotes fondées sur une égale réciprocité, avec 30,000,000 d'hommes, préférables à l'état de nation indépendante, mais sans commerce maritime.

Napoléon avait autorisé les ministres du roi de Hollande à envoyer en leur nom, auprès du ministère anglais, un agent accrédité pour traiter de la paix. Cette mission fut confiée à M. La Bouchère, négociant riche et respecté; on ne pouvait mieux choisir. Le cabinet anglais repoussa la négociation. L'Empereur se décida alors à mettre à exécution le projet de réunion: c'était le seul moyen d'assurer l'observation de son système continental. Le roi Louis espérant peut-être sauver encore sa couronne et l'indépendance de son pays, abdiqua *en faveur de son fils*. Mais l'Empereur rejeta cette abdication, et, par un décret impérial, réunit la Hollande à l'empire français. Pour faire comprendre quels motifs puissants le poussèrent à cette extrémité, il nous suffira de citer plusieurs passages d'une lettre qu'il avait précédemment écrite à son frère, pour lui exposer ses griefs et lui faire connaître ses desseins dans le cas où il n'obtiendrait pas satisfaction. Le style grave et officiel de cette lettre annonce assez de quelle importance cette question paraissait à Napoléon.

«Monsieur mon frère, lui écrivait-il, je reçois la «lettre de Votre Majesté. Elle désire que je lui fasse con-«naître mes intentions sur la Hollande; je le ferai fran-«chement. Quand Votre Majesté est montée sur le trône «de la Hollande, une partie de la nation hollandaise «désirait la réunion à la France; l'estime que j'avais «puisée dans l'histoire pour cette brave nation m'a «porté à désirer qu'elle conservât son nom et son in-«dépendance. Je redigeai moi-même sa constitution, «qui devait être la base du trône de Votre Majesté, et «je l'y plaçai. J'espérais qu'élevée dans ma politique, elle «aurait senti que la Hollande, qui avait été conquise «par mes peuples, ne devait son indépendance qu'à «leur générosité; je savais que la Hollande laissée sans «alliance, sans armée, pouvait et devait être conquise «le jour où elle se mettrait en opposition directe avec «la France; qu'elle ne devait point séparer sa politique «de la mienne; qu'enfin la Hollande était liée par des «traités avec la France...

«Mais je n'ai pas tardé à m'apercevoir que je m'étais «ber cé d'une vaine illusion: mes espérances ont été «trompées. Votre Majesté, en montant sur le trône de la «Hollande, a oublié qu'elle était française, et a même

[1] L'Empereur aimait beaucoup son fils. Une dame, que ses fonctions auprès de l'Impératrice ont mise à portée de voir l'intérieur de la famille impériale, la veuve du général Durand, donne, sur la manière d'être de Napoléon auprès de son fils, des détails qui ne sauraient paraître insignifiants. Il faut songer que cette affection était celle qui le rattachait le plus à l'humanité. «Souvent, dit-elle, il le prenait dans ses bras, le portait devant une glace et lui faisait des grimaces de toute espèce. Lorsqu'il déjeunait, il le mettait sur ses genoux, trempait un doigt dans la sauce, et lui en barbouillait le visage. La gouvernante grondait, l'Empereur riait, et l'enfant, presque toujours de bonne humeur, paraissait recevoir avec plaisir les caresses bruyantes de son père. Ceux qui, dans ces occasions, avaient quelque grâce à solliciter de l'Empereur, étaient presque toujours sûrs d'être favorablement accueillis.» On a raconté dans le temps une anecdote assez piquante. «Un homme d'esprit, fort malheureux, n'ayant pu, malgré toutes ses démarches, obtenir de l'Empereur un emploi qu'il lui demandait, s'avisa d'adresser son placet à Sa Majesté le Roi de Rome. Ce placet fut remis à l'Empereur, qui, frappé de la suscription, ordonna au pétitionnaire de le porter à son adresse. Le pétitionnaire obéissant se présenta respectueusement au jeune roi, qui prit le papier et balbutia des sons inarticulés; puis il revint à l'Empereur. «Quelle a «été la réponse du Roi de Rome?» demanda Napoléon. «Sire, Sa «Majesté n'a rien répondu. — Eh bien! qui ne dit mot, consent,» repartit l'Empereur en souriant, et il accorda l'emploi demandé.

«tendu tous les ressorts de sa raison, tourmenté la délica-
«tesse de sa conscience pour se persuader qu'elle était
«Hollandaise. Les Hollandais qui inclinaient pour la
«France ont été négligés et persécutés ; ceux qui ont
«servi l'Angleterre ont été mis en avant. Les Français,
«depuis l'officier jusqu'au soldat, ont été chassés, dé-
«considérés ; et j'ai eu la douleur de voir, en Hollande,
«sous un prince de mon sang, le nom français exposé
«à la honte. Cependant, je porte dans mon cœur, j'ai
«su soutenir si haut, sur les baïonnettes de mes sol-
«dats, l'estime et l'honneur du nom français qu'il
«n'appartient ni à la Hollande, ni à qui que ce soit,
«d'y porter atteinte impunément...

«Mais Votre Majesté s'est fait illusion sur mon ca-
«ractère, elle s'est fait une fausse idée de ma bonté et
«de mes sentiments envers elle. Elle a violé tous les
«traités qu'elle a faits avec moi ; elle a désarmé ses
«escadres, licencié ses matelots, désorganisé ses ar-
«mées ; de sorte que la Hollande se trouve sans armée
«de terre ni de mer, comme si des magasins de mar-
«chandises, des négociants et des commis pouvaient
«consolider une puissance. Cela constitue une asso-
«ciation ; mais il n'est pas de roi sans finances, sans
«moyens de recrutement assurés, et sans flotte.

«Votre Majesté a fait plus : elle a profité du mo-
«ment où j'avais des embarras sur le continent pour
«laisser renouer les relations de la Hollande avec l'An-
«gleterre, violer les lois du blocus, seul moyen de
«nuire efficacement à cette puissance. Je lui ai témoigné
«mon mécontentement de cette conduite, en lui inter-
«disant la France, et je lui ai fait sentir que sans le
«secours de mes armées, en fermant le Rhin, le Weser,
«l'Escaut et la Meuse à la Hollande, je la mettrais dans
«une position plus critique que si je lui eusse déclaré la
«guerre, et que je l'isolerais de manière à l'anéantir...

«Ce coup a retenti en Hollande, Votre Majesté a im-
«ploré ma générosité, en a appelé à mes sentiments de
«frère et a promis de changer de conduite. J'ai pensé
«que cet avertissement serait suffisant ; j'ai levé la
«prohibition de mes douanes ; mais bientôt Votre Ma-
«jesté est revenue à son premier système. Il est vrai
«qu'alors j'étais à Vienne et j'avais une pesante guerre
«sur les bras... Voici mes intentions :

«1° L'interdiction de tout commerce et de toute com-
«munication avec l'Angleterre ;

«2° Une flotte de quatorze vaisseaux de ligne, de
«sept frégates, et de 7 bricks ou corvettes, armés et
«équipés ;

«3° Une armée de terre de 25,000 hommes ;

«4° Suppression des maréchaux ;

«5° Destruction de tous les priviléges de la noblesse,
«contraires à la Constitution que j'ai donnée et que
«j'ai garantie.

«Votre Majesté trouvera en moi un frère si je trouve
«en elle un Français ; mais si elle oublie les sentiments
«qui l'attachent à la commune patrie, elle ne pourra
«trouver mauvais que j'oublie ceux que la nature a
«placés entre nous. En résumé, la réunion de la Hol-
«lande à la France est ce qu'il y a de plus utile à la
«France, à la Hollande, au continent ; car c'est ce qu'il
«y a de plus nuisible à l'Angleterre. »

*Le maréchal Bernadotte est élu prince royal de
Suède.* — L'élection du prince de Ponte-Corvo au rang
de prince royal de Suède ne fut pas l'œuvre de Napoléon, mais il eût suffi d'un mot de sa part pour l'empêcher. Il avait, comme on l'a vu, plus d'une raison
d'être mécontent du maréchal Bernadotte : une sorte
d'instinct secret semblait lui faire pressentir le mal que
le futur prince royal de Suède devait causer à la France.
Nous ne pouvons mieux apprécier cette élection et les
événements qui en furent la suite, qu'en citant les
propres paroles de l'Empereur, et le jugement qu'il
en portait à Sainte-Hélène.

«Quelque temps après l'expulsion de Gustave, la
succession au trône étant vacante, les Suédois, voulant
m'être agréables et s'assurer la protection de la France,
me demandèrent un roi. Il fut question un moment du
vice-roi ; mais il eût fallu qu'il changeât de religion,
ce que je trouvais au-dessous de ma dignité et de celle
de tous les miens. Puis, je ne jugeais pas le résultat
politique assez grand pour excuser un acte si contraire
à nos mœurs : toutefois, j'attachai trop de prix, peut-
être, à voir un Français occuper le trône de Suède.
Dans ma position, ce fut un sentiment puéril. Le vrai
roi de ma politique, celui des intérêts de la France,
c'était le roi de Danemarck, parce que j'eusse alors
gouverné la Suède par un simple contact avec les provinces danoises. Bernadotte fut élu, et il le dut à ce
que sa femme était sœur de celle de mon frère Joseph,
régnant alors dans Madrid... — Bernadotte a été le
serpent nourri dans notre sein. A peine il nous avait
quittés, qu'il était dans le système de nos ennemis, et
que nous avions à le surveiller et à le craindre. Plus
tard, il a été une des grandes causes de nos malheurs :
c'est lui qui a donné à nos ennemis la clef de notre
politique, la tactique de nos armées : c'est lui qui leur
a montré les chemins du sol sacré ! Vainement dirait-
il pour excuse qu'en acceptant le trône de Suède il
n'a plus dû être que Suédois : excuse banale, bonne
tout au plus pour la multitude et le vulgaire des ambitieux. Pour prendre femme on ne renonce point à
sa mère, encore moins est-on tenu à lui percer le sein
et à lui déchirer les entrailles.»

Le prince royal de Suède est entré en France à la
tête des armées ennemies. Rien ne peut justifier cette
conduite. Les émigrés et les Vendéens portant les armes
pour leurs intérêts particuliers, et combattant contre
les Français, ce n'était encore qu'une guerre civile. Le
maréchal Bernadotte a conduit parmi nous des bandes
étrangères. Il a trahi à la fois son général, son empereur et sa patrie.

TROISIÈME EXPÉDITION CONTRE LE PORTUGAL.

SOMMAIRE.

Opérations des 6ᵉ et 8ᵉ corps. — Siége et prise d'Astorga. — Troisième expédition contre le Portugal. — Forces respectives des deux armées. — Investissement, siége et prise de Ciudad-Rodrigo. — Position de l'armée anglo-portugaise. — Proclamation de Masséna aux Portugais. — Entrée en Portugal. — Prise du fort de la Conception. — Retraite des Anglais sur Almeida. — Investissement d'Almeida. — Combats devant cette place. — Siége et prise d'Almeida. — Mouvements et forces des deux armées. — Bataille de Busaco. — Entrée des Français à Coïmbre. — Départ de Coïmbre. — Attaque de l'hôpital par les Anglais. — Retraite de l'armée anglaise. — Combats autour de Sobral. — Lignes de Lisbonne. — Positions prises par l'armée française. — Les armées s'observent. — Retraite des Français sur Santarem. — Mouvement de l'armée anglaise. — Positions de Reynier. — Combat et prise de Punhete. — Préparatifs de Masséna pour passer le Tage. — Manœuvres de Wellington pour s'y opposer. — Jonction du 9ᵉ corps et de l'armée de Portugal. — Combat contre Sylveira et les insurgés portugais. — Mort de La Romana. — Travaux des Français. — Manque de vivres. — Situation critique. — Combat de Rio-Mayor. — Masséna se décide à la retraite. — Diversion tentée par l'armée d'Andalousie. — Troupes envoyées dans l'Alentejo. — Retraite de l'armée de Portugal. — Combat de Pombal. — Halte sur la Soure. — Bataille de Redinha. — Suite de la retraite. — Arrivée devant Coïmbre. — Sommation inutile. — Marche sur Miranda de Corvo. — Mesures énergiques du maréchal Ney. — Journée dite des positions. — Passage de la Ceira. — Affaire de Foz d'Arunce. — Double panique. — Suite de la retraite. — Arrivée à Celorico. — Le maréchal Ney quitte l'armée. Passage de la Coa. — Combat de Sabugal. — Retraite sous Almeida et Ciudad-Rodrigo. — Rentrée en Espagne. — Position des deux armées. — Masséna cherche à ravitailler Almeida. — Bataille de Fuente-de-Onoro. — Envoi d'un émissaire à Almeida. — Sa marche aventureuse. — Évacuation d'Almeida. — Marmont remplace Masséna. — L'armée entre en cantonnements.

<table>
<tr><td>ARMÉE FRANÇAISE.
Général en chef. — Le Maréchal Masséna (Prince d'Esling).</td><td>ARMÉE ANGLO-PORTUGAISE.
Général en chef. — Le général Sir Arthur Wellesley (Duc de Wellington).</td></tr>
</table>

Opérations des 6ᵉ et 8ᵉ corps. — Siége et prise d'Astorga. — Lorsque le mareschal Ney, qui avait au commencement de 1810, repris le commandement du 6ᵉ corps, cantonné dans la province de Salamanque, eut connaissance des succès obtenus par le roi Joseph en Andalousie, il se porta vers Ciudad-Rodrigo. Quelques obus furent jetés dans la place, et le 11 février, le gouverneur fut sommé de se rendre. Cet officier ayant déclaré qu'il se défendrait jusqu'à la mort, et le maréchal n'étant pas en mesure de commencer le siége, les troupes françaises se replièrent et furent cantonnées entre Ciudad-Rodrigo et Salamanque.

Le 6ᵉ corps resta ensuite inactif dans ses cantonnements jusqu'au moment où il se fondit dans l'armée de Portugal. Durant ce temps, il observa et contint les troupes anglo-portugaises échelonnées sur la frontière.

La paix conclue avec l'Autriche avait rendu disponible une grande partie des troupes de l'armée d'Allemagne, et l'empereur envoya des renforts en Espagne, pour renforcer tous les corps de l'armée péninsulaire.

Le général Junot, entré en Biscaye au commencement de l'année 1810, avec le 8ᵉ corps formé des troupes de l'ancienne armée de Portugal, et fort de trois divisions d'infanterie et d'une division de cavalerie, se dirigea sur Valladolid, tandis qu'une partie de ses troupes se portait sur le royaume de Léon, pour protéger cette province contre les insurgés de la Galice, qui, réunie dans les environs d'Astorga, se liaient avec un corps nombreux d'Anglo-Portugais qui occupaient tout le côté de la frontière de Portugal.

Le général Junot reçut, dans les derniers jours de mars, l'ordre de s'emparer d'Astorga, que les Espagnols avaient très bien fortifié. Une enceinte d'une construction solide et plusieurs ouvrages mettaient cette ville à l'abri d'un coup de main. La ville est flanquée, au sud et au nord, de deux faubourgs que l'on avait retranchés et liés avec elle; elle était en outre abondamment pourvue de munitions de toute espèce, et avait une artillerie formidable, servie par d'excellents canonniers tirés du corps de la marine. Le gouverneur Santocildes était un général brave et expérimenté, et sa nombreuse garnison était décidée à se défendre jusqu'à la dernière extrémité.

On investit facilement Astorga. Le général Junot choisit pour point d'attaque le côté comprenant l'espace qui se trouve entre la ville et les deux faubourgs. Les Français s'emparèrent du faubourg de Puerta-Rey, après un combat opiniâtre. L'attaque de l'autre faubourg ne pouvant être tentée sans sacrifier beaucoup de monde, on ne s'en occupa pas; on ouvrit la tranchée, et, malgré quelques sorties et le feu soutenu des assiégés, plusieurs parallèles furent élevées en peu de jours. Les assiégeants n'avaient, en fait d'artillerie, que six pièces de siége dont trois de 24 et trois de 16 et deux mortiers. On suppléa à ce qui manquait par des obusiers et de l'artillerie de campagne. Les murs de la place ayant résisté aux boulets qui les battirent pendant plusieurs jours, on désespéra de rendre la brèche plus praticable, et on se prépara à donner l'assaut. Cette expédition dangereuse fut confiée au chef d'escadron Lagrave, un des aides de camp du général en chef, ayant sous ses ordres un bataillon de grenadiers et de voltigeurs.

On avait choisi pour battre en brèche la partie de l'enceinte adossée à la cathédrale; afin d'arriver à cette brèche, il fallait passer sous le feu des meilleurs tirailleurs ennemis, postés dans les maisons du faubourg Retebia. Le général Jeannin chercha, avec sa brigade, à déloger ces tirailleurs; il y perdit vainement une partie de ses compagnies d'élite.

Le siége durait depuis quatorze jours, lorsque, le 5 mai, avant de tenter l'escalade, Junot fit offrir au gouverneur une capitulation; mais le général Santolcides répondit avec des dispositions si hautaines, que le général français le prévint que l'assaut serait livré à quatre heures de l'après-midi, et que la ville et la garnison seraient traitées avec la plus grande rigueur. Ces menaces n'intimidèrent pas le brave gouverneur, et, à l'heure dite, les Français se précipitèrent au pas de charge vers le rempart. Ils furent reçus dans le trajet par une fusillade si bien nourrie que ceux qui donnaient l'assaut se trouvaient séparés de ceux qui devaient les soutenir. Les soldats, manquant d'échelles, furent obligés de s'aider les uns les autres pour gagner la brèche, qui était fort escarpée, et qui offrait les plus grandes difficultés pour pénétrer dans la ville. En cet endroit, le rempart n'avait que la largeur du mur, et la maçonnerie s'étant éboulée, sa crête formait un talus glissant où l'on ne pouvait se tenir qu'avec beaucoup d'efforts. Un peu plus loin, le rempart s'élargissait des deux côtés; mais, à droite, un mur de traverse, haut de dix pieds, arrêtait subitement les assiégeants, qui étaient également empêchés à gauche par trois estacades construites à dix pas les unes des autres, et d'où l'ennemi fusillait à coup sûr tout ce qui parvenait à déboucher sur le rempart. Ce qui aggravait encore la position des Français, c'est que le rempart formait un cul de sac à droite de la brèche, et qu'ils se jetaient de ce côté à mesure qu'ils montaient; aussi les Espagnols ne perdaient pas une balle; en moins d'une heure, trois cents hommes furent tués. Pour se retirer de ce pas difficile, les voltigeurs résolurent d'enlever l'estacade, et, malgré la difficulté de l'escarpement, ils l'abordèrent trois fois avec la plus grande intrépidité, mais trois fois ils furent repoussés.

Depuis deux heures, les assiégeants étaient dans cette situation terrible sans pour cela perdre courage; enfin on leur fit parvenir quelques échelles, et ils ne pensèrent plus dès lors qu'à se loger sur la brèche même. Ce projet était hardi et difficile à exécuter; le mur s'éboulait sans cesse, et l'ennemi, hors d'atteinte dans les maisons, tirait à vingt pas sur les assiégeants, qui n'avaient ni gabions, ni sacs à terre, ni matériaux pour se faire un abri. Quelques grenadiers prirent alors leurs sacs remplis d'effets, et en firent la base d'un petit retranchement, qui, en moins d'une demi-heure, fut assez élevé pour que les Français pussent riposter à l'ennemi avec moins de désavantage.

La nuit arriva enfin; et le feu des assiégés, dirigé d'une manière moins sûre, n'incommoda plus que fort peu les assiégeants. Les communications de la tranchée à la brèche devinrent plus faciles; des troupes en plus grand nombre se portèrent aux remparts; on travailla pendant toute la nuit à préparer une issue pour pénétrer dans la ville à la pointe du jour; et l'on y réussit.

À la pointe du jour, effrayés de l'opiniâtreté des assiégeants, et des dispositions prises pour un assaut à outrance, le gouverneur d'Astorga demanda à capituler. Junot ne voulut écouter aucune proposition et exigea que la ville se rendît à discrétion, ce qui eut lieu le même jour. — Le 6 mai, après quinze jours de tranchée ouverte, les Français prirent possession d'Astorga. La garnison, forte de 4,500 hommes, fut déclarée prisonnière de guerre et conduite en France.

Troisième expédition contre le Portugal. — Forces respectives des deux armées. — Lorsque l'Empereur vit ses bataillons maîtres de l'Andalousie et vainqueurs sur presque tous les autres points, il voulut tenter une troisième fois la conquête du Portugal, et ordonna en conséquence le rassemblement d'une armée de 60,000 hommes dans les environs de Salamanque.

Le commandement de cette expédition fut confié au maréchal Masséna. Son armée se forma des 2e, 6e, 8e corps, et d'une forte division de cavalerie sous les ordres du général Montbrun. Le général Reynier campait, avec le 2e corps, sur la Guadiana, vis-à-vis la frontière de l'Alentejo. Par sa droite, il communiquait avec la gauche du corps du maréchal Ney, menaçait Badajoz et continuait à inquiéter l'armée espagnole du général La Romana. Le maréchal Ney, commandant du 6e corps, se préparait à marcher de nouveau sur Ciudad-Rodrigo. Junot se trouvait, avec le 8e corps, dans les environs de Valladolid, et se porta bientôt sur Salamanque, afin d'observer l'armée anglaise de lord Wellington pendant le siége de Ciudad-Rodrigo. Le général Drouet organisait, en outre, à Valladolid, un corps de réserve, sous la dénomination de 9e corps, pour renforcer et soutenir au besoin l'armée d'invasion.

L'armée ennemie était commandée par lord Wellington; elle comptait 35,000 Anglais et 50,000 Portugais. Ces derniers étaient, depuis plus de deux ans, organisés en régiments, bien armés, bien équipés; des officiers anglais les commandaient. Outre ces forces, il y avait encore des milices, qu'on divisait en deux espèces : la première, régulièrement organisée en bataillons, habitués à une certaine discipline et commandés par des officiers nationaux; l'autre, formée du reste de la population, armée, quelques hommes de fusils, mais le plus grand nombre de piques, de faux, de bâtons ferrés. Dans chaque canton cette milice existait et était soumise à un chef qu'on nommait *capitan-mor*, et auquel tous les paysans devaient obéissance sous peine de mort. Un messager transmettait verbalement dans chaque village les ordres de ce chef; alors chaque homme prenait ses armes, des vivres pour quelques jours, et se rendait au rendez-vous indiqué. Cette milice ne devait point faire partie de la troupe réglée; ses divers corps étaient destinés à agir comme partisans, à se jeter tantôt sur les flancs, tantôt sur les derrières de l'armée française, à attaquer les convois, à tomber sur les traîneurs et à intercepter toute communication avec l'Espagne. Des officiers supérieurs anglais dirigeaient tous leurs mouvements. On avait formé de l'élite de ces troupes nationales trois petits corps de 7 à 8,000 hommes chacun; l'un était commandé par le colonel Trant, un autre par le général portugais Silveyra, et le troisième par le général Wilson. Toutes les levées en masse faites dans les villages par l'ordre du *capitan-mor* ne s'élevaient pas à moins de 45,000 hommes.

Outre la supériorité du nombre, l'ennemi avait un avantage positif sur les Français : lord Wellington connaissait à fond le pays et toutes les ressources qu'il offrait, tandis que le maréchal Masséna n'avait qu'une connaissance très imparfaite des localités.

Pour que les bandes indisciplinées qui composaient une partie des forces de l'armée anglo-portugaise pussent être réellement utiles, il fallait qu'elles combattissent entre les gorges de leurs montagnes, où la supériorité du nombre et la connaissance des lieux leur donnaient un immense avantage. Hors de leurs pays elles eussent été nulles. Aussi, malgré les provocations des Français, lord Wellington n'avait pas voulu que l'armée anglo-portugaise s'éloignât de la ligne de défense qu'elle occupait sur les frontières du Portugal, au nord et au midi du Tage. Il voulait surtout éviter de livrer une bataille rangée dans les plaines de Salamanque, où les Français auraient pu déployer une artillerie nombreuse et formidable. Masséna, ne pouvant attirer son ennemi, résolut, pour commencer la campagne, d'entreprendre le siége de Ciudad-Rodrigo. Par sa position et sa force, cette ville était une excellente place d'armes pour l'armée d'invasion, et il était fort à présumer que Wellington ne la verrait pas tomber tranquillement entre les mains des Français, et qu'il se porterait en avant pour la secourir, ce qu'il avait d'ailleurs positivement promis au gouverneur. Cependant il n'en fit rien.

Investissement, siége et prise de Ciudad-Rodrigo. — La garnison de Ciudad-Rodrigo se composait de 7,000 hommes, sans compter un grand nombre de paysans des environs qui s'y étaient réfugiés pour la défendre. Elle était approvisionnée de vivres pour un an, et, quant à son armement, on peut croire que rien n'y manquait, puisque cette ville possédait une excellente école d'artillerie espagnole et était un des dépôts militaires les plus précieux du pays. Son arsenal contenait une quantité immense d'armes et de munitions, et le voisinage de l'armée espagnole de La Romana et de l'armée anglo-portugaise de Wellington augmentait l'ardeur de la garnison.

L'artillerie et les munitions du siége furent réunies dans les premiers jours de juin par le maréchal Ney, que Masséna avait chargé de cette expédition. Son corps se composait de trois divisions d'infanterie; ce qui ne fut pas employé aux attaques compléta l'investissement sur la rive gauche de l'Agueda. Le corps du général Reynier s'approcha de Coria, et celui de Junot vint prendre position entre San-Felices-el-Chico et San-Felices-el-Grande. Ces deux corps couvraient l'armée de siége et devaient se réunir pour s'opposer à l'armée de Wellington, dans le cas où celle-ci aurait cherché à secourir la place. L'avant-garde de l'armée anglo-portugaise était alors à Carpio; le gros de l'armée dans les environs d'Almeida, et le quartier général à Viseu.

Ciudad-Rodrigo fut investi le 6 juin. La garnison s'efforça d'en défendre les approches; mais trompées par deux fausses attaques sur la gauche et la droite de l'Agueda, elle fut mise en déroute et repoussée dans les faubourgs.

La tranchée fut ouverte, dans la nuit du 15 au 16, sur la hauteur appelée *le Teson*. D'autres batteries furent établies immédiatement pour enfiler le rempart et accabler la ville sous une grêle de bombes et d'obus. L'ennemi s'était retranché dans un couvent et dans plusieurs maisons crénelées; la tranchée fut poussée à droite jusque-là, les Espagnols en furent dépostés et les Français s'y logèrent. La tranchée se prolongeait à gauche jusqu'au faubourg San-Francisco, que la garnison occupait en force, et dans lequel se trouvaient plusieurs couvents que l'on avait convertis en autant de forts.

On commença à canonner la place le 25 juin, à l'aide de 46 pièces qui firent d'affreux ravages; le point où elles portaient ne fut bientôt qu'un amas de ruines; les projectiles creux avaient porté l'incendie plus loin, et partout les flammes mugissaient avec fureur. Le mur de la fausse braie n'existait plus, et l'on pensait déjà à faire brèche au corps de la place. Mais on reconnut que les batteries, construites à une trop grande distance ne pouvaient pas produire tout l'effet qu'on en espérait; alors, malgré les difficultés presque insurmontables qu'offrait un terrain accidenté, les Français parvinrent à transporter à bras leurs pièces à soixante toises du rempart. Cette opération s'acheva sous le feu de mitraille et de mousqueterie des assiégés. Le temps qu'il fallut pour le transport des pièces fut employé par les Espagnols à réparer en partie la brèche de la fausse braie et à construire de nouveaux ouvrages derrière ceux que le canon avait détruits. Les pièces remises en batterie, un obstacle se présenta pour les assiégeants: leur ligne ainsi rapprochée se trouvait enfilée par le feu du faubourg San-Francisco que les Espagnols occupaient. Il était important de les en déloger au plus vite, ce qui eut lieu. Après une assez longue résistance, les Français occupèrent ce faubourg. Plusieurs sorties furent repoussées avec succès; mais l'artillerie de la place était admirablement servie; alors les Français, pour incommoder les canonniers et les troupes qui gardaient les embrasures, portèrent en avant du front d'attaque jusqu'auprès de la contrescarpe plusieurs détachements qui creusèrent des trous de loup où un homme se trouvait couvert jusqu'à la tête. D'habiles tirailleurs, employés à ce service, firent beaucoup de mal aux Espagnols qui n'osaient presque plus se montrer sur les remparts.

Le revêtement de l'enceinte basse se trouvait, le 28, renversé en partie, et l'enceinte supérieure avait éprouvé de nombreux dommages; le 29, un nouveau magasin à poudre fit éclater, en sautant, une quantité considérable de bombes et d'obus; l'incendie continuait toujours dans quelques quartiers, et le feu de la place s'était ralenti sensiblement. Le maréchal Ney fit alors cesser le feu, et envoya un parlementaire au gouverneur avec sommation de capituler. Il lui faisait comprendre que si les Anglais eussent voulu le secourir, ils n'eussent pas attendu que la place fût dans l'état déplorable où elle se trouvait, et il engageait cet officier à choisir entre une capitulation honorable et la vengeance terrible d'une armée victorieuse.

Le gouverneur, André Hérasti, brave et digne officier, répondit que la place de Ciudad-Rodrigo n'était pas en état de capituler; qu'elle n'avait pas de brèche qui l'y obligeât, et qu'en conséquence il ne pouvait qu'engager le maréchal à continuer ses opérations.

Le feu recommença avec une nouvelle vigueur;

mais, quoique la place fût réduite à la dernière extré-mité, les autorités et les habitants espéraient toujours qu'ils seraient secourus. L'avant-garde anglaise était à deux petites lieues des ouvrages en vue de la ville. Masséna, voulant s'assurer de leurs intentions, or-donna une grande reconnaissance sur la route d'Al-meida. Junot, fit en conséquence, passer l'Agueda à une division d'infanterie et à une forte brigade de ca-valerie, et se porta sur l'avant-garde de Wellington.

Cette troupe occupait une bonne position sur l'A-zava, près du village de Marialva. Elle fut culbutée et forcée de gagner les hauteurs de Gallegos. Elle voulut s'y arrêter; mais le général Sainte-Croix exécuta quel-ques charges qui la forcèrent à se réfugier sous le canon d'Almeida. Junot s'avança jusqu'au fort de la Conception, et ayant reconnu que l'ennemi était tou-jours de l'autre côté de la Coa, il fit rentrer ses troupes, laissant toutefois de gros postes pour empê-cher ceux de l'ennemi de tant s'approcher de Ciudad-Rodrigo.

Dans l'engagement qui eut lieu à Marialva, une com-pagnie de grenadiers du 22e régiment, commandée par le capitaine Gouache, fit un trait qui mérite d'être cité : entourée par deux escadrons de cavalerie an-glaise, elle se forma en carré, et soutint pendant deux heures ce combat inégal. Les Anglais exécutèrent trois charges et laissèrent 24 hommes et 20 chevaux sur le champ de bataille. Le capitaine Gouache n'eut pas à regretter un seul de ses grenadiers.

Les bombes avaient entièrement ruiné Ciudad-Ro-drigo, qui était en outre incendié dans plusieurs quar-tiers. Cependant, bien loin de se décourager, la place redoublait son feu. Le matin du 9 juillet, les assié-geants firent jouer une nouvelle batterie de brèche qui foudroya les remparts, dont elle emportait de gros quartiers à chaque décharge.

Le feu le plus terrible ne cessa d'écraser la ville pen-dant trente-six heures, après lesquelles la brèche se trouva praticable sur les deux enceintes, dans une largeur d'environ dix-huit toises avec une bonne rampe. Une mine ayant renversé la contrescarpe, tout fut prêt pour l'assaut. Les troupes d'élite qui devaient le don-ner étaient disposées dans les tranchées par le maréchal Ney lui-même. La chute de la contrescarpe avait com-blé le fossé, et la pente de la brèche paraissait douce et commode. On voulut s'en assurer, et l'on demanda trois soldats de bonne volonté pour en faire l'épreuve en montant les premiers sur le haut du rempart. Plus de cent se présentèrent. Les trois qui furent choisis, croyant marcher à une mort certaine, franchirent en un instant les deux brèches, arrivèrent sur le second rempart, firent feu sur l'ennemi aux cris de *vive l'em-pereur!* et redescendirent avec le plus grand sang-froid. Aussitôt les colonnes d'attaque pressèrent le pas; elles se composaient des chasseurs du siége, aux ordres du capitaine Sprunling, adjoint à l'état-major, de 300 vol-tigeurs et de 300 grenadiers. Arrivées au pied de la brèche, ces troupes allaient s'élancer, lorsque le dra-peau blanc fut arboré par les assiégés. Le gouverneur, amené devant le maréchal, offrit de rendre la place à discrétion.

La capitulation n'avait pas encore été proposée, lors-qu'un détachement de cavalerie faisant partie de la garnison et commandé par un partisan nommé don Julian s'ouvrit, par une sortie brusque, un chemin à travers les postes français, et s'échappa en Portugal.

Les Français prirent possession de Ciudad Rodrigo le 10 juillet, après vingt-cinq jours de tranchée ou-verte. — 6,000 hommes de la garnison sortirent le len-demain pour être conduits en France comme prison-niers de guerre. Malgré l'incendie de l'arsenal, qui avait fait perdre une grande quantité de munitions, on trouva dans la place cent vingt-cinq bouches à feu de tout calibre, deux cents milliers de poudre et près d'un million de cartouches d'infanterie.

Position de l'armée anglo-portugaise. — Après la prise de Ciudad-Rodrigo, le maréchal Masséna jugea à propos de s'arrêter dans les environs de cette ville, jusqu'à ce que le deuxième corps, commandé par le général Reynier, eût repassé le Tage, pour se porter vers Castello-Branco et menacer le flanc droit de l'ar-mée anglaise. De son côté, lord Wellington voulut prévenir ce mouvement, et le général Hill reçut l'ordre de couvrir le point menacé, avec son corps mon-tant à 14,000 hommes.

L'armée anglo-portugaise était divisée, à cette épo-que, en trois corps principaux, cantonnés en différents endroits. Le plus considérable était placé sous les or-dres immédiats de lord Wellington; il était fort de 25,000 hommes, et occupait les villes de Viseu, Guarda, etc.; il avait en avant d'Almeida une divi-sion de 4,000 hommes de troupes légères; le second corps était celui du général Hill, qui se tenait, comme nous venons de le dire, sur la droite de la frontière pour observer le général Reynier; le troisième corps, sous les ordres du major général Leith, se composait de 12,000 hommes, et était en position à Tomar.

Proclamation de Masséna aux Portugais.—Avant d'envahir le territoire portugais, Masséna fit répandre dans le pays une proclamation. Nous allons la trans-crire. Cette pièce lui avait sans doute été envoyée de Paris : on n'y reconnaît point le style ferme et vigoureux de ce vieux guerrier.

«Portugais,

«Les armées du grand Napoléon sont sur vos fron-«tières et vont entrer sur votre territoire en amis et «non en vainqueurs. Elles ne viennent pas pour vous «faire la guerre, mais pour combattre ceux qui vous «portent à la faire. Portugais, ouvrez les yeux sur vos «intérêts. Qu'a fait l'Angleterre, pour que vous souf-«friez la présence de ses soldats sur votre sol? Elle a «détruit vos fabriques, ruiné votre commerce, para-«lysé votre industrie, dans la seule vue d'introduire «chez vous des objets manufacturés dans ses ateliers, «et de vous rendre ses tributaires. Que fait-elle aujour-«d'hui, pour que vous embrassiez la cause injuste qui «a soulevé contre elle toutes les puissances du conti-«nent? Elle vous trompe sur les résultats d'une cam-«pagne où elle ne veut rien risquer; elle se fait un rem-«part de vos bataillons, comme si votre sang devait

«être compté pour rien ; elle se tient en mesure de vous
«abandonner quand cela conviendra à ses intérêts,
«dût-il en résulter des dommages pour les vôtres; et
«pour mettre le comble à vos maux et à son insatiable
«ambition, elle envoie ses vaisseaux dans vos ports,
«pour emmener dans ses colonies ceux de vos enfants
«qui auront échappé aux dangers auxquels elle les ex-
«pose sur le continent. La conduite de son armée de-
«vant Ciudad-Rodrigo ne vous dit-elle pas assez ce que
«vous devez attendre de semblables alliés ? N'ont-ils
«pas excité la garnison et les malheureux habitants de
«cette place par des promesses trompeuses, et ont-ils
«brûlé une seule amorce pour les secourir ? Plus récem-
«ment encore, ont-ils jeté un seul des leurs dans Al-
«meida, si ce n'est un gouverneur chargé de vous
«engager à une défense aussi mal entendue que celle
«de Rodrigo ? Et ne vous ont-ils pas fait outrage, en
«mettant ainsi dans la balance un seul Anglais contre
«six mille de votre nation ? Portugais, ne vous laissez
«pas abuser plus long-temps. Le puissant souverain,
«dont tant de peuples bénissent les lois, la force et le
«génie, va s'assurer votre prospérité; mettez-vous
«sous sa protection, accueillez ses soldats en amis, et
«vous trouverez sûreté pour vos personnes et pour vos
«propriétés. Les maux qui résultent de l'état de guerre
«vous sont connus; vous savez qu'ils vous menacent
«dans tout ce que vous avez de plus cher, dans vos en-
«fants, vos parents, vos amis, vos fortunes et votre
«existence politique et privée. Prenez donc une résolu-
«tion qui vous offre tous les avantages de la paix.
«Restez tranquilles dans vos habitations; livrez-vous à
«vos travaux domestiques; ne regardez comme vos
«ennemis que ceux qui vous conseillent une guerre
«dont toutes les chances sont contre le bien de votre
«pays.»

*Entrée en Portugal.—Prise du fort de la Concep-
tion.*—Le maréchal Ney chargea, le 21 juillet, le général Loison de réunir à Gallegos 3,000 hommes de sa
division, la division de cavalerie légère du général
Treilhard et quelques pièces d'artillerie légère, pour
se porter, à deux heures du matin, sur le fort de la
Conception. Arrivé à Duas Casas, le général Loison
rencontra l'avant-garde de l'armée anglaise, formée
de la division légère du général Crawfurd. Le général
Treilhard fit tous ses efforts pour rejeter cette avant-
garde dans Almeida ; mais il ne put y parvenir, et après
un combat sanglant, livré sur le plateau même où est
construit le fort de la Conception, le général Crawfurd
effectua sa retraite sur la Coa, par la route d'Alverea.
Avant de se retirer, il fit sauter le fort. Cependant les
mines pratiquées ne produisirent pas tout leur effet; trois
fourneaux restèrent intacts; mais ceux qui jouèrent
détruisirent l'ouvrage à cornes et plusieurs demi-lunes.
Au moment où l'explosion se faisait, les Français arrivaient sur le glacis. Ils serrèrent de près la division
ennemie qui se retirait devant eux, et lui firent un
assez grand nombre de prisonniers.

Retraite des Anglais sur Almeida. — Le général
Loison, après s'être emparé du plateau de la Concep-

tion, voulut s'assurer de la position de l'armée anglaise.
Il ordonna en conséquence au général Treilhard de
tourner le village de Val de la Mula, et il le fit attaquer en même temps par le général Simon. Le mouvement du général Theilhard débusqua l'infanterie et la
cavalerie ennemies qui occupaient la rive du Turon,
et 600 cavaliers, postés sur la route d'Almeida, furent
contraints à la retraite.

Les Anglais se retirèrent d'abord sur les glacis d'Almeida, et revinrent, presque immédiatement, avec
2 bataillons d'infanterie, 18 pièces de canon et 1800
chevaux, se ranger en bataille sur la gauche du ravin
qui sépare Val de la Mula d'Almeida. Le général
Treilhard parvint cependant à occuper la rive gauche
de ce ravin avec ses trois régiments de cavalerie légère,
et s'arrêta là pour ne pas attirer inutilement le feu de
la place à la portée duquel étaient ses troupes, et sous
lequel l'ennemi paraissait vouloir les attirer. Par suite
de ce mouvement rétrograde des Anglais, leur droite se
trouvait à Guarda, et leur gauche se prolongeait vers
Pinhel.

*Investissement d'Almeida.—Combats devant cette
place.* — Le Maréchal Masséna ordonna, le 24 juillet,
l'investissement d'Almeida. On réunit à cet effet, au
fort de la Conception, les troupes du 6e corps, qui
débouchèrent le même jour, à six heures du matin, du
Val de la Mula. La marche était ouverte par le général
Lamotte, ayant sous ses ordres la brigade de la cavalerie légère, composée des 3e régiment de hussards et
15e de chasseurs. Cette brigade était précédée du bataillon des chasseurs de siége, et suivie des 15e et 25e
de dragons, commandés par le général Gardanne.
Toute cette cavalerie était sous les ordres supérieurs
du général Montbrun.

La division d'infanterie du général Loison formait
deux colonnes. Trois régiments d'infanterie de la division Marchand et la division Mermet la soutenaient.
A la tête de cette dernière marchait le 10e de dragons.
Tous les mouvements étaient commandés par le maréchal Ney en personne.

La position à droite d'Almeida était occupée par la
division d'avant-garde de l'armée anglaise, aux ordres
du général Crawfurd. Elle se composait de 2,000
hommes de cavalerie et de 8,000 d'infanterie. Les
postes en avant et sur les flancs de la place étaient formés par l'infanterie légère de cette avant-garde et par
plusieurs escadrons de hussards du 1er régiment.—Les
troupes françaises firent une attaque vigoureuse, à
laquelle l'ennemi résista d'abord opiniâtrément; mais
il fut enfin obligé d'abandonner ses positions. Le général anglais rassembla alors toute sa division sous le
canon de la place, persuadé que les Français n'ose-
raient l'attaquer dans ce poste formidable. Il était
d'ailleurs protégé par une forte réserve placée sur les
hauteurs de la rive gauche de la Coa.

Les Français, formés sur quatre colonnes, marchèrent intrépidement à l'ennemi qu'ils abordèrent
sans répondre à son feu. L'artillerie de la place fit
pleuvoir une grêle de mitraille, ce qui n'empêcha pas
le 3e de hussards, soutenu par le reste de la cavalerie,

de se précipiter sur l'infanterie anglaise et de la sabrer vigoureusement. La cavalerie ennemie, qui n'avait pas donné, se rallia sous les remparts de la place et repassa ensuite la Coa.

Le général Crawfurd était sur le point de se voir couper la retraite par la brigade du général Ferey qui déjà débordait sa droite; ce qui l'aurait forcé à se jeter dans Almeida. Il profita de la nuit pour se rapprocher du gros de l'armée. Il fut poursuivi par les Français jusqu'à ce que les colonnes chargées de l'investissement d'Almeida eussent exécuté cette opération.

Les Anglais perdirent dans cette affaire d'avant-garde 400 hommes, dont 60 officiers, et eurent 700 blessés. On leur prit en outre 400 hommes, un drapeau, et 2 pièces de canon. Les Français n'eurent hors de combat que 300 hommes, tant tués que blessés.

Le lendemain 25, le maréchal Ney fit occuper Valverde et chasser les Anglais qui occupaient les hauteurs en avant de Pereiro. Le 26, il envoya sur Pinhel un détachement de la division Loison. Le général Picton, à la tête de la 3e division anglaise, était parti de cette ville à deux heures du matin pour gagner les montagnes de l'Estrella.

L'armée anglaise, qui avait eu jusqu'alors son centre vers Almeida, prit une nouvelle position en deçà de la Sierra-d'Estrella, sa gauche à l'embouchure de la Coa, dans le Duero, le centre à Celorico, et la droite à Sabugal, par où elle se liait avec le corps portugais que commandait le maréchal Beresford.

Siége et prise d'Almeida. — Le prompt investissement d'Almeida fut dû à l'infatigable activité de Ney; le maréchal se porta immédiatement en avant avec son corps d'armée, et battit l'arrière-garde anglaise qui était loin de s'attendre à cette prompte arrivée des Français. Ce mouvement eut encore pour résultat d'empêcher l'ennemi de faire entrer dans la place la moisson, qui était déjà coupée et ramassée en tas à portée des glacis. Si lord Wellington eût prévu l'approche de son adversaire, il n'eût pas commis la faute de laisser à leur disposition une si grande ressource, et il eût sans doute fait incendier les blés; car il n'ignorait pas que tous les moyens de subsistance des Français avaient été épuisés devant Ciudad-Rodrigo. Ce mouvement sur Almeida eut donc encore pour l'armée de siége, ce grand avantage qu'il lui assura l'abondance pendant tout le temps que cette opération devait durer.

La place d'Almeida est très forte et en partie taillée dans le roc; elle a une fort bonne enceinte bastionnée et casematée, revêtue en granit, couverte par des demi-lunes et une contrescarpe; précédée enfin par un très bon chemin couvert. En général, la fortification est bien adaptée au site; elle domine les environs. Il y avait au milieu un ancien et grand château carré, flanqué par de grosses tours rondes, d'une maçonnerie très forte et à l'épreuve de la bombe. L'ennemi y tenait ses poudres avec une partie de ses magasins. La garnison, sous le commandement du général anglais Cox, se composait de quatre régiments

portugais, forts de 5,000 hommes. La place était abondamment pourvue d'approvisionnements de toute espèce.

Après une reconnaissance détaillée de la place, le point d'attaque fut déterminé sur le bastion Saint-Pedro, qui était flanqué par d'assez petites demi-lunes, et qui se trouvait le plus isolé dans la défense générale. D'ailleurs, il montrait à peu près la moitié de son revêtement, et le terrain en avant était le plus favorable pour les approches des assiégeants comme pour l'établissement des batteries.

Le 26 juillet, la garnison tenta deux sorties, l'une de 600 hommes et de 60 chevaux sur la division Loison, ayant pour but de détruire des maisons qui se trouvaient à deux cents toises des ouvrages; l'autre de 300 hommes et 40 chevaux pour enlever quelques gerbes de blé qui se trouvaient près du faubourg. Ces deux sorties n'eurent d'autre résultat que de faire perdre 50 hommes aux assiégés.

Le 28, l'ennemi fit une nouvelle sortie plus vigoureuse que les deux premières: il vint, avec 1,200 hommes, 4 pièces de canon et plusieurs voitures, pour enlever les mêmes gerbes de blé. La grand-garde française arrêta ces troupes assez long-temps pour qu'on pût venir à son secours. Alors l'ennemi fut mené chaudement, et rejeté dans la place après avoir abandonné ses voitures. On lui prit une pièce de canon sur les glacis.

Les autres corps de l'armée d'expédition se rapprochèrent de celui de siége: le général Reynier prit possession de Zarza-major, et le général Junot quitta les bords de la Tormès pour se porter sur l'Agueda.

On s'occupa avec activité des préparatifs du siége, et la tranchée fut ouverte le 15 août, au soir. — On entama, dès cette première nuit, la plus grande partie des communications, et tout le développement de la première parallèle à deux cents toises, distance moyenne des glacis. Au jour, on était couvert presque partout, ou du moins masqué avec des gabions; mais dans beaucoup d'endroits on avait trouvé le roc. Il fallait l'attaquer par la mine pour perfectionner les cheminements et creuser véritablement les tranchées dans le granit. Dès la quatrième nuit, l'artillerie put commencer ses travaux en avant de la première parallèle, et entamer à la fois ses onze batteries où elle trouva les mêmes difficultés. Partout ces obstacles furent surmontés, grâce aux efforts et à l'activité merveilleuse des troupes. En même temps, on s'occupait à creuser en arrière de nouvelles communications, qui, combinées avec les couverts naturels, s'étendaient jusqu'au-delà de 500 toises de la parallèle. Celle-ci était à peu près perfectionnée; néanmoins l'artillerie dut conduire à travers champs des pièces avec leurs approvisionnements. Toutes ces opérations s'exécutaient à une distance très rapprochée de la place, sans beaucoup de perte de la part des assiégeants, quoiqu'ils travaillassent devant un grand développement de fortifications; mais l'ennemi lançait peu de projectiles courbes.

Le 26, à cinq heures du matin, les onze batteries, armées de 65 bouches à feu, commencèrent à tirer sur la place, qui riposta avec vigueur. Les batteries françaises avaient, pour la plupart, le terrible but d'enfiler en ricochant les remparts et de les contre-battre; enfin, trois d'entre elles devaient battre en brèche et ruiner le bastion San-Pedro avec les demi-lunes latérales, à une distance de 150 à 180 toises. Le feu des assiégeants prit, par ses directions convergentes, quelque supériorité sur celui de l'ennemi, qui avait cependant un bien plus grand nombre de pièces. Dans la journée, les ricochets des assiégeants avaient déjà démonté plusieurs canons et labouré les traverses et les parapets, tandis que les feux directs ruinaient les embrasures et que les feux courbes désolaient l'intérieur des ouvrages. Quelques dépôts de poudre sautèrent dans Almeida, et plusieurs édifices furent incendiés. Aussi, vers le soir, la place ne tirait plus. Alors les projectiles creux furent plus particulièrement dirigés dans la ville. Vers les huit heures du soir, une bombe française fit sauter la grande poudrière, qui était au centre de la place, et qui contenait plus de cent cinquante milliers de poudre. L'explosion fut si terrible, qu'en une seconde elle détruisit presque toute la ville et une grande partie de sa population. Des pierres énormes, des rochers furent lancés jusque dans les tranchées des assiégeants, où plus de vingt soldats périrent écrasés par leur chute. Des pièces de gros calibre furent enlevées de la citadelle, brisées en morceaux, et jetées à plus de deux cents toises. Tout ce qui garnissait les remparts fut tué par les éclats ou enlevé avec les pierres. Heureusement la garnison habitait des casemates dans lesquelles plusieurs habitants s'étaient aussi retirés; sans cela pas un homme n'eût échappé. La citadelle fut entièrement renversée, les parapets abattus, et les remparts dégradés en beaucoup d'endroits. On peut se faire une idée de l'horrible spectacle d'une ville enlevée subitement dans les airs.

Nous devons citer l'admirable sang-froid de quelques canonniers portugais, qui, ayant eu le bonheur miraculeux de survivre à l'explosion, continuèrent à faire jouer leurs pièces pendant que les débris de la place volaient encore et menaçaient de les écraser.

Le 27, à la pointe du jour, le maréchal Masséna se rendit à la tranchée, et l'on put alors juger des ravages de cette explosion. Le château, la cathédrale et toutes les habitations voisines, avaient disparu. Le maréchal ordonna aussitôt de cesser le feu, et fit sommer le gouverneur en lui envoyant son premier aide de camp, porteur d'une capitulation. La négociation se prolongea long-temps, et enfin le gouverneur finit par refuser d'accepter les conditions qui lui étaient offertes. Masséna fit alors recommencer le feu plus vivement; et, peu d'heures après, au milieu de la nuit, on lui rapporta la capitulation signée.—Les Français entrèrent le 28 dans Almeida. La garnison, forte de 5,000 hommes de troupes portugaises, sortit avec les honneurs de la guerre, et, après avoir déposé les armes sur les glacis, resta prisonnière. Le gouverneur et deux officiers étaient les seuls Anglais que Wellington eût envoyés dans Almeida; ils restèrent également prisonniers. On trouva dans la place beaucoup de munitions de bouche, 6 drapeaux, 115 pièces d'artillerie, parmi

lesquelles un petit équipage d'artillerie de montagne.

Le maréchal Masséna donna la liberté à une partie de la garnison; il renvoya dans leurs foyers, après les avoir désarmés, 3,000 hommes de la milice portugaise, et il perdit ainsi, par suite de son loyal caractère, tout le fruit de sa victoire. Il avait fait prêter, à ces 3,000 hommes, le serment de ne point servir contre les Français; mais les Portugais, dans cette guerre, nationale à la vérité pour eux, méconnaissaient tout sentiment honorable pour n'écouter qu'une aveugle vengeance. Les 3,000 prisonniers d'Almeida, rentrés chez eux, trouvèrent bientôt de nouvelles armes, et les Français eurent 3,000 ennemis de plus à combattre.

Mouvements et forces des deux armées.—Pendant tout le temps qu'avait duré le siége d'Almeida, lord Wellington s'était tenu en observation derrière cette ville. Dès qu'il apprit que les Français venaient d'y entrer, il fit sa retraite, et se retira dans la vallée du Mondego, sur la route de Lisbonne.

Le général Reynier quitta, avec son corps d'armée, l'Estramadure espagnole, traversa le Tage à Alcantara, et se concentra, dans les environs d'Almeida, sur les deux autres corps. Le général anglais Hill, dont les troupes étaient opposées à celles du général Reynier, passa également le Tage à Villa-Velha. L'armée anglo-portugaise tout entière continua alors sa route par la rive gauche du Mondego, dans la position inexpugnable de la Sierra de Murcella, derrière l'Alva.

L'armée d'expédition qui venait d'entrer en Portugal se composait de sept divisions d'infanterie et de deux de cavalerie, ce qui, en y comprenant l'artillerie, ne formait pas plus de 40,000 hommes d'infanterie, et 6,000 de cavalerie.

Le nombre des troupes anglo-portugaises de toute espèce, postées seulement entre le Duero et le Tage, ne se montait pas à moins de 150,000 hommes.

L'armée française quitta Almeida le 15 septembre et se mit en marche.—Les 2e et 6e corps se dirigèrent vers Celorico.—Le 17, le 8e corps marcha sur Pinhel, et continua ensuite sa route sur Viseu. L'armée rencontra quelques éclaireurs ennemis chargés d'observer sa marche; le capitaine anglais Percy fut même fait prisonnier par une imprudence de jeune homme, à la suite d'une folle gageure. Il avait parié qu'il enlèverait et qu'il rapporterait le bonnet d'un grenadier français. Le soldat d'avant-garde auquel il s'adressa défendit si bien son bonnet, qu'il ramena lui-même à la colonne le jeune officier et son cheval. Les rapports anglais prétendirent que le capitaine Percy avait été entraîné dans les rangs français par un cheval rétif.

Après la prise d'Almeida, lord Wellington avait replié son armée derrière l'Alva, et pensant que le maréchal Masséna marcherait sur Lisbonne par la route de Ponte-Murcella, en laissant le Mondego à droite, il avait, après avoir passé l'Alva, fait sauter le pont de Murcella sur cette rivière et celui de San-Combado, sur la Dao.

Voyant l'ennemi établi sur la rive gauche du Mondego, le maréchal Masséna pensa qu'en marchant par la rive droite il pourrait arriver avant eux à Coimbre.

En conséquence, le 18 septembre, les 2e et 6e corps passèrent le Mondego sur le pont de Fornos, et se portèrent sur Viseu, lieu de rendez-vous de toute l'armée, où les trois corps se trouvèrent réunis le 21. — L'artillerie, arrêtée par la difficulté des chemins, força Masséna à rester deux jours à Viseu. — Les Anglais mirent ce retard à profit. Lord Wellington, à la tête des divisions du centre et de l'aile gauche de son armée, vint occuper à Busaco, la Sierra d'Alcoba, chaîne de montagnes perpendiculaire à la rive droite du Mondego, et qui couvre Coimbre. Il ne laissa à Ponte-Murcella que le corps du général Hill, soutenu par la réserve.

Les Français continuèrent leur marche. Leurs avant-gardes rencontrèrent, le 24, sur l'Œsius, les avant-gardes ennemies. Un engagement eut lieu à Martigao ; un bataillon anglais de 300 hommes fut battu par une compagnie de voltigeurs qui lui fit 120 prisonniers.

Les 2e et 6e corps arrivèrent, le lendemain, au pied de la position ennemie. Le 26, le 8e corps, qui avait été retardé par les embarras de son artillerie, arriva à distance du 6e. Le même jour, la division du général Loison, formant l'avant-garde du 6e corps, découvrit l'arrière-garde ennemie, postée derrière l'Œsius, petite rivière et affluent du Mondego. Cette troupe fut promptement culbutée et rejetée jusqu'au pied de la montagne d'Alcoba, sur laquelle l'armée anglaise était rangée en bataille, au nombre d'environ 40,000 hommes ; mais la cavalerie et les réserves portugaises étaient masquées, et se trouvaient placées à la naissance du versant opposé à celui par lequel les Français devaient arriver.

La Sierra d'Alcoba fait partie d'une chaîne de montagnes granitiques. Elle domine de deux cent cinquante pieds le terrain qui lui fait face, et elle est hérissée de rochers très escarpés avec une montée trop rapide pour que la cavalerie puisse y arriver.

Les chefs des trois corps jugèrent cette position trop formidable pour rien entreprendre avant que le général en chef l'eût examinée lui-même. Masséna arriva trois heures après ; et, après un mûr examen, il décida que l'attaque aurait lieu le lendemain au point du jour.

Bataille de Busaco. — Entrée des Français à Coimbre. — Le principal corps de l'armée ennemie en position à Busaco avait été rejoint, le 26 septembre, par les corps du général Hill et par la réserve ; ainsi, le jour même de l'arrivée des Français, l'armée anglo-portugaise se trouvait au grand complet.

Voici quelle était la position des deux armées : la crête de la montagne, qui n'a pas moins de huit milles d'étendue, était occupée dans la longueur d'une lieue et demie par l'armée de Wellington, forte de 64,000 hommes et de 80 pièces de canon. Le général anglais avait eu soin de faire occuper tous les bouquets de sapins, les hameaux et les groupes de maisons qui se trouvaient compris dans sa position. Les deux routes qui conduisent au sommet de la montagne avaient été coupées ou barricadées dans la nuit ; elles étaient défendues par une nombreuse artillerie qui les battait de front et de flanc. Toutes deux mènent à Coimbre ;

celle de gauche, par San-Antonio de Cantaro, et celle de droite, par le couvent de Busaco. Ces deux routes gravissent la pente durant l'espace d'une demi-lieue ; elles arrivent à la crête sans aucun serpentement, et leur inclinaison est partout extrêmement rapide. À leur point de jonction sur la crête, le général ennemi avait placé de fortes masses pour soutenir l'artillerie et repousser les troupes qui tentaient d'approcher du sommet, après avoir enlevé les bois et les hameaux qui fortifiaient le front de sa ligne. D'autres masses d'infanterie étaient disposées d'intervalle en intervalle, avec de l'artillerie, soit dans les endroits qui paraissaient les plus faibles, soit dans des lieux où il leur était facile de se porter rapidement partout où leur présence pourrait devenir nécessaire. Les chefs des divisions ennemies, se tenant sur les points les plus élevés de leur front découvraient les mouvements des troupes qu'on était à même de leur opposer, et Wellington pouvait, au besoin, faire jouer toutes ses bouches à feu.

Les forces de l'armée française ne se montaient pas à plus de 50,000 fantassins, 4,500 cavaliers et 60 pièces de canon ; le maréchal Masséna les disposa de la manière suivante :

Le maréchal Ney, commandant le 6e corps, formait l'aile droite ; il faisait face à la gauche de l'ennemi, vis-à-vis de l'une des deux routes ; l'aile gauche était formée du 2e corps, aux ordres du général Reynier, placé vis-à-vis de l'autre route, faisant face à l'aile droite des alliés qui le débordait. Junot, avec le 8e corps, occupait le centre et servait de réserve. Masséna se plaça, avec l'état major général, sur le mamelon, près de la route, au centre du maréchal Ney et à portée de quelques batteries anglaises. Il avait derrière lui la cavalerie du général Montbrun. Quelques pelotons de cavalerie légère éclairaient le flanc droit de l'armée française. Quelques pièces d'artillerie seulement avaient été mises en batterie ; mais toute l'artillerie légère était disposée derrière les 2e et 6e corps, toute prête à suivre les traces de l'infanterie, si celle-ci parvenait sur le sommet de la montagne.

Le 27 septembre, au point du jour, les 2e et 6e corps attaquèrent la montagne avec la plus grande intrépidité. Le but de ces deux attaques simultanées était de se rendre maîtres des routes et de s'établir sur la crête pour donner la facilité de faire monter l'artillerie ainsi que les autres troupes. L'attaque du général Reynier sur San-Antonio eut, pendant un instant, un succès complet. Ses troupes gravirent la montagne vis-à-vis la droite de l'ennemi, près la route de gauche ; une division parvint à s'établir sur la crête, et s'y déploya malgré tous les feux de l'ennemi ; mais elle fut aussitôt attaquée par la réserve du général Hill et par la division du général Picton. Les Français ne purent soutenir long-temps un combat si inégal, et ils furent contraints de se précipiter en désordre du haut de la position. Les généraux Foy, Merle et Graindorge, qui étaient montés et qui combattaient à la tête des troupes, furent victimes de leur courage et de leur dévouement : les deux premiers furent grièvement blessés, le troisième fut tué.

Pendant que le 2e corps attaquait la droite des Anglo-

Portugais, la troisième division du maréchal Ney, commandée par le général Loison, s'était aussi ébranlée. Elle avait franchi d'abord le ravin qui se trouve à droite et près de la seconde route, pour s'élever ensuite, en grimpant presque à pic, sur le versant de la position. La seconde brigade de cette division attaqua et enleva des bois défendus par l'ennemi ; elle s'empara aussi d'un hameau situé à moitié de la hauteur sur la route. L'autre brigade, commandée par le général Simon, monta un peu plus à droite, dans un des endroits les plus escarpés et les plus rapides. Cette brigade fit preuve en ce jour d'une détermination au-dessus de tout éloge : artillerie, mitraille, mousqueterie, efforts de l'ennemi, accidents et difficultés du terrain, rien ne put arrêter ni ralentir sa marche. Arrivée sur la crête, elle marcha droit sur une formidable batterie, et parvint, malgré tous les obstacles, à l'endroit où étaient les pièces que les canonniers venaient d'emmener à grande course de chevaux. Le général Simon, à la tête de ses tirailleurs, continuait à repousser l'ennemi, lorsque deux coups de feu le blessèrent grièvement. En ce moment trois régiments, dont deux portugais, que le versant opposé masquait en partie, s'avancèrent au pas de charge, et, arrivés à dix pas de la brigade française qu'ils prenaient en flanc, firent un feu nourri et meurtrier. Les Français furent obligés de rétrograder en toute hâte en abandonnant leurs blessés, parmi lesquels se trouvait le général Simon. Les généraux Maucune et Ferey s'avancèrent alors avec leurs brigades, et le combat se réengagea avec une nouvelle ardeur ; mais l'artillerie ennemie foudroya les Français sans que la configuration du terrain permît à ceux-ci de se précipiter sur les batteries qui les écrasaient.

La première division du 6e corps, commandée par le général Marchand, s'était mise en mouvement peu de temps après la division Loison. Elle commença à s'engager au moment où les troupes du général Simon rétrogradaient. Cette division devait suivre la route de Busaco pour se rendre maîtresse du passage. C'était l'entreprise la plus difficile, car cette route était battue de front et sur le flanc gauche par une bonne artillerie et par une infanterie nombreuse. Cependant la division marcha vers l'ennemi en suivant le chemin sur trois files d'épaisseur ; mais les boulets creux remplis de balles lui enlevaient des compagnies entières, et les rochers, les bruyères, les bouquets de bois qui se trouvaient à quinze pas sur la gauche, fourmillaient de tirailleurs ennemis. Aussi la première brigade se jeta-t-elle sur la gauche de la route, tant pour éviter le terrible effet de l'artillerie, que pour donner la chasse à la foule des tirailleurs qui l'incommodaient. Ils furent en effet repoussés plusieurs fois jusqu'à la crête de la montagne qui est presque inexpugnable vers ce point ; quelques voltigeurs pénétrèrent même dans le retranchement qui se trouvait au-dessous du rocher de gauche où l'ennemi avait une batterie ; mais tous ceux qui n'y furent pas tués en sortirent blessés. Malgré cet échec, le général Marchand forma de nouvelles colonnes d'attaque avec lesquelles il marcha une seconde fois en avant, mais sans plus de succès. Enfin

cette tentative ayant échoué et l'ennemi s'opiniâtrant à rester sur ses hauteurs, on ne fit plus que se tirailler jusqu'à la nuit. Les deux armées conservèrent leurs premières positions. Les Français eurent, dans cette fatale journée, 1,800 hommes tués, et près de 3,000 blessés. Les Anglo-Portugais n'eurent pas plus de 1,600 hommes hors de combat.

Masséna reconnut un peu tard que la position de l'Alcoba était inexpugnable de front, et il résolut de la tourner. Le 28, il fit exécuter divers mouvements pour tromper l'ennemi sur ses intentions, puis il se dirigea par la route d'Avelena de Cima, que le général Sainte-Croix, à la tête de deux régiments de dragons, avait été reconnaître jusqu'au sommet de la montagne sans être inquiété. On se mit en marche à la nuit. Le 2e corps forma l'arrière-garde pour occuper l'ennemi pendant qu'on faisait défiler le gros de l'armée, l'artillerie et les bagages. Les nombreux blessés furent mis sur des brancards de feuillages noués avec des bretelles de fusils coupées par bandes. On marcha toute la nuit. La brigade Sainte-Croix précédait la cavalerie ; Celleri ouvrait la marche qui ne fut point troublée. Wellington avait négligé d'assurer entièrement sa position en faisant occuper le pays entre la gauche de la montagne et l'Ouza, c'est-à-dire les défilés de Serdao. Masséna se hâta de profiter de cette faute : le 29, la montagne fut tournée par la droite, et ce mouvement obligea les alliés à opérer leur retraite et à repasser le Mondego.

L'armée française, après avoir franchi les défilés de Serdao, marcha directement sur Coimbre, où la tête des troupes entra le 1er octobre. Cette ville était abandonnée ; les habitants s'étaient enfuis à la nouvelle de l'arrivée des Français. Les soldats pénétrèrent alors de vive force dans les maisons, et la ville entière fut livrée au pillage.

Départ de Coimbre. — Attaque de l'hôpital par les Anglais. — L'armée séjourna le 2 et le 3 octobre à Coimbre pour se munir de vivres, et le départ fut ordonné pour le 4. On prescrivit *à l'ordre* de déposer dans les hôpitaux de Coimbre ou dans les couvents qui avaient été désignés à cet effet, tous les blessés et malades susceptibles d'embarrasser la marche. Le nombre de ces malheureux s'élevait à près de 3,000 ; il n'y avait que peu de malades ; la plupart étaient les blessés de Busaco.

Enfin, le 4 octobre, on quitta Coimbre, où on ne laissa qu'une petite garnison de 500 hommes. Le 7, on arriva à Leyria ; la cavalerie française y culbuta une arrière-garde ennemie qui avait voulu défendre une position assez avantageuse. — Le même jour, le colonel anglais Trant, à la tête des milices de l'est du Portugal, se présenta devant Coimbre. La garnison se défendit avec la plus grande valeur, mais elle était trop faible pour résister. L'ennemi se porta avec fureur sur l'hôpital pour y égorger les blessés qu'on y avait laissés ; ceux-ci, réunis à la garnison, résolurent de vendre chèrement le reste de vie qu'on voulait leur ravir. En un instant, le couvent dans lequel l'hôpital avait été établi fut barricadé. Ceux des blessés qui pouvaient marcher se répandirent sur tous les points pour repousser l'ennemi. Ceux que des blessures graves ou des membres amputés empêchaient de se lever, restèrent sur leur lit avec leurs armes, prêts à faire feu sur tout ce qui se présenterait. Étonné de cette résistance à laquelle il était loin de s'attendre, l'ennemi offrit une capitulation qui fut acceptée. Les Français se rendirent prisonniers au colonel anglais, qui leur promit qu'on aurait pour eux tous les égards que méritaient leur courage et leur malheur.

Le colonel Trant, après avoir laissé une forte garnison à Coimbre, marcha sur Oporto avec tous les malades qu'il avait faits prisonniers. Arrivés dans cette ville, les malheureux blessés de Busaco furent donnés pendant trois jours en spectacle à la populace et promenés dans les rues. Ceux qui ne pouvaient marcher furent forcés de monter sur des ânes. Plusieurs officiers français, soutenus par quelques habitants distingués d'Oporto, ayant réclamé contre cet affreux traitement, le colonel Trant répondit que tous les moyens étaient bons pour exciter et entretenir l'enthousiasme populaire.

Retraite de l'armée anglaise. — Combat autour de Sobral. — Les Français quittèrent Leyria pour se porter en avant, et ils arrivèrent, le 9, à Alenquer, où s'engagea une affaire assez sérieuse. Ce bourg et toutes les hauteurs qui le dominent étaient occupés par un corps de troupes anglo-portugaises. Pendant que la cavalerie française manœuvrait pour tourner ces positions, un bataillon d'infanterie légère enleva à la baïonnette le retranchement de la chaussée, et pénétra dans Alenquer au pas de charge. L'ennemi s'étant retiré en toute hâte, les généraux Montbrun et Reynier se mirent à sa poursuite dans la direction de Villafranca, et le général Junot dans celle de Sobral. Ce dernier atteignit les Anglo-Portugais à peu de distance de ce village. Ils étaient en bataille sur des hauteurs et derrière des retranchements qui coupaient la route en plusieurs endroits. Les Français s'avancèrent de position en position, et arrivèrent jusqu'au village, où ils entrèrent en même temps que l'ennemi. En ce moment, de fortes colonnes anglaises s'ébranlèrent pour reprendre cette position importante qui défendait une première ligne établie sur le Monte-Gracia. L'action s'engagea vivement. Quoique l'ennemi eût 10,000 hommes en bataille, il perdait à chaque instant du terrain, et lorsque la nuit fit cesser le combat, il était rejeté derrière un ravin en arrière de Sobral. Une partie de la division Clausel avait poursuivi les fuyards bien au-delà de ce village; ce général, qui n'avait pas encore été rejoint par son artillerie, fit rentrer ses troupes, et se borna à occuper Sobral et les bords du ravin qui couvrait son front. Mais comme il craignait que l'ennemi ne débouchât en force le lendemain par le chemin de Bucellas, il y fit élever, pendant la nuit, quelques ouvrages de campagne. La deuxième division du 8e corps se plaça en échelons à une demi-lieue en arrière, de façon à observer quelques points par où l'ennemi aurait pu attaquer à l'improviste et déborder ensuite facilement la droite du corps d'armée.

Les Anglais, de leur côté, fermèrent la route de Bucellas par un retranchement de six pieds de hauteur avec fossés et palissades ; ils élevèrent, devant leurs postes avancés, quelques ouvrages de campagne, et jetèrent de forts bataillons dans un village à gauche de Sobral. A la droite de Sobral, ils couronnaient toutes les hauteurs bordant la vallée qui les séparait des troupes françaises.

La division française n'ayant point poussé ses postes assez avant sur la droite, l'ennemi porta, pendant la nuit, un bataillon sur le plateau qui aboutit au village de Coxeiras.

Le général Junot alla, le lendemain 10, reconnaître la position des Anglo-Portugais, et s'aperçut que le mouvement de ceux-ci sur Coxeiras débordait entièrement son flanc droit. Il ordonna en conséquence au général Solignac de rejeter l'ennemi dans la vallée. Toute une division anglo-portugaise étant venue soutenir le bataillon qui occupait le plateau, le général Solignac allait être forcé de rétrograder, quand le général Gratien, avec le 15e régiment de ligne, rétablit le combat. L'ennemi, chargé à la baïonnette, rentra en désordre dans ses retranchements, laissant au pouvoir des Français le plateau et un bon nombre de blessés et de prisonniers. La droite du 8e corps fut, dès lors, moins menacée, et l'ennemi n'osa plus s'éloigner du canon de ses redoutes.

Le maréchal Masséna, voulant connaître au juste l'importance des forces qui occupaient le village de gauche, envoya, le 12, quelques compagnies d'élite sur le retranchement du chemin de Bucellas. Ce retranchement fut lestement enlevé. Au même moment, les Français attaquaient Bucellas de front et par la droite ; l'ennemi, ayant tout à coup démasqué 6,000 hommes, se porta en avant du village. Là, le combat s'engagea de nouveau avec fureur; mais comme il n'amenait aucun résultat, le maréchal le fit cesser, et l'ennemi ne chercha pas à le prolonger. La nuit suivante, Masséna évacua lui-même ce village, dont la possession fortifiait un peu la position de Sobral.

La cavalerie française ayant, dans ces entrefaites, reconnu la vallée du Tage, le 2e corps s'établit à Villafranca. Le 8e resta posté à Sobral.

Lignes de Lisbonne. — Les Anglo-Portugais avaient eu la précaution de fortifier d'avance les montagnes de Villafranca, qui défendent les approches de Lisbonne; ces montagnes étaient, en plusieurs endroits, retranchées, palissadées et hérissées de pièces de canon de tout calibre.

L'ennemi était en position derrière trois lignes qui, par la droite, s'appuyaient au Tage, et, par la gauche, à la mer près de l'embouchure du Sisandro. — La première de ces lignes avait sa droite à Alhandra et sa gauche à la mer, entre Torres-Vedras et Mafra, passant par les hauteurs d'Arruda, de Monte-Gracia, et se terminant à Ponte-Real. Elle était protégée, dans toute sa longueur, par trente-deux ouvrages, qui étaient, la plupart, des redoutes fermées avec fossés et palissades, et armées de cent quarante bouches à feu. — La seconde ligne avait sa droite à Alveira; elle embrassait les défilés de Bucellas , Montachique et Mafra, et était défendue par soixante-cinq ouvrages et cent cinquante bouches à feu.—La troisième ligne, qui devait, au besoin, couvrir la retraite de l'armée ennemie et protéger son embarquement au fort Saint-Julien , était soutenue par onze ouvrages et quatre-vingt-treize bouches à feu. Elle s'étendait de Belem à Cascaès.

Le général Hill occupait Alhandra et Bucellas ; les généraux Crawfurd et Leith, avec leurs divisions , étaient sous Caldas ; le général Spencer tenait le centre et la gauche; les généraux Picton, Cole, et Campbell occupaient Torres Vedras , Duas Portas et Ribaldiera. Le quartier général du général Cotton , commandant la cavalerie, était à Mafra. Ces lignes, quoique bien étendues , étaient très fortes, le Tage et la mer empêchant de les tourner. Elles étaient, en outre, garnies de toute l'artillerie de l'arsenal de Lisbonne et d'une partie de la côte. Tous les ouvrages étaient occupés par des troupes qui devaient, au besoin , s'y renfermer et s'y défendre.

Positions prises par l'armée française. — Masséna n'avait pas disposé l'armée française avec moins d'habileté. Elle couronnait des hauteurs formant un second arc de cercle concentrique, par rapport à celui de l'armée anglo-portugaise, mais tracé sur un rayon plus grand; les Français , avec des troupes moins nombreuses que celles de l'ennemi, gardaient une ligne beaucoup plus étendue.

Les deux armées étaient séparées par un vallon assez étroit situé entre Villafranca et Alhandra , et les postes avancés avaient pour limites un petit ruisseau qui séparait ce vallon en deux parties égales.—Le 2e corps , formant la gauche de l'armée française , était un peu en arrière de Villafranca , s'appuyant par la droite sur Arruda. Pour entretenir les communications avec Santarem , où le dépot général des trois corps d'armée devait être établi, une brigade de cavalerie légère occupa Porto de Mugem. Le général Montbrun avait sa cavalerie sur le Zézère , pour contenir la garnison d'Abrantès et protéger les derrières de l'armée. Le centre , formé du 8e corps, occupait Sobral. Junot plaça une division de dragons dépendant de ce corps à Alventre , afin de couvrir son flanc droit contre les attaques d'une division de cavalerie anglaise stationnée sur le Sisandro. Le 6e corps , formant la gauche, était à Otta et Villanova. Il fournissait des postes le long du Tage pour observer la navigation de ce fleuve, dont l'ennemi était maître au moyen de ses embarcations et de ses chaloupes canonnières. Le maréchal Ney plaça la division Loison à cheval sur la chaussée, entre Alenquer et Sobral, pour lier entre eux les 2e et 8e corps. Le général Solignac menaçait avec sa division la vallée d'Arruda, l'une des plus fortes positions de l'ennemi.—On établit à Alenquer le grand quartier général et les administrations.

Le 12 octobre , l'armée était entièrement établie dans toutes les positions. Ce jour même, Le général Sainte-Croix , officier de la plus grande distinction , fut coupé en deux par un boulet qui ricocha, au moment où , monté sur une hauteur, il observait quelques chaloupes anglaises tirant sur un des postes français.

Les armées s'observent. — Retraite des Français sur Santarem. — Après les combats de peu d'importance livrés près du Sobral, et dont nous avons parlé plus haut, il n'y eut aucune espèce d'engagements , et les deux armées se bornèrent à s'observer réciproquement. Wellington , s'attendant chaque jour à être attaqué , faisait rester ses troupes dans leurs lignes.

Cependant l'armée anglo-portugaise recevait continuellement des renforts : 9,000 Anglais venaient de débarquer à Lisbonne; 13,000 hommes de milices portugaises étaient entrés dans les lignes , et La Romana, à la tête d'un corps de 10,000 hommes, avait rejoint , le 19 octobre, l'armée anglo-portugaise, et avait promis de coopérer de tous ses moyens à la défense des lignes de Lisbonne.

Chaque jour, au contraire, l'armée française s'affaiblissait et par les détachements envoyés à la recherche des vivres, et par les maladies que les pluies continuelles et la mauvaise nourriture occasionnaient. Elle comptait, à cette époque, 35,000 combattants à peine. C'est avec ce petit nombre d'hommes , en butte à des privations de toute espèce , que Masséna a bloqué pendant un mois une armée, composée de 92,000 combattants, savoir : 36,000 Anglais , 35,000 hommes de troupes régulières portugaises, 11,000 hommes de milices et 10,000 Espagnols. — Pendant ce temps, le reste de l'armée française fortifiait Santarem, occupait Tomar, et menaçait Abrantès.

Au bout d'un mois le manque total de vivres força le prince d'Essling à abandonner ses positions, et à diriger l'armée en arrière, à la hauteur de Santarem, où les ressources n'étaient pas encore épuisées. Ce mouvement s'effectua avec beaucoup d'ordre, dans la nuit du 14 au 15 novembre. Il commença par le 6e corps : le maréchal Ney établit son quartier général à Tomar, porta la gauche de son corps près du Zézère et la droite au-delà d'Ourem. Le général Loison s'établit à Golega avec sa division et une brigade de dragons. Le général Montbrun distribua les régiments de dragons dans les environs de Leyria et porta la cavalerie légère jusqu'à Pombal. Le grand quartier général fut établi à Torres-Novas , et l'on évacua sur Santarem les administrations et les hôpitaux.

Cette retraite se fit sans que l'ennemi cherchât à la troubler, et les troupes arrivèrent le 15, à dix heures du matin, à Aveiras de Cima. Le corps du général Reynier se dirigea aussi sur Santarem. Le 19 novembre, le 8e corps se porta sur Pernès et Alcanhède, et le 2e prit position sur les hauteurs mêmes de Santarem.

Voici les positions que l'armée occupait le 18 : le 2e corps à Santarem, sa gauche au Tage et son front couvert par le Rio-Mayor; le général Loison occupant Golega avec une division. Le 8e corps sur l'Alviella, sa gauche à Torras-Novas, son centre à Pernès, sa droite à Alcanhède. Le 6e corps et la cavalerie à Leyria et Tomar. Le grand quartier général à Torres-Novas.

La position choisie par Masséna en avant de Santarem était fort avantageuse. Elle se composait d'un double rideau boisé assez étendu, d'une défense facile et que l'on fortifia promptement au moyen d'abatis d'arbres entiers. Une montagne inaccessible, appelée le *Monte-Junto*, couvrait la droite; la gauche s'appuyait au Tage. Si l'ennemi eût cherché à tourner cette position, Lisbonne se serait trouvée alors entièrement à découvert, et il eût été facile aux Français de marcher sur cette capitale.

Wellington, craignant que le mouvement des Français n'eût pour but de tenter le passage sur la rive méridionale du Tage, ordonna le même jour, 18 novembre, au général Hill, de passer ce fleuve avec sa division.

Mouvement de l'armée anglaise. — Positions de Reynier. — L'armée anglo-portugaise sortit de ses lignes le 19 novembre et s'avança en colonnes d'attaque sur Santarem. Cette ville est bâtie sur la crête d'une chaîne de montagnes élevées et presque perpendiculaires, au-devant de laquelle est une autre chaîne de collines un peu plus basses sur lesquelles s'étendait la première ligne de l'armée française. Le Rio-Mayor et le Tage coulent au pied de ces hauteurs. L'artillerie française dominait complétement les deux chaussées et le pont par où les Anglais étaient obligés de passer. La seule voie par laquelle on pût déboucher sur Santarem était un pont de plus de quatre cent toises de long sur lequel le 2e corps avait placé son poste avancé. Quand on avait franchi ce pont, il fallait, pour arriver à la ville, marcher l'espace de mille toises par une route encaissée entre deux montagnes boisées, sur lesquelles le général Reynier avait posté son corps d'armée et disposé son artillerie de façon à enfiler le pont et la route par laquelle l'ennemi aurait pu essayer d'avancer. Ce même jour, 19, une avant-garde anglaise de quelques milliers d'hommes prit position sur une colline au-delà du pont, mais l'armée ennemie ne se montra que le lendemain. Une de ses divisions, forte de 7,000 hommes, précédée de deux régiments de cavalerie et de quelques pièces de canon, fila par la rive droite du Rio-Mayor, et alla prendre position entre Azambuja et Santarem. En même temps, de fortes masses garnissaient successivement toutes les hauteurs de l'autre côté du pont, et l'ennemi paraissait se disposer à une affaire générale, au grand contentement des Français. Persuadé qu'il allait être attaqué, le général Reynier fit prévenir Junot et Masséna des projets qu'il supposait à Wellington, et se prépara à combattre, après avoir dirigé sur Golega ses équipages et ses blessés. Cependant vingt-quatre heures se passèrent sans aucune tentative de la part de l'armée alliée. Le général Junot en profita pour réunir sa première division. Le général Clausel s'avança, avec une grande partie de ses troupes, jusqu'à Cruz de l'Entrada, à une demi-lieue en deçà de Santarem, et une brigade de dragons continua d'occuper Alcanhède, observant les routes de Rio-Mayor et de Tremès. Le maréchal Masséna étant venu examiner le mouvement de l'armée de Wellington, ne pensa point que ce général voulût prendre l'offensive; il ne vit dans ses manœuvres que de simples démonstrations pour hâter la retraite de l'armée française. Aussi, au lieu de continuer à évacuer Santarem, il fit rentrer dans la ville tout ce qui en était déjà sorti.

Les avant-postes français du côté du Tage furent attaqués, le 20 novembre, par 3 ou 400 tirailleurs. Après l'échange de quelques coups de fusil, les colonnes ennemies se replièrent. Le but de cette attaque était de s'assurer si les Français effectuaient une retraite finale ou si ce n'était qu'un changement de position. Voyant que ses adversaires étaient bien décidés à se maintenir à Santarem, Wellington rassembla toute son armée sur Cartaxo, où il établit son grand quartier général, se bornant à laisser une forte arrière-garde sur le Rio-Mayor. Les troupes furent placées en cantonnements sur les deux rives du Tage; à gauche, les divisions des généraux Hill, Fane et Erskine, et le reste sur la rive droite, ainsi qu'il suit : les généraux Brent, Spencer et Cameron, à Cartaxo même; le général Crawfurd, entre cette dernière ville et Santarem, observant les avant-postes français; le général Picton à Torres-Vedras; le général Campbell, à Alenquer; le général Cole, à Azambuja; le général Leith, à Alcoentre; le reste de l'armée dans les lignes. L'armée française resta dans ses premières positions; seulement, le général Reynier posta sa cavalerie à son extrême droite pour observer le Rio-Mayor, et se lier avec la division Clausel à Ponte-Calharis.

Combat et prise de Punhete. — Golega était occupé par le général Loison, qui appuyait la gauche de sa division au Zézère. Masséna lui donna l'ordre de forcer le passage de cette rivière et de s'emparer de Punhete. Les bords du Zézère étant fort escarpés, l'ennemi pouvait facilement en disputer le passage, maître qu'il était des hauteurs; cependant, dès que les troupes du général Loison parurent, il se retira à Abrantès. La brigade du général Ferey s'empara de Punhete, et poussa des partis jusque sous les murs d'Abrantès où ils jetèrent une vive alarme. Le général Ferey ne tenta pas de s'emparer de cette ville, malgré toute l'importance qu'elle avait pour Masséna; 4,000 Portugais, commandés par un général anglais, la défendaient, et elle était à l'abri d'un coup de main. On se borna à occuper Punhete, où l'on jeta, ainsi qu'à Martinchel, un pont de bateaux défendu par une bonne tête de pont.

A cette époque, l'Empereur, instruit par le général Foy de la véritable situation de l'armée de Portugal, ordonna que toutes les troupes disponibles dans le midi de l'Espagne marchassent vers la frontière de l'Alentejo. Le résultat de cette mesure fut d'opérer une diversion en faveur du maréchal Masséna, les troupes espagnoles ayant été obligées de se séparer de l'armée de Wellington, pour aller faire face à l'armée de Soult.

Préparatifs de Masséna pour passer le Tage. — Manœuvres de Wellington pour s'y opposer. — Dès que le maréchal Masséna eut jugé les positions de Lisbonne inabordables, il ordonna la construction d'un pont de bateaux, pour que l'on pût passer sur la rive gauche du Tage quand toutes les ressources de la rive droite seraient épuisées. Les travailleurs, dirigés par le général Éblé, poussèrent les constructions avec toute l'activité possible, et l'on eut bientôt deux équipages de pont de quarante bateaux chacun.

Après avoir passé le Zézère, l'armée se répandit dans la plaine de Golega, qui présente une étendue de quatre lieues carrées et dans les vallées environnantes qui sont remarquablement fertiles. La plaine de Golega était couverte de maïs, dont la récolte fut d'un grand secours pour les hommes et pour les chevaux.

Cependant l'armée prévoyait la fin prochaine de ces ressources. Des hauteurs de Santarem , elle voyait les riches et belles plaines de l'Alentejo, si justement nommées le grenier de Portugal. Ces plaines étaient couvertes au loin de nombreux troupeaux que les habitants avaient fait passer d'une rive à l'autre au moment de l'arrivée des Français. Cette vue, qui faisait sentir plus vivement les privations en promettant l'abondance, excitait les désirs que les troupes avaient de franchir le Tage.

Masséna songeait en effet à passer sur la rive gauche du Tage, ce qui eût été d'autant plus avantageux que l'armée de Portugal liait ainsi ses opérations avec celles du maréchal Soult qui manœuvrait, à cette époque, sur la Guadiana. On continuait donc sans relâche la construction de nombreux bateaux, à la vue de l'ennemi qui employait tous ses efforts à empêcher l'exécution du plan projeté, sentant combien il était important pour lui de ne pas transporter le théâtre de la guerre dans l'Alentejo, au moment où le maréchal Soult s'approchait de Badajoz. — Mais Masséna s'était occupé trop tard de ces dispositions, et Wellington redoublait de soins pour garder la rive gauche. Vers le milieu de décembre, le général Hill, avec 15,000 Anglais, se concentra sur la rive gauche auprès de Chamusca et d'Almeyrim. Le bord du fleuve, depuis Santa-Marta jusqu'à Brilo, était gardé par des corps de milices et des paysans armés. Ces troupes furent, peu de temps après, portées à 30,000 hommes. Villa-Nova renfermait en outre de fortes réserves, prêtes à se porter partout où les Français tenteraient le passage. On avait disposé, à Porto de Mugem et à Azambuja, des barques destinées, au premier signal, à transporter ces troupes sur l'autre bord, et le général anglais avait fait élever de nombreuses et fortes batteries sur tous les endroits accessibles.

Jonction du 9ᵉ corps et de l'armée de Portugal. — Cependant le général Drouet, comte d'Erlon, était parti, le 12 octobre, de Válladolid, à la tête du 9ᵉ corps, et se dirigeait vers la frontière de Portugal.

Le général Gardanne s'était mis en route, quelque temps auparavant, pour rejoindre l'armée de Masséna ; il amenait avec lui les détachements que l'on avait laissés à Ciudad-Rodrigo et à Almeida pour former la garnison de ces deux places. Cette colonne rétrograda tout à coup, le 14 novembre, au moment où elle n'était plus qu'à quelques lieues des avant-postes français. Le général fut trompé par les faux rapports d'un prétendu déserteur Portugais envoyé par le gouverneur d'Abrantès, et par les discours des habitants qu'il avait rencontrés sur les derrières de l'armée française. Il crut l'armée de Masséna détruite et il ne jugea point à propos de s'aventurer plus loin. Il avait avec lui 2,000 hommes, dont 300 de cavalerie, avec un convoi considérable de munitions et d'objets d'habillement et d'équipement pour les troupes. Craignant d'être attaqué par des forces supérieures aux siennes, il rétrograda en toute hâte, et la fatigue lui fit perdre beaucoup de monde en route. Il arriva, le 29 novembre, à Penamacor.

Le général d'Erlon réunit les débris de cette colonne à la première division du 9ᵉ corps, la seule qu'il eût alors, et opéra, le 26 décembre, sa jonction avec l'armée du Portugal, qui vit l'arrivée de ce renfort avec d'autant plus de joie que, privée depuis long-temps de toute espèce de communications, elle se croyait abandonnée. Le général Drouet d'Erlon, dont les forces ne se montaient qu'à 8,000 hommes, sa cavalerie étant restée dans les environs de Ciudad-Rodrigo, couvrit les derrières de l'armée et occupa Leyria. Ce point, bien gardé, assurait les positions de Santarem, et empêchait le général anglais de les attaquer avec quelque espoir de succès. La seconde division du 9ᵉ corps, sous les ordres du général Claparède, vint prendre position à Trancoso, pour tenir en échec le corps de Silveyra. Dans cette position, elle fut bientôt environnée par les corps ou bandes réunies de Silveyra, Muller, Grant, Baccellar, Trant et Wilson, que le comte d'Erlon avait battus et dispersés sur sa route, mais qu'il n'avait pas pu détruire.

Les deux armées restèrent dans l'inaction pendant les derniers jours de décembre 1810. Masséna ne voulait pas reprendre l'offensive avant d'avoir reçu les renforts qu'il attendait ou des instructions positives de l'Empereur. De son côté, Wellington restait plus que jamais sur la défensive ; on discutait dans le parlement si la maladie de Georges III exigeait une régence, et, dans l'affirmative, il eût pu en résulter de grands changements dans le ministère, et, par suite, dans le commandement de l'armée.

Quoique maîtres de la mer, qui leur offrait de grandes ressources, les Anglais ne pouvaient pas toujours alimenter la foule qui encombrait Lisbonne et ses environs. Des malheureux mourant de faim jonchaient les rues de cette capitale, et il en résultait des maladies qui exerçaient d'effrayants ravages dans l'armée combinée. Les Français n'étaient pas dans une situation moins triste ; ils avaient promptement épuisé les ressources de l'Alvilla et du pays de Santarem. Les soldats, obligés de s'étendre jusqu'à Porto de Mos pour faire des vivres, n'en trouvaient pas encore en quantité suffisante. Chaque jour la fièvre emportait un grand nombre d'hommes.

Combat contre Silveyra et les insurgés portugais. — L'entrée du 9ᵉ corps en Portugal avait forcé le corps des milices portugaises de Silveyra à abandonner ses positions autour de Pinhel et de Trancoso pour se replier sur le Duero. Quand le passage de la première division française fut effectué, le général portugais crut pouvoir revenir sur ses pas et inquiéter de nouveau les communications de l'armée française. Dans ce but, il avait attaqué, le 30 décembre, le général Claparède, qui l'avait battu à Ponte-d'Albada, près de

Trancoso. Claparède ne se borna pas à ce premier succès; il forma ses troupes en deux colonnes, et se mit, le 9 janvier 1811, à la poursuite du général Silveyra, dans l'intention de le rejeter de l'autre côté du Duero. Parvenu près du village de Guittero, il trouva l'ennemi posté sur les hauteurs. Une ligne étendue de tirailleurs masquait son front. Le général Claparède ordonna aussitôt à une de ses colonnes de tourner la gauche de l'ennemi tandis que lui-même se portait rapidement sur le centre. Silveyra se hâta de faire retraite sans attendre le résultat de ce mouvement.

Le général Claparède continua de poursuivre son adversaire; et, arrivé, le 11, à Villa de Ponte, il le trouva arrêté sur la rive gauche de la Tavora. Silveyra avait barricadé les ponts de Villa et de Freisim, et coupé tous les chemins par des abatis et des fossés. Il paraissait résolu à défendre vigoureusement tous les passages. Le général Claparède dirigea aussitôt la plus grande partie de ses troupes sur le pont de Freisim sans faire attention à la vive fusillade qui s'engagea au même instant sur sa droite. Un bataillon enleva le pont au pas de charge et les hauteurs furent bientôt prises. Les Portugais se sauvèrent en désordre en perdant beaucoup de monde. Ils furent poursuivis jusqu'à Villa de Rua, où la nuit seule arrêta les vainqueurs.

Le corps de Silveyra continua sa retraite; son arrière-garde, composée de l'élite de ses troupes, arriva le 12 au soir, à Mondin. Là, le général Dommanget, commandant l'avant-garde française, la mit en déroute et la rejeta au-delà de la Coura. Le 13, au soir, le général Claparède arriva à Lamego, ramassant en route tous les traînards et une partie des équipages du général portugais. L'ennemi abandonnant les ouvrages élevés en avant de Lamego, avait, le même jour, 13, rétrogradé sur Pezo de Regao, et passé le Duero à Mullito. Silveyra voulait se réunir aux colonnes des généraux Baccellar et Wilson, qui se trouvaient à Castro-Duero. Le corps du colonel Miller, qui était à quatre lieues de Lamego, accourait au secours de Silveyra, lorsqu'il apprit, à Tarouca, sa défaite et sa fuite. Miller gagna sans retard Castro-Duero et Viseu. L'ennemi perdit, dans ces différents engagements, 300 hommes de ses meilleures troupes, sans compter 1,000 blessés, 200 prisonniers et un drapeau.

Après cette expédition, le général Claparède quitta, le 28 janvier, les bords du Duero, pour se rapprocher de Celorico, sur la communication directe de Santarem avec Almeida.

Le général Claparède dissipa encore de nouveaux rassemblements qui s'étaient formés dans les environs de Guarda, Belmonte, Covilha, Fondao, etc. Le colonel anglais Trant les commandait, et ils occupaient une position superbe à Covilha, où ils s'étaient réunis. Malgré les nombreux préparatifs de défense qu'il avait faits, Trant se laissa envelopper par le général français, et fut mis bientôt en pleine déroute. On lui prit un drapeau et un canon.

Mort de La Romana. — Le général La Romana mourut presque subitement, le 23 janvier, au quartier général de Wellington, par suite d'une maladie chronique qui avait pour cause l'ossification des vaisseaux du cœur. Sa mort eut lieu au moment où il se disposait à marcher, avec l'armée espagnole, contre le maréchal Mortier. Le commandement de ses troupes fut réparti entre les généraux Mendizabal et La Carrera, qui se portèrent aussitôt sur Badajoz, pour secourir cette place que le 5e corps menaçait alors fortement.

Travaux des Français. — Manque de vivres. — Situation critique. — Les Français faisaient des progrès dans leurs constructions de bateaux, et les troupes du général Hill, campées sur les bords du Tage, pouvaient observer la marche des travaux et calculer à peu près exactement l'époque à laquelle le passage serait tenté. Lorsque le moment approcha, les Anglais tentèrent d'incendier les bateaux avec des fusées à la congrève. Mais les pontons furent éloignés à temps, et ce projet échoua.

Cependant l'armée française commençait à éprouver de nouveau les privations les plus dures; l'ennemi qui connaissait cette situation pénible ne douta pas qu'elle ne fût obligée ou d'essayer de franchir le Tage pour s'établir dans l'Alentejo, ou de se retirer derrière le Mondego. Ce qu'il y a de certain, c'est que les troupes ne pouvaient demeurer long-temps encore dans les positions qu'elles occupaient. Le pays n'offrait aucune ressource; les villages étaient abandonnés et en ruines.

Depuis la bataille de Busaco, l'armée entière ne vivait que de maraude; partout les habitants fuyaient à son approche; ils abandonnaient leurs demeures pour se réfugier dans les montagnes ou dans les forêts, emportant avec eux leurs provisions de toute espèce, emmenant leurs bestiaux, et ayant soin d'enfouir ce dont ils ne pouvaient se charger. Si l'arrivée imprévue des Français ne leur laissait pas le temps de creuser des cachettes, ils jetaient dans les puits, dans les mares, dans les rivières tout ce qui pouvait servir à alimenter l'armée ou être utile à sa conservation. Cette conduite leur avait été prescrite par les Anglais. Le gouvernement de Lisbonne, entièrement dévoué à ses alliés, avait prononcé la peine de mort contre quiconque ne se conformerait pas à cette injonction. Ce plan avait pour but d'obliger les Français à évacuer au bout de quelque temps les provinces où ils avaient l'intention de se fixer; il est vrai qu'il frappait aussi ces mêmes contrées de dévastation et de ruine pendant plusieurs années; mais, dans leur vengeance aveugle, les Portugais supportaient ces sacrifices avec joie, en songeant aux privations et aux besoins poignants qui devaient assaillir leurs ennemis. Partout les Français trouvaient les moulins détruits, les huches cassées, les fours démolis, et il leur fallait sans cesse fabriquer eux-mêmes tous les ustensiles nécessaires à la manutention.

Combat de Rio-Mayor. — L'armée anglo-portugaise reçut, à cette époque, de nouveaux renforts. Une expédition projetée par l'Angleterre en Calabre ayant été ajournée, une grande partie des troupes destinées à cette entreprise, fut envoyée en Portugal.

Masséna ayant su que Wellington préparait de

grands mouvements, donna l'ordre aux généraux Reynier et Junot de pousser de fortes reconnaissances en avant de leurs lignes , pour s'assurer si réellement le général anglais avait renforcé sa gauche , par où il lui était le plus facile de déboucher. Junot devait se diriger en force sur Rio-Mayor, en chasser l'ennemi et éclairer la partie d'Alcoentre.

A la tête de 5,000 hommes d'infanterie et de 300 chevaux, le général Junot partit d'Alcanhède, le 19 janvier, à cinq heures du matin, et marcha directement sur Rio-Mayor. Cette ville était ordinairement gardée par plusieurs bataillons et quelques centaines de chevaux ; l'ennemi s'y trouvait couvert par la rivière du même nom et par de bons retranchements au-delà du pont, qui, en outre, était fortement barricadé. Les grand'gardes anglaises étaient à moitié chemin d'Alcanhède, en face de celles des Français ; dès qu'elles aperçurent les soldats de Junot, elles firent volte-face et coururent au galop donner l'alarme à toute la ligne. Aussi, en arrivant devant la ville, les Français trouvèrent-ils l'ennemi disposé à se bien défendre. Junot ordonna aussitôt d'emporter les retranchements et le pont, ce qui fut l'affaire d'un moment, tant les voltigeurs mirent d'impétuosité dans leur attaque. En une demi-heure , les Français furent maîtres de Rio-Mayor, et l'ennemi fut repoussé en désordre à une petite distance. — Voulant voir par lui-même la direction que prenaient les colonnes anglaises, le général français courut au galop sur une éminence où il précédait les tirailleurs les plus avancés ; là, il fut grièvement blessé d'une balle qui l'atteignit au bas du front et qui lui traversa la figure. Cette grave blessure ne lui ôta rien de son sang-froid ; pendant qu'on lui plaçait le premier appareil sur le terrain même, il donna l'ordre de poursuivre l'ennemi du côté d'Alcoentre, pour s'assurer s'il avait posté des forces sur ce point. — Les avis donnés à cet égard ne s'étant pas confirmés, toutes les troupes rentrèrent, dès le soir même, dans leurs premières positions.

Masséna se décide à la retraite. — Dans le courant de janvier l'armée de Portugal reçut environ 3,000 hommes de renfort. Une partie de ces troupes avait été amenée par le général Gardanne, l'autre par le général Foy, qui revenait de Paris, où Masséna l'avait envoyé en mission. Ces détachements étaient loin de compenser les pertes énormes que l'armée avait faites ; cependant le général en chef, bien résolu à conserver ses positions jusqu'à la dernière extrémité, ordonna que l'on fît de nouvelles tentatives à l'effet de se procurer des subsistances pour les hommes et pour les chevaux. Il voulait s'approvisionner pour un mois encore. Des détachements partirent dans diverses directions , et le résultat de leurs efforts fut de ramener plusieurs troupeaux de moutons et de chèvres, fort peu de bœufs et quelques sacs de maïs. Malgré toute l'économie que l'on apporta dans la distribution de ces vivres, ils furent consommés au bout de quelques jours.

Quoique les deux tiers de l'armée fussent occupés à fouiller les campagnes , déjà dans les derniers jours de février les maraudeurs ne rapportaient plus rien.

— A mesure que l'armée s'affaiblissait par les privations, l'ennemi devenait plus entreprenant ; il avait doublé ses avant-postes, et des escarmouches avaient lieu fréquemment avec sa cavalerie. — La droite de la ligne française étant surtout menacée, la plus grande partie de la division Clausel, fort affaiblie par le nombre de ses malades, se concentra près d'Alcanhède, afin de s'opposer aux démonstrations que l'ennemi faisait de ce côté, et qui venaient confirmer les rapports annonçant que Wellington se disposait à reprendre l'offensive.

S'il en eût été ainsi, l'armée française aurait été perdue. Elle se trouvait disséminée sur une grande étendue de terrain , et il lui aurait été impossible de vivre si l'ennemi l'eût forcée à se concentrer sur un seul point ; elle n'eût d'ailleurs jamais pu manœuvrer dans un pays si difficile, avec une artillerie et des équipages mal attelés et l'immense quantité de malades qu'elle traînait à sa suite. Elle mourait véritablement de faim : ni officiers ni soldats n'avaient mangé de pain depuis plus d'un mois, et tous étaient exténués par les chaleurs accablantes du jour , les froids vifs de la nuit, les pluies continuelles, l'humidité des bivouacs et la continuité des marches et des fatigues. — Un pareil état de choses ne pouvait durer ; Masséna réunit les principaux généraux dans un conseil de guerre qui se tint à Golega , et après une courte délibération , il fut décidé que chaque corps se tiendrait prêt à faire un mouvement au premier ordre. — Les malades et les gros équipages furent évacués sur Thomar ; on voulait en former une colonne isolée qui n'entravât point la marche des autres troupes ; quelques ouvrages qu'on avait élevés à l'embouchure du Zézère furent détruits ; on prit aussi des dispositions pour faire sauter plusieurs ponts de pierre à mesure que l'armée se retirerait ; mais le sacrifice le plus pénible fut de brûler en une nuit tous les bateaux dont la construction avait coûté de si généreux efforts.

Diversion tentée par l'armée d'Andalousie. — *Troupes envoyées dans l'Alentejo.* — Le général en chef des armées ennemies sut bientôt que toutes les forces disponibles des armées françaises d'Andalousie se dirigeaient vers Merida, et il prévit que les maréchaux Soult et Mortier n'avaient pas l'intention de menacer vainement les places de Badajoz et d'Elvas, qui défendent les frontières orientales de l'Alentejo. En conséquence, toutes les troupes espagnoles qui se trouvaient encore dans l'armée anglaise et quelques corps portugais, reçurent immédiatement l'ordre de se diriger sur ces deux forteresses , pour y opérer une forte diversion ; il fit , en outre, passer de nouvelles forces sur la gauche du Tage ; le général Hill, qui y commandait, étant tombé malade, le commandement fut confié au maréchal Beresford.

Retraite de l'armée de Portugal. — Masséna se décida enfin le 3 mars, à repasser le Mondego, et à se reporter vers Guarda, pour se mettre en communication avec Ciudad-Rodrigo, où étaient les effets d'habillement, les munitions, les ressources de l'artillerie, les magasins et le trésor de l'armée, qui n'avait pas reçu de solde depuis six mois.

Le 4, les malades et les bagages, placés sur des mulets et des ânes, se mirent en route afin de gagner deux marches sur le gros de l'armée.

Tous les préparatifs étant achevés, la retraite commença, le 5, à huit heures du soir. Le maréchal Ney faisait l'arrière-garde. La plus grande partie du 8ᵉ corps, qui occupait Tremès et Alcanhède, fila toute la nuit par Pernhès, et vint se poster sur la rive gauche de l'Alviella. La nuit se passa sans que l'ennemi fît aucun mouvement.

Les colonnes françaises se mirent en marche le 6, au matin. Le 8ᵉ corps se dirigea sur Torres-Novas, le 2ᵉ sur Thomar, après avoir détruit tous les ponts de l'Alviella. La division Loison, cantonnée à Golega, rejoignit le 6ᵉ corps, qui, ainsi que nous venons de le dire, formait l'arrière-garde. En ce moment, le maréchal Ney réunissait ce 6ᵉ corps et la cavalerie sur Leyria pour inquiéter la gauche de l'ennemi et le contenir derrière la Lys, en attendant que toute l'armée française fût en ligne. — Le 2ᵉ et le 8ᵉ corps continuèrent leurs mouvements le 7.

Les dernières troupes étaient à peine sorties de Torres-Vedras, que cette ville fut occupée par quelques piquets de cavalerie anglaise. Il n'y eut aucun engagement; mais Wellington, craignant que Masséna ne s'arrêtât aussi long-temps à Coimbre qu'à Santarem, prit des mesures pour l'en empêcher. Il envoya un corps de cavalerie et quelque infanterie à la suite du 2ᵉ corps qui se dirigeait sur Thomar, et de là, sur Espenhal. Une colonne plus forte suivit le 8ᵉ corps marchant sur Pombal; mais les plus fortes masses ennemies se rassemblèrent à Alcoentre et se portèrent sur Leyria, dans l'espoir de déborder les Français et d'arriver avant eux sur le Mondego. Un corps de 10,000 hommes, arrivé tout récemment d'Angleterre, et qui avait été avec intention laissé sur les transports, fut, en outre, débarqué à Figuiera afin de remonter le Mondego par la rive droite, et d'être à même d'attaquer de front la tête de l'armée française lorsqu'elle se présenterait devant Coimbre.

Combat de Pombal. — Lord Wellington, avec le gros de son armée, rencontra d'abord le maréchal Ney, qui, ainsi que nous l'avons dit plus haut avait pris position derrière la Lys avec son corps et toute la cavalerie du général Montbrun. — Les 6ᵉ et 8ᵉ corps arrivèrent ensemble, le 9 mars à dix heures du matin, sur la chaussée de Coimbre, et se formèrent une lieue en avant de Pombal, dans une vaste plaine, où la cavalerie anglaise s'était déployée. Elle exécuta plusieurs charges brillantes et se précipita sur les dragons au grand galop. Ceux-ci, qui ne pouvaient, à cause de la fatigue de leur chevaux, aller avec le même élan au-devant de leurs adversaires, firent halte, pointèrent le sabre, et attendirent ainsi la charge de pied ferme. Cette manœuvre réussit complétement: l'ennemi fut rompu, dispersé et perdit beaucoup d'hommes et de chevaux. Profitant du désordre des escadrons anglais,

les dragons chargèrent à leur tour, sabrèrent un grand nombre de cavaliers ennemis et mirent les autres en fuite.

Pendant cet engagement, les différents corps de l'armée française avaient pris leur ordre de bataille, et les gros équipages continuaient de filer en avant. Le 8ᵉ corps s'arrêta à Venda-Crux; la cavalerie et le 6ᵉ corps se retirèrent derrière la Soure. Les Français n'avaient plus dans Pombal qu'un bataillon, et un autre en dehors de cette petite ville, pour observer la route de Leyria. L'avant-garde de l'armée ennemie attaqua ce bataillon, vers les trois heures du soir, avec des forces tellement supérieures, qu'il fut battu et rejeté dans la ville. Le combat s'y rétablit, et l'on s'en disputa opiniâtrément la possession; mais les Français ne purent tenir et furent forcés de se retirer. Les Anglais ne restèrent pas long-temps maîtres de cette place: le maréchal Ney accourut au-devant du 6ᵉ d'infanterie légère que l'ennemi forçait à la retraite: « Chasseurs, «leur dit le maréchal, vous perdez votre belle réputa-«tion, vous vous déshonorez à jamais si vous ne re-«poussez à l'instant l'ennemi de Pombal. Allons, que «les braves me suivent! » Après ces paroles, de l'effet desquelles il était sûr, le maréchal poussa avec vitesse son cheval vers la ville; il fut aussitôt suivi par l'infanterie qui se précipita au pas de course dans Pombal et qui en chassa les Anglais. Lorsque la nuit fut venue, Ney fit replier ses troupes vers la Soure; l'ennemi n'osa cependant pas s'établir dans Pombal cette nuit-là.

Halte sur la Soure. — Le 10 mars, l'armée fit halte sur la Soure. Le maréchal Masséna voulait s'arrêter sur cette rivière jusqu'à ce que l'on eût pu jeter deux ponts sur le Mondego. Alors l'armée française se fût concentrée en arrière de Pombal pour prendre ensuite position près de Coimbre. L'ennemi fit tous ses efforts pour empêcher l'exécution de ce projet qu'il redoutait par-dessus tout.

Pendant la journée du 10, qui fut employée par Masséna à explorer les rives du Mondego, Wellington rassembla ses forces, fit arriver son artillerie, et fit toutes ses dispositions pour attaquer les Français avec vigueur avant qu'ils eussent le temps de passer le Mondego. En même temps, plusieurs colonnes filaient le long de la mer, et, réunies aux forces qui avaient été débarquées à Figuiera, elles allaient bientôt inquiéter sérieusement la droite et les derrières de l'armée. Masséna envoya sur la ville de Soure plusieurs reconnaissances qui annoncèrent que l'ennemi s'avançait vers ce point. Il était bien certain, dès lors, que l'armée anglo-portugaise se disposait à attaquer les Français de front, en même temps qu'elle manœuvrerait par sa gauche dans le dessein de les déborder. Le maréchal, reconnaissant qu'une position sur la Soure ne serait pas propre à livrer bataille, ordonna la continuation de la retraite pendant la nuit.

Bataille de Redinha. — L'armée s'arrêta sur les hauteurs de Redinha, le 11 mars au matin. Elle avait derrière elle le village de ce nom et l'Adancos, rivière par laquelle il est traversé, et qui coule dans un vallon étroit formant un défilé, d'un passage fort long et fort difficile pour l'artillerie, pour les bagages et même pour les troupes. Ce défilé se prolonge au-delà du village et a près d'une lieue de longueur ; selon toutes les probabilités, l'ennemi devait chercher à y attaquer les colonnes françaises.— Lorsque les malades, les bagages et les troupeaux qui précédaient l'armée eurent passé, ce qui dura toute la matinée, les troupes prirent les positions suivantes : le 6e corps, formant l'arrière-garde, resta sur les hauteurs au-delà de Redinha ; le 8e établit sa gauche dans le village même ; sa droite se prolongeant le long du cours de l'Adancos ; la division du 9e corps qui, jusque-là, avait pris part à tous les mouvements de l'armée, se porta en arrière du village et de la rivière, sur la chaussée de Coimbre ; on poussa, sur la droite, de fortes reconnaissances qui s'assurèrent que les Anglo-Portugais n'avaient pas encore passé la Soure. Ce fut dans cette position que l'armée bivouaqua.

Le lendemain, 12 mars, à huit heures du matin, les vedettes françaises aperçurent l'ennemi qui débouchait de Venda-Crux. Il n'avait pas encore déployé autant de forces. Tandis que 30,000 hommes environ marchaient en masse dans de vastes landes à droite et à gauche de la route, d'autres colonnes s'avançaient dans des directions différentes comme si elles eussent voulu tourner la droite et la gauche des Français. Masséna apprit en même temps que plusieurs partis de cavalerie anglaise avaient passé la Soure, et marchaient sur Condeixa, c'est-à-dire sur les derrières de l'armée française. Dès lors la position de Redinha n'était plus tenable, le maréchal se décida à l'abandonner pour en prendre une plus en arrière. Le 8e corps s'ébranla le premier : une de ses divisions se porta à Condeixa même, et une autre resta échelonnée à Fonte-Cuberta, afin d'être à même de soutenir le 6e corps, au besoin.

La seconde division du 6e corps demeura seule sur le rideau élevé que forment les hauteurs en avant du village. Le maréchal Ney la fit soutenir par le 3e de hussards et par quelques escadrons de dragons. Ces troupes n'avaient avec elles que huit bouches à feu.

Vers les deux heures de l'après-midi, l'ennemi commença son déploiement, et attaqua avec une impétuosité extraordinaire. Il espérait ainsi surprendre le passage du défilé de Redinha.

L'arrière-garde soutint vigoureusement le choc et combattit une grande partie de la journée sans céder un pouce de terrain. Cette belle défense força Wellington à déployer toutes ses masses, et il fallut alors songer à la retraite. Le maréchal Ney donna ordre à chaque bataillon d'envoyer son drapeau, avec un adjudant et des guides généraux, de l'autre côté du ravin où des officiers d'état-major étaient chargés de leur indiquer les places que leurs régiments respectifs devaient occuper après avoir franchi le défilé. Tous les chefs de troupes devaient, à un signal donné, effectuer leur retraite au pas précipité ; les uns en passant par le pont, et les autres en se dirigeant vers des gués qui avaient été reconnus d'avance, sur la droite et sur la gauche de Redinha. Chaque corps devait ensuite aller se reformer, au pas de course, à l'emplacement qui lui était assigné sur l'autre penchant de la vallée à l'endroit même où se trouvait déjà son drapeau. Cette vallée, assez étroite, était bornée de l'autre côté par des hauteurs, formant position, et sur lesquelles on avait placé la division Marchand, avec toute son artillerie, pour protéger les troupes engagées lorsqu'elles abandonneraient le rideau opposé.

Le maréchal Ney donna lui-même, dans la soirée, le signal de la retraite. Le mouvement rétrograde fut rapide et parfaitement exécuté. L'ennemi, voyant tout à coup disparaître les troupes, qui descendaient vers la ville afin de passer le défilé, courut en avant pour gagner le sommet du rideau, d'où il croyait pouvoir plonger des coups certains sur les masses françaises entassées près du pont que la foule des soldats encombrait. Mais le maréchal Ney avait fait embusquer d'avance deux bataillons, avec ordre de bien recevoir l'ennemi lorsqu'il approcherait de l'arête du plateau. En effet ces deux bataillons reçurent les Anglais à bout portant par un feu de deux rangs bien nourri. Cette décharge meurtrière fit rétrograder l'ennemi et lui tua beaucoup de monde. Les deux bataillons embusqués se retirèrent ensuite dans le meilleur ordre.

Les troupes de la deuxième division, ayant toutes traversé la petite vallée, se reformèrent rapidement au-dessous du général Marchand. Alors une canonnade vive et soutenue arrêta court les masses anglaises qui voulaient descendre des hauteurs de Redinha, et les Français purent continuer tranquillement leur retraite. Le but du maréchal Ney fut rempli : l'artillerie, les bagages, gagnèrent du pays, et la marche de l'armée ennemie fut retardée d'une journée.

On peut, sans exagération, porter à 25,000 hommes les forces que l'ennemi déploya, à l'affaire de Redinha, contre une seule division du 6e corps.

Suite de la retraite. — Arrivée devant Coimbre. — Sommation inutile.—L'armée de Portugal se trouvait alors entre les troupes de Wellington qui la serraient de près, et la ville de Coimbre, qui était occupée par une garnison beaucoup plus considérable qu'on ne le supposait. En effet les forces qui étaient à Coimbre s'élevaient à 15 ou 20,000 hommes. On devait croire que l'armée anglo-portugaise avait le dessein d'acculer les Français au Mondego.

Cet état de choses détermina le maréchal Ney à évacuer Redinha dans la nuit du 12, et à se retirer à Fonte-Cuberta, où il fit bivouaquer son corps d'armée. Le 13, il se porta sur Condeixa, village à deux lieues de Coimbre.

La veille, pendant le combat de Redinha, les corps qui formaient la tête de l'armée française avaient trouvé l'avant-garde de la garnison de Coimbre retranchée sur les montagnes boisées qui sont en avant de Condeixa, et l'avaient culbutée et rejetée dans Coimbre. Le général Montbrun reçut de Masséna l'ordre de sommer le gouverneur de se rendre, en le menaçant de prendre la place de vive force et de tout passer au fil de l'épée. Mais le gouverneur, qui avait entendu le

canon de Rehinda , et qui d'ailleurs attendait des renforts , répondit ironiquement qu'il ferait sa réponse le
lendemain.

Marche sur Miranda de Corvo. — Ayant acquis la
certitude que Coimbre était occupée par un corps considérable ; sachant qu'une grande partie de la garnison
était retranchée et fortifiée dans les maisons et dans
les édifices en pierres de taille qui avoisinent et qui défendent le pont, Masséna reconnut qu'il fallait renoncer à forcer ce passage ; il se détermina en conséquence à continuer sa route par Miranda de Corvo, se
porta en avant avec la division Loison, et fit ordonner à Ney et à Junot de se diriger sans retard sur la
Deuca. Il n'y avait pas de temps à perdre : dès le point
du jour l'ennemi marchait par sa droite ; à midi, l'armée française n'avait pas encore débouché de Condeixa,
et la cavalerie anglaise commençait à se montrer à la
fois aux portes de Soure et de Cernache.

Junot se porta rapidement vers la Deuca et prit position sur les hauteurs, échelonnant le 6e corps, qui s'é-
tait formé dans la plaine à la gauche de Condeixa. Les
Anglo-Portugais menaçaient d'arriver par plusieurs
points à la fois, par la ville, par la grande route de
Redinha et par les montagnes de gauche. Le maréchal
Ney plaça ses troupes de manière à tirer tout l'avantage possible de la configuration du terrain et à voir
venir l'ennemi dans toutes les directions. La division
Marchand formait une masse dont la droite s'appuyait
aux dernières maisons de Condeixa ; le général Ferey
était un peu en avant, occupant une forte position qui
couvrait la route de Redinha, par où débouchait le
reste de l'armée anglaise ; à la gauche, la division du
général Mermet se prolongeait dans la plaine, observant les troupes alliées qui filaient toujours sur le
sommet des montagnes ; Masséna était, avec la division Loison, à une lieue plus à gauche.

Le maréchal Ney, pour tromper l'ennemi sur la véritable force des troupes françaises, fit allumer une
grande quantité de feux. L'épaisseur de la fumée que
le vent chassait du côté des Anglais les empêchait
de distinguer les mouvements de leurs adversaires ,
tandis que ceux-ci pouvaient observer tous leurs mouvements.

On fut forcé de rester une partie de la journée dans
ces positions , pour donner le temps à la division Loison de revenir sur ses pas, et aux équipages et à l'artillerie de filer par la route qui conduit à Miranda de
Corvo. Dans l'impossibilité de forcer le passage de
Coimbre, cette route, quelque mauvaise qu'elle fût,
était la seule à suivre.

Wellington ayant aperçu cette marche de flanc
vers Miranda envoya une forte colonne par les montagnes pour couper la route. Mais le mouvement fut
ordonné trop tard : le changement de direction était
déjà avancé lorsque la tête de la colonne anglaise déboucha et vint presque donner au centre de l'armée
française. Masséna courut risque d'être pris avec son
état-major, au moment où il venait de quitter le corps
du maréchal Ney pour rejoindre les divisions qui formaient l'avant-garde.

Cependant la droite de la colonne anglaise, avait
forcé le pas pour venir s'emparer de la route de Miranda , et ayant eu des chemins très étroits à parcourir, elle ne pouvait être appuyée par les troupes qui
la suivaient. Lorsqu'elle parut à portée des Français,
elle n'était pas assez forte pour les arrêter. Aussi fut-
elle obligée de rebrousser chemin pour ne pas être écrasée. Elle se posta en observation à quelque distance et
l'armée française continua sa marche jusqu'à Chao de
Lamas, où les bivouacs furent établis pour la nuit suivante. La colonne anglaise attaqua l'arrière-garde,
mais elle ne put l'entamer

Mesures énergiques du maréchal Ney. — *Journée
dite des positions.*—Dans la soirée, l'armée prit position à une lieue et demie de Condeixa sur des hauteurs favorables , formant un amphithéâtre de montagnes assez rapides. — La nuit du 13 au 14 fut
employée par Ney à faire filer l'artillerie et les bagages des corps qui le devançaient ; tout ce qu'il ne jugea pas devoir lui être strictement nécessaire fut
également renvoyé , et il ne conserva près de lui qu'une
seule compagnie d'artillerie. Pour se débarrasser de
ce qui aurait pu ralentir sa marche, il fit brûler ses
voitures, et ordonna , qu'à son exemple, tout ce qui
était inutile ou de luxe fût livré aux flammes, et que
les soldats employés à conduire les bagages rentrassent
dans les rangs.

De son côté, Wellington , qui connaissait le pays,
fit manœuvrer dans la nuit une forte colonne qui devait tourner la gauche des Français, et les forcer, par
ce mouvement, à évacuer le terrain plus vite dans la
journée suivante.

Le 14, dès que le jour parut, l'armée continua sa
marche sur Miranda de Corvo. L'ennemi profita de la
difficulté des chemins, qui présentaient, pendant plus
de deux lieues, un défilé entre deux hautes montagnes, et attaqua l'extrême arrière-garde française au
moment où elle quittait Chao de Lamas. Le général
Marchand reçut les Anglo-Portugais de pied ferme
et leur fit perdre beaucoup de monde.

Lorsque le maréchal Ney jugea que les convois d'artillerie et les transports avaient gagné assez d'avance,
il donna l'ordre à la première ligne d'abandonner sa
position, et d'aller se reformer derrière tout son corps
d'armée qui était disposé en échelons , par brigade, en
s'élevant de montagne en montagne ; la seconde ligne,
après avoir vendu cher le terrain qu'elle défendait s'en
allait à son tour, et l'ennemi trouvait encore devant
lui une nouvelle position à attaquer et des troupes
fraîches à combattre. D'autre part, la colonne anglaise
qui avait manœuvré pendant la nuit, et qui flanquait
le corps d'armée pour tourner sa gauche, fut observée
et tenue en respect ; cette colonne risqua une seule attaque ; mais la manière dont elle fut reçue lui ôta
l'envie d'y revenir.

Les soldats nommèrent cette belle retraite *la journée des positions.* Tous les mouvements furent exécutés avec un ordre parfait. L'armée était protégée, il
est vrai, par des hauteurs de plus en plus avantageuses, et elle profita de tous les accidents du terrain. Les

tirailleurs et les voltigeurs s'arrêtaient à chaque arbre, à chaque rocher pour tirer sur l'ennemi.

L'armée fit halte enfin et et prit position sur la grande montagne conique qui est en avant de Miranda. L'ennemi dégoûté de la vigoureuse défense qu'on lui avait opposée et harassé de fatigue, laissa éclairer les bivouacs. Attaquer de vive force ce cône formidable était une opération majeure qu'il n'eût pas été prudent aux Anglais d'entreprendre. Il fallait tourner l'armée française, ce qui demandait du temps, ou attendre qu'elle abandonnât la montagne.

Passage de la Ceira. — A onze heures du soir, les Français lèverent le camp, parce que l'ennemi avait envoyé des colonnes sur leur droite, dans l'intention de couper une partie du corps d'armée au passage de la Ceira, rivière très rapide, dont le gué est dangereux lors même que les eaux ne sont point accrues par les pluies. Avant de partir, l'armée incendia Miranda, afin de retarder la marche de l'ennemi, et se dirigea sur le village de Foz d'Arunce, derrière lequel se trouvait un pont en pierre sur la Ceira. Ce passage offrant une espèce de double défilé, il fallait beaucoup de temps pour le franchir; l'incendie de Miranda, en arrêtant l'ennemi, devait empêcher les Français d'être trop vivement pressés au passage de la rivière.

On croyait, en arrivant à Foz d'Arunce, trouver le pont de la Ceira entièrement détruit; mais une seule arche avait été endommagée, et elle fut rétablie en peu d'heures. — L'armée traversa donc le 15 mars la Ceira, à Foz d'Arunce, partie sur le pont, partie à gué à une petite distance plus haut. Il fallait empêcher l'ennemi de s'établir sur la rive gauche, très escarpée, qui domine en quelques endroits la rive droite, et d'où il eût pu faire beaucoup de mal. En conséquence, le général Ferey reçut l'ordre d'occuper avec cinq régiments les hauteurs de cette rive. Deux autres régiments et la brigade de cavalerie légère du général Lamotte, spécialement chargée de garder la route de Miranda, couvraient ses flancs. Tout le reste de l'armée prit position sur la rive droite de la Ceira, se prolongeant sur les bords élevés de cette rivière : le 8e corps à la droite, le 6e au centre, le 2e à la gauche, et la cavalerie en arrière, sur la gauche de Ponte de Murcella.

Affaire de Foz d'Arunce. — Double panique. —
Les troupes en position sur la rive gauche se reposaient tranquillement depuis le matin, lorsque l'ennemi arriva à la chute du jour après avoir marché sur plusieurs colonnes. Il se montra à la fois à gauche, à droite et en face des hauteurs occupées par le général Ferey. Lord Wellington voulait placer ses troupes seulement sur la rive gauche de la rivière, croyant tous les Français établis sur le bord opposé. Dans cette persuasion, il prit leurs avant-postes pour de simples gardes avancées qui devaient se replier à son approche, et il voulut les repousser rapidement. Ces postes, qui se sentaient soutenus par deux divisions, firent bonne contenance. Une nuée de tirailleurs fut lancée pour les appuyer, mais ils furent repoussés par les masses ennemies qui

arrivèrent bientôt, et ils mirent, en se retirant, le désordre dans quelques pelotons qui devaient les soutenir. Un régiment, voyant revenir un peloton en déroute, s'enfuit tout à coup en semant des cris d'alarme. En voyant cette panique, tous les autres régiments, excepté les deux qui se trouvaient près du maréchal Ney, la partagèrent et se précipitèrent en foule vers la rivière. L'affluence était si considérable que les soldats s'écrasaient, s'étouffaient, ou se trouvaient précipités dans l'eau en voulant franchir le pont tous à la fois. 200 hommes furent engloutis avec le drapeau du régiment, qui était la première cause de ce désastre.

Le maréchal Ney, voyant ce mouvement rétrograde, accourut lui-même pour l'arrêter, et ordonna au général Mermet, qui était de l'autre côté du pont, de marcher en avant avec le reste de ses troupes et de repousser l'ennemi. En ce moment, l'obscurité produisit un équivoque funeste : les troupes de la rive droite crurent que les deux régiments qui se trouvaient auprès du maréchal Ney appartenaient à l'ennemi; les fuyards, en s'éloignant, eurent la même idée, et l'on tira sur eux de tout côté. Plusieurs hommes et quelques chevaux furent tués ou blessés ; mais quelques officiers se dévouèrent et s'élancèrent au-devant des balles pour faire cesser cette fatale méprise.

Dans cet intervalle, un bataillon et trois compagnies s'étaient précipités au pas de charge vers le point où le désordre avait commencé. L'ennemi avait aussi été frappé d'étonnement par les cris des fuyards et le bruit des tambours. Au même moment, une des batteries de la rive droite, s'apercevant que les Anglo-Portugais s'aventuraient à poursuivre les Français jusqu'au bord de la rivière, leur tira quelques volées de mitraille. L'ennemi fut, à son tour, saisi d'une terreur panique; il se persuada que le mouvement rétrograde des Français n'était qu'une ruse pour l'attirer jusque sous le feu des batteries de la rive droite, et il se mit à fuir dans le plus grand désordre. La nuit mit fin à cette alerte, et chaque armée conserva ses premières positions. Les Français perdirent, dans cette échauffourée, 400 hommes environ; la perte fut à peu près égale du côté de l'ennemi. — Pendant la nuit, le maréchal Ney fit passer sur la rive droite de la Ceira les troupes qui étaient restées près de lui, et qui n'avaient point partagé la terreur générale; il fit ensuite sauter le pont qui avait été miné.

Suite de la retraite. — Arrivée à Celorico. — L'arche du pont de la Ceira sauta à onze heures du soir, et toute l'armée commença aussitôt à défiler sur Ponte de Murcella. Un corps de milice et des paysans occupaient ce village; ils avaient coupé le pont sur l'Alva, et ils cherchaient à défendre le passage de la rivière; mais ils se retirèrent en toute hâte lorsqu'ils se virent tournés par quelques compagnies que le général Drouet d'Erlon fit passer plus haut. Le pont fut réparé dans la journée du 16, pendant laquelle l'armée resta en position sur une haute montagne, à une lieu et demie en deçà de la rivière.

L'armée française passa l'Alva le 17, et prit position sur la rive droite : le 8e corps à Cortieada et à Moita;

le 6e sur les hauteurs de Ponte de Murcella, et le 2e plus à gauche, dans la direction de Maceira. On croyait séjourner à Ponte de Murcella; mais l'ennemi s'étant rendu maître d'un pont qui se trouvait à deux lieues sur la gauche, et qui n'était gardé que par un seul bataillon français, 30,000 anglais allèrent se former en deçà de l'Alva sur un large plateau. La position occupée par les 8e et 6e corps à Ponte de Murcella et à Moïta présentait un angle saillant par rapport à l'endroit d'où l'ennemi menaçait de déboucher; de sorte qu'en moins de deux heures de marche, il aurait pu rejoindre les derrières de l'armée et lui couper la route de Celorico et ses communications avec le général Reynier, qui se trouvait dans les environs de Lorosa. Heureusement Wellington ne sut pas tirer parti de cette circonstance, et se borna à quelques démonstrations insignifiantes. Masséna put réunir le soir toute son armée et continuer sa retraite jusqu'au lendemain matin. Elle se fit, les jours suivants, le 6e et le 8e corps filèrent par Maceira, Saragoça et Villa-Cortès; le 2e, passa par Gouvea, Mello et Linhara; enfin l'armée française arriva, le 21, à Celorico, presque sans avoir vu l'ennemi.

Le maréchal Ney quitte l'armée. — Depuis quelque temps une vive mésintelligence avait éclaté entre le maréchal Masséna et le maréchal Ney. Le premier, se conformant aux ordres de l'Empereur, ne voulait pas abandonner le peu de pays qu'il occupait encore en Portugal; il voulait attendre qu'une affaire ou un mouvement quelconque de lord Wellington lui fournît un prétexte. Le maréchal Ney, au contraire, ne considérant que le salut de l'armée, était d'avis que l'on ne donnât rien au hasard, et que l'on attendît sous les murs d'Almeida.

Une nouvelle discussion, plus aigre que toutes celles qui avaient eu lieu jusque-là, s'éleva entre les deux maréchaux lorsque l'armée fut arrivée à Celorico. Ces deux hommes avaient des caractères de fer, et, aucun ne voulait céder, Masséna employa l'autorité que lui donnait son titre de général en chef, et intima au maréchal Ney l'ordre de se rendre immédiatement en Espagne. Le duc d'Elschingen partit en conséquence le 23 mars. Ce départ produisit sur l'ennemi la sensation d'une victoire. Le général Loison prit alors le commandement du 6e corps, qui vit avec une véritable affliction le départ du digne chef sous lequel il avait combattu à Austerlitz et à Friedland.

Passage de la Coa. — Le pays de Celorico n'offrait à l'armée française aucune ressource en vivres; il avait été, ainsi que ses environs, épuisé tour à tour par les troupes de Silveyra et par celles du général Claparède. Masséna apprit, en outre, que l'ennemi avait envoyé un corps nombreux pour s'emparer avant lui des défilés entre Pinhel et Celorico. Par ces motifs, le général en chef fit continuer sur Garda le mouvement de retraite.

Masséna résolut de séjourner quelques jours dans cette ville, qui fut occupée par le 6e corps, pendant que les 2e et 8e se répandaient dans les gorges du Zézère et du Montcul. L'ennemi se borna pendant quel-

ques jours à manœuvrer sur la gauche; enfin il repoussa le 6e corps sous les murs même de la ville, et se logea dans la vieille redoute dite *d'Alorna.* Le prince d'Essling ordonna aussitôt la retraite et mit la Coa entre lui et l'ennemi. — Le 29 mars, toute l'armée française se trouvait sur la rive droite de cette rivière; le 2e corps, qui formait l'aile gauche de l'armée, était à Sabugal; le 6e, formant l'aile droite, s'étendait jusqu'à la Nova et à deux lieues d'Almeida, suivant toujours les bords de la Coa; le 8e corps occupait Alfayates.

Combat de Sabugal. — Retraite sous Almeida et Ciudad-Rodrigo.—Il y avait trois jours que les Français occupaient les positions que nous venons d'indiquer, lorsque l'ennemi fit paraître quelques bataillons sur la rive opposée. Une forte colonne, conduite par lord Wellington, se porta sur Sabugal, une autre colonne se plaça en observation devant le 6e corps français. L'ennemi passa deux jours à reconnaître les positions et à disposer son attaque.

Le 2 avril, le général Reynier, qui commandait toujours le 2e corps, manda au prince d'Essling que l'armée anglaise manœuvrait devant lui et qu'il s'attendait à être attaqué le lendemain par des forces supérieures. Le lendemain, de grand matin, il écrivit encore au prince que l'armée anglo-portugaise était en mouvement pour le tourner; qu'en conséquence il se trouvait forcé d'abandonner ses positions, et qu'il avait déjà donné l'ordre de la retraite. Masséna lui répondit sur-le-champ qu'il fallait tenir à Sabugal, qu'au surplus il lui enverrait des renforts. Le général Reynier se disposa donc à opposer aux Anglo-Portugais une résistance digne de lui.

Le 3 avril, le 2e corps fut attaqué de front et sur la gauche par des forces triples des siennes. Une colonne formidable, après s'être emparée des hauteurs en face de Sabugal, brusquait le passage du pont malgré un feu de mitraille bien nourri, et, en même temps, une autre colonne non moins forte, qui avait passé la Coa à gué, attaquait de flanc le corps du général Reynier, qui était beaucoup trop faible pour faire face partout. Cette dernière colonne ennemie, composée de troupes légères, avait été envoyée pour manœuvrer sur les derrières du 2e corps pendant que les autres colonnes l'attaqueraient de front. Les troupes légères anglaises exécutèrent mal leur déploiement · leur mouvement ne fut pas assez large, de sorte qu'elles se trouvèrent engagées avec le flanc des Français, qu'elles devaient prendre en queue, avant que les masses anglo-portugaises attaquant de front fussent assez avancées pour les soutenir. Un régiment portugais fut d'abord engagé et taillé en pièces par la cavalerie française; mais ce succès n'améliorait pas la position du général Reynier; il fit alors faire un changement de front, l'aile gauche en arrière, afin d'arrêter les efforts de l'ennemi, qui cherchait à l'envelopper entièrement et à l'acculer sur la Coa entre deux feux. En ce moment le combat devint extrêmement meurtrier, plusieurs charges de cavalerie furent exécutées par les Français avec une intrépidité remarquable; ·

l'infanterie chargea à la baïonnette; un obusier que l'ennemi avait démonté fut pris et repris plusieurs fois avant d'être abandonné sur le champ de bataille. Enfin après plusieurs heures d'une mêlée sanglante, le général Reynier, ne voyant pas arriver les renforts qu'on lui avait promis, et s'apercevant que la route d'Alfayates pouvait être coupée d'un moment à l'autre, ordonna la retraite et l'exécuta dans le meilleur ordre en présence de l'ennemi qui s'était déjà formé sur les deux points par où elle devait s'effectuer. Les Français perdirent dans ce combat inégal 1,400 hommes, et les Anglo-Portugais 800. — L'issue de cette affaire détermina le prince d'Essling à faire retirer toute son armée sous les murs d'Almeida et de Ciudad-Rodrigo. — Ce mouvement s'exécuta fit le 4 avril.

Rentrée en Espagne.—Position des deux armées. —Les environs des deux villes où Masséna concentrait l'armée avaient été tant de fois ruinés, qu'il était impossible d'y vivre sans secours étrangers; au bout de fort peu de temps les approvisionnements que contenaient ces deux places devaient être épuisés, et il était indispensable qu'elles fussent de nouveau pourvues de vivres pour plusieurs mois. Masséna ordonna donc, le 8 avril, qu'on levât le camp devant Ciudad-Rodrigo; on ne laissa, sous les murs de cette ville, qu'une seule division du 6ᵉ corps; le 9ᵉ, qui était près d'Almeida, se retira par Felicès de Grande; mais la plus grande partie de l'armée se dirigea sur Salamanque, Toro et Zamora.

De son côté, l'ennemi, qui manquait également d'approvisionnements, repassa les montagnes, et s'arrêta dans les environs de Celorico, afin d'être plus à portée de ses magasins établis à Viseu et à Coimbre. Wellington dirigea sur Badajoz quelques régiments de cavalerie; le général Spencer resta, avec un corps de 20,000 hommes sous les murs d'Almeida, qui fut, dès lors, bloquée étroitement.

Masséna cherche à ravitailler Almeida. — L'armée française ne fut pas plutôt dans les environs de Salamanque, que le prince d'Essling sentit la nécessité de faire soutenir la garnison de Ciudad-Rodrigo par un certain nombre de troupes, afin de contenir les partis ennemis et d'empêcher les coureurs de Wellington de se répandre dans le pays. La division Marchand, première du 6ᵉ corps, retourna immédiatement sur ses pas, et, le 15 avril, elle prit poste dans le faubourg de Ciudad-Rodrigo, sur la rive gauche de l'Agueda.

Le général Marchand, à la tête de 2,400 hommes, poussa, le 23 du même mois, une découverte sur le pont de Marialva, à deux grandes lieues de Cuidad-Rodrigo. L'ennemi était au pont, en assez grand nombre, et l'on y apprit que Wellington bloquait Almeida. Cette place avait été réparée par les soins de la garnison que Masséna y avait laissée en entrant en Portugal; le général Brenier en était gouverneur; mais il n'avait plus de vivres que pour un mois, et il était d'une haute importance pour les Portugais de s'emparer d'une ville qui, plus tard, pouvait défendre aux Français l'entrée de leur pays. Il fallait donc se résoudre à voir cette place importante tomber bientôt au pouvoir des Anglo-Portugais, ou s'apprêter à la secourir. Masséna n'hésita pas : avec l'aide du maréchal Bessières, qui commandait en Castille et dans le royaume de Léon il parvint à réunir un convoi de vivres, pour ravitailler Almeida. Ce ravitaillement devait, de toute nécessité, amener une grande bataille; dans cette certitude, l'armée de Portugal, que les pertes inséparables d'une longue et pénible retraite avaient considérablement affaiblie, fut renforcée des deux divisions d'infanterie et de la cavalerie du 9ᵉ corps, que le général Drouet-d'Erlong consentit à laisser encore à la disposition du prince d'Essling, bien qu'il eût une autre destination; les forces furent encore augmentées d'un beau détachement de cavalerie et d'artillerie de la garde impériale, de 1,000 à 1,200 hommes, que le duc d'Istrie amena lui-même. Ces troupes, rassemblées, le 30 avril, à Ciudad-Rodrigo, formaient un total de 30,000 fantassins et de 5,000 chevaux.

L'ennemi avait plus de 50,000 hommes de troupes, anglaises pour la plupart, sans parler d'un ramassis de milices et de bandes espagnoles. Aussitôt que Wellington apprit que l'on se disposait à secourir Almeida, il concentra ses forces dans les environs de cette place; sa gauche s'appuyait à l'Agueda, sa droite à la Coa, et il avait une forte avant-garde vers l'Azava.

Le 2 mai, dès que le jour parut, Masséna fit passer l'Agueda à son armée, sur le pont de Rodrigo. Le 2ᵉ corps se porta sur Marialva; les 8ᵉ et 9ᵉ sur Carpio avec la réserve de cavalerie; le 6ᵉ sur Espaja avec le reste de la cavalerie. Ce mouvement se fit avec beaucoup d'ordre, les avant-postes de l'ennemi furent repoussés, et le passage de l'Azava à Carpio déjoua les préparatifs que Wellington avait faits pour défendre les défilés et les hauteurs de Marialva.

Après avoir poursuivi l'avant-garde anglo-portugaise jusqu'à Gallegos, l'armée française prit les positions que voici :

Le 2ᵉ corps en arrière et à droite de Gallegos; une division du 8ᵉ à gauche de ce village que les avant-postes occupèrent; le 6ᵉ en arrière d'Espaja, et le 9ᵉ en réserve en avant de Carpio.

L'ennemi, dans ce premier mouvement, ayant refusé toute sa gauche, prit une ligne de bataille en arrière d'une petite rivière appelée la Duas-Casas, sur un coteau de difficile accès, qui se prolongeait depuis Fuentès-de-Onoro jusqu'au fort de la Conception. Sa droite, plus accessible, s'étendait jusqu'à Navas-de-Avel. Wellington avait son quartier général à Villa-Fermosa. Cette position de l'ennemi n'était pas sûre, en ce qu'il avait derrière son front le lit rocailleux de la Coa, et une seule communication voiturable par Castelbom.

Bataille de Fuente-de-Onoro. — L'armée française marcha en avant le 3 mai au matin; le 2ᵉ corps, formant toujours la droite, se dirigea sur Almeida; une division du 8ᵉ à gauche de ce village; et le 6ᵉ marcha, avec la cavalerie, d'Espeja sur Fuente-de-Onoro. Le prince d'Essling voulait se porter en force sur la droite de l'ennemi et s'emparer de la communication de Castelbom. Par suite de ce projet, pendant que le centre ennemi était contenu par les 2e et 9e corps et la division du 8e, Masséna, à la tête du 6e corps, se porta vers la droite, poursuivant l'arrière-garde dont la plus grande partie fut rejetée vivement dans Fuente-de-Onoro. Nous avons dit que la ligne ennemie était appuyée au lit de la Coa, qui n'offre presque partout que des précipices. Masséna jugeant alors dans quel horrible désordre on jetterait les Anglo-Portugais si l'on pouvait parvenir à forcer leur ligne, ordonna au général Ferey de s'emparer de Fuente-de-Onoro. Les accidents du terrain masquaient ce village, placé en partie sur le pied du coteau que tenait l'ennemi. La division Ferey, troisième du 6e corps, d'abord employée seule à cette attaque, parvint, malgré la plus vive résistance, à déloger l'ennemi ; mais Wellington, qui savait combien ce point était important, puisque sa perte compromettait sa ligne de bataille, envoya de fortes masses sur le village. Le feu bien nourri de l'artillerie française leur fit beaucoup de mal pendant le trajet ; elles parvinrent cependant, vers la nuit, à s'emparer de nouveau de Fuente-de-Onoro. La division Marchand envoya alors quatre bataillons de réserve au secours du général Ferey, qui réussit de nouveau à s'établir dans la partie basse du village ; mais il ne put, malgré les plus héroïques efforts, se maintenir dans la partie supérieure, adossée à des rochers ou à des terrains accidentés, au milieu desquels l'ennemi s'était embusqué avec un grand avantage, et d'où il criblait impunément tout ce qui l'approchait. En même temps, de fausses attaques des 2e et 8e corps occupaient toute la ligne anglo-portugaise. La nuit vint, et le village d'Alameda resta aux troupes françaises.

Le prince d'Essling fit reconnaître, le 4, avec le plus grand soin, toute la droite de l'armée ennemie, qui était gardée par de la cavalerie et par des milices du pays. On trouva, entre Navas-de-Avel et Poso-Bello, un terrain accessible. C'était le seul point abordable, l'armée ennemie étant séparée de celle des Français par un ravin profond et rocailleux qui protégeait le front de sa ligne d'un bout à l'autre, et son aile gauche étant appuyée aux ruines du fort de la Conception, où Wellington avait placé quelques bataillons avec de l'artillerie de campagne. Le 4, on expédia les ordres pour attaquer par Navas-de-Avel, et les mouvements s'exécutèrent pendant la nuit.

L'armée française occupait, le 5, à la pointe du jour, les positions suivantes : les première et deuxième divisions du 6e corps faisaient face à Poso-Bello, ayant en réserve la deuxième division du 8e corps ; la cavalerie entière, excepté les mille chevaux de la garde impériale qui restèrent en réserve, étaient à gauche de cette infanterie ; la troisième division du 6e corps, occupant la partie inférieure du village de Fuente-de-Onoro, et destinée à attaquer encore la partie supérieure, formait le centre, avec le 9e corps qui se trouvaient en arrière et en réserve. Le 2e corps, dont la première division s'appuyait à Alameida, était à la droite, et le 2e avait été placé intermédiairement entre ce village et Fuente-de-Onoro. Ce dernier corps devait favoriser, par de petites attaques, le grand mouve-

ment de l'armée, et manœuvrer de façon à se réunir à elle à mesure qu'elle gagnerait du terrain sur l'ennemi. Le convoi de vivre destiné pour Almeida était parqué à Gallegos, prêt à se mettre en marche dès que la route aurait été ouverte.

L'affaire fut entamée par la brigade du général Maucune, qui, du premier choc, enleva de vive force les bois et le village de Poso-Bello. L'ennemi avait rempli ces bois de tirailleurs. Il y perdit beaucoup de monde et laissa entre les mains des Français beaucoup de prisonniers. Si seulement quelques pelotons de cavalerie eussent soutenu cette brigade, un régiment anglais, qui s'était laissé rompre et qui fuyait en désordre, eût été pris en entier.

Pendant que ceci se passait, le chef de partisans don Julien, qui, se tenant habituellement dans les bois entre Salamanque et Ciudad-Rodrigo, était venu joindre, avec sa cavalerie, l'armée de Wellington depuis qu'elle avait passé la Coa, avait été mis en fuite par le général Montbrun. — L'ennemi développait, en arrière du village, une ligne de vingt escadrons, presque tous anglais, soutenus par de l'infanterie et douze pièces de canon. Montbrun, continuant de s'étendre par la gauche, chargea cette cavalerie et la poursuivit fort loin. Les grenadiers royaux anglais avaient été disposés en deux carrés de manière à couvrir l'aile droite anglo-portugaise ; Montbrun enfonça encore et sabra ces deux carrés. Il fit, dans cette affaire, plus de 1,200 prisonniers ; mais il ne put en emmener qu'une partie, l'ennemi ayant fait fort à propos une charge soutenue par son artillerie.

La cavalerie et l'artillerie légère française se mirent, pendant plus d'une heue, aux trousses de l'aile droite anglaise qui battait en retraite. D'autre part, la fusillade était engagée sur toute la ligne ennemie ; le général Drouet d'Erlon attaquait vivement le centre dans le haut du village de Fuente-de-Onoro ; le général Reynier, contenant la gauche des Anglais, empêchait Wellington de la dégarnir, et le centre, fortement pressé dans Fuente-de-Onoro, se serait trouvé entièrement découvert dès que la droite aurait été rejetée en arrière de Castelbom. On pouvait, d'un instant à l'autre, lui couper la retraite sur l'autre rive de la Coa, et il eût été forcé de l'effectuer sous le feu de l'armée française et de la place d'Almeida. — Lorsque Wellington vit sa première ligne, en avant de Poso-Bello, ramenée en désordre, et les Français marcher vivement vers sa droite, il ordonna aux équipages et aux parcs de se retirer sur San-Pedro, de l'autre côté de la rivière. La cavalerie française gagnait toujours du terrain et était déjà sur le point de s'emparer de Castelbom : tout enfin paraissait assurer aux Français une victoire complète, lorsque, par une inconcevable fatalité, les quatre divisions qui étaient en avant de Poso-Bello et la belle cavalerie de la garde impériale, s'arrêtèrent tout à coup. Si Masséna eût alors donné un nouvel élan à ses soldats, l'ennemi prenait bien certainement la fuite ; mais il ne se trouvait point alors à portée, le général Loison n'osa prendre sur lui de jeter le 6e corps au milieu des masses ennemies ébranlées, et la victoire échappa aux Français.

L'armée anglo-portugaise, jusque-là chancelante, indécise, embrouillée dans les manœuvres que nécessitait un changement de front forcé, eut le temps de se raffermir et de rétablir son ordre de bataille. Wellington voyant les mouvements de l'armée française paralysés, fit même attaquer le village de Fuente-de-Onoro, dont ses troupes occupèrent la partie haute, sans que tous les efforts des deux divisions du 9ᵉ corps pussent les en déposter.

Le général Montbrun avait senti l'énormité de la faute que l'on commettait en s'arrêtant au moment décisif; il voulut l'empêcher, mais il ne fut pas secondé par les généraux présents, et sa cavalerie ne pouvait agir seule.

Wellington ayant eu tout le temps de rasseoir son armée, Masséna se conduisit prudemment en ne la faisant point attaquer une seconde fois. L'ennemi se voyant adossé à la Coa, n'ayant qu'une seule route praticable pour son artillerie et ses bagages, aurait senti la nécessité de vaincre en combattant. Une situation désespérée produit souvent l'héroïsme.

Le feu cessa des deux côtés vers deux heures de l'après-midi. Cette affaire, y compris l'attaque du 3, fit perdre 2,000 hommes aux Français; l'ennemi en perdit le double.

_____

Envoi d'un émissaire à Almeida. — Sa marche aventureuse. — Quoique les Français fussent restés maîtres d'une grande partie du champ de bataille, c'était un avantage à peu près nul, puisqu'il n'apportait aucun changement dans la situation d'Almeida. On n'avait rien décidé pour le ravitaillement de cette place. L'ennemi, voyant le danger auquel il avait été exposé, consacra les journées des 6 et 7 mai à se retrancher sur tous les points, de telle sorte que sa position devint inabordable en front. Masséna ne conservant plus aucun espoir de communiquer avec Almeida, se détermina à détruire cette place et à en sauver la garnison. Le plus difficile était de faire parvenir des instructions au gouverneur. Il fallait, pour cela, traverser l'armée ennemie et échapper à tous les périls qui pouvaient naître dans l'espace de deux lieues, pour aller transmettre au général Brennier l'ordre de détruire le matériel de la place, de faire sauter les ouvrages, et de se faire ensuite jour, l'épée à la main, en se dirigeant sur Barba-del-Puerco. On demanda, pour ce périlleux message, des hommes de bonne volonté. Quatre soldats se présentèrent; trois ne reparurent plus; le quatrième réussit. Il se nommait André Tillet.

Nous allons emprunter à M. le chef de bataillon Guingret, auteur d'une excellente relation de la *Campagne de Portugal en* 1810 *et* 1811, le récit curieux des dangers auxquels échappa André Tillet avant de remplir sa mission.

«Craignant d'être pris pour espion, Tillet ne voulut point se déguiser : il traversa les lignes ennemies, en plein jour, vêtu de son uniforme et contrefaisant le soldat blessé; il appuya ensuite vers le bord de la Coa, et se cacha derrière un rocher jusqu'à l'entrée de la nuit. Alors il se mit en marche, évitant adroitement les postes ennemis. Arrivé à une certaine distance, il

lui fallut faire un saut de dix ou douze pieds de profondeur pour continuer sa route; il s'élance et tombe, en sautant dans un endroit qui servait de refuge à une vingtaine de familles de paysans espagnols qui avaien fui leur village encombré de troupes. Tous ces habitants dormaient paisiblement, mais en cherchant une issue au milieu de l'obscurité; Tillet foule aux pieds quelques femmes et quelques paysans qui se réveillent en criant au voleur. Pour se sauver il marche sur d'autres personnes qui crient encore plus fort en se réveillant. Il allait être pris, lorsque heureusement pour lui il imagine de se coucher dans un groupe et de ronfler comme les autres. On chercha pendant plus d'une demi-heure ce qui pouvait avoir occasionné ce tumulte, et l'on parut ensuite se rendormir. Alors Tillet se leva avec précaution; il chercha doucement l'issue de l'enceinte des rochers où il était, et l'ayant enfin trouvée, il s'éloigna le plus vite possible d'un endroit qui avait manqué lui être si funeste : les paysans l'auraient infailliblement tué, s'ils l'eussent découvert.

«Enfin Tillet parvint, malgré tous les obstacles, jusqu'à une demi-lieue d'Almeida, et comme il s'était trouvé au siège de cette place, il se reconnut facilement, mais craignant de donner dans les postes ennemis, il voulut attendre le point du jour. Lorsque l'aurore parut, il s'avança vers la place à pas de loup, afin de découvrir les sentinelles anglaises, et de choisir le passage qui lui paraîtrait le plus favorable et le moins périlleux. Il était monté sur un rocher pour mieux découvrir, lorsqu'il s'aperçut qu'il était vu d'un poste ennemi, qui venait même de détacher quelques hommes vers lui pour le reconnaître. Effrayé de l'idée d'échouer au port, Tillet se mit à fuir du côté d'une source où il s'était désaltéré. Il suivit, autant que possible, l'empreinte que ses pieds avaient laissée sur la rosée, afin d'empêcher les soldats ennemis qui venaient à lui de reconnaître à ses vestiges la nouvelle direction qu'il pouvait avoir suivie. La source vers laquelle il s'était dirigé s'enfonçait à moitié sous un rocher moussue et obscur. Malgré les précautions employées par Tillet, les soldats anglais reconnurent et suivirent ses traces; ils se dirigèrent aussi vers la fontaine. Tillet, qui les observait à travers des branchages de chêne vert, se voyant sur le point d'être pris, mit aussitôt dans sa bouche l'ordre écrit dont il était porteur, et malgré la fraîcheur de l'eau, il entra jusqu'au cou dans la source. Lorsque ceux qui le cherchaient furent tout près de lui, il plongea et s'enfonça tout-à-fait sous le rocher qui servait d'abri à la fontaine. Les Anglais, après avoir fait le tour de cette source, en regardant partout, crurent avoir mal suivi la piste et s'en retournèrent à leur poste. Tillet resta encore quelque temps dans l'eau et en sortit tout glacé pour approcher d'Almeida. Près d'arriver sur les glacis de la place, il trouva deux sentinelles ennemies au détour d'un chemin, et il profita du moment où elles se promenaient en lui tournant le dos, pour s'élancer à la course et pour se précipiter dans le chemin couvert. Les postes français le reçurent d'abord à coups de fusil, mais l'ayant reconnu, ils le conduisirent au gouverneur auquel il remit ses dépêches. Depuis, ce brave soldat a été récompensé par une pension et par la croix de la Légion d'honneur. Sans cette action éclatante, la garnison d'Almeida eût été perdue.»

Évacuation d'Almeida. — Marmont remplace Masséna. — L'armée entre en cantonnements. — La disette commençait à se faire sentir dans Almeida, et forcés de s'éloigner, les Français allaient abandonner à l'ennemi une place qu'il souhaitait si ardemment; la dépêche apportée par Tillet décida le général Brennier.

Le 10 mai, à minuit, une grande explosion se fit entendre. C'étaient les fortifications d'Almeida qui sautaient. La garnison, forte de 1,100 hommes, sortit de la place, à dix heures et demie du soir, dans le plus grand silence. Son avant-garde arriva sur les postes anglais au moment où l'explosion des mines commençait. Malgré l'infériorité de leur nombre, les Français s'ouvrirent un passage, et, quoique inquiétés dans leur marche, troublés par l'obscurité de la nuit et l'incertitude des routes, ils arrivèrent au point du jour entre Villar-de-Cervios et Barba-del-Puerco. De là, le général Brennier se porta en toute hâte sur San-Felicès, où il traversa l'Agueda sous la protection du général Reynier, avec lequel il opéra sa jonction, au moment où les Anglo-Portugais, qui avaient atteint les derniers pelotons de sa petite colonne, se préparaient à l'anéantir complétement.

Le 7 mai, Marmont, qui dans la campagne de 1809 avait reçu sur le champ de bataille de Wagram le grade de maréchal et le titre de duc de Raguse, était venu remplacer le prince d'Essling dans le commandement de l'armée de Portugal.

Le 11, il fit rentrer l'armée dans ses divers cantonnements aux environs de Salamanque pour prendre un repos bien nécessaire après tant de fatigues.

Masséna et Wellington. — Le remplacement du maréchal Masséna ne causa point dans l'armée tous les regrets auxquels on aurait pu s'attendre : les malheurs de la campagne et les discussions avec le maréchal Ney lui avaient momentanément aliéné l'esprit des soldats. Les officiers eux-mêmes jugeaient l'illustre guerrier avec une grande sévérité. Nous en citerons pour preuve cette comparaison qu'établit le commandant Guingret entre le vainqueur de Zurich et le général de l'armée anglo-portugaise.

«Masséna avait toujours le même courage qui lui acquit en Italie le surnom de l'*Enfant de la victoire;* mais ce courage était devenu plus calme avec l'âge. Ayant la plus grande habitude des champs de bataille, il conservait un sang-froid imperturbable au milieu d'une affaire, et jamais général ne montra plus de ténacité dans le combat. L'opiniâtreté a gagné plus de batailles qu'on ne pense : on peut la comprendre au nombre des grandes qualités du général en chef.

«Masséna et Wellington ont attiré les yeux de l'Europe entière; l'un est venu ternir en Portugal une réputation brillante acquise par vingt années de victoires; l'autre, dans la même campagne, a commencé l'éclat d'un nom devenu depuis illustre dans la guerre, mais que la flatterie, l'esprit de parti et la bassesse de quelques écrivains à gages ont voulu placer dans un rang trop élevé, en le mettant à côté des plus grands capitaines...

«Masséna ne possédait pas toutes les qualités nécessaires à un grand général, mais il savait s'entourer d'hommes instruits et habiles : il avait plus de hardiesse que Wellington; son caractère était plus entreprenant. Le général anglais avait plus de prudence, plus de sagesse dans ses plans, plus d'ordre et de prévoyance dans son administration. Il calculait davantage; il s'occupait beaucoup de l'étude du pays théâtre de la guerre. — Masséna paraissait la négliger trop pour fixer d'avance les chances hasardeuses d'un combat; mais, prompt et acharné, il se décidait et exécutait vivement. S'il eût remporté quelque avantage marqué sur l'armée anglo-portugaise, il aurait tellement poursuivi le succès qu'elle n'eût jamais pu reparaître en campagne. Wellington, lent à combiner et à agir, d'un caractère froid, laissait échapper le fruit de la victoire; mais aussi, ne donnant rien au hasard, il savait, en homme habile, la préparer.

«En 1810, Masséna, fatigué par de longs travaux, était déjà vieux avant le temps; sa force, sa santé, ses moyens physiques, déclinaient, et sa tête s'affaiblissait; sa vue, qui avait beaucoup souffert à la suite d'un accident, pouvait beaucoup lui nuire au milieu d'une affaire, où le général a toujours besoin d'un coup d'œil exact et étendu...

«Wellington, au contraire, était dans l'âge où un général est propre aux grandes choses; son armée était nombreuse, et il y régnait une discipline sévère, toujours facile à maintenir lorsque les troupes sont abondamment pourvues de tout ce qui leur est nécessaire... — Masséna dans son temps, Wellington dans ses dernières campagnes, ont été des généraux heureux. Une activité rare, une bouillante intrépidité, un caractère impétueux et l'acharnement au combat, favorisèrent l'un; un esprit et un courage méthodiques distinguent l'autre. Masséna doit une partie de sa gloire à la valeur des soldats français, et Wellington a dû l'éclat de son nom aux fautes des chefs qui les ont commandés dans quelques occasions.»

Réflexions. — La troisième campagne de Portugal a inspiré à un de nos plus célèbres écrivains militaires des réflexions qui méritent d'être citées. Elles ont d'autant plus de poids qu'attaché à l'état-major particulier du prince Berthier, major-général de l'empereur Napoléon, le général Jomini a pu connaître l'opinion personnelle du grand capitaine sur cette longue et pénible campagne. C'est d'ailleurs dans la bouche de Napoléon lui-même qu'il a placé ses réflexions sur le mode de guerre adopté par Wellington et sur le long séjour des deux armées dans leurs lignes près de Lisbonne, séjour qui, malgré le petit nombre d'escarmouches qui l'ont signalé, est encore l'événement militaire le plus important de toute la campagne.

«Appliquant à une contrée en elle-même déjà montagneuse, difficile et peu abondante en grains, les préceptes donnés par Lloyd pour la défense de l'An-

gleterre, Wellington avait transformé tout le pays de
Celorico à Lisbonne en un vaste et artificiel désert.
Heureusement pour nous que cet ordre rigoureux
n'avait pu s'exécuter à la lettre ; les habitants avaient
disparu avec une partie de leurs provisions ; mais
faute de transports ils s'étaient contentés d'enfouir le
reste : nos soldats, adroits à les saisir, en déterrèrent
une partie, et cette ressource, quoique insuffisante
pour une armée si considérable, nous mit à même de
subsister du moins quelques semaines.

«Par une bizarrerie dont on chercherait vainement
un exemple dans les autres guerres du continent,
Masséna n'apprit qu'à Leyria l'existence des lignes
formidables devant lesquelles il allait heurter, et
auxquelles Wellington faisait travailler depuis six
mois...

«Le chef de l'armée anglo-portugaise réfugié dans
ce redoutable asile, appuyé à la mer (qui pour les Anglais seuls est une bonne base), sûr de ses approvisionnements, pouvait braver toutes nos entreprises.

«Masséna n'aimait pas plus que *moi* [1] le mot de
retraite, et pourtant il n'osa pas risquer une attaque,
car elle eût été trop hasardeuse. Masséna m'envoya
le général Foy pour réclamer des ordres et des renforts. En attendant, il espéra fatiguer son adversaire
à force de persévérance. C'était un mauvais calcul,
mais il n'y en avait pas d'autre à faire. L'armée anglaise, ayant 200 voiles à sa disposition, se trouvait
toujours dans l'abondance ; elle passa cinq mois dans
ce camp à s'aguerrir, à s'instruire et à terminer ses
retranchements. Les milices portugaises rivalisèrent
avec ses soldats : l'armée en sortit plus redoutable
que jamais. Masséna, au contraire, abîmait ses troupes pour les faire vivre ; elles étaient disséminées en
colonnes mobiles qui guerroyaient contre les habitants et les partisans portugais. Elles ravageaient le
pays même par où elles devaient effectuer incessamment leur retraite : les maladies, les combats journaliers, les assassinats, les diminuaient, tandis que les
obstacles croissaient à mesure. La situation était telle,
en un mot, qu'il fallait emporter d'assaut le camp
ennemi ou songer à une retraite pénible. Instruit de
ces circonstances par le général Foy, je conseillai à
Masséna d'attaquer, pour peu que la chose fût possible ; en cas contraire, de tenir l'ennemi confiné dans
ses lignes. Je promis de lui envoyer le corps de Drouet,
qui venait d'entrer en Espagne. Je lui fis espérer
d'être secondé par Soult, qui opérait sur la Guadiana.
A 500 lieues du théâtre des opérations, on ne saurait
donner d'ordre bien positif : je laissai donc carte blanche à Masséna. Dans l'intervalle, la position se hérissa
de nouvelles batteries ; Wellington fut renforcé de
15,000 hommes tant Anglais qu'Espagnols ; les ouvrages
furent achevés.

«Un seul moyen existait encore d'opérer offensive-
ment contre Lisbonne, c'était de jeter un pont à Santarem, de le couvrir d'une forte tête, d'attirer Soult de
Badajoz sur Sétuval, et de bombarder Lisbonne des hauteurs de la rive gauche. Il eût fallu, pour cela, non-seu-

[1] Nous avons dit que ces réflexions sont placées dans la bouche
même de l'Empereur

lement beaucoup d'ensemble et d'activité, mais encore
des moyens que nous n'avions pas. Masséna fortifia
Punhete vers l'embouchure du Zézère, et s'appliqua
à faire construire des bateaux, pour se procurer un bon
équipage de pont, et les moyens de manœuvrer au besoin sur les deux rives du Tage. Grâce aux pontonniers, aux sapeurs et au bataillon de marins qu'il avait
avec lui, il parvint à force de soins à suppléer à ce qui
lui manquait pour ce travail, qui fut achevé en six
semaines, à la grande satisfaction du général en chef
Toutefois, ces équipages de pont qui avaient coûté tant
de soins, devinrent inutiles par l'événement ; car Soult
ne se présenta pas sur le Tage, et Masséna ne crut pas
devoir risquer un passage si périlleux en présence des
troupes de Hill et de la Romana.

«Il est constant que si Soult eût soumis Badajoz au
moment où Masséna prenait Almeida, et que les deux
armées se fussent avancées de concert sur Lisbonne
par les deux rives du Tage, nous eussions eu plus de
probabilités en notre faveur ; mais Badajoz n'étant pas
soumis, Masséna n'ayant encore aucun équipage de
ponts, Soult étant dans l'impossibilité d'en conduire
un, l'ennemi pouvant, au contraire, agir à volonté
sur les deux rives du Tage, il n'est pas prouvé que le
succès de l'opération eût été infaillible, et que Soult
eût entièrement atteint son but. Toutefois, comme
Wellington n'aurait pu se porter contre lui sans dégarnir Lisbonne, et sans nous fournir ainsi une occasion favorable pour l'attaque des lignes de Torres-
Védras, la marche de Soult en Alentejo eût été une
diversion favorable, lors même qu'elle n'eût point
décidé l'évacuation de Lisbonne, comme on l'a prétendu. En effet, il ne suffisait pas de quelques batteries de mortier établies sur les hauteurs d'Almada
pour faire tomber cette capitale, couverte par d'innombrables canonnières, par des vaisseaux embossés,
et un bras de mer de quinze cents toises. Un bombardement, contrarié par de tels obstacles, eût bien pu
causer quelques dégâts dans Lisbonne, mais non pas
décider Wellington à quitter son formidable camp,
situé à quatre lieues de la ville, et hors d'atteinte de
la rive gauche du Tage.

«Jamais l'histoire moderne n'avait offert l'exemple
d'une armée dans une position pareille à la nôtre. Lancée à deux cents lieues des frontières, au milieu de
deux nations belliqueuses et insurgées, privée de tout
moyen maritime et de toute réquisition légale dans un
pays déserté par ses habitants, elle devait, comme une
horde nomade, dévorer la subsistance de l'arrondissement où elle campait, puis le quitter aussitôt pour
aller ravager un autre quartier. Du moins, dans les
guerres précédentes, une armée trouvait-elle en
pays ennemi ou une population docile, ou des spécula-
teurs indifférents à la lutte, qui lui procuraient des
vivres au poids de l'or. Le commerce, avide de gros
bénéfices, se hâtait de se couvrir d'un pavillon neutre
pour aller porter les grains et les articles les plus nécessaires à la vie partout où les chances de la pénurie
lui assuraient un lucre certain. Mais dans notre lutte,
sur huit cents lieues de côtes, pas un caboteur
neutre ne venait à notre secours, tant la prépondé-

rance maritime des Anglais était devenue tyrannique et menaçante, et tant leur législation arbitraire sur les neutres avait détruit les droits les plus précieux de la liberté maritime.

«C'était, certes, une grande contrariété que la force de cette position nous empêchât d'expulser les Anglais de la Péninsule par un coup de vigueur ; toutefois , cette situation n'offrait pas tant de combinaisons qu'il ne fût facile d'adopter la plus convenable. On dira que la presque impossibilité d'un assaut reconnue, il fallait confiner Wellington dans son réduit, et l'y tenir en charte privée par un demi-blocus, ou bien décamper pour l'attirer dans l'intérieur de l'Espagne. Mais il existe sur les frontières de Portugal plusieurs positions presque aussi fortes que celle de Torres-Védras ; en nous retirant, on lui étendait sa sphère d'activité depuis l'Èbre jusqu'au Guadalquivir. Il aurait fallu des forces plus considérables pour le tenir en respect derrière l'Agueda que pour observer ses lignes : il aurait toujours la faculté de tenir la campagne avec avantage contre des troupes forcées de s'étendre pour couvrir l'espace immense de Salamanque à Cadix, qu'il menacerait partout, en sortant du Portugal comme d'un camp retranché pour opérer alternativement sur sa droite ou sur sa gauche. Si on le battait , il aurait toujours été se blottir dans son refuge de Torres-Védras, et c'eût été là qu'il aurait fallu venir le forcer. Il était donc clair que puisque nous l'y tenions, il fallait y rester. 50,000 Français tenant l'armée anglo-portugaise bloquée dans son camp démontraient son impuissance pour délivrer la Péninsule : c'était comme si cette armée n'eût pas existé ; mais c'étaient 50,000 hommes de plus qu'il fallait pour réduire l'Espagne.

«Les indignes Français qui ont pris à tâche de ravaler notre gloire pour porter aux nues celle des ennemis de la France, et de faire de Wellington l'*homme de la Providence*, n'ont pas compris une question si simple. Ils ont fait de Masséna un imbécile, et de moi un enragé qui perdait tout par sa violence et son opiniâtreté.

«Au résumé, il est positif qu'il fallait attaquer Wellington deux jours après notre arrivée, ou nous conduire comme nous avons fait. Si nous avions eu le moyen d'approvisionner 60,000 hommes sur place dans ce pays dévasté et insurgé, Wellington ne serait pas sorti de ses lignes, à moins qu'il ne se fût rembarqué pour aller porter le théâtre de ses exploits sur un autre point de la Péninsule.»

Après avoir reconnu l'opportunité de la retraite résolue par Masséna, le général Jomini ajoute :

«Bien que cette retraite du Portugal ait eu des suites fâcheuses, il est incontestable qu'elle aurait pu en avoir de plus graves. Commencée deux jours plus tard, elle eût été forcée par les attaques de Wellington avec toutes ses troupes réunies , et amenée par la perte d'une bataille. Dès lors elle eût causé la ruine entière de l'armée. Le plus grand mal qui en résulta, fut la réaction qu'elle produisit sur l'esprit public des Espagnols : l'approche de Wellington ralluma le feu de l'insurrection.»

<hr>

RÉSUMÉ CHRONOLOGIQUE.

1810.	1811.

1810.
11 FÉVRIER. Mouvement du maréchal Ney sur Ciudad-Rodrigo.
19 AVRIL. Investissement d'Astorga.
6 MAI. Prise d'Astorga.
20 — Réunion d'une armée destinée contre le Portugal.
6 JUIN. Investissement de Ciudad-Rodrigo.
30 — Combats de Marialva et de Gallegos.
10 JUILLET. Prise de Ciudad-Rodrigo.
21 — Prise du fort de la Conception.
24 — Investissement d'Almeida.
26 et 28 — Sorties de la garnison repoussées
15 AOUT. Ouverture de la tranchée.
26 — Destruction de la citadelle d'Almeida
28 — Capitulation d'Almeida.
15 SEPTEMBRE. L'armée française pénètre en Portugal
18 — Passage du Mondego.
27 — Bataille de Busaco.
1er OCTOBRE. Entrée à Coimbre
7 — Prise de l'hôpital de Coimbre par les Anglais.
9 — Combats autour de Sobral.
12 — L'armée anglaise s'établit dans ses lignes en avant de Lisbonne.
12 — Mort du général Sainte-Croix.
19 — Réunion de 10,000 Espagnols commandés par La Romana à l'armée de Wellington
15 à 18 NOVEMBRE. Retraite des Français sur Santarem.
20 — Combat de Punhete.
DÉCEMBRE. Préparatifs de Masséna pour passer le Tage.
26 — Jonction du 9e corps avec l'armée de Portugal.
30 — Combat de Ponte d'Albada.

1811.
11 JANVIER. Combat de Villa-de-Ponte.
12 — Combat de Mondin.
13 — Entrée des Français à Lamego.
19 — Combat de Rio-Mayor.
23 — Mort du général La Romana. — Son corps d'armée retourne en Estramadure.
FÉVRIER. Le maréchal Masséna se décide à la retraite.
5 MARS. La retraite commence.
9 — Combat de Pombal.
10 — Halte de l'armée sur la Soure
12 — Bataille de Redinha.
13 — Marches sur Coimbre et sur Miranda-de-Corvo.
14 — Combat de Chao de Lamas.
— — Journée dite des positions.
15 — Passage de la Ceira.
16 — Affaire de Foz d'Arunce.
21 — Arrivée à Celorico.
23 — Le maréchal Ney quitte l'armée.
29 — Passage de la Coa.
3 AVRIL. Combat de Sabugal.
4 — Rentrée de l'armée en Espagne.
15 AVRIL. — 2 MAI. Tentatives de Masséna pour ravitailler Almeida.
3 MAI. Combat de Fuente de Onoro.
5 — Bataille de Fuente de Onoro.
7 — Le maréchal Marmont remplace le maréchal Masséna dans le commandement de l'armée de Portugal.
10 — Évacuation d'Almeida.
11 — L'armée de Portugal entre en cantonnements.

1810. — OPÉRATIONS DANS LE MIDI DE L'ESPAGNE.

SOMMAIRE.

Opérations en Andalousie. — Affaire du Rio-Tinto et de Moguer. — Combat de Villagarcia. — Combat de Fuente-Ovejuna. — Combat de Fuente-de-Cantos. — Continuation du siége de Cadix. — Sortie repoussée. — Entrée des Français à Murcie. — Débarquement des Anglais sur la côte de Malaga. — Combat de Fuengirola. — Autres débarquements. — Dispersion du corps de Blacke à Rio-Almanzor. — Guérillas d'Andalousie. — Caractère des Serranos.

TROUPES FRANÇAISES.		TROUPES ALLIÉES.	
Siége de Cadix.	Le Maréchal Victor.	Anglais. — Les Généraux Graham. — Blayney.	
5e corps.	Le Maréchal Mortier.	Espagnols. — Les Généraux Lascy. — La Romana. — Copons.	
Corps de Grenade.	Le Général Sébastiani.	— Blacke. — Ballesteros.	

Opérations en Andalousie. — Affaire du Rio-Tinto et de Moguer. — Pendant que le maréchal Victor continuait le siége de Cadix et que le maréchal Masséna luttait en Portugal contre les troupes de Wellington, le maréchal Soult travaillait à pacifier l'Andalousie, à détruire les guérillas, et à organiser l'administration de manière à assurer la paix et la subsistance de son armée.

Le centre de l'Andalousie jouissait d'un calme profond, mais d'un côté les cantons voisins de l'Estremadure ainsi que cette province, et de l'autre les parties maritimes du royaume de Grenade ainsi que les montagnes voisines de celles de Murcie, furent le théâtre de divers combats.

Un petit corps d'infanterie, sous les ordres de l'adjudant commandant Rémond, observait l'embouchure du Rio-Tinto, vers laquelle les assiégés de Cadix cherchaient à opérer une diversion pour tâcher de ravitailler la place, qui commençait à manquer de vivres. Le 24 août, 5,000 hommes, venant de Cadix, sous les ordres du général Lascy, débarquèrent entre Moguer et la Torre de Oro, et un détachement marcha aussitôt contre le duc d'Aremberg, qui occupait Moguer avec 200 hommes de son régiment. En même temps, le général espagnol Copons débouchait, des frontières de Portugal, avec 1,500 hommes, et s'avançait en toute hâte sur le Rio-Tinto pour couper la retraite à l'adjudant commandant Rémond. Celui-ci, quoique attaqué par des forces bien supérieures, soutint le combat pendant toute la journée et prit, le soir, position à Villaraza. Il continua, le lendemain, sa retraite sur San-Lucar-la-Mayor. Des détachements du 5e corps se réunirent alors à la petite colonne, et le général Lascy arrêta son mouvement. — Aussitôt, le général Pépin, qui commandait à San-Lucar, s'avança vers le général ennemi, le fit attaquer à Manzanilla, le 28 au matin, et le poursuivit jusqu'à Villalba. Un escadron du 2e de hussards fut chargé par 300 cavaliers espagnols qui obtinrent d'abord quelques succès, mais qui ne tardèrent pas à être ensuite culbutés, sabrés ou faits prisonniers. — Les Français rentrèrent dans Moguer le 29, et l'ennemi se rembarqua en désordre pendant la nuit, abandonnant sur la plage beaucoup d'effets et une partie de ses blessés.

Un nouveau débarquement eut lieu à Moguer le 15 septembre. Le général Copons arriva des bords de la Guadiana pour le soutenir, mais atteint bientôt par l'adjudant commandant Rémond, il fut repoussé jusque par delà San-Bartolomeo et Cartaya, et se rembarqua en toute hâte.

Malgré ces deux échecs, les Espagnols voulaient encore, le 13 octobre, s'établir à l'embouchure du Rio-Tinto et se retrancher à Huelba ; mais ils furent chassés de cette position par l'adjudant commandant Rémond, qui enleva d'assaut le fortin qu'ils avaient construit, et les força à se rendre ou à gagner leurs chaloupes à la nage. Beaucoup d'hommes périrent dans le trajet. Les Français firent une soixantaine de prisonniers.

Combat de Villagarcia. — Après avoir quitté l'armée de Wellington le général la Romana ayant à sa disposition les garnisons de Badajoz, de Campo-Mayor et d'autres places qui avaient été relevées par les troupes portugaises, en forma un corps de 10,000 hommes d'infanterie et de 900 chevaux, avec lequel il s'avança sur Bienvenida, projetant de marcher sur Séville. Instruit de son mouvement, le général Girard se porta, le 11 août, de Llerena sur Bienvenida, par Villagarcia. Surpris par cette manœuvre, les Espagnols arrêtèrent leur marche et se mirent sur la défensive, formant leur ligne dans des retranchements naturels que présentait le terrain rocailleux et accidenté. Le général Girard menaça alors leur centre, pendant que le général Chauvel marchait pour les déborder sur la gauche, et que le général Brayer observait la droite. Deux escadrons de cavalerie espagnole chargèrent impétueusement la brigade Chauvel, qui les reçut à bout portant et les mit en fuite après leur avoir tué beaucoup d'hommes et de chevaux. Cette brigade enleva aussitôt, l'arme au bras, la position de gauche, et, au même instant, la brigade du général Brayer chargea à la baïonnette les 5,000 hommes qu'elle avait devant elle et s'empara d'un plateau qu'ils défendaient à droite. Une fois maîtres des hauteurs, les Français furent bientôt victorieux. Malgré tous ses efforts pour protéger la retraite de l'infanterie, la cavalerie espagnole fut chargée, au pas de course, par plusieurs compagnies de voltigeurs réunies qui la rompirent et la mirent en pleine déroute. L'ennemi fut poursuivi, l'épée dans les reins, jusqu'à Monte-Molino, d'où il chercha son salut dans les montagnes de Zafra. Cette affaire coûta à La Romana 2,500 hommes tués ou blessés et 800 prisonniers, sans compter quatre pièces de canon et des magasins de vivres considérables. La perte des Français se borna à 200 hommes tués ou blessés.

Combat de Fuente-Ovejuna. — Une division de troupes portugaises vint à cette époque renforcer le général La Romana, qui se trouva de nouveau, en y comprenant les débris du corps battu à Villagarcia, à la tête de 9,000 hommes, avec lesquels il reçut du général en chef anglais l'ordre de reprendre l'offensive. Il se mit en mouvement dans les premiers jours de septembre et s'avança jusqu'aux défilés qui dominent l'Andalousie ; il occupait Aracena, Santa-Olalla, El Monasterio et Guadalcanal.

Une de ses divisions entreprit, quatre jours de suite, une attaque contre le poste de Castello de los Guardios, mais toujours sans succès ; elle y perdit 200 hommes.

2,000 hommes se portèrent, le 6 septembre, sur Fuente-Ovejuna, où se trouvait un détachement du 51e régiment de ligne française, composé de 96 hommes. Cette poignée de braves soutint, pendant treize heures, une lutte acharnée, d'abord aux issues du village, puis dans son quartier, dans l'église et enfin dans le clocher, et tua 200 hommes à l'ennemi, qui, désespérant de les vaincre, mit le feu au clocher. Le détachement français tout entier allait succomber dans les flammes, lorsqu'il fut sauvé par l'arrivée de quelques troupes qui firent prendre la fuite aux Espagnols. 45 Français périrent dans cette belle défense.

Combat de Fuente de Cantos. — Le maréchal Soult avait ordonné au maréchal Mortier de réunir à El-Ronquillo le 5e corps, afin de rejeter tout-à-fait l'ennemi dans le fond de l'Estremadure.

Les troupes aux ordres de Mortier s'ébranlèrent, et chassant toutes les troupes qui se trouvaient devant elles, arrivèrent, le 15 septembre, près de Fuente de Cantos, où le passage leur fut disputé par 2,700 cavaliers dont 1,000 Portugais. Mais l'ennemi fut bientôt mis en déroute et laissa entre les mains des vainqueurs 500 prisonniers, parmi lesquels se trouvèrent le colonel du régiment de l'Infante et beaucoup d'officiers. On prit six pièces d'artillerie légère avec leurs attelages et leurs caissons. L'ennemi avait en outre, sur le champ de bataille, beaucoup de morts et de blessés.

Les Espagnols firent leur retraite en toute hâte. Le maréchal Mortier était déjà le 16 à Zafra, en communication avec le 2e corps, et poussait ses reconnaissances jusqu'à Fuente de la Maestre.

Continuation du siége de Cadix. — Sortie repoussée. — L'Andalousie presque tout entière était occupée par les Français ; l'île de Léon et la place de Cadix étaient les seuls points dont ils ne fussent pas maîtres. Le maréchal Soult avait chargé le maréchal Victor de réduire cette place, et les premiers efforts de ce dernier s'étaient portés sur le fort de Matagorda, dont il s'était emparé le 23 avril. L'île de Léon offre l'aspect d'un triangle irrégulier dont deux côtés sont baignés par la mer ; le troisième côté est séparé du continent par un canal portant le nom de San-Pedro ou Santi-Petri, que forme un bras de la rivière Guadalete, qui prend sa source dans la Sierra de Ronda. La ville de Cadix est située à l'extrémité la plus aiguë de ce triangle, du côté de la mer ; elle ne présente à une attaque qu'une ligne de fortifications occupant toute la largeur de la langue de terre qui termine l'île de Léon.

Cadix et les forts de l'île étaient occupés par 15,000 Espagnols, et par un corps auxiliaire de 7,000 Anglo-Portugais, commandé par sir Thomas Graham, et qui était venu à cet effet de Lisbonne. A peine arrivé, le général anglais avait fait construire une nouvelle ligne d'ouvrages défensifs passant derrière le Santi-Petri, occupant, comme poste avancé sur la gauche, l'arsenal de la Carraca, où se trouvent les magasins de la marine royale, et s'étendant par la droite jusqu'à l'Océan.

Les cantonnements des Français, mis aussi en bon état de défense, s'étendaient depuis Chiclana jusqu'au-delà du port Santa-Maria. Pour empêcher l'ennemi de s'en emparer par un coup de main, le maréchal Victor avait fait fortifier avec soin Chiclana, Puerto-Real, et Puerto-Santa-Maria ; on forma des camps retranchés intermédiaires, et l'on établit, sur le point appelé *Trocadero*, deux batteries de ces mortiers à plaque et à semelle, dits à la *Villantroys*, et qui lançaient des bombes dans Cadix, à une distance de plus de dix-neuf cents toises.

Les assiégés tentèrent, dans la nuit du 28 au 29 septembre, une attaque contre le centre de la ligne occupée par les Français. 4,000 hommes débouchèrent par le pont de Suazo ; ils étaient soutenus par plusieurs chaloupes canonnières qui remontèrent les canaux de Zusaque, Aquilar et la Cruz. Les avant-postes français se replièrent dans les ouvrages où s'était formé le 9e d'infanterie légère. Les bataillons de réserve prirent aussitôt position, et le 9e sortit des retranchements, fondit sur l'ennemi, le culbuta et le força de rentrer dans ses lignes sans qu'il eût pu rien faire contre les ouvrages avancés.

Dans le même temps, les Français continuaient avec activité les travaux d'investissement de la rade et de l'île de Léon. Malgré tous les efforts de l'ennemi pour s'y opposer, ils avaient créé, dans les ports de Santa-Maria, San-Lucar de Barrameda, Puerto-Real et Chiclana, une flottille nombreuse composée de chaloupes canonnières, de péniches et d'embarcations. — Les bâtiments anglais attaquèrent cette flottille dans la nuit du 31 octobre ; mais elle remporta sur eux un avantage prononcé.

Entrée des Français à Murcie. — Quoique maître du royaume de Grenade, le général Sébastiani ne pouvait parvenir à pacifier entièrement le pays. De nouveaux rassemblemens d'insurgés se formaient toujours des débris des rassemblemens vaincus.

Vers la fin du mois d'août, des rassemblements de paysans de Murcie, soutenus par quelques troupes régulières, et commandés par le général Blacke, firent des démonstrations sur les frontières de Grenade. Sébastiani se porta à leur rencontre; mais ils ne l'attendirent pas et se retirèrent dans les montagnes. Les Français entrèrent dans Murcie sans coup férir, et se mirent à la poursuite des fuyards; mais ils ne purent joindre que deux petits détachemens qui furent anéantis près de Carthagène.

Pendant cette expédition, deux bandes de guérillas des montagnes de Grenade se réunirent à 2,000 paysans, et firent irruption dans les environs de la v lle de Grenade. Atteints, le 4 septembre, au-dessus de Padul, par un escadron du 16e de dragons, ils furent complétement battus, et perdirent 400 hommes parmi lesquels étaient leur chef. Ils laissèrent aussi aux mains des Français quelques prisonniers, leurs drapeaux, et beaucoup de chevaux. Le reste regagna les montagnes.

Débarquement des Anglais sur la côte de Malaga. — Combat de Fuengirola. — A cette époque eut lieu une tentative des Anglais, qui débarquèrent du côté de Malaga. Nous laisserons expliquer l'occasion et le but de cette expédition à l'officier qui fut chargé du commandement. Voici ce que le général major, lord Blayney, dit dans ses mémoires ¹ :

«Cadix était investi et serré de près par l'armée du duc de Bellune; on jugea, d'après la position géographique du pays, que le moyen le plus efficace de gêner les opérations du siége et de fatiguer l'ennemi, serait d'envoyer des détachements sur différens points des côtes d'Espagne, afin de diviser son attention, et de le contraindre d'affaiblir l'armée assiégeante, pour secourir les points menacés.

«Il était d'ailleurs de la plus haute importance d'entretenir le ressentiment des habitants de la campagne et de leur offrir toute l'assistance possible, sans quoi leurs efforts se seraient peu à peu ralentis, et peutêtre même, accablés par le désespoir, auraient-ils fini par se soumettre; d'ailleurs l'armée française devant Cadix tirant presque toutes ses provisions de Séville, il était surtout urgent d'encourager les serranos, ou montagnards de la Sierra de Xerès, dans la direction du sud-est, par Mijas et Fuengirola, à agir vigoureusement et à intercepter les convois de l'ennemi.

«Il faut ajouter à ces motifs que vers le commencement d'octobre, des avis parvenus à Gibraltar de divers endroits, et qui se confirmaient entre eux, nous apprirent que la force de l'ennemi à Ronda n'était que de 900 hommes, savoir : une compagnie de grenadiers, une autre de voltigeurs, et 80 dragons; en tout 240 Français. Les autres 660 hommes étaient des Allemands, des Polonais, etc., sur lesquels on ne pouvait pas se fier. Les mêmes nouvelles disaient qu'il n'y avait à Fuengirola que 200 hommes, 40 à Mijas, et 100 à Ronda, la plupart des dragons, tandis que d'un autre côté on nous assurait que le pays environnant était occupé par un corps de montagnards bien armés, féro-

ces et au désespoir, qui seuls étaient presque en état de tenir les Français en échec, les ayant déjà forcés plusieurs fois d'abandonner Saint-Roch et Algéziras, avec une perte considérable.

«Il paraissait impossible que l'ennemi pût envoyer des renforts de Ronda à Fuengirola, tant à cause du voisinage de ces montagnards qu'à cause du mauvais état des routes. On nous disait aussi qu'il régnait beaucoup de mécontentement à Malaga, et que les habitans ne manqueraient pas de se joindre avec empressement aux troupes qu'on enverrait pour les aider à chasser les Français de la ville.»

Les Anglais se proposaient donc de faire irruption sur le château de Fuengirola, qui n'était gardé que par une faible garnison, et de s'en emparer. Une fois maîtres de ce fort, ils auraient eu un point de communication avec les montagnards voisins qui résistaient encore aux Français. Leur projet, dès qu'ils seraient maîtres du fort, était d'y placer une garnison pour engager les Français à l'attaquer et, conséquemment, à dégarnir Malaga. Alors ils se seraient eux-mêmes rembarqués sous la protection du fort, et, de concert avec un renfort parti de Gibraltar, auraient enlevé Malaga, détruit les fortifications et pris les corsaires et bâtimens richement chargés qui se trouvaient dans ce port.

Une escadre anglaise, composée de deux vaisseaux de 74, quatre frégates et trois bricks, avec quatre canonnières et sept bâtimens de transport, parut, le 14 octobre, en vue du château de Fuengirola, situé à quatre lieues ouest de Malaga. Les troupes ennemies débarquèrent à Cala de Mora, à douze milles est de la place; elles se montaient à 4,000 hommes ¹, et étaient commandés par le général major lord Blayney. Les Anglo-Espagnols couronnèrent, le 15 au matin, toutes les hauteurs qui environnent le fort, et une batterie de cinq pièces fut établie à cent cinquante toises. Le général anglais ayant fait sommer la place de se rendre, le capitaine Mlokosiewietz, qui commandait la garnison, refusa de recevoir le parlementaire; le feu de la batterie et de l'escadre fut aussitôt dirigé sur le fort; mais 3,000 hommes réunis promptement par le général Sébastiani, se portèrent sur l'ennemi et le culbutèrent. Ce mouvement fut appuyé par la garnison du château, qui exécuta une sortie vigoureuse en front et enleva la batterie que l'ennemi avait établie contre elle. Le général anglais prit le détachement sorti du fort pour une troupe espagnole, et fut fait prisonnier avec une partie de son monde. Les Anglo-Espagnols en désordre s'enfuirent vers le rivage. Le feu du fort coula plusieurs chaloupes canonnières chargées de soldats, et quelques débris seulement des troupes qui étaient descendues à terre parvinrent à se rembarquer. Le champ de bataille était jonché de cadavres ennemis; parmi lesquels on compta 250 Anglais. Les Français

---

¹ Ces mémoires sont intitulés : _Relation d'un voyage forcé en Espagne et en France dans les années_ 1810 à 1814. Lord Blayney fut fait prisonnier et envoyé en France.

¹ Ce nombre d'hommes se trouve porté dans le rapport du général Sébastiani. Le général Blayney dit qu'il n'avait sous ses ordres que quatre compagnies anglaises, fortes ensemble de 800 hommes, et le régiment espagnol de Tolède, dont il ne désigne pas la force, mais on voit plus loin qu'elle était de 2,000 soldats. Il devait aussi recevoir un renfort de 1,000 hommes de troupes anglaises que la promptitude du mouvement des Français empêcha de débarquer.

firent un grand nombre de prisonniers, et s'emparèrent de cinq pièces de canon, et de plusieurs caissons de cartouches [1].

Autres débarquements.—Profitant de l'éloignement momentané du général Sébastiani, les Anglais, pendant cette expédition, avaient cherché d'un autre côté à soulever le pays. Quelques villages se révoltèrent et massacrèrent les Français isolés. La côte des Alpujaras vit de nouveaux débarquements, et les châteaux de Motril et d'Almunejar furent pris. Mais le général Werlé s'avança sur ces deux villes aussitôt après l'affaire de Padul, et les trouva occupées en force. Repoussés avec perte, les Anglais furent obligés de se rembarquer précipitamment après avoir perdu beaucoup de monde. Les Français réoccupèrent Motril et Almunejar, dont l'ennemi avait augmenté l'armement et qu'il avait approvisionnés.

Dispersion du corps de Blacke à Rio-Almanzor.—Enfin la gauche du 4e corps fut encore inquiétée, vers la fin d'octobre, par le général Blacke qui était parvenu à réorganiser une armée dans le royaume de Murcie.

Le 2 novembre, Blacke envoya 100 cavaliers reconnaître la petite ville de Cullar, vers la frontière du royaume de Grenade. Le général Sébastiani ordonna à tous les détachements de se réunir sur ce point et de marcher à l'ennemi. Le 4, Blacke vint, avec 10,000 hommes environ, prendre position au Rio-Almanzor. Le général Rey disposa sur le champ tout pour l'attaque; mais le général Milhaud étant survenu avec sa cavalerie, prit le commandement, et fit charger l'ennemi sans attendre les renforts que le général Sébastiani lui amenait. Les Espagnols furent, en quelques minutes enfoncés de toutes parts; ils eurent 1,200 hommes tués, on leur fit 1,000 prisonniers, et on leur prit quatre canons, quatre caissons et deux drapeaux. Le général Milhaud se remit à la poursuite de l'ennemi pour ne pas lui donner le temps de se reformer. — Cette affaire acheva de disperser entièrement le corps du général Blacke.

Guérillas d'Andalousie. — La guerre que les troupes françaises eurent à faire en Andalousie aux insurgés qui appuyaient les troupes régulières de Blake et de Ballesteros, présentait des circonstances assez intéressantes et des incidents curieux. M. Ed. Lapène dans sa *Relation de la conquête d'Andalousie en 1810 et 1811* en fait le tableau suivant :

«Quant aux incidents qui imprimaient un caractère entièrement distinct à nos incursions dans les hautes chaînes de l'Estremadure, de Jaen et de Grenade, au témoin oculaire seul appartient d'en produire les détails, toujours singuliers, quelquefois déplorables.

«Si une colonne quitte la plaine et pénètre dans les montagnes, le chemin ne devient plus qu'un étroit sentier, parfois attaché aux contours sinueux d'un torrent, parfois dirigé vers le sommet de montagnes à pic. Souvent la trace de ce chemin disparaît en entier, et le soldat ne rencontre sur son passage que des espèces de degrés grossièrement taillés dans le roc moins par la main des hommes que par le travail de la nature, qu'il doit gravir ou descendre avec peine, s'aidant de ses mains et de ses armes, au risque, au

---

[1] Voici en quels termes le général Blayney raconte lui-même sa défaite et sa captivité;.

«Je fus informé de l'approche des troupes françaises; elles consistaient, assurait-on, en 4,700 hommes d'infanterie, 800 de cavalerie, et seize canons, commandées par le général Sébastiani; tandis que je n'avais à opposer que 1,400 hommes et trois pièces de canon. La même raison qui m'avait empêché de débarquer mon artillerie pendant le jour, savoir, l'exposition de la grève au feu du château, ne me permit pas non plus de la rembarquer, et bien résolu de ne point l'abandonner, il ne restait plus qu'à se préparer à recevoir le mieux possible l'ennemi. A cet effet, j'eus d'abord l'intention de changer un peu ma position, et d'occuper une vieille tour qui pouvait contenir environ 50 hommes; elle avait un rang de collines à sa droite, et la mer sur les derrières; mais je n'eus pas le temps d'exécuter ce projet.

«Sur ces entrefaites, on aperçut de la côte le vaisseau de S. M. *le Rodney* et un vaisseau de ligne espagnol; j'appris qu'ils avaient à bord le 82e régiment, fort de 1,000 hommes, que l'on envoyait de Gibraltar pour me renforcer. On peut facilement se figurer l'impatience que j'éprouvais de les voir arriver; je m'empressai d'envoyer des chaloupes pour aider leur débarquement.

«Je craignais surtout que la cavalerie ennemie ne chargeât le long du rivage pour gagner nos derrières; afin de prévenir cette manœuvre, je me rendis avec le capitaine Hall dans une chaloupe canonnière, ayant formé le dessein d'en placer deux sur chacun de nos flancs, de manière qu'elles pussent battre le rivage : elles étaient assez proches pour qu'il me fût facile d'y aller et d'en revenir en cinq minutes. Pendant ces dispositions, la garnison qui avait reçu des renforts, fit une vigoureuse sortie avec 650 hommes d'infanterie et 60 de cavalerie; ils se dirigèrent sur la gauche, où j'avais posté les Espagnols et les autres troupes étrangères, qui lâchèrent pieds sans faire de résistance, et abandonnèrent leur artillerie. Cependant, comme je voyais que les chaloupes chargées de renfort avaient quitté les vaisseaux et approchaient déjà de la côte, la force de ma position et ma confiance dans le 82e régiment, me firent espérer que je réparerais ce malheur : je formai les 2,800 hommes [1] que j'avais du 89e, et je repris mes canons à la baïonnette. En m'avançant, mon cheval

[1] Le général Blayney ne parlait plus haut que de 1,400 hommes.

reçut une blessure, et bientôt une seconde le tua : je fus donc obligé de charger à pied. Après une courte mais vive résistance, l'ennemi *prit la fuite,* et dans le même instant, un corps considérable, habillé précisément comme les troupes espagnoles, passa devant notre front; un cri s'éleva : «Ce sont des Espagnols.» Je fis cesser le feu un moment pour former ma ligne, m'assurer si ce corps était en effet des Espagnols ou bien des Français, et en même temps économiser mes munitions dont je commençais à manquer. Malheureusement l'artillerie que j'avais reprise n'agit pas; l'ennemi n'avait cependant fait sauter qu'une partie des caissons, et il y avait encore plusieurs boulets et de la mitraille détachés dans la batterie, qui auraient pu faire beaucoup de mal si l'on s'en était servi à propos. Étant à pied, je ne pus me rendre assez promptement sur la gauche pour reconnaître le corps que nous avions vu ; mais au bout de quelques instants j'aperçus une colonne très près de nous et du même côté, et je distinguai le n° 4, avec un aigle sur les schakos : c'était le 4e polonais. Après avoir tiré quelques coups, les troupes qui m'accompagnaient chargèrent cette colonne; un combat sanglant suivit, où j'eus le malheur d'être fait prisonnier, n'ayant plus que 9 hommes des 280 qui s'étaient avancés avec moi. »

Le général Blayney raconte ensuite qu'il fut conduit devant le général français.

« En approchant de Fuengirola, je remarquai le général entouré d'un corps considérable de troupes, et je lui fus d'abord présenté. Après les premiers compliments, il me demanda ce qu'était devenue mon épée. Sur ma réponse qu'elle se trouvait apparemment dans la possession de quelqu'un des officiers ou soldats, le général Milhaud ôta la sienne et me la présenta, en disant : «Monsieur le «général, en voici une qui m'a servi dans toutes les campagnes «contre les Anglais, les Russes et les Prussiens; permettez que je «vous l'offre.» Quoique ce discours fût mêlé d'un peu de cette vanité naturelle aux Français, il fut couvert des applaudissements de tous les officiers et de ceux des soldats qui purent l'entendre; quant à moi, j'acceptai l'épée, et j'eus quelque plaisir de recevoir en public cette politesse d'un ennemi. »

Il nous semble difficile que le général Blayney ait pu être battu et fait prisonnier par des troupes, qui, s'il fallait l'en croire, auraient pris la fuite.

moindre faux pas, de rouler dans un abîme. Dès lors plus d'ordre dans la colonne, dont les hommes contraints de marcher isolés ou séparés par de longs intervalles, arrivent au gîte avec la tête de la troupe, tandis que la gauche quitte à peine le gîte précédent.

«Quelquefois des soldats cheminant sur les flancs d'une même hauteur, assez rapprochés à vol d'oiseau d'autres soldats pour en être entendus, n'atteignent cependant, à leur grande surprise, les points où ceux-ci ont été vus qu'après plusieurs heures de marche le long des contours sinueux de la montagne.

«Malheur à une colonne surprise en cet état de division par l'ennemi embusqué au passage du défilé! Posté d'avance, et sûr de son tir, l'Espagnol, par un raffinement de cruauté, désignait à haute voix la victime qu'il voulait atteindre. «A l'officier, au sergent!» s'écriait-il avec une ironie barbare. Le coup partait, et l'officier ou le sergent, tombant blessé à mort, justifiait trop souvent l'adresse perfide du féroce montagnard.

Il n'était pas rare que les privations vinssent encore nous assiéger au milieu de cette guerre aussi périlleuse que fatigante: la privation de l'eau était la plus cruelle. Après plusieurs heures d'une pénible route, une source, la seule qui existât sur ce point, était signalée par le guide de la colonne, mais encore à une distance éloignée: quelques soldats, hors d'espoir de l'atteindre, s'arrêtaient, sentant leurs forces défaillir. Il en périssait sous nos yeux de fatigue, de chaleur et de soif.

«Quelquefois, au milieu d'un beau jour, le soleil se couvrait tout à coup d'épais nuages; des torrents de pluie inondent bientôt le soldat, pénètrent ses vêtements, paralysent ses armes. Point d'abri, point de bivouac à établir dans ces montagnes où la nature marâtre ne présente souvent aucune trace de culture et d'habitation. Obligée, au milieu de ces averses, de poursuivre sa route, la colonne trouve son chemin subitement barré par un ruisseau dont à peine on a soupçonné l'existence, et qui, passé à pied sec dans l'expédition précédente, est tout à coup devenu un torrent profond et débordé. Plusieurs heures d'une pénible attente s'écoulent alors pour que la baisse des eaux permette de le franchir sans danger. Le gîte, qui jusque-là s'est dérobé à nos regards, paraît enfin: tantôt il est sous nos pas, enfoncé dans une vallée profonde; tantôt l'œil étonné l'aperçoit comme attaché sur le revers rocailleux de sommets escarpés.

«A l'époque des premières incursions, la plupart des villages étaient abandonnés par leurs habitants, pleins de l'idée que les mœurs, le caractère, la figure même des Français offraient quelque chose d'effrayant et de surnaturel. Ces assertions, avancées par les chefs des guérillas, pour forcer la population à fuir notre présence, furent d'abord, malgré leur absurdité, accueillies des peuples montagnards d'Estramadure et d'Andalousie, qui peuvent, sans contredit, passer pour les moins éclairés de l'Europe.

«Les villages, dans les incursions suivantes, avaient leurs habitants; mais encore en défiance, le paysan tenait sa maison fermée et barricadée. Le soldat, quoi-

que harrassé de fatigue, retrouve alors un reste de forces, et tire, à l'insu de ses chefs, une vengeance aussi prompte que déplorable d'une pareille réception. La porte du logement désigné est sur-le-champ enfoncée; et le pillage, la dévastation, quelquefois des voies de fait criminelles, deviennent les suites terribles et par malheur trop fréquentes de cette violente prise de possession. — Mais la sûreté ou l'asile de l'habitant ont-ils été compromis? nulle complaisance, nulle concession à attendre de lui; abjurant sa stupidité pour retrouver un nouveau caractère, le montagnard se décide à se laisser périr lui-même plutôt que de devenir utile au Français.

«Le soldat, plus jaloux de repos que de nouveaux débats, se montrait-il au contraire dès l'abord modéré? L'Andalous, promptement rassuré, passait alors avec une rapidité extrême à une douce confiance, et épousait en entier ce sentiment naturel à l'homme de se créer un protecteur dans celui qu'il redoute comme maître. Bientôt un inviolable attachement, une reconnaissance poussée jusqu'à la sublimité chez l'Espagnol, qui, extrême dans ses affections comme dans ses haines, vole tour à tour de l'un à l'autre, payaient quelques légers services. Un sentiment plus vif et plus tendre s'alliait parfois à celui de la gratitude chez la jeune femme espagnole que le hasard avait rendue l'objet de prévenances inespérées; et le Français, reçu en ennemi, était souvent, au jour du départ, regretté comme ami ou pleuré comme amant.

«Le retour périodique aux mêmes lieux ne pouvait manquer d'attraits tant pour les Espagnols des deux sexes qui avaient reçu du soldat français une généreuse protection, que pour le militaire qui avait rempli cet honorable devoir. A l'approche d'une colonne, l'habitant s'informe des éclaireurs, avec une curieuse anxiété, s'ils appartiennent à tel ou tel régiment. Quand le Français chéri fait partie de cette troupe, on vole à sa rencontre du plus loin qu'on l'aperçoit. Il est appelé par son nom, et conduit en triomphe à son ancienne demeure préparée d'avance pour le recevoir.

«Quelques jours de repos passés de la sorte dans de paisibles cantonnements dédommageaient le soldat des privations et des fatigues essuyées dans ces pénibles expéditions, en tempérant aussi les motifs d'éloignement pour les indigènes; le séjour prolongé des troupes au milieu d'eux, créait des rapprochements précieux entre le soldat français et l'Espagnol. Tout servait alors à nous convaincre que celui-ci, sensible à quelques égards et aux concessions les moins coûteuses, et dès lors reconnaissant et dévoué, devenait irréconciliable ennemi, s'il était blessé sans motif dans sa personne, sa religion, sa propriété. — Un grand objet fut enfin rempli par le système d'opérations qui vient d'être retracé. La guerre de partisans, étrangère depuis nombre d'années au soldat français, alors accoutumé à agir à la baïonnette contre des masses, devint élémentaire dans nos troupes d'Andalousie; la valeur, l'activité, la persévérance des Français y puisèrent une nouvelle énergie, et les succès de la campagne suivante d'Estramadure furent en partie ses brillantes suites.»

Expéditions contre les Serranos. — *Caractère de ces montagnards.* — Le caractère des *Serranos* (c'est le nom qu'on donne aux habitants des montagnes de l'Andalousie) diffère beaucoup du caractère des insurgés de la Castille et de la Navarre. Les Mémoires de M. de Rocca sur la guerre d'Espagne, renferment à ce sujet des détails curieux et intéressants. Le livre de cet officier ne doit toutefois être consulté qu'avec défiance. M. de Rocca, prisonnier en Angleterre pendant plusieurs années, n'a vu que le commencement de la guerre d'Espagne; pour en compléter le tableau, il a recueilli un grand nombre de faits dans les Journaux et les Annuaires anglais; et ces faits sont généralement exagérés ou faux [1].

Les *Serranos* andalous, contrebandiers pour la plupart et dont l'industrie héréditaire était entravée par la guerre, tournaient contre les Français les armes qui leur servaient peu de temps auparavant à attaquer les douaniers espagnols. Ce n'était pas par dévouement à Ferdinand VII, mais bien par haine contre les étrangers dont la présence troublait leurs habitudes et nuisait à leurs intérêts. Les prêtres, en représentant les Français comme des hérétiques et des auxiliaires du démon, excitaient aussi contre eux la fureur de ces montagnards, ignorants et superstitieux. Leur mode de combattre était d'ailleurs admirablement approprié aux localités. — Pour le faire connaître, nous citerons des passages du récit que fait M. de Rocca de son séjour à Ronda et dans les montagnes escarpées, dont le groupe forme ce qu'on appelle la *Serrania de Ronda.*

«Les montagnards avaient placé leurs camps sur les sommets des montagnes voisines, et ils observaient jour et nuit ce qui se passait dans la ville. Quand nos trompettes avaient sonné le réveil au lever de l'aurore, on ne tardait pas à entendre des cornets de bergers réveiller les montagnards. Ils passaient des jours entiers à inquiéter nos avant-postes sur un point ou sur l'autre; dès que nous allions à eux ils se retiraient pour revenir bientôt après nous harceler encore.

«Lorsque les Serranos se préparaient à nous attaquer, ils poussaient de grands cris pour s'animer au combat, et faisant feu sur nous long-temps avant que leurs balles pussent nous atteindre. Ceux d'entre eux qui étaient les plus éloignés croyaient en entendant ces cris et ces décharges, que leurs compagnons avaient quelque avantage à l'avant-garde, ils se hâtaient de venir prendre part à l'action, afin de partager l'honneur d'un succès qu'ils croyaient facile; ils dépassaient, en faisant des bravades, ceux qui les précédaient, et lorsqu'ils reconnaissaient leur erreur, ils ne pouvaient plus reculer. Nous les laissions venir jusque dans une petite plaine autour de la ville neuve, afin de pouvoir les charger et les sabrer, et ils se re-

tiraient toujours dès qu'ils avaient perdu quelques-uns des leurs.

«Le plus doux passe-temps des ouvriers de la ville était de venir se placer derrière des rochers entre les oliviers à l'extrémité du faubourg, et de tirer sur nos vedettes en fumant leurs cigarres. Ils sortaient le matin de la ville avec des instruments de labourage, comme s'ils eussent été travailler aux champs; ils y trouvaient leurs fusils qu'ils avaient cachés dans des rochers ou dans des fermes, puis ils revenaient le soir, sans armes, dormir au milieu de nous. Il arriva que des hussards reconnurent parmi les combattants, les hôtes chez lesquels ils logeaient. Nous ne pouvions pas faire des recherches trop rigoureuses; si l'on eût voulu exécuter le décret du maréchal Soult contre les Espagnols insurgés, il aurait fallu punir de mort presque toute la population du pays. Les montagnards pendaient et brûlaient vifs les prisonniers français; nos soldats, à leur tour, ne faisaient que très rarement quartier aux Espagnols qu'ils prenaient les armes à la main.

«Les femmes, les vieillards, les enfants mêmes, étaient contre nous, et servaient d'espions aux ennemis. J'ai vu un jeune garçon de huit ans venir jouer entre les jambes de nos chevaux, et s'offrir à nous pour nous servir de guide; il conduisit un petit parti de nos hussards dans une embuscade, et se sauva tout à coup dans les rochers en jetant son bonnet en l'air, et en criant de toutes ses forces : «Vive notre roi Ferdinand VII!» La fusillade commença aussitôt.

«Les montagnards suppléaient par la force et la persévérance de leur caractère indomptable, à ce qui leur manquait sous le rapport de la discipline militaire : s'ils ne savaient pas nous résister dans les plaines, s'ils échouaient dans les attaques qui demandaient quelques combinaisons, ils combattaient en revanche admirablement dans les rochers; derrière les murs de leurs maisons, et dans tous les lieux où nous ne pouvions pas faire usage de la cavalerie. Nous ne pûmes jamais réduire à l'obéissance les habitants de Montejaque, hameau de cinquante à soixante feux, situé à une demi-lieue de Ronda...

«Les habitants des bourgs et des villages de la montagne, qui se croyaient exposés aux visites des Français, envoyaient les vieillards, les femmes et les enfants sur des hauteurs inaccessibles, et ils cachaient leurs effets les plus précieux dans les cavernes. Les hommes seuls restaient dans les villages pour les défendre, ou faire à la dérobée des excursions dans les plaines pour enlever les bestiaux des Espagnols qui ne voulaient pas se déclarer contre nous.

«La petite ville de Granjalema était la place d'armes des montagnards. Le maréchal Soult fit marcher contre cette petite ville une colonne mobile de 3,000 hommes. Les contrebandiers se défendirent de maison en maison, et ils ne l'abandonnèrent la place que lorsqu'ils n'eurent plus de munitions; ils s'échappèrent alors dans les montagnes, après avoir fait éprouver des pertes considérables à nos soldats; ils réoccupèrent la ville aussitôt après le départ de la colonne mobile.

[1] En voici un exemple : M. de Rocca raconte que le roi Joseph, tant en Andalousie qu'aux environs de Madrid, a été plusieurs fois sur le point d'être pris par les insurgés. On conçoit que les Espagnols, ennemis du Français, et les Anglais leurs alliés, aient pu répandre de tels bruits; mais il est certain, et nous pouvons l'affirmer, que ces bruits n'ont jamais eu aucun fondement. Jamais le roi Joseph n'a été exposé à être enlevé par les guérillas.

«Une division de trois régiments d'infanterie de ligne, envoyée un mois après pour disperser de nouveau l'armée insurgée, parvint aisément à repousser les montagnards sur tous les points dans la campagne, mais elle ne put s'emparer de Granjalema. Des contrebandiers s'étaient retranchés dans la place qui est au centre de la ville, ils avaient placé des matelas devant les fenêtres des maisons où ils s'étaient renfermés. 2 hussards du 10e régiment, et 40 voltigeurs qui faisaient l'avant-garde de la division française, arrivèrent sur cette place sans rencontrer de résistance; mais ils n'en revinrent pas; tous furent atteints par le feu qui partait au même moment de toutes les fenêtres : ceux qu'on envoya successivement pour s'emparer de cette place y périrent de même sans faire aucun mal aux ennemis. — Les expéditions que les Français faisaient fréquemment contre les hautes montagnes dispersaient presque toujours les ennemis sans les réduire, et nos troupes retournaient à Ronda après avoir essuyé de grandes pertes.

«Dans les montagnes, les Serranos déjouaient, par leur manière de combattre, l'effort de nos troupes, lors même qu'elles leur étaient supérieures en nombre; ils se retiraient de rocher en rocher, de position en position à l'approche de nos masses, sans cesser de faire feu et de nous harceler; tout en fuyant, ils nous détruisaient des colonnes entières sans que nous pussions nous en venger. Cette manière de faire la guerre leur avait fait donner, par les Espagnols eux-mêmes, le surnom de *mouches de la montagne*, par allusion à la manière dont ces insectes obstinés tourmentent les êtres vivants sans jamais leur laisser de repos.»

Les hussards du régiment dont faisait partie M. de Rocca évacuèrent momentanément Ronda. Cette ville fut aussitôt occupée par les *Serranos*. Leur séjour prouva aux habitants que le dévouement à Ferdinand VII était le prétexte et non pas le mobile de l'insurrection. Aussi les Français à leur retour furent-ils accueillis comme des libérateurs.

«Les montagnards, dit M. de Rocca, avaient élevé en notre absence une potence sur la grande place pour punir ceux des bourgeois de la ville qui avaient favorisé les Français; et si nous étions arrivés un jour plus tard, plusieurs individus auraient été conduits au supplice : on eût ainsi satisfait des haines particulières sous le prétexte de la vengeance publique. Un échevin allait être pendu pour n'avoir pas voulu se laisser corrompre dans une affaire de contrebande quelques années auparavant. Un pauvre tailleur avait été précipité la veille du haut en bas des rochers et mis en pièces pour avoir servi d'interprète à nos soldats.

«Le jour même où nous étions sortis de Ronda, les montagnards y étaient entrés avec l'aurore, en poussant de grands cris, et en déchargeant, en signe de joie, leurs fusils dans les rues. Tous les habitants d'un même village arrivaient ensemble, marchant sans ordre, et suivis de leurs femmes, qui ne différaient des hommes que par le vêtement, par une stature moins élevée, et par un peu plus de rudesse dans les manières.

Elles prétendaient que leurs maris avaient conquis Ronda sur les Français, et que tout ce qui était dans la ville leur appartenait; elles se disaient les unes aux autres, en s'arrêtant d'un air fier devant les portes des plus beaux hôtels : «Je prends cette maison pour moi, «je me ferai dame, et je viendrai l'habiter dans peu de «jours, avec mes chèvres et ma famille.» Elles chargeaient, en attendant, sur des ânes, tout ce qu'elles trouvaient dans l'intérieur des appartements. Ces dames ne cessèrent de piller que lorsque les animaux qu'elles avaient amenés furent au moment de succomber sous le poids du butin.

Des contrebandiers volèrent les chevaux et le portemanteau d'un lieutenant anglais, qui faisait partie de l'expédition, sans que celui-ci pût parvenir à faire punir les coupables. Les prisons furent forcées, les insurgés, les détenus qu'elles contenaient coururent, à l'instant même de leur délivrance, se venger de leurs juges et de leurs accusateurs. Les débiteurs arrachèrent par force des quittances à leurs créanciers, et mirent le feu à tous les papiers de la chancellerie, afin d'anéantir les actes des hypothèques que les habitants avaient sur les propriétés des montagnards.

«Le général en chef des Serranos n'avait pu arriver dans Ronda que six heures seulement après notre départ. Il avait d'abord essayé d'établir une espèce d'ordre dans la ville, à l'aide de ce qu'il appelait ses troupes réglées. Ne pouvant y parvenir, voici le stratagème dont il se servit : Il fit publier, par le crieur public, que les Français allaient arriver. Les montagnards se rassemblèrent alors en un clin d'œil, et les habitants eurent le temps de se barricader dans leurs maisons.

«L'homme qui exerçait le plus d'influence sur ces hordes indisciplinées, était un nommé Cura, natif de Valence, où il avait été professeur de mathématiques. Forcé de s'exiler de sa patrie, après avoir tué un homme par jalousie, il s'était réfugié chez les contrebandiers pour échapper aux poursuites de la justice. Il avait répandu sourdement qu'il était de la plus haute naissance, et que des raisons de politique le forçaient à rester inconnu. Les montagnards l'avaient surnommé l'inconnu au grand bonnet, parce qu'il affectait de porter un bonnet à la mode du pays, d'une grandeur démesurée, afin d'attirer sur lui l'attention. Cette espèce d'existence mystérieuse lui donnait un grand empire sur les esprits. L'inconnu au grand bonnet leva un mois après de fortes contributions sur divers villages des montagnes, sous le prétexte d'aller acheter des armes et des munitions; il essaya d'échapper avec l'argent qui lui avait été confié, mais il fut pris et puni.»

Malgré leur inimitié pour les Français, les habitants des villes de la montagne se montrèrent en plusieurs circonstances soigneux et compatissants pour les blessés français. Leur exaspération n'excluait pas la générosité. Ce qui arriva à M. de Rocca, blessé dans une attaque des Serranos contre Ronda, en est une preuve.

«Je fus, dit-il, relevé par des soldats qui me transportèrent à mon logement, dans la couverte de mon cheval.

«Mes hôtes espagnols vinrent au-devant de moi, et ne voulurent pas permettre qu'on me conduisît à l'hôpital militaire, où il régnait une fièvre épidémique; j'aurais probablement trouvé là, comme beaucoup d'autres, la mort pour guérison. — Mes hôtes avaient eu pour moi, jusqu'à ce jour, une politesse froide et réservée, me considérant comme un des ennemis de leur pays. Par respect pour ce sentiment de patriotisme, j'avais été moi-même peu communicatif avec eux. Quand je fus blessé, ils me montrèrent l'intérêt le plus vif, et me traitèrent avec cette générosité et cette charité qui distingue si éminemment le caractère espagnol. Ils me dirent que depuis que je ne pouvais plus faire de mal à leur pays, ils me considéraient comme étant de leur famille; et sans se lasser un seul instant, pendant cinquante jours, ils eurent en effet de moi tous les soins possibles.

«Le 4 mai, les insurgés vinrent, à la pointe du jour, attaquer Ronda, avec plus de force qu'ils ne l'avaient encore fait. Des balles passèrent si près de la fenêtre à côté de laquelle était mon lit, qu'on fut obligé de le retirer dans la chambre voisine. Mon hôte et mon hôtesse vinrent bientôt m'annoncer, en s'efforçant de conserver un air calme, que les montagnards étaient au bout de la rue, qu'ils gagnaient toujours du terrain en avançant de notre côté, et que la ville neuve allait être emportée d'assaut; ils ajoutèrent qu'ils allaient prendre des précautions pour me mettre à l'abri de la fureur des Serranos, jusqu'à l'arrivée du général Lerrano Valdenebro, qui était leur parent, et ils cachèrent en hâte mes armes, mes vêtements militaires, et tout ce qui aurait pu attirer l'attention des ennemis. Ils me transportèrent ensuite, à l'aide de leurs domestiques, au haut de la maison, derrière une chapelle dédiée à la Vierge Marie, regardant ce lieu comme un asile inviolable. Mes hôtes coururent chercher deux curés, qui se placèrent auprès de la porte de la rue pour en défendre l'entrée, et me protéger au besoin par leur présence.

«Une dame âgée, la mère de mon hôtesse, resta seule avec moi, et elle se mit en prière; elle tournait plus ou moins vite les grains de son chapelet, selon que les cris des combattants et le bruit des armes à feu annonçaient que le danger s'accroissait ou diminuait. Vers midi, la fusillade s'éloigna peu à peu, et cessa ensuite de se faire entendre. L'ennemi fut repoussé sur tous les points; mes camarades vinrent, en descendant de cheval, me raconter le combat...

«Le 2ᵉ de hussards reçut, quelques jours après, l'ordre d'aller à Sainte-Marie; il fut remplacé par le 43ᵉ régiment de ligne, et je restai seul de mon corps à Ronda...

«Mes hôtes redoublèrent de soins et d'attentions pour moi, après le départ de mes camarades : ils passaient plusieurs heures de la journée dans ma chambre; et, quand je commençai à me rétablir, ils réunirent chaque soir quelques-uns de leurs voisins qui venaient causer et faire un petit concert auprès de mon lit pour me distraire de mes maux : ils chantaient des airs nationaux en s'accompagnant de la guitare.

«La mère de mon hôtesse m'avait pris en grande amitié, depuis le jour où elle avait prié avec tant de ferveur, pour ma conservation, pendant l'assaut de la ville. Sa seconde fille était religieuse dans le couvent des Dames nobles; cette dame faisait de temps en temps demander de mes nouvelles, et elle m'envoyait des petits paniers de charpie parfumée, et recouverte de feuilles de roses.

«Les religieuses des divers couvents de Ronda redoublaient de jeûnes et d'austérités depuis notre entrée en Andalousie; elles passaient la plus grande partie des nuits à prier pour le succès de la cause espagnole, et le jour elles préparaient des médicaments qu'elles envoyaient aux blessés français. Ce mélange de patriotisme et de charité chrétienne n'était point rare en Espagne.»

Avant de passer au récit de la guerre faite en Castille, en Navarre et en Biscaye aux insurgés dont les bandes se sont le plus particulièrement distinguées sous le nom de *guérillas*, et dont les chefs portaient des noms aujourd'hui illustres parmi ceux des défenseurs de la Péninsule (Mina, El Empecinado, etc.), nous allons, pour compléter le tableau des opérations militaires dans le midi de l'Espagne, retracer les événements survenus en 1811 devant Cadix et Gibraltar, à Séville, dans les royaumes de Grenade et de Murcie, ainsi que la double et mémorable campagne d'Estramadure signalée par la funeste bataille d'Albuera et la glorieuse défense de Badajoz.

RÉSUME CHRONOLOGIQUE.

1810.

11 AOUT. Combat de Villa-Garcia.
21 — Combat du Rio-Tinto.
28 — Combat de Manzanilla.
4 SEPTEMBRE. Combat de Padul.
6 — Combat de Fuente Ovejuna.
15 — Combat de Fuente de Cantos.

15 SEPTEMBRE. Combat de Moguer.
28-29 — Sortie de la garnison de Cadix.
— — Elle est repoussée.
13 OCTOBRE. Deuxième combat de Rio-Tinto.
14 — Débarquement des Anglais à Cala de Mora.
15 — Combat de Fuengirola.
4 NOVEMBRE. Combat de Rio Almanzor.
— — Dispersion du corps de Blacke

1811. — DOUBLE CAMPAGNE D'ESTRAMADURE.

OPÉRATIONS DEVANT SÉVILLE, CADIX, ETC.

SOMMAIRE.

Marche du maréchal Soult sur l'Estramadure. — Défaite de plusieurs corps espagnols et portugais. — Siége et prise d'Olivença. — Investissement de Badajoz. — Prise du fort de Pardaleras. — Bataille de la Gebora. — Siége et prise de Badajoz. — Prise d'Albuquerque et de Valencia. — Prise de Campo-Mayor. — Combat de Campo-Mayor. — Opérations devant Cadix. — Bataille de Chiclana. — Les Anglo-Portugais reprennent Olivença. — Blocus de Badajoz par les Anglo-Portugais. — Retour de Soult en Estramadure. — Bataille d'Albuera. — L'armée prend position à Llerena. — Siége de Badajoz par les Anglo-Portugais. — Réunion du maréchal Marmont et du général d'Erlon à l'armée d'Andalousie. — Le maréchal Soult reprend l'offensive. — Les Anglo-Portugais lèvent le siége de Badajoz. — Réoccupation d'Olivença. — Combat d'Elvas. — Le maréchal Soult revient en Andalousie. — Déblocus de Ronda. — Attaque de Niebla par les Espagnols. — Attaque de Séville par les Espagnols. — Marche du maréchal Soult vers Grenade. — Débarquement du général Blacke. — Combats de la Venta de Bahul et de Baza. — Combat de Las Vertientes. — Marche du général Godinot dans les Alpujarras. — Combat de Pinos del Rey. — Retour du maréchal Soult à Séville. — Combat d'Ayamonte. — Combat de Huescar. — Prise du camp de Saint-Roch. — Tentative infructueuse sur Tarifa. — Suicide du général Godinot. — Réflexions.

<table>
<tr><td>TROUPES FRANÇAISES.</td><td>TROUPES ALLIÉES.</td></tr>
<tr><td>Maréchaux : Les Maréchaux SOULT. — MORTIER. — VICTOR. MARMONT. — Les Généraux DROUET-D'ERLON. SÉBASTIANI, etc.</td><td>Généraux : WELLINGTON. — BÉRESFORD. — MENDIZABAL. BALLESTEROS. — BLACKE. — VILLEMUR. GRAHAM, etc.</td></tr>
</table>

Marche du maréchal Soult sur l'Estramadure. — défaite de plusieurs corps espagnols et portugais. — Lorsque la campagne de 1811 commença, le maréchal Soult, après avoir pacifié et organisé l'Andalousie, avait fait choix de Séville pour le centre de ses opérations. Ses troupes occupaient tous les villages qui se trouvent sur la route depuis la Sierra Morena jusqu'à Matagorda.

Le maréchal, après avoir mis son gouvernement à l'abri d'un coup de main, laissa, sous les murs de Cadix, le duc de Bellune avec une partie du premier corps, et, à la tête d'une réserve de 5 à 6,000 hommes, se porta sur l'Estramadure. Il voulait menacer Elvas, appuyer le siége de Badajoz, et forcer les Anglais à dégarnir le Portugal, pour s'opposer à sa jonction avec le maréchal Masséna. Mais avant de chercher à pénétrer jusqu'au Tage, le duc de Dalmatie comprit qu'il était important d'avoir en son pouvoir quelques places fortes qui assurassent ses communications avec les troupes de l'Estramadure et de l'Andalousie. Il résolut donc de s'emparer d'Olivença, qui deviendrait une place d'armes où s'appuieraient ses opérations subséquentes.

Le 5e corps d'armée était réuni vers Llerena, ainsi que plusieurs détachements d'infanterie et une forte réserve de cavalerie. L'avant-garde rencontra le 3 janvier, à Usagre, l'arrière-garde ennemie qui se reployait avec précipitation ; elle l'attaqua et la mit en déroute.

Mendizabal et La Carrera, qui avaient succédé à La Romana, étaient à la tête de 7,000 hommes d'infanterie, et de 2,500 chevaux espagnols et portugais. Dès qu'ils eurent connaissance du mouvement du maréchal Soult, ils précipitèrent leur retraite sur Almendralejo et Mérida.

En même temps, 5 à 6,000 Espagnols, composant la division du général Ballesteros, cherchaient à gagner le midi de l'Andalousie, vers Moguer ; mais le maréchal Mortier, qui avait reconnu leur marche, les fit aussitôt attaquer par une brigade d'infanterie et le 2e de hussards. Après un engagement de deux heures, Ballesteros, qui avait perdu beaucoup de monde, fut culbuté et poursuivi dans la direction de Fregenal.

Le 5, les Français arrivèrent à Zafra et à Los Santos. Le général Gazan fut envoyé, avec sa division, sur la gauche, à la poursuite des troupes de Ballesteros, mais il ne put les atteindre que le 25 janvier à Villanova de Castillejos. Le général espagnol, qui avait engagé son artillerie et sa cavalerie par la route de Puarnogo, fut pris au dépourvu et attaqué impétueusement. On enleva sa position à la baïonnette et on fit un tel carnage de ses troupes, qu'un très petit nombre d'hommes parvint à se réfugier sur le territoire portugais.

Le maréchal Soult s'était porté, dès le 7 du même mois, sur Mérida, d'où la brigade du général Briche avait chassé, la veille, la cavalerie espagnole, qui se retirait par la rive gauche de la Guadiana, tandis que la cavalerie portugaise, aux ordres de Mendizabal, se hâtait de rentrer à Badajoz par la rive gauche. Le général Briche, après avoir nettoyé la rive droite de la rivière et poussé sa colonne jusque sur Albuquerque, poursuivit l'arrière-garde espagnole jusqu'à la Botoa, où elle fut atteinte et sabrée.

Siége et prise d'Olivença. — Pendant ce temps, l'ennemi avait jeté dans Olivença une garnison de 3,000 hommes. Dès que le duc de Dalmatie en fut instruit, il prit aussitôt ses mesures, et sans attendre son artillerie de siége, dont les pluies et les mauvais chemins retardaient l'arrivée, il ordonna, le 11 janvier, à la division Girard de se porter sur cette place.

La tranchée fut ouverte le 12, et le 20, à l'aide seulement de l'artillerie et des troupes du génie attachées à l'avant-garde, le chemin couvert était couronné devant un des bastions. Sur ces entrefaites, une partie de l'artillerie de siége arriva et fut mise en batterie pendant la nuit. Le 20, les Espagnols tentèrent une diversion, en attaquant, avec toute leur cavalerie, le général Briche placé en observation à Talavera-la-

Roa; mais ils furent repoussés vigoureusement jusque près de Badajoz. La batterie de brèche fut démasquée le 22 au matin, et déjà, elle commençait à faire beaucoup de mal aux assiégés, lorsque le gouverneur, qui avait épuisé ses faibles munitions, demanda à entrer en arrangements. On lui répondit que, d'après son refus d'écouter les propositions qui lui avaient été faites le premier jour, il ne pouvait plus être reçu qu'à discrétion. Force lui fut d'accepter ces dures conditions, et il se présenta en avant de la porte, avec son état-major, se soumettant aux vainqueurs avec ses 3,000 hommes de troupes. Les Français trouvèrent dans la place dix-huit pièces de canon en bon état et un grand nombre de projectiles.

Investissement de Badajoz. — *Prise du fort de Pardaleras.* — Aussitôt après l'occupation d'Olivença le duc de Dalmatie porta ses troupes sur la Guadiana, et le 5ᵉ corps se dirigea sur Badajoz. Le 26, tous les postes ennemis s'étaient reployés et l'investissement fut formé. Après quelques petits engagements qui coûtèrent aux Espagnols quatre canons, beaucoup de voitures chargées et quelques centaines de prisonniers, Badajoz se trouva, le 28, entièrement bloqué, sur la gauche de la Guadiana, par l'infanterie française, tandis que les communications avec le Portugal se trouvaient en partie interrompues par la cavalerie, qui avait passé le 27 la rivière à gué.

Le siége commença le 29; l'ennemi tenta le 31 une forte sortie que le général Girard repoussa, et qui coûta beaucoup de monde aux assiégés; une nouvelle sortie fut encore repoussée le 3 février, et une autre le 7. Ce jour même, le général La Carrera cherchait à s'emparer des redoutes de Picurina. Le général Gazan y mit bon ordre, et l'ennemi, après avoir eu hors de combat 1,200 hommes et 150 officiers, fut contraint de se réfugier dans la place.

Le maréchal Soult ordonna l'attaque du fort de Pardaleras, le 11, à deux heures de l'après-midi. Une garnison de 400 hommes occupait ce fort, qui couvrait la droite de la place assiégée, dont il n'est éloigné que de cinquante toises. Un feu vif et bien dirigé des batteries françaises démonta plusieurs pièces à l'ennemi. À huit heures du soir, le maréchal fit réunir dans la tranchée une colonne de 200 grenadiers et une autre de 200 voltigeurs, à la tête desquels se mirent deux de ses aides de camp avec 40 sapeurs. A l'aide de la nuit, ces deux colonnes sortirent de la tranchée en silence, sans tirer un seul coup de fusil, et tandis que l'une descendait par une rampe dans le fossé, l'autre brisait les palissades. Les soldats se laissent alors tomber dans la contrescarpe, et s'emparent de la poterne au milieu d'un feu de mousqueterie des plus vifs. Les voltigeurs se réunissent dans l'intérieur de la couronne du fort, arrivent jusqu'aux batteries et tuent une partie de la garnison à coups de baïonnette; le reste ne voit de salut que dans la fuite et se jette dans Badajoz. Les Français accordèrent la vie aux Espagnols qui mirent bas les armes et firent une soixantaine de prisonniers qu'ils ramenèrent au camp.

Cinq pièces de canon et un obusier, avec leurs approvisionnements, furent le trophée de ce hardi et heureux coup de main.

Bataille de la Gebora. — Pendant que ces événements se passaient, Mendizabal et La Carrera avaient établi leur camp sur les hauteurs en arrière de la Gebora; le fort de San-Christoval, sur la rive droite de la Guadiana, protégeait leur droite. Ils regardaient leur position comme inexpugnable, et entretenaient, en pleine sécurité, des communications avec les forteresses portugaises d'Elvas et de Campo-Mayor, que le général Wellington avait fait mettre dans un bon état de défense. Le duc de Dalmatie fit ses préparatifs pour les attaquer dans cette position; mais comme l'ennemi avait fait sauter le pont sur la Gebora, il fallut attendre que les eaux de cette rivière et celles de la Guadiana, qui s'étaient répandues dans les terres, fussent écoulées et les moyens de passage assurés.

Enfin, le 18 février, les Français parvinrent à faire passer sur la rive droite de l'infanterie et du canon. Les Espagnols, que les obus, lancés dans leur camp par-dessus la ville et le fort San-Christoval, incommodaient beaucoup, se décidèrent à porter leurs forces sur la gauche, hors de la protection des feux du fort, ce qu'ils exécutèrent vers midi, en établissant un nouveau camp à douze cents toises plus loin. — Le 19, avant le jour, le duc de Dalmatie ordonna au maréchal Mortier de faire passer la division de cavalerie du général Latour-Maubourg aux gués de la Gebora, au-dessus du pont que l'ennemi avait détruit deux jours auparavant. Cette cavalerie se porta en toute hâte sur la route de Badajoz à Campo-Mayor, débordant ainsi la gauche de la ligne espagnole avec laquelle elle s'engagea aussitôt. Le colonel Vinot fit une belle charge à la tête du 2ᵉ régiment de hussards, et pénétra un instant dans le camp ennemi, d'où il ramena des prisonniers. En même temps, le maréchal Mortier faisant repousser quelques postes que l'ennemi avait laissés près du pont coupé, et l'infanterie commandée par le général Girard, franchissait, ainsi que l'artillerie légère, la Gebora à deux autres gués à droite et à gauche du pont; les troupes avaient de l'eau jusqu'à la ceinture. — Dès que les colonnes furent formées, le maréchal Mortier ordonna au général Girard de se porter sur la droite de l'ennemi et de gagner la hauteur en se plaçant entre les Espagnols et le fort de San-Christoval. Ce mouvement exécuté, le général Girard avait ordre de changer de direction à droite et de se rabattre sur le gros de l'armée ennemie, pendant que la cavalerie du général Latour-Maubourg l'attaquerait par son flanc gauche et tâcherait de l'entamer. La vivacité du feu de l'ennemi ne put empêcher ce double mouvement d'être exécuté avec autant de rapidité que de précision. La brigade du général Philippon était en première ligne, un bataillon déployé et deux autres en colonne; un régiment suivait en réserve à demi distance de ligne; une compagnie d'artillerie légère marchait en deux batteries, à hauteur de l'infanterie. Les Français commencèrent leur feu à cent pas et le continuèrent sans interrompre leur mouvement, une partie seulement ayant la baïonnette croisée, jusqu'à ce que toutes les masses ennemies fussent enfoncées et culbutées. La cavalerie qui, sur les derrières de l'ennemi, suivait les progrès de l'infanterie, fit alors plusieurs charges qui achevèrent la déroute des Espagnols. Deux grands carrés qu'ils avaient formés furent enfoncés l'un après l'autre aux cris de *vive l'Empereur!* Le désastre fut alors à son comble, et, à dix heures du matin, il ne restait plus vestige des deux divisions espagnoles qui étaient arrivées de Lisbonne douze jours auparavant. Neuf cents de leurs soldats étaient couchés par terre, et 5,200 prisonniers étaient au pouvoir des vainqueurs, qui s'emparèrent en outre de six drapeaux, dix-sept pièces de canon et vingt caissons. Le petit nombre d'hommes qui purent échapper se précipitèrent en désordre dans Elvas et dans Badajoz. Les généraux Mendizabal, La Carrera et don Carlos d'España, qui faisaient partie du second carré, se sauvèrent dans la première de ces places. Une prompte fuite sauva seule 1,200 hommes de cavalerie anglaise qui marchèrent sans s'arrêter jusqu'à Elvas. Les Français ne purent guère en atteindre qu'une centaine, qui furent sabrés.

On comptait, parmi les prisonniers 350 officiers, dont faisaient partie le lieutenant général espagnol Viruez, 4 brigadiers généraux et 15 colonels ou lieutenants-colonels. Les Français n'eurent pas plus de 400 hommes tués ou blessés.

Siège et prise de Badajoz. — La place de Badajoz, située sur la rive gauche de la Guadiana, est traversée par le grand chemin de Séville à Lisbonne. Ses fortifications sont fichantes quoique modernes, et consistent en une enceinte bastionnée, avec des demi-lunes, dont quelques-unes seulement revêtues sur les courtines. La demi-couronne de Pardaleras, les lunettes de Picurina et San-Roque forment les ouvrages avancés sur la rive gauche du fleuve. Un quatrième fort, appelé San-Christoval, construit au sommet d'une hauteur sur la rive droite, est adjacent aux routes d'Elvas et de Campo-Mayor : cette redoute se rattache ensuite à une forte tête établie en avant du pont sur la Guadiana, par un bon retranchement en terre qui suit l'escarpement du terrain. La partie de l'enceinte de la place dite le Château, située au nord contre la rivière, présente un système de vieilles tours, liées entre elles par des portions de courtines droites ou brisées d'une assez médiocre valeur; mais ce front, élevé sur la campagne, est rendu de la sorte difficilement accessible. Un ruisseau bourbeux et profond coule d'ailleurs à peu de distance de l'escarpement et en garantit les approches. Le torrent de Gebora, qui arrive du nord sur Badajoz, se réunit à la Guadiana sous le canon de la place en arrière de San-Christoval.

Badajoz comptait, depuis la présence des Français en Estramadure, une garnison de 10,000 hommes, et avait pour gouverneur le général espagnol Manecho, officier de tête et de résolution, le même qui, à diverses époques, avait refusé d'accueillir les sommations faites à la place par les chefs des 2e et 5e corps : 170 bouches à feu de différente nature et de tout calibre, armaient les remparts de Badajoz, ou existaient en réserve dans ses magasins. Les approvisionnements étaient considérables en fait de matériel d'artillerie et de munitions de guerre, mais faibles en subsistances. Le corps de place et les ouvrages extérieurs principaux avaient été mis en bon état et garnis de palissades.

Les portes de Badajoz se trouvaient, pour ainsi dire et par suite de la victoire de Gebora, ouvertes aux Français, qui pouvaient alors cerner complétement cette place sur la droite de la Guadiana.

N'étant plus inquiété par une armée en campagne, le duc de Trévise donna suite aux opérations du siége. Les Français commencèrent par s'établir dans les ouvrages extérieurs, puis ils tirèrent une parallèle à droite et à gauche et établirent des batteries contre la ville. On était encore à vingt verges du chemin couvert, lorsque, le 28 février, deux officiers et un sergent de mineurs s'étant jetés dans ce chemin pour le reconnaître, on découvrit qu'il n'était pas occupé la nuit par l'ennemi. La crête du glacis fut en conséquence couronnée à la sape volante, dans la nuit du 29.

La contrescarpe du fossé du ravelin sauta dans la nuit du 8 mars, et le ravelin lui-même abandonné par la garnison, fut pris sans coup férir. Le 9 on battit en brèche, et le 10, la brèche étant praticable, le maréchal Mortier fit tout préparer pour l'assaut. Les dispositions prises, il fit sommer le gouverneur qui, bien convaincu de l'impossibilité de tenir plus longtemps, rendit la place le 11. — Les 9,000 hommes composant la garnison furent déclarés prisonniers de guerre. Cependant le général en chef et le maréchal Mortier voulant donner à cette garnison une preuve d'estime pour sa belle défense, consentirent, dans un des articles de la capitulation, à ce qu'elle sortît par la brèche avec les honneurs de la guerre, tambour battant, mèche allumée, ayant deux pièces de campagne en tête de la colonne, qui déposa les armes sur le glacis. Les Français trouvèrent en batterie dans l'arsenal cent soixante-deux pièces de canon, mortiers ou obusiers de divers calibres; quatre-vingt mille livres de poudre, trois cent mille cartouches d'infanterie et une grande quantité de projectiles, ainsi que deux équipages de pont en très bon état.

Informé que l'armée de Portugal faisait sa retraite vers l'Espagne, le maréchal Soult renonça à ses projets sur Elvas, et après avoir placé une bonne garnison à Badajoz, dont il nomma le général Philippon gouverneur, il rentra en Andalousie.

Prise d'Albuquerque et de Valencia. — Le maréchal Mortier, resté en Estramadure avec le 5e corps, fit tous ses efforts pour pacifier entièrement cette province, et tenta de s'emparer des forteresses que les Espagnols conservaient encore sur la frontière de l'Alentejo. Il se dirigea sur Campo-Mayor, Albuquerque et Valencia, dans l'intention d'enlever ces places, de les détruire, et d'ôter ainsi de nouveaux points d'appui aux corps qu'il savait devoir être envoyés de Lisbonne contre son armée. Albuquerque fut pris, le 15 mars, par le général Latour-Maubourg, qui fit prisonniers de guerre les 800 hommes composant la garnison. On y trouva 17 pièces de gros calibre en bronze.

qui furent transportées à Badajoz. Le reste fut rasé et mis hors d'état de servir.

En même temps un autre détachement français surprenait Valencia et s'emparait de 7 pièces de bronze. Comme on manquait de moyens de transport, ces pièces furent brisées.

Prise de Campo-Mayor. — Tandis que les Français s'emparaient de Valencia et d'Albuquerque, le maréchal Mortier faisait ouvrir la tranchée devant Campo-Mayor, dont la garnison n'était que de 300 hommes, sous le commandement d'un major espagnol. Cependant les assiégés firent une telle démonstration de défense, que les Français se virent forcés à un siége régulier. On établit, le 15 mars, deux batteries contre le bastion San-Joao; le bombardement commença le 17, et, le 21, la brèche étant praticable, on fit une seconde sommation à la place, qui se rendit. La garnison, déclarée prisonnière, sortit avec les honneurs de la guerre, et le maréchal Mortier fit aussitôt sauter les fortifications de la ville. La place renfermait 52 pièces de canon; 37 seulement furent dirigées sur Badajoz, et les quinze autres furent brisées parce qu'on manqua de temps pour les transporter, un corps anglo-portugais, sous les ordres de Béresford, se dirigeant vers ce point au moment où l'on s'occupait de ce transport.

La retraite des Français, hors du Portugal, ayant permis à Wellington de disposer des nouvelles troupes qu'il avait reçues d'Angleterre; Béresford, au lieu de poursuivre Masséna, se porta avec son armée, sur l'Estramadure, que le maréchal Soult venait de conquérir. L'arrivée des colonnes anglaises força le maréchal Mortier de faire un mouvement rétrograde pour prendre position sur la Caya.

Combat de Campo-Mayor. — Le corps de Béresford fut retardé dans sa marche par la nouvelle de la défaite de Mendizabal, et attendit qu'il eût reçu de nouveaux renforts pour repasser le Tage à Tancos, le 17 mars.—A la tête de 15,000 Anglo-Portugais, dont 2,000 de cavalerie, Béresford arriva à Campo-Mayor le 27 mars. Le général Latour-Maubourg était resté en observation près de cette place, avec 500 chevaux et deux bataillons du 100ᵉ de ligne. Dès qu'il aperçut les coureurs anglais, il se replia sur Badajoz, et, avec ses 500 chevaux, tint quelque temps en échec une grande partie du corps ennemi, et fit avec succès plusieurs charges. Un parti de grosse cavalerie anglaise, et un régiment de dragons chargèrent impétueusement les deux bataillons français; mais loin de s'effrayer, ceux-ci se formèrent en carré, et reçurent les Anglais avec un feu tellement serré, que fort peu arrivèrent jusqu'au premier rang du carré, qui avait croisé la baïonnette, et le général Latour-Maubourg put effectuer sa retraite sur Badajoz. Les dragons anglais perdirent beaucoup de monde dans cet engagement, où les Français, malgré l'infériorité de leur nombre, n'eurent guère à regretter que 200 hommes tués ou blessés.

Opérations devant Cadix. — *Bataille de Chiclana.* — Pendant que Masséna activait sa retraite sur l'E-

pagne, et que les maréchaux Soult et Mortier poursuivaient dans l'Estramadure le cours de leurs succès, le maréchal Victor, duc de Bellune, était toujours occupé au siége de Cadix.—Cette ville n'était pas à l'abri de l'artillerie des assaillants, par la grande distance qui la séparait d'eux : les mortiers à la Villantroys lançaient des bombes jusque dans l'intérieur de la place, et menaçaient ses édifices d'une prochaine destruction. Malgré ces démonstrations inquiétantes, l'assemblée des Cortès réunie à Cadix ne perdait pas courage. — Les généraux espagnols, d'accord avec les Anglais, songèrent même à profiter de l'éloignement du maréchal Soult pour délivrer l'Andalousie.

Dans ce but, ils conçurent le projet de faire lever le siége en prenant à revers toutes les lignes des Français, tandis que la garnison les attaquerait de front, et que les vaisseaux et les chaloupes canonnières menaceraient tous les points de débarquement. Pendant ce temps, Ballesteros devait s'emparer de Séville, et le poste de Ronda, situé au milieu de la Sierra de ce nom, devait être surpris par les nombreux montagnards des environs qui étaient dans un état permanent d'insurrection. Cette entreprise avait encore ce grand avantage qu'elle empêchait le maréchal Soult de jeter un corps en Portugal pour secourir Masséna.

Malgré tous les soins que se donnèrent les Espagnols pour faire réussir leur plan, le maréchal Victor parvint à le déjouer. Victor n'avait alors avec lui que les seules troupes de siége; les généraux qui commandaient dans le royaume de Grenade et en Andalousie, étaient indépendants, et il fallait leur consentement pour qu'il pût employer leurs troupes, ce qui, d'après le système de guerre que l'on avait adopté, le réduisait à ses propres forces.

Une expédition, forte de 5,000 Anglais tirés de Cadix et de Gibraltar, et de 12,000 Espagnols pris sur différents points fortifiés de la côte, fut embarquée, le 20 février, dans la rade de Cadix. Cette armée était commandée par le général La Peña. Les Anglais, partis de Cadix le 21 février, débarquèrent à Algésiras, et se réunirent, à Tarifa, avec les Espagnols, que les vents contraires retardèrent jusqu'au 27. Le 28, l'armée alliée se mit en marche dans la direction de Chiclana. Mais les difficultés du transport et le mauvais état des routes ralentirent sa marche, et elle n'arriva que le 4 mars en vue des postes français de Chiclana. De fortes escarmouches avaient eu lieu la veille.

L'armée ennemie continua à manœuvrer, le 5, dans le but d'enlever les lignes de Santi-Petri, mais les voltigeurs du général Villate attaquèrent les Anglo-Espagnols, les culbutèrent et détruisirent les ouvrages qu'ils avaient commencés. Cette première attaque coûta plus de 300 hommes à l'armée combinée.

L'ennemi n'en continuait pas moins sa marche sur Chiclana, où il savait que l'armée française avait son quartier général, ses dépôts et ses magasins. Voyant que les Anglo-Espagnols avaient le projet de le forcer, le maréchal Victor fit alors retirer ses postes et se concentra à Chiclana même où il avait établi sa réserve, composée de la première brigade de la division Ruffin et de la deuxième de la division Leval. Le duc de Bellune voulait d'abord attendre l'ennemi ; mais à la vue des premières colonnes espagnoles qui étaient déjà près de Santi-Petri, il se décida à prendre l'initiative, et marcha à leur rencontre avec un corps de 6,000 hommes, formé des deux brigades de réserve, de trois escadrons de cavalerie et de deux batteries d'artillerie. Heureusement pour le maréchal, les Espagnols ne pouvaient avoir connaissance de l'infériorité de ses forces, puisqu'il débouchait par les bois, presque sur les derrières de leur armée. Aussi tout ce qui se présenta d'ennemis fut mis en déroute et le corps entier de La Peña fut acculé à la mer.

Arrivé jusque-là, le maréchal Victor vit que les Anglo-Espagnols occupaient la position importante de Barrosa. Le général Ruffin, auquel il ordonna d'enlever cette hauteur, l'emporta au pas de charge, s'empara de plusieurs pièces de canon et fit de nombreux prisonniers. Ensuite le général se porta rapidement sur le flanc de l'ennemi, vers la mer, pendant que la brigade de la division Villate, qui s'était emparée de la tête du pont de Santi-Petri, se dirigeait sur la tête de la colonne. L'arrière-garde des alliés se trouvait ainsi enveloppée par ces trois brigades françaises.

Pendant que ces événements se passaient, le général anglais Graham était en marche pour se rendre à Bermeja. Ses flanqueurs l'ayant averti que les Français marchaient sur Barrosa, il craignit qu'ils ne s'emparassent de cette hauteur, ce qui eût rendu sa position fort critique, et fit sur-le-champ une contre marche pour soutenir les troupes qui gardaient Barrosa. Mais malgré toute sa célérité, il n'arriva qu'après que le général Ruffin, ayant déjà culbuté les Espagnols, s'était établi sur la hauteur. Le général Graham se décida alors à prendre la défensive et présenta quatre lignes, chacune d'environ 3,000 hommes.

Dès que le maréchal Victor vit que les ennemis étaient si supérieurs en nombre, il ordonna à la brigade de la division Villate de laisser ouverts les débouchés de l'île de Léon en se portant sur sa droite, et au général Ruffin d'évacuer la hauteur et de se serrer à sa gauche. N'espérant plus envelopper l'ennemi, il voulait se borner à établir une ligne parallèle à la mer, et à contenir une division espagnole qu'un détachement de 1,500 hommes avait coupé du gros de l'armée ennemie.

Mais lorsque le général Ruffin reçut l'ordre du maréchal, il était déjà trop aux prises avec le général Graham. Après un feu terrible d'artillerie et de mousqueterie, les Français et les Anglais se chargèrent à la baïonnette avec une rage et une intrépidité sans exemple. Deux attaques successives, dans lesquelles les Anglais étaient toujours deux contre un, furent d'abord repoussées vigoureusement par les troupes du général Ruffin ; mais blessé mortellement dans la seconde de ces attaques, le brave général fut obligé de rester sur la hauteur, avec une centaine de soldats blessés comme lui. Cet événement mit quelque désordre dans la brigade qu'il commandait ; cependant elle réussit à se reformer et à se réunir à la gauche du maréchal Victor.

Le centre des Français fut attaqué plusieurs fois, mais l'ennemi fut repoussé.

Enfin quand les Anglo-Espagnols virent que, toujours adossés à la mer, ils ne pouvaient se porter sur Chiclana, et qu'à chaque instant le nombre de leurs morts augmentait, ils profitèrent du mouvement du général Villate, et rentrèrent dans l'île de Léon, laissant séparée de Cadix la division espagnole qui avait été coupée. Cette division erra pendant toute la journée du lendemain ; mais le maréchal Victor n'ayant pu que le surlendemain rétablir le blocus de l'île de Léon, elle parvint à y rentrer pendant la nuit.

Ce fut à trois heures de l'après-midi que le feu cessa de part et d'autre, et le soir la colonne française rentra dans ses retranchements. La bataille de Chiclana mit entre les mains des Français trois drapeaux et quatre pièces de campagne ; les Anglo-Espagnols y perdirent 3,500 hommes, tant tués que prisonniers ; les Français n'eurent guère que 2,500 hommes hors de combat ; le général de brigade Chaudron-Rousseau et le colonel Autié furent tués ; le général Ruffin, fait prisonnier et conduit en Angleterre, mourut en vue des côtes, des suites de sa blessure.

Pendant l'affaire de Chiclana, l'amiral Keat avait dirigé des armements qui, en menaçant plusieurs points de la côte, devaient y retenir les troupes françaises et diminuer les forces disponibles contre l'armée expéditionnaire. Les vaisseaux anglais attaquèrent, le 6 mars, sur toute la ligne, et opérèrent plusieurs débarquements qui', tous, furent repoussés. On coula bas quatre chaloupes canonnières et plusieurs péniches.

Les Anglo - Portugais reprennent Olivença. — Après la belle défense du général Latour-Maubourg près de Campo-Mayor, le 27 mars, les Anglo-Portugais et les Espagnols établirent leurs cantonnements dans les environs d'Elvas, pour attendre des renforts et pouvoir prendre l'offensive sur la rive gauche de la Guadiana.

Le général Béresford passa ce fleuve, le 4 avril, à Jurumenha. Les Français s'étaient hâtés de combler les tranchées devant Badajoz, de réparer la brèche en partie et de transporter ailleurs leur train d'artillerie. Ils avaient, en outre, armé et approvisionné la place pour plusieurs mois.

A l'approche de l'ennemi, le duc de Trévise jugea convenable de se rapprocher de l'Andalousie, pour faire face aux nombreux partis qui, de ce côté, commençaient à inquiéter ses derrières et à menacer ses communications avec cette province.

Le maréchal Soult avait laissé au maréchal Mortier si peu de troupes que celui-ci ne put pas mettre plus de 400 hommes dans la place d'Olivença qui, par son développement, en exigeait au moins 3,000. Informés de l'extrême faiblesse de la garnison, les Anglais effectuèrent sur-le-champ l'investissement de la ville, et, trois jours après, le général Cole, ayant établi une batterie en brèche et placé des obusiers pour prendre à revers la partie qu'il se proposait d'attaquer, fit sommation au commandant de se rendre dans une demi-heure. Cet officier refusa ; le feu s'ouvrit et par suite du mauvais état des murailles la brèche devint praticable en deux heures. Le commandant rendit alors la ville pour éviter un assaut dont le résultat n'était pas douteux.

La garnison, réduite à 370 hommes, sortit prisonnière de guerre. La place ne renfermait que cinq pièces de campagne qui fussent en bon état; tous les autres canons étaient sans affût.

Blocus de Badajoz par les Anglo-Portugais. — Le maréchal Béresford s'était dirigé du côté de Llerena, pour faciliter le blocus de Badajoz et empêcher qu'aucun secours ne fût introduit dans la ville; mais après la prise d'Olivença, il s'occupa d'assurer ses communications sur la Guadiana, afin de diriger ensuite le siége de Badajoz avec plus de sûreté. Lorsque lord Wellington, ayant abandonné à Ponte-de-Murcella la poursuite de l'armée de Masséna, arriva sur la frontière de l'Estramadure espagnole, Béresford se décida, le 21 avril, à rétrograder sur Elvas pour se concerter avec le général en chef anglais.

Les deux généraux firent, le 22, une reconnaissance exacte de Badajoz, et le siége fut décidé. Mais les mouvements du prince d'Essling pour secourir Almeida ayant rappelé Wellington vers le nord, le général Béresford fut seul chargé de la conduite du siége. — Les ponts n'ayant pu être établis à cause de la crue excessive des eaux de la Guadiana, les alliés se bornèrent à un blocus étroit sur les deux rives. — Enfin les eaux ayant considérablement baissé, les communications furent assurées, et la tranchée s'ouvrit le 3 mai.

L'armée alliée, qui allait assiéger Badajoz et couvrir les opérations du siége, s'élevait à plus de 30,000 hommes.

Cette place avait opposé aux Français, dans le siége qu'elle avait soutenu précédemment contre eux, une garnison de 10,000 Espagnols, et en outre 10,000 hommes de renforts détruits à la Gebora. Pour résister aux Anglo-Portugais, elle n'était défendue que par environ 2,000 hommes d'infanterie, formés de bataillons pris en grande partie dans la 2e division du 5e corps. Soixante chevaux détachés de divers régiments de cavalerie, une compagnie de mineurs, une de sapeurs, une d'artillerie, forte seulement de 85 canonniers, deux demi-compagnies de pontonniers et d'armuriers, enfin deux escouades d'ouvriers, portaient cette garnison à 2,500 combattants. Badajoz avait pour gouverneur le général Philippon, le moins ancien des généraux de brigade de l'armée, et pour commandant d'armes, le colonel d'état-major Gasquet; les généraux Veilande et Vicheri avaient en particulier la direction des troupes, sous les ordres immédiats du gouverneur; les chefs de bataillon Colin et Lamarre étaient respectivement chargés du service de l'artillerie et du génie.

A peine investi de son nouvel emploi, le général Philippon avait fait procéder au comblement de la tranchée et à la réparation de la brèche; le fort Pardaleras et ses communications avec la place étaient restaurés, ainsi que les ouvrages avancés qui avaient souffert le plus des travaux de l'assiégeant. Dans l'idée que l'ennemi suivrait, pour le choix de ses points d'attaque, les dispositions prises par les Français, le

chef de l'artillerie conserva l'armement tel à peu près que les Espagnols l'avaient laissé; mais le commandant du génie s'empressa d'augmenter les défenses accessoires; il fit pratiquer, entre autres, des galeries de mine partant du fond du fossé à l'arrondissement de la contrescarpe, et servant de base à des rameaux destinés à faire sauter le logement de l'ennemi dans le chemin couvert. Deux compagnies d'éclaireurs à pied et à cheval, organisées par les soins du gouverneur, reçurent tous les employés civils et militaires renfermés dans la place: leur service devait consister surtout à maintenir le bon ordre dans l'intérieur. Le matériel, composé de l'artillerie trouvée dans les magasins de Badajoz et des objets ramenés de Campo-Mayor, était nombreux et en bon état, les approvisionnements en vivres, au contraire, peu considérables déjà à l'époque de la capitulation, n'avait pu être réunis qu'à la hâte, et seulement pour deux mois.

Le général Philippon, à l'arrivée de l'ennemi, fit quelques sorties vigoureuses qui défendirent les approches de la place, tandis qu'il rendait les progrès des assiégeants à peu près nuls par l'établissement de retranchements ou contre-approches. Il fit, le 10 mai, une sortie à la tête de 1,200 hommes, s'empara de la tranchée et la détruisit complétement.

Instruit que le maréchal Soult s'avançait au secours de Badajoz, le général anglais se détermina, le 12, à suspendre le siége et à concentrer ses forces pour livrer bataille. Il se mit donc en mouvement le 14; mais au moment où son arrière-garde se retirait, la garnison française fit encore une forte sortie et tailla en pièces un régiment portugais de troupes légères qui fermait la marche.

Retour de Soult en Estramadure. — *Bataille d'Albuera.* — Le duc de Dalmatie, après avoir réuni toutes ses forces disponibles, était parti de Séville dans la nuit du 9 au 10 mai, et tirant sur sa route des troupes de toutes les garnisons, il arrivait au secours du général Philippon. La division Latour-Maubourg le joignit, le 12, près de Fuente de Cantos; le 14, il prit position à Villa-Franca et Almendralejo, et, le 15, à Santa-Martha et Villalba. La cavalerie poussa même jusque devant Albuera, où l'armée ennemie se concentrait. Quoique le maréchal Soult n'eût avec lui que 18,000 hommes (dont 3,000 cavaliers) et 40 pièces de canon, il se détermina à attaquer Béresford dans l'espoir de prévenir sa jonction avec le général Blacke qui arrivait de Cadix avec 9,000 Espagnols. Mais cette jonction avait eu lieu le même jour, 16 mai, à trois heures du matin, ce que le duc de Dalmatie ignorait.

Le maréchal Béresford avait donc sous ses ordres deux divisions d'infanterie anglaise, fortes de 8,000 hommes, 7,000 Portugais, 3,000 Espagnols commandés par Castaños, 3,000 hommes de cavalerie et le corps du général Blacke, en tout 31,000 hommes et 32 pièces de canon. Ces troupes étaient postées derrière la petite rivière d'Albuera, au point de séparation des routes qui conduisent de Séville à Olivença et à Badajoz.

La ligne de l'armée alliée, qui appuyait sa gauche au village d'Albuera, s'étendait sur un plateau élevé et assez escarpé du côté de Santa-Martha, mais uni du côté d'Olivença et de Badajoz. Au bas de ce plateau coule l'Albuera, ruisseau dont les bords sont escarpés et le fond vaseux; la position à droite et à gauche était bornée et circonscrite par deux autres ruisseaux qui assuraient ses flancs. Sur les divers points de cette ligne, l'ennemi avait disposé son artillerie; une forte batterie, placée à droite du village, battait le pont qu'il fallait traverser et la rampe qu'il fallait suivre pour gravir l'escarpement et emporter Albuera. Les Anglais tenaient la droite de la ligne de bataille; les Portugais le centre et les Espagnols la gauche. Le village d'Albuera était occupé par des forces considérables.

Le maréchal Soult reconnut l'impossibilité d'aborder sur tous les points une si formidable position, avec une armée si inférieure en nombre. La seule chose qu'il eût à faire était de porter ses forces sur un seul point pour l'écraser, et il choisit l'extrême droite. Il fit ce choix parce que, s'il parvenait à culbuter l'aile droite, elle se replierait vers sa gauche, en démasquant le chemin d'Olivença, le seul par lequel elle pût faire sa retraite; et les Français une fois maîtres de ce chemin, l'armée alliée devait être, selon toutes les probabilités, coupée ou rejetée sur Badajoz, dont la garnison agirait efficacement. Le maréchal prit donc les dispositions suivantes :

Il ordonna au général Godinot de marcher en toute hâte sur le village d'Albuera, de s'en emparer, ou, du moins, de forcer l'ennemi, en lui donnant de vives inquiétudes sur ce point, à dégarnir sa droite pour porter des secours à sa gauche. Pendant ce temps, le 5e corps, alors commandé par le général Girard, et que le maréchal Soult dirigeait en personne, devait tomber impétueusement sur la droite ennemie et la culbuter. Cette attaque devait être appuyée par le gégéral Latour-Maubourg à la tête de la cavalerie, forte de quelques cents chevaux, qui, par ses charges, complèterait la déroute des Anglais, si le général Girard parvenait à les entamer. Dans le cas contraire, cette cavalerie devait se placer entre la colonne du général Godinot et le 5e corps pour contenir l'ennemi, si celui-ci voulait profiter de sa supériorité numérique pour chercher à envelopper la gauche des Français. Deux régiments de hussards, faisant partie de la cavalerie légère aux ordres du général Briche, se portèrent à l'extrême droite de l'armée et de l'attaque que dirigeait le général Godinot, pour garder un pont dont la possession eût permis à l'ennemi de tourner les Français sur ce point. Le général Werlé, à la tête d'une division venue d'Andalousie, fut placé en réserve, afin de soutenir, si besoin était, les colonnes destinées à l'attaque principale; enfin le général de division Ruty, commandant l'artillerie, eut ordre de réunir ses batteries pour appuyer le grand mouvement du général Girard; une seule batterie d'artillerie légère fut mise à la disposition du général Godinot.

Cette batterie engagea le combat, le 16 mai, à la pointe du jour. Elle était placée à l'extrême droite de la ligne française pour seconder les mouvements du général Briche. Celui-ci, ayant bivouaqué la nuit, en présence des alliés, avec l'artillerie légère, attaqua,

dès le matin, les avant-postes anglais établis en avant du ruisseau d'Albuera, et réussit à les obliger de repasser le pont. Mais deux régiments de hussards ayant reçu l'ordre de joindre la division de cavalerie du général Latour-Maubourg, le général Briche se borna, avec deux régiments de chasseurs seulement, à éclairer la droite du général Godinot et à le soutenir dans son attaque.

Les postes que l'ennemi avait en avant du ruisseau d'Albuera s'étant repliés, le général Godinot, à l'attaque duquel était subordonnée celle du général Girard, dirigea sur le village un feu très vif de son artillerie légère, pour faire taire les batteries ennemies qui y étaient établies : il y réussit. C'était le moment de faire avancer brusquement les colonnes d'attaque; mais le général Godinot fit au contraire défiler sur le pont ses colonnes, qui se trouvaient ainsi sous le feu de l'artillerie ennemie et perdaient un temps précieux, tandis qu'il leur était facile de passer à couvert le ruisseau à droite et à gauche du pont. Malgré ce mauvais calcul, les bataillons du général Godinot marchèrent intrépidement sur le village d'Albuera, le feu meurtrier des batteries espagnoles établies auprès de l'église sur un plateau, ne les arrêta pas; le 16e d'infanterie légère attaqua le village et s'en empara, mais non sans avoir perdu beaucoup de monde.

Aussitôt que le maréchal Soult vit la tête de colonne du général Godinot s'avancer sur Albuera et les avant-postes ennemis se replier devant les chasseurs du général Briche, il ordonna au général Girard d'opérer sur la droite de l'ennemi. La 1re division, placée directement sous les ordres de ce général, ployée en colonne serrée par régiment, et suivie de la 2e division dans le même ordre, s'avança vers le point indiqué. Ces troupes marchaient avec assurance et l'arme au bras. La 1re brigade franchit le ruisseau sous le feu de l'ennemi, gravit l'escarpement au-dessus duquel étaient les batteries, et se précipita sur la droite des Anglais. Effrayés de ce brusque mouvement, ceux-ci abandonnèrent la première sommité voisine du ruisseau et se replièrent un peu en arrière. Ce mouvement rétrograde, que l'ennemi n'effectuait que pour mettre sa droite plus à couvert en l'appuyant à son centre, parut au général Girard et au maréchal Soult une retraite définitive. Dans cette conviction, le maréchal ordonna aux deux régiments de hussards et au 1er régiment des lanciers de la Vistule, de charger cette droite des Anglais et de la couper du reste de l'armée alliée. Cette charge obtint un plein succès; tout ce qui s'opposa à l'élan des cavaliers fut culbuté; 1,000 hommes furent coupés et mirent bas les armes; les vainqueurs s'emparèrent de six pièces de canon dont les décharges continues ne les avaient pas arrêtés un seul instant, et tuèrent les canonniers sur leurs pièces. Après ce brillant fait d'armes, les trois régiments allèrent se reformer un peu en arrière pour charger de nouveau en cas de besoin.

Ces premiers avantages semblaient assurer la victoire aux Français; on voyait la droite ennemie se former précipitamment en bataillon carré à l'aspect de la cavalerie du général Latour-Maubourg, qu

avait reçu l'ordre de menacer cette droite, déjà si fortement compromise par la charge dont nous venons de
parler.

Pendant cette charge, la colonne du général Godinot, après s'être emparée du village d'Albuera, tiraillait vigoureusement. Mais ce n'était pas là ce que
voulait le duc de Dalmatie; il avait ordonné que l'on
fondît impétueusement sur l'ennemi à la baïonnette,
pour le fixer sur sa gauche, ou, s'il était possible, rejeter cette gauche en arrière et la tourner. Au lieu de
suivre ces instructions, le général Godinot se borna à
échanger des coups de feu pour la possession d'Albuera,
et à écraser de son artillerie la masse qu'il avait devant
lui, tout en étant lui-même fortement incommodé
par la batterie espagnole établie sur le plateau près
de l'église. Cette batterie portait même la mort dans
les petites masses disposées autour du village et dans
les escadrons du général Briche, forcés de rester paisibles spectateurs du combat, immobiles sur la droite
du général Godinot, pour empêcher l'ennemi de la
tourner. La mollesse de l'attaque de ce général empêcha
sa colonne d'avoir, sur les opérations de la droite ennemie, l'influence nécessaire; quand le maréchal Soult
s'en aperçut, il n'était plus temps d'y porter remède.

Le général Girard, à la tête du 5e corps, serré en
masse par régiment, avait passé le ruisseau d'Albuera,
et après s'être emparé d'une première position de l'ennemi, il continuait à s'avancer, bien persuadé, comme
nous l'avons dit, que les manœuvres des alliés sur le
centre de leur ligne étaient une retraite prononcée, et
que rien n'était plus facile que de porter dans toute sa
droite le désordre et la confusion. Imprudente confiance qui eut de fatals résultats!

Dès que l'ennemi eut abandonné sa première position pour en prendre une autre un peu en arrière, le
général Girard l'aborda sans se donner le temps de
déployer ses colonnes d'attaque, et, par ce faux mouvement, donna un grand avantage aux Anglais, qui
l'attendirent de pied ferme et le reçurent avec un feu
de deux rangs non interrompu. Tous les coups portèrent dans la colonne française serrée en masse, et dont
la tête seule pouvait répondre par un feu mal nourri.
Les derniers rangs, voyant tomber les premiers sans
pouvoir leur porter secours, perdirent courage; en
vain les généraux voulurent les ranimer, ils furent les
premières victimes de la faute que l'on venait de commettre : le général Pépin tomba mortellement blessé;
les généraux Brayer et Maransin furent mis hors
de combat; le général Gazan reçut aussi une grave
blessure.

Pour réparer son erreur, dont il s'était aperçu trop
tard, le général Girard voulut présenter à l'ennemi la
gauche de sa colonne, qui avait bien moins souffert
que la droite et le centre; il ordonna en conséquence
un passage de lignes, manœuvre qui veut de l'espace
et du calme, et qui ne pouvait s'exécuter sous un feu
aussi violent que celui des Anglais. Le colonel Praefke,
formant tête de colonne avec son régiment, fut frappé
à mort ainsi que presque tous ses chefs de bataillon;
le découragement gagna les rangs; la tête de colonne, recevant la mort sans pouvoir la rendre, se

regarde comme une victime que l'on sacrifie; les chasseurs du 28e, qui la composent, après avoir perdu
600 hommes, et privés de leurs chefs, tournent sur
eux-mêmes et se débandent; le 103e régiment, qui les
suit immédiatement, éprouve le même sort; les autres régiments imitent cet exemple; enfin, le 5e corps
ne présente plus qu'une masse confuse de fuyards,
dont la plus grande partie jette ses armes, et va se
rallier et se mettre à l'abri de l'autre côté de l'Albuera.

Le maréchal Soult tenta vainement de rétablir l'ordre de bataille; la réserve du général Werlé se présenta inutilement avec la meilleure contenance; 5,000
hommes ne pouvaient rien contre un ennemi six
fois plus nombreux et auquel son succès donnait de la
confiance. Le général Werlé fut tué, et ses soldats furent forcés de rétrograder; ce qu'ils firent cependant
avec un certain ordre.

L'ennemi prit à son tour l'offensive, et s'avança
avec rapidité; tout était perdu si l'artillerie des divisions eût partagé la panique générale. Les différentes batteries, commandées par le général Ruty,
gênées jusque-là dans leur marche par la difficulté du
terrain et par la retraite des troupes, commencèrent,
dès qu'elles purent agir, un feu épouvantable sur les
vainqueurs, auxquels elles enlevaient des rangs presque entiers. Les ennemis furent arrêtés par cette pluie
de boulets et de mitraille, qui allait porter la mort
jusque dans leur seconde et leur troisième ligne. Le
champ de bataille était jonché de cadavres. Cette terrible canonnade dura une heure et demie.

Le feu de cette artillerie, si bien dirigé, était appuyé par la cavalerie du général Latour-Maubourg,
placée, comme nous l'avons dit, entre le 5e corps et la
colonne du général Godinot. Elle tenait en respect la
cavalerie ennemie, qui était forcée de rentrer dans ses
lignes chaque fois qu'elle voulait entamer une charge.
Cette affaire coûta beaucoup de monde aux deux
partis.

Cependant on ne voyait pas arriver l'infanterie française; seulement quelques tirailleurs, épars çà et là,
annonçaient qu'elle avait dû s'arrêter pour se reformer. L'artillerie, abandonnée ainsi sur sa gauche, n'en
continuait pas moins d'écraser les Anglais, malgré les
efforts de leurs tirailleurs qui, pouvant s'avancer impunément sur les batteries, mettaient hors de combat
un grand nombre d'officiers et de canonniers.

Mais les munitions s'épuisaient; il fallait cesser ce
combat épouvantable et se mettre en retraite. Ce mouvement se fit avec ordre; les batteries regagnèrent
leurs divisions respectives, qui avaient repris leur position du matin derrière l'Albuera.

Le village de ce nom était toujours au pouvoir du
général Godinot, qui l'avait pris et repris aux troupes
portugaises et espagnoles; le 16e d'infanterie légère le
défendait avec une grande résolution. Mais le maréchal Soult envoya au général Godinot l'ordre d'abandonner le village et de revenir.

Les débris de la gauche, s'étant ralliés au-delà du
ruisseau, se réorganisèrent peu à peu. Lorsque la colonne du général Godinot arriva, le maréchal fit cesser le feu, et il n'y eut plus que quelques tirailleries

jusqu'à la nuit. Les postes avancés et les sentinelles françaises prirent position sur les bords de l'Albuera, qui séparaient les deux armées.

On a vu qu'au commencement de l'action, la cavalerie légère avait fait sur la droite une belle charge qui avait valu aux Français 1,000 prisonniers et six pièces de canon. Une partie de ces prisonniers parvint à s'échapper par l'incurie des gardiens ; c'est à peine s'il en resta quelques centaines. Quant aux canons, les chevaux avaient été dételés et enlevés par cette troupe de misérables goujats qui sont à la suite des armées, et il ne restait qu'une seule pièce de ce beau trophée.

Le duc de Dalmatie réunit à son bivouac les principaux généraux, et, à la suite d'une conférence qui se prolongea fort avant dans la nuit, et dans laquelle on discuta si on livrerait aux alliés une nouvelle bataille, on se prononça pour la négative ; mais le maréchal Béresford pouvait fort bien lui-même prendre l'offensive pour donner suite à son succès.

Le lendemain, au point du jour, l'armée française se forma en bataille ; l'armée alliée en fit autant, mais aucune démonstration offensive n'eut lieu, et les deux armées demeurèrent une grande partie de la journée dans cette attitude passive. Dans l'après-midi, elles rentrèrent dans leurs bivouacs.

Enfin, le soir venu, le maréchal Soult, redoutant de la part de l'ennemi un mouvement offensif, qui eût gravement compromis sa petite armée, déjà si affaiblie par les pertes de la bataille, fit partir pour Séville, sous l'escorte d'un régiment, tous les équipages et les blessés ; des détachements de prisonniers anglais transportèrent à bras les officiers qui avaient reçu des blessures graves.

L'armée française prit les armes en silence au commencement de la nuit du 17 au 18. Pendant tout le temps que ce mouvement dura, la division destinée à former l'arrière-garde resta en bataille, dans la crainte que l'ennemi ne s'aperçût de cette retraite et ne voulût y mettre obstacle. Mais le maréchal Béresford était si loin de se douter de ce dessein, que, croyant son flanc gauche menacé, il le fit assurer par un parti de troupes anglaises. Pendant ce temps, les Français effectuaient leur retraite sans bruit et en bon ordre. L'infanterie, le parc d'artillerie et le quartier général se dirigèrent vers la Solana, flanqués, d'un côté, par la division de dragons du général Latour-Maubourg, et de l'autre par la cavalerie légère du général Briche, qui observait la grande route de Badajoz à Séville.

Ainsi se termina la bataille d'Albuera, une des plus sanglantes de celles qui furent livrées dans le cours de la guerre d'Espagne, et où la perte fut énorme de chaque côté. Les Français eurent deux généraux tués (Pépin et Werlé), trois autres blessés, et 6,500 hommes hors de combat. Les Anglo-Portugais et les Espagnols perdirent 10,000 hommes, la plupart écrasés par l'artillerie, et le reste sabré par la cavalerie légère.

L'armée prend position à Llerena.—L'armée française, précédée de ses équipages et de ses blessés, arriva, dans la nuit du 17 au 18 mai, à Solana, et prit position autour de ce village qui n'est qu'à deux lieues du champ de bataille d'Albuera. Le quartier général s'y établit et y resta jusqu'au 20 ; il fut alors porté à Fuente-del-Maestre, et, le 22, à Ribeira. Le général Latour-Maubourg poussa jusqu'à Villa-Franca et s'y établit avec toute la cavalerie. L'armée, qui avait bivouaqué, le 22, sur les hauteurs environnant Ribeira, en partit le 23 au point du jour, et se dirigea sur Llerena, où le 5ᵉ corps prit position. — Le général Godinot occupa, avec sa division, Villagarcia, où la cavalerie arriva le 24. Le général Latour-Maubourg plaça ses avant-postes entre ce village et celui d'Usagre, et sur la route de Merida à Llerena.

Cette dernière ville, à quinze lieues de Badajoz, se trouve à l'entrée des montagnes qui, à l'est, séparent le royaume de Cordoue de l'Estremadure et de la province de Séville. Le maréchal Soult pensa que ce point était le plus favorable pour observer les mouvements de l'ennemi, parce qu'il y passe une route qui, bien que détournée, communique ; d'une part, avec Séville, et, de l'autre, avec Cordoue et la haute Andalousie.

L'occupation de Llerena par l'armée française mettait donc cette province à l'abri d'une invasion qui eût complètement ruiné les affaires du roi Joseph dans le midi de l'Espagne, et forcé le maréchal Soult à évacuer tout le territoire, depuis la mer jusqu'à la Sierra-Moréna, c'est-à-dire toutes les conquêtes de l'année précédente. Cette position avait aussi pour les Français un grand avantage : elle les plaçait à portée de tomber sur les derrières de l'armée alliée, dans le cas où celle-ci marcherait sur Séville en suivant la grande route de cette capitale. Si l'ennemi venait attaquer l'armée française à Llerena, le voisinage des montagnes offrait au duc de Dalmatie des positions resserrées contre lesquelles les masses alliées ne pouvaient se déployer, ce qui lui aurait permis de résister à des forces supérieures. Tous ces motifs décidèrent le maréchal Soult à choisir Llerena pour y attendre des renforts et réorganiser son armée.

L'Empereur, sentant ; par l'issue de la campagne de Portugal et par la lenteur des opérations dans le midi de l'Espagne, la nécessité d'opposer une digue aux Anglo-Portugais, ordonna aux généraux en chef des deux armées du Midi et de Portugal de combiner leurs mouvements et de réunir leurs efforts. Aussi, après avoir remplacé le maréchal Masséna par le maréchal Marmont, duc de Raguse, il recommanda spécialement à ce dernier de seconder par tous les moyens en son pouvoir la deuxième marche du duc de Dalmatie sur Badajoz pour débloquer cette place et la conserver aux Français à quelque prix que ce fût — Le maréchal Soult fut instruit à Llerena de ces nouvelles dispositions.

Siége de Badajoz par les Anglo-Portugais. — Lord Wellington, après le passage de l'Agueda par l'armée française de Portugal, quitta Almeida dont il s'occupait à faire rétablir les fortifications, et se rendit à Elvas, où il arriva le 19 mai. Il prit alors la direction supérieure des opérations sur la Guadiana et devant Badajoz.

La tranchée fut ouverte dans la nuit du 29 au

30 mai.—Le 6 juin, une brèche faite au fort de San-Christoval fut jugée praticable, et l'assaut fut résolu pour neuf heures du soir. 1,500 hommes des meilleures troupes anglaises s'élancèrent dans les fossés et voulurent appliquer les échelles. Trois fois ils revinrent à la charge, et trois fois furent repoussés avec une perte énorme par cent grenadiers commandés par un capitaine.—Les jours suivants, l'ennemi continua à canonner le fort et tenta d'agrandir la brèche.—Un nouvel assaut fut ordonné le 9 juin, et la nuit suivante, 2,000 anglais se présentèrent de nouveau à la brèche du San-Christoval. Un capitaine commandait alors dans ce fort à une garnison de 350 hommes. Chaque soldat avait, à ses côtés, sur le rempart quatre fusils chargés ; par ordre du général Philippon, on avait fait disposer sur le parapet une grande quantité de bombes chargées, et la direction de ces projectiles avait été remise à un sergent du 8e d'artillerie. Déjà les Anglais avaient appliqué quarante échelles et la tête de la colonne atteignait le haut de la brèche, lorsque le sergent mit le feu à ses bombes et à des pierriers chargés de grenades. Les bombes, en tombant, écrasèrent les échelles, puis bientôt éclatèrent ainsi que les grenades et semèrent la mort et l'épouvante parmi les assiégeants. Pendant ce temps, la garnison précipitait en bas, à coups de baïonnette, les Anglais qui étaient parvenus à se loger sur la brèche, et le fossé fut en un instant comblé de morts et de blessés.—Dans cette affreuse position, quelques officiers anglais implorèrent la généreuse pitié de leurs ennemis.—Le capitaine Joudiou, qui était sur le rempart à la tête de sa compagnie, cria à ces malheureux de redresser une des échelles et de monter dans le fort où on leur prodiguerait tous les secours dont ils avaient besoin. En effet, les soldats français aidèrent eux-mêmes leurs adversaires à gravir la brèche.—Quand le jour parut, le général anglais demanda une trève de trois heures pour enlever les blessés qui étaient restés dans les fossés et sous le feu du fort. Le général Philippon y consentit. L'ennemi perdit plus de 600 hommes dans cet assaut, qui n'en coûta pas 30 aux Français [1].

[1] Voici comment, dans sa relation de la campagne d'Andalousie, M. E. Lapène rend compte de cette belle défense du San-Christoval.

« Les batteries ennemies obtenaient du succès contre San-Christoval. Déjà, au bout de trois jours de feu, le flanc isolé à droite sur le front attaqué tombait en ruines. La nuit était employée, par les Français, à déblayer la brèche et à escarper son pied. Le 6, les alliés jugeant cette brèche praticable, se hasardent à livrer un premier assaut. À neuf heures du soir, une colonne de 4 à 500 hommes s'avance vers les glacis ; une autre se porte contre la tête du pont, pour insulter cet ouvrage, et observer aussi le retranchement qui unit San-Christoval à la ville. Occupée à ses travaux de nuit, la garde du fort, qui ne compte que 110 hommes, fantassins et artilleurs, sous les ordres du capitaine Chauvin, du 88e de ligne, aperçoit bientôt les assaillans à cinquante toises de l'escarpe. Les défenseurs sautent sur leurs armes, les canonniers volent aux pièces. Un feu de mousqueterie, d'artillerie, des plus vifs, annonce cependant à la place que le fort est attaqué : la garnison court aux batteries sur les fronts qui regardent la redoute ; et de toutes parts pleuvent sur l'ennemi des bombes, des grenades, des obus, des matières d'artifice. Ces projectiles enflammés, qui s'élèvent dans les airs, se croisent dans toutes les directions, bondissent, éclatent ; les décharges du canon, de mousqueterie, enfin tout le fracas d'un assaut de nuit, rendent le tableau aussi extraordinaire qu'effrayant.

« L'insulte de la tête du pont a été repoussée au bout d'un quart d'heure ; mais une heure s'est écoulée, et un silence glacial règn

---

Réunion du maréchal Marmont et du général d'Erlon à l'armée d'Andalousie.

— Le maréchal Marmont était parti, le 3 juin, d'Alba-de-Tormès, après avoir pourvu à la défense de Ciudad-Rodrigo, et, suivant ses instructions, il s'était porté sur la Guadiana et Badajoz, en passant par la Haute-Estramadure. Quand il arriva à Almaraz, il trouva le pont de pierre sur le Tage rompu ; sur-le-champ il fit jeter un pont de bateaux pour l'infanterie et l'artillerie, la cavalerie passa à gué un peu au-dessus.—Une fois sur la rive gauche du Tage, l'armée de Portugal se divisa en deux grandes colonnes. La première, commandée par le duc de Raguse en personne, continua sa marche sur Merida ; la seconde, sous les ordres du général Clausel, obliqua à gauche et s'avança dans la direction d'Almaden, Dom-Benito et Medelin.—Cette marche s'acheva sans aucun événement, et, le 18 juin, le maréchal Marmont était arrivé à Merida, sur la Guadiana, à six lieues de Badajoz.

Presque au même moment où le duc de Raguse arrivait sur la Guadiana, le général Drouet, comte d'Erlon, amenait au maréchal Soult un renfort d'environ 6,000 hommes.

Le maréchal Soult reprend l'offensive.

—En apprenant l'arrivée de ces deux renforts, le duc de Dalmatie fit aussitôt les préparatifs d'un grand mouvement, auquel il se détermina surtout à cause de la position presque désespérée de Badajoz, qui, malgré l'énergie de son gouverneur et la bravoure de sa garnison, ne pouvait soutenir un nouvel assaut. En conséquence, il ordonna la levée des camps de Llerena, de Villagarcia et d'Usagre, qui étaient occupés depuis le 3 mai par les troupes françaises.

Toutes les troupes s'ébranlèrent le 11 juin, et se portèrent', ainsi que le quartier général, sur Los-Santos, tandis que le général Briche, à la tête de la cavalerie légère, repoussait les avant-postes ennemis qu'elle rencontrait devant elle. Le 13, l'armée arriva à Fuente-del-Maestre, où le maréchal Soult établit son quartier général, après avoir fait couronner par la

dans le fort : une douloureuse perplexité agite toute la garnison ; l'inquiétude redouble en entendant les pas et la voix d'hommes qui se replient sur la tête du pont. Ce nouvel incident ne laisse plus de doute que San-Christoval ne soit au pouvoir de l'ennemi ; le château y dirige donc le feu des canons. « Ne tirez pas, nous sommes Français, » s'écrient les braves défenseurs du poste, qui ont repoussé l'assaut, et gardent encore, de crainte de surprise, un silence prudent. Ces paroles, entendues du commandant de bataillon Gilles, du 88e régiment, envoyé par le général Philippon pour connaître le véritable état des choses, l'encouragent à continuer sa route sur San-Christoval. Aux mots de *qui vive !* criés par les troupes du fort ; de *88e régiment !* prononcé d'une voix forte par l'officier supérieur, les Anglais, encore stationnés proche des glacis, se figurent que le 88e tout entier, vient renforcer la garnison : saisis de crainte, ils se replient immédiatement et renoncent à une tentative qu'ils eussent peut-être hasardée cette même nuit, sans l'incident remarquable qui les en détourna.

« Le lendemain, la brave garnison du fort est reçue avec enthousiasme par ses frères d'armes. Le défaut de longueur des échelles, et l'erreur des alliés sur l'état de la brèche, avaient facilité la défense de l'ouvrage. L'activité de l'ennemi à rendre, les jours suivants, par un feu continu, la brèche praticable, annonce clairement l'intention de prévenir de pareils obstacles. Le gouverneur prend aussi ses mesures : la garde du fort est portée à 200 hommes, dont 50 canonniers ; la garnison se renforce en outre, pendant la nuit, de 150 travailleurs, pour déblayer les brèches et escarper le fossé

division du général Godinot les hauteurs sur lesquelles est établi le village du côté de Villalba. Le général Drouet d'Erlon arriva, le même jour, avec les bataillons appartenant aux deux divisions du 5e corps, dont il prit le commandement. Il s'entendit aussitôt avec le maréchal, dans le but de resserrer la ligne d'opérations, et de se rapprocher de la Guadiana, pour combiner ses opérations avec celles du maréchal Marmont et inquiéter l'ennemi sur sa gauche.

Par suite de cette détermination, le comte d'Erlon porta, le 15, son quartier général à Almendralejo, à quatre lieues de Fuente-del-Maestre. C'est là que l'armée connut positivement ce dont elle doutait encore, l'arrivée de l'armée de Portugal à Merida. Les troupes apprirent, le même jour, 17 juin, une nouvelle qui ne leur causa pas un plaisir moins vif, c'était l'abandon que venaient de faire les Anglais de la funeste position d'Albuera, où, jusqu'alors, le duc de Wellington avait paru attendre une nouvelle attaque du maréchal Soult.

Les Anglo-Portugais lèvent le siége de Badajoz. — En apprenant l'arrivée de Marmont sur la Guadiana, et celle du renfort amené par le comte d'Erlon, le général ennemi avait fait un mouvement rétrograde sur Olivença, et il s'occupait activement de retirer son artillerie et tous les approvisionnements de siége qu'il avait réunis devant Badajoz.

Le maréchal Soult se mit en marche pour aller débloquer cette place, et porta son quartier général à Santa-Martha, où l'armée arriva le 18 juin. Le lendemain matin, les colonnes se dirigèrent vers Badajoz.

En s'avançant vers Badajoz l'armée repassa sur le champ de bataille où un mois auparavant s'était livrée la funeste bataille d'Albuera. On conçoit les pénibles sentiments qui durent agiter les soldats. Nous les laisserons retracer à un de ceux qui furent témoins et acteurs dans cette sanglante campagne.

«Le 19, au point du jour, nous approchons de l'Albuera ; notre âme se prépare sourdement aux lugubres émotions qu'un champ de bataille abandonné des vivants, mais peuplé des tristes débris des morts, peut faire naître. — Vers les huit heures du matin, nous arrivâmes à l'extrémité du bois dont une partie avait servi d'ambulance, la dépouille mortelle de quelques-uns de nos frères d'armes, qui s'offrit à nos yeux, la faisait reconnaître. Les corps étaient, comme le soir de la bataille, privés de sépulture, et étendus çà et là au pied des arbres où ils avaient cessé de vivre. Le soleil brûlant de juin les avait réduits, desséchés et noircis, sans changer sensiblement leurs traits, et leur donnait une ressemblance parfaite avec ces momies égyptiennes, objets repoussants de curiosité et de recherches. Quelques monceaux de terre élevés à peu de distance de la route, indiquaient la sépulture des chefs. L'armée contemple, chemin faisant, ces tristes images, et continue sa marche vers l'Albuera. Elle traverse un instant après le pont dont les ruines retracent encore les ravages du canon ennemi sur les colonnes du général Godinot, lorsque ce dernier s'était obstiné à y faire défiler sa division. Arrivée enfin sur le plateau au-dessus du village, où se découvrent encore quelques traces du camp anglais, la troupe fait sa grande halte, met les armes en faisceaux ; les rangs se rompent spontanément, et chacun court observer avec avidité le lieu où son régiment avait agi : chaque endroit rappelle quelque circonstance particulière ; chaque sinuosité de terrain fait naître un souvenir.

«Bientôt un spectacle inattendu frappe nos regards : des tranchées de plusieurs pieds de profondeur, creusées sur divers points de la ligne, surtout à ses deux extrémités, contre le village et à l'extrême droite, où

---

qui s'y rendent à la chu'e du jour, sans être aperçus. La plus exacte vigilance est recommandée à cette troupe. Le commandant d'artillerie se hâte de faire transporter, de la place dans l'ouvrage, les objets d'artifice et autres qui peuvent rendre la défense plus efficace : de ce nombre sont de vieilles bombes de quatorze pouces, chargées, espèces de comminges, destinées à être roulées sur la brèche. Chaque défenseur est aussi muni de quatre fusils, pour développer, au moment décisif, une grande énergie de feux. Ces dispositions prises, la garnison de San-Christoval attend l'assaut avec le calme et la confiance du courage.

«Le flanc attaqué était rasé, pour ainsi dire, par le feu de l'ennemi ; son peu de largeur empêche de pratiquer derrière un retranchement. On se borne à essayer une coupure dans la brèche pendant la nuit. Le 10 juin, enfin, encore à neuf heures, pour éviter le clair de lune, les coalisés débouchent de leurs tranchées au nombre de 1,500 à 2,000 hommes de leurs meilleures troupes, conduit par des officiers de renom. Les 150 Français de supplément viennent d'arriver, par bonheur, tout à l'heure à leur poste ; leur présence avive le courage des défenseurs, et tous se préparent à soutenir l'assaut. Le tour de service ramène dans le fort, encore par un heureux hasard, plusieurs des braves présents à l'attaque du 6 : aussi la colonne ennemie est-elle signalée d'assez loin et saluée par l'artillerie de la redoute : sans se laisser intimider par ces premières décharges, les assaillants franchissent le glacis et se précipitent avec assurance au pied de la brèche, tandis que partie d'entre eux dresse des échelles contre l'escarpe des ouvrages voisins, et veut les enlever de vive force. Les premiers détachements ennemis essuient une terrible fusillade du haut de la brèche, défendue par le capitaine Joudiou, du 21e léger. Un obusier, chargé à mitraille, placé au saillant opposé et tirant de revers, en fait un horrible carnage. Des colonnes fraîches remplacent les premières, et s'obstinent à s'emparer de la brèche, lorsque le sergent d'artillerie Brette, dont la conduite a déjà mérité des éloges lors du premier assaut, et qui dirige les artifices, met le feu aux bombes, rangées en ligne et légèrement retenues au sommet de la brèche. L'effet produit par ces énormes projectiles, qui roulent et éclatent dans le fossé tient du prodige : tout ce qu'ils rencontrent dans le rayon d'activité est renversé et mis en pièces. Les assaillants, à ces terribles ravages, les prennent pour des mines embrasées sous leurs pas ; les défenseurs eux-mêmes ont peine à se rendre compte de ces phénomènes subits, et leur courage en prend une nouvelle énergie.

«Cependant un officier s'élance du milieu des rangs ennemis ; son langage semble annoncer un Français. «Je monterai ! suivez-moi !» dit-il en s'adressant à sa troupe, et déjà le pistolet au poing, il a gravi la brèche sans être atteint. «Approche, je vais te donner la main !» s'écrie un voltigeur qui se précipite à sa rencontre, armé d'une pique, et le renverse mort à ses pieds. Cette chute devient le signal de la déroute des Anglais. Encouragements, menaces, rien ne peut les ramener à la brèche, où ils croient apercevoir une destruction certaine. Ceux qui, plus téméraires, osent tenter l'escalade des autres ouvrages, n'éprouvent pas un sort moins déplorable quelques-uns parviennent au haut de l'escarpe ; mais, reçus à bout portant par un feu bien nourri, fourni par ces fusils qui, au nombre de quatre par homme, ont été d'avance chargés et placés à côté de chaque soldat sur l'épaulement, ou percés par les baïonnettes et les piques longuement emmanchées, dont presque tous les défenseurs s'étaient aussi munis, les assaillants sont renversés dans le fossé. — Le lendemain de cet assaut mémorable, une trève de six heures est demandée par le général ennemi, pour enlever les blessés restés au pied de la brèche ou sur les glacis ; ce délai est accordé. Quelques officiers hors de combat et abandonnés par leurs soldats, se constituant eux-mêmes prisonniers, avaient déjà été reçus, l'action terminée, dans l'intérieur de l'ouvrage, et traités avec les égards et les soins réclamés par leur état »

les efforts avaient été les plus acharnés , étaient remplies d'ossements calcinés , provenant de la combustion des morts, que les Anglais sont dans la coutume de faire , soit pour dissimuler leur perte, soit par mesure sanitaire. L'effroyable quantité de ces débris suffirait, à défaut d'autres documents, pour attester la perte énorme des alliés dans la journée du 16. Là, avaient été jetés et confondus les restes des Français qui avaient péri en ligne ; et une simple fosse de quelques pieds contenait, dévorés, des bataillons entiers. Mais les soldats de notre nation tués dans la retraite, au pied de l'escarpement occupé par la première ligne ennemie, ou de l'autre côté du ruisseau, brûlés à part, étaient séparés des autres, comme pour indiquer que ces restes, soulevés un jour par le soc de la charrue, appartenaient à des peuples autrefois ennemis. D'ailleurs, nul être vivant dans le village, ni autour de lui : l'intérieur de l'Albuera ne présentait que ravage, destruction, et ses environs, que la solitude et le silence des tombeaux.»

Nous avons dit que l'ennemi avait pris, dans sa retraite, le chemin d'Olivença ; il était donc important de savoir s'il occupait encore cette place, où s'il l'avait évacuée pour passer entièrement la Guadiana. Le maréchal Soult chargea de cette reconnaissance le général Godinot, qui , outre sa division, avait encore avec lui les quatre régiments de cavalerie légère du général Briche. Le duc de Dalmatie continua sa marche sur Badajoz avec le 5e corps, et la division de dragons du général Latour-Maubourg.

Résignée au danger qui la menaçait, la garnison de Badajoz se préparait à soutenir encore une dernière attaque de vive force, lorsque tout à coup le feu des tranchées vint à cesser , et des mouvements dans le camp des alliés annoncèrent des préparatifs de départ. En effet, dès le 11 juin au soir, l'ennemi enleva son artillerie ; dans la nuit, il brûla ses approvisionnements de siége, et, le 12 au matin, il quitta une place qu'il tenait bloquée et assiégée depuis deux mois.

Réoccupation d'Olivença. — Le général Godinot qui s'était dirigé sur Olivença, éclairé par la cavalerie légère du général Briche, s'arrêta à Valverde, situé à une lieue de cette place, pour attendre que le colonel Vinot , commandant une brigade de hussards, eût reconnu le terrain jusqu'à la Guadiana. Le général Godinot s'établit dans les jardins qui entourent Valverde et sur les monticules qui l'avoisinent ; il avait été prévenu que 1,000 blessés Anglo-Portugais étaient morts tout récemment dans le village d'une maladie épidémique, et il évita d'y faire entrer ses troupes.

Quand le général Briche arriva en reconnaissance sous les murs d'Olivença, il trouva cette place sans défense et abandonnée. Il en avertit le général Godinot, qui se mit aussitôt en marche, et le 21, à dix heures du matin, prit possession d'Olivença, dont les environs furent occupés par son infanterie, la cavalerie légère, et deux régiments des dragons de Latour-Maubourg, que le duc de Dalmatie y envoya de Badajoz. Les Anglo-Portugais, avaient laissé à Olivença quelques approvisionnements qui furent distri-

bués aux troupes et qui consistaient en vin, eau-de-vie et poisson salé.

Maître d'Olivença , le général Godinot reçut l'ordre de pousser une reconnaissance sur la tête du pont de Jurumenha , place située sur la Guadiana, une lieue en avant d'Olivença.

Combat d'Elvas. — Pendant ce temps, le général Latour-Maubourg allait, avec quatre régiments de dragons, reconnaître la droite de la Guadiana, vers la forteresse d'Elvas. Après s'être assuré que l'ennemi n'avait pas de partis de ce côté, il revint à Badajoz. Dans le même moment, lord Wellington avait fait pousser une pareille reconnaissance, d'environ 600 chevaux, en suivant la rive droite de la Guadiana, presque sous le canon de Badajoz. Cette cavalerie revenait vers Elvas, sans se douter que le général Latour-Maubourg fût sur cette route. Les Anglais ne pouvaient apercevoir leurs adversaires, à cause des sinuosités du terrain.

Mais bientôt, au sommet d'une hauteur traversée par la route, la tête de colonne anglaise se trouva en face de la tête de colonne française, formée du 27e de dragons. Les Anglais, croyant le régiment seul , se mirent à le charger ; mais le colonel Lallemand, qui le commandait, se replia habilement sur le gros de la colonne, et, par cette retraite simulée, y attira l'ennemi. A l'instant, la cavalerie anglaise se vit entourée par les quatre régiments de dragons qui l'écrasèrent et la mirent dans le plus grand désordre. Les Anglais, peu nombreux qui échappèrent au carnage, regagnèrent Elvas dans une grande confusion, laissant sur le champ de bataille 400 hommes et autant de chevaux tués ou pris. Les chevaux pris servirent à la remonte des dragons français, qui vinrent retrouver leurs bivouacs en arrière et sous le canon du fort San-Christoval.

Le maréchal Soult revient en Andalousie. — Cette brillante affaire termina les opérations du maréchal Soult en Estramadure. — Les cantonnemens dans cette partie de l'Espagne étaient pour long-temps tranquilles ; Wellington ne pouvait les inquiéter de sitôt, affaibli qu'il était par les pertes énormes que l'armée alliée avait éprouvées à la journée d'Albuera, devant Badajoz et par les fièvres épidémiques.

L'armée Anglo-Portugaise ayant repassé la Guadiana pour prendre des cantonnements aux environs d'Albuquerque, le duc de Dalmatie jugea que sa présence n'était plus nécessaire dans l'Estremadure, et il se disposa à retourner à son grand quartier général de Séville. — Mais auparavant, il donna des ordres pour faire sauter les fortifications d'Olivença, et évacuer sur Séville le matériel d'artillerie excédant ce qui était nécessaire pour l'armement de Badajoz.

Le général Godinot, chargé de démanteler Olivença, s'occupa de cette opération avec activité. Le 26 juin au soir, tout fut terminé, et les fortifications s'écroulèrent avec un épouvantable fracas, le 27, au matin, tandis que la division française se repliait en ordre sur Valverde et Albuera.

Déblocus de Ronda..—Lorsque le duc de Dalmatie avait commencé ses opérations en Estramadure, il avait dû dégarnir l'Andalousie. La garnison française de Ronda fut alors bloquée par un parti espagnol commandé par le marquis de Las Cuevas et fort de 4,000 hommes. Le sort de cette garnison donnait de vives inquiétudes ; la petite ville de Ronda, située dans le royaume de Grenade, au milieu de la Sierra de ce nom, était comme on l'a vu dans le chapitre précédent, un poste dangereux et fort difficile à garder à cause de son isolement, et des dispositions hostiles des populations environnantes.

En apprenant la position critique où se trouvait le colonel d'état-major Jeannet, gouverneur de cette ville, le maréchal Soult ordonna pour son déblocus, le mouvement combiné de quatre colonnes, tirées des garnisons de Malaga, de Grenade, de Séville et du corps d'armée devant Cadix. Ces quatres colonnes étaient sous les ordres des généraux Rey et Pécheux et des colonels Berton et Victor Rémond. Les colonnes Pécheux et Rémond réunies s'étaient arrêtées à la Venta de Leche, à quatre lieues de Ronda, quand le marquis de Las Cuevas, les croyant encore plus faibles qu'elles ne l'étaient, vint lui-même les attaquer avec ses troupes formées en deux colonnes. L'une, de 1,800 hommes, et qui s'avança sur la gauche des Français, fut culbutée dans un ravin et s'enfuit précipitamment à travers les montagnes ; l'autre, qui s'était dirigée sur la droite, se débanda lorsqu'elle vit la déroute de la première. Les Français la dispersèrent et la poursuivirent jusque sur la montagne où est situé Ronda-la-Vieja. Les Espagnols perdirent plus de 500 hommes dans cette affaire, et pendant qu'elle avait lieu, les deux autres colonnes françaises entraient dans Ronda qu'elles délivraient.

Attaque de Niebla par les Espagnols.—Quelques jours après le déblocus de Badajoz, le maréchal Soult avait appris qu'une forte division de l'armée espagnole commandée par le général Morillo, assiégeait le fort de Niebla et menaçait même Séville. Morillo avait voulu profiter de ce que le maréchal, par sa marche vers la Guadiana, se trouvait à plus de trente lieues de la capitale de l'Andalousie ; il s'avançait vers Séville, par le midi de l'Estramadure. En même temps, le général Ballesteros, descendant des montagnes de Ronda, marchait contre la même ville par la rive gauche du Guadalquivir.

D'un autre côté, le général Sébastiani, dont le corps d'armée se trouvait affaibli par les détachements qu'il avait fournis pour l'expédition d'Estramadure, avait été forcé d'évacuer une grande partie du territoire qu'il avait conquis vers Baza et Guadix, sur les frontières de Murcie, et il était presque bloqué dans Grenade par plusieurs divisions espagnoles de l'armée de Murcie.

Il fallait, sans perdre de temps, aller au secours de ces deux villes importantes (Grenade et Séville) ; en conséquence le maréchal Soult marcha vers l'Andalousie, avec la division Godinot, les bataillons du premier corps aux ordres du général Conroux et une partie de la cavalerie du général Latour-Maubourg.

Le maréchal était, le 28 juin, à Los-Santos, avec la division Godinot ; le 29, il traversa Fuente-Cantos sans s'y arrêter ; là, quittant à Monasteri la grande route de Séville, une partie de sa colonne se porta à gauche sur Niebla, tandis que l'autre suivit la route de Séville.

Le fort de Niebla est situé à dix lieues de Séville, sur la rive droite du Rio-Tinto ; sa position élevée domine au loin la plaine. Il est important pour défendre Séville contre les troupes qui peuvent débarquer à Moguer. Niebla a deux enceintes et un réduit. La première enceinte, composée d'un système de tours réunies par des courtines, entoure la ville. Quoique les Français l'eussent mise en bon état, sa garnison était alors trop faible pour la garder ; mais la deuxième enceinte, renfermée dans la ville même, possédait de bons ouvrages en terre. La garnison se composait de 5 à 600 hommes, presque tous Suisses, commandés par le colonel Fritzhart. Cet officier, ayant dédaigné une sommation que les Espagnols lui envoyèrent, ceux-ci établirent à quelque distance du fort une batterie qui le battit en brèche. Deux jours après, le général Morillo voulut essayer un assaut ; mais ses troupes, accueillies par un bon feu d'artillerie et de mousqueterie, furent repoussées avec une perte considérable. L'arrivée des colonnes françaises venant de l'Estramadure acheva de ruiner les projets du général espagnol.

La colonne du général Godinot n'était pas la seule qui s'avançât au secours de Niebla ; le général Conroux, qui avait rappelé ses bataillons de leurs différents cantonnements, se dirigeait sur cette ville, en traversant les chaînes qui séparent l'Estramadure de l'Andalousie, de manière à tomber sur le point de rembarquement des Espagnols à Huelba et Moguer. Mais il ne put effectuer ce projet, parce que ceux-ci, à l'approche des Français, se hâtèrent d'évacuer leur camp devant Niebla et de se rembarquer à l'embouchure du Rio-Tinto.

Attaque de Séville par les Espagnols.—Tandis que le général Morillo, cherchait à se rendre maître de Niebla, un de ses lieutenants, le comte de Penne-Villemur émigré français, cherchait à appuyer ce mouvement en s'avançant par San-Lucar-la-Mayor sur le faubourg de Séville appelé Triana, au moment même où des bandes détachées du corps de Ballesteros menaçaient d'envahir cette capitale par la grande route de Cármona.

Séville n'avait pour garnison que des dépôts et quelques soldats invalides ; aussi, le général Darrieau, qui en était gouverneur, dans l'impossibilité de la défendre, se retira, avec toutes les administrations civiles et militaires, dans *la Cartuxa*, vaste couvent de Chartreux, que le maréchal Soult avait fait fortifier au commencement de la campagne ; déjà on y avait installé les hôpitaux, les dépôts des corps et le matériel de la guerre et de l'artillerie. Le général Darrieau était bien résolu à défendre ce poste jusqu'à la dernière extrémité, et même à tirer sur la ville si les habitants se révoltaient ; mais ils restèrent neutres et attenrent l'issue des événements dans le plus grand calme.

De Penne-Villemur couronna avec ses troupes les hauteurs qui dominent Séville à l'ouest; ses tirailleurs parurent même en avant du pont de Triana. Mais une batterie française, construite sur ce point, tira sur les Espagnols, qui se dispersèrent et rentrèrent dans leurs lignes, sans rien tenter de plus contre la Cartuxa, dont ils craignaient la vigoureuse défense.

Peu de jours après, l'arrivée du maréchal Soult força l'ennemi à abandonner sa position devant Séville, et à aller, en toute hâte, rejoindre au point du rembarquement le corps de Morillo.

Marche du maréchal Soult vers Grenade. — Le maréchal Soult ne resta dans la capitale de l'Andalousie que le temps nécessaire au rétablissement de l'ordre, et, suivi de la division Godinot et du général Latour-Maubourg, il se dirigea sur le royaume de Grenade, où le général Sébastiani se trouvait menacé jusque dans son quartier général.

Dans les conférences qui avaient eu lieu à Badajoz entre le duc de Dalmatie et le duc de Raguse, il avait été décidé que celui-ci laisserait sur la Guadiana une de ses divisions pour soutenir le général Drouet d'Erlon, chargé d'observer, avec les deux divisions du 5ᵉ corps et une brigade de cavalerie les mouvements de l'armée anglo-portugaise, et que pendant ce temps le maréchal Soult, suivi de ses réserves, marcherait contre les détachements espagnols qui avaient quitté l'armée combinée et contre l'armée de Murcie. — Nous venons de voir quel avait été le résultat des attaques tentées contre Niebla et Séville, nous allons entrer dans les détails des opérations ultérieures.

Débarquement du général Blacke. — *Combats de la Venta de Bahul et de Baza.* — La régence de Cadix venait de nommer le général Blacke commandant supérieur de l'armée de Murcie. Le nouveau général, débarqué à Guadix le 12 juillet, partit bientôt avec quelques troupes d'élite pour se rendre à Almeria, d'où il alla rejoindre l'armée espagole, alors campée et retranchée à la Venta de Bahul, à quinze lieues de Grenade.

Pour remplir les intentions du duc de Dalmatie, qui avait résolu de chasser les Espagnols de cette position et de dégager entièrement le royaume de Grenade, le général Godinot partit dans la nuit du 6 au 7 août, de Jaen et d'Ubeda, afin de purger le pays des bandes qui l'infestaient et de marcher sur Baza. Sa colonne avait l'ordre de culbuter la droite de l'armée ennemie, postée à Pozalcon et défendant le passage de la rivière Barbato; cela fait, le général Godinot devait se porter sur les derrières du camp de la Venta de Bahul, tandis que le maréchal attaquerait de front cette position avec les troupes du 4ᵉ corps et la cavalerie de réserve.

Le maréchal Soult partit, le 8 août, au matin, de Grenade et se dirigea par Diesma et Guadix; le lendemain son avant-garde s'établit devant le camp espagnol. Voulant donner au général Godinot le temps d'achever son mouvement et dissimuler ses forces à l'ennemi, le duc de Dalmatie se borna à une fausse attaque et à quelques démonstrations pour retenir les Espagnols dans leur camp pendant toute la journée.

Venta de Bahul présente une très belle et très forte position; elle est couverte par un ravin profond, large et d'un difficile accès; mais le maréchal y avait fait reconnaître un passage par lequel il se proposait d'aborder les Espagnols le lendemain à la pointe du jour. Malheureusement, ses bonnes dispositions échouèrent par la faiblesse du général Godinot, faiblesse qui avait déjà été si fatale à la bataille d'Albuera.

Le général Godinot avait rencontré, au passage du Rio-Guadiana-el-Menor et à Quesada, plusieurs partis de guérillas, et les avait battus; il joignit la bande du général Quadra à Pozalcon, et la força à une prompte retraite. Arrivé sur les bords du Rio-Guadalentia, il y rencontra une colonne que le général Blacke envoyait au secours du général Quadra, et qu'il poussa jusqu'au Rio-Barbato. Alors, quoiqu'on fût à quatre lieues de la Venta de Bahul, la fumée de la canonnade engagée sur ce point se laissa apercevoir. Le colonel Rémond, qui commandait l'avant-garde du général Godinot, attaqua, avec ses compagnies de voltigeurs, les gardes wallonnes chargés de défendre le passage de la rivière, et soutenu par un bataillon du seizième d'infanterie légère, il les obligea à la retraite. Quelques officiers de l'avant-garde qui, se trouvant seuls montés, devançaient de beaucoup les fantassins à leurs ordres, se mirent à la poursuite des fuyards, et, dans l'espace d'une lieue et demie, ramassèrent et firent prisonniers, plus de 600 gardes wallonnes. L'avant-garde arriva ainsi à une demi-lieue et en vue de Baza.

Plusieurs fois le général Godinot avait envoyé au commandant de son avant-garde l'ordre de suspendre sa poursuite; mais le colonel Rémond, emporté par l'ardeur de ses soldats, n'avait pu s'arrêter qu'à la distance que nous venons de dire. — Au lieu d'entrer dans Baza, où le quartier général de l'armée espagnole était dans le plus grand désordre, le général Godinot se borna à placer en observation devant cette ville un poste de cavalerie. L'ennemi, qui n'avait pas d'autre débouché pour son artillerie, profita de cette faute du général français. Une épaisse poussière annonça, au point du jour, le passage des troupes espagnoles; mais il était trop tard pour les couper. Le mouvement de la colonne Godinot avait fait deviner au général Blacke les intentions du maréchal, et reconnaissant le danger de sa position, il avait, dans la nuit du 9 au 10 août, fait sa retraite, à travers Baza, sur la frontière de Murcie.

Combat de Las Vertientes. — Le maréchal Soult s'aperçut, le 10 au matin, de la disparition de l'armée ennemie, et il envoya la cavalerie de Latour-Maubourg à sa poursuite.

Le 10ᵉ de chasseurs, les lanciers de la Vistule, et le 27ᵉ de dragons sous les ordres du général de brigade Soult joignirent l'arrière-garde espagnole à Las Vertientes, au-delà de Baza, fondirent sur elle et l'écharpèrent. Plus de 500 cavaliers ennemis furent pris avec leurs chevaux; un petit nombre se réunit au gros de l'armée, à Lébrilla, en avant de Murcie. Le général Latour-Maubourg arriva, le 11, à Velez-el-Rubio, et se mit à la poursuite des colonnes espagnoles qui se retiraient dans les directions de Lumbreras, de Vera et d'Almeira.

Marche du général Godinot dans les Alpujarras.— Combat de Pinos del Rey. — Le duc de Dalmatie reprocha en termes fort vifs au général Godinot sa mollesse et la non exécution des ordres qu'il lui avait donnés, puis il l'envoya, avec sa division, dans les Alpujarras, chaînes de montagnes au sud de Grenade. Son itinéraire fut tracé par l'état-major. — Cette expédition avait pour but de fouiller la Sierra Nevada et de balayer le littoral.

Comptant sur la précision du général Godinot, le maréchal fit partir deux compagnies d'infanterie polonaise avec 150 chevaux du 12e de dragons, pour Marbella, où le général devait arriver après avoir rempli sa mission.

Lorsque ce faible détachement vint s'établir à Marbella, une colonne de plus de 3,000 Espagnols de l'armée de Murcie, commandée par le comte de Montijo, rôdait dans les environs. Montijo n'hésita pas à attaquer cette troupe isolée. Effrayé du nombre de ses adversaires, le colonel du 12e de dragons, qui commandait le détachement, abandonna les deux compagnies polonaises dans un petit poste de la côte, où elles furent bientôt prisonnières, et se retira avec ses 150 hommes sans échanger un seul coup de sabre.

Le maréchal Soult, ne recevant de nouvelles ni du général Godinot, ni du détachement dirigé sur Marbella, envoya de ce côté le colonel Rémond avec un nouveau détachement d'environ 500 hommes. Cet officier rencontra pendant la nuit, la division du général Montijo, et il se disposait à l'attaquer, lorsque les 150 dragons, qui venaient de traverser la ligne espagnole, accoururent à lui, et lui firent part de la situation critique où ils avaient laissé les deux compagnies polonaises. Le colonel Rémond prit alors de nouvelles mesures; mais il s'aperçut, quand le jour vint, que Montijo avait quitté sa position pour en prendre une plus avantageuse sur une montagne nommée Pinos del Rey. Laissant alors sa colonne en observation devant les Espagnols, il se porta de sa personne au-devant de la division Godinot, dont il reconnut bientôt les troupes. En effet ce général, en arrivant vers le lieu de réunion, avait aperçu les Espagnols sur Pinos del Rey, et il avait détaché cinq compagnies du 58e régiment de ligne, avec ordre de les attaquer.

Ce détachement, qui s'étant engagé sans connaître le nombre de ses adversaires, allait rétrograder après avoir épuisé ses cartouches, quand Rémond, de retour à sa colonne, marcha à son secours, et, après un sanglant combat, dans lequel la division Montijo perdit beaucoup de monde, força les Espagnols à la retraite. — Pensant que les débris de la division ennemie longeraient les coteaux de Malaga pour gagner la Sierra de Ronda, le colonel Rémond alla se poster, avec sa troupe, au col de la Zafaraya pour leur barrer le passage. C'était une témérité, car les Espagnols

étaient encore assez nombreux pour écraser cette faible colonne; mais Rémond marcha à leur rencontre et les intimida par son audace. Le général espagnol perdit la tête, sa troupe lâcha pied et se dispersa dans toutes les directions.

Retour du maréchal Soult à Séville. — L'armée de Murcie une fois dispersée, le maréchal Soult n'avait plus d'inquiétudes sur le royaume de Grenade. Il revint donc à Séville avec ses réserves, pour être à même de soutenir les troupes restées en Estramadure, dans le cas où ces troupes seraient attaquées par des forces supérieures.

Combat d'Ayamonte. — A la même époque, le général Ballesteros tenta une nouvelle incursion dans le comté de Niebla. Le général Drouet-d'Erlon dirigea, vers l'embouchure de la Guadiana, une expédition commandée par le général de brigade Quiot. Le général Quiot attaqua le corps de Ballesteros, lui tua 300 hommes, et força le général espagnol à se rembarquer en toute hâte à Ayamonte.

Combat de Huescar. — Le général Blacke, dont l'armée venait d'être chassée du royaume de Grenade, la reforma dans les Alpujarras, et ne tarda pas à tenter quelques entreprises partielles sur les cantonnements occupés par le 4e corps. Une colonne, forte de 2,000 hommes d'infanterie et de 300 chevaux, vint, le 1er octobre, attaquer brusquement le poste d'Huescar occupé par une compagnie de ligne et 50 dragons. L'ennemi avait manœuvré de façon à envelopper cette faible garnison et à lui couper sa retraite sur Velez-el-Rubio. Mais une charge brillante et opportune força les Espagnols à se replier en désordre sur Lorca, après avoir perdu plus de 300 hommes tués ou blessés.

Prise du camp de Saint-Roch. — Le duc de Dalmatie, informé que le général Ballesteros occupait, avec tout son corps, le camp de Saint-Roch, dans le but d'inquiéter la gauche des cantonnements du 1er corps français devant Cadix, résolut de l'envelopper à son tour et de se débarrasser, par un vigoureux coup de main, d'un adversaire si incommode.—En conséquence, il tira du camp devant Cadix deux colonnes, dont il confia le commandement aux généraux Barrois et Sémelé, et qui reçurent l'ordre de marcher en droite ligne sur la position de Saint-Roch, tandis que le général Godinot, à la tête d'une troisième colonne, s'avancerait d'un autre côté dans la même direction.—Ce mouvement s'exécuta fort bien, et les trois colonnes, arrivées devant le camp de Ballesteros, se disposèrent à l'attaquer simultanément. Mais le général espagnol l'évacua pendant la nuit, et se retira au-delà des anciennes lignes, sous le canon de Gibraltar.—Le généra Godinot occupa, avec sa division, Saint-Roch et le camp retranché.—Le général Ballesteros avait, dans sa nouvelle position, l'avantage de ne pouvoir être tourné, et de pouvoir combattre de front protégé par les batteries de Gibraltar.

Tentative infructueuse sur Tarifa. — Suicide du général Godinot. — Tandis que Ballesteros atteignait les premiers retranchements de Gibraltar, un fort détachement de troupes anglo-espagnoles, envoyé de Cadix pour appuyer les opérations de ce général, débarquait à Tarifa et s'emparait de ce petit fort. — Le général Godinot fit aussitôt ses préparatifs pour chasser l'ennemi. Mais l'artillerie française ne pouvait suivre d'autre route que les bords de la mer, et les bordées des vaisseaux anglais balayèrent si bien ces défilés, que le général Godinot, après avoir perdu un certain nombre d'hommes, fut obligé de renoncer à son projet. — Il retourna au camp de Saint-Roch, qu'il occupa encore pendant quelques jours, puis il revint à Séville. — Le lendemain de son arrivée, Godinot, à la suite d'une explication orageuse qu'il eut avec le maréchal Soult, se brûla la cervelle. On répandit le bruit dans l'armée qu'il s'était porté à cet acte de désespoir pour se soustraire aux douleurs insupportables que lui causait une maladie de nerfs; mais la vérité est que ce général, presque toujours malheureux dans ses opérations, ne voulut pas survivre au nouvel échec qu'il venait d'éprouver. — Les reproches fondés qui lui avaient été adressés étaient peut-être aussi pour beaucoup dans cette funeste détermination [1].

[1] Une note *communiquée* à M. E. Lapène, auteur d'une relation de la *Conquête de l'Andalousie*, dont nous avons cité quelques fragments, et qui, en 1811, se trouvait attaché comme officier d'artillerie à la 2e division de 5e corps, contient les détails suivants sur la funeste résolution du général Godinot:

«Le général Godinot, quelques jours après sa rentrée à Séville, à la suite de l'expédition contre Ballesteros dans le camp de Saint-Roch, sous les murs de Gibraltar, se suicida, étendu sur son lit, d'un coup de fusil; il s'était lui-même, un instant auparavant, pourvu, sous un prétexte vague, de cette arme, auprès d'un des soldats de garde à sa porte. — Cette fin déplorable fut diversement interprétée : plusieurs l'attribuèrent aux reproches que le général en chef avait adressés à Godinot, sur le non-succès de ses opérations contre les Espagnols. Le général Ballesteros, suivant eux, se serait trouvé entièrement à la merci de Godinot, avec sa division resserrée dans le camp de Saint-Roch, en même temps que le canon des Anglais refusait de recevoir les fugitifs dans Gibraltar. — Le général dont il s'agit avait essuyé des reproches; mais le maréchal, qui connaissait sa grande susceptibilité, ne lui avait rien dit de trop désobligeant, et encore moins rien qui pût le porter à attenter à ses jours. La vérité est que des affections de famille fatiguaient depuis long-temps son esprit, et que les dernières nouvelles qu'il avait reçues de France à son retour à Séville, et sa vive contrariété peut-être d'avoir échoué dans ses opérations, lui occasionnèrent une brusque maladie qui dérangea totalement ses facultés mentales, et le conduisit à l'acte de désespoir qui termina sa vie.

«Le général Godinot avait été colonel du 25e léger, et venait d'obtenir, depuis quelques jours seulement, le grade de général de division. Sa réputation militaire, bien établie avant l'époque dont nous parlons, avait décru dans la campagne de 1811; quelques actes d'une trop cruelle sévérité dans son gouvernement de Cordoue, et dans plusieurs de ses battues dans les montagnes d'Andalousie, avaient pu faire même croire, chez lui, à un commencement d'aliénation mentale.»

Réflexions. — Les opérations des divers corps d'armée commandés par le maréchal Soult n'eurent pas sans doute, en 1811, tout le succès qu'on aurait pu désirer; néanmoins les critiques militaires les plus distingués ont reconnu que ce maréchal sut se maintenir avec prudence dans une position d'autant plus délicate qu'ayant devant lui deux villes, Cadix et Gibraltar, imprenables quand on n'est pas maître de la mer, et dont l'une, Cadix, était le foyer principal de l'insurrection espagnole; il était en outre inquiété à gauche par l'armée de Murcie, à droite et sur ses derrières par l'armée anglo-portugaise.

L'Empereur, en apprenant la journée de Chiclana, avait recommandé à Soult de concentrer toute son attention sur Cadix, Séville et Badajoz; et l'avait autorisé au besoin à renoncer à l'occupation de Grenade et de Malaga. Le maréchal sut remplir les instructions de l'Empereur sans avoir recours à ce moyen extrême. Il continua à bloquer Cadix, à conserver Séville; il reprit Badajoz; mais il n'abandonna aucune des riches provinces qui avaient été conquises par l'armée d'Andalousie.

RÉSUMÉ CHRONOLOGIQUE

1811.

3 JANVIER. Marche du maréchal Soult sur l'Estramadure.
— — Combat d'Usagré. — Combat de Moguer.
5 — Entrée des Français à Zafra.
6 — Combat de Merida.
22 — Prise d'Olivença.
25 — Combat de Villa-Nova de Castillejos.
26-28 — Investissement de Badajoz.
11 FÉVRIER. Prise du fort Pardaleras.
19 — Bataille de la Gebora.
5 MARS. Bataille de Chiclana.
11 — Prise de Badajoz.
15 — Prise d'Albuquerque et de Valencia.
21 — Prise de Campo-Mayor.
27 — Combat de Campo-Mayor.
10 AVRIL. Reprise d'Olivença par les Anglais.

3 MAI. Blocus de Badajoz par les Anglo-Portugais.
16 — Bataille d'Albuera.
23 — L'armée française prend position à Llerena.
6-9 JUIN. Assauts livrés au fort San-Christoval.
— — Belle défense de la garnison de Badajoz.
21 — Reprise d'Olivença par les Français.
23 — Combat d'Elvas.
— Déblocus de Ronda.
30 — Attaque infructueuse de Niebla par les Espagnols.
4-6 JUILLET. Attaque de Séville par les Espagnols.
9 AOÛT. Combat de la Venta de Bahul.
10 — Combat de Baza. — Combat de Las-Vertientes.
12 — Combat de Pinos-del-Rey.
SEPTEMBRE. Combat d'Ayamonte.
1er OCTOBRE. Combat d'Huescar.
— — Prise du camp de Saint-Roch par les Français.
— — Attaque de Tarifa.

1811. — OPÉRATIONS DANS L'ESPAGNE ORIENTALE.
PRISE DE TARRAGONE. — BATAILLE DE SAGONTE.
CONQUÊTE DE VALENCE.

SOMMAIRE.

Prise du fort Saint-Philippe. — Campo-Verde remplace O'Donnell. — Combat de Tarrega. — Retour de Macdonald dans la Catalogne centrale. — Combat de Vals. — Tentative des Espagnols contre la citadelle du Mont-Joui. — Marche de Macdonald sur Barcelone. — Incendie de Matoresa. — Combat du col d'Avi. — Surprise de Figuières par les Espagnols. — Combat sous Figuières. — Blocus et reprise de Figuières par les Français. — Escarmouches diverses en Aragon. — Investissement de Tarragone. — Attaque du fort d'Olivo. — Mort du général Salm. — Prise du fort d'Olivo. — Siége et prise de Tarragone. — Combat et prise du Mont-Serrat. — Marche de l'armée d'Aragon sur Valence. — Arrivée devant le fort de Sagonte. — Combat de Benaguasil. — Siége de Sagonte. — Deux assauts inutiles. — Bataille de Sagonte. — Prise du fort de Sagonte. — Sommation au gouverneur de Valence. — Elle n'est pas reçue. — Arrivée de l'armée devant Valence. — Préparatifs d'attaque. — Passage du Guadalaviar. — Investissement de Valence. — Passage du Xucar. — Occupation d'Aloira et de San-Felipe. — Siége et prise de Valence.

TROUPES FRANÇAISES.		TROUPES ESPAGNOLES.	
Armée d'Aragon.	— Le Maréchal SUCHET.	*Généraux en chef.* — CAMPO-VERDE.	— BLAKER.
Armée de Catalogne.	= Le Maréchal MACDONALD.		

Les opérations des armées françaises d'Aragon et de Catalogne, sous le commandement du général Suchet, et du maréchal Macdonald, ont de tels rapports que, pour l'année 1811, nous croyons devoir ne pas en diviser la relation.

Prise du fort Saint-Philippe. — Le général Suchet, une fois en possession de l'importante place de Tortose, avait, en toute hâte, fait réparer les brèches du fort, des remparts de la ville et de la tête du pont. Il avait, avec la même activité, fait mettre en état de défense les ouvrages qui protégent les embouchures de l'Èbre et le port de la Rapita.

Le 8 janvier, à minuit, il fit investir le fort Saint-Philippe par la division Habert. Ce fort est situé au sommet du col de Balaguer, dans un désert affreux, à peu près à mi-chemin de la route royale de Tarragone à Tortose; dont il intercepte la communication. La division d'investissement n'avait, pour toute artillerie, que quatre obusiers. Le général Habert envoya sommer le gouverneur d'ouvrir ses portes; celui-ci répondit qu'il se rendrait dans quatre jours s'il n'avait pas auparavant reçu les secours qui lui était annoncés. Le général Habert, voulant profiter des bonnes dispositions de ses troupes, fit lancer quelques obus sur le fort, pendant que six compagnies de grenadiers et de voltigeurs forçaient tous les postes extérieurs à se précipiter dans le ravin. Bientôt on donna le signal de l'assaut, les palissades furent renversées, et les soldats, à l'aide de quelques échelles et en grimpant les uns sur les autres, ne tardèrent pas à atteindre les embrasures et à pénétrer dans le fort. La garnison, épouvantée du succès rapide des Français, se sauva en partie par la route de Tarragone; on ne fit que 134 prisonniers, parmi lesquels le gouverneur et 13 officiers.

Campo-Verde remplace O'Donnell. — *Combat de Tarrega.* — La junte suprême, mécontente avec raison de l'inaction d'O'Donnell pendant le siége de Tortose

et de l'imprévoyance qu'il avait montrée en n'augmentant pas la garnison du fort Saint-Philippe, rappela ce général à Cadix, et confia la direction des affaires en Catalogne et en Aragon au marquis de Campo-Verde. La conduite de ce général au combat de Mollet, si fatal aux Français, lui avait mérité la confiance de son gouvernement. — Cependant ne se trouvant point en mesure de rien entreprendre directement contre le général Suchet, le marquis de Campo-Verde pensa que, pour ranimer la confiance de ses troupes, il devait chercher ailleurs des succès plus faciles.

Le général Suchet avait été obligé, quelques jours avant la reprise du fort Saint-Philippe, d'étendre ses troupes autour de cette place, tant pour les faire subsister que pour assurer la levée des contributions. Cette circonstance fournit une occasion d'agir au nouveau général en chef espagnol.

Les chasseurs royaux italiens et les dragons Napoléon étaient cantonnés à Tarréga, le marquis de Campo-Verde fit partir, du camp retranché de Tarragone, pour surprendre la cavalerie italienne, une colonne de 1,200 grenadiers et de 800 chevaux, sous les ordre du brigadier général Georget. Le général Georget traversa les défilés de Monblanch, et vint, dans la nuit du 13 janvier, investir Tarréga. — Les Italiens qui, suivant leur funeste habitude, n'avaient pris aucune des précautions si nécessaires dans un camp, furent surpris et obligés de fuir; ils ne parvinrent à se rallier, hors de Tarréga, qu'avec beaucoup de peine et après avoir éprouvé une grande perte. Le désordre de cette troupe pouvait être fort avantageux aux Espagnols. Heureusement le général Henriot, soupçonnant que les Espagnols pourraient tenter un coup de main sur Tarréga, avait fait occuper la veille, par 400 chevaux du 29e de chasseurs français, le village d'Anglesola. Grâce à cette mesure de prudence, au moment où les cavaliers italiens exécutaient une retraite qui ressemblait fort à une déroute, les chasseurs tombèrent à l'improviste sur les derrières et sur les flancs de la colonne espagnole et la dispersèrent dans toutes les directions. Une centaine de cavaliers et de chevaux et plusieurs officiers furent faits prisonniers. Le brigadier général Georget fut grièvement blessé par un chasseur du 29e.

Retour de Macdonald dans la Catalogne centrale. — Combat de Vals. — Dans le même temps, le maréchal Macdonald avait quitté les environs de Tortose pour revenir, avec ses troupes, dans le centre de la Catalogne où sa présence était indispensable. Il avait établi son quartier général à Reuss.

Le général Campo-Verde prévoyant que le maréchal ne pourrait, à cause du manque de vivres, faire dans cette ville un long séjour, avait fait camper une grande partie de ses troupes auprès de Vals pour s'opposer aux mouvements de l'armée de Catalogne, soit qu'elle voulût gagner Lérida par les défilés de Monblanch, soit qu'elle cherchât à se porter sur Barcelone par le col de San-Christino. Le brigadier général Saarsfield commandait ces troupes d'élite, composées de 8,000 hommes d'infanterie et de 1,200 chevaux, parmi lesquels se trouvait un régiment de cuirassiers de 300 hommes. Saarsfild, ne voulant pas recevoir l'attaque des Français dans la position de Vals, se retira, à leur approche, sur les hauteurs de Pla et de Fuen-Caldas.

Le maréchal Macdonald ordonna au général italien Eugène, de suivre ce mouvement rétrograde. Il fit à ce général la recommandation expresse de ne point engager d'affaire sérieuse, et, dans le cas où il rencontrerait l'ennemi en force supérieure, de prendre position, d'en rendre compte sur-le-champ, et d'attendre des ordres ultérieurs.

Malgré cette injonction positive, le général Eugène, doué d'un courage aveugle et d'un caractère bouillant, fut entraîné par quelques succès obtenus sur l'arrière-garde espagnole, et se jeta tête baissée et sans la moindre précaution à la poursuite des fuyards. Ce fut une faute d'autant plus grande, que le maréchal, se fiant sur l'exécution des ordres positifs qu'il avait donnés, avait fait arrêter le gros de ses troupes en arrière de Vals pour les débarasser de leurs équipages, les réunir à la sortie d'un long défilé et les préparer à combattre.

Pendant ce temps, la colonne italienne, éparpillée et s'abandonnant à la poursuite de ses adversaires, se trouva bientôt en présence du gros des troupes espagnoles, rangé en bataille sur les hauteur de Pla. Les Italiens étaient trop peu nombreux pour pouvoir espérer d'enlever des positions formidables défendues par 8,000 hommes d'élite. Arrêtés d'abord par un feu terrible, ils furent bientôt abordés par les Espagnols qui fondirent sur eux la baïonnette en avant et qui en firent un affreux carnage. Le terrain fut, en un instant, couvert de morts et de blessés, un grand nombre d'officiers tombèrent percés de balles, le général lui-même fut blessé à mort, et il fallut tout le dévouement des grenadiers les plus intrépides pour l'enlever du champ de bataille et l'emporter jusqu'à Vals.

Le bruit de la fusillade avertit le maréchal que ses ordres avaient été transgressés, et que l'armée espa-

gnole en masse s'avançait pour l'attaquer lui-même. Il se hâta d'envoyer au secours du général Eugène la seconde brigade italienne commandée par le général Palombini, et un escadron de dragons sous les ordres du colonel Delort. Le général Palombini trouva la première brigade italienne dans un tel désordre, qu'il fit des efforts inutiles pour la rallier et rétablir le combat; ses troupes furent elles-mêmes entraînées et dispersées par les fuyards. Le brigadier général Saarsfield, voyant le succès que l'infanterie espagnole venait d'obtenir, accourut en personne à la tête de la cavalerie pour achever la défaite des Italiens, et se trouva en présence des dragons du colonel Delort, dont le nombre ne s'élevait pas à plus de 150.

Un ennemi si inférieur en nombre sembla au général espagnol une proie qui ne pouvait lui échapper; mais les dragons, électrisés par la situation désespérée où ils se trouvaient, gardèrent l'attitude la plus imposante, et chargèrent les cuirassiers espagnols avec une impétuosité sans exemple; ceux-ci, épouvantés de cet élan, rétrogradèrent en laissant la terre jonchée de leurs morts. Le restant de la cavelerie ennemie, composée de hussards et de chasseurs, arriva à bride abattue au secours des cuirassiers, et bientôt chaque dragon français se vit entouré de six cavaliers ennemis. Loin de reculer, ces braves se défendirent avec le plus vif acharnement; la mêlée devint horrible, et le colonel Delort, après avoir tué de sa main plusieurs cuirassiers espagnols, couvert d'affreuses blessures et épuisé par la perte de son sang, tomba évanoui sur le champ de bataille, au milieu des cavaliers ennemis. Tous ses dragons, accablés par le nombre, allaient succomber comme lui, lorsqu'une nouvelle compagnie accourut au galop, et les dégagea. Les dragons se rallièrent promptement, et guidés par leur attachement pour leur colonel, ils le reprirent au milieu des rangs ennemis. La division italienne fut sauvée et les dragons restèrent maîtres du champ de bataille.

Le général Eugène mourut de ses blessures quelques jours après cette affaire que sa témérité et sa désobéissance avaient rendue funeste aux Français. Les soldats le regrettèrent vivement et le maréchal Macdonald déplora lui-même la perte d'un général d'une si brillante valeur.

Le duc de Tarente séjourna dans Vals le 16 janvier pour faire distribuer à ses troupes le pain dont elles manquaient depuis quarante-huit heures. Dans la nuit du 16 au 17, il ordonna la retraite avec les précautions nécessaires pour dérober ce mouvement à l'ennemi. Les troupes opérèrent leur mouvement rétrograde dans le plus grend ordre par les défilés de Montblanch, sans que les Espagnols pussent l'inquiéter, car ils n'en eurent connaissance que le lendemain matin, et lorsque déjà les défilés étaient franchis. Le maréchal établit son quartier général dans la place de Lérida, autour de laquelle il cantonna son armée.

L'Empereur fut très mécontent de l'issue du combat de Vals, et empêcha que cet événement ne fût rendu public. Le ministre de la guerre, qui était alors le duc de Feltre, reprocha, dit-on, dans sa correspondance au maréchal Macdonald, de n'avoir point avancé la con-

quête de la Catalogne. Il lui annonça que les troupes
de son armée qui venaient de faire le siége de Tortose,
étaient destinées à rester sous les ordres du général
Suchet, auquel était, dès ce moment, dévolu l'honneur
d'assiéger Tarragone, regardée, avec raison, comme
le principal boulevard de cette province.

*Tentative des Espagnols contre la citadelle du
Mont-Joui.* — Dans les mois de février et de mars,
pendant que le gros de l'armée de Catalogne (7ᵉ corps)
était campé dans les plaines de Lérida, le général
Maurice Mathieu, gouverneur de la Basse-Catalogne,
fut informé qu'un complot se tramait pour livrer aux
Espagnols le fort du Mont-Joui, qui domine Barcelone et son port. Le général Maurice Mathieu voulut
faire tourner toutes ces machinations à la perte de
l'ennemi; et comme il était sûr d'avoir toujours à sa
disposition les moyens nécessaires à la conservation
du fort, et de déjouer à sa volonté les projets des Espagnols, il laissa le marquis de Campo-Verde réunir,
dans la nuit du 19 au 20 mars, 8,000 hommes sous les
murs du Mont-Joui. Le général français avait fait disposer à l'extérieur diverses embuscades, et la garnison, renforcée, était sous les armes. Déjà 800 grenadiers espagnols étaient descendus dans les fossés,
lorsqu'un feu terrible de mousqueterie fut dirigé contre
eux. Quelques-uns seulement s'échappèrent pour aller
rendre compte au marquis du résultat de son expédition hasardeuse. Campo-Verde n'avait plus d'autre parti
que la retraite; mais alors les embuscades placées hors
de la ville tombèrent sur lui, et lui firent éprouver de
nouvelles pertes. Sa tentative lui coûta 800 hommes
tués, et 1,200 prisonniers. Le principal agent du complot fut pris dans un village près de Barcelone avec
une somme considérable, destinée à payer les conspirateurs et les traîtres. Quelques relations disent que
cette somme s'élevait à trois millions; mais il y a
sans doute exagération.

*Marche de Macdonald sur Barcelone. — Incendie
de Manresa. — Combat du col d'Avi.* — Le maréchal
Macdonald transporta, vers la fin de mars, son quartier général à Barcelone. Il fallait, pour établir de l'u-
nité dans les opérations, que le maréchal prît position
dans la capitale de la Catalogne; la haute et la basse
Catalogne étant soumises à deux gouverneurs particuliers, indépendans l'un de l'autre. La situation de cette
province était telle alors, qu'il fallait, pour l'escorte
du duc de Tarente, une grande partie des troupes qui
revenaient du siége de Tortose. Le général Harispe en
prit le commandement.

Le maréchal se mit en route par Manresa. Informé
de ce mouvement, le brigadier-général Saarsfield avait
gagné avec sa division le Mont-Serrat et les défilés qui
l'avoisinent, pour agir selon les circonstances.

La brigade italienne marchait à l'avant-garde; lorsqu'elle approcha de Manresa, elle fut reçue par une grêle
de balles qui arrêta net la tête de la colonne, et mit
quelque désordre dans ses rangs. Les paysans égorgèrent
sans pitié les blessés dont ils s'emparèrent. Indignés de
cette atrocité, les Italiens jurèrent d'en tirer une ter-

rible vengeance. Dans la nuit, un effroyable incendie
éclata dans Manresa. Les officiers logés dans la ville,
et le maréchal lui-même, furent obligés de fuir en
toute hâte, ayant à peine le temps de sauver leurs
équipages et leurs chevaux. Manresa, une des principales villes de la Catalogne, devint la proie des flammes,
à l'exception de quelques manufactures situées hors
des murs, et que les dragons du 24ᵉ, qui campaient
alentour, préservèrent de tout malheur.

Le ciel étant couvert et la nuit très obscure, la
ville paraissait un océan de feu, et les troupes espagnoles postées sur le mont Serrat purent contempler
ce désastre dans toute sa belle horreur. Cette vue les
remplit de rage : toute la population des environs se
joignit aux troupes, et le lendemain, dès que le jour
parut, cette masse formidable vint fondre sur la colonne du général Harispe, au moment où elle s'engageait dans les défilés du col d'Avi, l'une des montagnes les plus difficiles et les plus escarpées de la Catalogne. Les soldats et les paysans animés d'une égale
fureur, marchaient sur des rochers presque inaccessibles, parallèlement à la colonne française, et la fusillaient presqu'à coup sûr. Le nombre des morts s'augmentait tellement que le maréchal se décida à faire
prendre position à ses troupes, et à disposer de la
partie qui était encore à portée de l'entrée du défilé
pour forcer les Espagnols à s'éloigner, et à cesser une
poursuite dont les résultats étaient déjà si funestes.
Les dragons Napoléon, firent une charge qui promettait un entier succès; mais le maréchal craignant
qu'un engagement général ne lui fît perdre trop de
temps, ordonna bientôt de continuer la marche. Les
troupes furent harcelées jusqu'au sommet du col
d'Avi. Là elles purent s'arrêter et prendre un peu de
repos.

———

*Surprise de Figuières par les Espagnols. — Com-
bat sous Figuières. — Blocus et reprise de Figuières
par les Français.* — Deux ou trois jours après que le
maréchal Macdonald fut entré dans Barcelone avec
son nombreux cortège de blessés, il apprit une nouvelle qui vint encore augmenter son chagrin : il fut
informé que quelques Espagnols employés subalternes
des vivres, encouragés par le défaut de vigilance du
commandant de Figuières, avaient eu l'infamie de
livrer cette place, voisine des frontières de France, aux
insurgés. — Les frères Palapos, Catalans, qui devaient
leur place à la confiance du commandant français,
vendirent, pour 21,000 francs, les clefs du magasin des
vivres que le garde en chef leur avait étourdiment
confiées. La porte secrète de ce magasin donnait sur les
fossés de la place, sous le pont-levis, et ce fut par là
que 500 miquelets, commandés par un chef du nom de
Roviva, furent introduits à deux heures du matin. La
garnison, forte d'environ 500 hommes, attaquée à
l'improviste, fut obligée de déposer les armes sans tirer
un seul coup de fusil. — Le général Guyot, commandant
de Figuières, resta prisonnier des Espagnols; mais lors
de la reprise de la place, il fut délivré par les Français. On le traduisit devant un conseil de guerre et
on le condamna à mort; l'Empereur lui fit grâce,

vaincu par les prières d'une épouse et d'une mère au désespoir.

Le général Baraguey-d'Hilliers, gouverneur de la Haute-Catalogne, en apprenant la surprise de Figuières, partit aussitôt de Gérone à la tête de quelques troupes, et ordonna au général Quesnel, qui occupait alors Mont-Louis, d'arriver en toute hâte avec sa division pour bloquer Figuières. Quoique les deux généraux eussent fait diligence, ils ne purent arriver qu'après l'introduction dans la place d'une colonne de 2,000 miquelets commandés par le brigadier général Martinez. L'investissement eut lieu immédiatement.

La surprise de Figuières excita parmi les Espagnols insurgés un grand enthousiasme; dans toutes les villes, et jusque dans les plus petits villages, on chanta des *Te Deum* et on fit des réjouissances publiques et solennelles. Le marquis de Campo-Verde voulut profiter de cet événement inespéré : il partit de Tarragone avec 8,000 hommes de ses meilleures troupes et 1,500 chevaux et se porta rapidement sur Olot, emmenant avec lui un convoi considérable de munitions de bouche et de guerre. Non-seulement il voulait introduire ce convoi dans la place de Figuières, qui était mal approvisionnée, mais encore il avait pour but d'en changer la garnison, qui, composée de miquelets aguerris et surtout propres à la guerre de partisans, pouvaient rendre beaucoup plus de services au dehors.

Il était d'une haute importance que ce plan du général espagnol échouât; le général Baraguey-d'Hilliers prit ses mesures en conséquence. Le marquis de Campo-Verde se présenta devant Figuières le 3 mai, avec ses troupes qui, en route, s'étaient renforcées de 3,000 hommes. Il chercha à s'introduire dans la place, tandis qu'il faisait attaquer le camp français, établi au nord, sur les hauteurs de Llers, et commandé par le colonel Petit. Le blocus était formé par un petit nombre de troupes et encore ces troupes étaient-elles très éparpillées à cause de la situation topographique du fort, qui exige un grand développement; aussi, au moyen d'une brusque attaque, le général espagnol espérait-il réussir dans sa tentative.

Les Espagnols remportèrent d'abord un faible avantage : en débouchant par la grande route près de Villafont, ils n'avaient rencontré qu'un escadron de dragons fort seulement de 180 chevaux. Ce détachement, voulant donner le temps à l'infanterie de se réunir et d'arriver sur le terrain, se sacrifia noblement, et pour accomplir ce périlleux devoir, perdit la moitié de ses hommes et de ses chevaux en soutenant seul tous les effort de l'avant-garde ennemie.

Cependant le colonel Lamarque, à la tête de son régiment, disputait avec opiniâtreté aux Espagnols l'entrée de la ville de Figuières. Le général Baraguey-d'Hilliers se porta sur le flanc droit de l'ennemi, avec deux brigades, commandées par les généraux Clément et Quesnel, et qui ne se montaient pas à plus de 4,000 hommes. Auparavant, il avait eu soin de renforcer le camp de Llers et les postes de redoutes armées, qui appuyaient la ligne du blocus. Lorsque les deux brigades arrivèrent sur le flanc droit des Espagnols,

ceux-ci se débandèrent, et leur déroute fut rendue complète par un régiment de chasseurs et par l'escadron de dragons qui, déjà, avait si glorieusement combattu contre l'avant-garde ennemie. Les Espagnols eurent, dans cette affaire, 900 hommes tués, et laissèrent au pouvoir des Français 1,500 soldats et 80 officiers prisonniers, leur drapeau, tous les bagages et le convoi. Les Français n'eurent que 100 hommes tués et environ 300 blessés.

Quelques milliers d'hommes parvinrent cependant par petits détachements à entrer dans Figuières et à en renforcer la garnison.

La reprise du fort de Figuières n'eut lieu que fort long-temps après. — Le blocus dura quatre mois et demi. La garnison, que le feu et les maladies avaient affaiblie, et qui, d'ailleurs, manquait de munitions, en était réduite à quelques onces de pain et à une ration d'eau.

Tout espoir de secours lui était interdit; des lignes formidables de circonvallation et de contrevallation, de plus de quatre mille toises de développement, entouraient la place : ces lignes avaient été garnies d'une chaîne de redoutes fermées, réunies par des retranchements et couvertes d'un double rang d'abattis.

Ces immenses travaux furent d'une grande utilité. Le 16 août, les Espagnols ayant tenté sur le front de la plaine une sortie en masse, furent accueillis par un feu si vif et si serré de mousqueterie et d'artillerie, qu'ils furent à l'instant rejetés dans la place sans qu'aucun d'eux pût franchir la première rangée d'abattis, ils laissèrent autour des lignes 400 morts et des blessés en plus grand nombre. Le malheur de cette tentative détermina la garnison à se rendre à discrétion. Cette garnison, qui avait perdu 2,000 hommes depuis le blocus, soit par le feu, soit par les maladies, ne se composait plus que de 3,000 hommes, dont 80 officiers supérieurs, trois brigadiers et un maréchal de camp.

Les Français n'avaient reculé devant aucune fatigue. Afin d'être toujours prêts à s'opposer aux sorties que l'ennemi aurait pu tenter, les soldats avaient passé vingt-cinq nuits de suite sous les armes.

Escarmouches diverses en Aragon. — Pendant que ces événemens s'accomplissaient, le général Suchet s'avançait vers Tarragone pour investir cette place; dans l'intervalle de ce siége mémorable et des affaires importantes dont nous avons parlé, quelques faits d'armes isolés eurent lieu et méritent que nous en disions quelques mots.

Des bandes que les Anglais avaient cherché à organiser dans le Haut-Aragon, avaient été dissipées dans les premiers jours de janvier, et mises dans l'impossibilité de se reconstituer par l'enlèvement de leurs fusils et de leurs munitions.

Vers la fin de janvier, le général Paris, suivi de quatre bataillons et de deux escadrons, se porta dans les montagnes de Molina, et détruisit les manufactures et les magasins d'armes que les insurgés avaient créés à Corducenta et à Corbeta. Il se trouva, près de Molina, en face d'un parti espagnol fort de 500 chevaux ; mais un seul escadron de cuirassiers suffit pour les sabrer et les mettre en déroute. Les fuyards allèrent joindre les troupes de Villa-Campa, sorties de Valence pour se procurer des vivres et de l'argent. Le général Paris trouva ces troupes en position sur des sommets presque inaccessibles qui couvrent la petite ville de Checa. Il attaqua l'ennemi avec impétuosité et enleva de vive force ses positions. — Les Espagnols perdirent dans cette affaire beaucoup d'hommes, leurs armes et leurs munitions.

Le général Habert, qui, un mois auparavant, s'était emparé du fort Saint-Philippe, surprit encore, le 7 février, la garnison de Cambriels, petite ville sur le bord de la mer, à trois lieues au sud-ouest de Tarragone.

Une partie de la garnison de Tarragone se mit en marche le 3 mars, pour reprendre le fort Saint-Philippe. L'officier qui la commandait tenta d'abord de séduire le commandant en lui offrant, au nom des Anglais, une somme considérable. Le parlementaire chargé de cette mission ayant été ignominieusement chassé, les assaillants commencèrent leur feu ; mais le canon de la place les força bientôt à renoncer à leur projet et à rentrer dans Tarragone en toute hâte.

Pendant cette tentative sur Saint-Philippe, une colonne de 6,000 hommes, sortie également de Tarragone, se porta sur le camp de Perello (poste intermédiaire sur la route de Tortose à Saint-Philippe) pour envelopper les 2,000 Français qui s'y trouvaient. Mais le commandant du camp, le colonel Robert, fit par sa bonne contenance échouer le projet des Espagnols. Le général Habert, qui arriva avec un régiment et de l'artillerie, força l'ennemi à une prompte retraite.

Un mois plus tard, le 4 avril, le colonel Dupeyroux, informé qu'une colonne de 1,500 insurgés s'était avancée sur Canta-Vieja, marcha contre elle avec 600 hommes. L'avant-garde, formée d'une compagnie de voltigeurs, n'eut besoin que de quelques coups de fusils pour disperser les Espagnols, et si bien que leur commandant put à peine ramener un peloton de 20 hommes à Castellon de la Plana, son point de départ.

Les avant-postes du général Musnier vers Benicarlo furent attaqués le 12 avril par un escadron de dragons espagnols. 60 hussards mirent l'ennemi en déroute, et le poursuivirent pendant plus d'une lieue. Cinq autres escadrons ennemis se réunirent pour appuyer et venger le premier ; mais 80 cuirassiers, commandés par le chef d'escadron Rubichon, fondirent sur la cavalerie espagnole et la dispersèrent. Il y eut plus de 80 dragons tués ; on prit à l'ennemi 50 prisonniers, et 60 chevaux que les cuirassiers ramenèrent. Les Français n'eurent que 4 hommes tués et 10 blessés.

Toutes ces attaques partielles auxquelles l'armée d'Aragon était obligée de faire face, n'empêchaient pas le général Suchet de pousser activement les préparatifs du siége de Tarragone. Ses troupes étaient impatientes de se présenter devant cette place ; elles avaient pour leur général un dévouement bien justifié par le soin continuel qu'avait ce chef habile de pourvoir à tous leurs besoins, et elles disaient gaiement : «Les murs de «Tarragone renferment un bâton de maréchal que «nous voulons conquérir pour notre digne général.»

Investissement de Tarragone. — Le général Suchet se présenta devant Tarragone le jour même où le marquis de Campo-Verde essuyait un si rude échec en voulant introduire un convoi dans le fort de Figuières. Son armée s'avançait sur deux colonnes, l'une par la grande route de Tortose, l'autre par les défilés de Monblanch. Pour assurer ses communications avec Lérida, il avait fait retrancher le couvent qui domine la ville de Monblanch, et il y avait renfermé un bataillon de 300 hommes, qui repoussa deux fois les forces imposantes par lesquelles il fut attaqué. Le fort Saint-Philippe et le camp de Perello assuraient les communications avec Tortose. Ainsi le général Suchet pouvait tirer ses approvisionnements des deux places de Tortose et de Lérida.

Tarragone fut investie le 24 mai, et l'entrée de cette place se trouva fermée au marquis de Campo-Verde, qui resta ainsi dans la nécessité ou de s'embarquer ou de se jeter dans les hautes montagnes de la Catalogne. Les troupes du centre et de la droite s'établirent sans difficulté sur la rive droite et près de l'embouchure du Francoli. A l'extrême gauche était placée la division italienne détachée de l'armée de Catalogne. — Soutenue par un régiment de dragons, cette division enleva le poste retranché de Lorito, avec une redoute fermée près de la grande route de Barcelone, et coupa aussitôt l'aqueduc qui conduit l'eau dans Tarragone.

Attaque du fort d'Olivo. — Mort du général Salm. — Prise du fort d'Olivo. — Le général Salm, à la tête de sa brigade, attaqua les retranchements construits en avant du fort d'Olivo et s'en rendit maître malgré l'opiniâtre résistance de l'ennemi. Les assiégés effectuèrent plusieurs sorties pour reprendre ces retranchements, mais ce général les repoussa toujours.

Le fort Olivo est le principal appui de la défense de Tarragone. Bâti sur un rocher, à quatre cents toises environ de la place, il présente soixante embrasures armées et un développement de huit cents toises. Cet ouvrage important avait coûté trois ans de travaux, et une dépense évaluée à plusieurs millions. Un fossé de vingt pieds, creusé dans le roc le plus dur, l'entourait entièrement.

Lorsque les premiers retranchements furent emportés, le général du génie Rogniat traça une grande redoute sur les bords de la mer. Pendant la première nuit on put travailler tranquillement ; mais le lendemain, au petit jour, un vaisseau anglais de 74, plusieurs frégates et corvettes, soutenus d'un grand nombre d'autres bâtiments armés, inquiétèrent les travailleurs par plus de quinze cents coups de canon qui, heureusement, ne leur firent aucun mal.

Le général Salm, à la tête de 800 hommes d'élite, emporta, dans la nuit du 14 au 15 mai, deux retranchements placés à cent cinquante toises en avant du fort Olivo, et qui empêchaient d'ouvrir la tranchée. En vain la garnison d'Olivo, débouchant sur trois colonnes, essaya de reprendre ces ouvrages, elle fut repoussée, avec des pertes énormes jusque sous les murs du fort. Pendant cette attaque, la flottille anglaise tira plus de trois mille coups de canon, mais ce fut de la poudre perdue.

Le 17 mai, 6,000 hommes des meilleures troupes de la garnison sortirent de Tarragone, et se portèrent rapidement sur deux bataillons français campés à quatre vingt-dix toises du Francoli. Les Français allaient succomber après un combat vif et opiniâtre, lorsque les compagnies d'élite du 5ᵉ régiment d'infanterie légère accourant au secours des deux bataillons engagés, s'élancèrent impétueusement sur l'ennemi et le mirent en pleine déroute. Les Espagnols furent poursuivis jusque sur les glacis de la place, qui, ainsi que la flottille anglaise, faisait pendant ce temps un feu terrible.

Les Français ouvrirent, le même jour, devant le fort d'Olivo et sur le roc vif, une parallèle à cinquante toises du retranchement pris à l'ennemi. Les travaux présentèrent les plus grandes difficultés : il fallut se servir de gabions, et aller chercher la terre à une demi-lieue de distance. Le 23, une batterie de brèche était déjà commencée à soixante toises du fort.

On poursuivit non moins vivement l'attaque de droite : du 24 au 26 mai, on couronna les escarpements du Francoli, on établit sur cette rivière un pont de chevalet, et on couvrit par une flèche sa communication.

Le 27, on arma la batterie de brèche devant le fort d'Olivo de quatre pièces de 24, trois autres batteries se trouvèrent armées en même temps, malgré toutes les difficultés du terrain. Les assiégeants étaient animés d'une telle ardeur, que 200 soldats s'attelèrent eux-mêmes aux canons pour les traîner aux batteries, sous le feu de l'ennemi. La garnison tenta une nouvelle sortie pour empêcher l'armement des batteries ; et au moment où le général Salm, à la tête de la garde de tranchée, s'élançait pour repousser l'ennemi, en criant : «Brave 7ᵉ, en avant!» une balle le renversa raide mort. Ce digne officier, qui, général de brigade depuis 1793, avait, dans beaucoup d'affaires importantes, fait preuve d'une haute capacité et d'une bravoure remarquable, n'avait pas même la croix d'honneur. Le général Suchet avait demandé pour lui cette récompense bien méritée, mais Salm était mort lorsqu'elle arriva.

Les batteries de brèche furent démasquées le 28, et malgré la vive canonnade d'Olivo et de la place elle-même, la supériorité du feu des Français fut bientôt établie. Les canons du fort furent, dès le soir, réduits presque tous au silence. Le cavalier, les parapets et les batteries avaient été écrasés ; mais, malgré cet avantage, le général Suchet fit changer, le 29, la direction de plusieurs embrasures pour imposer silence à quelques pièces qui restaient à l'ennemi dans la partie de l'ouvrage sur la droite des Français. — Ce même jour, à quatre heures du soir, le signal de l'assaut fut donné par quatre coups de canon à mitraille.

C'est au général Ficatier que cette entreprise fut confiée. On forma deux colonnes d'attaque, l'une et l'autre composée de 300 hommes ; seulement la seconde était précédée de 20 sapeurs munis d'échelles et de pioches. La première colonne s'élança pour tourner l'ouvrage et s'emparer de la porte qui fut bientôt enfoncée à coups de masse et de hache. Pendant ce temps, une partie des soldats plantait les échelles aux escarpements de la gorge et grimpait sur l'ouvrage. La seconde colonne, partie de la droite de la batterie de brèche, s'élança sur le point du fort endommagé par le canon. Cent échelles furent placées dans le fossé ; les voltigeurs du 7ᵉ régiment s'y précipitèrent sous le feu de l'ennemi. Ces échelles se trouvant trop courtes, un sergent de sapeurs, placé au dernier échelon de l'une d'elles, fit grimper les voltigeurs sur ses épaules afin qu'ils pussent atteindre la brèche ; mais les soldats qui n'arrivaient pas assez vite au gré de leur impatience, cherchèrent et découvrirent dans le fossé une partie de l'aqueduc qui facilita le passage. Un capitaine du génie italien coupa le triple rang de palissades qui en défendait l'entrée et fit porter les échelles du premier fossé dans celui du réduit, qui fut bientôt escaladé, ainsi que le cavalier.

Cependant, à l'autre extrémité du fort, quelques canons ennemis tiraient encore à mitraille ; le chef de bataillon Miocque, officier d'une grande distinction, tomba frappé à mort. Ce malheur ralentit un instant l'ardeur des assiégeants ; mais bientôt accourut la première réserve, composée de 500 Italiens, et le succès fut décidé. — Dès que le fort d'Olivo fut pris, les soldats du 7ᵉ régiment, qui avaient été puissamment excités par le désir de venger le général Salm, écrivirent sur les murs de la place : *Notre brave général Salm est vengé.*

Au moment où le fort d'Olivo était enlevé, le général Habert, campé avec sa division sur les bords du Francoli, se précipitait sur les postes ennemis qu'il avait devant lui, et les repoussait jusque sous les remparts de la basse ville. Cette utile diversion, en jetant l'effroi parmi les Espagnols, les força d'entretenir sur les murs mêmes une fusillade vive et soutenue.

Les Français trouvèrent dans Olivo 40,000 rations de biscuit, autant de rations de légumes, de riz, de poisson salé ; 120,000 cartouches, 10 milliers de poudre, 47 bouches à feu, 50,000 sacs à terre, 3 drapeaux, 900 soldats et 70 officiers. Tout le surplus de la garnison avait été tué.

La prise d'Olivo répandit la consternation dans la garnison de Tarragone. Le gouverneur de cette place sentant combien il était important de rentrer en possession du fort, fit à cet effet sortir 3,000 hommes d'élite. Cette colonne s'avança en bon ordre, le 30 mai, à neuf heures du matin ; protégée par le canon de la ville ; mais les vainqueurs de la veille surent défendre leur conquête ; et les assaillants, accueillis par un feu meurtrier, furent obligés de rentrer dans Tarragone.

Siége et prise de Tarragone. — Une fois bien maître d'Olivo, le général Suchet voulut profiter de l'enthousiasme de ses troupes pour faire ouvrir la tranchée contre la ville. Une parallèle fut tracée dans la nuit du 1ᵉʳ au 2 juin, à cent toises du bastion dit des Chanoines ; et s'étendit jusqu'au Francoli ; on éleva en même temps sur les bords de la mer des batteries qui forcèrent les Anglais à prendre le large.

Ces travaux ayant été achevés en fort peu de temps, le général Suchet reconnut que le fort de Francoli gênait l'attaque à l'extrême droite, et il résolut de le faire enlever : 25 bouches à feu, réparties dans 5 batteries, furent établies contre ce fort dans la nuit du 6 au 7 juin, sans que l'ardeur des travailleurs et des artilleurs pût être diminuée par le feu terrible des Espagnols. Deux batteries, armées de pièces de 16 et de 24, devaient faire brèche à la face non flanquée de l'ouvrage, et à une partie faible de la communication. — Le fort de Francoli, situé à l'embouchure de la rivière qui lui donne son nom, est protégé par un fossé plein d'eau, par une escarpe et une contrescarpe revêtue par un chemin couvert avec place d'armes; il est lié aux murs de la place par une ligne fortifiée de quatre-vingts toises, qui a le triple but de renforcer le front le plus faible, de conserver l'eau du Francoli et d'éloigner les assiégeants du port.

Le maréchal Suchet fut, dès le 7, en mesure de commencer l'attaque contre le fort; une vive canonnade fit sauter deux magasins, et le feu continua à être si bien dirigé, que la brèche était praticable dès six heures du soir. L'ennemi évacua promptement son artillerie. Trois colonnes de troupes d'élite, sous les ordres du colonel Saint-Cyr-Nugues, soutenues par une réserve, et précédées chacune d'un officier du génie à la tête de sapeurs munis d'échelles, furent commandées pour l'assaut. Bravant tous les obstacles, ces troupes franchirent le fossé, ayant de l'eau jusqu'à la ceinture, escaladèrent la brèche sans répondre au feu de mousqueterie qui pleuvait sur eux, et s'emparèrent de la gorge.

Les Espagnols n'osèrent pas faire une seconde décharge, et prirent la fuite précipitamment sous les murs de la place, où ils furent poursuivis, la baïonnette aux reins, par les grenadiers et les voltigeurs. Bientôt, du fort Saint-Charles, du Môle et de la basse ville, fut dirigé contre les assaillants un épouvantable feu de mitraille et de mousqueterie; loin d'en être intimidés, ils restèrent de pied ferme à leur poste, attendant la construction des travaux qui devaient les protéger contre cette canonnade.

Maîtres du Francoli, les Français y furent assaillis le lendemain 8, par une grêle de balles et de boulets; mais déjà les troupes logées sur les faces avaient retourné les parapets contre l'ennemi. Le logement était également achevé à la gorge, la communication établie et le fossé comblé. Tous ces travaux avaient forcé les Espagnols d'évacuer leur longue ligne jusqu'à la contre-garde du bastion Saint-Charles et d'abandonner trois pièces d'artillerie. Non-seulement la prise de Francoli mettait les Français en mesure de battre le port; mais elle leur facilitait le cheminement sur le bastion des Chanoines et leur donnait les moyens d'attaquer le fort Saint-Charles et sa contre-garde; et cependant la possession d'une place si essentielle ne leur avait coûté que 15 hommes tués et 40 blessés.

Cependant, pour arriver à l'enceinte du faubourg ou de la ville basse, il fallait encore que les Français se rendissent maîtres d'un ouvrage appelé la lunette du Prince; cet ouvrage fut emporté d'assaut, le 16 juin, avec non moins d'impétuosité que les forts d'Olivo et du Francoli. Le général Suchet, dans son rapport officiel, rend de cette opération un compte clair et concis que nous lui empruntons : «L'artillerie transporta de nouveau la batterie de brèche, et, avec six mille sacs à terre, l'établit sur le terre-plein de l'ouvrage même. Le génie serra de plus près le front attaqué, ouvrit une troisième parallèle, poussa deux débouchés dans l'angle saillant du chemin couvert du bastion Saint-Charles et sur celui de la demi-lune, couronna la tête du glacis, et enfin exécuta sa descente du fossé à l'angle du bastion des Chanoines.»

Les assiégés se défendaient avec autant de vigueur qu'ils étaient attaqués; leur courage était soutenu par la présence des Anglais. Ceux-ci leur fournissaient des renforts et des secours de toute espèce, et employaient tous les moyens possibles pour entretenir leur enthousiasme et leur irritation; ils les engageaient à faire bonne contenance, en leur annonçant que des armées formidables arrivaient de l'intérieur de l'Espagne pour opérer la levée du blocus, et en leur donnant l'assurance que cette opération décisive serait secondée par une armée britannique qui était sortie à cet effet des ports de la Sicile. A cette époque, quelques troupes d'infanterie, venant de Valence, débarquèrent dans le port, et leur arrivée parut garantir l'accomplissement de toutes les promesses des Anglais. Aussi les assiégés firent-ils de nouveaux efforts pour conserver la ville basse dans laquelle sont enfermés le port et le môle; on éleva de nouvelles batteries sur le front des fortifications dont ce faubourg est couvert; les Anglais avaient d'ailleurs un grand intérêt à défendre ce lieu, devenu l'entrepôt d'une énorme quantité de marchandises britanniques.

Le général Suchet, ne voulant pas laisser aux Espagnols le temps d'augmenter encore les obstacles, fit poursuivre les travaux avec une vigueur sans exemple : dès le 21 juin, les batteries de brèche furent établies. A peine elles commençaient à jouer, qu'un obus, venu de la place, fit sauter le magasin à poudre de la principale batterie; mais le dommage fut promptement réparé, le feu de l'ennemi ne tarda pas à s'éteindre, et trois brèches praticables furent ouvertes. Quinze cents grenadiers et voltigeurs réunis dans les tranchées furent disposés en colonnes d'attaque et de réserve; ils devaient être précédés de sapeurs munis d'échelles. Le commandement de l'assaut fut déféré au général Palombini; le général Montmarie, à la tête d'une réserve, se forma à la gauche des tranchées, tant pour appuyer l'attaque principale que pour contenir au besoin les sorties de la haute ville; on plaça, dans le même but, une forte colonne dans le fort Olivo, qui, par un feu continuel, devait empêcher, de ce côté, toutes les tentatives de l'ennemi; enfin le général Harispe, posté à l'extrême gauche de la ligne du blocus, devait exécuter divers mouvements vers la route de Barcelone, pour opérer en faveur des assaillants une diversion puissante.

Après la stricte exécution de ces dispositions, un

signal de bombes fut donné, et cinq colonnes s'élancèrent à la fois, aux cris de *vive l'Empereur!* C'était
le 21, à sept heures du soir.

Le colonel du génie Bouvier, à la tête de la première
colonne, sortie du fossé du bastion des Chanoines,
escalada successivement les deux brèches du bastion et
du fort Royal; la deuxième colonne se porta, du fossé
de la demi-lune, droit à son réduit, et fit sa jonction
avec la colonne Bouvier; la troisième, partie du fossé
de la lunette du Prince, par le bord de la mer, pénétra
vers le pont; la quatrième s'élança sur la brèche du
bastion Saint-Charles et entra dans le faubourg; enfin
la cinquième, marchant à la suite de la quatrième,
passa la brèche Saint-Charles, prit sa direction à
gauche, marcha vers le fort Royal et le tourna par la
gorge.

De brillans résultats furent la récompense de la précision remarquable avec laquelle ce mouvement fut
exécuté. En vain 500 Espagnols défendirent avec la
plus vive opiniâtreté les fortifications du faubourg;
les grenadiers et les voltigeurs français emportèrent
tous les ouvrages. L'ennemi fut impitoyablement massacré par les vainqueurs, qui poursuivirent jusque
sous les murs de la haute ville tout ce qui échappa à
leurs coups. Les assiégeants pénétrèrent dans le bastion
de Santo-Domingo, et la prise du fort Royal les rendit
maîtres du point qui devait mettre tout le faubourg
en leur pouvoir.

Malgré cet élan général, la quatrième colonne, qui
s'avançait dans ce faubourg, escaladant les coupures,
détruisant les barricades et repoussant tout devant-
elle, se vit brusquement arrêtée dans sa marche par
le brigadier général Saarsfield à la tête de la réserve
espagnole; la troupe française fut un instant décon-
certée par une fusillade vive et imprévue qui jeta quelque désordre dans ses rangs; mais le colonel Robert,
commandant l'extrême droite, accourut aussitôt à la
tête des grenadiers et des voltigeurs qui composaient
sa réserve, fondit sur l'ennemi, l'accula au port et au
môle, lui coupa toute retraite et en fit une affreuse
boucherie.

La possession de la basse ville fit tomber entre les
mains des Français quatre vingts bouches à feu, et ne
leur coûta que 120 morts et 372 blessés. Les Espagnols
y perdirent presque toute la garnison qui défendait les
postes avancés. Les officiers de l'artillerie et du génie
voulurent recueillir promptement le fruit de ce beau
succès: ils firent aussitôt établir le logement et les communications, perfectionner les rampes des brèches, et
ouvrir, dans la même nuit, une première parallèle
devant le front de la haute ville, en avant du fort
Royal, appuyant sa gauche au bastion Santo-Domingo
et se prolongeant vers le bord de la mer. Quand le jour
parut, les assiégés restèrent consternés à la vue de ces
formidables travaux.—Les riches magasins des Anglais
avaient été pillés ou brûlés; cette vue remplit les Anglais
de fureur; tous leurs vaisseaux, gagnant le large depuis
la hauteur du Francoli jusqu'au-delà du port, vinrent
tour à tour lâcher leurs bordées sur les camps français, mais sans leur causer grand dommage. La garnison, ranimée par cette démonstration des Anglais,

fit les préparatifs d'une sortie, mais bientôt, intimidée
par la ferme contenance des assiégeants, elle rentra
dans la place.

La brèche aux murs de la ville était praticable le
28 juin, et cependant le gouverneur ne proposait aucune capitulation. Rien n'avait pu vaincre sa fermeté;
ni deux mois de siége, ni cinq assauts successifs. La
menace d'un sixième assaut, plus terrible que les pré-
cédents le trouva impassible et résolu.

C'est dans cette même journée du 28 juin, à quatre
heures du soir, que cet assaut eut lieu. Le général
Habert, à la tête d'une colonne d'attaque, escalada
la brèche et s'en empara. Les Français pénétrèrent
dans la ville, massacrèrent tout ce qui se trouvait
sur leur passage; les femmes et les enfants ne furent
pas même épargnés: la longueur du siége avait exaspéré tellement les soldats, que tous les efforts des
officiers furent impuissants contre leur aveugle fureur. Les maisons et les rues de la ville étaient inondées
du sang des Espagnols. La rage des vainqueurs ne
s'arrêta que devant les malades déposés dans l'église
cathédrale, et qui implorèrent la générosité des Français; tous furent sauvés.

Le général Habert poursuivant l'ennemi depuis la
brèche jusqu'aux remparts qui dominent la route
de Barcelone, lui ôta tous les moyens d'échapper à
la mort. Les soldats espagnols et les habitants épouvantés, et ne sachant comment se soustraire à la terrible vengeance des assiégeants, se précipitèrent pêle-
mêle du haut des remparts. Un grand nombre de ces
malheureux, étendus au pied du mur avec des blessures mortelles ou des membres fracturés, imploraient envain des secours; les soldats n'écoutaient
rien: des cadavres encombraient les rues dans toute
leur longueur.

Pendant ce temps, les dragons du colonel Delort
étaient vivement descendus de leur position pous appuyer une brigade italienne qui commençait à arrêter
les fuyards sur la route de Barcelone. A la vue de
cette cavalerie une partie des Espagnols se jeta à la
mer pour se mettre à l'abri sous la protection des croisières anglaises, les dragons les y poursuivirent, et
bientôt plus de 600 cadavres couvrirent le rivage, sans
que le carnage pût être arrêté par le feu soutenu des
Anglais. Les Italiens et les dragons ramenèrent au
quartier du général Harispe une immense colonne de
fuyards, forte de 9,700 hommes, dont 497 officiers,
un grand nombre d'officiers supérieurs, 3 maréchaux
de camp et le général Contréras, gouverneur de la
ville.

Les résultats du siége furent la prise de 20 drapeaux, de 384 bouches à feu en batterie, de 40,000
boulets ou bombes et de 500 milliers de poudre. Le
général Suchet, qui en avait conduit avec autant de
vigueur que d'habileté les opérations difficiles, fut
promu à la dignité de maréchal de France.

Plusieurs traits héroïques signalèrent le siége de Tarragone; nous en citerons un qui mérite d'être conservé.

Un sergent du 6ᵉ régiment de ligne, Italien, nommé
Bianchini, auquel sa valeur avait déjà mérité la décoration de la Légion d'honneur et celle de la couronne

de fer, présenta au général Suchet, après l'assaut du fort d'Olivo, quatre officiers et cinq soldats espagnols qu'il avait fait prisonniers à lui seul. Le général Suchet lui demande quelle récompense il désirait : «L'honneur de monter le premier à la brèche, lorsqu'on donnera l'assaut à Tarragone,» répondit le courageux Italien. Sa demande lui fut accordée. Le jour fixé pour l'assaut, Bianchini, de service sur un autre point, rappela à ses officiers la promesse du général en chef, se fit relever, monta le premier sur la brèche et y tomba frappé mortellement.

Après la prise de Tarragone, le maréchal Suchet, revêtu de la première dignité militaire, adressa à son armée la proclamation suivante :

« Soldats,

«L'Empereur a été content de vous au siége de Tar-«ragone ; son fidèle compagnon, le prince de Neufchâtel «et de Wagram, écrivait à votre général en chef, le «14 juin :

«L'Empereur a vu avec plaisir les nouveaux succès «que votre armée a obtenus en s'emparant du fort «Olivo. L'Empereur continue à être toujours très sa-«tisfait de la conduite des braves et bonnes troupes à «vos ordres.»

«En apprenant la prise d'assaut de Tarragone, «l'Empereur a daigné rendre l'honorable décret qui «élève votre général en chef au grade de maréchal «d'Empire.

«Je publie, avec autant de plaisir que d'empresse-«ment la suite des grâces que S. M. a accordées à son «armée d'Aragon,

«A tous ces traits de bienveillance de l'Empereur, «vous reconnaîtrez, soldats, l'intérêt constant que le «plus grand des souverains prend à ses armées; il veille «à tous vos besoins, il assure des retraites aux blessés, il «récompense avec grandeur les bons serviteurs, les traits «de valeur et de dévouement.

«Bientôt une nouvelle campagne va s'ouvrir; j'at-«tends de vous une discipline qui égale votre bravoure. «Les sous officiers ont été honorablement récompensés; «ils s'en étaient rendus dignes. Je compte sur leur fer-«meté pour faire exécuter les ordres de leurs chefs.

«Que la valeur et la discipline distinguent en toute «occasion l'armée d'Aragon; alors, soldats, vous serez «invincibles, et l'Empereur vous donnera de nouvelles «preuves de sa satisfaction et de sa bienveillance.

«Songez que le suffrage du grand Napoléon est le «prix le plus cher que puissent ambitionner les braves.»

A la suite de cette proclamation, était la liste des promotions, on y remarquait les généraux de brigade Habert, Rogniat, Vallée, Palombini, élevés au grade de généraux de division; les colonels Robert, Saint-Cyr-Nugues, Balathier, Verbigier-Saint-Paul, Bour-geois, Aussenac, Espert-Latour, Dubreton et Delort nommés généraux de brigade.

La prise d'assaut de Tarragone consterna les Cata-lans, et influa d'une manière décisive sur l'entière soumission de la province. Aussi, lorsque, quelques jours après, le maréchal Suchet marcha sur Barcelone, plusieurs rassemblements, pour la première fois, se dispersèrent sans tirer à son approche un seul coup de fusil. — Le maréchal entra dans Vique sans obstacle et y établit son quartier général.

Combat et prise du Mont-Serrat. — Le marquis de Campo-Verde, dont l'armée était à peu près dispersée, venait de s'embarquer à Mataro pour se rendre à Ca-dix. La junte de Catalogne s'était réfugiée à Mayorque, mais elle avait confié au brigadier Eroles la défense du Mont-Serrat, où se trouvait l'unique dépôt d'armes et de munitions qui restât aux insurgés catalans. La nature et l'art s'étaient réunis pour retrancher cette montagne formidable. Le maréchal Suchet se disposa à l'attaquer, et il arriva, le 24 juillet, avec les brigades Abbé et Montmarie, à Bruch, où était le général Maurice Mathieu avec un détachement de la garnison de Barce-lone. On commença l'attaque du Mont-Serrat par celle de trois redoutes qui couvraient l'entrée du défilé, en bas de la montagne, et qui furent en quelques instans enlevées à la baïonnette. Le général Abbé, à la tête des compagnies d'élite du 1er régiment d'infanterie légère, et du 114e régiment de ligne, précédées d'une compa-gnie de sapeurs, pénétra dans le défilé.

Le chemin qui conduit au monastère du Mont-Ser-rat serpente sur le flanc d'une montagne escarpée; il est fort long et fort difficile à gravir; des coupures, des retranchements, des redoutes placées sur des ro-chers presque inaccessibles, où le canon avait été hissé avec de grands efforts, se rencontraient à chaque pas et défendaient l'entrée du couvent; sur toutes les som-mités de la montagne étaient postés des miquelets et d'autres paysans armés qui faisaient un feu terrible. Le marquis d'Eroles, plein de confiance dans la force de cette position, avait fait porter des vivres pour huit jours dans les batteries qu'il regardait comme inexpugnables. Mais deux compagnies d'élite, parvenues sous la première batterie, grimpèrent l'escarpement et gagnèrent les embrasures malgré les pierres énormes dont les assiégés cherchaient à les accabler. L'ennemi fut terrifié de cette attaque audacieuse, et tout ce qui ne parvint pas à fuir fut tué dans la batterie. Les pièces qui la composaient furent à l'instant retournées contre la seconde, sur laquelle s'avançait six compagnies d'élite, dont les unes attaquant de front l'ouvrage en même temps que les autres le tournaient, l'enlevèrent à la baïonnette. Les canonniers espagnols furent tués sur leurs pièces.

Il restait encore à enlever une troisième batterie, protégée par un fort retranchement, et qui offrait les plus grands obstacles à une attaque de front. Mais 50 voltigeurs se dévouèrent, gravirent à travers les fentes de rochers, et parvinrent sur la cime des ai-guilles qui hérissent la montagne, et d'où ils plon-geaient sur tout l'intérieur du couvent et des retran-chemens. Le chef espagnol se précipita alors avec les débris de sa troupe dans des ravins et dans des sentiers inaccessibles, où il ne put être poursuivi par les vain-queurs, d'ailleurs harassés de fatigues.

Cette attaque hardie ne dut son succès qu'à l'ex-trême confiance que les avantages précédens avaient donnée aux Français; elle eut pour résultat la prise de deux drapeaux, de dix bouches à feu de gros calibre, et d'une immense quantité de vivres, de munitions et d'effets d'habillement.

Marche de l'armée d'Aragon sur Valence. — La prise de Tarragone et la reprise de Figuières, qui eut lieu vers cette époque, n'avaient pas fait perdre tout espoir à la junte suprême. — Elle avait, en toute hâte, envoyé dans le royaume de Valence le général Blacke avec des pouvoirs extraordinaires et illimités.

Ce général rassembla une armée, et fit exécuter à Valence et dans les provinces des environs des levées en masse ; les anciennes bandes se recrutèrent, de nouvelles se formèrent, et l'on débarqua au Grao [*] d'immenses munitions de guerre et de bouche ; autour de cette ville s'élevèrent des fortifications nouvelles, et de nouvelles batteries garnirent ses remparts. Le général Blacke ne négligea aucun des moyens propres à exalter le patriotisme et l'enthousiasme des Valenciens ; il leur cita l'exemple de Saragosse en les engageant à l'imiter ; les forts de Peniscola, d'Oropesa et de Sagonte furent fortifiés et armés avec une célérité incroyable ; ces forteresses, élevées sur la grande route de la Catalogne à Valence, rendaient une invasion très difficile. Le général Blacke pouvait donc penser avec raison que l'armée française, qui ne se montait pas à 25,000 hommes, et que le blocus ou le siège des trois forts dont nous venons de parler devait affaiblir en la divisant, n'oserait pas dépasser les limites de la Catalogne, surtout en raison des obstacles qu'elle devait rencontrer dans sa marche.

Le maréchal Suchet, en apprenant ce qui se passait dans le royaume Valencien, et jugeant sa présence inutile devant le fort de Figuières pour la reddition duquel toutes les mesures étaient prises, s'empressa de quitter la Catalogne, jugeant bien que les difficultés de la conquête de Valence s'augmenteraient par chaque jour de retard. Aussi, sans attendre des renforts qui, dans sa position, étaient à peu près indispensables, il établit, dès le 16 septembre, son quartier général à Alcala de Chisbert.

L'avant-garde, composée de la compagnie d'élite du 24° de dragons alors commandée par le général Delort, rencontra le lendemain, en approchant de Villa-Réal, plusieurs escadrons ennemis, qu'elle chargea, dispersa et poursuivit au galop jusqu'au-delà de Melet, c'est-à-dire pendant plus de trois lieues. — Dans cette poursuite, l'ennemi eut un grand nombre d'hommes tués et laissa beaucoup de cavaliers et de chevaux au pouvoir des vainqueurs.

Arrivée devant le fort de Sagonte. — Le maréchal Suchet entra, le 27 septembre, dans Murviedro ; le 28, douze compagnies, tant de la division Habert que de la division italienne, s'emparèrent de tous les ouvrages avancés de l'ennemi, et le rejetèrent dans les murs de la forteresse de Sagonte, qui fut complétement investie le jour même. — La nuit suivante, on forma, à l'abri des feux du fort, des communications dans la ville ; on fit des traverses dans les rues, et on pratiqua des créneaux dans les maisons qui sont en face du fort. Ces travaux,

[*] Port de Valence à une demi-lieue de la ville.

exécutés sous un feu meurtrier, coûtèrent la vie à plusieurs sapeurs.

Tandis qu'une partie de l'armée d'Aragon était en position devant Sagonte, Suchet faisait observer Peniscola, et assiéger le petit fort d'Oropesa : ce dernier, après huit heures de feu, tomba, le 11 octobre, au pouvoir des Français. Il barrait la grande route dans un défilé entre des montagnes : aussi son occupation était-elle fort importante, en ce qu'on ne pouvait, avant d'en être maître, tirer de Tortose l'artillerie et les munitions nécessaires au siége de Sagonte.

A la même époque, le maréchal ordonna au colonel Millet de se mettre à la tête de 300 fantassins et cuirassiers, et d'aller dissiper un rassemblement d'environ 1,000 paysans, qui s'était formé à Val-de-Uxo ; il dirigea aussi le général Palombini contre deux détachements que Blacke avait postés sur Lyria et Ségorbe. Une division ennemie était, en outre, postée à Seneza ; 3,000 hommes occupaient les hauteurs à droite et à gauche de Ségorbe, et la grande route était coupée par 400 chevaux. Pendant que deux bataillons italiens attaquaient à la fois les flancs de l'ennemi, le colonel Schiazetti, à la tête des dragons Napoléon, chargeait avec impétuosité la cavalerie espagnole, et la poursuivait, le sabre aux reins, jusqu'au pont de Ségorbe. Quoique le général espagnol Obispo eût toutes ses forces réunies sur ce point, les dragons italiens entrèrent pêlemêle avec les cavaliers, sabrèrent tout ce qui se trouva sur leur passage, et poursuivirent l'ennemi jusqu'à deux lieues au-delà de la ville. L'ennemi eut dans cette affaire 300 hommes et 90 chevaux tués ; il y perdit un drapeau et plus de 100 prisonniers.

Le général Blacke, qui ne croyait pas encore pouvoir hasarder une affaire générale, et qui par des combats partiels voulait tenir ses troupes en haleine, fit renforcer la division Obispo, dès qu'il apprit l'échec qu'elle venait d'éprouver. Il dirigea sur la chartreuse de Porta-Celi, les généraux O'Donnell, Villa-Campa et San-Juan, dont les forces, réunies à celles du général Obispo, s'élevaient à 8,000 fantassins et 1,500 chevaux.

Combat de Benaguasil. — Ce dernier mouvement menaçait le flanc droit de l'armée française ; pour la dégager, le maréchal Suchet se mit en marche le 1er octobre, avec le général Harispe. Il rencontra l'avant-garde espagnole à Betara ; la culbuta et la poursuivit jusqu'à la Puebla de Benaguasil. L'infanterie espagnole y était rangée en bataille sur deux lignes et dans une bonne position ; elle semblait disposée à se défendre vigoureusement. Le maréchal fit former le 7° régiment en deux colonnes d'attaque commandées par les généraux Harispe et Paris. — Les Espagnols furent bientôt mis en déroute, et ne parvinrent à s'échapper que grâce à la disposition du terrain, coupé en tous sens par de nombreux canaux d'irrigation. — Les Français n'ayant pas pu, à cause de ces obstacles, poursuivre les fuyards, le général O'Donnell eut le temps de rallier et de reformer sa brigade sur les hauteurs en arrière de Benaguasil ; mais le général Harispe, qui la suivait de près, les força de nouveau à fuir précipitamment. Mille dragons tentèrent en vain de protéger la retraite de l'infanterie; le 4ᵉ de hussards, commandé par le colonel Christophe, chargea les escadrons ennemis avec tant d'impétuosité qu'ils furent dispersés, laissant 100 hommes sur le champ de bataille, et entre les mains des hussards, 85 cavaliers et 100 chevaux. — Les Espagnols repassèrent en désordre le Guadalaviar à Villa-Marchale.

Siége de Sagonte. — Deux assauts inutiles. — Lorsque la rive gauche du Guadalaviar se trouva ainsi purgée des partis inquiétant le flanc droit de l'armée, le maréchal Suchet fit hâter les travaux préliminaires du siége de Sagonte, qui présentait des difficultés presque insurmontables aux assiégeants. Il est vrai de dire que les Espagnols n'avaient eu le temps ni de compléter ni de terminer les travaux de défense, et que les remparts n'étaient garnis que de dix-sept bouches à feu; mais l'imperfection des ouvrages et l'insuffisance des batteries étaient amplement rachetées par la situation de la forteresse. — Construite sur un rocher isolé de toutes les hauteurs et escarpé à pic dans presque tout son pourtour, cette forteresse, située à une lieue de la mer, domine et la ville de Murviedro et une des plaines les plus fertiles de l'Espagne. Sa position est d'autant plus importante, qu'elle forme l'embranchement des routes royales de Valence à Saragosse et de Barcelone à Valence. Les débris d'un magnifique amphithéâtre, taillé en partie dans le roc, se voient à mi-côte, entre la ville et le fort; des remparts, noircis par les siècles et dont on attribue la construction aux Maures, surmontent les étroites sommités de ce rocher, auquel Murviedro est adossé immédiatement.

Les Espagnols avaient rétabli ces remparts à la hâte, et y avaient élevé des parapets et des terrassements pour les batteries. Tous ces ouvrages formaient un fort très-irrégulier, d'environ quatre cents toises de longueur sur trente à soixante de largeur; on l'avait divisé en quatre petites places, afin qu'une partie du fort prise, le reste fût encore susceptible de défense. Le réduit de San-Fernando occupait la sommité la plus élevée et dominait toutes les autres parties.

Le fort d'Oropesa n'étant point encore pris alors, l'arrivée de l'artillerie se trouvait retardée; cette circonstance, jointe à ce qu'une attaque régulière offrait de long, de pénible et de meurtrier, détermina le maréchal à tenter d'enlever Sagonte par un coup de main et à l'aide d'échelles dressées contre les murs. Il espérait que la valeur éprouvée de ses troupes ferait réussir ce projet, tout téméraire qu'il était.

L'escalade fut décidée, et on réunit, à cet effet, dans une nuit obscure, sous les ordres du général Habert, plusieurs compagnies d'élite. L'audace des assiégeants était sur le point de triompher de tous les obstacles; surpris et effrayés d'une attaque si imprévue, les Espagnols, après avoir abandonné les premiers ouvrages, fuyaient en désordre jusque dans le réduit de San-Fernando, lorsqu'ils se rallièrent à la voix pressante de quelques officiers. Reprenant bientôt confiance, ils revinrent sur leurs pas, firent pleuvoir sur les Français une pluie de balles et de grenades, et les forcèrent à se précipiter du haut des remparts où quelques grenadiers étaient déjà parvenus. Une prompte fuite empêcha seule les assaillants d'être écrasés par ce feu terrible. Cette tentative imprudente n'eut pas seulement l'inconvénient de coûter aux Français beaucoup de tués et de blessés, elle ranima le courage des assiégés et les fortifia dans la résolution de défendre leurs murs jusqu'à la dernière extrémité.

Après cet échec, force fut au maréchal Suchet d'en revenir aux moyens ordinaires. Tous les contre-forts du mamelon étaient trop bas pour que l'on pût y établir les batteries de brèche, à l'exception d'une croupe de rochers qui se prolonge à peu près de deux cents toises en avant du réduit de San-Fernando. — Ce fut donc de ce côté que l'on détermina l'attaque.

Le 5 octobre, le génie commençant les approches, forma, au travers du rocher, des communications couvertes, et établit les postes d'infanterie à soixante-dix toises des remparts. On fit exécuter, à l'aide des mines, une route sur le flanc du mamelon pour armer les batteries de pièces de 24; ces batteries, élevées sur l'extrémité d'un plateau, à cent toises du fort, avaient, le 18, ouvert une brèche praticable pour quatre à cinq hommes de front. Mais cette brèche était d'un accès fort difficile à cause de son escarpement excessif, dont on pourra se faire une idée, quand nous dirons qu'elle était formée de débris de maçonnerie sans terre, ayant plus de trente pieds d'élévation. On ordonna l'assaut pour cinq heures du soir; quelques grenadiers parvinrent au sommet; mais l'avantage de la position était tout en faveur des assiégés, qui, placés dans un rentrant, pouvaient accabler les assaillants sous une grêle d'obus et de grenades. Aussi toute la colonne d'attaque, renversée du haut de la brèche, fut-elle rejetée précipitamment dans la place d'armes, formée à trente-cinq toises du fort et destinée au rassemblement des troupes d'attaque. Les Français eurent, dans ce nouvel assaut, non moins funeste que le premier, 120 hommes tués et plus de 200 blessés.

Les travaux furent repris le lendemain; et on construisit, avec une ardeur nouvelle, des batteries plus rapprochées du fort; l'artillerie fut augmentée et l'on poussa les cheminements jusqu'au pied des remparts. Après d'incroyables efforts, on parvint à se loger, dans la journée du 24, à trois toises du pied de la brèche. Pendant les travaux, les assiégés ne discontinuèrent pas leur feu, qui tua et blessa grièvement beaucoup de sapeurs et de canonniers. Enfin le 25 octobre, une nouvelle batterie ouverte à soixante-dix toises de l'avancée de San-Fernando, commença son feu.

Mais des événements plus glorieux devaient signaler cette journée du 25; une bataille mémorable et décisive allait ouvrir presque en même temps aux Français les ports de Sagonte et de Valence et venger le double échec qu'ils avaient successivement essuyé.

Bataille de Sagonte. — Le général Blacke, disposant, en vertu de ses pouvoirs extraordinaires, de toutes les ressources du pays, pouvait, sans trop de présomption, croire au succès de son entreprise. Ses troupes et les habitants de Valence étaient dans le paroxisme de l'exaspération, et tous le suppliaient de livrer une bataille qui devait sauver la province. — Le général Mahi venait d'amener à Valence un fort détachement de l'armée de Murcie, et l'armée de Blacke s'était encore renforcée de troupes qui, naguère, avaient combattu vaillamment dans les champs d'Albuera, sous le commandement des généraux Lardizabal et Zayas. Ces troupes nombreuses, bien disciplinées, bien aguerries, étaient animées d'une ardeur qui promettait au général espagnol un succès infaillible. La formidable infanterie du général Blacke était encore appuyée par trente pièces d'artillerie en bon état et par une colonne de 3,000 chevaux.

Les troupes du maréchal étaient moins nombreuses de moitié. Pour continuer le blocus et contenir sur tous les points la garnison de Sagonte, Suchet laissa devant le fort six bataillons sous les ordres des généraux Palathier et Bronikowski. Les troupes renfermées dans le fort, et auxquelles deux assauts repoussés avaient donné de la confiance, attendaient impatiemment l'armée du général Blacke, assurant au général en chef qu'elles feraient en sa faveur une prompte et utile diversion. Enfin le champ de bataille sur lequel le général Blacke allait combattre était resserré entre les deux places occupées par ses troupes, qui, en cas de besoin, pouvaient venir à son secours de deux côtés. S'il réussissait, il délivrait Sagonte, s'emparait de tous les équipages et bagages des Français, leur coupait toute retraite par la grande route de Catalogne et les forçait d'abandonner précipitamment le royaume de Valence ; s'il échouait, un refuge lui était assuré à quelques lieues de lui : il repassait sur la rive droite du Guadalaviar, et venait, en avant de Valence, se rallier et se reformer au milieu de ses camps retranchés.

Dans un tel état de choses, le général Blacke n'avait pas hésité à se mettre en mouvement, la nuit du 24 au 25 octobre, pour être en mesure, à la pointe du jour, d'attaquer l'armée française. — Les Valenciens et la garnison de Sagonte pouvaient, du haut des remparts, contempler toutes les manœuvres d'une bataille si importante pour eux.

Voici quel était, le 25 au matin, la position de l'armée française : la division du général Habert, formant l'aile gauche en arrière de Puzol, se prolongeait de la route royale aux bords de la mer, et se trouvait flanquée à sa droite par le 24ᵉ de dragons ; sur une ligne presque parallèle au général Habert, et près du village de Val-de-Jésus, était la division du général Harispe, prolongeant sa droite aux montagnes, et soutenue par quelques pièces de campagne et par la brigade de cavalerie du général Boussard, composée du 4ᵉ régiment de hussards et du 13ᵉ de cuirassiers. Les généraux Klopiski et Robert étaient partis avec leurs brigades, de façon à couvrir le défilé de Gilet à Bataca ; 1,500 hommes, sous les ordres du général Compère, étaient chargés d'observer la route de Ségorbe, et, au besoin, de soutenir les brigades Klopiski et Robert ; enfin une brigade de la division italienne, sous les ordres directs du général Palombini, était en réserve de l'autre côté de Murviedro, prête à marcher, selon les circonstances, au secours de la division Habert ou des troupes qui formaient le blocus.

L'action était à peine engagée, que les tirailleurs français furent ramenés brusquement. Les Espagnols, avançant avec rapidité, occupèrent en force les hauteurs d'El Peuch et la route de Betara ; les Français évacuèrent en toute hâte le village de Puzol, où l'ennemi établit deux bataillons d'élite. Les vaisseaux anglais, qui longeaient parallèlement le bord de la mer, protégèrent, par leurs bordées, ces mouvements des Espagnols.

Les bivouacs français étaient déjà au pouvoir de l'ennemi, qui se trouvait à moins d'une demi-lieue des défenseurs de Sagonte. Ceux-ci, en voyant ces rapides progrès, jetaient en signe de joie leurs chapeaux en l'air, et poussaient des cris d'enthousiasme qui devaient se changer bientôt en cris de rage. La brigade du général Montmarie, de la division Habert, soutenait seule les efforts de la masse ennemie et s'opposait à ce que les Espagnols débouchassent du village de Puzol ; cette troupe, quoique affaiblie par des pertes multipliées, se battait avec la plus remarquable intrépidité.

En même temps que l'aile droite de l'armée espagnole, se prolongeant jusqu'au bord de la mer, s'était ainsi rapprochée de Sagonte, la gauche et le centre s'avançaient avec non moins de vivacité. — En vain les hussards du 4ᵉ régiment essayaient d'arrêter l'ennemi : trois charges successives furent repoussées. Deux régiments de ligne et un régiment de la Vistule s'avancèrent au secours des hussards et se formèrent en colonnes d'attaque. Un des régiments de ligne enleva à la baïonnette une position que les Espagnols venaient d'occuper sur un mamelon ; l'artillerie y établit quelques pièces ; mais l'ennemi, connaissant toute l'importance de ce point, l'attaqua de nouveau et le reprit ; les canonniers français furent enveloppés et sabrés. — En ce moment, la brigade du général Boussard s'ébranla tout entière et tomba impétueusement sur les 1,500 cavaliers espagnols qui s'étaient emparés de l'artillerie ; une mêlée longue et terrible s'ensuivit ; mais enfin les Français l'emportèrent, les escadrons ennemis furent culbutés et deux maréchaux de camp espagnols furent blessés et faits prisonniers ; l'artillerie fut reprise et l'ennemi perdit en outre six de ses pièces.

Le général Blacke, des hauteurs d'El Peuch, où il dirigeait les mouvements de son armée, aperçut l'échec que sa cavalerie venait d'éprouver ; aussitôt il fit avancer sa réserve d'infanterie, soutenue par l'artillerie et par plusieurs escadrons. Son but était d'écraser la division Habert, de forcer le passage par la route royale, et de déboucher de Puzol avec la division de Zayas et de Lardizabal.

Des bataillons espagnols s'avancèrent donc en échelons entre Puzol et la grande route ; les troupes françaises qui contenaient l'ennemi dans Puzol, après une résistance héroïque, affaiblies et découragées par le nombre des morts et des blessés, étaient sur le point de succomber, lorsque le général Delort s'élança sur l'ennemi à la tête du 24ᵉ de dragons, enleva deux pièces d'artillerie chargées à mitraille, au moment où les canonniers allaient y mettre le feu, chargea la cavalerie espagnole qui les soutenait, la culbuta et la poursuivit jusqu'au-delà d'Albalate, sans que le feu des bataillons embusqués près de la route pût arrêter son élan.

Le capitaine Davous reçut l'ordre de prendre une des compagnies du 24e de dragons et de se porter sur l'extrême droite espagnole. Il rencontra le régiment de la Maestranza de Valence, l'enfonça au premier choc, et, sans perdre son temps à le poursuivre, tourna le village de Puzol, qui était depuis si long-temps le théâtre d'un combat meurtrier. Les dragons y entrèrent au galop, tombèrent comme la foudre sur les derrières du bataillon des gardes espagnoles, leur enlevèrent un drapeau et leur firent mettre bas les armes. Au même moment le 5e léger et le 16e de ligne pénétrèrent dans le village, et firent replier en désordre, vers les hauteurs d'El Peuch et le long de la mer, tous les bataillons ennemis qui inquiétaient la gauche de la ligne française.—Ce brillant succès décida du gain de la bataille.

A l'extrême gauche de la ligne française, les progrès des Espagnols avaient été arrêtés par quatre bataillons italiens de la division Palombini, qui avaient repoussé la charge des dragons espagnols de Numance et leur avaient tué beaucoup de monde.—De son côté, le général Klopiski, après avoir porté les bataillons du général Robert contre la division d'Obispo, pour garantir le flanc droit, venait se joindre aux troupes du centre, et, à la tête du 44e de ligne et des dragons Napoléon, prendre sa part des succès de la journée. Le colonel Schiazetti, à la tête des dragons, culbuta trois bataillons espagnols et fit 800 prisonniers. Dès lors la cavalerie française réunie enfonça les escadrons ennemis qui se présentèrent, couvrit la terre, dans l'espace de deux lieues, de morts et de débris, et ramassa 2,000 prisonniers dont 150 officiers.—Les généraux Harispe, Klopiski et Boussard poursuivirent les fuyards au-delà de Betara et les forcèrent à repasser la Guadalaviar.

Le maréchal Suchet n'avait plus, pour compléter sa victoire, qu'à enlever les hauteurs escarpées d'El Peuch, position excellente qui domine toute la campagne, et où le général Blacke avait cinq pièces d'artillerie en batterie, appuyées par quelques bataillons de réserve.—Tandis que le général Habert attaquait ce poste de front, le général Palombini le tournait à droite par la plaine, et le général Montmarie à gauche en longeant les bords de la mer.—Effrayé de la rapidité d'un mouvement si habilement calculé, l'ennemi abandonna en toute diligence la position où il s'était retranché et les cinq pièces destinées à sa défense. — Le général Blacke, dans sa fuite précipitée, laissa même sur le terrain ses cartes déployées.

Cette bataille coûta aux Espagnols, tant en prisonniers qu'en tués et blessés, 6,500 hommes. Les Français n'eurent pas plus de 128 hommes tués et de 600 blessés. Parmi ces derniers, se trouvait le général Paris, qui avait eu la jambe traversée d'une balle; le général Montmarie reçut plusieurs contusions, et le général Harispe eut deux chevaux tués sous lui. Les trophées de l'armée française étaient 4,639 prisonniers, dont 230 officiers, 40 colonels ou majors, 2 maréchaux de camp, seize pièces de canon, huit

caissons, quatre mille deux cents fusils de fabrique anglaise et deux drapeaux.

Prise du fort de Sagonte.—Le gain de la bataille de Sagonte eut pour résultat immédiat la reddition du fort. En effet, ayant perdu tout espoir d'être secourue, la garnison s'empressa d'accepter la capitulation que le maréchal Suchet lui proposa.—La reddition de Sagonte mit encore au pouvoir des Français 17 bouches à feu, 800,000 cartouches, deux milliers de poudre 2,500 fusils anglais, 6 drapeaux, et 2,780 prisonniers, parmi lesquels se trouvaient le gouverneur général Adriani et 8 officiers supérieurs.

Sommation au gouverneur de Valence.—Elle n'est pas reçue. — Maître du fort de Sagonte, le maréchal Suchet chargea le général Harispe d'envoyer au gouverneur de Valence une sommation dans laquelle, en lui retraçant l'anéantissement de l'armée de Blacke, le général en chef l'engageait à ouvrir ses portes pour éviter à la ville les horreurs qu'entraîne toujours une prise d'assaut. «Je suis autorisé, disait le général Harispe, à vous offrir les conditions les plus honora-«bles et les plus avantageuses pour assurer la sécurité «et la tranquillité des habitans de Valence; dès l'in-«stant que cette ville se sera rendue aux armes de S. M. «l'empereur et roi, le passé sera oublié, et il n'existera «plus de ressentiment chez les Français contre les Va-«lenciens. Nous nous efforcerons, par nos bons procé-«dés et par la protection spéciale que leur promet son «Excellence, de leur faire oublier les malheurs de la «guerre et de l'anarchie horrible dont ils sont accablés «depuis tant de temps.»

Ces paroles, à la fois fermes et bienveillantes, ne furent point écoutées; le parlementaire ne put pénétrer au-delà des avant-postes.

Les Espagnols puisaient dans chaque revers une énergie nouvelle; les Valenciens travaillaient depuis long-temps, nuit et jour, à fortifier leurs murs et les lignes extérieures établies pour en couvrir l'approche; ils avaient retranché avec un soin particulier les villages de Quarte et de Manisès; ils avaient lié et couvert de fortifications et garni de têtes de pont les cinq passages par lesquels on communique, dans une distance très rapprochée, de l'une à l'autre rive du Guadalaviar.

Arrivée de l'armée devant Valence. — Préparatifs d'attaque. — Tous ces préparatifs annonçaient clairement l'intention de ne céder qu'à la force; aussi le maréchal, convaincu que chaque jour de retard ajouterait aux difficultés de l'entreprise, marcha aussitôt sur Valence.

Dans la journée même (26 octobre), la division Habert occupa le faubourg de Serrano et le port de la ville. La division Harispe prit position à Beniferri et à Paterna; elle se liait, par sa gauche, aux troupes du général Habert, et prolongeait sa droite, jusque auprès de Villa-Marchale; ses avant-postes furent placés en face des têtes de pont. La réserve, formée des division, Robert et Palombini, occupait à quelques lieues en asrière, une seconde ligne presque parallèle à la première.

Lorsque Valence fut ainsi resserrée, depuis les embouchures du Guadalaviar jusqu'à Villa-Marchale, le maréchal ordonna la construction d'ouvrages en terre et de retranchemens pour contenir l'ennemi, et mettre les troupes à l'abri d'un coup de main. Plusieurs redoutes furent construites et armées en quelques jours ; les couvens des capucins de *la Esperanza* furent enlevés, réparés, et mis en état de défense pour appuyer les tranchées.

La garnison tenta trois sorties successives pour reprendre *le Grao* ou le port, et rétablir ainsi ses communications avec la mer ; mais le 117ᵉ, commandé par le général Bronikowski, rejeta toujours l'ennemi dans les murs de la ville, et lui fit perdre beaucoup de monde. — Des bombes et des obus pleuvaient sans interruption du haut des remparts ; mais les Français étaient à l'abri de ce feu derrière les délicieuses maisons de campagne qui garnissent la plaine, et qui partout sont entourées d'oliviers, d'orangers, de grenadiers et de citronniers.

Tandis qu'on exécutait les travaux du siége, le général Vallée pressait l'arrivée de l'artillerie que l'on tirait de Tortose, et qui se composait de 100 pièces de 24, et de 30 mortiers et obusiers munis de leurs approvisionnemens.

La garnison du fort de Peniscola fit en vain plusieurs excursions sur la route de Valence pour enlever ces immenses convois. Le gouverneur de ce fort avait détaché 80 hommes à la Terre-Nova. 200 hommes d'élite soutenus par deux pièces de canon, attaquèrent ce poste le 7 décembre ; le lendemain une batterie fut établie et écrasa la tour ; en ce moment, dix chaloupes canonnières sortirent du port de Peniscola pour secourir le poste menacé. A cette vue, les voltigeurs du 114ᵉ régiment s'élancèrent vers la porte de la tour, qui était couverte par un espèce de retranchement nommé tambour, et défendu par une grêle de balles et de grenades. Des artilleurs avaient apporté un baril de poudre et allaient y mettre le feu, lorsque les 80 Espagnols se rendirent à merci. Les canonnières regagnèrent le port et les artilleurs firent sauter la tour, ce qui permit aux convois de passer désormais librement.

Pendant le mois de novembre et une grande partie de celui de décembre, l'armée resta dans ses positions, sans autre mouvement que des reconnaissances faites sur l'une et l'autre rive du Guadalaviar. — Ces reconnaissances amenèrent de fréquents engagemens, dans lesquels les Français obtinrent toujours l'avantage.

Passage du Guadalaviar. — Investissement de Valence. — Pendant ce temps, l'équipage de siége se rassemblait, et le général Reille était arrivé de la Catalogne avec une forte division, sans laquelle l'armée d'Aragon eût été bien certainement trop faible pour manœuvrer sur les deux rives du Guadalaviar.

Tout était prêt le 26 décembre, au matin, pour le passage du fleuve. — Le général Harispe, à la tête de sa division soutenue par la cavalerie du général Boussard, le traversa au-dessus de Paterna, sur deux ponts de chevalets que l'on avait construits pendant la nuit. Le général Harispe fit un circuit très étendu, et tourna Valence du nord au sud, en se dirigeant par Torrente sur Cataroja. Le général Habert avait ordre de s'emparer du Lazaret, armé de plusieurs pièces d'artillerie, et de compléter le blocus de Valence, en se dirigeant sur la rive droite au-delà des embouchures du Guadalaviar. Le général Reille traversa le fleuve avec sa division sur un pont de bateaux que l'on avait jeté en face de Paterna et vint flanquer la gauche du général Harispe. — Le général Musnier devait attaquer de front le camp retranché de Manisès ; le général Palombini avait ordre de se porter sur le flanc droit de l'ennemi, entre Valence et le camp retranché ; enfin la division du général Robert restait en réserve pour agir selon les circonstances.

Lorsque les divisions eurent commencé leurs mouvemens sur les points qui leur étaient assignés, le général Boussard se trouva, près de Torrente, en présence de toute la cavalerie espagnole, composée de vingt escadrons et rangée en bataille derrière un ravin. Quoiqu'il n'eût avec lui qu'un seul escadron, il n'hésita pas à charger cette ligne formidable. C'était une grave imprudence et qui faillit lui coûter la vie. Couvert de coups de sabre, il resta quelque temps au pouvoir des cavaliers espagnols dont il était entouré, et qui lui arrachèrent ses épaulettes, ses armes et ses décorations. Un de ses aides de camp, nommé Le Capitaine, périt glorieusement en le défendant ; l'escadron du 4ᵉ de hussards, qui était avec le général, ne put résister à des forces supérieures et fut écrasé. Le général Delort s'approcha avec le gros de la cavalerie, mais au moment où il arrivait sur le champ de bataille avec ses escadrons qui s'échelonnaient, les Espagnols se précipitèrent vers le défilé, abandonnant le général Boussard et les débris de son escorte. La division de cavalerie continua sa marche et arriva promptement à Cataroja, enlevant sur sa route bon nombre de fantassins et de cavaliers, et s'emparant d'une grande quantité de bagages et de caissons.

Sur ces entrefaites, le général Palombini, chargé d'abord d'une attaque secondaire, effectuait l'attaque principale. La brigade du général Balathier, après avoir franchi plusieurs canaux et s'être emparée de plusieurs retranchements, rencontra des forces triples auxquelles elle tint tête, donnant ainsi à sa seconde brigade le temps de la joindre. — Une charge brillante, exécutée par 50 dragons Napoléon, eut un plein succès ; cependant de nombreux retranchements, et la nature du lieu, couvert d'arbres et hérissé de haies, de murs, de fossés et de canaux, permettaient aux Espagnols de prolonger leur résistance. — Heureusement le général Robert accourut à la tête de deux régiments, qui emportèrent vivement les camps retranchés de Manisès et de Quarte, avec canons, caissons et bagages. — La déroute de l'ennemi fut augmentée par le général Reille, débouchant d'Aldaya avec la division Severoli et la brigade du général Bourke, et achevée par les charges du 9ᵉ de hussards qui rejeta le général Blacke dans les murs de Valence.

Pendant ces événements, le général Habert passait le Guadalaviar vers ses embouchures, pénétrait de vive force dans le Lazaret, s'emparait de plusieurs pièces de canon, et complétait ainsi l'investissement de Valence. Seize bouches à feu, établies sur le môle du Grao, étaient parvenues, après deux heures de feu, à éloigner du port deux vaisseaux, deux frégates et un grand nombre de canonnières anglaises.

Les divisions espagnoles des généraux Freyre et Bassecourt, postés à Reiquena, se trouvèrent coupés de Valence par la prise des camps retranchés. Cette journée, dont l'infanterie italienne avait fait, avec une brillante valeur, presque tous les frais, mit au pouvoir des Français un grand nombre de prisonniers, deux drapeaux, trente pièces de canon et cent caissons ou voitures de bagages.

Passage du Xucar. — Occupation d'Alcira et de San-Felipe. — Dès que l'armée française fut établie dans ses positions, le général Delort, à la tête de l'avant-garde, formée de presque toute la cavalerie, et flanquée de huit compagnies de grenadiers et de voltigeurs, balaya tous les postes de cavalerie établis sur la rive gauche du Xucar, leur fit bon nombre de prisonniers, et chassa d'Alcira les divisions des généraux Obispo et Mahi. Cette petite ville, armée de quelques pièces de canon, pouvait, par sa situation dans une île que forme le Xucar, devenir une excellente position défensive pour les troupes espagnoles. Les habitants d'Alcira que la marche rapide de l'armée d'Aragon effrayait, en même temps qu'ils étaient rassurés par la discipline que cette armée observait, rétablirent eux-mêmes le pont que l'ennemi avait coupé, et accueillirent fort amicalement les troupes du général Delort. Le même jour, ce général nettoya entièrement la rive gauche du Xucar jusqu'à son embouchure en dirigeant sur Cullera deux escadrons et deux compagnies de voltigeurs. On s'empressa de mettre Alcira à l'abri d'un coup de main. Pendant qu'on fortifiait cette ville, qui offrait un excellent point d'appui à l'armée française, des députés de la ville de San-Felipe, une des plus importantes de la province, se rendirent auprès du général Delort et protestèrent de leur obéissance et de leur dévouement. En effet, lorsque le général français entra dans cette ville, dont la population s'élevait à plus de 20,000 âmes, il y fut accueilli par des acclamations générales. — L'armée d'Aragon dut cet accueil à sa conduite noble et digne ; aussi lorsque les habitants de San-Felipe adressèrent au maréchal Suchet leur acte d'adhésion au gouvernement du roi Joseph, ils lui écrivirent :

« Nous ne sommes pas seulement soumis, nos cœurs
« sont aussi gagnés ; et vous devez ce changement à la
« noblesse de votre caractère, à la discipline de vos
« troupes, et surtout à la conduite du général que vous
« nous avez envoyé, et qui a si bien su nous convaincre
« de vos intentions magnanimes et bienveillantes. » — Un pareil témoignage était pour le général Delort une honorable récompense.

Les Français avaient si bien su se concilier l'affection des habitants de San-Felipe, que l'avant-garde, ainsi détachée à plus de quinze lieues du gros de l'armée pendant le siège de Valence, et ayant devant elle les divisions Obispo et Mahi, ne quitta point, dans une position si aventurée, une ville ouverte de toutes parts. Le général français était averti par les habitants eux-mêmes des mouvements militaires qui s'opéraient autour de lui, et chaque fois qu'il poussait des reconnaissances dans les villages des environs, les paysans accueillaient ses troupes avec la plus franche cordialité. Il est vrai de dire aussi que la discipline était maintenue avec une rigueur extrême : un voltigeur ayant dérobé dans une chapelle près d'un bivouac une mince couronne d'argent posée sur la tête d'une statue de la Vierge, fut livré à un conseil de guerre spécial, condamné à mort et fusillé sur-le-champ. — Cet exemple suffit pour inspirer aux habitants la sécurité la plus complète.

Siège et prise de Valence. — L'armée de siège était près de la nouvelle enceinte de Valence. Cette enceinte présentait un développement de plus de six cents toises ; d'un côté elle s'appuyait à la citadelle, et de l'autre au fort Olivetto, touchant ainsi au Guadalaviar par ses deux extrémités. Non-seulement elle était hérissée de canon, mais elle était environnée de toutes parts d'un fossé profond et rempli d'eau. La défense de Valence ne reposait guère que sur les ouvrages extérieurs ; les murs simples de la vieille enceinte, pas plus élevés que ceux d'un couvent, ne pouvaient être un obstacle sérieux pour les assiégés, à moins qu'à l'exemple des habitants de Saragosse, les Valenciens ne se décidassent à convertir chaque maison en forteresse.

Mais bientôt le maréchal Suchet entrevit que la résistance ne serait pas si opiniâtre qu'il l'avait craint d'abord, et que les derniers échecs éprouvés par l'armée de Blacke avaient quelque peu ébranlé la constance des assiégés. Dans la nuit du 29 au 30 décembre, le général Blacke tenta de sortir de Valence avec 12,000 hommes, et de se faire jour à travers les postes français pour gagner rapidement les montagnes. Le premier régiment de la Vistule, chargé d'observer le pont du Guadalaviar, en face du Campanar, se porta en toute diligence sur le point menacé, arrêta l'ennemi et le rejeta dans l'enceinte de la ville. Cependant l'obscurité profonde de la nuit permit à 400 hommes de s'échapper ; un pareil nombre fut tué ou noyé dans les canaux. Cet échec affaiblit tellement le moral des Espagnols que le nombre des déserteurs qui traversèrent les avant-postes français s'éleva à plus de 1,500 en quatre jours.

Une telle défection annonçait assez la facilité que l'on aurait à s'emparer de Valence ; le maréchal se hâta de faire les dernières dispositions ; dans la nuit du 30 au 31 décembre, les avant-postes français resserrèrent la place encore plus étroitement. 2,000 hommes, soutenus par deux pièces de canon, tentèrent de reprendre les positions que les assiégés avaient perdues ; mais ils furent en un instant refoulés dans leurs retranchements par un seul bataillon du 1er régiment de ligne italien qui culbuta sur les Espagnols malgré un feu de mitraille des plus vifs.

La tranchée fut enfin ouverte dans la nuit de 1er au 2 janvier 1812, à quatre-vingts toises des ouvrages de San-Vicente d'Olivetto. Cette opération fut confiée au général Pannetier. Le colonel du génie Henri, officier du plus grand mérite, et qui, depuis deux ans, avait été chef d'attaque à sept siéges différents, y fut mortellement blessé.

Du 2 au 5 janvier, les travaux furent poussés avec une activité prodigieuse; ce dernier jour, au matin, l'artillerie parvint à établir cinq batteries et à en armer deux à soixante toises des ouvrages; pendant ce temps, le génie s'avançait à quinze toises du fossé. Épouvanté de la promptitude de ce travail, l'ennemi évacua subitement toutes les fortifications de l'enceinte extérieure. Le 6, au point du jour, le colonel Beloti, à la tête de 300 grenadiers italiens, escalada le fort d'Olivetto, pendant que le général Montmarie enlevait le faubourg de San-Vicente, et le général Palombini le faubourg de Quarte; ces deux derniers refoulèrent les Espagnols jusque dans la vieille enceinte de Valence. Les assiégés ne résistaient plus que mollement; ils avaient abandonné sans grande défense leurs redoutables ouvrages extérieurs, garnis de 81 pièces d'artillerie, et pour l'érection desquels trois années de travaux pénibles avaient à peine suffi.

La prise des ouvrages avancés fut promptement suivie d'un bombardement qui dura vingt-quatre heures. Ce feu eut des conséquences désastreuses pour la ville : de toutes parts des maisons disparaissaient sous le poids des bombes et des obus; la flamme dévora les plus beaux édifices, et, entre autres, le palais de l'archevêque de Valence, qui renfermait une des plus riches bibliothèques de la Péninsule; un grand nombre d'habitants furent tués ou mutilés; les morts et les mourants encombraient les hôpitaux; d'affreux cris de désespoir étaient poussés par toute la population, qui se montait à cent cinquante mille âmes.

Tant de calamités affligèrent le maréchal Suchet, qui, voulant prévenir toutes les horreurs d'un assaut dans une ville si riche et si populeuse, oublia le dédaigneux accueil que le gouverneur avait fait à ses premières propositions. Il ordonna qu'on cessât le feu; et, le 6 janvier au matin, il chargea le colonel Meyer, son premier aide de camp, de porter au général Blacke la lettre suivante :

«Monsieur le général, les lois de la guerre assignent «un terme aux malheurs des peuples. Ce terme est ar«rivé aujourd'hui : l'armée française est à dix toises «du corps de votre place; dans quelques heures plu«sieurs brèches peuvent être ouvertes, et, dès lors, un «assaut général doit précipiter dans Valence des co«lonnes françaises. Si vous attendez ce terrible mo«ment, il ne sera plus en mon pouvoir d'arrêter la «fureur du soldat, et vous seul répondrez, devant «Dieu et devant les hommes, des maux qui accable«ront Valence.

«Le désir d'épargner la ruine totale d'une grande «ville me détermine à vous offrir une capitulation «honorable; je m'engage à conserver aux officiers «leurs équipages, à faire respecter la propriété des «habitants. Je n'ai pas besoin de dire que la religion «que nous professons sera révérée. J'attends votre ré«ponse dans deux heures, et vous salue avec une haute «considération.»

Le général Blacke n'eût peut-être pas été éloigné d'accepter ces généreuses propositions, car il devait comprendre qu'une plus longue résistance était inutile; mais une Junte fanatique, composée de cinq moines de l'ordre de Saint-François et de deux bouchers, l'empêcha de suivre le mouvement auquel il ne demandait qu'à céder. — Le parlementaire ne fut admis ni dans la ville, ni au quartier général espagnol. — Cependant, vers midi, Blacke envoya cette réponse au maréchal Suchet :

«Monsieur le général,

«J'ai reçu, après midi, la lettre de Votre Excellence; «peut-être hier, avant midi, aurais-je consenti à «changer la position de mon armée, en évacuant cette «ville, pour éviter aux habitants les inconvéniens et les «malheurs d'un bombardement; mais les premières «vingt-quatre heures que Votre Excellence a em«ployées à l'incendier, m'ont fait connaître combien je «peux compter sur la constance de ce peuple et sa ré«signation à tous les sacrifices qui seront nécessaires «pour que l'armée soutienne l'honneur du nom espa«gnol.

«Que Votre Excellence continue donc ses opéra«tions, et quant à la responsabilité devant Dieu et «devant les hommes des malheurs qu'occasionne la «défense d'une place et de tous ceux que la guerre «entraîne, elle ne retombera jamais sur moi.»

La capitulation ne pouvait toutefois se trouver retardée que de quelques jours : le bombardement continua et amena de nouveaux ravages; d'immenses brèches furent ouvertes sur plusieurs points, au mur d'enceinte de la ville.

Le général Blacke dut alors courber la tête sous l'inflexible loi de la nécessité. — Au moment où la ville n'avait plus en perspective que le pillage, le carnage et l'incendie, le général espagnol consentit à en ouvrir les portes à l'armée du maréchal Suchet, à laquelle il abandonna toute son artillerie, de vastes magasins et d'immenses munitions de bouche et de guerre.

Il obtint de défiler devant les vainqueurs, avec les honneurs de la guerre, à la tête de ses soldats, qui, après avoir déposé leurs armes, furent dirigés, comme prisonniers de guerre, vers les frontières de la France.

L'armée du général Blacke, composée de l'élite des troupes espagnoles dans les provinces orientales et méridionales s'élevait à plus de 16,000 hommes, non compris un grand nombre de malades restés dans les hopitaux. Parmi les généraux prisonniers de guerre, on remarquait Charles O'Donnell, Lardizabal, Valasco et Zayas.

Le maréchal Suchet frappa le royaume et la ville de Valence d'une contribution de deux cents millions de réaux (50,000,000 francs) et de quatre cents mulets harnachés complétement pour le service de l'artillerie. Il fit arrêter et conduire en France quinze moines, dont le maintien de la tranquillité publique exigeait impérieusement l'éloignement. — Les misérables sicaires qui avaient si lâchement égorgé les Français au commencement de l'insurrection générale furent traduits devant une commission militaire, condamnés à mort et fusillés.

Cette exécution étant faite, la tranquillité et la confiance ne tardèrent pas à se rétablir dans la ville, dont le commandement fut confié au général Robert; mais la santé de cet officier distingué, délabrée par les fatigues d'un commandement de guerre très actif, ne lui ayant pas permis de conserver ce poste, on le remplaça par le général italien Mazzuchelli.

La prise de Valence fut pour les Français d'une importance extrême; cette capitale, foyer principal de l'insurrection, était pour les Espagnols un point d'appui nécessaire entre les provinces du nord et du midi, et le dépôt central d'où les Anglais pouvaient fournir partout aux insurgés des armes et des munitions.

Cette ville renfermait une armée composée de l'élite des troupes espagnoles, qui étaient, ainsi que la populace, sous l'influence incessante de moines furibonds prêchant le massacre des Français.

Aussi la nouvelle de la prise de Valence produisit-elle en France une vive sensation, et fit-elle le plus grand honneur au maréchal Suchet et à sa brave armée qui, au milieu d'obstacles de tout genre, avait montré tant de courage, de dévouement et d'abnégation.

L'Empereur ne tarda pas à recompenser dignement l'armée et son chef. Deux décrets en date du 24 janvier 1812, vinrent témoigner de la haute satisfaction du chef de l'Empire : le premier nommait le maréchal Suchet duc d'Albuféra; le second accordait deux cent millions de dotation à l'armée d'Aragon.

Ce n'était pas seulement récompense, c'était encore justice et reconnaissance.

RÉSUMÉ CHRONOLOGIQUE.

1811.

8 JANVIER. Investissement du fort Saint-Philippe.
9 — Prise de ce fort par les Français.
— — Le général Campo-Verde remplace le général O'Donnel dans le commandement des troupes insurgées en Catalogne et en Aragon.
13 — Combat de Tarrega.
15 — Combat de Vals.
16-17 — Retraite du maréchal Macdonald sur Lerida.
31 — Combats de Corducenta et de Corbeta.
5 FÉVRIER. Combat de Checa.
7 — Prise de Cambriels.
3 MARS. Attaque du fort Saint-Philippe par la garnison de Tarragone.
19-28 — Tentative des Espagnols contre la citadelle du mont Joui.
31 — Marche de Macdonald sur Barcelonne.
1er AVRIL. Incendie de Menresa.
— — Surprise de Figuières par les Espagnols.
4 — Combat de Canta-Vieja.
12 — Combat de Benicarlo.
4 MAI. Investissement de Tarragone.
15 — Prise des ouvrages avancés du fort Olivo.
17 — Sortie de la garnison de Tarragone.
— — Combat du Francoli.
27 — Sortie de la garnison du fort Olivo.
— — Mort du général Salm.
29 — Prise d'assaut du fort Olivo.
1er au 2 JUIN. Ouverture de la tranchée devant Tarragone.
7-8 — Prise d'assaut du fort Francoli.
16 — Prise de la Lunette du Prince.
21 — Établissement des batteries de brèches contre la ville de Tarragone.

21-22 — Prise d'assaut de la basse ville.
28 — Prise d'assaut de la ville haute.
24 JUILLET. Attaque et prise du Mont-Serrat.
16-17 AOUT. Reprise de Figuières par les Français.
— — Le général Blacke est chargé du commandement des troupes insurgées dans le royaume de Valence.
16 SEPTEMBRE. Marche du maréchal Suchet sur Valence.
17 — Combat de Villa-Real.
27 — Entrée des Français dans Murviedro.
28 — Investissement du fort de Sagonte.
1er OCTOBRE. Combat de Benaguazil.
5 — Premier assaut livré à Sagonte.
11 — Prise du fort d'Oropesa.
— — Combat de Segorbe.
18 — Deuxième assaut livré à Sagonte.
25 — Bataille de Sagonte.
26 — Reddition du fort de Sagonte.
27 — Sommation faite au gouverneur de Valence.
— — Elle est repoussée.
— — Arrivée des Français devant Valence.
7 DÉCEMBRE. Prise de la tour de Peniscola.
26 — Passage du Guadalaviar.
— — Investissement de Valence.
29 — Passage du Xucar.
— — Occupation d'Alcira et de San-Phillpe.
30 — Sortie de la garnison de Valence.
— — Elle est repoussée.

1812.

1er-2 JANVIER. Ouverture de la tranchée.
6 — Prise du fort Oliveto et des faubourgs de Valence.
10 — Capitulation de Valence.

1810. — 1811. — OPÉRATIONS DANS LA NOUVELLE-CASTILLE.
GUERRE CONTRE LES GUÉRILLAS.

SOMMAIRE.

Provinces réservées au roi Joseph. — Corps formé pour en chasser les insurgés. — Dévouement des paysans espagnols à Ferdinand VII. — Guérillas. — Services rendus par les Guérillas à la cause de l'insurrection. — Difficultés de la guerre contre les Guérillas. — Combat de Sotoca. — Occupation de Brihuega. — Occupation de Siguenza. — Attaque de Siguenza par l'Empecinado. — Sa défaite. — Destruction du Buen-Desvio, asile de la Junte insurrectionnelle. — Combat de Siguenza. — Combat et passage du Tage à Trillo. — Combat de Cifuentes — Le roi à Guadalaxara. — Prise du trésor de Siguenza. — Blocus ingénieux de Siguenza. — Évacuation de cette ville. — Combat du Val-de-Saz. — L'Empecinado se retire derrière le Tage. — Attaque de Guadalaxara par le Muñoz. — Combat de la Junquera. — Maraudeurs punis devant l'ennemi. — Combat et prise de Cogolludo. — Combat de Jadraque. — Belle défense d'Auñon. — Escarmouches d'Alaminos. — Deuxième combat de Cifuentes. — La garnison de Molina d'Aragon est secourue. — Combat d'Atienza. — Deuxième combat de Cogolludo. — Derniers efforts de l'Empecinado. — Pacification. — Retour du général Hugo à Madrid.

TROUPES FRANÇAISES.	TROUPES INSURGÉES.
Général. — J. S. L. HUGO.	*Général.* — DON JUAN-MARTIN dit L'EMPECINADO.

Provinces réservées au roi Joseph. — Corps formé pour en chasser les insurgés. —Lors de la division de l'Espagne en gouvernements militaires, et par suite de l'affectation des revenus de ces gouvernements à l'entretien des troupes françaises qui les occupaient, la partie de la Nouvelle-Castille, avoisinant Madrid, avait été laissée à la disposition du roi Joseph, afin qu'il disposât des produits pour les dépenses qu'exigeaient la solde et l'habillement des troupes espagnoles, ainsi que les diverses branches des administrations.

L'importante province de Guadalaxara s'y trouvait comprise : elle renferme les manufactures royales de Guadalaxara et de Brihuega, où l'on fabrique des draps célèbres dans toute l'Espagne, et les riches salines d'Aymon et de Sahelices : elle est située au centre de l'Espagne et au pied des chaînes de montagnes qui séparent la Castille-Nouvelle de la Vieille-Castille et de l'Aragon. — Ces chaînes, d'un côté, s'étendant à l'est dans le royaume de Valence, poussent des ramifications à travers le royaume de Murcie jusqu'aux Sierras de l'Andalousie, tandis que, d'un autre côté, par les contreforts qu'elle jettent à l'ouest, elles s'unissent aux montagnes du Portugal. — Mais, par cette position même, la province de Guadalaxara servait de refuge à toutes les bandes de partisans qui éprouvaient quelques revers dans les différentes parties de l'Espagne. Mina, Villa-Campa, Tapia, Merino, y paraissaient successivement. La province était d'ailleurs occupée par un corps nombreux d'insurgés aux ordres d'un partisan, don Juan-Martin, surnommé l'*Empecinado*, que son activité, son courage et ses services, placent en première ligne parmi ces guerilleros célèbres qui ont soutenu contre les Français une guerre de six années.

La présence des troupes de l'Empecinado empêchait les autorités des villes de reconnaître le gouvernement de Joseph Napoléon : ces autorités n'obéissaient à aucun ordre émané de Madrid, et ne payaient aucun impôt; quant aux habitants des campagnes, ils fournissaient aux insurgés des armes, des chevaux, des vivres et de l'argent.

Le roi Joseph, sentant la nécessité de tirer parti des ressources que pouvait offrir cette riche province, ainsi que d'en expulser les guérillas qui, dans leurs courses hardies, venaient inquiéter les environs de Madrid, et s'avançaient jusque sous le canon du Retiro, jeta les yeux sur le général Hugo qui, après avoir pacifié la province d'Avila, et couvert Madrid contre les excursions des troupes légères de l'armée anglo-portugaise commandées par sir Robert Wilson, était alors gouverneur de Ségovie. — Il manda ce général à Madrid, et lui donna des instructions nécessaires, ainsi que des pleins pouvoirs.

Deux régiments d'infanterie, composés de Français et d'étrangers (le Royal-Étranger et le régiment d'Irlande), un régiment espagnol (le 1er de ligne), deux régiments de cavalerie (les chevau-légers westphaliens et le 1er de chasseurs espagnols), avec une batterie d'artillerie, composèrent le corps destiné, sous les ordres du général Hugo, à pacifier la province de Guadalaxara. On y joignit par la suite un régiment de hussards hollandais et plusieurs corps francs, ainsi que quelques détachements français. Le 75e de ligne et un fort détachement du 64e occupaient Guadalaxara; mais le 75e de ligne avait une autre destination. Le total de ces troupes s'élevait à 4,500 hommes d'infanterie et 350 chevaux. — Les troupes dont l'Empecinado pouvait disposer ne montaient pas à moins de 10,000 hommes; son infanterie, aguerrie par plusieurs combats, se composait des régiments de tirailleurs de Siguenza, de ceux des volontaires de Guadalaxara et de ceux de Molina d'Aragon. Sa cavalerie, excellente et parfaitement montée, était forte de 800 cavaliers et composée des corps francs du *Manco* (Manchot, ainsi nommé, parce qu'il avait eu le poing coupé dans un combat), de Sardina, de Mundideo et de don Damasco, tous chefs célèbres de guérillas : ce dernier était le frère de l'Empecinado.

La province de Guadalaxara, qui formait avec celle de Siguenza et une petite partie de celle de Soria, ainsi que la Seigneurie royale de Molina d'Aragon, le gouvernement du général Hugo, n'est à proprement parler qu'un vaste plateau bordé à l'orient par les montagnes d'Aragon, au nord, par la chaîne des monts Guadarama, au sud, par la Guadiana, et à l'ouest, par la province de Madrid.—Afin d'en expulser l'ennemi et de l'en tenir éloigné, il fallait se rendre maître des principaux débouchés des montagnes et de tous les ponts sur le Tage, fleuve où vont aboutir toutes les rivières qui, sillonnant la province, y forment de profondes et riches vallées.

Ce plan fut celui auquel s'arrêta le général, qui résolut d'occuper par de bonnes garnisons, outre la ville de Guadalaxara, celles de Brihuega et Siguenza, afin d'avoir des points d'appui pour ses colonnes mobiles, et des lieux où il pût faire reposer ses troupes, prendre des vivres et des munitions, et laisser ses blessés ou ses malades.

Le général Hugo, qui avait fait la guerre en Italie à Fra-Diavolo, et qui avait réussi à détruire la bande de ce chef redoutable, savait qu'une incessante poursuite et une activité soutenue sont nécessaires avant tout pour disperser les insurgés et les empêcher de se réunir de nouveau après avoir été battus. Depuis le temps qu'il était en Espagne, il avait étudié les habitudes des guérillas, s'était rendu compte de leurs ressources et des moyens qui pouvaient le plus utilement être employés pour les détruire.

Avant de passer au récit de ses combats contre l'Empecinado qu'il réussit à vaincre dans trente-deux rencontres, et dont il déjoua constamment l'habileté et les efforts, nous citerons quelques-unes de ses observations qui feront connaître le caractère particulier des insurgés du centre de l'Espagne, et les difficultés de la guerre qui devait leur être faite.

Dévouement des paysans espagnols à Ferdinand VII. — Guérillas. — «On trouvera difficilement dans l'histoire une guerre, si ce n'est celle de la Vendée, où les peuples aient eu plus de sacrifices à faire pour la cause d'un prince, et où ils les aient faits plus unanimement et avec une plus rare constance que dans la guerre d'Espagne. L'abandon de leurs maisons, de leur mobilier, de leurs récoltes déjà serrées dans les granges, leur était-il ordonné par les juntes supérieures ou au nom des juntes provinciales, ils obéissaient à l'instant, et malgré la saison, souvent très rude, ils fuyaient dans les bois, dans les montagnes, n'ayant la plupart du temps, aucun moyen de s'y nourrir.

«Dans son dévouement opiniâtre pour la patrie et pour Ferdinand VII, la junte de la Nouvelle-Castille ne cherchait point des palais pour tenir ses séances : un antre caverneux dans les rochers, un misérable hameau dans le bois, les ruines de quelque édifice isolé dans les montagnes, devenaient le chef-lieu de l'administration aussitôt qu'elle se trouvait contrariée par les mouvements ou par ma proximité.

«Une circonstance digne de remarque et qui imprime à la guerre d'invasion en Espagne un caractère tout particulier, c'est que, pareille à la guerre de la Vendée, c'était une guerre toute populaire.

«Dans la Vendée ce ne furent point les nobles, les riches, qui prirent d'abord les armes; les paysans s'armèrent les premiers pour se soustraire à la domination de la Convention, et pour venger la mort du roi. L'occasion de la guerre fut la levée de trois cent mille hommes. Les Poitevins s'insurgèrent, déclarant que puisqu'il fallait combattre et mourir, ils voulaient servir la cause qu'ils regardaient comme sacrée. Un simple voiturier, Cathelineau, devint leur chef. Bientôt l'exemple donné par la jeunesse de Saint-Florent fut imité; les paysans se soulevèrent sur tous les points, et, sentant le besoin de se donner des généraux plus habiles qu'eux, ils allèrent dans les châteaux chercher les nobles et les seigneurs, pour les mettre à leur tête de gré ou de force : de sorte que bientôt, Cathelineau, élu généralissime, ce héros rustique, vit sous ses ordres des hommes d'un nom illustre dans les armées et dans les conseils des rois de France, mêlés à d'obscurs plébéiens dont le talent, le courage et la fidélité, prouvèrent que ces vertus et ces qualités ne sont pas l'apanage exclusif des classes privilégiées.

«Il en fut de même en Espagne; tandis que, dans Bayonne, les grands et les nobles de la monarchie espagnole, oubliant Charles IV, Ferdinand VII, et tous les descendants de Philippe V, rendaient hommage au roi Joseph (heureux du moins que les vertus du nouveau monarque pussent servir d'excuse à leur défection), de simples laboureurs, des artisans ignorés, qui n'avaient point participé aux faveurs des Bourbons et aux honneurs brillants de la cour, s'armaient pour défendre des princes qu'ils ne connaissaient peut-être que par les vexations de leurs ministres, mais auxquels ils avaient voué leur foi. — On ne trouve aucun des noms illustres de la noblesse espagnole parmi les chefs de ces guérillas, qui ont tant et si courageusement harcelé l'armée française; ce sont d'obscurs sujets devenus célèbres seulement par leur dévouement : leurs noms, après tant de combats, sont à peine connus. Comme ils ne combattaient point pour une vaine gloire, ils ne livraient pas toujours ces noms à l'admiration des soldats. Le titre de leur ancienne profession, d'une qualité, ou même d'un défaut physique, suffisait pour les désigner. Ainsi, avec Mina, citoyen pauvre d'une des petites bourgades de la Navarre, et Morillo, ancien sergent d'artillerie, les plus fameux sont : *el Empecinado,* l'Empoissé; *el Pastor,* le Berger; *el Cura,* le Curé; *el Medico,* le Médecin; *el Abuelo,* le Grand-Père; *el Manco,* le Manchot; *Chaleco,* Gilet; *Calzones,* Culottes, etc.

«C'est à la classe même de ces partisans, que Ferdinand a dû les efforts persévérants des Espagnols contre les armées françaises; si des courtisans ou des dignitaires s'étaient armés en sa faveur, on pouvait, en leur rendant des faveurs de la cour et des dignités nouvelles, compenser ce qu'ils avaient perdu en perdant Ferdinand; mais quelle compensation peut-on offrir à de simples citoyens qui combattent sans ambition, pour un roi qu'ils aiment et pour une patrie qu'ils défendent? Leur défense doit être durable et opiniâtre; et elle le fut en effet.....»

Services rendus par les Guérillas à la cause de l'insurrection. — «Les armées espagnoles tenaient la campagne et défendaient les forteresses : leurs efforts furent constamment malheureux. Alors les guérillas remédiaient à leurs revers, en ce qu'occupant le royaume, elles obligeaient les jeunes gens, les *disper-*

sos [1], les déserteurs, à rejoindre des corps; elles forçaient les Français à se retrancher partout et à ne se présenter en force nulle part ; elles suivaient et enlevaient le convois venant de France, avec l'inexpérience du genre de guerre que leurs escortes allaient faire ; elles s'attachaient aux convois de prisonniers, ou pour recueillir ce qui pouvait s'en échapper, ou pour attaquer les escortes quand elles trouvaient une occasion ou un défilé favorable. Les guérillas étaient donc la seule partie redoutable de la nation, pour tout ce qui n'était point masse ou corps de résistance : dans l'état exalté de l'opinion, on pouvait, on devait peut-être dans beaucoup de provinces les considérer comme la nation armée.

«Les généraux de la junte suprême firent toujours une grande faute quand ils appelèrent à eux ees espèces de corps ; car, outre que cet appel mécontentait les guérillas, et les affaiblissait en y causant de la désertion, il nous rendait un service important. Le défaut d'instruction de ces troupes et leur indiscipline, les rendaient sur un champ de bataille peu dangereuses pour les vieux régiments qui leur étaient opposés ; leur réunion à l'armée active délivrait les provinces de l'ennemi local, le seul craint par le genre de guerre qu'il y faisait, autant aux Français qu'à leurs partisans. En l'absence ou par l'éloignement des guérillas, tout changeait avantageusement de face : les communications se rouvraient, les autorités et le peuple obéissaient aux autorités royales, les impositions s'acquittaient, et l'abondance renaissait partout.

«La seule époque où les guérillas purent être réunies avec fruit aux armées insurgées, fut celle de la concentration des forces françaises. Employée alors selon le genre de son institution, cette espèce d'ennemis devenait la meilleur troupe légère ; l'armée qui se concentrait était comme bloquée par eux, personne ne pouvait s'en écarter sans être tué ou pris ; ils la devançaient pour paralyser les réquisitions de transport et de subsistances ; ils la flanquaient pour qu'elle n'en pût obtenir l'exécution qu'à l'aide de forts détachements; ils la suivaient pour ramasser les traînards et les paresseux, ou pour dépouiller les pillards. On les trouvait enfin partout quand on craignait de les rencontrer, on ne les trouvait nulle part quand on les recherchait, en forces.

«Il eût donc fallu détruire les guérillas pour parvenir à l'entière conquête de la Péninsule, afin que leur disparition permît de s'occuper uniquement des forces régulières. Mais cette destruction présentait l'image de l'hydre fabuleuse, parce que le gouvernement insurrectionnel avait reconnu quel appui lui prêtait cette espèce de troupe, et ne négligeait rien pour en multiplier et pour en compléter les cadres [2].»

Difficultés de la guerre contre les Guérillas. — Un autre passage des mémoires du général Hugo fera

connaître quelles difficultés présentait cette destruction, les obstacles que trouvaient les troupes françaises ainsi que les avantages assurés aux partisans espagnols par le genre même de la guerre qu'ils faisaient.

«Dans cette guerre et dans ce pays difficile, ne sachant jamais à temps utile le point de ralliement de l'ennemi, on n'osait pas risquer les blessés à la conduite d'une escorte qui facilement eût pu se trouver arrêtée ou prise dans les défilés; il fallait, si l'on voulait poursuivre ses succès, laisser ces braves intéressants dans les ruines de quelque vieux château, avec un détachement, ce qui les exposait non-seulement à manquer de tout, mais à être enlevés ou égorgés par des partis. On était donc, après chaque affaire, dans la nécessité de créer un poste, ou de se rapprocher du poste le plus voisin.....

«Une parfaite connaissance des localités, une division levée dans le pays, et dont tous les individus savaient les détours et les sentiers; des avis prompts et certains sur la direction que nous prenions lors de nos mouvements; une supériorité de forces triple, quadruple et toujours croissante; une cavalerie nombreuse, audacieuse ou prudente selon le besoin, bien montée, et pouvant déposer et remplacer partout les chevaux fatigués; enfin la faculté de se jeter à volonté sur les gouvernements voisins, de s'y recruter, d'y débaucher les autres corps, même du parti : tels étaient les avantages de l'Empecinado sur nous.....

«Pour trouver ce partisan habile, il fallait le chercher sans cesse, démêler les bons avis d'avec les faux renseignements. Quand je le battais, plus de traces; plus de paysans nulle part, les indices fuyaient avec eux : alors il m'arrivait souvent de courir pendant huit jours sans rencontrer un seul habitant; conséquemment, ni nouvelles, ni moyens de direction. Une fois notre biscuit consommé, plus d'espoir de trouver ni pain ni viande. Le hasard fournissait bien quelques poules casanières au soldat affamé; mais ce n'était qu'une ressource pour quelques individus, et cette ressource était bien faible. Les subsistances de toute espèce étaient enfouies sous terre, dans les cavernes ou dans les plus épaisses forêts des montagnes.»

Enfin un obstacle dont tous les militaires apprécieront l'importance, était celui que présentait le mauvais état de la chaussure; le général Hugo, dans une guerre toute de marches et de contre-marches, se trouvait souvent réduit à ménager par nécessité les pas de ses soldats.

«Toutes les marches étaient si ruineuses pour les soldats, dont la chaussure se détruisait en quelques heures dans les terres fortes, que je n'en voulais point faire d'inutiles. En vain, pour subvenir à l'entretien des souliers, j'accordais depuis long-temps aux chefs les peaux du bétail qu'on abattait pour leur corps, en vain le gouvernement lui-même était venu à leur secours par plusieurs gratifications de chaussures, nos mouvements avaient été si multipliés, que le soldat n'avait plus rien à sa masse, et faisait la guerre à ses dépens.

«Sous ce rapport, l'ennemi avait encore d'autres ressources que nous, car ses soldats se chaussaient

---

[1] On appelait ainsi les soldats qui avaient fait partie des armées espagnoles battues et dispersées dans les grandes batailles livrées par les armées françaises, et qui, après la défaite, n'avaient pas pu suivre leurs régiments.

[2] *Mémoires du général Hugo,* aide-major général des armées en Espagne. Tome I, pag. 262 et 332.

eux-mêmes, soit avec l'alpargate, composé de ficelle de Sparto, soit avec l'abarca, morceau de cuir vert, attaché au pied et au bas de la jambe par des lanières. Ces sortes de chaussures sont connues par tous les habitants de l'Espagne. J'ai vainement tenté d'en introduire l'usage dans ma division, les soldats ne parurent pas pouvoir s'y habituer. Cependant l'une et l'autre espèce ne sont point à dédaigner, je ne dis pas en garnison, où l'on veut briller, mais à la guerre, où il faut des choses convenables. L'alpargate est très léger, d'un bas prix, et d'un usage excellent pendant la sécheresse, dans toutes sortes de terrains; l'abarca, peu dispendieux, excellent pour des chemins gras et boueux, ainsi que pour traverser des torrents, attendu que l'eau n'y peut séjourner, le mouvement du pied la faisant écouler de suite, ou par la pointe, ou par le talon;. en second lieu, parce qu'étant attaché sur des pièces d'étoffe au moyen de fortes lanières, que rien ne ronge comme les sous-pieds de nos guêtres, on ne risque jamais de se voir déchaussé dans les terrains fangeux.»

Combat de Sotoca. — Occupation de Brihuega. — Le départ du général Hugo fut hâté par la nouvelle reçue à Madrid que le général Dombrowski venait d'être battu par l'Empecinado, entre Trillo et Brihuega. Le général Hugo trouva les autorités de Guadalaxara en proie aux plus vives inquiétudes. Il est vrai de dire que cette ville, ouverte de toutes parts, n'est protégée par aucun retranchement; les issues n'ent sont pas même fermées par des portes.

· Après avoir mis Guadalaxara à l'abri d'un coup, le général français ayant appris que l'Empecinado se trouvait sur le Tage, aux environs de Pastrana, se dirigea sur ce point le 4 juin 1810, mais le chef espagnol se hâta de repasser le fleuve et se jeta dans les montagnes à plusieurs marches au-delà. — Le général revint à Guadalaxara.

. A peine le général avait-il eu le temps de donner à cette ville une garnison suffisante pour protéger les autorités pendant qu'il faisait la guerre dans les provinces de son gouvernement, qu'il reçut avis que l'Empecinado venait d'arriver à Trillo, avec l'intention d'y passer quelques jours.

Voulant le surprendre, le général partit pendant la nuit avec les deux bataillons d'infanterie (Royal-Étranger) et un régiment de cavalerie (les chevau-légers westphaliens) sans artillerie et sans bagage, et marcha par le village de Gualda, à travers une fuite non interrompue de défilés. Mais à Trillo comme à Pastrana, l'Empecinado fut prévenu de l'approche des Français et repassa le Tage.

Le général Hugo resta quelques jours en position dans Trillo pour se procurer des renseignements sur les projets ultérieurs de l'ennemi.

Le 12 juin, un peu avant le jour, les Français aperçurent, sur une hauteur voisine quelques hommes qui examinaient attentivement s'ils pouvaient les découvrir. Cette reconnaissance fit penser au général qu'il ne tarderait pas à voir l'ennemi, et il fit aussitôt, et sans bruit, renforcer ses postes.

En effet, dès quatre heures du matin, les postes placés entre le Tage et le ruisseau de Cifuentès furent attaqués, et la crête de la montagne demi-circulaire, que leurs eaux embrassent en avant de Sotoca, se couvrit de fantassins ennemis, qui, pour s'animer au combat, adressaient mille injures à leurs adversaires.

La montagne était coupée à pic sur presque tout le front; du côté des Français seulement, quelques éboulements la rendaient accessible. L'Empecinado, en choisissant ce terrain, voulait forcer les Français à l'y attaquer avec une grande perte, et déboucher ensuite sur eux par sa droite si quelque désordre se mettait dans leurs rangs; il comptait alors contraindre le général Hugo à défiler par le chemin de Brihuega, sous le feu de son infanterie, et le poursuivre par ce chemin, ainsi qu'il avait poursuivi le général Dombrowski. — Ces dispositions annonçaient de l'habileté.

Dès les premiers coups de fusil, le général français s'avança sans bruit sur la route de Brihuega, où il forma ses troupes en bataille. De petits mamelons détachés les mettaient à couvert du feu que l'ennemi pouvait faire pleuvoir du haut des crêtes. Deux compagnies de tirailleurs furent jetées en avant dans les broussailles pour contenir les tirailleurs ennemis.

Les voltigeurs se maintenant sans pouvoir avancer, le général les fit renforcer afin d'engager l'ennemi à soutenir les siens et à descendre sur un terrain qui rendît l'abord plus facile. Mais tous ses efforts n'ayant pu déterminer l'Empecinado à quitter sa position, il se décida à le déloger de ses hauteurs.

Deux sentiers sur les flancs de la montagne demi-circulaire conduisaient, l'un à droite vers Sotoca, l'autre à gauche vers Cifuentès. Le général fit placer sur sa gauche, à couvert par le terrain, le 1er bataillon du Royal-Étranger, prêt à gravir le terrain au premier signal. Le reste du 2e bataillon, placé en réserve derrière la chapelle, eut l'ordre de suivre les voltigeurs au moment où ils s'ébranleraient sur les pas de l'ennemi, et de tirailler toujours jusqu'à ce qu'il vît dégarnir les crêtes opposées.

Les chevau-légers marchèrent par Trillo pour gagner, de là, le revers de la position occupée par l'infanterie de l'Empecinado, et lui couper la retraite vers Sotoca. Au moment où l'ébranlement de la gauche ennemie annoncerait l'arrivée de ces troupes, le général Hugo devait attaquer le centre en gravissant les hauteurs, et, par une manœuvre ultérieure sur la droite de la position occupée par les insurgés, chercher à leur couper le chemin de Cifuentès.

La cavalerie westphalienne s'ébranla; la gauche ennemie, apercevant ce mouvement, cessa le feu du côté de l'infanterie pour le diriger contre les Westphaliens. Le général vit alors que le moment était venu d'attaquer la droite pour couper toutes les voies à la retraite.

Les voltigeurs et le 2e bataillon reçurent l'ordre de gravir les hauteurs; le général marcha à leur appui, avec le 1er bataillon, par le sentier de Cifuentès. Le feu cessa alors du côté des Français et l'on n'entendit plus que le son de la charge.

Le terrain n'étant pas favorable pour la **cavalerie**,

les chevau-légers ne purent joindre l'ennemi, dont l'infanterie était protégée par des marais, et dont la cavalerie, non réunie et peu nombreuse, se retira sur Sotoca et alla repasser le Tage. Ces marais permirent à l'Empecinado de rallier son infanterie en avant de Sotoca; les Westphaliens virent descendre les voltigeurs au pas de course, la colonne dirigée par le général Hugo les suivant de près, ce qui les tira des dangers que leur présentaient les difficultés du terrain et leur permit de chercher un passage. Pendant ce mouvement, les deux bataillons s'avançaient sur l'ennemi, que le feu des voltigeurs obligeait à se retirer vers une gorge boisée dont l'ouverture est derrière le petit village de Sotoca.

Les Westphaliens ayant joint le gros des troupes et l'infanterie ennemie, les sabrèrent jusqu'à l'entrée de la gorge; mais là, accueillis par un feu très vif de mousqueterie, ils furent forcés de se replier sur les autres troupes. Les blessés ennemis profitèrent de ce mouvement rétrograde pour gagner les taillis, et se soustraire à une mort qu'ils croyaient d'autant plus imminente que l'Empecinado ne faisant pas de prisonniers, ils devaient craindre les représailles.

L'approche de l'infanterie française vers cette gorge décida la retraite de l'ennemi, qui disparut à travers les bois, où le général Hugo ne put le suivre, le pays lui étant inconnu et n'en ayant pas de bonne carte. Le général fut donc forcé de s'arrêter sur le terrain même où la cavalerie westphalienne avait terminé sa charge. L'Empecinado se retira au-delà du Tage et disparut. Il avait eu, dans cette affaire, une centaine d'hommes tués ou blessés; les Français ne comptaient qu'un petit nombre de blessés.

Le général Hugo marcha ensuite sur Brihuega; mais, craignant que les habitants de cette ville manufacturière et très peuplée ne l'abandonnassent à son passage, il écrivit à la municipalité pour l'assurer de sa protection et de la bonne discipline de sa colonne. Il fit son entrée à Brihuega le jour d'une grande fête religieuse; toute la population s'était portée au-devant de lui jusqu'au pont de Tajuna; les magistrats et le clergé en corps vinrent au-devant de lui. Le général arrêta l'état de situation des magasins de la manufacture dans lesquels se trouvèrent plusieurs milliers de balles de laine de mérinos, pesant chacune cent kilogrammes; il détermina la garnison qu'il convenait de laisser dans la ville, et ordonna les réparations à faire pour en refermer l'enceinte, ainsi que pour couvrir la fabrique. Cette garnison a occupé ce point intéressant jusqu'à l'évacuation de Madrid, en août 1812.

Le général repartit le lendemain pour Guadalaxara. En revenant il laissa un poste dans le château de Torija, situé à moitié chemin entre Guadalaxara et Brihuega.

Occupation de Siguenza. — Attaque de Siguenza par l'Empecinado. — Sa défaite. — De retour à Guadalaxara, le général Hugo écrivit au corrégidor de Siguenza que son dessein était d'aller visiter cette ville et d'y établir une garnison. Cette lettre resta sans réponse, ce qui devait être, Siguenza étant complète-ment soumise au pouvoir de la junte et le siége ordinaire du quartier général de l'Empecinado.

Le général Hugo arriva le 29 juin, à neuf heures du matin, en vue de Siguenza; il fit là connaissance des hauteurs qui dominent la ville, et, avant d'y arriver, il fit charger une patrouille de cavalerie, dont tous les chevaux restèrent au pouvoir des Westphaliens. À la vue des Français, les magistrats allèrent à leur rencontre; le général Hugo, en ayant été prévenu, devança ses troupes, aborda les autorités, leur renouvela les promesses qu'il leur avait faites par écrit de faire respecter les personnes et les propriétés, mais tout en écoutant la harangue des magistrats, il envoya le colonel du régiment d'Irlande, vers le château dominant la place, avec ordre de le bien reconnaître et d'y prendre position avec son régiment.

Le reste de la colonne entra dans la ville.

Le premier soin du général Hugo fut de mettre en état de défense le château de Siguenza. On y trouva trente mille fanègues [1] de blé, qui servirent aux approvisionnements.

Cependant l'Empecinado était dans les environs, sans que le général Hugo en sût rien. Après l'affaire de Sotoca, se défiant de ses forces, il avait appelé à son aide la guérilla naissante de Mina, ainsi que celle des curés Tapia et Mérino, déjà redoutables dans la Vieille-Castille. Il avait, en outre, réuni toute sa cavalerie, forte alors de 5 à 600 hommes.

Plein de confiance dans ses forces, l'Empecinado somma le général Hugo d'évacuer la place, et termina sa lettre, non datée, en l'invitant à venir servir avec lui sous les bannières de l'insurrection. Le général Hugo répondit au messager qu'il attendait l'Empecinado, et qu'il était prêt à le recevoir de jour et de nuit.

Le général Hugo avait donné l'ordre que ses troupes prissent constamment les armes avant le point du jour: les Westphaliens, qui occupaient la partie basse de Siguenza, se trouvaient en bataille après avoir fini leur pansement, lorsque les coups de fusil de la garde avancée leur donnèrent l'alarme. Cette garde s'étant jetée à droite et à gauche du chemin de Medina-Celi, la cavalerie de l'Empecinado s'avançait, ne pensant plus rencontrer d'obstacles. Tout à coup, M. de Hersberg, commandant les chevau-légers westphaliens, les fit rompre en colonne, et chargea l'ennemi avec la plus grande vigueur; dans le même moment l'ennemi se présentait devant le château, par la route d'Alcolea del Pinar. Cette route, et celle que les Westphaliens avaient prise, sont séparées l'une de l'autre par un coteau en pente douce du côté de Medina-Celi, mais coupé à pic du côté d'Alcolea del Pinar; le général pouvait arriver à ce coteau par le pont étroit jeté, près de la cathédrale, sur le grand ravin qui forme le fossé de cette partie de Siguenza, il s'y porta avec quatre compagnies du Royal-Étranger, et prit position sur les rochers escarpés qui dominent le chemin.

Le premier bataillon du régiment d'Irlande, qui avait reçu l'ordre de sortir du château, lança aussitôt ses voltigeurs; et l'ennemi, déjà en bataille derrière le lavoir, répondit à leur feu d'une manière d'autant plus

[1] Mesure du poids de vingt-cinq livres.

soutenue, qu'il croyait avoir beaucoup de monde devant lui. Sa position, excellente de nuit, l'était beaucoup moins de jour, en ce que les Français la découvraient du haut des rochers: le général la fit alors attaquer de flanc.

Cependant le général n'apercevait plus les chevau-légers; quelques-uns de leurs blessés, qu'on rapportait vers la ville, lui apprirent que ce régiment s'était trop engagé, qu'il était un peu plus en avant, et qu'il attendait de l'infanterie pour améliorer sa position.

Le général envoya chercher aussitôt du canon, et fit étendre les tirailleurs jusque dans les rangs westphaliens pour répondre aux nombreux coups de carabine des guérillas qui tiraient très juste, quoiqu'à cheval. Ce mouvement ayant forcé le général à dégarnir les crêtes, l'ennemi s'en aperçut et s'arrêta dans le Pinar, où il entretint un feu des plus vifs avec le bataillon d'Irlande; mais un vigoureux effort de ce bataillon, appuyé par les voltigeurs qui étaient revenus sur les rochers, obligea bientôt l'infanterie ennemie, pressée de front et très gênée par le feu fichant des hauteurs, à se mettre hors de portée de celles-ci, et à se rapprocher davantage de la cavalerie qu'elle apprenait être avantageusement aux prises avec celle des Français.

Ce mouvement rétrograde de l'ennemi fut suivi pas à pas, malgré un feu très vif, jusqu'au point où se trouvait cette cavalerie; les forces ennemies se rassemblèrent toutes sur ce point, où l'Empecinado les forma pour soutenir un nouveau choc.

Voici l'ordre de bataille que l'Empecinado prit vers dix heures du matin : il établit toute sa cavalerie sur sa droite, en avant du village de Guijosa, le pays devant elle étant plus à découvert; il rangea environ 2,000 hommes d'infanterie à mi-côte, sur les hauteurs, qui, s'élevant de ce village, règnent obliquement jusqu'au Pinar. Ses forces ne formaient qu'une ligne couverte par de nombreux tirailleurs.

Le général français occupait une position à peu près parallèle; mais, ayant beaucoup moins de monde, il ne pouvait sans désavantage combattre partout à la fois, ce qui lui fit sentir la nécessité de tenter un effort sur le centre de l'ennemi, bien décidé, s'il réussissait, à faire charger la droite par les Westphaliens et Royal-Étranger, pendant que le bataillon d'Irlande pousserait la gauche vers les compagnies établies dans le Pinar (bois de pins).

Le canon s'étant fait entendre, et ses coups bien pointés sur le centre de l'ennemi ayant forcé l'Empecinado à un mouvement en arrière sur les hauteurs, le général Hugo suivit ce mouvement, et ayant massé des troupes en colonnes, continua l'attaque du centre au pas de charge, et parvint à enfoncer la ligne espagnole. Le corps de droite, formé de la cavalerie et des tirailleurs de Siguenza, se replia sur Guijosa, pendant que la gauche, prise de front et de flanc, était rejetée en désordre vers le Pinar, et ne pouvait plus rejoindre la droite que par un long et dangereux détour, puisque le Royal-Étranger poussait vivement cette droite sur Guijosa. Arrivé près de ce village, elle tint ferme à l'entrée de la gorge très boisée qui s'ouvre sur ce point; mais le colonel Maurin du Royal-Étranger la chargea à la baïonnette, tandis que deux escadrons de chevau-légers se précipitaient sur la cavalerie espagnole qui ne jugea pas prudent de se laisser joindre.

En ce moment, le général Hugo fut prévenu qu'une colonne de cavalerie ennemie paraissait sur la rive droite de l'Henarès, c'est-à-dire sur ses derrières et sur sa gauche. Ne jugeant pas convenable de rappeler le régiment westphalien avant qu'il eût ôté à la cavalerie de l'Empecinado l'envie de reparaître, il envoya cependant à ce régiment l'ordre de ne pas s'aventurer au-delà de Bujarrabal, et de revenir dès qu'il verrait à la cavalerie ennemie un mouvement bien prononcé de retraite; en même temps il ordonna aux voltigeurs du Royal-Étranger, qui combattaient encore dans la gorge, de se replier sur lui quand l'ennemi cesserait de tirailler; le bataillon d'Irlande ne combattant plus, il le fit former à la réserve, au commandant de laquelle il envoya dire d'observer la marche de la nouvelle colonne insurgée, et de lui faire des rapports tous les quarts d'heure; mais outre cette colonne, qui appartenait à Mina, on en découvrit une seconde beaucoup plus forte, et le général Hugo ne douta pas qu'elle n'appartînt aux curés Tapia et Mérino, qu'il savait en mouvement. Au moment où l'avis en parvint au général, la retraite de l'Empecinado était heureusement décidée sur tous les points.

Une reconnaissance westphalienne, poussée au-delà de l'Henarès, vit les colonnes ennemies arrêtées, et leurs chefs se consultant. Cette apparition, quoique tardive, eut pour l'Empecinado l'avantage d'arrêter le général Hugo dans la poursuite des troupes battues. Heureusement les chefs ennemis, voyant l'Empecinado culbuté, jugèrent tout engagement dangereux, et, sans attendre les Français, se retirèrent par les bois dans la direction d'Almazan.

Il était alors six heures du soir, le général Hugo revint à Siguenza, d'où il expédia des dépêches qui contenaient l'ordre aux compagnies franches de Meza et de Sanquillo, que le général Béliard avait montées et dirigées sur Guadalaxara, de quitter cette place et de venir le joindre sur-le-champ. — Le 1er de chasseurs à cheval espagnols, ainsi que le 1er de ligne de cette nation, étaient arrivés de Madrid pour renforcer la division du général Hugo et remplacer les troupes que celui-ci avait portées sur Siguenza. On avait également envoyé à Guadalaxara un fort détachement de la garde royale.

Destruction de Buen-Desvio, asile de la junte insurrectionnelle. — La junte insurrectionnelle de la Nouvelle-Castille, alarmée de ces deux défaites successives, ordonna des levées et demanda des secours jusqu'en Aragon.

L'Empecinado, s'étant réfugié dans les villages voisins de Buen-Desvio, reçut ordre d'aller s'établir à Medina-Celi pour y attendre les moyens de reprendre l'offensive. Il y fut rejoint par Palafox, parent du défenseur de Saragosse, qui amena avec lui près de 2,000 hommes d'infanterie de ligne.

Buen-Desvio était le chef-lieu de la province de Siguenza pour l'administration de la junte; le général Hugo se détermina à marcher sur ce point. La junte, craignant que les Français ne détruisissent le Buen-Desvio et ses archives, ce qui aurait paralysé pour long-temps les opérations de l'administration insurrectionnelle, fit, de concert avec Palafox, porter les troupes espagnoles au défilé étroit d'Aguilos de Anguita, qui est une espèce de porte dans les rochers, d'autant plus difficile à forcer, que ces rochers sont inaccessibles de front par leur escarpement.

Le général Hugo, prévenu qu'une colonne ennemie s'approchait, fit aussitôt former ses troupes; et, gagnant de sa personne un petit tertre voisin, il alla reconnaître ce qui en était. Il vit alors environ 2,000 hommes d'infanterie de l'autre côté de la plaine, sur la route de Saragosse; au même moment, il aperçut, à peu de distance, un groupe de cavaliers qu'il fit charger sur-le-champ. La partie la mieux montée échappa aux Français, mais l'autre fut prise et amenée au général. Au nombre des prisonniers, se trouvait le père Gil, ce moine qui s'était rendu si célèbre pendant le siége de Saragosse, et qui, pour mieux échapper aux recherches, avait fait répandre le bruit de sa mort.

La colonne d'infanterie n'arrêta pas sa marche; le général Hugo continua également la sienne, et arriva bientôt dans le voisinage de Buen-Desvio. Il envoya un détachement opérer la destruction du lieu des séances de la junte.

Ce détachement n'y trouva qu'un membre de l'assemblée qu'il arrêta, et une vingtaine de misérables recrues qui se sauvèrent à son approche; et après avoir détruit les papiers, les munitions de guerre, et la salle des séances, il rejoignit la colonne française.

Attaque de Siguenza. — Combat et passage du Tage à Trillo. — Le lendemain de la destruction du Buen-Desvio, le général Hugo se mit en marche pour Medina-Celi, où il entra sans opposition vers huit heures du soir. L'Empecinado avait battu en retraite sans que personne pût ou voulût indiquer sur quel point. Le général ne séjourna point dans cette ville, et reprit le chemin de Siguenza.

Là, le général Hugo apprit que l'Empecinado manœuvrait sur la rive droite de l'Henarès, et pouvait tenter quelque entreprise sur Guadalaxara. Le général se mit aussitôt en marche pour cette ville, où il arriva le lendemain, et où il trouva des ordres pour le départ des chevau-légers, et l'avis de la prochaine arrivée du 10ᵉ de chasseurs à cheval, commandé par le colonel Subervic. Les 3ᵉ et 5ᵉ bataillons de Royal-Étranger, venant d'Avila, étaient également attendus d'un moment à l'autre. Ces mouvements déterminèrent l'Empecinado à se reporter sur Maramboz, gros village qui servait de dépôt à ses recrues.

Le général Hugo se rendit aussitôt à Torija pour observer le plateau, et se jeter rapidement sur l'ennemi, s'il osait entreprendre quelque chose. Des renseignements qu'il reçut l'engagèrent à se porter ensuite sur Siguenza dans la nuit du 29 au 30 août. Cette ville était précisément attaquée pendant ce mouvement : l'ennemi, au moyen de ses intelligences avec les habitants et des poternes cachées dans quelques maisons,

avait mis dans son attaque beaucoup de suite et d'audace; mais le régiment d'Irlande n'avait pas montré moins de vigueur dans sa défense; il avait déjà rejeté les Espagnols hors de l'enceinte de la vieille ville, lorsque, à son grand étonnement, il vit l'Empecinado parcourir les lignes d'attaque, et faire retirer précipitamment sa division. La cavalerie française, qui parut sur les hauteurs, expliqua cette retraite inespérée. Le général fit relever dans ses postes le régiment d'Irlande par le Royal-Étranger, et le premier sortit immédiatement de Siguenza.

Avec ce régiment, qui formait environ 800 baïonnettes, et le 10ᵉ de chasseurs, le général Hugo se mit à la poursuite de l'ennemi ; arrivé à las Hyvernas, il apprit que l'Empecinado se retirait vers Cifuentès, et qu'il avait peu d'avance sur les Français. La colonne s'achemina vers cette ville; bientôt elle aperçut l'ennemi, mais elle ne put l'atteindre.

Le lendemain, 31 août, le général partit avant le jour pour suivre l'Empecinado. Au crépuscule, les Français aperçurent une forte reconnaissance de cavalerie passer à leur droite de l'autre côté du ruisseau de Cifuentès, et se presser pour arriver avant eux à Trillo.

L'Empecinado, trop prudent pour occuper cette ville, s'était porté de l'autre côté du pont, sur la côte hérissée de rochers qui la domine, ainsi que le chemin d'Auñon. De ce point, toutes ses balles portaient au-delà de Trillo, et pouvaient pleuvoir sur le pont. A peine aperçut-il les Français, qu'il annonça sa présence par plusieurs feux de bataillons.

Le général Hugo, voulant ménager ses hommes, fit passer le colonel Balestrier, avec le premier bataillon d'Irlande, derrière les maisons, pour arriver à couvert sur la place; le 2ᵉ, malgré le feu continuel de l'ennemi, arriva dans la rue qui aboutit au même point, très voisin du pont.

Les bataillons, ainsi établis, jetèrent des tirailleurs dans les maisons situées le long du Tage. Le général reconnut mieux alors la position de l'Empecinado; et comme ce chef avait négligé d'occuper des hangars ou remises bâties de l'autre côté du fleuve, dont il se bornait à foudroyer le pont, le général résolut d'aller se masser sous leur protection. Mais il se garda bien de tenter un passage de vive force, ce qui lui eût fait perdre beaucoup de monde : il ordonna à dix hommes et à un sous-officier de se précipiter, à une courte distance les uns des autres, sur le pont, et de le passer à la course; une décharge dirigée sur eux n'en atteignit aucun; un second détachement suivit de la même manière, et tout le régiment d'Irlande passa ainsi sans perdre un seul homme. Pendant que ce passage s'effectuait, les tirailleurs français, postés dans les maisons, tuaient beaucoup de monde à l'ennemi.

Les bataillons étant massés derrière les remises, et l'ennemi tenant bon, il fallut déboucher sur lui. Le général fit glisser des tirailleurs par un chemin creux sur la gauche espagnole, qu'il se décida à attaquer seule, attendu son peu d'infanterie.

Bientôt les voltigeurs, sortant de ce rideau, gravirent la côte, à travers les rochers et les buissons, et sous le feu le plus vif. L'Empecinado ne pouvait, dans une position d'une longue étendue, mais de peu de profondeur, opérer un changement de front, sa droite et son centre se trouvant contenus par les troupes en colonne derrière les remises; il laissa donc attaquer sa gauche sans chercher à la secourir. — Dès que le général français aperçut les voltigeurs sur la hauteur et le flanc de l'ennemi, il fit attaquer la gauche de front, et gravissant à son tour, sous un feu croisé, les rochers escarpés qui la protégeaient, il la culbuta sur le centre, et bientôt le centre sur la droite. Alors l'ennemi lâcha pied. Le 10e de chasseurs passa le Tage, et, secondé par l'infanterie, poursuivit l'Empecinado de position en position, jusqu'à ce qu'enfin il se dispersât dans les bois. Les troupes prirent du repos sur le champ de bataille. — Le général y fut informé que le 10e de chasseurs, destiné à l'armée du midi de l'Espagne, allait retourner à Madrid, et que les Westphaliens et le régiment de hussards hollandais allaient venir le remplacer.

Le général Hugo se porta avec les troupes sur Brihuega, où il s'arrêta quelques jours pour attendre l'arrivée de sa cavalerie, et des renseignements sur ce qu'était devenu l'Empecinado.

Combat de Cifuentès. — Le général Hugo apprit que l'Empecinado s'était porté de nouveau vers Cifuentès, et qu'il avait le dessein d'y attendre les Français pour lui donner plus de confiance; le général le laissa rassembler toute sa division, et quand il eut la certitude qu'elle y était tout entière, il sortit lui-même le 14 septembre, de Brihuega, avec environ 1,000 fantassins et 350 chevaux.

Les Français avaient à peine passé le ruisseau de Cifuentès, que l'avant-garde annonça l'ennemi. — Le général fit alors arrêter sa colonne, ordonna à l'infanterie de se serrer en masse, à sa cavalerie de se former en bataille, et se porta sur un tertre d'où il observa les positions des insurgés. — L'Empecinado avait un bataillon entre le château et le pied du San-Cristoval; plusieurs autres bataillons garnissaient ce mont escarpé, et sa cavalerie occupait la plaine en avant, et sur la droite de la ville de Cifuentès, faisant face aux Français.

Les deux bataillons d'Irlande étant formés en masse, un escadron westphalien en bataille sur chaque aile, et les hussards hollandais composant seuls une réserve, aussi en bataille vis-à-vis l'intervalle de l'infanterie, le général lança sur son front la moitié de son infanterie légère en tirailleurs; l'autre moitié, formant l'avant-garde, marchait à cent cinquante pas de lui, en colonne par sections.

L'ennemi, arrivé à une bonne portée de fusil de l'infanterie française, commença, de toutes ses positions, un feu de file très nourri. Le général arrêta sa colonne, ne pouvant la masquer, et ordonna à l'infanterie légère de diriger tous ses coups sur la troupe placée auprès du château; il détacha le 2e bataillon d'Irlande, pour gagner les derrières de cette troupe en traversant la ville. Il jeta au même moment toute sa cavalerie sur sa gauche, comme pour appuyer ce bataillon, mais afin de la dérober au feu meurtrier de la montagne.

Le 2e bataillon d'Irlande ayant exécuté le mouvement qui lui avait été prescrit, l'infanterie ennemie, placée entre le San-Cristoval et le château, se hâta, pour se soustraire aux feux qui l'atteignaient devant et derrière, de se jeter dans le vallon, à droite des masses de l'Empecinado, afin de s'y réunir par les bois.

Les chasseurs des 12e et 21e légers voulurent suivre cette infanterie; mais le feu terrible de la montagne leur imposa tellement, qu'ils s'abritèrent contre l'escarpement. Le 2e bataillon d'Irlande, en cherchant à les appuyer, fut obligé de faire de même, de sorte que les chasseurs et ce bataillon se trouvèrent comme bloqués sur ce point inutile, d'où ils ne pouvaient sortir sans défiler à portée de pistolet, et avec une perte effroyable, sous les coups de l'ennemi placé au-dessus d'eux. Le général, pour les tirer de ce danger, ordonna au seul bataillon qui lui restait de se porter en avant; ce bataillon exécuta ce mouvement avec la plus grande résolution, et malgré le feu roulant dirigé contre lui. La fusillade de l'ennemi ayant changé de direction, les chasseurs et le 2e bataillon d'Irlande se jetèrent dans le vallon. L'Empecinado, pressé par cette diversion, et pour ne pas être coupé par deux troupes qui allaient se réunir sur ses derrières, fit un mouvement brusque, et dont le désordre l'obligea de se jeter dans les bois.

Pendant cette attaque de la montagne, la cavalerie ennemie, harcelée par les hussards hollandais et les Westphaliens, n'arrêtait point sa retraite; mais tout d'un coup elle s'aperçut que la tête de l'escadron westphalien passait seulement alors le défilé du petit pont de Cifuentès, et que les hussards, ne l'attendant point, suivaient seuls la charge. Alors, se sentant supérieure des cinq sixièmes, elle fit volte face et revint très vigoureusement sur les hussards. Le général, s'apercevant de ce mouvement, envoya l'ordre aux escadrons westphaliens de se réunir près de la chapelle de Canredondo, de soutenir les hussards et de leur faire prendre leur revanche. A la vue de ce secours, les hussards hollandais, qui se retiraient en bon ordre après avoir fait volte-face, se remirent en bataille, et, appuyés des chevau-légers, reprirent leurs blessés et leurs prisonniers.

La cavalerie ennemie, n'apercevant plus l'Empecinado sur la hauteur inexpugnable de San-Cristoval, ne jugea pas à propos de s'engager plus sérieusement, et continua sa retraite au galop devant la cavalerie française qui la poursuivait du même train. Arrivés au sommet de la montagne sans avoir pu joindre l'ennemi, les Français cessèrent leur poursuite.

De son côté l'infanterie, après s'être réunie sous le petit plateau du mont San-Cristoval, avait donné si furieusement contre l'Empecinado pendant son mouvement, qu'elle avait augmenté le désordre de ses bataillons et les avait culbutés jusqu'au bois. Une dispersion subite, selon sa coutume, vint dérober l'ennemi à l'acharnement des vainqueurs.

Les Français revinrent bivouaquer alors à Cifuentès; mais n'ayant aucune nouvelle de l'Empecinado, ils quittèrent cette ville le surlendemain pour aller déposer leurs blessés à l'hôpital de Brihuega,

Cette lutte acharnée et ces combats toujours heureux avaient complétement changé la position des insurgés : d'assaillants qu'ils étaient trois mois auparavant, ils se trouvaient réduits à la défensive.

Le roi à Guadalaxara. — Prise du trésor de Siguenza.

Le roi Joseph, enchanté des succès du général Hugo, voulut visiter Guadalaxara, et y arriva le 27 septembre 1810. Il distribua au général et aux troupes des éloges et des récompenses, ordonna que les officiers recevraient, comme gratification, l'indemnité d'entrée en campagne, et les sous-officiers et soldats un mois de solde.

Le général Hugo retourna à Brihuega où sa présence était nécessaire pour la suite des opérations. Là, ayant appris que l'ennemi était dans les environs de Hita, il se mit en marche pour aller à sa rencontre, et il se trouva, en route, en présence d'une colonne qui s'avançait vers le hameau de Sopetran. Elle refusa tout engagement en se retirant sur Hita, où elle parut vouloir prendre position ; mais à peine eut-elle perdu quelques hommes, que son infanterie se jeta dans les vignes, et que sa cavalerie prit le galop pour échapper à la charge qui la menaçait.

Les Français suivirent l'ennemi dans la direction de Cogolludo : mais l'Empecinado ne s'arrêta pas même pour défendre cette ville, et gagna les gorges qui sont en arrière. Le général Hugo prit position à Cogolludo, d'où il se rendit à Siguenza, où il s'empara de l'argenterie de l'église que l'on avait cachée pour la soustraire à l'exécution des lois qui ordonnaient sa remise à la monnaie royale de Madrid : un billet, trouvé dans le bureau du trésorier du chapitre, lui avait indiqué la cachette. Ce trésor consistait en une grande caisse remplie de calices, de croix, de ciboires, et en plusieurs coffres tous pleins d'objets non moins précieux.

Le bruit de cette riche capture se répandit bientôt dans le pays, et l'Empecinado reçut de la junte provinciale l'ordre de ne rien négliger pour la reprendre. Mais tous ses efforts furent inutiles, et le trésor bien escorté arriva sain et sauf à l'hôtel de la monnaie de Madrid.

Blocus ingénieux de Siguenza. — Évacuation de cette ville.

La junte blâma vivement l'Empecinado de n'avoir pas réussi à empêcher le passage du trésor ; ce chef de partisans apprit même qu'on désignait pour son successeur le marquis de Zayas. Cependant, il n'en cherchait pas moins tous les moyens d'expulser les Français de Siguenza. Il résolut de bloquer cette place d'une manière fort ingénieuse, et qui suffirait seule pour immortaliser son nom dans les annales de la guerre.

Ne connaissant pas l'art de conduire un siège, n'ayant pas assez de patience pour faire lui-même, dans les règles, le blocus d'une place, il imagina d'affamer la garnison de Siguenza, ou, du moins, de la réduire au dénûment le plus absolu. Pour cette opération, il ne voulut point employer de détachements qu'on eût pu facilement combattre, et qui, d'ailleurs, eussent affaibli sa division ; mais il fit un choix d'hommes intelligents et en petit nombre ; il en posta un sur chaque communication, avec consigne de ne rien laisser entrer dans Siguenza et de n'en laisser rien sortir. Déguisé, et une pioche à la main, chacun de ces hommes arrêtait quiconque arrivait d'un côté ou de l'autre, enlevait les dépêches, faisait rebrousser chemin aux denrées de toute espèce, et, seul, sans connaissances militaires, bloquait, à la faveur de l'incognito et à l'aide de sept ou huit pareils compagnons, une place qui renfermait un millier de braves soldats.

Grâce à ce plan, habilement conçu et exécuté, Siguenza se vit, dès ce moment, privée de toute communication avec les postes du général Hugo, de toute relation avec lui, ainsi que de toutes les ressources du commerce, et cela pendant plus de quarante jours ; cette circonstance que le général Hugo ne savait à quoi attribuer, le détermina à l'évacuation de Siguenza, et à la concentration de ses forces entre Jadraque, Brihuega et Guadalaxara. — Il se porta sur Siguenza par une marche forcée, et disposa tout pour l'évacuation, qui se fit dans le plus grand ordre, et en présence de l'ennemi qui ne chercha pas à la troubler.

L'Empecinado replaça son quartier général à Siguenza ; mais la junte, craignant un coup de main, se tenait toujours dans les montagnes, tantôt à Canalès, tantôt à Sabelices, villages situés dans les environs du Haut-Tage, et qui, tous deux, avaient pour retraite la Huerta Hernando, où l'on n'arrivait que par des vallons étroits et fort escarpés.

Combat du Val-de-Saz.

Le 17 octobre, le général Hugo se mit en marche de Guadalaxara. Les éclaireurs de l'avant-garde l'ayant fait prévenir qu'ils entendaient le canon, il ne soupçonna pas autre chose que des tentatives sur Brihuega, et il ne discontinua pas sa marche. — Un brouillard très épais, régnant depuis le point du jour, achevait de se dissiper lorsqu'au tournant du chemin qui, longeant le bois de Val-de-Saz, descend vers ce village, les éclaireurs français se trouvèrent nez à nez avec deux vedettes ennemies venues pour observer le plateau. Ils les enlevèrent sans bruit et les amenèrent au général qui apprit ainsi que l'Empecinado était à Val-de-Saz avec toute sa division. Le général Hugo fit sur-le-champ ses dispositions pour l'y surprendre et lui couper toute retraite. Plusieurs mouvements s'étaient en conséquence exécutés avec rapidité, lorsque d'autres vedettes ennemies, postées sur le chemin de Val-de-Saz à Brihuega, ayant vu reluire les armes du côté des Français, donnèrent l'alarme. La cavalerie de l'Empecinado sortit précipitamment du village pour arriver au plateau et mieux reconnaître. Pendant que l'infanterie ennemie rappelait de toutes parts, le commandant Moutard du Royal-Étranger tombait comme la foudre sur l'Empecinado ; en même temps, le commandant Bossut pénétrait dans Val-de-Saz, et, de chaque côté, la baïonnette agit sur tout ce qu'elle rencontra.

Un grand nombre d'ennemis prirent alors la fuite dans le plus grand désordre, et aucun n'aurait échappé, si le ruisseau de Val-de-Saz, encaissé et bourbeux, eût été moins difficile à franchir. Cependant les Français gravirent la côte, malgré sa roideur ; le plateau était couvert de vignes ; et, dans l'impossibilité de manœuvrer en ordre, chaque soldat chargea individuellement et dans toutes les directions, en faisant éprouver à l'ennemi une très grande perte. Des vignes, les Espagnols gagnèrent les bois, où leur mousqueterie arrêta les Westphaliens qui les avaient suivis, et qui durent attendre du renfort. Ce retard donna le temps aux insurgés de descendre, de traverser la vallée de Tajana, et de se jeter dans les forêts qui couronnent le plateau entre cette rivière et le Tage. Ces forêts très épaisses sauvèrent les débris du corps de l'Empecinado qui perdit, dans cette brillante affaire, 500 hommes tués et blessés et 60 prisonniers. Les Français n'eurent à regretter qu'un seul Westphalien. Le général Hugo déposa ses prisonniers à Brihuega.

L'Empecinado se retire derrière le Tage. — Le général Hugo se mit en route pour Budia, où il apprit que l'Empecinado était à Montiel, province de Cuença. Cet habile partisan venait ainsi de mettre encore le Tage entre les Français et lui. Il conservait la facilité de franchir le fleuve par ses ponts ou par ses gués nombreux. Ces derniers allaient disparaître sous les pluies d'hiver ; mais trois ponts restaient. Le général français, dans le but d'ôter au chef ennemi le moyen d'inquiéter son gouvernement, fit sauter le pont de Trillo et une arche du pont de Pareja, malgré le feu des nombreux tirailleurs embusqués pour sa défense ; il résolut de conserver seulement le pont d'Auñon, afin de déboucher à volonté sur la rive gauche du Tage.

La rupture des deux ponts et la perte considérable éprouvée à Val-de-Saz par l'Empecinado, mirent ce chef hors d'état de rien entreprendre pendant plus d'un mois. Il employa ce temps à recruter des soldats dans toutes les provinces de son commandement, pendant que la junte, cachée dans les cavernes, réclamait à grands cris l'appui des juntes provinciales voisines.

Attaque de Guadalaxara par le Manco. — Pendant l'absence du général Hugo dont le quartier général avait été établi à Brihuega, le *Manco*, un des plus actifs lieutenants de l'Empecinado, prévenu par ses espions de la faiblesse de la garnison de Guadalaxara, résolut de tenter un coup de main sur cette ville. Il rassembla 200 hommes d'élite, tous bien armés et parfaitement montés, partit à la fin du jour de Cogolludo, marcha toute la nuit et arriva, vers deux heures du matin, sur la rive droite de l'Henarès, au pont de Guadalaxara. Ce pont était gardé par une sentinelle espagnole, placée au dehors ; elle voulut entrer en pourparler et fut sabrée. Une sentinelle française, placée de l'autre côté du pont, allait éprouver le même sort, lorsqu'en se repliant sur le poste, elle tira un coup de fusil sur le cheval du plus avancé de ceux qui la chargeaient. Averti par le bruit, le poste prit les armes, et se retira vers la ville en faisant feu sur les assaillants.

Le colonel du régiment Royal-Irlandais, M. de Clermont-Tonnerre, qui commandait dans la ville, sortit aussitôt de son logement, et se mit à la tête des soldats du poste. — En un instant l'ennemi fut attaqué et forcé de s'arrêter ; bientôt arriva une compagnie qui obligea le Manco à reculer jusqu'au-delà du pont.

Le jour était venu ; M. de Clermont-Tonnerre, non content d'avoir repoussé ce chef audacieux, voulut encore lui ôter toute envie de revenir. A la tête de trois compagnies d'infanterie et d'une cinquantaine de cavaliers hollandais et espagnols, il passa le pont en s'avançant vers l'ennemi qui parut vouloir attendre ses adversaires. M. de Clermont-Tonnerre donna à sa cavalerie l'ordre de charger, en défendant de faire aucun prisonnier tant que l'ennemi ne serait pas en fuite. Cette charge eut un plein succès : les cavaliers insurgés furent culbutés et rejetés avec perte sur Marchamalo, où ils s'embusquèrent.

M. de Clermont-Tonnerre résolut de faire tomber l'ennemi dans le piége que celui-ci lui tendait. Un pli du terrain pouvait cacher son détachement ; il s'y plaça, et, pour attirer le Manco, envoya dans Machamalo un major, suivi de quelques cavaliers, avec ordre de tourner bride aussitôt qu'il serait chargé. Cet officier fit ce qui était convenu ; l'ennemi s'élança à sa poursuite, et arriva au lieu où les Français étaient embusqués. Là, il fut chargé en flanc et à l'improviste par la cavalerie, tandis que l'infanterie le recevait de front avec une fusillade bien nourrie. Le Manco fut tellement déconcerté, qu'il dispersa ses soldats et s'échappa à travers les montagnes, laissant une trentaine d'hommes tués ou prisonniers. On le poursuivit inutilement pendant une lieue : la nature du terrain favorisait sa fuite, et il rentra le soir même en toute hâte dans Cogolludo.

Combat de la Junquerra. — *Maraudeurs punis devant l'ennemi.* — Deux jours après cette affaire, le général Hugo revint à Guadalaxara. Le lendemain, au point du jour, apparut marchant sur la ville une colonne ennemie composée de 800 chevaux, et d'une infanterie considérable. Le général, avec sa colonne, forte de quatre bataillons et d'un régiment de cavalerie légère, marcha à l'ennemi, qui déjà sortait de la Junquerra, et suivait, pour arriver à Guadalaxara, le plateau qui longe les plaines de Machamalo.

Le général déboucha de la ville par le pont de l'Henarès, vers la grande et belle plaine qui s'étend depuis Alcala jusqu'au bois d'Humanès, et après avoir fait serrer ses troupes en masse, il continua son mouvement. L'ennemi prit position sur la lisière d'un plateau qui domine au nord la plaine dont nous venons de parler ; il présentait environ 5,000 fantassins sur une seule ligne.

A mi-chemin de la Junquera, il faut traverser un fort ruisseau dans un bas-fond où la vue de l'ennemi ne pouvait plonger. La cavalerie westphalienne marchait en tête ; ayant promptement passé, elle couvrit l'infanterie qui se remit en marche en colonne par sections. Cette manœuvre, en faisant occuper aux troupes une étendue de terrain plus considérable, frappa les troupes de l'Empecinado, encore peu au fait des évolutions militaires. Elles avaient vu leurs adversaires descendre en petit nombre dans le bas-fond, et elles les en voyaient sortir si nombreux, qu'elles s'imaginèrent que le diable était d'accord avec les Français elles manifestèrent hautement cette ridicule opinion; l'Empecinado crut devoir, dès ce moment, se retirer par le chemin d'Humanès.

Les tirailleurs entamaient l'action avec l'ennemi sur le plateau boisé d'Humanès, et la colonne française formait sa ligne de bataille à mesure qu'elle arrivait, lorsque le général apprit avec indignation que plusieurs soldats restés en arrière pillaient le village de la Junquera, dont les habitants s'étaient toujours montrés favorables aux Français. Il résolut de faire un exemple sur le lieu même où le délit avait été commis.

Une centaine de ces pillards avaient été arrêtés; le général rappela ses tirailleurs en arrière du ruisseau et fit former le carré auprès du village. Là, en présence des habitants, qui, le curé en tête, imploraient la grâce des coupables, il nomma une commission militaire, et la prévint qu'il allait lui livrer la dixième partie désignée par le sort des individus qui se trouvaient arrêtés. Tous étaient espagnols; aucun soldat français n'en faisait partie. Il fit alors apporter une caisse de tambour, la fit couvrir d'un voile de soie noire, et fit tirer avec plusieurs dés au plus haut point. Le sort désigna les dix hommes à punir. Mais voulant plutôt produire un effroi salutaire que décimer tant d'hommes utiles, il parut céder aux pressantes sollicitations des assistants, et fit recommencer l'opération entre les dix. Le plus haut point échut à l'homme désigné comme le plus mauvais sujet de la division espagnole. Le tribunal s'en étant emparé le condamna à mort, et il fut à l'instant même fusillé.

Après cette triste exécution, le général ordonna de recommencer l'attaque; mais l'ennemi opéra sa retraite. Le général s'attendit alors à combattre à Cogolludo, d'autant plus que des rapports lui parvinrent, annonçant que le marquis de Zayas y était arrivé avec une forte brigade. Il envoya, en conséquence, à deux bataillons l'ordre de venir le joindre à Humanès.

Combat et prise de Cogolludo. — Les bataillons ayant rejoint le général, le 11 décembre au soir, les troupes partirent le 12 d'Humanès, sur deux colonnes, afin de passer plus promptement la Sorbe, et s'avancèrent sur Cogolludo. Le général y avait envoyé la veille un affidé pour sonder l'Empecinado, et il en avait reçu une réponse pleine de jactance, qui prouvait que le chef espagnol accepterait le combat.

Arrivées à une demi-lieue de la ville, les troupes aperçurent, à travers le brouillard, une reconnaissance à cheval. En débouchant des rochers qui se trouvent à mi-portée de canon, les éclaireurs firent feu et presque aussitôt l'avant-garde les imita. L'ennemi, qui ne voyait pas bien ses adversaires, répondit par un feu très nourri, auquel les voltigeurs du Royal-Étranger ripostèrent pendant que la colonne se formait sur deux lignes un peu en avant des rochers.

Un bataillon du 55ᵉ de ligne se porta sur la chapelle et se massa derrière, afin de se couvrir contre l'infanterie qui tiraillait par les fenêtres et de derrière les murailles du couvent. Quand ce bataillon fut placé,

les chevau-légers westphaliens eurent l'ordre de s'établir en colonne derrière lui, également à couvert par le même bâtiment.

Les troupes françaises furent repoussées lorsqu'elles essayèrent d'entrer dans la ville. Cette résistance fit penser au général que le couvent dont partait un feu bien nourri appuyait le centre de la ligne de l'Empecinado, et il se décida à brusquer l'attaque de cette maison religieuse pour tâcher de prendre tout ce qui la défendait.

Pendant que d'un côté le 1ᵉʳ bataillon de Royal-Étranger, et de l'autre le bataillon du 55ᵉ, s'avançaient au pas de charge vers les deux principales portes, le colonel Maurin appuyait malheureusement beaucoup trop à gauche avec son 2ᵉ bataillon; lorsqu'il revint à sa véritable direction, il était trop tard : les deux autres bataillons avaient pénétré dans la ville et fait des prisonniers; mais ils avaient été rompus par l'ennemi, supérieur en nombre, et qui était parvenu à se replier vers la partie basse de Cogolludo.

Le général s'y précipita avec les chevau-légers par le chemin extérieur qui longe la ville, en même temps que, par la rue intérieure, le 1ᵉʳ bataillon du Royal-Étranger et celui du 55ᵉ de ligne suivaient l'ennemi. Le 96ᵉ et le 1ᵉʳ bataillon d'Irlande eurent ordre de marcher par la route que la cavalerie avait prise.

D'autres bataillons ennemis, postés derrière le ruisseau, et qui faisaient partie des troupes de Zayas, ayant protégé le ralliement des bataillons de l'Empecinado, opposèrent une vive résistance au débouché, vers Atalaya et Robredarcas. Le brouillard empêchait les Français de diriger utilement leur feu et de distinguer les chemins qui pouvaient les conduire à l'ennemi.

Les coups de canon qui avaient secondé l'attaque du couvent ayant un peu éclairci l'atmosphère, les Français commencèrent à voir devant eux. Le 1ᵉʳ bataillon de Royal-Étranger eut ordre de se jeter à gauche pour tourner l'ennemi, et le 96ᵉ dut appuyer ce mouvement; le bataillon du 55ᵉ reçut l'ordre d'agir à droite dans le même but. L'Empecinado, voyant cette manœuvre, commença son mouvement de retraite à travers les vignes et à couvert d'une nuée de tirailleurs. On poursuivit l'ennemi pendant plus d'une lieue, mais le brouillard empêcha de lui faire aucun mal, et quand la clarté revint, il avait disparu.

Le général Hugo perdit beaucoup de monde dans ce combat, mais l'ennemi éprouva aussi de nombreuses pertes.

Combat de Jadraque. — Le 13 décembre, le général Hugo n'ayant aucun renseignement sur l'Empecinado, marcha vers Jadraque pour tâcher d'en avoir. Là, il apprit que le chef espagnol devait être à Atienza. Il se remit en marche et le joignit bientôt. — Les tirailleurs espagnols s'engagèrent avec les flanqueurs que le général fit soutenir par les compagnies de voltigeurs pour ne point suspendre sa marche. Comme l'ennemi paraissait vouloir les attirer plus avant dans la montagne, et que la nuit approchait, le général leur fit dire de rester en vue de sa colonne, et il s'arrêta pour les rallier sur lui. — Dans ce moment, la cavalerie de l'Empecinado s'avança pour les suivre dans leur mouvement; mais le feu des obusiers français et une charge des Westphaliens la firent se replier à l'entrée des gorges, sous la protection de l'infanterie qui commençait à se ranger en bataille.

Le général forma alors sa colonne face en arrière afin de recevoir l'Empecinado, s'il lui prenait fantaisie de déboucher sur le terrain où la ligne française s'établissait; mais, ayant fait pousser une reconnaissance sur Atienza, il apprit qu'il n'y avait pas de troupes ennemies, et il y entra vers huit heures du soir.

Cependant les coureurs de l'Empecinado ayant ramassé quelques traînards, l'un d'eux apprit à ce chef que le général français avait laissé un bataillon à Jadraque pour la garde des prisonniers et des blessés. L'Empecinado, croyant que le général Hugo séjournerait à Atienza ou se porterait sur Siguenza pour l'y chercher, jugea qu'il aurait le temps d'attaquer et d'enlever Jadraque de nuit, et il se mit, dès neuf heures du soir, en marche sur cette ville. Le lendemain, le général, en se mettant de nouveau à la poursuite des troupes de l'Empecinado, aperçut de nombreuses bouffées de fumée du côté du vieux château de Jadraque. Il pensa qu'elles étaient produites par des coups de fusil, et ordonna au colonel de Stein de se porter au trot sur Jadraque et de montrer les casques des chevau-légers westphaliens à la garnison du couvent, tandis que l'infanterie presserait sa marche pour le suivre.

L'Empecinado avait fait tous ses efforts pour s'emparer de la ville; il y avait pénétré et en avait été chassé plusieurs fois. Enfin, il se disposait à un assaut général, lorsqu'il découvrit dans le lointain la division française. Le retour du général Hugo le décida sur-le-champ à la retraite, qu'il effectua sur Mirabueno.

Belle défense d'Auñon. — Dans les commencements de l'année 1811, l'Empecinado fit une apparition du côté de Guadalaxara; mais il disparut dès que les troupes françaises marchèrent à lui : il en fut de même dans la province de Siguenza, où il se montra quelque temps après.

Le général Hugo fit quelques excursions dans les provinces de son gouvernement, termina sa tournée par Auñon, où il fit exécuter des travaux de défense, et dont il confia le commandement à son frère Louis, devenu colonel du Royal-Étranger; puis il revint à Brihuega.

La rupture des deux ponts sur le Tage, les travaux d'Auñon, et des mouvements du général d'Armagnac qui s'était mis à la poursuite de l'ennemi dans la province de Cuenca, permettaient au gouvernement du général Hugo de jouir enfin d'un peu de repos.

Cependant, après quelques semaines de tranquillité, le général apprit que Villacampa, appelé de nouveau par la junte de la Nouvelle-Castille, allait se réunir à l'Empecinado pour agir contre lui. Ne sachant encore sur quel point ces deux partisans se dirigeraient, le général en donna avis à son frère, afin qu'il accélérât l'achèvement des fortifications légères, et qu'il concentrât toutes ses forces à Auñon.

Le 23 mars 1811, la garnison d'Auñon, attaquée par les troupes de Villacampa, avait fait les plus vigoureux efforts pour se soutenir contre ce chef, lorsqu'à dix heures du matin, des troupes débouchèrent du côté de Berlinches. La garnison fit une sortie au-devant d'elles, croyant que c'était un secours; mais elle se trouva aux prises avec un ennemi de plus, l'Empecinado, qui, jusqu'alors, ne s'était pas montré.

Le combat durait depuis long-temps, sanglant et acharné, lorsque le général Hugo, qui, de Brihuega, avait entendu le bruit du canon, et s'était aussitôt mis en marche, arriva avec ses troupes au secours d'Auñon. Il était alors quatre heures. A cette vue, les généraux ennemis rassemblèrent leurs bataillons et se mirent en retraite après dix heures de combat; le colonel Hugo avait été grièvement blessé d'un coup de feu au bras; et, malgré sa blessure, n'avait pas cessé de combattre à la tête de ses soldats.

La retraite des deux divisions ennemies se fit par El-Olivar et le pont d'Auñon. Le général Hugo, à peine entré dans le village, poussa une forte reconnaissance vers ce dernier point; cette reconnaissance échangea quelques coups de fusil avec une arrière-garde placée dans les rochers.

La ville et les environs d'Auñon témoignaient du courage des défenseurs de ce point important. Toutes les rues, tous les champs et les jardins, étaient couverts de morts. L'ennemi, dans quelques charges très vigoureuses, avait plusieurs fois forcé les retranchements et pénétré dans la ville; mais il en avait toujours été chassé avec perte; on lui avait repris un obusier dont il s'était emparé, et l'on citait le chef de bataillon Bossut comme ayant renversé beaucoup d'hommes à coups de pierre. Près de 100 prisonniers témoignaient encore de l'héroïque résistance de la garnison.

Le général français aurait bien désiré suivre Villacampa; mais il lui fallait appuyer l'évacuation d'Auñon, poste devenu désormais inutile par la démolition des ouvrages du pont, laquelle avait été faite pendant l'attaque avec une célérité sans égale. D'un autre côté, la garnison avait épuisé ses munitions, et le général n'en avait pas assez avec lui pour l'en pourvoir.

———

Escarmouche d'Alaminos. — Deuxième combat de Cifuentes. — Pendant quelques mois, la province de Guadalaxara jouit de la tranquillité la plus parfaite. Mais enfin il arriva de l'artillerie à la junte, et l'Empecinado fut appelé à Luçon pour la recevoir d'elle.

Sur ces entrefaites, le général Hugo apprit que l'Empecinado devait être dans les environs d'Alaminos avec sa division. Il partit le 11 juin pour tâcher de l'y joindre.

A peine les Français furent-ils arrivés dans ce village, et leurs postes furent-ils placés, qu'ils se virent entourés du côté de la plaine par un cordon de vedettes qui vinrent tirailler sur les sentinelles. Quelques patrouilles de Westphaliens les firent reculer, mais toujours les vedettes revenaient, en ayant soin de se tenir à distance.

Une de ces patrouilles ayant passé plus avant que les autres, fit sortir du bois de Mirabueno un fort peloton avec lequel elle eut la prudence de ne pas s'engager. Ce peloton s'avançait vers les postes Français. Le général envoya contre lui l'escadron de piquet qui fournit une bonne charge, et ramena des hommes et des chevaux. Il apprit, par les prisonniers, que l'Empecinado se trouvait à Cifuentès avec 5,000 hommes d'infanterie, deux pièces de 8 longues, et deux de 4, et qu'il y attendait sa cavalerie, ainsi que d'autres renforts, pour venir ensuite l'attaquer. Aussitôt, quoiqu'avec des forces bien inférieures, il résolut de prévenir les desseins de l'ennemi, et de marcher à sa rencontre.

Arrivé au point de partage des eaux, entre le Tajuna et le Tage, le général Hugo découvrit le beau vallon de Cifuentès, et, de ce point, les Espagnols rassemblés sur le sommet du mont San-Cristoval.

L'Empecinado, connaissant les forces de son adversaire, avait établi son plan de bataille de façon à l'enfermer dans Cifuentès, s'il avait l'audace de s'y présenter, et à l'y écraser sous les masses insurgées.

Quand les Français furent à portée de l'ennemi, celui-ci fit jouer son artillerie. A droite du chemin de Masègoso à Cifuentès, et sous le canon du San-Cristoval, se trouve un tertre élevé. Le général Hugo massa derrière ses bataillons, qui se trouvèrent ainsi à couvert; il fit former les Westphaliens en seconde ligne, et, voyant que l'ennemi avait négligé d'occuper le château, il y porta aussitôt son infanterie légère et deux compagnies de voltigeurs, avec ordre de s'engager vivement contre tout ce qui se montrerait au sommet du mont ou qui ferait mine de vouloir en descendre, mais avec injonction expresse de ne pas aller plus loin. Le général Hugo fit ensuite porter sur le tertre une pièce de 8, dont les coups donnèrent au milieu des masses ennemies.

Quelques mouvements eurent lieu de la part des deux troupes : la ligne de bataille du général Hugo était toujours au-dessus de la ville, derrière le ruisseau, et l'ennemi conservait sa position. Le général Hugo ordonna un changement de front, la gauche vers la chapelle du chemin de Canredondo, le centre couvert par la ville, et la droite, liée aux chevau-légers. Cette manœuvre eut lieu sous le feu de l'ennemi.

La mitraille ayant suffi pour maintenir la cavalerie de l'Empecinado devant les chevau-légers, le général Hugo songea à s'emparer de la position du chemin de Canredondo, afin de pouvoir attaquer avantageusement la gauche espagnole. Voulant s'opposer à l'occupation de ce point, dont le feu lui était trop préjudiciable, l'Empecinado fit descendre de la montagne une nuée de tirailleurs; mais ils furent si bien reçus par le canon et la mousqueterie, qu'après avoir cherché en vain à se maintenir, et quoique ayant été soutenus, ils furent obligés de se replier.

A peine ce mouvement de retraite était-il opéré, que le général Hugo vit déboucher sur ses derrières, et dans la direction de Maranchon, une nouvelle colonne d'infanterie qui descendait vers les Français, l'arme à volonté et sur deux rangs. Ce renfort, joint aux 600 chevaux du Manco, et à ceux d'un autre chef nommé Monroë, qui, par deux points différents, tenaient les chevau-légers en échec, devenait inquiétant.

Le général envoya alors aux Westphaliens l'ordre de charger cette infanterie et de l'écraser. Les chevau-légers, ayant à leur tête le colonel Stein, s'ébranlèrent; la cavalerie ennemie, qui se trouvait contenue par les voltigeurs d'Irlande, au lieu de soutenir cette infanterie en croisant le sabre avec les chevau-légers, se jeta toute en tirailleurs contre eux, et fut témoin de la destruction presque entière de la nouvelle colonne.

Voyant ce succès, le général Hugo redoubla la vigueur de son attaque, et, s'attachant toujours au flanc gauche du San-Cristoval, comme le plus abordable, il parvint à l'ennemi, malgré le redoublement de son feu. Mais à peine les Français furent-ils aux deux tiers de la côte, que l'Empecinado fit retirer ses pièces au galop dans le bois, et ordonna la dispersion dans deux directions différentes. Le général fit suivre l'une, et se mit lui-même à la poursuite de l'autre. Il se trouva, dans cette poursuite, deux fois en présence de troupes ennemies qui prirent la fuite aux premières démonstrations.

Cette affaire, quoique longue, ne coûta aux Français que 5 hommes tués et 22 blessés. L'ennemi avait vu détruire presque entièrement une de ses colonnes; la position que son infanterie avait occupée était jonchée de morts. On lui avait fait 80 prisonniers, enlevé un avant-train, et on l'avait obligé à enfouir le reste de son artillerie.

Le général Hugo fit prendre position : un bataillon sur le San-Cristoval, et le reste des troupes en avant de Cifuentès. La ville était déserte. Du feu, laissé négligemment par l'ennemi, avait pris dans les appartements, et s'était étendu à plusieurs maisons. On eût pu réussir à l'éteindre, si ce fatal incendie n'eût communiqué avec un dépôt de munitions appartenant à l'Empecinado. Ce dépôt ayant sauté avec violence, tua quelques hommes et quelques chevaux, et couvrit la ville de poutres et de tisons enflammés. Un grand vent s'étant élevé pendant la nuit, augmenta le désordre, et l'incendie se manifesta de toutes parts. On parvint cependant à sauver une partie de la ville.

Le lendemain, les Français s'acheminèrent sur Brihuega, afin d'y déposer les blessés et les prisonniers.

La garnison de Molina est secourue. — Combats d'Atienza et de Cogolluda. — Derniers efforts de l'Empecinado. — Le général Hugo, après avoir séjourné quelque temps à Brihuega, se mit en route pour Molina de Aragon, où, d'après les renseignements qu'il avait reçus, il croyait trouver l'Empecinado [1]; mais averti de la marche des Français, ce chef de partisans s'était jeté dans la province de Cuenca. La présence du général à Molina de Aragon fut néanmoins très utile au détachement du régiment de la

[1] Dans sa marche sur Molina, la colonne française passa par la Huerta-Hernando, où la Junte insurrectionnelle de la Nouvelle-Castille s'était retirée après la destruction du Buen-Detvio.

«Le lendemain, nous nous portâmes par Cañales, ancien séjour de la Junte sur la Huerta-Hermando, où, pour lors, elle tenait ses séances. Après avoir traversé des forêts de mélèzes, nous descendîmes dans une de ces profondes crevasses qui aboutissent à la vallée étroite du Haut-Tage. Cette vallée, dont chaque flanc offre un escarpement à pic de cent cinquante à deux cents toises de rochers,

Vistule qui en formait la garnison, que des guérillas tenaient bloqué dans le château, et qui manquait entièrement de subsistances. L'arrivée de la colonne du général Hugo éloigna l'ennemi. Alors des réquisitions, frappées avec menace d'une contribution double pour les villages qui désobéiraient, firent bientôt abonder les subsistances, et la garnison fut tirée d'inquiétude pour plus d'un mois.

L'Empecinado, encore tout meurtri de sa dernière affaire de Cifuentès, ne sortait pas de la province de Cuenca; il se bornait à faire courir sa cavalerie sur les provinces voisines, afin de se recruter. Cependant, vers la fin de juillet, un de ses détachements reparut aux environs d'Atienza. Le colonel Balestrier, du régiment Royal-Irlandais, envoyé contre les insurgés, les obligea, après un engagement assez vif, à repasser le Tage.

Environ un mois après, le 13 août, un très fort détachement de la division de l'Empecinado se présenta à Cogolludo. Le colonel Louis Hugo, quoique souffrant de sa blessure d'Auñon, se mit à la tête du Royal-Étranger et battit complétement l'ennemi.

Pacification. — Retour du général Hugo à Madrid, — Ces affaires furent les dernières de quelque importance dans l'année 1811. — Grâce aux bonnes dispositions

n'avait pour nous d'issue, qu'un défilé où vingt hommes pouvaient avec des pierres causer notre total anéantissement. Aussi, comme je n'avais aucun moyen de faire observer par des éclaireurs les flancs de ma colonne, je ressentis une joie facile à concevoir en trouvant la fin de ce vallon romantique, et en entrant dans une campagne moins pittoresque, mais plus ouverte et plus étendue.

« La Huerta est un petit village : les troupeaux y paissaient abandonnés, et les habitants avaient fui dans les forêts voisines; mais à l'exception des troupeaux, il n'y avait rien dans ce misérable endroit; pas une table, pas une chaise, pas le moindre meuble. Les paysans espagnols ne sont pas riches en mobilier : un coffre de bois, un mauvais grabat, un banc, quelques poteries grossières, voilà, à peu près, tout ce que j'ai trouvé dans celles de leurs maisons où je suis entré. Les habitations des curés étaient seules un peu mieux garnies; encore, n'y avait-il souvent aucune trace de cette espèce de luxe rustique qui est commun à tous les bons fermiers français. L'ameublement d'un presbytère diffère peu, dans les cantons éloignés, de celui de la maison d'un laboureur. Quelques images sacrées, grossièrement peintes, ornent les murailles blanchies et nues de la salle principale. La table de bois y est recouverte d'un morceau de serge. Plusieurs livres de piété, placés en parade sur une tablette, sont là comme un témoignage de la science du maître de la maison. Une écritoire, du papier et des plumes sont encore au nombre des meubles de M. le curé. Quelques peaux de moutons recouvrent les siéges qu'il peut offrir au voyageur, et, parfois, seul de tout le village, il se sert de la fourchette et boit dans un verre. »

prises par le général Hugo, et à son active surveillance, les guérillas de l'Empecinado ne se hasardèrent pas à reparaître dans son gouvernement [1]. Pendant plusieurs mois, aucun détachement ennemi ne se montra dans la province de Guadalaxara, où l'action de l'administration royale s'étendit chaque jour paisiblement. Il y avait peu à faire pour maintenir cet état de paix et de tranquillité; le général Hugo, dont la santé était fortement altérée par les fatigues de la guerre, ne jugea pas que sa présence y fût plus longtemps nécessaire et demanda qu'on lui donnât un successeur. Un voyage que le roi Joseph fit à cette époque en France, voyage dont nous parlerons bientôt retarda ce remplacement; mais enfin le général Guye fut nommé pour prendre le commandement de la province de Guadalaxara. — Le général Hugo revint à Madrid, où le maréchal Jourdan (qui venait d'échanger son titre de major général des armées françaises contre le titre de chef d'état-major de S. M. C.) se l'adjoignit comme chef d'état-major, fonctions auxquelles le maréchal fit réunir, quelques mois après, celles de commandant de la capitale des Espagnes.

[1] L'Empecinado était mis hors d'état de pénétrer de nouveau dans la province de Guadalaxara; mais sa division n'était pas détruite, et parcourait les provinces voisines. — Le général qui venait d'obtenir contre lui tant et de si décisifs succès, ne s'abusait pas sur ce point. « Pour tenter la destruction de l'Empecinado, dit-il dans ses *Mémoires,* il eût fallu la coopération de plusieurs colonnes sur une même direction, et les troupes manquaient à l'armée du centre pour les former.—D'un autre côté, si une pareille combinaison eût eu lieu, ce général ne l'eût-il pas mise en défaut par ses dispositions, ou en se cachant dans les défilés impraticables qui avoisinent le Haut-Tage sur l'une et l'autre de ses rives. — Ne pouvant, avec les troupes sous mes ordres et à cause des garnisons que j'avais à fournir, réunir encore plus de 1,000 à 1,200 hommes, contre 4, 5 et quelquefois 6,000, mes manœuvres devaient se ressentir de ma faiblesse numérique. Des attaques audacieuses sur un seul point, comme le flanc, le centre, les derrières, étaient tout ce que je pouvais entreprendre de mieux. Je devais me conformer à ce que mes moyens me permettaient, et donner le moins désavantageusement pour moi contre : des masses toujours retranchées dans les rochers, ou cachées dans d'épaisses broussailles; toujours postées sur des crêtes inaccessibles ou couvertes par des rivières profondes.— J'arrivais ordinairement à ces positions à jeun, après une marche fatigante, un soleil brûlant ou la pluie sur le corps; j'y forçais un ennemi frais, bien repu et tout disposé pour une dispersion en cas de malheur. Le moment de la victoire était pour moi le plus voisin d'une défaite; il ne fallait qu'un instant d'imprudence ou une fausse manœuvre pour causer la perte de ma colonne. En laissant poursuivre en désordre, en laissant trop disperser mes forces, je pouvais me priver des moyens de résister au choc d'une réserve habilement lancée : heureusement pour moi que sur ce point de tactique militaire, l'Empecinado se montra toujours faible et imprévoyant. »

RÉSUMÉ CHRONOLOGIQUE.

1810.

12 JUIN. Combat de Sotoca.
15-16 Occupation de Brihuega et de Torija.
20 — Occupation de Siguenza.
 2 JUILLET. Attaque de Siguenza par l'Empecinado. — Destruction du Buen-Desvio, asile de la Junte insurrectionnelle.
29 AOUT. Combat de Siguenza.
31 — Combat et passage du Tage à Trillo.
14 SEPTEMBRE. Combat de Cifuentès.
27 — Le roi Joseph Napoléon vient à Guadalaxara.
OCTOBRE. Prise du trésor de Siguenza.
— — Blocus ingénieux de Siguenza. — Évacuation.
17 — Combat du Val-de-Saz.

18 OCTOBRE L'Empecinado se retire derrière le Tage.
NOVEMBRE. Attaque de Guadalaxara par le Manco.
 9 DÉCEMBRE. Combat de Junquera.
12 — Combat et prise de Cogolludo
13-14 Combat de Jadraque.

1811.

23 MARS. Belle défense d'Aunon.
MAI. Le roi Joseph Napoléon se rend à Paris.
11 JUIN. Escarmouche d'Alaminos
22 — Deuxième combat de Cifuentès
30 JUILLET. Combat d'Atienza.
23 AOUT. Deuxième combat de Cogolludo

1811. — FIN DE LA CAMPAGNE.

ÉVENEMENTS DIVERS. — VOYAGE DU ROI JOSEPH A PARIS.

Afin de laisser le moins de lacunes qu'il nous est possible dans le récit des événements si divers et si multipliés de la guerre d'Espagne, nous allons réunir dans un seul chapitre les faits particuliers ou d'un ordre secondaire que le soin de rendre compte des grandes opérations militaires nous avait forcé de négliger momentanément.

Montagnes d'Aragon et de Valence. — *Combats de Cuenca, de Val-de-Oliva, etc.* — Tandis que le général Hugo combattait l'Empecinado dans la province de Guadalaxara, le général Lahoussaye était chargé de disperser les bandes qui se ralliaient dans la province limitrophe, et dont Cuenca est le chef-lieu.

Ce général ayant été informé que don Juan Martin avait réuni plusieurs bandes sur la rive gauche du Tage, se porta à leur rencontre avec 1,500 hommes tant infanterie que cavalerie. La bande de Guttières fut surprise à Villa-del-Arno par l'avant-garde française qui l'anéantit presque en entier. Guttières fut fait prisonnier. Le même jour, la cavalerie française rencontra, en avant de Cuenca, les avant-postes de toutes les bandes réunies, et les culbuta. Les insurgés, forts de 3,000 hommes d'infanterie et de 400 chevaux, étaient en position sur une hauteur garnie de retranchements. Le général Lahoussaye établit son artillerie sur un mamelon à gauche, d'où elle prenait en écharpe la position ennemie; en même temps l'infanterie l'attaquait de front à la baïonnette, et la cavalerie se portait sur la route de Priejo pour couper toute retraite aux Espagnols. Bientôt le champ de bataille fut jonché de morts : un bataillon tout entier mit bas les armes ; le reste, ayant voulu traverser le Xucar, fut acculé à cette rivière par la cavalerie. Plus de 500 hommes s'y noyèrent; quelques-uns seulement s'échappèrent à la faveur de l'obscurité.

Quelque temps après, les généraux Lahoussaye et Hugo ayant concerté leurs mouvements, ce dernier se mit en marche, le 5 juillet, pour chasser l'ennemi de ses positions, et le rejeter sur la rive gauche du Tage, pendant que le général Lahoussaye se portait en avant pour couper la retraite aux troupes attaquées. En effet, à l'approche du général Hugo, le général Zayas, qui commandait les insurgés, effectua aussitôt un mouvement rétrograde avec la totalité de ses troupes, montant à 7,000 hommes environ. Le général Lahoussaye s'avançait à marche forcée sur le pont d'Auñon; les Espagnols avaient déjà traversé le Tage et étaient en position à Villa-de-Oliva. Son avant-garde, tombant, au débouché du pont, sur la cavalerie ennemie, la poursuivit jusqu'à Sacedon. Les Français et le gros des troupes de Zayas se trouvèrent en présence entre Alcocer et Val-de-Oliva. Trois bataillons et deux escadrons espagnols, postés avantageusement, se défendirent avec beaucoup d'opiniâtreté contre la cavalerie française, qui finit cependant par les culbuter. Tout ce qui ne fut pas tué sur place fut fait prisonnier. Les résultats de cette affaire furent 600 morts, 1,000 prisonniers, la prise d'un drapeau, de tous les bagages, de l'ambulance, de 200 chevaux et d'un parc considérable de bestiaux. Le général Lahoussaye poursuivit vivement le chef espagnol, qui, avec ses débris, se retirait en désordre sur Valence.—Cette défaite des insurgés permit d'organiser militairement la province de Cuenca, dont la capitale fut occupée par une forte garnison sous les ordres du général Darmagnac.

Au commencement de novembre, le général Darmagnac s'empara de Belmonte, où le partisan Francisquetto avait son quartier général, et détruisit ou dispersa entièrement la bande de ce chef. Il se dirigea ensuite sur Tarazona, et battit un détachement de l'armée de Valence, envoyé pour observer les rives du Xucar. Quelques jours après, il défit, à Tilla-Gardo, le général Bassecourt, que le général Blacke, à la première nouvelle de l'expédition du général français, y avait envoyé de Valence.

Le 25, les troupes du général Darmagnac étaient rassemblées à Utiel, d'où elles se portèrent sur Requena. Bassecourt rétrograda sur Cabrillas-de-Valence, où les Français enlevèrent son arrière-garde, ainsi qu'un convoi de 300 mulets chargés de vivres pour l'approvisionnement de Valence. — Le général Darmagnac rentra, le 30 novembre, à Cuenca, après avoir ainsi, pour quelque temps du moins, débarrassé le pays des bandes qui l'infestaient.

Frontières du Portugal. — *Mouvements des armées française et anglaise autour de Ciudad-Rodrigo.* — *— Combats d'El-Bodon et d'Aldea-del-Ponte.* — Le duc de Raguse, aussitôt après la levée du siége de Badajoz, avait, comme on l'a vu (page 274), laissé une de ses divisions sur la Guadiana. Tandis que le maréchal Soult revenait sur Séville et Grenade, le général en chef de l'armée de Portugal remonta avec le reste de ses troupes du côté de Placencia, pour observer les mouvements de lord Wellington, qui lui-même s'était porté, avec le gros de son armée, sur la rive droite du Tage près de Castel-Branco, et était venu ensuite prendre position sur la Coa. Le maréchal Marmont, supposant que le projet du général anglais était de soutenir l'armée espagnole de Galice, alors menacée par l'armée française du nord, resta quelque temps dans ses cantonnements autour de Placencia pour agir ensuite d'après les événements. Mais bientôt Wellington se rapprocha de Ciudad-Rodrigo, qu'il investit le 5 septembre.—Marmont s'entendit alors avec le général Dorsenne pour forcer le général ennemi à lever son blocus. Les deux armées firent leur jonction à Tamamès le 22 septembre, et ce mouvement eut pour résultat le déblocus et le ravitaillement de Ciudad-Rodrigo.

Les Anglo-Portugais abandonnèrent leurs positions devant Ciudad-Rodrigo, dès le 24 septembre.

Le 25, l'avant-garde du duc de Raguse, commandée par le général Montbrun, atteignit à El-Bodon l'arrière-garde ennemie sous les ordres du général Graham, lui enleva quatre pièces de canon, la mit en fuite et la poursuivit jusque auprès de Fuente-Guinaldo. Lord Wellington s'était arrêté dans cette position, qui était en état de défense, et paraissait vouloir y attendre l'armée française; mais le maréchal Marmont ayant fait marcher une de ses divisions par sa droite pour tourner la gauche des alliés, le général anglais abandonna son camp dans la nuit du 26 au 27, et se retira vers Alfayatès et Sabugal.

Le général Montbrun, soutenu par la division d'infanterie du général Thiébault, poursuivit les Anglo-Portugais par la route de Casilla de Florès.

Le même jour, le général Wathier, s'étant porté sur Aldea de Ponte avec une division de cavalerie légère, rencontra près de ce village une colonne anglo-portugaise forte de 15,000 hommes d'infanterie, 3,000 chevaux et quatorze pièces de canon. La cavalerie française ne voulant pas s'engager avec un ennemi bien supérieur en nombre, s'arrêta pour attendre l'arrivée de la division Thiébault. Celle-ci étant survenue, l'affaire commença et les Anglo-Portugais furent forcés à la retraite.

Les deux armées prennent des cantonnements. — Après l'affaire de d'Aldea de Ponte, le maréchal Marmont établit ses troupes dans une nouvelle ligne de cantonnements, depuis Salamanque jusqu'à Tolède; il ne put les resserrer autant qu'il l'aurait voulu, à cause de la rareté des subsistances; mais les Anglo-Portugais, qui avaient eux-mêmes besoin de repos, ne songèrent pas à inquiéter les Français dans leurs nouvelles positions. —Lord Wellington, dont le quartier général était établi à Almeida, fit occuper de nouveau, le 1er octobre, le camp retranché de Fuente-Guinaldo; le général Hill fut détaché sur la rive gauche du Tage,

et le général Castanos s'occupa de la réunion de divers détachements espagnols pour organiser un corps d'armée entre le Tage et la Guadiana.

Le général de brigade Reynaud, gouverneur de Ciudad-Rodrigo, fut fait prisonnier le 15 octobre, à une lieue de cette place, par un détachement de cavalerie de la guérilla de don Julian. Il était sorti de la ville avec une escorte de quatre chasseurs pour aller reconnaître un terrain où il pût envoyer prendre du fourrage. Il fut attaqué à l'improviste, et pris avec trois de ses chasseurs. Le quatrième parvint à s'échapper, et annonça à Ciudad-Rodrigo la captivité du général Reynaud, qui fut remplacé par le général Barrié.

ESTRAMADURE ET ANDALOUSIE. — *Combat d'Arroyo-de-Molinos.* —Le duc de Raguse en prenant ses nouveaux cantonnements avait rappelé la division qu'il avait laissée sur la Guadiana afin de soutenir le mouvement du 5e corps. Le départ de cette division laissait toute liberté au général Castanos pour rassembler son nouveau corps d'armée. Le maréchal Soult, informé que le général espagnol, dont les opérations étaient protégées par la division anglaise du général Hill, avait déjà organisé des levées assez nombreuses, ordonna au général Drouet d'Erlon de diriger du côté de Cacerès une de ses divisions, pour éclairer le pays, frapper des impôts et dissiper les rassemblements. Le comte d'Erlon détacha, à cet effet, la division du général Girard, qui se mit en marche avec la brigade de cavalerie légère du général Briche, et une brigade de dragons sous les ordres du général Bron. Après avoir exploré avec succès une partie de la Haute-Estramadure espagnole, la colonne française força le général Castaños à se retirer avec ses troupes sur la frontière du Portugal.

Le général Girard arriva le 13 octobre à Cacerès, y établit quelque temps son quartier général, et en repartit le 26 pour marcher sur Torre-Moïba, et, de là, sur Arroyo de Molinos, village situé au pied de la Sierra de Montanchès, et où ses troupes s'établirent le 27.—Des paysans informèrent le général Hill du principal but de la mission du général Girard (la levée des contributions) et des forces que le général avait avec lui. D'après ces renseignements, le général anglais résolut de surprendre le général français.

Les troupes anglaises quittèrent, le 28 octobre, à deux heures du matin, les cantonnements qu'elles occupaient vers le Tage, et se mirent en marche. Leur mouvement était protégé par un épais brouillard accompagné de pluie. A huit heures du matin, trois colonnes ennemies attaquèrent simultanément les postes du général Girard. Le général Rémond, qui commandait une des brigades de la division française, était parti, dès le point du jour, pour Mérida, avec sa troupe, et n'avait pas rencontré l'ennemi. Le reste de la colonne du général Girard allait partir pour suivre la même route, lorsque des cris et des coups de fusil annoncèrent que l'ennemi attaquait le village. Quoique les Anglais fussent dix fois supérieurs en nombre, le général Girard conserva tout son sang-froid, dans cette position critique. Le général Dombrowski qui, déjà, avait réuni sa brigade en avant du village, ordonna à un de ses bataillons d'arrêter les tirailleurs ennemis qui commençaient à déboucher. La cavalerie étant aux prises avec les Anglais de l'autre côté d'Arroyo-Molinos, il fallait dégager le village pour lui ouvrir le passage. Afin d'y parvenir, le général Girard, fit faire un mouvement en avant. Les colonnes anglaises se présentèrent en masse devant les bataillons français qui, réunis, ne formaient pas plus de 1,300 hommes; Cependant la cavalerie ennemie fut repoussée. Mais pendant ce temps, le général Hill manœuvrait sur la gauche du général Girard pour l'envelopper. La route de Mérida était déjà coupée, les équipages étaient enlevés; la cavalerie française, arrêtée à la tête du village, ne paraissait pas. Dans cette situation, ce brave général se décida à la retraite. Les Anglais, qui s'étaient jetés par leur droite sur ses derrières, l'entourèrent et le sommèrent de mettre bas les armes. Pour toute réponse, il ordonna à son infanterie de se faire jour à la baïonnette, et opéra lentement son mouvement rétrograde. Privé de son artillerie qu'il avait été obligé d'abandonner, écrasé par celle des Anglais, le général Girard fit faire un mouvement à droite pour gagner les hauteurs qui se prolongent vers Montanchès : l'ennemi l'y poursuivit.

La colonne française, pressée sur ses flancs et en queue, et obligée de repousser à chaque instant de nouvelles attaques, était nécessairement retardée dans sa marche; aussi les Anglais arrivèrent-ils avant elle au col de Montanchès. Leur général fit enlever cette position à la baïonnette, et laissant Montanchés sur sa gauche, il entra dans les montagnes qui se prolongent sur Sarza. Mais le débouché en était déjà occupé par l'ennemi. Les Français se jetèrent dans la plaine et chargèrent impétueusement les troupes qui voulaient les arrêter. Le général Girard fut sommé une seconde fois de déposer les armes; mais il ne voulut rien entendre et continua sa retraite à travers la plaine jusqu'à la hauteur de San-Hernando, où il s'établit. L'ennemi cessa alors sa poursuite.

Après quelques heures de repos donné à sa colonne, le général Girard se remit en marche, et arriva sans accident à Orellano, où il traversa la Guadiana. Les Français avaient perdu, dans cette retraite, 600 hommes tués ou prisonniers, trois pièces de canon et leurs caissons. Parmi les prisonniers, se trouvaient le général Brou, et le duc d'Aremberg, colonel du 27e de chasseurs à cheval, blessés tous deux en chargeant à la tête de la cavalerie.

Cet échec, que le général Girard éprouva par sa faute et pour avoir eu trop de sécurité, le fit tomber dans la disgrâce de l'Empereur, qui le remplaça dans son commandement par le général Barrois. Mais bientôt Napoléon mit le brave Girard à même de réparer sa faute par de nouveaux exploits.

Combats de Bornos et de Carbonera. — Lorsque le général Godinot avait quitté le camp de Saint-Roch, Ballesteros était revenu l'occuper; ce général en partit dans la nuit du 4 au 5 novembre pour surprendre le général Sémélé, qu'il savait à Bornos avec un seul régiment, le 16e d'infanterie légère. Les Espagnols parurent devant Bornos, dont ils occupèrent toutes les avenues au point du jour, et au moment où les Français prenaient les armes.

Le général Sémélé fit sortir son régiment du village pour prendre position; mais le défilé était déjà occupé par une colonne de 2,000 Espagnols. Le régiment français s'avança au pas de charge, culbuta à la baïonnette tout ce qui tenta de s'opposer à son passage, et prit la position qu'il devait occuper. Ayant échoué dans sa tentative, Ballesteros se retira vers Ubrique.

Dix jours après, le 15 novembre, le général Sémélé attaqua à son tour le général espagnol, qui se retira dans les montagnes de Ronda. Mais le général Leval s'étant montré vers Antequera avec une forte colonne, Ballesteros craignit de se trouver pris entre deux feux, et regagna en toute hâte le camp de Saint-Roch, où il pouvait toujours se mettre sous la protection du canon de Gibraltar. Le général Leval le suivit, joignit son arrière-garde au passage du Guadiaro et la battit.

Ballesteros, arrivé au camp de Saint-Roch, fit marcher, le 28, une colonne de 1,500 hommes d'élite pour reprendre la tour de Carbonera. Mais le général Rey se porta, avec un régiment, à la rencontre de ce détachement, le mit en déroute et le rejeta dans les rochers d'où il était sorti.

Siége de Tarifa. — Vers le milieu de décembre 1811, le duc de Dalmatie chargea le général Leval de s'emparer de Tarifa, dont l'occupation lui aurait offert de grands avantages. Cette place, défendue par une garnison de 3,000 hommes, moitié Anglais et moitié Espagnols, fut investie par terre.

Les fortifications de Tarifa avaient été mises à l'abri d'une insulte sérieuse par le colonel anglais Skerret et par le général espagnol Copons, qui y avaient fait construire plusieurs ouvrages importants.

Le général Leval fit ouvrir la tranchée, le 25 décembre, à cent vingt toises de la place. On avait fait venir de Puerto-Réal quelques pièces de gros calibre pour former l'artillerie de siége. On fut obligé d'ouvrir aux pièces un chemin sur la pente d'un rocher exposé au feu d'un vaisseau, de deux frégates et de plusieurs canonnières anglaises; mais rien ne put refroidir l'ardeur des assiégeants.

Le 29, les batteries de brèche commencèrent à jouer, et, le 30, au matin, la muraille présentait déjà une ouverture praticable. A huit heures, une colonne, composée de grenadiers et de voltigeurs, l'élite des troupes de siége, s'avança pour donner l'assaut, et était déjà parvenue au pied de la brèche malgré la vivacité du feu de l'ennemi, lorsque les Français se virent arrêtés par un fossé bourbeux qu'on avait négligé de sonder, et qui couvrait tout le front d'attaque. Ils furent obligés de rétrograder. Les batteries de brèche continuèrent leur feu jusqu'au 4 janvier 1812, et le général Leval se préparait à donner un nouvel assaut, lorsqu'il reçut l'ordre de renoncer à son entreprise. Le transport des pièces étant presque impossible à cause du mauvais état des chemins, le général Leval les fit enterrer avant de partir.

Rentrée des Anglais en Estramadure. — Combat de Merida. — Un grand mouvement offensif, dont l'armée anglaise menaçait alors la Basse-Estramadure, était la cause de l'ordre, envoyé au général Leval, d'abandonner le siége de Tarifa.

Le général Drouet d'Erlon, chargé de garder cette province et de protéger Badajoz, n'avait avec lui que 12,000 hommes; savoir : les deux divisions d'infanterie du 5ᵉ corps, dont la première (celle du général Girard) se trouvait considérablement affaiblie, et deux ou trois régiments de troupes à cheval, dont le total s'élevait à peine à 1,100 chevaux. Ces forces étaient loin de suffire à la garde d'un territoire aussi considérable que celui compris entre la Guadiana et la chaîne des montagnes qui séparent l'Estramadure des provinces de Cordoue et de Séville.

Instruit de la faiblesse numérique des Français, lord Wellington, qui déjà disposait tout pour faire une seconde fois le siége de Badajoz, voulut d'abord balayer tous les postes que les Français avaient au-dessous de cette place sur la Guadiana, et fit avancer à cet effet la forte division anglaise du général Hill.

Cette division quitta, le 27 décembre, les environs de Porto-Alègre, où elle avait ses cantonnements, et se mit en marche dans la direction de Merida.

Le général français avait, le même jour, envoyé en reconnaissance sur la Roca le capitaine Neveu, du 88ᵉ régiment, avec trois compagnies de voltigeurs.

Le 29, cet officier rencontra l'avant-garde du général Hill, forte de 800 chevaux, avec quatre pièces d'artillerie légère. A la vue des Anglais, le capitaine fit former ses trois compagnies en carré, et plaça au centre un petit peloton de hussards qui l'avait accompagné. Cette petite troupe soutint, sans en être ébranlée, cinq charges successives et le feu des quatre pièces, et opéra sa retraite sur Mérida, sans avoir pu être entamée.

Pendant cette belle défense du capitaine Neveu, le général Dombrowski qui commandait dans Mérida, entendant le bruit du canon anglais, avait fait marcher en avant quelques escadrons. A la vue de ce secours, les Anglais cessèrent leur poursuite, et la petite colonne française rentra triomphante dans Mérida, ramenant ses blessés, au nombre de 9, et 13 prisonniers anglais.

Les troupes de Dombrowski n'étaient pas assez nombreuses pour que ce général pût espérer de se maintenir à Mérida. Il se décida donc à évacuer cette ville et à faire sa retraite par Almendralejo, pour rejoindre le comte d'Erlon qui concentrait alors ses forces vers Llerena. Le 2 janvier 1812, le général Hill occupa Almendralejo et poussa, le 3, une forte reconnaissance jusqu'à Los Santos. Ce fut alors que le maréchal Soult, entrevoyant les projets de lord Wellington, et voulant se mettre en état d'en empêcher la réussite, ordonna la levée du siége de Tarifa, afin de réunir ses réserves pour se porter partout où sa présence deviendrait nécessaire.

Le général Hill avait fait prendre position à ses troupes sur la Guadiana, dans les environs de Badajoz.

Galice. — Biscaye. — Navarre, etc. — Guérillas. — Porlier-el-Marquesito. — Tandis que les grandes armées espagnoles et anglo-portugaises luttaient contre les armées françaises sur la frontière de Portugal et Estramadure, en Andalousie, en Catalogne et en Aragon, la junte de Galice, favorisée et appuyée par les secours de l'Angleterre, cherchait, avec les débris des armées battues l'année précédente dans le nord de l'Espagne, à réorganiser une armée nouvelle; mais cette organisation était lente et difficile, et pendant long-temps la cause insurrectionnelle ne fut défendue dans les provinces septentrionales comme dans les provinces centrales de la Péninsule que par des guérillas nombreuses et infatigables.

Les opérations militaires n'y avaient ni suite ni plan; mais les combats étaient continuels. Nous nous bornerons à citer les principaux.

Vers la fin de 1810, un neveu de La Romana, Porlier, surnommé le *Marquesito*, ancien officier de l'armée espagnole, avait réuni à Potès en Galice un parti qui se renforçait chaque jour. Le général Kellermann envoya, dans le courant de septembre, le général Serras pour chasser les insurgés. Porlier ne crut pas devoir l'attendre; il se jeta dans les Asturies, espérant qu'il pourrait attaquer avec succès le général Bonnet dans Oviedo. Les avant-postes français l'aperçurent, le 14 septembre, à quatre lieues de cette ville : il avait avec lui 3,000 hommes. Le général Bonnet marcha droit à lui, l'attaqua, lui tua 400 hommes, détruisit sa cavalerie presque tout entière, lui fit plus de 300 prisonniers et dispersa le reste.

Combat de Gijon. — Attaque de Santona. — Le 16 octobre, les Espagnols tentèrent de s'emparer du port de Santona, dans la province de la Montana ou de Sant-Ander. A cet effet, une expédition partit de la Corogne sur quatre frégates et quarante bâtiments.

Le 17 octobre, Porlier reparut et se présenta tout à coup avec 300 hommes devant Gijon, port de la côte des Asturies. Le colonel Cretin, avec un piquet de chasseurs et une compagnie de voltigeurs, le tenait depuis quelque temps en échec, lorsqu'une escadre de vingt-sept voiles s'approcha du port, et commença à débarquer 2,500 hommes de troupes. A l'aspect de ces forces, le colonel Cretin, trop faible pour résister, évacua la place en bon ordre, et se retira à une lieue de la ville. Mais ayant reçu le lendemain des renforts suffisants, il se porta sur Gijon, tua ou blessa plusieurs centaines d'Anglo-Espagnols, et les força à se rembarquer.

Un corps de 5,000 Galiciens attaqua, le 20 septembre, le général Valletaux, qui occupait, avec sa brigade, Fresno et Grado. L'ennemi fut battu et repoussé au-delà de la Narcea, après une perte considérable. L'escadre anglo-espagnole ayant alors paru prendre la route du nord, le général Bonnet fit prévenir les commandants de Sant-Ander et de la côte de se tenir sur leurs gardes.

Le 1ᵉʳ régiment d'infanterie légère se réunit, le 23, à Laredo, à 3,000 hommes que le général Cafarelli gouverneur de la Biscaye, avait amenés.

Le soir du même jour, l'escadre anglo-espagnole mouilla sur la rade; elle se composait de quatre frégates, dont une espagnole, trois bricks, deux goëlettes, quatre canonnières et trente bâtiments de transport : en tout quarante-trois voiles.

Le vent ayant changé le 24 et le 25, les vaisseaux de guerre furent contraints de prendre le large et de laisser les transports sur la rade. Le temps devint plus mauvais, la frégate espagnole se brisa et périt sur les rochers de Laredo; il en fut de même d'un brick anglais et de quatre canonnières espagnoles. Les troupes embarquées et les équipages éprouvèrent, dans ces deux jours, une perte de plus de 1,000 hommes.

Ces désastres ne découragèrent pas l'ennemi; ses vaisseaux reparurent le 26, et il voulut opérer son débarquement dans la journée du 27.—A une heure de l'après-midi, les troupes furent réparties dans des chaloupes ayant en tête trois canonnières, dont le feu terrible de mitraille balaya la plage. Mais bientôt une batterie de terre, que les Français avait placée près de Santona, ouvrit sur les chaloupes un feu de flanc qui ne leur laissa d'autre parti que la retraite. En effet, le commodore anglais donna le signal de l'embarquement, et, le vent ayant fraîchi, la flottille disparut à cinq heures vers le nord. Mais si elle s'était soustraite au canon des Français, elle ne put échapper à la tempête. De nombreux transports chargés de troupes, d'effets militaires, d'artillerie, de munitions, etc., échouèrent sur la côte de Plancia et d'Anchona, et furent pris par les Français. Forcés de chercher un refuge dans les ports que les Français occupaient, les autres bâtiments furent également capturés avec leurs chargements et les hommes qui les montaient. De toute la flotille, les trois frégates anglaises parvinrent seules à se sauver : encore avaient-elles été fort maltraitées par les batteries de la côte.

Combat de Logroño. — Les débris des guérillas et des bandes chassées de la Biscaye et de la Navarre par les colonnes mobiles de la garde impériale française se réfugièrent en grand nombre, vers le commencement de novembre, dans les montagnes de Soria, qui leur offraient un point de ralliement et de grandes ressources pour le genre de guerre que les insurgés avaient adopté. Quelques détachements de ces guérillas étaient répandus dans le voisinage de Logroño.

Le général Roguet reçut l'ordre de marcher à leur rencontre avec 1,500 hommes d'infanterie de la jeune garde impériale et 500 chevaux. Après des recherches, des marches et contre-marches qui ne durèrent pas moins de vingt jours, l'avant-garde française aperçut enfin les Espagnols au nombre de 2,000, postés à Belozado, la gauche à Frenillo de Rio-Tiro. Les troupes du général Roguet passèrent aussitôt la rivière à gué. Quelques compagnies d'infanterie s'étaient à peine formées, que le colonel Golstein, à la tête de 200 chevau-légers ou lanciers du grand-duché de Berg s'élança vers le centre de la position ennemie, et, malgré une vive fusillade, aborda les bandes à toute bride. En un instant les Espagnols furent enfoncés et dispersés. Tout ce qui échappait à la cavalerie était mis en pièces par

l'infanterie, les insurgés eurent ainsi plus de 1,00C hommes tués.

Combat de Fresno. — Cependant l'armée insurgée de Galice commençait à se réunir; un corps de 6,000 hommes de cette armée marcha, le 29 novembre au matin, contre l'avant-garde du général Bonnet, commandée par le général Valletaux et postée en avant d'Oviedo.

Les reconnaissances françaises trouvèrent l'ennemi à cheval sur les routes de Miranda et de Belmonte. Le général Valletaux prit sur-le-champ ses mesures; il forma son centre en huit compagnies, et se porta de sa personne à Fresno, avec un bataillon. Bientôt les Espagnols se montrèrent et couronnèrent tous les mamelons de la montagne. L'action s'engagea avec vigueur. L'ennemi, dont les forces étaient numériquement très supérieures, fit avancer contre le centre des Français des masses considérables, dans l'espérance de l'enfoncer. Déjà les Espagnols avaient gagné un espace de terrain étendu, et manœuvraient pour entourer les deux ailes françaises, lorsque des renforts arrrivèrent au général Valletaux.

Le général en profita pour détacher deux compagnies chargées de tourner la gauche de l'ennemi. Cette manœuvre réussit complétement, et obligea les Espagnols à se porter en arrière. Le centre put dès lors rentrer en ligne et reprendre ses positions. On battit la charge sur tous les points, et l'ennemi, enfoncé à son tour, se retira dans le plus grand désordre. Poursuivi jusque dans Belmonte et Miranda, il laissa sur les deux routes un grand nombre de morts.

Combat de Llanès.—Porlier, ce neveu de La Romana, qui s'était spécialement consacré au métier de partisan, tenait, par ses courses continuelles, en échec, dans la principauté des Asturies, une partie de la division du général Bonnet, et empêchait le général de faire des progrès du côté de la Galice. Ce chef insurgé descendit, vers la fin de février 1811, des montagnes où il avait été refoulé. Il avait avec lui une bande d'environ 4,000 hommes, avec lesquels il vint investir, le 27, le petit poste fortifié de Llanès. Le général Bonnet envoya en toute hâte quatre compagnies d'élite au secours de la garnison; celle-ci, quoique bien inférieure en nombre, se défendait avec la plus grande résolution. Attaqué vigoureusement par la colonne française, Porlier fut battu complétement, et rejeté dans les montagnes de Merès, où ses soldats se dispersèrent

------

Combat de Puelo. — Étant parvenu à rallier ses partisans, l'infatigable chef manifesta l'intention, le 9 mars, de marcher sur les frontières de Galice. Informé de ce mouvement, le général Bonnet fit faire, sur la Navia, une forte reconnaissance par le général Valletaux, qui revint à Tinco sans avoir pu rencontrer les Espagnols. Mais bientôt après, il sut qu'un nombreux détachement occupait vers Congas de Tinco la forte position de Puelo, et il s'y porta sur-le-champ.

Une colonne française, forte de 1,500 hommes, attaqua, le 18 mars, au matin, la montagne escarpée de Puelo, que défendaient 6,000 Espagnols embusqués dans des rochers. Une compagnie de grenadiers enleva cette position à la baïonnette, et, pendant ce temps, une compagnie de voltigeurs pénétra dans le village adossé aux rochers. Surpris de cette double attaque, les Espagnols se dispersèrent, abandonnant leurs morts, leurs blessés et une centaine de prisonniers.

Mort du général Valletaux.—Le village de Quintanilla-del-Valle fut, le 23 juin, le théâtre d'un engagement meurtrier dans lequel fut tué le brave général Valletaux. Les Espagnols y furent défaits, et le général Santo-Cildes, qui les commandait, se retira dans la direction d'Astorga, où il fut suivi par le général Bonnet.

Le général espagnol reprit l'offensive, le 2 juillet, en attaquant les postes français sur l'Orbigo. Le général Bonnet se porta à sa rencontre avec trois régiments, et le força à la retraite, après un combat très vif. Le chef espagnol reçut, le 10, quelques renforts avec lesquels il parut vouloir tenir devant Astorga; mais les démonstrations que fit le général Bonnet le forcèrent à se jeter dans les montagnes, du côté de Villa-Franca.

Cependant les Français se virent forcés, quelque temps après, par d'autres mouvements de l'ennemi, à évacuer Astorga.

Combats d'Ulzama et de Sanguesa. — La junte de Valence avait fait passer à Espoz-y-Mina des armes et des munitions qui avaient permis à ce chef entreprenant et hardi une organisation régulière à ses bandes en Biscaye et en Navarre. Mina s'attachait surtout à enlever les convois qui venaient de France, et à attaquer ceux qui y retournaient. Le général Caffarelli, qui commandait en Biscaye, s'entendit avec le général Reille, gouverneur de la Navarre, pour faire cesser les entreprises de ce partisan, et ces deux généraux, chacun à la tête d'une colonne composée de troupes de la garde impériale, allèrent explorer les montagnes qui séparent la Biscaye de la Navarre, et où les bandes de Mina trouvaient un refuge. — Le général Caffarelli rencontra, le 9 juin, dans la vallée d'Ulzama, un de ces partis, qui prit la fuite dès les premiers coups de fusil tirés par l'avant-garde française.—Le 14, le général Reille rencontra une masse plus considérable, commandée par Mina en personne, et qui s'avançait dans la direction de Sanguesa. Attaquées à la fois en tête et en flanc, les guérillas se dispersèrent dans les montagnes, en laissant plus de 600 hommes sur le champ de bataille.

Le partisan navarrois. — Espoz-y-Mina. — Sa vie racontée par lui-même. — Mina partage avec l'Empecinado la gloire d'avoir été le chef de guérillas qui, durant la guerre de 1808 à 1813, a rendu les plus grands services à la cause de l'insurrection espagnole. Les *Mémoires du général Hugo*, dont notre précédent chapitre offre un fidèle résumé, font connaître les faits d'armes et l'active persévérance du guerillero castillan; nous regrettons de n'avoir pas de documents

pareils pour retracer les actions du partisan navarrois. Il ne serait pas possible d'extraire des rapports des généraux français, pour la plupart incomplets et sans relations entre eux, un tableau des opérations de Mina dans la Navarre et la Biscaye; mais nous essaierons d'y suppléer par la traduction d'un écrit, où le général Mina lui-même présente le récit de sa conduite dans la guerre de l'indépendance; cet écrit est précieux, parce qu'il résume sous le point de vue espagnol la vie et les travaux d'un chef des insurgés. Le style en est naïf et sans étude, mais vivement empreint de cette exagération et de cette jactance qu'on reproche quelquefois à juste titre à nos voisins de la Péninsule.

«Je naquis, dit le célèbre guérillero, à Ydozin, village de Navarre, le 17 juin 1781, de Jean-Étienne Espoz-y-Mina et de Marie Llundain-y-Ardaiz, honnêtes laboureurs du pays.

«Dès que j'eus appris à lire et à écrire, je me livrai aux travaux de la campagne; et quand mon père mourut, je demeurai chargé du petit domaine qui constituait le patrimoine de ma famille. C'est ainsi que je vécus jusqu'à l'âge de vingt-six ans.

«Cependant la perfide invasion de l'Espagne par Napoléon, en 1808, enflamma mon patriotisme : après avoir fait aux Français tout le mal que je pus dans mes propres foyers, je les quittai pour m'enrôler volontairement comme soldat dans le bataillon de Doyle, le 8 février 1809.

«Peu de temps après, je rejoignis le parti de guérillas de mon neveu, Xavier Mina; j'y servis toujours en qualité de simple soldat, jusqu'au 31 mars 1810, jour où cette guérilla fut dissoute par la prise de mon neveu. Alors sept hommes me reconnurent pour leur chef, et c'est avec eux que je commençai à commander.

«Immédiatement après, je fus nommé commandant en chef des guérillas de Navarre, par la junte d'Arragon; je remplis ce poste depuis le 1er avril 1810 jusqu'au 15 septembre de la même année.

«J'obtins successivement de la régence du royaume, qui gouvernait pendant l'absence et la captivité de Ferdinand VII, en France, les grades et les commandements suivants, que j'exerçai jusqu'aux époques que je vais indiquer.

«Grade de colonel et commandant général des guérillas de Navarre, indépendant de tout autre chef depuis le 16 septembre 1810 jusqu'au 4 juin 1811.

Commandant général de l'infanterie et cavalerie de la division de volontaires de Navarre, en conservant le commandement de son premier bataillon, depuis le 5 juin 1811 jusqu'au 18 novembre de la même année.

«Brigadier d'infanterie avec le même commandement, depuis le 19 novembre 1811 jusqu'au 16 avril 1812.

«Maréchal de camp avec le même commandement, depuis le 17 avril 1812 jusqu'au 4 juin de la même année.

«Général en second de la 7e armée, depuis le 5 juin 1812 jusqu'au 6 septembre de la même année.

«Et commandant général du Haut-Arragon à la

gauche de l'Èbre, indépendant du général en chef de la première armée, en conservant les commandements antérieures, depuis le 7 septembre 1812 jusqu'au 3 octobre 1814.

«Aussitôt que je fus nommé commandant en chef des guérillas de Navarre, je désarmai tous ceux qui étaient à leur tête, et notamment le nommé Echeverria. Celui-ci, sous le masque de guerillero, avec 6 à 700 fantassins et environ 200 chevaux, imprimait la terreur dans les villages qu'il saccageait et opprimait de mille manières, ce qui obligea les paysans à me porter plainte contre lui : c'est pourquoi je marchai vers Estella le 13 juillet 1810. Je l'arrêtai moi-même dans la maison où il se trouvait, et quoique mes forces fussent bien inférieures aux siennes, je le fis fusiller le même jour avec trois de ses principaux complices; je réunis ses soldats à ceux que je commandais; leur nombre n'excédait pas alors 400 hommes de toutes armes.

«Pendant cette guerre, sans compter les affaires de peu d'importance, je livrai ou soutins cent quarante-trois batailles ou combats, dont voici les plus remarquables par ordre alphabétique : Aibar, Añizcar, Arlabán, Ayérbe, entre Salinas et Arlabán, Eríce, Irurózqui, Lérin et les plaines de Lodosa, Mañeru, Noáin, Perálta de Alcoléa, et Cabo de Saso, Piedramillera et Monjardin, Plasencia, Rocafort et Sanguesa, Sanguesa et Valle de Roncal. Les combats qui furent moins remarquables, quoique toujours glorieux, sont ceux de Acedo et Arquijas, Alcubièrre, Alfáro, Barosóain, Beriáin, Bůirrun, Borquete de Embic, plaines de Auza, de Mañéru, de Muruzábal, Canfran, Carrascal, Castelliscar, Castillo de la Alfagéria en Saragosa, Aránqui, Egéa de los Caballeros, Éstélla; plaines de Saragosa, Huesca, Jacá, aux environs de Albaina, Lumbiér, Meudigorría, Mendibil, Monréal, Názar, Olcóz, Oyárzun, Puente de la Réyna, Puéyo, Sáda et Lérga, Santa-Cruz de Campéro, Saráza, Segúra, Sorláda, Sós, Tafálla, Tarazóna, Tiébas, Tiérmas et Sangüesa, Tudéla et Venta de Oyárzun.

«Parmi les affaires énumérées dans le premier paragraphe, je noterai celle de Rocafort et Sanguesa, où avec à peine 3,000 hommes, j'en mis en fuite 5,000; je pris leur artillerie, et leur fis éprouver une perte de 2,000 hommes, tant tués que blessés et prisonniers. A l'affaire entre Salinas et Arlában, je mis l'ennemi complétement en déroute; je lui tuai environ 700 hommes, je m'emparai de tout le convoi qu'il escortait, et délivrai 6 à 700 Espagnols qu'il emmenait prisonniers en France : à celle de Mañeru, je détruisis entièrement la division Abbé, forte d'environ 5,000 hommes; je lui pris toute son artillerie, je passai la plus grande partie de sa cavalerie au fil de l'épée, et poursuivis le reste toute la nuit, pendant l'espace de cinq lieues, jusqu'aux portes de Pampelune.

«En Navarre, je tins en échec pendant cinquante-trois jours 26,000 hommes qui auraient pris part à la bataille de Salamanque, puisqu'ils étaient en marche pour joindre l'armée de Marmont; et coupant les ponts et obstruant les routes, j'arrêtai aussi le mouvement de 80 pièces d'artillerie qui, sans cela, auraient agi dans cette affaire.

«Je contribuai à l'heureux succès de la bataille décisive de Vittoria; car le résultat en eût été bien douteux, si les mouvements que j'exécutai n'eussent empêché les divisions Clausel et Foy, qui comptaient de 27 à 28,000 hommes, de se réunir aux Français, et si je n'eusse intercepté leur correspondance.

«Dans le nombre des corps ennemis qui pendant cette guerre ont été enfoncés, trois le furent par moi, savoir celui de Placentia, où, malgré la supériorité de l'ennemi, je fis prisonniers 12,000 fantassins, et passai toute la cavalerie au fil de l'épée, celui de Sanguesa où je chargeai la colonne appelée infernale, lui enlevai 900 hommes, et poursuivit le reste jusqu'à Sos; et celui de Lérin et des plaines de Lodosa, où, à la tête de ma cavalerie, et quoique le général Barbot se trouvât avec 3,000 hommes *à une portée de fusil* du champ de bataille, et qu'une force de 6,000 hommes ne fût[1] qu'à trois lieues de nous, je rompis à plusieurs reprises le carré ennemi qui se composait d'infanterie, et détruisis où fis prisonnière une colonne de 1,100 hommes, dont le commandant put seul échapper avec deux des siens.

«Les Français furieux, tant des désastres qu'ils essuyaient dans la Navarre que de l'impuissance où ils étaient d'exterminer nos troupes, commencèrent, en 1811, à me faire une guerre à outrance; ils pendaient ou fusillaient tout soldat ou officier qui tombait en leur pouvoir. Le même sort était réservé à tous ceux qui tenaient aux volontaires, et ils entraînaient en France une infinité de familles : c'est alors que, le 14 décembre de cette même année, je publiai une déclaration solennelle composée de vingt-trois articles, dont le premier portait : *En Navarre, déclaration de guerre à mort et sans quartier, sans distinction de chefs ni de soldats, y compris l'Empereur des Français.* Je mis pendant quelque temps à exécution ce genre de guerre; je gardai toujours dans la vallée de Romal un dépôt nombreux de prisonniers; si l'ennemi pendait ou fusillait un de mes officiers, j'usais de représailles envers quatre des siens; pour un soldat, j'en sacrifiais vingt. C'est de cette manière que je parvins à épouvanter l'ennemi, et le réduisis à me proposer la discontinuation d'un système aussi atroce; ce qui eut lieu en effet.

«En conséquence d'un autre article de la déclaration précitée, je soutins pendant vingt-deux mois, sans relâche, et avec la plus grande rigueur, le blocus de Pampelune, non sans livrer plusieurs combats dans les environs et, jusqu'aux portes même de la ville; ce qui fit que cette place importante, réduite à la dernière extrémité, se rendit, par famine, aux troupes nationales, en novembre 1813. Le général España eut le bonheur d'y entrer, tandis que des ordres inattendus m'avaient appelé sur un autre point.

«Les généraux français contre lesquels je fis la guerre sont Dorsenne, Clausel, Abbé, Cafarelli, Soullier,

[1] On remarquera que nous n'essayons de corriger par aucune note des faits qui sont certainement exagérés ou présentés sous un faux jour; tous les militaires pourront, avec un peu de réflexion, réduire les *victoires* du général Mina à leur valeur réelle. Nous conservons fidèlement les expressions du général; la traduction que nous donnons de son écrit, si elle n'est pas de lui, a été *avouée par lui.*

Reille, Harispe, La Faurie, d'Armagnac, d'Agoult, Lacoste, Bourgeat, Bison, Dufourg, Cassan, Panetier, Barbot, Roguet, Paris, et plusieurs autres ; et quoique *dix-huit* d'entre eux fussent occupés à la fois à me poursuivre en Navarre, je sus déjouer tous leurs efforts.

«Je ne fus jamais surpris. Une fois seulement, le 23 avril 1812, à l'aube du jour, j'avais été vendu par le partisan Malcarado, qui s'était entendu avec le général Panetier, et qui avait retiré ses avant-postes de Robres. C'est alors que je me vis entouré dans la ville par 1,000 hommes d'infanterie et 200 chevaux ; je suis attaqué par cinq hussards à la porte même de la maison que j'habitais. Je me défends contre les assaillants avec la barre de la porte, seule arme que j'eusse sous la main, pendant que Louis Gaston, mon ordonnance, préparait mon cheval ; il m'aide à le monter : je sors, je les mets en fuite, je les poursuis dans la rue, j'abats d'un seul coup de sabre le bras de l'un d'entre eux ; je réunis en toute hâte quelques-uns de mes braves, je livre divers assauts à l'ennemi, je délivre plusieurs de mes soldats et mes officiers qui avaient été faits prisonniers, et je continue à me battre trois grands quarts d'heure, afin de donner aux autres le temps de se sauver... Quant à Malcarado et à celui qui l'accompagnait, je les fis fusiller le jour suivant, tandis qu'on pendait trois alcades et un curé qui avaient aussi pris part au complot.

«Au milieu de tant de travaux et de fatigues qui me donnaient si peu de relâche que je trouvais à peine un moment de repos, je ne reçus jamais aucun secours du gouvernement, soit pécuniaire, soit de toute autre nature (ce sont les propres expressions consignées dans mes états de service) ; je parvins, toutefois, à créer, organiser, discipliner et entretenir une division d'infanterie et de cavalerie, composée de neuf régiments de cette première arme, et de deux régiments de la deuxième, dont l'effectif, à la fin de la campagne, s'élevait à 13,500 hommes.

«Ma division prit à l'ennemi treize places et forteresses, et lui fit plus de 14,000 prisonniers, sans y comprendre ceux qui le furent pendant le temps où nous nous battions sans quartier ; de plus, une immense quantité de pièces d'artillerie, d'habillements, de provisions de guerre et de bouche, etc. J'ai fourni les preuves officielles de ce nombre de prisonniers à Valence, à Alicante, à Lérida, à Costa de Cantabria, et autres points sur lesquels je les avais dirigés.

«Il résulte, du relevé des états de morts, blessés et prisonniers, que mes pertes s'élèvent à 5,000 hommes, et que celles de l'ennemi, y compris leurs prisonniers, n'étaient pas moindres de 40,000.

«Le nombre de prisonniers espagnols que je délivrai s'élève à plus de 4,000, parmi lesquels se trouvaient quelques généraux, plusieurs officiers de tous grades, et un bon nombre de chefs de partisans.

«Je fus blessé plus d'une fois de coups de feu, de coups de sabre et de lance ; j'ai même encore dans la cuisse une balle que jamais les gens de l'art n'ont pu parvenir à extraire [1]. J'eus quatre chevaux tués sous

[1] Le général Mina a écrit le récit que nous publions, en 1825

moi et plusieurs blessés dans l'action. Ma tête fut mise à prix par l'ennemi, depuis la fin de 1811.

«J'établis, pour l'usage de ma division, des ateliers ambulants d'habillements, d'harnachements, d'armes, de munitions, que tantôt je transportais à ma suite, et que tantôt je faisais travailler, ou laissais cachés dans les montagnes comme des magasins.

«Pour l'entretien de ces ateliers, et pour la solde de mes troupes, des hôpitaux, de mes espions, et autres frais de la guerre, je n'avais à compter que les ressources suivantes : 1° Le produit des douanes que j'établis sur les frontières même de France, car j'étais parvenu à mettre à contribution jusqu'à la douane française d'Irun, qui s'était obligée à me payer, et payait en effet, par mois, à mes commissaires 100 onces d'or (8,000 fr. environ) ; 2° le produit des biens nationaux, c'est-à-dire le produit de toutes les branches de revenus de la nation, les droits sur les couvents, etc., qui étaient prélevés par les Français, et que la plupart du temps j'enlevais à leurs convois ; 3° le butin que d'ailleurs je faisais sur eux ; 4° les amendes dont je punissais quelques Espagnols mécontents, qui m'étaient contraires ; 5° quelques donations, tant de la part de mes compatriotes que des étrangers.

«Je ne levai jamais sur les villes de contributions ordinaires ni extraordinaires. Je *n'exigeai* jamais que les rations de pain, de viande et d'orge pour les chevaux, *lesquelles m'étaient librement fournies* ; le gouvernement même l'atteste dans ses états de service.

«Pendant l'année 1812, à l'occasion du blocus de Pampelune, j'instituai un tribunal de justice séant auprès de mes troupes, et sous la même forme que celui de la cour et du conseil de Navarre, duquel étaient justiciables les habitants de cette province, ainsi que ceux d'Alava et Guipuscoa, et enfin ceux du Haut-Arragon, et devant lequel ils étaient appelés à discuter leurs intérêts.

«Je réunis pareillement à moi le tribunal ecclésiastique, dont le siége jusqu'à lors était établi à Pampelune ; je l'obligeai de sortir de cette place ; et ainsi j'achevai d'enlever aux Français toutes leurs ressources.

«Lorsque je fus nommé commandant général du Haut-Arragon, mon premier soin fut de purger ce pays des bandes d'hommes armés qui le vexaient de mille manières, sous prétexte d'y faire la guerre ; et après y avoir établi un système pareil à celui de Navarre, je formai trois bataillons d'infanterie et deux escadrons de cavalerie, qui contribuèrent à augmenter mes forces.

«Au commencement de 1813, je réunis à mon commandement celui de chef politique, par ordonnance du gouvernement. Je remplis ces fonctions en m'efforçant d'ouvrir les sources de la prospérité publique, et de faire régner le bon ordre en tous lieux...»

Combat d'Astorga. — *Défaite de l'armée de Galice.* — Au mois d'août 1811, le général Dorsenne vint remplacer le maréchal Bessières dans le commandement du corps de réserve que l'Empereur avait envoyé en Espagne au commencement de l'année 1810, pour assurer les communications avec la France, et soutenir les opérations dans le nord de la Péninsule. —Le général Dorsenne chercha à imprimer aux mouvements de ses troupes une nouvelle activité.

Ayant appris que l'armée espagnole qui s'était formée en Galice et avait repris Astorga se préparait à appuyer les opérations de l'armée anglo-portugaise dans la province de Salamanque, Dorsenne résolut de marcher contre l'armée de Galice, afin de lui enlever Astorga, qui était son point d'appui, et de la rejeter dans les montagnes. Mais, comme il y avait fortement à craindre que Wellington ne s'avançât au secours des Galiciens, le général Dorsenne concerta son mouvement avec le duc de Raguse, afin qu'au besoin ce dernier pût suivre les Anglo-Portugais et manœuvrer sur leurs derrières.

Les forces que le général Dorsenne destinait à son expédition furent réunies, le 24 août, en ligne d'opérations sur l'Esla, la droite appuyée à Léon, et la gauche à Castro-Gonzalès.

L'armée de Galice était commandée par le général Abadia, qui avait son avant-garde à San-Martin de Torres, et occupait le pont de Cébronès; 6,000 hommes occupaient la Baneza, 12,000 Puente de Orbigo et 3,000 Astorga.

Le général Dorsenne avait fait venir le général Bonnet avec une partie de sa division, ce dernier se joignit aux généraux Dumoustier et Roguet, qui avaient avec eux deux divisions de la jeune garde, et ces trois chefs, après avoir passé l'Esla, le 25, à cinq heures du matin, se dirigèrent, le premier sur Puente de Orbigo, le second sur la Baneza, et le troisième sur le même point, mais par une route différente. Le général Dorsenne commandait en personne la réserve, formée de troupes de la vieille garde, et qui se mit en marche vers Cébronès.

Le général Abadia ne fut informé que très tard de ce mouvement de l'armée française, et n'eut que le temps d'évacuer ses positions pour se retirer précipitamment en désordre sur Astorga. Son avant-garde seule tenta de se maintenir sur les hauteurs de San-Martin de Torres; mais il suffit d'une charge de quelques pelotons de chasseurs à cheval et de chevau-légers polonais de la garde, qui sabrèrent cette cavalerie ennemie, pour la mettre en pleine déroute. Les fuyards furent poursuivis jusque au-delà de Palciros par la cavalerie française, qui y prit position.

En ce moment, le général Dumoustier entrait à la Baneza, le général Roguet à Cébronès, et le général Bonnet s'établissait en avant de l'Orbigo.

Le général Dorsenne pensait que le général espagnol concentrait ses troupes sur Astorga pour recevoir la bataille; mais, loin de là, l'ennemi évacua sa position pendant la nuit, et se retira dans la direction de la Galice. Le général Bonnet se mit à sa poursuite avec deux brigades d'infanterie et 600 chevaux, et s'avança jusqu'au-delà de Villa-Franca, pendant que le général Roguet poussait de forts partis vers les débouchés des Asturies. Le général Bonnet atteignit, le 27, l'arrière-garde ennemie, forte de 5,000 hommes, sur les hauteurs de Riego-de-Ambrosio, et fit emporter cette po-

sition à la baïonnette. Le général espagnol continua sa retraite par les montagnes d'Orensée. Les Français, qui étaient entrés le 26 dans Astorga, occupèrent Villa-Franca le 28. Ils trouvèrent dans cette ville des armes et des munitions en abondance.

Le général Dorsenne, après cette expédition, s'occupa de faire réparer les fortifications d'Astorga, et de réunir à Salamanque un grand convoi de vivres pour l'approvisionnement de Ciudad-Rodrigo. Ensuite lord Wellington s'étant approché de cette dernière place, le général Dorsenne s'avança pour soutenir le duc de Raguse, et, comme il a été dit, les deux armées françaises réunies, le 22 septembre, à Tamames, obligèrent les Anglais à renoncer au blocus de Ciudad-Rodrigo.

Combats du col de Pajarès et de Puente-Fierros. —Lorsque le blocus de Ciudad-Rodrigo fut abandonné par les Anglais, le général Dorsenne porta son quartier général à Valladolid; ensuite, c'est-à-dire dans les derniers jours d'octobre, il s'établit à Léon afin d'être à même de soutenir le général Bonnet, qui fut renvoyé dans les Asturies pour pacifier cette province, où les insurgés avaient mis à profit son absence momentanée.

Le 5 novembre, le général Dorsenne apprit qu'un chef nommé Pol, ayant sous ses ordres un parti considérable de Galiciens, s'était fortifié au col de Pajarès, et voulait se maintenir dans cette position. Le général Bonnet, avec une partie de sa division, soutenue par trois bataillons de voltigeurs de la garde, la division Dumoustier, et quelques escadrons, marcha contre l'ennemi, le chassa de sa position, et le poursuivit l'épée dans les reins jusqu'à Puente-Fierros, que les Galiciens avaient eu le temps de fortifier. Le général Bonnet attaqua ce poste de front pendant qu'une de ses colonnes le tournait. Les Espagnols abandonnèrent leurs retranchements pour éviter de mettre bas les armes; mais la cavalerie française se mit à leur poursuite, les joignit à Pola-de-la-Luna, et les mit en pleine déroute. Le chef Pol continua sa retraite vers le pont de Santillana; mais là encore, ayant été battu, il reprit la route de Galice, où il fut poursuivi jusqu'au-delà de la Parna.

Le général Dorsenne retourna à Valladolid dans le commencement de décembre, et le général Bonnet resta dans les Asturies, où sa division occupait Oviedo, le camp de Grado et le port de Gijon.

Combat de Sidias. — Pendant que le général Bonnet battait les Galiciens au col de Pajarès, le général Dubreton, qui avait rassemblé une colonne à Torre-la-Vega, marchait sur Cabezon et plusieurs autres points de la Montaña (province de Sant-Ander), que Porlier et Mendizabal continuaient toujours à inquiéter.

Les Espagnols furent chassés de Cabezon le 6 novembre; le lendemain, les deux chefs insurgés réunirent leurs forces, et vinrent attaquer les Français à Sidias, où ils furent repoussés. Dans la soirée, ils revinrent à la charge avec une nouvelle ardeur; mais le général Dubreton fit former en colonne ses grenadiers et ses voltigeurs, marcha sur eux à la baïonnette, et les mit en pleine déroute. Les Espagnols eurent 500 hommes tués ou blessés, et laissèrent entre les mains des vainqueurs un grand nombre de prisonniers. Porlier se retira derrière le Deba, et Mendizabal dans les montagnes de Potès.

Les insurgés furent ainsi battus et dispersés sur tous les points ; les provinces des Asturies, de Biscaye et de Navarre paraissaient décidées à ne plus alimenter les guérillas. Ces troupes irrégulières, au lieu de défendre et de protéger les habitants, les mettaient souvent à contribution, et les pillaient : aussi les provinces soupiraient-elles après un ordre de choses tranquille et stable. Quelques villes et villages avaient même formé des milices nationales, qui, réunies aux troupes françaises, marchaient contre les guérillas, dont on redoutait la vengeance. Toutes les bandes de la Biscaye avaient été dispersées, à l'exception d'une seule qui se portait aux actes de la cruauté la plus raffinée contre tous les habitans qu'elle supposait partisans des Français. Espoz-y-Mina occupait la Navarre à la tête d'une bande souvent battue et dispersée, mais jamais détruite. Tel était l'état de ces provinces dans les derniers jours de l'année 1811.

CONTESTATION ENTRE JOSEPH ET NAPOLÉON. — *Question des gouvernements militaires.* — *Prise du convoi à Salinas.* — Ce fut pendant l'année 1811 et au commencement de 1812 que s'éleva entre Joseph, roi d'Espagne, et son frère, l'empereur Napoléon, une contestation à la suite de laquelle le roi faillit quitter volontairement le trône dont les Anglais, malgré tous leurs efforts, ne pouvaient réussir à le renverser.

Nous avons vu plus haut, page 207, comment, après l'établissement des gouvernements militaires, le roi Joseph, trompé dans ses espérances de pacification, avait quitté l'Andalousie [1], qui resta sous le commandement supérieur du maréchal Soult.

De retour à Madrid, le frère de l'Empereur n'attendit pas l'effet désastreux produit par le décret impolitique de Napoléon pour lui adresser d'énergiques protestations. Deux notes avaient déjà été remises à M. le comte de Laforest, ambassadeur de France en Espagne, lorsque, trouvant que ces notes ne produisaient pas assez promptement l'effet qu'il en attendait, Joseph ordonna à son ministre des affaires étrangères de se rendre à Paris en qualité d'ambassadeur extraordinaire. Le but de la mission de M. Azanza, duc de Santa-Fé, n'était pas seulement, comme on l'a publié dans *le Moniteur* du temps, de féliciter l'Empereur sur son mariage avec l'archiduchesse d'Autriche, mais bien de lui présenter les graves inconvénients qui résultaient de l'établissement récent des gouvernements militaires. Joseph en était si préoccupé et si affecté, que, pendant cette ambassade, qui fut de courte durée, il envoya encore à Paris, pour appuyer les représentations de M. Azanza, le marquis d'Almenara, son ministre de l'intérieur, avec l'ordre exprès de déclarer qu'il renonçait à la couronne d'Espagne, si l'Empereur persistait à vouloi. attaquer l'intégrité du territoire espagnol.

La situation de l'Empereur était alors si compliquée, et tellement critique, que, pour la suppression des gouvernements militaires, il ne put condescendre aux désirs du roi. Les deux ministres rapportèrent à Madrid des espérances, mais non un résultat positif de leur mission.

Les rapports que le roi recevait de chaque province de l'Espagne devenaient de plus en plus sombres. Les généraux français traitaient l'Espagne tout-à-fait en pays conquis. Les ministres de Napoléon imitèrent leur exemple, et de jeunes auditeurs au conseil d'État, nommés à Paris intendants civils, vinrent s'emparer, au nom de l'Empereur, de l'administration des provinces entre l'Èbre et les Pyrénées.

Bientôt le roi apprit qu'au mépris de l'acte qui l'avait placé sur le trône d'Espagne, la question d'ajouter au territoire français les provinces de Biscaye, de Navarre et de Catalogne, s'agitait encore dans le cabinet impérial. Il n'y avait plus à hésiter. Joseph se décida à aller lui-même à Paris. Il profita de l'occasion apparente que lui offrait le baptême prochain du roi de Rome, et partit. À Saint-Jean-de-Luz, on voulut lui opposer un ordre de l'empereur qui défendait de le laisser pénétrer jusqu'à la capitale. Le but de son voyage était trop grave et trop important pour qu'il se laissât retenir par la crainte de mécontenter son frère. Il passa outre, arriva à Paris, et se présenta devant l'Empereur.

Là, dans une entrevue qui fut orageuse, Joseph lui déclara que, ne pouvant pas faire le bonheur de l'Espagne, il renonçait à régner sur ce pays, qu'il voulait être roi et non pas oppresseur. Napoléon, alarmé de cette chaleur généreuse, et redoutant l'effet moral

---

[1] Au moment où Joseph quitta l'Andalousie, les affaires du parti insurrectionnel paraissaient dans un état si désespéré, même à ceux qui en avaient la direction, que la régence de Cadix, pour ranimer l'esprit d'insurrection prêt à s'éteindre, avait songé à placer un prince de la maison de Bourbon à la tête des troupes destinées à agir contre l'armée de Napoléon.

Ce fut l'occasion du voyage que M. le duc d'Orléans (aujourd'hui Louis-Philippe Ier) fit, à cette époque, en Espagne. On sait que les intrigues de l'Angleterre s'opposèrent alors à ce qu'un commandement militaire fût donné à ce prince.

Les Cortès, qui se réunirent peu de temps après, au lieu de chercher, comme la régence, un appui dans la coopération d'un homme, crurent devoir en demander à ces grands principes de libertés publiques, qui, dans la partie éclairée de la nation, faisaient de nombreux partisans au roi Joseph ; ce fut en quelque sorte pour lutter avec lui dans le champ des institutions constitutionnelles, pour le combattre dans son action sur les intelligences, que la célèbre Constitution de 1812 fut rédigée. Cela ressort de tous les discours qui furent prononcés au sein de l'Assemblée constituante, ainsi qu'on peut le voir dans les journaux de Cadix, qui nous les ont conservés. Les deux partis, Libéraux et Serviles, dans les discussions, se faisaient également une arme des améliorations introduites en Espagne par Joseph.

On défendait l'inquisition, dont la suppression était proposée, en disant : « Voulez-vous traiter les institutions du pays et les supprimer aussi cavalièrement que fait un prince étranger ? »

On réclamait la liberté individuelle, en s'écriant : « Accorderez-vous à l'Espagnol moins de sûreté et de protection que ne lui en donne un roi français ? Ferez vous pour la liberté individuelle moins que le frère de Napoléon ? »

Néanmoins, il faut le dire, tant que les armées françaises occupèrent l'Espagne, la Constitution de Cadix eut peu d'influence sur l'esprit du peuple espagnol, et, par suite, sur les événements de la guerre. Elle y resta même presque inconnue jusqu'en janvier 1814, où la rentrée de nos troupes en France permit aux Cortès et à la régence de venir à Madrid

que pouvait produire une telle abdication, se décida, afin de calmer son frère, dont il aimait la personne, et dont il estimait le caractère, à abandonner ses prétentions sur la Péninsule. Pour le déterminer à retourner en Espagne, il lui donna l'assurance positive que les gouvernements militaires cesseraient bientôt, et que l'administration des provinces serait rendue aux autorités espagnoles.

Dans cette occasion, voulant fournir au roi les moyens de réprimer les excès des chefs militaires, l'empereur lui donna le titre et les pouvoirs de généralissime des armées françaises en Espagne [1].

Pour prouver à son frère que les gouvernements militaires n'avaient pas été sans résultats utiles, Napoléon lui fit savoir qu'ils avaient déjà produit un bon effet sur le gouvernement anglais, qui offrait de quitter le Portugal si les troupes françaises évacuaient l'Espagne, et de reconnaître Joseph comme roi, si la nation voulait bien l'adopter pour tel, et si la France consentait de son côté à reconnaître la maison de Bragance en Portugal.

C'est dans l'espoir du succès de cette négociation avec l'Angleterre, et de l'exécution fidèle des promesses de l'Empereur, que Joseph revint à Madrid, où il recommença à défendre avec courage ses sujets espagnols contre les vexations des généraux français; mais la désobéissance de ces derniers rendait souvent inutiles et ses efforts et sa bonne volonté. Les généraux étaient encouragés dans leur résistance par le gouvernement impérial, dont les ministres et les agents en Espagne voyaient avec peine l'autorité que l'Empereur avait donnée au roi. Bientôt même ceux-ci annoncèrent hautement que le décret de réunion des provinces septentrionales de la Péninsule n'avait été qu'ajourné, et qu'il serait incessamment publié dans le *Moniteur*. Les avis que le roi recevait directement de Paris confirmaient cette malheureuse nouvelle.

Enfin, désespérant d'atteindre le but honorable qu'il s'était proposé, de la pacification et de la prospérité de l'Espagne, tant que cette monarchie serait menacée d'un démembrement, il se décida à donner suite à son projet d'abdication, et il adressa à la reine Julie, sa femme, les lettres que nous allons reproduire, parce qu'elles font parfaitement connaître quels sentiments animaient le prince, dont on a trop souvent méconnu le caractère et calomnié la conduite.

Madrid, 23 mars 1812.

« Ma chère amie, tu remettras la lettre que je t'envoie pour l'Empereur, si le décret de réunion a lieu, « et s'il est publié dans les gazettes.

« Dans tout autre cas, tu attendras ma réponse.

« Si le cas de la remise de ma lettre arrive, tu m'enverras par un courrier la réponse de l'Empereur et des passeports.

« Je t'embrasse, ainsi que mes enfants.

« **JOSEPH.** »

[1] Ce fut par suite de cette décision de l'Empereur, que M. le maréchal Jourdan quitta son titre de major-général des armées françaises, pour prendre celui de chef d'état-major de Sa Majesté Catholique.

A cette lettre était jointe une lettre pour l'Empereur, où l'abdication de la couronne d'Espagne est nettement exprimée. La voici :

A L'EMPEREUR NAPOLÉON.

Madrid, 23 mars 1812.

« SIRE,

« Lorsque, il y a bientôt un an, je demandai à Votre « Majesté son avis sur mon retour en Espagne, elle « m'engagea à y retourner, et j'y suis : elle eut la bonté « de me dire, qu'au pis aller, je serais à temps de la « quitter, si les espérances qu'on avait conçues ne se « réalisaient pas; que, dans ce cas, Votre Majesté m'as« surerait un asile dans le midi de l'empire, où je pour« rais partager ma vie avec Morfontaine.

« Sire, les événements ont trompé mes espérances; « je n'ai fait aucun bien et je n'ai pas l'espoir d'en faire : « je prie donc Votre Majesté de me permettre de dépo« ser entre ses mains les droits qu'elle daigna me trans« mettre sur la couronne d'Espagne, il y a quatre ans; « je n'ai jamais eu d'autre but en l'acceptant que celui « de faire le bonheur de cette monarchie; cela n'est « pas en mon pouvoir.

« Je prie donc Votre Majesté de m'agréer au nombre « de ses sujets, et de croire qu'elle n'aura jamais de « serviteur plus fidèle que l'ami que la nature lui avait « donné.

« De Votre Majesté impériale et royale, Sire, l'affec« tionné frère.

« **JOSEPH.** »

Il est à remarquer que, lorsque le roi Joseph signait cette honorable renonciation à la couronne, la Péninsule était occupée par une armée nombreuse et triomphante; la bataille des Arapyles n'avait pas commencé les désastres des Français en Espagne, et enfin la campagne de Russie n'avait pas encore ébranlé le trône de Napoléon.

Une seconde lettre du roi à sa femme explique très bien et sa position et ses vœux, et les motifs qui réglaient alors sa conduite. Nous la transcrivons encore.

Madrid, 23 mars 1812.

« Ma chère amie, M. Deslandes, qui te remettra cette « lettre, te donnera tous les détails que tu pourras de« sirer sur ma position. Je vais t'en parler moi-même, « afin que tu puisses la faire connaître à l'Empereur, et « qu'il prenne un parti quelconque : tous me convien« nent pour sortir de ma situation actuelle.

« 1° Si l'Empereur fait la guerre à la Russie, et qu'il « me croie utile ici, je reste avec le commandement gé« néral et l'administration générale.

« S'il fait la guerre, et qu'il ne me donne pas le com« mandement et ne me laisse pas l'administration du « pays, je désire rentrer en France.

« 2° Si la guerre avec la Russie n'a pas lieu, soit que « l'Empereur me donne le commandement, ou ne me « le donne pas, je reste encore tant qu'on n'exigera rien « de moi qui puisse faire croire que je consens au dé« membrement de la monarchie, tant que l'on me lais« sera assez de troupes et de territoire, et que l'on m'en« verra le million de prêt mensuel que l'on m'a promis.

«J'attends dans cet état tant que je peux, parce que
«je mets mon honneur autant à ne pas quitter l'Es-
«pagne trop légèrement, qu'à la quitter dès que, du-
«rant la guerre avec l'Angleterre, on exigera de moi des
«sacrifices que je ne peux ni ne dois faire qu'à la paix
«générale, dans le but du bien de l'Espagne, de la France
«et de l'Europe. Un décret de réunion de l'Èbre qui m'ar-
«riverait à l'improviste me ferait partir le lendemain.

«Si l'Empereur ajourne ses projets à la paix, qu'il
«me donne les moyens d'exister pendant la guerre.

«Si l'Empereur incline à ce que je quitte, ou à l'une
«des mesures qui me feraient quitter, il m'importe de
«rentrer en France en paix avec lui, et avec son consen-
«tement sincère et entier. J'avoue que la raison me dicte
«ce parti, si conforme à la situation de ce malheureux
«pays, si je ne peux rien pour lui, si conforme à mes
«relations domestiques, qui ne m'ont pas donné d'en-
«fant mâle, etc.

«Dans ce cas-là, je désire obtenir de l'Empereur une
«terre dans la Toscane ou dans le midi, à trois cents
«lieues de Paris. Je pourrai y passer une partie de l'an-
«née et l'autre à Morfontaine. Les événements, et une
«position aussi fausse que celle où je me trouve, si éloi-
«gnée de la droiture et de la loyauté de mon caractère,
«ont beaucoup affaibli ma santé; l'âge arrive aussi : il
«n'y a donc que l'honneur et le devoir qui puissent me
«retenir ici; mes goûts m'en chassent, à moins que
«l'Empereur ne se prononce différemment qu'il n'a fait
«jusqu'ici.

«Je t'embrasse, ainsi que mes enfants.

«Joseph.»

Les lettres de Joseph ne parvinrent pas à la reine.
M. Deslandes, secrétaire du cabinet, en était porteur.
Pour réparer une santé affaiblie par les fatigues et les
veilles, il revenait en France avec sa famille; mais il
n'arriva pas à sa destination. Le convoi dont il faisait
partie fut arrêté, à deux marches de la France, dans
le défilé de Salinas, par une des guérillas aux ordres
de Mina.

Les insurgés massacrèrent l'escorte, s'emparèrent
du convoi et le pillèrent. M. Deslandes fut tué en
cherchant à protéger sa famille et à conserver les dépêches qui lui étaient confiées. Comme il parlait très
bien espagnol, il voulut recommander sa femme, alors
enceinte de sept mois, à un officier insurgé, témoin
du pillage de sa voiture : la pureté de son langage le
fit prendre pour un Espagnol, et causa sa fin. Un paysan le frappa d'un coup mortel, en l'appelant traydor
(traître). Il tomba dans les bras de sa malheureuse
femme.

Le général Mina, qui arriva comme il expirait, témoigna une profonde affliction de ce funeste événement. Il chercha, par des égards empressés, à adoucir
la position de madame Deslandes, et il la fit mettre en
liberté trois mois après, aussitôt que son accouchement et l'état de sa santé permirent de la reconduire
aux avant-postes français.

Cependant, la réunion dont l'Espagne était menacée n'eut pas lieu : Napoléon ajourna ses projets sur
la Péninsule; il venait de décider l'expédition de Russie. Le regard de l'aigle, si long-temps fixé sur le Midi,
venait de se tourner brusquement vers le Nord.

FIN DU QUATRIEME VOLUME.

9 782019 675820